U0946093

中国
社会治安综合治理
年鉴

2016

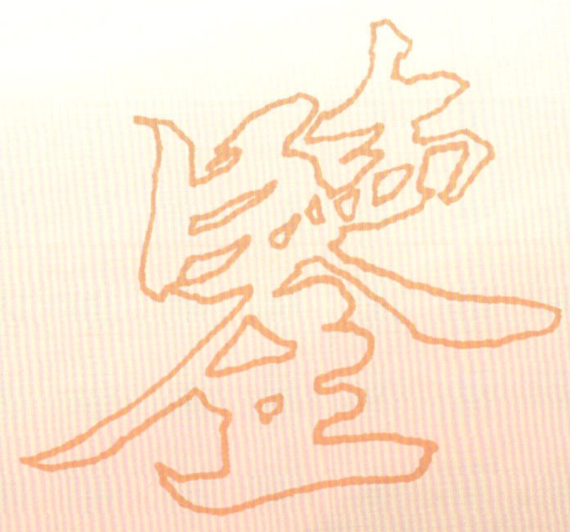

中国长安出版社

图书在版编目（CIP）数据

中国社会治安综合治理年鉴. 2016 / 中央政法委办公厅编. -- 北京：中国长安出版社，2019.1

ISBN 978-7-5107-0719-3

Ⅰ. ①中… Ⅱ. ①中… Ⅲ. ①治安管理－中国－2016－年鉴 Ⅳ. ①D631.4-54

中国版本图书馆CIP数据核字(2019)第033595号

责任编辑：刘英雪

中国社会治安综合治理年鉴（2016）

中央政法委办公厅　编

出版：中国长安出版社
社址：北京市东城区北池子大街14号（100006）
网址：http://www.ccapress.com
邮箱：capress@163.com
发行：中国长安出版社
电话：(010)66529988-1319
印刷：河北新华第一印刷有限责任公司
开本：787mm×1092mm　16开
印张：33.5　插页：40页
字数：850千字
版本：2019年5月第1版　2019年5月第1次印刷

书号：ISBN 978-7-5107-0719-3
定价：350.00元

《中国社会治安综合治理年鉴》编辑委员会

李延华	李　军	李利军	李余涛
李　炜	李海腾	李瑛玲	杨　军
杨日华	何　伟	何君健	邹小龙
汪永乐	汪　锋	张秀成	张思剑
张韶华	陆亚凡	陈小军	陈显辉
陈海波	苗塔河	国长青	周　涛
郑　宏	郑　辉	郑　琳	赵兵让
赵学章	胡跃宏	胡　敏	胡增印
查庆九	段农根	禹丽芸	侯召迅
徐龙刚	殷明胜	郭莎莎	诸建全
黄文艺	黄为华	黄荣军	彭　波
董永祥	傅信平	谢小云	赖圣聪
路　丹	蔡文龙	管志琦	

《中国社会治安综合治理年鉴》
编辑部编辑人员

主　　　编　陈一新

副　主　编　陈小军　陈显辉　彭　波　张韶华
　　　　　　张思剑

执行主编　田大忠

执行副主编　李　明　李　薇

编　　　辑　（按姓氏笔画排列）

文　悦　吕震乾　刘英雪　许祥辰
肖　嵩　何　嘉　张　帆　陈兴海
周群淞　孟凡鹏　赵小钢　赵清如
郭书妤　唐盛利　曹贡辉　董建业
赖小燕

《中国社会治安综合治理年鉴》编辑部特约编辑

目　　录

八、校园及周边治安综合治理工作

九、护路护线联防工作

十、中央综治委成员单位参与综治工作情况

上海市

江苏省

浙江省

安徽省

福建省

广东省

广西壮族自治区

海南省

重庆市

四川省

一、中央决策部署

《中华人民共和国国民经济和社会发展第十三个五年规划纲要》有关重要论述摘编

第十七篇 加强和创新社会治理

加强社会治理基础制度建设，构建全民共建共享的社会治理格局，提高社会治理能力和水平，实现社会充满活力、安定和谐。

第七十章 完善社会治理体系

完善党委领导、政府主导、社会协同、公众参与、法治保障的社会治理体制，实现政府治理和社会调节、居民自治良性互动。

第一节 提升政府治理能力和水平

创新政府治理理念，强化法治意识和服务意识，寓管理于服务，以服务促管理。改进政府治理方式，充分运用现代科技改进社会治理手段，推进社会治理精细化，加强源头治理、动态管理、应急处置和标本兼治。健全政府信息发布制度。加强基层政府服务能力建设。建立国家人口基础信息库，加强人口管理、实名登记、信用体系、危机预警干预等制度建设。完善政府社会治理考核问责机制。

第二节 增强社区服务功能

完善城乡社区治理体制，依法厘清基层政府和社区组织权责边界，建立社区、社会组织、社会工作者联动机制。健全城乡社区综合服务管理平台，促进公共服务、便民利民服务、志愿服务有机衔接，实现一站式服务。实现城市社区综合服务设施全覆盖，推进农村社区综合服务设施建设。提升社区工作者队伍职业素质。注册志愿者人数占居民人口比例达到13%。

第三节 发挥社会组织作用

健全社会组织管理制度，形成政社分开、权责明确、依法自治的现代社会组织体制。推动登记制度改革，实行分类登记制度。支持行业协会商会类、科技类、公益慈善类、社区服务类社会组织发展。加快行业协会商会与行政机关脱钩，健全法人治理结构。推进有条件的事业单位转为社会组织，推动社会组织承接政府转移职能。加强综合监督和诚信建设，更好发挥自律、他律、互律作用。

第四节　增强社会自我调节功能

引导公众用社会公德、职业道德、家庭美德、个人品德等道德规范修身律己，自觉履行法定义务、社会责任和家庭责任，自觉遵守和维护社会秩序。加强行业规范、社会组织章程、村规民约、社区公约等社会规范建设，充分发挥社会规范在协调社会关系、约束社会行为等方面的积极作用。

第五节　完善公众参与机制

依法保障居民知情权、参与权、决策权和监督权，完善公众参与治理的制度化渠道。对关系公众切身利益的重大决策，以居民会议、议事协商、民主听证等形式，广泛征求公众意见建议。完善村务公开、居务公开、民主评议等途径，加强公众监督评估。

第六节　健全权益保障和矛盾化解机制

健全利益表达、协调机制，引导群众依法行使权利、表达诉求、解决纠纷。完善行政复议、仲裁、诉讼等法定诉求表达机制，发挥人大代表、政协委员、人民团体、社会组织等的诉求表达功能。全面推行阳光信访，落实及时就地化解责任，完善涉法涉诉信访依法终结制度。落实重大决策社会稳定风险评估制度，完善调解、仲裁、行政裁决、行政复议、诉讼等有机衔接、相互协调的多元化纠纷解决机制。健全利益保护机制，保障群众权利得到公平对待、有效维护。健全社会心理服务体系，加强对特殊人群的心理疏导和矫治。

第七十二章　健全公共安全体系

牢固树立安全发展观念，坚持人民利益至上，加强全民安全意识教育，健全公共安全体系，为人民安居乐业、社会安定有序、国家长治久安编织全方位、立体化的公共安全网，建设平安中国。

第三节　创新社会治安防控体系

完善社会治安综合治理体制机制，以信息化为支撑加快建设社会治安立体防控体系，建设基础综合服务管理平台。大力推进基础信息化、警务实战化、执法规范化、队伍正规化建设。构建群防群治、联防联治的社会治安防控网，加快推进网上综合防控体系建设。实施社会治安重点部位、重点领域、重点地区联动管控和排查整治。加强打击违法犯罪、禁毒、防范处理邪教等基础能力建设。

二、中央综治委重要会议

全国社会治安综合治理创新工作会议

深入推进社会治理创新　进一步增强人民群众安全感
——孟建柱同志在全国社会治安综合治理创新工作会议上的讲话(摘要)

最近,习近平总书记作出重要指示:"近年来,政法综治战线认真贯彻党中央决策部署,一手抓突出问题整治、一手抓社会治理创新,平安建设取得新成效。要继续加强和创新社会治理,完善中国特色社会主义社会治理体系,努力建设更高水平的平安中国,进一步增强人民群众安全感。要更加注重联动融合、开放共治,更加注重民主法治、科技创新,提高社会治理社会化、法治化、智能化、专业化水平,提高预测预警预防各类风险能力。要坚持问题导向,把专项治理和系统治理、综合治理、依法治理、源头治理结合起来。要完善社会治安综合治理体制机制,加快建设立体化、信息化社会治安防控体系。各级党委和政府要高度重视社会治理工作,落实社会治安综合治理领导责任制,切实肩负起促一方发展、保一方平安的政治责任。"习近平总书记的重要指示,深刻揭示了社会治理规律和特点,明确提出了新形势下加强和创新社会治理的总体思路、基本目标、重点任务,具有很强的思想性、针对性、指导性,是深入推进社会治理创新、建设更高水平平安中国的根本遵循。政法综治战线要认真学习领会,用习近平总书记重要指示精神武装头脑、指导实践,以提高预测预警预防各类风险能力为着力点,以理念、制度、机制、方法创新为动力,把平安中国建设提高到新水平,进一步增强人民群众安全感。

一、正确认识和把握社会治理面临的阶段性特征,切实增强建设平安中国的责任感

平安是国家繁荣昌盛、人民幸福安康的前提。深入推进社会治理创新是建设平安中国的基本途径,对推进国家治理体系和治理能力现代化具有重要意义。党的十八大以来,习近平总书记从统筹推进"五位一体"总体布局和协调推进"四个全面"战略布局高度,对社会治理提出了许多新理念新战略,阐明了一系列带有方向性、根本性的重大问题。从推进平安建设的角度看,至少可概括为以下 10 个方面:一是提出建设平安中国目标,要求把平安中国建设置于中国特色社会主义事业发展全局中来谋划,确保中国特色社会主义事业在和谐稳定的社会环境中推进。二是提出构建全民共建共享的社会治理格局,打造社会治理人人有责、人人尽责的命运共同体。三是提出完善党委领导、政府主导、社会协同、公众参与、法治保障的社会治理体制,促进政府和社会各归其位、各担其责，努力实现社会善治。四是提出坚持系统治理、综合治理、依法治理、源头治理，着力解决影响社会和谐稳定的深层次问题，确保人民安居乐业、社会安定有序、国家长治久安。五是提出处理好活力与秩序的关系，要求重视疏导化解，调动一切积极因素，确保社会既生机勃勃又井然有序。六是提出处理好维稳与维权的关系，要求对涉及维权的维稳问题，首先把群众合理合法的利益诉求解决好，从源头上预防减少矛盾问题发生。七是提出处理好民主与专政的关系，要求正确区分和处理两类不同性质的矛盾。八是提出社会治理的重心必须落到城乡社区，要求深化基层组织建设，加强基础性制度建设，夯实平安建设根基。九是提出建设立体化社会治安防控体系，要求坚决打击恐怖主义，坚决遏制严重刑事犯罪高发态势，保障人民群众生命财产安全。十是提出构建全方位、立体化的公共安全网，要求推进公共安全工作精细化、信息化、法治化，有效防范化解管控各类风险。这些重要指示，是深入推进社会治理创新的科学指南。

政法综治战线认真学习贯彻习近平总书记重要指示精神，坚持一手抓突出问题排查整治，一手抓理念、制度、机制、方法创新，推动平安中国建设取得了新进展。一是坚持围绕中心、服务大局，树立大平安理念，拓展内容、健全机制，提高平安建设水平。二是坚持以人为本、服务为先，把群众对平安的需求作为出发点和落脚点，努力使平安建设的过程让群众参与、成效让群众评判、成果让群众共享，增强人民群众安全感、满意度。三是坚持党政主导、齐抓共管，健全领导责任制，发挥有关部门积极性，形成问题联治、工作联动局面。四是坚持多方参与、共同治理，组织动员社会组织、企事业单位、人民群众，形成共同防控风险局面。五是坚持敢于担当、善于作为，把坚定的政治立场和正确的政策策略结合起来，努力实现法律效果和社会效果相统一。六是坚持打防结合、标本兼治，在深入开展打黑除恶、治爆缉枪、禁毒扫黄、打击金融证券犯罪等专项行动的同时，推动完善政策制度，促进从源头上预防减少矛盾问题发生。七是坚持依法治理、综合施策，善于运用法治思维和法治方式开展工作、解决问题，统筹运用经济调节、行政管理、法律规范、道德教化、心理疏导等手段，增强社会治理实效。八是坚持科技引领、信息支撑，积极运用互联网、物联网和大数据、云计算等现代科技手段，提高社会治理精细化、现代化水平。九是坚持加强基层、夯实基础，建立力量下沉、保障下倾机制，加强基础性制度建设，提高基层基础工作水平。十是坚持主动引导、赢得支持，建立健全宣传舆论工作机制，提高新媒体时代社会沟通能力，为平安建设营造良好舆论环境。

经过不懈努力，我国社会治安综合治理工作理念在转变、格局在完善、能力在增强，社会治安形势持续好转，人民群众安全感稳步上升。近几年来，我国杀人、爆炸、抢劫等严重暴力犯罪案件数量持续下降，人民群众安全感保持在 90%以上。

当前，世界多极化、经济全球化、文化多样化、社会信息化深入发展，不稳定不确定因素增多。我国已进入全面建成小康社会决胜阶段，正在发生广泛而深刻的变革，面临前所未有的新情况新问题。在此背景下，社会治理面临新的阶段性特征，既蕴含新机遇，也伴随新挑战。

从国际格局看，世界正经历大变革大调整，合作与竞争同步上升。我国与世界的互动持续加深，国际因素的倒灌效应和国内因素的溢出效应相互交织。我们要主动适应国际格局新变化，统筹运用国内国际资源，增强社会治理工作主动性。

从经济发展看，世界经济复苏乏力，经济全球化出现波折。我国经济运行总体平稳，新常态特征明显，但新旧发展动能转换需要一个过程，经济下行压力依然较大。新产业、新业态快速发展，为经济发展创造了新的增长点，也给社会和谐稳定带来潜在风险。我们要把社会治理摆到经济发展大局中来谋划，推动完善政策制度，从源头上防范化解各类风险。

从社会变革看，随着新型工业化、信息化、城镇化、农业现代化发展，社会日趋开放多样。人们生产生活方式、社会组织动员形式发生深刻变化，社会自组织日益活跃，原有的社会规范和管理手段逐渐弱化。我们要善于分析、把握社会变革趋势，既利用好机遇，又应对好挑战，增强社会治理实效。

从科技革命看，随着移动互联网、物联网及大数据、云计算、人工智能的发展，人类生活所经历的一切都在转变。这样一个快速发展的时代，从未在人类历史上发生过。这既为我们增强社会治理前瞻性、精准性、高效性，解决社会治理难题，提供了重要机遇，也给社会治理带来新的挑战。当前，我们面临的最现实安全威胁主要来自网络空间，网络安全的复杂性、影响力远远超过传统安全。我们要主动适应科技革命大趋势，既善于运用现代科技最新成果破解难题，又善于防范应对其带来的风险挑战，把社会治理提高到新水平。

从群众需求看，随着生活水平不断改善，人民群众需求越来越多样化，求发展、要公平、想参与的愿望增强，对安全的要求提高。我们要准确把握新形势下人民群众需求新变化，把解决实际问题与解决思想问题结合起来，增强人民群众安全感和满意度。

当前和今后一个时期，政法综治战线要全面贯彻党的十八大和十八届三中、四中、五中全会精神，深入学习贯彻习近平总书记系列重要讲话精神，紧紧围绕统筹推进“五位一体”总体布局和协调推进“四个全面”战略布局，牢牢把握推进国家治理体系和治理能力现代化的总要求，主动适应新形势，切实增强工作前瞻性，坚持立足当前与着眼长远相结合，坚持专项治理与系统治理、综合治理、依法治理、源头治理相结合，积极推动理念、制度、机制、方法创新，不断提高社会治理社会化、法治化、智能化、专业化水平，努力向主动预测预警预防转变，建设更高水平的平安中国，进一步增强人民群众安全感，为全面建成小康社会创造安全稳定的社会环境。

二、坚持以创新为引领，推进社会治理现代化

创新是一个民族进步的灵魂，也是推进社会治理现代化的不竭动力。面对新的阶段性特征，我们需要在坚持行之有效的传统经验做法基础上，进一步拓宽视野、开阔思路，推动社会治理工作与时俱进。如果不识变、不求变，墨守成规，社会治理就难有新作为。我们要深化对社会治理规律的认识，坚持向改革要活力、向创新要动力，积极推动理念、制度、机制、方法创新，建立健全符合中国国情、具有时代特征的社会治理体系，提高社会治理现代化水平。

（一）更加注重联动融合，增强社会治理合力。联动融合是当今世界的潮流，也是社会治理的内在要求。从一定意义上讲，我们已经进入一个融合的时代。特别是在经济全球化、区域一体化、社会信息化背景下，各类风险跨界性、关联性增强，没有哪类风险不需要综合施策，没有哪个地方和部门不需要协调配合。我们要强化全局观念，摒弃本位主义，更加注重设施联通、信息互通，更加注重力量统筹、资源共享，更加注重程序对接、工作联动，更加注重地区协作、条块互补，更加注重线上线下一体互动、相辅相成，增强社会治理系统性、整体性、协同性。

近年来，一些地方和部门适应新形势，以联动融合理念为引领，着力破解难题，取得明显成效。各地区各有关部门要建立健全工作制度机制，统筹各方资源，形成社会治理工作合力。各级综治委要发挥好统筹协调优势，建设好综治中心，搭建好工作平台，充分调动各成员单位积极性、主动性、创造性。

（二）更加注重开放共治，努力打造命运共同体。现代社会，政府单打独斗已不适应公共服务需求多样化、社会问题复杂化的新形势。实际上，政府、市场、社会扮演不同角色，有着不尽相同的资源手段、行为方式、责任担当。只有分工负责、良性互动，才能实现优势互补，共同治理好社会。我们要以开放心态、宽广胸襟，平等对待各类社会主体，以开放架构、市场机制吸纳社会力量、破解社会治理难题，形成多样化治理模式，努力实现社会共治。

社会组织是现代社会治理不可或缺的重要主体，既能把政府的政策传递到群众中去，又能把能人志士凝聚起来，有效回应群众诉求，为群众提供便捷、高效的公共服务。我们要推动社会组织明确权责、依法自治，为其参与社会治理搭建好平台，确保其成为政府的有力助手。加快培育与现代社会治理结构相适应的公益性、互助性社会组织，支持行业协会商会类社会组织发展，发挥好他们在参与社会事务、维护公共利益、救助困难群众、化解矛盾纠纷中的重要作用。

发挥好自愿交换、平等竞争、商业运作等市场机制的作用，对推进社会治理现代化具有重要意义。我们要善于运用市场思维、市场机制推进社会治理创新，善于运用利益引导、商业运作推进开放共治，善于通过购买服务、项目外包、保险等方式化解矛盾、防控风险，提高社会治理市场化水平。

企业不仅承担着维护自身生产经营安全的重要责任，而且是推进社会治理现代化的重要力量。各类企业要坚持经济效益和社会效益相统一，自觉履行社会责任，充分发挥资源、技术、人才等优势，积极参与社会治理，为维护公共安全、建设平安中国作出更大贡献。

（三）更加注重人民民主，把社会治理深深扎根于人民创造性实践中。社会治理是亿万人民的事业。只有“依水行舟”，才能源源不断地从人民群众中汲取智慧和力量，使社会治理永葆生机活力。我们要坚持人民主体地位，尊重人民首创精神，创造有利于人民参与的组织形式，努力形成共建共享格局。

基层自治作为人民民主的重要形式，本质上就是群众自己的事情自主办。我们要推动加强城乡社区群众自治组织建设，健全以群众自治组织为主体、社会各方广泛参与的新型社区治理体系，把城乡社区建设成社会治理的基础平台。贯彻居（村）委会组织法，深入开展以居（村）民会议、民主听证为主要形式的民主决策实践，以自我管理、自我服务为主要目的的民主治理实践，促进民事民议、民事民办、民事民管。

协商民主作为人民民主的重要形式，本质上就是对涉及群众切身利益的公共事务，多同群众商量。我们要树立商以求同、协以成事的理念，善于在不同意见中求同，在不同利益诉求中权衡，尽可能兼顾各方利益。决策前，要认真倾听民意、了解诉求，确保出台的政策考虑周全、合理可行；决策后，要跟踪政策执行，及时调整、完善，确保更符合实际。互联网具有迅速传播民情的优势。要不断完善网络民意收集机制、协商互动机制，努力凝聚社会共识，形成社会治理合力。

（四）更加注重运用法治方式，提高社会治理效能。法治作为社会治理的最优模式，具有权责明晰、程序公开、稳定社会预期的优势。实践告诉我们，当法治成为全社会的价值追求和行为模式时，很多难题就会迎刃而解。我们要善于运用健全的法治管住任性的权力，防止因不依法办事、侵犯群众合法权益引发社会矛盾。养成在法治轨道上主张权利、解决纷争的习惯，推动把利益诉求纳入法治化轨道。把培育法治生活方式作为基础性工程来抓，发挥好执法司法、法律服务、法治宣传教育在崇法尚德、移风易俗中的积极作用，努力使循法而行成为全体公民自觉行动。

法律是社会良知和秩序的底线。通过个案依法处理，为社会确立是非对错标准、明确行为底线取向，是司法机关的重要责任。针对群众反映强烈的突出问题，我们要善于以典型个案依法处理为突破口，给有关行业、群体确立规矩，发挥好执法司法在规范社会行为、引领社会风尚中重要作用。针对社会治理过多依赖行政、刑事法律手段的状况，我们也要善于运用民事法律手段，通过民事诉讼途径解决社会矛盾，通过民事公益诉讼机制维护公共利益，以较小成本取得较好效果。

（五）更加注重运用大数据，提高社会治理智能化水平。大数据在给各领域、各行业带来颠覆性变化的同时，也深刻改变了我们认识世界的思维方法，提升了我们改造世界的能力，成为促进国家治理变革的基础性力量。大数据是推进国家治理体系和治理能力现代化的重要抓手，将极大地提高社会治理的预见性、精准性、高效性。我们要站在时代潮头，创造性地把大数据等现代科技手段运用到社会治理中，为社会治理插上腾飞的翅膀。

如果说数据是土壤中的“水分”，那么，开放数据就会形成土壤上流淌的“河流”。就像流淌的河流孕育了传统的城市文明那样，开放数据将快速孕育新的智能文明。当前，制约数据开放、共享、应用的一个重要症结是缺乏统一的数据标准。要打破基于权力所形成的各种利益固化的体制壁垒，统筹有关地方、部门和互联网企业资源力量，对数据标准进行集中攻关，尽快建立科学的数据标准体系，着力解决内外融合难、上下对接难等问题。

大数据时代，要占领先机、赢得优势，不仅要看获取数据多少，更要看数据处理能力强弱。大数据应用的核心，就在于通过对数据的智能化处理，实现对数据价值的挖掘，揭示以往人们难以认识到的事物内在关联性。这为我们更好地理解事物本质、把握发展趋势提供了可能。我们要善于运用智能化手段，对大数据进行分析、处理、挖掘，实时关联犯罪嫌疑人的行为轨迹，从中找到犯罪规律或趋势，推动由事后追溯向事前预测预警预防转变。

把科技革命与机制变革融合起来，将会迸发巨大的创造力。我们要把大数据应用与社会治理创新深度融合起来，推进职能优化、机制变革，提升社会治理的层次和水平。

（六）更加注重基础性制度建设，为社会治理长远发展奠定基石。小智治事，大智治制。一个国家各领域基础性制度建设，是国家治理体系和治理能力现代化的重要支撑。近年来，有关部门就建立公民身份号码、组织机构代码、不动产登记、网络实名等制度出台一系列规定，为加强社会治理基础性工作发挥了重要作用。我们要从实际出发，积极探索、主动作为，加快基础性制度建设，推动从事后处置应对向建立长效治理机制转型，为实现社会善治提供制度保障。

实名制体现了行为自治、责任自负的法治原则，是预防打击违法犯罪的重要一招。我们要认真贯彻《关于进一步健全相关领域实名登记制度的总体方案》，尽快出台把实名制的原则性规定落到实处的办法，明确各方义务、责任，并建立严格的核查、追责制度。

健全信用管理制度，可以有效激励社会成员诚实守信，预防减少失信欺诈现象。我们要推动以公民身份号码为基础的信任根制度建设，健全公民、法人和其他组织统一社会信用代码制度，为建设诚信社会、提高社会治理整体水平提供支撑。加快推进人口信息系统与人像比对系统升级改造，建立违法犯罪记录与相关信用、职业准入等挂钩制度，让守信者一路畅通、失信者寸步难行。

产权制度是保护企业、公民合法财产的基础性制度，能够有效稳定人们的预期，对社会稳定、经济繁荣具有重要意义。我们要发挥好司法机关职能作用，健全依法保护产权的配套制度。完善依法保护非公有制企业财产权的制度机制，依法惩治侵犯其合法权益的违法犯罪活动。总结设立知识产权法院的成功经验，加大对知识产权侵权行为惩治力度，防止权利人赢了官司、丢了市场。按照查办案件与规范行为、采取强制措施与保障合法权益、惩治犯罪与挽回损失相统一的要求，健全相关制度机制，规范涉嫌违法企业和人员财产处置程序，有效保护企业、公民合法财产权益。

三、高度重视传统与非传统安全威胁的预测预警预防，进一步增强人民群众安全感

国泰民安是人民群众最基本、最普遍的愿望。当前，影响人民群众安全感的，有传统安全威胁，也有非传统安全威胁。我们要坚持问题导向、标本兼治，把专项治理与系统治理、综合治理、依法治理、源头治理结合起来，提高预测预警预防能力，确保人民安居乐业、社会安定有序、国家长治久安。

（一）积极防范、有效处置公共安全新威胁，确保公共安全。当前，公共安全问题复杂性加剧，防范处置难度加大。我们要不断研究新情况新问题，健全对公共安全风险滚动排查、监测预警、应急处置机制，提高动态化、信息化条件下维护公共安全能力和水平。

恐怖袭击是对公共安全的最大威胁。我们要绷紧反恐斗争这根弦，全力打好主动仗、持久仗。深入开展反恐国际合作，深化“去极端化”工作，促进反恐形势向好的方向发展。

当前，传统犯罪不断变换手法。我们要坚持打击、防范、治理并举，创新机制，增强实效。对黑恶势力，要立足系统治理，健全对涉黑涉恶犯罪人员监管、防控机制，完善涉黑涉恶犯罪线索举报、移交制度，防止其坐大成势。对毒品犯罪，要按照综合治理思路，深入推进打击制毒、堵源截流、预防教育、强制戒毒、社区康复工作，减少毒品危害。对“两抢一盗”犯罪，要划小作战单元，转变打击方式，以专业、灵活、高效的组织形式应对犯罪职业化。对拐卖妇女儿童犯罪，要深化“互联网＋”在打拐领域应用，推动形成全民反拐局面。

近年来，校园暴力、欺凌事件时有发生，影响未成年人身心健康。我们要坚持关爱又严管原则，按照系统治理、综合施策要求，落实政府、学校、家庭的责任。统筹做好法治宣传教育、道德熏陶、心理疏导工作，完善对未成年人不良行为早期干预机制。深入整治网络暴力文化、校园周边环境，减少不良影响。对未成年人犯罪，要坚持教育为主、惩罚为辅，探索适合未成年人身心特点的教育矫正体系，为失足未成年人健康成长创造良好条件。

社会流动性的增强，促进了社会开放、人员交流，也增加了公共安全风险。对高铁、地铁、公交等公共交通工具，要推动企业落实安全生产经营主体责任，推动视频监控系统、全程快速安检等措施落实到位。对物流寄递，要督促企业严格落实 X 光机安检、开箱验视、实名寄递等措施，建立全程计算机管理机制，织密安全网。

（二）积极防范、主动打击网络新型犯罪，全力维护网络社会和现实社会安全。在我国，网络犯罪已占犯罪总数的近 1/3，每年还在增加。我们要克服以传统办法对待网络犯罪的思维定式，创新防范打击方式，实现网上治理与网下管理、专门力量与社会力量相结合，增强工作主动性。

近年来，电信网络诈骗犯罪已成为社会公害，给人民群众财产造成重大损失，严重影响社会安定。我们要以对人民高度负责态度，按照系统治理、源头治理思路，坚决遏制电信网络诈骗犯罪高发势头。一是发挥好电信、银行等单位重要作用，落实源头防控责任。完善银行账户异常资金交易风险防控系统，对异常资金交易及时采取紧急停止支付、快速冻结措施。严格落实电话用户真实身份信息登记制度。电信、银行、互联网等企业推出新业务、新产品，要进行安全评估，对不采取安全防范措施、造成严重后果的，要追究单位和直接责任人责任。二是创新工作机制，形成依法打击合力。按照打数据仗、合成仗要求，深入开展打击整治行动，强化国际执法合作，坚决拔掉一批职业犯罪的“钉子”。尽快出台指导意见、司法解释，解决取证难、追赃难等问题。用好现有法律规定，使电信诈骗犯罪分子受到应有惩罚，增强震慑力。三是加强信息保护，维护公民、企业合法权益。结合制定个人信息保护条例，加大信息源头保护力度，完善公安、教育、医疗、金融等重点行业信息安全保护体系。对合法掌握个人信息的单位和工作人员特别是辅助人员，要制定严格的保密制度，切实加强教育管理，防止发生泄露事件。对买卖个人信息和企业商业秘密等违法犯罪活动，要依法打击；对监守自盗的内部人员，要依法严惩；对泄露信息造成严重后果的，要严肃追究单位负责人和直接责任人的责任。同时，构建网络安全综合防御体系，严密防范攻击窃密活动。发挥好互联网企业、网站、网民作用，形成网络信息人人共享、网络安全人人有责的局面。

当前，网络贩毒、贩枪、传授制爆技术等犯罪猖獗。我们要善于把新技术运用到预防打击网络犯罪中，确保与网络犯罪分子较量时占得先机、赢得主动。提高大数据分析、处理、挖掘能力，实时关联犯罪分子网上网下轨迹，增强防范打击网络犯罪的预见性、实效性。完善部门警种协同作战机制，健全涉网犯罪案件联合侦查打击等工作模式，提高整体作战能力。加强与金融、电信及互联网企业合作，加大对网络犯罪产业链打击力度，从根本上遏制网络犯罪高发势头。探索“互联网 + 社区”警务工作新模式，发动网民、群众提供线索，与时俱进地打好对网络犯罪的人民战争。

（三）积极防范、稳妥化解经济运行新风险，服务好经济发展大局。经济风险是基础性风险，传导性、变异性强。我们要强化大局意识、服务意识，善于运用“第三只眼”看经济发展变化，经常研究经济运行新趋势，准确判断哪些是要支持的、哪些是要关注的、哪些是要制止的，切实增强工作前瞻性。

近年来，非法集资案件时有发生，严重侵害人民群众合法权益，扰乱金融秩序，影响社会稳定。我们要加强金融领域新知识学习，提高金融风险识别能力。处理好创新与监管的关系，善于发挥法治对创新的引领、规范作用，既保护社会创造活力，又防控金融风险。推动建立立体化、社会化、信息化监测预警体系，提高对金融风险发现、预警能力。积极推动刑事司法与行政执法有机衔接，综合运用刑事、非刑事手段处置化解风险。

分享经济在增强经济发展新动能的同时，也存在监管不到位、信用机制不健全等问题。我们要找准鼓励创新与防控风险的平衡点，坚持在发展中规范、在规范中发展。对网约车等产品共享领域存在的隐患，要在坚持改革方向、促进市场良性竞争、深入调研论证、依法慎重决策前提下，健全审核制度，落实安全防范措施，强化日常监管，保障乘客安全。对住房、停车位等空间共享领域存在的隐患，要强化租赁平台对房东和租客的身份核查功能，对接公安、工商、税务等部门信息系统，防止其成为滋生违法犯罪的温床。对餐饮外卖等服务共享领域存在的隐患，要打通线上线下信用体系，推进网上网下融合监管，强化经营主体和第三方平台的责任，让群众享受安全服务。

面对经济纠纷、案件增多，我们要把依法处理与多元化解结合起来，提高解决经济纠纷、案件的水平。对债务纠纷，要区分性质，妥善处理民间借贷关系，严厉打击诈骗、高利贷等违法犯罪行为，尽可能为受害者挽回损失。对企业破产案件，要完善依法解决机制，推动用法治办法化解产能过剩、处置“僵尸企业”。

（四）积极防范、妥善处置矛盾纠纷，努力实现维权与维稳相统一。我们要抓早抓小抓苗头，健全多元化纠纷解决机制。预防处置工作中，既要发挥好法律规范作用，又要发挥好道德教化作用，促使公民明是非、辨善恶、守诚信、知荣辱，以道德伦理滋养法治精神，推动形成良好的社会风尚和社会秩序。要善于从中华优秀传统文化中吸取营养，提升公众道德境界，把社会和谐稳定建立在较高的道德水平上。

针对环保类群体性事件，我们要深入分析其发生演变规律特点，找准经济发展与环境保护、公共利益与个人利益的平衡点，依法科学制定实施项目建设规划。在政府、企业、群众之间搭建协商平台，建立第三方参与的评估机制，找到项目落地最大公约数。引导群众科学认识环境风险，理性表达利益诉求。

征地拆迁是工业化、城镇化进程中绕不开的难题。我们要坚持让利于民，坚持阳光拆迁，善于用群众工作方法做拆迁工作。完善信息公开、听证等制度，在吸纳民意中完善政策，在集体协商中化解分歧。坚持依法文明征地拆迁，杜绝发生违法违规征收土地和粗暴野蛮拆迁现象。畅通司法救济渠道，依法保障被征地拆迁人员合法权益。

近年来，暴力伤医、医闹等问题频发。我们要结合深化医药卫生体制改革，努力构建和谐医患关系。把弘扬法治精神和加强人文关怀结合起来，推动建立精通医疗技术、了解患者及家属心理需求的专门队伍，及时为患者及家属答疑解惑，增进相互信任。推动建立“三调解、一保险”长效机制，确保群众投诉有门、处理公正。建立医警联动机制，依法打击涉医违法犯罪。

我们要按照打造阳光信访、责任信访、法治信访的要求，完善信访工作责任体系，依法分类处理信访诉求，努力将矛盾纠纷化解在基层和萌芽状态。推广微信公众号、手机客户端信访应用和远程视频接访，方便群众网上投诉、评价。

四、紧紧围绕破难题、补短板，不断增强社会治安防控体系实效

完善社会治安防控体系，是新形势下深入推进社会治理创新的重要载体，是建设平安中国的基础工程。对此，习近平总书记多次作出重要指示，中央办公厅、国务院办公厅印发了《关于加强社会治安防控体系建设的意见》，中央政法委、中央综治委和公安部在武汉会议、大连会议上作了专门部署。各地区各有关部门结合实际，积极探索实践，提高了驾驭社会治安局势、保障公共安全的能力。同时，面对社会治安形势发展变化，社会治安防控体系还存在一些不适应的问题。我们要从实际出发，紧紧抓住难题、短板，在症结点上出实招，推动社会治安防控体系建设取得新成效。

（一）坚持统筹规划、狠抓精细管理，提高社会治安防控体系整体效能。完善社会治安防控体系，核心是提高整体效能。近年来，各地在社会治安防控体系建设中都有很大投入，但前期大多是逐步建设、分散建设，存在统筹规划不足、资源整合不够、管理方式粗放等问题，制约了整体效能发挥。我们要强化问题导向、精准发力，以关键问题的解决带动社会治安防控体系整体水平的提高。

基础信息作为越用越增值的非消耗性资源，只有最大程度整合共享，才能实现价值最大化。各地要加强统一领导、统筹规划，对有关部门信息共享需求进行全面梳理，列出项目清单，逐一推动落实，解决重复建设、信息“孤岛”等问题。统筹整合信息资源，一个重要方面是推动公共安全视频监控系统联网应用。目前，中央已将公共安全视频监控系统建设纳入“十三五”规划和国家安全保障能力建设规划，部署开展“雪亮工程”建设。各地要加快重要部位、复杂场所和农村薄弱地区公共区域视频监控系统建设，努力实现城乡视频监控一体化。

健全基础标准规范体系，是加强精细化管理、提高社会治安防控系统运行效率和质量的必由之路。我们要加快建立系统完备、科学有效的操作规范和执行标准，增强刚性约束，减少随意性。抓好标准规范的执行，必要时进行订单式、精准式培训指导、督促落实，促进社会治安防控体系常态、高效、协调运转。

跟踪评估问效是促进社会治安防控体系整体效能发挥的重要抓手。各省、市、县要建立评估制度，由综治委和公安机关牵头，成立专业化工作小组或专家团队，定期评估社会治安防控体系基础设施建设、机制运行实际成效，及时发现解决突出问题。

（二）坚持要素掌控、狠抓关键环节，为社会治安防控体系提供有力支撑。对社会治安基本要素进行动态掌控，是社会治安防控体系建设的根基。管好基本要素，当务之急是落实好身份信息核查责任。各用证部门要依法履行核查责任，严格落实人、证一致性核查，确保重点行业身份信息核查落实到位。对不落实的单位、个人，要依法追责，推动在全社会形成用证单位认真验证、广大群众自觉配合验证的良好风气。

实有人口、实有房屋是社会治安防控的重要源头。各地要集中力量开展实有人口、实有房屋管理攻坚行动，切实消除管理死角和防控盲区。

专群结合是掌控好社会治安基本要素的有效途径。新形势下，专群结合的方针要坚持，方式方法也要与时俱进。我们要善于运用新的载体和手段，把广大人民群众发动起来，让他们成为社会治安基本要素掌控的“千里眼”“顺风耳”，开创专群结合、群防群治新局面。

（三）坚持创新驱动、狠抓机制改革，提高社会治安防控体系运行实效。运行机制是社会治安防控体系的“神经中枢”。我们要牵住改革创新这个“牛鼻子”，抓住指挥体系、合成作战等关键环节，建立符合实战、运转高效的警务机制，提升社会治安防控能力。

近年来，一些地方探索把公安指挥中心升级为大数据指挥服务中心，推动其功能由传统的接警派警拓展到汇聚研判数据、精准推送信息、引领基层警务实战，牵动了警务运行机制、警务工作形态变革。我们要探索以公安指挥中心转型升级引领警务机制变革，努力实现精确指挥、精准行动，提高预知预警、防控风险、服务群众能力。

合成作战是建立现代警务机制的必然要求，也是增强社会治安防控体系整体性、实战性的关键。我们要深入推进打防管控一体化，通过加强案件分析，善于从破案中回溯倒查管理、防范漏洞，从日常管理、防范中发现案件线索，实现打防管控协调联动。正确处理警种专业化与合成作战的关系，积极探索建立跨部门联合行动小组等方式，实现专业化与一体化的有效结合。互联网时代，不能沿用传统思维方式，新增一项业务工作就要求新设一个机构，而应当多开发一些应用模块，以满足新的业务工作需要。信息资源利用上，能用一个平台承担的任务，就不要设立新的平台，防止造成新的力量分散和资源浪费。

（四）坚持做实基层、狠抓资源整合，激发社会治安防控体系活力。社会治安防控体系建设的重点在基层，难点在基层，希望也在基层。目前，基层单位分工过细、力量分散、活力不足等问题仍较突出，制约了社会治安防控体系建设向纵深推进。我们要进一步解放思想，按照扁平化、专业化要求，积极稳妥调整设置机构，盘活用好资源，最大限度激发基层活力。把基层综治办、维稳办和公安派出所、司法所等资源力量统筹起来，形成联防、联治、联动局面。

把条和块的资源力量统筹好、运用好，是发挥好社会治安防控体系整体效能的内在要求。我们要根据形势任务发展变化，因事设岗、因岗定人，解决基层一线警力结构性缺编问题，把更多警力投向案件多、任务重的地区和岗位。要合理确定领导机关、上级业务部门和基层单位职能，该由上级承担的任务，不要随意摊派给基层。上级业务部门要加强对信息资源的集约利用、综合研判和精准推送，更好地服务基层。

统筹各方资源力量，对社会治安进行综合治理，是我国的特色和优势，也是深化平安建设的重要保证。各级党委和政府要把社会治理作为“一把手”工程来抓，纳入经济社会发展规划，及时研究解决重大问题，切实肩负起促一方发展、保一方平安的政治责任。各有关部门、单位要把社会治理与业务工作同部署、同落实，分领域、分行业抓好各项部署和措施的落实。各级党委政法委、综治委要履行好统筹协调、督办落实的职能作用，推动形成问题联治、工作联动、平安联创的局面。认真贯彻中央办公厅、国务院办公厅印发的《健全落实社会治安综合治理领导责任制规定》,努力形成权责明晰、奖惩分明的社会治安综合治理责任体系。

社会治理现代化,核心是人的现代化。当前,改革发展稳定任务异常艰巨繁重。对广大政法综治干部来说,多少机遇需要把握,多少难关需要攻克,多少奇迹需要创造。希望大家按照政治上强、懂法律、善治理的要求,进一步加强自身建设,不断提高履职能力和水平。切实加强对中国特色社会主义理论体系和习近平总书记系列重要讲话精神的学习,切实加强对社会治理规律的研究,自觉追求工作的品位,善于发挥社会治理体制机制优势,善于通过制定先进、合理的规则,提高统筹解决实际问题的能力和水平。始终保持学习新知识、探索新事物的激情,自觉加强对互联网、大数据、人工智能等新知识的学习,自觉加强对现代科技应用意识和能力的培训,善于运用新知识、新技术破解社会治理难题,努力做一个富有创造力的干部。总之,广大政法综治干部永远要心中有党、心中有民、心中有责、心中有戒,激扬以天下为己任、以人民为信念的真挚情怀,切实做到紧跟时代、砥砺前行,自觉担当重任、奋发有为,不断开创政法综治工作新局面。

(本文是孟建柱同志2016年10月11日在全国社会治安综合治理创新工作会议上的讲话,转载自《长安》杂志2016年第11期)

三、国家标准

社会治安综合治理综治中心建设与管理规范
（GB/T 33200—2016）

前　言

本标准按照GB/T 1.1—2009给出的规则起草。

本标准由全国公共安全基础标准化技术委员会（SAC/TC 351）提出并归口。

本标准起草单位：中央政法委、中央宣传部、最高人民法院、最高人民检察院、公安部、中央社会治安综合治理委员会办公室、中央维护稳定工作领导小组办公室、中央防范和处理邪教问题领导小组办公室、中华全国总工会、中国共产主义青年团中央委员会、中华全国妇女联合会、全国人大常委会办公厅、全国人大常委会法工委、全国政协办公厅、国家发展和改革委员会、教育部、科学技术部、工业和信息化部、国家安全部、民政部、司法部、财政部、人力资源和社会保障部、国土资源部、环境保护部、住房和城乡建设部、交通运输部、文化部、国家卫生和计划生育委员会、中国人民银行、海关总署、国家工商总局、国家质量监督检验检疫总局、国家新闻出版广电总局、国家安全生产监督管理总局、国家旅游局、中国银监会、中国保监会、国家信访局、中国铁路总公司等。

本标准主要起草人：张韶华、禹丽芸、张玮、邢立强、李忠强、何嘉、严曦、周群淞、张恒斌、许祥辰、肖嵩、石拥军、朱黎明、陈春贵、陈旭瑾、耿秉宏、段君毅、金海武、陈小军、陈显辉、彭波、田大忠、徐龙刚、李军、李炜、王雪鹏。

引　言

加强社会治安综合治理，深入推进平安建设，事关党的执政地位巩固，事关国家长治久安，事关人民安居乐业。加强省级及以下综治中心建设和日常管理是在新形势下不断推进国家治理体系和治理能力现代化的必然要求，是整合社会治理资源，创新社会治理方式，提升复杂社会条件下综治组织实战能力的重要支撑性工程。

本标准旨在为省级及以下综治中心建设和管理提供指引，各级综治中心通过整合本级综治资源，形成有机整体，提升综治中心的实战能力，并协调相关部门，通过派员进驻或网络可视化办公等形式共同为人民群众提供全面、优质、高效的社会治安相关公共管理服务。

各级综治中心通过综治信息系统、综治视联网和电话、网络等手段实现上下级联络、信息报送和指挥，有效提高各级综治中心快速反应能力。

社会治安综合治理综治中心建设与管理规范

1　范围

本标准规定了省（自治区、直辖市）、市（地、州、盟）、县（市、区、旗）、乡镇（街道）、村（社区）五级综治中心的建设与管理要求。

本标准适用于省级及以下综治中心的建设与管理。

2　规范性引用文件

下列文件对于本文件的应用是必不可少的。凡是注日期的引用文件，仅注日期的版本适用于本文件。凡是不注日期的引用文件，其最新版本（包括所有的修改单）适用于本文件。

GB/T 31000　社会治安综合治理基础数据规范

3　术语和定义

下列术语和定义适用于本文件。

3.1

社会治安综合治理　comprehensive management of public security

各部门各方面协调一致，齐抓共管，运用多种手段，打防并举，标本兼治，整治社会治安，打击和预防犯罪，保障社会治安的稳定。

[GB/T 31000—2015，定义3.1]

注：简称综治。

3.2

社会治安综合治理信息系统　information system for the comprehensive management of public security

以综合治理业务需求为导向，充分利用已有基础设施，整合各类平台资源，通过系统文本、图像、音频、视频等各种信息数据进行集成、交换、共享等方式，建设的纵向贯通、横向集成、共享共用、安全可靠的信息系统。

[GB/T 31000—2015，定义3.2]

注：简称综治信息系统。

3.3

社会治安综合治理视联网　video network for the comprehensive management of public security

以综治视频综合应用为目的，依托电子政务网络和通信运营商提供的专线网络，采用自主知识产权的视频产品并集成信息安全防护技术，围绕社会治安综合治理重点业务，将视频会议、视频监控、视频通讯、视频培训、视频点播、视频调解、视频信访、视频调研、信息发布等功能整合在同一平台上，实现跨地区、跨部门、跨行业指挥调度、分析研判、应急处置、服务管理等业务应用可视化、智能化、扁平化的综合高清视频网络系统。

注：简称综治视联网。

4　总体原则

坚持党委领导、政府主导、综治协调、各部门齐抓共管、社会力量积极参与，根据各地区经济状况、人口规模和加强社会治安综合治理、深化平安建设的实际需求，因地制宜按需整合现有资源、人员、设施，充分运用信息化技术，建设规模合理、层级清晰、功能定位明确的综治中心，并加强运行维护和管理，夯实综治工作基层基础，在纵向推动省（自治区、直辖市）、市（地、州、盟）、县（市、区、旗）、乡镇（街道）、村（社区）各层级综治中心运转规范、衔接有序、指挥高效，在横向促进综治中心与本地区各相关部门资源整合、信息共享、协调一致，实现一体化运作，实体化运行，坚持预防为主，强化实战功能，突出工作实效，使综治战线成为维护社会治安与社会稳定的一道防线。

5　功能定位

5.1　省（自治区、直辖市）、市（地、州、盟）、县（市、区、旗）、乡镇（街道）综治中心功能

5.1.1　省（自治区、直辖市）、市（地、州、盟）、县（市、区、旗）、乡镇（街道）综治中心基本功能

基本功能包括：

a）认真贯彻社会治安综合治理有关法律法规政策，加强对社会治安综合治理有关问题的调查研究，向上级综治组织和本地区党委、政府及综治委提出政策建议。

b）组织协调辖区内社会治安防控体系建设，协调、推动实有人口服务管理、特殊人群服务管理、非公有制经济组织和社会组织服务管理、社会治安、预防青少年违法犯罪、校园及周边治安综合治理、护路护线联防等涉及多个部门的社会治安综合治理事项的解决。

c）组织协调本地区矛盾纠纷多元化解工作，调解辖区内跨地区的矛盾纠纷；指定牵头单位调解涉及多个部门的矛盾纠纷；对相关部门依照首问责任制受理、但不属于本部门调解范围的矛盾纠纷，确定相应的责任单位予以调解。

d）协调、指导、推动辖区内网格化管理工作的落实。

e）对辖区内各地各部门社会治安综合治理工作进行督导、检查，开展综治工作（平安建设）考核评价。

f)掌握辖区内各地各部门社会治安综合治理工作进展情况,组织开展对社会治安和社会稳定形势的整体研判、动态监测,并提出督办建议。

g)组织开展法治宣传教育,引导人民群众遵守法律,有问题依靠法律来解决,形成守法光荣的良好氛围。

h)省、市两级综治中心协助驻军部队参与平安创建,协助做好涉军维权、军地互涉案件查办等工作。

i)上级综治组织和同级党委、政府及综治委交办的其他事项。

5.1.2 县(市、区、旗)综治中心特殊功能要求

县(市、区、旗)综治中心除具备5.1.1所列功能之外,还应具备如下功能:

a)依托综治信息系统等,逐步建立统一的服务管理平台,对辖区内群众有关社会治安、矛盾纠纷方面的求助、投诉联动受理、处理、督办、反馈。

b)依托综治信息系统、综治视联网、公共安全视频监控系统等,逐步实现对辖区内社会治安状况的实时监控、分析研判等。

5.1.3 乡镇(街道)综治中心特殊功能要求

乡镇(街道)综治中心除具备5.1.1所列功能之外,还应具备如下功能:

a)依托综治信息系统等,建立统一的服务管理平台,对辖区内群众有关社会治安、矛盾纠纷方面的求助、投诉和有关矛盾纠纷联动受理、处理、督办、反馈,明确责任单位和责任人,做到统一受理、集中梳理、归口管理、依法处理、限期办理。

b)依托综治信息系统、综治视联网、公共安全视频监控系统等,逐步实现对辖区内社会治安状况的实时监控、分析研判等。

c)组织开展平安村(社区)、平安家庭、平安单位、平安市场等基层平安细胞的创建活动。

d)发展壮大平安志愿者、社区工作者、群防群治队伍等专业化、职业化、社会化力量,促进相关社会组织在社会治安防控体系建设等工作中充分发挥作用。

5.2 村(社区)综治中心功能

村(社区)综治中心应具备如下功能:

a)组织实施网格化管理,加强网格员队伍建设,收集、了解社情民意,采集、录入、上报各类基础信息。

b)组织协调辖区内的社会治安防控体系建设,落实实有人口服务管理、特殊人群服务管理、非公有制经济组织和社会组织服务管理、社会治安、预防青少年违法犯罪、校园及周边治安综合治理、护路护线联防等工作任务。

c)组织协调辖区内的矛盾纠纷多元化解工作。

d)对辖区内社会治安综合治理工作进行督导、检查。

e)依托综治信息系统等,建立统一的服务管理平台,并与乡镇(街道)综治中心实现衔接,受理、处理辖区内群众的求助、投诉等。

f)组织开展法治宣传教育,开展平安村(社区)、平安家庭、平安单位、平安市场等基层平安细胞的创建活动。

g)依托综治信息系统、综治视联网、公共安全视频监控系统等,充分发动群众,逐步实现对本地区社会面治安状况的实时监控、分析研判等,排除公共安全隐患。

h)发展壮大平安志愿者、社区工作者、群防群治队伍等专业化、职业化、社会化力量,促进相关社会组织在社会治安防控体系建设等工作中充分发挥作用。

i)上级综治组织和村(社区)党组织交办的其他事项。

6 运行模式

6.1 省(自治区、直辖市)、市(地、州、盟)综治中心

按照“综治办 + 综治信息系统 + N”的模式,依托综治信息系统,强化同各有关部门信息资源互联互通、共享共用,在此基础上完善各部门协作联动工作机制。

6.2 县(市、区、旗)综治中心

通过建立实体化运行机制,加强对各综治委成员单位及其他相关部门人员力量的整合,有效集聚社会治安综合治理和深化平安建设相关服务管理职能。同时,依托综治信息系统,整合信息资源,提升服务管理效能。

6.3 乡镇(街道)综治中心

在乡镇(街道)党(工)委领导下,通过组织集

中办公等方式整合有关基层力量，依托综治信息系统，建立协作配合、精干高效、便民利民的实体化工作平台，发挥实战功能，实现信息互通、优势互补、工作联动，共同维护良好的社会治安秩序。

6.4 村(社区)综治中心

在村(社区)党组织领导下，发挥村(社区)党组织、村(居)民委员会等作用，依托综治中心，深化网格化管理，加强社会化服务，有效整合社会治理资源并进一步向网格、家庭延伸，及时反映和协调人民群众利益诉求，提升基层社会治理能力。

7 人员组成

7.1 领导人员

省(自治区、直辖市)、市(地、州、盟)、县(市、区、旗)、乡镇(街道)可以结合实际由综治委或者综治办负责同志担任同级综治中心主任，负责组织综治中心的管理工作；设置若干副主任并可由其他相关职能部门负责同志兼任。村(社区)由党组织书记担任综治中心主任，并明确1名负责人负责综治中心日常管理工作。

7.2 工作人员

7.2.1 省(自治区、直辖市)、市(地、州、盟)、县(市、区、旗)综治中心

综治办全体工作人员可进驻综治中心。

根据实际工作需要，在多元化解矛盾纠纷、推进平安建设等方面可由相关部门安排人员入驻，共同开展工作。公安、司法行政、民政、人力资源社会保障、信访、法院、国土资源、住房和城乡建设、环境保护、工会、共青团、妇联、教育、卫生计生、铁路等单位，以及综治委各专项组组长单位，应依托综治信息系统、综治视联网实现信息共享和视频会议、视频通讯等可视化办公，或者派员入驻综治中心办公。

按照相关法律政策规定，可以招用事业编制人员，或者通过政府购买服务等办法聘用社会工作者、支持社会组织或志愿者从事有关工作。

7.2.2 乡镇(街道)综治中心

综治办全体工作人员进驻综治中心。

根据实际需要由相关部门安排人员入驻，共同开展工作。公安、司法行政、民政、人力资源社会保障、信访、法院应派员入驻综治中心办公。承担国土资源、住房和城乡建设、环境保护等部门职能的机构以及工会、妇联等群团组织应依托综治信息系统、综治视联网实现信息共享和视频会议、视频通讯等可视化办公，或者派员入驻综治中心办公。

按照相关法律政策规定，可以招用事业编制人员，或者通过政府购买服务等办法聘用社会工作者、支持社会组织从事有关工作。

7.2.3 村(社区)综治中心

结合实际，村(社区)党支部委员会和村(居)民委员会干部、驻村(社区)民警、网格管理员、社会工作者、志愿者等积极参与做好综治工作，支持社会组织从事有关工作。

8 设施要求

8.1 基本要求

综治中心设施应满足如下要求：

a)服从规划布局，根据人口分布等因素，选择辐射能力较强、交通相对便利、群众办事方便的地方。

b)以现有人员、设施等为基础，充分整合资源。可充分利用现有的综治办办公用房、政务服务中心、村级组织活动场所和公共服务中心、社区公共服务设施等场所建设综治中心，有条件的地方也可单独建设。

c)省(自治区、直辖市)、市(地、州、盟)、县(市、区、旗)、乡镇(街道)综治中心应具备满足综治办日常办公、其他部门派驻人员日常办公需求的办公用房。办公用房应按照同级党政机关办公用房建设标准予以配备，包括基本办公用房(办公室、服务用房、设备用房)、附属用房。村(社区)综治中心应具备满足综治办日常需要的办公场所。

d)应为开展群众接待、矛盾纠纷多元化解、社会治安形势监测研判、综治信息系统建设、公共安全视频监控建设联网应用等工作提供必要场所。

e)应规范标牌、标志。标牌名称统一为：××省(自治区、市)、市(地、州、盟)、县(市、区、旗)、乡镇(街道)、村(社区)综治中心。

f)应配备必要办公设备；服务窗口设置合理、整洁规范；合理配备休息椅、饮水机等服务设施；设置方便残疾人活动的无障碍设施，室外有方便残疾人进出的通道，并设有无障碍设备标识；配备

防火防盗、安全逃生等安全设施,走廊设立防滑安全提示语;服务内容、服务流程、工作职责等上墙公开;在醒目位置摆放有关政策法规等宣传资料;设置意见(举报、投诉)箱和咨询电话;设置公共卫生间。

8.2　县(市、区、旗)、乡镇(街道)综治中心设施特殊要求

县(市、区、旗)、乡镇(街道)综治中心应建有以下专门设施:

a)群众接待厅:由综治办和进驻的相关单位派员设置窗口,提供信访接待、人民调解、劳动争议调解、人口管理等"一站式服务"功能,接待、受理群众来信来电来访,现场解答或咨询,协调解决群众反映的困难和问题。

b)矛盾纠纷调处室:为综治组织协调推动矛盾纠纷多元化解,司法行政、信访部门与综治中心进行工作衔接,土地纠纷调解工作小组调解土地权属争议、征地补偿安置等引发的矛盾纠纷,住房和城乡建设部门调解国有土地上房屋征收、集体土地上房屋拆迁、建筑施工、物业管理等引发的矛盾纠纷,环境保护部门调解因环境污染引发的重大疑难环境纠纷,人力资源与社会保障部门调解劳动关系纠纷,妇联参与调处婚姻家庭纠纷及其他涉及妇女儿童合法权益的案件,以及市场监管、城市管理等其他相关部门开展矛盾纠纷多元化解等工作提供场所。

c)监控研判室:为社会治安形势分析研判、社会治安状况实时监控等提供场所。监控研判室应接入综治视联网,并逐步将本地区公共安全视频监控图像信息接入。

d)为社会组织入驻从事有关工作提供专门场所。

8.3　村(社区)综治中心设施建设的特殊要求

村(社区)综治中心应建有以下设施(可一室多用):

a)群众接待室:设置工作窗口,提供人民调解、人口管理等"一站式服务"功能,接待、受理群众来信来电来访或解答群众咨询求助,协调解决群众反映的困难和问题。

b)矛盾纠纷调处室:为调处本地区群众矛盾纠纷提供必要场所,并与警务室(站)调解矛盾纠纷工作实现衔接。

c)视频监控室:与本地区公共安全视频监控进行联网,可接入综治视联网。

d)心理咨询室:配备专业社会工作者或心理辅导人员,协调组织志愿者,对社区居民开展心理健康宣传教育和心理疏导。

e)应为社会组织入驻从事有关工作提供专门场所。

9　综治信息系统建设

9.1　基本要求

综治信息系统建设应符合 GB/T 31000。

9.2　系统配备要求

综治信息系统配备要求如下:

a)省(自治区、直辖市)、市(地、州、盟)综治中心应配备通信系统、大屏显示系统、考核评价系统、数据分析研判系统和综治视联网信息中心。综治视联网信息中心的视频会议系统至少具备1080 P 高清传输能力。省级综治中心大屏显示系统硬件设施尺寸不小于 500 英寸;市级综治中心大屏显示系统硬件设施尺寸不小于 300 英寸。

b)县(市、区、旗)综治中心应配备通信系统、大屏显示系统、信息处理系统和综治视联网信息中心。大屏显示系统硬件设施尺寸不小于 150 英寸。综治视联网信息中心的视频会议系统至少具备 1080 P 高清传输能力。

c)乡镇(街道)综治中心应配备通信系统、显示系统、信息处理系统和综治视联网信息中心。显示系统硬件设施尺寸不小于 55 英寸。综治视联网信息中心的视频会议系统至少具备 1080 P 高清传输能力。

d)村(社区)综治中心至少配备一台电脑终端,以及信息采集录入系统、信息处理系统、通信系统。逐步为每名网格管理员配备手持信息采集终端或提供相应的手机 APP,实现对有关信息的采集,并与综治中心互联互通。

9.3　网络建设要求

综治信息系统网络建设要求如下:

a)省(自治区、直辖市)综治中心网络上联采用1000 M 网络与中央平台对接,下联采用1000 M网络与市级平台对接整合。

b)市(地、州、盟)综治中心下联采用至少100 M网络与县级平台对接。

c)县(市、区、旗)综治中心下联采用至少100 M网络与乡镇级平台对接。

d)乡镇(街道)综治中心下联采用至少10 M网络与村级平台对接。

e)村(社区)综治中心至少配备10 M网络。

9.4 省级“综治云”和大数据资源中心建设要求

省级“综治云”和大数据资源中心建设要求如下:

a)在省(自治区、直辖市)综治中心通过搭建高性能服务器与存储设备,构建虚拟化资源平台、大数据平台等,形成超强计算能力、超大存储容量的计算资源池与存储资源池,为综治信息系统的应用提供基础环境服务。各类系统功能通过数据服务与软件服务建设,为省、市、县、乡、村(社区)五级用户提供分级授权访问和信息数据存储服务,构建纵向贯通、横向集成、共享共用的深度合成应用。

b)在省级综治中心利用分布式计算和分布式存储等大数据技术,建设独立的大数据资源中心,实现数据资源的一体化管理。数据存储期限根据重要性分为3个月、6个月、1年和永久。

9.5 配套设施

综治信息系统建设需要的配套设施要求如下:

a)各级综治中心应根据实际情况,建立满足上述信息系统安全运行的信息网络用房、通信机房等设施。

b)综治信息系统建设应与信息安全“同步规划、同步设计、同步实施”,符合国家信息系统安全等级保护基本要求,推广应用国产信息技术与产品,建立健全以自主知识产权为核心的网络安全关键技术保障机制,按要求开展综治信息系统定级备案、等级测评和安全建设整改,禁止将未经安全验收的项目投入使用。

10 公共安全视频监控建设联网应用

10.1 基本要求

坚持依规建设、按需联网、整合资源、规范应用、分级保障、安全可控,形成党委领导、政府主导、综治牵头、公安负责、部门配合、社会参与的工作格局。按照目标导向和问题导向的要求,依托综治中心,建立各省(自治区、直辖市)、市(地、州、盟)、县(市、区、旗)、乡镇(街道)、村(社区)的公共安全视频信息共享平台和传输网络,将各有关部门的公共安全视频图像资源全面连通接入,并与中央综治办的交换共享分平台有效对接,最大限度地实现公共区域视频图像资源联网共享。

a)加强统一规划,符合国家(行业)的有关标准规范和GB/T 31000,具有良好的兼容性和可扩展性。

b)根据互联互通的技术标准和要求,对已建和在建系统应进行必要的调整和统一,充分利用已有基础设施,整合现有视频监控系统资源,避免重复投资和建设,促进联网应用、资源共享,继续发挥现有资源体系的效能。

c)坚持以用促建,把防控风险、服务民生作为工作的出发点和着力点,并将公共安全视频监控建设联网应用纳入智慧城市建设规划,同步设计、同步推进,深度应用视联网等技术,实现业务应用可视化、扁平化。

d)根据维护国家安全、公共安全的实际需要,进一步提高重点公共区域与重点行业、领域的重要部位视频监控覆盖率、完好率、联网率,推动各地区结合实际分步实施,并根据不同区域、部位的图像采集要求分类建设,实现全面与重点、区域与行业、内部与外部的结合,做到主责单位与共享利用单位权限分级管理、公共安全与专属资源区别对待。

e)遵守国家法律、法规、政策和技术标准,严格执行设计方案评审核准、工程检测、竣工验收等建设管理规定,促进规划、设计、建设、应用、管理、维护等各个环节协调有序,确保系统持续良性运行。

10.2 公共安全视频图像信息交换共享平台

省(自治区、直辖市)、市(地、州、盟)、县(市、区、旗)综治中心应协调推动本级人民政府公共安全视频图像信息交换共享平台的建设与管理。该平台应与综治信息系统、综治视联网安全、有效对接,并至少具备如下功能:

a)整合本级各方面视频图像资源,各部门联网共享根据业务需要选择适当的方式接入。

b)可以对同一层级(以及部分下一层级)的视频信息集中存储、处理、应用、分发。视频信息存储时限应达到 1 个月,其中重点区域与重要部位的视频信息存储期限应达到 3 个月。

c)为本级提供可视化图像资源与应用服务支撑,根据各部门公共安全视频监控使用需求,通过公共安全视频图像信息共享平台的权限设置,灵活划分图像资源和应用功能,向不同部门提供相应的视频图像资源以及基础服务。

d)应扩展物联网、视联网、云计算、大数据等新技术高端应用,在保障安全可控的前提下,逐步丰富接入数据类型,为公安、交通、铁路、综治、城管、消防、环保、林业、安监、金融、食药等不同部门提供可视化的政务管理支撑服务。应优先采用云计算架构部署和建设各类应用服务系统,实现大规模虚拟化资源的管理调度,并且为各类计算业务提供广泛的应用和支持,大大提高现有资源的利用率,降低建设成本。同时采用云存储技术作为数据存储的基础,为视频、图片、数据等各个业务系统提供统一的海量存储空间。通过云存储提供的存储虚拟化、集群管理、高可靠性等各种技术,提供高性能的数据读写能力、数据共享能力。针对公共安全视频监控特有的非结构化数据、结构化数据,结合大数据处理技术进行有效的信息检索、整合、分析和挖掘,再通过与其他信息数据系统的关联分析处理,形成对图像信息资源的深度利用,比如针对车辆数据的套牌分析、针对人像数据的比对分析等。

10.3 建设要求

公共安全视频监控建设联网应用工作应基本达到如下要求:

a)全域覆盖。重点公共区域的视频监控覆盖率达到 100%,新建、改建高清摄像机比例达到 100%,重点行业和领域的重要部位视频监控覆盖率达到 100%,逐步增加高清摄像机的新建、改建数量。住宅小区公共区域视频监控覆盖率应达到 100%。综治中心应发挥统筹与组织作用,并指导一般企事业单位、商户根据自身安全防范需求开展建设。

b)全网共享。重点公共区域的视频监控联网率达到 100%,重点行业和领域涉及公共区域的视频图像资源联网率达到 100%。

c)全时可用。重点公共区域安装的视频监控摄像机完好率不低于 98%,重点行业和领域安装的涉及公共区域的视频监控摄像机完好率不低于 95%,实现视频图像信息的全天候应用。

d)全程可控。公共安全视频监控系统联网应用的分层安全体系基本建成,实现重要视频图像信息不失控,敏感视频图像信息不泄露。

注:视频监控联网率,即能够将采集到的视频图像信息通过网络顺利传输到相应公共安全视频共享平台的视频监控摄像机在全部视频监控摄像机中所占的比例。

10.4 配套设施

公共安全视频监控建设联网配套设施要求如下:

a)各级综治中心应根据实际情况,建立满足上述系统安全运行的信息网络用房、通信机房、公共安全视频监控室等设施。

b)按照国家相关规定加强网络传输、系统安全保障、重要信息安全管理等技术手段建设,提升公共安全视频监控系统的安全防护能力。严格执行安全准人机制,所用设备及软件应选择安全可控、先进可靠的国内主流技术与产品,并选用符合要求的专业服务队伍。

11 制度要求

11.1 首问负责

各级综治中心办公人员、值班人员均为首问责任人,对群众反映的诉求事项,应第一时间登记,按照程序引导解决;对发现的不稳定信息和重要情况应及时报告;对突发事件应积极参与处置。

11.2 协作配合

综治中心的各派驻单位和综治委各成员单位应各司其职、密切协作,充分发挥职能作用,共同做好社会治安综合治理工作。各派驻单位工作人员原行政隶属关系不变,派驻工作期间应自觉接受和服从综治中心的领导、指挥、管理、调度和协调。综治办应发挥牵头协调作用。县及以下各级综治中心应建立组团管理服务制度,整合工作力量,由专业技术人员和职能部门人员组成的综合性服务管理团队,深入基层、深入群众,进行点对点、面对面服务。对综治中心难以处理的问题,及时报告本级党委、政府和上级综治中心协调解决。

11.3 工作例会

各级综治中心应定期召开各派驻单位参加的调度会,分析研判辖区内社会治安形势,协调解决重要事项。特殊情况下,可随时召开调度会或联席会。会议均应形成书面记录，联席会议应以会议纪要形式明确议定事项。

11.4　情况报告

综治中心派驻单位、综治委成员单位应及时向综治中心报告本系统发生的影响社会治安的重特大案（事）件、工作中排查掌握的社会治安隐患、重点工作完成情况等。综治中心应定期向上一级综治中心和本级党委、政府及综治委报告本地区社会治安综合治理工作情况、需要协调解决的重大问题等，遇到重大案件、突发事件、紧急情况应随时报告，并及时续报进展情况。

11.5　应急联动

综治中心应健全重大突发事件应急处置预案，安排人员24小时值班备勤，遇有重大突发事件，相关领导迅速进驻指挥，调配辖区相关力量资源，依法妥善处置。

11.6　考核评价

各级综治中心负责组织开展辖区内综治工作（平安建设）考核评价；制定派驻单位人员绩效考核办法，定期考核评定，并将考核结果通报其主管部门；负责督促落实社会治安综合治理领导责任制。

11.7　网格化管理

根据本地实际，城乡社区原则按照300户～500户或1000人左右标准，合理划分网格；农村地区，将一个村民小组（自然村）划分为一个网格或多个网格。按照"一格一员"或"一格多员"的要求，为每个网格配备专（兼）职网格管理人员，因地制宜确定网格管理职责，加强社会治安防控体系建设。

11.8　经费保障

根据《中华人民共和国预算法》《中共中央办公厅、国务院办公厅转发〈中央政法委员会、中央社会治安综合治理委员会关于深入开展平安建设的意见〉的通知》等法律政策精神，由各级人民政府及其财政部门加大对社会治安综合治理和平安建设经费保障力度，将应由政府承担的经费纳入同级财政预算，对基层单位特别是村（社区）的社会治安综合治理工作经费给予适当补助，实行"权随责走、费随事转"，保证综治中心建设、运行、维护等工作顺利开展，并随着经济发展逐步增加投入。同时，逐步建立适应社会主义市场经济要求的经费保障机制，充分调动社会各方面力量，多渠道筹措资金，共同参与建设。将网格化管理纳入社区服务工作或者群防群治管理，通过政府购买服务等方式加强社会治安防控体系建设。可以通过政府购买服务等方式，将矛盾纠纷多元化解工作委托给社会力量承担，并进行绩效评价。

12　日常管理

12.1　岗位和人员管理

各级综治中心应根据功能设置相应岗位，并明确岗位职责。每个岗位应配备至少1名以上符合岗位要求的工作人员。各级综治中心应设立24小时值守岗位，确保至少有1名工作人员在岗。综治中心应严格执行工作人员任职聘用要求、岗位职责制度、日常管理制度、考核评价制度，定期开展党的理论政策、法律知识和各类业务知识、技能培训。

12.2　档案管理

根据实际情况，分别建立矛盾纠纷排查化解、流动人口服务管理、特殊人群服务管理、群防群治、平安创建、考核奖惩等工作台账，做到档案资料规范完备。

12.3　监督与评价

设立意见反馈与投诉渠道，接受群众监督，接受上级综治组织的监督和指导。

参考文献

[1]GB/T 28181 公共安全视频监控联网系统信息传输、交换、控制技术要求

[2]GB 50068 建筑结构可靠度设计统一标准

[3]党政机关办公用房建设标准（发改投资〔2014〕2674号）

（中华人民共和国国家质量监督检验检疫总局、中国国家标准化管理委员会
2016年9月30日发布，2017年1月1日实施）

四、中央综治办文件

中央综治办关于加强对欠薪问题专项检查治理坚决防范发生群体性事件和个人极端事件的通知

（2016 年 1 月 27 日）

各省、自治区、直辖市综治办，新疆生产建设兵团综治办：

近期，拖欠农民工工资问题多发，并有向多领域蔓延的势头，恶意欠薪讨薪案事件时有发生，严重影响社会稳定。1 月 5 日宁夏贺兰县因讨薪引发公交纵火案，造成重大人员伤亡，引起社会广泛关注，可能产生仿效效应。中央领导同志对此高度重视，作出重要批示。春节将至，各级综治组织要认真贯彻中央领导同志重要批示精神，按照国务院办公厅《关于全面治理拖欠农民工工资问题的意见》等要求，坚持系统治理、综合治理、依法治理、源头治理，会同有关部门迅速开展专项检查，及时调解处理欠薪矛盾纠纷，妥善处置因拖欠农民工工资引发的突发事件。

一、迅速开展排查调处专项行动，切实加大解决问题力度

各级综治组织要认真贯彻落实中办、国办《关于完善矛盾纠纷多元化解机制的意见》精神，在党委和政府领导下，充分发挥组织协调作用，深入排查、有效化解劳资纠纷。各地应迅速组织开展欠薪矛盾纠纷排查调处专项行动，协调有关部门和基层组织，全面摸排本地区欠薪矛盾纠纷总体情况。对排查发现的矛盾纠纷，积极推动部门间的协作联动，畅通诉求解决渠道，综合运用调解、仲裁、诉讼等方式予以化解。对可能引发重大治安问题和群体性事件的隐患苗头，要依托矛盾纠纷排查调处工作协调会议，研究解决办法，明确责任单位和责任人，限期予以化解。要跟踪落实情况，确保问题发现得早、解决得好，坚决防止问题遗漏、小问题拖成大问题。要坚持问题导向，充分调动社会各方面力量的积极性和主动性，有针对性地采取政策措施，切实加大工作力度，形成破解难题的合力，确保问题及时有效解决。

二、健全机制，落实责任，切实做好源头防范工作

各地综治组织要在当地党委、政府领导下，协调有关部门，完善农民工工资支付保障制度，努力从源头上预防拖欠农民工工资问题发生，避免年关“讨薪难”年年整治、年年重演，从根本上保障务工人员合法权益。要全面规范企业工资支付行为，推动落实工资支付各方主体责任。施工总承包企业对所承包工程项目的农民工工资支付负总责，分包企业对所招用农民工的工资支付负直接责任；凡建设单位已经按工程进度支付款项的，施工总承包企业或分包企业不得以任何理由不向农民工支付工资。建设单位或施工总承包企业将工程违法发包、转包或违法分包致使拖欠农民工工资的，建设单位或施工总承包企业应当依法承担清偿责任。推动实行人工费用与其他工程款分账管理制度，完善工资保证金制度，在工程项目所在地银行开设农民工工资专用账户，大力推行银行代发工资制度。各级综治组织要会同有关部门，对上述制度的落实情况开展专项督查，对制度不落实的，要及时责令整改，对拒不整改的，依据有关规定予以处罚。要推进企业工资支付诚信体系建设，完善企业守法诚信管理制度，建立恶意欠薪企业“黑名单”，建立健全企业失信联合惩戒机制。

三、依法打击恶意欠薪讨薪，建立应急预案，坚决防范群体性事件和个人极端事件

坚决依法查处蓄意拖欠农民工薪水的违法案件，推动完善劳动保障监察行政执法与刑事司法衔接机制，健全劳动保障监察机构、公安机关、检察机关、审判机关间信息共享、案情通报、案件移送等制度，推动做好人民检察院立案监督和人民法院财产保全等工作。对以转移财产、逃匿等方法不履行支付劳动者劳动报酬责任，造成农民工聚集上访、围攻政府等严重后果的，或者能支付而不支付劳动者劳动报酬，数额较大，经政府有关部门责令支付仍不支付的，要协调公安机关依法立案查处并依法采取相应强制措施、依法追究刑事责任。要协调督促相关部门进一步做好拒不支付劳动报酬涉嫌犯罪案件的调查、侦办、审查批捕、审查起诉和审判，集中查处一批恶意欠薪案件，形成打击恶意欠薪的强大合力。要健全应急预案，会同有关部门完善欠薪应急周转金制度，探索建立欠薪保障金制度，研究采取有效手段，坚决预防和及时妥善处置因拖欠农民工工资引发的群体性事件和个人极端事件。对农民工采取非法手段讨薪或以拖欠工资为名讨要工程款，违反治安管理处罚法的，要依法予以处罚；构成犯罪的，要按照《刑法》等有关规定依法追究刑事责任。

四、加强风险监控和舆论引导

要大力宣传劳动保障法律法规，总结推广治理拖欠农民工工资问题的有益经验，曝光一批欠薪典型违法案件，引导企业经营者增强依法用工、按时足额支付工资的法律意识，引导农民工依法理性表达诉求，共同维护社会稳定。要不断创新宣传方式，增强宣传效果，营造保障农民工工资支付的良好舆论氛围。

五、进一步严格落实综治领导责任制

各地党政主要负责同志是平安建设的第一责任人。各级综治组织要坚持“党委领导、政府主导”，加强调查研究，及时向当地党政主要负责同志汇报欠薪问题专项治理工作情况，争取党委、政府的领导，确保工作顺利推进。要切实履行职责，进一步加大督查力度，推动各地各有关部门妥善解决好恶意欠薪问题，防止引发群体性事件和个人极端案事件。要督促落实解决拖欠农民工薪水问题的属地责任，对拖欠农民工薪水问题突出的地区和单位，要充分运用定期通报、约谈、挂牌督办等综治领导责任制政策，引导其分析原因，找准症结，研究提出解决问题的措施，限期进行整改。对因重视不够、恶意欠薪等治安问题防范措施不落实，而导致违法犯罪现象严重、治安秩序严重混乱或发生重特大案(事)件的地区，依法实行一票否决权制，并追究有关领导干部的责任。

中央综治办　公安部　中央维护稳定工作领导小组办公室　中央信访工作联席会议办公室关于全力支持、积极协同有关部门完善工作机制做好预防、发现和处置由非法集资等引发的涉众型群体性事件工作的意见

（2016 年 2 月 2 日）

当前，我国经济下行压力较大，非法集资问题日益凸显，非法集资活动在某一地区和领域集中爆发并引发连锁反应的可能性不断增大。一些案件由于参与群众多、财产损失大，频繁引发群体性事件，甚至导致极端过激事件发生，严重影响社会稳定。各级综治、公安、维稳、信访等部门要深入贯彻落实中央的决策部署和中央领导同志重要指示批示精神，切实增强风险意识，进一步采取有力措施，全力支持、积极协同防范和处置非法集资等有关部门完善工作机制，切实做好从源头上预防、发现和处置由非法集资等引发的涉众型群体性事件工作，维护好社会稳定。

各级综治、公安、维稳、信访要按照中央的部署要求，进一步协同防范和处置非法集资等有关部门，在党委、政府的统一领导下，建立联动处理协同机制，推动监管等责任落实，促进形成各负其责、齐抓共管的工作格局。

各级综治组织要充分发挥调查研究、组织协调、督导检查、考评、推动等职能作用，加强与公安、维稳、信访等相关职能部门的协同配合，全力支持、积极协同防范和处置非法集资等有关部门进一步完善工作机制，从源头上积极预防、及时发现和妥善处置可能引发的群体性事件。

各级公安机关要加强监测预警，深入排查收集非法集资犯罪案件线索，努力做好源头化解和控制，加强对非法集资犯罪案件的防范工作。依法及时侦办非法集资犯罪案件，强力打击犯罪，积极追缴涉案资产，最大限度挽回群众损失。依法履职参与维稳工作，认真接待信访群众，做好群体性事件现场秩序维护及处置工作。要密切信息共享，及时会商研判、协同处置，提高联动及协作效能。宣传法律政策，以案释法，主动预警，警示犯罪风险，揭露犯罪本质，提高群众防范意识和识别能力，营造浓厚法制宣传氛围。

各级维稳部门要加强综合研判和维稳信息预警，及时通报可能引发重大群体性事件的突出动向。强化维稳工作指导，配合做好相关利益诉求人员的教育疏导和重大群体性事件的依法处置工作。

各级信访部门要第一时间转送、交办非法集资受损人员来访、来信和网上投诉事项；对大规模进京聚集上访，启动联合接待机制；加强信息报送，及时向有关单位和地方反馈情况。排查梳理通过信访渠道反映出来的非法集资问题，通报相关地方和部门有针对性做好矛盾化解、思想疏导和人员稳定等工作。

各级综治组织要把防范和打击非法集资工作纳入综治工作（平安建设）考核评价指标体系，会同有关部门采用评估、督导、考核、激励、惩戒等措施，促进工作开展。对非法集资问题突出的地区和单位通过定期通报、约谈、挂牌督办等方式，引导其分析主要原因，找准症结，研究提出解决问题的措施，限期进行整改。对因重视不够、防范处置措施不落实而导致非法集资等违法犯罪现象严重或者发生重特大案（事）件的地区，依法实行一票否决权制，并追究有关领导干部的责任。

附件：1. 京津冀综治委防范处置非法集资工作安排（略）

2. 浙江省温州市民间融资管理条例（略）

3. 上海个体网络借贷行业（P2P）平台信息披露指引（略）

中央综治办　公安部　中央综治委铁路护路联防工作领导小组　中国铁路总公司关于进一步做好护路联防工作确保高速铁路安全畅通的意见

（2016 年 3 月 4 日）

各省、自治区、直辖市和新疆生产建设兵团综治办、公安厅（局）、综治委铁路护路联防工作领导小组，各铁路局，各铁路公司，各铁路公安局：

为充分发挥综合治理优势和护路护线机制作用，进一步完善落实护路联防工作措施，健全长效工作机制，确保高速铁路安全畅通，特提出如下意见：

一、进一步提高思想认识

（一）准确把握形势。随着高速铁路建设快速发展，我国已成为世界上高速铁路运营里程最长、运行速度最高、在建规模最大的国家。做好新形势下高铁护路联防工作，任务紧迫，意义重大。各级综治、公安、护路联防、铁路等部门要从全局和战略高度，充分认识做好高铁护路联防工作的特殊重要性和现实紧迫性，将其作为重大政治责任，坚持安全第一、预防为主、综合治理的方针，切实增强忧患意识、责任意识，把防控风险、服务发展和破解难题、补齐短板摆在更加突出位置，采取切实有效措施，建立健全工作机制，确保高铁平安运行、安全畅通。

（二）明确目标任务。进一步完善党委领导、政府主导、铁路地方各有关单位职责明确、分工协作，共同确保安全的工作机制。坚持创新驱动，构建高铁立体化治安防控体系，健全治安防控运行机制，提升高铁护路联防工作精细化、信息化、法治化水平，有效防范、化解、管控各类安全风险，严防发生影响高铁安全的重特大案（事）件。

二、全面推进高铁立体化治安防控体系建设

（三）加强统筹设计。将高铁安全作为本地区社会治安防控体系建设的重要内容，以创新为动力，以现代科学技术为引领，以基层基础建设为支撑，加强整体规划，注重衔接协同，围绕突出问题和薄弱环节抓好重点突破，提升建设实效。结合地理环境、气候条件等实际和高铁安全防范特点，坚持硬件软件一起抓，在紧紧依靠群众、加强人防工作基础上，注重运用最新科技手段破解安全防范难题。

（四）提高科技水平。以高铁沿线视频监控和全国铁路护路联防信息管理系统为重点推进高铁护路联防科技信息化建设。推动将高铁沿线视频监控建设纳入各地区公共安全视频监控建设联网应用工作总体方案，统筹高铁沿线已设视频监控相关标准基础上，完善标准体系、统一接口和共享模式，推动互联互通、集成应用。加快全国铁路护路联防信息管理系统建设，逐步实现县级以上铁路护路联防组织数据互联互通、铁路沿线视频监控资源整合应用。

（五）加强整体防控。路地公安机关、综治组织、护路等部门要科学统筹各种安保力量，科学划分巡逻区域，优化防控力量布局，加大重点区段和部位的巡逻管控密度。铁路部门要整体规划防控措施，统筹推进物防、技防措施的实施；加强列车安全员配备，发动路内单位职工实行群防群治；加强巡防队伍建设，按照相关标准配备巡防人员，完善装备保障；推进网格化（线格化）管理。路地各有关方面要认真贯彻执行《铁路安全管理条例》，落实职责，健全高铁安全防护设施和警示标志。推动路地各有关方面各负其责、协同配合，共同做好高铁重要桥梁、隧道以及其他要害部位的安全守护工作，协调加强高铁“公跨铁”立交桥安全保护工作。

（六）建立高铁安全警戒区。结合各地区实际，依据《铁路安全管理条例》科学设立、严格管理线路安全保护区，推动在有条件路段两侧 20 至

100 米（市区 10 米）区域设立禁止无关人员进入的警戒区。

（七）加强安全隐患排查治理。依法严厉惩治危害运输安全的爆炸、破坏、拆盗铁路器材等犯罪。深入开展社会治安重点地区排查整治，对高铁沿线私搭乱建、采空作业、采矿爆破以及危险物品生产储存等问题，坚持滚动排查、动态跟踪、挂牌整治。加强流动人口和特殊人群服务管理工作。加强对废旧物品收购站点的清理整治和对剧毒、易燃、易爆、爆炸等危险物品的管控工作，对管制刀具和散装汽油、硫磺、高锰酸钾等易制爆物品，严格依法实行源头控制、定点销售、流向管控、实名登记等措施。

三、创新推进高铁反恐治安联防联控工作

（八）建立高铁反恐治安联防联控工作机制。在高铁沿线当地党委、政府统一领导下，协调相关部门，推动建立路地公安机关、武警部队、护路联防组织、铁路巡防队伍、民兵等护路力量共同参与的反恐治安常态化联防联控工作机制。沿线县级地区成立地方政府领导下的高铁反恐治安联防联控办公室。

（九）完善高铁反恐治安联防联控工作制度。反恐治安联防联控办公室要建立指挥调度制度，定期分析研判暴力恐怖活动情报信息和治安形势，强化勤务调度指挥，统一安排治安巡防处突力量，组织联合巡逻守护，随时处置各类警情。建立情报互通工作制度，互通共享情报信息，切实提升各类问题隐患的预警和管控能力，形成“齐抓共管、一呼百应”的良好合作态势。

（十）健全高铁巡防和实战指挥机制。推动路地公安机关、武警部队、车站和护路联防力量实时统一调度，形成区域优势，增强防范和打击合力。

（十一）落实火车站地区联勤联动工作机制。路地公安机关紧密配合，协调联动，加强安保资源、力量的统筹使用，切实做好沿线各火车站安全防范工作。

四、切实加强组织领导

（十二）健全落实高铁护路联防工作责任制。坚持属地管理和“谁主管、谁负责”原则，严格落实高铁护路联防工作领导责任制、部门责任制和目标管理责任制。积极争取党政领导将高铁护路联防工作纳入重要议事日程，落实领导责任，做到一级抓一级、层层抓落实。严格落实《铁路安全管理条例》有关规定，推动沿线地区各级人民政府和县级以上地方人民政府有关部门落实护路联防责任制，有效防范和制止危害铁路运输安全的行为，积极协调和处理涉及安全的有关事项，做好保障安全的有关工作。

（十三）充分发挥各有关部门的职能作用。各级综治组织要在党委、政府领导下，充分发挥综合治理优势和调查研究、组织协调、督导检查、考评、推动等职能作用，将高铁护路联防工作纳入本地区平安建设和护路护线联防工作重要内容，积极加以协调推进。地方公安机关、铁路部门等要结合各自职责，主动将高铁作为重点安保工程，积极协调有关方面，加强研究部署，加大保障投入，确保各项措施落到实处。推动有关部门结合职能，主动承担维护高铁安全的责任，与部门工作同部署、同落实、同奖惩。

（十四）充分发挥群防群治组织作用。积极扩大公众参与，继承和发扬专群结合的优良传统，充分发挥共产党员、共青团员的模范带头作用，发挥民兵预备役等人员的重要作用，发展壮大平安志愿者、群防群治队伍等力量。切实加强爱路护路宣传教育，依法建立和落实举报奖励制度，进一步提高沿线群众反恐怖、防破坏意识，对可疑人员、物品及异常动向保持高度敏感性和警惕性。

（十五）严格落实综治领导责任制。将高铁护路联防工作纳入本地区综治（平安建设）工作考核评价指标体系，充分发挥综治考评的作用。对护路联防工作不力、问题突出的地区和单位，通过定期通报、约谈、挂牌督办等方式推动限期整改。对因重视不够、护路联防工作措施不落实，导致沿线地区治安秩序严重混乱、发生危及高铁运行安全的重大案（事）件的地区，依法实行一票否决权制，并追究有关领导干部的责任。

（十六）强化高铁护路联防工作经费保障。督促各省（区、市）将铁路护路联防工作经费纳入省级财政预算，科学合理核定，确保铁路护路联防各项措施得到落实。各地铁路护路联防组织要将高铁作为保障重点，明确经费使用范围，强化经费监督管理。

陈训秋同志在全国综治和平安建设信息化工作现场推进会上的讲话

（2016年6月27日）

这次会议是经中央领导同志批准召开的一次重要会议。党中央、国务院和中央领导同志对社会治安综合治理和平安建设信息化工作高度重视。我们这次会议的主要任务是研究公共安全视频监控建设联网应用工作。近几年来，在各级党委、政府统一领导下，发改、综治、公安等各有关部门认真抓好中央部署的落实，大力推进公共安全视频监控系统建设，已进入跨区域、跨行业视频联网阶段，并逐步进入以视频智能应用为目标、视频与各部门业务应用相融合的新征程。公安机关建设的视频监控系统为我们推进公共安全视频监控建设联网应用工作提供了良好基础和条件。

这次会上，国家发改委、公安部有关部门负责同志作了很好的讲话，我都赞成；广西、北京、山西、广东、海南、新疆等6省（区、市）和广州、临沂市的同志作了发言，50个申报示范城市（区）的负责同志汇报交流了有关工作情况；明天我们还将到南宁市的有关基层单位实地考察。下面，我就各地综治组织发挥职能作用、牵头做好公共安全视频监控建设联网应用工作，讲几点意见。

一、充分认识牵头做好公共安全视频监控建设联网应用工作的必要性和可行性，努力完成好中央交办的重要任务

公共安全视频监控建设联网应用是新形势下维护国家安全和社会稳定的重要手段，是动态化、信息化条件下完善社会治安防控体系、深化平安中国建设的重要基础性工程。当前，我国改革进入攻坚期和深水区，社会稳定进入风险期，人流、物流、资金流、信息流加速流动，公共安全事件易发多发，危化品泄漏、起火、爆炸等公共安全事故时有发生，火灾危险源增多；刑事犯罪呈高发态势，违法犯罪的动态化、智能化特征日趋突出，一些地方发生严重危及公共安全的破坏高铁设施以及在地铁、公交车、航空器上纵火等案件，各种潜在危险源大量存在，防控难度加大。加强社会治安综合治理，做好维护公共安全等领域的风险预警、预控工作，迫切需要更充分地发挥公共安全视频监控的重要作用。目前一些地方和领域公共安全视频监控建设联网应用工作存在的主要问题是：统筹规划不到位、建设标准有待统一；地区之间、城乡之间发展不够均衡，不同部门、领域应用层次水平不一；覆盖联网不足；有的地方还存在建设主体不同、重复建设明显，轻视运维改造、工程可持续性不强等问题，迫切需要我们切实加以解决。

各地综治组织牵头做好公共安全视频监控建设联网应用工作，是中央交办的重要任务。在工作中，有的同志认为综治组织不应该牵头，工作积极性、主动性不够高。经中央领导同志批准，国家发改委、中央综治办等9部委于2015年印发有关意见，并配套出台了工作方案，为公共安全视频监控建设联网应用工作开展提供了有力的政策依据。牵头做好公共安全视频监控建设联网应用工作，是中央交给综治战线和有关部门的一项重要任务，是各地综治组织的重要职责。各地综治委的主要负责同志都是同级党委、政府的领导同志，综治组织牵头做好公共安全视频监控建设联网应用工作，也有利于地方党委、政府加强组织领导，更充分地发挥综合治理的优势，统筹协调各有关方面整合视频图像信息资源、建立跨部门共享应用体系。我们一定要把思想认识统一到中央要求上来，结合实际抓好贯彻落实，切实履行好“综治牵头”职责、完成好中央交办的重要任务。

近年来，很多地方综治组织牵头推进公共安全视频监控建设联网应用工作，取得了很好的效果。比如山东省平邑县委、县政府于 2013 年 8 月就专门印发文件，明确县委副书记担任总指挥，综治组织牵头协调、公安机关负责、相关部门配合、社会各界参与，推进视频监控全覆盖工程建设，实行县、乡、村三级综治中心视频监控 24 小时值守，并将居民家中的电视机顶盒与周边最近的视频探头联网、实现一键报警，不仅有效整合了视频监控资源，而且实现了与居民家庭的联网应用，提高了群众参与程度和治安防控能力，得到了中央领导同志的充分肯定。广西、江西、湖北远安、陕西富平等一批省、市、县均加大工作力度，由综治组织积极牵头推进此项工作，取得了明显进展。从这次申报示范城市（区）编制的初步方案和综治委主任发言情况来看，各地对综治牵头推进公共安全视频监控建设联网应用工作充满信心。实践证明，各地由综治组织牵头做好此项工作有利于贯彻落实社会治安综合治理"打防结合、预防为主、专群结合、依靠群众"工作要求，有利于更好地发挥综治组织预防犯罪、发动广大群众群防群治等作用，使综治战线更好地成为社会治安防控体系建设的一道有力防线。各地综治组织一定要认真贯彻中央领导同志重要指示精神，切实增强政治意识、大局意识、核心意识、看齐意识，从有效防控风险、服务发展的高度，充分认识牵头做好公共安全视频监控建设联网应用工作的重大意义，加大工作力度，确保这项工作取得更大的成效。

二、总结经验、突出重点，全面推进公共安全视频监控建设联网应用工作

各地综治组织要充分发挥调查研究、组织协调、督导检查、考评、推动等职能作用，会同有关部门抓好落实。在这方面，广西自治区、山东省临沂市及平邑县、湖北省远安县等地的实践，给了我们很好的启示。

广西自治区在推进公共安全视频监控与综治视联网平台联通共享方面作了探索。

山东省临沂市推广平邑县经验，推进市、县、乡、村四级综治信息平台建设，联通各有关职能部门，并明确了各级综治中心在公共安全视频监控联网应用方面的职责，强化乡镇（街道）、村（社区）综治中心视频监控 24 小时值班巡查功能。在此基础上，积极探索居民群众应用视频监控的新模式，在 10% 的居民家庭推进视频监控资源延伸入户，将居民家中的有线电视机顶盒与周边视频监控联网，使居民在家中可以查看所在小区、村（社区）视频监控，发现警情可通过遥控器向村（社区）综治中心、辖区 110 指挥中心"一键报警"。今年还在 50% 以上网格管理员、10% 以上居民群众中推进基层社会治安信息手机终端应用，通过该系统，网格管理员可以对辖区治安情况进行视频巡查，居民可以监看小区视频监控，及时传输相关治安信息；同时，他们将基础网格或一定范围内的居民户绑定为群组，实行联户联防，发现警情险情，可通过手机向绑定群组或基础网格管理员"一键报警"求助。平邑县也进一步深化试点，规范建设县、镇、村三级综治信息平台，规范提升交警、环保、安监、水利、民政、交通、城管、教体 8 个原有公共安全视频监控平台，新建经信、文管、国土、住建、房管、卫计、公路、人民银行、质监、广电、食药监、林业、园林、铁路护路、法院、检察院、司法、工商、旅游等 19 个公共安全视频监控平台，建设纵向连接县、镇、村三级，横向连通重点部门行业的公共安全视频监控传输网络，将涉及公共区域的视频监控全部接入县公共安全视频监控应用平台，27 个部门行业平台全部实现与县综治信息平台的联网对接。

湖北省宜昌市远安县推进视频资源联网整合，探索音视频联勤联控机制。该县按照"2 + 3"布局推进党政机关、行政事业单位、金融机构、规模企业、重点行业场所等视频监控全覆盖，确保 2 个以上探头对外，覆盖大门外公共区域，3 个以上探头对内，实时监控内部要害部位、进出通道。建设中注意统一设备参数，所有探头全部依照 A 类标准建设，使用不低于 130 万像素高清网络摄像机，支持红外夜视功能，实现全数字、高像素、长存储，并预留联网接口。投资建设标准化视频专用机房和监控中心，形成全县统一的视频信息资源数据库，按照一类视频监控点通过公安视频专网接入、二类视频监控点利用电子政务专网接入、三类视频监控点利用通道接入等三种方式，实现县、乡、村三级联网互通，市县两级电子政务专网、公安视频共享平台与视频监控云平台互联互通。在此基础上，做实音视频联勤联控机制，在城区建设 178 处音频点，推进音频、视频联防联巡联控，在案事件处置中及时调取现场视频、固定证据;在治安防控中,利用音频广播实时开展安全提示、平安创建宣传;在交通管理上,利用视频巡查实时获取路面信息、抓拍违章行为,对乱停乱靠、交通拥堵等情况利用音频进行点对点提醒、劝离。

研究借鉴上述经验,对照有关文件提出的目标要求,当前综治组织牵头做好公共安全视频监控建设联网应用工作,应努力达到以下六方面的效果。一是解决有的地方基层综治组织不够健全的问题,按照实体、实战、实效的要求,以视频监控建设促进各级综治中心建设,使其更好地发挥职能作用。二是解决有的地方基层治安防控力量薄弱的问题,使群防群治队伍实地巡查与视频巡查互补,织密基层治安防控网络。三是解决有的地方平安建设社会动员不充分、群众治安防范参与度不够高的问题,借助信息化手段将视频监控图像、治安防范信息发送给群众,打通为群众服务的"最后一公里",形成"平安建设人人奉献"的良好局面。四是解决有的地方综治考核效率不够高、手段相对滞后的问题,通过视频查岗、网上考核,更加便捷、高效、科学地考核评价综治各项工作,促进治安巡逻、矛盾纠纷多元化解等工作在基层的落实。五是解决有的地方视频监控设施比较分散、日常管理维护不够的问题,运用自动化检测、探头使用数据分析等系统,规范设备运转、信息调阅、维修养护等日常工作,保障系统长期稳定运行。六是解决有的地方存在信息孤岛、数字鸿沟的问题,通过视频资源整合,实现数据互联互通、共享应用,提升综治工作效能。具体讲,要重点抓住"建、联、管、用"四个环节,加大攻坚克难的力度。

(一)大力推进公共安全视频监控建设。要进一步增点扩面。各地综治组织要把当前的工作重点首先放到提高重点公共区域、重点行业和领域重点部位视频监控系统覆盖密度和建设质量上来,努力做到城镇道路交叉口无死角,主要道路关键节点无盲区,人员密集区域无遗漏,要害部位、重要涉外场所、案件高发区域、治安复杂场所主要出入口等全覆盖,以重点林区、风景名胜区、交通运输枢纽以及重点生产企业等为切入点,提高重点行业和领域重点部位视频监控建设水平。针对村(社区)视频监控覆盖率较低的问题,按照城乡视频监控一体化要求,加大城乡接合部、农村公共区域视频监控建设力度,推进城乡社区、住宅小区在新建、改建、扩建过程中的视频监控系统建设。要加强规划、统一标准。严格落实国家(行业)相关标准,执行统一体系下的技术标准与规范要求,确保建设的视频监控系统统一接口和共享模式等,具有良好的兼容性和可扩展性。一些工作基础相对薄弱地区要发挥后发优势,力争后来居上。注意处理好建设需要和财力可能的关系,加强统筹协调,优化资源配置,充分运用现有视频监控系统资源,避免重复建设;同时,协调设置公共区域新的监控点,按照需求统筹改造、更新原有摄像机,推动既有系统联网升级。

(二)大力推进公共安全视频监控联网。这一环节是重点,也是难点。有关文件提出,到2020年重点公共区域视频监控联网率、重点行业和领域涉及公共区域的视频图像资源联网率均要达到100%。调研中我们感到,目前制约系统联网的主要因素有硬件设备建设标准、传输制式等不统一形成的技术障碍,还有对系统整体架构、联网共享模式、工作运行机制等问题认识不清、把握不准而造成的工作被动,还有部门分割、地区封锁形成的视频孤岛。各地综治组织要针对这些问题加大协调推动力度。要进一步完善基础设施。目前初步确定中央各部委之间、中央与省级单位之间通过国家电子政务外网联通,并分别在国家电子政务外网管理中心和中央综治办、公安部建设视频信息资源交换共享平台。其中,中央综治办共享平台依托全国社会治安综合治理信息化综合平台,对公共安全、社会治安重特大案事件开展综合研判、提供决策支撑,促进关键图像信息资源深度分析与互通共享,完善各级综治组织之间视频会议、视频图像深度应用等功能,具备应急情况下视频调用、存储和指挥、控制能力,同时对各级各有关部门视频监控建设联网应用等工作进行有效监督和综合管理。各地也要根据本地实际,结合既有的各级政府信息管理系统、综治信息化业务系统、公安机关视频监控系统等,建立相应的公共安全视频图像传输网络体系,接入各级综治中心,并与综治视联网系统对接;依托县级以上公安机关视频监控系统、综治中心等,建立起本级公共安全视频图像信息交换共享平台,实现跨地区、跨部门视频图像信息联网应用。目前江西省、辽宁省大连市、浙江省桐乡市按照有关文件精神，积极推进在全省、全市范围内，将公安机关视频监控探头接入同级综治中心，收到了很好的效果，党政领导干部和政法综治战线的负责人在平安建设的实践中，利用视频系统可以随机在任何一个乡镇、村（社区）建立现场指挥所，调度和处理应急事件。要按照“综治办 + 综治信息系统 + N”模式，建设省、市、县综治中心，通过综治信息化平台、综治视联网系统、公共安全视频监控系统等，整合资源力量、增强工作合力。要进一步完善共享机制。按照统筹需求、分级管理原则，建立健全跨地区、跨部门公共安全视频图像信息共享应用机制、安全使用审核制度和技术标准体系，根据各有关部门公共安全视频监控使用需求，通过共享平台的权限设置，灵活划分图像资源和应用功能，向不同部门提供相应视频图像资源和基础服务。针对有的单位视频图像资源整合难、共享难等问题，要学习借鉴有的地方采取“不交视频就交帽子”的办法、通过严格问责打破数据藩篱等经验，在党委、政府领导下，积极协调推动有关工作。

（三）大力推进公共安全视频监控管理。目前有的地方对后续运行维护和升级改造所需投入估计不足，视频系统的在线率和可用性随着时间的推移出现大幅下降；同时，公共安全视频监控建设联网应用涉及视频图像信息安全、数据保护、个人隐私保护等，共享平台和传输网络极易成为恶意攻击的风险隐患点，这些都对公共安全视频监控系统的管理提出了很高要求。有关文件要求，到 2020 年，重点公共区域安装的视频监控摄像机完好率要达到 98%，重点行业、领域安装的涉及公共区域的视频监控摄像机完好率要达到 95%，公共安全视频监控系统联网应用的分层安全体系基本建成、重要视频图像信息不失控、敏感视频图像信息不泄露。各地综治组织要按照有关政策要求，坚持“谁建设、谁管理、谁维护”，健全落实运维保障、资金投入等制度，严格落实重点行业、领域视频监控系统的属地管理职责。要建立重点公共区域和重点行业、领域视频监控系统备案监管制度及日常管理机制，完善项目方案论证、安全评价、检测验收、效能评估等工作，确保产品、系统质量可靠和安全可控。要加强运维管理，推动出台本地区重点公共区域视频监控系统运维办法，将其纳入政府年度预算，按照城市公共基础设施进行管理。创新专业运维服务机制，构建一体化的公共运维管理系统，建立相应监督考核机制。要推进网络安全传输、系统安全保障、重要信息安全管理等技术手段建设，依据国家规定应用安全可控的技术和产品，完善安全技术措施。严格贯彻执行《保密法》等规定，确保安全共享、规范使用，有效防范视频资源汇集后可能形成信息泄露等问题。

（四）大力推进公共安全视频监控应用，坚持以用促建。问题是时代的声音。公共安全视频监控建设、联网、管理的效果最终都要体现在应用上，体现在解决社会治理和平安建设的问题上。目前，在很多重特大案（事）件的预防、处置等工作中，公共安全视频监控系统都发挥了越来越重要的作用，这正是中央高度重视、广大人民群众高度关注公共安全视频监控建设联网应用工作的重要原因。有关文件明确提出了“视频图像信息的全天候应用”目标。各地综治组织要加大协调、推动力度，把总结推广零重特大案（事）件市（地、州、盟）、零命案县（市、区、旗）、零刑事案件村（社区）经验同这项工作紧密结合起来，加强平安建设的创建工作，加强目标管理考核，强化公共安全视频监控技术深度应用。要着眼于破解重点人群服务管理、重点行业安全监管、重点领域矛盾化解等难题，做好反对暴力恐怖和维护政治安全、金融安全、网络安全、公共安全等领域风险预警预控工作，深化对公共安全视频监控的应用，并逐步开展视频图像信息在城乡社会治理、智能交通、服务民生、生态建设与保护等领域应用，提升各相关领域精细化治理水平，为综治、公安、交通、铁路、城管等更多部门提供可视化的政务管理支撑服务。要提升智能化应用水平，运用数据挖掘、人像比对、车牌识别、智能预警、无线射频、地理信息、北斗导航等现代技术，在充分考虑技术成熟度基础上，加大在公共安全视频监控系统中的集成应用力度，强化对海量信息的关联分析、碰撞比对，加强重特大案（事）件预警分析、社会治安状况监测评估等，提高预防打击违法犯罪、防范化解风险的能力。要总结推广成功经验，通过公共安全视频监控系统联网将有关工作进一步向社区、网格、家庭延伸，充分发挥综治组织在发动群众群防群治、预防犯罪方面的重要作用。

三、加强组织领导，确保公共安全视频监控建设联网应用工作取得更大的成效

要加强组织领导。各地综治组织要认真贯彻中央关于“各地党政主要负责同志是社会治安综合治理的第一责任人”的指示精神，积极争取党委、政府领导特别是主要负责同志加强对这项工作的领导，列入重要议事日程，纳入经济社会发展规划，结合实际制定工作实施方案，将公共安全视频监控系统建设、联网和维护经费列入本级政府财政预算，建立与经济社会发展相适应的经费保障机制。认真贯彻中央文件精神，严格执行综治领导责任制，对公共安全视频监控建设联网应用工作成绩突出的地区和单位，按照国家有关规定予以表彰奖励；对工作推进不力、社会治安问题突出的地区和单位，通过通报、约谈、挂牌督办、实行一票否决权制等方式加强责任督导和追究。

要加大统筹协调力度。各地综治组织要充分发挥“综治牵头”的作用，会同发改等各有关部门尽快落实跨部门协调机制，建立领导机构和相关部门密切配合的协作平台，稳步推进公共安全视频监控建设联网应用工作的顺利实施。注重调动“条”和“块”的积极性，推动各有关部门要按照“谁主管、谁负责”的原则，结合自身职能，主动承担相应工作。湖北省远安县在农村地区采取以奖代补方式，对参与公共安全视频监控建设的农户、商户每户补贴1000元，充分调动了其积极性。要研究借鉴这些经验，充分发挥市场的作用，奖励、引导社会力量参与建设、运营、服务，拓宽多元投资途径，鼓励和支持有条件的企事业单位履行社会职责，承担本单位周边公共区域的视频监控系统建设任务。要依据国家法律政策，积极协调推动相关地方配套立法和政策支持工作。

要积极争取发改部门的支持。马克思主义认为，货币资本是第一推动力并且是持续的推动力。前一阶段，公共安全视频监控建设联网应用部际协调工作组组织编制“十三五”规划方案和投资工作，得到了国家发改委的大力支持。各地综治组织也要加强与发改等部门的沟通、汇报，积极争取支持，科学合理地提出建设与运维资金承诺并报本级政府审批，确保资金来源的落实，保障工程顺利实施。

要注意充分发挥各地公安机关在推进平安建设中的重要作用。各地综治组织要认真学习贯彻中央有关政策精神，更充分地发挥公安机关在公共安全视频监控建设联网应用中的骨干作用，会同本地公安机关一道制定相关工作方案，共同推进此项工作。目前初步规划在公安部建设视频信息资源交换共享平台，建立动态化、信息化条件下支撑各项公安工作的重要基础信息资源智能服务系统，完善视频图像解析与应用、视频资源云存储等功能，形成立体化社会治安防控信息体系。各地综治组织也要结合实际推进相关建设，在具体工作中要充分听取公安机关的意见，满足好公安工作的需求，为公安机关在指挥处置、治安防控、侦查破案、执法监督和内部管理、公共安全管理、部门共享、服务民生等各领域应用视频监控系统提供更好的保障，使各地公安机关在平安建设中的重要作用得到更充分发挥。

要充分发挥示范城市的带头作用。要统筹考虑不同类型地区的实际需求，各重点行业、重点领域的特殊需求，以及相关基础条件，分类开展示范建设，推动有条件的市（地、州、盟）按照统一建设的理念，探索加强基础网络、数据存储计算、应用技术等架构设计。这次参加会议的50个申报示范城市（区）综治委主任都是当地党委政府的领导、政法委的主要领导，一定要切实履行职责，加强组织领导，把本地区的建设方案制定好、带头把中央要求部署落实好。要注意及时总结示范点经验，探索可复制、可推广的工作新模式，发挥典型的示范引领作用，促进从整体上提高公共安全视频监控建设联网应用水平。

各地综治组织要认真贯彻中央有关政策要求，执行《社会治安综合治理基础数据规范》，加快推进综治信息系统规范化建设。现在，广西、新疆等地综治视联网已联通全部县（市、区），在这些民族地区、边疆地区、经济欠发达地区能够办成的事情，其他地区更应该努力做好。要研究借鉴这些地方的经验，按照相关文件要求，加强社会治安综合治理视联网系统建设，努力提高在地市、县的联通覆盖率，并提高使用效率。要坚持忠诚、干净、担当,实事求是、开拓创新,严格遵守党纪国法、执行相关制度,不搞急功近利的工程,不搞劳民伤财的工程,不搞贪污腐败的工程,努力使这项工程真正成为创新社会治理、建设平安中国的重要工程。

同志们,让我们紧密团结在以习近平同志为总书记的党中央周围,认真贯彻党的十八大和十八届三中、四中、五中全会精神,采取切实有效措施,推进公共安全视频监控建设联网应用工作的顺利开展,努力建设平安中国,为全面建成小康社会作出更大的贡献!

中央综治办关于依法规范推进综治信息化建设切实加强反腐倡廉工作的通知

(2016 年 9 月 18 日)

各省、自治区、直辖市综治办,新疆生产建设兵团综治办:

综治信息化建设是整合社会治理资源、创新社会治理方式,在动态化、信息化条件下加强社会治安防控体系建设的重要工程。近年来,各级综治组织认真贯彻落实党的十八大和十八届三中、四中、五中全会精神,贯彻中央领导同志重要指示精神,大力推进综治信息化建设工作,取得了明显成效。为进一步依法规范开展综治信息化建设特别是公共安全视频监控建设联网应用等工作,促进廉洁高效推进、防止发生腐败案事件,现提出以下意见:

一、要进一步加强科学决策

各级综治组织要认真贯彻国家“十三五”规划纲要,贯彻“坚持科学发展”等原则和“创新、协调、绿色、开放、共享”等发展理念,认真执行《国家电子政务工程建设项目管理暂行办法》,科学实施综治信息化建设。特别要认真编制项目建议书,组织项目需求分析,形成需求分析报告送项目审批部门组织专家提出咨询意见,作为编制项目建议书的参考。要依据项目建议书批复,招标选定或委托具有相关专业甲级资质的工程咨询机构编制项目可行性研究报告,严格遵守批复文件核定的建设内容、规模、标准、总投资概算和其他控制指标。要严格遵守设计方案评审核准、工程检测和竣工验收等建设管理规定,促进规划、设计、建设、应用、管理、维护等各环节协调有序,确保系统持续良性运行。要坚持条块结合、上下结合,从实际出发,充分激发地方特别是基层积极性、主动性,充分运用现有资源,避免重复投资、重复建设,并以实际需求为导向,推动各地区结合实际分步实施、稳步推进。要注意充实和培养政治上强、能廉洁自律、懂信息化工作、懂工程建设(设计、招标、投标等)的干部来做这项工作。

二、要进一步严格依法办事

各级综治组织要严格按照《合同法》《招标投标法》等法律规定,遵循公开、公平、公正和诚实信用等原则,选择综治信息化建设相关工程合规建设主体,依法订立合同,明确相关各方权利义务,按程序实施工程勘察、设计、施工、监理、验收等工作。重大建设工程合同,应当按照有关规定程序和批准的投资计划、可行性研究报告等文件订立。对法律规定必须采用招标投标方式建设的项目,必须依法按程序进行,任何单位和个人不得以任何方式规避招标;采用公开招标方式的,应发布招标公告,依法必须进行招标项目的招标公告,应当通过国家指定的报刊、信息网络或者其他媒介发布;采用邀请招标方式的,应当向三个以上具备承担招标项目能力、资信良好的特定法人或者其他组织发出投标邀请书。招标人不得以不合理的条件限制或排斥潜在投标人,招标文件不得要求或者标明特定的生产供应者以及含有倾向或者排斥潜在投标人的其他内容。投标人不得与招标人串通投标,禁止投标人以向招标人或者评标委员会成员行贿的手段谋取中标。要严格落实招标投标责任,依法依规查处招标投标活动中的违法违纪行为,对招标投标活动依法负有行政监督职责的国家机关工作人员徇私舞弊、滥用职权或玩忽职守,构成犯罪的,依法追究刑事责任;不构成犯罪的,依法依纪给予党纪政纪处分。

三、要进一步落实廉政责任

各级综治组织要建立健全责任制,严格按照财政管理的有关规定使用财政资金,专账管理、专款专用。要认真贯彻执行《预算法》《政府采购法》《党政机关厉行节约反对浪费条例》等规定,依照政府采购法采购货物、工程和服务,依法完整编制采购预算,严格执行经费预算和资产配置标准,合理确定采购需求,不得超标准采购,不得超出办公需要采购服务。要严格执行政府采购程序,不得违反规定以任何方式和理由指定或者变相指定品牌、型号、产地。要严格实行工程监理制,按照信息系统工程监理有关规定,委托具有信息系统工程相应监理资质的单位,对项目建设进行工程监理。要认真贯彻执行《审计法》《会计法》等规定,自觉接受审计部门对公务支出的审计,自觉接受财政部门对财政、财务、政府采购和会计事项的监督检查,依法处理发现的违规问题。要积极协助稽察、审计等监督管理工作,如实提供建设项目有关的资料和情况,不得拒绝、隐匿、瞒报。对领导干部插手工程项目、亲属子女经商办企业等问题,要配合纪检监察机关,加大查处惩戒力度。对违反国家有关规定截留、挪用资金的,按照《财政违法行为处罚处分条例》等相关规定予以惩处,构成犯罪的依法追究刑事责任。对因管理不善、弄虚作假,造成严重超概算、质量低劣、损失浪费、安全事故或者其他责任事故的,要予以通报批评,并提请有关部门对负有直接责任的主管人员和其他责任人员依法给予处分,构成犯罪的依法追究刑事责任。要切实加强对广大综治干部党性党风党纪教育,把纪律挺在前面,筑牢拒腐防变的思想防线、坚守不可触碰的纪律底线,在各种诱惑面前站稳脚跟。各级综治干部必须正确行使人民赋予的权力,坚持原则、依法办事、清正廉洁、勤政为民,坚决反对滥用职权、谋求私利的不正之风。除了法律和政策规定范围内的个人利益和工作职权以外,所有综治干部都不得谋求任何私利和特权。对于违反规定干预和插手工程项目承发包等市场经济活动的,对于利用职权或者职务上的影响为他人谋取利益、收受对方财物或者有其他违法违纪行为的,要发现一起、查处一起,严格按照《中国共产党纪律处分条例》《中国共产党问责条例》和《刑法》等法律和党内法规追究纪律责任、法律责任。

四、要进一步加强安全保密和公民个人信息保护工作

综治信息系统、综治视联网系统和公共安全视频监控联网应用系统是按照信息安全等级保护要求建设的非涉密信息系统。各级综治组织要严格贯彻保密法等法律和相关文件规定,规范信息采集、录入、查询等工作流程,坚决防止在相关信息系统中运行涉密信息,坚决防止通过综治视联网等系统召开涉密视频会议,确保重要信息不失控、敏感信息不泄露。同时,要严格落实国家信息安全等级保护制度,建立健全信息安全保障体系,按要求开展综治信息系统定级备案和安全建设整改等工作,定期进行等级测评,大力推广应用国产信息技术与产品,加强关键应用技术创新,建立健全以自主知识产权为核心的网络安全关键技术保障机制,实现对网络设施、业务应用和信息资源的安全保护,确保信息系统运行安全保密、可管可控。在公共安全视频监控建设联网应用工作中,除涉及维护国家安全、政权安全、公共安全等任务需要,原则上上一级部门不汇集存储下一级的一般原始视频,但可根据既定的应急或监督机制调用下一级视频信息,并具备适当的临时存储能力。建设、使用和维护公共安全视频系统,不得泄露国家机密和商业秘密,要依法加强对公民隐私权的保护,不得窃取或以其他方法非法获取公民个人信息,不得违反国家有关规定向他人出售或提供公民个人信息;构成侵犯公民个人信息罪等犯罪的,要严格按照《刑法》等有关规定追究刑事责任。

中央综治办全体干部要在严格遵守政治纪律、政治规矩、国家法律和廉洁自律各项规定上带头、作表率,任何人都不得向各地、各部门指定或推荐运营商,任何人都不得打着中央综治办或领导同志旗号招摇撞骗、推荐运营商,坚决杜绝吃拿卡要、利益输送、贪污贿赂等行为。各级综治组织和广大干部群众如发现中央综治办干部有违反国家法律、法规、政策、决定和廉洁自律等党纪党规行为的,要及时向纪检监察机关举报。中央综治办和地方各级综治组织要坚持忠诚、干净、担当,实事求是、开拓创新,严格遵守党纪国法、执行相关制度,不搞急功近利的工程,不搞劳民伤财的工程,不搞贪污腐败的工程,让综治信息化建设为创新社会治理、建设平安中国作出更大的贡献。

中央综治办　最高人民法院　最高人民检察院　公安部　工业和信息化部　中国人民银行　中国银行业监督管理委员会关于进一步防范和打击电信网络新型违法犯罪的若干意见

（2016 年 9 月 22 日）

为有效防范和打击电信网络新型违法犯罪、切实维护人民群众合法权益、切实维护社会和谐稳定、深化平安中国建设,现提出如下工作意见:

一、充分认识做好防范和打击电信网络新型违法犯罪工作的重大意义

近年来,我国电信网络诈骗案件已成为社会公害,给人民群众造成巨大经济损失。电信网络诈骗犯罪呈现明显非接触性特点,空间跨度大、链条长,行骗手法繁多、群众防不胜防。党中央、国务院一直高度重视打击电信网络新型违法犯罪。防范和打击电信网络新型违法犯罪,事关人民群众合法权益,事关改革发展稳定大局。各地区各有关部门要以对党对人民高度负责的精神,高度重视、着力加强打击电信网络新型违法犯罪工作,注重源头治理、综合治理,坚持标本兼治、齐抓共管、落实责任,整合各方面资源,统筹各方面力量,全面落实源头防范、打击整治等各项措施,着力形成治理打击强大合力,坚决遏制电信网络新型违法犯罪发展蔓延势头,切实维护人民群众合法权益,切实维护社会和谐稳定。

二、坚持源头治理,堵住监管漏洞

（一）全面落实电信业务实名制。工业和信息化部要督促和指导电信企业严格落实电话用户真实身份信息登记制度,确保到 2016 年年底前达到 100%,确保登记信息真实、准确、可溯源,未按要求完成实名登记的,一律予以停机。电信企业办理新用户入网时,要严格落实居民身份证核查责任,采取二代身份证识别设备、联网核验等措施验证用户身份信息,并现场拍摄和留存用户照片。各电信企业集团公司要建立委托代理渠道电话入网和实名登记违规责任追究制度,对委托代理渠道不登记、虚假登记等违规行为,要取消其委托代理资格,并从严追究相关省级电信企业负责人责任。电信企业要对同一用户在同一家基础电信企业或同一移动转售企业办理有效使用的电话卡达到 5 张的,该企业不得再为其开办新的电话卡;加强单位行业卡信息审核工作,明确不得进行二次销售。按照“谁发卡、谁负责”原则,建立发卡机构责任追究制度。各有关单位要积极支持电信企业做好电话用户补登记工作,加大对落实电话用户真实身份信息登记制度的正面宣传力度,司法机关对通信管理等部门依法行政、电信企业合法经营的行为,要依法给予保护。公安部要进一步加快失效居民身份证信息系统建设,供银行、电信等社会主要用证单位核查比对,加快推进登记指纹信息居民身份证的换发工作。

（二）建立电信网和互联网诈骗电话源头阻断系统。工业和信息化部牵头、公安部等单位配合，建设完善电信网和互联网国际出入口诈骗电话防范系统，力争将源自境外的电话诈骗案件阻断在行骗之前。公安部会同工业和信息化部，通过建设联网平台，实现信息共享，加强对电信网络诈骗中通讯手段、方式的研究，跟踪新变化，总结新规律新特点，不断优化诈骗电话防范系统；加强对电信网络诈骗犯罪行为的研究，注重诈骗行为关联性分析，不断提高系统准确率和效率。工业和信息化部会同有关单位，坚决整治制作传播改号软件、违规出租电信线路等不法行为。指导督促电信企业和互联网企业，严格规范国际通信业务出入口局主叫号码传送，坚决禁止违法网络改号电话的运行、经营；对冒充公检法机关以及党政部门便民电话实施诈骗的，加强技术手段建设，坚决防止不法分子改号冒充行骗，及时处置诈骗电话。同时，全面清理一号通、商务总机、400等电话业务，对违规经营的电话业务一律取缔，对违规经营的各级代理商责令限期整改，逾期不改一律由相关部门依法吊销执照，并依法严肃追究民事、行政责任。工业和信息化部会同有关部门建立信息互通、协同联动、责任追究的工作机制，对因相关企业或人员存在明显过错导致诈骗信息产生和传播、并造成群众损失的，应依法承担民事赔偿责任，造成严重后果的，依法追究有关单位和责任人的行政、刑事责任。工业和信息化部会同国资委，就各基础电信企业落实防范和打击电信网络新型违法犯罪工作领导责任的情况进行检查，通过通报、约谈、挂牌督办、实施一票否决权制、责令辞职、免职等方式实施责任督导和追究。

（三）加强账户安全管理。银行业金融机构（以下简称“银行”）和非银行支付机构（以下简称“支付机构”）要充分运用居民身份证联网核查等技术手段，认真审核开户申请人身份证件，严格落实居民身份证核查责任，确保人、证一致。银监会要督促银行严格落实“同一客户在同一商业银行开立借记卡原则上不得超过4张”等规定，抓紧完成借记卡存量清理工作。公安机关要会同相关部门，严厉打击非法买卖银行卡、无证经营支付业务和买卖公民身份证件等违法犯罪。自2016年12月1日起，同一个人在同一家银行只能开立一个Ⅰ类银行账户，在同一家支付机构只能开立一个Ⅲ类支付账户。自2017年1月1日起，银行和支付机构对经设区市级及以上公安机关认定的出租、出借、出售、购买银行账户（卡）或支付账户的单位和个人及相关组织者，假冒他人身份或虚构代理关系开立银行账户（卡）或支付账户的单位和个人，5年内停止其银行账户（卡）非柜面业务、支付账户所有业务，3年内不得为其新开立账户。自2016年12月1日起，个人通过银行自助柜员机向非同名账户转账的，资金24小时后到账。银行、支付机构应加强账户交易活动监测，对开户次日起六个月内无交易记录的，银行应当暂停账户非柜面业务，支付机构应当暂停账户业务，单位和个人重新向银行和支付机构核实身份后，可以恢复业务。人民银行、银监会要研究建立风险提示下的资金转账“T+0”和“T+1”到账的客户自愿选择机制。银监会要会同有关部门进一步研究建立资金流过错责任追究制度，对因使用非实名银行账号、对公账户、POS机给群众造成财产损失，相关企业或人员存在明显过错的，按照过错程度依法承担民事、行政和刑事责任。

（四）建立完善异常资金交易风险防控系统。人民银行牵头、银监会配合，指导督促各银行、支付机构和中国银联，于2016年11月底前，在现有银行风险防控系统基础上抓紧建立完善银行账户异常资金交易风险防控系统。根据持卡人行为特征和公安机关对诈骗行为特征的分析，及时发现异常交易信息，采取暂停非柜面业务等措施并及时向公安机关通报核实，积极协助公安机关对涉案账户进行紧急止付、快速冻结操作，力争将电信网没有拦截的电信网络诈骗行为终止在赃款被转移之前。人民银行、银监会要研究制定加强支付结算管理的有效措施，完善银行账户和支付账户大额交易和可疑交易管理办法，努力实现对异常交易的实时管控，并加强对支付账户和POS机的核查清理工作。

（五）依法加强公民个人信息保护。抓紧清理网上非法泄露的个人信息，及时监控、封堵、删除互联网上发布的贩卖信息、软件、木马病毒等，依法关停相关网站和网络账号；依法打击网上泄露、买卖个人信息的行为。以教育、医疗、公民大额消费等信息为重点，不断提高全社会网络安全技术应用水平，严防“黑客”通过技术手段窃取公民个人信息。督促指导国家机关、网络服务提供者、其他企事业单位及其工作人员落实信息安全等级保护的主体责任，加强公民个人信息保护。

（六）加大宣传教育力度。公安部要会同有关单位，加大宣传力度，广泛开展宣传报道，形成强大舆论声势，震慑犯罪分子嚣张气焰。运用多种媒体渠道，及时向公众公布电信网络诈骗犯罪预警提示，普及法律知识，提高公众对各类电信网络诈骗的鉴别能力和安全防范意识。特别要针对大学生、老年人、党政机关和企事业单位财会人员等重点群体，通过以案释法等形式，有的放矢开展点对点防诈骗宣传，提高防范能力。通信管理部门要督促和指导电信企业定期通过发送短信等方式向各自用户群进行宣传和提醒；人民银行、银监会要指导各银行和支付机构开展行业内宣传，要求工作人员在工作中注意发现被骗群众，及时提醒避免上当受骗。要搭建网上举报平台，健全举报奖励制度，动员广大人民群众举报相关违法犯罪线索，充分发挥平安志愿者、社区工作者、群防群治队伍、网格员等作用，打赢治理电信网络新型违法犯罪的“人民战争”。

三、坚持依法治理，提高依法打击实效

（一）坚持依法严厉打击。公安部要会同有关部门，继续深化打击治理电信网络新型违法犯罪专项行动，保持严打高压态势，主动进攻，重拳出击，集中侦破一批案件、打掉一批犯罪团伙、整治一批重点地区，坚决拔掉一批地域性职业电信网络诈骗犯罪的“钉子”。人民法院、人民检察院、公安机关要统一执法思想，对有关案件快侦、快捕、快诉、快审、快判。最高人民检察院、最高人民法院近期要部署公开起诉、审判一批影响较大的电信网络诈骗案件，并会同公安部及时出台打击电信网络新型违法犯罪的指导意见或司法解释。

（二）突出打击重点。在打窝点上，针对境内职业电信网络诈骗犯罪的地域性特征，加强窝点地、汇款地和立案地公安机关的合作，坚决拔掉一批地域性职业电信网络诈骗犯罪的“钉子”。在打跨国、跨境犯罪上，持续保持主动进攻态势，不断深化与重点国家和地区的警务合作，拓宽跨境警务合作模式，加大对境外窝点的打击力度。有关部门要加强对“伪基站”、“黑广播”、通讯终端定位及服务等设备生产源头监管，加强排查整治，违规的一律关停、违法的坚决查处。各基础电信企业要主动发现“伪基站”、各级无线电管理机构配合监测定位并及时通报公安机关，公安机关要尽快落地查实，并采取相关措施。

（三）加强协调联动。通信、银行等单位要将工作中处置的可疑信息、发现的犯罪线索及时通报公安机关，由公安机关依法开展打击处理。银监会要会同工业和信息化部，研究个人银行账户实名和相关联手机实名的交叉认证，对诈骗电话及时发出警示提醒，银行动态验证码信息应设定为不可转发商业秘密，防止不匹配手机获取银行动态验证码。理顺犯罪窝点地和发案地司法机关的责任，原则上境内所有电信网络诈骗犯罪均由窝点地司法机关承担主责、发案地司法机关协办，最高人民法院、最高人民检察院要完善指定管辖机制，做好与公安机关的衔接，切实形成工作合力。

四、坚持系统治理、综合治理，形成齐抓共管工作合力

（一）坚持党委领导、政府主导。各级综治组织要会同有关部门及时向党委、政府主要负责同志汇报防范和打击电信网络新型违法犯罪工作，形成一级抓一级、层层抓落实的工作局面。要积极争取地方各级党委、政府的领导，把防范和打击电信网络新型违法犯罪作为本地区平安建设的重要工作和民生保障重点工程，认真研究解决协作机制、力量配备、经费保障、基础设施和技术防范建设、考核奖惩等重要问题，并加大投入力度，从人力、物力、财力上保障工作的顺利开展，真正负担起维护一方稳定、确保一方平安的重大政治责任。

（二）充分发挥各有关单位的职能作用。进一步明确各有关单位在防范和打击电信网络新型违法犯罪工作中的职责任务，做到各负其责、各司其职、通力协作、齐抓共管，形成整体工作合力。

综治组织要在党委和政府的领导下，加强调查研究、组织协调、督导检查、考评推动，及时通报分析电信网络新型违法犯罪形势，协调解决工作中遇到的突出问题，充分发挥各级综治中心以及群防群治队伍的重要作用，认真组织各有关单位参与防范和打击电信网络新型违法犯罪工作。

公安机关要充分发挥骨干作用，加强侦查打击、保持高压态势，根据电信网络新型违法犯罪特点，及时调整工作重心、加强专业力量建设、强化警力部署和勤务保障，有效遏制案件高发势头。

通信管理部门要切实履行行业监管责任，开展电信业务整治，加强对电信企业网络与信息安全责任考核，督促各企业切实落实责任；督促和指导有关企业开展对诈骗电话的处置，向用户免费提供涉嫌电信诈骗来电号码的提醒服务；会同各地无线电管理机构进一步提升对“伪基站”“黑广播”的监测能力，建立重大案件情况通报制度，提升联合打击能力。

人民银行要会同银监会，配合公安机关完善建立紧急止付、快速冻结机制；加强银行账户实名制、银行卡和支付机构支付业务管理；开展无证经营支付业务清理、打击行动，防范非法从事支付业务风险。

银监会要加强银行业监督管理，指导银行业金融机构做好涉案资金查询、冻结工作，加强银行卡业务监管，建立银行账号黑名单制度；督促所有商业银行开通对公账户的实时止付、查询、冻结功能，实现对涉案账户的快速查询冻结。

人民法院、人民检察院要结合批捕、起诉、审判以及相关行政诉讼等工作，进一步明确和规范适用法律的标准，解决司法实践中存在的突出法律适用问题，为惩治电信网络新型违法犯罪提供充分法律依据。

其他各有关单位要按照“谁主管谁负责”的原则，结合自身职能主动担当好防范和打击电信网络新型违法犯罪、维护社会稳定的责任，认真抓好本单位、本系统参与的防范和打击电信网络新型违法犯罪相关工作任务，与业务工作同规划、同部署、同检查、同落实。

（三）严格落实综治领导责任制。各级综治组织要把防范和打击电信网络新型违法犯罪纳入综治工作（平安建设）考核评价指标体系，将考核评价结果作为对领导班子和领导干部考核评价的重要内容，坚持采用评估、督导、考核、激励、惩戒等措施，形成正确的激励导向，推动防范和打击电信网络新型违法犯罪工作落到实处。督促各国家机关、国有企业及其领导班子、领导成员切实履行好相关的领导责任。电信企业、银行、支付机构和银联，要切实履行主体责任，对责任落实不到位导致被不法分子用于实施电信网络诈骗犯罪的，要进行责任倒查，依法追究责任。严肃行业监管责任，对监管不到位的，要严肃问责。对电信网络新型违法犯罪问题突出的地区和单位，要通过通报、约谈、挂牌督办等方式引导其分析主要原因，找准问题症结，研究提出解决问题的具体措施；对受到挂牌督办的地区和单位，在半年内取消该地区、该单位评选综合性荣誉称号的资格和该地区、该单位主要领导干部、主管领导干部、分管领导干部评先受奖、晋职晋级的资格。对于因重视不够，防范、整治、打击措施不落实，导致电信网络新型违法犯罪问题严重的地区和部门，坚决依法实行社会治安综合治理一票否决权制，并追究相关负责人的责任。

五、特殊人群服务管理工作

2016年中央综治委特殊人群专项组工作情况

2016年，特殊人群专项组认真贯彻落实党的十八大和十八届三中、四中、五中、六中全会精神，深入贯彻落实中央政法工作会议精神，认真履行职责，加强成员单位间的协调沟通，完善齐抓共管工作机制，为推进平安中国建设作出了积极贡献。

一、安置帮教工作取得新进展

认真贯彻加强刑满释放人员救助管理工作和社会组织参与帮教刑满释放人员工作的意见等文件精神，扎实做好刑满释放人员服务管理和教育帮扶各项工作，有力地维护了社会和谐稳定。

一是加强刑满释放人员衔接工作。指导各地制定出台刑满释放人员衔接管理办法，进一步规范人员接续、文书流转、信息交换、工作保障等措施。认真做好G20峰会期间刑满释放人员安置帮教工作，峰会期间未发生刑满释放人员影响社会和谐稳定的案(事)件。2016年，共刑满释放137.5万余人，衔接78.5万余人。在已衔接人员中，安置74万余人，安置率94.3%；帮教76.7万余人，帮教率98%。

二是积极推进刑满释放人员安置基地建设。指导推进政府投资的刑满释放人员过渡性安置基地的建设工作。同时，指导各地将有安置能力和安置意愿的企业认证为刑满释放人员安置基地，吸纳刑满释放人员就业。加大对安置基地企业的政策支持，协调有关部门落实促进就业等各项优惠政策，调动企业安置刑满释放人员的积极性。目前，各地依托各类企业建立安置基地1.1万余家，安置4万余人。

三是刑满释放人员救助和服刑人员未成年子女排查帮扶工作进一步加强。截至2016年底，对符合条件的刑满释放人员落实社会救助8.9万余人次，共排查出服刑人员未成年子女31万余人，帮扶2.3万余人次，开展各类帮扶活动1.3万余场次。

二、社区矫正工作取得新成绩

认真贯彻落实全国社区矫正工作会议和全国社区矫正教育管理工作会议精神，取得了多方面新进展。2016年，全国新接收社区服刑人员48.3万人，办理解除矫正49万人，现有社区服刑人员70万人，社区服刑人员在矫正期间重新违法犯罪率一直保持在0.2%左右的较低水平，取得了良好的法律效果和社会效果。

一是加强社区矫正工作衔接配合管理。2016年8月，会同最高人民法院、最高人民检察院、公安部联合下发《关于加强社区矫正工作衔接配合管理的意见》，认真总结社区矫正调查评估、社区服刑人员交付接收、社区服刑人员脱漏管责任认定及处置、收监执行交付、社区服刑人员被决定收监在逃上网追捕、数据统计分析等方面出现的新情况、新问题，提出解决衔接配合中存在的问题。2016年9月，召开加强社区矫正管理工作电视电话会议，作出具体部署。

二是围绕社区矫正立法，积极做好调研论证等相关工作。主动沟通协调国务院法制办、中央政法委、全国人大法工委等部门，及时了解社区矫正立法进展情况，提供社区矫正立法中重大关键问题论证材料。积极配合立法调研和论证，及时反映社区矫正工作实际情况和基层的期盼，对国务院法制办向社会征求意见的《社区矫正法（草案稿）》认真研究，从加强社区矫正工作保障的角度提出了修改意见，与国务院法制办有关部门及时交流沟通。指导安徽、甘肃、宁夏、内蒙古、江苏等地积极向调研的中央政法委领导做好汇报，跟踪了解进展情况。做好与人大代表、政协委员的沟通联系，及时答复意见建议，为推进社区矫正立法、健全完善社区矫正制度集聚社会共识。

三是切实做好社区矫正安全稳定工作。组织开展社区矫正安全隐患专项整治活动，进行社区矫正安全稳定检查，督促各地严格监督管理制度。G20 峰会期间，对浙江、北京、上海、江苏等重点省市，提出具体要求，制定专门方案，明确工作重点，采取有效措施，抓好隐患排查整治，重点抓住判、交、送、接、管、帮、罚等关键环节进行风险防范，及时发现和解决影响安全稳定的问题隐患，检查落实报告、走访、外出请销假等监管措施情况，健全社区矫正突发事件应急处置机制，确保 G20 杭州峰会期间社区矫正安全稳定。切实做好教育帮扶工作，提高教育帮扶效果。各地建立教育基地 9353 个、社区服务基地 25204 个、就业基地 8216 个，积极开展学习教育、职业培训、社区服务、心理辅导等教育帮扶活动，增强了社区服刑人员遵纪守法意识，为促使其顺利回归社会、融入社会创造了条件。

四是举办社区矫正中心建设工作座谈会。组织召开社区矫正中心建设工作座谈会，推进矫正中心建设“提档升级”。会议明确矫正中心建设与管理的重要性迫切性，提出了加强社区矫正中心建设和管理的总体思路、具体举措和标准要求。指导各地贯彻落实《财政部、司法部关于进一步加强社区矫正经费保障工作的意见》，狠抓经费和物质保障。内蒙古、天津、河南、辽宁等省（区、市）制定《社区矫正经费保障工作实施办法》，按社区服刑人员数量保障社区矫正经费，为社区矫正工作开展提供保障。

三、戒毒工作深入发展

深入贯彻落实中央关于加强禁毒工作的意见和《禁毒法》《戒毒条例》，积极协调有关部门，全力推动戒毒工作深入发展。

一是积极参与国家禁毒委各项工作。公安机关严厉打击涉毒违法犯罪活动，加强戒毒服务体系建设，积极开展戒毒药物维持治疗，推进重点地区关爱医院建设。公安部、司法部、国家卫计委共同制定出台了《关于加强解毒药物维持治疗和社区戒毒、强制隔离戒毒、社区康复衔接工作的通知》，加强各种戒毒措施之间的有效衔接，完善戒毒链条，提高戒毒效果。认真贯彻落实国家禁毒办等中央八个部门联合印发的《关于加强病残吸毒人员收治工作的意见》，指导各地切实做好病残强制隔离戒毒场所的建设及病残戒毒人员的收治、管理和治疗工作，有效解决病残吸毒人员送戒难、收治难的问题。认真贯彻落实公安部、司法部、最高人民检察院、国家卫计委联合制定出台的《监管场所艾滋病防治管理办法》，规范监管场所艾滋病人员的管理，对新收的被监管人员和强制隔离戒毒人员进行全员艾滋病病毒抗体初筛检测，落实国家针对艾滋病患者的“四免一关怀”政策，对符合条件的艾滋病人员开展免费抗病毒治疗、抗机会性感染治疗，提高他们的生活质量。司法行政机关配合公安机关禁毒会战，加强收治和管理工作。克服困难，深挖收治潜力，合理使用场所收治资源，加大收治力度，做到依法应收尽收，努力做到满员收戒。

二是扎实做好强制隔离戒毒工作。研究制定进一步加强戒毒工作规范化建设的意见和规范化建设标准，全面梳理规范化建设的实践经验、困难问题，研究下一步工作重点以及方法措施。深入推进制度建设，有针对性地强化安全管理措施、堵塞漏洞，进一步规范场所执法管理工作，为场所的持续安全稳定提供制度保障。做好教育矫治工作，深入贯彻落实强制隔离戒毒人员教育矫治纲要，制定出台教育矫治工作考核办法和考核标准，总结推广教育矫治方式方法，完善科学的戒治课程和项目，探索形成了一批富有地方特色、卓有成效的矫治项目。进一步充实戒毒人员教材体系，编写《入所教育》《回归社会教育》《文化素质教育》教材，使适应戒毒工作需要的教材体系更加成熟完善。打造专业化教育矫治队伍。加强戒毒医疗工作，进一步健全完善医疗机构，根据收治规模和戒毒治疗需要，设置和完善专业性戒毒医疗机构，配备医务人员，购置医疗设备。指导各地进一步加强与社会医院合作，90% 以上的戒毒场所与社会医院建立戒毒人员就医“绿色通道”，确保了急、危、重病戒毒人员能够得到及时救治。加大对艾滋病等传染病和各类精神障碍疾病的监测力度，依托场所成立了传染病和精神障碍疾病监测中心，确保监测工作科学、准确。指导各地加强对传染病戒毒人员的隔离、治疗工作，收治艾滋病戒毒人员全部实现集中治疗。积极推进康复训练工作，强化体能康复训练，制定强制隔离戒毒人员身体康复训练纲要，对康复训练的主要内容、方式方法和组织形式作出规定。指导各地开展心理咨询、心理矫治和心理危机干预，开设心理健康教育课程。强化生产劳动康复训练，促使各场所依法、规范组织生产劳动，建立健全并落实项目准入制度。积极为戒毒人员提供固定劳动岗位，开展不同类型的生产活动及职业技能培训。

三是大力推进戒毒康复工作。认真贯彻落实国家禁毒办、公安部、司法部、国家发改委共同制定下发的关于改进戒毒康复场所试点项目建设管理工作的意见，切实形成集生理脱毒、身心康复、就业安置、融入社会于一体的管理体制机制，努力提高戒毒康复工作实效。各地通过探索有效的戒毒治疗手段，引进好的、适合康复人员的生产项目，提高康复人员收入水平，优化美化场所环境，创新管理手段，实行人性化管理，为戒毒康复人员创造良好的戒毒环境，吸引了一大批戒毒人员来所康复。

四是做好社区戒毒社区康复工作。按照《关于加强社区戒毒社区康复工作的意见》《关于加强戒毒康复人员就业扶持和救助服务工作的意见》的要求，全国已经建立社区戒毒社区康复 2.9 万个，正在社区戒毒 20 万人、社区康复 9.1 万人。司法行政发挥戒毒场所戒毒技术优势，切实履行指导支持社区戒毒和社区康复工作的法定职能，积极探索向社会延伸，在乡镇、社区设立社区服务站，对社区戒毒管理人员进行培训，对解除强制隔离戒毒人员进行跟踪帮教，取得了良好的效果。一些戒毒康复场所充分发挥戒毒康复所戒毒专长，对社区戒毒、社区康复工作进行指导。一些戒毒康复场所还与地方签订协议，作为地方社区戒毒、社区康复的基地，发挥各自优势，共同做好社区戒毒社区康复工作。认真指导各地开展社区戒毒社区康复工作，积极建立社区戒毒（康复）指导站点（或其他类似机构），配备专职工作人员，开展业务培训。

四、有肇事肇祸倾向精神病人和艾滋病危险人群防控工作取得新成效

国家卫计委会同有关部门认真贯彻实施《精神卫生法》和国务院办公厅关于加强肇事肇祸等严重精神障碍患者救治救助有关规定，全面落实《中国遏制与防治艾滋病“十二五”行动计划》，推动制定精神卫生和艾滋病防控政策，狠抓各项综合防治措施落实，各项工作取得显著进展。

一是严重精神障碍患者救治管理工作。继续推进精神卫生综合管理试点工作，制定了试点年度工作任务，召开了试点部署会，举办了经验交流培训，组织开展了试点地区重点调研和集中督导。各试点地区在相关部门综合管理、加强患者救治救助、开展患者社区康复等方面出台政策并积极探索实施，涌现出一批好经验好典型，取得明显成效。加强患者服务管理工作，继续依托重大公共卫生服务项目和基本公共卫生服务项目支持，开展精神障碍患者筛查诊断、登记管理和随访服务等工作。加强服务能力建设，举办精神卫生专业人才研讨会，引导高校进行精神卫生专业人员的招生培养。2016 年，有 15 所高校开设精神卫生本科，较去年同期增加近三倍。继续支持中西部省份开展精神科医师转岗培训，增加基层医疗卫生机构精神卫生专业人员数量，提高服务能力。针对西藏、新疆精神卫生工作实际需求，举办 5 期精神卫生援藏、援疆培训班，推动西藏、新疆精神卫生工作。推动落实患者监护责任。出台实施以奖代补政策，落实严重精神障碍患者监护责任，由各地明确严重精神障碍患者奖补对象及奖励标准，对患者未发生肇事肇祸行为的，给予监护人奖励，以减轻患者及监护人经济负担，提高监护人履行监护责任的积极性。2016 年，各省（区、市）及新疆生产建设兵团均已出台落实患者监护责任的政策文件。协助辽宁、福建、江西、安徽、四川、甘肃等省份，将严重精神障碍患者信息提供给相关部门。开展防治知识宣传，印发通知组织各地开展“世界精神卫生日”宣传活动。举办主题为“平等参与共享”现场宣传活动；在北京电视台“养生堂”栏目播出“世界精神卫生日”特别节目。

二是艾滋病防控工作。进一步完善防治政策,强调各地公安、司法行政、卫生计生行政部门要加强维持治疗衔接工作的组织管理,建立健全机制,要求相关部门和机构定期通报工作情况,组织开展业务技能培训,加强督导检查,确保各项衔接措施的有效落实。加强艾滋病检测发现,积极开展艾滋病检测,提升综合干预质量。在各级疾控机构高危人群干预工作队伍的基础上,积极动员社区卫生服务中心、社会组织和志愿者,针对高危人群开展综合干预工作,调整艾滋病免费抗病毒治疗标准,对于所有自愿且无临床禁忌症的感染者均建议实施抗病毒治疗。努力破解性传播难题。针对男性同性性传播上升较快的问题,会同公安部、有关专家从生物医学、社会文化等方面分析男性同性性行为人群的特征和行为特点,研究制定针对性的政策措施。依托示范区探索大城市男性同性性行为人群综合干预工作和农村地区低档暗娼综合工作,委托相关机构开发高危人群艾滋病感染风险评估工具。继续在男性同性性行为人群集中活动的场所,实施健康教育、行为干预、检测咨询等综合防治措施,并动员感染者尽早治疗,降低病毒载量,减少传播。依托社会组织参与艾滋病防治基金项目,进一步发挥社会组织参与艾滋病防治的优势。

上海市新航社区服务总站“三化”提升安置帮教效能

上海市新航社区服务总站成立以来,始终以促进刑满释放人员更好地回归社会、融入社会,预防和减少重新违法犯罪为目标,致力于走出一条具有上海特色的安置帮教之路,初步形成常态化、科学化、规范化、社会化、专业化的工作体系,总结出一套安置帮教社会工作专业服务模式。

一是力量社会化。新航总站成立之初,专业社会工作者参与到安置帮教工作中并不为广大群众所理解。“你们怎么不帮好人反而要帮坏人”,是普通老百姓时常问到的一个问题。确实,在当时的社会环境下,依靠社工面对社会上的特殊人群,他们难免会感到力不从心。这个局面近年来得到极大改善。在上海市刑释解教人员安置帮教工作领导小组办公室的牵头下,市、区、街镇三级安置帮教工作体系日趋完善,全市218个街镇安置帮教工作站全面建成。随着安置帮教地方性法规——《上海市安置帮教工作规定》的率先出台以及18个委办局联合印发的《上海市安置帮教工作规定实施细则》的施行,上海安置帮教工作法律制度逐步健全和完善,为社会力量参与安置帮教提供了重要法律依据,也使得参与安置帮教工作的社会力量得到长足发展。

上海共有300余名专职干部、720余名社会工作者和2万余名社会帮教志愿者致力于刑满释放人员的安置帮教工作。公安、民政、劳动保障、住房保障、工青妇、青少年保护委员会、关心下一代工作委员会等部门和群众性团体也都配备了专门安置帮教工作人员。在社会多方参与的工作模式中,除了专职干部和专业社工这些专业力量外,社会力量也是保障安置帮教工作成效的重要基础。

与新航总站位于同一楼层的有一家名为上海市社会帮教志愿者协会的单位,这是2000年成立的一个非营利性社会团体。在十几年的安置帮教工作中,新航总站与社会帮教志愿者协会建立了密切的合作关系,社工引领义工开展帮教已经成为一种常态。

自2007年起,新航总站就与上海市社会帮教志愿者协会联合举办了“帮扶、新航、和谐”专场招聘会20余场,累计有3500多名帮教对象参加招聘会,成功推荐就业900余人次。社会帮教志愿者协会依托社会资源,联合新航总站、爱心帮教基金会,在全市建立5个专门为无家可归、无亲可投、无业可就的“三无”对象提供临时住宿、就业和帮教服务的“新航驿站”,先后安置此类人员387人。安置帮教的目的是让刑满释放人员和解除矫正人员能够回归社会、融入社会,这是一项双向的工作:不能单方面地把帮教对象推给社会,社会也要去了解这些特殊人员,包容他们。通过发动社会力量参与安置帮教工作,可以让社会公众认识到,这些特殊人群并非都是穷凶极恶之徒,进而理解他们,张开双臂接纳他们。社工最大的作用就是整合社会资源,从而形成工作合力。

二是队伍专业化。在帮教过程中,社会工作者对症下药,主动进监了解刑满释放人员对于回归社会后的想法和要求;通过感情教育与心理疏导解开他们的心结,最大程度修复社会关系的裂痕;整合资源为其落实居所和工作岗位,解决其住宿和工作上的问题。帮教工作取得的成功,与社工过硬的专业知识密不可分。新航总站正着力于打造一支专业素质过硬的社工队伍。上海市720名专业社会工作者中,85%具有大学本科学历,拥有社会工作师资质的超过87%,国家二级心理咨询师人数占总人数的25%。选拔专业社会工作者,新航总站有一套严格标准。除了学历和专业以外,社工招募要依次通过笔试、面试、政审、体检4个步骤。其中,笔试和面试的考核涉及社会工作专业知识、政策法规、人际交往能力,是否有基层工作经验也是重要参考依据。随着政府对社会力量参与安置帮教工作的高度重视,政府购买服务力度不断加大,上海司法社会工作者年人均政府购买服务经费已经达到11.32万元,薪酬明显改善,吸引更多法学、社会学、社会工作专业的高校毕业生前来应聘。由于安置帮教工作的特殊性和复杂性,对于从事这项工作的人员有较高的专业要求,新航总站一方面通过严格选拔,筛选出优秀的社会工作人才,另一方面依托机构成熟的培训机制,通过开展分层次分类培训,保证每名社会工作者每年接受不少于48课时的在职培训,使社会工作者的专业能力和水平不断提升,为工作的顺利开展提供扎实的基础保障。

三是工作精准化。新航总站认真做好需求问卷调查工作,问卷内容非常细致,不仅包括帮教对象的年龄、文化程度、家庭婚姻状况、服刑前工作状态等,还详细询问了帮教对象回归后面临的具体需求,比如社会适应、劳动保障、社会保险、退休养老、家庭关系、子女关系、个体心理等。调查问卷是新航总站为与上海市五角场监狱合作开展的“爱启新航”回归教育项目特地设计的。五角场监狱是上海唯一的出监监狱,新航总站与其建立了专业社会组织整合社会力量提前介入开展帮教工作的崭新模式。每月由社会工作者进入监狱指导临释放人员填写需求问卷,以便让街道司法所和社工提前了解他们刑满释放后可能面临的问题以及他们对于帮教服务的实际需求。他们采用一人一案无缝衔接的工作模式,了解帮教对象的情况后,分门别类地制定符合不同对象的个性化帮教方案。根据年龄层次和个体需求,采用不同的教育方法,提供不同的帮教项目。除了通过个性需求与问题一对一的个案服务外,新航总站还针对有共性问题的人群开展一对多的小组工作,做到帮教服务方法科学化、规范化、精细化。在“爱启新航”项目中,新航总站组织有丰富经验的资深社工、政府部门工作人员、社会专业人士,通过讲座、沙龙、团体辅导、情景模拟、一对一心理访谈等形式,让临释放人员在轻松的氛围中发现自身存在的问题,探索正确的解决方法。该项目已经开展3年,累计为1000多名临释放人员提供了个性化、差异化帮教服务。2016年,该项目帮教范围将扩大到外省籍服刑人员以及短刑期服刑人员,全年帮教人数预计突破3000人。

在服务内容上,新航总站坚持以问题需求为导向,就刑满释放人员普遍存在的思想观念、社会适应、心理、行为、家庭、就业、人际交往等方面的问题,开展有针对性的专业服务,做到精准帮教。值得一提的是,新航总站通过将社会工作实务模式嵌入安置帮教流程中,形成一套本土化安置帮教社会工作专业服务流程。在这个流程中,不仅通过提前介入实现监所与社会无缝衔接,而且确保了对刑满释放人员实施全过程帮教。

自2006年开始,新航总站就提出“特色服务专业化,专业服务项目化,项目服务品牌化”的思路,探索通过项目化运作,为刑满释放人员提供全方位、多元化、多层次的帮教服务体系。在上海,帮教一个对象、和谐一个家庭、平安一个社区的理念已经深入人心。

六、“两新组织”服务管理工作

2016年中央综治委“两新组织”专项组工作情况

2016年，中央综治委非公有制经济组织和社会组织专项组及下设各工作小组、各成员单位认真贯彻中央决策部署，切实履行职责，加强协作配合，推动非公有制经济组织和社会组织服务管理各项工作取得了积极成效。

一、强化顶层设计，提升非公有制经济组织和社会组织服务管理制度化水平

有关成员单位牢固树立法治思维、制度思维，加强协作配合，推动研究制定了一系列法律规章制度。民政部研究起草了《关于改革社会组织管理制度促进社会组织健康有序发展的意见》，并以中办、国办名义印发。2016年3月《慈善法》正式颁布后，民政部联合有关部门制定了《慈善组织认定办法》《慈善组织公开募捐管理办法》《社会组织登记管理机关受理投诉举报办法(试行)》等相关配套制度文件。人力资源社会保障部完善了劳动关系的有关政策法规，制定了《企业劳动保障守法诚信等级评价办法》《重大劳动保障违法行为社会公布办法》，研究起草了《关于进一步加强劳动人事争议调解仲裁完善多元处理机制的意见》，修订了劳动人事争议仲裁《办案规则》《组织规则》，修改完善了《特殊工时管理规定》等。

二、加快改革创新，完善非公有制经济组织和社会组织服务管理的体制机制

有关成员单位按照中央决策部署，坚持改革创新，迈出了新的发展步伐。《中共中央关于加强和改进党的群团工作的意见》出台后，全国总工会以推动工会改革为契机，制定印发了35份改革文件制度，推动力量资源向基层倾斜。共青团中央机关设立了基层组织建设部，负责统筹推进包括非公有制经济组织在内的团的基层组织建设和团员队伍建设；设立了社会联络部，负责社会组织、志愿服务、青少年事务社工队伍建设等工作。全国妇联创新基层妇联组织设置，充分发挥企业女职工委员会作为妇联团体会员的作用；主动吸纳非公有制经济组织和社会组织中有一定影响力的负责人担任基层妇联执委和兼职副主席；创新思想教育方式，明确主体活动、重点工作。民政部制定了第一批全国性行业协会商会脱钩实施方案，基本完成第二批试点实施方案核准工作；会同发展改革委等9部门制定了《行业协会商会综合监管办法(试行)》，构建了新型监管体制。国家工商总局积极推进商事制度改革，进一步放宽市场准入，创新新形势下工商系统监管方式，实施“五证合一、一照一码”登记制度改革和个体工商户营业执照和税务登记证“两证整合”；落实“先照后证”改革，推进企业登记全程电子化试点；推进名称登记改革试点，放宽市场主体住所(经营场所)登记条件等。

三、加强党的领导，确保非公有制经济组织和社会组织的正确发展方向

有关成员单位大力加强非公有制经济组织和社会组织的党建、团建和工会建设。中央组织部认真贯彻落实《关于加强社会组织党的建设工作的意见》，召开全国园区非公企业党建工作座谈会，以园区为龙头推动非公有制经济组织党建工作，推动互联网企业党建工作。结合“两学一做”学习教育，开展集中推进非公有制经济组织和社会组织“两个覆盖”专项工作。中央统战部、全国工商联以“守法诚信、坚定信心”为重点，深入开展理想信念教育实践活动，引导非公经济人士依法经营、依法治企、依法维权，全国工商联 31 家直属商会中有 27 家成立了党组织，有效推进了党的组织和党的工作覆盖。全国总工会加强乡街和开发区工会建设，加强区域（行业）工会联合会建设，广泛吸纳农民工加入工会。共青团中央、国家工商总局推动非公有制经济组织党团组织建设，开展小微企业个体工商户专业市场党团组织覆盖“百日攻坚”行动。全国妇联加强对非公企业、行业产业链、流动领域妇女以及女性自组织、微组织、网络组织等人群的凝聚。民政部要求社会组织在成立时同步开展党建工作，并把党建工作情况作为年检重要内容，推动社会组织加强党的建设。

四、创新社会治理，切实发挥非公有制经济组织和社会组织的积极作用

有关成员单位积极引导非公有制经济组织和社会组织履行社会责任，参与社会矛盾化解，促进平安中国建设。全国总工会积极维护职工合法权益，开展和谐劳动关系企业创建活动，推动完善劳动争议调解仲裁多元处理机制，开展职工法律援助专项活动。推进“互联网 +”工会普惠性服务，让非公有制经济组织和社会组织的职工有更多获得感。人力资源社会保障部深入贯彻落实《中共中央国务院关于构建和谐劳动关系的意见》，推动地方出台实施意见；指导和规范企业劳动用工管理，做好化解过剩产能职工安置中劳动关系处理工作，加强工资支付保障；统筹处理维护劳动者合法权益和促进企业发展的关系，完善企业劳动争议调解制度，妥善处理劳动争议。中央统战部积极推进光彩事业，助力脱贫攻坚，与全国工商联联合开展“万企帮万村”精准扶贫行动。全国工商联开展商会调解工作，加强行业性、专业性纠纷化解服务，引导非公企业构建和谐劳动关系；针对民间投资下滑过快等问题，组织开展促进民间投资第三方评估，研提意见建议。

七、预防青少年违法犯罪工作

2016年预防青少年违法犯罪工作情况

2016年,在中央综治委的领导下,"预青"专项组深入贯彻落实2016年中央政法工作会议精神和全国综治工作部署要求,抓住中央出台预防青少年违法犯罪工作意见的有利契机,协调配合各成员单位围绕年初确定的工作任务,各司其职、稳步推进,预防青少年违法犯罪工作取得积极成效。

一、对贯彻实中央文件作出全面部署

5月,中央下发预防青少年违法犯罪工作意见之后,"预青"专项组于9月召开全体会议,就深入贯彻落实中央文件作出专门部署,并结合专项组成员单位的职能,制定了分工方案,将文件主体内容细化为若干子项,逐项明确了牵头和参与单位。各单位根据任务分工,研究制定了具体的落实举措、实施进度和工作载体。专项组办公室汇总形成时间表、路线图,并积极推动落实。各地及时抓好贯彻落实,河北、山西、浙江、安徽、陕西、西藏6省(区)出台了省级实施意见。

二、深入开展青少年思想道德和法治教育

开展"我的中国梦"等主题教育实践活动,引导青少年牢固树立社会主义核心价值观。加强中小学德育工作,推进文明校园创建工作。向全国青少年推荐百种优秀出版物目录,组织165家少儿出版社走进1800多所学校,开展少儿报刊阅读季活动。落实"七五"普法规划,制定《青少年法治教育大纲》,建立青少年法治教育实践基地3万多个。开展为期三年的"法治进校园"全国巡讲活动,全年巡讲达1.7万场次,覆盖1.3万所学校880万名学生。贯彻落实《全国青少年毒品预防教育规划(2016—2018年)》,实施学校毒品预防教育"五个一"活动,覆盖全国90%以上的学校。举办第十三届全国青少年学法用法网上知识竞赛、全国青少年禁毒知识竞赛、"为了明天——关爱青少年彩虹行动"微电影大赛、第三届"关爱明天·普法先行"青少年普法教育活动。

三、全面净化青少年成长的社会文化环境

开展"绿书签"行动,引导少年儿童自觉远离和抵制有害出版物。部署各地对中小学校园周边及少儿文化用品销售店进行高频次巡查,收缴各类非法有害少儿出版物。深化"护校安园"专项行动,强化校园及周边环境整治和安全防范。制定《关于防治中小学生欺凌和暴力的指导意见》,在全国范围内开展中小学校园欺凌专项治理。开展"护苗2016"专项行动,重点净化网上文化环境和整治校园周边出版物市场。开展"清朗"系列专项行动,清理网络淫秽色情及低俗信息。严格落实网络实名制,规范境内接入服务市场。开展网络表演市场专项整治,查处违规表演行动。把握舆论引导主动权,弘扬社会正能量,旗帜鲜明地与诋毁党的形象、抹黑英烈模范等错误言论开展网络舆论斗争。引导娱乐场所转型升级,加强网络游戏市场监管,推广网络游戏防沉迷系统动态监测和实名验证。

四、继续推进重点青少年群体工作

以重点青少年群体工作为抓手。经过三年逐轮推开,全国2800余个县级地区全部建立"预青"专项组工作架构,初步形成中央、省、市、县四级覆盖完整的"预青"工作体系。开展社会力量参与有不良或严重不良行为青少年专门教育第一轮试点，取得积极成效；依托各级公共就业服务机构，为有就业需求的闲散青少年提供职业介绍、信息咨询、专门培训；持续开展“打拐”专项行动，加强对流浪未成年人的解救和安置；组织开展“合力监护·相伴成长”关爱保护专项行动，切实关爱帮扶农村留守儿童；积极协调落实服刑人员未成年子女帮扶政策，强化心理疏导和关爱。

五、进一步完善青少年法治建设

在未成年人保护领域，推动实施强制报告制度和人生安全保护令制度。完成《未成年人网络保护条例(送审稿)》并报请国务院审议。推动制定《社区矫正法》，初步计划设立未成年人社区矫正专章。研究起草学校安全制度相关草案及研究报告。继续推动家庭教育立法。山东、湖北、新疆等地“预青”专项组推动出台《预防未成年人犯罪条例》。贯彻落实对违法犯罪未成年人的“教育、感化、挽救”方针及“教育为主、惩罚为辅”原则，进一步深化未成年人司法改革，完善未成年人刑事案件特殊程序相关规定，推动未成年人司法特殊保护制度建设。推动各地将家暴、虐待、遗弃、未成年人请求人身损害赔偿、适龄儿童接受义务教育等事项纳入法律援助补充事项范围，依托共青团组织建立法律援助工作站 2200 多个。深化未成年人社区矫正工作。

六、进一步加强预防犯罪工作保障

研究编制《受监护侵害未成年人保护工作指引》，依法开展未成年人救助保护。总结推广“青少年权益工作创新”试点经验，推进“青少年维权在线”网络平台建设，招募 6677 名法律、心理专家，依托各地 12355 青少年服务台，广泛开展安全自护、法律咨询、心理减压等专项活动；命名 630 家全国“青少年维权岗”(2014—2015)。在《社会治安综合治理基础数据规范》国家标准中设置“重点青少年”模块。推动成立中国未成年人网上权益保护协会。加强青少年事务社工队伍建设，全国社工总数已达 8.6 万，同时引导社工广泛开展司法保护、社会矫正、专门教育、法律帮助、心理辅导等服务项目。开展预防青少年违法犯罪理论研究和工作交流，开展青少年立法和政策协商论证，做好相关宣传报道工作。

秦宜智同志在 2016 年中央综治委预防青少年违法犯罪专项组全体会议上的讲话

(2016 年 9 月 9 日，根据录音整理)

预防青少年违法犯罪，不仅是青少年健康成长的底线要求，也是社会综合治理的重要内容。对于社会治理，习近平总书记深刻指出，“要把群众合理合法的利益诉求解决好，使群众由衷感到权益受到了公平对待、利益得到了有效维护。要处理好活力和秩序的关系，坚持系统治理、依法治理、综合治理、源头治理，发动全社会一起来做好维护社会稳定工作。”长期以来，在中央综治委领导下，预防青少年违法犯罪工作逐步形成共青团牵头统筹、职能部门齐抓共管、社会力量广泛参与的良好格局。会前，中央领导同志审阅了这次会议安排，批示肯定团中央牵头并会同有关部门深入开展预防青少年违法犯罪工作，取得了积极成效，要求及时总结经验，进一步部署相关工作。

前不久，针对依然严峻的预防形势，党中央结合社会治理创新、平安中国建设，对预防青少年违法犯罪作出了一系列新的重要部署。深入贯彻落实中央工作部署，是各级“预青”专项组当前的核心任务。根据会议安排，我就“预青”专项组近期几项重点工作，讲几点意见。

一、关于重点青少年群体县级推开工作

面对重点群体开展重点预防，是专项组深化预防工作的重要探索。习近平总书记曾就此项工作有过重要批示："抓好重点青少年群体的教育管理是维稳的基础性工作，基层党组织要把此项工作纳入视野，列入党建规划，齐抓共管，加强重点青少年群体教育管理的基层基础工作。"2009 年，经中央综治委批准，进行了全面数据摸排；2010 年至 2012 年，确定 23 个全国试点城市和 257 个省级试点城市，针对不同方向开展了为期两年的试点；2013 年起，决定再用三年时间、分三个轮次，在全国所有县级地区推开重点群体服务管理和预防犯罪工作。

三轮推开中，中央"预青"专项组会同中央综治办每年共同研究部署，进行督导检查、考核评估。全国 31 个省(区市)和新疆生产建设兵团都制定了实施方案，明确逐轮推开的时间表、路线图，有 21 个省(区市)的主要领导或分管领导作出批示、出席会议进行部署，推开工作整体进展顺利。

一是县级工作机构全部建立。按照省级指导、市级统筹、县级铺开的要求，全国 2800 多个县级地区分批启动重点青少年群体工作。借此契机，各地参照中央综治委"预青"专项组架构，通过综治组织的协调指导，在县级地区普遍建立了专项组工作机构，明确了职能部门任务分工和工作协调机制，这是三轮推开取得的重要成果。

二是完善专项组工作机制。建立机构是第一步，关键是实现专项组有效运转。各地在推开工作中，结合实际作出了很好的探索。天津、山西建立专题联席会议制度，定期组织成员单位研讨工作、解决难点问题。吉林、江苏、广东实施项目化运作，围绕重点群体、重点环节、重点场所设计有针对性的关爱服务项目。安徽、重庆运用综治信息系统，实现重点群体的精准联系和服务。辽宁、江西、广西建立了分片包干、实地督导、定点帮扶等常态化机制。

三是强化政策基础保障。各地发挥综治平台优势，推动重点青少年群体工作纳入党政视野，为推开工作提供有力保障。北京出台一系列未成年刑事案件配套政策，形成"1 + 6 + 3"的涉诉未成年人保护服务体系。上海制定青少年事务社工队伍建设意见，把社工占比的基数从户籍青少年扩大到常住青少年。贵州省委省政府推动实施未成年人专门教育"育新工程"、重点青少年救助保护"雨露工程"。广西下发经费保障文件，推动省、市、县、乡四级"预青"工作经费纳入同级财政预算。浙江依托综治信息系统，建立覆盖省市县乡和 80% 村(社区)的重点青少年信息管理平台。

从考核评估情况看，虽然县级地区三轮推开已经初步结束，但离全覆盖、深拓展还有一定差距。山东、江苏、上海、广西等地县级合格率达到 100%，也有个别省的合格率不足 70%；云南、广东、四川、湖北等地经费投入累计超千万，个别省则不足 50 万元。一些县级地区虽然建立了"预青"专项组，但相关制度建设、项目创新还不完善。下一步，一是要依托全国社会治安综合治理系统，建立重点青少年群体数据管理平台，做好分析研判和预警监测。二是要通过项目示范、资金引导，联系相关社会组织和公益机构，培育青少年事务专业社工，广泛提供困难帮扶、法律援助、心理疏导、行为矫治等服务。三是要加强专项组成员单位间的协调联动，逐步健全信息共享、个案转接、会商研讨等工作机制。

二、一年来"预青"专项组的工作情况

2015 年以来，在中央综治委领导下，"预青"专项组深入贯彻落实中央政法工作会议精神和全国综治工作部署要求，各成员单位围绕年初确定的工作任务，各司其职、协调推进，预防工作取得积极成效。

(一)加强青少年思想道德和法治教育。教育部以培育和践行社会主义核心价值观为统揽，全面强化学生德育工作，并制定《关于加强家庭教育工作的指导意见》。中央网信办着力推进"争做中国好网民"工程，中央文明办广泛开展"我的中国梦"主题教育实践活动。司法部以"七五"普法规划颁布实施为契机，全面深化"法律六进"活动，并会同教育部编写《青少年法治教育大纲》。中国关工委联合有关单位举办"关爱明天 · 普法先行"青少年普法教育活动。全国妇联研究制定全国家庭教育工作"十三五"规划。

(二)净化青少年成长的社会环境。全国"扫黄打非"办公室联合多家单位继续开展"护苗

2015”专项行动。中央网信办及时清理有害青少年身心健康的网络信息，关闭涉及色情低俗信息的微信公众号、QQ 群。工业和信息化部依法处置违法违规网站、打击通信信息诈骗，会同公安部封堵境外淫秽色情网站。文化部实施针对低俗漫画、暴恐动漫、低俗网络游戏、违规游戏的查处行动。新闻出版广电总局对中小学校周边及少儿文化用品销售店进行高频次巡查。公安部深化“护校安园”专项行动，排查整改校园安全隐患，广泛设立校园警务室及治安岗亭、“护学岗”。

（三）推动法治建设及政策保障。全国人大常委会法工委推动在《刑法修正案（九）》中修改多处涉及未成年人的条款，加大对侵害未成年人犯罪行为的惩处力度，并推动在《民法总则（草案）》中对未成年人监护制度作出改革调整。国务院法制办加快制定《未成年人网络保护条例》，指导国家发展改革委、团中央做好《青年创业促进条例》起草工作。民政部深入开展未成年人社会保护试点，并依托适度普惠型儿童福利制度试点，进一步完善儿童福利保障体系。团中央配合民政部加强青少年事务社工队伍建设，目前人员规模已达 5.6 万人、青少年事务社工机构达 4174 家。国家发展改革委支持各地建设农村寄宿制学校、乡村少年宫、未成年人心理健康辅导中心等关爱服务阵地。财政部加强预防青少年违法犯罪专项经费支持，加大对纳入城市和农村低保范围未成年人的救助力度。

（四）落实未成年人司法保护制度。最高人民法院指导各级法院切实保障未成年人司法权益，推广建立少年法庭，并在山东青岛、四川眉山试点建立惩治侵犯留守儿童权益犯罪联动机制。最高人民检察院设立未成年人检察工作办公室，制定《检察机关加强未成年人司法保护八项措施》，组织首届全国检察机关未成年人检察业务竞赛。司法部进一步深化未成年人法律援助服务，依法做好符合条件的未成年社区矫正人员特赦报请工作。

三、下一步的工作建议

综合治理是有效预防青少年违法犯罪的根本保证。贯彻落实中央有关工作部署，建议重点做好以下工作。

一是坚持教育为先。青少年处于人生成长的起步阶段，家庭、学校、社会都承担着重要的教育职责。必须围绕培育和践行社会主义核心价值观，广泛开展理想信念教育、爱国主义教育、道德实践体验、优秀传统文化教育等，让青少年从小就知礼仪、明是非、守规矩。作为法治宣传教育的重点对象，应该让青少年明确基本的法律底线和行为边界，做到自觉守法、遇事找法、解决问题靠法，成为尊法学法守法用法的现代公民。

二是解决突出问题。近期，媒体频频曝光的校园暴力事件引发社会广泛关注。2016 年 6 月 13 日，李克强总理专门作出重要批示。预防和遏制校园暴力，必须从根除社会中的暴力文化倾向、加强法治和心理教育、健全预防和处置机制等多个方面综合施策。专项组将会同教育部等部门加大工作力度，推动校园暴力得到有效治理。当前，我国青少年涉毒问题日益严峻，专项组将配合国家禁毒委全面实施青少年毒品预防教育“6·27 工程”，发挥学校的教育主渠道作用，积极吸纳社会力量参与，引导青少年充分认识毒品特别是合成毒品危害，增强识毒防毒拒毒的意识和能力。

三是聚焦难点问题。针对预防犯罪领域的一些“老大难”问题，按照既定工作方向，持之以恒地抓深抓实。建议始终保持对网络违法有害信息的高压态势，继续开展色情暴力信息专项整治，及时疏导和纠正可能诱导青少年违法犯罪、引发社会认知偏差的不良言论，进一步规范网络游戏产业有序发展。加强“扫黄打非”，强化以未成年人为题材和主要销售对象的出版物市场监管，加强校园周边特别是娱乐场所、网吧治理，彻底清除青少年成长环境中“黄赌毒”因素。2016 年以来，国务院相继出台《关于加强农村留守儿童关爱保护工作的意见》《关于加强困境儿童保障工作的意见》，专项组将抓住契机，进一步巩固重点青少年群体服务管理工作成果。

四是深化创新探索。推动《预防未成年人犯罪法》修改工作，加强调研论证，完善替代刑罚的保护处分措施，力争构建起独立的少年司法体系。加强专门学校建设，体现“宽容但不纵容”原则，依法改革入学程序，把专门教育作为矫治有严重不良行为青少年的重要手段。积极搭建平台，扶持相关社会组织、青少年事务社工、公益法律机构等，在扩大法律援助覆盖面、完善未成年人观护体系、合适成年人参与刑事诉讼和社会调查、未成年社区服刑矫正人员帮教等方面发挥积极作用。

当前，全团正在深入贯彻落实党中央的群团工作会议精神，全面深化共青团改革，构建“凝聚青年、服务大局、当好桥梁、从严治团”的“四维”工作格局。预防青少年违法犯罪，是党和政府交给共青团的重要任务，全团要借改革东风，切实承担起牵头统筹职责，会同专项组各成员单位凝心聚力、久久为功，推动预防青少年违法犯罪工作再上新的台阶，为社会治理创新、平安中国建设作出积极贡献。

八、校园及周边治安综合治理工作

2016年全国校园及周边治安综治工作情况

2016年，校园及周边治安综合治理专项组认真贯彻习近平总书记系列重要讲话精神，积极落实中央综治委工作部署和专项组年度工作要点，统筹解决影响校园安全稳定的突出问题，全力构建维护校园安全稳定的长效机制，取得明显成效。2016年，全国涉校案件同比下降19.6%，全国校园及周边治安形势持续保持总体平稳。

一、强化法治宣传教育，着力提升安全法治意识

（一）创新安全法治宣传教育形式。贯彻落实《国家安全法》和"七五"普法规划，研究制定《青少年法治教育大纲》，扎实推进法治宣传教育，积极推动把法治教育纳入国民教育体系。充分利用第二课堂和社会实践活动开展法治教育，推动青少年法治教育实践基地建设，教育部会同司法部等七部门共同制定印发《关于加强青少年法治教育实践基地建设的意见》，目前全国共建立基地3万多个。教育部会同公安部、中宣部、团中央等14部委，组织开展学校毒品预防教育"五个一"活动，全国90%以上的学校开展了毒品预防教育。

（二）认真做好在校师生法律援助工作。认真贯彻落实《关于完善法律援助制度的意见》，对做好未成年人法律援助工作提出明确要求。加强"12348"法律服务热线建设，组织引导法律服务工作者为广大师生提供良好法律服务和法律援助。目前，全国共建立热线服务平台2000多个。重点围绕侵害师生人身、财产等权益行为提供诉讼和非诉讼代理服务。通过举办"学生伤害事故法律责任分析及预防处理措施""校园欺凌预防"等主题法治讲座，向学生、家长和教师普及校园安全、未成年人保护等方面的法律知识。大力推广北京青少年法律援助与研究中心工作模式，积极向广大师生提供无偿、专业的法律咨询。梳理校园及周边治安综合治理法律服务需求，积极开展针对学生、学校多发性法律问题的专题研究，研究预防矛盾纠纷工作措施，推动相关法律和政策的健全完善。

二、构建综合防控体系，统筹推进平安校园建设

（一）深入开展"护校安园"行动。2016年春季开学，教育部会同公安部召开全国学校安全工作视频会议，部署各地深入开展中小学、幼儿园"护校安园"行动，依法严厉打击涉校涉园违法犯罪，共排查化解涉校矛盾纠纷2.5万余起。

（二）强化校园安全防范水平。各地按照校园安全防范相关标准和规范加强"三防"建设，全国80%的中小学、幼儿园已配备保安员，共配备防护装备125万件；68%的校园安全防范系统建设基本达到国家标准，共安装技防设备83万套。

（三）加强校园周边巡逻防控。各地组织警力加强校园周边重点时段、重要路段的巡逻防控，织密校园防控网络。共设立警务室及治安岗亭20万个，设立"护学岗"13万个，组织发动200万余群防群治力量参与校园巡逻值守，全国中小学、幼儿园周边每日巡逻警力达45万人次，校园周边安全屏障有效形成。

（四）认真做好校园消防安全工作。教育、公安、安监等部门相互合作，共同推动消防安全进学校，积极开展师生消防安全教育，扎实做好火灾隐患排查整治工作。结合夏季消防安全检查、冬春火灾防控等专项整治，对26万余所学校开展消防安全检查，排查整改了11余万处火灾隐患。教育部会同公安部开展第三届暑期消防安全宣传教育行动，全国有30.8万余所中小学、幼儿园落实了“四个一”要求，1570余万名高中新生接受消防知识教育培训。目前已评选创建“消防安全教育示范学校”千余所。

（五）加强校车及交通安全管理。指导各地认真贯彻实施《校车安全管理条例》，建立完善校车安全工作制度。集中开展校车和接送学生车辆交通安全隐患集中排查整治，2016年共查处校车交通违法3.56万起。北京、吉林、广西等24省（区、市）校车检验率、报废率达到100%。教育部、公安部、团中央等部门联合组织开展中小学生交通安全宣传系列主题活动，部署各地以“122全国交通安全日”等时间节点为契机开展宣传活动。各地按照《中小学与幼儿园校园周边道路交通设施设置规范》，深入排查校园周边道路交通安全设施和管理设施隐患，及时整改建设。

（六）完善校园安全长效机制。教育部、公安部等9部门共同印发《关于防治中小学生欺凌和暴力的指导意见》，教育部牵头起草《关于加强中小学幼儿园安全风险防控体系建设的意见》，着力构建立体化校园安全防控网络。各地积极完善联席会议、督导检查、约谈问责等制度，推进校园安全信息化、规范化建设。

三、加强安全隐患排查，大力整治校园及周边环境

开展安全隐患排查整治行动。秋季开学初，专项组办公室下发《关于开展2016年秋季开学校园安全稳定隐患排查整治工作的通知》，坚持排查整治与安全教育并重，做到排查整治与安全教育同研究、同部署、同开展、同总结。各地按照通知要求和“谁主管、谁负责”的原则，分领域、分系统、分行业抓好工作部署和措施落实。国家新闻出版广电总局、全国“扫黄打非”办公室等部门积极组织开展“护苗2016”专项行动，对校园周边出版物市场进行清查，严厉打击非法有害少儿出版物及信息。各地文化执法、新闻出版、教育、工商、公安等部门联合执法，共收缴各类非法有害少儿出版物340余万件。同时，积极开展“绿书签”行动，教育引导少年儿童远离和抵制非法有害出版物。

九、护路护线联防工作

2016年中央综治委护路护线联防专项组工作情况

2016年，护路护线联防专项组在中央综治委坚强领导下，在各成员单位共同努力下，全面贯彻党的十八大和十八届三中、四中、五中、六中全会精神，深入贯彻习近平总书记系列重要讲话精神，按照中央政法工作会议、全国社会治安综合治理创新工作会议部署，牢固树立和贯彻创新、协调、绿色、开放、共享的发展理念，主动适应国际形势新变化和我国经济发展新常态，切实增强忧患意识、责任意识，把防控风险、服务发展和破解难题、补齐短板摆在更加突出的位置，深入推进平安路、线建设，切实加大涉路、线违法犯罪打击整治力度，着力提升路、线治安防控整体水平，铁路护路联防、电力电信广播电视设施安全保护（以下简称"'三电'安全保护"）、输油气管道安全保护（以下简称"油气护线"）、公路水路安全联防等重点工作全面推进，实现了对影响路、线安全各类风险的有效防范、化解、管控，确保了路、线平安运行、安全畅通，为实现"十三五"良好开局、建设平安中国作出了积极贡献。

一、抓好统筹谋划，及时推动解决平安路、线建设重点难点问题

将平安路、线建设放到维护公共安全、建设平安中国大局中谋划推进，下大力气提高工作精细化、信息化、法治化水平，防范、化解、管控影响路、线安全的各类风险。专项组办公室推动将护路护线联防有关重点工作纳入中央关于加强社会治安综合治理维护社会稳定的工作意见，并继续作为年度综治工作考评的重点内容加强考核。针对高速铁路大发展面临的安全稳定新形势，中央综治办会同公安部、中央综治委铁路护路联防工作领导小组、中国铁路总公司等部门充分发挥综合治理优势和护路护线机制作用，就进一步做好高速铁路护路联防工作出台意见，对全面推进高铁立体化治安防控体系建设、创新推进高铁反恐治安联防联控工作、健全落实高铁护路联防工作责任制等作出明确部署，为做好新形势下铁路护路联防工作奠定政策基础。会同西藏自治区护路办、发改委等部门，赴财政部、国家发展改革委等部门，协调解决西藏自治区青藏、拉日铁路护路联防经费保障等事宜，相关问题得到基本解决。中央综治委铁路护路联防工作领导小组办公室（以下简称"中央铁路护路办"）、全国电力电信广播电视设施安全保护工作部际联席会议（以下简称"全国'三电'安保联席会议"）、全国油气田及输油气管道安全保护工作部际联席会议（以下简称"全国油气安保联席会议"）加强工作统筹谋划，针对出现的新情况新问题，主动调整工作着力点，认真制定实施2016年工作要点。交通运输部将"平安交通"建设作为重要内容和抓手，印发交通运输系统2016年综治维稳工作要点相关文件。

二、深入打击整治涉路、线违法犯罪和突出治安问题

全国油气安保联席会议深入贯彻中央领导同志重要指示精神，多次召开部署会、推进会、现场会，由公安部牵头，公安、综治、检法部门及石油企业协调联动，于2016年2月至12月开展了为期10个月的严厉打击整治打孔盗油违法犯罪专项行动。推动各地区、各有关单位按照防范风险、服务发展总体要求，以“打盗油、防暴利、建机制、保平安”为重点，强化破案追逃和综合整治，进一步落实主体责任，专项行动取得重大战果。各地共破获涉油刑事案件 1488 起，抓获犯罪嫌疑人 1976 名，挂账打孔盗油积案破案率达 79%，涉油逃犯抓获率达 85%，行动期间新发打孔盗油案件同比下降 83%，降至历史最低；17 个省（区、市）实现打孔盗油“零”发案。对涉油问题突出的 10 个重点县（市、区）进行重点整治，督促限期改变面貌，重点油区收赃销赃局面基本消除，原油销赃“黑三角”问题得到有效解决。中央铁路护路办组织深入排查整治铁路沿线治安混乱区段和突出治安问题，开展打击拆盗铁路器材犯罪、整顿铁路沿线废旧收购站点等专项行动。全国“三电”安保联席会议组织严厉打击“三电”违法犯罪活动，2016 年，全国公安机关共破获盗窃破坏“三电”设施刑事案件 5692 起，抓获犯罪嫌疑人 3769 人，查出涉及“三电”治安案件 3862 起，处理违法人员 3689 人。

三、不断完善路、线治安防控体系

根据中央关于加强社会治安防控体系建设的统一部署和国家发改委、中央综治办、公安部等九部委《关于加强公共安全视频监控建设联网应用工作的若干意见》的要求，围绕突出问题和薄弱环节，运用现代科技手段，进一步增强路、线治安防控体系建设的系统性、整体性、协同性。中央铁路护路办推动各地就贯彻落实中央四部委关于做好高速铁路护路联防工作的意见，出台实施细则，制定相关措施，建立完善定期联席会议、治安防控协作、联合宣传教育、应急处突协作、同步巡逻防范、联合督导检查等多项工作机制。坚持抓好科技护路，就全国铁路护路联防信息管理系统应用制定实施方案并举办第一期系统应用培训班，会同国家信息中心印发通知，推动全国县级以上铁路护路联防办公室接入国家电子政务外网。2016 年，全国铁路发生危及行车安全案（事）件和群体性拦车断道事件同比下降 14% 和 46%，铁路交通事故同比下降 6%。全国油气安保联席会议推动各油气企业加大安保经费投入、增设安全保卫机构、增配专职巡护人员，不断强化人防物防技防建设。全国“三电”安保联席会议推动各地加强对废旧金属收购业日常监管，强化废旧金属收购站点登记、备案和检查制度的“三落实”，加大对“三电”设施周边及沿线的出租屋、闲置房和流动人口的治安管理。广电系统指导相关企业落实主体责任，确定防恐重点单位和重点部位，制定防恐实施方案和应急预案，落实视频监控、脉冲电子围栏门禁、防冲撞路障等物防技防措施。公路水路安全联防小组就工作考核评价工作制定了相关办法和标准，公路、港航、安检、海事等职能部门与基层单位签订安全联防责任书，实施目标管理，全面落实相关责任，形成了横向到边、纵向到底的安全工作保障体系。

四、确保重大活动期间路、线安全

中央铁路护路办针对春运、两会、G20 峰会等重大活动，以高铁沿线突出治安问题和安全隐患为重点，及时启动非常时期护路安保工作预案，并派出工作组实地督导，确保了重大活动、敏感节点期间铁路沿线社会治安稳定。全国油气安保联席会议结合两会、五一、国庆特别是 G20 峰会等重要时间节点，统筹部署各项安保工作，专门召开 G20 环浙输油气管道安保推进会，组织开展为期 5 个月的油气企业安保反恐隐患排查整改会战，共梳理整治治安风险部位 1 万余处。全国“三电”安保联席会议于 G20 前夕召开环浙周边省市电力设施安保工作部署会，推动国家电网公司等企业强化安全大检查隐患大整改活动，拉网排查安全隐患两千余起。

五、不断营造共保安全的良好氛围

在坚持传统护路护线联防宣传形式的基础上，各工作小组和部际协调会议、各成员单位指导各地积极拓展新型载体，巩固深化基础阵地，不断创新宣传形式，挖掘宣传内涵，扩大宣传效果。各级铁路护路联防组织采取进校园、进村庄、进社区、进家庭等各种方式，集中宣传、重点宣传、借势发力，扩大宣传范围。全国油气安保联席会议各成员单位和油气企业通过开展宣传活动，进一步增强广大群众保护油气管道意识，初步形成不法分子不敢打（孔）、不敢盗、不敢运、不敢买、不敢收赃的氛围。全国“三电”安保联席会议各成员单位指导各地各部门和“三电”企业充分利用“5·17”世界电信和信息社会日，充分利用电视台、互联网和移动通信资源，通过发送公益短信、制作专题节目、播放公益广告等多种形式，开展“三电”设施安全保护工作宣传活动，收到良好的效果。

十、中央综治委成员单位参与综治工作情况

中华全国妇女联合会

2016 年全国妇联参与综治工作情况

2016 年,全国妇联进一步深入贯彻落实中央有关社会治安综合治理(平安建设)工作的总体部署,结合妇联改革实际,以"平安家庭"创建工作为依托,不断创新工作理念、改进工作方法,切实提高妇联参与社会治安综合治理和平安建设的工作水平,更好地服务于广大妇女和家庭的平安需求,工作取得了积极成效。

一、围绕综治重点工作,以"平安家庭"创建工作考评为抓手,进一步加强婚姻家庭纠纷预防化解工作

一是继续与中央综治办联合下发《2016 年"平安家庭"创建工作考核评价标准》,细化评估指标,指导地方妇联充分发挥参与社会治安综合治理的工作平台和工作机制的作用,加强面向妇女和家庭的基层维权服务工作。明确考评以预防综治重点问题为导向,强调对婚姻家庭矛盾纠纷引发"民转刑"重大命案的防控,强化党委、政府的责任意识,促进各地主动查找和及时发现存在不平安因素的家庭,有效解决影响家庭平安的问题,维护社会治安和社会稳定。二是针对婚姻家庭矛盾纠纷凸显,破坏家庭和睦甚至引发命案的严峻形势,大幅度提高婚姻家庭矛盾纠纷化解工作在"平安家庭"创建工作考评中的权重(占总分的 50%),促进各地加大重视程度和工作力度。三是落实中央领导同志批示,就防控婚姻家庭矛盾纠纷引发重大命案问题开展调研并撰写汇报,提出工作建议。四是协调中央综治办牵头,联合司法部、民政部、最高人民法院等部委,分赴江西、山西等省开展调研,并起草《关于做好婚姻家庭矛盾纠纷预防化解工作的意见》,明确相关部门的分工与合作,促进婚姻家庭矛盾纠纷的预防和化解。

二、完善群众权益保护机制,切实提高妇联参与平安建设的工作水平

一是针对用人单位招用、录用人员过程中的就业性别歧视问题,研究制定了《妇联组织促进女性公平就业约谈暂行办法》,要求各地改革创新维权手段,探索建立约谈机制,通过干预典型个案,引导用人单位依法依规开展人力资源管理,化解因就业性别歧视引发的社会矛盾纠纷,促进女性公平就业。二是组建法律咨询顾问单位和维护妇女儿童权益律师团。首批特邀 23 名涉及婚姻家事、劳动权益等妇女维权领域专业骨干律师,建立全国妇联律师团,强化全国妇联在妇女儿童权益保护重大案件上的直接服务。三是根据《妇女权益保障法》第 53 条,探索出具妇联建议函,协调有关部门或者单位处理侵害妇女儿童权益的事项。四是创新合作模式,抓住时机联合有关部门共同维护妇女土地权益。起草《关于在深化改革进程中维护农村妇女土地权益的报告》,提出明确集体经济组织成员资格、完善家庭财产共有法律制度、完善村规民约违法纠错机制等建议,以中

央农办和全国妇联两家名义报送中央领导。与民政部合力探索建立村规民约侵犯妇女平等权益特别是土地权益的违法纠错机制。

三、以问题为导向，源头推动妇女权益热点难点问题解决

一是在推动完善全面两孩配套政策中维护女性就业权益。先后多次就人社部、财政部、卫计委制定的《关于开展生育保险和基本医疗保险合并实施试点工作的意见》提出修改意见，下发《关于推动落实全面“两孩”政策配套措施建议的通知》，汇总梳理各地出台的地方计生条例，提出有利于维护女性就业权益、促进二孩政策实施的建议。二是以保障农村妇女土地权益问题为目标，积极参与《民法总则》制定修改工作。抓住《民法总则》修改的契机，提出了界定农村集体经济组织成员资格等建议，积极参与《民法总则》公开征求意见工作。三是为维护妇女因《最高人民法院关于适用〈中华人民共和国婚姻法〉若干问题的解释(二)》中第24条致财产权益受损问题向最高人民法院提交意见建议。组织当事人、人大代表、刑诉法专家、基层法官律师与最高法院相关庭局座谈论证，并去函对最高人民法院完善第24条、公平兼顾不同群体利益、避免激化社会矛盾提出意见建议，最终在最高人民法院出台的执行方面的司法解释中删除了争议条款。四是积极推动《中华人民共和国反家庭暴力法》(以下简称《反家庭暴力法》)贯彻落实。2016年1月初，在京召开学习宣传贯彻《反家庭暴力法》座谈会。“11·25国际消除对妇女的暴力日”前夕，召开贯彻实施反家庭暴力法交流座谈会，邀请相关部委共同听取地方各相关部门分享交流《反家庭暴力法》施行以来取得的积极进展和成效，进一步推动相关部委出台贯彻落实《反家庭暴力法》的制度、措施。

四、适应新媒体时代要求，创新宣传舆论引导

一是及时制定妇联系统“七五”普法规划。制定《全国妇联系统开展法治宣传教育的第七个五年规划(2016—2020年)》。《规划》明确了妇联系统“七五”普法工作的指导思想和主要目标、工作任务、工作措施以及组织保障等，对妇联组织今后五年的法治宣传教育工作作出制度性安排和指导。二是持之以恒地推动反家庭暴力法宣传贯彻实施。邀请立法机关、警察、法官、专家在电视、广播、网络上宣讲《反家庭暴力法》的主要内容，宣传各相关部门贯彻落实《反家庭暴力法》的责任。开发制作微视频《三分钟读懂反家暴法》、《反家庭暴力法》微课，联合中央电视台、中央人民广播电台、中铁集团开展了多种形式的宣传。在中宣部的要求和支持下联合主流媒体面向海内外进行了多轮宣传，在国际社会赢得广泛赞誉。撰写多本介绍《反家庭暴力法》的学习读本和宣传手册，准确解读法律条款。三是集中力量开展主题宣传。在大力开展《反家庭暴力法》宣传的同时，配合全面二孩政策开展促进妇女公平就业宣传。制作反对就业性别歧视的微视频，组织专家学者通过新媒体支招职业女性有效预防和应对职场性骚扰，通过中央人民广播电台“公益报时”栏目，向全社会发布促进女性公平就业等的维权主张和信息。开展儿童保护专题宣传。就性侵幼女、拐卖儿童、校园欺凌等问题及时发声并利用新媒体开展相关知识和技能宣传。四是积极创新普法工作。充分发挥网络和新媒体宣传优势，整合国内外妇女普法维权宣传资源，建立电子资源库。积极主动应对网络舆情，加强网络舆情监测评估，针对内蒙古女记者遭家暴致死、海南少女妈妈、广东记者性侵女实习生、女大学生裸条借贷等侵犯妇女儿童权益的舆情事件，通过直接表态、指导地方妇联发声、邀请专家点评等方式，及时表明妇联维权立场，宣传维权法律知识，呼吁社会尊重和保障妇女权益。

五、强化基层服务，不断深化“建设法治中国·巾帼在行动”活动

一是联合中央综治办、司法部下发《关于深化建设法治中国·巾帼在行动，开展三八维权活动的通知》，要求以“建设法治中国·巾帼在行动——维权服务进社区、进家庭、到身边”为主题，进一步强化对妇女的普法宣传和维权服务。二是针对基层“妇女之家”普法和维权工作需要，开发宣传海报、法律知识包、维权信息卡等系列宣传品100余万套，覆盖全国31个省区市62个县市区的1万余个“妇女之家”，其中重点向集中连片特困地区倾斜，覆盖40个贫困县市。三是依托社区(村)“妇女之家”等工作阵地，与法官协会、检察官协会、律师协会等团体会员合作，广泛发动社会力量,积极开展各类活动。据不完全统计,截至2016年上半年,全国各地参与到活动中来的“妇女之家”有37万多个,开展活动近20余万次,提供服务的各类志愿专家近53万人次,各族各界妇女群众参与人数达2600余万人次。三是加强考核,注重活动实效。招募中华女子学院大学生利用暑期实践活动对9个省区市的10个社区的“妇女之家”维权工作进行了实地调研,从第三方角度收集妇联基层维权工作的一手资料。针对检查和调研发现的宣传品发放不到位、困难妇女和家庭摸排不全面、基层妇联维权工作能力有待加强等问题,有针对性地改进维权宣传和服务工作。

六、不断丰富家庭工作手段,促进广泛传播家庭美德和文明家风

一是采用网上新形式启动2016年寻找“最美家庭”活动,吸引400万人次同时在线观看,全年新推选各级“最美家庭”83万个。二是配合中央文明办开展第一届全国文明家庭推荐评选表彰工作,联合中宣部在江苏徐州市召开“最美家庭讲好家训”万场巡讲工作经验交流会;联合中直机关工委、中央国家机关工委开展“树清廉家风·创最美家庭”主题活动,引导各级党员干部特别是领导干部廉洁修身、廉洁齐家,带领家庭成员筑牢反腐倡廉的家庭防线。三是与教育部、中央文明办等联合制定《关于指导推进家庭教育的五年规划(2016—2020年)》,召开全国家庭教育工作电视电话会议,实施“让爱留守·关爱农村留守儿童特别行动”,开展“我爱我家·同悦书香”亲子阅读等活动,积极营造关爱儿童的良好社会环境。

七、做好重点地区和重点人群工作,促进改革成果惠及更多妇女儿童

一是将“美丽女性·幸福家庭”维汉双语丛书两批总计1600万册全部免费送到以南疆地区为主的维吾尔族家庭和全疆11049个“妇女之家”;继续开展“百万家庭亲情一线牵”活动,为新疆少数民族家庭捐赠爱心编织物5.8万件;推动各地把为新疆城乡社区“妇女之家”送音响设备列入当地“十三五”援疆规划,已为2700多个“妇女之家”送去音箱、DVD、民族乐器等。二是落实国家双创战略,从资金、培训、项目等方面为妇女投身双创提供支持。全年共发放妇女创业担保贷款502.21亿元,获贷妇女60.77万人次,中央及地方落实财政贴息资金41.47亿元。三是大力实施“巾帼脱贫行动”。全年各级妇联组织260多万贫困妇女和骨干参加各类培训,扶持建立各级巾帼脱贫基地4000多个,带动61万贫困妇女就业创业;落实“贫困母亲两癌救助专项基金”3亿元,救助贫困患病妇女3万人;争取和筹集资金、物资9亿多元,大力实施“母亲水窖”“母亲健康快车”“母亲邮包”“春蕾计划”“儿童快乐家园”“儿童营养改善”等公益项目,惠及数百万贫困妇女儿童。

全国妇联关于印发《全国妇联系统开展法治宣传教育的第七个五年规划(2016—2020年)》的通知

(2016年11月8日)

各省、自治区、直辖市妇联,新疆生产建设兵团妇联,全国妇联机关各部门、各直属单位:

为深入贯彻落实《中共中央、国务院转发〈中央宣传部、司法部关于在公民中开展法治宣传教育的第七个五年规划(2016—2020年)〉的通知》和《中组部、中宣部、司法部、人力资源和社会保障部关于印发〈关于完善国家工作人员学法用法制度的意见〉的通知》精神,结合妇联组织改革要求,全国妇联制定了《全国妇联系统开展法治宣传教育的第七个五年规划(2016—2020年)》。现印发给你们，请结合实际认真组织落实。

请各省区市妇联、新疆生产建设兵团妇联于2016年12月20日前将本地“七五”普法工作规划及“七五”普法工作领导小组、办公室组成情况报送全国妇联权益部。

全国妇联系统开展法治宣传教育的第七个五年规划（2016—2020年）

按照中共中央、国务院转发的《中央宣传部、司法部关于在公民中开展法治宣传教育的第七个五年规划（2016—2020年）》和中组部、中宣部、司法部、人力资源和社会保障部印发的《关于完善国家工作人员学法用法制度的意见》要求，结合妇联组织改革和法治宣传教育工作实际，制订本规划。

一、指导思想和主要目标

（一）指导思想。全面贯彻党的十八大和十八届三中、四中、五中、六中全会精神，以邓小平理论、“三个代表”重要思想、科学发展观为指导，深入贯彻习近平总书记系列重要讲话精神和治国理政新理念新思想新战略，学习中央党的群团工作会议精神，按照全面依法治国的要求和妇联改革创新的需要，在妇联组织和妇女群众中深入开展法治宣传教育，弘扬社会主义法治精神，建设社会主义法治文化，推进法治宣传教育与法治实践相结合，为全面建成小康社会、促进妇女全面发展营造良好法治环境，更加紧密地团结在以习近平同志为核心的党中央周围，为实现“两个一百年”奋斗目标和中华民族伟大复兴的中国梦贡献“半边天”的力量。

（二）主要目标。通过开展第七个五年法治宣传教育工作，妇联工作的法治化水平进一步提高，妇联工作人员的法治素养和依法维护妇女权益的能力进一步提升；广大妇女群众法治意识进一步增强，尊法学法守法用法的自觉性和主动性进一步提高；全社会尊重和保障妇女权益的法治观念进一步增强，促进男女平等的法治环境进一步改善。

二、工作任务

（一）深入学习宣传习近平总书记关于全面依法治国的重要论述和党内法规。党的十八大以来，习近平总书记围绕全面依法治国作出的一系列重要论述，深刻回答了建设社会主义法治国家的重大理论和实践问题。各级妇联要结合党中央对于妇联组织工作和改革提出的要求，深入学习宣传习近平总书记关于全面依法治国的重要论述，宣传科学立法、严格执法、公正司法、全民守法和党内法规建设的生动实践，教育和引导妇联工作人员和广大妇女群众积极培育和践行社会主义核心价值观，进一步树立法治理念、培育法治精神、坚守法治信仰。党员干部要深入学习党内法规，增强党章党规党纪意识，做党章党规党纪和国家法律的自觉尊崇者、模范遵守者、坚定捍卫者。

（二）突出学习宣传宪法，弘扬宪法精神，树立宪法权威。坚持把学习宣传宪法摆在首要位置，在妇联工作人员和妇女群众中普遍开展宪法教育。深入宣传依宪治国、依宪执政理念，宣传党的领导是宪法实施的最根本保证，宣传宪法确立的国家根本制度、根本任务和我国的国体、政体，宣传公民的基本权利和义务等宪法基本内容。把贯彻落实男女平等的宪法原则、弘扬先进的性别文化作为学习宣传宪法的重要内容和目标，大力推进社会性别主流化，促进男女平等宪法原则全面贯彻到法律政策制定和实施的全过程。认真组织好“12·4”国家宪法日集中宣传活动，教育和引导广大妇联工作人员和妇女群众提高宪法意识，增强宪法观念，以宪法为根本活动准则，坚决维护宪法尊严。

（三）重点学习宣传保障妇女权益的法律法

规。着眼于维护妇女权益,促进男女平等,深入开展法治宣传教育。

妇联工作人员特别是妇联领导干部要带头学习并积极宣传以宪法为核心的中国特色社会主义法律体系,重点学习宣传宪法关于保障妇女权益的规定,以及妇女权益保障法、婚姻法、反家庭暴力法、劳动法、女职工劳动保护特别规定、农村土地承包法、村民委员会组织法、社会保险法、社会救助暂行条例以及其他与妇女工作生产生活密切相关的法律法规,引导妇女树立权利义务对等的法治理念,依法行使权利并自觉履行义务。

要根据不同群体妇女的特点和实际需求有针对性地开展法治宣传服务。在积极宣传实体法的同时,大力宣传诉讼、行政复议、仲裁、调解、信访以及法律援助等程序性法律法规,引导妇女群众依法有序表达利益诉求和维护自身权益,促进社会和谐稳定。在宣传法律知识的同时,注重弘扬法治精神、培育法治理念、树立法治意识,教育引导妇女群众真诚信仰法律,自觉守法、遇事找法、解决问题依法、维护权益靠法。

广泛面向社会,重点是国家工作人员和广大社会公众,持续深入宣传男女平等的宪法原则和保障妇女权益的法律法规。坚持法治宣传教育与强化性别平等意识相结合,促进性别意识纳入决策主流,推动在法律政策的制定和实施中充分体现男女平等,保障妇女合法权益。通过提高社会公众尊重和保护妇女权益,促进男女平等的法治意识,营造支持女性依法享有、行使和维护自身权益的社会氛围和法治环境。

(四)推进法治教育与道德教育相结合,加强家庭法治文化建设。坚持依法治国和以德治国相结合的基本原则,以法治体现道德理念、以道德滋养法治精神,促进实现法律和道德相辅相成、法治和德治相得益彰。推动法治宣传教育进家庭,坚持家庭法治宣传教育与家庭美德建设、良好家风教育相结合,推进家庭法治文化建设。在家庭中大力弘扬社会主义核心价值观,弘扬中华传统美德,培养社会公德、职业道德、家庭美德、个人品德,提高家庭成员道德水平。引导妇女从自身做起并带动家庭成员,强化规则意识,倡导契约精神,弘扬公序良俗,自觉履行法定义务、社会责任、家庭责任。

(五)推进法治宣传和法治实践相结合,深化法治实践。坚持把法治实践成效作为检验法治宣传教育工作的重要标准。推进妇联工作人员结合岗位需求自觉学法,主动用法,严格依法履行职责,不断提高妇联组织法治化工作水平。促进普法工作与维护妇女权益工作有机结合,立足妇女群众的维权需求,把普及法律知识与解决实际法律问题结合起来,通过普法工作引导妇女依法维权,用法治实践的积极成效团结引领妇女树立法治信仰,自觉尊法学法守法用法。

三、工作措施

(一)切实增强妇联工作人员的法治意识和能力。

1. 坚持领导干部带头学法,模范守法。健全完善党组中心组学法用法制度,把宪法法律和党内法规列入各级妇联党组中心组年度学习计划,组织开展集体学法。党组书记认真履行第一责任人职责,带头依法履职,做学法表率,严格依法决策。县级以上妇联要普遍设立公职律师,参与决策论证,提高决策质量。逐步建立和完善领导干部学法考勤、学法档案、学法情况通报等制度。

2. 健全完善法治培训和学习制度。完善妇联工作人员法治培训制度,将妇女工作法律政策学习纳入各级妇联干部教育培训总体规划,列入妇联工作人员入职培训、晋职培训的必修课程,保证法治培训课时数量和培训质量。根据工作需要及时组织开展专题法治培训,加大各类业务培训中法治内容的比重。各级妇联每年至少组织一次全体工作人员参加的法治培训讲座。完善妇联工作人员日常学法制度,推动学法经常化。鼓励通过自学、旁听庭审、参观警示教育展览等多种方式学习法律知识,鼓励利用网络和新媒体技术创新学法形式,提高学法效率。

3. 加大基层妇联和维权专职工作者的法治宣传教育力度。基层妇联和各级妇联的维权专职工作者是直接面向妇女群众的法治宣传员、法律咨询员和维权服务员,需要重点加强法治宣传教育,提高法治素养,增强依法履职能力。鼓励和支持基层妇联和维权专职工作者通过岗位培训、学历教育、考取法律职业资格等形式系统学习法律知识。各级妇联的维权专职工作者每年至少要参加一次维权专题培训。

（二）坚持以需求为导向开展妇女法治宣传教育。

1. 针对不同地区不同妇女群体的需求开展法治宣传教育。坚持调研先行，在深入基层调查了解情况、广泛收集妇女群众意见、掌握不同地区不同妇女群体特点和需求的基础上，分门别类地制定法治宣传方案，有的放矢地开展宣传教育工作。特别关注农村留守妇女、进城务工妇女、单亲和贫困妇女、老龄妇女、女童等弱势群体，以及服刑、刑释解教妇女等特殊群体的法律需求，提供有针对性的法治宣传和帮教服务。法治宣传教育资源要有意识地向贫困地区特别是集中连片特困地区以及基层倾斜。

2. 针对家庭特点开展法治宣传教育。推进法治宣传教育进家庭，以引导家庭成员遵德守法、促进家庭团结和睦为目的，积极开发家庭法治文化产品，宣传社会主义核心价值观，弘扬中华传统美德，培养家庭成员的公民意识和法治信仰，普及婚姻家庭权利义务、妇女儿童老年人等特殊群体权益保障等法律知识，形成诚信守法的家庭法治文化，树立男女平等、尊老爱幼、互助友爱的家庭风尚。

3. 在实事化维权服务的过程中开展法治宣传教育。通过信访接待、人民调解、法律援助、困难帮扶等维权服务为妇女群众办实事、解难事，是普及法律知识、培养妇女法治信仰、引导妇女依法行事的有效方式。在实事化维权工作中坚持用法治思维和法治方式解决问题和化解矛盾，捍卫法律尊严，引导妇女依法维护权益。加强与相关部门的协调合作，鼓励和支持社会力量参与妇联法治宣传教育与维权服务工作。强化基层服务，及时发现、报告和促进有关妇女权益问题的解决，将法律知识和维权服务送到妇女身边，解决联系服务妇女群众的“最后一公里”问题。

（三）与时俱进创新法治宣传的理念和方式。

1. 充分发挥网络和新媒体的宣传优势。推进“互联网+法治宣传”行动，充分运用妇联系统网络及新媒体平台，实施妇联法治宣传上网工程，促进线上和线下宣传平台的互动和互补。充分发挥新媒体快捷广泛传播的优势，有效利用微信公众号、微博、客户端等开展普法活动，推送普法内容，提供法律服务。加强网络法治文化建设，开发适合新媒体传播的法治宣传文化产品。建设妇联法治宣传教育资源库和云平台，实现资源的有机整合和开放共享。建设法治宣传数据库，开展大数据分析，为针对不同妇女群体需求特点开展法治宣传教育提供依据。加强有关妇女权益的网络舆情监测研判应对工作，及时主动发声，增强引导互联网舆论的能力。

2. 着力打造贴近妇女群众的妇联法治宣传教育品牌。继续深化“建设法治中国·巾帼在行动”、“三八”妇女维权周等活动，在“平安家庭”创建、“最美家庭”评选等工作中加强法治宣传教育。持续推进妇联法治宣传教育工作“进社区、进家庭、到身边”主题活动。不断拓展妇联法治宣传和维权服务的广度和深度，开展普法宣传、心理疏导、纠纷调解、法律咨询、特困救助等系列服务。加大对各类妇联工作阵地的宣传力度，充分发挥妇女之家、妇女维权站（岗）、妇女法律服务中心、12338 妇女维权热线、网上家长学校等品牌阵地在法治宣传教育中的优势作用，特别要注重宣传 12338 热线的维权服务功能，鼓励社会公众通过热线及时报告侵犯妇女儿童合法权益事件。

3. 构建和增强妇联法治宣传教育合力。推进法律政策性别平等评估机制的建立和完善，及时跟进妇女权益相关立法和决策的制定、评估、检查等工作，推动立法机关将社会性别意识纳入决策主流。加强与政府职能部门和司法机关的沟通与合作，联合开展维护妇女儿童权益的法治宣传教育培训与主题活动，协调推动妇女权益问题的解决。注重发挥团体会员和维权志愿者作用。选聘优秀法律工作者、新闻工作者、专家学者等建立专家团队，建立普法志愿者队伍，加强普法讲师团队伍建设。通过政府购买服务方式鼓励和支持社会组织参与法治宣传和维权服务。

四、组织保障

（一）加强组织领导。全国妇联成立“七五”法治宣传教育领导小组，负责指导妇联系统开展法治宣传教育工作。全国妇联党组书记、副主席、书记处第一书记任组长，分管领导任副组长，成员包括办公厅、组织部、宣传部、权益部、机关党委负责人。办公室设在全国妇联权益部，具体负责指导、协调、监督、考核、验收妇联系统法治宣传教育工作。地方各级妇联要相应成立“七五”法治宣传教育领导小组,负责本级并指导下级开展法治宣传教育工作。

(二)加强工作指导。各级妇联法治宣传教育领导小组要及时制定和认真实施本级妇联"七五"法治宣传教育规划,指导领导小组各成员单位落实"谁主管谁负责"普法责任,形成各司其职、各负其责、齐抓共管的法治宣传教育工作局面,抓好各项任务的落实。要重视法治宣传教育队伍建设,结合实际组织开发法治宣传教育培训教材,分级负责开展培训。要认真总结推广各地开展法治宣传教育的好经验、好做法,充分发挥先进典型的示范和带动作用,推进法治宣传教育不断深入。

(三)加强经费保障。各级妇联组织要把法治宣传教育工作经费纳入本级财政预算,切实予以保障,确保"七五"法治宣传教育工作经费投入不低于"六五"法治宣传教育时期的水平,并建立动态调整机制,根据工作需要逐年有所增加。要把法治宣传教育列入本级妇联购买社会服务的总体预算,为通过政府购买方式获得专业性服务提供经费保障。要多渠道积极争取社会支持,积极利用社会资源开展法治宣传教育。

(四)加强考核评估。各级妇联组织要结合全国妇联制定的妇联组织维权服务工作标准、"平安家庭"创建工作考核评价标准等考核评估要求,科学建立本级法治宣传教育工作量化考核评估机制,进行年度考核、阶段性检查和专项督导。建立健全激励监督机制,积极开展法治宣传教育表彰奖励工作,要把法治宣传教育工作情况作为维护妇女儿童权益等先进表彰活动的重要推选条件。

五、工作进展安排

全国妇联系统"七五"法治宣传教育规划从2016年开始启动,到2020年结束,共分三个阶段。

(一)宣传启动阶段(2016年)。各省区市妇联根据本规划,制定本地区的"七五"普法工作规划,报全国妇联普法领导小组办公室备案。省级以下妇联根据本省的规划,研究制定各自的实施办法,大力推动规划的贯彻落实。

(二)组织实施阶段(2016—2020年)。各级妇联根据规划确定的目标任务,结合实际制定年度工作计划,认真组织实施。各省(区、市)妇联应于每年年底前将年度普法工作总结报送全国妇联"七五"法治宣传教育领导小组。全国妇联将于2018年开展"七五"法治宣传教育工作中期督导检查。

(三)检查验收阶段(2020年)。各级妇联对本地区"七五"法治宣传教育实施情况进行总结、组织自查,全国妇联将联合相关部门对妇联系统"七五"法治宣传教育实施情况进行检查验收。

全国妇联深入开展反家庭暴力法治宣传教育
有效推动反家庭暴力工作

2011—2016年,全国妇联普法办认真实施妇联系统普法规划,以预防和制止家庭暴力为重点,组织和指导各级妇联广泛深入开展反家庭暴力法治宣传教育工作,有效提高了社会公众和相关部门反家庭暴力的意识和能力,成功推动《中华人民共和国反家庭暴力法》顺利出台,社会反响积极热烈。现将主要经验汇报如下。

一、面向不同人群,持续深入开展反家庭暴力法治宣传教育

(一)面向社会公众宣传。各级妇联组织抓住三八国际妇女节、12·4国家宪法日、11·25国际消除对妇女暴力日等重大节点,并配合国家反家暴立法进程,利用现场倡导和媒体宣传等多种方式,通过广场宣传、讲座培训、普法剧演出等现场活动,发挥广播、电视、网络特别是新媒体等传媒优势，大力宣传男女平等宪法原则，宣传国家保护婚姻、家庭、母亲和儿童，禁止虐待老人、妇女和儿童的法律规定。针对涉及家庭暴力的重大案件及时发声，旗帜鲜明地表明妇联组织反对家庭暴力、维护妇女儿童权益的态度和决心，引导社会舆论共同谴责家庭暴力，支持和保护受害人，努力营造预防和制止家庭暴力的良好社会环境。

（二）面向妇女和家庭宣传。充分发挥妇联组织在妇女群众中的影响力和在家庭、社区工作中的优势，大力推进“建设法治中国·巾帼在行动”活动，提高妇女和家庭成员尊法学法守法用法，依法反对家庭暴力，维护自身权益的意识和能力。持续开展“三八”妇女维权活动。坚持与中央综治办和司法部每年联合发文，指导各地围绕预防和制止家庭暴力，促进社会和谐稳定等主题，集中开展普法宣传和维权服务。深入开展“平安家庭”创建活动。通过平安和谐家庭建设和最美家庭评选等活动，倡导夫妻平等、尊老爱幼的家庭美德，抨击家庭暴力违法行为，鼓励邻里互助守望，营造良好的社区反家庭暴力氛围。仅2016年，各级妇联开展普法活动65万多场，覆盖基层“妇女之家”46万多个、妇女群众8300多万人/次。

（三）面向国家机关工作人员宣传。各级妇联积极联合公安、民政、卫生、司法行政等部门以及法院、检察院开展了大量专题宣传培训，深化职能部门工作人员对家庭暴力危害性的认识，增强反家暴的责任意识和应对能力。五年来，仅湖南省各相关单位参加反家暴法专题培训的人员就超过了5000人，湖南省警察学院和司法警官学院还将“社会性别与反对家庭暴力”纳入了常规课程，全省反家暴工作进展迅速。为争取和凝聚力量推动反家庭暴力专门立法，全国妇联多次拜会立法机关和相关职能部门，召开高层倡导会，收集整理了近百万字的反家暴理论研究和实践探索成果，深入论证立法的必要性和可行性，得到了全国人大常委会法工委和国务院法制办的大力肯定，赢得了相关部委的充分认可。

二、与时俱进，开拓创新反家庭暴力法治宣传教育形式

（一）不断创新宣传品类型。全国妇联与中央电视台社会与法频道联合，制作了我国首部大型反家暴专题纪录片《中国反家暴记事》（八集），通过大量真实的案例和翔实的数据充分展示了家庭暴力的严重危害，引发社会各界的广泛关注。在《反家庭暴力法》通过后，与司法部合作首次尝试录制了《反家庭暴力法》解读系列微课。策划制作了微视频《3分钟读懂〈反家庭暴力法〉》，当月点击量超过200万次。各地妇联也制作了《门背后的眼睛》微电影、《我在你身边——反对一切形式的家庭暴力》微动画等以一大批反家暴“微作品”，通过网络广泛传播。为便于各地各部门共享优质宣传资源，全国妇联建立了“妇女维权宣传电子资源库”，已在中国妇女网上线，免费向社会开放。

（二）充分发挥新媒体宣传优势。全国妇联以“女性之声”官方微信、微博和客户端为龙头，集结各级妇联的965个网站、1345个官方微博、709个微信公众号，形成了妇联系统新媒体矩阵格局。各级妇联组织充分应用新媒体，通过第一时间报道反家暴新闻、播放反家暴宣传材料，以及针对典型案例及时发声表态、以案说法等形式，打破了地域和时空的限制，上下联动，相互呼应，掀起了多轮反家庭暴力宣传热潮。特别是在反家庭暴力立法纳入全国人大立法规划、《反家庭暴力法（草案）》征求意见、《反家庭暴力法》通过等重要时机，全国妇联利用新媒体反应迅速、传播广泛的特点，统一部署，指导各地积极行动，在全国形成了反对家庭暴力的宣传高潮，得到了中宣部等部门的充分认可，多项宣传报道被人民日报官微等多家主流媒体转发。

（三）因地制宜开发法治宣传品。全国妇联鼓励地方妇联挖掘贴近生活的本土题材，将法律知识与戏曲、快板、说唱、舞蹈等地方文化融合起来，发动群众创作群众表演，用身边事教育身边人等群众喜闻乐见的方式开展反家暴宣传。各地还创造性地开展了公益普法创投大赛、“订单式”普法宣讲、“木兰有约”——法官、检察官、律师三人谈、“咱家喜多多——幸福婚姻家庭五部曲”等普法宣传活动。一些地方还结合时代特点开发了反家暴街头“快闪”、微信答题等宣传形式，寓教于乐，推动广大群众在生动的法治文化活动中，将消除家庭暴力、实现家庭和睦的理念内化于心、外化于行，逐渐形成和不断发扬平等、和睦、文明的家庭新风尚。

三、践法于行，注重增强反家庭暴力法治宣传教育实效

（一）坚持宣传倡导推动反家暴立法。从2008年起，全国妇联持续向全国人大和全国政协提出制定反家庭暴力专门立法的建议，推动全国人大、全国政协开展调研论证，积极配合国务院和全国人大开展立法准备工作，主动起草并不断研究、论证立法建议稿，提交立法重点难点问题论证报告。指导各地妇联积极推动地方反家暴立法，全国大部分省区市出台了反家暴的专门性法规或政策，为国家层面立法提供了丰富的地方实践参考。妇联领导多次主持召开多部门参与的反家暴立法高层倡导会，宣传制定反家庭暴力法的重要意义。经过联合多方不懈努力，最终于2015年12月27日成功推动《中华人民共和国反家庭暴力法》通过全国人大常委会审议，并于2016年3月1日正式施行。

（二）积极推动多部门合作形成反家暴工作合力。全国妇联继联合国家6个部委共同下发《关于预防和制止家庭暴力的若干意见》后，相继推动最高人民法院、最高人民检察院、公安部、民政部等相关部委出台《关于依法处理监护人侵害未成年人权益行为若干问题的意见》《关于依法办理家庭暴力犯罪案件的意见》等反家暴文件，配合民政部出台《关于做好家庭暴力受害人庇护救助工作的指导意见》，进一步促进推动多部门合作协力开展家庭暴力工作。支持和指导地方妇联与相关部门合作，不断试点和完善110接处警、强制报告、公安告诫、临时庇护救助、人身安全保护令等反家暴工作机制，为《反家庭暴力法》确认这些工作机制奠定了实践基础。

（三）发挥妇联组织优势，维护家暴受害人权益。有效的维权实践是最有力的普法宣传，因此全国妇联注重发挥妇联组织优势，通过六级信访投诉受理网络、遍布城乡社区的“妇女之家”和各地妇联的法律帮助中心等就近接受广大妇女的咨询投诉；通过全国2800多个县级妇联已开通的“12338”妇女维权服务热线，为妇女群众提供方便快捷的法律咨询、心理疏导等多项服务；并积极与相关部门合作，为遭受家庭暴力的妇女群众提供伤情鉴定、临时庇护、医疗救助等服务，支持受暴妇女依法维护自身权益，为符合条件的受害姐妹提供法律援助等服务。近年来，全国妇联系统年均接受家庭暴力相关投诉4万件次左右，在帮助受害人维权的过程中，有效普及了反家暴相关法律，提升了社会公众反家暴的意识和能力。

最高人民法院

2016年全国法院系统参与综治工作情况

2016年,最高人民法院在以习近平同志为核心的党中央坚强领导下,在全国人民代表大会及其常委会有力监督下,全面贯彻党的十八大和十八届三中、四中、五中、六中全会以及中央政法工作会议精神,深入学习贯彻习近平总书记系列重要讲话精神,紧紧围绕"努力让人民群众在每一个司法案件中感受到公平正义"目标,忠实履行宪法法律赋予的职责,服务"十三五"规划实施,深入推进平安中国、法治中国建设。2016年,最高人民法院受理案件22742件,审结20151件,比2015年分别上升42.3%和42.6%;地方各级法院受理案件2303万件,审结、执结1977.2万件,结案标的额4.98万亿元,同比分别上升18%、18.3%和23.1%。通过充分发挥审判职能作用,为统筹推进"五位一体"总体布局和协调推进"四个全面"战略布局提供司法服务和保障。

一、依法惩治犯罪,维护社会和谐稳定

最高人民法院和地方各级人民法院积极参与推进社会治安综合治理工作,切实把握社会治安总体状况和形势变化,充分发挥审判职能作用,依法惩处各类刑事犯罪,维护和谐稳定的法治环境。2016年,全国法院一审刑事案件收案1101191件。其中危害国家安全罪176件,危害公共安全罪271877件,破坏社会主义市场经济秩序罪58946件,侵犯公民人身权利、民主权利罪167304件,侵犯财产罪319007件,妨害社会管理秩序罪254357件,危害国防利益罪293件,贪污贿赂罪24011件,渎职罪5131件,军人违反职责罪8件,其他81件。全年共结案1115873件,结案率为101.3%。

(一)严厉打击危害国家安全犯罪。认真贯彻总体国家安全观,加大对危害国家安全犯罪的打击力度,依法妥善审理数起煽动颠覆国家政权案等案件,并就该类案件反映的新情况、新问题开展了专题调研。认真贯彻落实打击网络政治谣言和有害信息工作会议精神,积极协同、配合中央有关部门依法打击网络政治谣言和有害信息等违法犯罪。

(二)加强重特大安全生产责任事故案件审判工作。发布《关于挂牌督办第九批危害生产安全刑事案件的通知》,对重特大危害生产安全犯罪案件进行挂牌督办。发布《最高人民法院关于切实加强危害生产安全刑事案件审判工作的通知》,就在全国范围内做好重特大危害生产安全刑事案件审判工作作出具体部署。对案情敏感、社会关注度高的重特大生产安全责任事故案件的审判工作进行监督指导,取得良好效果。

(三)依法惩治走私及侵权假冒犯罪。会同最高人民检察院、海关总署召开第十四次打击走私犯罪工作联席会议,出台相关会议纪要,并对当前走私犯罪的形势及法律适用疑难问题开展专项调研。召开全国法院危害食品药品安全犯罪案件审判工作座谈会,精心制定涉豆芽刑事案件处置工作方案,指导各地法院对全国1000余件涉豆芽刑事案件积极稳妥消化处理。积极推进食品药品行政执法与刑事司法"两法"衔接协调,参与全国"双打"监督检查和现场考核,会同有关部门研究完善工作机制,明确法律适用标准,对非法添加剂刑事案件开展专项调研,不断完善食品药品安全和知识产权司法保护机制。

(四)依法惩治金融、证券犯罪。为进一步加强金融、证券犯罪的审判工作,起草《关于办理操纵证券期货市场刑事案件具体应用法律问题的解释》《关于办理利用未公开信息交易刑事案件具体应用法律问题的解释》和《关于办理涉地下钱庄刑事案件适用法律若干问题的意见》,细化适用标准，统一裁判尺度。对实践中非法集资犯罪，操纵证券、期货市场犯罪，利用未公开信息交易犯罪以及地下钱庄违法犯罪等问题开展调研，撰写《全国法院非法集资刑事案件审判情况的报告》。

（五）严厉惩治电信网络犯罪。成立打击电信网络新型犯罪专项工作领导小组，会同最高人民检察院、公安部等部门出台《关于进一步防范和打击电信网络新型违法犯罪的若干意见》《关于办理电信网络诈骗等刑事案件适用法律若干问题的意见》，为打击和防范电信诈骗犯罪提供法律保障。发布《关于防范和打击电信网络诈骗犯罪的通告》，对在规定期限内拒不投案自首的依法从严惩处。先后发布两批 13 件电信网络犯罪典型案例，各级法院审结相关案件 1726 件，有力地震慑了电信网络诈骗犯罪。

（六）依法保障妇女儿童权益。出台《最高人民法院关于审理拐卖妇女儿童犯罪案件具体应用法律若干问题的解释》，对偷盗婴幼儿和阻碍解救的被告人依法从严惩处。开展强奸犯罪适用死刑标准调研，起草《关于审理强奸案件适用死刑问题的指导意见》。加强涉家庭暴力刑事案件审判监督，指导 10 个试点法院深入推进反家暴联动机制。结合反家暴法实施，开展大规模法治宣传活动。发布性侵、拐卖犯罪典型案例 5 件。审结拐卖、性侵妇女儿童犯罪案件 5335 件，有力推进对妇女儿童的刑事司法保护。就遏制校园暴力问题深入调研，与教育部等会签《关于防治中小学生欺凌和暴力的指导意见》，审结涉及校园欺凌犯罪案件 213 件，积极开展以案说法等活动，推进平安校园建设。加强涉未成年人案件审判，完善社会调查、社区矫正机制，保护未成年人合法权益。

（七）惩治侵财类犯罪及推进“打黑除恶”工作。出台《最高人民法院关于审理抢劫刑事案件适用法律若干问题的指导意见》，严惩严重危害群众生命财产安全犯罪。认真落实《全国部分法院审理黑社会性质组织犯罪案件工作座谈会纪要》，参加中央政法委“打黑除恶”工作专题会议，协助组建“全国打黑除恶专家库”，先后对最高人民检察院、公安部挂牌督办的广西凭祥市吕石超等涉黑案、贵港市许红兵等涉黑案，广东惠州黄萍等十五人组织、领导、参加黑社会性质组织案进行督办、指导。全面梳理近年来办理黑社会性质组织犯罪案件遇到的政策把握、法律适用等问题，编写《刑事审判参考“打黑除恶”专刊》，为审判实践提供参考和指导。

（八）依法惩治毒品犯罪。扎实推进毒品犯罪审判指导工作，发布《最高人民法院关于审理毒品犯罪案件适用法律若干问题的解释》，会同最高人民检察院、公安部发布《办理毒品犯罪案件毒品提取、扣押、称量、取样和送检程序若干问题的规定》，进一步提高毒品案件办案质量。组织召开了全国法院毒品犯罪审判工作内部会议，推动完善毒品犯罪死刑案件适用标准。召开新闻发布会，加强“6·26”国际禁毒日新闻宣传工作，公布依法严惩毒品犯罪和吸毒诱发次生犯罪的十大典型案例，协调广东、云南等毒品犯罪多发地区的高院开展禁毒宣传活动。

（九）组织开展“扫黄打非”工作。切实贯彻落实中央“扫黄打非”工作部署，发布《最高人民法院“扫黄打非”工作领导小组关于做好 2016 年“扫黄打非”工作的通知》，积极参加“清源”“净网”“护苗”“秋风”“固边”五大专项行动，协调、督导全国“扫黄打非”办公室挂牌的一批重大敏感案件。对查办个人销售侵权复制品案件和利用局域网传播淫秽物品牟利案件法律适用问题进行调研，提出指导意见。通过审结“快播”公司传播淫秽物品牟利等案件，明确网络服务提供者安全管理义务，净化网络空间。

（十）依法惩治涉医违法犯罪。进一步落实《关于依法惩处涉医违法犯罪维护正常医疗秩序的意见》，加强对涉医违法犯罪的打击力度，维护正常的医疗秩序。与国家卫计委等八部委会签《关于印发严厉打击涉医违法犯罪专项行动方案的通知》，在全国开展打击涉医违法犯罪专项行动。加强对打击涉医违法犯罪专项行动的督导检查，收集涉医违法犯罪案件典型案例予以发布，参加推动“平安医院”创建工作，依法维护医院和医护人员的合法权益。

（十一）依法严惩贪污贿赂犯罪。出台《最高人民法院、最高人民检察院关于办理贪污贿赂刑事案件适用法律若干问题的解释》《最高人民法院关于贪污受贿犯罪案件适用死刑的指导意见》,指导审判贪污贿赂犯罪案件。贯彻落实中央反腐败协调小组第8次会议精神,发布《关于向纪检监察机关通报被告人原系党员或国家工作人员刑事案件审判情况的通知》,并负责做好文件下发后具体解释工作。扎实做好追逃追赃案件协调、指导和司法解释起草以及相关调研工作,按照中央反腐败协调小组第5次会议精神,牵头制定出台《最高人民法院、最高人民检察院关于适用犯罪嫌疑人、被告人逃匿、死亡案件违法所得没收程序若干问题的规定》,为司法实践中适用违法所得没收程序提供依据。积极参与海外追逃追赃工作。完善对职务犯罪罪犯减刑、假释、暂予监外执行工作机制,杜绝暗箱操作。

(十二)深入开展涉军维权工作。大力推广涉军维权工作"鄂豫皖模式",积极推进各战区涉军维权军地协作机制建设,军事法院和地方法院依法审理破坏军事设施、泄露军事秘密、破坏军婚等案件1678件,切实维护国防安全和军人军属合法权益。

(十三)防止和纠正冤假错案,加强人权司法保障。人民法院始终坚持实事求是、有错必纠,党的十八大以来,依法纠正一批重大冤错案件。对全社会广泛关注的聂树斌故意杀人、强奸案,由山东高院异地复查、公开听证,并由最高人民法院第二巡回法庭提审,依法改判聂树斌无罪。落实刑事冤错案件国家赔偿意见,对陈满等冤错案件当事人依法赔偿。重大案件的审判,有力推进了法治进步,充分体现了全面依法治国、深化司法改革的成效。

坚持宽严相济刑事政策,依法保障被告人、被害人各项诉讼权利。死刑案件核准权收归最高人民法院统一行使十年来,坚持严格控制和慎重适用死刑,坚持罪刑法定、疑罪从无,保障无罪的人不受刑事追究,对656名公诉案件被告人和420名自诉案件被告人依法宣告无罪。加强审判监督,保障当事人申诉权,各级法院再审改判刑事案件1376件。

二、加强民商事审判工作,保障人民合法权益

(一)依法审理民商事类案件。

各级法院审结一审民事案件673.8万件,同比上升8.2%;审结一审商事案件402.6万件,同比上升20.3%。在民商事案件审判工作中,认真贯彻以人民为中心的发展思想,服务促进经济社会持续健康发展,妥善切实保障民生权益。

开展家事审判方式改革试点,下发《最高人民法院关于开展家事审判方式和工作机制改革试点工作的意见》《最高人民法院关于在部分法院开展家事审判方式和工作机制改革试点工作的通知》,探索建立家事案件冷静期、心理测评干预、案后跟踪回访制度,创新预防化解家庭矛盾机制,维护婚姻家庭和谐稳定。出台《关于人身安全保护令相关程序问题的批复》,明确人身安全保护令颁布程序,与行政机关、妇联等建立协作机制,构建反家暴网络。依法审理全国首例代孕引发的监护权纠纷案,坚持"儿童利益最大化"原则,明确监护权归属,切实保障妇女儿童等合法权益。

依法审理侵犯"狼牙山五壮士"名誉权案、邱少云亲属提起的人格权纠纷案,发布保护英雄人物名誉权典型案例,坚决维护英雄形象,以司法手段宣扬民族精神,发挥司法惩恶扬善功能,促进社会主义核心价值观融入法治建设。

加强产权司法保护,制定加强产权司法保护的意见,指导各级法院依法惩治侵犯产权犯罪,严格区分经济纠纷与刑事犯罪,慎用强制措施,推进产权保护法治化,为市场主体营造安全的投资创业环境。制定依法处理历史形成的产权案件实施意见,畅通申诉渠道,依法复查纠正错案。发布10起保护非公有制经济典型案例,为民营企业等市场主体提供平等司法保护。

落实中央经济工作会议工作方案,密切关注推进供给侧结构性改革,依法审理国有企业兼并重组等案件,保障国有企业改革顺利推进。积极开展破产审判工作,依法稳妥处置"僵尸企业",化解过剩产能,帮助困难企业实现重整。开通全国企业破产重整案件信息网,使破产程序在阳光下运行。对因清理"僵尸企业"和"三去一降一补"可能带来部分企业限产停产、兼并重组,从而引发劳动争议案件增长问题,以及互联网新兴经济对传统经济模式的冲击,使劳动关系建设面临新挑战等问题,加强调查研究和对下指导,有效减少劳动争议,并会同人社部建立劳动争议调解、仲裁与审判衔接机制。

发布《关于适用〈中华人民共和国物权法〉若

干问题的解释(一)》及《关于审理消费民事公益诉讼案件适用法律若干问题的解释》,发布依法平等保护非公有制经济典型案例,并就相关情况回答记者提问。发布《关于防范和打击虚假诉讼的指导意见》,全面构建起包括虚假诉讼的释明机制、发现机制、识别机制和制裁机制在内的一整套制度体系,标本兼治,多管齐下,严厉惩治虚假诉讼。

起草《最高人民法院关于司法服务和保障结构性改革的工作汇报》,将民间融资、新型城镇化以及房屋土地等经济结构改革和产业转型升级中重点领域的法律适用问题,纳入全年工作重点,服务党和国家工作大局。依法审理房地产纠纷案件 25.5 万件,促进房地产市场健康发展。依法审理涉及农村土地"三权分置"改革等案件 31.8 万件,维护农民权益。内蒙古法院依法再审改判王力军无证收购玉米无罪,保障广大农民放心从事粮食收购,促进农产品流通,推进农村改革发展。

服务经济发展重大战略。出台为我国企业参与境外贸易、投资、工程承包等提供司法保障的措施,服务"一带一路"建设。与推动长江经济带发展领导小组办公室联合出台措施,为"黄金水道"建设提供司法服务。制定为自由贸易试验区建设提供司法保障的意见,支持自贸区企业创新发展。北京、天津、河北法院健全工作联动机制,服务京津冀协同发展。辽宁、吉林、黑龙江法院主动为振兴东北老工业基地提供司法服务和保障。

(二)知识产权司法保护工作。

依法审理广受关注的"乔丹"商标争议系列案件,明确了主张姓名权的"姓名"范围以及以姓名权主张在先权利保护的标准和条件。在最高人民法院审理的商标民事侵权案件中,明确了商标共有人权利行使的一般规则,对于商标共有情形对商标侵权认定的影响问题作了解答。明确了商标案件中商标近似、权利人对商标声誉的贡献等因素对侵权认定的影响,充分体现了知识产权保护的比例原则,获得了较好的法律效果与社会效果。

切实抓好知识产权法院建设,深入推进知识产权司法体制改革。北京、上海、广州三家知识产权法院自成立以来,审判工作卓有成效,工作举措亮点频出。北京知识产权法院启动案例指导研究基地建设工作,上海知识产权法院积极服务上海科技创新中心建设,广州知识产权法院大力加强知识产权市场化研究,树立了中国法院知识产权审判的新形象。三家法院还探索适用惩罚性赔偿,着力解决侵权成本低、维权成本高等问题。

为彰显知识产权法庭的示范作用,以重庆市两江新区知识产权法庭为样板,在南京、苏州、武汉、成都等地设立知识产权审判庭。出台《最高人民法院关于同意南京、苏州、武汉、成都市中级人民法院内设专门审判机构并跨区域管辖部分知识产权案件的批复》,跨区域集中管辖知识产权案件,各级法院审结一审知识产权案件 14.7 万件,进一步树立我国加强知识产权司法保护的大国形象。

组织"中央媒体知识产权司法保护浙江行"活动,积极深入宣传浙江知识产权法保护的丰富实践和成功经验。利用"4·26"世界知识产权日进行公开庭审,利用全媒体直播审理"乔丹"商标争议等案件,向国内外展示中国法院公正司法的良好形象,扩大我国知识产权司法保护的国际影响。

参加首届中美法治对话,提升知识产权司法保护国际地位;参加中欧知识产权对话、工作组会议,自由贸易区知识产权章节谈判,中瑞、中美、中澳、中俄知识产权工作组会议等各类对外工作会议并提供书面意见;参加越南河内召开的"UPOV公约下植物育种者权利的执行"研讨会和在韩国召开的中国知识产权保护制度说明会,就植物新品种和商标授权确权等专题进行交流。

制定《最高人民法院关于审理侵害专利权纠纷案件应用法律若干问题的解释(二)》,进一步完善了专利侵权审判规则,明确权利要求的选择、权利要求解释、近似外观设计、间接侵权、抵触申请抗辩、标准实施抗辩、生产经营目的、合法来源抗辩、赔偿数额的计算、《专利法》第四十七条的适用等重大问题,对于细化和统一专利审判标准,及时回应科技创新对专利审判的新期待,完善知识产权保护规则具有重要意义。

指导"最高人民法院知识产权案例指导研究(北京)基地"和"最高人民法院知识产权司法保

护与市场价值研究(广东)基地”的运行,发挥基地所在地法院的积极性和主动性,利用一线法官和专家学者的智慧和力量,加快具有中国特色的知识产权案例指导制度的发展步伐。

(三)涉外及海商事案件审判工作。

保护港澳台同胞和归侨侨眷合法权益,2016年,人民法院审结涉港澳台、涉侨案件1.9万件,办理涉港澳台司法协助请求或委托事项1.1万件。签署《关于内地与香港特别行政区法院就民商事案件相互委托提取证据的安排》,拓宽司法协助范围。出台《最高人民法院关于人民法院办理接收在台湾地区服刑的大陆居民回大陆服刑案件的规定》《关于对因犯罪在大陆受审的台湾居民依法适用缓刑实行社区矫正有关问题的意见》,推进两岸司法互助。

推进海事案件管辖制度改革,出台《关于海事法院受理案件范围的规定》《关于海事诉讼管辖问题的规定》《关于审理发生在我国管辖海域相关案件若干问题的规定》等一系列涉海洋综合治理司法解释,积极应对南海仲裁案的不利影响,加强对我国管辖海域的实际控制,使海事司法管辖权覆盖我国管辖全部海域,坚决维护我国海洋权益。

依法审理重大涉外海商事案件。2016年,各级法院审结涉外商事案件6899件、海事案件1.6万件。依法审理“加百利”轮海难救助案、“康菲”溢油事故系列案、天津“8·12”爆炸事故案、玻利维亚船舶买卖案、智利南美轮船有限公司无单放货系列案、韩国韩进海运株式会社域外申请破产重组相关案件等一批大要案,指导各海事法院提升司法水平,促进完善海洋法治。

加强国际交流宣传,扩大涉外海商事审判的国际影响力。2016年,最高人民法院与贸促会、中国贸仲联合举办中国仲裁高峰论坛;参加联合国海事组织年会,就我国深度参与起草的《外国司法出售船舶及其承认公约》提出意见;出席ICCA毛里求斯会议、联合国贸法会韩国会议、中欧法律论坛、国际争议解决研究院仲裁与调解论坛等国际会议;参加荷兰海牙举行的《外国判决的承认与执行公约》特别委员会会议和中英首届法治圆桌会议、第九届亚太地区国际法律论坛,并以《跨太平洋伙伴关系协定视角下的内国司法与国际投资争议争端解决机制的关系与互动》为主题发言;参加中国国际经济贸易仲裁委员会仲裁院“一带一路”沿线重点国家国际商事仲裁调研团,继续推进与澳大利亚联邦法院交流合作;参加中政委和美国司法部联合举办的中美法治对话,就商事案件处理的效率和公正问题专题发言。

三、加强行政审判及环境资源保护工作

(一)行政审判工作。

在全面依法治国、推动新法实施、实行立案登记等多重因素的共同驱动下,2016年,全国行政案件呈现直线上升的局面,各级法院审结一审行政案件22.5万件,同比上升13.2%,通过坚持严格司法,妥善化解行政争议,顺利完成案件审判任务。

把握重点案件,加强监督指导。对社会重点关注、群众关切的网络约车、教育公平、旧城改造、证券监管等案件,最高人民法院指导下级法院做好案件审理预案,落实司法为民,切实保护行政相对人合法权益。指导内蒙古赤峰法院依法审理涉及赤峰市红山区铁南棚户区改造系列案;指导审理风神轮胎股份有限公司诉中国证监会行政处罚一案;审理马志珍等46人诉宁夏固原原州区政府等机关行政强制案,针对发生在民族地区涉及违法建设拆除的群体性纠纷,督促地方政府运用综合手段切实照顾和保障群众利益,维护民族团结。

关注国计民生,保护公有及非公经济平等发展。最高人民法院通过办理广东高院针对斯维尔公司诉广东省教育厅侵犯公平竞争权所涉反垄断法条文理解的请示案件,对行政机关指定使用特定经营者免费提供的商品是否构成滥用行政权力排除和限制竞争问题,以批复方式作出界定,促进IT经营者的创业积极性,保护非公经济平等发展。审理儿童投资主基金公司诉杭州市西湖区国税局税务征收申请再审一案,明确我国的税收征管准则,彰显中国税收主权和通行的国际规则。

开展新的行政诉讼法实施一周年系列活动。2016年4月29日,召开了纪念新行政诉讼法实施一周年座谈会;8月25日,召开中国审判理论研究会行政审判理论专业委员会2016年年会暨“法治政府建设与行政审判”主题论坛,总结成绩和经验,分析当前行政审判工作新形势新任务,探讨法律适用的热点难点问题,进一步推动人民法院行政审判工作。

加强北京、上海跨行政区划法院建设,推行行政案件异地管辖、集中管辖。积极配合其他中央国家机关落实改革任务,针对中央编办牵头的"理顺行政强制执行体制改革"任务,起草《关于理顺行政强制执行体制改革的调研报告》等一系列报告;针对中央政法委牵头的"审判权与执行权分离"任务,起草《关于行政执行分权改革的调研报告》。积极协调推进北京、广州军事法院开展行政审判改革,下发《关于同意解放军军事法院在广州、北京等军事法院开展军事行政审判试点工作的批复》。

努力推动行政机关加强行政应诉工作,起草《最高人民法院关于行政诉讼应诉若干问题的通知》,在行政机关负责人出庭应诉、行政案件受理和审理工作等方面作了具体规定。积极延伸行政审判职能,通过依法向行政机关发送司法建议、建立定期工作研讨和信息交流制度等,构建司法与行政的双向促进关系,支持行政机关依法履行经济社会管理职能。通过司法审查支持"放管服"改革,助推法治政府建设。

(二)环境资源审判工作。

2016 年,各级法院审结一审环境资源案件 13.3 万件,服务绿色发展,保障生态环境安全。其中,最高人民法院依法审理腾格里沙漠污染系列环境公益诉讼再审案,并入选第 15 批指导性案例,对各级法院正确审查受理社会组织提起的环境公益诉讼起到重要指导作用;依法审理江苏泰州"天价"环境公益诉讼再审审查案,并作为公报指导案例,规范危险化学品管理,明确环境污染案件裁判规则;审理新疆临钢资源投资股份有限公司与四川金核矿业有限公司合作勘查合同纠纷一案,注重保障环境公共利益,宣示民事行为和资源开发应兼顾生态环境公共利益的裁判规则。

积极支持检察机关提起公益试点工作,指导各地法院做好检察机关提起的环境行政公益诉讼审理工作。制定《人民法院审理人民检察院提起公益诉讼案件试点工作实施办法》及《最高人民法院关于进一步做好检察机关提起公益诉讼案件立案登记工作的通知》,推动公益诉讼审判规则日趋完善。

加强对重点区域环境资源审判工作指导,组织召开京津冀法院环境资源审判工作联席会议,签署《北京、天津、河北法院环境资源审判工作协作框架协议》,为构建京津冀区域环境司法联动机制打下坚实基础。加强对省级政府提起生态环境损害赔偿诉讼试点工作和国家生态文明试验区建设的政策指引。组织召开试点地区法院环境资源审判座谈会,下发《最高人民法院关于支持福建省加快建设国家生态文明试验区重大部署的意见》。

有序推进环境资源跨区划案件管辖制度改革,指导贵州、江苏、湖北、广东、河北、青海、新疆、北京、海南等地法院对污染环境或者破坏生态、损害后果跨行政区划以及环境公益诉讼等其他类型的环境资源民事案件实行跨行政区划集中管辖。积极调研京津冀、三江源、长江流域等重点区域环境资源保护需要,推进环境资源案件的集中管辖、专门管辖和提级管辖机制,促进重点区域环境质量的持续改善。

2016 年,最高人民法院发布首部《中国环境资源审判》白皮书,系统阐述我国环境资源审判状况。指导各级人民法院结合"6·5"世界环境日积极开展环境司法主题宣传活动,发布环境资源审判白皮书 20 件,发布典型案例 130 余件,有效提升了公众环境保护意识和环境司法的社会影响力。

四、进一步完善国家赔偿工作

(一)审理国家赔偿案件,完善冤错案件赔偿工作。

2016 年,最高人民法院强化大局观念和为民意识,妥善处理疑难复杂案件、群体性案件、代表委员关注案件及领导督办案件。全年共监测全国重大敏感刑事冤错赔偿案件 40 余件。对念斌申请国家赔偿案件、吉林建筑工程公司申请错误执行赔偿、新乡市晖苑房地产置业有限公司申请错误执行赔偿、万廷碧等人申请再审无罪赔偿等重大疑难国家赔偿案件,妥善处理,抓好案件的矛盾化解工作,收到良好的法律效果和社会效果。

联合最高人民检察院召开国家赔偿新闻发布会,公布 8 个刑事赔偿典型案例,扩大国家赔偿的社会影响和效果，积极向社会传递人权司法保障的正能量。联合最高人民检察院共同开展国家赔偿追偿追责工作调研，探索建立符合法治标准和法治原则的国家赔偿追偿追责实施机制，着力破解国家赔偿法实施中人民群众反映的“追偿难、追责难”的顽疾。

进一步完善刑事冤错国家赔偿工作。建立刑事冤错案件赔偿的舆情监督机制，编制《国家赔偿舆情专报》，主动梳理涉赔刑事冤错国家赔偿案件近120余件，全程跟踪热点案件的舆情发展。实行重大刑事冤错案件国家赔偿工作报备机制，并作数据化处理，建立重大刑事冤错国家赔偿案件信息库，为对下指导提供重要依据和实证支持。

（二）完善国家赔偿法律体系。

发布《最高人民法院关于审理民事、行政诉讼中司法赔偿案件适用法律若干问题的解释》，充分保障公民、法人和其他组织的权利救济，严格规范人民法院的民事、行政审判和执行行为，有效统一非刑事司法赔偿案件的裁量标准。

出台《最高人民法院关于加强和规范人民法院司法救助工作的意见》，创造性地规划了国家司法救助的二元功能，明确国家司法救助统一处理机制，实现国家司法救助工作从“维稳”到“维权”的转移，从“因访救助”过渡到“因案救助”，推动救助制度法治化、救助案件司法化。

指导、推动湖南高院与湖南省财政厅联合出台《关于人民法院国家赔偿决定执行的意见》，探索试行解决国家赔偿决定执行难的制度机制。

五、努力推进案件执行工作

（一）推进执行改革，解决执行难问题。

在全社会大力支持下，各级法院向执行难全面宣战，共受理执行案件614.9万件，执结507.9万件，同比分别上升31.6%和33.1%，执行到位金额1.5万亿元，同比上升54%。

深化执行体制改革，完善执行权运行及内外部监督机制。向法院自身不规范执行“开刀”，全面清理积案，摸清案件底数，建立全国四级法院统一的执行办案网络平台，实现在线全程监控。建立执行约谈机制，对问题突出的高院负责人予以诫勉谈话，加强对下监督力度，有效解决消极执行、选择性执行等问题。

顺利完成对全国法院执行工作社会治安综合治理年度考评工作，发布两批消极执行的反面典型案例83例，对3家存在严重消极执行情形的法院通报批评，推动反消极执行行动向纵深发展。发挥我国政治优势、制度优势，推动形成综合治理执行难工作格局，破解长期存在的“查人找物”难题。与多部门建立网络执行查控系统，对存款、房屋、车辆、证券等主要财产形式“一网打尽”，执行法官足不出户即可依法查询被执行人财产和相关信息，实现了执行模式的根本变革。

（二）完善执行相关法律规范体系。

出台《关于加快推进失信被执行人信用监督、警示和惩戒机制建设的意见》，积极发挥联合信用惩戒威力。与国家发改委、工业和信息化部、住房城乡建设部、交通运输部、水利部、商务部、国家铁路局、中国民航局八部门联合会签《关于在招标投标活动中对失信被执行人实施联合惩戒的通知》，在招标投标领域联合限制失信被执行人。协调财政部下发《关于在政府采购活动中查询及使用信用记录有关问题的通知》，对失信被执行人从事政府采购进行限制。协调银监会下发《中国银监会办公厅关于进一步加强银行业诚信建设的通知》，在机构设立、高管任职等市场准入工作中和授信审批中对失信被执行人进行限制。协调证监会下发《关于对失信被执行人实施联合惩戒的通知》，对失信被执行人从事证券市场活动采取16种限制措施。与中央44家单位联合签署《关于对失信被执行人实施联合惩戒的合作备忘录》，推出八大类55项惩戒措施，扎实推进相关领域的联合惩戒工作。

确立网络司法拍卖优先原则，在全国范围内推广网络司法拍卖制度，借助网络拍卖平台公开、透明、高效的特点，确保司法廉洁，全面提高执行工作效率，促进当事人利益最大化。2016年，各级法院累计网拍43万余次，成交额2700多亿元，成交率达到90.1%，为当事人节省佣金81亿元。

与最高检联合出台关于加强法律监督的规范性意见，通过对监督范围、监督程序、监督方式、监督结果处理反馈等方面的细化规定，进一步加强和规范检察机关对人民法院执行工作的法律监督，有力促进了执行监督体系的完善。

(三)加强重点案件执行及信访工作,化解社会矛盾。

最高人民法院继续加强对刘汉、汉龙集团特大刑事犯罪案件,财产刑执行及相关民事案件执行的对下指导;积极协调北京市最大非法集资案——吸收3000余名投资人55亿余元资金的“华融普银案”的执行工作,推动促成涉及犯罪嫌疑人的多起民事执行案件合并执行,深度统筹,兼顾各方,最大限度地维护受害人民群众合法权益。河南、河北、山西、内蒙古、福建、广西、四川等地法院通过专项执行活动,形成高压态势,依法惩治拒不执行裁判行为,司法拘留1.6万人,追究刑事责任2167人,让司法裁判真正成为惩治违法失信的利剑。

将执行申诉信访统一归口执行机构负责,要求各级法院建立执行信访互联网申诉、远程视频接访等网络系统,为申诉信访增加更便捷渠道,落实诉访分离要求,建立健全信访终结制度,进一步规范和加强申诉信访案件办理。2016年,最高人民法院共向全国各高院挂网督办案件1482件,审核案件情况汇报1482件,筛选出26件全国重点执行申诉案件作为挂牌督办案件开展集中督办工作,切实加大监督、纠正力度,妥善执结了一批重点执行申诉案件,并顺利完成中央政法委及中央巡视组重点交办的信访案件。

六、立案登记及涉诉信访工作

(一)推进立案登记制改革,提高诉讼服务水平。

立案登记制改革是司法体制改革的重点任务,2016年,最高人民法院向全国法院下发《关于进一步做好登记立案工作的通知》,要求各高级法院梳理本地区登记立案工作存在的问题,全面开展自查整改。立案登记制实施以来,新类型、敏感性案件层出不穷,引发社会高度关注。2016年,人民法院就《炎黄春秋》杂志社系列起诉、东钓鱼台拆迁赔偿纠纷、四川省部分地区涉“5·12”汶川地震遇难学生家长提起民事诉讼、马航MH370航班失事旅客家属民事索赔、吴英诉浙江东阳市政府行政行为违法、锋锐律所案相关人员起诉新浪网、“网易一元购”用户请求返还投注款、贾敬龙家属申诉上访、大连实德系列案后续处理、广西南宁法院撕裤事件、安徽宿松网上立案事件等几十起重大敏感及媒体关注案件进行受理、管辖及相关审判指导工作,有力维护了当事人诉权。

诉讼服务是人民法院工作的重要组成部分。2016年,最高人民法院诉讼服务中心揭牌,提供律师和各类专家咨询692次,导诉引领和代写文书等志愿者服务30114次,文印传真和图书借阅服务21385次。立足诉讼服务中心“大服务、大平台、大辐射”的职能定位,构筑诉讼服务大厅、诉讼服务网、12368诉讼服务热线“三位一体”的诉讼服务体系,努力为人民群众提供更加优质高效便捷的诉讼服务。

(二)深化涉诉信访改革。

依法解决好涉诉信访,既是全面推进依法治国的需要,也是人民法院维护群众合法权益的具体体现。最高人民法院以信息化建设为助力,继续构建“网、视、人、信”信访新格局。2016年,初步建成集来访接待、来信办理、视频接访、网上申诉、案件评查五大功能在内的最高人民法院涉诉信访大数据平台,实现与全国32家高级人民法院的互联互通。同时深入开展全国范围涉诉信访案件评查,严格落实信访终结制度,维护司法裁判权威。

健全依法维权机制,坚决筑牢安保防线。最高人民法院三个办公区和涉诉信访场所的安全保卫,是一项重要工作任务。2016年,未发生一起恶性事件。在全国“两会”、G20杭州峰会和十八届六中全会期间,均圆满完成涉诉信访接待和安保任务。

七、加强审判监督工作

(一)依法纠正刑事冤假错案。十八大以来,最高人民法院按照习近平总书记等中央领导的重要指示,对重大冤错案件实行逐案跟踪,全程指导,并加强舆情应对,努力将冤假错案的依法纠正转化为推进司法文明和依法治国的正能量。2016年,新纠正重大冤假错案11件17人,分别为聂树斌故意杀人、强奸妇女案,海南陈满故意杀人、放火案,新疆谭新善故意杀人案,甘肃沈六斤(方未社)故意杀人案,福建许金龙等4人抢劫案,天津李松故意杀人案,天津张桂振故意伤害、聚众斗殴案,吉林刘吉强故意杀人案,陕西柯长桂投毒案,安徽杨德武故意杀人案,江西黄志强、程立和、方春平、程发根故意杀人、抢劫、强奸案,另外还有多起疑似冤假错案正在依法复查中。这些冤错案件的复查、再审和纠正,不仅还个案以公正,而且充分彰显了国家对人权司法保障的高度重视。《中国新闻周刊》在其影响中国年度人物评选中,将最高人民法院审监庭评为"影响中国2016年度法治人物",并特别将其"年度致敬奖"授予"聂树斌案重启推动者"。

(二)加强调研指导,制定司法解释等规范性文件。发布《最高人民法院关于办理减刑、假释案件具体应用法律的规定》,对减刑假释的实体条件、起始时间、减刑幅度、间隔时间等进一步严格规范。发布《最高人民法院关于依法妥善处理历史形成的产权案件工作实施意见》,从司法制度层面将中央部署落到实处。发布《关于进一步做好审判监督业务调研工作的通知》,对审判监督业务调研工作进行全面部署。全面修订《民事审判监督案件文书样式》,全面规范审判监督业务诉讼文书样式,进一步提高再审案件审判水平及裁判文书制作质量。

八、加强国家监察工作

(一)加大纪律审查工作力度。按照中央"正风肃纪不停步、反腐惩恶不手软"的要求,最高人民法院始终坚持"从严治院"的方针和对腐败现象"零容忍"的态度,切实加大纪律审查工作力度,扎实做好违纪问题线索初核工作。认真督办违纪问题,积极协助查办案件。2016年,最高人民法院受理处置案件线索76件,办结问题线索40件,办理舆情专报7件。在调查违纪案件过程中,大力协助其他纪检监察机关、检察机关开展调查工作,协助调查取证。全国各级法院切实加大对违纪干警的纪律审查力度,持续保持反腐高压态势,严肃查处"害群之马"。

(二)抓好督察巡查工作。最高人民法院坚决贯彻落实中央八项规定精神,认真开展明查暗访和专项督察,并加大监督问责力度,对违反中央八项规定精神的问题及时发现、及时纠正、严肃查处,严防"四风"问题反弹回潮。2016年,共9次组织对地方法院贯彻中央八项规定精神及纪律作风问题进行督察,并积极推动巡视巡查。先后向广东、广西、浙江、江西、江苏、海南6省区高院反馈巡查意见,先后对安徽、福建、辽宁、甘肃、河南、宁夏6省区高院开展巡查回访工作。同时,指导地方法院对47个中院688个基层法院开展巡查工作,提出问题及建议2159个,已经整改1271个,发现干警问题线索36个。在元旦、春节、"两会"、五一、十一、中秋等关键节点,专门下发通知,提出要求,并对6名相关法院干警违反八项规定的典型案例进行公开曝光,督促各级法院对244名违反中央八项规定精神的干警进行了严肃查处。

九、人民法院司法改革工作

2016年是全面深化司法改革、深入推进信息化建设攻坚之年。各级法院落实党中央部署,坚持问题导向,扎实推进司法改革。坚持以信息化为司法改革提供科技支撑,以司法改革需求引领信息化发展,努力提高司法公信力。

(一)完成巡回法庭总体布局。为进一步实现最高审判机关重心下移,按照党中央部署,最高人民法院在南京、郑州、重庆、西安新设4个巡回法庭并于2016年底正式办公,被群众称为"家门口的最高人民法院"。第一、第二巡回法庭设立两年来共受理案件4721件,审结4573件。充分发挥改革"试验田""排头兵"作用,在巡回法庭实行审判团队模式,落实主审法官、合议庭办案负责制,完善审判权监督制约机制,提升审判质效。最高人民法院本部与巡回法庭通过信息技术实现同一平台办案、同步在线管理,统一裁判尺度。

(二)全面推进司法责任制。2016年,全国法院产生入额法官11万名,85%以上的司法人力资源配置到办案一线,基本完成法官员额制改革,激发法官工作积极性。上海、广东、海南法官人均办案数量同比分别增长21.9%、22.3%和34.8%。为切实解决放权之后的监督问题,开发智能审判、庭审网络巡查等系统,实现案件网上流转、审限监控等功能,铸牢规范审判权的"数据铁笼"。实行法官对办案质量终身负责,设立法官惩戒委员会,强化错案责任追究。

(三)推进以审判为中心的刑事诉讼制度改革。2016年,最高人民法院会同有关部门出台《关于推进以审判为中心的刑事诉讼制度改革的意见》,落实罪刑法定、证据裁判、非法证据排除、疑罪从无等原则,确保刑事案件质量。充分发挥庭审的决定性作用,四川成都、浙江温州法院大力推进侦查人员、鉴定人、证人出庭作证，充分发挥律师辩护作用，促进庭审实质化。贵州法院推动公检法三机关数据共享，积极探索统一证据标准。扩大量刑规范化范围，适用罪名达到 23 种，覆盖全国基层法院 90% 的刑事案件，规范刑罚裁量权。

（四）推进案件繁简分流。2016 年，最高人民法院出台《关于进一步推进案件繁简分流优化司法资源配置的若干意见》，充分运用信息网络，实现简案快结、繁案精审，进一步提高办案效率。推进刑事案件速裁程序改革，对轻微刑事案件依法快立快审。全国基层法院适用民商事简易程序和小额诉讼程序审结案件 717.9 万件，占一审民商事案件的 66.7%。

（五）推进人民陪审员制度改革。为进一步加强司法民主，按照全国人大常委会授权，全国 50 个法院积极开展改革试点，完善陪审员参审机制，通过网络进行随机抽选，推行大合议制等举措，更好地发挥陪审员作用。2016 年，全国 22 万名人民陪审员共参审案件 306.3 万件，占一审普通程序案件的 77.2%。

（六）深化司法公开。健全审判流程、庭审活动、裁判文书、执行信息四大公开平台，进一步拓展司法公开的广度和深度，完善审判流程公开，努力让人民群众感受到公平正义。基本实现全国法院全覆盖、各类案件全覆盖，当事人可随时查询案件进展。加强庭审公开，最高人民法院自 2016 年 7 月 1 日起所有公开开庭案件都上网直播，各级法院直播庭审 62.5 万次，观看量达到 20.7 亿人次。中国裁判文书网公开裁判文书超过 2680 万份，访问量突破 62 亿人次，覆盖 210 多个国家和地区，成为全球最有影响的裁判文书网。执行信息网公开信息 4711 万条，有效提升执行工作透明度。

2016 年，人民法院在社会治安综合治理工作中取得的成绩，是以习近平同志为核心的党中央坚强领导，全国人大及其常委会有力监督，国务院、全国政协大力支持，各民主党派、工商联、人民团体、无党派人士以及地方各级党政机关、社会各界和人民群众关心、支持、帮助的结果；是全国法院广大干警坚持与时俱进，勇于改革创新，脚踏实地真抓实干的结果。面对新形势、新任务，2017 年，全国法院将继续在党中央的坚强领导下，不忘初心，勇往直前，扎实工作，为全面建成小康社会、实现中华民族伟大复兴的中国梦做出新的更大贡献。

最高人民检察院
2016年全国检察机关参与综治工作情况

2016年,全国检察机关坚决贯彻党中央决策部署,紧紧围绕统筹推进"五位一体"总体布局和协调推进"四个全面"战略布局,积极投入平安中国、法治中国建设,忠实履行检察职能,大力推进司法改革和自身建设,各项工作取得新成效。

一、积极推进平安中国建设,维护国家安全和社会大局稳定

2016年,全国检察机关坚决贯彻总体国家安全观,紧紧抓住影响国家安全和社会稳定的突出问题,依法批准逮捕各类刑事犯罪嫌疑人82万余人,提起公诉140万余人。

(一)严厉打击危害国家安全犯罪和暴力恐怖犯罪活动,全力维护国家安全。坚持依法严厉打击危害国家安全犯罪和暴力恐怖犯罪,积极参与国家安全委员会政治安全协调机制、打击网络政治谣言和有害信息工作机制,认真协办有关重大案件,及时制定办理暴力恐怖和宗教极端刑事案件法律适用问题的指导意见,与最高人民法院、公安部联合举办三期打击网络政治谣言犯罪专题培训班,对280名检察干警进行了培训。坚决贯彻最高人民检察院党组关于业务援疆、到新疆反恐一线指导办案的决定,从全国8个省份抽调46名侦监、公诉业务骨干组成工作组,分两批以参与办案、类案指导、疑案会诊、专题调研、实务讲座、完善制度等方式,到新疆办案一线开展以反暴恐为主题的业务指导。

(二)密切关注社会治安和公共安全领域新情况,突出打击严重影响人民群众安全感的犯罪。2016年,共受理侦查机关提请批捕普通刑事案件107万余人,经审查,依法批准逮捕82万余人。

一是积极参与打击治理电信网络新型违法犯罪专项行动。针对电信网络诈骗犯罪猖獗势头,2016年5月,最高人民检察院专门下发《关于切实做好打击整治电信网络诈骗犯罪有关工作的通知》。为形成打击合力,与有关部门共同开展了五个联合行动:与公安部在北京联合召开典型电信网络诈骗案件剖析调研会,与公安部在成都召开电信网络诈骗犯罪重点整治地区、突出地区督导会,与公安部联合挂牌督办2批62起重大电信网络诈骗案件,与最高人民法院、公安部共同制定《关于办理电信网络诈骗等刑事案件适用法律若干问题的意见》,与最高人民法院、公安部共同发布《关于防范和打击电信网络诈骗犯罪的通告》。这五个组合拳和联合行动,有力地震慑和遏制了电信网络犯罪猖獗蔓延势头。2016年,共批准逮捕电信诈骗犯罪嫌疑人19345人。北京、浙江、广东检察机关提前介入侦查,及时批捕起诉张智维等116人、罗兆隆等108人、崔培明等129人特大跨国电信网络诈骗案。

二是严厉打击涉医违法犯罪,推进平安医院建设。制定服务健康中国建设"20条"意见。与公安部、国家卫生计生委等联合开展专项行动,连续第四年与公安部、国家卫生计生委等共同发布惩处涉医犯罪、维护医疗秩序有关意见。会同国家卫生计生委等9部门联合印发《关于严厉打击涉医违法犯罪专项行动方案》,突出打击故意伤害医务人员、在医院聚众滋事等犯罪。将暴力伤医案件一律列为重大敏感案件,要求必须及时启动重大敏感案件快速反应机制。挂牌督办30起重大涉医犯罪案件,重点督办了河北衡水李刚伤医案、山东莱芜陈建利伤医案等20余件在全国有影响的涉医案件。

三是切实做好非法经营疫苗系列案件办理工作。2016年3月,新闻媒体曝光山东济南庞红卫等人非法经营疫苗案后,最高人民检察院侦查监督厅立即下发《关于切实做好非法经营疫苗系列案件办理工作的通知》,并启动重大敏感案件快速反应机制,提前介入引导侦查取证和重大案件挂牌督办,截至12月,共依法批准逮捕非法疫苗犯罪嫌疑人355人。

(三)突出惩治经济犯罪,切实维护国家经济安全。2016年,共批准逮捕破坏社会主义市场经济秩序犯罪嫌疑人5.4万余人。积极参加整治非法集资、打击证券期货领域犯罪等专项行动,通过召开案件协调会、研讨会,及时出台会议纪要、指导意见等方式,坚决惩治集资诈骗、非法吸收公众存款、内幕交易、操纵证券期货市场等犯罪,加强了“e租宝”“昆明泛亚”“徐翔案”等重大案件的业务指导,取得了良好的办案效果。加大知识产权司法保护力度,制定实施保障和促进非公有制经济发展“18条意见”、加强产权司法保护“22条意见”和保障科技创新“15条意见”,依法惩治假冒注册商标、侵犯商业秘密等犯罪,严格区分非法所得与合法财产、个人财产与企业法人财产、经济纠纷与经济犯罪等界限,立案侦查侵犯非公企业合法权益的职务犯罪1009件,发布了保护知识产权典型案例,湖北、云南、宁夏等27个省(区、市)建立打击侵权假冒行政执法和刑事司法信息共享平台。

(四)依法惩治职务犯罪,大力推进反腐倡廉建设。坚决拥护、积极配合深化国家监察体制改革,第一时间向全国检察机关传达党中央改革部署,试点地区检察机关深入细致做好思想政治工作,确保思想不乱、队伍不散、工作不断。深入贯彻党中央决策部署,坚持反腐败力度不减、尺度不松、节奏不变,“打虎”“拍蝇”“猎狐”一起抓。2016年,全国检察机关共决定逮捕贪污贿赂、渎职侵权等职务犯罪嫌疑人1.3万余人。职务犯罪国际追讨追赃专项行动以来,已从37个国家和地区遣返、劝返外逃职务犯罪嫌疑人164人。

(五)深化检察环节社会治安综合治理、维护社会稳定各项工作。坚持运用法律手段弘扬社会主义核心价值观,积极参与打黑除恶、禁毒斗争、扫黄打非、打击拐卖妇女儿童、反洗钱等专项工作,突出惩治网络造谣、赌博、传播淫秽物品、泄露个人信息等犯罪,持续监督纠正违法减刑假释暂予监外执行,对提请不当、裁定或决定不当的,监督纠正2.7万余人,监督纠正社区服刑人员脱管漏管8400余人。从严从实从细做好保稳定、护安全、促和谐的各项检察环节的工作,为平安中国建设贡献力量。

二、依法履行诉讼监督职能,努力让人民群众在每一个司法案件中感受到公平正义

全国检察机关强化对诉讼活动的法律监督,加强人权司法保障,切实维护司法公正,维护社会公平正义。

(一)加强对立案活动的监督。2016年,全国检察机关侦查监督部门对公安机关应当立案而不立案的,监督立案1.4万余件1.7万余人;对公安机关不应当立案而立案的,监督撤案1.1万余件。坚持以专项立案监督活动为载体,围绕人民群众反映突出的环境污染、食品药品安全问题持续发力。对破坏环境资源犯罪、危害食品药品安全犯罪两个专项立案监督活动,出真招、出实招、求实效,采取挂牌督办、现场督查、联合督导会等举措,切实推进专项工作。最高人民检察院先后挂牌督办15批147件重大案件,召开了十省市专项活动现场督导会,与环保部环境监察局共同召开联合督导工作会议,下发了会议纪要。对专项监督活动停滞不前、出现空白院的地方,发出督办函,没有取得明显工作成效的,要求到最高人民检察院说明情况。截至2016年底,自专项立案监督活动开展以来,全国检察机关共建议行政执法机关移送涉嫌犯罪案件6900余件8400余人,监督公安机关立案侦查案件5600余件6700余人。

(二)强化对侦查活动的监督。2016年,全国检察机关侦查监督部门共书面纠正侦查活动违法2.1万余件次,对应当逮捕而未提请批捕的,追加逮捕1.7万余人。对审查发现的非法取证或者讯问笔录与录音录像内容有重大实质性差异的,坚决予以排除;针对侦查环节存在的共性问题,探索开展类案监督,及时向公安机关通报;积极探索开展对公安派出所刑事侦查活动监督试点工作。

(三)开展集中清理判处实刑罪犯未执行刑罚专项活动,持续监督纠正就压不决案件。推动各政法机关共同开展专项清理,已收监执行5000余人,对逃匿或下落不明的2000余人督促采取追逃措施;2013年核查出的羁押3年以上未结案的

4000余人，经政法机关共同努力已全部清理纠正完毕。

（四）强化民事行政诉讼监督。对认为确有错误的民事行政生效裁判、调解书提出抗诉3000余件、再审检察建议2800余件，对民事行政审判程序中的违法情形提出检察建议1.3万余件，对民事执行活动提出检察建议2万余件，立案侦查涉及民事虚假诉讼的职务犯罪140余件。

（五）坚持直面问题、有错必纠，监督纠正冤错案件。严格落实罪刑法定、疑罪从无等原则，坚持不懈推动纠错，监督纠正聂树斌案、谭新善案、"沈六斤"案等重大冤错案件。

三、牢记打铁还需自身硬，从严从实加强过硬队伍建设

按照习近平总书记关于政治过硬、业务过硬、责任过硬、纪律过硬、作风过硬的要求，认真开展"两学一做"学习教育，牢固树立"四个意识"，切实加强检察人员思想政治建设和素质能力建设。坚持不懈规范自身司法行为，实行办案全流程监控，强化实时动态监督；严格落实中央八项规定精神，驰而不息纠治"四风"，修订检察人员纪律处分条例，对严重违纪违法问题线索挂牌督办，一经查实，坚决纠正，努力建设一支信念坚定、司法为民、敢于担当、清正廉洁的检察队伍。

工业和信息化部

2016 年工业和信息化部参与综治工作情况

2016 年,工业和信息化部认真贯彻落实中央综治工作要求,充分发挥行业管理和技术优势,重点围绕防范打击通讯信息诈骗、推进电话用户实名登记、加强新技术新业务信息安全评估、净化网络环境等方面,扎实开展综治相关工作。

一、深入开展防范打击通讯信息诈骗工作,切实维护群众切身利益

作为国务院打击治理电信网络新型违法犯罪工作部际联席会议成员单位和信息通讯行业主管部门,主要负责行业源头治理和配合打击通讯信息诈骗违法犯罪活动。一是在技术手段建设方面,结合电信网络结构特点,组织建立了多层次、立体化技术拦截体系,不断压缩通讯信息诈骗传播渠道。二是在重点业务治理和改号软件治理方面,关停违规语音专线 3.1 万条,关停违规“400 号码”76.4 万个;组织互联网企业开展改号软件整治,屏蔽网上改号软件搜索结果 2 亿余条,让非法改号软件“看不见、搜不到、下载不了”。三是在机制建设方面,密切与公安等相关部门的工作联动,与公安机关建立健全部省两级涉案电话号码快速关停、涉案线索快速查询以及重大案件情况通报机制。配合公安机关关停涉案号码 61 万余个,配合查处“伪基站”违法犯罪案件 407 起。

二、严格落实电话用户实名登记要求,实现全部电话用户实名登记

进一步细化电话用户实名登记工作要求,加大监督检查工作力度,采取数据抽查和暗访抽查等方式,开展多频次、大范围的检查工作,积极督促电信企业落实要求。在新入网用户方面,督促电信企业严格落实现场拍照、在线视频实人认证等身份核验措施。在老用户补登记方面,2016 年共组织 1.2 亿电话用户进行实名补登记,实现了全部电话用户的实名登记。

三、持续深化新技术新业务安全评估体系建设,积极防范网络信息安全风险隐患

一是加强评估工作的统筹谋划和系统部署。制定发布了《关于指导做好 2016 年互联网新技术新业务安全评估重点工作的通知》,细化明确了法规标准建设、监测通报机制完善、属地化评估推进、企业责任落实、跨部门评估水平提升、配套保障建设六方面重点工作。二是巩固完善行业监测巡查与督促整改工作机制。针对社会热点或行业管理需求,先后组织开展了相关重点业务的安全评估,并及时将评估意见转化为管理政策要求。三是着力强化企业安全评估责任落实。在基础电信企业方面,以企业安全责任考核为抓手,督导企业严格落实新技术新业务安全评估责任;在互联网企业方面,结合新版电信业务分类目录出台契机,针对云计算、搜索引擎、即时通讯等重点业务细化明确安全评估要求。四是深入推动属地化安全评估工作。持续通报互联网新技术新业务动态监测信息,指导地方通讯管理局核查处置问题,督促企业排查整改通讯信息诈骗、淫秽色情、涉恐涉暴等违法有害信息传播风险。

四、加强互联网行业监管,组织开展“扫黄打非”等净化网络环境工作

一是加强组织部署,健全制度规范。印发了网上扫黄打非行动方案,进一步明确细化责任分工,组织全行业全力做好网上“扫黄打非”相关工作。二是夯实行业管理,加强违法违规网站处置。强化域名、IP 地址、网站等互联网基础管理,严格落实网络实名制,规范境内接入服务市场,依法处置境内违法违规网站 2329 个。三是强化监督考核,落实企业责任。将“扫黄打非”专项工作纳入基础电信企业省级公司信息安全责任考核,有力确保企业责任落实到位。深入12省36家省级基础电信企业开展工作检查和情况摸底调研，进一步强化企业评估主体责任督查落实。四是深化行业自律，形成治理合力。组织基础电信企业和中国互联网协会，畅通举报受理渠道，中国互联网协会12321举报中心受理用户举报淫秽网站7余万件次；受理用户举报的不良APP应用共95余万件次。

公　安　部

2016 年全国公安机关参与综治工作情况

2016 年,是我们党和国家开启向着全面建成小康社会决胜阶段伟大进军、全面实施“十三五”规划的开局之年。面对错综复杂的国际形势和繁重艰巨的国内改革发展稳定任务,全国公安机关在以习近平同志为核心的党中央坚强领导下,认真贯彻党的十八大和十八届三中、四中、五中、六中全会精神,深入贯彻习近平总书记系列重要讲话和关于加强和创新社会治理的重要指示精神,按照中央政法工作会议和全国社会治安综合治理创新工作会议的部署要求,紧紧围绕统筹推进“五位一体”总体布局和协调推进“四个全面”战略布局,牢固树立“四个意识”,全面贯彻五大新发展理念,坚持围绕中心、服务大局,锐意进取、扎实工作,狠抓各项工作措施的落实,有力维护了国家安全和社会稳定。

一、持续推进平安中国建设,有力维护了社会治安大局稳定

始终坚持以人民为中心的发展思想,紧紧抓住人民群众反映强烈的突出问题,大力推进社会治安防控体系建设,全面落实打防管控各项措施,进一步增强了人民群众安全感和满意度。一是深入开展严打整治专项行动。持续深化打黑除恶、缉枪治爆、扫黄治赌等专项工作,组织开展为期三年的打击盗抢骗专项行动和命案积案集中攻坚,成功侦破甘肃白银系列杀人案以及宁夏银川公交车纵火案、云南会泽特大杀人案等一批具有重大社会影响的案件。组织开展打击利用离岸公司和地下钱庄转移赃款专项行动,深入开展打击假币犯罪、严重涉税犯罪和涉烟经济犯罪打击行动,有力维护了社会主义市场经济秩序。针对群众反映突出的食品安全、环境污染、涉医涉校等违法犯罪活动,相继开展“利剑”“清水蓝天”、平安医院、护校安园等专项行动,全国涉医、涉校刑事案件发案同比均大幅下降。全面构建党委政府领导、公安机关牵头负责、各部门齐抓共管、社会各界广泛参与的打击治理电信网络新型诈骗犯罪新格局,共破获案件 7.01 万起,查处违法犯罪人员 3.1 万名。二是严厉打击毒品犯罪。深入开展禁毒人民战争,不断深化“6·27”青少年毒品预防教育和“8·31”社区戒毒社区康复工程,共破获毒品犯罪案件 11.8 万起,抓获毒品犯罪嫌疑人 14.1 万人。三是积极开展矛盾纠纷排查化解。紧紧围绕经济社会领域各种不安定因素,积极配合党委、政府和有关部门开展矛盾纠纷排查化解工作,从源头上预防和减少了群体性事件和非正常上访。四是全面强化社会面整体防控。以全国“两会”、G20 杭州峰会等重大安保活动为牵引,全面落实打防管控各项措施,创新完善立体化社会治安防控体系,推行散装汽油购销实名登记,落实寄递物流行业“三个 100%”制度,推动大中城市轨道交通、火车站、长途客运站常态安检措施,确保了一系列重大活动安全顺利举行,全国千余场万人以上群众性自发活动安全举行。

二、大力加强和改进公安行政管理服务,有效促进了经济社会发展

紧紧围绕推动大众创业、万众创新,按照简政放权、放管结合、优化服务的要求,在依法履行安全监管职责、严格落实安全管理措施的同时,进一步创新理念机制、方式方法,坚持寓管理于服务之中,实现了维护社会秩序和激发社会活力的有机统一。一是加强消防安全管理。部署开展劳动密集型企业、社会福利机构消防安全专项整治和冬春火灾防控、夏季消防检查工作,强化对易燃易爆、人员密集场所和大型城市综合体、超高层建筑、地下轨道交通等单位场所以及电气火灾的整治,确保了消防安全形势稳定。同时,积极参与江苏泰州“4·22”爆炸、盐城“6·23”龙卷风冰雹以及汛期大面积洪涝灾害等抢险救援，维护了人民群众生命财产安全。二是加强道路交通安全管理。先后部署开展“道路运输平安年”活动、货车非法改装和超限超载治理工作、第二季度预防重特大事故专项整治、酒驾醉驾集中整治、工程运输车安全管理和冬季道路交通安全隐患集中整治等行动，加快推进农村道路交通安全体制机制力量和基础保障建设，深入排查农村道路安全隐患，加强重点地区、重点路段、重点车辆、重点人员安全监管和宣传警示教育，强化重大活动和重要节假日交通安保及恶劣天气、汛期道路交通应急管理，保持了道路交通安全形势的总体平稳。三是加强边防出入境管理。认真贯彻落实《关于加强外国人永久居留服务管理的意见》，研究制定《外国人永久居留管理条例》，出台实施支持北京创新发展、上海科创中心建设、福建及广东自贸区建设系列出入境政策措施，实施居住证持有人在居住地申办因私出入境证件便利措施，推进边检查验模式和边检政策优化创新，严格出入境证件签发管理和口岸边防检查，有效提升了出入境服务和管控水平。持续深化爱民固边战略，扎实推进走访服务群众、化解矛盾纠纷、创建模范村、民警兼任村干部等工作和群防群治组织建设，稳步推进立体化边境管控体系建设，不断完善党政军警民五位一体合力治边格局，进一步筑牢了边境维稳战略屏障。积极依托公安边防部队组建联合国首支常备维和警队，充分展示了我负责任大国形象。

三、统筹推进公安改革和“四项建设”，在一些重点领域和关键环节上取得了新突破

坚决贯彻落实中央决策部署，一手抓已出台改革举措的落实，一手抓改革政策方案的制定，坚持突出重点抓落实、强化督导抓推进，推动公安改革和“四项建设”在一些重点领域、关键环节上取得了新突破，中央“1+3”意见方案确定的110项公安改革任务已基本完成56项，在基础信息化、警务实战化、执法规范化、队伍正规化“四项建设”方面取得了阶段性成果。一是推进公安行政管理服务改革。紧紧围绕“放管服”改革，研究推出了简化优化公共服务流程方便群众办事创业的28项措施，出台了关于进一步推进“互联网+公安政务服务”工作的有关意见，着力提升公安政务服务智慧化水平。积极推进户籍制度和居住证制度改革“双落地”，报请国务院下发了《关于深入推进新型城镇化建设的若干意见》和《推动1亿非户籍人口在城市落户方案》，督促24个省区市和新疆生产建设兵团出台了《居住证暂行条例》实施方案，积极推进落实无户口人员落户政策和异地办理身份证等户政改革便民新举措，会同有关部门出台《关于改进和规范公安派出所出具证明工作的意见》，集中清理群众反映强烈的“奇葩证明”，取得了良好社会效果。深入推进驾驶员考试制度改革和车检制度改革，全面推行“互联网+交通管理”综合服务，开展跨省异地缴纳交通违法罚款和交通事故快处快赔试点，进一步方便了群众。二是推进执法权力运行机制改革。以贯彻落实中央《关于深化公安执法规范化建设的意见》为契机，进一步推进执法规范化建设。健全完善执法制度，积极推进《人民警察法》《治安管理处罚法》《看守所法》等制修订工作。贯彻落实受立案制度改革要求，制定出台一系列制度规范，全面推进相关工作机制改革试点工作。三是推进人民警察管理制度改革。启动人民警察职务序列改革试点，组织开展公安机关执法勤务警员职务序列和警务技术职务序列改革试点工作。积极推进职业保障制度改革，全面落实公安民警人身意外伤害保险制度，会同民政部、中国残联联合印发《关于伤残人民警察享受社会残疾人待遇的通知》。深入推进警务辅助人员管理制度改革，督促各地出台落实国办《关于规范公安机关警务辅助人员管理工作的意见》具体管理办法和实施意见，进一步健全管理制度、落实工作责任，迈出了警务辅助人员管理制度化、规范化、法治化的实质步伐。

民 政 部

2016 年民政部参与综治工作情况

一、社会组织管理工作

(一)制度建设。

1. 推动出台社会组织改革综合性文件。报请中办、国办印发《关于改革社会组织管理制度促进社会组织健康有序发展的意见》,就社会组织工作作出重要部署,制定配套政策,狠抓文件宣传和贯彻落实。

2. 联合出台相关领域社会组织发展政策。与司法部、中央综治办、最高人民法院联合出台《关于推进行业性专业性人民调解工作的指导意见》,与司法部、中央综治办、财政部联合出台《关于社会组织参与帮教刑满释放人员工作的意见》,与中央网信办联合出台《关于加强网信领域社会组织建设的通知》,与体育总局联合出台《中国足球协会负责人任职管理办法》,与中国科协联合出台《关于加强国际科技组织人才培养与推送工作的意见》,完善了相关领域社会组织发展政策。

3. 推进社会组织管理立法工作。积极推进《社会团体登记管理条例》《基金会管理条例》《民办非企业单位登记管理暂行条例》等行政法规修订工作,并已向社会公开征求意见,3 部法规送审稿均已报国务院法制办。

(二)贯彻中央关于社会组织工作的重大决策部署。

1. 配合慈善法施行出台配套政策措施。慈善法颁布后,制定《慈善组织认定办法》《慈善组织公开募捐管理办法》《社会组织登记管理机关受理投诉举报办法(试行)》,联合有关部门制定《公开募捐平台服务管理办法》《关于慈善组织开展慈善活动年度支出和管理费用的规定》,组织遴选出首批 13 家慈善组织互联网公开募捐信息平台,启动"慈善中国"信息公开平台建设,为法律实施奠定基础。

2. 行业协会商会脱钩试点取得阶段性成效。按照《行业协会商会与行政机关脱钩总体方案》的部署和要求,报请脱钩联合工作组办公室批复了第一批 133 家全国性行业协会商会脱钩实施方案,超额实现了《总体方案》要求的"第一批选择 100 个左右全国性行业协会商会开展脱钩试点"的改革目标。顺利启动和推进第二批 144 家全国性行业协会商会脱钩试点,完成了其中 135 家行业协会商会脱钩实施方案的核准工作。印发《关于加快推进第一批脱钩试点工作的通知》,会同有关部门开展实地督查调研,指导地方推进脱钩试点工作,报请联合工作组批复了 31 个省(区、市)和新疆生产建设兵团的第一批脱钩试点总体方案。截至 2016 年底,已有 24 个地方基本完成了第一批脱钩试点任务。会同发展改革委等 9 部门制定了《行业协会商会综合监管办法(试行)》,构建新型监管体制。

3. 社会组织党建工作得到加强。在成立登记时同步提出加强党建工作的要求,印发《民政部关于社会组织成立登记时同步开展党建工作有关问题的通知》,要求新成立社会组织同步提交《社会组织党建工作承诺书》和《社会组织党员情况调查表》。强化党建内容在年检中的地位,对存在应建未建党组织、组织活动不正常、作用发挥不明显等问题的社会组织督促整改,推动社会组织加强党的建设。

4. 培育扶持政策不断完善。经国务院同意,联合财政部出台通过政府购买服务支持社会组织培育发展的文件,进一步明确有关工作要求。协调财政、税务、海关、人民银行等部门,出台了公益性捐赠税前扣除资格确认审批有关调整事项、公益股权捐赠企业所得税政策、慈善捐赠物资免征进口税收有关事宜、公益性社会组织申领公益事业捐赠票据、规范全国性社会组织设立临时存款账户等文件，完善了税收优惠、票据、账户等方面的培育扶持措施。中央财政投入2亿元支持社会组织参与社会服务，立项438个，预计直接受益近120万人。

（三）社会组织登记管理。

1. 严格登记审批。从严审批全国性社会组织，强化对发起人、拟任负责人资格审查，加强名称审核、业务范围审定。强化对成立的必要性、发起人的代表性、会员的广泛性等方面的审核，严格控制业务范围相似的全国性社会团体成立。经国务院同意，明确了取消商务部前置许可后的外国商会登记程序，完善了国际性社会组织成立登记审查要求。

2. 严格日常管理。从严开展年检审查，共给予52个社会组织年检不合格结论，发放改进建议书和整改通知书1174份，比2015年分别增加100%和43%。对137家全国性社会组织进行抽查审计，比2015年增加44%，在年检中纠正存在的问题，依法处理违法违规行为。实施"上门工程"，对业务主管社会组织数量大的业务主管单位主动上门座谈，列出问题清单，提出整改建议。

3. 严格执法监察。开展"离岸社团""山寨社团"专项整治，在中国社会组织网设立专栏，曝光13批1287家名单，公布举报邮箱和电话，对全国性社会组织网站在百度搜索中加注"官网"标识，多渠道发布识别指南，对"离岸社团""山寨社团"名单进行预警标注。出台《社会组织登记管理机关行政执法约谈工作规定（试行）》，规范执法行为。

4. 开展专项治理。根据国务院推进职能转变协调小组安排，配合财政部开展整顿规范行业协会商会收费工作，配合工业和信息化部开展减轻企业负担专项治理工作，配合中央编办开展清理行业协会商会等机构有偿中介服务整治工作。

5. 创新网络监管方式。推动部省两级法人信息资源库、社会组织信用信息共享平台、统一社会信用代码制度建设，加强网络舆情监测与应急处置，创新与互联网平台合作，建立社会组织新闻发言人制度，加强信息公开、信用管理、网络甄别、不良信息清理工作，整顿社会组织网络活动秩序。

二、减灾救灾工作

（一）制度建设。

1. 报请党中央、国务院印发《关于防灾减灾救灾体制机制改革的意见》。推动国办印发《国家综合防灾减灾规划（2016—2020年）》。提请国办修订《国家自然灾害救助应急预案》，进一步规范和完善中央层面自然灾害救助工作及应急响应程序。经国家统计局批准，修订《自然灾害情况统计制度》和《特别重大自然灾害损失统计制度》。重新修订《民政部救灾应急工作规程》，进一步明确细化响应启动指标、岗位职责。

2. 推动各省（区、市）制定出台与《自然灾害救助条例》《自然灾害生活救助资金管理暂行办法》相配套的地方性政策法规，修订省级《自然灾害救助应急预案》。指导各地加快制定本地受灾人员救助标准。云南、江西、贵州、安徽、湖北、江苏、河南、陕西8省已制定出台《自然灾害救助条例》实施办法，30个省（区、市）出台自然灾害救助资金管理办法，24个省（区、市）制定出台本地受灾人员救助标准或开展了试点工作。

（二）自然灾害应对。全力应对福建泰宁泥石流、江苏盐城龙卷风冰雹特别重大灾害，长江中下游和华北地区严重暴雨洪涝灾害，"尼伯特""莫兰蒂"台风等一系列重大自然灾害。国家减灾委、民政部全年共启动国家救灾预警响应5次、国家救灾应急响应22次，累计下拨中央救灾资金79.06亿元，组织调拨4.1万顶帐篷、16.6万床（件）衣被、2.5万条睡袋、2.3万张折叠床等中央救灾物资，帮助地方切实做好受灾群众基本生活救助工作。

（三）备灾工作。

1. 灾情管理。加强应急值守，做好灾情统计分析和跟踪工作，发布互联网灾情信息450余条。组织召开民政系统灾情核定会1次、部际灾情会商会10次，做好月度、季度和年度灾情会商、核定和趋势预测分析工作。推广乡镇网络报灾，已有27个省份开通乡镇网络报灾。继续推广移动报灾APP应用。

2. 救灾物资储备体系建设。继续推动实施中央救灾储备库建设项目，沈阳、哈尔滨、合肥、武汉、长沙、重庆、拉萨、格尔木、乌鲁木齐9库已完工或即将投入使用,天津库已基本具备开工条件,喀什库已完成设计初稿,南宁库可行性研究报告已获批复,郑州库已编制完成可行性研究报告。协调落实2016年中央救灾物资采购资金1.35亿元,公开招标采购12平方米单帐篷2.4万顶、12平方米棉帐篷2.5万顶、棉大衣6.32万件、棉被近50万床、折叠床16万张。2016年,中央救灾物资采购项目结转资金534.9万元。继续指导福建、四川等省做好“民政救灾物资发放全过程管理系统”项目试点。

3. 灾害信息员队伍建设。举办全国灾害信息员师资培训班,累计培训省、市、县三级灾害信息员师资450余人;给予北京、河北、内蒙古、黑龙江、上海等10个省(区、市)和新疆生产建设兵团培训师资支持,累计帮助地方培训基层灾害信息员5000余人。

(四)引导市场与社会力量发挥作用。

1. 推进灾害保险工作。继续指导各地推进农房灾害保险提标扩面,农房灾害保险2016年已覆盖全国所有省市,实现保费收入8.82亿元,同比增长9.11%,为1.03亿间农房提供风险保障1.84万亿元,同比增长28.43%,平均为每间农房提供1.79万元保障(每户约5万元),较2015年提高2605元。2016年,保险业共为55.41万间农房支付赔款8.6亿元,同比增长38.18%。配合保监会、财政部等部门研究建立巨灾保险制度,配合出台《建立城乡居民住宅地震巨灾保险制度实施方案》,推动城乡居民住宅地震巨灾保险产品于2016年7月份落地。

2. 支持引导社会力量参与救灾工作。开展社会力量参与救灾数据库建设和信息平台开发。联合部分社会组织,模拟社会力量参与救灾场景开展桌面演练。举办4期社会力量参与救灾培训班,共培训328人。协调有关社会组织与地方民政部门对接参与重大自然灾害救灾工作,引导社会力量有序进行救灾捐赠和现场救援。在国家减灾网开设社会力量救灾专栏,集中展示、宣传社会力量参与救灾工作成效。联合国家邮政局印发了《赈灾包裹寄递管理办法》。

(五)防灾减灾宣传教育和综合示范社区创建。

1. 防灾减灾宣传教育。组织全国防灾减灾日和国际减灾日活动,发放宣传资料5400余万份,举办培训及讲座1.9万场,举行应急演练5万场、主题宣教活动1.8万场,直接受益公众超过7000万人次,公众防灾减灾意识进一步提高。

2. 开展全国综合减灾示范社区创建工作。组织指导全国社区开展防灾减灾演练和宣传教育活动,2016年全国共创建“全国综合减灾示范社区”1455个,进一步夯实基层社区防灾减灾基础。

(六)救灾国际合作。

1. 赴俄罗斯参加第一次金砖国家紧急救灾部门领导人会议,会议通过了《金砖国家紧急救灾部门负责人会议宣言》,签署了《金砖国家紧急救灾部门共同行动计划(2016—2018年)》。

2. 赴印度参加第二次金砖国家灾害管理部长级会议,会议签署了《落实圣彼得堡协议共同行动计划路线图》,通过了《金砖国家灾害管理部长级会议乌代布尔宣言》。

3. 配合商务部做好对外人道主义紧急援助工作,向厄瓜多尔地震灾区、斯里兰卡洪涝灾区调运救灾帐篷、折叠床等中央救灾物资,协调派出专家评估组赴厄瓜多尔等国开展灾害损失评估。

4. 配合中央军委群工局做好中美两军人道主义救援联合减灾演练。

5. 参加首届世界人道主义峰会、东北亚灾害管理合作会议、中日韩第四届救灾桌面推演、中国—东盟灾害管理与应急响应研讨会、东盟地区论坛适应气候变化与灾害管理研讨会等全球或区域性救灾国际会议和活动。

三、社会救助工作

(一)制度建设。

1. 报请国务院印发《关于进一步健全特困人员救助供养制度的意见》,牵头制定民政部贯彻落实的具体措施,印发《特困人员认定办法》,将城市“三无”人员救助和农村“五保”人员供养统一为特困人员救助供养制度。

2. 报请国办转发民政部等6部门《关于做好农村最低生活保障制度与扶贫开发政策有效衔接的指导意见》,明确低保和扶贫衔接的重点任务,形成脱贫攻坚制度合力;牵头制定《民政部关于贯彻落实〈中共中央、国务院关于打赢脱贫攻坚战的决定〉的通知》,部署民政系统做好脱贫攻坚工作。

3. 会同财政部等5部门制定《关于进一步加强医疗救助与城乡居民大病保险有效衔接的通知》,明确大病保险对特困人员、低保对象、农村建档立卡贫困人口的倾斜性支付政策。

4. 报请国务院审议《关于通过政府购买服务加强基层社会救助经办服务能力的意见》,推动通过政府购买服务,加强基层社会救助服务能力。此外,还会同有关部门制定脱贫攻坚、健康扶贫、残疾人保障等方面的政策文件10多份,使社会救助制度体系更加完善。

(二)健全社会救助运行机制。

1. 会同发展改革委等部门印发《关于进一步完善社会救助和保障标准与物价上涨挂钩联动机制的通知》,指导地方优化联动机制启动条件,提高补贴发放时效性。

2. 继续推进社会救助家庭经济状况核对机制建设,会同证监会、工商总局、住房城乡建设部分别制定查询社会救助家庭成员证券财产、工商登记、住房保障和住房公积金等信息的具体办法。截至2016年,全国31个省(区、市)、97.9%的地级市、83.6%的县(区、市)建立核对机构;2016年前三季度,全国共开展各类受托核对6196万次。

3. 探索建立"救急难"工作机制。指导各地落实特困人员救助供养和临时救助制度,组织300个试点单位开展"救急难"综合试点,着力形成主动发现、快速回应、政社互补、急难有救的工作机制。

(三)规范社会救助日常管理。

1. 大力推进社会救助"一门受理、协同办理"。指导地方细化实化为民服务的具体举措,明确分办转办联办等要求,规范社会救助窗口建设,促进基层社会救助服务水平提升。

2. 部署开展专项督查检查。组织实施国务院督查室交办的临时救助和重特大疾病医疗救助专项督查,会同扶贫办开展农村低保政策落实暨兜底脱贫情况全面排查,督促各地整改问题、完善政策、强化管理。

3. 建立实施困难群众基本生活救助绩效评价。采取地方自查、实地核查、第三方评估等方式,对全国31个省(区、市)和新疆生产建设兵团低保工作进行绩效评价,划定绩效等级,通报评价结果,用绩效评价推动规范管理。会同财政部修订《困难群众基本生活救助工作绩效评价办法》,将绩效评价范围从最低生活保障扩展至特困人员救助供养和临时救助。

4. 完善监督检查长效机制。定期汇总、分析、研判和预警社会救助信息,受理群众政策咨询、投诉举报等,开展重点案件督查督办等。

(四)提高社会救助水平。积极争取中央财政增加社会救助资金投入。2016年,中央财政共安排困难群众生活救助(含低保、特困、临时救助)补助资金1374.5亿元,医疗救助补助资金155亿元,合计较2015年增加174亿元。截至2016年11月底,全国平均城市低保标准、农村低保标准分别为486元/人·月,3611元/人·年,较2015年底增长10.8%、17.8%,超额完成政府工作报告要求;农村特困人员年人均集中供养和分散供养标准分别为年人均6581元、5029元,较2015年同期增长11.9%、14.6%。2016年1—9月,全国共实施医疗救助5145.5万人次,支出医疗救助资金189亿元;共实施临时救助694万人次,其中非本地户籍11.9万人次。

四、基层政权和社区建设工作

(一)完善城乡社区服务体系。编制印发并贯彻落实《城乡社区服务体系建设规划(2016—2020年)》,大力推进城乡社区服务体系建设。明确提出:推动人民调解、普法宣传、律师公证、法律援助等服务进社区,实现法律服务在城乡社区全覆盖。依托社区综治中心,加强城乡社区治安防控网建设,发展壮大群防群治队伍,深化社区警务战略,建立社区微型消防站,协助做好社区矫正、社区戒毒、社区康复、刑满释放人员的帮扶工作,加强交通安全宣传教育,全面提高社区治安综合治理水平。截至2016年底,全国共有社区服务设施1.5余万个,其中农村社区综合服务设施7.3余万个,覆盖率13.06%;城市社区综合服务设施近8.2万个,覆盖率79.8%。

(二)推进城乡社区治理创新。积极推动社区治理体制机制创新,初步形成区域布局合理、实验主题明确、创新活力涌现的工作格局。将社会治安综合治理工作纳入社区治理创新总体部署,指导各地完善社区工作者走访制度,对特殊人群及其家庭进行重点走访，了解掌握他们的思想动态和现实需要，协助解决实际困难。

（三）健全城乡基层群众自治。大力开展城乡社区协商。组织通过实地督察和各地自查相结合的方式，开展城乡社区协商专项督察活动。在吉林省长春市召开全国城乡社区协商工作推进会暨村（居）委会换届选举座谈会，推动各地“四个民主”实践均衡发展。召开村规民约工作研讨会，研究贯彻落实党的十八届四中全会精神重要工作举措情况。联合中央组织部、中央农办、发展改革委、财政部、农业部推动中办、国办印发《关于以村民小组或自然村为基本单元的村民自治试点方案》，指导有实际需要的地区开展多种形式的以村民小组或自然村为基本单元的村民自治试点。召开以村民小组或自然村为基本单元的村民自治试点工作电视电话会议，部署开展以村民小组或自然村为基本单元的村民自治试点工作。

（四）深化农村社区试点建设。贯彻落实中办、国办印发《关于深入推进农村社区建设试点工作的指导意见》文件精神，编制《全国农村社区建设示范单位指导标准》，明确提出农村社区“综合服务设施中设有社区综治中心、警务室”“劳动就业、综治警务、人民调解等基本公共服务进入农村社区”等指标，为农村社区综治工作搭建平台。

（五）开展社区减负。贯彻落实《关于进一步开展社区减负工作的通知》，深入开展社区减负工作，着力破解“万能居委会”涉及的社区行政事务多、检查评比多、会议台账多、不合理证明多等突出问题。截至 2016 年底，全国所有省（区、市）和新疆生产建设兵团均已出台落实文件。部分省（区、市）还依法制定社区工作事项清单、社区印章使用指导目录等专项政策，建立社区工作准入制度，省级层面社区工作事项、台账报表、检查评比、盖章事项平均减少了一半以上，全国社区工作负担逐步减轻，社会治理能力进一步增强。

（六）加强城乡基层干部队伍建设。在安徽省蚌埠市举办第四届全国村官大讲堂，开展村干部治村经验交流和业务培训。联合李嘉诚基金会实施“展璞计划”，为湖南、陕西、广东、新疆、广西等省份部分地区的女性村“两委”干部和基层民政干部提供高校集中培训和远程学习服务。

五、区划工作

（一）界线管理。

1. 加强界线管理法治建设。组织开展《行政区域界线管理条例》修订工作，形成阶段性成果；发布《行政区域界线　界线联检　省级》《行政区域界线　省界界桩　制作》两个行业标准。研究制定《行政区域界线　界桩　设置》和《行政区域界线　详图　绘制》两个行业标准，目前正在审核。

2. 扎实开展界线联检。组织完成了冀晋、冀蒙、蒙甘、苏皖、浙皖、赣鄂、鲁豫、湘粤、桂滇、渝黔、川陕、川青、陕甘 13 条总长 13629 公里省界的联检，指导各地完成了 2016 年度县界联检任务。

3. 继续推进省界界桩更换。组织完成了蒙黑线、皖赣线、桂滇线、陕甘线共 65 颗省界界桩的更换。

4. 积极稳妥调处边界纠纷。督导蒙甘两省区严格落实《甘蒙两省区边界纠纷协商会议纪要》，推进未定界地段清理等工作，及时跟踪掌握相关情况及工作进展；会同农业部、公安部对川滇边界“5·29”事件情况进行研究，提出处理意见，联合上报国务院。

5. 认真做好界线勘定工作。组织粤澳双方完成粤澳陆地界线界桩设置，签订了广东省与澳门特别行政区陆地行政区域界线联合检查合作协议书，举办粤澳陆地界线界桩设置仪式，进一步宣传了法定行政区域界线、界桩的重要意义。

（二）平安边界建设。

1. 扎实开展平安边界创建考评工作。组织完成了 2016 年度全国平安边界创建考评，对存在发生重大边界纠纷、国务院批复界线未落实、考评工作不规范、行政区划调整后未按要求完成勘界等问题的 9 个省份，按照考评实施细则相应作了扣分处理。

2. 研究制定《“创建平安省界示范线（段）活动”实施方案》，并对将方案相关内容纳入平安边界创建考评工作进行了研究论证。

3. 指导各地深入开展平安边界创建工作，加强体制机制创新研究，丰富边界文化建设，完善平安边界创建长效机制。

（三）平安边界创建。2016 年，平安边界建设不断向纵深发展，创建形式日益多样，内容不断丰富，取得了显著成效。山东济南为适应信息时代需要，加快界线管理工作标准化、规范化、科学化和信息化建设步伐，开发了区划边界地名巡查APP系统，充分利用移动终端设备，定期巡检县级界线及界桩点，随时随地回传边界相关信息，提高巡检效率，确保界线清晰准确；重庆潼南与四川遂宁修建边界文化艺术墙，宣传界线、地名管理法规政策，打造边界文化标志；北京为平原地区和部分山区界桩安装了维护宣传牌，宣传界线管理政策法规，巩固勘界成果；江西在开展省界、县界联检时，在部分界线毗邻的市、县（市、区）、乡镇、村之间开展了形式多样的联谊联欢活动；江苏建立了平安边界建设联席会议制度，进一步加强了界线管理长效机制建设，夯实维护边界地区和谐稳定的工作基础。

六、社会福利工作

（一）全面落实残疾人两项补贴制度。贯彻落实《国务院关于全面建立困难残疾人生活补贴和重度残疾人护理补贴制度的意见》，会同相关部门积极部署，先后下发了《关于贯彻落实残疾人两项补贴制度有关政策衔接问题的通知》《关于全面督察落实困难残疾人生活补贴和重度残疾人护理补贴制度的通知》和《关于报送残疾人两项补贴工作信息的通知》等政策文件，鼓励更多地区逐步扩大范围，将三级、四级智力和精神残疾人纳入护理补贴范围，并提高补贴标准，减轻精神障碍患者家庭的生活和照护负担。目前，全国各地已将符合条件的精神障碍患者全部纳入了护理补贴范围。截至2016年11月底，残疾人两项补贴已惠及包括严重精神障碍患者在内的困难残疾人841万、重度残疾人866万。

（二）配合推进精神卫生综合管理试点工作。按照卫生计生委、民政部等五部委联合下发的《关于开展全国精神卫生综合管理试点工作的通知》精神，积极参与全国精神卫生综合管理试点工作，大力推进精神障碍社区康复服务发展，充分利用现有资源，重点推动设立以区（县）、街道（乡镇）为服务范围的精神障碍社区康复机构。目前，已会同相关部门研究起草了加快精神障碍康复服务发展的政策文件，将为各地推进社区康复工作提供政策支持和工作指导。

（三）重视加强民政精神卫生福利机构建设。2016年投入1.8亿元部本级彩票公益金补助地方残疾人福利机构建设，特别是精神卫生福利机构建设，提升了精神卫生服务能力和水平，有效加强了民政精神卫生福利机构管理和机构人员专业化建设，保障精神障碍患者得到福利服务。

七、社会事务工作

（一）2016年流浪乞讨人员救助管理。

1. 提升救助管理规范化水平。救助管理工作现代化管理体现在信息系统的使用方面，目前已经在全国2041个救助管理机构实现全覆盖，各地全面依托全国救助管理信息系统开展日常救助服务，做到及时、准确录入工作信息，为各级民政部门实时掌握救助管理工作情况提供了数据支撑，也为综合治理工作奠定良好基础。为推进信息系统的使用，民政部先后在陕西、河北两地分别举办了“救助管理实务暨寻亲服务培训班”，培训学员307名，提升基层救助管理人员的专业素质和业务水平。2016年上半年，推出河南省安阳市救助管理站站长许帅同志为全国先进典型；同年7月，发出《关于在全国民政系统学习宣传许帅同志先进事迹的决定》，并授予其“孺子牛奖”荣誉称号；同年10月，中央宣传部追授许帅同志“时代楷模”荣誉称号；河南省组成先进事迹报告团，先后在安阳市、河南省直机关和民政部机关组织了学习宣传许帅先进事迹报告会；全国15个地区救助管理机构联名发布《倡议书》，在救助管理系统掀起了学习宣传许帅先进事迹热潮。全国各地以学习宣传许帅同志先进事迹为契机，加强救助管理领域行风建设，增强了干部职工责任意识、服务意识，救助管理工作落实“六必须、六不得”要求，即必须加强安全检查，不得携带危险品入站；必须开展寻亲工作，不得不闻不问、一托了之；必须规范托养业务，不得违规开展站外托养；必须分类分区救助，不得出现混合管理现象；必须加强救助记录和档案保管工作，不得出现资料缺失现象；必须健全消防安全制度，不得发生消防安全责任事故。救助管理领域工作面貌和干部职工精神状态焕然一新。

2. “寒冬送温暖”专项救助工作扎实开展。2015—2016年度“寒冬送温暖”专项救助工作平稳有序。据统计，2015年11月至2016年4月间，全国救助管理机构共救助生活无着流浪乞讨人员 51.5 万人次。其中，救助露宿街头各类困难群众 7.9 万人次，未成年人 3.1 万人次，危重病人和疑似精神障碍患者 5.2 万人次，劝导自主返乡 29.7 万人次，护送返乡 4.7 万人次。在专项救助工作期间，未发生街头流浪乞讨人员冻死等极端事件，社会反响良好，国务院领导同志先后作出重要批示，对这项工作予以充分肯定。2016—2017 年度"寒冬送温暖"专项救助工作正在有序推进，按照《民政部关于做好"寒冬送温暖"专项救助工作的通知》要求，各地救助管理机构发挥部门联动机制作用，加大主动救助力度，强化应急救助能力，积极推行开放式救助，确保流浪乞讨人员有饭吃、有衣穿、有地方御寒。针对专项救助工作中存在的发现难、劝导难和力量薄弱等问题，印发了《民政部关于动员社会力量完善生活无着流浪乞讨人员发现机制的通知》，指导各地提高求助方式社会知晓度，加强与相关部门衔接，多种方式拓宽信息收集渠道。在充分调研的基础上，编制了"冬季送温暖"专项工作手册，指导各地按照工作流程，规范业务操作，确保救助工作落实到位。

3. "流浪孩子回校园"专项行动取得良好效果。为期三年的"流浪孩子回校园"专项行动 2016 年底圆满结束，"及时发现、快速反应、有效救助、全面保护、妥善安置"的流浪未成年人救助保护长效机制得到完善，返校复学和教育转化工作得到强化，大量流浪未成年人顺利回归校园、融入社会、健康成长，源头预防工作扎实开展，控辍保学机制不断完善，适学未成年人流浪乞讨现象明显减少。专项行动期间，全国救助管理机构共帮助 6.4 余万名流浪未成年人成功返校复学。国务院领导同志作出重要批示，对"流浪孩子回校园"专项行动予以充分肯定。

4. 创造性开展科技寻亲服务。为帮助滞站受助人员及时返家，2016 年 1 月，民政部开发启用了全国救助寻亲网；同年 7 月，与今日头条公司签署网络寻亲合作协议。各地救助管理机构在救助疑似走失、被拐、被骗人员时，通过利用信息网络向手机用户推送寻亲信息、异地交流问询、受助人员口音分析、DNA 比对、报公安协助查询等多种方式，帮助受助人员及时寻亲返家。截至 2016 年底，全国救助管理机构共发布寻亲公告 3.7 条，帮助 2973 名受助人员成功寻亲返家。

（二）农村留守儿童、困境儿童、未成年人关爱保护。

1. 狠抓农村留守儿童关爱保护工作。一是报请国务院印发《关于加强农村留守儿童关爱保护工作的意见》，并通过新闻吹风会、媒体专访、专题报道等做好政策解读工作。二是督促各地制定具体实施意见或方案。召开全国视频会议部署农村留守儿童关爱保护工作。通过印发通知、座谈培训、实地督导、定期通报等方式督促 31 个省（区、市）印发具体实施意见或方案。三是会同教育部、公安部首次在全国范围内开展农村留守儿童摸底排查工作，共摸排出 902 万农村留守儿童。四是建立健全领导协调机制。成立民政部牵头的农村留守儿童关爱保护工作部际联席会议制度，全年召开两次全体会议，研究确定职责任务分工和 2016 年工作要点，研究推进工作。31 个省（区、市）全部建立由政府分管负责同志担任牵头人或召集人的领导协调机制。五是部署"合力监护、相伴成长"关爱保护专项行动。会同中央综治办、教育部、公安部等部门印发《关于在全国开展农村留守儿童"合力监护、相伴成长"关爱保护专项行动的通知》，针对摸排结果部署精准关爱保护措施，各省（区、市）在 2016 年底前都印发了通知，正在扎实开展专项行动。六是组织开展农村留守儿童关爱保护工作第三方评估，委托专家组深入乡镇进行调查评估。七是加强政策宣传引导和情况通报，组织多家中央媒体采访报道基层开展摸底排查、关爱帮扶等工作情况，制作并播放农村留守儿童关爱保护专题片，以部际联席会议办公室名义通报各部门、各地区工作动态。

2. 积极推进困境儿童保障和未成年人保护工作。推动各地贯彻落实《国务院关于加强困境儿童保障工作的意见》，16 个省（区、市）制定具体实施意见。指导各地按照《民政部办公厅关于整合儿童工作有关情况的通知》要求，尽快理顺儿童工作职能和归口管理关系，各省（区、市）民政厅（局）已经调整处室、职能和工作关系，统一归口管理儿童工作。吉林省安排 500 万元本级彩票公益金，江苏 2017 年继续安排 1000 万元财政资金支持农村留守儿童关爱保护和困境儿童保障等工作；广西、宁夏分别争取自治区财政安排2000万元和3000万元未保专干补贴。研究编制《受监护侵害未成年人保护工作指引》，指导各地民政部门依法规范开展受监护侵害未成年人救助保护工作。指导各地儿童福利机构、未成年人救助保护机构对于服刑人员、强制隔离戒毒人员的缺少监护人的未成年子女，提供替代监护和照料。

八、社会工作

（一）制度建设。开展了社会工作专业人才立法研究。配合国务院法制办完成《志愿服务条例》（草案稿）有关工作。联合出台了《关于支持和发展志愿服务组织的意见》《关于加强社会工作专业岗位开发与人才激励保障的意见》《关于加强工会社会工作专业人才队伍建设的指导意见》《关于加强禁毒社会工作者队伍建设的意见》和《关于加强心理健康服务的指导意见》等文件。委托开展了婚姻家庭领域社会工作服务政策研究。推动发布了《老年社会工作服务指南》（MZ/T 064—2016）和《社区社会工作服务指南》（MZ/T 071—2016）行业标准。指导吉林、河北、山东、新疆等地出台社区社会工作专项政策，指导黑龙江、陕西、北京、江西、四川、甘肃、宁夏、新疆、福建、山东等地出台“三社联动”政策，扩大“三社联动”实践范围，促进基层社会治理创新。

（二）队伍建设方面。在社会工作方面，推动将社会工作者职业资格考试纳入国家职业资格目录清单。组织开展了2016年全国社会工作者职业水平考试命（审）题、主观题阅卷等考务工作，全国有近30余万人报考，82410人通过考试，其中助理社会工作师64638人、社会工作师17772人，年度考试报名人数、参考人数和合格人数再创新高，截至2016年底，全国共有28.8万人取得社会工作者职业水平证书。组织开展了第二批全国专业社会工作领军人才选拔活动。指导推动各地开展社会工作专业培训，全年全国共培训社会工作专业人员52.6万人次，同比增长35.2%。在志愿服务方面，会同中央宣传部、中央文明办等部门印发《关于组织开展2016年宣传推选学雷锋志愿服务“四个100”先进典型活动的通知》，通过先进的引领作用，带动更多群众加入志愿服务队伍。截至2016年11月底，全国注册志愿者人数超7344万。推动出台并贯彻落实《关于支持和发展志愿服务组织的意见》，指导部分省份出台关于支持和发展志愿服务组织的实施意见；与广东部省合作开展了“支持和发展志愿服务组织、规范志愿服务记录证明试点”工作。截至2016年底，全国登记的志愿服务组织和在单位、社区内部成立的志愿服务组织总量达30.6万个，其中在民政部门登记的志愿服务组织59537个。

（三）机构建设。各地在城乡社区和相关事业单位共开发设置了273446个社会工作专业岗位，比2015年增长92173个，增长率为50.85%。扶持发展了5880家民办社会工作服务机构，比2015年增长1194家，增长率为25.5%。各地共成立了34个省级、196个地市级和361个县级社会工作（者）协会（联合会），各级社会工作行业协会共591家。

（四）项目实施。继续开展“三区”计划，选派1000名社会工作专业人才到中西部240多个国家贫困县开展专业社会工作服务，为“三区”社会培养500名社会工作专业人才。启动实施了“社会工作介入农村留守人员关爱服务体系建设”部省合作试点，在黑龙江、安徽的15个县（市、区）实施了留守人员社会工作试点项目，探索社会工作专业人才服务农村留守人员的经验与模式。继续实施社会工作服务标准化建设示范工程，开展第二批全国社会工作服务示范创建活动，确定了35个综合示范地区、7个专项示范地区、117个示范社区、136个示范单位。启动实施重大自然灾害与突发事件社会工作服务国家支援计划，举办救灾领域社会工作经验交流会，指导支持中国社会工作联合会成立灾害社会工作服务队，支持河北、江苏、安徽、福建、湖北等地开展灾后社会工作服务项目，组织引导社会工作专业力量深入灾区开展服务。以部本级福彩金社会工作和志愿服务项目为引导，支持各省（区、市）围绕“扶老、助残、救孤、济困”宗旨开展社会工作和志愿服务活动。与中央宣传部、中央文明办、文化部等部门联合印发《关于公共文化设施开展学雷锋志愿服务的实施意见》，推进公共图书馆、博物馆、文化馆、美术馆、科技馆和革命纪念馆等公共文化设施开展学雷锋志愿服务活动。与发展改革委、团中央等部门联合印发了《关于实施优秀青年志愿者守信联合激励 加快推进青年信用体系建设的行动计划》,为建立全体志愿者守信联合激励机制积累经验。会同团中央等部门举办了第三届青年志愿服务项目大赛暨2016年志愿服务交流会。

(五)宣传交流。以“发展社会工作,助力扶贫济困”为主题在全国范围开展了2016年国际社工日系列宣传活动,发动广大社会工作专业人才和服务机构参与扶贫济困;制播“扶贫济困社工同行”和“十年社会工作巡礼”视频片。推动中华社工网正式上线运行。开展了“中国社会工作”主题标识公开征集、专家评审和网络宣传活动。联合举办中国—东盟社会工作论坛,以“社会工作与扶贫济困”为主题,交流中国和东盟国家社会工作介入扶贫济困的经验。

民政部关于印发《特困人员认定办法》的通知

(2016年10月10日)

各省、自治区、直辖市民政厅(局),各计划单列市民政局,新疆生产建设兵团民政局:

为进一步规范特困人员认定工作,确保特困人员救助供养制度公开、公平、公正实施,根据《国务院关于进一步健全特困人员救助供养制度的意见》,民政部制定了《特困人员认定办法》,现印发给你们,请结合实际遵照执行。

特困人员认定办法

第一章 总 则

第一条 根据《社会救助暂行办法》《国务院关于进一步健全特困人员救助供养制度的意见》及国家相关规定,制定本办法。

第二条 特困人员认定工作应当遵循以下原则:

(一)应救尽救,应养尽养;

(二)属地管理,分级负责;

(三)严格规范,高效便民;

(四)公开、公平、公正。

第三条 县级以上地方人民政府民政部门统筹做好本行政区域内特困人员认定及救助供养工作。

县级人民政府民政部门以及乡镇人民政府(街道办事处)具体负责特困人员认定工作,村(居)民委员会协助做好相关工作。

第二章 认定条件

第四条 城乡老年人、残疾人以及未满16周岁的未成年人,同时具备以下条件的,应当依法纳入特困人员救助供养范围:

(一)无劳动能力;

(二)无生活来源;

(三)无法定赡养、抚养、扶养义务人或者其法定义务人无履行义务能力。

第五条 符合下列情形之一的,应当认定为本办法所称的无劳动能力:

(一)60周岁以上的老年人;

(二)未满16周岁的未成年人;

（三）残疾等级为一、二级的智力、精神残疾人，残疾等级为一级的肢体残疾人；

（四）省、自治区、直辖市人民政府规定的其他情形。

第六条　收入总和低于当地最低生活保障标准，且财产符合当地特困人员财产状况规定的，应当认定为本办法所称的无生活来源。

前款所称收入包括工资性收入、经营净收入、财产净收入、转移净收入等各类收入，不包括城乡居民基本养老保险中的基础养老金、基本医疗保险等社会保险和高龄津贴等社会福利补贴。

第七条　特困人员财产状况认定标准由设区的市级以上地方人民政府民政部门制定，并报同级地方人民政府同意。

第八条　法定义务人符合下列情形之一的，应当认定为本办法所称的无履行义务能力：

（一）具备特困人员条件的；

（二）60周岁以上或者重度残疾的最低生活保障对象，且财产符合当地特困人员财产状况规定的；

（三）无民事行为能力、被宣告失踪或者在监狱服刑的人员，且财产符合当地特困人员财产状况规定的；

（四）省、自治区、直辖市人民政府规定的其他情形。

第九条　未满16周岁的未成年人同时符合特困人员救助供养条件和孤儿认定条件的，应当纳入孤儿基本生活保障范围，不再认定为特困人员。

第三章　申请及受理

第十条　申请特困人员救助供养，应当由本人向户籍所在地乡镇人民政府（街道办事处）提出书面申请。本人申请有困难的，可以委托村（居）民委员会或者他人代为提出申请。

申请材料主要包括本人有效身份证明，劳动能力、生活来源、财产状况以及赡养、抚养、扶养情况的书面声明，承诺所提供信息真实、完整的承诺书，残疾人还应当提供第二代《中华人民共和国残疾证》。

申请人应当履行授权核查家庭经济状况的相关手续。

第十一条　乡镇人民政府（街道办事处）、村（居）民委员会应当及时了解掌握辖区内居民的生活情况，发现符合特困人员救助供养条件的，应当告知其救助供养政策，对无民事行为能力等无法自主申请的，应当主动帮助其申请。

第十二条　乡镇人民政府（街道办事处）应当对申请人或者其代理人提交的材料进行审查，材料齐备的，予以受理；材料不齐备的，应当一次性告知申请人或者其代理人补齐所有规定材料。

第四章　审　核

第十三条　乡镇人民政府（街道办事处）应当自受理申请之日起20个工作日内，通过入户调查、邻里访问、信函索证、民主评议、信息核对等方式，对申请人的经济状况、实际生活状况以及赡养、抚养、扶养状况等进行调查核实，并提出审核意见。

申请人以及有关单位、组织或者个人应当配合调查，如实提供有关情况。村（居）民委员会应当协助乡镇人民政府（街道办事处）开展调查核实。

第十四条　调查核实过程中，乡镇人民政府（街道办事处）可视情组织民主评议，在村（居）民委员会协助下，对申请人书面声明内容的真实性、完整性及调查核实结果的客观性进行评议。

第十五条　乡镇人民政府（街道办事处）应当将审核意见及时在申请人所在村（社区）公示。公示期为7天。

公示期满无异议的，乡镇人民政府（街道办事处）应当将审核意见连同申请、调查核实、民主评议等相关材料报送县级人民政府民政部门审批。对公示有异议的，乡镇人民政府（街道办事处）应当重新组织调查核实，在20个工作日内提出审核意见，并重新公示。

第五章　审　批

第十六条　县级人民政府民政部门应当全面审查乡镇人民政府（街道办事处）上报的申请材料、调查材料和审核意见，根据审核意见和公示情况，按照不低于30%的比例随机抽查核实，并在20个工作日内作出审批决定。

第十七条　对符合救助供养条件的申请，县

级人民政府民政部门应当及时予以批准，发给《特困人员救助供养证》，建立救助供养档案，从批准之日下月起给予救助供养待遇，并通过乡镇人民政府（街道办事处）在申请人所在村（社区）公布。

第十八条　对不符合救助供养条件的申请，县级人民政府民政部门不予批准，并将理由通过乡镇人民政府（街道办事处）书面告知申请人。

第十九条　城乡特困人员救助供养标准不一致的地区，对于拥有承包土地或者参加农村集体经济收益分配的特困人员，应当给予农村特困人员救助供养待遇。

第六章　生活自理能力评估

第二十条　县级人民政府民政部门应当在乡镇人民政府（街道办事处）、村（居）民委员会协助下，对特困人员生活自理能力进行评估，并根据评估结果，确定特困人员应当享受的照料护理标准档次。

有条件的地方，可以委托第三方机构开展特困人员生活自理能力评估。

第二十一条　特困人员生活自理能力，一般依据以下 6 项指标综合评估：

（一）自主吃饭；

（二）自主穿衣；

（三）自主上下床；

（四）自主如厕；

（五）室内自主行走；

（六）自主洗澡。

第二十二条　根据本办法第二十一条规定内容，特困人员生活自理状况，6 项指标全部达到的，可以视为具备生活自理能力；有 3 项以下（含 3 项）指标不能达到的，可以视为部分丧失生活自理能力；有 4 项以上（含 4 项）指标不能达到的，可以视为完全丧失生活自理能力。

第二十三条　特困人员生活自理能力发生变化的，村（居）民委员会或者供养服务机构应当通过乡镇人民政府（街道办事处）及时报告县级人民政府民政部门，县级人民政府民政部门应当自接到报告之日起 10 个工作日内组织复核评估，并根据评估结果及时调整特困人员生活自理能力认定类别。

第七章　终止救助供养

第二十四条　特困人员有下列情形之一的，应当及时终止救助供养：

（一）死亡、被宣告失踪或者死亡；

（二）经过康复治疗恢复劳动能力或者年满 16 周岁且具有劳动能力；

（三）依法被判处刑罚，且在监狱服刑；

（四）收入和财产状况不再符合本办法第六条规定；

（五）法定义务人具有了履行义务能力或者新增具有履行义务能力的法定义务人。

特困人员中的未成年人，满 16 周岁后仍在接受义务教育或者在普通高中、中等职业学校就读的，可继续享有救助供养待遇。

第二十五条　特困人员不再符合救助供养条件的，本人、村（居）民委员会或者供养服务机构应当及时告知乡镇人民政府（街道办事处），由乡镇人民政府（街道办事处）审核并报县级人民政府民政部门核准。

县级人民政府民政部门、乡镇人民政府（街道办事处）在工作中发现特困人员不再符合救助供养条件的，应当及时办理终止救助供养手续。

第二十六条　对拟终止救助供养的特困人员，县级人民政府民政部门应当通过乡镇人民政府（街道办事处），在其所在村（社区）或者供养服务机构公示。公示期为 7 天。

公示期满无异议的，县级人民政府民政部门应当从下月起终止救助供养，核销《特困人员救助供养证》。对公示有异议的，县级人民政府民政部门应当组织调查核实，在 20 个工作日内作出是否终止救助供养决定，并重新公示。对决定终止救助供养的，应当通过乡镇人民政府（街道办事处）将终止理由书面告知当事人、村（居）民委员会或者其亲属。

第二十七条　对终止救助供养的原特困人员，符合最低生活保障、医疗救助、临时救助等其他社会救助条件的，应当按规定及时纳入相应救助范围。

第八章　附　则

第二十八条　本办法公布前已经确定为农

村五保对象的，可以直接确定为特困人员。

第二十九条 《特困人员救助供养证》由民政部规定式样，由县级以上地方人民政府民政部门制作。

山东省济南市开发建立界线界桩巡查 APP 系统加强界线界桩的动态管理

济南市是山东省省会和区域中心城市，现辖 7 区、3 县，总面积 7998 平方千米，总人口 780 万，周边同 6 个地级市 23 个县(市)区相邻，行政区域界线共计 43 条，总长 1762 千米，共埋设界桩 243 颗。近年来，随着经济和社会发展，界线周边地区争议频发，巡查监管难度加大，传统的界线管理模式已远远不能适应形势需要。一是勘界资料存储与界线动态管理脱节。大规模的旧城改造、新区开发以及行政区划调整等，使地理实体发生了很大的变化，原有的勘界资料由于不能及时更新，相当数量的数据参考难度逐步增大。二是界线服务与群众需求脱节。各级界线管理部门长期积累下来的大量勘界信息资料，因保密性和处理手段落后，利用率不高。个别县(市)区因人员流动、设备不足，出现了勘界信息无人能懂的现象。同时，社会各界对界线信息的需求却越来越大，原始的查询检索手段，制约了界线服务功能的发挥。三是界线管理决策科学化与界线管理手段原始化脱节。传统的边界管理主要采用现场拍照、手工记录的方式，不仅工作量巨大，效率低下，也无法对现场工作人员的工作成果作出准确的评估，这种传统的管理理念及管理效率已无法适应当前的形势。

上述问题引起了济南市民政局的高度重视。为了适应信息时代的需要，加快界线管理工作的标准化、规范化、科学化和信息化建设的步伐，济南市民政局研制开发了界线界桩巡查 APP 管理系统。该系统以满足界线管理者日常巡查监管为目标，充分利用移动终端设备，建立适应移动信息时代的新的工作机制、管理手段、工作方式和理念，通过移动终端设备定期巡检县级界线及界桩点，随时随地回传边界的相关信息，提高巡检效率，确保界线准确，维护边界稳定。系统具有以下优势：一是随时随地回传界桩点信息。移动终端决定了可以随时随地回传户外的巡检信息，界管员信息采集完成后即可提交相关成果。二是提高工作效率，减少巡检工作量。通过移动终端完成界桩点的巡检任务，并通过 3G/4G 网络实时上传成果，提高了工作效率，节省了界管员数据整理的工作，减少了巡检工作量。三是提高界桩点信息采集的准确性。系统可通过移动终端的定位功能，获取界桩点当前的经纬度，提高界桩点信息采集的准确性。四是精细化管理界桩点信息。通过移动终端采集，精细化管理全市的界桩点信息，通过地图分布，可准确查找界桩点分布。

交通运输部

2016 年交通运输系统参与综治工作情况

2016 年,交通运输系统在中央综治委的正确领导下,认真贯彻党的十八大和十八届三中、四中、五中和六中全会精神,中央政法工作会议精神和习近平总书记系列重要讲话精神,把防控风险、服务发展和破解难题、补齐短板摆在更加突出的位置,以维护政治安全政权安全为首要任务,以提高人民群众安全感和满意度为目标,以解决影响交通运输系统稳定的突出问题为重点,以推进综治工作法制化为保障,完善立体化社会治安防控体系,完善矛盾纠纷多元化解机制,不断提高维护行业安全稳定的能力和水平,较好地维护了交通运输行业持续稳定的大局。

一、着力维护行业政治稳定、安全稳定

面对国际国内形势的新变化,维护国家安全和社会稳定的工作面临诸多新风险的挑战,交通运输部党组高度重视行业综治工作,将此纳入重要的议事日程,着力提升综治工作水平。

(一)认真部署年度综治工作。年初,召开了交通运输部综治维稳领导小组成员专题会议,研究部署交通运输系统 2016 年综治工作。制定下发了《交通运输系统 2016 年综治维稳工作要点》。要求各单位、各部门党政主要负责同志要切实增强维护行业稳定的责任感、紧迫感,牢固树立法治思维,努力提高维护行业稳定的整体工作水平。行业各单位加强对综治工作的组织领导,认真履行自身职责,完善齐抓共管、协调配合的长效机制,确保了全国"两会"、建党 95 周年、长征胜利 80 周年、G20 杭州峰会和党的十八届六中全会等重大活动、敏感节点期间行业的政治稳定和安全。

(二)建立健全落实综治责任制。为深入推进交通运输系统社会治安综合治理工作,健全落实领导责任制,全面推进平安交通建设,确保交通运输系统稳定,根据中共中央办公厅、国务院办公厅《健全落实社会治安综合治理领导责任制规定》,结合交通运输系统实际,研究制定下发了《交通运输部健全落实社会治安综合治理领导责任制实施办法》。要求部属单位和机关各部门党政主要领导充分发挥职能作用,切实承担起预防和减少违法犯罪、维护社会治安和社会稳定的责任,推动综治工作向纵深开展。

(三)认真做好《反恐怖主义法》宣传贯彻。认真制定落实好学习培训计划,把反恐怖工作纳入"平安交通"和综治维稳工作范畴,统筹协调,共同推进。加强了公路、水路基础设施、运输环节、公共交通工具和重点场所、部位的安全防范设施建设,认真落实有关交通运输行业安全防范标准和措施,加快完善实名制售检票、反恐应急预案、源头安检等防范措施,加强应急预演,有效提升了行业防范恐怖活动的能力。

(四)进一步完善重大决策风险评估机制。按照《交通运输部建立重大决策社会稳定风险评估机制实施意见(试行)的通知》和《交通运输部重大行政决策工作流程》要求,部机关相关业务司局根据自身业务工作的开展,依照《实施意见(试行)》,在涉及重要的民生领域决策出台之前深入研究、广听民意、广聚民智、开门立法,开展了社会稳定风险评估。运输司在《关于深化改革推进出租汽车行业健康发展指导意见》和《网络预约出租汽车经营服务管理暂行办法》出台前,委托国家行政学院对两个文件同步开展了第三方风险评估。在评估认为出台《指导意见》风险总体可控,《管理暂行办法》虽会带来一定风险,但总体可控的基础上,对评估提出的意见建议逐一研究,在文件中充分吸收,确保了两个文件顺利出台实施,将可能出现的稳定风险降低在可控水平。

为进一步做好超限超载车辆公路运输的治理工作,运输司、公路局做好风险防控准备,保障车辆运输车治理工作有序、平稳开展,实现预期的治理目标,组织开展了相关的风险评估工作,为《超载超限运输车辆行驶公路管理规定》的顺利出台实施奠定了良好基础。同时,行业各单位、各部门将社会稳定风险评估作为重大的决策前置程序,认真做到决策前风险评估、实施中风险管控等操作程序的落实。对于涉及征地拆迁、环境影响、社会保障、公益事业等方面的重大交通工程项目建设、重大政策制定以及其他可能对社会稳定造成影响的重大决策等,认真开展社会稳定风险评估,做到"应评尽评",从源头上预防化解了社会稳定风险。

二、切实做好重点敏感时段行业综治维稳工作

(一)确保了G20峰会期间行业的安全稳定。交通运输行业坚决贯彻习近平总书记重要指示要求,按照部党组的工作部署和工作要求,树立"全国一盘棋"的思想,坚持上下联动、区域协调,以公路水路运输安全为重点,强化各项安全措施,严格源头管控。期间,各地进一步加强了三峡库区、船闸、桥梁、隧道等关系国计民生的重要基础设施和城市公共交通、省际长途客运车辆、汽车客运站、高速公路服务区以及大型邮轮、客滚船舶、危化品场站等重点安全检查和防范工作,为峰会召开提供了安全、稳定、畅通的交通运输环境,圆满完成了期间各项重大活动交通安保任务,实现了行业不出问题、确保稳定的目标。

(二)维护出租车行业稳定。国务院办公厅印发《关于深化改革推进出租车行业健康发展指导意见》和7部门出台《网络预约出租车经营服务管理暂行办法》后,针对存在的少数司机罢运、停运以及可能发生的极端冲突事件的倾向、苗头,各地密切关注事态发展,健全政府负责、行业主管、企业主体的维稳协调机制,畅通行业诉求和利益保障渠道,采取主动发声,通过正确的舆论引导,回应社会关切,及时澄清各类不实传言和误导误读等工作方法,化解各方矛盾,最大限度地把不稳定因素化解在萌芽状态,有效应对了可能对行业造成的冲击和影响,确保了社会和行业的稳定。

(三)维护公路货运市场稳定。全国治理货车非法改装和超限超载工作电视电话会议召开后,行业有关单位和部门,在迅速开展"三个专项"整治活动中,及时跟踪关注社会舆情反应,认真做好舆情收集汇总分析,对出现的负面信息,及时认真进行核查核实,有针对性地加大相关政策解读,第一时间澄清虚假不实消息,有效防止社会上别有用心人的借机炒作,及时化解矛盾,得到社会的认同,有效保证了治超工作的平稳有序开展,取得良好效果。

三、依法做好信访接待有效化解矛盾纠纷

2016年,交通运输行业信访形势总体平稳,保持了总量下降的态势。交通运输系统各级信访部门坚持党政主导、齐抓共管,健全完善信访风险评估预警机制,按照打造阳光信访、责任信访、法治信访的要求,充分利用网上等现代化信访平台,依法分类处理信访诉求。针对系统内可能因工资福利待遇、安全生产事故、船舶海损事故、环境污染、征海征地拆迁、港区工程建设纠纷、农民工劳资纠纷、治安纠纷等因素引发的来信来访情况进行综合分析,重点掌握进京访、非正常访、集体访的苗头性问题,制定预案,落实防控措施,上下配合,基本形成了问题联治、工作联动的局面。同时,各单位畅通信访渠道,健全领导责任制和接访制度,对主要及主管领导接访的内容、程序、方式进行细化,积极推进完善领导接访的制度化、规范化,有效化解了各类矛盾纠纷。

四、扎实做好公路水路安全联防工作

2016年,公路水路安全联防工作坚持以人为本、服务为先,紧紧围绕"平安公路""平安车站""平安航道"和"平安港口"的创建,将群众满意作为出发点和落脚点,各项工作得到了深化和加强。

(一)认真落实完善党政主要领导总负责、分管领导具体负责、其他领导"一岗双责"的平安建设领导体制,将研究解决平安建设中的重大问题,纳入重要的议事日程,及时研究,认真落实。重点加强了公路水路安全保护和路域综合管理,有序推进地(市)及县(市、区)级工作小组组建工作。

(二)进一步完善了以评价分析体系、管理考核体系、科技信息体系、应急保障体系构成的"平安交通"体系,相继出台了"平安交通"示范建设实施方案,细化了本领域实施方案和考核评价指南。按照问题导向的原则,根据中央综治委部署,有关司局适当调整公路水路联防工作考核评分标准中的有关考评权重,督促各单位、各部门落实重点时段、重点区域、特殊场所综治维稳工作和内部风险防空体系的建立,从制度上、措施上确保“平安交通”的落实。

(三)大力实施公路安全生命防护工程。扎实开展公路基础设施安全专项整治,按照交通运输部《关于开展公路安全生命防护工程的实施意见》,各级交通运输部门加大资金投入,全面排查和整治公路安全隐患,提升了公路交通安全水平。

(四)加强道路客运安全监管工作。组织开展了“道路运输平安年”活动,各地交通运输部门会同公安、安监等部门联合行动,切实加强对汽车客运站、长途汽车、包车客运、农村客运市场的监督和管理。配合有关部门开展“七类重点车辆、七种违法行为”集中整治行动,重点治理违法超限运输、客运超员车辆出站和营运车辆不按规定线路行驶等违规违章行为,有力提升了事故预防能力和水平。

交通运输系统健全落实社会治安综合治理领导责任制实施办法

(2016 年 9 月 5 日)

第一条　为深入推进交通运输系统社会治安综合治理,健全落实领导责任制,全面推进平安交通建设,确保交通运输系统安定有序,根据中共中央办公厅、国务院办公厅《健全落实社会治安综合治理领导责任制规定》,结合交通运输系统实际,制定本办法。

第二条　本办法适用于交通运输部属单位及其各级领导班子、领导干部。

交通运输部机关内设机构及其领导班子、领导干部参照执行本办法。

第三条　各单位应充分发挥职能作用,主动承担好预防和减少违法犯罪、维护社会治安和社会稳定的责任,认真抓好本单位及所属单位的社会治安综合治理工作,与业务工作同规划、同部署、同检查、同落实。

第四条　各单位党政主要负责人为本单位社会治安综合治理第一责任人。其职责包括:

(一)认真贯彻落实社会治安综合治理工作方针、政策和中央有关社会治安综合治理工作的重大决策部署、决定要求;

(二)将本单位社会治安综合治理工作与业务工作统筹安排,组织研究部署社会治安综合治理工作重大事项,及时解决重大疑难问题;

(三)抓好社会治安综合治理工作基础性建设,为本单位社会治安综合治理工作提供必要的组织和经费保障;

(四)组织确定本单位内部各层级社会治安综合治理工作责任,批准实施各项工作制度;

(五)检查督促社会治安综合治理工作各项制度的落实;

(六)组织落实重大决策社会稳定风险评估机制;

(七)组织领导本单位内部发生的涉及平安稳定的重大事故、事件和案件的应急处置工作;

(八)落实上级赋予的其他社会治安综合治理工作。

第五条　各单位社会治安综合治理分管负责人是本单位社会治安综合治理直接责任人。其职责包括:

(一)组织拟定年度社会治安综合治理工作计划,组织实施日常社会治安综合治理工作;

(二)组织研究制定本单位社会治安综合治理工作制度,建立健全社会治安综合治理工作机制,加强督促检查和责任落实;

（三）落实本单位内部重点区域、场所、部位安全防范措施；

（四）组织检查本单位内部维稳、治安保卫工作，定期分析研判维稳、治安保卫形势，分析存在的主要问题，研究落实整改措施；

（五）组织开展本单位社会治安综合治理宣传工作；

（六）协助第一责任人处置本单位内部发生的涉及平安稳定的重大事故、事件和案件；

（七）落实上级赋予的其他社会治安综合治理工作。

第六条　各单位领导班子其他成员承担分管工作范围内社会治安综合治理的责任。其职责包括：

（一）负责分管工作范围内社会治安综合治理工作；

（二）将社会治安综合治理工作与分管业务同部署、同检查、同考核；

（三）督促分管部门落实各项社会治安综合治理工作制度、机制；

（四）具体落实分管部门重大决策社会稳定风险评估工作；

（五）协助处置分管工作范围内发生的涉及平安稳定的重大事故、事件和案件。

第七条　各单位应当建立完善社会治安综合治理目标责任制，把社会治安综合治理各项任务分解为若干具体目标，制定易于执行检查的措施，建立严格的督促检查制度、定量考核制度、评价奖惩制度，自上而下层层签订落实社会治安综合治理责任书。

第八条　各单位党政领导班子和有关领导干部应当将履行社会治安综合治理责任情况作为年度述职报告的重要内容。

第九条　各单位社会治安综合治理工作领导小组每年应当对本单位及所属单位部署和开展社会治安综合治理、推进平安建设的有关情况进行总结，对下一年度的工作作出安排，并报上一级社会治安综合治理委员会（社会治安综合治理工作领导小组）。

第十条　各单位应当强化社会治安综合治理考核评价结果运用，把社会治安综合治理工作实绩作为行政督察和对领导班子和领导干部综合考核评价的重要内容，与业绩评定、提拔使用、职务降升、奖励惩处等挂钩。

各级组织人事部门在考察党政主要领导干部和社会治安综合治理分管领导干部实绩时，应当了解和掌握相关领导干部抓社会治安综合治理工作的情况。

第十一条　对社会治安综合治理工作成绩突出的单位党政主要领导干部和分管领导干部，应按照有关规定给予表彰和嘉奖。对受到嘉奖的领导干部，应将有关材料存入本人档案。

第十二条　各单位党政领导班子、领导干部违反本办法或者未能正确履行本办法所列职责，有下列情形之一的，应当依法进行责任督导和追究：

（一）不重视社会治安综合治理工作（平安建设），相关工作措施落实不力，本单位基层基础工作薄弱，治安秩序混乱的；

（二）本单位在同一年度内连续发生重大刑事案件、群体性事件、公共安全事件的；

（三）本单位社会治安综合治理工作（平安建设）考核评价不合格、不达标的；

（四）对群众反映强烈的突出公共安全、治安问题等，没有采取有效措施或者出现反弹的；

（五）有关党政部门及社会治安综合治理委员会（社会治安综合治理工作领导小组）认为需要查究的其他事项。

第十三条　对党政领导班子、领导干部依法进行责任督导和追究的方式包括：通报、约谈、挂牌督办、实施一票否决权制、引咎辞职、责令辞职、免职等。因违纪违法应当承担责任的，依法依规给予党纪政纪处分；构成犯罪的，依法追究刑事责任。

第十四条　对具有本实施办法第十二条所列情形的单位，分别由其上级社会治安综合治理工作领导小组办公室以书面形式进行通报，必要时由部社会治安综合治理工作领导小组进行通报，限期进行整改。

第十五条　对受到通报仍未按期完成整改目标，或者具有本办法第十二条所列情形且危害严重或者影响重大的单位，由相应的上一级社会治安综合治理委员会主任、副主任（社会治安综合治理工作领导小组组长、副组长）依法对其党政主要领导干部、社会治安综合治理工作分管领导干部和负有责任的其他领导班子成员进行约谈，帮助分析原因，督促限期整改。

第十六条　对受到约谈后仍未按期完成整改目标，或者具有本办法第十二条所列情形且危害特别严重或者影响特别重大但尚不够实施一票否决权制的单位，由相应的上一级社会治安综合治理委员会办公室（社会治安综合治理工作领导小组办公室）挂牌督办，限期进行整改。必要时，可派驻工作组对依法挂牌督办单位进行检查督办。

对受到挂牌督办的单位，在半年内取消该单位评选综合性荣誉称号的资格和该单位主要领导干部、主管领导干部、分管领导干部评先受奖的资格。

第十七条　对受到挂牌督办后仍未按期完成整改目标，或者有本办法第十二条所列情形且危害特别严重或者影响特别重大的单位，由相应的上一级社会治安综合治理委员会研究决定实行一票否决权制。

第十八条　对受到一票否决权制处理的单位，在一年内，取消该单位评选综合性荣誉称号资格，由有关部门按照权限和程序办理；取消该单位主要领导干部、主管领导干部、分管领导干部评先受奖的资格，由有关部门按照干部管理权限和程序办理。需要追究该单位党政领导干部责任的，按照有关规定办理，涉嫌违法违规的，移送纪检监察机关依纪依法处理。

第十九条　党员领导干部具有本办法第十二条所列情形，依照《中国共产党问责条例》应当采取组织调整或组织处理以及纪律处分方式问责的，由纪检机关、有关部门按照管理权限办理。

第二十条　党政领导班子、领导干部具有本办法第十二条所列情形，并具有下列情节之一的，应当依法从重进行责任督导和追究：

（一）干扰、阻碍调查和责任追究的；

（二）弄虚作假、隐瞒事实真相、瞒报重大情况的；

（三）对检举人、控告人等打击报复的；

（四）党内法规和国家法律法规规定的其他从重情节。

第二十一条　党政领导班子、领导干部具有本办法规定第十二条所列情形，并具有下列情节之一的，可以从轻进行责任督导和追究：

（一）主动采取措施，有效避免损失、挽回影响的；

（二）积极配合调查，并且主动承担责任的；

（三）党内法规和国家法律法规规定的其他从轻情节。

第二十二条　本办法由交通运输部社会治安综合治理工作领导小组办公室负责解释。

第二十三条　本办法自 2016 年 10 月 1 日起施行。

中国铁路总公司

2016 年全国铁路系统参与综治工作情况

2016 年是“十三五”规划开官之年，也是维稳任务极为繁重的一年。在党中央、国务院的领导下，铁路部门认真贯彻落实中央综治委指示精神，以维护高铁安全、客车安全、旅客生命财产安全为职责使命，深入开展铁路治安综合治理工作，全面加强安防能力建设，推进了铁路综治水平的提升、治安防范体系的完善、治安环境的优化，全路治安形势总体平稳有序。

一、强化路地联防联控，全力打造高铁安防体系

始终把高铁安全视为生命线，全方位加强高铁安防体系建设，高铁安防能力显著提升。从国家层面入手，中央综治办牵头公安部、中央护路领导小组、铁路总公司四部门联合出台《关于进一步做好护路联防工作确保高速铁路安全畅通的意见》，公安部出台《关于进一步加强高速铁路安全防范有关工作的意见》，将高铁纳入地方社会治安防范总体系。经大力推动，高铁沿线各省市县建立高铁护路联防工作组织 4631 个、专职护路队伍 2365 个 2.1 万余人，沿线重点部位 2 万多个视频探头纳入地方“天网工程”，“党委领导、政府主导、综治协调、各部门齐抓共管、社会力量积极参与”的高铁护路联防联控体系初步形成。

二、强化铁路治安管控，全力推进平安铁路建设

充分利用综合治理平台，路内各单位、路地有关部门密切协作、齐抓共管，共同推进平安铁路建设。铁路公安机关加强铁路站、车、线警力部署，强化面上治安防控，查处治安案件 32.3 万起，会同地方公安机关积极落实联勤联动工作机制，处置各类突发警情 20 余起。充分发挥群防群治作用，车站职工积极落实“一岗双责”措施，最大限度地防范危险人员。铁路各单位加大线路巡防力度，共清理沿线闲杂人员 9.6 万名，发现整改线路隐患 6.9 万起，会同地方部门清理沿线非法收购站点 105 个。路地公安机关集中力量，全部查清发生的 26 起扬言爆炸铁路案件，管控沿线重点人 2.3 万人，化解沿线不稳定因素 413 个，破获危及铁路运输安全的案事件 154 起。积极依靠地方党委政府，妥善处置拦车断道事件 6 起涉及 275 人，防止了影响安全稳定的事件发生。

三、强化安检查缉措施，全力构筑铁路安全屏障

铁路部门切实履行职责任务，充分利用铁路旅客密集优势，加强危险物品和重点人员安检查缉工作，全年共查获危险品 958 万起，查获网上逃犯 2.5 万余人，消除一批安全隐患，防止了爆炸、破坏等恶性案件的发生，确保了铁路安全稳定。特别是 G20 峰会等 12 项重大活动举办期间，铁路部门在核心区周边铁路车站设立治安检查站，层层过滤危险因素，积极利用实名制售票查验机制，即时比对、实时监控重点人员，严格落实安检措施，对乘车进入核心区的旅客在上车前实行二次安检、终到三次安检，确保了进入活动举办地列车人干净、物干净，为重大活动的顺利举办做出了积极贡献。

四、强化矛盾排查化解，全力确保铁路内部稳定

按照“发现在早、预防在先、处置在小”原则，围绕“重点人、关键事”，加强铁路内部稳控工作。对铁路内部各类矛盾纠纷进行不间断排查，积极化解矛盾纠纷 450 起涉及 3183 人，消除一批不稳定因素。对矛盾突出、心态失衡的 365 名重点人落实源头管控措施，防止了现实危害发生。加强职工法纪管理，查处职工打架斗殴、盗窃等违法犯罪活动 189 起，维护了内部良好治安秩序。加强铁路 5841 处要害部位设备和涉爆涉毒等危险品单位的安全保卫工作，落实各项安全防范措施，确保了铁路内部治安稳定。

文 化 部

2016 年文化部参与综治工作情况

加强和创新社会管理，是党中央、国务院从建设中国特色社会主义事业总体布局的高度，基于我国国情做出的重要决策。各级文化行政部门是各级社会管理综合治理委员会的成员单位，又是预防青少年违法犯罪专项组、校园及周边综合治理专项组的成员单位。

2016 年，文化部按照中央综治委的统一部署和要求，紧紧围绕社会高度关注、与人民群众切身利益直接相关的问题，开展文化市场整治工作，促进了文化市场规范有序发展。

一、创新执法机制，加强执法办案

一是部署开展文化市场“双随机、一公开”，制定文化市场随机抽查“1 单 2 库 1 细则”，梳理了 5 个市场门类 37 项随机抽查事项，建立了日常巡查与随机抽查有机结合的工作机制，推动全国开展文化市场随机抽查。直接组织开展网络游戏市场“双随机、一公开”，随机抽查 200 家网络游戏运营单位，行政处罚 36 家，责令改正 71 家。

二是建立统一规范的综合执法工作规则，印发《文化市场举办办理规范》《文化市场综合执法档案管理办法》等 7 部综合执法规范，推进综合执法规范化建设。按照“管行业必须管安全”的要求，制定文化市场安全生产检查规范，明确文化部门具体检查事项与监管指引，加强文化市场安全生产监管工作。

三是以内容管理为重点查处大案要案，始终保持执法监管高压态势。以网络游戏、网络表演、营业性演出、艺术品等市场为重点，直接指导查处 8 批 139 件文化市场违法违规案件，督查办理部级挂牌要案 11 件，司级挂牌要案 152 件，全国共办结案件 3.6 万余件，依法严肃整治文化市场违法违规经营行为。其中，开展网络表演市场专项整治，查处 26 个网络直播平台，督促关闭、整改违规表演房间 20108 间，解约、处理违规网络表演者 18383 人，取得良好社会反响。

四是把握重大活动、重要时间节点和重点地区，对文化市场监管作专项部署。以农村演出为重点，开展春节期间农村文化市场整治，确保春节期间文化市场平稳有序。加强 G20 杭州峰会保障工作，充分发挥浙江及周边毗邻地区文化市场安全保障协作机制作用，为峰会圆满召开营造良好的社会文化环境。指导建立川藏甘青滇五省藏区、京津冀、江浙沪皖、四直辖市等文化市场综合执法协作机制，从经费、培训等方面进行指导、支持。其中，藏区执法协作机制 2016 年培训 5 省藏区执法人员 120 人次。

二、构建以信用为核心的事中事后监管体系，文化市场秩序不断规范

一是加强信用体系建设。国务院印发《关于修改部分行政法规的决定》，定向修订《营业性演出管理条例》《娱乐场所管理条例》《互联网上网服务营业场所管理条例》，增加信用监管内容。加强黑名单管理与应用，强化市场主体评价。全年共发布网络表演、网络音乐、营业性演出等领域 8 批文化市场黑名单。印发《文化市场黑名单管理办法（试行）》，浙江、广西、湖北、重庆、湖南、河北、云南等地积极开展文化市场黑名单管理试点工作，制定黑名单管理实施方案，并发布多批文化市场黑名单。与 44 个部门共同签署合作备忘录，施行联合惩戒联合激励机制。文化部本级行政许可与行政处罚信息已实现与国家发展改革委全国信用信息系统对接。研究开展文化市场分级分类管理，推广河南、广东、浙江、山东、四川等地分级分类管理先进经验，推动信用信息与管理执法日常工作相结合。

二是加强文化活动导向管理。与中宣部等部

门联合发出通知，强化文化活动举办单位的主体责任，明确文化行政部门对营业性演出、娱乐场所经营活动、艺术品经营活动、公共行为艺术、互联网文化经营活动进行内容审核和导向管理。倡导游戏行业树立核心价值观，指导中国文化娱乐行业协会会同22家游戏领域代表性企业，联合发出“树立正确价值导向，开发健康益智游戏”的共同倡议。引导广大游戏企业尊崇法律、履行责任，杜绝研发、生产、运营、传播含有法律法规禁止内容的游戏产品，自觉抵制低俗、庸俗、媚俗之风，弘扬社会主义核心价值观。旗帜鲜明反对分裂，依法依规禁止含有“十不准”内容的文化产品传播。

三、深入推进文化市场转型升级工作

一是出台《文化部关于推动文化娱乐行业转型升级的意见》，以转型升级示范场所、游戏游艺竞技赛事、参与公共文化服务、环境服务分级评定等为具体抓手，引导全国8万家娱乐场所开展转型升级，推动其成为场所阳光、内容健康、服务规范、业态丰富、受众多样、形象正面的现代文化消费场所。举办现场会、行业座谈会、媒体恳谈会等活动，宣传推广“夕阳红”优惠卡等转型升级典型经验。指导协会举办文化娱乐行业转型升级高峰论坛、中国电子游戏超级联赛。协调百度、小米等知名互联网公司与娱乐企业对接，推动行业优势互补融合发展。

二是深化互联网上网服务行业转型升级，经过三年多的持续努力，上网服务行业转型升级工作取得了显著成效，整个行业的形象大为改善，80%的上网服务场所做到了敞亮、开放、整洁，大中城市30%以上的上网服务场所实现了转型升级。2016年，以推进农村、乡镇上网服务场所转型升级为重点，推广洛阳工作经验，支持上网服务场所积极参与公共服务，鼓励上网服务场所实现多元化经营。指导行业协会对部分地区农村乡镇上网服务场所负责人开展整建制培训，以点带面带动农村乡镇上网服务场所转型升级。指导行业协会修订完善分级评定标准，开展第三批上网服务场所环境服务分级评定工作。目前，上网服务行业的环境服务评级工作已覆盖20个省份，基本完成1500家场所评级。协调推动上网服务行业与大型电商企业联手，探索多元化收益、社会化服务的“网吧”+电商商业模式，布局社区和农村电商，首批100家农村乡镇上网场所成为“京东商城网络服务站”，为农村群众搭建信息推广及农产品交易桥梁。

文化部办公厅关于印发《文化市场黑名单管理办法(试行)》的通知

(2016年1月6日)

各省、自治区、直辖市文化厅(局)，新疆生产建设兵团文化广播电视局，西藏自治区、北京市、天津市、上海市、重庆市文化市场(综合)行政执法总队：

为了贯彻落实《国务院关于促进市场公平竞争维护市场正常秩序的若干意见》《国务院关于印发社会信用体系建设规划纲要(2014—2020年)的通知》等有关规定，建立文化市场信用监管制度，加强文化市场内容监管，加大对严重违法经营主体的惩戒力度，促进行业诚信自律，维护市场秩序，我部制定了《文化市场黑名单管理办法(试行)》，现印发给你们，请结合实际贯彻执行。

当前，国家正在大力推动简政放权、放管结合、优化服务，构建以信用监管为核心的事中事后监管体系。文化市场黑名单制度是文化市场信用监管的基本制度。开展黑名单管理是适应简政放权、先照后证改革、创新文化市场事中事后监管的迫切要求，是完善文化产品准入退出机制、实现文化市场精确管理的有效手段,是强化市场主体责任、加强行业自律、扩大社会监督的重要举措。要通过黑名单管理,完善守信激励、失信惩戒机制,提高文化市场监管效能,营造良好信用环境,保护未成年人合法权益,促进文化市场健康有序发展。

按照试点先行、逐步推开的原则,在全国试行文化产品黑名单管理,在河北、天津、上海、浙江、湖南、广东、广西、重庆、云南等省(直辖市)试点文化市场经营主体黑名单管理,试点期限为一年。试点地区省级文化行政部门可以在现行规定的基础上,适当增加经营主体黑名单的列入情形,探索相关联合惩戒措施。试点期间,省级文化行政部门应当每半年向文化部报送试点工作情况。文化部将在试点结束后进行总结评估,并在完善管理制度和工作机制的基础上,适时在全国推开。

特此通知。

文化市场黑名单管理办法(试行)

第一条　为了贯彻落实《国务院关于促进市场公平竞争维护市场正常秩序的若干意见》《国务院关于印发社会信用体系建设规划纲要(2014—2020年)的通知》等有关规定,加强文化市场内容监管,加大对严重违法经营主体的惩戒力度,保护未成年人合法权益,促进行业诚信自律,净化市场环境,根据我国文化市场有关法规规章,制定本办法。

第二条　本办法所称文化市场黑名单管理,是指文化行政部门或者文化市场综合执法机构将含有禁止内容且社会危害严重的文化产品、严重违反文化市场有关法规规章的经营主体列入文化市场黑名单,并向社会公布,实施信用约束、联合惩戒等措施的统称。文化市场黑名单包括文化产品黑名单和经营主体黑名单。

第三条　本办法所称文化产品,包括营业性演出、艺术品、游戏游艺设备、歌舞娱乐场所播放的曲目和画面以及网络音乐美术娱乐、网络游戏、网络动漫、网络演出剧(节)目、网络表演、手机音乐等网络文化产品。

第四条　文化部负责指导全国文化市场黑名单管理工作,负责文化产品黑名单的列入、公布工作,负责建立文化市场黑名单管理系统。县级以上文化行政部门或者文化市场综合执法机构负责本辖区文化市场黑名单管理工作,负责违法文化产品的信息的报送工作,负责本辖区经营主体黑名单的列入、移出等管理工作。

第五条　文化部根据专家审查意见,经依法认定,将含有《营业性演出管理条例》《娱乐场所管理条例》《互联网上网服务营业场所管理条例》《互联网文化管理暂行规定》《网络游戏管理暂行办法》《美术品经营管理办法》等文化市场有关法规规章禁止内容且社会危害严重的文化产品,列入文化产品黑名单。

第六条　县级以上文化行政部门、文化市场综合执法机构按照"谁处罚,谁报送"的原则,将含有禁止内容的文化产品的信息,自行政处罚决定生效之日起5日内,通过文化市场黑名单管理系统或者其他方式报送文化部。

报送内容应当包括违法文化产品名称、类型、经营者、统一社会信用代码、案由、处罚信息及违法文化产品内容(含视频、音频、游戏、歌词、剧本等)。

第七条　县级以上文化行政部门或者文化市场综合执法机构按照属地管理及"谁处罚,谁列入"的原则,将有下列严重违法情形之一的经营主体,列入黑名单。

(一)因擅自从事文化市场经营活动,被文化行政部门或者文化市场综合执法机构行政处罚两次以上的;

(二)被文化行政部门或者文化市场综合执法机构吊销许可证的;

(三)因欺骗、贿赂等不正当手段取得的许可证、批准文件被文化行政部门撤销或者因伪造、变造许可证、批准文件被文化行政部门或者文化市场综合执法机构行政处罚的；

（四）法规规章规定的其他情形。

第八条 符合本办法第七条规定情形的，文化行政部门或者文化市场综合执法机构自行政处罚决定或者行政决定生效之日起 5 日内，将经营主体列入黑名单。

经营主体跨区域从事文化市场违法经营活动，被异地文化行政部门或者文化市场综合执法机构行政处罚，符合本办法第七条规定的，由作出行政处罚的文化行政部门或者文化市场综合执法机构通报经营主体所在地同级文化行政部门或者文化市场综合执法机构，由其负责将经营主体列入黑名单。

第九条 经营主体被列入黑名单后，列入机关应当于列入当日将有关信息录入文化市场黑名单管理系统。录入信息应当包括经营主体名称、法定代表人或者主要负责人、统一社会信用代码、地址、案由、处罚信息、列入日期、列入机关等。

第十条 除依法不宜公开的之外，文化部统一向社会公布全国文化市场黑名单。地方各级文化行政部门、文化市场综合执法机构可以根据各地实际情况，将本辖区的经营主体黑名单，同时通过官方网站、报纸、广播、电视等方式予以公布。文化市场黑名单全国适用。

第十一条 经营主体被列入黑名单满 5 年的，由列入机关组织监督检查，未发现在列入期间有违反文化市场有关法规规章行为的，移出黑名单并予公布。

第十二条 经营者对其文化产品被列入黑名单有异议的，或者经营主体对被列入黑名单有异议的，可以自公布之日起 30 日内，向列入机关提出书面申请并提交相关证明材料。列入机关应当在5 日内决定是否受理。予以受理的，应当在20 日内核实，并将核实结果书面告知申请人；不予受理的，将不予受理的理由书面告知申请人。

通过核实发现列入黑名单存在错误的，应当自查实之日起 5 日内予以更正。

第十三条 列入经营主体黑名单所依据的行政决定或者行政处罚决定被撤销的，列入机关应当在知道相关决定后 3 日内，将经营主体移出黑名单并报告文化部。

第十四条 文化行政部门或者文化市场综合执法机构向涉嫌严重违法经营主体下达《行政处罚事先告知书》时，应当提示其可能被列入黑名单的风险。

第十五条 禁止传播、经营被列入黑名单的文化产品。文化行政部门进行行政审批时，对申请中含有黑名单文化产品的，不予批准；对传播、经营过黑名单文化产品的经营者提交的申请予以重点审查。

第十六条 经营主体被列入黑名单期间，其法定代表人或者主要负责人依法不得担任新设立文化市场经营主体的法定代表人或者主要负责人。

第十七条 各级文化行政部门、文化市场综合执法机构应当将被列入黑名单的文化产品及经营主体纳入重点监管对象，加大执法检查频次，对再次发生违法违规行为的，依法从重处罚。

第十八条 文化行政部门、文化市场综合执法机构不得将被列入黑名单的文化产品纳入评奖评优的范围，不得将被列入黑名单的经营主体纳入表彰奖励、政策试点、政府采购、政策性资金及项目扶持等范围。

第十九条 文化行政部门、文化市场综合执法机构可以将经营主体黑名单通报有关部门，予以联合惩戒。

第二十条 鼓励社会组织和个人对传播、经营黑名单文化产品的行为，对被列入黑名单的经营主体的经营行为进行监督，发现有违反文化市场有关法规规章行为的，有权向文化行政部门或者文化市场综合执法机构举报。

第二十一条 文化行政部门、文化市场综合执法机构在文化市场黑名单管理过程中，滥用职权、玩忽职守、徇私舞弊的，应当依法依规予以追责。

第二十二条 本办法由文化部负责解释。

中共中央办公厅　国务院办公厅
印发《关于进一步深化文化市场综合
执法改革的意见》的通知

（2016 年 3 月 27 日）

各省、自治区、直辖市党委和人民政府，中央和国家机关各部委，中央军委办公厅，各人民团体：

《关于进一步深化文化市场综合执法改革的意见》已经党中央、国务院同意，现印发给你们，请结合实际认真贯彻执行。

关于进一步深化文化市场综合执法改革的意见

为贯彻落实《中共中央关于全面推进依法治国若干重大问题的决定》《国务院关于促进市场公平竞争维护市场正常秩序的若干意见》，进一步深化文化市场综合执法改革，促进文化市场持续健康发展，现提出如下意见。

一、重要意义

2004 年以来，按照党中央、国务院决策部署，文化市场综合执法改革由试点逐步向全国推开，各直辖市和市、县两级基本完成文化（文物）、新闻出版广电（版权）等文化市场领域有关行政执法力量的整合，组建文化市场综合执法机构，提升了执法效能，规范了市场秩序，推动了优秀文化产品的生产和传播，促进了社会效益和经济效益有机统一。

当前，文化市场发展与管理面临许多新形势新要求。文化体制改革向纵深拓展，文化开放水平不断提高，各类文化市场主体迅速发展，新型文化业态大量涌现，迫切需要创新文化市场管理体制机制，丰富方式手段。行政执法体制、市场准入制度等方面改革逐步深入，迫切需要文化市场综合执法改革同步跟进、有效衔接。文化市场存在一些突出问题，如不良文化产品和服务时有泛滥，有害文化信息不断出现，损害未成年人文化权益、侵犯知识产权等行为屡禁不止，广大人民群众反映十分强烈，迫切需要进一步提高文化市场综合执法能力和水平。文化产品既具有经济属性，也具有意识形态属性，必须坚持把社会效益放在首位、社会效益和经济效益相统一。要高度重视文化市场管理问题，进一步完善文化市场综合执法，推动现代文化市场体系建设，更好地维护国家文化安全和意识形态安全，更好地促进文化事业文化产业繁荣发展。

二、总体要求

（一）指导思想。全面贯彻党的十八大和十八届三中、四中、五中全会精神，以邓小平理论、“三个代表”重要思想、科学发展观为指导，深入贯彻习近平总书记系列重要讲话精神，围绕“四个全面”战略布局，建立健全符合社会主义核心价值观要求、适应现代文化市场体系需要的文化市场综合执法管理体制，维护文化市场正常秩序，推动社会主义文化大发展大繁荣。

（二）总体目标。通过深化改革，建设文化市场综合执法法律法规支撑体系；形成权责明确、监督有效、保障有力的文化市场综合执法管理体制；

建设一支政治坚定、行为规范、业务精通、作风过硬的文化市场综合执法队伍;进一步整合文化市场执法权,加快实现跨部门、跨行业综合执法。

(三)基本原则。

——坚持党的领导。坚持社会主义先进文化前进方向,弘扬社会主义核心价值观,通过有力有效的文化市场综合执法,加强思想文化阵地建设,向社会传导正确价值取向,维护国家文化安全。

——坚持依法行政。坚持法定职责必须为、法无授权不可为,严格规范公正文明执法。加强执法监督,完善执法责任制,提升执法公信力。

——坚持分类指导。针对不同层级综合执法机构职责,确定工作任务和执法重点;针对不同地区经济文化差异,科学设置综合执法机构;针对不同执法事项的特点,采取有效方式加强监管。

——坚持权责一致。落实市场主体守法经营责任、综合执法机构执法责任、行政主管部门监管责任和属地政府领导责任。厘清综合执法机构和行政主管部门关系,减少职责交叉,形成监管合力。

三、重点任务

(一)明确综合执法适用范围。文化市场综合执法机构的职能主要包括:依法查处娱乐场所、互联网上网服务营业场所的违法行为,查处演出、艺术品经营及进出口、文物经营等活动中的违法行为;查处文化艺术经营、展览展播活动中的违法行为;查处除制作、播出、传输等机构外的企业、个人和社会组织从事广播、电影、电视活动中的违法行为,查处电影放映单位的违法行为,查处安装和设置卫星电视广播地面接收设施、传送境外卫星电视节目中的违法行为,查处放映未取得《电影片公映许可证》的电影片和走私放映盗版影片等违法活动;查处图书、音像制品、电子出版物等方面的违法出版活动和印刷、复制、出版物发行中的违法经营活动,查处非法出版单位和个人的违法出版活动;查处著作权侵权行为;查处网络文化、网络视听、网络出版等方面的违法经营活动;配合查处生产、销售、使用“伪基站”设备的违法行为;承担“扫黄打非”有关工作任务;依法履行法律法规规章及地方政府赋予的其他职责。

(二)加强综合执法队伍建设。严格实行执法人员持证上岗和资格管理制度,未经执法资格考试合格,不得授予执法资格,不得从事执法活动。探索建立执法人员资格等级考试制度。健全执法人员培训机制,实施业务技能训练考核大纲和中西部地区执法能力提升计划,定期组织开展岗位练兵、技能比武活动。全面落实综合执法责任制,严格确定不同岗位执法人员执法责任,建立健全责任追究机制,通过落实党内监督、行政监督、社会监督、舆论监督等方式强化文化市场执法监督。落实综合执法标准规范,加强队容风纪管理,严格廉政纪律。使用统一执法标识、执法证件和执法文书,按规定配备综合执法车辆。

(三)健全综合执法制度机制。建立文化市场综合执法权力清单制度和行政裁量权基准制度,完善举报办理、交叉检查、随机抽查、案件督办、应急处置等各项工作流程。严格执行罚缴分离和收支两条线制度,严禁将罚没收入同综合执法机构利益直接或变相挂钩。建立文化市场跨部门、跨区域执法协作联动机制,完善上级与下级之间、部门之间、地区之间线索通报、案件协办、联合执法制度。建立文化市场行政执法和刑事司法衔接机制,坚决防止有案不移、有案难移、以罚代刑现象。推进政务信息公开,向社会公开执法案件主体信息、案由、处罚依据及处罚结果,提高执法透明度和公信力。

(四)推进综合执法信息化建设。加快全国文化市场技术监管与服务平台建设应用,加强与各有关行政部门信息系统的衔接共享,推进行政许可与行政执法在线办理,实现互联互通。通过视频监控、在线监测等远程监管措施,加强非现场监管执法。采用移动执法、电子案卷等手段,提升综合执法效能。推动信息化建设与执法办案监督管理深度融合,运用信息技术对执法流程进行实时监控、在线监察,规范执法行为,强化内外监督,建立开放、透明、便民的执法机制。构建文化市场重点领域风险评估体系,形成来源可查、去向可追的信息链条,切实防范区域性、行业性和系统性风险。

(五)完善文化市场信用体系。建设文化市场基础数据库,完善市场主体信用信息记录,探索实施文化市场信用分类监管，建立文化市场守信激励和失信惩戒机制。建立健全文化市场警示名单和黑名单制度，对从事违法违规经营、屡查屡犯的经营单位和个人，依法公开其违法违规记录，使失信违规者在市场交易中受到制约和限制。落实市场主体守法经营的主体责任，指导其加强事前防范、事中监管和事后处理工作。推动行业协会、商会等社会组织建立健全行业经营自律规范、自律公约和职业道德准则，引导行业健康发展。

（六）建立健全综合执法运行机制。文化市场综合执法机构依据法定职责和程序，相对集中行使文化（文物）、新闻出版广电（版权）等部门文化市场领域的行政处罚权以及相关的行政强制权、监督检查权，开展日常巡查、查办案件等执法工作。有关行政部门在各自职责范围内指导、监督综合执法机构开展执法工作，综合执法机构认真落实各有关行政部门的工作部署和任务，及时反馈执法工作有关情况，形成分工负责、相互支持、密切配合的工作格局。

四、组织领导

（一）加强组织实施。中央文化体制改革和发展工作领导小组统一领导全国深化文化市场综合执法改革工作，领导小组办公室负责组织对改革进展情况进行督促检查。中央宣传部、中央网信办、文化部、新闻出版广电总局要根据本意见要求统筹推进改革，涉及互联网信息内容的执法工作由中央网信办统筹协调。各省（自治区、直辖市）党委和政府要高度重视，将深化文化市场综合执法改革工作列入重要议事日程，确保改革各项措施落实到位。

（二）完善文化市场综合执法管理体制。建立由国务院文化行政部门牵头的全国文化市场管理工作联席会议制度，充分发挥各部门职能作用和资源优势，加强统筹、协调和指导。充实完善省、市、县三级文化市场管理工作领导小组，统一领导本行政区文化市场管理和综合执法工作，推动文化领域跨部门、跨行业综合执法；领导小组由同级党委宣传部部长任组长，同级政府有关负责同志任副组长。

国务院文化行政部门负责指导全国文化市场综合执法工作，推动各直辖市和市、县两级文化（文物）、新闻出版广电（版权）等部门整合文化市场领域的执法职能；建立统一规范的综合执法工作规则，建设全国文化市场技术监管体系，推进综合执法队伍建设；协调各有关行政部门对综合执法工作进行绩效考核。

省（自治区）文化行政部门负责指导本地区文化市场综合执法工作，统筹综合执法队伍建设；依法履行执法指导监督、跨区域执法协作、重大案件查处等职责。

（三）明确机构设置、编制、人员和经费。各地应根据中央关于深化行政执法体制改革的有关精神，结合本地实际，探索文化市场综合执法机构设置的有效形式。直辖市文化市场综合执法机构可探索对区县文化市场综合执法工作实行直接管理，整合执法资源，提升执法能力。副省级城市、省辖市可整合市区两级文化市场综合执法队伍，组建市级文化市场综合执法机构。县级市和县的文化市场综合执法机构要加强队伍建设，切实履行监管责任。对经济发达、城镇化水平较高的乡镇，县级市和县文化广电新闻出版行政部门可根据需要和条件通过法定程序委托乡镇政府行使部分文化市场执法权。

文化市场综合执法机构干部任免参照宣传文化单位干部管理规定办理。综合执法人员依法依规纳入参照公务员法管理。在省（自治区、直辖市）范围内，要统一规范综合执法机构名称，并结合本辖区地理范围、执法任务等情况，统筹考虑综合执法机构编制安排。综合执法机构的工作经费和能力建设经费列入同级政府财政预算。

（四）健全考核机制。文化市场综合执法工作要纳入社会治安综合治理成效评价体系，推动各级党委和政府履职尽责。健全文化市场综合执法绩效考评制度，加强对依法行政、市场监管、社会服务效能等方面的监督和评估。充分发挥“12318”文化市场举报电话和网络平台作用，畅通公众意见反馈渠道。建立文化市场综合执法工作第三方评价机制和群众评议反馈机制，制定公众满意度指标，增强综合执法工作评价的客观性和科学性。

（五）推动相关立法。做好文化市场综合执法立法与文化市场综合执法改革重大政策的衔接，加强理论研究，积累改革经验，研究制定文化市场综合执法管理规定，加快制定地方文化市场综合执法相关法规，推动综合执法机构依法行政，提高文化市场综合执法工作法治化水平。

文化部关于贯彻落实《关于进一步深化文化市场综合执法改革的意见》的通知

（2016 年 6 月 1 日）

各省、自治区、直辖市文化厅（局），新疆生产建设兵团文化广播电视局，西藏自治区、北京市、天津市、上海市、重庆市文化市场（综合）行政执法总队：

近日，中共中央办公厅、国务院办公厅印发了《关于进一步深化文化市场综合执法改革的意见》（以下简称《意见》），明确规定了进一步深化文化市场综合执法改革的重要意义、指导思想、总体目标、基本原则、重点任务和组织领导。为贯彻落实《意见》，确保 2017 年底前基本完成改革任务，现就有关事项通知如下。

一、提高认识

加强文化市场管理，进一步完善文化市场综合执法，推动现代文化市场体系建设，是维护国家文化安全和意识形态安全、促进文化事业文化产业繁荣发展的重要举措。各地要充分认识深化文化市场综合执法改革的重要性和必要性，坚持正确的政治方向，突出政治性、政策性和专业性，把《意见》规定的各项改革任务落到实处。

二、明确改革时间表、路线图、任务书

各省（区、市）要逐项梳理《意见》中的改革任务，明确制定各项任务的时间表、路线图，确定改革工作的责任部门。要于 2016 年 9 月 30 日前出台贯彻落实《意见》的具体实施方案，并报送文化部。要召开专题会议部署改革工作，建立督促检查机制，确保任务分工全覆盖、督查落实不缺位。各地要按季度报送改革工作进展情况。

要把全面学习和贯彻落实《意见》精神作为今后一段时期的重要工作任务，开展全员培训，实现培训全覆盖。每一位文化市场管理、执法人员要透彻理解《意见》精神，全面把握改革要点，自觉在工作实践中落实改革要求。

三、充实完善文化市场管理工作领导小组

各地要于 2016 年 10 月前充实完善省、市、县三级文化市场管理工作领导小组，统一领导本行政区文化市场管理和综合执法工作，研究解决深化改革重大问题。领导小组尚未成立或者已撤销的，要尽快组建领导小组；已成立领导小组的，要进一步完善组织结构和工作制度，切实发挥领导作用。各级文化行政部门（综合执法机构）要加强领导小组办公室建设，做好统筹协调工作。

四、科学设置各级文化市场综合执法机构

各地要按照《意见》明确的改革方向，结合本地实际，积极探索有利于加强执法监管、提高执法效能的文化市场综合执法机构设置形式。省、自治区文化厅（局）要确定专门机构，承担综合执法工作。有条件的直辖市要对区（县）综合执法工作实行直接管理，实现统一指挥。有条件的副省级城市和省辖市要将市区两级文化市场综合执法队伍整合起来，实现“同城一支队伍，同城一个标准”。县级市和县文化市场综合执法机构，要落实执法责任，提高执法能力，履行宣传文化战线执法监管责任。

在改革推进中，要细致做好思想政治工作，做好各项改革衔接，实现平稳过渡，确保改革过程中执法队伍思想不乱、队伍不散、工作不断，执法高效有力，市场监管到位。

五、认真履行各级执法监管职责

各地要根据《意见》规定的文化市场综合执法适用范围，明确综合执法机构的工作职责。各级综合执法机构要认真履职，严把红线，踩线必惩，实现对文化市场监管的全覆盖。对原有的职责，要进一步改进监管方式、强化监管手段，提高监管效能；对新增的职责，要充分整合现有执法资源，梳理、明确工作流程与方式方法，做到业务熟悉、技能熟练、执法到位。

六、提高文化市场综合执法保障水平

要按照《意见》要求，加强与编制、人力资源和社会保障部门（公务员局）的协调沟通，统一规范综合执法机构名称，统筹安排本地区综合执法机构的编制，依法依规将执法人员纳入参照公务员法管理。落实事业单位分类改革及行政执法类公务员改革精神，已纳入综合管理类或行政执法类公务员管理的执法人员保持不变。要积极与财政部门沟通，将工作经费和能力建设经费列入同级政府财政预算，确保经费足额到位。要按要求保障综合执法车辆，确保日常执法工作正常开展。

七、加强文化市场综合执法业务和队伍建设

要明确省、市、县三级的培训责任，以政治意识、执法业务、工作作风为重点内容做好培训工作，定期开展练兵比武活动，提升执法人员执法能力。要推进文化市场综合执法信息化建设，建立文化市场“一户一档”基础数据库，完善文化市场主体信用信息记录，建立健全文化市场警示名单和黑名单制度，对文化市场进行分级分类监管。要全面落实执法责任、政务信息公开和绩效考评等制度，以政治坚定、行为规范、业务精通、作风过硬为目标，把各级文化市场综合执法队伍建设成宣传文化战线的坚强的行政执法队伍。

从今年11月起，文化部将会同有关部门组成联合督查组，采取调研、通报、片会、约谈等方式，对各地改革工作进行专项督查。

特此通知。

文化部关于加强网络表演管理工作的通知

（2016年7月1日）

各省、自治区、直辖市文化厅（局），新疆生产建设兵团文化广播电视局，西藏自治区、北京市、天津市、上海市、重庆市文化市场行政（综合）执法总队：

网络表演是网络文化的重要组成部分。近年来，我国网络表演市场快速发展，在促进网络文化行业创新、扩大和引导文化消费等方面发挥了积极作用。但是，部分网络表演经营单位责任缺失、管理混乱，一些表演者以低俗、色情等违法违规内容吸引关注，社会影响恶劣，严重危害行业健康发展。为切实加强网络表演管理，规范网络文化市场秩序，必须对网络表演市场实行经常抽查，及时公开，坚决依法查处违法违规行为。根据《互联网文化管理暂行规定》，现就有关事项通知如下。

一、督促网络表演经营单位和表演者落实责任

网络表演经营单位要对本单位提供的网络表演承担主体责任，对所提供的产品、服务和经营行为负责，确保内容合法、经营有序、来源可查、责任可究。网络表演经营单位要健全内容管理制度，配足内容审核人员，严格监督表演者表演行为，加强对用户互动环节的管理。要严密技术监控措施，畅通投诉举报渠道，完善突发事件应急处置机制，确保能够第一时间发现并处置违法违规内容。一经发现含有违法违规内容的网络表演，要及时关闭表演频道，停止网络传播，保存有关记录，并立即向所在地省级文化行政部门或文化市场综合执法机构报告。

表演者对其开展的网络表演承担直接责任。表演者应当依法依规从事网络表演活动，不得开展含有低俗、色情、暴力等国家法律法规禁止内容的网络表演。表演者应当自觉提高职业素养，加强道德自律，自觉开展内容健康向上的网络表演。

各级文化行政部门和文化市场综合执法机构要加强对辖区内网络表演经营单位的管理和培训，依法强化网络表演经营单位直接发现、第一时间处置违法违规内容等主体责任，对逾期不予处理或处理不到位的，要严肃追责，依法查处。

二、加强内容管理，依法查处违法违规网络表演活动

内容管理是网络表演管理工作的重点。各级文化行政部门和文化市场综合执法机构要加强对辖区内网络表演经营单位的日常监管，重点查处提供禁止内容等违法违规网络表演活动，包括：提供含有《互联网文化管理暂行规定》第十六条规定的禁止内容，或利用人体缺陷或者以展示人体变异等方式招徕用户，或以恐怖、残忍、摧残表演者身心健康等方式以及以虐待动物等方式进行的网络表演活动；使用违法违规文化产品开展的网络表演活动；对网络表演活动进行格调低俗的广告宣传和市场推广行为等。

对提供上述违法违规网络表演的网络表演经营单位，文化行政部门和文化市场综合执法机构要依据《互联网文化管理暂行规定》坚决予以查处，没收违法所得，并处罚款；情节严重的，责令停业整顿直至吊销《网络文化经营许可证》；构成犯罪的，依法追究刑事责任。地方文化行政部门和文化市场综合执法机构要按照“谁处罚，谁列入”的原则，根据情形，将违法违规网络表演经营单位列入黑名单或警示名单。

对提供违法违规网络表演的表演者，地方文化行政部门和文化市场综合执法机构要责令所在网络表演经营单位关停表演者频道，并及时将违法违规表演者的信息和证据材料报送文化部。文化部根据情形，将违法违规表演者列入黑名单或警示名单。列入黑名单的表演者，禁止其在全国范围内从事网络表演及其他营业性演出活动，具体时限视违法违规情节轻重确定。

文化行政部门负责将黑名单通报同级有关部门，并建议实施联合惩戒，强化对违法违规网络表演经营单位和表演者“一处违法，处处受限”的信用监管。各级行业协会要在本行业协会范围内，对列入黑名单的网络表演经营单位和表演者予以通报并抵制。

三、对网络表演市场全面实施“双随机一公开”

各地文化行政部门和文化市场综合执法机构要立即对本行政区域内的网络表演经营单位开展一次调查摸底，全面掌握网络表演经营单位情况。在此基础上，充分利用网络文化市场执法协作机制，对网络表演市场全面实施“双随机一公开”，定期开展随机抽查，及时向社会公布查处结果，公布网络表演市场黑名单和警示名单。

各地文化行政部门和文化市场综合执法机构要抓紧制定网络表演随机抽查工作实施方案和随机抽查事项清单，以现场检查、网络巡查为主要抽查方式，以网络表演内容为抽查重点。对投诉举报较多的网络表演经营单位，要加大随机抽查频次，重点监管。要利用全国文化市场技术监管与服务平台，记录随机抽取的检查对象、执法检查人员、检查事项、检查结果等，做到全程留痕，实现过程可溯源、责任可追溯。

本通知所称的网络表演是指将现场进行的文艺表演、网络游戏等文化产品技法展示或解说等，通过信息网络实时传播或者以音视频形式上载传播，供用户在线浏览、观看、使用或者下载的产品和服务。

特此通知。

文化部关于规范网络游戏运营加强事中事后监管工作的通知

（2016 年 12 月 1 日）

各省、自治区、直辖市文化厅（局），新疆生产建设兵团文化广播电视局，西藏自治区、北京市、天津市、上海市、重庆市文化市场（综合）行政执法总队：

近年来，我国网络游戏行业发展迅速，在促进网络文化市场发展、丰富人民群众文化娱乐活动、扩大和引导文化消费等方面发挥了积极作用。但是，网络游戏经营单位运营责任不清、变相诱导消费、用户权益保护不力等问题也日益突出。为进一步规范网络游戏市场秩序，保护消费者和企业合法权益，促进网络游戏行业健康有序发展，根据《互联网信息服务管理办法》《互联网文化管理暂行规定》《网络游戏管理暂行办法》等法律法规，现就有关事项通知如下。

一、明确网络游戏运营范围

（一）网络游戏运营是指网络游戏运营企业以开放网络游戏用户注册或者提供网络游戏下载等方式向公众提供网络游戏产品和服务，并通过向网络游戏用户收费或者以电子商务、广告、赞助等方式获取利益的行为。

（二）网络游戏运营企业通过开放用户注册、开放网络游戏收费系统、提供可直接注册登录服务器的客户端软件等方式开展的网络游戏技术测试，属于网络游戏运营。

（三）网络游戏运营企业为其他运营企业的网络游戏产品提供用户系统、收费系统、程序下载及宣传推广等服务，并参与网络游戏运营收益分成，属于联合运营行为，应当承担相应责任。

二、规范网络游戏虚拟道具发行服务

（四）网络游戏运营企业发行的虚拟道具，用户以法定货币直接购买、使用网络游戏虚拟货币购买或者按一定兑换比例获得，且具备直接兑换游戏内其他虚拟道具或者增值服务功能的虚拟道具，按照网络游戏虚拟货币有关规定进行管理。

（五）网络游戏运营企业变更网络游戏版本、增加虚拟道具种类、调整虚拟道具功能和使用期限，以及举办临时性活动时，应当及时在该游戏的官方主页或者游戏内显著位置公示所涉及虚拟道具的名称、功能、定价、兑换比例、有效期限以及相应的赠予、转让或者交易方式等信息。

（六）网络游戏运营企业采取随机抽取方式提供虚拟道具和增值服务的，不得要求用户以直接投入法定货币或者网络游戏虚拟货币的方式参与。网络游戏运营企业应当及时在该游戏的官方网站或者随机抽取页面公示可能抽取或者合成的所有虚拟道具和增值服务的名称、性能、内容、数量及抽取或者合成概率。公示的随机抽取相关信息应当真实有效。

（七）网络游戏运营企业应当在游戏的官方网站或者游戏内显著位置公布参与用户的随机抽取结果，并保存相关记录以备相关部门查询，记录保存时间不得少于 90 日。公布随机抽取结果时，应当采取一定措施保护用户隐私。

（八）网络游戏运营企业以随机抽取方式提供虚拟道具和增值服务时，应当同时为用户提供其他虚拟道具兑换、使用网络游戏虚拟货币直接购买等其他获得相同性能虚拟道具和增值服务的方式。

（九）网络游戏运营企业不得向用户提供网络游戏虚拟货币兑换法定货币或者实物的服务，但是网络游戏运营企业终止提供网络游戏产品和服务，以法定货币方式或者用户接受的其他方式退还用户尚未使用的虚拟货币的情况除外。

（十）网络游戏运营企业不得向用户提供虚拟道具兑换法定货币的服务，向用户提供虚拟道具兑换小额实物的，实物内容及价值应当符合国家有关法律法规的规定。

三、加强网络游戏用户权益保护

(十一)网络游戏运营企业应当要求网络游戏用户使用有效身份证件进行实名注册,并保存用户注册信息;不得为使用游客模式登陆的网络游戏用户提供游戏内充值或者消费服务。

(十二)网络游戏运营企业应当限定网络游戏用户在单款游戏内的单次充值金额,并在用户进行充值或者消费时发送要求用户确认的信息。确认信息中应当包括充值或者消费的法定货币或者虚拟货币金额、获得的虚拟道具或者增值服务的名称等内容,以及适度娱乐理性消费等提示语。网络游戏运营企业应当保存用户充值及消费等信息记录不少于180日。

(十三)网络游戏运营企业应当严格落实“网络游戏未成年人家长监护工程”的有关规定。提倡网络游戏经营单位在落实“网络游戏未成年人家长监护工程”基础上,设置未成年用户消费限额,限定未成年用户游戏时间,并采取技术措施屏蔽不适宜未成年用户的场景和功能等。

(十四)网络游戏运营企业应当在游戏内显著位置标明用户权益保障联系方式。网络游戏经营单位在网络游戏用户合法权益受到侵害或者与网络游戏用户发生纠纷时,可以要求网络游戏用户出示与所注册的身份信息相一致的个人有效身份证件。审核真实的,应当协助网络游戏用户进行取证。对经审核真实的实名注册用户,网络游戏经营单位负有向其依法举证的责任。

(十五)网络游戏运营企业要采取有效措施保护用户个人信息,防止用户个人信息泄露、损毁,未经授权不得将用户信息以任何方式向第三方企业或者个人提供。

四、加强网络游戏运营事中事后监管

(十六)各地文化行政部门和文化市场综合执法机构要充分利用网络文化市场执法协作机制,对网络游戏市场全面实施“双随机一公开”监管。要不断提高网络游戏随机抽查工作水平,对投诉举报较多的网络游戏经营单位,要加大随机抽查和日常检查频次,重点监管。要及时向社会公布查处结果。

(十七)各地文化行政部门和文化市场综合执法机构要依法加强对网络游戏市场的信用监管,按照“谁处罚,谁列入”的原则,将违法违规网络游戏经营单位列入黑名单或者警示名单,并会同有关部门实施联合惩戒,强化对违法违规网络游戏经营单位和相关责任人的信用约束。

(十八)各级文化行政部门和文化市场综合执法机构要加强对辖区内网络游戏经营单位的指导、服务和培训工作。省级文化行政部门要组织和指导企业开展政策法规和业务规范培训,定期检查企业内容自审和运营规范等相关制度执行情况,及时为网络游戏经营单位提供行政指导。

五、严肃查处违法违规运营行为

(十九)网络游戏运营企业从事本通知第(一)、(二)、(三)项规定的活动,运营未取得批准文号或者逾期未取得备案编号的网络游戏的,由县级以上文化行政部门或者文化市场综合执法机构按照《网络游戏管理暂行办法》第三十条、第三十四条予以查处;提供网络游戏下载,或者以电子商务、广告、赞助等方式获取利益的,按照《互联网文化管理暂行规定》第二十七条、第二十八条予以查处。

(二十)网络游戏运营企业从事本通知第(四)项规定的网络游戏虚拟货币发行服务的,应当遵守《网络游戏管理暂行办法》第六条、第十八条、第十九条、第二十二条的有关规定,违反相关规定的,由县级以上文化行政部门或者文化市场综合执法机构按照《网络游戏管理暂行办法》予以查处。

(二十一)网络游戏运营企业违反本通知第(五)、(六)、(七)、(八)项有关规定的,由县级以上文化行政部门或者文化市场综合执法机构按照《网络游戏管理暂行办法》第三十一条予以查处。

(二十二)网络游戏运营企业违反本通知第(九)项有关规定的,由县级以上文化行政部门或者文化市场综合执法机构按照《网络游戏管理暂行办法》第三十二条予以查处。

(二十三)网络游戏运营企业违反本通知第(十)项有关规定的,由县级以上文化行政部门或者文化市场综合执法机构按照《网络游戏管理暂行办法》第三十条予以查处。

(二十四)网络游戏运营企业违反本通知第(十一)项有关规定的,由县级以上文化行政部门或者文化市场综合执法机构按照《网络游戏管理暂行办法》第三十四条予以查处。

（二十五）网络游戏运营企业违反本通知第（十三）项有关规定的，由县级以上文化行政部门或者文化市场综合执法机构按照《网络游戏管理暂行办法》第三十一条予以查处。

（二十六）网络游戏经营单位违反本通知第（十二）、（十四）项有关规定的，由县级以上文化行政部门或者文化市场综合执法机构按照《网络游戏管理暂行办法》第三十五条予以查处。

本通知自 2017 年 5 月 1 日起施行。

特此通知。

中国人民银行

2016 年人民银行系统参与综治工作情况

2016 年,人民银行以习近平总书记的系列重要指示精神为指导,按照中央综治委的统一部署,全面加强综治工作责任制,强化内部安全管理,推进制度建设、系统建设和队伍建设,取得了一定成效。

一、全面强化综治工作责任制,多措并举助推平安建设取得新成效

人民银行各级党委高度重视综治工作(平安建设),强化综治工作"一把手"领导责任,实施"一级抓一级、层层抓落实"的综治工作责任制。2016 年,人民银行党委委员、分管行领导多次召开专题会议,研究人民银行安全保卫工作持续健康发展的总体思路,指导解决重点、难点、热点问题。行领导和保卫局负责同志先后赴成都、兰州、昆明、武汉、深圳、上海、海口等多地检查调研,了解基层人民银行平安建设中存在的问题和困难,研究解决思路和办法,指导基层落实综治工作责任制。各分支机构党委积极创新工作思路,拓宽工作方法,多措并举落实综治工作责任。广州分行树立"大安全、大稳定、大综治"的全局综治观,成立了广东省金融系统综合治理领导小组,将各类金融服务机构全部纳入金融综治管理考核体系。合肥中心支行积极推进县域平安建设,建立"市、县、镇"三级平安联建机制,帮助辖内社会治安综合治理重点管理县摘掉落后帽子。郑州中心支行、兰州中心支行等将综治工作与业务工作"同研究、同部署、同落实、同检查、同考核,同奖惩",确保综治工作任务得到有效落实,取得了一定成效。

二、进一步健全安全管理机制,保障人民银行系统和谐稳定

一是配合安监总局,在社会信用体系建设部际联席会议机制下,积极推进企业安全生产领域诚信建设,强化危险化学品企业诚信记录共享与应用,健全失信联合惩戒机制。二是认真落实安全生产责任制,各级分支机构领导干部坚持重心下移,深入重点区域、重点环节、重点单位和基层一线开展工作,督促落实安全管理工作责任。坚持按照"四不两直"方式,突击检查分支机构和直属企事业单位安全生产工作,提高全系统安全生产水平。三是立足前沿信息科技,推动人民银行安全保卫工作向标准化、信息化、智能化方向转型。人民银行保卫局协同金融标准化委员会,组织编写了人民银行安全保卫建设标准,稳步构建安全保卫标准化体系。全面完成"安全保卫管理系统"一期建设和二期立项,督促分支机构做好本地系统部署工作。四是完善考核奖惩机制,采取多种方式对分支机构工作情况进行考核评估,对成绩突出的予以表彰,对出现风险或存在问题的实时通报、责令整改,极大调动了分支机构工作积极性和主动性,激发了队伍的战斗力。

三、坚持"打防结合、源头治理",推动反假币工作取得新成效

人民银行在反假币工作中坚持"打防结合,重在源头治理"的工作思路,在保持打击假币违法犯罪活动力度不减的同时,积极健全反假币工作制度和防范体系,推进反假币工作重心前移,从制假、贩假源头开展整治,取得了明显效果。一是在全国范围内开展为期半年的打击整治假币违法犯罪专项行动。2016 年,全国公安机关假币犯罪案件共立案 1137 起,破案 822 起,同比增长 12% 和 15%,查获假人民币 6.39 亿元,同比增长 50.7%,有效遏制了假币犯罪滋生蔓延。二是利用全国 500 个反假币快速反应监测站点,建立银警联动假币监测反应工作机制和假币基础数据库,全年累计向公安机关提供假币监测信息 27.8

万余条,为假币案件侦破提供有力的信息支持。三是会同最高人民法院、最高人民检察院、公安部等有关单位进行专题研究,提出完善司法解释、统一证据标准、规范假币认定等方面的意见。同时,推动将情节较轻假币违法行为纳入治安管理处罚范围,制定假币违法行为行政裁量基准,使刑事打击与治安管理处罚无缝衔接。四是充分利用银行反假币联络机制平台,出台《银行业金融机构反假货币工作指引》,进一步明确了银行业金融机构反假币工作职责。五是加强反假币宣传与培训,提升社会公众识别、防范假币的能力。

四、以金融创新为依托,探索特殊人员安置帮教和金融扶贫新模式

作为中央综治委刑满释放人员安置帮教专项工作组成员单位,人民银行结合部门职责,积极宣传金融信贷政策,引导金融机构探索发展小额创业贷款新品种,为特殊人群创业提供担保贷款,满足安置帮教人员的融资需求。人民银行上海总部主动协调辖内金融机构,选择运作成熟、具有品牌效应的“安置帮教人员开业贷款”“安置帮教人员小额应急贷款”等信贷产品,支持满足条件的刑释解教人员自主创业,帮助刑释解教人员重新融入社会。同时,上海总部在全国率先探索发挥国家助学贷款的扶持功能,协调金融机构向刑释解教人员子女提供国家助学贷款,缓解了刑释解教人员在子女教育方面的经济压力。乌鲁木齐中心支行创新金融扶贫模式,依托“访惠聚”驻村工作组和联户干部,打通“县乡村”三级扶贫链条,将针对每个贫困户的扶贫方案与脱贫产业链有机结合,推动新疆地区“两免贷款”较快增长。

五、大力开展金融宣传教育,营造平安金融环境

人民银行积极开展金融宣传教育活动,探索金融系统平安志愿服务工作,取得了明显成效。2016 年,人民银行以《中华人民共和国反洗钱法》颁布十周年为契机,在全国范围内组织开展了大型主题宣传活动。人民银行总行在官方网站开辟“《反洗钱法》颁布十周年”宣传专栏,各地分支机构组织辖内义务机构举办了知识竞赛、文艺活动、有奖问答、街头咨询等形式多样、内容丰富的宣传活动,显著提升了公众对反洗钱工作的认识,增强了人民群众的安全感。南京分行专门成立了金融系统平安志愿者工作站。该工作站自成立以来,累计成功堵截金融诈骗 824 起,为广大群众挽回经济损失 3498. 65 万元,成效明显。

人民银行南京分行切实履行社会责任
筑牢防范诈骗屏障

近年来,随着信息化程度日益提高,金融诈骗呈现高发态势,不仅给受害人造成了经济损失,更败坏了社会诚信,给国家金融秩序和社会秩序带来了不良影响。面对严峻的形势,人民银行南京分行主动作为,联合南京市综治办共同推进平安金融创建和金融系统平安志愿服务工作,取得了明显成效。自金融系统平安志愿者工作站成立以来,共成功堵截金融诈骗 824 起,挽回经济损失 3498. 65 万元,柜面发案率由以往的 10%以上,下降到现在的 1.5% 左右,取得了明显成效。

一、实施网格化管理,打造志愿服务“安全网”

(一)建立两级管理架构。为切实发挥金融系统平安志愿者工作站的作用,人民银行南京分行营业管理部建立平安志愿者一级工作站 1 个,银行业金融机构建立平安志愿者二级工作站 37 个,先期入站平安志愿者约 4000 人。一级工作站对二级工作进行管理指导,包括制定工作办法、明确志愿者职责、下发年度计划、强化考核检查等;

各二级工作站依托金融机构网点，对服务区域进行细分，扎实开展平安金融场所建设，牢牢把握柜面挽损关键环节。各银行业金融机构形成了"一把手"亲自抓、分管领导重点抓、班子其他成员配合抓、职能部门具体抓、业务部门协助抓的工作机制，打造"两级管理、分层负责、固定区域、固定人员"的志愿服务模式。

（二）实施网格化责任管理。根据平安志愿者工作站要求，制定了各层级平安志愿者的职责，明确平安志愿者日常服务内容，对区域内平安志愿服务进行"格内"处理，形成"辖内有网、网中有格、格中定人、人负其责"的良好局面。各平安志愿者二级工作站以志愿者为发起点，以日常防范为着力点，以点带面，切实打造起一张规范有序、组织严密的社会化治安管理"安全网"，有效地防范了风险事件的发生。

二、建立专业化团队，筑牢堵截诈骗"防火墙"

（一）强化针对性培训。与地方公安部门加强合作，深入研究当前电信诈骗案件防范堵截的成功经验和失败教训，制定《电信网络诈骗案件防范培训提纲》，归纳提炼出 5 大类 15 种异常情况，对志愿者实施针对性培训。采取先培训平安志愿者"小教员"，再由"小教员"分头培训的方式，对全体平安志愿者进行系统性的金融诈骗防范技能培训，力争使每个平安志愿者成为防范的专家、堵截的能手。

（二）采取提示性举措。一是针对犯罪特点，制作简明扼要的防范金融诈骗提示单，对于常见的电信诈骗进行黑体字标注，讲明利害关系。二是在 ATM 机具等自助设备的醒目位置，加贴防诈骗提示标识。三是要求柜员严格落实"三问二看一核对"操作规范，强化自助服务区巡查工作，当客户在柜面或自助区办理转账、汇款业务时，平安志愿者及时进行安全提示，针对可疑情况立即劝阻。

（三）突出有效性处置。协调银行机构与公安部门签订了《南京市电信网络新型违法犯罪涉案账户资金应急处置合作协议》，建立了欺诈风险预警和快速止损机制，各平安志愿者工作站均制订了处置流程，提升欺诈案件处置能力。

三、开展多样化宣传，长鸣安全防范"警示音"

（一）每一个平安志愿者工作站都是宣传点。人民银行平安志愿者一级工作站精心制作了"金融知识普及微动漫"宣传片，各个金融机构平安志愿者二级工作站通过网点 LED 跑马屏、门户网站、微信公众号等形式，向公众宣传金融知识。各平安志愿者工作站运用各自的微信公众号，并通过媒体专题刊载，及时宣传防诈骗知识和成功案例，提升广大市民的金融风险防范意识。

（二）每一名平安志愿者都是宣传员。志愿者们组成宣传小分队，进社区、集市、校园、企业等，讲解反假币、反洗钱、用卡安全、投资理财业务风险防范的知识，重点就非法集资、电信诈骗防范等内容展开宣讲，以生动的案例警示市民守住自己的血汗钱。2016 年，南京地区金融系统平安志愿者工作站共组织开展系列主题宣传教育活动 2000 余次，发放各类金融知识普及资料逾 55 万份，累计受众近 85 万人。

四、加强常态化管理，促进平安金融"常年青"

（一）开展常态督促检查。严格按照《南京市金融系统平安志愿者工作站章程》，对工作站的运行情况进行考核检查，对工作站的运行程序进行统一和规范，督促银行网点加强再宣传、再教育，守好最后一道防线，保护好人民群众的财产。各银行也都自行组织了检查指导，确保各网点安全管理不松懈、执行要求不走样。

（二）严格常态倒查整改。与公安部门加强联动，对金额较大的金融诈骗案件实行逐案倒查，并对涉案的机构网点存在的问题进行排查，要求督促机构网点及时整改。

（三）严格常态考核奖惩。将平安志愿者工作站建设作为平安金融创建的重要内容进行考核，对表现突出的平安志愿者工作站以及平安志愿者给予通报表彰，对于工作不尽职的，也将实行相应的处罚。

海关总署

2016 年广东海关参与综治工作情况

广东地处改革开放前沿，是全国反走私的重点地区。在全国打私办和省委、省政府的正确领导下，广东省各级政府和打私办加强组织协调，缉私职能部门履职尽责，坚持重心下移，推进反走私综合治理深入基层、深入群众、深入企业，推动基层反走私综合治理精细化、网格化、法治化，着力构建基层支持、群众守法、企业自律的基层反走私综合治理新格局，并树立了湛江“反走私综合治理示范村”先进典型，以点带面促进全省基层反走私综合治理工作向纵深发展，为保障民生、维护稳定、助推经济发展作出了积极贡献。

一、突出组织领导，始终坚持反走私综合治理与党委、政府的中心工作相结合

省委、省政府历来高度重视打击走私工作，由省长担任省海防与打击走私委员会主任，将打击走私纳入经济社会发展战略全局统筹部署和组织推进，历任省委书记、省长多次对反走私工作作出批示指示。在省委、省政府的高度重视和支持下，全省各地级以上市和重点县（市、区）均设立了打私办，重点镇、村也有相应机构和负责人员，确保了全省反走私工作自上而下有经费、有场地、有人员。如湛江市沿海镇（街）均成立了海防与打击走私办公室，在沿海村庄（社区）设立了海防与打击走私工作小组，每年把 60% 以上的缉私经费用于县（市、区）、镇、村，每个沿海重点镇每年安排经费 6 万 ~ 10 万元，每个沿海重点村每年至少安排经费 1 万元。

二、突出严打高压，始终坚持反走私综合治理与部门联合缉私相结合

各级打私办组织协调各相关缉私职能部门采取“海上抓、岸边堵、口岸查、市场管、严处罚”的措施，综合运用各种手段，扎实开展反走私联合专项行动，“联合缉私、统一处理、综合治理”缉私体制得到有效落实。针对重点热点商品走私动态，每季度召开反走私形势研判会，适时组织部署针对性打击行动；针对重大节日前后应节商品走私活跃的特点，组织元旦春节、中秋国庆打击走私联合行动；针对粤东西北地区陆路运输走私活跃的态势，充分借助省际公安检查站，对连接周边省区进入广东省的高速公路、国道、省道实施重点布控，有效打击过境走私行为；针对流通领域私货交易这一顽疾，以冻品批发市场、汽车零配件市场、电子产品市场以及旧服装市场为重点，组织各级缉私职能部门开展了一系列的清查整治行动，有力维护了市场秩序。全省各级缉私执法部门不断加大办案力度，坚持打团伙、破大案，一大批偷逃税额巨大、犯罪情节恶劣、社会危害严重的重大走私案件、走私分子受到严厉查处。据统计，全省查获的案件、案值数由 2013 年的 14238 宗、185 亿元增加到 2016 年的 22275 宗、287 亿元，分别增长了 56.4% 、55.1% ；2013—2016 年，全省检察机关批捕走私犯罪嫌疑人员 3449 人，法院判决走私犯罪人员 4220 人。

三、突出长效治私，始终坚持反走私综合治理与改革创新相结合

在区域合作方面，在全国打私办的直接领导下，广东省先后牵头建立了泛珠“9 + 2”“4 + 2”区域反走私合作机制，粤港、粤澳反走私合作机制，粤桂、粤闽毗连区域及省内粤东、粤西、珠三角九市和珠江口东、西两岸等反走私合作平台。在科技缉私方面，全省沿海重点地区已全部安装反走私电子监控系统，部分地市及省级反走私指挥中心已建成运行，21 个地级以上市及 40 个重点县（区、市）先后开通了反走私网站。在宣传教育方面，省海防打私办开通了“广东缉私”微信公众号，扩大了反走私综合治理的宣传阵地；广州市推出了反走私动漫形象大使，制作了 13 部反走私动漫宣传片，在地铁、公交车上循环播放；湛江市充分利用农村年例演戏的机会，每年为沿海重点村（社区）编排一场反映反走私主题的戏剧，并组织编雷歌、唱雷歌，派送特别印制反走私法规知识内容的购物袋、小扇子等。在情报经营方面，修改完善了《广东省反走私举报奖励办法》，将非涉税走私最高举报奖励金额提高至 20 万元，大力加强基层反走私情报体系建设，实现镇（街）有联络员，村委有信息员，自然村有情报员。在诚信体系建设方面，深圳市多次举办"诚信论坛"和企业诚信经营评选活动，惠州、东莞市积极探索企业守法诚信建设新路子，建立覆盖全市的企业档案制度和企业风险管理机制，将海关企业管理、走私违法信息纳入社会诚信体系建设范畴。

四、突出依法打私，始终坚持反走私综合治理与建设法治广东相结合

2014 年 3 月 1 日，《广东省反走私综合治理条例》（以下简称《条例》）颁布实施，是全国第一部省级反走私综合治理地方性法规。为贯彻落实《条例》，省海防打私办提请省政府办公厅针对性地出台了《广东省反走私综合治理责任制实施办法》等《条例》相关配套制度和实施办法。省和各地市加强培训，进一步规范了缉私办案程序，解决了案件管辖、接收、办理和两法衔接等问题。依据《条例》赋予的新职责、新任务，积极推进涉嫌走私无主物处理、反走私督查员制度及巡防督查队建设等工作，目前全省基层反走私巡防督查队伍总数超过 2000 人。

五、突出固本强基，始终坚持反走私综合治理与创建平安广东相结合

始终坚持反走私综合治理和平安广东建设统筹安排、协调发展，将反走私综合治理检查考核纳入创建平安广东暨社会管理综治工作考评体系，明确各级政府"一把手"承担反走私综合治理的主要责任。省政府出台《关于加强和完善重点地区镇村反走私综合治理工作的意见》，明确了镇村反走私综合治理工作的原则、目标、任务、工作制度及措施，在反走私基层防范、应急预警、情况处置、宣传教育、举报奖励等方面提出了具体规定和要求。省综治委将反走私综合治理考核所占分数提高到 2 分，以基层网格化管理为抓手，推动和督促反走私综合治理责任制的落实。各地市也将反走私综合治理纳入县（市、区）社会治安综合治理考核评估体系，例如湛江市制定《湛江市建设"无走私村庄"工作绩效评估方案》，从落实反走私工作责任、工作目标、工作例会制度、巡防巡查行动、配合打私行动和宣传教育六个方面，科学评估县、镇、村每年开展反走私综合治理的工作成效，将评估情况进行通报，并将考核结果与次年工作经费补贴相挂钩。

国家工商行政管理总局

2016年全国工商系统参与综治工作情况

国家工商总局高度重视社会治安综合治理工作。2016年，全国工商、市场监管系统按照总局党组的工作部署和要求，深入学习领会党的十八届三中、四中、五中、六中全会精神和习近平总书记系列重要讲话精神，围绕中央综治委2016年工作要点，紧密结合工商行政管理职能和任务，认真履行职责，开展了校园周边环境整治、打击传销和电信网络新型违法犯罪、净化广告环境、推进企业信用信息公示、查处取缔无照经营、构建和谐劳动关系等工作，全面推进社会治安综合治理工作深入开展，取得了较好效果。

一、突出重点，认真做好校园周边环境整治工作

一是各级工商、市场监管部门严格按照国家相关法律法规的规定，禁止在中小学校园周围开办营业性歌舞娱乐场所和网吧，禁止在学校周围摆摊设点、新开设集贸市场，并在学校中公布举报电话。二是与有关部门密切配合，加强对学校及周边环境的整治，严格加强对学校周边商业网点，特别是电子游戏厅、音像厅、台球厅以及书报杂志、音像制品销售摊点的管理，使其不得从事扰乱学校教学、生活、治安秩序的经营活动。三是充分发挥12315消费者投诉举报网络作用，及时受理和依法处理学生消费者的有关投诉举报，严厉打击在校园周边销售假冒伪劣商品的违法行为；许多地方还积极创新社会治理方式，大力推进12315进校园工作，加强消费教育和引导，提高广大青少年的维权意识和能力。四是认真完成“扫黄打非”各项工作任务，切实配合有关部门加强对出版物市场的管理。与文化部等10部委联合印发了《关于深入推进“扫黄打非”进基层的指导意见》。与全国扫黄办、教育部、新闻出版广电总局等部门联合印发了《关于开展部分重点城市高校周边复印店专项整治行动的通知》，并配合相关部门对部分高校周边复印店进行暗访督查。

二、创新举措，不断净化治理电信网络环境

一是根据国务院打击治理电信网络新型违法犯罪工作部际联席会议的部署安排和《打击治理电信网络新型违法犯罪专项行动工作方案》的任务分工，立足工商职能，积极配合公安部、工信部等，并积极指导各地工商部门加强对电子产品市场的监督检查，依法查处“伪基站”的生产和销售者、广告经营者、发布者，涉及犯罪的及时移送公安机关。二是与人民银行、工信部、公安部等联合印发了《关于建立电信网络新型违法犯罪涉案账户紧急止付和快速冻结机制的通知》，与中央网信办、高法、高检、工信部、公安部等部门研究建立了防范治理电信网络犯罪工作机制。三是针对近年来网络传销不断蔓延的趋势，工商总局不断加强对网络传销行为的分析研究，2016年6月制定下发了《工商总局关于进一步做好查处网络传销工作的通知》及《总局网络传销监测查处试点单位任务分工》，依托重庆市工商局、泉州市工商局两个监测点，建立了监测点单位网络传销舆情监测和网络传销线索搜集转办月报制度，初步建立监测点、涉案地、总局之间的网络传销查处协作机制，特别是对跨省份跨地区网络传销案件的协作查处工作，不断提升新形势下打击网络传销工作效能。四是会同公安部经侦局在全国范围内联合开展为期4个月的新型网络传销违法犯罪活动专项打击行动，重点打击依托微信平台，以“微商”名义实施的传销违法犯罪活动和以“虚拟货币”“金融互助”“爱心慈善”“旅游互助”等为幌子实施的网络传销违法犯罪活动，先后查处了“云在指尖”“诚信买卖宝”“南京国通”等一大批参与人员众多、涉及地域广泛、涉案金额巨大的重特大网络传销案件，有效遏制了网络传销违法犯罪活动发展蔓延势头。五是会同银监会、工信部、人民银行等四部门先后两次联合发布风险预警提示，提醒广大公众防范集资诈骗、非法经营、传销等违法行为，增强风险意识，理性审慎投资，避免上当受骗。六是针对新型传销活动打着各种网络新概念和新型营销方式的旗号，利用“大众创业、万众创新”的宽松市场环境，采取虚假、夸大宣传的方式以及潜在的高额回报诱惑群众参与传销的现象，在主流媒体及总局红盾网发布《新型传销活动风险预警提示》，提高人民群众识别、抵制新型传销的意识和能力。同时，向社会集中发布了七起当年查处的有较大影响力和代表性的网络传销案件，提醒广大群众，一定要提高守法意识和风险防范意识，不要轻信一夜暴富、小投资高回报的谎言，避免被高利诱惑造成财产损失，更不要参与传销害人害己。

三、强化监管，构建消费维权的社会共治新格局

一是认真贯彻落实新《广告法》和工商总局《互联网广告管理暂行办法》，印发了《2016 年无证无照经营综合治理、虚假违法广告整治及非公有制经济组织信用监管体系建设三项综治考评工作实施办法的通知》，全面加强监管执法，切实对虚假违法广告保持高压态势，广告市场秩序继续稳中向好，广告监测违法率持续下降。各省(自治区、直辖市)在地方党委、政府的领导、支持下，充分发挥整治虚假违法广告联席会议制度的作用，积极构建整治虚假违法广告新常态化工作模式。各部门分工协作，密切配合，全面加强监管执法，切实对虚假违法广告保持高压态势，有力地促进了工作深入开展。在新《广告法》的有力震慑和各有关部门的共同努力下，虚假违法广告得到有效遏制，广告市场环境显著好转。据统计，2016 年，全国工商系统共查处虚假违法广告 2.33 万件，罚没款约 5.6 亿元，为促进广告市场秩序进一步好转作出了积极努力。二是认真抓好防范和处置非法集资工作。根据《国务院关于新形势下做好防范处置非法集资工作的指导意见》(以下简称《指导意见》)的精神和重点任务分工，以及处置非法集资部际联席会议 2016 年工作安排部署，积极参加处置非法集资工作部际联席会议办公室会议讨论相关工作，先后赴重庆、四川、陕西、江苏、浙江、上海等地对各地落实《指导意见》进行督查调研。在互联网金融专项整治工作前期，先后 7 次组织《互联网金融专项整治工作实施方案》以及 7 个分方案研究提出修改意见，参加 4 次专项会议讨论工商职责，并参与会签和印发《互联网金融专项整治工作实施方案》以及 7 个分方案工作。与中宣部、中央网信办、高法、高检、公安部、银监会等部门联合印发了《京津冀防范处置非法集资工作协调机制》。三是立足职责做好禁毒工作。根据中宣部、中央网信办、高法、高检、工信部、工商总局等部门联合出台《关于加强互联网禁毒工作的意见》精神以及禁毒委的要求，向全系统印发了《关于配合开展网络禁毒行动的通知》，要求全系统要充分认识互联网禁毒形势的严峻性、复杂性，切实增强责任感、压力感，把互联网禁毒作为 2016 年禁毒工作的重点，对公安机关提供涉毒问题严重的企业、其他经济组织或者个体工商户，依法吊销营业执照、责令关闭、公示企业信用信息、限制再次任职资格，并积极开展形式多样的禁毒教育。积极协调中国个体劳动者协会，在《光彩》杂志和中国个协官方网站《中国光彩网》开辟禁毒宣传专栏，刊登公益广告，开展禁毒宣传教育。此外，立足工商职责，积极对《全国毒品预防教育意见》《全国禁毒工作考评结果》等提出了修改意见。四是严厉打击流通领域贩私行为。认真收集并向海关总署反馈工商系统对《反走私综合治理条例》的修改意见，并明确工商职责以及为工商查处无合法来源证明进口商品寻求法律依据。积极配合有关部门开展反走私综合治理工作，推动《冻品走私专项打击和重点整治行动方案》的出台，依法查处无合法来源证明进口商品的行为。先后 3 次参加全国打击走私综合治理部际联席会议，与其他部门共同分析目前大米等粮食走私的严峻形势，共同研究治理对策措施，建立健全联合打击大米等粮食走私工作机制。五是切实做好农资市场监管工作，印发了《关于开展 2016 年红盾护农行动的通知》，规范农资质量抽检，强化流通领域农资质量监管。工商总局组织部分省市开展了流通环节肥料质量抽检工作，加强对各地工作的分类指导，加大肥料等农资市场监管力度。各地根据本辖区农资商品质量状况，认真制订农资商品质量定向抽检计划，认真开展农资质量抽检工作。同时以案件查办强化了专项整治效果。采取集中办案和联合查案等形式着力查处社会影响面大、对农业生产危害严重的大案要案，严厉打击了销售假劣农资行为。全年全系统共查处各类农资案件 2. 48 万件，案值 1. 59 亿元，受理农资消费申诉 1414 件，为农民挽回直接经济损失 0. 48 亿元。六是扎实推进成品油市场整治。深入贯彻国务院第 90 次常务会议关于实施加快成品油质量升级国家专项行动的决定，会同发展改革委等 10 部门联合印发了《关于进一步推进成品油质量升级及加强市场管理的通知》，促进成品油生产、销售等全产业链监管，切实维护良好市场秩序。认真落实《大气污染防治法》，加大油品质量抽检力度，部署开展了东部 11 省市流通领域成品油质量抽检工作，共抽检成品油样品 5538 个批次，抽检指标不合格 293 个批次，批次不合格率为 5. 29%。对于涉嫌销售质量不合格成品油的加油站，督促属地工商和市场监管部门依法查处。下发了《工商总局关于进一步加强成品油市场监管工作的通知》，积极推动成品油市场监管工作长效机制建设。赴辽宁、山东、广东、福建等地开展成品油市场监管工作督查，督促当地工商和市场监管部门严厉打击销售低于国五标准车用汽柴油的违法行为，维护成品油质量升级实效。全年全系统共查处成品油市场违法案件 3593 件，案值 6308 万元。七是积极开展放心消费创建工作。在 2015 年全国工商系统开展放心消费创建活动现场会的基础上，2016 年 11 月，工商总局在河北沧州召开放心消费创建经验交流座谈会，总结、宣传和推广各地开展放心创建活动的好经验好做法，推动放心创建活动持续深入开展。目前，全国共有 18 个省、自治区、直辖市正在开展放心消费创建活动，以加强 12315“五进”、“一会两站”建设等为抓手，促进城乡消费维权公共服务均等化，构建消费维权的社会共治新格局。

国家新闻出版广播电影电视总局

2016 年全国“打黄打非”综治工作情况

2016 年,反非法和违禁出版物司(全国“扫黄打非”工作办公室)在总局党组正确领导下,按照中办、国办转发的《2016 年“扫黄打非”行动方案》要求,坚持问题导向、坚持打管结合、坚持深化创新,对突出问题重拳出击,有力遏制非法出版活动势头,有力整治网络淫秽色情现象,有力净化未成年人健康成长文化环境,在完善网上“扫黄打非”格局、推进“扫黄打非”进基层、查办大案要案等方面取得新的重要进展,为维护意识形态安全和文化安全做出重要贡献。全国共收缴各类非法出版物 1600 余万件,查处各类案件 6600 余起,关闭非法和传播有害信息网站 1.4 万个。

一、2016 年工作成果

(一)打击非法出版活动成效明显。开展有关专项行动,狠抓网下线索核查、网上信息清查等工作,严把进境、寄运、印刷、市场等关键环节。除对非法和违禁出版物进行一律收缴外,4 月份组织全国各地统一举办集中销毁活动,共销毁侵权盗版及非法出版物 1418 万余件。大力查办重要案件,全年成功查处涉非法和违禁出版物案(事)件约 130 起。

(二)打击淫秽色情信息工作战果丰硕。开展“净网 2016”专项行动,全国共处置网络淫秽色情信息 140 余万条,收缴淫秽色情出版物 32 万余件。一是多次开展集中整治。先后对云盘、网络直播平台、微领域、新闻客户端等重点领域进行集中整治。依法关闭了可乐云、乐盘网等问题严重的云盘服务企业,并依法追究相关负责人刑事责任,行政处罚了新浪、百度等 25 家知名互联网企业,有效遏制了云盘传播淫秽色情信息现象。通过及时发声、协同作战、严查严打、出台法规,从严查处“斗鱼”“熊猫 TV”“映客”等一批违法违规直播平台,推进行业管理和企业主体责任落实,有力治理了直播平台乱象。全国“扫黄打非”办公室部署广东省查办关停了运行仅 10 天的 LOLO 直播平台,并抓获平台负责人、主播等 16 名,一举打掉了该制作、传播淫秽内容牟利的犯罪团伙。依法处罚“今日头条”等传播低俗内容新闻客户端,整治低俗信息问题,删除违规文章 110 万篇。二是及时处置不雅视频事件并建立了应急处置工作机制。三是以“打”开路,持续强化案件查办。重点查处了辽宁辽阳“5·11”、河北邯郸“柒盘论坛”等云盘传播淫秽物品牟利案及江苏徐州黄某等人利用网络组织淫秽表演案,其中“柒盘论坛”案抓获犯罪嫌疑人 50 人,有力震慑了违法犯罪行为。

(三)打击非法有害少儿出版物及信息工作成绩显著。开展“护苗 2016”专项行动,一手抓市场整治、网络清查,全国收缴非法有害少儿出版物 346 万件,处置妨害少年儿童健康成长有害信息 458 万余条;一手抓正面引导,组织各地开展“绿书签 2016”系列宣传教育活动,引导少年儿童远离和抵制非法有害出版物。同时,严厉打击涉少儿非法有害出版物制售传播活动,查办了一批典型案件。北京根据全国“扫黄打非”办公室转交线索,顺藤摸瓜,查办了“8·08”特大制售侵权盗版少儿类出版物案,查扣侵权盗版少儿出版物 350 余万册,码洋达 9100 余万元,打掉一个集印刷、寄递、网上网下销售为一体的家族式犯罪团伙,是近年来破获的数量最多、案值最高、品种最全的制售侵权盗版少儿类出版物案;破获浙江嘉兴吴某等人网络传播淫秽物品牟利案,抓获涉案人员 27 人,QQ 群成员大多系未成年人,影响极为恶劣。

(四)打击“三假”和侵权盗版工作成果突出。

开展“秋风2016”专项行动，各地查办一批大案要案。山东破获了“5·16”非法期刊经营案，该案涉案人从境外网站获取反动内容，编印、销售各类非法期刊近300万册，是近年来破获的性质最为恶劣、制售非法期刊数量最多的假期刊案件。北京查办了“5·24”特大制作销售假记者证团伙案，系全国首例通过微信渠道销售假记者证案件，查获假记者证近千个。江苏、北京联合查处了“10·26”特大网络销售侵权盗版图书案，涉案盗版图书数量120万册，总码洋5200余万元，系近年来破获的通过电商平台销售盗版图书数量最多、案值最高的案件。此外，深化“秋风”专项行动，组织开展了部分重点城市高校及其周边复印店专项治理行动，查处取缔违法违规复印店2000余家，开展假冒学术期刊网站专项整治工作，严肃查处利用假冒学术期刊网站实施诈骗等违法行为。

（五）巩固边疆文化安全工作进展可喜。开展“固边2016”专项行动，构筑边疆文化安全屏障。全国收缴各类非法出版物约100余万件。云南、甘肃联合查办“4·15”特大制贩非法出版物案，打掉2个非法印刷、储存窝点，抓获犯罪嫌疑人9人，查扣174种非法出版物37万余册。深入打击各类非法出版活动，部署对非法出版物及反动宣传品进行集中整治。北京、安徽等省（市）共查获非法出版物50万余册、光盘4万余张。

二、2016年工作特点

（一）领导高度重视，充分发挥政治优势。中央领导同志对“扫黄打非”工作开展给予有力指导。注重发挥政治优势，部署各地将“扫黄打非”作为落实意识形态工作责任制重要内容，加强组织领导，全面提升“扫黄打非”工作力度。

（二）坚持问题导向，提高精准打击力度。工作中注重以问题为导向，问题扩散到哪里，工作就跟进到哪里，做到有的放矢、精准打击。先后组织全面督查2次、暗访检查9次，实现对全国31个省（区、市）的全覆盖，涉及80余个（次）重点城市，发现整改问题400多个。在开展专项行动中，针对突出问题开展集中整治，以集中整治为抓手，将专项行动深入推进。如在“净网”行动中，针对当前网络传播淫秽色情信息的新动向、新问题，组织开展了云盘、网络直播平台、客户端集中整治，有力遏制了网络淫秽色情信息的扩散。

（三）健全机制制度，实现重点工作新突破。建立了网上“扫黄打非”联系会商机制，与中央有关部门加强了信息共享、日常查删、应急处置、部门约谈、协同查处等全方位的协作。建立了与重点互联网企业的工作协调机制，网上有害信息核处能力显著提高。进一步完善联防协作工程体制机制建设，制定出台《关于进一步加强“扫黄打非”联防协作工程建设的意见》，明确任务分工，规范工程运行，强化区域治理，完善省际协作。及时优化调整经费补助和考评细则，在资金和评比表彰上向联防协作工程建设适度倾斜。五大联防协作工程相继召开座谈会，进一步强化了信息共享、联合封堵、市场互检、案件协查等工作。

（四）强化综合管控，提高系统治理能力。以全国“扫黄打非”办公室名义，充分发挥协调职能，进一步深化整体防控、综合治理。组织召开专题协调会40余次，有力推动了一系列重要案（事）件的处置。在案件查办上，不是简单下达指标、布置任务，而是统筹形成了集发动举报、联合督办、协调指导、宣传震慑于一体的工作流程。全国“扫黄打非”办公室联合举报中心受理群众举报12万余件，转办线索3万余件，形成案件200余起；挂牌督办重点案件146起，其中联合公安部、国家版权局挂牌督办重点案件111起；组织召开案件协调会10余次，涉及法院、公安、文化执法等单位数十家，推动了重点案件的查办工作；同时，加强案件宣传，“边打边曝光”，有力震慑了违法违规行为。

（五）积极开拓创新，主动应用新媒体新技术。创新宣传方式，制作推广“扫黄打非”公益动漫视频。加强宣传选题策划，利用媒体深度报道或专栏、专题、专版的形式扩大影响力。积极发挥新媒体作用，在常态运营中国扫黄打非网、“扫黄打非”官方微博、微信和公众号的基础上，开通“扫黄打非”头条号和一点资讯号、“绿书签”公众号，首次运用网络直播开展宣传工作，在网易直播平台进行2次专题直播，收看网民达85万人。积极推动“扫黄打非”信息化建设，提升科技化管理水平。推动建立有害出版物信息特征值共享数据库，百度、腾讯、阿里等9家公司已经接入共享数据库系统，“扫黄打非”信息管理系统一期已建成并投入试用，二期系统正在建设中。

（六）广泛发动群众，开创基层基础工作新局面。积极协调相关部门，广泛动员群众参与，深入推进“扫黄打非”进基层。联合中宣部、中央综治办等十部门制定《关于深入推进“扫黄打非”进基层的指导意见》，并狠抓落实落地工作。大部分省（区、市）制定实施了本地区的指导方案，并开展了广泛的宣传动员工作。北京、湖北等 10 余个省市召开了进基层推进会，四川建立乡镇（街道）“扫黄打非”办公室 4000 多个，建立村（社区）“扫黄打非”工作站 5.3 万个，河北挂牌成立行政村（社区）“扫黄打非”工作站 1 万多个。进基层工作全年声势大、力度强、措施实，开创了新的局面。积极发挥有关监测单位、鉴定单位及京版十五社反盗版联盟、少儿出版反盗版联盟等社会资源力量，提升工作效能。积极推动《出版物鉴定规则》《淫秽色情出版物认定管理办法》等文件的修订工作，强化“扫黄打非”制度保障。

中国银行业监督管理委员会

2016年中国银监会参与综治工作情况

2016年，在中央综治委的统一领导下，中国银监会牵头处置非法集资部际联席会议（以下简称联席会议）全面贯彻党的十八大和十八届三中、四中、五中、六中全会以及中央经济工作会议精神，按照《国务院关于进一步做好防范和处置非法集资工作的意见》（以下简称《意见》）精神和要求，积极推动各省（区、市）全面加强机制建设、监测预警、风险排查、案件处置、宣传教育等，各项工作取得积极成效，非法集资高发蔓延势头得到遏制。

防范和处置非法集资工作各项成效的取得离不开综治工作的积极推动和支持，主要体现在：一是综治考评已成为推动防范和处置非法集资工作的重要抓手。自2011年防范和处置非法集资工作纳入中央社会治安综治考评以来，机制建设、监测预警、案件处置、宣传教育等重点工作得到积极推进，特别是2016年中央综治办提高了防范和处置非法集资综治考评分值，推动力度进一步加强。二是综治网格化成为开展非法集资监测预警等相关工作的重要途径。目前一些省份正积极探索发挥基层综治网格化管理优势，建立扁平式、社会化的非法集资监测体系。三是各级综治组织在加大统筹协调工作方面发挥了积极作用。2016年，中央综治办专门印发文件，对各级综治、公安、信访等部门全力支持、积极协同地方政府做好防范和处置非法集资有关工作提出要求，不断完善齐抓共管、协助配合的长效机制。

2016年，联席会议办公室积极配合中央综治办做了以下几项工作。

一、认真做好防范和处置非法集资综治考评，切实推动《意见》贯彻落实

2016年初，联席会议围绕推动贯彻落实《意见》精神和要求，制定下发《2016年省、自治区、直辖市打击和处置非法集资工作综合治理考核评价细则》，推动重点工作取得实效。2016年底，按照中央综治办有关工作安排和要求，本着充分体现考评全面性和客观性的原则，联席会议对各省（区、市）进行考评：一是根据各省（区、市）自评情况，结合工作实际，严格控制分值；二是坚持客观公正，统一研究评分标准，按实际情况进行打分；三是考评分值拉开档次，以起到鼓励先进、鞭策落后的作用。通过考评，各省对防范和处置非法集资工作重视程度明显加强，相关重点工作得到积极贯彻落实。

二、在全国综治创新工作会议上作经验交流，组织拍摄防范和处置非法集资专题片

根据中央综治办要求，2016年10月，联席会议代表就防范和处置非法集资工作在2016年全国社会治安综合治理创新工作会议上作经验交流，分析研判非法集资形势特点，对各省（区、市）下一步如何更好地开展防范和处置非法集资工作提出要求。同时，联席会议办公室还积极组织工作力量，赴北京、山东、河南、湖北、重庆、大连等多地调研采集素材，拍摄了防范和处置非法集资专题片在会上发放，直观、生动地展示有关省（区、市）在管住涉嫌非法集资广告、严格投资咨询类企业登记注册、开展非法集资监测预警等方面的经验做法，指导各省（区、市）防范和处置非法集资工作开展。

三、积极配合做好综治暗访等其他有关工作

按照中央综治办统一部署和安排，2016年联席会议办公室派出2名同志参加相关暗访督查工作，分别赴浙江、山东、河南、湖北等省份，就社会治安重点问题、防范和处置非法集资等工作进行暗访检查，采集大量一手资料，作为中央综治办和联席会议掌握各省(区、市)有关工作情况、进行考评的重要依据和参考。此外,联席会议办公室还积极配合中央综治办做好提供当前防范和处置非法集资有关材料、参加各类工作会议等相关工作。

处置非法集资部际联席会议
关于印发2016年防范和处置非法集资工作
综合治理考核评价细则的通知

(2016年6月15日)

各省、自治区、直辖市打击和处置非法集资工作领导小组:

为做好2016年防范和处置非法集资综治考评工作,根据《省、自治区、直辖市打击和处置非法集资工作综合治理考核评比办法》有关规定,处置非法集资部际联席会议紧紧围绕《国务院关于进一步做好防范和处置非法集资工作的意见》有关工作要求和重点工作任务,研究制定了2016年省、自治区、直辖市防范和处置非法集资工作综合治理考核评价细则。现印发给你们,请认真组织落实。

附件

2016年省、自治区、直辖市
防范和处置非法集资工作综合治理考核评价细则

		考核内容	考核依据	分值	得分
机制建设（20分）	工作机制	1. 做好处非人员保障工作，省一级有明确的专职工作人员负责。	各地相关文件。	2	
		2. 落实责任分工，对没有明确主管、监管部门的行业领域，明确主管、监管部门，利用现有市场监管手段，强化综合监管。	各地相关文件及工作情况。	4	
	责任落实	3. 充分运用综治考评、通报约谈、挂牌督办、黄牌警告、一票否决等手段，推动责任落实。	各地相关文件及工作情况。	2	
		4. 建立目标责任制，将防范和处置非法集资工作纳入领导班子和领导干部综合考核评价内容；明确责任，表彰奖励先进，对工作渎职、失职行为进行责任追究。	各地相关文件、做法等。	4	
		5. 规范约束地方各级领导干部参与民间经济金融活动。	各地相关文件。	1	
	信息报送	6. 及时、全面、客观报送案件统计信息。	月报漏报1次扣0.2分；半年报，年报迟报1次扣0.5分，不报1次扣1分；瞒报、漏报案件统计信息情节严重的扣除全部分值。	2	
		7. 半年、全年报送辖内非法集资形势分析及工作情况报告。	迟报1次扣0.5分，不报1次扣1分，没有形势分析的1次扣0.5分。	2	
		8. 及时、全面报送综治考评相关材料。	迟报扣0.5分，材料过于简单，没有针对性扣0.5分。	1	
	调研创新	9. 认真配合联席会议做好相关调研、督导、研讨。结合实际，创新开展工作。	各地相关文件和联席会议办公室掌握的相关情况。	2	

续表

	考核内容		考核依据	分值	得分
监测预警（25 分）		1. 加强组织领导，建立工作制度，明确部门职责。	各地出台的相关制度性文件。	4	
		2. 加强资源信息整合，统筹整合人员信息、经营信息、资金信息、舆情信息、线下信息等；明确牵头部门，集中汇总分析各类信息。	各地报送情况。	3	
		3. 创新工作方法，利用现代信息技术手段，探索建立监测预警平台。	各地报送情况；工作一般化的得 1 分，取得明显成效的得 4 分。	4	
		4. 建立统计报告制度，汇总各地市、各行业非法集资风险领域情况，定期形成监测报告上报省（区、市）人民政府，并通报各地市和部门。	各地报送的制度性文件、监测报告。	4	
		5. 区别不同情况分类处置线索。	各地报送情况。	3	
		6. 监测及时发现重大线索，对后续风险化解、案件处置起到重要作用，打早打小取得明显成效。	各地报送情况和联席会议办公室、公安部掌握的情况；工作一般化的得 2 分，取得明显成效的得 5 分。	5	
		7. 按照部际联席会议要求，制定本辖区非法集资举报奖励实施细则，并做好非法集资举报奖励工作。	各地报送的实施细则以及举报奖励实施情况报告等材料。	2	
案件处置与专项整治（25 分）	跨省案件处置	1. 跨省案件牵头省份积极履行牵头职责，牵头建立沟通协作机制，主动协调涉案省份开展立案查处、案件诉讼、资产追缴、集资参与人登记、资金清退、维护稳定等工作，及时制定处置方案，定期向涉案省份通报宣传口径、整体处置进展等。	联席会议办公室掌握的情况和各地报送情况。对其他涉案省份的合理协作需求，推诿或失职造成较大不良影响的，扣 5 分。	5	
		2. 跨省案件涉案省份切实做好涉及本辖区案件处置工作，并积极配合牵头省份建立沟通协调机制，协助做好案件整体处置工作。集资参与人所在地要按照属地原则做好维护稳定工作。	联席会议办公室、公安部、最高人民法院、最高人民检察院等掌握的情况和各地报送情况。对牵头省份的合理协作需求，推诿或失职造成较大不良影响的，扣 5 分。	5	
	本省案件处置	3. 积极核查案件线索，依法主动立案；相关部门积极协作，同步上案；案件侦查诉讼、资产处置、集资款清退等工作进展迅速、高效。	联席会议办公室掌握的情况，相关部门通报情况，各地报送情况。	2	

续表

	考核内容		考核依据	分值	得分
案件处置与专项整治（25分）	专项整治	4. 部署开展非法集资风险专项整治行动，制定工作方案，明确落实各部门职责分工和任务目标。	各地出台的相关制度性文件。	2	
		5. 对重点整治行业要明确牵头部门，采取有效措施开展风险排查、清理整治，基本摸清辖内风险底数，有效化解风险隐患。对涉嫌非法集资犯罪的，及时采取措施依法查处。	各地报送情况和联席会议办公室掌握的情况。	2	
		6. 创新工作方法，整治成效显著，相关经验和做法得到联席会议办公室肯定。	各地报送情况和联席会议办公室掌握的情况。	3	
		7. 建立工作台账，对工作成果进行量化统计，按时、按要求报送工作进展和总结报告。	未建立工作台账的扣1分，未按要求报告总结报告的扣2分。	2	
	落实工作	8. 按照联席会议办公室要求，按时报送案件核查、处置工作情况。	联席会议办公室掌握的情况；未按要求报送案件核查、处置情况的，每次扣1分。	2	
		9. 按照联席会议办公室要求，加大陈案处置力度，推动尽快结案。	联席会议办公室掌握的情况和各地报送的情况。	1	
		10. 认真执行公安部关于跨区域非法集资刑事案件报备规定。	公安部掌握的情况。	1	
宣传教育（30分）	宣传月	1. 各省（区、市）积极组织部署宣传月活动。	各省（区、市）关于开展宣传月活动的通知、方案、会议纪要等材料。	1	
		2. 各市（地）、各行业主管监管部门认真组织开展宣传月活动。	各市（地）、各行业主管监管部门组织开展宣传月活动相关文件或材料。	2	
		3. 充分运用各类媒介载体，广泛组织开展宣传，推动宣传教育活动进机关、进工厂、进学校、进家庭、进社区、进村屯，实现宣传教育广覆盖。	省级媒体报道不少于2次，市（地）以下媒体报道不少于8次，少1次扣0.5分，要求报送不同市（地）；体现宣传教育“六进”内容少于三项的，每少一项扣0.5分。	3	
		4. 活动突出贴近基层、贴近群众、贴近生活特点，得到中央有关部门肯定或国家级媒体报道。	国家级媒体报道材料和联席会议办公室掌握的情况。	2	

续表

	考核内容		考核依据	分值	得分
宣传教育（30 分）	日常宣传	5. 制定本辖区宣传教育工作计划或实施方案，建立健全宣传教育长效机制。	各地相关文件。	2	
		6. 充分利用各类媒介载体开展日常宣传教育活动。	除宣传月活动报道外，省级媒体不少于 2 次，市（地）以下媒体不少于 6 次，少 1 次扣 0.5 分，要求报送不同市（地）。	3	
		7. 深化创新驱动，提高宣传的广泛性、针对性、有效性。	采用群发短信、微信公众号、公共交通车载广告或其他创新宣传方式，利用法律政策解读、典型案例剖析、投资风险教育等形式开展宣传教育的，或者宣传形式、内容接地气、通俗生动，宣传对象、领域有针对性的，每符合 1 项加 0.5 分，加至满分为止。	3	
		8. 按照联席会议要求，通过多种途径播放防范和处置非法集资公益广告，加强宣传效果。	各地播放的相关资料。	1	
		9. 加强宣传队伍建设，加强对处非工作人员的培训。	各地相关文件及联席会议办公室掌握的相关情况。	2	
	广告资讯信息排查清理	10. 组织部署本辖区广告资讯信息排查清理活动。	各地政府或打非办通知、工作方案等相关文件。	2	
		11. 对辖内报刊杂志、广播电视、网络媒体、户外广告、传单、手机短信等发布传播的涉嫌非法集资广告资讯信息进行全面清理整治。	各地相关文件、报告、图片等。	3	
		12. 加大对门户网站、微博、微信、手机客户端等新兴媒体的排查力度。强化辖内媒体自律责任，自觉抵制涉嫌非法集资广告。	各地相关文件、报告等。	2	
		13. 加强对投资管理、投资咨询、第三方理财等民间投融资中介机构以及 P 2P 网络借贷等互联网平台发布广告的审查管理。	各地工商部门有关文件材料等。	2	
		14. 排查清理富有成效，相关网络、媒体非法集资广告资讯信息明显减少，相关经验和做法得到联席会议肯定。	各地上报情况和联席会议办公室掌握的相关情况。	2	

续表

		考核内容	考核依据	分值	得分
扣减项目（-100分）		1. 省级人民政府对防范和处置非法集资工作不重视，省级打非工作领导小组组织领导工作不到位，导致非法集资风险突出。	部际联席会议掌握情况。	-10	
		2. 辖内所有县（区）级处非领导小组工作机制尚未全部建立。	县（区）级成立领导小组情况，按未成立领导小组的县（区）占全省比例倒扣分。	-10	
		3. 省（区、市）没有设立打击和处置非法集资工作专项经费，或没有纳入省级财政预算，未给予合理保障、支持。	各地相关文件。	-5	
		4. 对重大案件查处工作，未给予经费、人力、设备、政策等充分保障、支持。	联席会议办公室和公安部掌握的相关情况。	-10	
		5. 瞒报、漏报新发案件统计信息，情节严重。	联席会议办公室掌握的相关情况。	-5	
		6. 因非法集资引发较大及以上群体性事件或者20人以上重复非正常上访。	联席会议办公室掌握的相关情况。	-10	
		7. 因辖内行业监管弱化、风险排查不到位、处置工作不力等，导致行业性、区域性风险突出。	联席会议办公室掌握的相关情况。	-10	
		8. 在跨省份非法集资案件处置中，不落实“统一指挥协调、统一办案要求、统一资产处置，分别侦查诉讼、分别落实维稳”的工作机制，影响全案处置进程的。	联席会议办公室和公安部、最高人民法院、最高人民检察院掌握的相关情况。	-20	
		9. 不执行联席会议办公室或相关部门已经协调议定的查处、处置事项以及交办的重大工作事项，或者擅自行动影响案件整体处置和社会稳定的。	联席会议办公室和公安部、最高人民法院、最高人民检察院掌握的相关情况。	-20	

说明：

1. 所得分值与扣减项目所扣分值加总合计，最低得分为0分。

2. 没有由其牵头处置的跨省份案件的省份，“跨省份案件牵头省份工作情况”项目得5分；没有需其配合处置跨省份非法集资案件的省份，“跨省份案件涉案省份协作情况”项目得5分；没有非法集资案件的省份（不跨省份），“本省份案件处置情况”得2分。

3. 跨省份案件相关省份如出现拒不履职，或拒不执行联席会议办公室协调议定事项，或擅自处置涉案资产、清退本地群众集资款等情况，“跨省份案件处置”项目得0分。

中国保险监督管理委员会

2016 年保险业参与综治工作情况

2016 年,保监会指导保险业深入贯彻落实党的十八大、十八届三中、四中、五中、六中全会和全国社会治安综合治理创新工作会议精神,紧紧围绕中央关于加强社会治安综合治理、构建立体化社会治安防控体系、深化平安中国建设的决策部署,按照中央综治委的要求,进一步明确责任,突出重点,创新机制,积极参与社会治安综合治理工作,充分发挥保险功能作用,为维护社会稳定、服务和谐大局做出新的贡献。

一、坚持“保监会姓监,保险业姓保”,积极推动保险业参与社会治理工作

(一)发挥风险管理与经济补偿功能,积极应对灾害事故。一是加快推进我国巨灾保险试点工作,巨灾风险管理与保障功能逐步凸显。二是开发新型产品,稳步扩大试点地区和保障责任。2016 年 7 月 1 日,城乡居民住宅地震保险正式上线,保障主要地震灾害风险,截至 2017 年 3 月 3 日,共销售 19. 56 万笔保单,提供风险保障 181. 05 亿元。广东巨灾指数保险在湛江等 10 个试点地市全面落地,涵盖台风、强降雨、地震三类重大自然灾害,提供风险保障 23. 47 亿元;黑龙江推出农业财政巨灾指数保险,为省内 28 个贫困县提供风险保障 23. 24 亿元。宁波、厦门巨灾保险将突发性的火灾、爆炸、群体性踩踏、恶性案件等重大公共安全事件纳入保障范围。三是及时赔付各类灾害损失。2016 年,保险业为全社会提供风险保障总额 1718 万亿元,赔款与给付 1. 05 万亿元,增长 21. 20% 。其中,厦门“莫兰蒂”台风灾害赔付 15. 87 亿元;广东“海马”台风灾害赔付 2100 万元;大理州云龙县两次地震,赔付 3553. 76 万元。在南方特大洪涝灾害中,农业保险支付赔款超过 70 亿元;在黑龙江旱灾和风灾中,农业保险支付赔款 41 亿元,简单赔付率达 138% ,保险赔款已成为农民灾后恢复生产和灾区重建的重要资金来源。

(二)责任保险业务发展持续提速,服务能力不断增强。一是发展速度明显提升。2016 年,责任保险保费收入 362. 35 亿元,较上年增长 20. 04% ,增速高于财产保险整体增速 10. 03 个百分点。保费收入在财产保险业务中的占比由 2015 年的 3. 58% 提升至 3. 91% ,成为财产保险业务中仅次于车险、农险、企财险的第四大险种。二是重点领域覆盖面不断扩大。医疗责任保险方面,2016 年,全国有 7 万余家医疗机构投保,新增 8000 余家,其中 90% 为基层医疗机构。环境污染责任保险方面,试点省(区、市)扩展至 30 多个,涉及重金属、石化、危险化学品、危险废物处置、电力、医药、印染等多个领域。食品安全责任保险试点省市已达 20 多个,投保单位总数超过 4 万个。安全生产责任保险覆盖范围扩展至矿山、建筑施工、金属冶炼、机械制造、交通运输等单位和危险物品生产、经营、储存等领域。校方责任保险、承运人责任保险、旅行社责任保险等险种已基本实现全覆盖。三是功能作用进一步发挥。2016 年,责任保险为国民经济各行业提供风险保障 118. 2 万亿元,较上年增长 29. 89% 。已决和未决赔款 291. 02 亿元,较上年增长 24. 88% ,有效提升了社会保障水平。如保险公司在“11 · 24”江西丰城电厂事故发生后三天内,通过雇主责任险支付赔款 6570 万元,获得政府高度肯定。事前风险预防方面,江苏无锡引入保险公司参与环境风险排查和防范,累计对 5000 多家企业进行环境风险勘查评估,提出整改建议 4 万多条。事中风险控制方面,上海由保险公司聘请第三方风险管理机构,对住宅工程从设计、施工到验收竣工全过程进行风险管理。事后理赔服务方面,宁波医疗责任保险共保体下设理赔服务中心，医疗纠纷发生后，第一时间出面协商，将医患双方有效隔离。四是鼓励试点探索。各保监局积极加强与地方政府的汇报沟通，通过出台实施细则，完善保险方案，积极开展相关责任保险试点。例如，宁波试点开展电梯安全管理社会共治，通过“保险 + 服务”机制，保险公司介入电梯日常维保过程。首批有 5 家维保单位、9 家物业单位、26 个住宅小区，共计 700 余部住宅电梯纳入试点。浙江衢州开展“安环险”试点，包含安全生产、环境污染及危化品运输三项保险责任，提升保障能力。

（三）发挥行业优势，服务社会治安风险防控。一是积极推进公共安全视频监控建设联网工作。向保险公司调查了解行业视频监控设备安装及系统建设情况，向部际协调工作组进行反馈；同时传达中央综治办工作部署，要求保险公司按照属地管理原则，在当地政府的统一领导下，严格按照公共安全视频监控系统建设和联网要求做好相关工作，确保在保险领域公共场所重要部位达到视频监控全覆盖。二是发挥网络队伍优势，助力基层治理网络健全。健全基层社会治安综合治理体系，注重发挥保险机构点多面广的优势，发挥保险业基层党组织的作用，建立平安志愿者队伍，广泛参与社会治理与服务体系建设工作，努力实现保险业务与社会治安综合治理工作良性互动，共同发展。三是加强运用保险大数据能力建设。加快推进保单登记管理信息平台建设，完善全国车险、农险、健康险等行业信息共享平台功能，积极对接引入行业外部数据资源，运用大数据思维和技术方法，快速、准确掌握行业潜在风险。

二、构筑保险民生保障网，完善多层次社会保障体系

（一）推动各地运用保险机制开展扶贫帮困。会同人民银行等 7 部委联合印发《关于金融助推脱贫攻坚的实施意见》；会同国务院扶贫办联合印发《关于做好保险业助推脱贫攻坚工作的意见》，并发布《保险业助推脱贫攻坚倡议书》；与贵州省政府联合印发《关于在贵州建设“保险助推脱贫攻坚”示范区的实施方案》，明确提出下调保险费率、开展异地理赔、实施差异化监管等支持政策。围绕脱贫攻坚战略的需要，着力打造以大病保险、农业保险、小额保险等为主的保险扶贫保障体系，以小贷险、学贷险、农险保单质押贷款等为主的保险扶贫增信体系，以产业扶贫投资基金等为主的保险扶贫投资体系，全方位助力脱贫攻坚。针对建档立卡贫困人口，在大病保险、农业保险等领域给予扩大保障范围、降低保险费率、提高补偿比例等政策倾斜。开展贫困人口补充医疗保险试点，进一步减轻贫困人口医疗负担。设立保险业产业扶贫投资基金，创新保险资金投融资模式，第一笔资金在河北阜平落地。推动各地大病保险向困难群众适当倾斜，提高报销水平，如甘肃对贫困人口的起付线由 5000 元降为 3000 元，吉林省对贫困人口等起付线下调 40%，报销比例提高 5%；在江西、河南、云南等地试点贫困人口补充医疗保险，将贫困人口医疗费用自付比例降低到 10% 以下，效果明显并得到认可，逐步向全省、全国推广。

（二）大力发展“三农”保险，推动维护农村稳定。一是覆盖面进一步扩大。2016 年，农业保险承保主要农作物达 17.21 亿亩，占全国播种面积的 70.2%。玉米、水稻、小麦三大口粮作物承保覆盖率超过 70%。保费收入突破 400 亿元大关，达 417.12 亿元，同比增长 11.32%；参保农户 2.04 亿户次，提供风险保障 2.16 万亿元，同比增长 9.91%。二是保障功能进一步增强。2016 年支付赔款 348.02 亿元，同比增长 33.85%，较 2015 年大幅提高 12.64 个百分点；受益农户 4575.51 万户次，同比增长 15.11%。三是产品创新成效显著。2016 年，备案地方特色优势农产品保险 850 个，占总产品数量的 55%，包括中药材、茶叶等多个地方特色优势品种；备案各类创新型（价格类、指数类产品）产品 272 个，同比增长近 1 倍。指数保险方面，已有 20 个省（区、市）研发了 68 项天气指数保险产品，涉及玉米、水稻、小麦、花卉、蔬菜等多类农产品。四是稳步推动各类创新试点，重点险种发展取得突破。北京、江苏、四川等 31 个省份启动或制定了农产品价格保险试点方案，试点品种包括生猪、蔬菜、粮食作物和地方特色农产品共 4 大类 50 种。与农业部、证监会、大商所、郑商所共同推动大豆、玉米、鸡蛋、棉花和白糖等多个品种的“保险 + 期货/期权”模式在 12 个省份创新试点，探索运用跨市场金融工具管理分散农产品价格风险。制种保险开办地区扩大至湖北、甘肃等15个省(市),保险标的从单一的水稻扩展到玉米、小麦和蔬菜等多个品种,保险责任从传统的自然灾害风险扩展至种子质量风险等。渔业保险开办省份达到22个,保费收入同比增长11.78%。农房保险已覆盖全国,实现保费收入8.82亿元,同比增长9.11%。

(三)城乡居民大病保险运行平稳顺畅,兜底保障作用成效明显。2016年,城乡居民大病保险实现对城乡居民10.9亿人的全覆盖,其中,16家保险公司在全国30省(区、市)承办的大病保险项目覆盖了城乡居民10.1亿人和城镇职工0.4亿人,基本医保部门为城乡居民0.4亿人承办了相关保险项目。大病保险保费收入333亿元,赔付475.7万人次,赔付支出300.9亿元,提取赔款准备金32.4亿元,有效缓解了"因病致贫、因病返贫"问题。大病保险患者实际报销比例在基本医保的基础上提升13.16%,个案最高赔付达111.6万元。通过加强系统对接和数据共享,保险业承办的大病保险项目中有414个项目实现"一站式结算",80个项目实现异地结算,78.45万大病患者转外就医,大病患者享受到快速便捷的服务。

(四)服务多层次养老保障体系建设。一是以年金保险为代表的商业养老保险保持较快发展,有效弥补基本养老保险保障不足的问题。截至2016年末,年金保险保费收入8510亿元,同比增长57%,有效保单9317万件,期末有效参保人次1.27亿,积累了2.38万亿元的责任准备金。二是保险业为企业年金提供全程管理服务,成为市场主要参与者之一。截至2016年底,保险业累计为超过5万家企业提供受托管理服务,覆盖1086万人,受托管理资产5167亿元,占企业年金法人受托业务的70%;投资管理资产余额5730亿元,占企业年金基金实际投资运作金额的53%;管理企业账户1.5万个,个人账户281万个。三是保险资金积极投资养老实体,助力解决老年照护问题。截至2016年,共有8家保险机构已投资或计划投资28个保险养老社区项目,计划投资金额669.5亿元,已投资金额251亿元,设计床位40577个,并通过内设医务室、配套医院、聘请专家定期坐诊、聘用专业护理人员等形式,帮助老年人在足不出社区的情况下,解决日常医疗护理问题。四是推动养老机构责任险发展。截至2016年,养老机构责任保险为11000多家次养老机构提供风险保障1036.63亿元,实现保费收入4461.42万元,支付已决赔款2612.85万元、未决赔款1902.49万元。

(五)服务健康保障体系建设。保监会指导保险业积极参与分级诊疗制度建设、家庭医生、社会资本投资医疗机构等重要医改制度建设。2016年,商业健康保险保费收入4042.50亿元,同比增长67.71%,合计100多家保险公司向社会提供超过4000个健康保险产品。有效保单超过1.9亿张,为参保群众提供风险保障255万亿元,积累健康保障准备金6593.6亿元,赔付支出1000.75亿元,同比增长31.17%,占我国医疗费用支出的2.5%。个人税优健康保险业务在全国31个城市试点,共销售保单54370件,将群众高额医疗费用自付比例从50%以上降低到10%左右。

三、健全风险防控工作机制,维护保险市场稳定运行

(一)统筹全系统力量开展"两个加强、两个遏制"回头看工作。"两两"回头看工作是国务院着眼于防风险、守底线,巩固"两两"专项检查成果的重要部署。保监会组织机关13个部门、36家保监局、全行业8.3万家各类各级机构统一行动、共同参与,统筹调配近1200名监管干部开展监管抽查,累计检查法人机构35家、各类保险分支机构1369家、保险中介机构214家,共发现各类违法违规问题5.4万个。统筹成立160多个督导组,累计督导法人机构60多家、各级各类分支机构近2000家。二是严厉打击保险欺诈犯罪。推动全国30个省区市、191个地级市建立反保险欺诈专业组织机构,健全了反欺诈组织体系。联合公安部门开展"安宁2016"反保险欺诈专项行动,共向公安机关移送涉案线索1095条,破案147起,打掉犯罪团伙15个,抓获犯罪嫌疑人171人,减少行业经济损失5.5亿元,有效遏制了保险欺诈犯罪高发势头。深化与公安机关"两联两互",加大信息互通共享,开创稽查局与公安部经侦局"两部局"联合督办模式,有效推动济南自卸货车团伙诈骗案、香港欧亚合同诈骗案等重大案件侦办。三是严防非法集资风险向保险业传递。采取完善制度机制、部署全面排查、开展"慧眼·

守信·明责”宣传月活动等多种措施，保险业非法集资案件和涉案金额实现双降。累计排查保险机构4.2万家次，发现风险线索564条、受害人4192个、金额18.98亿元；教育各类人员6468.9万人次。

（二）加强保险消费者保护工作。一是加大投诉处理监管力度，提升12378热线服务能力。首次编制并发布保险消费者信心指数，妥善化解保险纠纷。2016年，保监会对开业满3个会计年度的55家财产险公司和59家人身险公司2015年度的服务情况进行了综合评分和服务评级，并将评价结果在行业内进行通报；保监会机关及各保监局共接收处理各类涉及保险消费者权益的有效投诉总量31831件，帮助消费者维护经济利益共计5.6亿余元。二是进一步落实信访积案化解工作。加强源头预防，强化问题导向，强化保险业群体性事件风险评估，加大对重点风险隐患的预警监测和防范化解，及时查处保险机构及其从业人员违法违规问题，妥善处理被保险人合理诉求。2016年，保监会共收到来信3668件、电话投诉24365件、网络投诉1208件、来访2377批次、4855人次（5人以上集体访185批次、1544人次），群体上访和恶性信访事件比往年有明显下降。三是加强完善制度建设。持续治理车险理赔难，会同公安部下发文件，提升轻微交通事故现场处置效率，会同最高人民法院开展道路交通事故赔偿纠纷处理机制改革试点，探索“交通事故网上数据一体化处理”模式。深入开展保险消费宣传教育和风险提示，推进信用体系建设，强化保险公司维护消费者合法权益的主体责任。开展首次保险公司服务评价工作。出台升级版的保险纠纷诉调对接机制文件，深化保险纠纷多元化解机制建设。

（三）深入防范化解风险，着力维护市场稳定运行。一是推进保险业重大风险防范全覆盖。全面实施偿二代技术标准和监管要求，提升对行业风险的预警能力和管理能力。加强满期给付和退保风险的监测预警和应急处置。完善保险保障基金管理制度和运行机制，基金余额超过980亿元。加大案件问责力度，倒逼保险机构落实案件防控主体责任。二是保持对重点风险的高压态势。开展保险公司治理报告及重大治理风险自查，开展保险公司治理现场检查、关联交易合规性检查，进一步加强股东股权、关联交易信息披露，扩大披露范围和频度，强化外部监督约束机制。集中排查人身险公司的万能险流动性、资产负债错配、利差损和销售误导等风险。开展农业保险专项治理整顿工作。规范互联网平台保证保险业务，明确小额分散、加强内控、信息披露等方面的要求。建立保险公司资产配置审慎性监管制度，加强保险资金运用相关风险排查，加大投资管理能力现场检查力度和资金运用信息披露力度，促进保险资产负债管理从软约束向硬约束转变。清理规范保险资产管理公司通道类业务，加大股票、股权、不动产投资内控检查力度，强化组合类资管产品监管，防止交叉领域金融风险。集中排查保险中介领域风险，2016年共现场检查339家保险专业中介机构，延伸检查100家保险公司分支机构，查实违法违规问题473个。三是果断处置潜在风险点。以万能险等专项检查为抓手，对重点公司、重点产品、重点领域的风险进行了果断处置，依法规范险资举牌和资金运用，暂停相关机构的万能险业务和新产品申报，遏制了行业违法违规和风险跨市场跨领域蔓延的势头。有序处置保险公司私募债保证保险项目风险事件，督促公司积极妥善化解风险。

最高人民法院　中国保险监督管理委员会关于全面推进保险纠纷诉讼与调解对接机制建设的意见

（2016 年 11 月 4 日）

开展保险纠纷诉讼与调解对接（下称诉调对接）机制建设，是贯彻落实党的十八大和十八届三中、四中、五中、六中全会精神，完善多元化纠纷解决机制，推进社会治理现代化的重要举措。自2012 年最高人民法院和中国保监会联合下发《关于在全国部分地区开展建立保险纠纷诉讼与调解对接机制试点工作的通知》以来，试点地区人民法院与保险监管机构加强协同运作，发挥预防和化解社会矛盾的积极作用，促进保险纠纷依法、公正、高效解决，有效维护各方当事人合法权益，圆满完成各项试点任务。为贯彻落实《中共中央关于全面推进依法治国若干重大问题的决定》有关完善多元化纠纷解决机制精神及《最高人民法院关于人民法院进一步深化多元化纠纷解决机制改革的意见》，现就进一步推进保险纠纷诉调对接机制建设工作提出以下意见。

一、总体要求

（一）指导思想。全面贯彻党的十八大和十八届三中、四中、五中、六中全会精神，以邓小平理论、“三个代表”重要思想、科学发展观为指导，深入贯彻习近平总书记系列重要讲话精神，紧紧围绕协调推进“四个全面”战略布局和“五大发展理念”，切实落实党中央国务院关于完善矛盾纠纷多元化解机制的要求，充分发挥人民法院、保险监管机构、保险行业组织预防和化解社会矛盾纠纷的积极作用，依法、公正、高效化解保险纠纷，不断提高调解公信力，为保险纠纷当事人提供便捷、高效、低成本的纠纷解决途径。

（二）基本原则。一是坚持依法公正。保险纠纷诉调对接工作应当依法、公正进行，严格遵守法律、行政法规和司法解释规定的程序，不得损害当事人及其他利害关系人的合法权益，不得违反法律的基本原则，不得损害社会公共利益。二是坚持调解自愿。开展保险纠纷诉调对接工作必须充分尊重各方当事人意愿，不得强制调解，保障当事人依法行使自己的民事权利和诉讼权利。三是坚持高效便民。开展保险纠纷诉调对接工作应注重工作效率，根据纠纷的实际情况，灵活确定调解方式方法，充分运用信息化手段，尽可能方便当事人。

（三）目标任务。

1. 建立完善的保险纠纷多元化解决机制，为保险纠纷当事人提供更多可选择的纠纷解决渠道，实现诉调对接工作制度健全，机制运转顺畅，调解组织管理规范，调解程序合法公正，调解队伍专业稳定，依法、公正、高效化解矛盾纠纷，切实保护各方当事人的合法权益。

2. 积极扩大开展地区范围。除前期试点地区继续开展诉调对接工作外，保险纠纷诉调对接工作扩展至所有直辖市和省会（自治区首府）城市。各省、自治区、直辖市高级人民法院和保险监管机构应本着积极稳妥的原则，适时将保险纠纷诉调对接机制扩展到有纠纷化解需求、工作基础较好的地区。

二、加强平台建设

（四）完善平台设置。开展地区法院要将保险纠纷诉调对接平台建设与诉讼服务中心建设结合起来，有条件的地区要积极设立保险纠纷调解室，供特邀调解组织、特邀调解员开展工作；要建立特邀调解组织名册、特邀调解员名册，向保险纠纷当事人提供完整、准确的调解组织和调解员信息，供当事人自愿选择。保险监管机构要结合辖区实际，指导当地保险行业协会建立健全保险纠纷调解组织，有条件的地区可以建立第三方保险纠纷调解组织，推动调解组织的规范化、标准化。保险行业协会应将本地区保险纠纷调解组织、调解员名单报当地保监局、保监分局备案，并由保监局、保监分局提供给对接法院建立本辖区调解组织、调解员名册。

（五）规范调解组织建设。保险行业协会要制定调解组织管理制度，建立调解组织的评价机制；筹集并管理调解组织运行经费，制定经费使用规范及费用支付标准；指导调解组织制定并完善调解组织的调解规则、档案管理、报表统计等制度，加强调解组织软硬件建设，实现调解组织规范化、标准化。

（六）加强调解员队伍建设。调解组织要建立和完善调解员的遴选、认证、培训、考核、奖惩、退出等制度；挑选业务熟练、经验丰富的人员专职负责调解工作的组织和实施；组建调解专家库，组织相关专业人员为具体纠纷调解工作提供指导；将调解员培训纳入年度工作计划，提高调解员的职业道德、法律知识、保险知识和调解技能水平。开展地区法院要加强对调解员的指导，并通过观摩法庭审判、开展法律知识讲座等形式对调解员进行培训，促进保险纠纷诉调对接工作持续开展。

（七）积极推动建立“一站式”纠纷解决模式。开展地区法院和保险纠纷调解组织应积极推动引导交通事故纠纷处理、医疗纠纷处理等领域建立“一站式”纠纷解决模式，推进纠纷的快速处理，切实减轻当事人负担。

三、规范运作程序

（八）明确案件范围。开展地区法院要按照《最高人民法院关于建立健全诉讼与非诉讼相衔接的矛盾纠纷解决机制的若干意见》和《最高人民法院关于人民法院进一步深化多元化纠纷解决机制改革的意见》的相关规定，有序开展保险纠纷诉调对接工作。保险纠纷诉调对接的案件范围为最高人民法院《民事案件案由规定》中规定的保险纠纷以及其他与保险有关的民商事纠纷。开展地区可视情况在上述纠纷案件范围内开展诉调对接工作。

（九）完善立案前委派调解对接流程。

1. 诉前引导。在收到保险纠纷起诉状或者口头起诉之后、登记立案之前，人民法院立案部门应引导当事人选择调解方式解决纠纷。当事人同意进行诉前调解的，应填写《立案前（诉前）调解申请书》等并签字确认，或者由人民法院向当事人出具《立案前（诉前）调解建议书》《立案前（诉前）调解确认书》等文件并由当事人签字确认。当事人明确表示不同意调解的，人民法院应当依法登记立案。

2. 委派调解。人民法院向保险纠纷调解组织发送立案前委派调解函及相关材料。

3. 组织调解。调解员根据调解程序依法开展调解工作。双方达成一致意见的，调解组织应制作调解协议书，由调解员和双方当事人签字确认；调解不成的，调解组织应及时函复人民法院，其中当事人申请立案的，人民法院应当依法登记立案。

4. 司法确认。当事人申请对调解协议进行司法确认的，人民法院应当根据《最高人民法院关于建立健全诉讼与非诉讼相衔接的矛盾纠纷解决机制的若干意见》、《最高人民法院关于人民法院进一步深化多元化纠纷解决机制改革的意见》以及民事诉讼法相关规定，及时对调解协议进行审查，依法确认调解协议的效力。

（十）完善立案后委托调解对接流程。

1. 委托调解。保险纠纷已经登记立案的，开展地区法院根据案件情况，经双方当事人同意，可以委托保险纠纷调解组织调解。由人民法院出具委托调解函，写明委托法院和承办法官、双方当事人、案由及案情简介等，连同起诉书、答辩状、主要证据材料复印件及清单等材料移送调解组织。

2. 组织调解。调解员根据调解程序依法开展调解工作。双方达成一致意见的，由调解组织制作调解协议书，调解员和双方当事人签字确认。调解组织应将调解结果及相关文件及时书面报送委托法院，人民法院依法审查后出具民事调解书。调解不成的，保险纠纷案件应及时恢复审理。

（十一）严格调解时限。人民法院委派或者委托调解的保险纠纷案件，调解组织应当自接受案件之日起二十个工作日内调解完毕（不包含伤残鉴定、损失评估等时间）。经双方当事人同意，可以适当延长，但最长不得超过七个工作日。

四、健全工作机制

（十二）构建多层次的保险纠纷诉调对接沟

通联系机制。开展地区法院、保险监管机构等相关方应当定期召开保险纠纷诉调对接联席会议，沟通工作情况，协调重大典型保险纠纷案件调解，推进保险纠纷诉调对接工作深入有效开展。开展地区法院、保险监管机构、保险纠纷调解组织应当加强日常性联系沟通，及时就保险纠纷诉调对接工作中遇到的具体问题进行协调，提高工作质量和效率。

（十三）建立保险纠纷诉调对接信息共享机制。开展地区法院、保险监管机构、保险纠纷调解组织应健全保险纠纷诉调对接工作信息和数据的统计汇总制度，并定期交流信息和数据。对审判工作中发现的保险纠纷共性问题，人民法院应向保险监管机构、保险行业协会发出司法建议。

（十四）建立疑难纠纷指导机制。保险纠纷调解组织可以就保险纠纷调解中遇到的疑难问题和涉及的法律适用问题向人民法院提出咨询，人民法院应及时予以指导和答复。

（十五）探索建立在线调解机制。开展地区法院和保险纠纷调解组织应积极发挥信息技术手段对诉调对接机制建设的支持作用，依托互联网探索建立保险纠纷在线调解模式，促进保险纠纷诉调对接机制的信息化发展。

五、强化措施保障

（十六）加强组织领导。开展地区法院、保险监管机构要加大对保险纠纷诉调对接工作的领导和指导力度，根据具体实际联合制定保险纠纷诉调对接工作细则。开展地区法院所在辖区的高级人民法院、中级人民法院应指导、督促辖区内的诉调对接工作，推动诉调对接工作顺利开展。开展地区法院应明确由一个庭室统一负责保险纠纷诉调对接工作的对外协调，各相关庭室要积极参与配合保险纠纷诉调对接工作，注重沟通协作。保险监管机构应加强对调解组织的指导和监督，鼓励保险公司建立调解权限动态授予、异地授权、及时应调、快速审批等机制，保障基层分支机构能够通过调解解决保险纠纷。保险行业协会应通过组织会员公司签订行业自律公约的形式督促保险公司各级机构积极参与调解并及时履行调解协议。开展地区法院、保险监管机构和保险行业协会可以对保险纠纷诉调对接工作中表现突出的集体和个人予以表彰和宣传。

（十七）保障经费来源。开展地区法院、保险监管机构要积极争取当地党委、政府对保险纠纷诉调对接工作的支持，将诉调对接工作纳入当地矛盾纠纷多元化解工作经费保障范围。鼓励保险行业协会依法采取增加专项会费或者根据各会员公司调解案件数量收取费用等方式落实诉调对接机制经费保障，确保诉调对接工作有效进行。

（十八）完善司法确认程序。经保险纠纷调解组织主持调解达成具有民事合同性质的调解协议，当事人可以向调解组织所在地基层人民法院或者人民法庭依法申请确认其效力。登记立案前委派给保险纠纷调解组织调解达成的协议，当事人申请司法确认的，由调解组织所在地或者委派调解的基层人民法院管辖。

六、加强政策引导与宣传教育

（十九）注重政策引导。开展地区法院、保险监管机构、保险行业协会要积极引导当事人通过调解解决矛盾纠纷。人民法院要向当事人告知保险纠纷诉调对接的相关情况。保险监管机构、保险行业协会应督促保险公司在投保提示、索赔告知书、投诉处理告知书及保险合同中添加通过调解方式解决纠纷的内容，保险监管机构应在投诉处理告知书中添加通过调解方式解决纠纷的内容。

（二十）重视宣传教育。开展地区法院、保险监管机构、保险行业协会要加大宣传力度。人民法院应将保险纠纷诉调对接纳入法律宣传活动体系，保险监管机构、保险行业协会应将保险纠纷诉调对接机制纳入消费者教育体系，提升保险纠纷当事人以及社会公众对保险纠纷诉调对接机制的知晓度和信任度，增进社会公众对诉调对接工作的参与度，形成有利于推进诉调对接工作的良好氛围。

保监会认真落实“保险业姓保”要求
推动责任保险服务经济社会全局

2016年,保监会指导保险业认真落实“保险业姓保”要求,着力把握责任保险在社会治理中的定位,始终坚持“政府引导、市场运作、立法保障”发展模式,积极推动责任保险服务经济社会全局。

一、主要做法

(一)坚持推动立法和完善制度,进一步优化责任保险发展环境。一是夯实法制基础。国家层面,积极协调、推动将责任保险纳入有关法律法规框架。截至2016年,责任保险累计入法30余部。地方层面,在相关保监局的协调推动下,重庆、新疆、福建等地将投保电梯责任保险纳入电梯安全管理地方法规;天津等8省(市)出台地方性法规或规章,建设“三调解一保险”医疗纠纷处理机制;北京出台建设工程质量条例,推动工程质量潜在缺陷保险发展。二是加强制度建设。2016年,中共中央、国务院及政府部门出台的政策文件中,共有46个涉及责任保险。例如,《中共中央、国务院关于推进安全生产领域改革发展的意见》明确提出,取消安全生产风险抵押金制度,建立健全安全生产责任保险制度。保监会还联合人民银行、军委后勤保障部、教育部等部门分别印发相关文件,推动绿色金融、军队医疗、职业学校学生实习等领域责任保险发展。

(二)坚持市场运作和试点探索,进一步提高行业创新和服务能力。一是鼓励试点探索。各保监局积极加强与地方政府的汇报沟通,通过出台实施细则,完善保险方案,积极开展相关责任保险试点。例如,宁波试点开展电梯安全管理社会共治,通过“保险 + 服务”机制,保险公司介入电梯日常维保过程。首批有5家维保单位、9家物业单位、26个住宅小区,共计700余部住宅电梯纳入试点。浙江衢州开展“安环险”试点,包含安全生产、环境污染及危化品运输三项保险责任,提升保障能力。二是强化服务功能。事前风险预防方面,江苏无锡引入保险公司参与环境风险排查和防范,累计对5000多家企业进行环境风险勘查评估,提出整改建议4万多条。事中风险控制方面,上海由保险公司聘请第三方风险管理机构,对住宅工程从设计、施工到验收竣工全过程进行风险管理。事后理赔服务方面,宁波医疗责任保险共保体下设理赔服务中心,医疗纠纷发生后,第一时间出面协商,将医患双方有效隔离。三是加强产品创新。保监会指导保险行业协会和保险公司开发2个医疗责任保险示范条款,满足医疗机构差异化需求。相关保险公司开发药物质量安全责任保险、药物临床试验责任保险等产品,助力药品上市许可持有人制度改革。推出延长保修责任保险、汽车三包责任保险、建筑工程质量责任保险等新产品,不断满足社会公众需要。

(三)坚持政府引导和监管引领,进一步提高责任保险发展规范化水平。一是推动行业规范发展。保监会印发《责任保险统计制度(试行)》,将5大类责任保险细化为34个险种,规范责任保险统计。二是完善行业沟通机制。发挥全国责任保险联席会议桥梁纽带作用,搭建交流平台,研讨行业规范与创新,推动业务发展。三是加强责任保险宣传。组织编撰《“十二五”期间中国责任保险发展报告》,开展食品安全责任保险“尽享美食,全程无忧”宣传和产品质量安全责任保险宣传,普及保险知识。

二、取得的成效

(一)业务发展持续提速。2016年,责任保险保费收入362.35亿元,较上年增长20.04%,增速高于财产保险整体增速10.03个百分点。保费收入在财产保险业务中的占比由2015年的3.58%提升至3.91%,成为财产保险业务中仅次于车险、农险、企业财产险的第四大险种。

(二)重点领域覆盖面不断扩大。医疗责任保险方面,2016年,全国有7万余家医疗机构投保,新增 8000 余家,其中 90% 为基层医疗机构。环境污染责任保险方面,试点省(区、市)扩展至 30 多个,涉及重金属、石化、危险化学品、危险废物处置、电力、医药、印染等多个领域。食品安全责任保险试点省市已达 20 多个,投保单位总数超过 4 万个。安全生产责任保险覆盖范围扩展至矿山、建筑施工、金属冶炼、机械制造、交通运输等单位和危险物品生产、经营、储存等领域。校方责任保险、承运人责任保险、旅行社责任保险等险种已基本实现全覆盖。

(三)功能作用进一步发挥。2016 年,责任保险为国民经济各行业提供风险保障 118.2 万亿元,较上年增长 29.89%。已决和未决赔款 291.02 亿元,较上年增长 24.88%,有效提升了社会保障水平。例如,保险公司在"11·24"江西丰城电厂事故发生后三天内,通过雇主责任险支付赔款 6570 万元,获得政府高度肯定。

重庆市保险业"四个率先"深度服务医保改革大局

《国务院关于加快发展现代保险服务业的若干意见》提出,要发展多样化健康保险服务,鼓励保险机构参与健康服务业产业链整合。重庆保险业牢牢把握政策机遇和改革红利,积极强化与地方政府的密切协作,主动服务医药卫生体制改革全局,深度参与医疗保障体系建设,取得多重成效。

一、主要做法

(一)率先实现城乡居民大病保险市级统筹。重庆保监局积极向市政府提出工作建议,发挥直辖市体制优势,按照市级统筹、一步到位、全面推开、城乡均等原则,推进城乡居民大病保险工作。重庆市城乡居民大病保险主要有三个特点:一是城乡均等,保障力度大。城乡适用统一的起付线和报销比例,每人每年最高可报销 20 万元,保费全部由医保基金支付。二是整合制度,受益群体广。将保障范围扩大到全市高校大学生和独立参保的新生儿,涵盖除城镇职工以外的全部人群。三是同步审核,结算服务优。基本医保经办机构与商业保险机构合署办公,费用同步审核、报销,参保居民只需支付报销范围以外的费用,无须事先垫付,省去烦琐的报销流程,方便了参保居民和医疗机构。

(二)率先拓展承办重庆市城镇职工大额医保。随着重庆市各级政府、医疗机构和社会公众对保险业承办城乡居民大病保险工作的认可度和满意度不断提升,在保险业通力协作、共同推动下,市政府决定借鉴城乡居民大病保险经办模式,运用大额医保基金购买商业保险服务,将医保机构直接经办城镇职工大额医保改为由商业保险公司承办,实行风险共担。实施过程中,重庆保监局与市人社局联合出台《关于加强重庆市城乡居民大病保险城镇职工大额医疗互助保险合署办公费用管理的通知》,明确合署办公费用管理原则,为业务规范起步、有序推进发展奠定基础。2016 年前三季度,重庆市 8 家保险公司累计派驻合署办公人员 167 人,分区域开展承办工作,保险覆盖 561 万城镇职工,有 84.2 万人次获得赔付 16.7 亿元。

(三)率先参与医疗支付制度改革。一方面,保险业与市卫计委联合启动 DRGs(疾病诊断关联性分组)项目试点,成为国内商业保险深度参与医疗支付制度改革的首次尝试。项目采用政府主导与社会资本结合(PPP)模式,参与方包括市卫计委、保监局、市内医疗机构、第三方专家团队及平安养老等,首批在 3 家医院试点,之后扩至 15 家医院,将在 2019 年推广至全市二、三级医疗机构。另一方面,重庆保监局与市人社局共同研究确定,试点将城镇职工慢特病群体诊疗费支付管控交由商业保险公司全程管理,实现保险业参与重庆市基本医保管理零的突破。该试点通过搭建智能监控系统强化慢特病系统审核,参保人就诊时,医生自动获取参保人历史就诊、治疗用药信息,就诊完成后,基于大数据挖掘和医疗内在逻辑,以指标监控实现系统预警,从而引导医疗机构主动控制不合理费用,减轻参保人和医保基金的支出压力。

(四)率先全面放开医保个人账户购买商业健康险和意外险。重庆保监局主动协调市人社局、市社保局等部门,从2015年1月起,将全市110亿元的城镇职工基本医保个人账户沉淀资金向保险业开放,允许购买商业健康保险、人身意外伤害保险。一是面向所有市场主体。凡重庆市内具备健康险、意外险经营资格的保险公司,无论产、寿险公司均可同等申报、同等竞争。二是面向全市所有区县。采取一步到位的方式,同时在全市38个区县全面推进,为主城区以外的参保群众提供了便捷。三是面向所有参保人。未设定账户资金起付线,无论参保人个人账户资金余额多少,均可用作购买资金。

二、取得的成效

(一)医疗保障体系建设更为健全。一是实现大病保障全覆盖。城乡居民大病保险承保2676万人,城镇职工大额保险承保561万人,对全市户籍人口(3371万人)覆盖率达96%。二是切实帮助群众减轻医疗支出经济压力。2013—2016年上半年,城乡居民大病保险支付赔款16.7亿元,帮助26万人减轻大病治疗压力。2015—2016年,城镇职工大额保险累计赔付47.8亿元,惠及群众243.1万人。三是医保基金管控更为规范。2016年上半年,保险业配合社保部门参与调查涉嫌违规使用医保资金案件1.5万件,参与医疗机构巡查820家次,发现违规2.8万人次,涉案违规金额380.1万元。同时,DRGs和慢特病智能监控项目,对控制医保支出过快增长、提高医保基金使用效率具有积极意义。

(二)商业健康险发展明显提速。《国务院关于加快发展商业健康保险的若干意见》出台后,在大病保险等政策性业务的带动下,重庆市商业健康保险迎来快速发展期。一是健康险发展快于全国水平。2015年,全市健康险保费收入同比增长89.6%,超过全国51.9%的平均水平。2016年前三季度,全市健康险保费同比增长35.2%,对总保费增长贡献度达20.7%,高于全国平均水平。二是保障额度增长快于保费增速。2016年前三季度,重庆保险业提供风险保额同比增长26.3%,提供医疗责任风险保障同比增长48%,全市人身保障度同比提高29.7%,均高于全市保费增速,表明保险的保障功能得到强化。三是产品和服务创新加快。保险公司加快推进健康险产品更新换代,不仅整体费率降低30%左右,而且重疾险保障病种增加,部分公司达到80种;住院津贴险报销限额提高,可以覆盖多层次医疗需求,利用移动互联等新技术提供保险服务的公司达到100%。

(三)保险服务形象显著改善。一是政府更加信赖保险。大病保险等政策性业务的成功开办及高效运行,提高了政府购买保险服务的积极性。2016年,除城乡居民大病保险和城镇职工大额补充保险外,重庆还有11家人身险公司开办25项"政保合作"业务,提供各类风险保障超过600亿元。二是民生更加需要保险。受益于"政保合作"模式推广,重庆市所有建卡贫困户、计划生育失独家庭、孕产妇和部分老年人、外出务工人员、社区干部等群体享受到政策性保险保障服务,有效缓解"因病致贫""因病返贫"。三是消费者更加满意保险。2016年以来,重庆大病保险保持"零投诉",且车险理赔投诉和寿险销售误导类投诉量均在持续下降,消费者满意度提升到95%以上,保险业社会形象日益提升。

中央军委国防动员部

2016 年民兵预备役人员参与综治工作情况

2016 年，各省军区（卫戍区、警备区）认真贯彻党中央、中央军委和习主席决策指示，以强军目标为统领，以维护社会稳定和政治安定为己任，积极融入各地平安建设统一规划，充分发挥民兵预备役人员“平时服务、急时应急”职能作用，不断强化服务能力和应急能力，坚持在完成任务中用兵练兵强兵，积极参与护路、护厂、护村、护水、护电，协助公安机关打击刑事犯罪、整治治安混乱地区和场所，参与重大活动和重要敏感时期安保执勤，协助军地各方在维稳处突、抢险救灾等方面发挥了重要作用，切实承担起“保一方平安”的政治责任。据统计，全国每年有 200 余万民兵预备役人员参加社会治安综合治理，20 余万民兵常年坚守边海防一线，9 万民兵常态化执行铁路护路任务，守护各类重要目标 2.5 万余个，为维护社会和谐稳定、巩固基层政权做出了突出贡献。

一、加强组织领导，科学筹划部署

各级从贯彻落实习主席关于国防后备力量建设一系列重要指示和维护国家改革发展稳定大局的战略高度，深刻认清民兵参与社会治安综合治理的重大意义，把组织民兵参与社会治安综合治理作为一项政治任务，列入党委议事日程常抓常议。省军区、军分区（警备区）、预备役师（旅）指定一名领导参加同级地方党委、政府社会管理综合治理工作领导机构，县（市、区）人武部主要领导亲自组织指挥活动开展，乡镇采取专武干部、民兵连长、民兵骨干包干负责的办法落实责任制，有效保证了民兵预备役人员参治工作常态化运行。各级广泛开展职能使命教育和学习先进典型活动，引导广大民兵预备役人员在社会治安综合治理中，争当宣传员、信息员、调解员、联防员、战斗员，在抢险救灾和扶贫帮困建设中，想在前、冲在前、干在前，充分调动了参治工作积极性和主动性，营造了良好的社会氛围。

二、着眼形势任务，建强参治队伍

根据维权维稳任务需要，在我军后备力量建设的“十三五”规划中，研究提出加强民兵应急力量和情报信息力量的建设思路，明确各地按照“一队多用、一专多能”要求，采取市建营、县建连、乡镇建排、重点地区村建班的模式，分级编建应急队伍，主要担负反恐维稳、抢险救灾、治安联防、专业救援等任务；按照组织严密、管理精细、使用严格的要求，采取县建站、乡设组、村有员的模式，在敌社情复杂、反恐维稳任务繁重地区组建情报信息队伍，主要担负情报信息搜集报知等任务，切实形成编组相对独立、任务各有侧重、行动相互支援的民兵参加社会治安综合治理的力量体系。目前，根据反恐维稳任务需要，多数省（区）还组建了常驻民兵应急分队，平时集中居住、集中管理、集中训练，是各级党委政府建在身边、抓在手中、用在关键的一支拳头力量，为维护社会安全稳定发挥了重要的支撑作用。各级深入分析研判辖区社情民情动态形势，着眼维护社会治安需要，结合民兵组织整顿，统筹安排民兵参加社会治安综合治理队伍的编组布局、数量规模和专业种类；采取军事部门配发与地方政府保障相结合的办法，配备治安执勤所需的装备器材；结合年度军事训练，突出抓好执勤、巡逻、擒拿格斗等基础课目训练和相关专业训练，并适时开展实案化演练，不断提升民兵预备役人员参加社会治安综合治理的能力。

三、密切军地协作，完善制度机制

各级结合“平安创建”活动，不断加强与地方政府的沟通联系，建立健全常态化沟通协调机制，按照“第一时间作出反应、第一时间到达现场、第一时间投入战斗”的要求，确保民兵预备役人员始终能在关键时刻、关键地点发挥关键作用。注重加强与地方综治、维稳、应急、公安、司法等部门的联系协调，建立情况通报、联席会议和联络员制度，搞好行动预案对接完善。积极争取地方党委、政府支持，建立群防群治经费保障机制，按照“谁受益谁出资”“取之于民、用之于民”的原则，落实执勤民兵的生活补贴和其他相关经费。民兵参加社会治安综合治理，统一在地方党委、政府和上级军事机关的领导下，由同级军事机关负责组织指挥；县级人武部和乡镇（街道）武装部协调将民兵参加社会治安综合治理纳入整体工作计划，纳入领导工作职责，统一部署、统一行动、统一检查、统一表彰，民兵参治工作逐步走上制度化、规范化轨道。新疆军地联合制定了9个方面的综治维稳措施，在全区建设了近5000个便民警务站，实现防暴处突有依托、街面执勤有保障、便民服务有场所，不断提升社会面整体安全感和满意度。内蒙古、黑龙江、吉林、新疆、西藏、广西、云南等沿边省（区）大力构建军警民“三位一体”联防联控体系，有效维护了边境地区安全稳定。

四、积极主动作为，依法科学用兵

民兵参加社会治安综合治理政策性敏感性很强，各级坚持把地方所需、群众所盼、民兵所能有机结合起来，严格依据国家法律和政策法规组织实施各项行动，严格执行兵力和武器弹药动用审批权限规定，积极参与，尽力所为，做到“到位不越位、主动不盲动”，充分发挥了应有作用。有关省（区）在组织民兵预备役人员参加重大活动安保执勤期间，预先组织政策宣讲，进行风险评估，制定对策措施，确保民兵预备役力量发挥最大作用。2016年，民兵情报信息队伍搜集上报涉边、涉恐、涉稳、涉海等各类信息共1.1万余条，为各级及时掌握情况、准确研判形势和有效应对处置提供了有力支撑。江苏盐城民兵参加“6·23”特大风雹灾害抢险救援任务，广大民兵冲锋在前、奋战一线，连续作战、攻坚克难，先后疏通路道、河道186.6公里，清理受损房屋7800余间，搜救转移群众2647人，从废墟中搜寻现金、存折等110余万元，转运物资和粮食2305.5吨，清理垃圾1475吨。2016年，我国南方多数省份遭遇特大洪涝灾害，各级共动员民兵预备役人员42.905万人次、车辆9007辆、工程机械2855台、冲锋舟2542艘，参加抗洪抢险、防抗台风和泥石流、山体滑坡等救援行动，共解救转移受灾群众39.31万人，加固堤坝533.5公里，抢运物资1.49万吨，挽回直接经济损失12.48亿元，安徽预备役步兵师预备役士兵刘安军、福建省永泰县清凉镇旗山村民兵营长林新华，为保护国家和人民生命财产安全英勇牺牲，受到地方党委、政府和人民群众广泛赞誉。

十一、2016 年全国综治工作大事记

2016 年全国综治工作大事记

▲1 月 6 日，国务院在北京召开全国安全生产电视电话会议，陈训秋同志参加。

▲1 月 8 日，全国扫黄打非工作领导小组会议召开，陈训秋同志参加。

▲1 月 15 日，第 29 次全国“扫黄打非”工作电视电话会议召开，回顾总结 2015 年“扫黄打非”工作，明确 2016 年工作的总体思路和主要任务，通报表彰全国 2015 年“扫黄打非”工作先进集体和先进个人。陈训秋同志参加。

▲3 月 1 日，京津冀协同发展综治维稳工作协作框架协议签订仪式举行，陈训秋同志出席。

▲3 月 31 日，维护医疗秩序构建和谐医患关系工作推进会在京召开，全面贯彻党中央、国务院决策部署，加强联动，巩固成果，进一步做好构建和谐医患关系工作，助力推进健康中国建设。陈训秋同志出席会议并讲话。

▲4 月 5 日，国家科技体制改革和创新体系建设领导小组第十六次会议召开，陈训秋同志参加。

▲4 月 26 日，省级政府消防考核部委协调会召开，对国务院派出 10 个考核组对 2015 年度省级政府消防工作进行考核的工作进行动员部署。郭声琨同志主持，陈训秋同志参加。

▲5 月 19 日，《中国社会治安综合治理年鉴》宣传工作会议在安徽省合肥市召开，通报表扬《年鉴》宣传工作先进集体和个人，就新形势下不断提升《年鉴》编纂质量、权威度和实效性进行部署。

▲8 月 19 日至 20 日，全国卫生与健康大会在京举行，会议指出要坚持正确的卫生与健康工作方针，以基层为重点，以改革创新为动力，预防为主，中西医并重，将健康融入所有政策，人民共建共享。习近平总书记出席会议并发表重要讲话。

▲9 月 9 日，预防青少年违法犯罪专项小组全体会议召开，深入贯彻习近平总书记关于青少年工作的一系列重要指示精神，结合创新社会治理要求，就下一步深化预防犯罪工作，推动平安中国建设工作作出安排。陈训秋同志出席会议并讲话。

▲10 月 10 日至 11 日，全国社会治安综合治理创新工作会议在江西省南昌市召开。会议传达了习近平总书记的重要指示，强调政法综治战线要认真学习领会习近平总书记重要指示精神，全面贯彻党的十八大和十八届三中、四中、五中全会精神，紧紧围绕“五位一体”总体布局和“四个全面”战略布局，牢牢把握推进国家治理体系和治理能力现代化的总要求，主动适应新形势，切实增强工作前瞻性，坚持立足当前与着眼长远相结合，积极推动理念、制度、机制、方法创新，为全面建成小康社会创造安全稳定的社会环境。

▲11 月 9 日，农村留守儿童关爱保护工作联席会议第二次会议暨“合理监护、相伴成长”关爱保护专项行动视频会议在京召开，通报了农村留守儿童摸底排查工作情况，对组织开展“合理监护、相伴成长”关爱保护专项行动作了说明。

▲11 月 18 日，第六次全国妇女儿童工作会议在京召开，强调要深入贯彻习近平总书记系列

重要讲话精神，进一步强化责任，加大政策支持和资金保障，补齐妇女儿童发展民生短板。李克强同志出席会议并讲话。

▲11 月 29 日，国务院防治重大疾病部际联席会议第一次全体会议暨国务院防治艾滋病工作委员会第三次会议召开，刘延东同志主持，陈训秋同志参加。

▲11 月 30 日，公共安全视频监控建设重点省座谈会召开，陈训秋同志出席会议并讲话。

北京市

首都综治委2016年第一次全体（扩大）会议召开

部署全市基层综治中心规范化建设试点工作

治安志愿者通过志愿云APP扫描胸牌二维码，快速记录志愿服务时间

通州区台湖镇玉甫上营村开展城乡接合部重点地区综合整治前后对比

启动平安北京主题宣传日活动

天津市

市综治委检查全运会场馆建设安全工作

召开综治基层基础建设现场推进会

基层开展网格化建设

走进社区开展“上门送法”活动

检查加油站安全工作

服务保障华北一汽整装车间机电项目建设

河北省

石家庄市公安局成立反电信网络诈骗中心

邯郸市“一委三中心”实施“一体化”便民服务

保定市莲池区市场化模式打造综治云平台

保定市涿州市挟河公安检查站推行“安检快速通道信息管理平台”系统

山西省

组织收听收看全国社会治安综合治理创新工作会议

实地调研社会治安风险隐患大排查大整治工作

省委政法委到晋城监狱检查指导工作

省委政法委了解全省“12348”法律援助服务热线工作情况

省综治委铁路护路联防领导组召开2016年第一次全体会议

晋中市委政法委调研昔阳县道路交通安全社会化管理工作

内蒙古自治区

包头市东河区开展平安建设宣传月活动

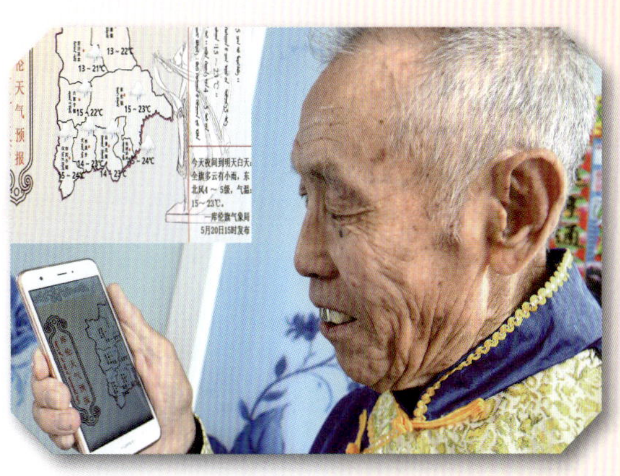

通辽市库伦旗牧民享受网格化服务

乌海市举行平安志愿服务启动仪式

巴彦淖尔市五原县法院新公中法庭将矛盾纠纷化解工作搬进群众院里

通辽市库伦旗开展网格员培训

巴彦淖尔市五原县综治中心工作人员为群众办理服务事项

辽宁省

辽宁省综治中心开通运行

平安辽宁建设电视电话会议召开

举办全省综治干部培训班

省综治办检查高铁护路护线工作

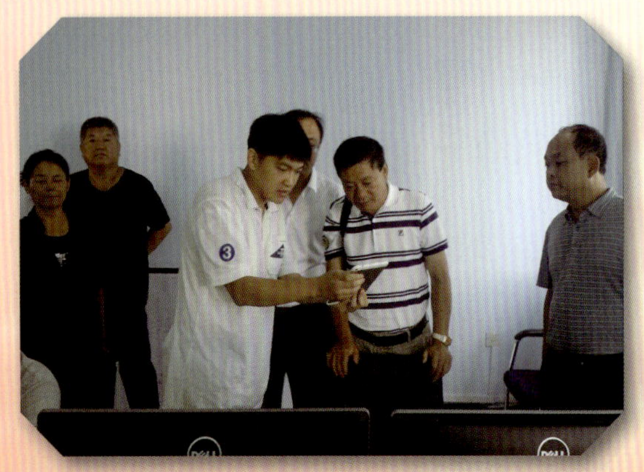
省综治办开展暗访活动

省综治委开展“大调研、防风险、解难题”活动

吉林省

省综治委在长春市调研社会治安防控体系建设相关情况

省综治办到通化市辉南县泰安社区调研综治中心工作

全省校园安全稳定工作会议在长春召开

四平市八一希望学校主题安全教育系列活动平安校园签字仪式

黑龙江省

全省社会治安综合治理创新工作会议召开

表彰2015年度见义勇为英雄

省综治办举办全省综治领导干部培训班

省综治办在大庆市召开全省严重精神障碍患者“以奖代补”工作现场推进会

虎林市开展平安建设宣传周活动

上海市

举办全市社会治安防控体系建设专题培训

平安志愿者在街头巡查

市综治办、司法局、法学会举办矛盾纠纷多元化解研讨会

平安马甲——申城平安新名片

崇明区综治委调研西沙湿地景区周边治安防控工作

举办"防范电信网络诈骗"街面宣传暨千人签名活动

江苏省

省公安厅大数据指挥服务中心

常州市公安局成立反信息诈骗中心

南通市海安县组织平安法治志愿者开展禁毒骑行宣传活动

无锡市滨湖区蠡湖街道美湖社区网格员上门走访

镇江市扬中市开展综治信息系统实战应用技能比武活动

浙江省

全省建设平安浙江工作会议暨G20杭州峰会维稳安保工作动员大会在杭州召开

湖州市高新区举行“护航G20”活动

温州市启动全市防范通讯（网络）诈骗集中宣传月活动

义乌市发动外籍人员参加平安志愿者队伍

衢州市各级成立平安志愿者队伍

景宁畲族自治县打造“智慧型”社会治理综合指挥平台

安徽省

省综治委召开深化平安安徽建设工作会议

滁州市接受省综治工作（平安建设）检查考评

蚌埠市开展综治宣传月活动

合肥市瑶海区“银发”志愿服务队参与平安创建

铜陵市组织法官联系社区参与矛盾纠纷多元化解

阜阳市颍上县耿棚镇综治维稳信访工作中心接待群众来访

福建省

全省“六个专项治理”动员部署会议召开

省委政法委赴安溪县调研电信网络诈骗治理工作

厦门市举行平安志愿者千人巡逻启动仪式

南平市留守儿童关爱服务中心为留守儿童提供身心健康检查

莆田市网格员开展平安宣传

江西省

召开全国社会治安综合治理创新“南昌会议”筹备领导小组会议

省工商局、省质监局、省食药监局开展综治干部联合培训

法律援助人员向农村留守妇女宣传妇女维权知识

吉安市万安县法律服务超市

山东省

省委政法工作会议召开

省综治委全体扩大会议召开

多元化解矛盾纠纷工作会议在日照市召开

东营市为全市所有寄递企业配备X光机，推动“三个100%”制度落实

青岛市城阳区公安分局民警走访精神障碍患者家庭

日照市行业性调解组织在开展调解工作

河南省

郑州市公安局“抗癌交警”周水斌荣获2016感动中原十大年度人物称号

洛阳市集中开展打盗抢、保平安专项行动

洛阳市平安志愿者在行动

三门峡市公安局情报信息合成作战指挥中心民警对案件进行研判

郑州市专职巡防员开展巡消业务技能竞赛

湖北省

省公安机关立体化治安防控体系建设现场推进会在黄石市召开

宜昌市广泛开展基层平安创建活动

恩施州宣恩县对网格员进行网格管理平台和手机终端操作培训

汉川市南河乡认真组织开展“律师进村法律讲座”等活动

湖南省

全省社会治安综合治理创新工作会议召开

株洲市攸县联星街道在县体育场开展“平安夜市”创建活动

常德市武陵区沙河社区网格员开展深化网格化建设试点宣传工作

郴州市宜章县举行“健康同行，远离毒品”活动启动仪式

怀化市靖州县举行铁路护路宣传教育月活动宣誓仪式

湘西自治州花垣县举行网格化社会服务管理信息平台开通仪式

广东省

东莞市厚街镇“智网工程”指挥调度中心工作现场

东莞市虎门镇“好人志愿服务站”开展平安宣传进企业活动

佛山市开展寄递物流安全管理明察暗访活动

佛山市基层网格员利用手机终端扫描检查出租屋电子标识二维码

中山市开展“全民防诈骗，保住钱袋子”宣传日活动

广西壮族自治区

东盟博览会开放日，武警在国际会展中心巡逻

南宁市地铁公安分局加强巡逻保平安

向市民宣传治安防范知识

开展室内防盗宣传活动

开展防范网络诈骗宣传活动

海南省

2016 年省综治委第一次全体委员会议召开

全省禁毒三年大会战中，澄迈县举行基层群防群治队伍动员仪式

五指山市志愿者深入乡村开展法规政策宣传

海口市举办基层政法综治干部培训班

陵水黎族自治县开展见义勇为宣传活动

基层开展禁毒宣传工作

重庆市

全市深化平安建设暨社会治安综合治理创新工作会议召开

合川区官渡镇成立自行车巡逻队

流动人民调解庭——图为经调解两家握手言和

云阳县社区治安巡逻队正在开展巡逻

黔江区小南海派出所民警烈日下开展法制宣传

四川省

全省深化寄递物流清理整顿工作电视电话会议在成都召开

省综治委在遂宁市召开全省特殊人群服务工作暨综治工作培训会

资阳市综治办、大调解办安排部署物业纠纷联动调解阶段工作并开展业务培训

成都市大邑县安仁镇综治中心实施“雪亮工程”

外籍人士“红袖套”队伍在成都市武侯区桐梓林辖区开展治安巡逻

贵州省

全省矛盾纠纷多元化解工作现场观摩会在福泉市召开

福泉市矛盾纠纷多元化解中心介绍工作情况

全省特殊人群服务管理工作现场观摩会在毕节市召开

黔西南州兴义市下纳灰村警务助理开展走访工作

云南省

大理州宾川县乔甸镇海稍新庄义务巡逻队在街头巡逻

开远市组织“共创平安开远——我承诺我参与”签名仪式

昆明市西山区平安志愿者领取积分兑换卡

保山市隆阳区兰城街道召开“995”周年宣传服务活动座谈会

丽江市加强群防群治队伍建设，积极构建社区治安防控网

玉溪市召开创建全国“长安杯”工作部署电视电话会

西藏自治区

2016年度全区综治工作表彰大会召开

山南地区行业性、专业性调解组织建设动员大会召开

阿里地区综治办组织开展综治宣传进村（居）活动

拉萨市尼木县协调自治区第二人民医院专家对全县精神障碍患者进行救治

铁路护路联防队员在青藏铁路那曲段徒步巡逻

陕西省

全省综治办主任会议召开

省综治办检查综治信息化工作

“破解难题，补齐短板”调研工作协调会召开

宝鸡市凤县建立“236”矛盾纠纷多元化解机制

甘肃省

白银市深入群众开展普法宣传活动

酒泉市开展综治宣传月活动

天水市秦州区“大城大妈”反扒志愿者在街区巡逻

武威市凉州区公安局组织开展“群众的110、你我的30年”主题宣传日文艺汇演

张掖市甘州区应急处突演练现场

张掖市民乐县综治办开展爱路护路宣传

青海省

塔尔寺佛事活动酥油花展部署警力维护秩序

塔尔寺元宵节酥油花展加强安保工作

省委政法委现场观摩三兰巴海村网格化管理工作

为学生发放爱路护路宣传品

医院医护人员及相关单位参加“平安医院”揭牌仪式

宁夏回族自治区

便民服务流动法庭车在行动

开通“12348”法律服务平台

乡镇司法所设立法律服务台，热心接待群众来访

组织记者进警营参观采访

组织开展法律宣传活动

新疆维吾尔自治区

召开《新疆维吾尔自治区群众举报涉暴恐犯罪线索奖励办法》新闻发布会

塔什库尔干县兵民修建边境铁丝网

阿勒泰地区布尔津县女子骑警队开展治安巡逻

阿勒泰地区马背上的巡逻队开展边境巡查

乌鲁木齐火车南站便民警务站民警为丢失车票的老人提供便民警务服务

新疆生产建设兵团

六师召开北塔山地区党政军警兵民联防会议

七师 130 团开展维稳拉练活动

十三师组织各综治维稳力量开展大比武大练兵活动

团场治安卡点对过往人员进行登记

十二、地 方 篇

北 京 市

2016年综治工作概况

2016年,首都综治系统认真学习贯彻习近平总书记视察北京重要讲话精神,紧紧围绕市委、市政府中心工作,以全面深化平安北京建设为主线,以健全完善立体化治安防控体系为重点,充分发挥统筹协调的优势,坚持把防控风险、服务发展、破解难题、补齐短板摆在更加突出位置,不断加强理念思路、体制机制、方法手段创新,积极破解影响首都和谐稳定的源头性、根本性、基础性问题,有效防范、化解、管控各类社会稳定风险,实现了全市社会治安局势平稳可控、稳中向好。

一、首都社会治安综合治理工作的基本情况

(一)加强公共安全风险防控,立体化治安防控体系建设取得新成效。

一是抓好顶层设计,确保防控体系建设任务统筹推进。研究制定了加强首都立体化社会治安防控体系建设的实施意见,制定下发了任务分工方案,将社会治安防控体系的“七张网”分解为8大工程、50项重点任务,并全部纳入全市“十三五”规划,逐一明确责任单位,加大财政保障力度,有力推动了各项任务的贯彻落实。二是抓好社会面防控,确保重点时期社会面绝对安全。在重大活动、重点敏感时期,及时启动社会面防控和环京“护城河”工程,加强重点地位和敏感地区的巡逻防控,有力确保了重点时期社会面绝对安全。加强首都外围治安查控防线建设,先后投入3.5亿元,协调推进56个治安检查站、140个治安卡点的升级改造建设任务,推动武警驻站常态化,确保各类危险因素“进不来、干不成、藏不住、躲不掉”。三是突出风险防控,着力加强重点行业领域安全管理。研究制定北京市寄递物流安全管理制度实施办法和邮政快递企业安检机购置意见,推动“三个100%”制度落实。加强无人驾驶航空器管理,制定印发《关于加强北京地区无人驾驶航空器管理工作的意见》,进一步明确了安全管理措施、监管工作要求、工作协作机制。加强公共交通安全管理,配备公交乘务管理员2.4万人,覆盖全市主要线路全部运营车辆,已有效处置各类突发事件近万起。积极推进科技创安工作,制定出台《北京市公共安全视频监控建设联网应用实施方案》,建立健全全市视频图像资源共享应用、安全使用审核等工作机制。强化铁路护路联防工作,首都护路办升格为正处级工作机构并充实了工作力量,制定出台加强铁路护路联防财政保障意见和加强高铁安全保护工作意见,组织开展了涉路涉线隐患问题专项治理。

(二)加强矛盾多元化解,矛盾纠纷源头治理能力得到新提升。

一是加强制度设计,进一步健全完善矛盾纠纷多元化解制度体系。研究制定《关于完善矛盾纠纷多元化解机制的实施意见》(以下简称《意见》),并以市委市政府名义印发实施。制定下发《意见》任务分工方案以及相关配套制度,逐步健全完善多元化解机制建设的制度体系。会同有关部门研究制定《关于进一步规范矛盾纠纷排查调处工作的意见》《关于进一步做好基层人民调解案件补贴工作的指导意见》《全面推进人民调解进立案庭加强诉调对接工作的意见》等系列配套制度,矛盾纠纷多元化解制度体系进一步完善。二是加强改革创新,进一步提升矛盾纠纷调解工作效能。协调市司法局、市财政局联合印发《关于进一步做好基层人民调解案件补贴工作的指导意见》,明确案件补贴范围、补贴标准和补贴程序,突破了长期以来制约人民调解工作的"瓶颈"。出台全国首家省部级地方性法规《北京市行政调解办法》及考核办法,进一步强化了行政部门的主体责任,行政调解规范化水平进一步提高。推动人民调解进立案庭工作,协调市司法局、市高级法院联合制定《全面推进人民调解进立案庭加强诉调对接工作的意见》,在各区法院立案庭全部建立诉前人民调解室,司法行政部门根据案件数量足额配备人民调解员,法院系统负责人民调解员的培训指导、日常管理和经费保障。发挥各级法院在多元化纠纷解决机制中的主导作用,研究制定《关于立案阶段多元调解工作的规定》,出台《北京法院进一步深化多元化纠纷解决机制改革的若干意见》,在全市各法院成立多元化纠纷解决机制工作领导小组,立案庭统一设立诉调对接中心;在 5 家法院开展调解前置试点,明确小额纠纷、邻里矛盾等五类案件先调解才能进入诉讼程序,进一步强化了人民调解与司法调解的衔接联动。三是加强社会共治,进一步提升矛盾纠纷多元化解社会化水平。联合市委社工委制定了《关于推动市级"枢纽型"社会组织建立社会矛盾纠纷调解专委会的工作方案》,在具备条件的"枢纽型"社会组织中成立矛盾纠纷调解组织。将北京多元调解发展促进会升级为市级"枢纽型"社会组织,引导调解组织通过市场化运行,实现自我规范、自我管理、自我发展,化解行业性、专业性强的矛盾纠纷。积极拓展调解领域,树立调解工作品牌,在涉及化工、机械、电子信息等知识产权领域成立知识产权调解专家委员会,成立了北京注册会计师协会人民调委会、北京汽车配件业商会人民调委会,行政副中心建设调解工作室、首都新机场建设调解工作室等 8 家调解室被授予特色品牌调解室。截至 2016 年 12 月底,全市各级人民调解组织共调解纠纷 17.91 万件,调解成功 17.49 万件,调解成功率 97.65%。

(三)加强治安突出问题综合治理,首都社会治安秩序和城市环境秩序有了新改善。

一是主动服务中心工作,深入推进城乡接合部地区综合整治。成立了由市委、市政府领导组织负责的领导小组和工作专班,并将其纳入首都生态文明和城乡建设的"大盘子"中统筹推进。以市委、市政府名义下发了工作方案,确定了 100 个市级和 100 个区级挂账重点地区,选派 100 名优秀中青年干部到市级挂账重点地区"蹲点"式参与整治,协调市财政对每个市级挂账地区补助 100 万元专项经费,强化八大专项整治任务的协调推进力度,综合整治工作得到有序推进。截至 2016 年 12 月底,在违法建设专项整治中,拆除上账违法建设 391 万平方米,拆除市属国有企业违建 24.7 万平方米。在治安秩序专项整治中,刑事案件同比下降 8%,可防性案件同比下降 8.3%,治安秩序得到明显好转。在消防安全专项整治中,检查单位场所 4 万余家,督改火灾隐患 5.7 万余件,建设微型消防站 80 余个。在安全生产违法行为专项整治中,发现安全隐患 8 万余件,责令停产停业 1500 余家,关闭取缔违法违规企业 3000 余家。在违法经营专项整治中,挂账无证无照经营 7000 余户,销账 6900 余户,占挂账总数的 95%。在食品药品专项整治中,共取缔食品药品违法经营主体 24000 余户。在违法出租房专项整治工作中,拆除出租大院 240 余个,关停违建出租大院 250 余个。二是积极回应社会关切,大力推进社会治安突出问题专项整治。针对"号贩子"和宾馆酒店涉黄等社会热点和群众反映强烈的突出问题,集中开展重点整治专项行动,将"号贩子"和"网络医托"问题突出的 16 家医疗机构及周边地区纳入市级挂账重点地区进行整治,对全市宾馆酒店涉黄问题高发的 7 个地区开展了挂账整治。开展防范处置非法集资和互联网金融风险专项整治,将防范和处置非法集资工作相关内容纳入首都综治委与各区和成员单位签订的《2016 年首都综治责任书》;对东城区、朝阳区、海淀区 3 个非法集资问题高发区实行挂牌督办,切实推动属地党委政府落实责任,坚决守住不发生系统性区域性金融风险和不发生重大群体性事件的底线。开展全市防范打击电信网络诈骗专项工作，成立全国首家省级反电信网络诈骗犯罪中心，承担全国电信网络诈骗案件涉案账号、通信工具的查冻、封停等工作。自中心成立以来，北京市电信网络诈骗发案同比下降 21.7%，减少群众损失近 3 亿元；投资 1.2 亿元，建设北京市电信网络有害信息防范系统，届时对境内外录音型诈骗电话拦截率将达到 95% 以上。持续推进重点整治长效机制建设，综合确定了 51 个问题突出、情况复杂的地区作为市级挂账重点地区，制定针对性强的整治方案；深入挖掘由"乱"到"治"的经验做法，着力培育一批具有典型示范效应的整治工作样板，提升整治工作整体水平。

（四）坚持以人为本服务民生，全市流动人口和特殊人群服务管理工作实现新进展。

一是以居住证制度实施为契机，推进流动人口服务管理基层基础建设。围绕户籍制度改革，协调推进北京市居住证制度实施工作，组织有关部门研究制定了《北京市实施〈居住证暂行条例〉办法》《北京市积分落户管理办法》，制定出台与居住证制度相衔接的有关配套政策，协调有关部门加强舆论宣传引导，切实发挥居住证制度在流动人口服务管理中的基础作用。2016 年以来，全市共办理居住证和居住登记卡 140 余万张，其中居住证 70 余万张，居住登记卡 70 余万张。大力加强基层流管站、流管员队伍规范化建设，制定出台《关于进一步加强本市基层流管站和流管员队伍规范化建设的工作意见》，全面推动流动人口服务管理基层基础工作；着力抓好违法群租房常态化治理，完善发现、报告、反馈、处置相衔接的治理工作模式，加大联合执法和综合治理工作力度，努力解决房屋租赁管理中的突出问题。二是完善社会化帮扶体系建设，切实提升特殊人群服务管理水平。加强严重精神障碍患者的救治救助工作，制定了监护人申领看护管理补贴办法实施细则，按照每人每年 2400 元的标准实现了对全市严重精神障碍患者的全覆盖。加强社区矫正和刑满释放人员服务管理，设立社区矫正管理总队、支队，建立北京市社区服刑人员教育中心，探索形成了社区矫正初始教育、法制教育、分类教育、解矫教育相互衔接的集中教育工作格局；创新服刑人员电子监管模式，运用现代科技手段，实现了对社区服刑人员的精准定位、轨迹追踪、越界提醒及报警等功能；加强刑满释放人员安置帮教工作制度化建设，制定加强刑满释放人员救助管理工作的意见。

（五）夯实综治基层基础，首都综治工作基础和根基得到新加强。

一是大力加强综治领导责任制建设。围绕贯彻落实中办、国办《健全落实社会治安综合治理领导责任制的规定》，制定印发北京市实施意见，协调有关部门研究制定实施细则等相关配套制度，逐步完善综治领导责任制度体系。加强社会治安问题突出街道（乡镇）重点挂牌督办整治，经过近一年的工作，16 个挂牌地区重大案（事）件发案明显下降，群众安全感显著提升，综治基础工作更加扎实，其中 14 个地区已顺利摘牌。按照中央和市委市政府关于落实综治领导责任制的最新要求，调整首都综治考核范围，按照分级分类、直接考核与归口考核相结合的原则，将承担综合治理和平安建设工作任务的单位全部纳入考核，考核单位数量由 51 家扩大到 136 家。二是持续推进综治信息化建设。制定印发了《首都综治信息化建设三年规划（2016—2018 年）》，研究制定了首都综治基础数据规范、首都综治数据共享交换的意见等配套性文件，进一步完善信息化建设配套制度体系。优化完善市级综治信息平台，形成了 1 个门户网站、3 大基础支撑平台、6 大核心系统以及 10 个业务功能模块的全新构架；强化市级平台深度应用，截至 2016 年 12 月底，用户访问量 15.4 万人次。坚持把基层综治信息化建设与综治中心规范化建设紧密结合，全面推进区、街道（乡镇）、社区（村）三级综治信息平台建设，推动首都综治数据资源建设，为综治工作开展提供了有力的数据支撑。三是大力推进基层综治中心规范化建设。在组织开展深入调研的基础上，研究制定了《关于进一步加强基层综治中心规范化建设的意见》《关于开展基层综治中心规范化建设试点工作的方案》，选取 100 个具有一定工作基础的基层街道（乡镇）、社区（村）综治中心作为建设试点，以点带面，推动全市基层综治中心整体水平的提升。四是加强新时期首都群防群治工作。完成了首都治安志愿者协会第三届常务理事会换届工作，制定出台了星级管理和服务反哺实施细则，组织1000名累计服务时长超过1500个小时且年龄在50岁以上的五星级治安志愿者进行健康体检；积极挖掘推广基层群防群治工作先进典型，“朝阳群众”获得2016年度感动全国十大法制新闻人物提名，“西城大妈微众汇”项目荣获2016年北京市志愿服务项目大赛金奖；探索市场化保障机制，形成多元化的资金募集渠道。五是加强改进综治调查研究和平安建设宣传工作。针对2016年综治工作遇到的疑难突出问题，组织骨干力量开展了50余项调研，充分发挥首都综治研究会、首都综治研究所专家学者作用，积极承接并开展市法学会《平安北京建设的法治保障研究》市级法学重点课题的调研；加强对《首都综治研究》杂志的编辑指导工作，努力将其打造成为综治干部的良师益友。加强和改进宣传工作，联合市公安局组织开展为期一个月的“平安北京”主题宣传月活动，在全市掀起“共建平安北京，共享北京平安”的宣传热潮。依托首都政法综治门户网站深入开展宣传，首都政法综治网在信息报送排名上继续位居全国同类网站（中国长安网群）第一位。

二、各专项组工作情况

（一）实有人口专项组。

一是全面加强流动人口和出租房屋基础信息采集登记。组织社区民警、流管员，开展流动人口离返京动态监测、登记办证服务月、基础信息登记和质量实时监测分析评估工作，为全市人口规模调控工作提供数据支撑。二是全面推进居住证制度出台实施。按照中央和市委市政府工作要求及《国务院关于进一步推进户籍制度改革的意见》和《居住证暂行条例》精神，完成了居住证项目申报、制度建设、证件制发基础环境建设、居住证制度宣传培训及基层流管站和流管员队伍规范化建设，确保了2016年10月1日北京市居住证制度顺利实施。三是加快推进全市实有人口动态监测统计系统建设。按照“以公安机关人口管理数据为基础，统筹整合公安、综治、统计等多部门人口数据”的实有人口动态监测统计系统要求，成立了相关工作领导小组，会同市深改组、市发改委、市统计局，围绕系统定位、建设规划、数据监测以及主要应用功能等内容进行研究，提出全市实有人口动态监测系统的建设思路和业务需求；制定了《建立实有人口动态监测系统的工作方案》，开展了项目规划设计、立项申报、预算编制等筹备工作。

（二）特殊人群专项组。推动落实监护补贴制度，联合市卫生计生委、市公安局、市财政局、市民政局、市残联制定《〈严重精神障碍患者监护人申领看护管理补贴的暂行办法〉实施细则》，细化部门职责，明确申领流程、审核标准等内容；与卫生、发改、教委、公安等部门联合制定《北京市精神卫生工作规划（2016—2020年）》；制定《关于进一步加强刑满释放人员救助管理工作的意见》，提出刑满释放人员救助相关政策；加大对社会面吸毒人员的管控力度，及时有效地掌控吸毒人员的现实状况；组织艾滋病疾病预防控制机构、医疗机构、监管场所、民间组织，联合开展“四位一体”随访关怀活动，控制传染源，开展抗病毒治疗和减免费用机会性感染治疗，提高病人生活质量。

（三）“两新组织”专项组。

一是社会组织工作体系巩固发展。印发《市级“枢纽型”社会组织业务工作规范》和《街道“枢纽型”社会组织培育发展社区公益服务项目指南》。新认定15家市级“枢纽型”社会组织，总数达到51家，服务管理社会组织覆盖率达到90%以上。成立市级社会组织发展服务中心，建立北京市社会组织人才交流服务平台，有序推进全市行业协会商会与行政部门脱钩工作，社会组织税费优惠政策有效落实。市社会建设部门投入市级社会建设专项资金6770万元，市民政部门投入福利彩票公益金2000万元，共购买社会组织服务项目611个。二是“两新组织”党建工作取得新进步。构建由27个部委办局和相关部门参加的“两新组织”党建工作联席会议机制。印发《关于加强全市园区非公企业党建工作的若干意见》，推进园区非公企业党建工作规范化。聘请1500名离退休党员干部担任非公党建指导员。集中实施“两新组织”党建覆盖“百日推进工程”，全市非公有制企业党组织覆盖率达83%，社会组织党组织覆盖率达67%。开展非公企业和社会组织党组织书记抓基层党建述职评议考核试点。推动商务楼宇联合党组织建设，全市建立623个商务楼宇联合党组织，覆盖806座商务楼宇，覆盖率

62.1%，其中远郊区实现了商务楼宇党组织100%覆盖。

（四）社会治安专项组。2016年，首都综治委社会治安专项组以重点地区排查整治工作体系为载体，持续强化对社会关注、群众关切的治安突出问题综合治理，积极推动建立标本兼治、源头治理的整治工作长效机制，依托治安专项组工作平台，通过集中开展重点地区整治，群众反映强烈的两抢、盗销自行车、黄赌、社区可防性案件等突出问题警情同比分别下降34.3%、26.3%、7.5%和7.2%。全市66个市级综合挂账和专项挂账社会治安重点地区中，有63个地区涉及问题全部达到考核销账标准，60个区级、229个街乡镇级挂账社会治安重点地区销账率均达到100%。

（五）法规规章专项组。审议通过《北京市人口与计划生育条例》，使本市"全面两孩"政策尽快落地，维护人民群众的切身利益；对《北京市乡、民族乡、镇人民代表大会组织条例》和《北京市区、乡、民族乡、镇人民代表大会代表选举实施细则》进行修改，对县乡人大组织制度和工作制度、代表选举和代表工作等方面的相关规定进行了完善。审议通过《北京市院前医疗急救服务条例》，明确院前医疗急救服务的基本公共服务的性质，确定院前医疗急救服务就近、及时、准确、规范等标准，对急救站点的规划与设置、急救服务的规范与保障、患者权益、政府监管等问题作出了制度安排，对建立医护人员激励约束机制作了规定。在政府规章立法方面，完成了北京市行政执法机关移送涉嫌犯罪案件工作办法、北京市人民政府规章制定办法、北京市税收征收保障办法、北京市实施《居住证暂行条例》办法、北京市行政规范性文件备案规定等政府规章的制定、修订工作，为规范政府部门执法活动、加强城市治理提供法制保障。

（六）预防青少年违法犯罪专项组。启动生活困难家庭青少年精准帮扶工作，摸清全市生活困难家庭青少年群体底数，划分帮扶对象类别，制定精准工作方案和工作手册；加强社会观护试点工作制度建设，在全市开展涉未民事案件社会观护百例试点工作；继续推进重点青少年群体个案帮扶试点工作，对朝阳、丰台、房山、昌平、怀柔、东城等试点区工作开展督导和培训，对帮扶队伍进行量化考核；积极开展星光自护活动、依托社区青年汇举办禁毒主题讲座、开展"青春船长"首都高校禁毒普法系列活动、加强12355青少年心理与法律服务热线建设，不断畅通代表和维护青少年合法权益渠道。

（七）校园及周边治安综合治理工作专项组。持续深化"平安校园"建设工作，完成了对北京教育音像报刊总社等5家直属单位"平安单位"创建检查验收，研究制定了关于"十三五"时期实施高校"平安校园"建设提升工程的意见；协调成员单位严厉打击涉及师生安全违法犯罪，大力推行高峰勤务机制和"护学岗"的经验做法，共设立重点校园高峰勤务岗和护学岗512个，投入警力52.8万人次，警车17.3万车次；组织各区专项组针对排查出的突出问题隐患开展专项整治工作，共开展校园周边各类清理整治1802次，整治乱点778处，查处黑车、黑摩的2395辆，清理非法游商11372人次，有力维护了校园及周边治安环境秩序良好。

（八）护路护线联防专项组。对首都综治委铁路护路联防工作领导小组进行调整，强化了首都护路办机构并增加了工作力量。制定了加强护路联防经费保障的工作意见，变两级财政保障为市级财政统一保障并加大了保障力度。在大兴、海淀、通州等区试点建设了护路工作站73个。"G20杭州峰会"期间，共出动护路队员3974人次、志愿者28141人次，对铁路沿线特别是京沪高铁沿线进行巡防守护，维护了峰会期间铁路沿线安全。先后协调解决了京九线手帕口桥地区抛物击打列车、北京站闲杂人员穿行、京沪高铁玉泉营地区安全隐患等一批隐患问题。加强护路宣传，统一设置了宣传标语标牌、护路宣传栏、太阳能护路广播柱，开展了主题护路宣传教育活动，投放了系列护路公益广告，取得了良好的宣传效果。组织开展了打击打孔盗油、盗窃破坏"三电"设施违法犯罪行为专项行动，对贩运被盗油气行为进行了集中整治，扼制了城乡接合部和农村地区盗窃破坏"三电"设施和输油气管道设施案件多发势头。开展了"三电"企业防范恐怖袭击实战演练，提高了防范工作能力。在打孔盗油多发区域加强了视频监控系统建设，提高了安全防护工作水平。

（九）科技创安专项组。

一是深入开展重点地区视频监控系统补点建设。以实战需求为牵引，加快推进公共区域高清视频补点建设，实现在全市重点地区和要害部位视频监控全覆盖、重要场所周边基础设施24小时监控。二是全面深化全市重点行业领域视频监控系统资源整合、共享及应用。实现对重点部位、敏感区域视频监控图像实时调取和动态监控；指导推动一般企事业单位、商户根据自身安全防范需求开展视频监控建设，重点开展对全市银行网点、大型商（市）场、宾馆酒店（洗浴）、网吧及特种行业、水电气热基础设施等重要行业场所视频资源整合。三是健全完善全市视频监控系统运维管理长效机制。持续日常巡检、故障处理、恢复记录等基础工作，及时更新、维护磨损老化的视频前端，确保全市公共区域联网视频监控"一头一标签"100%悬挂率；固化运维会商机制，确保每年安排不少于系统建设总投资额7%的专项资金用于系统运维保障，全面提升视频监控摄像头完好率。四是全面推进城乡社区技防系统改造和建设。坚持高发警情问题导向，推进重点部位周边社区、老旧居民小区、城乡接合部、流动人口聚居区和农村公共区域等技防设施改造建设；加强农村地区技防建设，完善服务管理基础设施建设标准化，将安全技术防范设施建设纳入乡村建设规划，建设运维经费纳入区财政预算支出经常性项目内容，大力推动农村社区科技创安达标创建。

（十）社会矛盾多元调解专项组。以市委办、市政府办名义联合印发《关于完善矛盾纠纷多元化解机制的实施意见》，制定《关于完善矛盾纠纷多元化解机制重点任务分工方案》，明确主责部门、完成时限，确保重点任务和政策措施有效落实；推动政策落地，出台全市矛盾纠纷多元化解各项配套文件：协调市司法局与市财政局联合印发《关于进一步做好基层人民调解案件补贴工作的指导意见》，协调市司法局、市高级法院联合制定《全面推进人民调解进立案庭加强诉调对接工作的意见》，出台《北京法院进一步深化多元化纠纷解决机制改革的若干意见》，联合市委社工委出台《关于推动市级"枢纽型"社会组织建立社会矛盾纠纷调解专委会的工作方案》；指导成立全国首家省一级行业性专业性调解组织行业协会——北京多元调解发展促进会，建立统一的调解员培养机制、调解程序规范和诉调对接机制，依托各行业协会成立了37家社会化调解组织，基本覆盖了互联网、医疗、美容、典当、证券、期货纠纷、保险、劳动争议、建设工程、房屋买卖等矛盾多发领域，因工作业绩突出、社会效果良好，促进会被北京市委社工委将认定为"枢纽型社会组织"。

北京市人民政府令

第270号

《北京市实施〈居住证暂行条例〉办法》已经2016年4月26日市人民政府第114次常务会议审议通过，现予公布，自2016年10月1日起施行。

市长　王安顺

2016年5月17日

北京市实施《居住证暂行条例》办法

第一条　为了推进城镇基本公共服务和便利常住人口全覆盖，根据《居住证暂行条例》，结合本市实际情况，制定本办法。

第二条　外地户籍来京人员（以下简称来京人员）在北京市行政区域内办理《北京市居住证》、享受规定的基本公共服务和便利，适用本办法。

第三条　《北京市居住证》是来京人员在京居住、作为常住人口享受基本公共服务和便利、通过积分申请登记常住户口的证明。

来京人员在京享受基本公共服务和便利，需要证明居住事实的，应当出示其《北京市居住证》；政府及其有关部门为来京人员提供基本公共服务和便利，应当核验来京人员的《北京市居住证》。

第四条　市、区人民政府应当加强对本行政区域内来京人员服务管理工作的领导、组织、协调，建立健全为《北京市居住证》持有人提供基本公共服务和便利的机制，将为《北京市居住证》持有人提供基本公共服务和便利的工作纳入国民经济和社会发展规划、计划，保障《北京市居住证》持有人享受相关基本公共服务和便利。

发展改革、教育、公安、民政、司法行政、人力资源和社会保障、住房和城乡建设、国土资源、卫生计生等行政部门应当根据各自职责，做好《北京市居住证》持有人的权益保障和服务管理工作。

第五条　公安机关负责暂住登记和《北京市居住证》的申领受理、制作、发放、签注等证件管理工作。

居民委员会、村民委员会、用人单位、就读学校以及房屋出租人应当协助有关部门做好《北京市居住证》申领受理、发放和《北京市居住证》持有人的服务管理等工作。

第六条　来京人员应当按照国务院公安部门的规定到居住地公安派出所或者公安机关委托的来京人员社区登记服务机构申报暂住登记。

公安派出所或者公安机关委托的来京人员社区登记服务机构应当为来京人员提供暂住登记服务。

第七条　来京人员符合下列条件的，可以到居住地公安派出所或者公安机关委托的来京人员社区登记服务机构申领《北京市居住证》：

（一）在京居住6个月以上的；

（二）符合在京有合法稳定就业、合法稳定住所、连续就读条件之一的。

本条第一款第（二）项所称在京有稳定就业，是指未来可能在本市就业6个月以上。

本条第一款第（二）项所称在京有稳定住所，是指拥有未来可以在本市居住6个月以上的住所。

本条第一款第（二）项所称在京连续就读，是指在本市中、小学取得学籍的就读以及在本市中等职业学校、普通高等学校和具有研究生培养资格的科研机构取得学籍并接受全日制学历教育的就读。

第八条　申领《北京市居住证》的，应当出示本人居民身份证或者其他合法有效身份证件，提交本人近期免冠照片，并如实提供证明其符合本办法第七条规定条件的有关材料。

居住时间证明包括来京人员的暂住登记信息、尚在有效期内的《暂住证》等能够证明居住时间的材料；就业证明包括工商营业执照、劳动合同、用人单位出具的劳动关系证明或者其他能够证明有合法稳定就业的材料等；住所证明包括房屋租赁合同、房屋产权证明文件、购房合同或者房屋出租人、用人单位、就读学校出具的住宿证明等；就读证明包括学生证，就读学校、科研机构出具的其他能够证明连续就读的材料等。

证明材料的具体要求，由市公安机关会同人力资源和社会保障、工商行政管理、司法行政、住房和城乡建设、国土资源、教育等行政部门制定，并向社会公布。

第九条　未满16周岁的未成年人和行动不

便的老年人、残疾人等，可以由其监护人、近亲属代为申领《北京市居住证》。监护人、近亲属代为申领的，应当提供委托人、代为申领人的合法有效身份证件以及监护、委托关系存在的证明。

第十条　公安派出所或者公安机关委托的来京人员社区登记服务机构收到《北京市居住证》申请材料的，应当根据下列情况分别作出处理：

（一）申请材料齐全、符合要求的，应当当场受理；

（二）申请材料存在可以当场更正的错误的，应当允许申请人当场更正，对更正后符合受理条件的，应当当场受理；

（三）申请材料不齐全或者不符合要求的，应当当场或者在5日内一次性告知申请人需要补正的全部内容，逾期不告知的，自收到申请材料之日起即视为受理；

（四）申请材料不齐全或者不符合要求，经告知补正后拒绝补正的，不予受理。

公安派出所或者公安机关委托的来京人员社区登记服务机构决定受理或者不予受理的，应当向申请人说明理由，并出具书面凭证。

第十一条　公安派出所或者公安机关委托的来京人员社区登记服务机构决定受理申请的，应当及时将申请人提交的材料报区公安机关。

区公安机关会同人力资源和社会保障、工商行政管理、司法行政、住房和城乡建设、国土资源、教育等行政部门根据各自职责分别对申请人提交的有关证明其身份、居住时间、就业、住所、就读等状况的材料进行审核。符合条件的，自受理申请之日起15日内，由区公安机关通过受理申请的派出所或者公安机关委托的来京人员社区登记服务机构发放《北京市居住证》；不符合条件的，由区公安机关通过受理申请的派出所或者公安机关委托的来京人员社区登记服务机构书面告知申请人，并说明理由。

因法定原因需要对本条第二款规定的时限延长的，制发《北京市居住证》的时间最长不得超过30日。

第十二条　《北京市居住证》损坏难以辨认或者遗失的，《北京市居住证》持有人应当到居住地公安派出所或者公安机关委托的来京人员社区登记服务机构申请办理换领、补领手续。

《北京市居住证》持有人因证件损坏难以辨认而换领新证的，应当交回原证。

第十三条　《北京市居住证》持有人在京居住地址发生变更的，应当及时到居住地公安派出所或者公安机关委托的来京人员社区登记服务机构申请办理居住信息变更手续。

第十四条　《北京市居住证》实行年度签注制度，每年签注1次。

《北京市居住证》持有人拟在京连续居住的，应当在居住每满1年之日前1个月内，向居住地公安派出所或者公安机关委托的来京人员社区登记服务机构提交能够证明其符合本办法第七条规定条件的有关材料，申请办理签注手续。

逾期未办理签注手续的，《北京市居住证》使用功能中止；补办签注手续的，《北京市居住证》使用功能恢复，持有人在京的居住年限自补办签注手续之日起连续计算。

第十五条　在申领、换领、补领《北京市居住证》以及办理居住信息变更、签注等手续过程中，申请人应当对其提交材料的真实性、合法性负责。

申请人出具虚假证明材料的，公安机关不予受理；已经受理的，终止办理程序，不予发放《北京市居住证》；已经发放的，其《北京市居住证》应当予以撤销。

第十六条　《北京市居住证》持有人有下列情形之一的，区公安机关应当注销其持有的《北京市居住证》：

（一）死亡的；

（二）已在京登记常住户口的；

（三）法律、法规、规章规定的其他应当注销的情形。

第十七条　《北京市居住证》持有人在京依法享受劳动就业，参加社会保险，缴存、提取和使用住房公积金的权利。

市、区人民政府及其有关部门应当按照规定为《北京市居住证》持有人提供《居住证暂行条例》第十二条和第十三条规定的基本公共服务和便利，并积极创造条件，逐步扩大提供公共服务和便利的范围，提高服务标准，定期向社会公布《北京市居住证》持有人享受的公共服务和便利的范围。

《北京市居住证》持有人在京享受基本公共服务和便利应当遵守国家和本市的有关规定。

第十八条　本市按照国家要求根据城市综合承载能力和经济社会发展需要，以具有合法稳定就业和合法稳定住所、参加城镇社会保险年限、连续居住年限等为主要指标，建立积分落户制度。

第十九条　公安派出所和公安机关委托的来京人员社区登记服务机构、负责《北京市居住证》持有人权益保障和服务管理工作的有关部门及其工作人员对在工作过程中知悉的来京人员个人信息，应当予以保密。

第二十条　市公安机关应当加强对《北京市居住证》办理工作的日常监督管理，建立健全监督检查等相关工作制度，做好对公安派出所和公安机关委托的来京人员社区登记服务机构承担办证工作人员的业务培训、指导和监督工作。

第二十一条　本市按照统一规划、资源共享的原则，建立健全劳动就业、教育、社会保障、房产、信用、卫生计生、婚姻、居住证等信息系统，为实现基本公共服务和便利常住人口全覆盖提供信息支持。

公安、人力资源和社会保障、住房和城乡建设、国土资源、教育、民政、卫生计生等行政部门应当逐步使用现代化信息技术以及其他便捷手段，方便来京人员申报相关信息。

第二十二条　《北京市居住证》由市公安机关统一制作。首次申领《北京市居住证》，免收证件工本费；换领、补领《北京市居住证》，应当缴纳证件工本费。办理签注手续不得收取费用。

第二十三条　有关单位和个人在《北京市居住证》的申领、使用、管理等活动中有违反《居住证暂行条例》和本办法规定的行为的，由公安机关和其他有关行政部门根据《居住证暂行条例》以及有关法律、法规、规章的规定追究其法律责任。

第二十四条　本办法自2016年10月1日起施行。1995年6月13日北京市人民政府第11号令发布、根据1997年12月31日北京市人民政府第12号令修改的《北京市外地来京人员户籍管理规定》同时废止。

北京市东城区东花市街道深入开展“五大活动”全面提升居民群众安全感满意度

2016年以来，东城区东花市街道以提高辖区群众安全感、满意度为出发点，积极开展大走访、大整治、大巡访、大宣传、大服务“五大活动”，集中力量打好攻坚战，全面部署做实为民服务，全面提升群众安全感和满意度。

一、开展“大走访”活动，以真诚的沟通交流取信于民

一是包片包户收集社情民意。制作《平安大走访民意调查问卷》450份，重点针对无物业、无地下车库、产权单位弃管的老旧居民小区，组织机关、社区干部、网格助理员等以包片、包户负责的方式，进小区、进家庭，深入普通群众，听民声、察民情，收集掌握社情民意。二是处级领导定期深入社区。处级领导每月定期深入社区召开恳谈会，邀请居民群众、驻街单位代表、职能科室代表等进行座谈交流，现场听取居民情况反映，现场协调解决问题，实现“小问题不出社区”。三是社区民警回访掌握基层第一手资料。重点回访“两抢一盗”等案件受害人员，对涉案群众及时反馈，告知案件受理、立案、查处、办结情况，缓和当事人的情绪，化解被侵害者的怨气，宣传案件侦破战果和安全防范常识。

二、开展“大整治”活动，以良好的城市环境保障于民

一是统筹协调开展“春雷行动”。通过明查暗访掌握情况、联合执法责令整改、监督检查确保落实、持续关注防止反弹四个步骤，由街道流动人口服务管理员通过检查，全面掌握辖区出租房屋情况；由街道综治办牵头，联系房管、消防、公安等职能部门依法对违规群租行为进行打击处理并通过流管员及广大居民群众的邻里守望，确保整改效果长期巩固，对限期拒不履行整改的由区房管局执法队依法进行罚款。全年共治理群租房26处，腾退面积6600余平方米，疏解人口1049人。二是重拳出击开展“利剑行动”。街道主要领导带队开展联合执法检查，向相关负责人现场明确存在的各类违法行为及违法事实。街道主管领导对承租人及其他负责人进行现场约谈，责令限期整改，全部清退散租人口，彻底消除各类安全隐患。针对清退工作中存在的困难和问题，街道牵头，组织相关责任人召开协调会，督促相关责任人达成共识。全年共治理地下空间11处，腾退面积2.27万平方米，疏解流动人口3259人。三是打击入室盗窃依托“天网”。对辖区内主干道、重点高发案社区、二环辅路、背街小巷等盲点部位增装修缮175个探头点位，实现了地区视频监控全覆盖。以此为依托，通过分析失窃小区的监控录像，总结犯罪嫌疑人的体貌特征、出现规律等，实施布控打击，仅2016年上半年就成功抓获企图盗窃的嫌疑人8名，均对其实行刑事拘留。四是联合执法开展“霹雳行动”。针对新生违法建设(含楼顶违建)、开墙打洞、安全生产、消防安全、无照经营、黑车黑摩的、私设地锁、乱停车等各类违法违规现象，由街道综合执法组牵头，联合公安、消防、安监、食药、工商、交通等多个部门，开展集中治理。2016年上半年，共拆除违法建设4851平方米，整治开墙打洞5家，拆除户外违规广告牌匾、LED显示屏30块，检查规范“门前三包”单位154次，拆除私装地锁地桩122个，清理“僵尸车”31辆，“四小单位”安全检查860余家次。

三、开展“大巡防”活动，以广泛的街面执勤服务于民

充分发挥各类执法力量巡防队员作用，最大限度地将人力摆上街面，摆在群众需要的地方。派出所积极落实市公安局全面加强基层基础工作的要求，将8名前置警力全员落实到社区一线，通过实现警务前移、警力前置，切实提升发现控制能力、治安防范水平和服务实战能力，增加社区见警率，提高群众安全感。城管分队深入推行马路办公理念，通过全员定岗定责管理、错时执勤、轮流换岗、“5+2”轮休执勤等一系列举措，营造出在花市地区“走在路上经常能看到城管队员了”的普遍感受。消防支队依托街道消防学校，深入驻街单位、深入物业小区，通过开展现场教学、组织消防演习，以训代查、以演习代整改，做到周周有活动、月月有专场。通过巡逻防控，有效提高街面见警见勤率，最大限度地挤压违法违规空间，有效地消除了各类安全、治安隐患，有力地维护了地区和谐稳定，切实增强了居民群众安全感。

四、开展“大宣传”活动，以丰富的形式内容告知于民

一是广泛宣传安全常识。紧紧围绕提升公众安全感的目标，充分利用宣传栏、和谐花市报、政府官方网站、街道微博、微信公众号等媒介，以及蟠桃宫庙会、袁崇焕名人文化节等社区各类文体活动，进行警情温馨提示，向群众广泛宣传安全防范重点和防范常识，提高群众自防能力和水平，共悬挂宣传横幅19条，发放《致辖区居民朋友的一封信》8000份、“看钥匙识安全”宣传折页800份，针对居民楼、商务楼宇、人员密集场所、城区主干道等不同类型的地区，制作张贴不同内容的海报、易拉宝、便易贴等3000份。二是深入开展社区安全防范巡回培训。街道综治办牵头对8个社区全面开展安全防范巡回培训活动，联合派出所、110备案的锁具公司围绕如何防范入室进行详细专业的讲解，主管警长就窃贼的行动轨迹、体貌特征、出行时间、作案规律等进行了详细解读，锁具专家就目前市场锁具及其安全性进行了展示和介绍。

五、开展“大服务”活动，以扎实的便民举措惠及于民

一是专兼结合组建视频巡控打击队。街道出资聘用30名保安，派出所选调两名业务水平高的警长，组成打击队。白天调看监控录像，晚上排兵布阵、蹲守打击。动员辖区居民群众4000余名、驻街单位470余家参加社区治安志愿服务，开展邻里守望互助。二是推动地区物防建设全覆盖。在实现地区视频监控系统全覆盖的基础上，对7

处小区院墙安装防爬刺1600平方米，安装修缮门禁71个、照明设施20处，加装公共区域防盗门窗57个，实现了地区物防建设全覆盖。三是持续开展“安芯惠民锁具”工程。为应对窃贼开锁技术的提高，街道聘请110备案的专业锁具公司通过现场显示、入户指导等形式向居民讲解锁具安全知识，为鼓励居民群众及时更换使用安全锁具，凡通过街道“安芯惠民锁具工程”购买到的同类锁具，比通过110联动的开换锁热线购买的要便宜100～200元。在此基础之上，街道也拿出专项经费，每把锁给予50元钱的补贴，真正做到安心、惠民。共更换安全锁具440余把，切实筑牢了居民家门防线。

北京市昌平区构建“一个平台三项机制”校园暴力犯罪防控体系

2016年以来，校园安全问题逐渐成为社会普遍关注的热点问题。昌平区针对辖区在校学生较多、校园暴力案件频发的情况，加强涉罪问题研究分析，着力构建以“一个平台三项机制”为依托的校园暴力犯罪防控体系，取得了初步成效。

一、引发校园暴力犯罪案件的主要原因

校园暴力犯罪案件频发，有其深厚的家庭、学校以及社会根源。犯罪案件的发生，不仅与未成年人的心理因素有关，家庭、校园乃至社会环境都直接关系着青少年的健康成长和人格发展。

一是个人因素。青少年正处在身体、心理成长发育的阶段，自我保护能力不足，对事物判断能力较差，容易产生对立、逆反心理，意气用事，常常选择采取极端方式解决问题，从而引发校园暴力犯罪的发生。

二是家庭因素。家庭成员关系紧张，家庭周边环境复杂，家长对于子女的教育引导方式不当，缺乏有效监管，都不利于青少年健康人格的养成。父母处理问题的方式粗暴，如无端争吵甚至谩骂殴打，长期影响下会导致孩子形成自卑、冷漠、孤僻的性格。

三是学校因素。学校的管理制度是否有效，教学态度和处理学生间矛盾纠纷的方式是否正确，对学生的健康发展都至关重要。一些学校片面注重考试成绩，对学生的思想教育和心理健康教育重视不够，对学生出现的抽烟、酗酒、吸毒、打架斗殴等行为未及时进行教育，采取放任的态度，未能有效防治校园暴力犯罪案件的发生。

四是社会因素。社会环境的影响是导致犯罪行为发生的重要原因，文化市场上如一些电影、电视剧、互联网游戏、音像制品中常带有凶杀、恐怖、色情场面，这些场面常会成为青少年违法犯罪的“教材”。一些网吧、酒吧、游戏厅等娱乐场所充斥着不良的生活方式，也容易诱导青少年的行为出现偏差。

二、构建校园暴力犯罪防控体系

为预防和惩戒校园暴力犯罪，昌平区建立了“一个平台三项机制”，即以“驻校法官工作室”为平台，积极开展“阳光帮扶”“亲情相聚”“青春灯塔”三项工作机制。

一是建立驻校法官工作室，努力构建校园多元安全防护网。初期在北京工艺美术高级技师学校设立驻校法官工作室，这是昌平区学校中设立的第一个驻校法官工作室。专业法官以此为平台，定期深入学校了解情况，开展法治活动，接受学生问询，积极进行法律引导，及时处置可能引发校园暴力事件的安全隐患。为提高普法效果，有针对性地设计了“女生私语”“男生天地”“教师帮帮帮”等互动活动，将法律知识、心理学知识以寓教于乐的方式分享于广大师生，努力构建多元校园安全防护网。下一步，昌平区将在更多学校搭建类似的平台，形成长效机制。

二是建立心灵“阳光帮扶”机制，驱散心理阴霾。许多校园暴力犯罪案件当事人常出现厌学、

自卑、自闭、自暴自弃等不良情绪反应,一些被害人难以走出校园暴力所带来的心理阴影,性格变得孤僻、脆弱、敏感,甚至一些被害人为了摆脱经常被欺负的困境,身份从受害者转变为施暴者,遇事动辄采取极端方式解决。因此,对于校园暴力案件的当事人要及时进行心理干预和疏导,帮助其摆脱心理负担,恢复心理健康。目前,昌平区已面向涉案未成年人启动双向心理干预,不仅面向刑事案件被告人,同时也面向刑事案件被害人。为提高帮扶效果,在法官充分发挥心理咨询师的专业优势的基础上,进一步聘请第三方机构心理咨询师共同提供心理援助,通过剖析案件发生的深层次原因,找到诱发犯罪或者导致冲突发生的症结所在,从成长环境、犯罪动机等方面有针对性地加以心理疏导。今后,昌平区还将探索扩大救助覆盖面,将心理援助范围拓展至民事案件的未成年当事人。

三是开展"亲情相聚"感化工作,修复社会关系。未成年人出现严重的行为偏差,其背后常常有深刻的家庭原因。许多涉案未成年人与家人之间难以有效地沟通交流,家庭矛盾突出,而家庭成员间的对立和冲突常常会导致孩子的自尊自信强烈受挫,久而久之,误解不断加深,亲子关系疏离。对涉案未成年人开展教育、感化、挽救工作,帮助其回归社会,首先需要实现的就是家庭对他们的接纳和认可。建立"亲情相聚"机制,就是以亲情的力量感化未成年被告人。在案件审理过程中,法官利用被告人生日、家长生日等特殊日子,安排家长与未成年人会面,减轻被告人的心理压力,缓解其紧张状态,使被告人充分认识自身错误,进而帮助他们修补因犯罪破损的家庭关系。

四是开展"青春灯塔"系列法治宣传,法律相伴,护航未来。以"青春灯塔"为品牌,充分运用电视台、广播电台、网络平台等媒体的宣传优势作用,结合相关部门官方微博及法官个人微博等渠道,将反校园暴力的普法范围覆盖至各大院校、中小学、幼儿园,全方位开展校园安全警示教育。同时,重点针对校园暴力案件高发的职业高中、技工类学校及私立民办学校,开展防控校园暴力主题班会、校园暴力犯罪案件模拟法庭等反校园暴力普法活动,加强社会公众对校园暴力犯罪案件的认知,提升社会公众的法治意识,防控校园暴力。

（撰稿人:赵振国
审稿人:许继慧　孟凡鹏）

天　津　市

2016 年综治工作概况

2016 年,在天津市委、市政府坚强领导下,全市综治战线认真贯彻习近平总书记系列重要讲话精神特别是视察天津提出的“三个着力”重要要求,按照中央政法工作会议、全国综治创新工作会议部署要求,牢牢把握推进国家治理体系和治理能力现代化的总要求,始终把防控风险、服务发展和破解难题、补齐短板摆在突出位置,拼搏奋进,攻坚克难,开创了综治工作和平安天津建设的新局面,为实现全市经济发展和“十三五”良好开局创造了平安稳定的社会环境。

一、超前预防、主动作为,确保全市政治稳定、社会安定

一是全力做好重要敏感节点安全保卫工作。全市上下全力以赴高水平完成中央交办重大案件的审理任务,坚持依法办案、舆情引导、社会面稳控“三同步”,确保庭审期间安全稳定,得到中央和市委、市政府充分肯定。健全完善公安与武警联勤联动机制、合成作战机制,严厉打击暴恐活动。建立轨道站区“三个一体化”的警务新模式,实现了地铁轻轨进站安检、长途乘客离津购票实名制、城市卡实名制。坚持重拳打击邪教违法犯罪活动,加大专项整治、超前化解力度。加强夏季达沃斯论坛、G20 峰会、十八届六中全会等重要时期安保工作,坚持各区各部门密切协作、专业力量和群防群治队伍有机结合,排查隐患,加强管控,守住天津“卫”的战线,没有发生在全国有重大影响的各类案(事)件。二是依法严厉打击违法犯罪活动。按照战区体制,完善网格化布警、情指巡一体、五警联动巡控打击等机制,划定“1、3、5 分钟”处警圈和“30 分钟”围堵圈,形成中心城区、环城地区、与外埠接壤地区坚固防线,刑事立案同比下降 14.4%。深入开展“打侵财、治隐患”“打现行、强基础、保平安”等专项行动和禁毒严打斗争、“猎狐”追逃行动,建立反电信网络诈骗中心,破获刑事案件 2.7 万起,查处治安案件 31 万起,现行命案、枪案、绑架案全部破获,实现连续三年命案全破的突出成果。

二、坚持抓源头抓苗头、早预防早化解,社会矛盾纠纷有效化解在基层、解决在萌芽状态

一是加大矛盾纠纷排查化解力度。充分运用四级排查网络,加强日常排查和重点集中排查,将各类影响安全稳定的矛盾纠纷全部纳入视线,及时采取防控措施。全年共排查矛盾纠纷 21 万件,调处成功率 98%。认真落实重大决策社会稳定风险评估机制,对 254 项重大工程项目、重大政策制定和重大决策进行了风险评估,其中准予实施 227 项,暂缓实施 26 项,停止实施 1 项。二是积极构建矛盾纠纷多元化解体系。深入推进“访调对接”试点工作,列入中央综治办年度创新项目,成立市、区、乡镇(街道)三级调委会 34 个,导入疑难信访事项 685 件,成功率 90.8%,《法制日报》介绍了天津经验做法。推进商会、社团组织人民调解工作,完善医疗纠纷处置机制,组建物业纠纷调解组织,健全完善劳动争议调解工作机制。推进行政复议规范化建设,健全落实案件集体会商机制。全市三级人民法院设立诉前调解工作中心和专门调解室。进一步加强金融领域风险防控,建立了非法集资风险监测预警系统。

三、突出重点、突破难点,深入落实社会治安防控体系建设

一是统筹推进社会治安防控体系建设任务落实。认真贯彻市委、市政府《关于加强社会治安防控体系建设的实施意见》,规划至 2020 年的 110 项建设任务完成或完成阶段目标 76 项,推进中 34 项。充分利用物联网、大数据、云计算等科技手段,打造数字化、网络化、智能化社会治安防控体系，实施了《社会治安防控体系视频监控网系统建设总体方案》，建设一类视频监控点 2.7 万个，二、三类视频监控点 20 万个，视频监控点累计达到 82 万个。二是加强寄递物流领域安全管理。在全面推进收件验视、实名收寄、过机安检三个 100% 基础上，在全国率先实行寄递人员身份实名审核认证 100%，建立了“实名盾”寄递业管理系统，严把寄递安全“源头关”、寄递主体“实名关”和寄递物品“安检关”，共发现 30 名在逃人员、3102 名重点管控人员，摸排违法犯罪线索 40 余条，得到公安部、国家邮政总局高度评价。加强运输行业物流安全监督管理，严格执行货运实名制与货物安全检查制度，加大对危险货物运输安全管理力度。三是强化社会治安重点地区和安全生产隐患排查整治。排查确定市、区、乡镇（街道）三级重点整治对象 374 个，逐一明确牵头部门、责任单位和责任人，逐一建立工作台账，圆满完成全年重点整治任务。围绕危险化学品、工业重点领域、城市公共设施、食品药品、公共消防等，集中开展安全生产大检查、大排查、大整治行动，对存在突出安全隐患的企业相关负责人严格实行了追责问责。

四、持之以恒抓基层、打基础，基层社会治理能力和治理水平得到进一步提升

一是深入推进村（社区）综治办规范化建设。在全国率先建立村（社区）综治办的基础上，推动村（社区）综治办规范化建设，召开了全市综治基层基础建设现场推动会，全市 98% 以上村（社区）综治办达到了规范化建设要求，实现了综治工作资源力量整合在基层、工作合力形成在基层、服务管理水平提高在基层的目标要求。全国综治创新工作会议上天津经验得到推广。二是深入推进综治信息化建设和网格化管理。强化综治信息系统的深度应用，完善了办公系统和综治组织建设等模块。加强综治视频系统建设，实现了中央、市、区三级贯通，部分乡镇（街道）和重点村（社区）完成接入工作。坚持构建网格化管理、社会化服务、信息化支撑、责任制保障“四位一体”服务管理体系新模式，《人民日报》对天津基层社会治理工作进行了专题报道。三是深入推进社会共治。以创建平安村（社区）、平安单位、平安街镇为基础，积极开展平安校园、平安医院、平安工地、平安家庭创建活动，打造了一批治安秩序好、群众满意度高的示范典型。充分发挥平安志愿者的作用，组织参与重要安保工作，实现了“大事不出，小事也不出，保证绝对安全”的目标。制定了《天津市群防群治工作表彰奖励办法》，表彰了 380 个平安志愿先进集体、1200 名先进个人，命名了 28 个服务创新项目，进一步调动激发了广大群众参与综治和平安天津建设的积极性主动性。

五、完善政策措施、创新体制机制，确保各项工作任务落实

认真贯彻落实中办、国办《关于完善矛盾纠纷多元化解机制的意见》《健全落实社会治安综合治理领导责任制规定》，天津市委办公厅、市政府办公厅分别印发了具体实施意见。各级综治组织强化责任制落实，根据平安建设履责实际，针对突出问题共通报批评 56 次、约谈 73 次、警示 32 次、挂牌督办 233 次、一票否决 85 次，连续三年责任制实施情况位居全国前列。充分发挥综治考评杠杆作用，组织签订了 2016 年全市综治目标责任书，注重加强过程管理，年中和年末市综治委领导分别带队，深入 16 个区、10 个系统对落实责任书情况进行了实地督导检查和考核验收。推进综治重点工作项目化实施，59 个具体项目逐一落实牵头单位、责任单位，把实施情况作为综治考评内容，确保了重点项目按时完成，一些单项工作实现了全国一流目标。根据中央和市委健全落实综治领导责任制的有关要求，市综治委制定了《关于确定社会治安重点地区办法》，研究起草了表彰奖励配套文件，推动中央精神在天津落地生根。

六、不断深化综治专项工作，有效提升社会治安管控水平

市综治委各专项组充分发挥职能作用，加强了重点工作的组织实施。社会治安专项组坚持对突出治安问题“零容忍”，持续组织开展“治乱保安”“打现行、强基础、保平安”“打防盗抢骗”“严稳控、治隐患、强打防”等专项行动，强化行业场所阵地控制，严查黄赌毒等违法犯罪活动，并大力推进“五侦合一”作战平台建设，推行“情报收集 + 分析研判 + 五侦合一落地 + 精准打击”破案模式。实有人口专项组扎实推进出租房屋和流动人口服务管理工作，组织开展出租房屋和流动人口调查摸底工作，坚持边排查边整治，共排查问题隐患3.3万件，破获各类案件3000起，抓获犯罪嫌疑人390人，做到底数清、情况明、信息准、管到位，并在和平区、南开区、东丽区、西青区、武清区开展试点工作，确定了“管房与管人”相统一原则，进一步整合机构人员，完善工作平台，明确职责任务。

特殊人群专项组着力推动社区矫正监管教育基地建设，引导社会力量参与社区矫正工作，加强服刑人员出监教育，落实刑满释放人员衔接管控措施和各项帮扶政策，14个区实现了“三无”目标；推动吸毒人员纳入网格化服务管理，推动禁毒社会工作专业人才队伍建设；加强严重精神障碍患者服务管理，出台《天津市严重精神障碍患者监护人申领看护管理奖励办法》，落实监护人每人每年2400元奖励，全年强制医疗命案数量、死亡人数同比减少50%，得到中央综治办充分肯定。

“两新组织”专项组不断深化社会组织管理制度改革，出台实施《天津市社会组织法人治理结构准则》《天津市社会组织公益创投规程》，属全国首创；积极开展天津市社会组织统一社会信用代码赋码工作，全市社会组织换证完成存量占主体总量的88%；加强社会组织综合监管，指导各业务主管单位稳步推进脱钩试点工作，33家单位完成脱钩工作；开展协会学会商会“四风”问题专项治理工作，查处了“中国儿童安全座椅协会”筹备期间出现的违法问题，依法查处假借天津市老年协会名义进行保健品售卖案件；积极引导社会组织推动公益事业，确定50个公益创投项目，使用公益创投资金550万元；拓宽社会组织参与社区建设渠道，发挥社区社会组织的支撑力量和街乡镇枢纽型社区社会组织工作体系作用，推动“三社联动”和美丽社区建设，开展社会组织“扎根社区”工作，调动社会组织公益服务资源向基层社区延伸。

预防青少年违法犯罪专项组深化青少年维权岗和“四有两无”青少年零犯罪村（社区）双创活动，26个市级“青少年维权岗”被命名为全国级“青少年维权岗”，新创建85个零犯罪村（社区）；加强对基层使用《重点青少年群体帮扶管理手册》的督导，进一步健全了信息分类、帮扶管理和评价反馈制度，近200名重点青少年受到帮扶转化；大力实施分类预防工作，通过引导社会力量加大对特困和残疾青少年的帮扶力度，为全市72户困难青少年改善了学习生活环境；实施“挽救行动”“引导行动”“回归行动”“牵手行动”“关爱行动”“融入行动”，在中央预青办第三轮“重点青少年群体预防犯罪试点”工作考核中天津市区达标率为100%，处于全国前列，全年没有发生涉及未成年人的重特大案（事）件；组建专业社工队伍，建立了天津市青少年事务社工管理服务中心，遴选157名优秀人员作为首批青少年事务社工派遣到16个区、124个街道和14个镇开展工作，初步实现市、区、乡镇（街道）、村（社区）四级青少年事务社工组织网络全覆盖；研发了“青少年事务社工服务管理系统”，形成网络档案化分级管理体系；建立乡镇（街道）面对面工作中心238个、社区工作站1470个、企事业单位青少年事务联络站578个，初步形成自下而上层层倾听、反映和促进解决青少年利益诉求的绿色通道。

校园及周边治安综合治理专项组持续深化“护校安园”行动，建立涉校案件快速反应联动机制，在市区校园周边增设210处勤务点位，组织检查校园及周边重点部位3470个，发现整改安全隐患2760余处，排查登记矛盾纠纷3578件，成功化解2886起，取缔游商地摊433个，收缴非法出版物3.6万余册（张）；围绕实验室危险化学品安全、校舍和建设施工安全、交通安全、消防安全、特种设备安全、学校公共设施安全、食品安全8个领域开展全市性检查3次，发现并整改隐患问题848项；出台《关于成立天津市高等学校实验室安全管理工作领导小组和印发天津市高等学校实验室安全管理及危险化学品安全管理两个办法（试行）的通知》，填补了我国在高校实验室安全管理方面缺乏指导性文件的空白，对全市涉及危化品的27所高校和8家附属医院进行了检查，发现隐患问题164项，下发隐患整改通知书28份，规范了实验室安全职责。

护路护线联防专项组加强完善了市、区、乡镇（街道）与铁路部门、铁路公安部门路地三级对接机制，实现了信息互通、工作互动；推进铁路护路联防信息管理系统建设，将高铁车站、沿线视频监控建设纳入全市公共安全视频监控建设整体布局;统筹公安、武警、治安巡逻队、群防群治队伍等力量,强化高铁车站、沿线安全防护;及时查处北环线系列摆障案件,妥善解决武清区京沪高铁突出涉路矛盾纠纷,得到中央综治办和中央护路办、中国铁路总公司的高度评价。

法律政策专项组加强综治法治保障,全年颁布实施《天津市沿海边防治安管理条例》《天津市学前教育条例》《天津市妇女权益保障条例》《天津市安全生产条例》等6项涉及综治工作的地方法规,为深化社会治安综合治理和平安天津建设发挥了重要的保障作用。

中共天津市委办公厅　市政府办公厅关于印发《健全落实社会治安综合治理领导责任制实施办法》的通知

（2016 年 8 月 25 日）

各区县党委和人民政府,市委各部委,市级国家机关各部门,各人民团体:

《健全落实社会治安综合治理领导责任制实施办法》已经市委、市政府领导同志同意,现印发给你们,请遵照执行。

健全落实社会治安综合治理领导责任制实施办法

第一章　总　则

第一条　为深入推进社会治安综合治理,健全落实领导责任制,全面深化平安天津建设,根据《中共中央办公厅、国务院办公厅关于印发〈健全落实社会治安综合治理领导责任制规定〉的通知》精神,结合我市实际,制定本实施办法。

第二条　本实施办法适用于全市各级党的机关、人大机关、行政机关、政协机关、审判机关、检察机关及其领导班子、领导干部。

人民团体、事业单位、国有企业及其领导班子、领导干部、领导人员参照执行本办法。

第三条　健全落实社会治安综合治理领导责任制,应当坚持以邓小平理论、“三个代表”重要思想、科学发展观为指导,深入贯彻习近平总书记系列重要讲话精神,紧紧围绕“五位一体”总体布局和“四个全面”战略布局,坚持问题导向、法治思维、改革创新,抓住“关键少数”,强化担当意识,落实领导责任,健全激励机制,使各级领导班子、领导干部切实担负起维护一方稳定、确保一方平安的重大政治责任,保证党中央、国务院和市委、市政府关于社会治安综合治理决策部署的贯彻落实。

第二章　责任内容

第四条　坚持党委领导、政府主导、综治协调、各部门齐抓共管、社会力量积极参与的社会治安综合治理工作格局,严格落实属地管理和谁主管谁负责原则，形成分工合理、职责明晰、利于落实的责任体系。

第五条　各级党委和政府应当切实加强对社会治安综合治理的领导，列入重要议事日程，纳入经济社会发展总体规划，认真研究解决工作中的重要问题，从人力物力财力上保证社会治安综合治理工作的顺利开展。

第六条　各级党政主要负责同志是社会治安综合治理的第一责任人，应当定期听取社会治安综合治理工作汇报，重要工作亲自部署，重大问题亲自过问，重大事件亲自处置。

社会治安综合治理的分管负责同志是直接责任人，具体负责社会治安综合治理工作的组织协调、推动落实和监督检查，协调解决工作中的重点难点问题。

领导班子其他成员承担分管工作范围内社会治安综合治理的责任，应当把社会治安综合治理工作有机融入各项业务工作中，完善制度规定，落实工作措施。

第七条　各部门各单位应当各负其责，充分发挥职能作用，积极参与社会治安综合治理，主动承担好预防和减少违法犯罪、维护社会治安和社会稳定的责任，认真抓好本部门本单位的综合治理工作，与业务工作同规划、同部署、同检查、同落实。

第八条　各级社会治安综合治理委员会及其办公室应当在本级党委和政府的统一领导下，认真组织推动本地区本部门本单位社会治安综合治理工作，加强调查研究和督导检查，及时分析、通报社会治安形势，协调解决工作中遇到的突出问题，探索创新社会治安综合治理和平安建设工作，总结推广典型经验，统筹推进社会治安综合治理工作。

第三章　督促检查

第九条　各地区各部门各单位应当建立完善社会治安综合治理目标管理责任制，每年自上而下层层签订社会治安综合治理目标责任书，逐级落实责任。

第十条　各级党委常委会应当定期听取社会治安综合治理工作汇报，将执行社会治安综合治理领导责任制的情况，作为向同级党的委员会全体会议报告工作的一项重要内容。

各级党政领导班子和有关领导干部应当将履行社会治安综合治理责任情况作为年度述职报告的重要内容。

第十一条　社会治安综合治理委员会成员单位每年应当对本单位本系统部署和开展社会治安综合治理、推进平安建设的有关情况进行总结，对下一年度的工作作出安排，并报同级社会治安综合治理委员会。

下一级社会治安综合治理委员会每年应当向上一级社会治安综合治理委员会报告工作。

第十二条　各级党委和政府应当将社会治安综合治理纳入工作督促检查范围，适时组织开展专项督促检查，确保责任落实。

各级社会治安综合治理委员会及其办公室应当动员组织党员、群众有序参与，推动社会治安综合治理各项决策部署落到实处。

第四章　考核评价

第十三条　各级党委和政府应当建立健全社会治安综合治理考核评价制度，制定科学的指标体系和评价标准，明确考核评价的内容、方法和程序。

第十四条　各级社会治安综合治理委员会负责组织实施社会治安综合治理考核评价工作。参与考评部门和单位要按照客观公平公正的原则，认真制定考评细则，加强督导检查，按时提供数据。由各级社会治安综合治理委员会办公室综合评定，向同级党委、政府报告考评结果，并向被考评地区和单位反馈，指出存在的问题，提出改进工作的意见和建议。

第十五条　各级党委和政府要加强社会治安综合治理考核评价结果运用，把社会治安综合治理工作实绩作为对领导班子和领导干部综合考核评价的重要内容，与业绩评定、职务晋升、奖励惩处等挂钩。对社会治安综合治理考评先进地区和单位，可按规定给予一次性奖金或者其他待遇。

第五章　实绩档案

第十六条　各级社会治安综合治理委员会及其办公室应当会同组织人事部门推动建立健

全社会治安综合治理工作实绩档案。实绩档案内容包括领导干部履行社会治安综合治理和维护社会稳定职责情况、年度工作述职报告、社会治安综合治理奖惩情况等。

第十七条　各级社会治安综合治理委员会会同组织部门,结合年度考核,每年对党政主要领导干部和分管领导干部履行社会治安综合治理和维护社会稳定职责情况进行考察,相关情况报上一级社会治安综合治理委员会备案。

第十八条　各级组织人事部门在对党政主要领导干部和社会治安综合治理分管领导干部进行考察、提拔任用和晋职晋级时,应当了解和掌握相关领导干部抓社会治安综合治理工作的情况。

第十九条　县处级以上社会治安综合治理委员会及其办公室应当按照中央和市委有关规定,加强与同级纪检监察机关、组织人事部门的协调配合,协同做好有关奖惩工作。

第六章　表彰奖励

第二十条　对真抓实干、社会治安综合治理工作成绩突出的地区和部门的党政主要领导干部和分管领导干部,应当按照有关规定给予表彰和嘉奖。对受到嘉奖的领导干部,应当将有关材料存入本人档案。

第二十一条　市社会治安综合治理委员会每四年开展一次市级社会治安综合治理先进集体、先进工作者评选表彰工作。

第二十二条　对受到表彰的全国、全市社会治安综合治理先进集体党政主要领导干部和分管领导干部应当按规定进行嘉奖。对受到表彰的全国社会治安综合治理先进工作者,应当落实省部级先进工作者和劳动模范待遇。对受到表彰的全市社会治安综合治理先进工作者,按规定予以一定奖励。

对连续三次以上受到表彰的市级社会治安综合治理先进集体,由市社会治安综合治理委员会以适当形式予以表扬。

第二十三条　各级社会治安综合治理委员会和组织人事部门要配合做好社会治安综合治理先进集体、先进工作者等的评选表彰工作。

第七章　责任督导和追究

第二十四条　党政领导班子、领导干部违反本实施办法或者未能正确履行本实施办法所列职责,有下列情形之一的,应当进行责任督导和追究:

(一)不重视社会治安综合治理和平安建设,相关工作措施落实不力,本地区本系统本单位基层基础工作薄弱,治安秩序严重混乱的;

(二)本地区本系统本单位在年度内多次发生重大刑事案件、群体性事件、公共安全事件的;

(三)本地区本系统本单位发生特别重大刑事案件、群体性事件、公共安全事件;

(四)本地区本系统本单位社会治安综合治理工作考核评价不合格、不达标的;

(五)对群众反映强烈的社会治安重点地区和突出公共安全、治安问题等,没有采取有效措施或者出现反弹的;

(六)各级党委和政府及社会治安综合治理委员会认为需要查究的其他事项。

第二十五条　对党政领导班子、领导干部进行责任督导和追究的方式包括:通报、约谈、挂牌督办、实施一票否决权制、引咎辞职、责令辞职、免职等。因违纪违法应当承担责任的,给予党纪政纪处分;构成犯罪的,依法追究刑事责任。

第二十六条　对具有本实施办法第二十四条所列情形的地区、单位,由相应县处级以上社会治安综合治理委员会办公室以书面形式进行通报,必要时由社会治安综合治理委员会进行通报,限期进行整改。

第二十七条　对受到通报后仍未按期完成整改,或者具有本规定第二十四条所列情形且危害严重或者影响重大的地区、单位,由相应的上一级社会治安综合治理委员会办公室主任对其党政主要领导干部、社会治安综合治理工作分管领导干部和负有责任的其他领导班子成员进行约谈,必要时由社会治安综合治理委员会主任、副主任约谈,帮助分析原因,督促限期整改。

第二十八条　对受到约谈后仍未按期完成整改,或者具有本实施办法第二十四条所列情形且危害特别严重或者影响特别重大但尚不够实施一票否决权制的地区、单位,由相应的上一级社会治安综合治理委员会办公室挂牌督办，限期进行整改。必要时，可派驻工作组进行检查督办。

市社会治安综合治理委员会每年从公共安全、治安问题相对突出的地区、单位中，确定年度社会治安重点地区（单位），报中央社会治安综合治理委员会办公室。

对受到中央社会治安综合治理委员会办公室挂牌督办的地区、单位，在半年内取消该地区、单位评选综合性荣誉称号的资格和该地区、单位主要领导干部、主管领导干部、分管领导干部评先受奖、晋职晋级的资格。

第二十九条　对受到挂牌督办后仍未按期完成整改，或者有本实施办法第二十四条所列情形且危害特别严重或者影响特别重大的地区、单位，由相应的上一级社会治安综合治理委员会按照有关规定，商有关部门共同研究决定实行一票否决权制。

第三十条　对受到一票否决权制处理的地区、单位，在一年内，取消该地区、单位评选综合性荣誉称号的资格，由组织人事部门按照有关权限和程序办理；取消该地区、单位主要领导干部、主管领导干部、分管领导干部评先受奖、晋职晋级的资格，由组织人事部门按照干部管理权限和程序办理，并会同社会治安综合治理委员会办公室，按照有关规定向上级有关部门进行报告、备案。需要追究该地区、单位党政领导干部责任的，移送纪检监察机关依纪依法处理。

第三十一条　对中央驻津单位需要实行一票否决权制的，由市社会治安综合治理委员会向其主管单位和中央社会治安综合治理委员会提出书面建议。对市管驻区县单位需要实行一票否决权制的，由区县社会治安综合治理委员会向其主管单位和市社会治安综合治理委员会提出书面建议。

第三十二条　党政领导干部具有本实施办法第二十四条所列情形，按照《中国共产党问责条例》《关于实行党政领导干部问责的暂行规定》应当采取引咎辞职、责令辞职、免职等方式问责的，由纪检监察机关、组织人事部门按照管理权限办理。

第三十三条　党政领导班子、领导干部具有本实施办法第二十四条所列情形，并具有下列情节之一的，应当从重进行责任督导和追究：

（一）干扰、阻碍调查和责任追究的；

（二）弄虚作假、隐瞒事实真相、瞒报漏报重大情况的；

（三）对检举人、控告人等打击报复的；

（四）党内法规和国家法律法规规定的其他从重情节。

第三十四条　党政领导班子、领导干部具有本实施办法第二十四条所列情形，并具有下列情节之一的，可以从轻进行责任督导和追究：

（一）主动采取措施，有效避免损失、挽回影响的；

（二）积极配合调查，并且主动承担责任的；

（三）党内法规和国家法律法规规定的其他从轻情节。

第八章　附　则

第三十五条　各区县、各部门、各单位可以根据本实施办法，结合实际制定具体实施方案。

第三十六条　本实施办法自印发之日起施行。

天津市综治委关于印发《关于考核确定社会治安重点地区(单位)具体办法(试行)》的通知

(2016 年 9 月 23 日)

各区综治委,市综治委各成员单位、专项组:

为贯彻落实市委办公厅、市政府办公厅《健全落实社会治安综合治理领导责任制实施办法》精神,市综治委研究制定了《关于考核确定社会治安重点地区(单位)具体办法(试行)》,现印发给你们,请遵照执行。

关于考核确定社会治安重点地区(单位)具体办法(试行)

为深入贯彻落实中办、国办《关于印发〈健全落实社会治安综合治理领导责任制规定〉的通知》和市委办公厅、市政府办公厅《关于印发〈健全落实社会治安综合治理领导责任制实施办法〉的通知》要求,按照每年从公共安全、治安问题相对突出的地区(单位)中,确定年度社会治安重点地区(单位)报中央综治办的规定,市综治委根据社会治安综合治理目标责任书考评情况,综合以下具体方面的考核结果,确定社会治安重点地区(单位),上报中央综治办。

第一条　社会治安防范工作不到位,发生重大暴力恐怖案(事)件的。

第二条　社会治安秩序混乱,严重刑事犯罪和命案多发的。

第三条　因矛盾纠纷引发的“民转刑”命案多发或发生一次死亡 3 人以上命案的。

第四条　基层基础工作薄弱,入室盗窃、盗窃非机动车等多发性侵财犯罪高发的。

第五条　社会治安管理工作不到位,涉枪涉爆案件多发的。

第六条　突出治安问题未及时有效解决,“黄、赌、毒”案件多发的。

第七条　因突出不稳定问题引发重特大群体性事件的。

第八条　工矿商贸安全生产事故多发的。

第九条　亡人火灾事故多发或发生重特大火灾事故的。

第十条　单位道路里程交通死亡事故多发或发生重特大交通事故的。

第十一条　群众反映强烈的社会治安问题突出,群众安全感和治安满意度低的。

天津市南开区夯实党建基础　提升治理能力 让党旗在社区高高飘扬

天津市南开区向阳路街道昔阳里社区党委以服务群众、让群众满意为出发点和落脚点，积极破解为民服务难题，打通服务群众的“最后一公里”，在推动发展、服务群众、促进和谐中充分发挥党组织领导核心作用和党员先锋模范作用。社区先后被评为“全国最美志愿服务社区”“全国和谐建设示范社区”和天津市“美丽社区”“环境友好型社区”“优秀志愿服务社区”称号。社区党委书记2016年被评为“全国优秀党务工作者”。

一、突出社区党委领导核心，构建为民服务的根本保障

社区党委不断强化从严治党主体责任，在服务群众中充分发挥领导核心作用。一是政治理论学习走在先。社区党委班子严格落实班子学习制度，牢固树立政治意识、大局意识、核心意识、看齐意识，把牢政治方向，做讲政治的知行合一者。二是组织生活真落实。认真落实“三会一课”、组织生活会等各项制度。每项重大工作完成后党委班子都召开专题民主生活会，认真对照检查，交换意见、沟通想法、统一思想，形成心齐气顺的良好氛围。三是党组织建设全覆盖。密织“党委建在社区、总支建在小区、支部建在楼栋、小组进入楼门、党员担任楼门长”的社区基层组织体系，实现了党组织和工作全覆盖。四是民主决策抓规范。建立党员代表议事制度、党员听证会制度，做到“决策之前访党员、重大问题问党员、主要任务交党员、联系群众靠党员”，使党员成为发现问题的千里眼、收集民意的顺风耳、社区决策的智囊团、传播党的声音的传声筒。

二、突出发挥党员主体作用，建强为民服务的骨干队伍

社区党委始终注重强化党员的宗旨意识，在服务群众上示范带头，让每名党员都成为社区群众的贴心人。一是党委班子冲在前。党委班子成员带头将联系方式在社区公开，承诺上班有时间，为民服务无时限，群众有事随叫随到，居委会全年无休，不分时段为居民服务。二是联系群众走在前。在楼门党小组推行骨干既担任楼门长又担任党小组长，既是党员代表又是居民代表的“双长双代制”，楼门长定期召开楼门议事会，了解居民所需所盼，通过“串百家门、知百家情、解百家难、暖百家心”，为群众解决急难问题千余件。三是志愿服务干在前。组建党员志愿者“全帮办服务队”，治安巡逻、结对帮扶等10个志愿服务岗位由党员认领、定责承诺，党员先锋模范作用得到充分体现。四是示范带动站在前。广泛开展“一个党员一面旗，发挥作用在楼门”“我是党员我奉献、我快乐”和“服务群众办实事送温暖解难题”活动，通过宣传先进典型事迹，在社区形成了比学赶超的浓厚氛围，团结群众共同建设美好社区。

三、突出工作方法创新，搭建为民服务的有效载体

社区党委积极创新工作方法，搭建为民服务有效载体，创新为民服务的有效途径。一是在服务理念上创新，实行服务到户、服务到人，横到边、纵到底的网格化管理模式，将社区划分为12个网格，设立网格长和专职员，对辖区居民情况做到家庭成员情况清、困难群众情况清、存在问题情况清，思想教育到位、秩序管理到位、协调服务到位、志愿活动到位、帮扶助困到位。二是在服务领域上创新，建成了集为民办事、居家养老、便民服务等多功能为一体的社区综合服务中心，积极开展“秩序进社区、平安进社区、养老进社区、健康进社区、金融服务进社区、便民商业进社区，绿化美化社区”活动，把服务领域扩展到居民群众衣食住行的方方面面。三是在服务手段上创新，建立全市首个智慧社区信息中心，居民通过有线电视网络与信息中心联网，只需按下电视遥控器就可享受在线点餐、视频通话等28项服务，形成一键式便捷生活服务圈。社区工作者每人都有一本民情日记,做到"群众反映问题有记录、解决问题有答复、问题不解决不销号",社区居民遇到的急难问题办结率100%。积极探索多元化社区管理方式,实行党组织、居委会、业委会和物业公司交叉任职、分工协作的"四位一体"工作机制,形成社区治理的整体合力,解决了机动车停车、绿地维护、为老助残、环境清整、治安保障等多个难题,确保了社区和谐稳定。

四、突出整合社区资源,凝聚为民服务的社会力量

社区党委坚持多方联动,积极整合社会资源和力量,带动社区群众、社区单位参与到社区事务管理和服务中。一是坚持党建带动共建。建立和完善社区"大党委"制,先后与28家单位签订共建协议,定期召开联席会议,做到研究问题及时、解决问题到位,着力把为群众解难题办实事落到实处。二是坚持共建带动共赢。社区党委积极协助共建单位开展工作,帮助共建单位做好房租收缴、物业费收取、绿地清整等工作,帮助解决社区历史遗留重大疑难问题16件。三是坚持发挥社会组织作用。建立了"关爱一家亲"互助会、社区邻里矛盾调解委员会等12个社区社会组织,定期组织春节团拜会、居民邻里节等活动,凝聚起共建美丽社区的强大合力。

天津市国资系统注重"五位一体" 坚持统筹兼顾 扎实推动"平安企业"创建工作

天津国资系统认真学习贯彻市委、市政府关于深入开展平安创建活动的部署要求,坚持以"五位一体"为着眼点,深入抓好平安创建工作,用心把握,用心工作,用心落实,"平安企业"创建取得了长足进展,为服务国有经济发展、服务企业和谐稳定、服务干部职工新期待做出了贡献。

一、强化组织领导,不断夯实"平安企业"创建的组织基础

市国资委党委认真落实主体责任,连续两年将综治工作纳入《天津市国资系统党建工作目标责任书》重要内容,作为"三重一大"决策事项,定期听取工作汇报,研究解决重点问题,指导推动工作落实。强化对综治和"平安企业"创建工作的领导,成立由市国资委书记任组长、10个相关处室负责人为成员的社会治安综合治理工作领导小组及综治办。各集团公司全部建立健全综治领导小组,强化综治工作组织协调,为推动各项任务落实提供了坚强组织保证。

二、健全制度机制,扎实推动"平安企业"创建规范化运行

国资系统认真贯彻全国社会治安综合治理创新工作会议精神,深入落实市委、市政府《深化平安天津建设实施纲要》《安全天津建设纲要》,对照《天津市社会治安综合治理目标责任书》内容规定,明确了"平安企业"创建的指导思想、工作目标、主要任务、职责分工和保障措施,建立健全了源头防控、过程管控、结果掌控的工作机制。各单位联系行业企业实际,研究制定贯彻落实的意见办法,依靠制度管理提升了"平安企业"创建的层次水平,使"平安企业"创建工作走上科学化、系统化、规范化的轨道,维护了企业和谐稳定,发挥了综治工作为国有经济保驾护航的作用。

三、创新工作载体,大力营造人人参与"平安企业"创建的浓厚氛围

各级各单位着眼企业特点,围绕企业发展和维护企业安全稳定,不断深化平安创建工作,积极开展以"平安企业"创建为主题的各种实践活动,拓展了平安创建的空间,丰富了平安创建的内容,营造了平安创建的氛围,取得了良好效果。在目标化管理上,全系统"平安企业"创建率达到97%,职工参与率达到95%以上,实现了"和谐稳定局面进一步巩固、治安状况进一步提升、安全生产水平进一步提高、基层基础建设进一步加强、干部职工利益进一步落实”的五个标志性目标。在强基固本上，牢固树立“抓稳定就是抓发展、抓发展首先是抓平安、抓平安首要是抓基层”的思路理念，把“平安企业”创建作为重中之重，年初普遍召开工作部署会，积极搭建创新平台，广泛开展平安铁路、平安车间、平安工地、平安商场等贴近实际、形式多样、富有特色的联创联建活动，逐步健全完善“层级化管理、网格化布局、个性化标准”的基层创建工作新机制，形成了“层层开展平安创建、职工群众人人参与、平安成果人人共享”的良好局面。大港油田、轨道交通集团开展平安志愿者活动的做法受到上级充分肯定。

四、狠抓排查治理，着力巩固“平安企业”创建的基础

牢固树立安全发展理念，强化安全底线思维，认真落实市委、市政府关于安全生产工作的决策部署和《安全天津建设纲要》，制定了《党政领导干部安全生产“党政同责、一岗双责”暂行规定》《国资系统关于加强矛盾纠纷、社会治安和重点人员排查工作的实施意见》，实现“三个排查”常态化、规范化、台账化管理。2016 年共定期排查 12 次，随机排查 11 次，有效化解和消除 843 个不稳定因素和问题。先后开展了“安全生产大检查大排查大整治”“化学危险品安全整治”等系列专项行动，共排查发现安全隐患 63318 项，整改 60278 项，整改率达到 95. 2%，管控实现了不留死角、不留盲区、面面俱到，全系统安全生产状况基本保持稳定态势，未发生较大及以上等级的安全生产事故。

五、坚持综合施策，确保“平安企业”创建见底见效

评定命名“平安企业”和“示范企业”工作中，严格落实“科学评定、奖励激励、经费保障、群众参与”四项考评机制，严格按考评标准执行，坚持每半年组织一次落实责任书情况自查。充分运用评估、督导、考核、约谈、惩戒等措施推动任务落实。中石油天津销售公司滨海公司因内部管理问题，导致加油站职工集访、张贴标语，且对不安定因素处置化解不力，造成不良社会影响，市国资委对其实行综治一票否决，取消其评先评优资格。通过开展“平安企业”创建活动，推动了社会治安综合治理工作各项任务落实，促进了国有企业的安全稳定，保障了国有经济的健康发展。

（撰稿人：刘志
审稿人：刘玉友　孟凡鹏）

河 北 省

2016 年综治工作概况

2016 年，按照打好综治工作翻身仗、打造平安河北建设升级版的总要求，以提升人民群众安全感为总目标，以十项重点工作为切入点，努力在“防控风险、服务发展”“破解难题、补齐短板”上下功夫，圆满完成了各项工作任务，多项工作走在了全国前列。一年来，河北省先后 3 次在全国会议上介绍经验，中央综治动态 5 次刊发河北省的做法，2017 年全国综治办主任会将重点推介河北省特殊人群（精神障碍患者监护人责任险）和“非访治理”工作经验。打好综治工作翻身仗已经破冰，打造平安河北建设升级版开局良好。

一、创新突破，重点任务开花结果

坚持以重点工作为抓手，通过强力推进、狠抓落实，综治工作亮点纷呈，实现了“一个首创”“三个突破”，带动了河北省综治工作的整体升级。

（一）创新严重精神障碍患者服务管理，监护人责任险工作为全国首创。着眼加强全省特殊人群服务管理工作，重点创新完善了严重精神障碍患者服务管理工作机制。组织省公安厅、省民政厅、省财政厅等 7 部门出台了“以奖代补”和监护人责任险暂行办法。一方面推行“以奖代补”政策防控事前风险，另一方面推行“监护人责任险”政策对冲事后风险，既防住了“一万”，又堵住了“万一”，打造了严重精神障碍患者肇事肇祸责任闭合链条。从工作形式上看，首次实现了综治与财政部门就专项工作联合发文，对推动各级财政加大专项投入起到了重要作用；从工作内容上看，在全国首创了监护人责任险，已经写入了 2017 年全国综治工作要点，要求在全国推广。通过培训、调度、督导、通报、考核等一系列措施，已经为全省 25 万严重精神障碍患者监护人按照每人每年 100 元标准购买了责任险，为 1.9 万重性精神障碍患者监护人按照每人每年 2400 元标准落实了以奖代补资金，财政到位资金达 7000 余万元，提供风险保障 34 亿元。这项工作在全国拔得头筹，“南昌会议”进行了推广，《法制日报》头版头条刊发。

（二）“民调通”人民调解信息化管理系统建设实现新突破。会同省司法厅在全省开展了“民调通”人民调解信息化工作平台建设，通过为广大调解员配备手机终端，安装“民调通”软件，建立和规范了矛盾纠纷信息采集、统计分析、台账管理、综合研判、分级预警、分流交办、化解处置、结果反馈、稳控跟踪、考核督办等工作流程，有效解决了当前基层矛盾纠纷排查调处工作中迟报、漏报、化解责任不明确，化解不及时、不彻底等突出问题。截至 2016 年 11 月底，全省共有 150 余个县（市、区）建立了人民调解信息化工作平台，为 40036 个村（居）调委会配备了“民调通”终端，占应配调委会的 75%，提前超额完成了年底实现覆盖 70% 的目标，并得到了中央的认可和资金支持。

（三）综治信息化建设实现新突破。按照省政法委要求，奋起直追，力争赶上全国平均水平以上，为推进全省社会治理智能化奠定基础。联合省五部门，在广泛调研的基础上，出台了综治信息化建设三年规划。推进综治“9 + X”信息系统，先后完成了项目评审、招标等基础工作，依托省政务云和政务外网，搭建了全省综治云（省平台），完成了“9 + X”系统部署。目前省级综治信息系统已部署上线，省级 7 个试点县与省平台联通。推进综治视联网建设，依托省政法网络，节省了大量的线路使用费用，11 市和部分县视联网平台与中央平台实现直联直通，较好完成了中央综治办提出的地市 80%、县级 60% 直连直通的目标。

二、厚植根基，不断激发内生动力

围绕2016年十项重点工作和“四件实事”，坚持打基础、利长远，科学谋划、持续发力，综治基层基础建设、综治领导责任制、“雪亮工程”等一批工作已经破题，开创了全省综治工作新局面。

（一）基层基础建设迈出新步伐。综治基层基础弱是河北省综治工作的短板，制约深化平安河北建设的瓶颈。一方面，全面摸清底数，在全省组织了两次摸底，基本掌握了综治机构建设、综治中心建设、综治经费保障方面的底数；组织各地有针对性地开展督导，推动解决具体问题。另一方面，系统顶层设计，反复与省委组织部、省编委办、省发改委、省财政厅等部门沟通协调、研究论证，最终以7部门名义印发了《河北省关于进一步加强和创新社会治安综合治理基层基础工作的意见》。明确提出，2017年底前健全各级综治机构，市、县两级综治办主任按同级党委部委办正职干部标准配备，综治办主任、副主任任免前征求上级综治部门的意见，任免后及时备案，明确各级综治中心场所建设的最低标准，县级综治经费保障标准由当前人均0.41元提高到不低于1元，加强综治干部队伍建设等。

（二）综治领导责任制激发综治工作新活力。按照省委常委会议、省政府常务会的要求，在充分借鉴外省经验的基础上，组织起草了《河北省健全落实社会治安综合治理领导责任制办法》及与之配套的考评奖励办法。对构建责任体系、明确责任内容、强化责任落实等方面作出全面规划设计，核心是明确了奖励措施，按优秀、良好、合格三个档次，对平安建设责任单位按不低于精神文明奖的标准进行全员奖励。这一举措，已经在省直单位引起强烈反响，将成为激发各级各部门抓平安建设的内生动力。

（三）矛盾纠纷多元化解“二五八十”工作机制取得阶段性成果。坚持以问题为导向，探索建立了矛盾纠纷多元化解“二五八十”工作机制（二分管理法、五种手段、八类矛盾纠纷、十个领域），有效解决了重大矛盾纠纷排查不出来、动态管控不到位、化解不及时不彻底等突出问题，加快实现矛盾纠纷化解由行政主导向主体多元、手段多元和平台多元转变，为有效防范各类矛盾碰头叠加、交叉感染、蔓延升级奠定了基础。截至2016年11月底，全省共排查各类矛盾纠纷108705起，化解101196起，化解率达到93%。

（四）“雪亮工程”建设推进平稳有序。启动实施公共安全视频监控联网应用，建立了省级层面跨部门协调工作机制，指导省公安厅编制了《河北省公共安全视频监控联网应用工作实施方案》。通过调动、督导、考核等措施，全省建成1个省级、11个市级、161个县级视频监控共享平台，并实现了与公安部的互联互通。完成了秦唐廊高铁沿线617个监控探头的建设任务，为暑期安保提供了强有力的科技支撑，得到了中央和省领导的高度肯定。石家庄市、邯郸市被确定为全国首批“雪亮工程”示范城市，石家庄市中基礼域小区建设的“平安社区”信息系统被中央综治办列为“开放式小区技防建设”调研课题，张家口市下花园区、保定高碑店市、沧州市东光县、衡水市冀州区和安平县等地“雪亮工程”建设的经验做法得到中央综治办主要领导的充分肯定。

（五）理论研究指导实践的工作模式日趋成熟。围绕关键问题和短板事项，以理论研究为支撑，着力在寻求解决问题的方法和手段上下功夫。成立了“二五八十”矛盾纠纷多元化解工作机制、“民调通”建设、保险业参与平安建设、立体化社会治安防控体系建设、综治信息化建设、寄递业安全管理规范化建设、推进基层综治中心建设和健全落实综治领导责任制8个课题组，每个课题组均由专家学者、省综治办及相关省直部门干部、市县两级综治干部组成，在2016年7月召开的全省综治工作研讨班上，利用两天时间分专题进行了深入研究讨论和试点经验介绍，为解决问题、推动工作奠定了理论基础。“民调通”人民调解信息化管理系统作为河北省创新项目得到了中央综治办的认可和资金支持。通过广泛调查研究和实践探索，解决了一批重难点问题，综治信息化、“民调通”等工作在全国实现突破，以理论研究推动实际工作的效果逐步显现。

三、科学规划，全力打造综治工作升级版

2017年，将按照中央、省委省政府的工作部署，在原有工作成绩基础上，对标先进、补齐短板、全面发力，努力实现全省综治工作上档升级。2017年工作思路是：认真贯彻落实习近平总书记关于社会治安综合治理创新工作的指示和“南昌会议”精神，以建设更高水平的平安河北为目标，以党的十九大安全保卫工作为牵引，以落实《河北省健全落实社会治安综合治理领导责任制办法》《河北省关于进一步加强和创新社会治安综合治理基层基础工作的意见》《河北省社会治安综合治理信息化建设三年规划（2017—2019 年）》“三个文件”为重点，积极开展基层基础建设年活动。坚持立足当前与着眼长远相结合，坚持专项治理与系统治理、综合治理、依法治理、源头治理结合，积极推动理念、制度、机制、方法创新，一手抓综治（平安建设）基础性、根本性工作，一手抓综治（平安建设）战略性、系统性工作。着力提升预测预警预防各类风险能力，着力提升社会治理的社会化、法治化、智能化、专业化水平，努力建设河北特色的社会治安防控体系，努力建设更高水平的平安河北，为河北省全面建成小康社会创造安全稳定的社会环境。

一是坚持以问题为导向，加强对传统与非传统安全威胁的预测预警预防。积极防范、主动打击网络新型违法犯罪；加强重点行业风险管控；加强社会面治安防控；深化预防青少年违法犯罪工作；加强重点人群服务管理；创新完善新形势下预防和化解矛盾纠纷的方法，完善“二五八十”工作机制；加强金融领域相关风险的识别与防控。

二是坚持以“互联网 + ”为支撑，进一步破难题、补短板，不断提升社会治安防控体系建设的智能化水平。进一步推进“9 + X”信息系统建设；进一步推进综治视联网建设；进一步推进“雪亮工程”建设；健全完善网格化服务管理体系；加强政治安全、经济安全、公共安全、网络安全、环境安全领域治安防控体系建设。

三是坚持以综治中心建设为基础，推进社会治安综合治理转型升级。进一步加强综治中心建设；进一步完善经费保障机制；强化基层精细化管理；加强基础性制度建设。

四是坚持以综治领导责任制落实为抓手，进一步激发社会治安综合治理活力。进一步完善日常季度考核与年终考核相结合的工作制度，健全省直责任单位目标化管理体系，推动形成综治工作齐抓共管的工作合力。

河北省综治办　省公安厅　省民政厅　省财政厅　省卫生计生委　省保监局　省残联关于印发《关于实施严重精神障碍患者监护人以奖代补和监护人责任险的暂行办法》的通知

（2016 年 3 月 15 日）

各市（含定州、辛集市）综治办、公安局、民政局、财政局、卫计委、残联，唐山保监分局，华北油田综治办：

现将《关于实施严重精神障碍患者监护人以奖代补和监护人责任险的暂行办法》印发你们，请结合本地本部门实际，认真贯彻执行。

关于实施严重精神障碍患者监护人以奖代补和监护人责任险的暂行办法

第一章　总　则

第一条　按照十八届三中全会关于创新社会治理体制、健全公共安全体系、加强社会治安综合治理、创新立体化社会治安防控体系的要求,为激励严重精神障碍患者监护人更好地履行看护管理责任,防止肇事肇祸案事件发生,有效对冲社会风险,提升群众安全感,依据《中华人民共和国民法通则》《中华人民共和国精神卫生法》,制定本暂行办法。

第二章　有奖监护

第二条　被监护人、监护人的确定。被监护人以本地登记并录入公安机关重性精神病人信息管理系统的有肇事肇祸行为及危险性评估在3级以上的患者,且家庭困难、监护人无能力落实监护责任和查找不到监护人的,由公安、民政和卫生计生部门认定后,依法明确监护人并将患者监护人确定为以奖代补对象,由乡镇(街道)和患者监护人签订监护协议,依法明确双方权利义务,实施有奖监护。

第三条　监护人的看护管理责任。(1)为被监护人申请免费服药服务或自行购药,遵医嘱监督被监护人按时按量服药。(2)发生被监护人居住地迁移、监护人变更等情况及时向社区(村)个案管理小组报告,并按要求履行变更手续。社区(村)个案领导小组由属地街道办事处(乡镇政府)负责组织,由社区(村)精神病防治医生(以下简称精防医生)、社区民警、村(居)民委员会干部、残联专干、民政专干等组成。(3)每日观察被监护人病情变化情况,填写《看护管理记录手册》。(4)引导被监护人逐渐恢复社会功能,在有条件的情况下协助其申请并督促定期参加康复活动。(5)照料、看管被监护人日常生活,不得虐待、遗弃被监护人,防止被监护人失踪或下落不明、流浪乞讨、肇事肇祸。(6)配合严重精神障碍患者社区(村)个案管理小组开展社区(村)随访、管理等工作。(7)被监护人失踪或下落不明后立即报告派出所、社区(村)个案管理小组;被监护人发生病情波动时,监护人立即告知社区(村)精防医生,并根据病情评估结果将被监护人送至精神专科医疗机构诊治;被监护人发生伤害自身、危害他人安全的行为,或者有伤害自身、危害他人安全危险的,监护人立即向派出所报告,配合公安部门做好现场处置,将被监护人送至精神专科医疗机构诊治。(8)根据精神专科医疗机构医学建议,履行接出院等相关责任。

第四条　对履行看护管理责任情况的认定。居住地社区(村)个案管理小组成员自接到监护人申请后每三个月对监护人看护管理情况进行审查认定,并在《看护管理记录手册》相应栏目中签字。(1)社区(村)个案小组工作人员对监护人履行照料、看管责任进行认定。(2)社区(村)民警对被监护人失踪或下落不明、有无肇事肇祸行为进行认定。(3)社区(村)精防医生对监护人申请免费服药服务、配合日常随访、督促被监护人按时按量服药情况进行认定。(4)残联专干对持证精神残疾人在有条件的情况下,参与残联组织的康复活动进行认定。(5)民政专干对被监护人接受流浪救助情况进行认定。

第五条　申领流程。被监护人建档后,监护人可向现居住地的社区(村)个案小组提交《领取年度以奖代补资金的申请》,领取《看护管理记录手册》。待提交申请一年期满后,社区(村)个案管理小组将《看护管理记录手册》统一交街道办事处(乡镇政府)民政工作主管部门。民政部门代表街道办事处(乡镇政府)对《看护管理记录手册》认定签字情况进行审核,向审核通过的监护人发放以奖代补资金。

第六条　领取条件。在一个看护管理年度内

履行本办法第三条规定的看护管理责任，并按照第四条要求被社区（村）个案管理小组全部认定，被监护人未发生肇事肇祸行为的，监护人可以足额领取全年补贴。

第七条　不再给予以奖代补资金的情形。（1）被监护人户籍或居住地迁出本省的。（2）被监护人死亡。（3）监护人丧失履责能力。自发生前三款情形的下月起，街道办事处（乡镇政府）根据监护人前期履责情况结清以奖代补资金。

第八条　停发整个年度以奖代补资金的情形。（1）监护人未履行本办法第三条规定的责任。（2）被监护人违反《中华人民共和国治安管理处罚法》或《中华人民共和国刑法》，实施以下肇事肇祸行为的：杀人、强奸、伤害等侵害他人人身权利行为；放火、爆炸、投毒、破坏等危害公共安全行为；抢夺、损毁公私财物行为；扰乱国家机关、企事业单位正常工作、生产秩序行为；扰乱社会秩序，造成严重后果的行为；其他肇事肇祸行为。前两款规定的情形消除后，自下一个看护管理年度起，监护人可重新向现居住地街道办事处（乡镇政府）提交《领取年度以奖代补资金的申请》。

第九条　停发以奖代补资金的情形。（1）被监护人住院治疗期间。（2）被监护人入住康复、养老等福利机构期间。（3）被监护人失踪或下落不明，长时间未找到的。（4）应当按月停发看护补贴的其他情形。上述情形持续期间，不予发放当月以奖代补资金。

第三章　监护人责任保险

第十条　监护人责任保险是指严重精神障碍患者在不能辨认或者不能控制自己行为时造成第三者人身伤亡或财产损失时，监护人应当承担的经济赔偿责任，由保险人按照保险合同约定负责赔偿。

第十一条　为激励严重精神障碍患者监护人履行看护管理责任，参照张家口、承德等地严重精神障碍患者监护人责任险的做法，有条件的县（市、区）可探索多渠道筹措资金，通过为登记并录入国家严重精神障碍信息系统的患者监护人购买责任险，有效对冲社会风险。

第四章　部门职责

第十二条　综治部门：负责督促各部门落实严重精神障碍患者监护人“以奖代补”政策和监护人责任险工作，把“以奖代补”政策和监护人责任险工作纳入平安建设考评内容，加大督促检查力度。

第十三条　公安部门：在系统内对派出所、驻社区（村）民警加强政策宣传和业务指导；指导驻社区（村）民警对被监护人有无肇事肇祸行为进行认定，将肇事肇祸情况通报给社区（村）个案管理小组其他成员；对掌握的在档患者失踪或下落不明情况通报给属地派出所，派出所负责对有无失踪或下落不明情况进行认定。

第十四条　民政部门：对被监护人接受流浪救助情况进行认定；审核各部门意见，对符合发放条件的监护人发放补贴。

第十五条　财政部门：指导基层财政部门做好资金管理相关工作。

第十六条　卫生计生部门：在本系统内对基层医疗卫生机构和精防医生加强政策宣传和业务指导；组织精防医生在随访过程中宣讲本办法，教育指导监护人履行各项看护管理责任；指导精防医生对监护人申请免费服药政策、配合日常随访、督促被监护人按时按量服药情况进行认定；印制《领取年度以奖代补资金的申请》及《看护管理记录手册》；配合街道办事处（乡镇政府）制定资金预算和发放工作。

第十七条　保监部门：指导保险机构做好精神障碍患者监护人责任险服务工作，对承保理赔服务进行监督检查，督促保险公司提升服务质量。

第十八条　残联部门：对持证精神残疾人在有条件情况下，参与残联组织的康复活动进行认定。

第十九条　街道办事处（乡镇政府）：接受监护人提交的《领取年度以奖代补资金的申请》；按照本辖区在档患者人数制订年度补贴预算；发放以奖代补资金纳入年度工作计划，组织相关部门具体实施；组织相关部门落实社区（村）个案管理小组职责；指导本街道（乡镇）民政工作人员做好资金发放工作。

第二十条　村（居）民委员会：在所在村、社区宣讲本办法；与民警、精防医生对监护人看护管理能力进行认定；受街道办事处（乡镇政府）委托接受监护人提交的以奖代补资金申请，向监护人发放《看护管理记录手册》；协助监护人领取补贴。

第二十一条　涉及以奖代补资金发放工作的村(居)民委员会、公安派出所、社区(村)卫生服务中心、民政、残联等部门要坚持公开、公平、公正的原则，严格审核把关，按时足额计发，加强资金管理和监控，接受财政、审计部门的监督检查。发生营私舞弊行为或出现虚报、冒领、截留、挪用、骗取、滥发补贴的，一经查实将依法追究相关人员的行政和法律责任，并追回所涉及资金。

第五章　保障机制

第二十二条　各级政府要将严重精神障碍患者监护人以奖代补和监护人责任险工作纳入当地经济社会发展规划，制定年度计划与实施方案，建立健全党委领导、政府主导、综治协调、部门协同、财政支持、社会参与的工作机制，力争到2016年底，全省全面实施监护人以奖代补和责任险政策。

第二十三条　监护人以奖代补和责任险标准由各地结合实际情况确定。监护人以奖代补和责任险资金，市、县级可根据需要安排纳入财政预算。要积极发挥市场作用，鼓励和支持社会团体、组织和个人等社会力量依法开展和捐助精神卫生工作，多渠道筹集社会资金。

第二十四条　本办法由省综治办、省公安厅、省民政厅、省财政厅、省卫生计生委、省保监局、省残联根据部门职责负责解释。本办法自印发之日起施行。

河北省着力打造严重精神障碍患者肇事肇祸责任链条

近年来，河北省一方面推行“以奖代补”政策防控事前风险，另一方面创新推行“监护人责任险”政策对冲事后风险，打造了责任闭合链条，既防住了“一万”，又堵住了“万一”，实现了群众得实惠、社会得平安、企业得发展的效果。

一、全面推行“以奖代补”政策落地，有效防控事前风险

河北省共有严重精神障碍患者25万余人，其中重性精神障碍患者1.9万余人。由于卫生医疗资源不足，一些患者看不起病而“散落民间”，成为威胁社会公共安全的隐患。中央综治办印发《关于实施以奖代补政策落实严重精神障碍患者监护责任的意见》后，省委、省政府高度重视，省综治、财政等七部门迅速出台《关于实施严重精神障碍患者监护人以奖代补和监护人责任险的暂行办法》，全部把“以奖代补”和责任险所需资金纳入财政预算，层层压责任、抓落实，按照每人每年2400元的标准，为1.9万余名重性精神障碍患者监护人，落实了“以奖代补”资金4500余万元，充分调动了家庭监管积极性。

二、积极探索“监护人责任险”新模式，最大限度对冲事后风险

百密难免一疏。25万人这么庞大的精神障碍群体，难免少数患者因监控疏忽造成肇事肇祸案件。大多数精神障碍患者家庭经济条件差，肇事肇祸案件发生后往往都面临着“个人赔不起、政府赔不得、不赔不公平”的窘境。为破解这一难题，补齐短板，借鉴了近几年河北省推行农村治安保险的做法。治安保险就是每户每年向保险机构缴纳保费，一旦家庭发生财产被盗等损失，保险机构都及时进行理赔，群众十分满意。据此，借鉴治安保险的投保形式，探索“综治牵头，财政出资，保险参与，三方受益”的新模式，建立完善了严重精神障碍患者责任险，由县级财政出资，按照每人每年100元的标准向保险公司投保，为全省25万监护人落实了责任险，累计资金达2500余万元。凡是发生肇事肇祸案件的地方，保险公司每次事故每人赔偿限额为30万元，每个县(市、区)每年累计赔偿限额最高为2000万元，全省可对冲风险达34亿元。

三、各部门密切配合，有效预防和减少了肇事肇祸案件发生

一是建立滚动排查机制。坚持日常排查与集中排查相结合，各级综治、卫计、公安等部门，坚持每年联合开展严重精神障碍患者集中筛查行动，患者检出率连续上升。二是建立风险评估机制。由精防医生、社区民警、村（居）委会工作人员组成评估小组，对患者病情、服药、肇祸滋事等项目进行风险评估，确定风险等级，提前干预。三是建立管控责任机制。省公安厅建立省级公安信息核查平台，及时向各地和护城河“三道防线”检查站推送信息，落实社区民警、干部、家属三级管控措施，严防发生极端行为。河北省环京检查站累计发现、劝返、稳控严重精神障碍患者 190 余人次。四是全力提升救治救助水平。加强精神疾病医疗队伍、场所建设，不断丰富精神卫生帮扶救助方式和渠道，明确定点医疗机构，规范困难患者补偿流程，实施救治救助一站式服务。五是健全督导考评机制。坚持部门联合督导检查，在综治日常和年度考评中，加大考核比重，确保各项政策落地。

推行“以奖代补”和“监护人责任险”政策以来，全省实现了肇事肇祸案事件数量下降，2016 年严重精神障碍患者肇事肇祸案发数和致人死亡数同比分别下降 46.1% 和 46.7%，有效维护了社会治安秩序。

（撰稿人：葛超
审稿人：李永君　张帆）

山　西　省

2016年综治工作概况

2016年，在中央综治委的领导下，山西省委、省政府高度重视综治（平安建设）工作，全省各级各部门认真贯彻落实党的十八大和十八届三中、四中、五中、六中全会和习近平总书记系列重要讲话精神，按照中央政法工作会议和全国社会治安综合治理创新工作会议的安排部署，以提升人民群众安全感和满意度为目标，坚持专项治理与系统治理、依法治理、综合治理、源头治理相结合，持续加强立体化、信息化社会治安防控体系建设，有效预防和化解社会矛盾，着力解决突出治安问题，不断夯实综治基层基础，为全省经济社会各项事业发展创造了和谐稳定的环境。

一、党政领导重视、统筹协调有力，不断健全综治责任制体系

（一）党政领导亲力亲为。省委书记、省长带头与各市党政主要领导签订综治责任书。各市、县、乡党政领导把平安建设作为“一把手”工程，纳入经济社会发展总体规划，与其他重点工作同安排、同部署、同落实。

（二）各级各部门层层传导责任。采取综治责任层层分解、层层落实的办法，省、市、县、乡、村、单位内部六级层层签订责任书，将工作责任落实到基层、落实到具体单位和部门，构筑了纵向到底、横向到边、全覆盖、无遗漏的综治责任网络。省综治委制定出台了《2016年平安山西建设行动计划》，确定了40个重点建设项目，明确了时间表、路径图、责任单位和工作措施。各地各有关部门结合实际制定本地区本部门行动计划或实施方案，层层召开会议进行安排部署，形成了上下联动、整体推进的工作格局。

（三）充分运用综治政策工具。一年来，全省各级综治组织充分运用诫勉谈话、黄牌警告、挂牌督办、通报批评等综治政策手段，扎实推动综治责任制度落实，省综治办对2015年度5个全省综治（平安建设）工作先进市、81个省级平安县（市、区）进行表彰命名；对2个县（市、区）进行通报批评，对5个市、县（市、区）的党政领导进行约谈，对8个县（市、区）进行警示，对17个县（市、区）进行挂牌督办，对3个县（市、区）进行重点管理。全省市、县两级综治组织共对255个单位进行通报，对1255个单位负责人进行约谈，对324个单位给予挂牌督办，对58个单位实施一票否决。

二、坚持源头预防、注重矛盾调处，不断健全矛盾纠纷多元化解体系

（一）健全完善矛盾纠纷多元化解体系。认真贯彻落实中办、国办《关于完善矛盾纠纷多元化解机制的意见》，省综治办在充分调研和学习借鉴外省经验的基础上，出台了《关于完善矛盾纠纷多元化解机制的实施意见》，提出了组织领导体系健全完善、源头治理防线全面形成、依法化解形成社会共识、调解组织多层次宽领域全覆盖、多元调解协调联动作用发挥的工作目标。截至年底，全省各级调解组织共排查受理各类矛盾纠纷145324起，调处139551起，调解成功率96.0%。

（二）推动重点领域矛盾纠纷依法有序化解。深入推进“六大领域”矛盾纠纷排查调解工作，省住建厅、省国土厅等部门制定出台了《山西省国有土地房屋征收与补偿条例》《村矿（村企）矛盾纠纷排查化解实施方案》《关于加快推进轻微财损道路交通事故快处快赔工作的通知》等规范性文件，大力开展源头预防、矛盾排查、集中化解、完善机制、执法检查、清理整顿等工作，妥善化解劳动人事纠纷8585起、医疗纠纷250起、环境污染纠纷32起、道路交通事故纠纷99304起、征地拆迁和村矿矛盾55起，各类矛盾纠纷调解成功率达到 90% 以上。

（三）大力推进社会稳定风险评估和综治信息预警工作。各级各部门认真贯彻相关文件精神，积极推进社会稳定风险评估工作“1 + 5”机制，大力开展重点工程项目和重大决策社会稳定风险评估工作，积极探索完善社会稳定风险评估工作的量化标准。在此基础上，山西省积极推广晋中市稳评工作“1 + 5 + 1”机制，得到了中央综治办的充分肯定。2016 年，全省共评估重大决策项目 744 件，其中准予实施 718 件，暂缓实施 21 件，不予实施 5 件，有效地避免和减少因决策失误引发重大矛盾纠纷。

三、创新防控模式、提高防控能力，不断健全立体化社会治安防控体系

（一）扎实开展严打整治活动。深入开展以打黑除恶为重点的“三大战役”，始终保持对各类刑事犯罪活动的高压态势。2016 年，全省共破获各类刑事案件 129005 起，抓获各类刑事犯罪嫌疑人 27826 人，打掉恶势力犯罪集团 220 个。严厉打击非法集资等涉众型经济犯罪，全省共破获非法集资案件 142 起，抓获犯罪嫌疑人 296 人。同时，省、市两级反诈骗中心全部建成，建立完善了警银、警信协作配合、快速联动工作机制，形成了“封堵、冻结、打击”一体化运作的合成打击防范工作模式，共破获电信网络诈骗案件 1130 起，抓获犯罪嫌疑人 150 名，打掉犯罪集团 17 个。

（二）扎实开展社会治安风险隐患大排查大整治活动。省综治委制定出台了《关于在全省开展社会治安风险隐患大排查大整治活动的实施方案》，对影响社会治安大局的各类风险隐患现状进行全面摸底，并分析原因，对症施策。截至目前，全省累计排查出各类风险隐患 281047 个，经过集中整治，化解了 268687 个，化解率 95.6%；对排查出的 478 个重点风险隐患，实行了厅级领导包案制度；从中确定了 143 个重大风险隐患，分两批向各市和省直相关单位进行了交办，由各市、省直各单位主要领导签收、厅级领导包案，推动排查整治深入开展。

（三）全力加强社会面治安防控。坚持将视频监控系统建设作为“六网覆盖”的重中之重推进，省综治办、省发改委、省公安厅研究制定了《山西省公共安全视频监控建设联网应用工作实施方案》。目前，全省累计建设视频监控摄像机 172 万台，圆满完成三年规划任务。全省公共安全视频监控综合管理服务平台已搭建完成，太原、大同、晋城首批开展了省市两级平台资源共享和联网测试工作。一年来，全省运用视频监控信息直接破获刑事案件 1.6 万起，抓获犯罪嫌疑人 1 万余人，抓获违法人员 5.8 万人。同时，科学合理调配武警、巡警、特警、辅警等力量，在要害部位、党政首脑机关、重点目标、人员密集区域开展武装巡逻，全力做好重大活动期间的安保工作，强化了社会面整体防控；深入开展平安志愿服务活动，努力加强群防群治工作，促使全省群防群治队伍达 40 万余人，有效提升了预防违法犯罪工作水平。

（四）着力加强流动人口和特殊人群服务管理。一是加强流动人口服务管理，通过推进户籍制度改革、完善境外人员服务管理机制、健全农业转移人口保障措施等，进一步推进实有人口服务管理工作。2016 年，全省共登记发放 151 万余个居住证。二是社区矫正和安置帮教工作机构实现 100% 全覆盖，全省建成县级社区矫正中心 40 家，实现对社区服刑人员 24 小时全天候监督管理。截至目前，全省现有在册社区服刑人员 81085 人，重新犯罪率始终保持在 0.187% 以下，低于全国平均水平。三是切实加强严重精神障碍患者服务管理工作，省综治办会同卫计、公安等八部门联合出台《山西省易肇事肇祸等严重精神障碍患者收治管护办法》，从政策层面解决了“无人管、没钱管、不愿管”三大难题。截至目前，全省在册精神障碍患者 120604 人。四是进一步加强吸毒人员动态管控，扎实推进社区戒毒康复工作，在阳泉市矿区全面开展吸毒人员网格化管理试点。截至 12 月底，全省登记在册吸毒人员 9.78 万余人。五是积极开展艾滋病病毒检测和抗病毒治疗工作。截至 12 月底，全省新增艾滋病抗病毒治疗病人 453 例，累计治疗 4669 例。六是进一步加强对全省重点青少年群体的动态管理，不断推进青少年事务社会工作专业人才队伍建设，切实提高服务青少年的能力和水平。

四、加强专项治理、规范行业管理，不断健全公共安全防控体系

（一）立足民爆大省实际，切实加强危爆物品管理。省公安厅制定《2016 年全省缉枪治爆专项行动工作方案》，通过采取“深查缴、除祸患，严清网、控人头，打团伙、捣窝点，截渠道、强联控，堵流入、促合作”五项举措，在全省范围内组织开展缉枪治爆专项行动。一年来，全省各级公安机关共检查涉爆从业单位1188家，涉枪从业单位317家，整改隐患843起；查处涉枪涉爆案件464起，抓获违法犯罪嫌疑人578人。

（二）着眼社会新业态，切实加强寄递物流管理。充分发挥公安、邮政、交通、信访等牵头单位的作用，建立寄递物流行业安全监管常态化机制。严格落实收寄验视、实名收寄、过机安检“三个100%”。截至12月底，全省邮递行业收寄验视、实名收寄制度已经全部落实到位，共配备安检机158台。为加强物流运输安全管理，省交通厅全面强化道路危险货物运输、零担货物受理环节安全监管，严格危险货物运输市场管理，加大汽车客运站安检仪的配置，实现了二级以上汽车客运站行包安检仪的全覆盖。

（三）针对公共安全风险，切实加强道路消防管理。以“查违法除隐患、降事故保安全”大会战为契机，大力整治交通违法行为。一年来，全省共发生道路交通事故4523起，死亡1790人，受伤4814人，同比分别下降4.01%、4.74%、5.20%。以“构建消防安全预防控制体系，完善消防安全隐患排查治理机制”为重点，持续开展消防安全专项整顿，全省共发生火灾事故6025起，死亡15人，受伤9人，直接财产损失5767万元，同比分别下降12.8%、34.8%、52.6%、22.47%，连续33年没有发生重特大火灾事故。

五、夯实基层基础、注入不竭动力，不断健全平安建设保障体系

（一）推动基层社会服务管理体系高效运行。6月，省综治办组织暗访组对长治市城区、郊区、武乡县和晋中市太谷县等地进行了暗访检查，对全省社会服务管理中心运行情况进行季度通报，并对中心运行较差、基层基础薄弱的6个县（区）进行挂牌督办，对5个县（区）给予警示。8月，省综治办组织相关人员赴晋中、临汾、忻州、朔州、大同5个市的6个县（市、区）开展深度调研督导，并起草了《关于进一步加强全省社会服务管理体系建设运行的意见》（征求意见稿）。一年来，全省综治信息系统累计受理各类事件11041948件，累计处置10211467件，处置率92.48%。

（二）进一步夯实综治基层基础。积极开展乡村两级及基层单位综治机构规范化建设，着力解决制约基层综治工作的队伍建设问题。目前，全省范围内已配备了1503名乡镇（街道）综治专干、618名专抓副职。全省共划分网格61440个，配备网格长（员）67083名，配备智能手机终端48293部。同时，为进一步提高综治干部的法治意识、业务能力、综合素质，在全省部署开展综治干部培训活动，并举办了全省综治和平安建设业务培训班，对271名综治干部进行全面培训。

（三）全力推进综治信息化建设。完成省平安建设指导中心建设工作，实现市级对所辖区域社会治理和平安建设情况的实时掌握、动态跟踪、指挥调度和考核评价。全省11个市96个县完成建设任务，基本实现省、市、县三级综治视联网平台全覆盖。截至目前，市级覆盖率达100%，高于中央要求20个百分点；县级覆盖率达89%，高于中央要求29个百分点。

（四）深入开展基层平安创建活动。进一步延伸平安建设触角、拓宽平安建设领域，深入开展了平安乡镇（街道）、平安社区（村）、平安家庭、平安单位创建活动。一年来，省综治委对81个省级平安县（市、区）进行命名；省综治办会同省公安厅对91个省级平安单位、68个省级平安社区进行命名，协调省妇联对100个省级平安示范家庭进行表彰。

山西省健全落实社会治安综合治理领导责任制实施办法

（2016 年 11 月 6 日）

第一章 总 则

第一条 为进一步健全落实社会治安综合治理领导责任制,努力构建党委领导、政府主导、综治协调、各部门齐抓共管、社会力量积极参与的社会治安综合治理工作格局,根据中共中央办公厅、国务院办公厅印发的《健全落实社会治安综合治理领导责任制规定》和《山西省社会治安综合治理条例》,制定本办法。

第二条 坚持以邓小平理论、“三个代表”重要思想、科学发展观为指导,深入贯彻落实习近平总书记系列重要讲话精神,紧紧围绕全面建成小康社会、全面深化改革、全面依法治国、全面从严治党的战略布局,坚持问题导向、法治思维、改革创新,抓住“关键少数”,强化担当意识,科学运用评估、督导、考核、激励、惩戒等措施,健全落实社会治安综合治理领导责任制,使各级领导班子、领导干部切实担负起维护一方稳定、确保一方平安的重大政治责任。

第三条 严格落实“属地管理”和“谁主管谁负责”的工作原则,做到党政同责、一岗双责、失职追责。

第四条 社会治安综合治理领导责任追究由县级以上社会治安综合治理委员会或办公室行使,对干部的党政纪处理、组织处理,移交纪检监察机关、组织人事部门;追究刑事责任的,移交司法机关。乡镇(街道)社会治安综合治理委员会有向县级社会治安综合治理委员会行使领导责任追究的建议权。

第五条 本办法适用于全省各级党的机关、人大机关、行政机关、政协机关、审判机关、检察机关及其领导班子、领导干部。

人民团体、事业单位、国有企业及其领导班子、领导干部、领导人员参照本办法执行。

第二章 责任内容

第六条 各级党委和政府应当切实加强对社会治安综合治理的领导,列入重要议事日程,纳入经济社会发展总体规划,认真研究解决工作中的重要问题,从人力物力财力上保证社会治安综合治理工作的顺利开展。

第七条 各部门各单位应当各负其责,充分发挥职能作用,积极参与社会治安综合治理,主动承担预防和减少违法犯罪、维护社会治安和社会稳定的责任,认真开展本部门本单位的综合治理工作,与业务工作同规划、同部署、同检查、同落实。

第八条 各级社会治安综合治理委员会及其办公室应当在党委和政府的统一领导下,认真组织各有关单位参与社会治安综合治理工作,加强调查研究和督导检查,及时分析、通报社会治安形势,协调解决工作中遇到的突出问题,总结推广典型经验,统筹推进社会治安综合治理工作。

第九条 各级各部门领导干部根据在本地区本部门本单位所承担的社会治安综合治理工作责任,分为第一责任人、直接责任人和其他班子成员“一岗双责”责任人。

第十条 各级各部门主要负责人为本地区本部门本单位社会治安综合治理工作的第一责任人。其责任包括:

(一)贯彻落实社会治安综合治理相关法律、法规、方针、政策和上级党委、政府有关社会治安综合治理工作的重大决策部署;

(二)组织领导、协调推动本地区本部门本单位的社会治安综合治理工作;

(三)研究部署社会治安综合治理重大事项,

及时解决重大和疑难问题；

(四)加大社会治安综合治理机构、队伍、经费等保障力度，为社会治安综合治理工作深入开展创造良好条件；

(五)对本地区本部门本单位发生的涉及平安稳定的重特大事故、事件、案件应急处置工作进行组织领导；

(六)党委、政府和上级部门赋予的其他社会治安综合治理工作责任。

第十一条 各级各部门主管社会治安综合治理工作的领导班子成员，为本地区本部门本单位社会治安综合治理工作的直接责任人。其责任包括：

(一)组织实施、督促落实本地区本部门本单位社会治安综合治理工作，推动平安建设深入开展；

(二)研究、部署、落实社会治安综合治理重大事项和具体活动；

(三)指导、推动本地区本部门本单位的社会治安综合治理专项工作，协调解决突出问题；

(四)主动向第一责任人和上级主管部门汇报社会治安综合治理工作情况，提请研究解决重大困难和问题；

(五)本地区本部门本单位发生涉及社会治安综合治理工作的重特大事故、事件和案件时，做好统筹协调，按照有关规定迅速到达现场组织或参与应急处置工作；

(六)党委、政府和上级部门赋予的其他社会治安综合治理工作责任。

第十二条 各级各部门其他领导班子成员，为本地区本部门本单位社会治安综合治理工作的"一岗双责"责任人，承担分管工作范围内的社会治安综合治理责任。其责任包括：

(一)坚持一手抓分管业务工作，一手抓分管领域(行业)社会治安综合治理工作，认真贯彻执行各级各有关部门社会治安综合治理工作部署，层层落实分管领域内的社会治安综合治理工作任务和责任制；

(二)督促分管领域内部门、企事业单位落实内部安全监管、治安防范、矛盾纠纷排查化解、特殊人群服务管理等措施；

(三)及时向第一责任人汇报、向直接责任人通报分管领域内的社会治安综合治理工作，提请研究解决工作中的重大困难和问题；

(四)分管领域内发生重特大事故、事件、案件时，按照有关规定，第一时间到达现场组织应急处置工作；

(五)党委、政府和上级部门赋予的其他社会治安综合治理工作责任。

第三章 督促检查

第十三条 各地区各部门各单位应当建立完善社会治安综合治理目标管理责任制，把社会治安综合治理各项任务分解为若干具体目标，制定易于执行检查的措施，建立健全督促检查、量化考核、评价奖惩等制度。

省、市、县(市、区)、乡镇(街道)、村(社区)以及各部门各单位每年要自上而下层层签订社会治安综合治理责任书。

第十四条 各级党委常委会应当将执行社会治安综合治理领导责任制的情况，作为向同级党的委员会全体会议报告工作的一项重要内容。

各级党政领导班子和有关领导干部应当将履行社会治安综合治理责任情况作为年度述职报告的重要内容。

第十五条 社会治安综合治理委员会成员单位每年年底应当对本单位本系统部署和开展社会治安综合治理、推进平安建设的情况进行总结，对下一年度的工作作出安排，并报同级社会治安综合治理委员会。

下一级社会治安综合治理委员会每年1月份应当向上一级社会治安综合治理委员会报告工作。

第十六条 各级党委和政府应当将社会治安综合治理纳入工作督促检查范围，适时组织开展专项督促检查。

各级社会治安综合治理委员会办公室应当建立相应的督查督办制度，对社会治安综合治理重大决策部署贯彻落实情况、重要事项办理情况，以及对工作不落实、群众反映强烈的地区、单位进行督查督办，推动工作落实。

各级社会治安综合治理委员会及其办公室应当动员组织党员、群众有序参与社会治安综合治理，推动各项决策部署落到实处。

第十七条　各级党委和政府应当建立健全社会治安综合治理考核评价机制，将其纳入党委政府综合目标责任考评体系中，制定完善考核评价标准和指标体系，明确考核评价的内容、方法、程序。

第十八条　各级党委和政府应当强化社会治安综合治理考核评价结果运用，把社会治安综合治理工作实绩作为对领导班子和领导干部综合考核评价的重要内容，与业绩评定、职务晋升、奖励惩处等挂钩。

第十九条　省、市、县（市、区）社会治安综合治理委员会及其办公室要分级建立社会治安综合治理工作实绩档案，主要考核同级社会治安综合治理委员会成员单位社会治安综合治理工作第一责任人、直接责任人及下一级党委、政府主要领导、分管领导的社会治安综合治理工作实绩。

各县（市、区）委书记的社会治安综合治理实绩档案由市级社会治安综合治理委员会办公室报上级备案。

实绩档案内容包括落实社会治安综合治理领导责任制、目标管理责任制、协调解决重大事项、深入联系点和基层督导、辖区年内重大案（事）件等情况。领导干部受到本办法第五章规定的社会治安综合治理责任督导和追究的，记入本人实绩档案。

各级年度社会治安综合治理实绩档案于次年2月前建立完毕。

第二十条　各级组织人事部门在考察党政主要领导干部和分管社会治安综合治理领导干部实绩、进行提拔使用、晋职晋级时，各级党委、政府、劳动竞赛委员会、精神文明建设委员会和各主管部门对相关单位进行综合性荣誉表彰奖励时，应当提前书面征求同级社会治安综合治理委员会办公室的意见，了解和掌握相关领导干部、单位抓社会治安综合治理工作的情况。

社会治安综合治理委员会办公室接到征求意见函后，通过审核领导干部实绩档案、委托有关成员单位或下一级社会治安综合治理委员会办公室审核、实地考察等方式，对拟提拔使用和晋职晋级的领导干部或拟授予综合性荣誉表彰奖励的单位开展社会治安综合治理的情况进行客观公正的评价，在7个工作日内书面回复有关部门。

第二十一条　县级以上社会治安综合治理委员会及其办公室应当按照中央、省有关规定，加强与同级纪检监察机关、组织人事部门的协调配合，协同做好有关奖惩工作。

第四章　表彰奖励

第二十二条　对认真落实社会治安综合治理领导责任制和目标管理责任制、获得年度社会治安综合治理考评优秀的地区、部门和单位，各级党委和政府、社会治安综合治理委员会、相关主管部门应当给予表彰奖励。

第二十三条　对真抓实干、社会治安综合治理工作成绩突出的地区、部门和单位的党政主要领导干部和分管领导干部给予表彰和奖励，应当符合国家和我省有关表彰奖励规定。对受到表彰和奖励的领导干部，应当将有关材料存入本人档案。

第二十四条　省社会治安综合治理委员会会同省人力资源和社会保障厅定期开展全省社会治安综合治理先进集体、先进工作者评选表彰工作。

对连续三次以上受到表彰的全省社会治安综合治理先进集体，由省社会治安综合治理委员会报请省委、省政府以适当形式予以表扬。

第二十五条　省社会治安综合治理委员会会同省人力资源和社会保障厅每四年开展一次全国社会治安综合治理先进集体、先进工作者的表彰推荐工作。对受到表彰的全国社会治安综合治理先进工作者，落实省部级先进工作者和劳动模范待遇。

第五章　责任督导和追究

第二十六条　党政领导班子、领导干部违反本办法或者未能正确履行本办法所列职责，有下列情形之一的，应当进行责任督导和追究：

（一）不重视社会治安综合治理和平安建设，相关工作措施落实不力，本地区本系统本单位基层基础工作薄弱，治安秩序严重混乱的；

（二）本地区本系统本单位在较短时间内连续发生重大刑事案件、群体性事件、公共安全事件的；

（三）本地区本系统本单位发生特别重大刑事案件、群体性事件、公共安全事件的；

（四）因矛盾纠纷化解不及时、不到位，发生一次死亡3人以上“民转刑”案件或者10人以上进京非正常上访的；

（五）本地区本单位社会治安综合治理工作（平安建设）考核评价不合格、不达标的；

（六）对群众反映强烈的社会治安重点地区和突出公共安全、治安问题等，没有采取有效措施或者出现反弹的；

（七）各级党委和政府及社会治安综合治理委员会认为需要查究的其他事项。

第二十七条　对党政领导班子、领导干部进行责任督导和追究的方式包括：通报、约谈、挂牌督办、重点管理、实施一票否决权制、组织调整或者组织处理、纪律处分等。因违纪违法应当承担责任的领导干部，给予党纪政纪处分；构成犯罪的，依法追究刑事责任。

第二十八条　对具有本办法第二十六条所列情形的地区、单位，由相应县级以上社会治安综合治理委员会办公室以书面形式进行通报，必要时由社会治安综合治理委员会进行通报，限期进行整改。

第二十九条　对受到通报后仍未按期完成整改目标，或者具有本办法第二十六条所列情形且危害严重或者影响重大的地区、单位，由相应的上一级社会治安综合治理委员会办公室主任对其党政主要领导干部、社会治安综合治理工作分管领导干部和负有责任的其他领导班子成员进行约谈，必要时由社会治安综合治理委员会主任、副主任约谈，帮助分析原因，督促限期整改。

第三十条　对受到约谈后仍未按期完成整改目标，或者具有本办法第二十六条所列情形且危害严重或者影响重大但尚不够实施一票否决权制的地区、单位，由相应的上一级社会治安综合治理委员会进行挂牌督办或实施重点管理。

挂牌督办期限一般为半年，重点管理期限一般为通知下发之日起至当年年底，但不得少于半年。

省社会治安综合治理委员会根据群众安全感、满意度和重特大案（事）件等实际情况，结合上年度全省社会治安综合治理工作（平安建设）考核评价，选择一个后进的设区的市，上报中央综治办，作为全国挂牌督办的重点整治候选单位。

受到挂牌督办或重点管理的地区、单位，在挂牌督办或实施重点管理期间，取消该地区、单位评选综合性荣誉称号的资格和该地区、单位主要领导干部、主管领导干部、分管领导干部评先受奖、晋职晋级的资格。

第三十一条　对受到挂牌督办或重点管理后仍未按期完成整改目标，或者有本办法第二十六条所列情形且危害特别严重或者影响特别重大的地区、单位，由相应的上一级社会治安综合治理委员会按照中央有关规定和《山西省社会治安综合治理条例》等，商有关部门共同研究决定实行一票否决权制。

第三十二条　对受到一票否决权制处理的地区、单位，在作出决定一年内，取消该地区、单位评选综合性荣誉称号的资格，由组织人事部门按照有关权限和程序办理；取消该地区、单位主要领导干部、主管领导干部、分管领导干部评先受奖、晋职晋级的资格，由组织人事部门按照干部管理权限和程序办理，并会同社会治安综合治理委员会办公室，按照有关规定向上级有关部门进行报告、备案。需要追究该地区、单位党政领导干部责任的，按照《中国共产党问责条例》等有关规定执行。

第三十三条　上级社会治安综合治理委员会对辖区内发生本办法第二十六条所列情形的地区、单位及其主要领导干部、主管领导干部、分管领导干部，均可以给予通报、约谈、挂牌督办、重点管理直至实行一票否决权制。

第三十四条　对中央驻地方单位需要实行一票否决权制的，由驻地社会治安综合治理委员会逐级呈报省社会治安综合治理委员会，向其主管单位和中央社会治安综合治理委员会提出书面建议。

对省直驻地方单位需要实行一票否决权制的，由驻地社会治安综合治理委员会逐级呈报市级社会治安综合治理委员会，向其主管单位和省社会治安综合治理委员会提出书面建议。

第三十五条　党政领导班子、领导干部具有本办法第二十六条所列情形，并具有下列情节之一的，应当从重进行责任督导和追究：

（一）干扰、阻碍调查和责任追究的；

（二）弄虚作假、隐瞒事实真相、瞒报漏报重大情况的；

（三）对检举人、控告人等打击报复的；

（四）党内法规和国家法律法规规定的其他从重情节。

第三十六条　党政领导班子、领导干部具有本办法第二十六条所列情形，并具有下列情节之一的，可以从轻进行责任督导和追究：

（一）主动采取措施，有效避免损失、挽回影响的；

（二）积极配合调查，并且主动承担责任的；

（三）党内法规和国家法律法规规定的其他从轻情节。

第六章　附　则

第三十七条　各设区的市、省直各部门可以根据本办法制定实施细则。

第三十八条　本办法由中共山西省委负责解释，具体解释工作由山西省社会治安综合治理委员会承担。

第三十九条　本办法自印发之日起施行。

山西省晋中市平遥县一体化指挥　多元化联动推动社会服务管理指导中心规范化运行

晋中市平遥县作为全省社会服务管理体系规范化运行试点县，紧紧围绕平安建设，不断创新、积极探索，依托信息化平台，强化“一体化指挥、多元化联动”功能，全面推进社会服务管理体系规范化建设。

一、搭建架构，夯实基础见成效

平遥县依托“三大机构统筹、四级网格承载、五大平台对接”为支撑，以网格化管理为基础，全面搭建起覆盖城乡、功能齐全、高效快捷、综合协调的运行体系。

一是组建三大机构。成立以县委书记为组长的社会服务管理体系建设工作领导组，下设由县委副书记、政法委书记、分管副县长分别担任主任的领导组办公室、重大事项协调办公室、社会服务管理中心建设管理办公室三大机构，统筹组织推进社会服务管理体系建设。

二是建立四级网格。一级网格为县级网格（县指导中心）。县级中心为正科级事业编制，事业人员5名，合同制工作人员8名，主要负责事件处置和职能部门协调。二级网格为乡镇（街道）网格（乡级中心）。乡级中心配备综治办主任，综治专干、司法助理员、公益性网格信息管理员各一名，负责本辖区网格的建设管理、资源整合和综治专门力量配备。三级网格为村（社区）网格（村级中心）。村级中心由村党支部书记、村委主任负责，配备村综治员一名，负责网格长队伍建设和管理。四级网格为基础网格（网格长）。全县共配备网格长735名，担任社情民意“情报员”、平安建设“助理员”、保障民生“服务员”、矛盾纠纷“调解员”、法制教育“宣传员”的“五员”职能。

三是搭建五大平台。平遥县政府投资1000余万元，建立县级中心，并设立了免费便民服务热线，实行24小时值班制度，负责“五大平台”建设运行。综合治理平台：对接完善全省社会服务管理信息平台“综合治理”模块；舆情处理平台：对市长信箱、12345便民服务热线、政府网站公众交流信件及网络不良信息进行处置；社会服务管理平台：整合公安、住建、城管、电力、水务、供热等93个职能部门，完善318项事件处置预案，按照“六步闭环”工作流程，实现事件上报、处置和反馈；视频监控平台：接入全国综治视联网平台，同时整合汇聚全县722路社会公共安全高清视频监控；安全生产监管平台：与安监部门联网对接，实现对道路运输、非煤矿山等24类重点行业的安全生产有效监管。

二、健全机制，规范运行促高效

平遥县指导中心将制度建设作为保运行、促落实的抓手和保障，确保六步闭环流程的规范运行，促进中心规范高效运转。

一是分类分级处置机制。县级中心与17个乡镇（街道）、93个职能部门的系统平台对接，并规范制定乡镇（街道）和部门职责任务及网格长上报事件分流处置流程，明确县级指导中心的指派调度职能。

二是全程跟踪督办机制。县级中心根据信息紧急程度和办结进度，分别由中心人员和负责人进行督办，督办情况以“情况反映”的形式通报处置部门和上报县级分管领导；疑难复杂问题以《社会服务网格化管理专刊》形式报送县委、县政府主要领导，热点问题由电视台进行曝光；造成社会影响严重后果的问题，联合纪检监察启动问责机制，实现问题处置全程跟踪，事件逐件落实。

三是定期联合研判机制。县级中心建立网格长例会制度，中心工作人员、乡镇综治办、司法所、派出所人员参加例会，定期分析总结网格化管理工作；每两月召开社会服务管理工作会议，分析通报阶段性工作情况；每月汇总《社会服务管理网格化工作情况分析报告》和《网格化社会热点难点收集情况报告》报送县委、县政府主要领导，并通报相关乡镇（街道）、职能部门。

四是考核奖惩激励机制。县级中心与每名网格长签订《网格长工作目标管理责任书》，根据实绩奖惩兑现；出台《平遥县基层网格长奖励补助发放实施意见》，实现“以督促干、以考促干”。每年拨付15余万元以“以奖代补”和“以案定补”形式进行奖励补助，乡镇（街道）每年进行网格长述职表彰，实行淘汰机制。

三、创新模式，延伸服务抓实效

平遥县充分依托县级中心，拓展网格功能、放大网格效应，延伸网格服务功能，创新了“网格+”模式，进一步推动网格化管理取得实效。

一是“网格+警务”夯实平安建设根基。平遥县综治办、县指导中心、县公安局联合出台《平遥县关于开展“警务网格联动”活动实施方案》，建立“警务网格联动”工作模式，将社区民警与网格长划片联系、有效对接，推行综治员、网格长驻派出所值班工作机制，实现了派出所内日日有“百姓代言人”，村（社区）内时时有“警务信息员”，做到社情民意全掌握，社会治安提前防控，有效节约警力，提高办案效率。

二是“网格+调解”促进矛盾一线化解。平遥县将网格化管理与矛盾纠纷调解有效结合，实现“网调融合”，充分发挥网格长“地域相邻、人员相熟”的优势，建立“四级联动”机制，积极协助乡村两级调解组织开展工作，实现矛盾纠纷及时发现、有效化解。

三是“网格+平安景区”维护古城旅游秩序。开展“1+6”平安景区组团式服务，由社区民警带队，整合村（社区）工作人员、基层综治员、网格长、消防监督员、景点安保人员和志愿者队伍等人员，组建五支“平安景区”服务团队，在古城内开展矛盾纠纷调处、消防安全隐患排查、重点人员管控、旅游秩序维护、居民游客服务等方面组团式服务。

四是“网格+服务”开展便民利民服务。为继续巩固网格化管理成果，出台了《关于在全县推行网格化为民代办服务的实施意见》，按照“便民利民、无偿服务、依法合规、优质高效”的原则，推行为困难弱势群体提供各种事务的全程代办受理和咨询服务。

平遥县自基层社会服务管理指导中心运行以来，累计受理各类事件12万件，办结率达99%，在社会管理、服务民生、化解矛盾、维护稳定等方面发挥了积极作用，为社会和谐稳定做出了积极贡献。

山西省临汾市安泽县实施“311”工作体系提升社会治安综合治理工作水平

近年来，临汾市安泽县实施“三级联动、一网一格”，即“311”社会治理工作体系以来，不断夯实综治基层基础，变被动管理为主动服务，变群众上访为干部下访，变矛盾上交为主动解决，变单打独斗为部门联动，切实把大量矛盾化解在基层，消灭在萌芽状态，为当地经济发展创造了和谐稳定的社会环境。

一、整合人力资源，建立“三级联动”的服务队伍

安泽县将党建融入社会治理，针对领导干部、机关党员和农村党员不同主体，分别明确了合格党员的“十个标准”，有效提升党员干部素质、转变党员干部作风，提高了党员干部服务群众的能力。在村级，成立了以“两委”班子成员、老党员、老干部、治安积极分子为主要力量的综合服务处置组，实行党员轮流值班、村干部主动陪访、大学生村官代办各种服务事项，及时化解矛盾纠纷。在乡镇，成立以乡镇、基层站所党员干部为主要力量的农业生产服务、农村事务服务、矛盾纠纷调解、突发事件应急处置四个联动保障小组，确保快速及时地为村级进行联动服务。在县级，除纪检、组织、政法等部门在大厅值班服务外，还成立以县直各部门为主要力量的预约联动应急服务组，形成村里主动、乡村互动、县乡村三级联动的服务合力，使基层群众切实感受到党组织就在身边、党员就在身边、党的温暖就在身边。

二、整合网络资源，建立“三网合一”的服务平台

安泽县将平安创建网、阳光农廉网、基层党建网整合为党建联动服务网，开通综治动态、三农服务、普法宣传等28个便民实用栏目。服务平台的建成，既为群众提供“全天候、不下班”的网上服务，把各项惠农政策、法律知识、科技信息等及时准确地传递给群众，使党的政策信息触角延伸到基层，又使政府与群众实现“零距离、面对面”的接触，将群众的合理诉求、真实愿望和一线信息等通过网络快速真实地反映上来。群众坐在家中，点击网站既可以查看政务、村务相关信息情况，又可以表达合理诉求、反映社情民意，实现平台互动、信息共享，有效降低社会治理成本，提高办事效率。县乡两级党委政府可通过平台及时发现和掌握社会稳定、社会治安、矛盾纠纷方面的情况信息，超前预防，及早化解，掌握工作的主动权，进一步提高网上问政于民的能力。

三、整合行政区域，推行“三个六必”工作法

安泽县按照“地理布局、区域属性、人员相熟、便于管理”的原则，划分10个社区网格和313个农村网格，由两委干部担任网格长，推行“三个六必”工作法，即对帮扶对象、困难群众、孤寡老人、残疾家庭、流动党员、失业人员六类群体必须家访；对群众遇到的红白喜事、家庭变故、生病住院、重大节日、邻里纠纷、涉法问题六种情况必须到场；对家庭情况、人员类别、区域设施、隐患矛盾、群众需求、群众关注的热点难点六种信息必须清楚。通过网格长“三个六必”工作法，党员干部超前主动服务群众的意识进一步提高，预警预测预防各类风险隐患的能力进一步提升，群众困难及时帮扶，矛盾纠纷及早化解，党群干群关系进一步密切，基本实现了“家事不出户、琐事不出格、小事不出村”。

四、整合部门资源，建立方便群众的服务窗口

安泽县为从根本上解决群众办事找不到门、找不见人、办不成事的现象，在县、乡两级分别建起社会治理联动服务中心，在村级和县直单位建起便民服务室，健全“三级联动”的服务机构，做到标准、设施、制度、版面“四统一”。针对乡镇政府人员少、任务重、部门分散、职能分散等情况，重点推动乡镇部门资源整合，变分散办公、独人独占为统一服务大厅、统一政策上网、统一工作程序的集中办公，对社会事务实行“一窗口受理、一站式办公、一条龙服务”，为群众提供解决诉求、便民服务、困难救助、纠纷调解、信息咨询等全方位的“一站式”服务，全力打造党委政府服务群众和解决社会矛盾纠纷的第一窗口。

五、整合制度流程，建立了长效管用的服务机制

在接待群众来访方面，安泽县落实接待登记、首问负责、领导带班值班三项制度，对群众咨询一次性告知，做到群众事情有人管；在解决群众诉求方面，落实限时办结、联动预约、重大事项会商和信访陪访四项制度，对群众诉求“一竿子插到底”解决，将联动服务真正落到实处；在服务群众效果方面，落实服务评价、责任追究两项制度，让群众的监督更有效。这些制度既是工作职责，又是服务流程，同时还是一个责任链条，整个制度设计实现了“群众进了大厅门，剩下的事情干部做”的工作效果，让维护稳定成为每个干部的基本职责，让主动服务群众成为每个干部的工作追求，构建起“畅通、有序、务实、高效”的联动工作新格局。

六、加强基层党支部建设，夯实综治基层基础

安泽县从加强基层党建入手，把“以人为本、服务为先”的工作理念入脑入心，党员干部主动下访、真诚陪访，服务群众走在信访之前，接待群众的数量逐年上升，群众信访的数量逐年下降。先后出台《关于评选农村功勋党（总）支部书记的实施意见》《关于评选农村红旗党（总）支部书记的实施意见》和《关于发放农村离任“两委”主干生活补贴的通知》，被评选为功勋支部书记的，每月加发1300元补贴；被评为红旗支部书记的，每月加发1000元财政补贴；将农村离任干部全部纳入生活补贴范围，每人每月可享受170～270元的生活补贴，使得基层党员干部收入有保障、干好有希望、退后有所养，党员干部干事创业的积极性得到了有效调动，综治基层基础进一步夯实。

安泽县通过实施“311”社会治理工作体系，取得了“三升三降”的工作成效，即三级中心事件受理数逐年上升，信访案件数逐年下降，连续5年未发生赴省进京非访案件；党员干部主动超前服务群众的数量逐年上升，群众反映党员干部违法违纪案件的数量逐年下降；各类社会矛盾纠纷化解率逐年上升，刑事案件发案率逐年下降，94%的行政村未发生过刑事案件。

（撰稿人：杨威
审稿人：闫喜春　张帆）

内蒙古自治区

2016 年综治工作概况

2016 年，内蒙古自治区各地各部门认真贯彻落实中央和自治区党委关于综治和平安建设的总体工作部署，坚持专项治理与系统治理、综合治理、依法治理、源头治理相结合，积极防范风险、补齐短板，推进立体化社会治安防控体系，深入排查化解社会矛盾，强化社会治安重点地区整治，努力消除公共安全隐患，全力做好重大政治活动及敏感节点安保工作，有力维护了全区社会政治和治安大局的持续平稳。

一、严格落实综治领导责任制

一是强化责任落实。2016 年初，自治区党委分别与盟市党政领导、自治区综治委成员单位负责人签订《2016 年度内蒙古自治区综治、维稳工作领导责任书》，压实了各地区、各部门单位主要领导抓综治、保平安的重大责任。各盟市、旗县(市区)、苏木乡镇(街道)也层层签订了责任书，一级抓一级，层层抓落实。二是完善责任体系。自治区制定《健全落实社会治安综合治理领导责任制实施细则》，进一步健全完善责任清晰、奖惩分明的综治领导责任体系。将综治工作列入对盟市、厅局党政领导班子年度实绩考核内容，并把考核结果作为向党委提出干部任免、奖惩的重要依据。同时加大了综治工作考核权重，在 2016 年自治区对盟市厅局领导班子政法综治工作绩效目标考核中，综治工作权重占到了 55%。三是加强责任督导。制定《各盟市综治委和自治区综治成员单位述职工作方案》，进一步完善了各盟市综治委和自治区综治成员单位主要领导述职报告制度。2016 年，自治区综治委联合相关部门先后 28 次对各盟市禁毒、消防、校园安全、“两清理一排查”、矛盾化解等重点工作及重点时期的安保措施落实情况进行督查检查。四是严格责任奖惩。下发《关于表彰 2015 年度全区社会治安综合治理先进地区、单位的通报》，对 2015 年度综治工作成效显著、实绩突出的 12 个地区、40 个优秀成员单位、5 个单项综治工作突出地区、7 个综治工作专项组办公室进行了表彰奖励，共发放奖金 214 万元。2016 年，自治区综治委共沟通警示 30 个地区、单位，诫勉约谈 10 个地区、单位，挂牌整治 28 个地区、单位。全区各级综治组织共沟通警示 151 个地区、单位，诫勉约谈 128 个地区、单位，挂牌整治 114 个地区、单位，一票否决 5 个地区、单位，责任查究 3 人。

二、全力维护国家安全和政治稳定

一是严密防范、严厉打击境内外敌对势力和敌对分子的渗透破坏活动。二是加强境外非政府组织管理工作。成立自治区境外非政府组织管理工作协调小组，积极推进增设自治区公安厅境外非政府组织管理办公室专门机构。三是强化边境口岸地区管理。持续深化“爱民固边”战略，深入推进“边境安全防线”建设，先后组织开展了“卫疆”、“固边”、边境反恐“铁篱”等一系列专项整治行动，确保了边境地区持续安全稳定。

三、深入推进社会矛盾纠纷排查化解

一是加大对社会矛盾排查调处力度。2016 年，全区各级人民调解组织共排查调处矛盾纠纷 134222 件，成功 128634 件，履行 117982 件，成功率 95.83%，防止民转刑案件 117 件、438 人，防止群体性上访和群体性械斗多起。二是推动完善矛盾多元化解机制。先后召开全区法院多元化纠纷解决机制改革工作推进会和全区司法行政基层基础现场会。积极推动中央综治办矛盾纠纷多元化解机制创新项目试点建设，由自治区司法厅牵头制定《内蒙古自治区人民调解员等级评定办法》《内蒙古自治区人民调解员管理办法》《内蒙古自治区特邀人民调解员管理办法》《内蒙古星级人民调解委员会评定办法》4个规范性文件，不断完善考核评价标准规范，试点建设各项工作顺利开展。三是全面开展社会矛盾大排查大化解和矛盾纠纷积案化解“百日攻坚”专项行动。全面摸排全区社会矛盾隐患，逐一建立台账，明确目标、措施、责任单位、责任人和时间进度。抽调36名省级领导干部，每一名省级领导都带案督查包市包县，各盟市由党委书记亲自包案，力求在100天内化解一批矛盾积案。

四、推进立体化治安防控体系建设

一是统筹推进社会治安防控体系建设。全区各地、各部门单位认真落实自治区党委办公厅、政府办公厅《关于加强社会治安防控体系建设的实施意见》和自治区综治委《关于加强社会治安防控体系建设的实施意见重要任务分工落实方案》精神，大力推进社会治安防控“六张网”建设。自治区综治办与公安厅、护路办、呼铁局四部门联合印发《关于进一步做好护路联防工作加强高铁及干线铁路治安防控体系建设的意见》，将铁路线安全防范工作纳入全区治安防控体系建设范围。2016年5月23日至24日，全国公安机关社会治安防控体系建设推进会在呼和浩特召开，内蒙古自治区在会上介绍了社会治安防控体系建设典型经验，得到公安部及外省区公安机关领导一致好评。二是织紧织密社会面防控网。继续推动建立盟市、旗县（市区）、派出所、社区四级巡逻防控网络。进一步推进城区1、3、5分钟快速处警圈和让“110”再快一分钟工作机制建设。在牧区推广了集“报警求助、服务群众、打击犯罪、应急管理、治安防控”为一体的综合防控服务网络。2016年，全区公安机关共立各类刑事案件83303起，同比下降9.5%，其中八类案件4213起，同比下降9.8%；侵财案件65947起，同比下降11.4%。三是推进公共安全视频监控建设联网应用工作。全区累计投入近22亿元，用于技术视频防控网建设，新增视频防控监控摄像机198735台，全区已累计安装监控摄像机120余万台，基本覆盖了全区所有公共区域、重点单位和要害部位。自治区综治办、公安厅、发改委等相关单位共同制定了《内蒙古自治区公共安全视频监控建设联网应用“十三五”规划方案》。呼和浩特市、乌海市作为全国公共安全视频监控建设联网应用工作示范城市工作成效显著。四是加强重要敏感节点安保工作。自治区综治办围绕全国“两会”、杭州G20峰会、党的十八大和自治区第十次党代会等重要时间节点，及时下发通知进行安排部署。严格落实“零报告”制度，密切掌握各地区安保工作情况。各地区按照部署要求，全面加强社会面管控，深入推进环京“护城河”工程。

五、深入整治社会治安突出问题

一是严厉打击突出违法犯罪活动。在全区范围内组织开展“严厉打击农村、牧区黑恶势力违法犯罪专项行动”，加大对杀人、抢劫、强奸等重大恶性案件侦破力度。进一步加大打击电信网络新型违法犯罪和毒品犯罪打度，2015年11月1日至2016年11月30日，全区公安机关共破获电信网络诈骗案件3359起，打掉电信网络诈骗犯罪窝点16个，收缴赃款赃物折合人民币263.22万元。二是加强对社会治安重点地区和突出治安问题的排查整治。清查重点场所262845个，收缴管制刀具3271把，收缴枪支51支，治安拘留违法人员2439名，抓获犯罪嫌疑人247名。自治区综治办、自治区公安厅先后两次组织开展暗访抽查，对各盟市28处社会治安重点地区、部位（场所）和突出治安问题进行实地核查，对38个自治区综治委已摘牌地区进行“回头看”。2016年，自治区综治委对8个社会治安问题突出的重点部位（场所）进行挂牌整治；对18个社会治安重点部位（场所）交由有关盟市进行限期整改；对10个挂牌整治后治安状况出现反弹的旗县（市区）进行约谈。建立全区重点整治地区台账，对挂牌整治地区实行动态管理。年内对9个地区予以摘牌，对2个地区予以延期摘牌，并提出进一步整治意见。三是严厉打击重点领域行业的违法犯罪活动。严厉打击金融诈骗、非法集资等经济犯罪，严厉打击食品药品和环境违法犯罪。2016年，全区共立经济犯罪案件3312起，破案2589起，抓获犯罪嫌疑人1853人，挽回经济损失约2.6亿元。破获食品药品犯罪案件138起，抓获犯罪嫌疑人229名，打掉团伙38个，捣毁窝点66处，涉案金额11816万余元；侦办破坏环境资源保护刑事案件246起，抓获犯罪嫌疑人244名；查处行政案件200起，查处违法人员223人。

六、全面强化公共安全管理

一是进一步强化交通安全管理。部署开展了“春运——情满旅途”、“平安二号”、“震慑”系列及重点车辆集中整治、夏季全区异地用警、整治酒驾毒驾等全区性专项整治行动。2016 年,全区道路交通事故和直接财产损失同比分别下降 1.4% 和 12.65%。二是进一步强化消防安全管理。加大区域和重大火灾隐患监督整改力度,2015 年中央综治办、国务院安委会挂牌督办的 3 处区域性火灾隐患和 3 个重大火灾隐患已全部整改完毕。自治区综治办、公安厅挂牌的 14 处火灾隐患,书面警示的 5 处区域性火灾整改,已经摘牌 7 处,取消书面警示 3 处。2016 年,全区发生火灾、伤亡人数、直接财产损失等指标同比全部下降,总体低于全国平均水平,连续 22 年未发生重特大火灾事故。三是进一步强化安全生产监管。出台了《关于进一步加强安全生产工作的决定》和《安全生产信息化建设指导意见》等规范性文件。2016 年,自治区生产安全事故和伤亡人数同比分别下降 8.84% 和 7.39%。四是进一步强化危爆物品管理。对危爆物品从业单位、民爆物品储存库、爆破作业现场、已关闭矿山、已处理过的非法矿点进行全面排查,对可能私制、私存危爆物品的出租房屋、闲置厂房、养殖场点等重点部位开展拉网式排查整治,依托全国爆破作业人员信息核查比对系统,对爆破作业人员进行了认真核查。五是进一步加强寄递物流安全管理。全面加强寄递物流安全管理,年内,全区共排查寄递物流企业 4519 家,检查快件 12446 件。大力推广寄递实名制信息系统,对寄递企业配备 X 光安检机进行补贴,对全区 95 个重点省际处理中心进行了补贴,其中,自治区共补贴资金 470.4 万元,盟市补贴 313.6 万元。

七、加强特殊人群服务管理

一是加强重性精神障碍患者服务管理。出台《关于实施以奖代补政策落实严重精神障碍患者监护责任的实施意见》,明确了以奖代补对象、范围和奖补额度。印发《全区公安机关关于加强肇事肇祸精神障碍患者管控的意见》,进一步明确了肇事肇祸精神障碍患者列管范围和职责任务。二是加强社区服刑人员服务管理。出台《社区矫正情况通报和联席会议制度》《关于加强社区服刑人员管控工作的意见》等制度,对社区矫正人员实行分级分类管理。全区累计接收社区矫正人员 62924 名,累计解除 48588 名,社区矫正人员在矫正期间重新犯罪率低于全国平均水平。三是加强刑满释放人员安置帮教。2016 年,全区共衔接刑满释放人员 9447 人,其中重点帮教对象 547 人,重点帮教对象接送率达 99.09%。全区安置刑满释放人员 8752 人,安置率达 92.64%,帮教 9447 人,帮教率达 100%。四是加强吸毒人员服务管理工作。出台《社区戒毒社区康复工作站建设标准》和配套的等级评定办法,在全区启动“绿洲家园”建设工程。各地累计投入建设经费 726 万元,新建达标社区戒毒社区康复工作站 136 个。

八、推进综治基层基础建设

一是加强综治中心建设。加强综治中心达标升级建设,截至 2016 年底,全区 103 个旗县市区已建综治中心 103 个,覆盖率达到 100%;1033 个苏木乡镇(街道)已建综治中心 1024 个,覆盖率达到 99.1%;13300 个嘎查村(社区)已建综治中心 13042 个,覆盖率达 98.1%。二是全面推进网格化管理。截至 2016 年底,全区嘎查村(社区)网格覆盖率达到 98.1%,比上年增长 2.4%。各地按照“一员一格”或“一格多员”的要求,合理配备网格员,全区共有网格员 164300 人,其中专职 58258 人,兼职 106042 人。三是推进综治信息化建设。2016 年,自治区综治委不断加大对综治信息系统建设的协调推进,推动各盟市综治信息系统建设。目前,呼伦贝尔市、通辽市、鄂尔多斯市、乌海市已完成综治信息系统平台建设。

九、加强综治宣传、培训和见义勇为工作

一是抓好综治宣传工作。2016 年 3 月,组织开展以“深化平安内蒙古建设,提升社会治理水平”为主题的全区第 25 个综治宣传月活动。组织开展 2015 年度全区政法综治“好新闻”评选活动,对 41 件优秀新闻作品,30 名优秀编辑、记者、通讯员,2 个优秀新闻网站进行了奖励。12 月,自治区党委政法委、自治区依法治区办和内蒙古电视台共同主办第十四届“全区十大法治事件暨十佳法治人物”评选活动。2016 年,自治区有 3 个作品获评全国政法综治优秀新闻作品。《2015 年度全区十佳法治人物》新闻作品获第二十四届“内蒙古新闻奖”一等奖,实现政法综治宣传在自治区新闻界最高奖项零的突破。自治区两件作品获中央政法委、中央综治委组织的首届“平安中国”微电影微视频比赛三等奖，一件获优秀奖，自治区党委政法委获优秀组织奖。《长安》杂志社记者开展“走进内蒙古”综治宣传活动，年内《长安》杂志刊登自治区综治工作典型经验稿件19篇。二是开展全区综治干部教育培训。2016年10月10日至14日，自治区综治办在中国浦东干部学院举办了全区综治干部履职能力培训班，东部区五个盟市和旗县（市、区）综治办主任及自治区综治委部分成员单位联络员共90人参加了培训。各地将综治干部培训作为年度工作的重要内容，开展了形式多样、内容丰富、不同层级的专题培训。三是做好见义勇为有关工作。2016年，共表彰奖励见义勇为先进分子27人，颁发奖金48.5万元。完成历年来未表彰过的26名见义勇为人员事迹评选工作。白祯、白光两人被中华见义勇为基金会评选为“全国第十三届见义勇为模范”。推荐报送6名见义勇为英模参与中华见义勇为基金会“2016爱心圆梦工程”英模子女助学、重大疾病医疗救治活动，1名见义勇为先进分子参加全国见义勇为英模疗养活动。8名见义勇为先进分子获得中华见义勇为基金会“助力见义勇为模范脱贫解困项目”救助。10名见义勇为人员入选内蒙古好人榜。

十、全面推进综治委成员单位和专项组工作

一是推动综治委成员单位创安联系点工作。2014—2016年，自治区综治委各成员单位充分发挥职能作用和部门优势，与所联系旗县（市区）积极沟通、密切联系，帮助联系点解决综治和平安建设工作中遇到的实际问题和困难，为期三年的创安联系点工作成效明显。二是推动校园及周边治安综合治理。自治区教育厅先后印发8个预警通知，对300多所存在问题隐患的学校下达了整改意见，对8所存在重大安全隐患的院校建立了问题清单。自治区综治办对2所存在安全隐患的院校进行了挂牌整治，对3所院校进行限期整改。三是推进青少年违法犯罪预防和重点青少年服务管理。开展第三轮重点青少年群体服务管理和预防工作试点，开展“青少年维权岗”创建活动，共创建优秀青少年维权律师事务所101个、优秀公益未成年人心理健康辅导站92个。全区已建成青少年事务社工人才1260人。四是加强护路护线联防工作。开展全区铁路沿线社会治安环境专项整治行动，对60个重点整治项目进行了挂牌督办。2016年度护路经费自治区保障5850万元，2017年护路联防工作经费纳入自治区财政预算。五是加强实有人口服务管理工作。完善盟市、旗县（市区）流动人口服务管理中心，通过政府购买服务方式，配齐配强流动人口专职协管员队伍。目前，共建流动人口服务管理中心1191个。六是加强非公有制经济组织和社会组织管理。全区非公有制企业30868个，建立党组织的企业15714个，建立党组织6130个，党组织覆盖率50.9%，比2015年底提高36个百分点；社会组织11319个，建立党组织的社会组织5507个，建立党组织2687个，党组织覆盖率48.7%，比2015年底提高33个百分点。七是推动“平安家庭”创建工作。2016年，全区各级妇联通过各种渠道帮助贫困妇女办理法律援助案件493件，帮助家暴受害人依法向法院申请人身安全保护令17份。

中共内蒙古自治区党委办公厅　自治区政府办公厅关于印发《健全落实社会治安综合治理领导责任制实施细则》的通知

（2016 年 7 月 15 日）

各盟市委，盟行政公署、市人民政府，自治区各部、委、办、厅、局和各人民团体：

《健全落实社会治安综合治理领导责任制实施细则》已经自治区党委、政府同意，现印发给你们，请遵照执行。

健全落实社会治安综合治理领导责任制实施细则

第一章　总　则

第一条　为实施《健全落实社会治安综合治理领导责任制规定》，深入推进社会治安综合治理，全面推进平安内蒙古、法治内蒙古建设，结合自治区实际，制定本细则。

第二条　本细则适用于全区各级党的机关、人大机关、行政机关、政协机关、审判机关、检察机关及其领导班子、领导干部。

人民团体、事业单位、国有企业及其领导班子、领导干部、领导人员参照执行本细则。

第三条　健全落实社会治安综合治理领导责任制，应当坚持以邓小平理论、“三个代表”重要思想、科学发展观为指导，深入贯彻习近平总书记系列重要讲话和考察内蒙古重要讲话精神，紧紧围绕协调推进“四个全面”战略布局，坚持问题导向、法治思维、改革创新，抓住“关键少数”，强化担当意识，落实领导责任，科学运用评估、督导、考核、激励、惩戒等措施，形成正确导向，使各级领导班子、领导干部切实担负起维护一方稳定、确保一方平安的重大政治责任，确保党中央、国务院和自治区党委、政府关于社会治安综合治理决策部署的贯彻落实，切实筑牢祖国北疆安全稳定屏障。

第二章　责任主体和责任内容

第四条　各级党委、政府是社会治安综合治理工作的责任主体，对本地区社会治安综合治理工作负总责。各级党政主要负责同志是社会治安综合治理的第一责任人，社会治安综合治理的分管负责同志是直接责任人，领导班子其他成员承担分管工作范围内社会治安综合治理的责任。

第五条　各级党政领导班子主要承担下列社会治安综合治理责任：

（一）贯彻落实党中央、国务院和自治区党委、政府关于社会治安综合治理决策部署，切实加强对社会治安综合治理的领导，列入重要议事日程，纳入地区经济社会发展总体规划，认真研究解决工作中的重要问题，从人力物力财力上保证社会治安综合治理工作的顺利开展；

（二）落实属地管理和谁主管谁负责原则，积极构建党委领导、政府主导、综治协调、各部门齐抓共管、社会力量积极参与的社会治安综合治理工作格局；

（三）定期召开党委常委会议、政府常务会议，听取社会治安综合治理工作情况汇报，专题研究和统筹协调事关全局的重点工作。

第六条　各部门各单位应当各负其责，充分发挥职能作用，主动承担好预防和减少违法犯罪、维护社会治安和社会稳定、增强人民群众安全感的责任。

（一）贯彻落实党中央、国务院和自治区党委、政府关于社会治安综合治理决策部署，做到综合治理工作与业务工作同规划、同部署、同检查、同落实、同考核；

（二）积极预防化解社会矛盾，及时排查和解决本行业本系统各类隐患和问题，有效管控公共安全风险；

（三）指导、推动本行业本系统基层平安建设；

（四）及时向同级党委、政府及社会治安综合治理委员会和上级部门报告本行业本系统影响社会治安和社会稳定的重特大案（事）件情况、重大隐患问题，并牵头或者配合有关地区、部门依法处理。

第七条　各级社会治安综合治理委员会及其办公室在本级党委、政府的统一领导下，认真组织各有关单位参与社会治安综合治理工作。

（一）领导和组织协调各成员单位贯彻落实党中央、国务院和自治区党委、政府社会治安综合治理决策部署，推进平安内蒙古建设；

（二）制定年度社会治安综合治理工作要点，细化分解社会治安综合治理目标管理责任，协调解决跨地区跨部门的突出社会治安问题；

（三）加强调查研究，创新社会治安综合治理工作，总结推广典型经验；

（四）建立社会治安综合治理督查督办制度，重点对社会治安综合治理重大决策部署贯彻落实情况、领导交办重要事项办理情况进行督查，对社会治安秩序长期混乱、群众反映强烈的地区、单位或者被列为中央、自治区重点管理的地区、单位进行督办，提出限期整改建议和领导责任追究建议；

（五）分析研判社会治安形势，协调解决工作中遇到的突出问题，向党委、政府提出加强社会治安综合治理工作的对策建议。

第三章　督促检查

第八条　各地区各部门各单位应当建立和完善社会治安综合治理目标管理责任制，把社会治安综合治理各项任务分解为若干具体目标，制定易于执行检查的措施，建立严格的督促检查制度、定量考核制度、评价奖惩制度。

第九条　各地区各部门各单位应当自上而下层层签订社会治安综合治理责任书，明确工作重点和目标要求，逐级落实领导责任。

第十条　各级党委常委会应当将执行社会治安综合治理领导责任制的情况，作为向同级党的委员会全体会议报告工作的一项重要内容。

各级党政领导班子和有关领导干部应当将履行社会治安综合治理责任情况作为年度述职报告的重要内容。

第十一条　社会治安综合治理委员会成员单位每年应当对本单位本系统部署开展社会治安综合治理、推进平安建设的有关情况进行总结，对下一年度的工作作出安排，并报同级社会治安综合治理委员会。

下一级社会治安综合治理委员会每年应当向上一级社会治安综合治理委员会报告工作。

第十二条　各级党委、政府应当将社会治安综合治理纳入工作督促检查范围，适时组织开展专项督促检查。

加强对社会治安综合治理工作的宣传发动，广泛动员组织干部群众有序参与，推动社会治安综合治理各项决策部署落到实处。

第十三条　各级党委、政府应当建立健全社会治安综合治理考核评价制度机制，制定完善考核评价标准和指标体系，明确考核评价的内容、方法、程序。

第十四条　各级党委、政府应当将履行社会治安综合治理责任情况纳入领导班子和领导干部年度工作考核体系，强化考核评价结果运用，把社会治安综合治理工作实绩作为对领导班子和领导干部综合考核评价的重要内容，与业绩评定、职务晋升、奖励惩处等挂钩。

各级社会治安综合治理委员会及其办公室

应当建立健全社会治安综合治理工作实绩档案，把群众安全感满意度、平安建设重点工作推进落实情况以及是否发生严重影响社会稳定和治安秩序的重特大案(事)件等情况录入实绩档案。

各级组织人事部门在考察党政主要领导干部和社会治安综合治理分管领导干部实绩、进行提拔使用和晋职晋级时，应当了解和掌握相关领导干部抓社会治安综合治理工作的情况。

第十五条　旗县(市、区)级以上社会治安综合治理委员会及其办公室应当按照中央和自治区有关规定，加强与同级纪检监察机关、组织人事部门的协调配合，协同做好有关奖惩工作。

第四章　表彰奖励

第十六条　对社会治安综合治理工作成绩突出的地区、部门和单位的党政主要领导干部和分管领导干部，应当按照国家、自治区有关规定给予表彰和嘉奖。对受到嘉奖的领导干部，应当将有关材料存入本人档案。

第十七条　自治区社会治安综合治理委员会、自治区党委组织部、自治区人力资源和社会保障厅每四年开展一次全区社会治安综合治理先进集体、先进个人评选表彰工作。

第十八条　对受到表彰的全国、全区社会治安综合治理先进集体党政主要领导干部和分管领导干部，应当进行嘉奖。对受到表彰的全国社会治安综合治理先进工作者，应当落实省部级先进工作者和劳动模范待遇。对受到表彰的全区社会治安综合治理先进个人，应当给予一定物质奖励。

第十九条　对连续三次以上受到表彰的全区社会治安综合治理先进集体，由自治区社会治安综合治理委员会以适当形式予以表扬。

第二十条　各级社会治安综合治理委员会和组织人事部门要配合做好全国、全区社会治安综合治理先进集体、先进工作者的评选表彰工作。

第五章　责任督导和追究

第二十一条　各级党政领导班子、领导干部违反本细则或者未能正确履行本细则所列职责，有下列情形之一的，应当进行责任督导和追究：

(一)不重视社会治安综合治理和平安建设，相关工作措施落实不力，本地区本系统本单位基层基础工作薄弱，治安秩序严重混乱的；

(二)本地区本系统本单位在较短时间内连续发生重大刑事案件、群体性事件、公共安全事件的；

(三)本地区本系统本单位发生特别重大刑事案件、群体性事件、公共安全事件的；

(四)本地区本单位社会治安综合治理工作(平安建设)考核评价不合格、不达标的；

(五)对群众反映强烈的社会治安重点地区和突出公共安全、治安问题等，没有采取有效措施或者出现反弹的；

(六)因发生社会治安、公共安全等重大问题，连续两年列为自治区社会治安重点管理地区、单位，或者由自治区有关主管部门实行责任督导或追究的；

(七)各级党委、政府及社会治安综合治理委员会认为需要查究的其他事项。

第二十二条　对党政领导班子、领导干部进行责任督导和追究的方式包括：通报、约谈、挂牌督办、实施一票否决权制、引咎辞职、责令辞职、免职等。因违纪违法应当承担责任的，给予党纪政纪处分；构成犯罪的，依法追究刑事责任。

第二十三条　对具有本细则第二十一条所列情形的地区、单位，由相应旗县(市、区)级以上社会治安综合治理委员会办公室以书面形式进行通报，必要时由社会治安综合治理委员会进行通报，指出存在问题，限期进行整改。

第二十四条　对受到通报后仍未按期完成整改目标，或者具有本细则第二十一条所列情形且危害严重或者影响重大的地区、单位，由相应的上一级社会治安综合治理委员会办公室主任对其党政主要领导干部、社会治安综合治理工作分管领导干部和负有责任的其他领导班子成员进行约谈，必要时由社会治安综合治理委员会主任、副主任约谈，帮助分析原因，督促限期整改。

第二十五条　对受到约谈后仍未按期完成整改目标，或者具有本细则第二十一条所列情形且危害特别严重或者影响特别重大但尚不够实施一票否决权制的地区、单位，由相应的上一级社会治安综合治理委员会办公室挂牌督办，限期进行整改。必要时，可派驻工作组对挂牌督办地区、单位进行检查督办。

自治区社会治安综合治理委员会办公室每年从公共安全和治安问题相对突出的旗县(市、区)中,按照《内蒙古自治区社会治安重点地区排查整治工作规范(试行)》确定挂牌督办的重点整治地区、单位,加强监督管理。

对受到挂牌督办的地区、单位,在半年内取消该地区、单位评选综合性荣誉称号的资格和该地区、单位主要领导干部、主管领导干部、分管领导干部评先受奖、晋职晋级的资格。

第二十六条　对受到挂牌督办后仍未按期完成整改目标,或者有本细则第二十一条所列情形且危害特别严重或者影响特别重大的地区、单位,由相应的上一级社会治安综合治理委员会按照中央和自治区有关规定,商纪检监察、组织人事等部门共同研究决定实行一票否决权制。

第二十七条　对受到一票否决权制处理的地区、单位,在一年内取消该地区、单位评选综合性荣誉称号的资格,由组织人事部门按照有关权限和程序办理;取消该地区、单位主要领导干部、主管领导干部、分管领导干部评先受奖、晋职晋级的资格,由组织人事部门按照干部管理权限和程序办理,并会同社会治安综合治理委员会办公室向上级有关部门进行报告、备案。需要追究该地区、单位党政领导干部责任的,移送纪检监察机关依纪依法处理。

第二十八条　对中央驻区单位需要实行一票否决权制的,由自治区社会治安综合治理委员会向其主管单位和中央社会治安综合治理委员会提出书面建议。

对自治区驻盟市单位需要实行一票否决权制的,由盟市社会治安综合治理委员会向其主管单位和自治区社会治安综合治理委员会提出书面建议。

第二十九条　受到一票否决权制处理的地区、单位如有不同意见,可向作出否决决定的上一级社会治安综合治理委员会提请复查。受理复查的社会治安综合治理委员会应当在接到提请复查申请后30日内复查完毕,作出是否变更否决的决定。

复查期间,否决决定暂不执行。

第三十条　党政领导干部具有本细则第二十一条所列情形,应当进行问责的,按照中央和自治区党委有关党内法规处理。

第六章　附　则

第三十一条　本细则的解释办理工作由自治区社会治安综合治理委员会负责。

第三十二条　本细则自印发之日起施行。

内蒙古自治区通辽市库伦旗
做实做细网格化服务管理工作

近年来,通辽市库伦旗为强化县域基层社会治理,着力从实际出发,在重大难题破解、重要制度机制建设和矛盾风险预测预警预防等方面进行了大胆探索和实践,形成了具有推广意义的网格化服务管理体系。

一、加强领导,组织保障,三级联动建网格

旗委政府高度重视网格化管理工作,切实加强组织领导,建立了"金字塔"型的三级管理模式:旗里成立了由政法委书记任组长、相关职能部门主要领导为成员的领导小组,旗综治办负责全旗网格化服务管理的建章立制、信息处理、动态监控等工作;各苏木乡镇(街道)党委副书记负责统筹协调辖区内网格化服务管理日常工作;嘎查村(社区)由支部书记、主任为网格建设的第一责任人,负责上下协调,组织网格员开展工作;形成了党政统一领导,综治部门牵头,相关职能部门参与的工作体系,将"人、地、物、事、组织"全部纳入网格统一管理,让惠民服务在网内提供,涉民问题在格内解决,构成了多部门联动、统筹协调、资源共享、互为支撑的网格化服务管理格局。同时,旗委政府加大资金投入力度,提高平安建设经费标准,把网格员奖励工资纳入了旗财政预算,为网格化建设提供资金保障。

二、改革引领,因情施策,以奖代补活网格

按照"规模适度、无缝覆盖、动态调整"的原则,库伦旗根据各地经济类型特点和"南山北沙"的地貌特征、自然条件差距较大的实际,创造性地开展了网格化管理工作,形成三种模式:南部山区,以自然屯、小组为单位布局定格,在村级层面设"网格长",形成网格"骨架";北部沙区,在自然屯、小组的基础上纳户代表进网格,织密网格"网眼";城关社区以党建为基础,按片区划分网格,支部书记为网格长,推行在职的机关党员入网,做好"导向标"。目前全旗 10 个苏木乡镇(场、街道)187 个嘎查村,共划分 646 个网格,配备 1479 名网格员,实现了网格化服务管理全覆盖。

为了提升网格化效能,在网格员的选任上,库伦旗把嘎查村两委成员、信访明白人、村民代表、老党员、已卸任两委成员、妇女代表选为网格员,确立了其"一员多能、一岗多责"的工作职责。网格员兼具了安全联防员、信访代言人、矛盾纠纷调解员、宣传员、党建工作推进员、党风廉政建设监督员、环保卫生监督员等职责。让网格员真正成了本网格的"活户籍、活档案、活地图",对网格员提出"七清六必报"等要求。七清,即"户籍人口清、涉法人员清、从业人员清、出租房屋清、巷路门牌清、公共设施清、防控责任清";六必报,即"安全事件必报、流动居住必报、设施损坏必报、居民诉求必报、舆情信息必报、私搭乱建必报",实现了网格服务管理的全覆盖。

为调动网格员工作积极性,库伦旗实行了"以奖代补"的激励机制,出台了监督考评和奖励办法,设立网格员奖励工资专用账户,按季度由乡镇综治办牵头组织相关站所开展一次对网格员的综合考评,实行每季度一总结、一培训、一兑现。2016 年,发放奖励工资 80 万元。

三、健全机制,夯实基础,信息畅通固网格

为了规范网格员工作,库伦旗制定完善了网格员定期走访、挂牌上岗、日常联系、服务登记、限时办结、首问责任等工作制度,要求网格员坚持记录民情日记,做到"日走访、日排查、日报告,周例会、周学习、周反馈"。同时,健全完善了相关管理机制,出台了《库伦旗网格化建设和网格员管理办法》《库伦旗网格员培训办法》《库伦旗网格员监督考评办法》和《库伦旗网格员奖励办法》等一系列监督考评办法。

同时,进一步完善工作流程:网格员对分管网格实行巡查,发现问题立即上报嘎查村(社区)综治站;嘎查村(社区)综治工作站对信息进行甄别、立案建档、处理、结案,对不能处理的事项逐级上报至镇(街道)、旗级综治工作中心;镇(街道)、旗级综治工作中心根据问题归属协调相关职能部门进行处理,从而达到早发现、早处置,小事不出村、大事不出乡镇,维护基层社会和谐稳定的目的。2016 年,网格员共入户走访 37580 余次,填写民情日记 25367 篇,化解社会矛盾 1284 件,发现安全隐患 968 件。

为保证信息畅通,库伦旗建立了旗、乡、村三级网格员微信群。村级微信群由网格长任管理员,将网格员和辖区居民群众纳入群中,建立"村民群",宣传法律法规和惠民政策,收集和掌握倾向性、苗头性矛盾隐患。目前全旗已建立 196 个村级微信群,人数达 16000 余人。乡级微信群由当地党委副书记任管理员,将综治办、派出所、司法所、法庭、信访及嘎查村社区书记、主任和网格员纳入其中。通过建立微信群,加强了网格员之间的信息沟通,群内网格员每天向乡镇综治办有事报事,无事报平安,乡镇微信管理员向旗级平台汇总上报信息,急事急报、专事专报。旗级微信群由综治办主任任管理员,将各苏木镇(场)党委书记、分管副书记、综治办主任、司法所所长、派出所所长、信访办主任及旗综治成员单位负责人纳入微信群中。旗综治中心负责进行信息比对,按照民生问题、热点问题、涉稳隐患问题、敏感问题、需求诉求问题五大类进行统计分析并及时通报给相关部门,做到社情民意"早知道、早化解"。2016 年,网格员通过微信上报各类信息 3.3 万余条。

四、综治协调,部门互动,共建共享实网格

在旗综治部门的协调推动下,旗相关部门互动参与,整合利用网格员资源,实现了上面"千条线”与基层“一张网”的有效对接，让各个职能部门都拥有了“千里眼”“顺风耳”。

各部门依托网格化建设不断强化社会服务功能，及时宣传法律法规、惠民政策，有效解决了服务群众“最后一公里”问题。比如，旗气象局通过网格群及时发布蒙汉双语气象灾害预警和土壤墒情报告等便民服务信息。在深化服务民生中，旗纪检、食药监、安监、国土、林业、环保、气象、反恐、交警、消防、草原监理站等相关部门互动参与，整合利用网格员资源，延伸了工作触角，对网格员报告的公共安全、社会治安、民生等领域的隐患和问题及时采取措施化解处置，构成了多部门联动、统筹协调、资源共享、互为支撑的网格化服务管理新格局。

（撰稿人：郑佳玫　那娜
审稿人：李瑛玲　郭书妤）

辽 宁 省

2016 年综治工作概况

2016 年,辽宁省各级综治部门深入学习和坚决贯彻党的十八届三中、四中、五中、六中全会和习近平总书记系列重要讲话精神、中央和省委政法工作会议精神、全国社会治安综合治理创新工作会议和全省政法综治工作会议精神,认真贯彻落实省委关于平安辽宁建设的重要批示和工作部署,紧紧围绕“五位一体”总体布局和“四个全面”战略布局,全面落实“五大发展理念”和“四个着力”要求,以实现社会治理体系和治理能力现代化为目标,以“防风险、控危机、处事件”为总要求,坚持系统治理、依法治理、综合治理、源头治理,着力“防控风险、服务发展”,着力“破解难题、补齐短板”。坚持统筹规划,全面加强创新社会治理基础性制度建设;坚持创新驱动,全力打造立体化社会治安防控体系建设“升级版”;坚持问题导向,着力创新和完善多元化矛盾纠纷化解体系;坚持做实基层,着力加强综治中心建设和推进网格化管理,切实肩负起了促一方发展、保一方平安的政治责任,有效维护了全省社会大局的安全稳定,圆满完成了全年的各项工作任务。

一、加强统筹规划,注重制度建设,积极构建“大平安”工作格局

一是注重顶层设计,周密安排部署工作。2016 年 3 月 30 日,组织召开全省综治办主任视频会议,总结 2015 年平安辽宁建设工作,深刻分析全省平安建设和社会稳定面临的形势,研究部署 2016 年推进平安辽宁建设任务。7 月 20 日,组织召开平安辽宁建设电视电话会议,会议总结 2015 年平安辽宁建设和社会治安综合治理工作所取得的成绩,表彰先进,交流经验,全面部署了 2016 年平安辽宁建设工作,确保中央和省委的各项决策部署真正落地落实。10 月 14 日,组织召开全省政法综治工作会议,传达学习了全国社会治安综合治理创新工作会议精神,对全省深入推进社会治理创新和平安建设进行安排部署。会议为着力解决制约社会治理创新的难点问题、推进社会治理创新的责任落实到位明确了目标,指明了方向。11 月 4 日,组织召开全省各市综治办主任会议。会议向各市进一步传达学习全国社会治安综合治理创新工作会议和全省政法综治工作会议的总体要求。

二是开展综治考评,注重示范引领作用。为表彰先进,发扬成绩,树立平安建设典型,实行示范引领。综治办认真组织召开平安辽宁建设考评工作会议和多次专门会议,认真研究、反复完善考评工作方案,把握考评基本原则和考核评定标准,及时组成考核评价领导小组,布置各成员单位考核评分等相关工作,落实责任,形成工作合力。在做了录入、统计、核分等大量细致的工作后,对全省的相关考评数据进行了汇总核定。经五部委审议议定,授予沈阳市等 14 个市为“2015 年度平安辽宁建设先进市”,授予沈阳铁路局和辽河油田公司为“2015 年度平安辽宁建设先进单位”,授予沈阳市和平区等 34 个县(市、区)为“2015 年度省级平安示范县(市、区)”,授予沈阳市铁西区等 64 个县(市、区)为“2015 年度省级平安县(市、区)”,授予沈阳市沈河区等 71 个县(市、区)为“2015 年度省级平安铁路县(市、区)”,授予沈阳市皇姑区明廉特色商业区(街道)等 108 个单位为“2015 年度省级基层平安示范单位”,授予省纪委(监察厅)等 60 个单位为“2015 年度省综治委先进成员单位”。

三是健全完善制度,保障工作落实到位。通过制定完善相关文件规定,让全省综治工作有标准、有方向、有抓手。省综治办先后下发了《关于积极推进全省社会治安防控体系建设信息资源合作共享互联互通工作的通知》《关于开展“网格化服务管理推进年”活动实施方案》《辽宁省综治委铁路治安联防专职护路队伍管理暂行办法》《关于进一步加强全省综治干部教育培训工作的通知》《辽宁省实施以奖代补政策落实严重精神障碍患者监护责任的暂行办法》《关于进一步做好护路联防工作确保高速铁路安全畅通的实施意见》《辽宁省加强公共安全视频监控建设联网应用工作实施方案(2016—2020年)》《辽宁省健全落实社会治安综合治理领导责任制实施办法》《辽宁省关于完善矛盾纠纷多元化解机制的责任分工方案》《关于开展基层平安创建活动的实施意见》《关于加强婚姻家庭纠纷人民调解工作的意见》等文件。各项制度的不断完善,明确了2016年平安辽宁建设各项工作的主要任务和具体工作措施,推动了工作具体化、系统化、指标化,有针对性地解决实际问题,确保了省委、省政府和省综治委各项要求部署落实到位。同时,省综治办积极推进全省综治条例的立法修订工作,成立了综治条例立法修订工作小组,召开了立法工作推进会议,与辽宁大学法学院协商拟订了修订工作委托合同,草拟出了《辽宁省社会治安综合治安条例》(修订草案)。

四是举办综治培训班,提高政治和业务素质。省综治办于2016年9月12日至14日举办了2016年度全省综治干部培训班。培训主要采取集中住宿、封闭式管理教学形式。主要任务是深入学习领会习近平总书记系列重要讲话精神,全面贯彻落实中央和省委关于平安建设的决策部署。培训对象为全省各市政法委副书记、综治办主任、各市综治办综合处(科)长、各县(市、区)政法委副书记、综治办主任及省综治办全体同志,共计150人。培训班紧密结合当前综治工作新任务、新要求,特邀北京、浙江以及省委党校的专家和教授讲授了《枫桥经验与基层多元化矛盾纠纷排查化解》《新形势下社会治安综合治理领导责任制的落实、考核与责任追究》《社会治安防控工作中的大数据应用》等课程。全体参训学员通过培训统一了思想,鼓足了干劲,厘清了思路,明确了目标,取得了良好成效。

五是组织考察调研,开拓工作思路。按照省综治委工作安排,经省委批准,11月27日至11月30日,由省委政法委、省综治办、省维稳办、省公安厅、鞍山市委政法委、盘锦市委政法委、辽宁大学法学院组成联合学习考察组,赴贵州、四川、江西三省学习“大数据”应用、综治中心和网格化建设、综治领导责任制落实、综治法治化建设等相关先进工作经验。学习考察组先后实地考察了多个基层单位和部门,并与三个省有关部门的相关领导开展了座谈交流。真正把各先进地区的情况了解清楚,把能够适应辽宁工作实际的经验学习到位,把这次学习考察活动与维护稳定、防控风险、服务发展的大局结合起来,与综治基层基础标准化、规范化建设和立体化社会治安防控体系建设的工作实际结合起来,与全省修订《辽宁省社会治安综合治理条例》的进度安排结合起来。通过严谨细致的学习考察,真正认清全省在大数据应用、基层基础建设、治安防控体系、法治建设与应用等几大方面与先进省份存在的差距和短板。

二、推进转型升级,开展专项整治,确保社会治安防控形势持续向好

一是整体推进,深入开展社会治安防控体系建设工作。按照中央和省委的工作要求,推进“大连经验”转化提升,协调综治委有关成员单位以省公安厅指挥中心系统为中枢,建立起了多警种合成作战的“大指挥”格局,完成了省、市、县三级公安视频专网建设及视频监控平台联网工作,公共区域高清视频监控点位编织的“天网”基本覆盖全省重点区域和重点部位。整合社会面视频监控摄像头,有效扩充了公共安全视频防控网的覆盖范围。联合省人大视察大连、营口、锦州、盘锦等地的防控体系建设工作,进一步推动防控体系建设的深入开展。加快推进全省公共安全视频监控建设联网应用工作,下发了《关于积极推进全省社会治安防控体系建设信息资源合作共享互联互通工作的通知》,为扎实推进全省社会治安防控体系建设信息资源合作共享互联互通工作,切实提升全省立体化社会治安防控体系整体效能,提供了政策依据。成立了全省公共安全视频监控建设联网应用工作厅际协调组,制定下发了《辽宁省加强公共安全视频监控建设联网应用工作实施方案(2016—2020年)》,对全省未来5年视频监控建设联网应用的方向、标准进行了规划,规范了各综治委成员单位的责任和义务。截至目前,已经有 30 家省直单位签署了共享合作协议,有 17 家单位通过在线共享、定期共享、信息查询等方式完成了数据交换共享工作。全省已实现重点区域和部位视频监控的基本覆盖,农村行政村出入口视频覆盖率实现了跨越式发展。

二是加大力度,深入推进社会治安重点地区和突出治安问题排查整治。按照中央和省委工作要求,深入推进社会治安重点地区的综合治理,全面掌握各地排查情况和整治效果。全省各级政法综治部门强化组织领导,明确工作任务,周密制定方案,落实工作措施,认真履行职责,建立了党委政府领导、政法综治协调、公安力量为主、相关部门协同、广大群众参与的排查整治工作机制。2016 年,全省各级综治组织始终坚持从人民群众最关注、反映最强烈的问题入手,从维护稳定最关键、最核心的问题抓起,从防范控制最基本、最有效的手段做起,按照突出重点、关注热点、整治难点、消除险点的工作要求,全省各级政法综治部门组织重点地区进行排查整治。严格落实责任查究,对问题严重、群众反映突出的地区,实施挂牌整治。对全省存在突出问题的重点地区进行挂牌整治,并要求限期整改。协调组织在全省营业性爆破作业单位全面推广爆炸物品全封闭管控模式建设,重点推广了爆破作业智能管理平台,实现了对爆炸物品全环节的有效管控,摸清了全省生产、销售管制刀具、弩企业底数,并持续强化枪支弹药、爆炸物品、管制刀具、剧毒危险品等物品的管理力度。

三是打防并举,深化开展各类违法犯罪专项治理工作。省综治委通过对各地区命案专项治理工作采取定期通报的方式,加大对命案专项治理工作的宏观指导,采取对当月命案发案数超过 3 起或发生一案死亡 3 人以上县(市、区)的主要领导下达综治责任督察书的方式,加大命案专项治理的领导责任制落实力度;通过采取防控体系建设、矛盾纠纷排查、重点人群管控、严打整治等方式,加大命案的源头治理工作,下达《全省命案专项治理工作情况通报》和命案《综治责任督察书》。在全省各级政法综治部门的共同努力下,全省命案发案数仍持续递减,社会秩序持续向好,群众安全感逐年提高。加强对“盗抢骗”“黑广播”违法犯罪整治工作。按照中央的统一部署,2016 年 8 月,省综治办与省公安厅等部门共同组织了为期一个月的开展严打“盗抢骗以及电信网络新型违法犯罪”宣传月活动,深入宣传打击“盗抢骗”以及电信诈骗违法犯罪,在维护社会治安、保障人民安居乐业等工作中发挥了重要作用,进一步增进人民群众对党和政府工作的理解和支持。坚持问题导向,对工作中发现的鞍山市生产、销售的“黑广播”问题开展了重点整治,集中整治了一批违规生产、销售“黑广播”设备的企业,清理了一批生产、销售“黑广播”设备黑窝点,封堵了其网上销售渠道,打处了一批违法犯罪嫌疑人员。同时,省综治委组织各地区各部门先后开展了集中开展严厉打击毒品犯罪专项行动;继续深化开展了打击侵财犯罪、经济犯罪等专项斗争;持续开展了严厉打击个人极端暴力犯罪、严重刑事犯罪、打黑除恶、治爆缉枪、反拐等专项斗争;继续深入开展打击涉网、涉伪基站等违法犯罪专项行动;开展打击新闻敲诈和假新闻专项行动。在打击行动中,坚持“什么犯罪突出就打击什么犯罪,什么方式有效就选择什么方式”,坚持“既破大案,又管小案”的原则,提高破案率。推动打击工作沿着“打防结合”的良性轨道发展。特别在杭州 G20 峰会、国庆等敏感节点,在全省范围内特别是社会治安重点地区,开展了一系列治安突出问题统一清查整治等专项行动,对侵占群众利益、欺压百姓的村霸、乡霸,涉足民生领域、强占各类市场的市霸、行霸,以及非法放贷、暴力讨债等新型犯罪活动进行整治打击,有效地解决了影响社会稳定的突出问题。各类案件与 2015 年同比大幅下降,为深化平安辽宁建设营造了和谐稳定的社会环境。

四是强化协作,加强公共安全领域专项整治工作。省综治办积极协调专项整治各成员单位,持续推进寄递物流、专项整治工作向纵深发展,狠抓安全生产主体责任的落实,加大属地监管力度,针对寄递物流企业人员密集场所的特种设备,尤其是电梯进行了重点检查,对发现的问题和隐患,及时依法提出处理意见,并责令相关部门和企业限期整改。强化公共安全管理,在消防、交通、安全生产等公共安全重点行业和领域开展安全大检查,及时发现和整改各类安全隐患。一年来,省综治委先后开展了加强全省剧毒、易制爆危险化学品从业单位摸底排查、公路隧道安全隐患、公路事故易发重点路段排查以及铁路沿线危爆品清查等一系列专项排查整治工作；组织开展了“道路运输平安年”和“铁路道口安全生产月”活动；在关乎人民生命财产安全的重点领域、重点企业、重点行业开展重大火灾隐患集中整治、校园及周边社会治安隐患专项整治、重点油气田专项整治，打击、防范盗窃破坏石油天然气和电力电信广播电视设施违法犯罪等一系列专项行动，对涉及广大人民群众切身利益的现实矛盾和问题进行依法处置，对危及人身安全、扰乱社会秩序的违法违纪行为从重从快处理，有效地减少和遏制了安全生产事故的发生。各级综治组织进一步开展了以出租房屋、流动人口清理和娱乐场所等为重点的集中整顿和治理，加大了对枪支、弹药、管制刀具和民爆、剧毒、放射性物品等危险物品的安全监管力度。深化打击侵犯知识产权和制售假冒伪劣商品专项行动；深入开展无传销创新活动；加大无证无照经营清理力度，不断规范市场秩序。通过采取一系列有效措施，强化公共安全监管、排查整治，消除了各类安全隐患，群众的安全感和满意度大幅提升。

三、坚持问题导向，落实稳控责任，矛盾纠纷多元化解体系不断健全完善

一是贯彻完善矛盾纠纷多元化解机制。根据省委领导批示精神和工作要求，按照中央《关于完善矛盾纠纷多元化解机制的意见》文件精神，将中央确定的一系列制度安排、责任部门、工作举措，分项、具体地加以明确，对建立健全有机衔接、协调联动、高效便捷的矛盾纠纷多元化解机制进行了全面、细化的责任分工，起草了《辽宁省关于完善矛盾纠纷多元化解机制的责任分工方案（征求意见稿）》。先后送省综治委69个成员单位和14个市广泛征求意见，共吸纳各方意见建议40余条，对征求意见稿23处进行了修改，经反复研究修改，最终形成《分工方案》审议稿。2016年5月19日，《分工方案》已经省委改革领导小组第15次会议审议通过。2016年7月10日，《分工方案》正式以两办名义印发各市及省直各部门。文件印发后快速开展工作，对相关责任单位下发通知，要求结合部门职责，制定具体落实方案，逐项细化具体措施，确保矛盾纠纷多元化解机制建设不断完善和深入。

二是组织开展排查化解专项行动。针对年中一次性死亡3人以上命案多发的问题，经省综治委领导同意，从8月开始在全省开展矛盾纠纷“大排查、大调解”专项行动，要求各地各部门紧紧围绕人民群众最关心、最迫切希望解决的具体问题，排查一批风险隐患，解决一批实际问题，化解一批矛盾纠纷，最大限度增加和谐因素，最大限度地减少不和谐因素，确保人民安居乐业、社会大局安定有序。专项活动开展以来，各地各部门积极参与到专项活动中来，未发生新增一次性死亡3人以上命案，取得了良好的效果和极大的社会反响。《辽宁法制报》等媒体以专版的形式，对活动进行了宣传报道。

三是妥善化解各领域矛盾纠纷。定期召开矛盾纠纷协调会议，及时掌握工作形势。坚持每月对矛盾纠纷排查化解工作进行研判，认真梳理排查出的25类矛盾纠纷，深入研判可能引发不稳定因素的重大、复杂矛盾纠纷，结合工作实际，提出具体工作建议。联合省维稳办、省信访局、省人社厅、省环保厅、省教育厅、省金融办等部门，以扼制非法集资、化解环保领域矛盾纠纷、降低企业下岗失业劳资纠纷风险、妥善解决高校毕业生就业等重点领域矛盾纠纷为重点，深入分析研判全省平安建设推进过程中遇到的困难和问题，提出具体工作建议，以综治委文件的形式报中央综治办和省委，为中央和省委决策服务。推进医疗卫生纠纷领域立法，推进平安医院创建，多次与省卫计委等部门沟通协调，推进全省医疗纠纷立法工作，召集省公安厅、省司法厅、省卫计委、省保监局等五家单位，召开工作推进会议。起草《辽宁省医疗纠纷预防与处理办法》，为深化“平安医院”创建、构建和谐医患关系、依法维护医疗秩序，提供政策依据和工作保障。

四、健全责任体系，发挥综治优势，基层基础工作得到有力夯实

一是进一步健全落实综治领导责任制。专门下发通知，要求各级各有关部门坚决贯彻落实中央《健全落实社会治安综合治理领导责任制规定》（以下简称《规定》）文件精神，省综治办全力开展跟踪督办，督促各地区各有关部门抓实综治责任制落地落实。全省各级党委、政府和有关部门高度重视，积极开展专题学习并进行专门研究部署，结合本地区和部门实际，认真做好《规定》的细化实施工作。省综治办组织专门人员起草《辽宁省健全落实社会治安综合治理领导责任制实施办法(征求意见稿)》，先后送省综治委成员单位和14个市广泛征求意见，共吸纳各方意见建议24条，在反复研究、认真吸纳和修改完善后，以省委“两办”名义印发了《辽宁省健全落实社会治安综合治理领导责任制实施办法》(以下简称《实施办法》)。《辽宁法制报》也对全省《实施办法》进行全文刊登，并配发了解读文章，《实施办法》在全省各级各部门引起强烈反响，在广大人民群众中深入人心。2016年初，按照《辽宁省社会治安综合治理五部委约谈办法》，综治办严格落实综治领导责任制，启动了约谈工作机制。以省委政法委、省综治办、省维稳办、省联席办名义，相继约谈了国资委等6个省直部门的分管领导，以及全省14个市的综治办主任、7个县(市、区)党委主要负责人和所辖的20多家大型企业(去产能企业)，开展了提示性、预警性、建议性约谈。

二是组织开展“网格化服务管理推进年”活动。制定下发《关于开展“网格化服务管理推进年”活动的实施方案》，此次活动是“网格化服务管理建设年”活动的延续和发展，通过连续两年的建设和推进工作，实现全省网格化服务管理100%全覆盖的总目标，建立健全统筹城乡的网格化管理体系、广泛多层的社会化服务体系、联通共享的信息化支撑体系，努力实现社情全摸清、风险全掌控、矛盾全化解、服务全方位的“四全”工作目标，进一步提升全省综治基层基础建设的法治化、科学化、规范化水平。目前，全省共划分网格72845个，共聘用网格员325784人，基本实现全覆盖。

三是积极推进全省综治信息化和综治视频监控联网建设。围绕资源联动融合，采取政府购买服务方式，3月底由省联通公司出资建成了省综治中心。4月下旬召开全省调度会议，提出了年度目标，部署了重点工作。稳步推进综治视联网建设。目前，按照中央要求，省综治中心已实现平安辽宁信息系统与综治视联网系统的整合目标。9月，编制的《辽宁省综治视联网一期建设项目可行性研究报告》和《辽宁省综治视联网一期建设项目建议书》(以下简称《项目建议书》)正式批准通过，全省综治视联网建设全面启动。按照中央综治办统筹规划，我们根据《项目建议书》要求，制定了《辽宁省社会治安综合治理视联网建设方案》，提出综治视联网建设的总体思路。比照中央做法，按照现行财政管理体制要求，开展政府集中采购，我们遴选出省联通公司、省移动公司作为综治视联网组网运营商，由他们分别组建两条并行运行网络，两条网络通过省综治视联网平台汇接。12月10日前完成省本级平台搭建。

四是认真做好特殊人群、流动人口和重点青少年的救治救助工作。社区矫正场所建设稳步推进。全省已有76个地区完成社区矫正管理教育中心建设。监管信息化水平有显著提升。社区矫正经费保障有了新的突破。省财政厅与司法厅联合出台了《关于进一步加强社区矫正经费保障工作的意见》，进一步加强了全省社区矫正经费保障能力。阳光工程基地进一步扩大。全省创建实体或企业过渡性安置基地，有效解决了刑满释放人员在过渡期内收入无来源、生活无着落的问题。全省戒毒场所严格执行强戒人员收治动态报告制度，对社区涉毒人员和吸毒人员进行登记建档，成立志愿者队伍，为戒毒康复人员提供志愿服务。大力加强艾滋病防治工作。进一步优化了自愿咨询监测点设置，继续扩大抗病毒治疗范围，加大了防控干预力度，努力降低新发感染率，不断改进医疗服务，进一步提高了艾滋病患者救治水平。协调推进对重点青少年群体服务管理工作。积极查找隐患源头，对重点青少年群体存在的隐患风险进行深入评估。省预青专项组开展了全省大调研工作，以重点青少年群体最关心、最直接、最现实的利益问题为研究重点，形成《省综治委预防青少年犯罪专项组风险评估及防控安排》报告。做好重点青少年群体服务管理和预防犯罪第三批县区推开工作。深入实施预防青少年违法犯罪“关护计划”，针对重点青少年群体开展服务管理和预防犯罪工作，开展特殊青少年群体的帮教活动。以服刑人员未成年子女和农村留守儿童为重点，开展了维权、自护、法治为主要内容的普法教育工作。发挥辽西北计划社工专项志愿者、基层团干部、青教专干等人员作用，开展不良行为青少年的行为干预和法治教育转化工作。

辽宁省综治委关于认真学习贯彻《健全落实社会治安综合治理领导责任制规定》的通知

（2016 年 4 月 13 日）

各市（沈阳铁路局、辽河油田公司）社会治安综合治理委员会，省综治委各成员单位：

近日，中共中央办公厅、国务院办公厅印发了《健全落实社会治安综合治理领导责任制规定》（以下简称《规定》），对新时期健全落实综治领导责任制提出了明确要求。这是深入推进综治工作和平安建设，切实保证党中央、国务院关于社会治安综合治理决策部署得到真正贯彻落实的纲领性文件。现就认真学习贯彻《规定》，进一步加强和改进全省综治工作通知如下。

一、提高思想认识，深刻理解《规定》的重大意义

党中央、国务院专门就健全落实社会治安综合治理领导责任制作出规定，是我国综治工作和平安建设中的一件大事，是做好今后一个时期综治工作的重要保障。《规定》从全面推进平安中国建设，确保人民安居乐业、社会安定有序、国家长治久安的高度，深刻阐明了综治领导责任制的适用范围、指导思想和原则目标，进一步明确了综治领导责任制的责任内容，就督促检查、表彰奖励、责任督导和追究等工作措施作出了一系列重要规定，体现了法治思维和法治方式的客观要求，反映了紧紧围绕“四个全面”战略布局、牢牢坚持“五大发展理念”的时代特征。《规定》将综治领导责任制上升为党内法规的形式予以明确，进一步阐明了综治领导责任制的责任主体和责任内容，规范了追责情形和方式，划出了硬杠杠，设定了硬程序，为综治领导责任制的真正落实提供了更强有力的政策法规依据，是科学做好综治工作的重要抓手和有效载体。各地区、各部门要充分认识《规定》颁布的现实意义和深远的历史意义，切实提高思想认识，深刻理解和领会《规定》的内涵和要义，一以贯之地抓好贯彻落实。

二、认真组织学习，把思想和行动统一到《规定》精神上来

各级党委、政府和有关部门要将学习、贯彻和落实好《规定》作为当前的一项重大的政治责任，纳入本地区、本部门工作的重要议事日程，作出具体安排部署，确保抓紧抓好。要把学习《规定》与正在开展的“两学一做”学习教育结合起来，与贯彻落实中央和省委会议精神结合起来，将《规定》的学习纳入各级党校、行政部门的教育培训内容，使党政领导干部全面掌握、深刻理解《规定》的精神教育实质，准确把握中央对健全落实社会治安综合治理领导责任制的要求。各级综治部门要认真研究新形势、新任务对综治工作领导责任制的新要求、新定位，加大业务学习培训力度，将《规定》的内容作为全体综治干部应知应会的重要业务，通过考试、抽查、实践应用等方式，真正做到熟知、熟练、熟用，贯彻执行坚决有力。

三、结合工作实际，认真做好《规定》的细化实施工作

各级党委、政府和综治委要高度重视健全完善综治领导责任制工作，切实加强组织领导，经常指挥调度，听取工作汇报，研究制定工作规划，充分发挥统揽全局、协调各方的作用，为综治部门依法履行职责创造条件。各级综治部门要进一步强化综治工作的法定职能，创新创造，形成合理的顶层设计、科学的工作布局。省综治办将对《规定》的有关条款进行具体的细化、量化和解释，有关内容将随后制定出台。各地、各部门也要充分发挥社会治安综合治理工作的体制机制优势，结合本地区、本部门的实际情况，建立起一整套的社会治安综合治理领导责任制的责任体系和奖惩工作制度，使《规定》在贯彻实施中有新突破、新完善、新特色。

四、围绕中心工作，充分运用好领导责任制体系

各地区、各部门要紧紧抓住领导干部这个“关键少数”，贯彻落实并应用好综治领导责任制，积极协调解决制约综治工作和平安建设发展的体制性、机制性、保障性问题，推动社会治安综合治理和平安建设各项工作创新发展。尤其是当前要坚决贯彻落实好省委、省政府对做好防控风险工作的决策部署和李希书记有关重要批示精神，做好对重点领域、重点行业、重点群体的风险防范工作，定期对问题突出的地区和部门实行通报、约谈、挂牌督办、一票否决权制等责任督导和追究方式，督促有关地区和企业党政主要负责人落实属地责任，确保社会大局安全稳定。

五、强化组织领导，加强督查考评工作机制建设

各级综治部门要始终以层层签订的综治及平安建设责任书为抓手，坚持逐级考评机制，充分运用领导责任制，将综治工作纳入总体绩效考核体系中，并赋予重要权重。要进一步明确基层、行业、系统平安建设标准，实施日常记实考评、暗访考评、专项考评、年终考评“四位一体”的考评工作体系。要坚持考评结果运用，各级组织人事等部门在评先选优、干部提拔使用、晋职晋级中，要认真贯彻执行书面征求综治委意见的规定，严格落实综治领导责任制。要坚持奖惩兑现，大力表彰奖励真抓实干、社会治安综合治理工作成绩突出的地方、部门和单位及其领导干部，宣传他们的先进事迹和典型经验，对受到通报、约谈、挂牌督办、一票否决权制处理的地区、单位，要坚决按照中央规定给予严肃处理。

各地区、各部门要将贯彻落实《规定》的具体工作情况形成文字材料，及时报送省综治办。

辽宁省健全落实综治领导责任制

2016 年 2 月，中共中央办公厅、国务院办公厅印发了《健全落实社会治安综合治理领导责任制规定》，第一次将综治领导责任制上升到党内法规的高度，对新时期健全落实综治领导责任制提出了明确要求。这是党中央、国务院第一次将综治领导责任制上升为党内法规的形式予以明确，是深入推进综治和平安建设，切实保证中央关于社会治安综合治理决策部署贯彻落实的纲领性文件。

一是提高认识，重视到位。在中央两办《健全落实社会治安综合治理领导责任制规定》（以下简称《规定》）下发后，辽宁省充分认识到实施综治领导责任制是严格执行党规党法的具体表现形式，省委、省政府第一时间召开常委会，省委领导作出“深入贯彻好、全力应用好”的重要贯彻批示意见，全省各级党委、政府和有关部门都进行了专题学习和研究部署。省综治委组织召开全省综治办主任工作会议，会上专门学习传达了《规定》，明确指出“紧紧抓住领导干部这个关键少数，深入贯彻落实好、全力应用使用好综治领导责任制应成为各级综治部门义不容辞的责任和 2016 年综治工作的重中之重”。要求各级党委、政府和综治部门要认真学习、深刻领会中央文件精神，把加强社会治安综合治理领导责任制作为当前一项十分重要而紧迫的任务来抓，努力实现新突破，取得新成效。省综治办专门召开工作会议，认真学习传达中央文件精神，研究贯彻落实工作措施，开展强力跟踪督办，与实施《中国共产党问责条例》和辽宁省绩效考核工作紧密结合，紧紧盯住领导干部这个“关键少数”，在全省党政主要领导中真正形成责任意识，形成一整套综合反映各地区各单位各部门主要领导干部抓实综治工作的考评问责体系，坚决落实主体责任，为全面贯彻落实中央文件精神，敦促各级党委政府保一方平安提供坚强有力的“尚方宝剑”。

二是积极响应，解读到位。为使辽宁省健全落实社会治安综合治理领导责任制工作切实取得成效，省综治委就认真学习贯彻《规定》，进一步加强和改进全省综治工作，制定并下发了《关于认真学习贯彻〈健全落实社会治安综合治理领导责任制规定〉的通知》。要求全省各地区各部门各单位提高思想认识，深刻理解《规定》的重大意义；认真组织学习，把思想和行动统一到《规定》精神上来；结合工作实际，认真做好《规定》的细化实施工作；围绕中心工作，坚持充分运用领导责任制体系；强化组织领导，加强督查考评的工作机制建设。同时，辽宁积极响应中央综治办的工作部署，组织精干力量，开展调查研究，紧密结合辽宁实际，于7月11日以辽宁省委办公厅、省政府办公厅文件形式制定印发了《辽宁省健全落实社会治安综合治理领导责任制实施办法》（以下简称《实施办法》），进一步完善了责任内容，细化了工作措施，在贯彻执行综治领导责任制上迈出了关键步伐。在省综治委举办的全省综治干部培训班上，省委政法委就贯彻执行综治领导责任制作出具体部署，提出明确要求，省综治委也以此为专题邀请知名专家进行了讲解授课。把学习《规定》与正在开展的“两学一做”学习教育结合起来，与贯彻落实中央和省委会议精神结合起来，使全省综治干部全面掌握、深刻理解《规定》的精神实质，准确把握中央对健全落实综治领导责任制的要求，将《规定》的内容作为全体综治干部应知应会的重要业务，通过考试、抽查等方式，真正做到熟知、熟练、熟用，贯彻执行坚决有力。

三是迅速行动，落实到位。省综治办协调指导各地区各部门各单位充分发挥社会治安综合治理工作的体制机制优势，结合本地区本部门本单位的实际情况，建立起完善配套的责任体系和奖惩工作制度，使《规定》的贯彻实施有新突破、新完善、新特色。目前，全省14个市全部制定了《健全落实社会治安综合治理领导责任制实施细则》。动员千遍不如问责一次。辽宁紧扣工作主题，围绕专项工作，坚持从严从实抓好综治领导责任制的贯彻执行，将其作为平安辽宁建设“四位一体”考核评价体系的重要内容，定期对存在突出问题的地区、部门和单位严肃进行问责处理，切实让综治领导责任制发挥效能。2016年以来，辽宁省对问题突出的重点地区下达警示通报3个，挂牌督办3个，直接向县（市、区）委书记下达督察通知书23次。为进一步强化领导责任，辽宁省综治委充分利用五部委联席会议这一有效抓手，创新建立“5 + X”约谈工作机制，2016年对7个县区、6个省直部门和20多家大型国有企业的负责人进行约谈，对做好安置下岗职工、非访减量退位提出了具体要求，从源头上减少矛盾纠纷。

辽宁省沈阳市实施“三个三工程”创建平安社区（村）

近年来，沈阳市认真贯彻落实中央和省关于深化平安建设的部署要求，始终坚持把创新社会治理的着力点放在基层，以深入推进基层综治中心建设为抓手，通过在社区（村）持续推进以“建强三支队伍、配置三个系统、搭建三个站室”为基本内容的“三个三工程”，实现了基层综合治理力量、平台和手段的有机融合，进一步优化了基层治理资源配置，促进了“六联”工作机制落实，推动了平安社区（村）建设创新发展。目前，社区（村）矛盾纠纷化解率达96%以上，刑事与治安案件逐年下降，2016年全市刑事案件同比下降11.5%，治安案件同比下降10%，全市45%的社区和60%的村达到了“八无”标准。群众安全感满意度达到近年新高，沈阳连年被辽宁省评为平安建设先进市。

搭建完善“三个站室”，为社区（村）平安建设提供工作平台。全市2376个社区（村）全部建立了综治工作站、矛盾纠纷调解室和警务室。综治工作站是社区（村）组织开展平安建设的中枢平台。近年来，市综治办围绕加强综治工作站规范化建设,对其工作职责任务、流程、制度、设施、立卷归档等进行了规范,健全了矛盾纠纷联调、社会治安联防、重点工作联动、突出问题联治、平安建设联创、社会治理联抓的“六联”工作机制。2014年以来,市综治办投入专项经费200余万元,统一制作配发了社区(村)综治工作标志牌、制度板和各类登记台账。矛盾纠纷调解室是社区(村)听取居(村)民诉求、调处化解矛盾纠纷的工作场所。围绕充分发挥矛盾纠纷调解室的功能作用,全市规范了矛盾调解人员的工作职责、受理原则、调处程序和卷宗归档,建立了《防范、化解公共安全风险隐患台账》,健全了人民调解、行政调解、司法调解“三调联动”机制。三年来,社区(村)共调处化解矛盾纠纷5万余件,占全市总数的84.5%。社区(村)警务室是“百姓身边派出所”,社区民警真正“扎根”社区,成为社区专职民警,守在百姓身边。通过对社区(村)警务室与社区(村)综治网格的人员力量、信息资源、工作项目和防控资源“四项整合”,形成了综治信息共享、平安创建共抓、硬件设施共用的工作格局。2016年,省综治办、省公安厅在沈阳市沈河区召开现场会,推广了“四项整合”经验做法。

健全配强“三支队伍”,为社区(村)平安建设提供力量保证。沈阳市政府出台了《关于加强社区建设的若干意见》,将社区(村)各类综治力量统编成三支队伍,形成了集服务管理、矛盾调处和群防群治于一体的平安建设力量体系。一是建立完善了综合服务管理队伍。在全市2376个社区(村)中,以300户为单元划分基础网格13802个,并建立起以社区(村)干部为领导、全科社工为骨干、警务人员相配合、网格员为基础的综合服务管理队伍,主要负责综合治理、便民利民、扶贫帮困、就业创业等服务管理工作。目前,全市正逐步为社区(村)“三支队伍”骨干人员配备移动终端,自上而下构建起从市到网格5级平安沈阳信息系统,实现对社区(村)及网格出现的治安信息能够及时采集、立即上报流转。二是建立完善了专群结合的治安联防队伍。将政府通过购买服务、立项补贴等方式选招的专职治安人员与物业保安、平安志愿者统编为治安联防队伍,有的地区还将林业、水电、交通等公共事业管护人员整合为专群结合的治安联防力量体系。目前,全市共选配社区(村)专职治安人员23000多名,登记平安志愿者28万余人,平均每个社区(村)近百人。对志愿者配发统一标识,全部实行了实名制登记、档案化管理。三是建立完善了多方参与的矛盾纠纷调解员队伍。各社区(村)以干部为主体,充分发挥网格长、楼栋长、单元组长、老党员、老干部等特有优势,建立起多方参与的矛盾纠纷调解员队伍,为“三调联动”奠定了基础。有的地区创新建立了“公调对接”模式,退休老民警“变身”资深调解员;有的社区(村)还聘邀人大代表、政协委员、法官、律师参与调解;有的社区(村)还建立起老年说和团、老党员调解队等民间调解组织,为矛盾纠纷就地解决开辟了更多、更有效的途径,初步实现了小事不出社区(村)、大事不出街道(乡镇)的良好局面。沈阳“全社会大调解”的做法被国家信访局领导肯定为“都市版的枫桥经验”,在2014年中央政法委武汉会议上作了介绍。

建立配备“三个系统”,为社区(村)平安建设提供科技支撑。适应互联网时代要求,结合“智慧城市”建设,在社区(村)普遍配备了三个最基本、最必要的科技化设施系统。一是建立了重点区域全覆盖、关键部位无死角的视频监控系统。其中,已有46%的社区(村)视频监控系统与公安派出所监控平台实现了链接联网。市、区(县)两级财政安排专项资金保证居民楼道亮化,增强了小区居民的安全感。许多有条件的社区(村)还自行安装了区域性自动报警和居民住户自动报警装置,起到了震慑违法犯罪的作用。二是建立了与区(县)法院、街道(乡镇)司法所可视化的网上调解系统,实现了“点对点”的语音可视矛盾纠纷调解。仅2016年一年,社区(村)通过视频调解系统成功调处矛盾纠纷1265件,既提高了效率,也方便了群众。三是建立了以LED屏为主的平安建设宣传系统,各社区(村)还建立了平安网群、微信公众号等网络平台,群众参与率达50%以上,有效提升了广大人民群众对平安建设的知晓率和参与度。

(撰稿人:李锐
审稿人:国长青　董建业)

吉　林　省

2016 年综治工作概况

2016 年，吉林省委、省政府高度重视平安吉林建设，坚持以立体化社会治安防控体系建设为重点，以基层平安建设为基础，以提高社会治理社会化、法治化、智能化、专业化水平为抓手，扎实推进平安吉林建设。全省没有发生影响政治稳定的重大事件，没有发生暴恐分子的现实破坏活动，没有发生大规模群体性事件和个人极端行为，没有发生在全国有影响的重特大案（事）件，人民群众安全感满意度达到 94.48%，全省社会大局保持稳定。

一、着力预防和化解社会矛盾，促进了全省社会和谐稳定

（一）完善了矛盾纠纷多元化解机制。一是强化责任落实。省委办公厅、省政府办公厅印发了《关于完善矛盾纠纷多元化解机制的实施意见》，进一步强化了党委领导和政府主导的责任、综治部门的协调推动责任、相关部门的主管责任。尤其是省法院大力推行“全员、全面、全程”调解制度，各级法院共设立巡回调解点 8300 多个、交通事故巡回法庭 63 个、劳动人事争议仲裁巡回法庭 63 个、消协巡回法庭 50 个、医疗机构巡回法庭 121 个，较好地实现了人民群众法律诉求的合理分流和矛盾纠纷的多元化解。二是加强行业性、专业性调解组织建设。按照中央和省委、省政府的要求，省司法厅争取 90 万元专项资金，以政府购买人民调解服务的形式，在长春、吉林、延边、辽源、松原、公主岭 6 个地区相继建立专业矛盾纠纷人民调解中心，使之成为纠纷化解、法治宣传、队伍培训、便民服务的平台。三是积极推进矛盾纠纷多元化解试点工作。省综治办协调省司法厅、吉林市综治办推进律师参与矛盾纠纷调处工作，先后 3 次赴吉林市调研项目进展情况，发现问题及时予以指导解决。特别是吉林市综治委出台了《关于律师参与矛盾纠纷化解工作的实施意见》，以市信访法律服务中心为平台、9 个县级信访法律事务分中心为支撑、1400 余个村级法律服务站为基础，近 500 名律师全员参与矛盾纠纷调处，两级中心共受理案件 200 余件，调处化解 100 余件，息访 75 件，义务代理 50 余件。四是抓好定期排查化解工作。省综治办要求全省各市（州）每月调度和上报一次本地区矛盾纠纷排查调解情况。各地各部门每逢节假日或在重要敏感时期，组织对重点区域、重点领域以及易出现问题的重点事、重点人集中搞好排查摸底，采取有力措施防患于未然。

（二）突出了重点领域矛盾化解。在化解经济纠纷上，指导各地各部门加大工作力度，助推全省振兴发展。特别是省司法厅通过规范司法鉴定、规范公正服务执业行为、开展“法律援助惠民生”活动，积极化解经济领域矛盾纠纷，为民营企业鉴定服务 4700 余件，办理公证 6000 余件，涉及融资金额 9.6 亿元，涉及纠纷金额 5 亿元。在妥善化解医疗领域纠纷上，进一步规范全省医疗纠纷调解工作流程，9 个市州均建立了医疗纠纷调解委员会。吉林市医调中心全年受理医患纠纷 158 件，结案 129 件，患方诉求达 3300 余万元，实际赔付 500 余万元，案件回访率和协议履行率达到 100%，化解效果明显。在妥善处置土地承包、林区权属领域纠纷上，全省各地成立了 59 个农村土地承包仲裁委员会、535 个乡镇农村土地承包调解委员会、13953 个农村土地承包调解小组，健全了当事人协商、乡村调解、县市仲裁、司法保障的农村土地承包纠纷调处机制。

（三）加大了“民转刑”案件预防工作力度。一是重视普法和法治宣传工作。认真组织“六五”普法，8 个县（市、区）、12 个单位和 28 名同志被评为全国先进典型；依托吉林手机报开展法治宣传，制作法治专题 110 期，覆盖 30 万手机用户。二是注重拓宽诉求渠道。指导各地各部门不断完善电话、电子邮件、微博、微信等反映群众诉求的新渠道，在社区、企业、交通、医疗、劳动争议、环保等重点领域建立调委会 1914 个。三是切实有效化解矛盾纠纷。在全省组织开展“排查化解矛盾纠纷，服务吉林振兴发展”专项行动，各地人民调解组织调解各类矛盾纠纷 165645 件，调解成功率达 98% 以上，排查纠纷 30006 次，预防纠纷 19922 件，防止“民转刑”327 件。

二、深入推进社会治安防控体系建设，人民群众安全感满意度保持较高水平

（一）重点人群服务管理稳步推进。一是推动严重精神障碍患者监护人责任落实。省综治办协调省公安厅、省民政厅、省财政厅、省卫计委、省残联 5 部门联合印发《关于落实严重精神障碍患者监护人责任实施以奖代补政策暂行办法》（以下简称《办法》），目前各地已将公安机关登记的 5137 名严重精神障碍患者的监护人依《办法》签订了奖补协议。二是吸毒人员网格化服务管理试点工作深入开展。省综治办与省禁毒办、省司法厅联合印发了《吉林省社区戒毒社区康复工作制度规范》，完善了社区戒毒（康复）网格化服务管理体系。三是流动人口服务管理愈加完善。深入开展实有人口、实有房屋、实有单位“三实”信息采集工作，共采集录入“三实”信息 4468 万条，其中实有人口 2078 万人，实有房屋 914 万户，实有单位 43 万余家，基本做到了“人房对应”和“轨迹化管理”。

（二）重点行业服务管理全面加强。一是持续加强寄递物流业和危爆物品企业管理。2016 年初以来，组织开展物流寄递行业专项整治行动及危险物品安全管理专项治理行动 14 次，寄递业检查 1701 次，下达整改通知 129 份，注销快递许可 10 份；由省、市财政按 6∶4 的比例分担共筹集 908 万元专项资金购置 X 光机，全面落实“三个 100%”制度。二是不断加强交通运输系统服务管理。把强化道路隐患整治和重点车辆及驾驶人监管作为“平安交通”创建的重要内容，全面加强服务管理。扶正、修复、更新交通标志 1205 块；开展公路联合检查 91 次，下达整改通知书 23 户次，检查车辆 32 万台次，查处违章 3.7 万台。三是强化互联网领域综合治理。按照省政府印发的实施方案，持续协调推进互联网领域综合治理。公安机关共破获互联网领域侵权假冒犯罪案件 62 起，抓获犯罪嫌疑人 87 人，打掉犯罪团伙 14 个，涉案金额 3000 余万元。

（三）公共安全视频监控建设联网应用工作成效明显。一是注重顶层设计。省综治办协调省公安厅、省发改委制发了“十三五”期间《吉林省公共安全视频监控建设联网应用工作实施方案》。向中央综治办推荐并确定长春市、吉林市为全国公共安全视频监控系统建设联网应用示范城市，目前正按工作方案予以实施。二是全面部署建设。全省各级党委、政府坚持把公共视频监控系统建设作为民生实事来部署推进，2016 年全省视频监控摄像机总量达到 89 万台，新建公共区域视频监控摄像机 3050 台。三是突出实战功能。公安机关运用视频监控技术手段破获刑事案件 5970 起，抓获犯罪嫌疑人 2849 人，协助查处治安案件 6980 起、处罚违法人员 4432 人，视频巡逻处置突发案（事）件 634 起、服务救助群众 17193 人。

三、深入推进基层平安建设，以基层平安保障全省平安

（一）推动了基层平安建设责任的落实。一是落实主体责任。依据省委办公厅、省政府办公厅印发的《健全落实社会治安综合治理领导责任制的实施办法》，各地分别制定了落实措施和实施细则，切实压实各级党政领导班子、领导干部抓综治工作的主体责任。省法院、省公安厅、省交通运输厅等 10 单位在省综治委全体（扩大）会议上进行了述职发言，其他成员单位进行了书面述职。二是定期研究部署。各地各部门定期召开党委常委会或行政例会，听取综治工作情况汇报和研究部署平安建设工作。尤其是省检察院在进行司法改革的同时建立健全综治工作领导小组，主要领导定期听取平安建设重大安排部署及落实情况，审定涉及吉林省刑事政策、定罪标准、人权保障、专项监督等重要制度 20 余件。三是加大工作推动力度。各地各部门贯彻落实中央和省委、省政府的部署要求，对影响社会治安的重大问题及时督导督办。省信访局先后印发《关于联合接访工作规范》《关于进一步推进联合接访工作的通知》，推动省人社厅、省住建厅、省国土厅、省农委、省国资委等部门常驻联合接访大厅，完善了常驻和调度制度，促进了信访工作的法治化和规范化。

（二）着力解决基层平安建设中的突出问题。一是对社会治安重点地区及重点问题进行排查整治。省综治办认真落实中央综治委关于推动省市县三级制定和实施社会治安重点地区认定标准和程序办法的要求，督导各地及时上报本地区社会治安问题相对突出的地区，并确定了一批省级重点关注地区，印发了《关于对2016年度全省社会治安问题相对突出的县（市、区）予以警示通报的通知》，采取督导、调研、检查考评等形式，对各地整改情况进行跟踪问效。二是开展专项治理打击违法犯罪。全省各地全面开展打黑除恶、重大恶性案件侦破、"打盗骗保民安"、打击电信诈骗等一系列专项行动，共打掉涉黑涉恶团伙17个，破获重大恶性案件365起，抓获"盗抢骗"嫌疑人4721人，破获电信诈骗案958起，命案破案率达99%以上，有力助推基层平安。三是创新举措巩固基层平安。各地在平安建设中注重细节、勇于担当，强调服务、善于创新。特别是辽源市制定了《住宅小区安全防范建设管理实施办法》，将新建、在建小区安全防范基础设施建设作为小区开工建设的硬件标准和前置要件，从源头上解决小区安防设施建设弱化问题，同时对老旧小区安防设施进行改造升级，在全市159个老旧小区安装了3113个视频监控探头，实现了小区监控全覆盖，提升了老旧小区的安全防范能力。

（三）基层平安建设"五个一"创建活动深入开展。一是各地大力推进一系列基层平安建设重点项目。各地按照省综治办的工作安排，针对各类基层平安建设中的普遍性问题，研究具体的解决措施。尤其是延边州围绕社区（村）、林场及群众生活息息相关的主要领域、重点行业，开展以基层平安星级创建升级为载体的群众性创建活动，明确了创建范围、创建标准、责任划分、考核程序，目前全州52%的村（社区）达到了三星级创建标准；四平市以"平安城"建设为抓手，确定了19个重点责任单位10个重大推进项目，以重点区域为主攻部位，开展多板块、多区域、多方位融合创建。二是培育了一批基层平安建设示范典型。白山市在确定了109个平安示范村屯的基础上，对118个落后村屯通过挂牌整治、组织参观学习、以会代训等方式提升平安创建水平，2016年底前已有70%达到平安村屯创建标准；辽源市在深入推进平安医院、平安工地、平安商场、平安校园等基层平安创建过程中，确定了10家平安创建示范单位，以此带动提升全市基层平安创建能力，全市基层平安创建达标率达到90%以上。

四、着力加强基层基础建设，平安建设能力和水平进一步提升

（一）积极推进基层综治中心建设。一是全面加强工作部署。按照中央综治办的部署，省委、省政府先后出台《关于加强社会治安防控体系建设的实施意见》《关于进一步深化平安吉林建设的意见》《关于完善矛盾纠纷多元化解机制的实施意见》，对加强基层综治中心建设提出明确要求。二是以点带面协调推动。省综治办下发《关于抓好综治中心建设试点工作的通知》，组织各地在县、乡、村三个层面共确定147个单位进行试点，通过以点带面，培育一批可复制、可推广的典型经验，带动本地区综治中心建设整体推进。三是强化落实全力推进。各地综治组织积极探索，主动争取把基层综治中心建设纳入本地党委、政府的重要议事日程，列入本地经济社会发展总体规划，促进人员、经费、设施等问题的解决。长春、吉林、松原等地综治办先后赴外省学习借鉴经验。尤其是长春市全面开展网络线路铺设及综治中心挂牌等工作，各县（市）区综治中心全部挂牌试运行；白城市将乡村两级的矛盾纠纷调处中心、百姓说事点等办公场所合并升级改造为综治中心，已有17个基层综治中心实现了标准化建设。

（二）城乡全面落实网格化服务管理。一是网格划分全覆盖。全省1906个社区、9963个村已全部实行网格化服务管理，做到了网格划分到位、网格员队伍落实到位、基础信息采集到位、便民服务到位、走访宣传到位、特殊人群关爱帮扶到位。二是社会化服务拓展延伸进网格。网格化管理平台搭建后，各地的相关部门主动将其作为履行部门职能的重要平台，对各项工作及时进行网格化对接和跟进服务，推动工作力量下沉，形成了人往村（社区）里跑、职在格中履、事在网中办的格局，逐渐实现部门职能与工作力量向基层延伸和拓展，增强了城乡社区精准有效的服务和管理能力。三是推动矛盾排查化解联动。各地注重将矛盾信息收集、排查、化解关口前移，把服务管理的触角通过网格平台延伸到村组户，主动发现情况、化解矛盾、提供服务、解决问题。尤其是通化市按照农村每个网格的自然屯、每个社区网格各设立 1 名信息员的标准共设立信息员 3118 名，对重大矛盾纠纷信息及时上报，各相关职能部门根据上报信息参与调解疑难、复杂的民间纠纷 820 余件，协助基层政府处理社会矛盾纠纷 266 件。

（三）更加注重提高社会治理社会化、法治化、智能化、专业化建设水平。在提高社会化水平上，各地注重发挥基层法律服务站、矛盾调处平台、法律援助中心、“百姓说事点（网）”以及各类行业协会商会的重要作用，组织动员企事业单位、社会组织、人民群众参与社会事务、维护公共利益、化解矛盾纠纷。在提高法治化水平上，各地各部门注重发挥法治的引导、规范、保障作用，运用法治方式解决平安建设问题。省司法厅出台了《关于依法保障律师执业权利的若干规定》和修订完善了《关于律师参与涉法涉诉信访案件化解工作机制建设的意见（试行）》，加强了律师执业管理和规范了律师参与案件化解和代理工作。在提高智能化水平上，各地各部门注重把大数据与社会治理创新深度融合起来，推进职能化、机制变革，提升社会治理的层次和水平。吉林省 2016 年重点推介了省法院普及“电子法院”的经验做法，为群众提供方便、快捷的在线司法服务和矛盾纠纷调处。省公安厅充分利用吉林“互联网 + 公安”综合服务平台，将全省 2000 多个公安办事服务窗口整合为一个“网上服务大厅”，为群众提供网上“一站式”服务，群众网上申办事项办结率为 98.4%，满意率达 99.8%。在提高专业化水平上，省直相关职能部门注重发挥专门机关、行业、单位的专业作用，强化问题导向，精准发力，着力破解社会治理难题。工商、食药监、安监、民政、水利等相关行政执法部门与公安、检察、法院等政法机关加强合作机制建设，专业执法与专业打击相结合，依法处置侵犯知识产权和制假售假行为，共破案 428 起，批准逮捕 52 件 93 人；受理案件 192 件，审结 138 件，判决 340 人，提升了社会治理整体效能。

中共吉林省委办公厅　省政府办公厅
关于印发《健全落实社会治安综合治理
领导责任制的实施办法》的通知

（2016 年 5 月 27 日）

各市、州党委和人民政府，长白山开发区、长春新区，扩权强县试点市党委和人民政府，省委各部、委，省政府各厅、委和各直属机构，各人民团体：

《健全落实社会治安综合治理领导责任制的实施办法》已经省委、省政府同意，现印发给你们，请遵照执行。

健全落实社会治安综合治理领导责任制的实施办法

第一章　总　则

第一条　为构建职责明晰、奖惩分明、务实管用的社会治安综合治理领导责任体系，强化党政领导班子、领导干部维护一方稳定、确保一方平安的重大政治责任，切实落实社会治安综合治理工作措施，全面推进平安吉林建设，为我省经济社会发展创造良好的社会环境，根据中共中央办公厅、国务院办公厅印发的《健全落实社会治安综合治理领导责任制规定》，结合我省实际，制定本实施办法。

第二条　社会治安综合治理领导责任制，是指依据有关法律法规，按照属地管理和谁主管谁负责的原则，对本地或本部门社会治安综合治理工作负有和承担领导责任的制度。

本实施办法适用于各级党的机关、人大机关、行政机关、政协机关、审判机关、检察机关及其领导班子、领导干部。

人民团体、事业单位、国有企业及其领导班子、领导干部、领导人员参照本实施办法执行。

第二章　责任主体及主要责任

第三条　各级党委、政府及各部门各单位是本地区本部门本单位社会治安综合治理工作的责任主体。

第四条　党委和政府的责任。各级党政领导班子对本地区社会治安综合治理工作负总责、负全责，党政主要负责同志是第一责任人，分管负责同志是直接责任人，领导班子其他成员承担分管工作范围内社会治安综合治理的责任。

（一）认真贯彻落实中央和省委、省政府关于社会治安综合治理的部署要求，推动形成党委领导、政府主导、综治协调、各部门齐抓共管、社会力量积极参与的社会治安综合治理工作格局。

（二）坚持把社会治安综合治理列入重要议事日程，纳入经济社会发展总体规划，认真研究解决工作中的难题，从人力物力财力上保证社会治安综合治理工作顺利开展。

（三）定期召开党委常委会议、政府常务会议，听取社会治安综合治理工作情况汇报，对事关全局的重点工作进行专题部署和统筹协调。

（四）对影响社会稳定和社会治安的重大问题，及时督导督办。一旦发生影响社会稳定的重大案（事）件，立即启动相关预案，主要负责同志应当靠前指挥、主动应对、妥善处置。

第五条　各部门各单位的责任。根据社会治安综合治理总体部署，结合职能及分工落实职责任务。主要负责同志、分管负责同志及领导班子其他成员参照党政负责同志承担相应责任。

（一）组织、领导、推动本部门本单位贯彻落实中央和省委、省政府关于社会治安综合治理工作的部署要求。

（二）认真抓好本部门本单位及本行业、本系统的社会治安综合治理工作，与业务工作同规划、同部署、同检查、同落实。

（三）主动预防化解社会矛盾、防控公共安全风险，及时排查和研究解决本行业本系统影响社会治安和社会稳定的各类隐患和问题。

（四）加大指导推动力度，注重运用现代信息技术，加强本行业本系统的基层基础建设和基层平安建设。

（五）及时向同级党委、政府及社会治安综合治理委员会和上级部门报告重特大案（事）件情况，并牵头或会同有关地方、部门予以依法处理。

第六条　各级社会治安综合治理委员会及其办公室的责任。各级社会治安综合治理委员会在本级党委和政府统一领导下开展工作，其办公室作为本级社会治安综合治理委员会的常设办事机构，承担日常事务协调处理工作。

（一）领导、组织、统筹各成员单位落实中央和省委、省政府关于社会治安综合治理的决策部署，推进社会治安综合治理工作。

（二）制定年度综治工作要点，细化量化各地区各部门各单位的目标管理责任，协调和推动解决涉及多个部门单位或跨地区的重大社会治安问题。

（三）开展督导检查，总结推广典型经验，协调解决工作中遇到的突出问题。

（四）及时分析、通报社会治安形势，研究提出加强社会治安综合治理对策、措施和建议。

（五）协调配合有关方面做好领导责任制落实的相关工作。

第三章　督促检查

第七条　坚持目标管理责任制度。每年年初，各级社会治安综合治理委员会应当代表本级党委、政府与综治成员单位签订综治工作责任状；各地区各部门各单位要自上而下层层签订综治工作责任状，逐级落实领导责任。各级社会治安综合治理委员会办公室坚持每年结合年度综治工作要点，对各部门各单位的综治责任状进行修改和补充，明确工作重点和具体的目标要求，健全和完善严格的督促检查、定量考核、评价奖惩制度。

第八条　坚持述职和报告工作制度。各级党委常委会应当将执行社会治安综合治理领导责任制的情况，作为向同级党的委员会全体会议报告工作的一项重要内容。各级党政领导班子和有关领导干部应当将履行社会治安综合治理责任情况作为年度述职报告的重要内容。

社会治安综合治理委员会成员单位每年应当对本单位本系统部署和开展社会治安综合治理、推进平安建设的有关情况进行总结，对下一年度的工作作出安排，并报同级社会治安综合治理委员会。下一级社会治安综合治理委员会每年应当向上一级社会治安综合治理委员会报告工作。

述职采取书面述职、会议述职等形式，各级社会治安综合治理委员会可视情况安排成员单位、下一级社会治安综合治理委员会在全体会议上述职或报告工作。

第九条　坚持专项督导检查制度。各级党委和政府应当将社会治安综合治理纳入工作督促检查范围，适时组织开展专项督促检查。各级社会治安综合治理委员会办公室应当会同有关部门建立专门督查督办制度，对社会治安综合治理重大决策、重要工作部署贯彻落实情况，领导批示交办重要事项办理情况，人大建议、政协提案办理情况等，以及对治安秩序长期混乱、工作措施不落实、群众反映强烈的地方、单位，采取跟踪督查、联合督查、明查暗访等形式进行督查督办，推动工作落实，查明发生问题的原因和存在的漏洞，提出限期整改和领导责任追究建议。

第十条　坚持年度考核评价制度。各级党委和政府应当建立健全社会治安综合治理考核评价制度机制，制定完善年度考核评价标准和指标体系，明确考核评价的内容、方法、程序。

各级社会治安综合治理委员会及其办公室应当建立健全社会治安综合治理工作实绩档案，把群众安全感满意度、平安建设重点工作推进落实、是否发生严重影响社会和谐稳定的重特大案事件等情况录入实绩档案。

第十一条　注重结果运用。各级党委和政府应当把各部门各单位年度综治工作考核评价结果纳入对领导班子和领导干部综合考核评价的重要内容，与业绩评定、职务晋升、奖励惩处等挂钩。各级组织人事部门在考察党政主要领导干部和社会治安综合治理分管领导干部实绩、进行提拔使用和晋职晋级时，应当了解和掌握相关领导干部抓社会治安综合治理工作的情况。

第四章　表彰奖励

第十二条　评选表彰。对真抓实干、社会治安综合治理工作成绩突出的地方、部门和单位的党政主要领导干部和分管领导干部，应当按照有关规定给予表彰和嘉奖。对受到嘉奖的领导干部，应当将有关材料存入本人档案。

省社会治安综合治理委员会、省公务员局按照国家和我省有关规定开展全省社会治安综合治理先进集体、先进工作者评选表彰工作。

各级社会治安综合治理委员会和组织人事部门要配合做好全省社会治安综合治理先进集体、先进工作者等的评选表彰工作。

第十三条　政策待遇。对受到表彰的全国、

全省社会治安综合治理先进集体党政主要领导干部和分管领导干部应当按照有关规定进行嘉奖。对受到表彰的全国社会治安综合治理先进工作者,应当落实省部级先进工作者和劳动模范待遇。对受到表彰的全省社会治安综合治理先进工作者,予以一定物质奖励。

对连续三次以上受到表彰的全省社会治安综合治理先进集体,由省社会治安综合治理委员会以适当形式予以表扬。

第五章　责任督导和追究

第十四条　责任督导和追究情形。各级党政领导班子、领导干部在落实社会治安综合治理领导责任制过程中,有下列情形之一的,应当进行责任督导和追究:

(一)不重视社会治安综合治理和平安建设,相关工作措施落实不力,本地区本系统本单位基层基础工作薄弱,治安秩序严重混乱的;

(二)本地区本系统本单位在较短时间内连续发生重大刑事案件、群体性事件、公共安全事件的;

(三)本地区本系统本单位发生特别重大刑事案件、群体性事件、公共安全事件的;

(四)本地区本单位社会治安综合治理工作(平安建设)考核评价不合格、不达标的;

(五)对群众反映强烈的社会治安重点地区和突出公共安全、治安问题等,没有采取有效措施或者出现反弹的;

(六)各级党委和政府及社会治安综合治理委员会认为需要查究的其他事项。

第十五条　责任督导和追究方式。对党政领导班子、领导干部进行责任追究的方式包括:通报、约谈、挂牌督办、实施一票否决权制、引咎辞职、责令辞职、免职等。因违纪违法应当承担责任的,给予党纪政纪处分;构成犯罪的,依法追究刑事责任。

(一)通报。对具有本实施办法所列督导和追究情形的地区、单位,由相应县级以上社会治安综合治理委员会办公室以书面形式进行通报,必要时由社会治安综合治理委员会进行通报,引导其分析发生问题的主要原因,找准症结,研究提出解决问题的措施,限期进行整改。

县级以上(含县级)社会治安综合治理委员会应当制定和实施社会治安重点地区认定标准和程序办法,对偏远农村、城乡接合部、城中村、中小旅馆、娱乐场所等社会治安重点地区以及黑拐枪、盗抢骗、黄赌毒等突出治安问题,应当组织有关成员单位开展滚动排查、常态整治,并建立完善定期通报制度。

(二)约谈。对受到通报后仍未按期完成整改目标,或者具有本实施办法所列督导和追究情形且危害严重或者影响重大的地区、单位,由相应的上一级社会治安综合治理委员会办公室主任对其党政主要领导干部、社会治安综合治理工作分管领导干部和负有责任的其他领导班子成员进行约谈,必要时由社会治安综合治理委员会主任、副主任约谈,帮助分析原因,督促限期整改。

(三)挂牌督办。对受到约谈后仍未按期完成整改目标,或者具有本实施办法所列督导和追究情形且危害特别严重或者影响特别重大但尚不够实施一票否决权制的地区、单位,由相应的上一级社会治安综合治理委员会办公室挂牌督办,限期进行整改。必要时,可派驻工作组对挂牌督办地区、单位进行检查督办。

对受到挂牌督办的地区、单位,在半年内取消该地区、单位评选综合性荣誉称号的资格和该地区、单位主要领导干部、主管领导干部、分管领导干部评先受奖、晋职晋级的资格。

(四)实施一票否决。对受到挂牌督办后仍未按期完成整改目标,或者具有本实施办法所列督导和追究情形且危害特别严重或者影响特别重大的地区、单位,由相应的上一级社会治安综合治理委员会按照中央和省委、省政府有关规定,商有关部门共同研究决定实行一票否决权制。

对受到一票否决权制处理的地区、单位,在一年内,取消该地区、单位评选综合性荣誉称号的资格;取消该地区、单位主要领导干部、主管领导干部、分管领导干部评先受奖、晋职晋级的资格,按照中央有关规定向上级有关部门进行报告、备案。

对中央、省直驻地方单位需要实行一票否决权制的,由当地社会治安综合治理委员会向其主管单位和上级社会治安综合治理委员会提出书面建议。

(五)实行问责。具有本实施办法所列督导

和追究情形的党政领导干部，按照《关于实行党政领导干部问责的暂行规定》应当采取引咎辞职、责令辞职、免职等方式问责的，由纪检监察机关、组织人事部门按照管理权限办理。需追究党政纪责任的，由纪检监察机关按照党政纪案件调查处理程序办理；需组织处理的，由组织人事部门或负责调查的纪检监察机关会同组织人事部门，按照程序办理。

第十六条　从重督导和追究情节。党政领导班子、领导干部具有本实施办法所列督导和追究情形，并且具有下列情节之一的，应当从重进行责任督导和追究：

（一）干扰、阻碍调查和责任追究的；

（二）弄虚作假、隐瞒事实真相、瞒报漏报重大情况的；

（三）对检举人、控告人等打击报复的；

（四）党内法规和国家法律法规规定的其他从重情节。

第十七条　从轻督导和追究情节。党政领导班子、领导干部具有本实施办法所列督导和追究情形，并且具有下列情节之一的，可以从轻进行责任督导和追究：

（一）主动采取措施，有效避免损失、挽回影响的；

（二）积极配合调查，并且主动承担责任的；

（三）党内法规和国家法律法规规定的其他从轻情节。

第六章　附　则

第十八条　各市（州）、长白山开发区、各县（市、区）及省直各部门单位可以根据本实施办法制定具体的实施细则。

第十九条　本实施办法自印发之日起施行。

吉林省综治办印发《关于开展基层平安建设“五个一”创建活动的方案》的通知

（2016 年 6 月 12 日）

各市（州）综治办，长白山开发区综治办，扩权强县试点市综治办，省综治委各成员单位：

根据《2016 年全省综治（平安吉林建设）工作要点》要求，为进一步夯实平安吉林建设根基，提升全省基层平安建设水平，省综治办起草了《关于开展基层平安建设“五个一”创建活动的方案》，现将活动方案发给你们，请各地各部门结合实际，认真抓好贯彻落实。

关于开展基层平安建设“五个一”创建活动的方案

为深入贯彻落实省委、省政府和省综治委关于加强基层平安建设的决策部署，省综治办决定，在全省开展基层平安建设“五个一”创建活动，现制定如下方案。

一、任务目标

通过扎实开展以“有一支过硬的创建队伍、

有一个明确的创建标准和目标、有一系列重点推进项目、有一整套工作机制、有一批先进典型”为主要内容的基层平安建设“五个一”创建活动，进一步夯实基层基础，提升基层平安建设整体水平，切实防控风险、补齐短板，努力使影响公共安全的严重刑事犯罪、个人极端暴力犯罪等得到有效遏制，使影响群众安全感的多发性案件和公共安全事故得到有效防范，使影响社会和谐稳定的矛盾纠纷得到有效预防和化解，不断扩大基层平安单位覆盖面，以基层平安保障全省平安。

二、时间安排

（一）准备启动阶段（2016 年 7 月）。各地各部门要在搞好调研摸底，全面掌握本地本系统基层平安建设现状、问题的基础上，结合实际，分级分类制定具体的实施方案，并及时作出安排部署。

（二）组织实施阶段（2016 年 8 月至 2017 年 11 月）。各地各部门要根据本方案和各自制定的具体实施方案，按计划、分步骤，抓好活动的组织实施工作，确保按期实现和完成“五个一”创建活动的目标任务。

（三）总结巩固阶段（2017 年 12 月）。各地各部门要认真总结创建活动中好的做法，及时推广成功的典型经验，进一步加强制度机制建设，巩固扩大活动成果。创建活动结束后，各地各部门要将开展活动总体情况形成书面报告，报省综治办。

三、活动内容

（一）有一支过硬的创建队伍。

1. 严格落实属地管理和谁主管谁负责原则，构建党委政府领导、综治协调、部门指导、基层单位主抓、人民群众积极参与的工作格局，确保基层平安建设有人抓、有人管。

2. 各级综治组织、各职能部门特别是政法部门要有专人负责联系指导基层平安创建活动。

3. 各基层单位要建立由主要领导牵头、分管领导直接负责、相关部门和工作人员参与的创建活动组织领导机构，健全工作机制，落实工作责任。

4. 切实发挥各级综治中心、公安派出所、司法所、人民法庭、检察工作站（室）等基层单位在指导推动基层平安创建活动中的重要作用。加强对综治协管员队伍、群防群治队伍、人民调解员队伍、各类保安人员的教育、管理和培训，提升能力和素质，组织动员社区网格员、平安志愿者及老党员、老干部、老政法干警等社会各方面力量积极参与基层平安创建活动。

（二）有一个明确的创建标准和目标。

1. 各地各部门要根据平安创建活动的总体要求和基层单位实际情况，按照《关于深入推进基层平安建设的实施意见》和《全省平安基层单位基本标准》，科学制定各类基层平安创建标准，力争在社区、村屯、医院、学校、车站等重点基层单位实现无较大刑事案件、无公共安全事故、无进京非正常访、无个人极端案（事）件以及其他有重大影响的案（事）件。

2. 各基层单位要进一步扩大基层平安单位的覆盖面，力争 90% 以上的村（社区）、校园、医院、车站等基层重点单位达到平安创建标准。

（三）有一系列重点推进项目。

1. 坚持问题导向，着力解决影响基层单位安全稳定的突出问题。针对各类基层平安建设中普遍性问题，研究具体的解决措施，实施项目化推进，确保创建活动有抓手、有载体。

2. 在平安村屯和平安社区建设中，重点推进村（社区）综治中心建设、治安防控网建设、“民转刑”案件的整治等重点项目；在平安社区建设中，重点解决老旧小区治安管理问题；在平安校园建设中，重点推进校园安全管理精细化、规范化建设项目；在平安医院建设中，重点推进“三调解一保障”的医疗纠纷调解全覆盖项目；在平安车站建设中，重点推进防范公共安全风险项目。其他基层平安建设单位也要确定相应的重点推进项目。

3. 各基层单位要针对存在的突出问题，确定一个时期内的重点推进项目，开展专项整治，直到问题有效解决。

（四）有一整套工作机制。

1. 建立基层平安创建工作责任制。结合社会治安综合治理领导责任制，推动落实各级党委政府在基层平安创建中的主导责任、职能部门的推动责任和基层单位的主体责任。

2. 完善矛盾纠纷多元化解机制。认真做好矛盾纠纷排查调处工作，确保矛盾纠纷发现得早、控制得住、化解得了，把问题解决在当地、解决在基层、解决在萌芽状态。

3. 健全常态化的社会治安重点地区、重点问题排查整治机制。定期组织开展治安突出问题排查整治工作，采取有针对性的措施，及时解决突出问题。

4. 建立健全基层平安创建考核评价机制。制定完善考核评价标准和指标体系，明确考核评价的内容、方法和程序。坚持定性评价和定量考核相结合，表扬激励和惩戒警示相结合，确保考核评价科学、合理、准确。

（五）有一批先进典型。

1. 加强指导和扶持力度，在巩固和提高现有典型的基础上，有计划、有目标地培育一批基层平安创建示范单位，实现以点带面、整体提升。

2. 积极创新理念思路、体制机制和方法手段，尊重基层的首创精神，努力培育一批可复制、可推广的典型经验。

3. 注重发现和总结典型经验，采取召开现场会、经验交流会等方式，及时推广典型经验，发挥典型经验的示范引领作用。

四、工作要求

（一）加强组织领导。要把创建活动纳入平安建设的总体部署，切实加强组织领导和工作保障，推动创建活动扎实有效开展。

（二）搞好协调配合。要坚持条块结合、以块为主的原则，加强协调配合，形成工作合力。健全协调联动工作机制，推动矛盾联调、治安联防、问题联治、平安联创。

（三）注重结合实际。要按照方案的总体要求，结合实际，创造性地开展创建活动，注重发挥基层力量解决基层存在的倾向性问题，补齐基层平安创建短板，提高基层创建活动整体层次和水平。

（四）加强督导检查。要加强协调指导和督促检查，及时发现创建活动中存在的问题，认真总结成功经验，全面掌握进展情况，确保各项创建任务全面完成。

吉林省深入推动“互联网＋公安”综合服务平台建设

建设吉林“互联网＋公安”综合服务平台，为人民群众提供优质高效的网上服务，是全省公安机关贯彻国家创新驱动战略、落实“互联网＋政务服务”行动计划的重大举措，是运用互联网思维破解社会治理难题、提升管理服务效能的创新实践。平台正式上线运行后经过不断完善，实现了一大平台全网贯通、三级联动全警应用、五大载体全面支撑、六个中心全时运行、426 个事项“打包”上网。吉林省通过建设应用这一平台，社会治理智能化水平显著提高，破解社会治理难题的能力不断增强，人民群众安全感和满意度稳步提升！

一、坚持民意引领、对接群众需求，努力让群众深切感受到“指尖”上服务的便利

吉林省公安厅将“互联网＋公安”综合服务平台建设作为优化服务、促进发展、惠及民生的重大改革举措优先推进，努力打造吉林公安便民服务知名品牌。在平台设计研发上，坚持以群众多样化需求为导向，以“功能齐全、技术先进、应用快捷”为标准，以“减程序、减时限、减成本”为重点，创新功能、再造流程，凸显了足不出户全程办理、警民在线沟通互动、满足特定对象特殊需求、服务进度双向告知、扁平管理服务窗口等特色优势，有效减少群众奔波劳顿之苦、排队等候之烦、求人办事之困。平台上线运行后，各地、各有关部门警种面向群众开展平台宣传、推广平台应用，让人民群众在家门口、在掌心里就能办成事、办好事。

二、顺应时代潮流、强化科技应用，着力推动互联网与公安工作的深度融合

平台上线运行后，吉林省公安厅指挥中心、户政、监管、出入境、法制、刑侦、交警、安康医院、“平台办”等部门警种与科通处、IT 企业密切配合，创造研发了平台微信报警、寻人寻亲、在押人员预约会见、证件到期自动提醒、律师报备在线申请、反电信诈骗、堵路移车、司法鉴定预约、案件线索有奖举报等30多个特色功能，平台服务项目由369项增至426项，平台手机端应用服务项目由上线之初的21个增至138个。通化、四平、白山等地依托平台创新研发了人员密集场所人流实时监测、交通路况实时监测、寻找走失儿童、搭乘营运车辆自助备案、旅客住宿网上身份认证等20余项各具特色的服务功能，使平台功能更完善、为民服务更精准、公安工作更高效。

三、突出资源整合、推进内外联动，努力构建一体化集成服务体系

全省各级公安机关充分运用关联、共享、融合的方式整合网上网下资源，把原来分布在9大部门警种的单一网上服务系统整合到一个“互联网+公安”大平台，将全省2000多个服务终端整合为一个“网上服务大厅”，打破了省市县三级公安机关包括公安派出所在内的层级限制，打破了部门警种之间的信息壁垒，实现了一网在手、三级共享、全警应用。面对公安内部9大系统和外部10个配套系统技术融合的难题，省公安厅科通处组织技术攻关，突破了各系统间数据标准不一、制式不一、机构代码不一等技术瓶颈，实现了平台各系统数据联通共享、及时精准推送。为有效打通网上全流程办事的“最后一公里”，省公安厅“平台办”、科通处精诚协作配合，积极与有关方面沟通协商，及时破解了网上支付、短信推送、EMS快递等难题，实现了现有网上支付手段对平台的全部支持、手机短信对办事进度实时精准告知、EMS工作人员上门寄递服务。

吉林省长春市以信息化建设为抓手
提升平安建设核心战斗力

长春市运用现代信息技术，强化基础信息采集、共享和实战应用，积极推动信息化建设成果转化为平安建设的核心战斗力。

一、深入推进社会治安防控信息化，提升社会治安局势驾驭能力

一是加强基础设施建设。辖区公安局全部实现警情指挥调度室、情报信息综合研判室、合成作战指挥室“三室合一”，统一建立标准化、规范化和现代化的智能枪管中心、执法办案中心、射击训练中心和涉案财物中心。二是加强警务平台建设。升级改造警综平台、移动警务综合应用平台、警用地理平台、情报信息综合研判平台。三是加强视频监控网建设。加快推进视频监控系统公共点位三期、加密补点四期和农村监控系统建设，形成城乡一体、全面覆盖、联网共享、高清智能的视频监控体系。

二、深入推进社会服务管理信息化，提升服务群众、化解矛盾、维护稳定能力

一是搭建高度集成的综合信息平台。探索运用现代科技手段，打造集图、文、影、音一体化的社会服务管理综合信息平台，具备基础信息数据、矛盾纠纷调解、百姓舆情诉求、安全隐患排查等功能，做到基础信息数字化、日常管理网格化、办事服务流程化和绩效考核程序化。二是建立规范有序的运行模式。上传到综合信息平台的信息，在规定时限内对事件信息进行签收，指派相关人员赶赴现场进行处理，事件处理状态在社区、街道、部门、区级信息平台同步显示。三是推动资源力量的科学整合。社情民意在网格中掌握，矛盾纠纷在网格中化解，公共服务在网格中开展，社会治安在网格中防范。推动前置化职能下沉，区直部门、街乡和水电气热等单位的工作职能全部下沉到网格，网格长直接协调部门网格工作人员开展工作。

三、深入推进社会治安综合治理信息化，提升基础信息的关联融合应用能力

一是规范设置信息系统业务板块。运用大数据技术对平台中的各类数据进行汇总分析，汇总形成综治工作重点项目“大数据”，用于分析工作规律、问题原因、变化趋势。二是积极拓展信息系统实用功能。拓展综治信息系统的办公自动化功能，通过信息系统快速传递文稿信息，创建考核方案、启动考核程序，综合被考核单位自评、考核单位评价等信息数据，形成考核结果、排名和考核分析。三是推动重点部位视频监控互联互通。整合各类视频图像资源，将部分党政机关、机场、车站、重点商圈、广场公园等视频监控信号接入综治信息系统，实现重点部位实时视频与综治信息系统互联互通、资源共享。

吉林省吉林市积极开展律师参与化解矛盾纠纷创新项目

2016 年 4 月，中央综治办把“律师参与化解矛盾纠纷创新项目”交由吉林省承办，省综治办确定在吉林市先行试点。吉林市积极探索新形势下律师参与化解矛盾纠纷的新思路新举措，推动全市深入开展律师参与化解矛盾纠纷机制建设工作，建立起了“三级信访法律事务服务中心”体系，确立了一套完整的工作方法和运行机制，在实际工作中收获了丰富的制度成果和实践成果。

一、成立信访法律服务中心，为律师参与化解矛盾纠纷搭建平台

一是定位中心组织性质。吉林市信访法律事务服务中心是在吉林市委、市政府的领导下，由市律师协会主办，市委政法委统一协调，司法行政部门管理和指导，政法各部门参与配合，致力于化解社会矛盾，创新社会管理，维护社会稳定，为上访人提供义务法律服务，引导和帮助上访人依法维权的民间法律服务机构。二是明确中心业务范围。专门受理对有关政法机关生效裁判或决定不服而引发的矛盾纠纷，提供免费咨询、免费核查、免费协调、免费代理服务，依法维权。中心所受理的主要是信访群众主动来中心寻求法律帮助的案件、事涉政法部门委托中心参与化解的案件、党委政法委交办中心协调办理的案件和吉林市区域外有关部门求助中心化解的案件。三是理顺中心架构体系。吉林市在全市范围内设立市级信访法律事务服务中心 1 个，县(市、区)级信访法律事务服务分中心 9 个，城区 202 个社区和 1400 个村屯建立基层法律服务站，以律师进社区和法律服务工作者进村屯为载体开展工作。

二、建立一整套工作运行机制，使律师参与化解矛盾纠纷规范有序

一是健全中心工作制度。完善了《信访告知制度》《息访听证会制度》等规章制度，有力地促进了信访中心的全面建设。中心建立了《信访法律服务中心接待工作制度》等 8 项规章制度。二是建立协调联系机制。信访法律事务中心主动与政府各职能部门加强协调联系，吉林市中级人民法院与市信访法律事务中心联合出台了《关于共同化解涉诉信访案件的实施办法》；市人民检察院就相关事项与市信访法律事务服务中心达成了共识，并酝酿出台相关制度；市司法局与市直 10 个职能部门联合出台了《关于进一步保障律师民事、行政执业权利的若干规定》，为律师更好地参与矛盾纠纷化解工作提供了坚实保障。三是建立了三级联动体系。引导律师从第三方的角度介入矛盾纠纷和涉法涉诉信访案件的代理与化解工作当中，凭借其中立性、专业性以及公益性等优势，在政府与民众之间建立缓冲机制，将矛盾纠纷从制度外上访行为引导至法理制度框架内，通过法律程序调解社会矛盾，从而缓和官民之间的关系,化解了众多在全国影响较大的信访案件,收获了巨大的社会效益。

三、探索形成一系列工作方法,提升律师参与化解矛盾纠纷实效

一是咨询告知法。对于矛盾纠纷初访案件,由咨询接待部负责接待,解答信访人提出的各种法律问题,积极引导信访人按法定程序表达诉求。二是签订停访协议法。对于长期上访、重复上访,不能通过咨询告知实现息诉罢访的矛盾纠纷案件当事人,在其承诺不再访的前提下,中心与其签订义务性信访法律服务协议,为其代访。三是义务代理法。对于能够导入司法程序解决信访事项但生活困难的信访人,在信访人明确表示不再上访的前提下,免费安排中心律师义务调查、出庭,为其代理申诉。四是联动化解法。对于依法应由相关政法部门处理的信访案件,在征得信访人自愿停止上访并签订信访法律服务协议的基础上,由中心与相关部门沟通协调,共同化解信访矛盾。五是听证息访法。对于重大、疑难案件或者长期缠访、闹访的无理访案件,在不涉及国家机密、商业秘密和个人隐私的前提下,中心邀请人大代表、政协委员、法律专家、社会各界知名人士召开听证会,让信访人充分发表意见,由到会的听证人员当面向信访人表述看法和意见,集体调处化解矛盾。六是救助公证法。对事涉非政法单位,但又要求政法部门解决困难的矛盾纠纷当事人,比如企业破产改制、土地拆迁、工伤保险医疗等,中心与事涉单位协商,先由中心与事涉单位签订“聘请法律顾问协议”,由中心指派律师担任事涉单位法律顾问,事涉单位提供法律顾问费。

（撰稿人:韦晓宇
审稿人:路丹　赖小燕）

黑龙江省

2016 年综治工作概况

2016 年,全省各级党委、政府和政法综治战线,按照中央综治委和省委、省政府总体部署,将维护社会稳定、提高人民群众安全感作为总目标,把防控风险、服务发展和破解难题、补齐短板摆在更加突出位置,以全面实施《黑龙江省社会治安综合治理条例》为牵动,以理念思路、体制机制、方法手段创新为动力,深化"三大体系"建设,完善矛盾纠纷多元化解机制,提升维护公共安全能力,推进平安黑龙江建设精细化、信息化、法治化水平,为全省经济社会发展创造了安全稳定的社会环境。

一、强化对综治和平安黑龙江建设的组织领导,切实加大政策支持和保障的力度

省委、省政府一直高度重视综治和平安黑龙江建设工作,坚持将其纳入经济社会发展总体规划和任期目标。省委、省政府领导与各市(地)、系统、省直管县(市)党政主要领导签订了 2016 年度《社会治安综合治理暨"平安黑龙江"建设责任状》。省委政法委、省综治委与省综治委成员单位签订了《2016—2017 年度综治和平安黑龙江建设责任状》。新修订的《黑龙江省社会治安综合治理条例》于 2016 年 1 月 1 日正式实施,全省上下以此为牵动,全面深化综治和平安建设。

10 月 12 日,全国社会治安综合治理创新工作会议结束后,省委政法委、省综治委立即将会议精神向省委主要领导同志进行了汇报。10 月 17 日,省委召开了十一届第 136 次常委会,传达学习会议精神,研究黑龙江省贯彻落实意见,提出要提高社会治理现代化水平,重点在社会化、法治化、智能化、专业化上谋创新。按照常委会决定,10 月 27 日,省委政法委、省综治委召开了全省社会治安综合治理创新工作会议,对当前和今后一个时期的社会治安综合治理创新工作作出全面部署。

按照省委十一届七次全会和省委、省政府《关于进一步优化全省发展环境的意见》要求,省综治办承担了全省营造优良经济发展法治环境具体协调工作,组织成立了由 10 个部门参加的领导小组和办公室。6 月,组织召开领导小组会议,对优化发展环境工作作出部署,会上还讨论修改了《关于营造优良经济发展法治环境的若干规定》和《关于继续开展依法打击整治逃废银行债务行为专项行动的方案》,确定并曝光了一批营造优良经济发展法治环境先进典型和反面典型。

省委办公厅、省政府办公厅印发了《关于贯彻落实〈中央办公厅、国务院办公厅关于健全落实社会治安综合治理领导责任制的规定〉实施意见》,将社会治安综合治理领导责任纳入法治化轨道。进一步强调各级党委政府和各级党政领导的社会治安综合治理责任落实,强调要更加注重研究解决工作中的重大问题并在人力物力财力上给予工作保障,强调各部门各单位必须各司其职、各负其责,充分发挥职能作用,积极参与社会治安综合治理。

二、不断深化"三大体系"建设,推进社会治理重点工作创新发展

按照省委、省政府深化"三大体系"建设总体要求,全省各级综治部门坚持用法治思维和法治方式推动综治和平安建设,破解工作中的难题。省委办公厅、省政府办公厅印发了《关于加快推进综治(平安建设)法治化体系建设的指导意见》,省综治办积极协调省人大、省法院等部门推动矛盾纠纷多元化解机制立法,目前《黑龙江省矛盾纠纷多元化解条例》已经正式进入省人大常委会立法计划。积极推进《黑龙江省医疗纠纷预防与处置暂行办法》立法进程,目前完成三次协调修订，已进入省政府立法程序。开展了修订《黑龙江省边境管理条例》调研工作，为进入立法计划奠定基础。开展了《黑龙江省社会治安综合治理条例》宣传培训，在全省培训了120余名宣讲骨干。

大力补齐全省综治信息化建设短板，全省综治信息系统所需线路已联通至县区，演示平台调试完毕，模拟数据已完成录入，基层数据录入近百万条。按照国家发改委、中央综治办等9部门《关于加强公共安全视频监控建设联网应用工作的若干意见》和国家发改委、中央综治办印发的《公共安全视频监控建设联网应用"十三五"规划方案》要求，协调省发改委、省公安厅及其他成员单位共同推进公共安全视频监控建设联网应用工作，制定了《黑龙江省公共安全视频监控建设联网应用工作实施方案(2016—2020年)》，建立了黑龙江省协调工作制度，设立办公室。省综治办采取购买服务方式，委托省广播电视网络股份有限公司大力推动全省视联网系统建设，完成了市(地)100%、县(市、区)70%以上与中央、省、市、县的建设联通任务。

中央领导同志对黑龙江省嘉荫县连续五年实现"未成年人零犯罪"工作给予充分肯定。省综治委对嘉荫县经验进行了总结推广。

为有效防范和打击电信网络新型违法犯罪，切实维护人民群众合法权益，于9月20日成立黑龙江省反诈骗中心，实行公安、银行、通信三方合署办公，实现了对全省电信网络诈骗案件统一受理、统一查询、统一封堵、统一查处和预警宣传。11月25日，省综治委召开了省际诈骗电话网络拦截系统建设协调会议，印发了会议纪要，强力推动工作进展。目前，已完成省际诈骗电话网络拦截系统立项工作，确保3月底前完成项目建设。

积极推进基层治理创新，在城镇社区重点推行了哈尔滨、牡丹江、伊春市的社区治理的试点工作，积极探索建立"以确保社会和谐稳定为目标，以扩大社区居民自治为手段，以搭建公共服务平台为载体，以实行扁平化治理结构和完善社区功能为保障"的社区共治与居民自治交融互动的社区合作治理新模式。在农村重点推行了穆棱市农村治理的试点工作，实现小隐患早发现、小纠纷早研判、小诉求早介入、小信访早解决、小案件早受理，有效推进了基层社会治理精细化。

三、大力推动"三项排查整治"工作，不断加大矛盾纠纷多元化解力度

为建立健全有机衔接、协调联动、高效便捷的矛盾纠纷多元化解机制，最大限度消除不和谐因素，解决影响社会稳定的源头性、根本性、基础性问题。省综治办指导各地区和有关成员单位，切实加强矛盾纠纷多元化解制度和化解平台建设。省委办公厅、省政府办公厅印发了《关于完善矛盾纠纷多元化解机制的实施意见》，推动了矛盾纠纷多元化解立法进程，得到中央综治办通报肯定。制定并下发了《关于建立律师参与化解和代理涉法涉诉信访案件制度的实施意见》。和省财政厅联合下发了《关于进一步做好国家司法救助资金使用工作的通知》。

2016年初，省综治委部署了开展全省矛盾纠纷、社会治安、公共安全排查整治专项行动。省综治办每月对三项排查统计报表进行分析，建立台账，及时通报上报。省综治办、省委维稳办共同组织召开加强对欠薪问题专项检查治理会议，并印发《黑龙江省综治办、黑龙江省委维稳办关于加强对欠薪问题专项检查治理坚决防范发生群体性事件和个人极端事件的通知》。

按照中央综治办试点任务要求，与省法院认真指导大庆市开展诉调对接试点工作，按照《关于完善矛盾纠纷多元化解机制的实施意见》要求，将诉调对接平台与诉讼服务中心建设结合起来，建立特邀调解组织和特邀调解员名册制度，鼓励调解组织在诉调对接平台设立工作室，实现诉调对接工作的规范化、系统化和常态化。同时，深入推动全省综治综合试点单位工作。

四、联动融合基层平安黑龙江建设平台，进一步提高、拓宽平安建设标准和范围

各地区、各部门不断深化基层平安建设，在搭建平台上下功夫，组织开展了平安交通、平安市场、平安校园、平安家庭、平安矿区、平安医院、平安工地、平安企业、平安边境、平安文化娱乐场所、平安旅游区等内容丰富、形式多样的基层平安创建活动，使每个载体都有具体目标、工作措施，有评比考核标准。同时，注重努力打造本地区、本部门的创建品牌。有的地区强化与驻军部队密切配合，扎实有效地开展军地共建"平安黑龙江"活动,有的地区在推广以往平安创建达标试点乡村经验基础上,开展新一轮乡村平安创建,开展了平安示范单位创建工作。

省综治委注重引导各部门在平安建设中树立创新思维,积极探索平安建设与部门职能作用的最佳结合点。3 月 15 日,省综治办召开了十个专门领导小组办公室会议,部署专门工作,有力推动各领域平安创建工作。实行了综治委成员单位联系县、区平安建设工作制度,由此调动了综治委成员单位齐抓共建的积极性。

五、不断强化特殊人群和重点领域服务管理,破解社会治理领域突出问题

大力推进重性精神病人服务管理工作。年初,省综治办确定大庆市、绥棱县、哈尔滨市南岗区为严重精神障碍患者监护责任“以奖代补”政策试点单位。6 月,与省公安厅、省民政厅、省财政厅、省卫计委、省残联等部门联合印发了《关于严重精神障碍患者监护责任“以奖代补”政策的实施意见》,在大庆市召开全省严重精神障碍患者“以奖代补”工作现场推进会议,要求全省在年底全面完成中央综治办下达的任务指标。全省实现了全省奖补政策全出台、重点对象全覆盖、保障资金全落实,有效预防了严重精神障碍患者肇事肇祸案件特别是肇事肇祸致人死亡案件发生。

深入继续推进社区矫正工作。省综治办、省司法厅等六部门还联合印发《关于组织社会力量参与社区矫正工作的实施意见》,省综治办、省司法厅联合印发《关于开展村(居)社区矫正工作站建设的意见》。协调省司法厅、省公安厅和哈尔滨市落实中政委交办的曲松枝社区矫正工作任务,形成工作方案,并顺利接收。大庆市对社会力量参与社区矫正工作的形式、内容、范围、方法进行探索,黑河市建成县级社区矫正教育中心,七台河等市地实现了对社区服刑人员全部实行 GPS 手机定位管理。

集中开展危爆物品寄递物流清理整顿行动。组织开展了危爆物品寄递物流清理整顿专项行动,为落实寄递物流实行三个 100%(寄递物品 100% 开箱验视,100% 实名登记,100% 过安检机)的要求,省综治办积极协调,与省财政厅、省邮政管理局下发了《关于寄递企业购置安检机补贴资金的通知》,采取政府和企业各承担 50% 经费的办法,对全省 103 家寄递企业配置安检机实行财政补贴,目前已全部完成计划任务。

六、进一步加强基层综治组织和综治队伍规范化建设,强化综治基层基础

强化综治中心规范化建设。坚持“整合资源,精干高效,联合动作,优势互补,工作联动,方便群众”的原则,以“组织建设网格化、硬件建设标准化、工作运行程序化、制度建设科学化”为目标,力求全省综治(维稳)工作中心达到高标准要求、高起点建设、高层次运行。目前,黑龙江省 14759 个中心全部统一编号挂牌,落实了专职工作人员。省级综治中心落实了 500 英寸大屏幕资金,项目建设有序推进中。起草了《关于开展全省综治工作中心规范化建设年的工作方案》,确定哈尔滨市等一批试点单位,以点带面,全省推开。

强化综治和平安建设宣传。5 月 16 日至 22 日,在全省统一开展了综治暨平安黑龙江建设宣传周活动。2016 年,省综治办组建了平安宣传矩阵,开通了平安龙江建设微信公众号;加大平安龙江网宣传和管理力度,整合各地政法综治网站,形成地方长安网群。平安龙江网被中央政法委评为 2016 年度优秀地方长安网群。评选表彰了 9 位黑龙江省见义勇为英雄,张伟东、陈如金被评为“全国见义勇为好司机”,哈尔滨市获得见义勇为城市奖,崔冬生被评为“全国见义勇为模范”,梁宵、徐佳等被评为“全国见义勇为英雄”。

强化对综治领导干部培训。4 月,省综治办对全省综治专职(领导)干部 300 余人进行了第一期集中培训。重点对当前全省综治和平安黑龙江形势任务、如何做好综治委日常工作、完善矛盾纠纷多元化解机制、加强防控体系建设、落实综治领导责任制和加强信息化建设、夯实综治基层基础等 11 个方面的内容进行为期 5 天的以会代训,提出了不断提高综治专职干部具有法律资格比例的要求,通过以会代训,提升了整体素质,增强了工作信心,提高了创新能力。

黑龙江省综治委　省关工委关于继续深入开展创建“未成年人零犯罪”社区、村屯、学校活动的意见

（2016年3月2日）

2011年，为了贯彻落实中央综治委、中国关工委工作部署和省委要求，进一步做好青少年违法犯罪预防工作，省综治委、省关工委决定联合在全省组织开展创建“未成年人零犯罪”社区、村屯、学校活动。同年4月14日，省综治委、省关工委共同召开了全省开展创建“未成年人零犯罪”社区、村屯、学校活动电视电话会议，制定印发了《关于创建“未成年人零犯罪”社区、村屯、学校活动的方案》。五年来，在全省各级党委和政府正确领导下，各级综治委、关工委认真组织指导，精心周密安排，各有关部门分工协作，积极配合，采取各种有效措施，持续推进创建活动不断深入开展，取得了十分可喜的成效，涌现出嘉荫县等一批先进典型，全省未成年人违法犯罪率明显下降。中央和省委领导同志先后作出重要指示，对我省未成年违法犯罪预防工作典型经验给予了肯定。为认真贯彻落实中央和省委领导同志的批示精神，不断巩固创建成果，推动全省未成年人违法犯罪预防工作深入开展，现提出意见如下。

一、进一步提高认识，增强深入开展创建活动的自觉性和主动性

开展创建“未成年人零犯罪”社区、村屯、学校活动，是预防和减少青少年违法犯罪、加强和创新社会治理、建设平安黑龙江的重要载体，是关爱青少年健康成长、构建幸福平安和睦家庭、促进社会和谐稳定的现实要求，是利国利民、造福万家的德政工程。实践证明，综治委、关工委组织协调，相关部门协作配合，基层综治、关工组织和“五老”人员、社会各界具体参与，齐抓共管，共同开展的创建“未成年人零犯罪”社区、村屯、学校活动，是新形势下预防和减少青少年违法犯罪工作的有效形式和创新举措。

深入开展创建活动，必须坚持党委的统一领导，必须发挥好政府部门职能作用，必须动员社会各界共同参与，必须以预防和减少未成年人违法犯罪、促进社会和谐稳定为目标要求，着力形成党政主导、综治组织协调、关工委和有关部门配合、社会各界参与的创建工作格局。要在巩固现有成果基础上，进一步丰富创建活动内容、创新工作形式，进一步完善工作机制、提升活动质量，推动创建活动持续、深入、扎实地开展下去。

二、丰富活动内容，建立长效机制，实现创建活动常态化

继续深入开展创建“未成年人零犯罪”社区、村屯、学校活动，要注重回顾过去五年创建活动的工作实践，认真总结规律性、代表性经验做法，归纳形成具有指导性、操作性的工作规范。通过加强制度建设，建立起常态化长效工作机制，为持续深入开展创建活动提供制度保障。

（一）以德育养成为先导，实现青少年理想信念教育常态化。深入贯彻习近平总书记“六一”讲话精神，坚持把未成年人思想道德教育放在首位，教育引导广大青少年从小树立和践行社会主义核心价值观。要以习近平总书记提出的“记住要求、心有榜样、从小做起、接受帮助”的要求为指导，采取多种形式，在未成年人中开展“爱学习、爱劳动、爱祖国”，“我为实现中国梦做贡献、争当‘新三好’学生”，“中华魂”主题读书，“学雷锋、心向党、讲品德、见行动”等主题教育活动，并与大庆精神、铁人精神、北大荒精神、抗联精神的传承教育结合起来，与党史、国史教育结合起来，引导未成年人从小打下听党话、跟党走的思想基础，抓根本、抓源头，帮助未成年人从小树立正确

的人生观、价值观、荣辱观。

（二）以普法学法为基础，实现青少年法治教育工作常态化。坚持开展法治宣传，加大对未成年人的普法教育。要以《中华人民共和国未成年人保护法》和《中华人民共和国预防未成年人犯罪法》等法律法规为主要教材，采取未成年人喜闻乐见的教育形式，坚持不懈地开展法治宣传教育，使未成年人从小就有法律意识，尊法、学法、守法、用法。要坚持组织专职人员和“五老”“十大员”深入到社区、村屯、学校开展法治宣传教育活动。要创造条件为未成年人辟建更多的关爱基地、法治教育基地、青少年维权岗、警示教育基地、绿色网吧、“四点半课堂”、“法律关爱服务站”等教育活动场所，为未成年人提供法治教育活动平台。要坚持开展法治教育进学校、进课堂活动，中小学校都要配齐配强法治副校长。要坚持开展“百姓大讲堂”“模拟法庭”和“以案说法”等系列法治教育实践活动，寓法治教育于未成年人学习、生活、娱乐之中，不断提高尊法、学法、守法、用法的积极性和自觉性，增强自身法治观念。

（三）以关爱救助为重点，实现青少年帮教工作常态化。坚持做好弱势群体、特殊群体中未成年人的关爱、救助、帮教工作。要以社区、行政村为基础，建立未成年人档案管理、信息管理、责任管理制度。要建立完善职能部门牵头、社会各界参与的社会关爱、救助长效机制，使刑释帮教和有不良行为的未成年人、特困生、留守生等重点对象及时得到关爱、救助。要加强未成年人心理危机疏导，组织更多的专兼职心理咨询工作者对有心理障碍的未成年人进行心理咨询和辅导。中小学校都要建立心理咨询室，配备专职心理医生。关工组织要广泛发动“五老”“十大员”，发挥老同志特殊作用，倾注爱心，为贫困、留守、流动、单亲等未成年人解决生活、学习、就医等方面的困难，积极为他们办实事、解难事，通过关心关爱，使他们更好地融入社会，预防和减少违法犯罪。

（四）以优化环境为保障，实现青少年权益保护工作常态化。坚持做好未成年人学习、生活环境的净化工作。要继续抓好网吧监督工作，阻止未成年人进入网吧，努力帮助有网瘾未成年人戒除网瘾。要深入推进“平安校园”建设，加强校园周边社会治安综合治理，加大执法检查力度，净化校园环境，维护校园及周边安全，为广大在校青少年营造良好学习成长环境。要深入开展“平安家庭”创建活动，发挥家庭第一课堂作用，预防和减少因家庭原因产生单亲、问题青少年。要加强对农村留守儿童、城市流浪乞讨儿童权益保护工作，加大对虐待、拐卖未成年人违法犯罪行为的打击力度，及时保护、拯救危困未成年人，避免其失管失足。

三、加强组织领导，各方齐抓共建，确保创建活动取得实效

深入开展创建“未成年人零犯罪”社区、村屯、学校活动，预防和减少未成年人违法犯罪工作，涉及千家万户，是一项系统工作，是全党、全社会的共同任务。各部门和社会各界要在党委统一领导下，坚持和完善已建立起来的创建工作联席会议制度，充分发挥职能作用，各司其职、各负其责，组织协调社会各方面的力量齐抓共管，共建共治，把创建活动不断推向深入。

各级党委、政府要切实承担起平安建设责任，要把关心青少年健康成长、预防青少年犯罪工作作为平安建设一项基础性、长远性的百年大计工程来抓，要把开展创建活动纳入“四个面向”的工作日程，摆上位置，认真研究，周密部署。党政主要领导要高度重视创建活动，多关心、常过问，多督促、勤指导，为深化创建活动提供强有力的组织保证。

各级综治部门要发挥组织指导作用，积极协调指导各级关工委和相关部门认真推进创建活动深入开展，及时听取各方意见，认真解决工作中出现的问题。要将未成年人违法犯罪预防工作纳入综治考评，严格落实综治考评奖惩制度，对发生严重未成年人犯罪案件造成重大社会危害和影响的地方单位，依据综治工作责任制规定，实施黄牌警告、一票否决。

各级人民法院、人民检察院、公安部门、司法行政部门要认真做好青少年普法宣传教育、未成年人违法犯罪案件审理、侵害未成年人合法权益违法犯罪活动的预防打击、未成年违法犯罪释解人员帮教等项工作，加强少年犯法庭、专门学校等场所建设，严格落实未成年人司法保护制度，为未成年人提供安全的社会治安环境和公正、高效、人性化的司法保障环境。

各级宣传、文化、工信、新闻出版广电、通信管理部门要坚持正确舆论宣传导向,加强对文化市场、互联网媒体、移动信息的监督管理,建设有利于未成年人健康成长的社会舆论环境和网络环境。

各级发展改革、财政、住建、人社部门要加大对预防未成年人违法犯罪工作相关项目建设、基础设施建设、健康保险等方面的政策、资金支持力度,为预防未成年违法犯罪提供有力工作保障。

各级民政、教育、卫生计生部门和共青团、妇联组织要加大对贫困、疾患、特殊家庭、留守儿童等弱势、重点未成年人群体的帮扶力度,着力做好经济帮助、疾病救治、心理危机干预等方面工作,通过政府和社会的关爱关怀帮助特殊未成年人走好正确人生道路。

各级关工组织要在党委领导下,在综治部门组织指导下,发挥"五老"优势,与相关部门和社会各界一道,主动作为,善做善成,推进创建工作有效开展。要深入实际调查研究,及时发现问题,总结典型经验,掌握第一手材料,不断研究探索深化创建活动的新思路、新举措。要加强沟通协调,当好顾问和参谋,及时向党委政府提出工作建议,积极指导和督促政府相关职能部门,推动创建活动落实。对在开展创建"未成年人零犯罪"社区、村屯、学校活动中成效突出的单位、贡献突出的个人,及时予以表彰鼓励。省关工委将每五年召开一次大会,对在创建活动中的先进关工组织和先进"五老"进行表彰。

黑龙江省综治办　省司法厅关于开展村(居)社区矫正工作站建设的意见

(2016年4月8日)

各市(地)综治办、司法局,省农垦、森工总局综治办、司法局,绥芬河、抚远市综治办、司法局:

为深入贯彻最高人民法院、最高人民检察院、公安部、司法部《关于全面推进社区矫正工作的意见》及司法部、中央综治办、教育部、民政部、财政部、人力资源和社会保障部《关于组织社会力量参与社区矫正工作的意见》精神,充分发挥司法行政职能作用,进一步健全我省社区矫正工作组织网络,完善社区矫正监管工作体系,扎实构筑社区矫正基层基础防线,现就在全省开展村(居)社区矫正工作站建设提出如下意见。

一、开展村(居)社区矫正工作站建设的重要意义

我省全面开展社区矫正工作以来,各地采取有效措施,不断加强对社区服刑人员的教育矫正、监督管理和社会适应性帮扶,取得了较好的法律效果和社会效果。但随着社区矫正工作的深入推进,社区服刑人员数量不断增长,分布区域不断扩大,加之社区服刑人员居住分散、司法所工作人员少,这些都给社区服刑人员管理工作带来了很大的难度。因此,依托村(居)现有的管理机构和组织,全面开展社区矫正工作站建设,充分发挥其"人熟地近、便于管理"的优势,让村、社区相关工作人员参与、协助、配合司法所开展社区矫正工作,打通社区矫正工作的"最后一公里",使社区矫正工作触角和工作力量延伸到基层一线,不仅有利于缓解司法所专职社区矫正工作者短缺的局面,有利于构建起省、市、县、乡镇(街道)、村(居)五级社区矫正工作组织网络和监管体系,实现社区服刑人员日常监管工作的无缝衔接,而且对预防和减少社区服刑人员脱管失控与重新犯罪,创建平安黑龙江、法治黑龙江建设具有重要意义。

二、村(居)社区矫正工作站设置与建设目标

(一)社区矫正工作站设置。依托社区(村)综治工作站加挂社区矫正工作站牌子,受社区

(村)综治工作站领导,由乡镇(街道)司法所指导和管理社区矫正日常业务工作。社区矫正工作站站长由社区(村)调委会主任兼任,成员由治保、调解和社会工作者、社区矫正工作志愿者等组成。工作站要有工作制度、有标识、有印章、有台账,工作站工作人员的联系方式向社区服刑人员公开,工作站标识牌和印章由县(市、区)及农(林)管局司法局统一设计制作。

(二)建设目标。要坚持先易后难、试点先行、以点带面的办法,分期分批地推进村(居)社区矫正工作站建设。2016 年 6 月底前,各县(市、区)及农(林)管局要在基础条件相对较好的村(居)先行开展建设工作;9 月底前,全省村(居)社区矫正工作站要全部完成建设任务,并达到名称统一、制度健全、设施完备、职责明确、运作规范、作用明显的建设目标。

三、村(居)社区矫正工作站职责和工作制度

(一)村(居)社区矫正工作站职责。村(居)社区矫正工作站履行下列职责:学习、贯彻、执行国家法律法规、方针政策和社区矫正工作相关规定,协助配合司法所开展社区矫正有关工作。了解掌握辖区内社区服刑人员及其家庭成员思想、工作、学习、生活等情况,根据需要向司法所反馈。了解掌握社区服刑人员就业、就医、就学、社会交往、活动范围等日常动态,及时做好日常情况登记,遇有重要情况及时向司法所报告。协助司法所在重要敏感时期加强对社区服刑人员的教育、走访、监督和管控。协助司法所建立社区矫正小组,落实监护人和保证人,督促矫正小组成员、监护人、保证人履行日常帮教责任和义务。督促社区服刑人员遵守法律法规和社区矫正监督管理规定,发现社区服刑人员失联、下落不明或违法违规违纪时,及时向司法所报告。协助司法所开展社区服刑人员教育学习、社区服务、帮扶解困和解矫后的安置帮教衔接等工作。

(二)村(居)社区矫正工作站工作制度。

1. 工作台账制度。工作站建立工作台账,记载辖区内社区服刑人员的基本信息、现实表现、日常活动和参加教育、社区服务等情况。司法所对工作台账不定期进行检查。社区服刑人员解除矫正后,相关记录内容由司法所归档管理。

2. 情况报告制度。工作站每周向司法所报告本辖区社区服刑人员的思想动态、家庭变故、就业变化、生活状况、遵守法律法规和社区矫正规定以及监护人或保证人履行责任义务等情况,遇有紧急情况立即报告。司法所对工作站的情况报告登记在案,并及时做好相关处置工作。

3. 外出管理制度。请假外出的社区服刑人员离开和返回居住地时要到工作站进行登记,工作站在 12 小时内向司法所反馈相关情况。社区服刑人员请假外出期间,工作站督促矫正小组成员、监护人或保证人及时与其联系,严防脱管失控和再犯罪情况发生。

4. 信息保密制度。工作站按照有关规定和司法所要求对社区服刑人员的基本信息及个人隐私等给予保密,工作台账非因工作需要不得借阅。对未成年社区服刑人员给予身份保护,组织教育和社区服务时与成年人分开。

5. 教育帮扶制度。工作站发挥村(居)优势,协助配合司法所做好社区服刑人员的思想教育和社会适应性帮扶等工作。

6. 社区服务制度。工作站利用村(居)资源,协助司法所建立社区服务基地,适时组织本辖区社区服刑人员开展社区服务活动,并负责监督。

四、开展村(居)社区矫正工作站建设的有关要求

(一)提高认识,加强领导。开展村(居)社区矫正工作站建设是推进社区矫正管理创新、扎实构筑社区矫正工作基层基础防线的重要举措,各地各部门一定要高度重视,加强组织领导。各级综治组织要把社区矫正工作作为社会治安综合治理的一项重要内容,依托基层综治工作平台,积极推进村(居)社区矫正工作站建设,进一步完善社会治安综合治理体系。各级司法行政机关要充分发挥职能作用,积极向党委、政府汇报,争取重视支持,主动与相关部门沟通协调,努力把工作站建设作为服务和保障经济持续健康发展的一项创新工程,纳入当地加强和创新社会治理的总体部署来推进,确保村(居)社区矫正工作站建设任务落到实处。

(二)明确任务,落实责任。年初,省综治办将村(居)社区矫正工作站建设纳入了今明两年综治责任考评体系之中,各级司法行政机关,尤其是县区司法局和基层司法所要在同级综治部门的领导下，积极主动地承担起工作站建设的主体责任，建立起“一把手”亲自抓、负总责，分管领导、责任部门具体抓，一级抓一级，层层抓落实的工作推进机制。要结合本地实际，认真研究制定具体建设规划和方案，细化工作目标和任务，并认真组织实施。要强化业务指导和督导检查的工作力度，市县两级司法局的主要领导要经常深入基层调查了解情况，主动帮助基层协调解决工作站建设过程中遇到的困难和问题。对建设工作重视程度不高、推进力度不大的单位，要重点推进，确保工作有效落实。

（三）明确标准，注重实效。各级司法行政机关要坚持实事求是，高标准地推进村（居）社区矫正工作站建设，使工作站真正成为社区矫正安全稳定工作的前沿“第一哨”、帮教帮扶工作的“主阵地”。要把工作站建设进度和质量列入年度绩效考核之中，坚决防止在工作站建设工作中擅自降低标准、走过场或虚报、瞒报等弄虚作假现象的发生。各县（市、区）及农（林）管局司法局要加强村（居）社区工作站建成后的指导和管理，在进一步明确基层司法所在社区矫正监管中的主体责任的同时，最大限度地发挥好村（居）社区矫正工作站的辅助配合作用，形成工作合力，确保社区矫正各项工作的有效开展、工作力量的有序衔接。

（四）广泛宣传，推广典型。各地、各单位要充分利用报刊、电视、广播、网络等宣传媒体，广泛宣传社区矫正工作的职能，宣传村（居）社区矫正工作站建设的作用和重要意义，引导和鼓励公众特别是村、社区居民关心参与工作站建设，为村（居）社区矫正工作站建设工作顺利开展营造良好的社会氛围。要不断探索、总结和推广村（居）社区矫正工作站建设的好经验、好做法，加强典型的宣传与推广，发挥典型的示范引领作用，不断推进村（居）社区矫正工作站建设水平的整体提高。

黑龙江省大庆市夯实基础　完善机制
稳步推进“以奖代补”试点工作

大庆市综治办认真落实省综治办关于严重精神障碍患者监护责任“以奖代补”工作的要求，系统谋划，强力推进，试点工作进展顺利。

一、结合实际，系统谋划

大庆市综治办把系统谋划作为“以奖代补”工作的先决条件。一是回头看。大庆市早在2014年就在全省率先实施了严重精神障碍患者服务管理办法，实现了基本药物救助和住院救助全覆盖。在设计试点工作时，没有另开炉灶，而是在原严重精神患者服务管理工作的基础上研究测算，相互补充，相互衔接，相互促进，使以奖代补工作更符合大庆市实际，更易于操作，更具有连续性。二是向前看。在制定暂行办法时，多次向省综治办请示汇报，积极争取指导和支持。向国内高水平看齐，向高标准努力，组织公安、卫生、民政、残联等部门负责人和5个县区综治办主任先后到江西省赣州市、北京市朝阳区实地考察，学习取经，交流探讨，收获很大。三是往远看。着眼于打造科学系统的严重精神障碍患者服务管理闭环体系，在开展“以奖代补”工作的同时，已经着手研究探索严重精神障碍患者肇事肇祸第三方责任险、社区康复、强制医疗等方面工作，并已开始启动《大庆市严重精神障碍患者服务管理办法》的修订完善工作。

二、摸清底数，做实基础

把基础夯实作为“以奖代补”工作的首要前提。一是求点子。深入五区四县、乡镇（社区）卫生服务中心、社区警务大队、精神卫生医疗机构、救助站进行实地调研，与相关部门业务人员、基层具体工作人员及患者监护人代表进行座谈，先后10余次征求“以奖代补”工作的意见和建议100余条，进一步明晰办法制定和推进过程中需要解决的问题和注意环节。二是查底子。按照大庆市严重精神障碍患者服务管理办法,每年年初组织开展一次联合入户筛查。为使以奖代补工作推进更为精准,又利用2个月的时间,组织乡镇(社区)、公安、卫生、民政、残联等相关部门重新开展了全市范围内的集中核查,由精神卫生医疗机构的精防专家重新进行确诊分类,严格评估分级,公安部门对有肇事肇祸行为及倾向的患者进行再次确认,及时录入公安部重性精神病人管理系统。三是装篮子。对筛查出的患者信息进行整理汇总,按患者病情、危险性等级、肇事肇祸记录情形、享受救助方式、以奖代补申领等情况,实行分类建档,有针对性地提供服务。截至目前,全市共筛查发现严重精神障碍患者10418人,其中三级以上1077人,重性精神病人662人,肇事肇祸253人,已申请以奖代补152人。

三、细化责任,完善机制

把健全机制作为开展“以奖代补”工作的重要保证。一是牵好头。无论是实行严重精神障碍患者服务管理还是开展“以奖代补”工作,市县两级综治部门主动作为,积极组织协调,充分发挥联席会议作用,联合卫生、公安、民政等部门共同开展调研,共同研究文件,共同解决问题,共同考评督办。二是齐好步。明确了相关部门和人员的主体责任和工作职责,绘制工作流程图,使每一个环节、每一个步骤,什么人干、干什么、怎么干都清清楚楚,一目了然。公安、卫生、残联、民政等部门间还建立了信息共享机制,对危险等级三级以上、肇事肇祸、救治救助等信息定期通报,解决了数据不准、口径不一的问题。三是开好方。及时了解掌握试点工作中存在的困难和问题,根据问题的大小难易程度,分别由关爱帮扶小组、乡镇(社区)、县区和市级试点工作联席会议研究解决。工作开展以来,市综治办先后组织召开了4次联席会议,协调解决了人户分离、居住地迁移、监护人确定、应急处置等25个问题。

四、边试边行,同步推进

坚持两条腿走路,将开展工作和制定办法同步推进。一是动先手。试点启动之初,就选择严重精神障碍患者服务管理基础较好的萨尔图区和让胡路区,先行尝试开展“以奖代补”工作,边学边干,边干边总结,为制定全市“以奖代补”政策提供参考借鉴。二是当帮手。“以奖代补”试点工作开展过程中,多次组织相关业务人员深入基层,与基础工作人员一起研究解决工作中存在的困难问题,及时给予现场指导。还通过媒体、报纸、电视对“以奖代补”政策进行重点解读,通过宣传图版、条幅、宣传页对以奖代补政策进行集中宣传,为全面推进“以奖代补”工作营造良好氛围。三是来硬手。将试点工作纳入2016年度综治责任状考核内容,加大严重精神障碍患者服务管理及“以奖代补”工作的考核权重,严格落实主体责任和监督责任,综治、公安、卫生等部门分别对“以奖代补”工作进行考评考核。

在实际工作中,“以奖代补”试点工作进展顺利,得益于市委市政府的高度重视,得益于相关部门积极参与和愿意参与,也得益于各县区委区政府站在民生的高度来推动此项工作,更得益于参与此项工作的基层组织、具体工作人员的认同和努力。下一步将以此次会议为契机,认真学习兄弟地市先进经验,按照会议要求,全力推进“以奖代补”工作,不断提高严重精神障碍患者服务管理水平。

黑龙江省牡丹江市立足基层抓“五小”
社会治理靠“五早”　推进基层社会治理精细化

近年来,牡丹江市在深化基层社会治理工作中,坚持探索微创新,建立微机制,创设微平台,强化微服务,成立微组织,运用“五早”方法,解决“五小”问题,实现小隐患早发现、小纠纷早研判、小诉求早介入、小信访早解决、小案件早受理，有效推进了基层社会治理精细化。

一、矛盾调处在城乡最基层

始终秉持“百姓身边无小事，民生之事大如天”理念，注重搭建化解基层矛盾纠纷的基础性载体，开通网络视频在线解答法律咨询平台，创新人民调解“以案定补”“人民调解员等级评定制度”“调援一体化”“恳谈茶社”“流动调解室”“行政处罚后的民事纠纷处理”等一系列举措，形成辐射城镇、街道、社区、村屯的纵向四级、横向联动的公共法律服务网络，激活了“神经末梢”的活力，真正实现在第一时间掌握各种矛盾纠纷动态，第一时间介入调解，确保矛盾纠纷早发现、早掌握、早化解，真正让村头、街头、地头成为矛盾的尽头。全市90%以上的矛盾化解在基层一线，没有因调处不当或措施不力引发的“民转刑”案件。

二、平安防控在城乡最基层

着力夯实立体化社会治安防控体系基础，打造全省最具安全感城市。依托110指挥中心，建成集指挥调度、应急处置、警情研判、视频巡查、城市管理等多功能于一体的市应急指挥中心，实现县、乡、村全新高清视频监控天网全覆盖。推行“巡特警＋社区民警＋网格长＋联防队员＋保卫＋治安积极分子”的“N＋”人防巡控模式，实现巡控力量铺满盖严、无死角、无盲区。组建全国第一支专业化农村辅警力量，承担服务群众的办事员、矛盾纠纷的调解员、社情动态的信息员、打击犯罪的情报员和巡逻防范的治安员的乡村“五大员”任务。全市八类案件发案同比下降25.8%，群众的安全感、满意度显著提升，在“平安龙江”网上测评中连续两年获得第一。

三、服务延伸在城乡最基层

创新“便民服务联盟”机制，把为民服务的“底层设计”规划到每一个环节，渗透到每个细节。便民服务联盟由“四部一网”、服务队、便民小屋、若干网格等梯次构成，整合各类资源，为劳务、商服和居民搭建供需服务平台，实现服务“零距离”。创建“联合接访服务中心”，使人民来访接待中心和公共法律服务中心资源共享、工作互联互动，形成“一站式接待、一条龙办理、一揽子解决”的服务模式。搭建“两站一代”服务平台，选派后备干部到乡镇、村（社区）挂职，实行为民办事全程代理制，变群众来访为信访干部下访，第一时间全面掌握民情、访情动态，做到情况在一线了解、问题在一线解决，使百姓诉求有渠道、需求有呼应、要求有结果。

（撰稿人：王克石
审稿人：孙仁柱　赖小燕）

上 海 市

2016 年综治工作概况

2016 年，上海市社会治安综合治理工作在中央综治委和市委、市政府领导下，围绕中心，服务大局，以群众对平安的需求为出发点和落脚点，坚持创新引领，积极破解难题，不断增强社会治安防控体系整体效能，不断提高平安上海建设社会化、法治化、智能化、专业化水平，为保持本市社会治安持续稳定打下扎实的基础。公众安全感指数为 83.96，保持历史较高水平。

一、坚持问题导向，认真完成各项重点任务

（一）部署推进综治重点工作。着力维护公共安全、提高群众安全感、提升治安防控整体效能，确定“防范和打击电信诈骗犯罪活动”“防范和打击金融诈骗犯罪活动”“防范和打击利用游戏机赌博违法犯罪”等 9 项工作为市综治委重点工作。各区明确目标，分解任务，有计划、有步骤地统筹推进，徐汇、奉贤、崇明等区立足区情，明确“创建‘交通法治示范区’”“规范农村地区出租房屋管理”“‘三无’船只专项整治”等区级综治重点工作；虹口、宝山等区综治部门联合工商、文化、城管、房地局等职能部门对治安复杂区域和路段开展集中整治，对涉嫌金融诈骗、开设赌博娱乐场所开展高频度查处，有效维护治安稳定；长宁、闵行等区综治部门加强与公安、金融办、市场监督管理局等部门合作，抓住市场准入、风险监测、案件定性、取证认定、行刑衔接等环节，建立联动机制，从快、从重打击金融诈骗犯罪活动。市公安局会同通信、金融监管等部门搭建了“反电信网络诈骗中心平台”，自 2016 年 3 月 21 日起启动防范、打击、治理一体化运作模式，截至 2016 年 11 月，成功劝阻 5.5 万人次，关停涉案电话号码 8543 个，封堵有害网站 1245 个，发案数同比下降 34.89%，案值同比下降 41.49%；各级综治组织和公安机关开展了“我为防范电信网络诈骗献一计”金点子征集活动，扩大宣传实效和群众参与面。

（二）做好重大活动期间社会面防控工作。综合施策预警预防各类风险，排查隐患，化解矛盾，切实维护社会稳定。各级综治部门执行等级值班备勤制度，实行社会稳定情况“零报告”，广泛动员组织开展驻点守护、隐患排查、社区巡访等“平安马甲”志愿服务，维护公共秩序和治安安全，确保万无一失。全市道路交通违法行为大整治行动期间，在重要时段、重点路段，“平安马甲”轮流上岗，参与道路交通法规宣传、安全文明宣传和劝阻交通违法行为活动；青浦、嘉定、松江等区加强对入沪、入浙陆路道口和无名道口安全管控；金山区以“环浙护城河”工程为契机，巩固深化平安边界“十联”建设；徐汇区将客流量大的场所定为集中宣传点，重要节点期间开展密集宣传。

（三）烟花爆竹“禁燃”管控常态化。为保障城市公共安全，改善大气环境，市人大 2015 年底审议通过了新修订的《上海市烟花爆竹安全管理条例》。为配合做好“禁燃”工作，各级综治组织广泛发动，宣传造势，做到“禁燃”要求家喻户晓。元旦春节期间，各级综治组织定岗定责，30 万名“平安马甲”齐动员，协同配合公安、武警，恪尽职守，全面巡查劝阻，实现了“外环线以内区域烟花零燃放、外环线以外区域燃放量明显减少”的预定目标。为形成长效机制，各区将烟花爆竹销售、运输、储存等环节的发现监察纳入常态化综治网格管理、志愿服务项目。

二、坚持预防为主，增强社会治安整体防控能力

（一）深化群防群治守护网建设。在深入推进治安巡逻防控网、武装应急处突网建设的同时，强化反恐意识，以网格化管理、社会化服务为方向，进一步深化平安志愿者、治安信息员、市民巡防团等群防群治力量建设。加强组织领导、发展规划、人员培训、宣传考核以及工作衔接，不断提升群众参与社会治安防范的能力和水平，打造了“徐汇平安橙”“虹口大妈”等群防群治品牌。黄浦区着力推进新天地区域治安防控网建设，构建了统一指挥下的公安、城管、特保3支队伍与街道辖区内各支群防群治队伍的常态化联勤联动机制；杨浦区组织民兵预备役部队在重要时间节点参与巡逻防控工作，深化“军地警联勤”区域联防；市绿化市容管理局加强公园技防设施建设、增强安保力量，组建群防群治队伍，提升公园的治安管理水平；校园及周边治安综合治理专项组、市教委推进高校安全示范点建设，配合依法打击校园周边非法营运、非法载客、非法买卖改装机动车和电动车等违法行为。

（二）提高社会治安防控体系建设科技水平。按照科技引领、信息支撑的思路，推进公共安全视频监控建设联网应用“雪亮工程”及宝山区“全国示范城区”项目建设。综合运用互联网、大数据、云计算和卫星定位、地理信息系统等技术，推进社区视频监控系统建设，提升联网和应用能级，不断提高社会治安防控信息化水平。长宁区打造了公共安全管理数字化、网络化、智能化有机融合的中山公园商圈区域联动机制；徐汇区完成了覆盖辖区全部路面和重点小区的视频监控联网建设；杨浦区为老旧小区安装监控探头，提高技防水平；闵行区推进平安小区协同治理“田园模式”，因地制宜扩大技防设施覆盖面；金山区农村地区图像监控点位覆盖率同比翻了一番；松江、奉贤、崇明区大力推动社区技防工程，推进技防新装备向农村地区延伸；浦东新区建设推广电动自行车智能防范系统。

（三）加强重点行业重要区域治安防控。加强旅馆业、废品收购业、娱乐服务业、游艺（戏）机厅等重点行业的治安管理工作。加强学校、医院和机场、地铁、交通枢纽及其周边的安全守护。集中开展危爆物品寄递物流清理整顿和矛盾纠纷排查化解专项行动，排摸各类涉危爆物品企业，加强邮件、快件寄递和物流运输安全管理，积极推进开箱验视、实名登记、X光机安检安全管理制度，确保特殊时间、特定方向“三个100%”安检执行到位。建立了散装汽油实名制销售及实时追溯系统。普陀区强化危险化学品负面清单管理模式，建立重大危险源数据库；市质监局加强安全保卫隐患排查，加大避雷防灾检测、防汛防台预警、民防设施养护力度；市教委落实综合监管措施，构筑教育系统安全生产责任体系；市民宗委牵头做好宗教领域公共安全及涉外宗教活动管理工作，有效维护民族团结、宗教和睦与社会稳定；护路护线专项组深入开展打击破坏盗窃电力电信广播电视设施专项行动，整治消除了高铁沿线大量安全隐患问题。全市公安、检察、法院系统开展打击伪基站、打击涉医犯罪专项行动，回应人民群众关切，通过刑事审判维护社会和谐稳定。

三、坚持完善机制，源头预防和多元化解矛盾纠纷

（一）持续做好矛盾纠纷分级分类排查。针对影响社会稳定的主要问题，立足源头预防，强化矛盾排查，落实巩固矛盾纠纷排查化解工作机制。坚持信访稳定工作例会制度和月报制度，定期分析研究信访突出矛盾，形成会议纪要，明确解决问题的办法和责任单位。各区公安派出所按照矛盾纠纷的性质、对社会稳定的影响程度，先期调查、甄别分类，区分为“一般类”“关注类”“重点类”，开展分级化解，共排查矛盾纠纷41058起，化解38739起。健全社会稳定风险评估机制，规范评估流程，培育评估中介市场，确保本市一批重大事项顺利推进实施。全市基层调解组织受理民间纠纷305553件，调解成功率93.3%。

（二）规范矛盾纠纷多元多维化解。规范矛盾调处，畅通诉求表达，着眼多元化解，依法依规，综合联动。根据市委市政府《关于完善矛盾纠纷多元化解机制责任分工方案》，推动调解、仲裁、行政裁决、行政复议、诉讼等矛盾化解途径的有机衔接。各级综治组织共同参与，推动劳资纠纷、道路交通事故赔偿纠纷、物业纠纷、医患纠纷、涉校纠纷等专业调解组织建设和工作开展。上海法院系统推动将司法资源下沉，建立矛盾纠纷基层化解机制。市司法局与市公安局共同制定下发《关于进一步深化公安派出所与司法所联动化解社区矛盾工作的意见》，加强司法所和公安派出所联动，强化公安执法保障，引入矛盾甄别机制，建立律师事务所与公安派出所结对制度，在全市

231 个公安派出所设置"人民调解工作室",派驻人民调解员,延伸了公共法律服务触角,多元化解社区矛盾,全市司法所共直接参与化解矛盾纠纷 14599 起,为基层政府提供法律建议 2347 次,结对律师共参与化解纠纷 6021 起;市卫生计生委开通网上受理平台,实现矛盾问题由三级承办单位网上流转,提高按时办结率、先行联系率;市妇联牵头推动《反家庭暴力法》的落实实施,营造和睦家庭关系。

(三)创新拓展纠纷解决渠道。充分发挥法治的引导、规范、保障、惩戒作用,做到依法化解社会矛盾,维护社会稳定。加强和改进法治宣传教育工作,推动全社会树立法治意识,增强全民法治观念,有效培育了办事依法、遇事找法、解决问题用法、化解矛盾靠法的良好法治环境。支持上海商事调解中心、上海市金融调解中心等新型调解组织建设运行,金融调解中心启动小额金融纠纷快速解决机制,有力保障了金融消费者权益。闵行区领衔"住宅小区物业纠纷多元化解机制建设"创新项目;"两新组织"专项组、市社会工作党委巩固深化运用社会力量化解矛盾的做法,拓展了化解矛盾的领域;市总工会建立了预警预防群体性劳资纠纷有效体系;市检察院针对环境保护和食品药品安全领域出现的查处难点问题,适时出台相关规定细则,促进从法治层面予以解决。

四、坚持协同协作,抓好实有人口和特殊人群服务管理

(一)推进实有人口管理。坚持以房管人、以业调人、以证控人,实现产业结构与人口结构同步优化。坚持"两个合法稳定"标准,提高教育、卫生等公共服务政策门槛,引导人口有序流动。以"五违四必"生态环境综合整治为契机,各级综治部门积极参与,统筹推进拆除违法搭建、打击非法客运、"六小行业"整治等专项行动,积极投入创建"无群租街道""无群租小区"工作。普陀区通过关停曹安路、曹杨路等路上一批低端农产品、果品批发市场,优化环境,整治治安顽症,引导人口有序流动。实有人口专项组、市公安局大力加强实有人口基础数据整合,强化重点关注群体基础信息排查管理,推动基层人口服务管理各项措施落地见效;采集、维护来沪人员信息。社会治安专项组组织开展社会治安重点地区和突出治安问题排查整治,滚动排摸了重点地区 221 个。

(二)健全完善预防和减少犯罪体系。坚持党委和政府领导下的多方参与、共同治理,发挥市场、社会等多方主体在禁毒、社区矫正、安置帮教、社区青少年服务管理中的协同协作、互动互补作用。加大对专业社会组织的培育扶持力度,举办了社会组织、社会工作者专题培训;在市财政局的支持下,提高了预防和减少犯罪工作体系政府购买服务的经费标准。全市 6 个专业社会组织、2000 多名社工组成的专业服务队伍,为 16 万余名对象提供服务,工作机制运行成熟稳健,"阳光""自强""中致"和"新航"等专业社会组织被评为全国百强社会组织。法规政策专项组成员单位围绕"加快保障和改善民生、推进社会治理体制创新法律制度建设"提出立法建议,重点推进《上海市禁毒条例》的制定工作,并积极参与《安全生产法》《食品安全法》的修改及执法检查工作。

(三)拓展创新特殊人群综合服务管理措施。加强社区服刑人员、扬言报复社会人员、刑满释放人员、吸毒人员等特殊人群的服务管理工作,全面落实易肇事肇祸严重精神障碍患者"三清三落实"要求,研究制定了本市对严重精神障碍患者未发生肇事肇祸行为的,落实给予监护人"以奖代补"政策,健全政府、社会、家庭三位一体的关怀帮扶体系,落实教育、矫治、管理以及综合干预措施。加强对重点人群的心理辅导和危机干预,抓好长宁区全国"社会心理服务体系联系点"建设,试点建立健全社会心理疏导机制、危机干预机制,防范和降低社会风险。特殊人群专项组、市司法局研究制定了《上海市特殊人群精准帮扶工作意见》;由预防青少年犯罪专项组、市检察院牵头,统筹未成年人帮教、保护、救助等社会资源,推进市区两级未成年人检察社会服务中心实体化运作;奉贤区建立了政府主导下的专业戒毒医疗资源评估诊疗的"社区戒毒康复巡回诊疗"工作模式,提升吸毒人员服务管理社会化、专业化水平。

五、坚持夯实基础,不断提高社会治安综合治理能力和水平

(一)规范综治中心建设。贯彻落实市委市政府《关于进一步创新社会治理加强基层建设的意见》，制定《加强街道乡镇综治中心规范化建设的方案》，各区、街镇把综治中心建设纳入当地经济社会发展规划，形成党政主导、统筹推进格局，整合多部门人员、资源，促进场地、设施和经费等问题的解决。全市各街镇综治中心、村级综治工作站投入实体化运作，综治中心基本配齐“一正五副”领导班子，逐步配齐社区工作者，形成“一个窗口”服务群众、“一个平台”处置反馈、“一套制度”议事协商的业务流程，以及矛盾纠纷联调、社会治安联防、突出问题联治、重点人员联管、基层平安联创“五联”机制。黄浦区淮海中路等街道综治工作中心规范化建设经验在全国社会治安综合治理创新工作会议上被报道推广；静安、长宁、宝山区开展综治中心规范化建设专题调研，为出台《综治中心建设运营管理规范框架（国家标准）》建言献策。

（二）深入开展基层平安创建工作。深化平安示范社区、平安市场、平安医院、平安校园、平安公园、平安家庭、平安边界等系列创建活动，各大口党委不断丰富创建内涵、提高创建实效，各区和有关职能部门从营造人人共创平安、满足群众多样化需求出发，建立多元主体参与的群防群治、社区共治机制，推进政府、企业、社会组织的跨界合作，汇聚民意，完善民主协商机制，引导激励更多居民群众支持和参与社会治安防控体系建设。开展第五届“创新社会治理、深化平安建设典型案例征集、评选活动”，评出了十佳示范案例和20个优秀案例。各区、街镇踊跃参与“一街镇一品牌”申报创建工作，提炼了工作品牌220个。市见义勇为基金会不断加强见义勇为表彰评审制度建设和各区、行业分会建设，安全稳妥地开展投资理财和资金募集工作，加大见义勇为人员物质帮扶力度，评选并授予63名群众市级见义勇为“先进分子”“先进群体”称号，其中1名个人、1个群体被评为全国“见义勇为模范”。

（三）加强综治体制机制和自身建设。切实落实本市社会治安综合治理委员会工作制度，推动各成员单位在综治、平安建设中履职尽责，发挥骨干作用，各司其职、通力协作、齐抓共管，增强整体合力。各级党委和政府加强对综治工作（平安建设）的领导，通过评估、督导、考核、激励、惩戒等措施，形成正确的激励导向，推进各项工作要求和措施落到实处。严格落实社会治安综合治理领导责任制，各级党政主要领导与综治成员单位党政主要领导签订《2016—2017年度综治（平安建设）目标责任书》。对社会治安问题突出的地区和单位通过定期通报、约谈、挂牌督办等方式，找准症结，研究提出解决问题的措施，限期进行整改。落实开展市综治委成员单位及委员平安建设联系点工作。浦东、徐汇、普陀、青浦等区充分发挥综治考核导向作用，对治安复杂场所、防范薄弱辖区、盗窃案件多发小区进行挂牌督办；杨浦、嘉定、松江区通过对综治成员单位的考核，增强条块合力。

上海市综治委关于印发《2016年上海市社会治安综合治理重点工作安排的意见》的通知

（2016年2月5日）

各区县社会治安综合治理委员会、市社会治安综合治理委员会各成员单位：

《2016年上海市社会治安综合治理重点工作安排的意见》已经市综治委领导同意，现印发给你们，请结合实际认真贯彻落实。

特此通知。

2016 年上海市社会治安综合治理重点工作安排的意见

为贯彻《2016 年上海市社会治安综合治理（平安建设）工作要点》精神，落实社会治安综合治理各项措施，突出重点，解决人民群众反响强烈的社会治安突出问题，推进社会治安防控体系建设，增强人民群众安全感，促进平安上海建设，现就 2016 年上海市社会治安综合治理重点工作（以下简称：综治重点工作）安排提出如下意见。

一、综治重点工作安排

（一）防范和打击电信诈骗犯罪活动。加大电信诈骗源头防范和联动打击工作力度，加强形势分析研判，提高防范和打击工作针对性、有效性；深入开展集中宣传活动，加强重点宣传，针对电信诈骗活动不断变换形式、手段等特点，提高防范电信诈骗宣传工作的实际效果，防止群众上当受骗。

（二）防范和打击金融诈骗犯罪活动。加强预警防范，拓宽金融领域潜在风险发现渠道，动态掌握风险情况，早发现、早研究、早预警；加强联动，形成反应灵敏的打防控工作机制，明确处置工作责任，健全完善风险处置方案；结合开展互联网金融领域专项整治，推动建立健全监管体系；加强宣传，提高群众防范意识和识别能力，源头化解相关衍生涉稳风险。

（三）防范和打击利用游戏机赌博违法犯罪。重点打击利用游戏机赌博背后的幕后操纵人员、恶势力和“保护伞”，落实各级文化执法、公安等部门监管责任和街道（乡镇）“属地管理”责任，严格落实责任追究、倒查制度，遏制利用游戏机赌博问题蔓延。

（四）防范和打击入室盗窃违法犯罪。针对上年度本市入室盗窃案件高发案居民住宅小区特点，深入分析原因，查找问题漏洞，逐一制订对策，加强人防、物防、技防和防范宣传工作，落实防范工作责任；坚持打防并举，以打促防，切实遏制本市部分居民住宅小区入室盗窃案件高发态势。

（五）推进寄递业安全管理工作。按照中央和本市寄递业等清理整顿专项行动工作要求，落实寄递业各项安全管理措施。严格实行 100% 收寄验视措施，有效落实 100% 实名制寄递规定，积极推动邮件快递 100% 通过 X 光机安检要求，切断寄递渠道违法犯罪通道。

（六）推进社区视频系统建设。切实发挥视频监控系统在社区治安防范和打击违法犯罪工作中的作用，科学规划布点，加强日常护理和联网应用，落实人机互动制度，防止“重建轻用”，全面提高技防设施防范效能。

（七）推进街道（乡镇）综治中心规范化建设。按照《关于加强街道乡镇社会治安综合治理中心规范化建设的指导意见》要求，不断完善街道乡镇综治中心组织领导体系、组成部门、运行机制，加强队伍建设和保障机制建设，提高规范化水平，确保综治中心发挥应有作用。

（八）推进平安建设“一街镇一品牌”工作。针对各街道乡镇社会治安综合治理（平安建设）工作实际，创新治理模式，大胆探索实践，总结梳理经验，培育先进典型，树立平安品牌，通过典型引领，促进社会治安综合治理各项措施落实，提高基层平安创建水平。

二、工作要求

（一）加强组织领导，明确推进责任。市综治委成员单位和各区（县）、街道（乡镇）综治委要紧紧围绕平安上海建设目标，突出加强社会治安防控体系建设，切实加强对综治重点工作的组织领导，按照“条块结合、以块为主”的属地管理原则，细化工作方案，分解工作任务，明确工作责任，统筹抓好综治重点工作的落实。区（县）、街道（乡镇）综治委要在积极推进市综治委综治重点工作的基础上，结合实际，围绕基层基础建设、群防群治工作和解决区域性社会治安突出问题等重点，提出和推进一批区域性综治重点工作作为“自选项目”。区(县)、街道(乡镇)综治委提出和推进的综治重点工作,纳入市综治委综治重点工作督导检查和年度考核。

(二)加强工作结合,夯实基层基础。要将综治重点工作与市委、市政府重点工作,与落实社会治安综合治理领导责任制,与基层平安创建工作,与市综治委各成员单位正在开展的各项工作有机结合起来,相互提高。要切实发挥各级综治委成员单位的作用,落实各级各部门主管责任,各司其职,各负其责,形成齐抓共管的工作局面。要通过深入、扎实地推进综治重点工作,夯实综治基层基础,为从根本上解决影响人民群众安全感的突出问题奠定基础。要注重长效建设,既切实解决存在的社会治安突出问题,及时回应人民群众呼声,又建立和完善相应的工作机制、工作制度,使之长期、长效发挥作用,取得长远效果。

(三)加强督导检查,确保工作效果。综治重点工作的落实与否,关键在基层。市综治委成员单位和各区(县)、街道(乡镇)综治委要组织定期或不定期的督导检查、明查暗访,推动综治重点工作在基层的落实。要认真分析、研究推进工作各阶段的形势、任务以及出现的新情况、新问题,了解掌握进展情况,提出有针对性的对策、措施,确保综治重点工作的效果与质量。各单位动员部署、细化方案、推进工作中的经验做法等,要及时报市综治委。

上海市加强社会治理　依法有效管控烟花爆竹

上海作为国际化的特大城市,各类要素高度集聚,风险点很多,提高社会治理现代化、法治化水平,建设好平安上海、法治上海,始终是一个重大命题。市委、市政府对此高度重视,加强组织领导,政法综治系统兢兢业业、全力以赴,始终着眼于提升人民群众的安全感和满意度,持续不断加强基层基础建设,推进社会治理创新,营造更加安全有序的良好环境,使人民群众有更多获得感。2016 年春节期间,全市 5 万名公安干警、消防战士和 30 多万名平安志愿者,以实施新修订的《上海市烟花爆竹安全管理条例》(以下简称《条例》)为抓手,全力守护城市安全,外环线以内烟花爆竹基本“零燃放”,外环线以外燃放量明显减少;外环线内烟花爆竹产生垃圾为“零”,引发火灾事故为“零”,烟花爆竹致伤人数为“零”,实现了市委决策和市人大立法目标,充分彰显了上海依法推进社会治理的新举措新成效,充分发挥了政法综治系统的职能作用,充分展现了市民良好的文明素养和法治意识,赢得了社会各界的广泛赞誉。

一、夯实基础完善机制,破解社会治理难题

上海市委认真贯彻落实党中央决策部署,紧密结合地方实际,将“创新社会治理加强基层建设”作为 2014 年度一号课题,深入开展调研,并出台《关于进一步创新社会治理加强基层建设的意见》及 6 个配套文件,明确目标任务,持续推进相关工作,形成全市上下齐心协力抓改革、戮力同心促落实的生动局面。在此基础上,把防控风险、服务发展放在突出位置,下决心破解难题、补齐短板,开展了以“五违”为重点(整治违法用地、违法建筑、违法经营、违法排污、违法居住)的城市生态环境综合整治,解决了一批重点区域治理顽症,改善了当地居民的生活环境;开展了加强城市科学化精细化管理,切实保障城市生产安全和运行安全工作,推进落实“加强危险品安全综合管控”等 10 项重点任务,较好地保障了城市运行安全;开展了人口调控和管理服务工作,推动公共服务政策完善,保障人口与城市协调发展。这些创新举措,改善了城市整体面貌,树立了依法治理的权威,提振了政法队伍士气,凝聚了广泛社会共识,为依法有效管控烟花爆竹奠定了坚实的机制基础和实践基础。

二、回应社会普遍关切,科学决策及时修法

调查显示,上海约九成市民支持通过立法规定,严控燃放烟花爆竹。市委积极回应民生关切,将推动烟花爆竹安全管控列入议事日程。2015 年

1 月，市人大代表提出修订《条例》议案，倡导形成不燃放、少燃放的社会氛围。2015 年 3 月，市委政法委组织有关部门负责同志，赴广东省广州市和深圳市考察禁燃烟花爆竹管理工作，认真吸取兄弟省市经验，全面分析利弊因素，并就舆论反映、特殊行业需求、个人特殊需求、烟花爆竹代理商转型等可能产生的阻力，积极为市委决策、市人大修订《条例》建言献策，推动建立完善依法管控机制。市人大开门立法，在修法过程中广泛组织民意调查和市民讨论，公开征求社会各界意见。2015 年 12 月 30 日，市人大常委会通过新修《条例》，并于 2016 年 1 月 1 日起施行，为依法治理燃放烟花爆竹问题，提供了有力的法律支持。

三、广泛动员深入宣传，积极营造良好氛围

通过全社会广泛深入持久的宣传发动，营造各方理解配合支持的良好社会氛围，是确保《条例》有效实施的重要基础。市委宣传部等部门制定媒体宣传方案，聚焦解读新规、曝光违法、记录诚信、鼓励上交等重点环节，特别是对违法处罚案例进行及时报道，有力发挥了舆论引导作用。组织中央及本市主要媒体记者深入一线采访报道，目前共发布宣传报道 1000 余篇，实现重要版面、重要时段、重要栏目全覆盖。市通信管理局协调移动、电信、联通三大运营商，分 4 次向 3500 万手机用户群发提示短信 1.4 亿条，实现手机用户无遗漏。基层社区开展集中宣传活动 2000 余次，悬挂横幅标语 6.2 万条，发放各类宣传资料、张贴宣传海报 1173 万份。公共传播与民间传播相得益彰，利用微信、微博和 APP 等新兴公共传播媒介全时段推送提示信息，加上基层干部、平安志愿者走街串巷登门入户宣传，形成最大声势的宣传发动，使《条例》施行真正做到了家喻户晓、深入人心。

四、依法管理严格查处，密切配合形成合力

为确保《条例》有效实施，市级层面成立了管控工作领导小组，市综治办、市公安局等 32 个成员单位，结合各自职责从严从紧落实措施。全过程管控，严格控制销售、严格市场监管、严格道口查控、严格依法查处。春节期间，共查处烟花爆竹违法犯罪案件 1065 起，刑事拘留 68 人，行政拘留 206 人，罚款 296.4 万元，收缴非法烟花爆竹 4.1 万箱。全覆盖巡查，启动社会面防控一级和一级加强勤务等级，每日投放 5.3 万名公安干警和消防官兵到一线，以专带群，与 30 多万名平安志愿者相互呼应，开展宣传、劝阻、举报、查处等工作。全方位排摸，深入人员密集场所、销售网点、仓储物流仓库等烟花爆竹重点区域，全面开展排摸，切实做到情况清、底数明、无死角。公安、消防、综治、宣传等部门工作人员放弃休息，全员上岗，基层党员、干部和平安志愿者夜以继日参与巡逻守护、宣传劝阻，形成了过硬队伍保障。有关主管单位及时共享、动态分析垃圾清扫量、空气质量及就医人数等信息，形成技术分析保障。同时，全市调配大量防寒和执勤装备，下拨专款，赶制了一批印有专门标识的棉马甲、反光背心，还为平安志愿者购买了团体人身意外伤害保险，形成了装备物资保障。以最严标准实施源头管理，以最强力度巡查监督、应急值守，为保障《条例》有效落地，提供了强有力的支撑。

春节期间烟花爆竹安全管控工作，充分发挥了“五个优势”：党委领导的政治优势，统揽全局协调各方；基层社区的治理优势，服务群众夯实基础；法治理念的引领优势，明确规则严格执法；平安建设的机制优势，公众参与志愿服务；广大市民的参与优势，凝聚共识促进共治。工作取得了较好的成效，是对“党委领导、政府主导、社会协同、公众参与、法治保障”社会治理能力的一次集中检阅，充分体现了上海市委、市政府狠抓“创新社会治理加强基层建设”的工作成果。

上海市金山区创新城乡接合部地区社会治理治安防范“微”建设　工作凸显“新”效能

金山区以推行治安“微防”建设为试点，以区域性群防群治守护网建设为支撑，加快建设立体化、信息化社会治安防控体系，在解决城乡接合部社会治理难题方面形成了一些卓有成效的方法和经验。

一、警社合作联网守关，建立“标准化”防控机制

一是结对防范，密织“守护网”。针对城乡接合部综治工作公众参与不够、科技防范盲点较多、治安形势严峻等实际问题，金山区在开展授课讲座、实地指导、督导推进的基础上，推出了“四微”防范举措（即微分队、微巡车、微视眼、微平台），进一步夯实城乡接合部地区群防群治守护网建设。二是创新机制，搭建“信息网”。整合各方执法资源，建立“四个排查”（矛盾纠纷排查、治安乱点和治安突出的治安问题排查、公共安全隐患排查和特殊人群排查）治安防控机制，加强对公交站点、村主干道、建筑工地等重心区域的排查整治，及时消除安全隐患。同时，建立村委会与居民之间的信息交换反馈机制，对村内发生的矛盾纠纷等问题逐一登记在册，及时协商解决，消除不安定因素。三是强化培训，守牢“安全关”。为使居民思想上能够完成“无关我事”到“主动了解”，心理上从“侥幸心理”到“万无一失”等多方面转变，充分认识到治安防范的重要性，金山区综治办联合公安部门积极进村开展治安防范系列讲座，宣传来沪人员管理、防范“盗抢骗”和电信网络诈骗、交通安全和消防安全等常识信息，不断提升居民治安防范意识，形成共同参与的良好氛围。

二、协同作战，打造“立体化”防控体系

一是组建“微分队”，保驾护航。根据“第一时间预防、第一时间发现、第一时间处置”的工作方针，金山区牵头成立了治安防控工作领导小组，组建了多支由社区民警、村治保主任、综治社保队员、平安志愿者和妇女小分队等人组成的“村居守护者”小分队。在社区民警的指导、带领下，队员们每天身披蓝马甲、臂佩红袖章、手持小喇叭，在各村民小组间巡查走访，为辖区村民安居乐业保驾护航。二是启用“微巡车”，全域布防。针对城乡接合部地区区域范围广、防控布防难等特点，金山区专门配备了纯电动治安“微巡车”，按照“日间与夜间相结合”“专业队伍和志愿者队伍相结合”以及“重点部位和不固定点位巡逻相结合”的原则，确定了白天由治保主任、综治社保队员和平安志愿者为主、夜间由治安巡逻队员为主开展巡逻的全维度治安巡防工作；并根据区域内治安变化，动态调整巡逻路线和方案，这一措施不仅延伸了“微分队”的巡逻范围，更强化了辖区治安巡逻频次和巡逻力度。三是安装“微视眼”，绘制天网。结合城乡接合部地区出租屋集中、外来人口较多和人员结构复杂等特点，金山区创新工作思路，在深入排摸调研、广泛征询民意的基础上，推广安装“农户卫士”“满天星工程”“随手拍”等监控小技防设备（即“微视眼”），在提升社会治安的打击、防范、管理和控制水平方面起到了良好效果。2016 年 9 月 27 日，在外来人口聚集的东新村 14 组 4051 号村民包某家发生一起出租房内盗窃案件，全程被安装在屋外的“农户卫士”视频记录下来并迅速锁定犯罪嫌疑人。通过与村干道实时监控图像的比对、跟踪，将此犯罪嫌疑人成功扭获。此举的成功，促使“微视眼”与辖区干道实时图像监控设施进行互补互防，将城乡接合部地区视频监控建设提升到一个新高度。

三、科技引领，架设“信息化”防控平台

一是打造“微平台”。2016 年初，根据“互联网＋”时代的传播特点，金山区除了在镇级层面开通了各街镇（金山工业区）综治委微信公众号外，在村居层面还开通了类似“i 东新”“平安大张桥”等微信公众号。通过微信平台节省了平安志愿者、综治社保队员、市民巡访团等群防群治人员来回奔波村居委的时间,提高了办事效率,实现了“跨空间、跨时间”的作战需求。一旦发现违法犯罪线索,即可通过微信平台及时进行上报。收集到的各类基础信息、违法犯罪线索也能全部归集到村居委会,再由村居治保主任牵头进行梳理、分析,提出针对性的防控措施,同步与辖区派出所进行联动联防。二是形成“双联动”。金山区试点村居与派出所建立信息交互分享、舆情处置联动反应、社会结果双向反馈的“微信平台联动联防工作机制”。村居委一方第一时间做好辖区情况收集、信息情报汇总和信息报告工作,确保派出所一方及时做好社会面稳控工作,制定相关处置预案。尤其是对一些入室盗窃、电信网络诈骗等可防性侵财类案件的防范预警工作,派出所一方更能及时向村居委提供辖区及周边地区的发案情况分析,使村居委有足够的时间做好预防与宣传工作,有效遏制案件高发态势。三是架设“新桥梁”。村居委努力通过便捷的服务去赢得居民的好感和支持,拉近村居委与居民互相沟通、了解的距离。通过微信公众号及时发布村居事务动态、信息公告,提醒居民注意相关事项,受理群众信息咨询,反馈群众关切事项,推进政务公开,提升村居工作的透明度和公正性。

社会治安综合治理创新是新时期以来一项全新的工作,没有现成的道路可走,金山区在创新基层社会治理、破解综治工作难题和短板方面做出了艰辛的努力和尝试,积累了许多宝贵经验,奠定了扎实的工作基础,今后还要继续进行不懈的探索,努力实现从被动应对处置向主动预测预警预防转变,推进治理体系和治理能力现代化。

上海市松江区打造城市安全的现代科技引擎

上海市松江区坚持向科技要警力、向科技要战斗力,主动适应科技革命大趋势,加强科技信息化建设,因地制宜打造现代科技防范城区,不断提高社会治安防控整体效能,不断提高平安松江建设现代化水平。

一、全面布点,实现技防设施全覆盖

按照“全面覆盖、统筹规划、科学布局、分步实施”的整体思路,大力推进全区科技防范建设,针对小区、街面、道路等不同区域采取务实管用的技防措施,在全区范围内构建起多层次、全方位、无盲区、零死角的科技防范网络。一是围绕平安小区创建,打造多重技防防线。推广家庭网络云监控项目,动员鼓励居民安装智能摄像头,通过手机就可以随时查看家中监控情况,既能实时监测非法入侵,又能较好地保存相关证据。2016年元旦,家住新松江路的赵先生收到了家中的智能摄像头报警,通过手机远程查看监控发现一名陌生男子在家中游荡。赵先生立即报警,等他赶到家中时,民警已将小偷围困在屋内,避免了财产损失。坚持把治安薄弱小区技防设施改造作为平安实事项目重点来推进,在有效震慑和减少入民宅案(事)件的同时,还为广大居民提供报警、紧急救助等多种服务。二是围绕平安街区创建,推动街面监控建设。大力支持沿街商铺安装监控探头,并与公安视频监控联网,弥补了街面治安监控的不足,有力地遏制了街面侵财案件高发态势,减低商户被盗风险,营造了良好的营商环境。三是围绕平安城区创建,完善城市图像视频监控体系。加强道路交通图像视频监控建设,创新采取“社会投资、政府租赁”的购买服务方式,一方面降低了财政负担,另一方面提高了系统运行的稳定性、可靠性。截至2016年底,基本实现主要道路、重点场所全覆盖。加强动态图像视频监控建设,在警车、消防车、救护车等特种公务车辆及长途客车上安装行车记录仪,对驾车拨打手机、行车不礼让行人等原先“难发现、难取证、难处罚”的违法行为在全市范围内率先开展有效查处。

二、统一联网,实现信息资源大融合

以“四级联网、三级管理”的信息化综治平台建设为载体，大力推动全区视频监控互联互通。坚持在整合资源、集约管理、高效利用上狠下功夫，切实提高系统互联、信息互通和资源共享的程度，努力实现人、事、地、物、情等各类社会治安要素的动态掌控，筑牢治安防控根基。一方面推动全区公共安全视频监控联网，最大限度整合图像视频数据资源。结合“智慧城市”建设，将区、街镇、居村、小区四级监控系统进行联网，全面整合政府、企业和社会等各类图像视频监控资源，做到全域覆盖、全网共享、全时可用、全程可控。另一方面搭建信息交换共享平台，最大限度实现基础数据共享共用。建立健全跨地区、跨部门的信息交换共享机制，推动政府信息管理系统、综治信息化业务系统、公安机关视频监控系统等深度融合，建立相应的传输网络体系，接入区级综治中心，并与综治视联网对接，努力实现政法综治专业数据、政府部门管理数据、公共服务机构业务数据、互联网数据的集成应用，充分发挥规模效应。

三、深度应用，实现治安防控智能化

在完成了数据采集、实现了数据互联的基础上，积极探索大数据技术在社会治安综合治理中的应用空间。通过运用大数据技术对采集、汇总、整合后的海量数据进行关联比对、分析研判，从中找到事物内在的发展规律或趋势，推动由事后追溯向事前预警预测预防转变。比如，深化视频监控资源与数据分析、人像比对、车牌识别、智能预警等技术的融合对接、集成应用，探索开发拓展了重点人员布控、人脸识别、车辆布控报警等智能化应用功能。比如，搭建空房预警模型，将电力、燃气等公用事业单位用户数据与已采集的实有人口数据进行定期的系统性比对，及时纠错或清洗“两个实有”中的错误数据。2016 年，通过将居民用电数据与现有“两个实有”数据进行比对，共发现用电量 4 度以上但登记为空房的房屋 1.67 万余套，用电量 3 度以下但登记有人居住的房屋 4900 余套。据此，“靶向”性开展“两个实有”工作，共新登记 9453 人，注销 1952 人。

上海市长宁区着眼“四化”建设
全力打造平安建设升级版

上海市长宁区认真贯彻落实中央精神和市委部署，进一步提升社会治理社会化、法治化、智能化、专业化水平，全力打造平安建设升级版，为区域社会和谐稳定和经济社会发展提供有力保障。长宁区被评为 2009—2012 年度全国平安建设先进区，“六五普法”、全国法治宣传教育先进区，2015 年、2016 年连续两年被评为上海市平安示范城区。

一、统筹社会化力量，不断增强平安建设合力

（一）创新多方参与，增强社会治安防控体系活力。建立健全社会治安防控体系建设责任分工制，持续推进治安巡逻防控网、武装应急处突网、群防群治守护网“三张网”建设。深入推进防范和打击金融电信诈骗违法犯罪等 15 项年度综治重点工作，对 38 个防范薄弱小区实行“挂牌督导、定点防控”，打造并推广居民区自治“葫芦缘”议家社模式等 20 个“一街镇一品牌”活动项目。持续开展治安重点地区、治安突出问题排查整治，充分发挥区街两级 350 名社会治安市民观察员队伍的作用，及时发现问题，强化督办整治。建立健全覆盖社区、街面、单位、行业的 3 大类 48 个领域近 5 万名“平安马甲”队伍，组织发动近 10 万人次“平安马甲”参与烟花爆竹安全管控等平安志愿服务，扶持培育“禁毒妈妈”、“小雨点”工作室等社会组织广泛参与特殊人群管理服务。

（二）整合各方资源，夯实综治基层基础。做实辖区 10 个街道、镇社区综治中心建设，推动社区综合协管员进驻中心办公，深化综治中心劳动人事争议调解功能；统一硬件配备，全面落实每个街镇面积 500 平方米以上的对外服务集中办公场所，科学核定每个街镇 12 ~ 15 名社区工作者编制；统筹研发、启用区平安建设信息管理平台，与区诉调对接中心和大调解专业平台实现远程视频互通。做实居民区公共安全服务站，建立了创新联系、服务群众工作的电子走访日志和加强公共安全动态管理的电子巡查日志“两个电子日志”模式，实行“平安指数”发布机制。做实综治工作网络，建立临空经济园区综治委，大型、重点商务楼宇建立了综治工作室或联络员，吸纳全区 503 家规模性企业。

（三）激发社会自治，推动城区公共安全精细管理。探索建立覆盖生产、消防、交通、食药品、特种设备、公共卫生等“大安全”联动管理体系，推动各职能部门公共安全信息数据关联和共享应用。结合“除隐患、治顽症、补短板”专项工作、道路交通违法行为大整治工作，推进灰色居住、灰色就业、灰色经营“三灰”顽症治理。依托天山商圈自治联合会，引导辖区内 20 家大型商场、商务楼宇物业和 4100 余家入驻商家、企业参与自治、共治，着力打造城区公共安全命运共同体。

二、运用法治化思维，不断增强平安建设能力

（一）运用法治方式，化解矛盾纠纷。加强访调、诉调、警调对接平台建设，推进涉校、涉外、涉医、物业纠纷等专业领域矛盾纠纷调解工作，通过政府购买服务，培育了“李琴工作室”等一批调解类社会组织先进典型。聚焦旧区改造、市政工程等矛盾易发多发领域，完成 7 个项目的社会稳定风险评估，确保稳定风险有预判、突发矛盾有预警、应急处置有预案。

（二）提升法治水平，保障区域经济。深入开展派出所、街镇司法所、律师事务所“三结对”活动，全区 21 家律师事务所 64 名律师参与；推进驻公安派出所人民调解工作室建设，进一步拓展律师、法律工作者等第三方专业力量参与社会矛盾化解的制度化渠道。在区司法行政综合法律服务中心实体窗口的基础上，全面整合人民调解、法律服务、行政审批、公证视频、司法鉴定等区域信息化公共法律服务资源，建成“长宁公共法律服务网上平台”。在全市率先探索建立公职律师制度，健全党政机关法律顾问制度，为区域经济发展营造良好法治环境。

三、依托智能化手段，不断增强平安建设后劲

（一）聚焦资源整合，创新互通共享机制。建成了整合区 19 个政府部门 47 类专业数据的“三个实有”数据库、大调解信息系统、“两个电子”“电子台账”等 9 大基础平台，并以此为基础，充分运用“大数据”技术，统筹建设区—街—居三级平安建设信息管理平台，加强人、事、地、物、情、组织等公共数据的集成应用，推动形成综治数据标准化管理体系，深化完善各级综治工作网络的网格化管理、社会化服务、信息化支撑。以完善居民区社区警务室、综治工作站、微型消防站联建共建工作为契机，推动居民区信息终端处理平台（多媒体电子触摸屏）的综合应用，实现“一网运作、一屏展示”，多功能查询、多层次宣传，着力打造“一站式办事、一条龙服务”的“互联网 +”居民区公共安全服务站。

（二）聚焦“三防”建设，创新协调联动机制。推动人防向组织化发展，开发运用平安长宁微信公众号、“平安马甲”微门户等新媒体，吸引商务楼宇、经济园区的白领青年以微互动方式发现上报治安问题和安全隐患，打造“平安马甲”线上社区。推动物防向实战化发展，在全市率先完成售后公房小区电子防盗门全覆盖的基础上，通过升级改造，建成实名登记联网式电子防盗门 IC 门禁系统，为居民楼、特困家庭和独居老人配备新型水雾灭火器，在高发案小区安装了窗户限位器，推广安装 C 级门锁、红外线报警器等投入少、见效快的物防设施。推动技防向一体化发展，基本实现了全区封闭式小区出入口和重点目标、交通路口的视频监控全覆盖。

四、加强专业化治理，不断增强平安建设实效

（一）推进社会心理专业化服务。以“社会心理服务体系建设”全国联系点为契机，制定《长宁区社会心理服务体系建设工作方案》，着力搭建区社会心理服务中心—街镇心理咨询室—居民区心理健康服务点三级融合联动的心理服务专业平台，注册成立区社会心理服务协会，培育组建由国务院津贴终身获得者为领头人的心理专家团队和全国“最佳志愿服务组织”——上海梦晓心理辅导支持中心团队 700 余名心理咨询师专业志愿队伍，强化专业心理疏导干预工作机制，探索社会化、专业化、精细化、信息化的心理服务模式，力争将联系点打造成示范点，推动传统人防、物防、技防向心防延伸。

（二）推进公共安全专业化治理。聚焦区、街两级人员密集场所等重点单位，落实完善"一点一方案"的管控措施和专项应急处置预案，切实履行属地责任、主体责任、监管责任和行业管理责任，推动重要节点人流动态监测系统建设。切实加强娱乐服务业等重点行业的治安管理工作，持续开展治爆缉枪、管制刀具治理等整治行动，全面强化全区寄递、物流等企业动态监管，落实"实名制登记、开箱验视、X光机检查"三个100%制度。

（三）推进特殊人群专业化管理服务。加强社区矫正、刑满释放、吸毒、重点青少年、易肇事肇祸精神障碍患者等特殊人群风险评估、分类管控和教育转化，健全政府、社会、家庭三位一体的关怀帮扶体系，重点加强社区矫正重点对象动态管理，深化预防青少年违法犯罪工作，深入推进全国精神卫生综合管理试点。加强预防和减少犯罪工作专业社会工作者人才队伍建设，在全市率先建立了精防专业社会工作者，调整预防和减少犯罪工作体系建设政府购买服务标准。

（撰稿人：夏咸军
审稿人：李余涛　文悦）

江　苏　省

2016 年综治工作概况

2016 年，江苏各地各部门紧紧围绕构建平安中国示范区目标，以“综治工作创新突破年”为载体，着力打造综治工作特色亮点，推动了综治和平安建设各项工作创新发展。

一、组织推进

（一）组织部署。江苏省委常委会每年都把创新社会治理、深化平安建设列入工作要点，省委主要领导与设区市及省综治委成员单位“一把手”签订综治和平安建设责任书，强化各地各部门维护稳定第一责任。认真贯彻落实中央“两办”《健全落实社会治安综合治理领导责任制规定》，研究制定江苏省实施办法，细化领导责任内容，健全综治五部门综治考核机制，注重考核结果运用。13 个设区市党委、政府均召开党委常委会、政府常务会议听取平安建设专题汇报，进行专题研究，明确年度综治工作和平安建设目标任务和重点措施。加大工作推进力度，在南京、盐城等地召开现场推进会，总结推广基层典型经验，对完善社会矛盾多元调处机制、推进社会治安防控体系建设、加强平安志愿者队伍建设、夯实综治基层基础等工作进行部署。全省各级综治委、专门工作领导小组、专项工作组积极发挥牵头协调作用，健全完善各项工作制度，健全了一级抓一级、层层抓落实的责任体系。

（二）重点任务项目化。江苏省各地各部门按照“目标阶段化、任务项目化、项目责任化”要求，2016 年初制定了平安建设重点项目任务责任分工方案，以项目化推进方式保证平安建设任务落地落实。各地积极推动将社会治安防控体系建设、综治中心建设、县乡社会矛盾纠纷调处中心实体化建设等重大项目列入“十三五”发展规划。各级政府将综治和平安建设经费纳入财政预算，全省综治及平安建设专项经费投入近 18 亿元。省财政每年拨付 5 千万元社会治理创新“以奖代补”资金，带动各地设立综治项目以奖代补资金 2.7 亿元，确保综治工作和平安建设重点项目顺利推进。

（三）督查整改。省综治委先后组织有关部门对各地加强社会治安防控体系建设、G20 安保维稳、综治基层基础建设等工作情况进行暗访抽查，对梳理出的 1000 余条具体问题，及时向当地党委政府下发整改通报，当地党政主要领导专门作出批示，有力地推进整改措施落实。建立平安建设动态考评和命名机制，充分利用好通报、约谈、挂牌督办、实施一票否决权等综治政策工具。2016 年，省综治委对 2015 年综治工作推进力度不大、基层基础工作薄弱的 5 个县（市、区）取消“平安县（市、区）”命名，并进行挂牌督办；省综治办对 2015 年综治绩效考评和群众安全感排名靠后的 10 个县（市、区）专门发出整改通知书。省综治委对 2016 年上半年群众安全感测评结果进行通报，引起了各级党委政府的高度重视，各地针对群众反映的突出问题，加强社会治安防控体系和基层基础建设，取得了明显成效。

二、社会治安

（一）依法打击违法犯罪。严打严重暴力犯罪，快侦快破杀人、绑架、抢劫等现行大要案件，深入开展命案积案攻坚，现行命案破案率达 100%，破获 10 年以上的命案积案 26 起；八类主要刑事案件破案率达 95.7%，发案率全国最低。严打多发性侵财犯罪，深入开展打击侵财犯罪系列专项行动，侵财案件发案同比下降 15.8%，破案率上升 1.8%。严打各类经济犯罪活动，全省共破获经济案件 4757 起，抓获犯罪嫌疑人 10776 名，挽回经济损失 130 亿元，打击侵犯知识产权犯罪成绩受到公安部表彰。严打食药环和黄赌毒犯罪，共侦办食药环犯罪案件3397起、场所黄赌毒刑事案件1641起,破获部省毒品目标案件149起、公斤以上毒品案件75起,缉毒执法绩效位列全国前列。

(二)社会治安防控体系建设。坚持人防、技防、物防建设并举,坚持防范、打击、治理并重,强化大数据、云计算、物联网等现代信息技术深度应用,创新升级立体化信息化社会治安防控体系。强化技防建设,全省73个110接警区已有71个达到"技防城"建设标准,创建达标率达97.26%,技防镇达100%,技防村达91%。以无锡市为试点,大力推进公共安全视频监控建设联网应用。强化人防保障,全省所有设区市均建立了100人以上的巡特警支队,县(市、区)建立了120人以上的巡特警大队,乡镇(街道)建立了30人以上的巡逻处警中队,共配备专职巡逻辅警近8万人,全省群防群治力量总人数达397万。强化内部防范,大力推进单位内部安防达标建设,校园安防整体达标率超过96%,督促落实地铁(轻轨)全网、长途车站常态安检,安装视频监控、配置灭火器、安检设备等24万余个(座)。强化网上防控,健全网上24小时巡查处置机制,建立驻互联网公司网安警务室8家,联手加强重点阵地管控。

(三)社会治安重点地区排查整治。坚持"打防并举、标本兼治"方针,按照"属地管理"和"条块结合、以块为主"原则,不断加大社会治安重点地区排查整治力度,着力破解社会治安重点地区排查整治难题,全面提升排查整治工作制度化、规范化、常态化水平,有效防范、化解、管控社会治安风险。建立省市县三级挂牌整治机制,2016年全省共挂牌整治治安重点地区400个,其中省级挂牌县(市、区)5个、乡镇(街道)26个,市级挂牌107个,县级挂牌262个,整治好转率达100%,有效改善了社会治安环境。全国打击农村黑恶势力违法犯罪专项行动现场推进会在徐州召开,推广了江苏经验做法。组织开展电信网络诈骗等专项整治行动,突出以侦办电信网络诈骗大案为重点,研发应用诈骗电话智能全网拦截、防欺诈虚假域名管理两个技术对抗平台,建立健全涉案银行账户管控、企业账户风险控制、部门联动防范宣传三项工作机制,有效遏制了电信网络诈骗犯罪猖獗势头。2016年7月,国务院联席办在江苏召开全国打击治理电信网络诈骗犯罪专项行动推进会,推广江苏经验做法。

(四)公共安全监管。组织开展安全生产大检查、深化"打非治违"专项整治行动,全省各类生产安全事故和死亡人数同比分别下降3.06%和4%,未发生重特大事故,重点行业领域和重点时段安全生产形势平稳。严格道路交通安全监管,推进"江苏公安智慧交通"项目建设,全面加强重点单位、重点车辆、重点驾驶人等源头监管,查处交通违法行为6471万余起,排查管理交通安全风险隐患55万个。严格消防安全监管,推进消防大数据平台建设,发现整改隐患59万处,火灾事故起数和死亡人数同比分别下降12.7%和36.3%。严格危险品安全监管,精心组织开展缉枪治爆专项行动,受到公安部表扬。积极推广南通市寄递渠道安全监管工作经验,研发寄递物流治安管理信息系统,配置集二代身份证识别、寄递单号、寄递物品拍照、手机号码录入等功能于一体的手机APP,采取"网点系统+手机APP"录入模式,确保100%收寄验视、实名登记。

三、社会矛盾化解

(一)构建矛盾纠纷多元化解工作平台。江苏省委办公厅、省政府办公厅制定出台《关于完善矛盾纠纷多元化解机制的实施意见》,积极探索新形势下预防化解矛盾纠纷的方法途径,建立健全党委领导、政府主导、综治协调、部门各负其责、社会各方力量积极参与的矛盾纠纷多元化解体系。充分发挥县级综治中心在多元化解机制中牵头抓总作用,综治办、法治办、矛盾纠纷调处中心整体入驻。全面部署推进县乡调处中心规范化建设、实体化运作,强力推进专业调解实体化平台建设,在矛盾纠纷多发、高发领域和行业,采取派驻制办法,设立专门调解室,集中受理调处各类矛盾纠纷,实现专业性行业性调解组织全覆盖。改革社区调解机制,推广连云港市调解室建设标准,把专职调解员派驻社区警务室,切实提升矛盾化解效率。目前,全省县级矛盾纠纷调处中心进驻同级综治中心的有85家,占82.5%;已成立事业单位的有59家,占57.3%。

(二)创新矛盾化解工作机制。健全人民调解、行政调解、司法调解联动工作体系,继续完善公调、诉调、访调、检调对接机制，进一步规范法院、公安派出所、交巡警部门人民调解室建设，全省 13 个中级人民法院、77 个基层法院、189 个基层法庭全部设立了调解工作室，公安派出所建立调解委员会 488 个、调解室 1373 个。创新诉调对接机制，总结推广洪泽县“无讼村居”创建经验，积极引导动员社会各方力量参与矛盾纠纷化解工作，努力实现“无讼少讼、无执少执、无访少访”。完善稳评工作制度，加强社会第三方、稳评专家、稳评员队伍三支专业力量建设，提升稳评专业性和公信力。2016 年，全省共完成稳评政策类事项 238 件、工程项目 6684 件，其中不予和暂缓实施 41 件。健全排查调处制度，推广苏州、淮安等地网格化排查、信息化运作、法律化调处“三化工程”经验，突出抓好重点时段、重点领域、重点人员的排查工作，落实不稳定因素收集报送、研判预警和应对处置等措施，重大涉稳事件预警率保持 100%。

（三）提升矛盾纠纷预测预警预防能力。江苏省综治委制定下发《关于建立健全社会矛盾纠纷分析研判机制的意见》，依托综治信息系统对全省矛盾纠纷各类化解方式进行全面梳理和掌握，每月汇总人民调解、司法调解、行政调解、行政复议、仲裁、诉讼等各类化解方式数据信息，加强矛盾纠纷信息共享共用，共同研究解决重大疑难复杂矛盾纠纷。在县（市、区）推行“日碰头、周会办、月研判”工作机制，每日汇总涉稳动态信息形成《平安稳定信息专报》，每周形成《重要涉稳事项会商会办纪要》，每月形成《社会治安和社会稳定形势分析研判报告》，着力提升矛盾纠纷预测预警预防能力。

四、人口服务管理

（一）流动人口动态服务管理。继续推行流动人口“集中住宿、集中服务、集中管理”模式，推动流动人口集中居住区建设，累计建成流动人口集中居住点 50912 处，建筑面积 2657.9 万平方米，集中住宿流动人口 489.5 万人。加强实有人口、实有房屋“双实”基础管控，创新大数据条件下流动人口管理机制，推行张家港市出租房屋“二维码”和分层分色管理及南京市建邺区等地“门禁加视频”管理模式，积极开展“零发案社区创建”活动，实现基础工作由粗放到精细的转变。完善流动人口信息社会化采集机制，推动建立全省重点人员信息库，提高流动人口信息自动比对和预警功能，全省设立社会化采集点 1.9 万个，配备移动采集设备 11149 台，通过社会化渠道采集流动人口信息 1891 万条。

（二）特殊人群分类服务管理。江苏省综治委在全国率先制定出台《关于创新特殊人群服务管理机制的指导意见》，以实现动态管控为目标，以信息化建设为载体，创新完善特殊人群服务管理体系，加快建立融教育、管控、救助、矫治、就业于一体的特殊人群管理服务平台，健全由党委政府主导、综治部门牵头、相关部门各司其职、密切配合、齐抓共管的特殊人群服务管理工作格局，积极推动人口服务管理由粗放型管理向精细化服务转变，着力从源头上预防减少违法犯罪问题的发生。加强社区矫正工作，扎实开展严格执法、严格管理“双严”集中整治活动，落实社区服刑人员监督管理措施，加强社会适应性帮扶，预防重新违法犯罪的发生。深化安置帮教改革，制定下发《关于对刑满释放人员实行衔接前置的指导意见》《关于推行刑满释放人员安置帮教协议制的指导意见》《关于深化刑满释放人员分类帮扶工作的指导意见》，全年全省重点帮扶对象衔接率 100%，安置率、帮教率保持在 90% 以上。制定出台《关于贯彻以奖代补政策落实严重精神障碍患者监护责任的实施意见》，在全省范围内全面实现对肇事肇祸等严重精神障碍患者的免费救治，并确保监护人每人每月不低于 200 元奖补标准。按照“四帮一”[一名医生、一名民警、一名村（居）干部、一名监护人]的要求，依托居（村）委会等基层组织逐人建立管控小组，签订责任书，落实责任人，确保管控到位。指定南京脑科医院等五所精神卫生医疗机构承担强制医疗职能，明确了从送诊、治疗、应急处置到出院各个环节的规范要求。深入开展重点青少年群体“成长护航工程”“未成年人零犯罪社区（村）”创建活动，全省闲散青少年、不良行为青少年、流浪乞讨未成年人、服刑强戒人员未成年子女、流动留守儿童同比降幅分别达 52.2%、21.1%、41.4%、15.7%、9.7%。

（三）拓展特殊人群帮扶渠道。建立特殊人群社会、单位和家庭“三帮一”工作机制，充分发挥家庭在特殊人群服务管理工作中的重要作用。

发展特殊人群服务管理协会、社区矫正协会、安置帮教协会等社会组织，通过政府购买服务，完善奖励激励机制，引导专业社会组织为特殊人群提供针对性、综合性服务。大力培养特殊人群服务领域社工专业人才，健全完善“三社联动”和“社工＋志愿者联动”机制，增强社会工作专业服务效果。强化特殊人群的日常心理疏导，采取部门培养、社会招聘及医疗、教育、科研机构合作等方式，建立专业心理矫治队伍，有针对性地进行心理健康教育以及心理咨询、心理危机干预和心理治疗等矫治工作。

五、基层基础建设

（一）综治中心建设。江苏省所有县（市、区）、乡镇（街道）、村（社区）全部建成规范化的综治中心，形成了“四化”工作模式：硬件建设标准化，县级中心面积平均3000平方米，镇级平均800平方米，村级平均150平方米，分别设立便民服务大厅，设置领导接访、纠纷受理、涉法涉诉、法律服务、人口服务等窗口，实现一窗口受理、一条龙办结、一站式服务，为群众提供便捷服务；组织机构实体化，由综治委主任兼中心主任，日常管理由综治办牵头负责，综治办、法治办、社会矛盾调处中心、信访接待中心、法律援助中心等整体入驻，综治委各专门工作领导小组办公室进驻中心，实行实体化运作；运行机制高效化，构建扁平化指挥体系，建立分流指派、人员调度、检查督查、工作问责和考核奖惩等工作机制，有效统筹综治、法治、维稳工作；工作手段信息化，依托综治中心大力加强综治信息系统实战应用，扎实推进网格化服务管理，不断拓展信息资源应用的广度和深度，及时发现不稳定因素和安全隐患。经过多年的实践和创新，综治中心建设推动基层社会治理实现了从单一管理到共同治理、从分散管理到一站服务、从粗放管控到精细管理、从事后处理到动态治理等一系列重大转变，综治中心已成为平安建设“指挥部”、矛盾化解“统战部”、治安防控“参谋部”、特殊人群“管理部”和整体联动“组织部”。

（二）基层政法综治组织建设。加强镇村综治组织建设，乡镇（街道）综治委主任由党委政府主要领导担任，综治办主任由党委副书记或委员担任，配齐配强综治办副主任和至少2名综治专职工作人员；村（社区）综治办主任由村（社区）书记担任，配备至少1名专职社区干部、1名社区民警、2名专兼职调解员、2名以上辅警和2名以上专兼职综治社工，确保基层有人办事、有条件办事。坚持将更多的人力、财力、物力投向基层，进一步充实加强公安派出所、交警中队、巡防中队、司法所、人民法庭、派驻检察室等基层政法组织力量，制定基层力量分级分类配备标准，新增政法编制，原则上充实基层单位，全省县镇村三级综治办工作人员6.6万人，县级综治中心5000余人，全省专职巡防力量达14.79万人，一线实战单位实有干警占总警力的85%以上。

（三）综治信息化建设。江苏省综治信息系统已实现省市县镇村五级全覆盖，开通终端账户数5万多个，整合了公安、司法、民政等10多个部门数据6000余万条，较2015年增加2300余万条，基本做到基础信息网上采集、决策指令网上响应、办事程序网上流转、工作过程网上监督、数据信息网上研判。推进综治信息平台机构建设，目前泰州、淮安、盐城、扬州等地已成立事业建制的市级综治信息中心。举办全省首届综治信息系统实战技能比武活动，5万多用户全员参与，有效提高了综治信息人员业务技能。积极推行综治信息系统与“12345”政务服务热线等对接，推动综治信息平台与110非警务类警情、民生服务、数字城管等有机衔接，实现内外网信息的互联互通。推广盐城、连云港等地建设综治“四频合一”“四级四网”系统的做法，对市县镇村四级综治信息网络展示系统、政法维稳视频会议系统、信访矛盾远程视频接访系统、社会治安视频监控系统有效整合，并与技防建设实现有机衔接，提升综治工作和平安建设现代化水平。

（四）网格化服务管理。在全省城乡社区根据社区、小区楼幢、自然村落分布特点和人口数量、居住集散程度、群众生产生活习惯等因素，按照城市社区300～400户、农村社区200～300户标准科学合理划定网格，由党组织书记或居（村）委会主任负责网格化服务管理工作，每个网格配备1名网格责任人（网格长）、2名以上网格管理员，其中1名为专职。2016年，全省城乡社区共划分网格12万个，专兼职网格员达50万人。充分调动基层政府、社区自治组织、驻区单位、居民群众等网格主体的力量，推动社区建设的各类资源在网格平台有机整合，积极调动网格内物业、党员、志愿者、居民代表认领公益性岗位，共同承担网格管理服务责任，形成社区居民自我教育、自我管理、自我服务、自我监督的良好氛围。

（五）平安志愿者队伍建设。江苏省综治办、省文明办、省公安厅等部门制定下发《关于加强平安志愿者队伍建设的指导意见》，分层分级组建平安志愿者联合会、协会、分会，健全完善队伍选拔、培训、管理、激励等机制，充分调动、整合社会各方资源。目前，全省平安志愿者总人数已达306万人，全省平安志愿者共向公安机关提供治安信息近15万条，协助抓获违法犯罪嫌疑人2.3万名，破获各类案件1.9万起。为充分发挥平安志愿者作用，省综治办牵头研发平安志愿者手机客户端系统，最大限度地调动人民群众参与治安防范和矛盾排查的积极性，及时动态全面掌握平安稳定情况。

（六）基层系列平安创建。深入开展基层区域平安创建，全省建成平安县（市、区）95个、平安乡镇（街道）1278个、平安村（居）21313个、平安小区21228个，建成率分别为95%、99.38%、99.13%、94.58%。广泛开展平安企业、平安校园、平安医院、平安家庭等15项基层系列平安创建活动，其中，建成平安企业160429家、平安学校10960家、平安医院2012家，建成率分别为90.39%、91.50%、95.72%，形成了“积小安为大安”、以基层平安保全省平安的良好局面。

中共江苏省委办公厅　省政府办公厅关于印发《江苏省健全落实社会治安综合治理领导责任制实施办法》的通知

（2016年12月30日）

各市、县（市、区）委，各市、县（市、区）人民政府，省委各部委，省各委办厅局，省各直属单位：

《江苏省健全落实社会治安综合治理领导责任制实施办法》已经省委全面深化改革领导小组会议审议通过，现印发给你们，请结合实际认真贯彻执行。

江苏省健全落实社会治安综合治理领导责任制实施办法

第一章　总　则

第一条　为进一步加强社会治安综合治理，健全落实领导责任制，深入推进平安江苏建设，确保人民群众安居乐业、社会大局和谐稳定，根据中共中央办公厅、国务院办公厅《健全落实社会治安综合治理领导责任制规定》，结合我省实际，制定本实施办法。

第二条　本实施办法适用于全省各级党的机关、人大机关、行政机关、政协机关、审判机关、检察机关及其领导班子、领导干部。

人民团体、事业单位、国有企业及其领导班子、领导干部、领导人员参照执行本实施办法。

第三条　健全落实社会治安综合治理领导责任制，应当坚持以邓小平理论、“三个代表”重要思想、科学发展观为指导，深入贯彻落实习近平总书记系列重要讲话特别是视察江苏重要讲话精神，紧紧围绕统筹推进“五位一体”总体布局和协调推进“四个全面”战略布局，主动适应聚力创新、聚焦富民、高水平全面建成小康社会的新要求，坚持问题导向、法治思维、改革创新，抓住“关键少数”，强化担当意识，落实领导责任，科学运用评估、督导、考核、激励、惩戒等措施，形成正确导向，一级抓一级，层层抓落实，使各级领导班子、领导干部切实担负起维护一方稳定、确保一方平安的重大政治责任，保证中央和省委省政府关于社会治安综合治理决策部署的贯彻落实。

第二章　责任内容

第四条　严格落实属地管理、谁主管谁负责和党政同责、一岗双责、失责追责原则，构建党委领导、政府主导、综治协调、各部门齐抓共管、社会力量积极参与的社会治安综合治理工作格局。

第五条　各级党委政府和各部门各单位主要负责同志是社会治安综合治理的第一责任人，社会治安综合治理的分管负责同志是直接责任人，领导班子其他成员承担分管工作范围内社会治安综合治理的责任。

第六条　各级党委政府应承担以下综治领导责任：

（一）切实加强对社会治安综合治理的领导，将综治工作纳入经济社会发展总体规划和年度目标任务，纳入党政综合考核和全面建成小康社会考核。党委常委会、政府常务会议定期听取专题汇报，认真研究解决社会治安综合治理工作中的重要问题；

（二）认真执行社会治安综合治理工作的方针政策和有关法律法规，认真贯彻落实上级党委政府和综治委的工作部署和要求；

（三）严格实行领导责任制和责任追究制，督促党政领导干部认真担负起维护社会平安稳定的重要责任；

（四）动员社会各方面力量齐抓共管，建立完善综治工作机制，推动综治各项措施落到实处；

（五）健全社会治安综合治理组织网络，落实机构、编制、人员、经费，从人力物力财力上保证社会治安综合治理工作的顺利开展；

（六）全面推行社会治安综合治理工作目标管理。

第七条　各部门各单位应承担以下综治领导责任：

（一）认真贯彻落实党委政府和综治委关于综治工作的部署和要求，把综治工作纳入重要议事日程，与业务工作同规划、同部署、同检查、同落实；

（二）积极参与社会治安综合治理，各负其责、齐抓共管，充分发挥本部门本单位在维护社会安全稳定大局中的职能作用；

（三）按照谁主管谁负责原则，建立完善内部治安保卫制度，确定内部治安防范重点部位、落实重点防护措施，加强内部人员的安全防范教育，保障治安防范所需人力、物力、财力，做到“管好自己的人，看好自己的门，办好自己的事”，防止发生重大刑事案件、群体性事件和公共安全事件；

（四）按照属地管理原则，督促所属单位服从属地管理，积极参与并配合做好属地社会治安综合治理工作；

（五）对本部门本单位凡是直接关系人民群众切身利益且涉及面广、容易引发社会稳定问题的重大决策事项，认真进行社会稳定风险评估。

第八条　各级社会治安综合治理委员会及其办公室应当在党委政府的统一领导下，认真组织各有关单位参与社会治安综合治理工作，加强调查研究和督导检查，及时通报、分析社会治安和社会稳定形势，协调解决工作中遇到的突出问题，总结推广典型经验，统筹推进社会治安综合治理工作。

第九条　县级以上综治委、纪委、党委组织部、监察机关、人力资源社会保障部门（以下简称“综治五部门”）应当健全联席会议制度，定期召开综治五部门联席会议，就社会治安综合治理领导责任制考核、奖励惩处和其他有关重要事项进行研究，形成决议，共同检查督办，确保落实到位。

综治五部门应当分别确定一名分管领导担

任联席会议成员,一名职能处室主要负责同志担任联席会议联络员。

第三章　督促检查

第十条　各地区各部门各单位应当建立完善社会治安综合治理目标管理责任制,把社会治安综合治理各项任务分解为若干具体目标,制定易于执行检查的措施,建立严格的督促检查制度、定量考核制度、评价奖惩制度,自上而下层层签订年度社会治安综合治理责任书。

第十一条　各级党委常委会应当将执行社会治安综合治理领导责任制的情况,作为向同级党的委员会全体会议报告工作的一项重要内容。

各级人民政府应当将执行社会治安综合治理领导责任制的情况,作为向同级人民代表大会报告工作的一项重要内容。

各级党政领导班子和党政主要负责同志、分管负责同志及其他相关负责同志应当将履行社会治安综合治理责任情况作为年度述职报告的重要内容。

第十二条　社会治安综合治理委员会成员单位每年应当对本部门本单位部署和开展社会治安综合治理、推进平安建设的有关情况进行总结,对下一年度的工作作出安排,并报同级社会治安综合治理委员会。

下一级社会治安综合治理委员会每年应当向上一级社会治安综合治理委员会报告工作。

第十三条　各级党委政府应当将社会治安综合治理纳入工作督促检查范围,每年对综治重点工作组织开展专项督促检查。

各级社会治安综合治理委员会及其办公室应当动员组织党员、群众有序参与,推动社会治安综合治理各项决策部署落到实处。

第十四条　地方各级党委政府应当建立健全社会治安综合治理考核评价制度机制,制定完善考核评价标准和指标体系,明确考核评价的内容、方法、程序。

省委、省政府每年对设区市党委政府和省综治委成员单位履行社会治安综合治理责任目标情况进行检查。具体由省综治五部门组织实施并通报结果。

第十五条　各级党委政府应当强化社会治安综合治理考核评价结果运用,把社会治安综合治理工作实绩作为对领导班子和领导干部综合考核评价的重要内容,与业绩评定、职务晋升、奖励惩处等挂钩。

各级组织人事部门在考察党政主要领导干部和社会治安综合治理分管领导干部实绩、进行提拔使用和晋职晋级、表彰奖励时,应当了解和掌握相关领导干部抓社会治安综合治理工作的情况,将其作为向党委提出干部任免奖惩建议的重要依据。

各级社会治安综合治理委员会应当建立健全社会治安综合治理工作实绩档案,客观公正反映下一级党政主要负责同志、分管负责同志和同级综治委成员单位主要负责同志、分管负责同志抓社会治安综合治理工作情况,按年度提交同级党委组织部存档备案。

社会治安综合治理工作实绩档案内容应包含采取的主要工作措施、综治工作绩效、群众安全感以及发生的重大案(事)件等情况。

第四章　表彰奖励

第十六条　对社会治安综合治理工作成绩突出的地方、部门和单位的党政主要领导干部和分管领导干部,应当按照有关规定给予表彰和嘉奖。对受到嘉奖的领导干部,应当将有关材料存入本人档案。

第十七条　省委、省政府每四年开展一次全省社会治安综合治理先进集体、先进工作者评选表彰工作。对受到表彰的全省社会治安综合治理先进集体党政主要领导干部和分管领导干部应当进行嘉奖。对受到表彰的全省社会治安综合治理先进工作者,享受市级先进工作者和劳动模范待遇。

第十八条　各级综治委每年对部门及下一级综治委履行综治目标责任情况组织考核,对圆满完成各项任务、成效显著的单位,按照有关规定给予奖励。

第十九条　对连续三次以上受到表彰的全省社会治安综合治理先进集体,由省社会治安综合治理委员会以适当形式予以表扬。

各级社会治安综合治理委员会和组织人事部门要配合做好全省社会治安综合治理先进集

体、先进工作者等的评选表彰工作。

第五章　责任督导和追究

第二十条　省各部门各单位、设区市、县（市、区）党政领导班子、领导干部违反本规定或者未能正确履行本实施办法所列职责，有下列情形之一的，应当进行责任督导和追究：

（一）不重视社会治安综合治理和平安建设，相关工作措施落实不力，本地区本系统本单位基层基础工作薄弱，综治绩效考核中连续两年在部门或地区考评中排名末位的；

（二）治安秩序严重混乱，群众安全感低的；

（三）本地区本系统本单位在较短时间内连续发生重大刑事案件、群体性事件、公共安全事件的；

（四）本地区本系统本单位发生特别重大刑事案件、群体性事件、公共安全事件的；

（五）本地区本单位社会治安综合治理工作（平安建设）考核评价不合格、不达标的；

（六）对群众反映强烈的社会治安重点地区和突出公共安全、治安问题等，没有采取有效措施或者出现反弹的；

（七）在综治考评中弄虚作假，或发生影响社会治安与社会稳定重大问题隐瞒不报，情节严重的；

（八）各级党委政府及社会治安综合治理委员会认为需要查究的其他事项。

乡镇（街道）、村（社区）和基层单位责任督导和追究办法由各设区市制定实施。

第二十一条　对党政领导班子、领导干部进行责任督导和追究的方式包括：通报、约谈、挂牌督办、实施一票否决权制、引咎辞职、责令辞职、免职等。因违纪违法应当承担责任的，给予党纪政纪处分；构成犯罪的，依法追究刑事责任。

第二十二条　对具有本实施办法第二十条所列情形的地区、单位，由相应县级以上社会治安综合治理委员会办公室以书面形式进行通报，必要时由社会治安综合治理委员会进行通报，限期进行整改。

第二十三条　对受到通报后仍未按期完成整改目标，或者具有本实施办法第二十条所列情形且危害较为严重或者影响较大的地区、单位，由相应的上级社会治安综合治理委员会办公室主任对其党政主要领导干部、社会治安综合治理工作分管领导干部和负有责任的其他领导班子成员进行约谈，必要时由社会治安综合治理委员会主任、副主任约谈，帮助分析原因，督促限期整改。

第二十四条　对受到约谈后仍未按期完成整改目标，或者具有本规定第二十条所列情形且危害特别严重或者影响特别重大但尚不够实施一票否决制的地区、单位，由相应的上级社会治安综合治理委员会办公室挂牌督办，限期进行整改。必要时，可派驻工作组对挂牌督办地区、单位进行检查督办。

省社会治安综合治理委员会办公室每年从公共安全、治安问题相对突出的县（市、区）中，确定若干作为挂牌督办的重点整治单位，加强监督管理。

对受到挂牌督办的地区、单位，半年内取消该地区、单位评选综合性荣誉称号的资格和该地区、单位主要领导干部、主管领导干部、分管领导干部评先受奖、晋职晋级的资格。

第二十五条　对受到挂牌督办后仍未按期完成整改目标，或者具有本规定第二十条所列情形且危害特别严重或者影响特别重大的地区、单位，由县级以上社会治安综合治理委员会按照有关规定，商有关部门共同研究决定实行一票否决权制。

第二十六条　对受到一票否决权制处理的地区、单位，在一年内，取消该地区、单位评选综合性荣誉称号的资格，由组织人事部门按照有关权限和程序办理；取消该地区、单位主要领导干部、主管领导干部、分管领导干部评先受奖、晋职晋级的资格，由组织人事部门按照干部管理权限和程序办理，并会同社会治安综合治理委员会办公室，按照有关规定向上级有关部门进行报告、备案。需要追究该地区、单位党政领导干部责任的，按照《中国共产党问责条例》相关规定办理。

第二十七条　对县（市、区）实行一票否决权制，由省综治五部门联席会议研究决定；对乡镇（街道）实行一票否决权制，由设区市综治五部门联席会议研究决定。对辖区内单位实行一票否决权制，由县以上综治五部门联席会议研究决定。

一票否决权制决定形成后，在送达实施对象的同时，应当报告同级党委政府和上一级社会治安综合治理委员会，并通报同级纪检、组织、监察、人力资源社会保障部门和实施对象的上级主管部门。

对中央驻苏单位需要实行一票否决权制的，由属地市级社会治安综合治理委员会向省社会治安综合治理委员会提出书面建议；省社会治安综合治理委员会认为确需实行一票否决权制的，向其主管单位和中央社会治安综合治理委员会提出书面建议。

对省驻地方单位需要实行一票否决权制的，由属地市级社会治安综合治理委员会向其主管单位和省社会治安综合治理委员会提出书面建议。

第二十八条　党政领导干部具有本实施办法第二十条所列情形，应当采取停职检查、调整职务、责令辞职、降职、免职等措施的，依照《中国共产党问责条例》，由纪检监察机关、组织人事等部门按照管理权限办理。

第二十九条　党政领导班子、领导干部具有本实施办法第二十条所列情形，并具有下列情节之一的，应当从重进行责任督导和追究：

（一）干扰、阻碍调查和责任追究的；

（二）对检举人、控告人等打击报复的；

（三）党内法规和国家法律法规规定的其他从重情节。

第三十条　党政领导班子、领导干部具有本实施办法第二十条所列情形，并具有下列情节之一的，可以从轻进行责任督导和追究：

（一）主动采取措施，有效避免损失、挽回影响的；

（二）积极配合调查，并且主动承担责任的；

（三）党内法规和国家法律法规规定的其他从轻情节。

第六章　附　则

第三十一条　本实施办法所指重大及特别重大刑事案件、群体性事件、公共安全事件分级标准根据《国务院关于实施国家突发公共事件总体应急预案的决定》确定。

第三十二条　各设区市及省委、省政府各部门可以根据本实施办法制定实施细则。

第三十三条　本实施办法自印发之日起施行。

江苏省坚持问题导向　破解工作难题
推动寄递物流“三个100%”制度有效落实

江苏省各地各部门紧紧抓住源头管控、动态监管、规范管理等关键环节，以落实寄递物流企业安全主体责任为重点，以落实“三个100%”制度为着力点，以科技应用为支撑，扎实推进寄递物流安全管理工作，取得明显成效。

一、强化技术支撑，强力推动三个100%制度落实

江苏省综治办组织公安、邮政管理等部门组成工作专班，对落实“三个100%”制度进行集中攻关，按照“试点先行、全面推进”思路，在南通市开展了试点工作。一是针对收寄验视和实名登记制度不执行、走过场、流于形式等问题，研发了寄递物流治安管理信息系统，配置了集二代身份证识别、寄递单号、寄递物品拍照、手机号码录入等功能于一体的手机APP，采取“网点系统＋手机APP”录入模式，确保100%收寄验视、实名登记。二是针对X光机配备不到位问题，通过企业自筹、财政补贴等方式强化经费保障，省政府给予2445万元奖补资金，市、县财政给予3555万元奖补资金，对全省寄递企业购置X光机实行一次性以奖代补政策，确保X光机100%配备到位。三是针对寄递企业和网点面广量大、从业人员复杂等问题，全面开展动态清查，实行“单位数据、网点数据、从业人员信息”三个必采，并将从业人员相关信息与公安内网对接，实现对从业人员信息100%掌握，有效防止违法犯罪分子混迹其中。四是针对寄递企业安防不到位问题，要求在寄递网点配置与场所相适应、符合国家相关要求的监控设施设备，并与公安视频监控系统联网，实时动态掌握寄递企业落实“三个100%”制度情况。五是针对安全监管体系不健全、运行不规范等问题，研究制定了寄递渠道管理、手机APP操作、网点客户端操作等一系列标准流程。8月17日，省综治办、省公安厅、省邮政管理局联合下发文件，在全省推广“寄递信息系统 + 手机APP + 视频监控系统”的南通寄递安全监管模式。该模式在全省13个设区市全面落地。同时，加强省际平台建设。2016年12月1日，江苏省快递行业安全监管与服务云平台项目获省发展改革委批复，项目总投资达2500万元。

二、落实工作责任，推动齐抓共管

按照“谁主管、谁负责”原则，依法严格落实各负其责、各司其职的管理职责，着力构建党政主导、综治牵头、邮政主管、公安主推、部门联动、企业主责的齐抓共管工作格局。充分发挥综治部门牵头协调作用，用好综治考评这一重要手段，推动各项责任落实；依托“平安寄递”等创建活动载体，将存在的突出安全问题纳入社会治安重点地区和治安突出问题排查整治范围，实行挂牌督办。充分发挥公安机关主推作用，江苏省各级公安机关积极作为、勇于担当，在系统研发、打击犯罪、人员排查、监控配备等方面做了大量工作，这也是“三个100%制度”在江苏省能够全面落实的重要保证。各级邮政部门注重加强对邮政行业运行安全的监测、预警和应急管理，强力推进寄递企业“三个100%”制度的落实。

三、强化数据研判，提升实战效能

寄递信息中包含了大量人员姓名、实际居住地址、联系电话等治安要素，为大数据研判打击犯罪提供了有效支撑。通过寄递信息系统，江苏省实现了寄递物品来源可追溯、责任能倒查、违法受查究，有效打击、震慑了犯罪分子利用寄递渠道进行违法犯罪的活动。2016年以来，各地通过寄递信息研判分析，发现违法犯罪直接线索205条，破获刑事案件38起。苏州市吴中区通过收寄人员举报线索和寄递信息研判，破获“8·15”重大非法制造、买卖、邮寄枪支案，抓获犯罪嫌疑人13名，缴获成品气枪7支、枪管131支，并梳理上报3200余条枪支、配件流向线索，涉及全国29个省份。

江苏省无锡市着力提升立体化现代化社会治安防控体系建设水平

“南昌会议”以来，无锡市以入选全国公共安全视频监控建设联网应用示范城市和举办世界物联网博览会为契机，秉持科技创安导向，加强缜密谋划，勇于创新实践，大力推进联网应用工作，着力提升立体化现代化社会治安防控体系建设水平。

一、高度重视，切实加强组织领导和保障

成立由市综治办牵头、发改委、公安局、财政局、信电局等主要参与单位的相关处室负责人任联络员的领导小组办公室，建立健全工作例会、督导检查、情况通报、问题研商、编发专刊等制度，切实加强面上工作推动。市综治办牵头召开专项工作会议，研究通过《无锡市公共安全视频监控建设联网应用工作方案》，明确今后所有政府出资的监控建设项目，一律由同级公安和信息化主管部门联审通过后，方能实施建设，确保整体规划，防止多头建设。

二、摸清底数，统筹规划技防监控设施建设

积极开展基础工作调研，全面排摸情况，努力做到底数清、情况准。已指导市公安局对全市技防监控设施进行了全面排查摸底，共摸排单位2.7万余家、视频监控点72万余个，梳理应建未建点位2.4万余个；按照“织密补盲、提档增效”的建设目标，以“空中、地面、地下”全面覆盖为标准，规划新建制高点、桥梁、涵洞、拆迁工地、地下管网等治安关键点位监控探头1.2万余处，规划对党政机关、水电油气等重要单位和要害部位4300余套前端设备实施高清化改造；新增布设“网络围栏”前端设备152套。

三、周密谋划，精心制定建设工作方案

详细安排了以24个月为周期的建设工作时间表，确保各个项目能够持续推进。主要分三个阶段推进：一是组织筹备阶段。2016年底前，完成无锡市公共安全视频监控建设联网应用建设总体设计，完善各子项目的设计、论证，修订完善各项标准规范、技术指引、配套文件，提出相关立法建议，并由市政府牵头召开全市工作部署会。二是建设实施阶段。2017年底前，完成无锡市公共安全视频监控平台建设；完成市、县两级综治中心视联网建设，以及全市视频图像整合共享云平台和基础应用功能建设；完成政府部门自建和重点社会面视频图像信息资源整合，实现联网共享；完成全部视频监控高清化改造建设任务。2017年至2018年上半年，完成项目新建高清视频图像建设，完成视频网络升级改造，完成全市视频图像服务支撑、实战应用、运维和安全管理系统建设任务。三是应用推广阶段。2018年下半年，进一步完善实战和智能应用平台建设，实现政府各部门各使用角色授权应用，建立完善全市公共安全视频建设审核、授权共享和安全管理长效机制，建立视频运维专业队伍，总结视频联网应用新经验，引导和推动社会治理模式创新。中央补助资金2000万元已到位，计划全部用于无锡市核心共享平台建设。

江苏省常州市运用稳评思维化解垃圾焚烧厂“邻避”风险

当前，涉环保项目的“邻避”问题日益成为易于引发群体性事件的热点、难点问题。近年来，江苏省常州市先后建成3个垃圾焚烧发电项目，最近一个立项于2014年，建成于2016年。常州市不仅没有发生有较大影响的“邻避”事件，而且部分项目还成为省级园林单位、环保教育基地，具体做法如下。

一、精心选址，减少风险隐患

在2014年新北垃圾焚烧项目立项前，常州市将选址问题作为重要风险源予以考虑。设计部门严格按照《城市生活垃圾焚烧处理工程项目建设标准》《生活垃圾焚烧污染控制标准》及相关国家文件等要求，综合考虑风向、排水、道路交通、厂址位置、周边环境等数十项因素，最终选在距离常州主城区约25千米的新北区春江镇滨江化工园内，做到既满足项目建设要求，又把对居民生产生活的影响降到最低。

二、科学评估，钝化社会矛盾

按照“应评尽评”的要求，在新北等垃圾焚烧项目建设前，均委托第三方评估机构进行风险评估。评估机构通过实地调研、问卷调查、走访相关部门、查阅资料等方式对项目涉及的社会稳定风险因素进行充分调研，向周边3000米半径范围内的居民普遍发放问卷调查，详细征求周边居民企业意见建议，从项目的合法性、合理性、可行性和可控性四个方面进行周密评估，提出防范对策，制定应急预案。针对项目公示期间本地网站“化龙巷”出现的质疑，政府及企业通过组织媒体、网民代表参观和环评听证等方式，释疑解惑，引导舆论，有效降低了项目的稳定风险。

三、强化责任，回应公众诉求

遥观垃圾焚烧项目建成于2006年，是国内唯一坐落于城区的垃圾焚烧发电厂，占地75亩，厂址周边居住着10万居民。随着城市化进程加快，周边住宅和商业区逐渐靠拢并成包围之势，网络负面言论时有发生。企业主动落实主体责任，成立工作专班，落实专门队伍和经费，把确保安全稳定作为重要目标；先后投入资金7000余万元进行环保改造，使各项环保运营指数达到欧盟2000标准，污水处理达到一级A水平；主动接受群众监督，实时发布烟气排放等各项指标；定期组织居民参观项目运行情况，累计接待参观人员796批次1.6万人，有效舒缓群众恐慌心理；加强与周边社区互动，经常对困难群体进行慰问，协助解决社区民生问题，增强了群众的认同感。

四、严格监管，加强危机应对

项目所在地政府选聘居民中有公信力的代表，成立工作组，定期与垃圾焚烧厂进行沟通，实时反馈群众意见诉求，协调解决有关问题。市城管局专门成立监管办，长期派驻工作人员监管各垃圾焚烧项目运营情况，对焚烧效果、环保排放、污水处理、垃圾进厂数量以及周边环境影响等指标进行不间断检验、分析和评估。遇有项目设备检修可能会出现的垃圾气味外溢等问题，政府及主管部门配合企业提前与周边群众沟通解释，最大程度地争取理解支持。

（撰稿人：张传红
审稿人：朱光远　赖小燕）

浙 江 省

2016 年综治工作概况

2016 年，举世瞩目的二十国集团领导人峰会在杭州召开。面对 G20 杭州峰会维稳安保的艰巨任务，浙江省各地各部门以“平安护航 G20 大会战”为总牵引，以构建“互联网 + 社会治理”新模式、打造“枫桥经验”升级版为抓手，坚持不懈“防风险、破难题、补短板”，以平安浙江建设的新成效确保 G20 杭州峰会的绝对安全，推动综治工作迈上一个新的台阶。

一、聚焦峰会维稳安保第一任务，打赢“平安护航 G20 大会战”

浙江省各地各部门扎实开展“平安护航 G20 大会战”，推进矛盾纠纷排查化解、治安问题整治、生产安全整治、公共安全整治、出租房屋与流动人口基础排查、重点人员教育稳控、网络环境净化、群防群治及系列平安创建“十大专项行动”，立足职能、发挥优势，突出重点、精准落实，切实做到聚焦 G20、融入 G20、护航 G20。积极推动重点领域“实名制”管理，寄递行业实名收寄、开包验视和过机安检“三个 100%”得到全面落实；瓶装燃气市场实名登记用户近 800 万户；在全国率先实现手机实名制全覆盖，共补登用户 580 万余名；推动出租房（民宿）、农家乐等场所参照旅馆业管理，严格实名登记制度；推行长途客运购票实名制，实现公路、水路、铁路全覆盖；推行危险化学品、散装汽油、烟花爆竹、批量火柴、松香水等实名销售。

二、加强社会风险预测预警预防体系建设，有效提升人民群众安全感

在省、市、县三级全面建立常态化的社会治安形势分析研判机制，围绕重要节点、重大活动、热点问题、突发性事件等，实时组织开展动态研判和专题研判。比如，衢州市建立“大数据监测治安问题，闭环导航综治工作”机制，较好地做到“用数据说话，用研判决策”。省综治委制定下发《省级社会治安重点地区挂牌整治办法》，进一步规范挂牌整治工作，对 3 个县（市、区）在命案防控、道路交通安全、针织业消防安全、假冒标识、传销、食品安全等方面存在的社会治安专项问题实行省级挂牌整治。同时，全省还挂牌整治 73 个市级重点整治地区和 167 个县级重点整治地区，有效解决重点地区存在的突出治安问题，促进社会治安、社会秩序进一步好转。全面落实安全生产责任制，建立完善企业自主排查治理隐患机制，加强食品药品、环境安全、交通运输、公共卫生、建设工地、消防等重点领域专项治理，全省共查处食品药品违法行为 13948 起，查处关停非法违法食品药品企业 2378 家，没有发生各类重大安全生产和公共安全事故。

三、创新完善矛盾纠纷多元化解机制，推动解决了一大批重大矛盾纠纷

省委办公厅、省政府办公厅印发了《关于完善矛盾纠纷多元化解机制的实施意见》，省综治委制定《G20 杭州峰会社会矛盾纠纷排查化解工作方案》，召开全省矛盾纠纷多元化解工作现场推进会，总结推广 12 个矛盾纠纷多元化解机制试点项目建设经验，完成中央综治办交办的“矛盾纠纷多元化解一体化网络平台”创新项目试点工作。充分发挥重大决策社会稳定风险评估机制的作用，严格落实应评尽评要求，全省共完成评估 5751 件，准予实施 5663 件，暂缓实施 76 件，不予实施 12 件。部署开展社会矛盾纠纷大排查活动，针对拖欠农民工工资、非法集资、实体市场、P2P 网络借贷等涉众型经济纠纷，落实“一套班子、一个方案、一鼓作气”“三个一”化解机制；针对 20 个实体市场涉稳隐患处置难问题，采取先易后难、分类施策、包案化解办法，守住了“三个不发生”

底线。2016 年，全省共排查出各类矛盾纠纷 65.75 万件，成功化解 65.32 万件，化解成功率达 99.07%；其中，108 件省级挂牌督办重大矛盾纠纷，成功化解 96 件，化解率达 88.89%，稳控率达 100%。

四、深入开展“三网两平台”建设，夯实社会治理基层基础

以省平安建设信息系统、综治视联网、公共安全视频监控建设联网应用等“三网”为支撑，大力推进基层社会治理体系现代化建设。平安建设信息系统开通 PC 终端和手机移动终端 19.2 万余个，其中省市县三级 4000 多个部门、乡镇（街道）1.7 万多个站所开通了 PC 终端；全省视联网建设一期规划 5500 个终端。围绕社会面管控，充分发挥社会治理业务协同平台等云平台的作用，研发推广“人车核录系统”、旅客实名购票核查比对、寄递渠道登记验视、散装汽油销售登记等信息化子平台，精准高效推进重点人员预警查控、敏感物资管控、安全检查、背景审核等工作。全面建成省、市、县、乡、村五级综治中心，其中省、市、县、乡四级按照“综治办 + 三网 + N”的模式 100% 建成。突出抓好县乡两级社会治理综合指挥中心规范化建设，强化实行村（社区）、乡镇（街道）、县（市、区）“三级流转处理”工作机制，全年受理各类矛盾纠纷和问题 430 万余件，其中 95% 以上在镇、村两级得到妥善解决。

五、健全完善社会动员工作机制，营造共建共享良好氛围

按照“属地性、整体性、适度性”原则，从尊重传统、着眼发展、便于管理的实际出发，在行政村、城市社区规划了 10.9 万个网格，构建了一张全省统一的基层社会治理网。鼓励和支持相关部门积极参与网格化管理工作，加强对基层各类协辅人员的整合，统筹职能、力量、资源和经费，因地制宜发展建立一支 23.4 万人的专兼职网格员队伍。以“网格化管理、组团式服务”为主要依托，推动浙江省社会治理信息化应用深度融合，强化前端信息采集，加强对人口、房屋、证件、车辆、场所、组织等各类基础信息的实时录入、实时分析、实时共享，并对矛盾纠纷、安全隐患、民生需求、群众诉求、便民服务与综合执法等业务进行协同处理。坚持和发展“枫桥经验”，广泛开展平安志愿者活动，全省建立平安志愿者队伍 3.5 万余支，人数达 231 余万人，发展注册平安浙江 APP 用户 450 万多个，并形成了“武林大妈”“乌镇管家”“西湖红袖章”等一批具有浙江特色的平安志愿者队伍。深化法治、德治、自治相结合的基层治理机制，指导基层依法制订和执行社区公约、村规民约，鼓励居民群众立家规、订家训，构建城乡社区治理新模式。

六、充分发挥综合治理优势，协调解决系列重点难点问题

健全完善综治委会议、专项工作、情况报告、督促检查、目标管理和奖惩等制度，充分发挥各成员单位和专项组的职能作用，不断增强齐抓共管的工作合力。协调出台《关于切实做好被强制医疗人员收治工作的通知》和《关于落实严重精神障碍患者以奖代补监护责任的实施意见》，在全省范围内全面做好强制医疗精神病人的收治工作，全面实施以奖代补政策，在杭州市拱墅区开展“社会心理服务体系建设”试点工作，取得了较好成效。深入实施食品药品安全战略，着力完善食品药品监管体制机制，全省建成实体化运行乡镇（街道）市场监管所 876 个，探索推广食品安全责任保险做法。推进气象安全体制机制改革，建立气象灾害预警信号属地化发布机制，指导全省 84% 的县（市、区）成立气象安全技术中心。省委办公厅、省政府办公厅出台《关于进一步深化预防青少年违法犯罪工作的实施意见》，提出 5 个方面 26 项重点工作项目，推进青少年事务社会工作专业人才队伍建设，目前共发展青少年事务社工人员 3290 余名。组织召开了全省铁路护路联防工作会议，并在全国铁路护路联防办公室主任会议暨信息化建设现场会上推广了浙江省桐乡、海宁等地的工作经验。深入推进依法治理，《浙江省社会治安综合治理工作条例》修订工作列入省人大常委会年度二类立法计划。

七、健全落实平安综治领导责任制，增强责任督导工作实效

省委、省政府多次召开会议、下发文件，总结经验、表彰先进，研究部署深化平安综治工作。省委书记、省长同各市党政一把手签订《平安综治暨 G20 杭州峰会维稳安保目标管理责任书》，明确了“六个坚决防止”的工作目标和责任内容。

各市、县(市、区)党政主要领导也层层签订责任书,确保工作落地,责任到人。制定出台《浙江省平安建设和社会治安综合治理领导责任制实施办法》,进一步明确了党政领导抓平安综治工作职责,以及督促检查、表彰奖励、责任督导和追究等方面的制度机制和政策措施,加大了督促检查和责任追究的力度。全国两会期间,6 位省领导带队深入 11 个市及下辖县(市、区)、乡镇(街道)、村(社区)开展平安综治考核抽查。省综治办(省平安办)会同省委组织部从省直单位抽调 90 人次,组成 30 个暗访组,对全省 89 个县(市、区)进行了两轮暗访检查及一次回访,推动解决了一大批突出问题隐患。进一步提高平安市县考核标准,开发平安浙江考评管理系统,实现网上数据信息采集录入、交办流转、考核统计等功能,更好地发挥了平安考核的导向作用。

浙江省综治委关于加强县乡两级社会治理综合指挥平台建设的指导意见

(2016 年 6 月 12 日)

各市、县(市、区)综治委,省综治委各成员单位:

为深化省平安建设信息系统与“网格化管理、组团式服务”两网融合,健全网上网下联动体系,提升基层社会治理能力,根据中央综治委有关要求和省委办公厅、省政府办公厅《关于创新基层社会治理的若干意见》《关于加强社会治安防控体系建设的实施意见》精神,现就加强县乡两级社会治理综合指挥平台建设提出如下指导意见。

一、指导思想

深入学习贯彻习近平总书记系列重要讲话精神,按照中央、省委关于创新社会治理的决策部署,围绕推进基层社会治理体系和治理能力现代化的目标,坚持和发展“枫桥经验”,坚持以“网格化管理、组团式服务”为依托,以信息化为支撑,统筹整合资源力量,建设社会治理综合指挥平台,建立完善工作机制,构建网上网下整体作战工作体系,最大限度使基层矛盾问题、安全隐患、群众诉求早发现、早报告、早解决,更好地为深化平安浙江、法治浙江建设服务。

二、基本原则

——坚持统筹融合。加强统筹协调,服从当地整体规划,注重整合融合,最大限度利用现有资源力量。

——坚持科技支撑。依托浙江政务服务网,以浙江省平安建设信息系统为骨干,与各相关部门信息系统对接联通,实现数据共享、业务协同,推进信息资源深度应用。

——坚持协调联动。明确部门职责任务,健全协调联动机制,增强处置社会风险隐患、维护社会和谐稳定的工作合力。

——坚持实战实效。充分运用信息化技术,整合资源,完善机制,实现实体化运作,提升服务管理效能。

三、功能定位

县乡两级社会治理综合指挥平台是同级党委、政府管理社会事务、服务人民群众、化解矛盾纠纷、维护社会稳定的工作平台。

(一)县(市、区)社会治理综合指挥中心主要有以下功能。

1. 依托浙江省平安建设信息系统,受理、流转、交办、督办、反馈乡镇(街道)社会治理综合指挥室上报事项和其他渠道报送的信息。对重大疑难或涉及两个以上单位或地方的矛盾纠纷、社会管理事项,协调相关职能部门联动处置。

2. 依托浙江省平安建设信息系统数据库,对辖区信息数据进行分析研判,提出意见建议,并逐步建立稳定形势播报预警机制,推动各种公共安全隐患或事件早预防、早发现、早干预。

3. 依托综治视联网，召开视频会议，组织视频培训、视频调解、视频信访、视频调研等。

4. 依托综治视联网等，对突发案(事)件及时掌握动态、及时分析研判、及时提出建议。

5. 协调指导、督促检查各部门、乡镇(街道)受理办理交办事项，定期通报情况，提出年度平安综治相关考评意见。

(二)乡镇(街道)社会治理综合指挥室主要有以下功能。

1. 依托浙江省平安建设信息系统，受理、流转、交办、督办、反馈村(社区)、单位及个人报送的信息，上报事权不在本级或本级难以处置的信息。对涉及两个以上单位或村(社区)的矛盾纠纷和社会管理事项，协调相关职能部门联动处置。

2. 依托浙江省平安建设信息系统，协调指导"网格化管理、组团式服务"，督促检查人地事物组织等基础数据录入、更新。

3. 依托浙江省平安建设信息系统数据库，对辖区信息数据进行分析研判，为领导决策提供参考，指导村(社区)、企事业单位加强预防预警，督促抓好社会风险隐患整改。

4. 依托综治视联网，召开视频会议，组织视频培训、视频调解、视频信访、视频调研等。

5. 依托综治视联网等，对突发案(事)件及时掌握动态、及时分析研判、及时提出建议。

6. 协调指导、督促检查乡镇(街道)各站所、村(社区)受理办理交办事项，定期通报情况，提出年度平安综治相关考评意见。

四、建设标准

(一)场地设置。场地可单独设置，也可综合利用，面积应满足召开视频会议、组织视频培训的需要。接入综治视联网等，配有液晶拼接大屏幕或显示屏、操作台、会议桌，并设置"××县(市、区)社会治理综合指挥中心"、"××乡(镇、街道)社会治理综合指挥室"标识牌。

(二)人员配备。县乡两级社会治理综合指挥平台工作分别依托当地政法委和乡镇综治办开展。县(市、区)社会治理综合指挥中心的工作由政法委副书记领导，日常工作由综治办专职副主任负责；配备必要工作人员。依托县(市、区)现有综合平台建立的，应有1名综治办负责人兼任中心副主任。乡镇(街道)社会治理综合指挥室统一设在社会服务管理中心，由乡镇(街道)主要负责人或党委副书记领导，日常工作由综治办专职副主任负责；通过社会服务管理中心人员调剂或购买服务等形式，落实2名以上工作人员，确保综合指挥室有序运行。

(三)工作机制。一是建立健全流转交办机制。乡镇(街道)社会治理综合指挥室对村(社区)、单位及个人报送的信息、社会服务管理中心综合受理的相关信息以及上级交办的事项，根据"属地管理"和"谁主管、谁负责"的原则，及时分流交办，限期完成；对事权不在本级或本级难以处置的事项，应及时上报县(市、区)社会治理综合指挥中心，由县(市、区)社会治理综合指挥中心分派给相关部门处置。二是建立健全协调联动机制。坚持网上联动与网下联席会议制度相结合，对重大疑难复杂或涉及多部门、跨地区的案(事)件，及时研究协调解决。三是建立健全研判预警机制。定期对辖区数据进行分析研判，提出意见建议，提供领导决策参考；对重大安全隐患，指导基层加强预警预防，推动风险隐患整改和重大事件化解。四是建立健全督查考核机制。完善事件办理全程跟踪督办制度、工作绩效通报制度，对未及时受理或未按时反馈处理结果的要进行督办，并将各单位相关事件受理办理情况纳入平安综治责任制考核及其他绩效考核。县(市、区)社会治理综合指挥中心加强对乡镇(街道)社会治理综合指挥室运行情况的督查指导。乡镇(街道)社会治理综合指挥室加强对专职网格员履职情况的督查考核，督促指导专兼职网格员及时上报信息、提高信息报送质量。

五、工作要求

(一)加强组织领导。建设县乡两级社会治理综合指挥平台，是我省创新基层社会治理体制、提升社会治理水平的重要举措。各地要按照"党委领导、政府负责、统一指挥、部门联动"的要求，加强组织协调，抓好统筹谋划，整合相关资源，落实人员力量，完善工作机制，确保按期完成建设目标。同时，各地要从实际出发，加强与统一政务咨询投诉举报平台的对接融合，形成工作合力。

(二)规范工作流程。各地要进一步明确县乡两级社会治理综合指挥平台职责、工作人员职责和相关部门职责，细化工作流程，规范办结时限，强化绩效考核，确保各类矛盾问题、安全隐患、群众诉求得到及时回应、妥善解决，全面提升网上办事和服务群众的综合效能。健全信息保密制度，与工作无关人员未经许可不得进入中心（室），涉稳信息、重点人员信息、个人隐私等内容以及公共安全视频监控图像不得摄录外传。

（三）拓宽信息来源。深入推进基层社会治理“一张网”建设，做强做实专兼职网格员队伍。加大“平安通”推广应用力度，广泛发动群众下载应用平安浙江 APP，完善和落实信息采集上报“以奖代补”制度，广泛发动、激励群众发现问题、上报信息、监督问题解决。

（四）强化督导检查。各级综治办要加强对县乡两级社会治理综合指挥平台建设的协调指导和督促检查，掌握工作进展情况，研究解决工作中遇到的困难问题。省综治办要采取网上检查与实地抽查相结合的办法，定期对各地县乡两级社会治理综合指挥平台建设情况特别是事件流转处理情况进行检查并通报，检查结果作为平安暗访内容纳入年度市、县（市、区）平安综治考核。

中共浙江省委办公厅　省政府办公厅
关于印发《浙江省平安建设和社会治安综合治理领导责任制实施办法》的通知

（2016 年 11 月 1 日）

各市、县（市、区）党委和人民政府，省直属各单位：

《浙江省平安建设和社会治安综合治理领导责任制实施办法》已经省委、省政府同意，现印发给你们，请结合实际认真贯彻执行。

浙江省平安建设和社会治安综合治理领导责任制实施办法

第一章　总　则

第一条　为深入推进平安浙江建设和社会治安综合治理，确保社会和谐稳定，根据中共中央办公厅、国务院办公厅《关于印发〈健全落实社会治安综合治理领导责任制规定〉的通知》以及《浙江省社会治安综合治理条例》等规定，制定本办法。

第二条　本办法适用于本省各级党的机关、人大机关、行政机关、政协机关、审判机关、检察机关及其领导班子、领导干部。

人民团体、事业单位、国有企业及其领导班子、领导干部、领导人员参照执行本办法。

第三条　建立健全平安建设和社会治安综合治理领导责任制，应当坚持以邓小平理论、“三个代表”重要思想、科学发展观为指导，深入贯彻落实习近平总书记系列重要讲话精神，紧紧围绕全面建成小康社会、全面深化改革、全面依法治国、全面从严治党的战略布局，坚持问题导向、法治思维、改革创新，抓住“关键少数”，强化担当意识，落实领导责任，科学运用评估、督导、考核、激励、惩戒等措施，形成正确导向，一级抓一级，层层抓落实，使各级领导班子、领导干部切实担负起维护一方稳定、确保一方平安的重大政治责任，保证中央和省委、省政府关于平安建设和社会治安综合治理决策部署的贯彻落实。

第二章 责任内容

第四条 严格落实属地管理和谁主管谁负责原则，构建党委领导、政府主导、平安综治协调、各部门齐抓共管、社会力量积极参与的平安建设和社会治安综合治理工作格局，

第五条 各级党委和政府应当切实加强对平安建设和社会治安综合治理工作的领导，将其列入重要议事日程，纳入经济社会发展总体规划，认真研究解决工作中的重要问题。

各级党委和政府应当健全完善平安建设和社会治安综合治理领导机构及其办事机构，从人力物力财力上保证平安建设和社会治安综合治理工作的顺利开展。各级平安建设领导小组由党委主要负责同志任组长，政府主要负责同志和党委分管负责同志任副组长，其他有关党政领导干部为成员。平安建设领导小组办公室设在党委政法委，由党委政法委主持日常工作的副书记兼任主任。各市、县(市、区)党委政法委、社会治安综合治理委员会应当明确相关机构和人员负责平安建设和社会治安综合治理领导责任制落实工作。各级政府应将平安建设和社会治安综合治理必需的工作经费足额列入同级财政预算保障，纳入相应部门预算管理。

第六条 各部门各单位应当各负其责，充分发挥职能作用，积极参与平安建设和社会治安综合治理，认真抓好本部门本单位本系统的平安建设和社会治安综合治理工作，与业务工作同规划、同部署、同检查、同落实。

第七条 各级党委、政府和各部门各单位主要负责同志是平安建设和社会治安综合治理的第一责任人，其主要职责是：

(一)把平安建设和社会治安综合治理工作纳入全局工作和重要议程，定期主持召开班子成员会议，研究工作措施，作出重要决策，解决重大问题；

(二)每年组织不少于一次的专题调研，协调解决影响平安建设和社会治安综合治理的突出问题；

(三)及时明确分管平安建设和社会治安综合治理工作的领导班子成员职责，建立其他领导班子成员的“一岗双责”，指导、检查、督促各项责任落实到位；

(四)督促落实重大决策社会稳定风险评估和决策责任追究制度，积极预防和减少各类严重影响社会平安稳定的案(事)件，对发生的重特大案(事)件及时有效做好应急处置工作；

(五)抓好平安建设和社会治安综合治理队伍建设，加强人力、物力、财力的支持和保障，推进基层社会治理体系建设，夯实平安建设和社会治安综合治理基层基础；

(六)健全落实平安建设和社会治安综合治理工作考核评价、奖惩制度；

(七)党委、政府赋予的其他平安建设和社会治安综合治理职责。

第八条 各级党委、政府和各部门各单位分管负责同志是平安建设和社会治安综合治理的直接责任人，其主要职责是：

(一)协助第一责任人抓好平安建设和社会治安综合治理工作，及时向党委(党组)和第一责任人报告工作、反映情况、提出建议；

(二)负责处理平安建设和社会治安综合治理日常工作，研究部署工作任务和具体措施，加强检查督促，抓好工作落实，完成目标任务；

(三)每年开展专题调研，及时协调解决影响平安建设和社会治安综合治理的突出问题；

(四)健全完善社会稳定、治安形势、公共安全等定期分析研判机制，研究提出有针对性的工作措施并抓好落实；

(五)抓好基层社会治理体系建设，完善社会治安防控体系、矛盾纠纷多元化解机制，落实重大决策社会稳定风险评估制度，开展突出问题专项整治和重点地区排查整治，严防发生各类严重影响社会平安稳定的案(事)件，一旦发生重特大案

(事)件,及时组织或参与做好应急处置工作;

(六)具体抓好平安建设和社会治安综合治理队伍建设、基层基础、考核评价、奖惩工作;

(七)党委、政府赋予的其他平安建设和社会治安综合治理职责。

第九条 各级党委、政府和各部门各单位领导班子其他成员承担分管工作范围内平安建设和社会治安综合治理的责任,其主要职责包括:

(一)认真贯彻执行上级党委、政府及有关部门平安建设和社会治安综合治理的工作部署,在分管领域内做到与业务工作同规划、同部署、同检查、同落实,防止发生各类严重影响社会平安稳定的案(事)件;

(二)在分管领域内,督促落实重大决策社会稳定风险评估、重大矛盾纠纷领导包案、社会风险排查化解管控、内部安全防范、社会稳定形势研判等工作,加强平安建设和社会治安综合治理的组织、力量建设;

(三)分管领域内发生重特大案(事)件时,按照有关规定要求,第一时间到达现场组织或参与应急处置工作;

(四)党委、政府赋予的其他平安建设和社会治安综合治理职责。

第十条 各级党委、政府和各部门各单位应当建立领导干部离任时的平安建设和社会治安综合治理工作责任交接制度,主要领导及分管领导调离岗位时,实行平安综治工作移交。

第十一条 各级平安建设领导小组、社会治安综合治理委员会及其办公室应当在党委和政府的统一领导下,加强对平安建设和社会治安综合治理工作的总体规划,组织指导各部门各单位落实平安建设和社会治安综合治理工作措施,及时通报、分析平安建设和社会治安形势,协调解决工作中遇到的突出问题,总结推广典型经验,统筹推进平安建设和社会治安综合治理工作。

第三章 督促检查

第十二条 各地和各部门各单位应当建立完善平安建设和社会治安综合治理目标管理责任制,将各项任务分解为若干具体目标,制定易于执行检查的措施,建立严格的督促检查、考核评价和奖惩制度。

上级党委、政府与下级党委、政府之间,党委、政府与各部门各单位之间,每年应当由主要负责同志签订平安建设和社会治安综合治理目标管理责任书。

第十三条 各级党委常委会应当将执行平安建设和社会治安综合治理领导责任制的情况,作为向同级党的委员会全体会议报告工作的一项重要内容。

各级党政领导班子和有关领导干部应当将履行平安建设和社会治安综合治理责任情况作为年度述职报告的重要内容。

第十四条 平安建设领导小组办公室成员单位、社会治安综合治理委员会成员单位,每年应当对本单位本系统部署开展平安建设和社会治安综合治理工作情况进行总结,对下一年度的工作作出安排,并向同级平安建设领导小组和社会治安综合治理委员会作述职报告。

各级平安建设领导小组和社会治安综合治理委员会每年应当对组织开展平安建设和社会治安综合治理工作情况进行总结,并报同级党委、政府和上一级平安建设领导小组、社会治安综合治理委员会。

第十五条 各级党委和政府应当将平安建设和社会治安综合治理工作纳入督促检查范围,适时组织开展全面或专项督促检查。

各级社会治安综合治理委员会及其办公室应当加强对社会治安重点地区、重点领域、重点问题的跟踪督查,对重要督办事项和重点工作应当适时进行督促检查,对检查中发现的问题应当及时通报,并抓好整改落实。

各级平安建设领导小组、社会治安综合治理委员会及其办公室应当加强平安综治宣传和群防群治工作,动员组织党员、群众有序参与,充分发挥平安志愿者、专兼职巡防队、社区工作者、社会工作者、网格员等社会力量的作用,推动平安建设和社会治安综合治理各项决策部署落到实处。

第十六条 省委建设平安浙江领导小组办公室、省社会治安综合治理委员会办公室会同省委组织部每年抽调人员组成检查组,对平安建设和社会治安综合治理工作落实情况进行明察暗访,检查结果纳入省委、省政府年度平安建设和社会治安综合治理工作考核内容。

第四章 考核评价

第十七条 省委、省政府每年对各市、县(市、区)平安建设及省直各部门各单位平安建设和社会治安综合治理工作情况,各市党委、政府履行社会治安综合治理目标管理责任制情况进行考核。每年组织抽查组,由省委建设平安浙江领导小组成员、省社会治安综合治理委员会领导同志带队,到市、县(市、区)进行抽查考核。

第十八条 各级党委和政府应当健全完善平安建设和社会治安综合治理工作考核评价制度机制,提高考核的针对性和有效性。各级平安建设领导小组、社会治安综合治理委员会及其办公室应当改进考核方法,对结果性指标,加大考核权重,以定量考核为主;对过程性指标,以定性评估为主;对各地和各部门各单位创造的具有示范引领作用的好经验、好做法,适当加分。充分利用浙江省平安建设信息系统等平台,整合相关信息资源,运用大数据技术,提高考核科学性。以人民群众安全感满意度调查为重点,积极引入第三方评估和社会评价,提高考核公信力。

第十九条 各级党委和政府应当强化平安建设和社会治安综合治理工作考核评价结果运用,把平安建设和社会治安综合治理工作实绩作为对领导班子、领导干部综合考核评价的重要内容,与业绩评定、职务晋升、奖励惩处等挂钩。各级社会治安综合治理委员会及其办公室应当推动建立健全平安建设和社会治安综合治理工作实绩档案。

各级组织人事部门在考察党政主要领导干部、平安建设和社会治安综合治理分管领导干部实绩、进行提拔使用和晋职晋级时,应当了解和掌握相关领导干部抓平安建设和社会治安综合治理工作的情况。

第二十条 县级以上社会治安综合治理委员会及其办公室应当按照中央和省委、省政府有关规定,加强与同级纪检监察机关、组织人事部门、检察机关的协调配合,协同做好有关奖惩工作。

省委、省政府年度平安建设和社会治安综合治理工作考核评价结果的运用,以及出现需要由省一级开展责任追究的情形时,由省综治委牵头,召开省级纪检监察机关、组织人事部门、检察机关等有关部门负责人参加的会议,研究提出具体意见和建议。

第五章 表彰奖励

第二十一条 省委、省政府定期开展平安市、县(市、区)创建命名工作,每两年开展一次全省社会治安综合治理先进单位、先进个人评选表彰工作。

省社会治安综合治理委员会、省委组织部、省人力社保厅按照中央社会治安综合治理委员会、中央组织部、人力资源和社会保障部的部署,配合做好全国社会治安综合治理先进集体、先进工作者等评选推荐工作。

各市、县(市、区)社会治安综合治理委员会和组织人事部门应当配合做好全国社会治安综合治理先进集体、先进工作者和全省社会治安综合治理先进单位、先进个人等评选推荐工作。

第二十二条 对真抓实干、平安建设和社会治安综合治理工作成绩突出的地方、部门和单位的党政主要领导干部和分管领导干部,应当按照有关规定给予表彰奖励。对受到表彰奖励的领导干部,应当将有关材料存入本人档案。

第二十三条 对受到表彰的全省社会治安综合治理先进个人给予嘉奖一次,对连续两次以上受到表彰的全省社会治安综合治理先进个人给予记三等功一次。对获得三等功奖励,且从事平安综治工作八年以上,有突出贡献的全省社会治安综合治理先进个人给予记二等功一次。

第二十四条 对受到表彰的全省社会治安综合治理先进单位的主要领导干部和分管领导干部,由省社会治安综合治理委员会、省委组织部给予通报表扬。

第六章 责任督导和追究

第二十五条 党政领导班子、领导干部违反本办法或者未能正确履行本办法所列职责,有下列情形之一的,应当进行责任督导和追究:

(一)不重视平安建设和社会治安综合治理,相关工作措施落实不力,本地本部门本单位本系统基层基础工作薄弱,治安秩序严重混乱的;

(二)本地本部门本单位本系统在较短时间

内连续发生较大危害国家安全事件、群体性事件、刑事犯罪案件、影响经济秩序案件、安全事故、公共安全事件、网络安全事件的；

（三）本地本部门本单位本系统发生重大和特别重大危害国家安全事件、群体性事件、刑事犯罪案件、影响经济秩序案件、安全事故、公共安全事件、网络安全事件的；

（四）本地本部门本单位平安建设和社会治安综合治理工作考核评价不合格、不达标的；

（五）对群众反映强烈的社会治安重点地区和突出公共安全、治安问题等，没有采取有效措施或者出现反弹的；

（六）各级党委和政府及平安建设领导小组、社会治安综合治理委员会认为需要查究的其他事项。

第二十六条　对党政领导班子、领导干部进行责任督导和追究的方式包括：通报、约谈、挂牌督办、实施一票否决权制、引咎辞职、责令辞职、免职等。构成违纪违法的，依照有关规定给予党纪政纪处分；构成犯罪的，依法追究刑事责任。

第二十七条　对具有本办法第二十五条所列情形的地方、部门、单位，按照社会治安综合治理目标管理责任制“谁考核谁实施”的原则，由相应县级以上社会治安综合治理委员会办公室以书面形式进行通报，必要时由社会治安综合治理委员会进行通报，限期进行整改。省社会治安综合治理委员会及其办公室也可视情进行通报，限期整改。

第二十八条　对具有本办法第二十五条所列情形且危害严重或者影响重大，或者受到通报后仍未按期完成整改目标的地方、部门、单位，对其实施黄牌警告，限期整改，并由相应的上一级社会治安综合治理委员会办公室主任对其党政主要领导干部、分管领导干部和负有责任的其他领导班子成员进行约谈，必要时由社会治安综合治理委员会主任、副主任约谈，帮助分析原因，督促限期整改。省社会治安综合治理委员会主任、副主任或者省社会治安综合治理委员会办公室主任也可视情直接对县（市、区）一级进行约谈。同级纪检监察机关、组织人事部门、检察机关等相关部门负责人必要时参加约谈。

第二十九条　对具有本办法第二十五条所列情形，尚不够实施一票否决权制，或者受到约谈后仍未按期完成整改目标的地方、部门、单位，由相应的上一级社会治安综合治理委员会办公室挂牌督办，限期进行整改。必要时，可派驻工作组对挂牌督办地方、部门、单位进行检查督办。

省社会治安综合治理委员会办公室根据群众安全感状况、突出治安问题和重特大案（事）件等实际情况，从上年度全省社会治安综合治理工作考核成绩后3位的市中，选择一个上报中央社会治安综合治理委员会办公室作为全国挂牌督办的重点整治候选单位。根据上年度全省平安县（市、区）考核成绩、突出治安问题和重特大案（事）件等实际情况，确定若干县（市、区）作为省级挂牌督办的重点整治单位，加强监督管理。

对受到挂牌督办的地方、部门、单位，在半年内取消其评选综合性荣誉称号的资格和该地方、部门、单位主要领导干部、主管领导干部、分管领导干部评先受奖、晋职晋级的资格。

第三十条　地方、部门、单位有下列情形之一的，由相应的上一级社会治安综合治理委员会按照有关规定，商有关部门共同研究决定，实行一票否决权制：

（一）具有本办法第二十五条所列情形且危害特别严重或者影响特别重大的；

（二）受到挂牌督办后仍未按期完成整改目标的；

（三）连续两年平安建设、社会治安综合治理工作考核评价不合格、不达标的；

（四）其他需要实施一票否决权制的情形。

省社会治安综合治理委员会商省直有关部门共同研究，可以直接对县（市、区）一级实行一票否决权制。

第三十一条　对受到一票否决权制处理的地方、部门、单位，在一年内，取消该地方、部门、单位评选综合性荣誉称号的资格，由组织人事部门按照有关权限和程序办理；取消该地方、部门、单位主要领导干部、主管领导干部、分管领导干部评先受奖、晋职晋级的资格，由组织人事部门按照干部管理权限和程序办理，并会同社会治安综合治理委员会办公室，按照有关规定向上级有关部门进行报告、备案。需要追究该地方、部门、单位党政领导干部责任的，移送纪检监察机关、检察机关依纪依法处理。

第三十二条　对中央驻地方单位需要实行一票否决权制的，由省社会治安综合治理委员会向其主管单位和中央社会治安综合治理委员会提出书面建议。

对省驻市县单位需要实行一票否决权制的，由市级社会治安综合治理委员会向其主管单位和省社会治安综合治理委员会提出书面建议。

第三十三条　按照《中国共产党问责条例》《浙江省推进领导干部能上能下实施细则（试行）》等文件要求，党政领导干部具有本办法第二十五条所列情形，应当采取通报、诫勉、组织调整或者组织处理、纪律处分等方式问责的，由党委（党组）或者纪检监察机关、组织人事部门按照相关权限和程序办理。

第三十四条　党政领导班子、领导干部具有本办法第二十五条所列情形，并具有下列情节之一的，应当从重进行责任追究：

（一）干扰、阻碍调查和责任追究的；

（二）弄虚作假、隐瞒事实真相、瞒报漏报重大情况的；

（三）对检举人、控告人等打击报复的；

（四）党内法规和国家法律法规规定的其他从重情节。

第三十五条　党政领导班子、领导干部具有本办法第二十五条所列情形，并具有下列情节之一的，可以从轻进行责任追究：

（一）主动采取措施，有效避免损失、挽回影响的；

（二）积极配合调查，并且主动承担责任的；

（三）党内法规和国家法律法规规定的其他从轻情节。

第七章　附　则

第三十六条　各市、县（市、区）和省直属各单位可以根据本办法制定具体实施细则。

第三十七条　本办法由中共浙江省委负责解释，具体工作由中共浙江省委办公厅商浙江省社会治安综合治理委员会承担。

第三十八条　本办法自2016年11月1日起施行。

浙江省宁波市立柱架梁抓创新　夯基垒台筑平安
探索基层治理新路子

宁波市坚持社会治理“核心是人、重心在城乡社区、关键是体制创新”的理念，紧紧围绕“五个一”，强化系统设计，理顺条块关系，夯实基层基础，初步走出了一条以“区域化党建、社会化协同、扁平化指挥、网格化管理、信息化支撑”为特色的宁波基层社会治理新路子。

一、注重顶层设计，绘好“一张蓝图”

宁波市委将“创新社会治理全面加强基层基础建设”作为重大课题开展重点研究，组织了17个市级部门进行联合调研，形成了1个课题研究总报告、9个子课题报告。在充分调研的基础上，市委全会作出《关于创新社会治理全面加强基层基础建设的决定》（以下简称《决定》），提出建立基层规范化组织体系、清单化权责体系、法治化城乡社区治理体系、网格化工作体系、信息化支撑体系、社会化服务体系、多元化矛盾调解体系、制度化保障体系等“八大体系”的总目标，实现基层治理体系和治理能力现代化。市委相继出台深化乡镇（街道）行政体制改革、全面深化网格化管理、加强乡镇（街道）社会服务管理中心建设、推进基层综合信息系统建设、城乡社区治理创新、县级综合指挥中心建设等10余个配套文件，形成了“1＋X”政策体系，全面细致地充实《决定》设计的蓝图。宁波市成立了由市委书记牵头的创新社会治理全面加强基层基础建设领导小组，下设办公室，由市委副书记担任主任，全力推进社会治理创新工作。

二、着眼全域一体,编密“一张网格”

明确网格是党委政府在行政村、城市社区及其他特定空间区划内划分的基层社会治理基本单元,将“党建、综治、城管、安全生产、食品安全”等10多个部门网格纳入统一网格体系。按“地域相近、人员相亲、资源互补”的原则,在全市因地制宜地划分了12216个网格,网格统一编号,实现空间全覆盖、地域无缝隙。每个网格落实1名由村干部或专职社工担任的网格长,1名由乡镇(街道)机关干部担任的网格指导员和一批以楼道长、志愿者为主体的专兼职网格员,全市共落实网格长1.2万余人、网格员4万余人。同时,大力推进“多员合一、一员多能”,培养“全科医生”式的“全能网格员”。明确网格长的工作职责主要是发现问题,每周至少三个半天在网格走访巡查,按照手机实时推送的33项基本任务清单和三类人员走访规定做好各项工作。事件处理按“网格发现问题—上报指挥平台—事件流转处理—网格验收成效”的流程解决,形成各环节的闭环系统,做到“底数清、动态明、反应快、服务好”。

三、提高指挥效能,做实“一个中心”

结合乡镇(街道)行政体制改革,统一设置综合指挥室,作为乡镇(街道)内设机构,主任一般由乡镇(街道)专职副书记兼任,统筹协调指挥区域内各条块的管理服务力量,承担信息汇总、综合研判、流转督办、绩效评估等工作职能。全市154个乡镇(街道)都建立了综合指挥室。区、县(市)在不增加机构编制的前提下,整合各地现有社会治理和公共服务平台资源,统一设立社会治理综合指挥中心,组织、协调、督促职能部门和乡镇(街道)、企事业单位和社会力量协同开展社会服务管理工作,打造纵向贯通、横向联动的基层社会治理综合指挥体系和行政执法协调指挥机制。10个区、县(市)综合指挥中心都已成立并运行。宁波市建立了社会治理工作中心,与市综治办合署办公,负责指导、督促、考核县、乡两级社会治理综合指挥平台和网格化建设。中心每周制作一期社会治理《系统运营分析》和《事件处理分析》,对宁波市基层社会治理的工作情况进行大数据分析,有力地督促各地加快工作步伐,强化了业务指导的针对性、时效性。

四、狠抓信息应用,建好“一大平台”

针对基层信息系统多、数据终端多、信息互不联通等问题,建立标准化共享平台和信息采集终端,把延伸到村(社区)的20多个部门的信息系统整合起来,实时联通。大力推进人口、法人、地理空间、信用等各类数据在乡镇(街道)的贯通共享,并把各类数据与地理信息捆绑在一起,通过“业务数据+标准地址+地图坐标”的关联模式,使虚化的信息实体化、可视化。系统可以实时了解网格长、网格员的走访轨迹、走访进度和走访内容,做到工作轨迹直观可见、工作绩效随时可查、社情民意即时反映。

五、强化党建引领,夯实“一个根基”

开展组建农村区域党建联合体试点,探索“网格建党”,推行社区“大党委制”,全面推进“点线建精、整片建强”,统一调配、集约利用区域内的党建资源和公共服务资源,全市共建立区域性党组织2000多个、区域党建联合体近200个。在原有城乡社区“一委一居一中心”体制上,拓展为以村(社区)党组织为核心的区域化党建、以村(居)委会为主导的协商共治、以村(社区)服务中心为平台的综合服务管理“三位一体”的新型城乡社区治理基本架构,统筹各类社会组织、驻区单位的力量和资源,构建多元参与、共同治理的新格局。在积极为村、社区减负的同时,宁波市努力为村级组织提供经费保障。宁波市明确,人口规模1500人以上村每年财政保障经费不少于30万元,其他村每年财政保障经费不少于20万元;每个社区党组织服务群众专项经费每年不少于20万元。

(撰稿人:周川玲
审稿人:谢小云　文悦)

安 徽 省

2016 年综治工作概况

2016 年,在省委、省政府坚强领导下,全省政法综治战线深入学习贯彻党的十八大和十八届三中、四中、五中、六中全会精神,认真学习贯彻习近平总书记系列重要讲话特别是视察安徽重要讲话精神,全面贯彻落实中央政法委、中央综治委和省委、省政府的决策部署,坚持以创新理念思路、体制机制、方法手段为动力,以破解难题、补齐短板为切入点和着力点,进一步健全落实社会治安综合治理领导责任制,强化立体化信息化社会治安防控体系建设,完善矛盾纠纷多元化解机制,加快社会服务管理信息化建设,着力解决影响社会稳定的源头性、根本性、基础性问题,有效防范、化解、管控各类社会风险,夯实社会治安综合治理基层基础,努力开创了全省平安建设新局面。

一、加强立体化信息化社会治安防控体系建设

(一)新一轮社会治安防控体系初步建成。全省各地持续强化新一轮社会治安防控体系建设,以公安 110 指挥中心为龙头,以立体化、信息化为方向,以环省、环市、环县三级防控圈为防线,以专职治安辅助力量、视频防控系统、治安卡点、网安综合应用平台 4 个重点项目为基础,以社会面、城乡社区、单位内部和行业场所、公共安全、视频技术、网络社会 6 张防控网为基本框架,初步构建了专群结合、人防物防技防结合、打防管控结合的立体化、信息化社会治安防控体系。

(二)推动解决突出治安问题。强化交通安全管理,排查整治道路交通安全隐患,严查各类交通违法行为,全省交通安全形势总体平稳。强化消防安全管理,集中整治城乡接合部、城市老街区、“三合一”场所、古村居等区域性火灾隐患,全省火灾形势持续稳定。加强危爆物品安全管理,深入开展缉枪治爆专项行动,保持对涉枪涉爆犯罪的高压态势;强化危险物品安全监管,开展重点涉爆地区排查整治,利用信息化手段加强民爆物品流向全程管控,确保了枪爆危化物品“零被盗、零流失、零炸响”。加强寄递物流渠道安全管理,全面落实寄递物流业实名寄递、开箱验视和 X 光机安检等“三个 100%”制度,统筹解决企业购置 X 光机资金不足难题,企业主体责任和安全能力建设进一步落实;全省快递业务量超过 6 亿件,寄递渠道未发生安全生产责任事故、用户个人信息泄露等案(事)件。

(三)深化社会治安重点地区排查整治。落实《安徽省社会治安重点地区排查整治工作管理办法》,深入开展社会治安形势分析及重点地区排查整治工作,由省综治委对 2 个社会治安重点地区下发督办单,各市、县(市、区)分别对 103 个重点地区进行督办。强化群众安全感和对政法工作满意度调查结果运用,针对影响群众安全感的突出治安问题,组织开展农村地区社会治安、校园安全、打击传销和非法集资等专项整治活动,使全省治安持续向好。

二、健全完善矛盾纠纷多元化解机制

全省各级综治组织扎实推进矛盾纠纷排查调处工作,全年共排查矛盾纠纷 26.01 万件,调处成功 25.18 万件,调处成功率达 96.8%,最大限度把各类矛盾纠纷化解在萌芽状态、化解在初始阶段,为维护社会大局稳定奠定坚实基础。

(一)积极推进矛盾纠纷多元化解机制建设。结合安徽实际出台完善矛盾纠纷多元化解机制的实施意见,推动各地各有关部门进一步联动融合,努力形成党委领导、政府主导、综治协调、部门联动、社会协同、多方参与的矛盾纠纷多元化解工作格局;进一步开放共治,深入推进“两代表一委员”工作室、“警民联调”室等矛盾纠纷多元化解平台建设，广泛动员“五老”等社会各方面力量参与矛盾纠纷化解工作，着力提升化解实效。

（二）进一步完善大调解工作格局。拓展延伸人民调解工作领域，着力强化行业性专业性人民调解组织建设，建立人民调解化解矛盾研判预警工作机制，推进人民调解、司法调解、行政调解衔接联动。2016 年，全省共有人民调解法学、医学、劳动就业、环境保护等咨询专家库 698 个，建立行业性专业性人民调解组织 1182 个，实现县级以上行政区域医疗调解组织全覆盖。探索灵活多样的调解方式，各地探索推行了自助式判例调解、当事人选择调解员的自选式调解、个性化调解、民间协会调解和群众评议调解等新型调解模式，在化解矛盾纠纷中发挥了重要作用。

（三）深入推进诉调对接。省高级人民法院加强与省直相关单位的协调配合，共同出台诉调对接工作意见，进一步拓展了诉调对接领域，规范了诉调对接范围、工作内容及程序等。全省法院深入推进诉讼服务中心建设，努力打造高效便捷、便民利民的诉调对接平台，三级法院诉调对接中心基本实现全覆盖，大量矛盾纠纷在诉讼服务中心通过先行调解得以及时化解，有效节约了司法资源，减轻了群众诉累。

（四）夯实基层矛盾纠纷调处平台。在开展县级矛盾纠纷联合调处中心建设试点的基础上，围绕深入贯彻落实习近平总书记视察安徽重要讲话精神，于 2016 年 8 月由省综治委下发通知，全面推进县（市、区）综治维稳信访工作中心建设，将矛盾纠纷联合调处及多元化解工作作为中心主要职责，并于年底前基本实现全覆盖。

（五）加强矛盾纠纷排查化解。着力健全排查机制，坚持全面排查、重点排查、滚动排查和分析排查相结合，将排查面覆盖到社会各领域、各行业、各群体、各部位，不留死角和盲区。着力健全化解机制，对初发阶段和一般性的矛盾纠纷，坚持边排查边化解，力争及时就地解决；对一时解决不了和可能引发重大问题的矛盾纠纷，逐个进行分析研判，找准症结，制定方案，落实责任，限期解决问题，有力维护了全省社会大局稳定。

三、着力推进社会服务管理信息化建设

近年来，全省各市大力推进社会服务管理信息化建设，形成了以创新“互联网＋社会治理”为代表的“芜湖经验”、以创新保障城市安全为主导的“合肥模式”、以创新“互联网＋政务服务”为特色的“亳州样板”等经验做法。

（一）整合数据面广量大。通过建设社会服务管理信息平台，推进了各市数据中心建设和数据整合工作。全省 16 个设区市基本完成市级数据中心建设，大力推动部门间数据互联互通，为社会服务管理和社会治安综合治理提供准确、动态、翔实的数据支撑。依托社会服务管理信息平台人口库建设，整合、分析城市常住人口户籍和人口变动行政管理数据，建设实时动态实有人口数据库，并采取社区采集人口信息与公安、社保、卫生、教育、民政等职能部门碰撞比对的方法，保持了实有人口数据的鲜活。

（二）网格化管理融合发展。围绕深化网格化管理，各市依托国土资源地理框架信息系统，新建网格 2 维及 2.5 维地图，实现基层社会治理“一网清”。按照“任务相当、方便管理、界定清晰”的原则，整合公安、民政、卫计、人社、城管等多个部门信息采集员，实行“一格一员”。以社会服务管理信息平台为支撑，网格员利用“社管通”手机 APP 开展网格内“人、地、物、事、组织”信息采集、核查、上报，完成网格日常巡查任务。各市按照综治信息化建设要求，升级完善网格化管理平台系统，大部分市实现了网格事件上报动态分级预警、多维度决策分析、智能化任务分派、相关人员短信通知和高效能督办考核等个性化功能。

（三）数据集成综合应用。在不断融合、集成公共服务和城市安全相关的数据的基础上，聚集海量数据形成信息集群，通过数据综合应用打破过去碎片化管理和服务的模式，实现统筹管理、统一服务。通过运用大数据技术，为政府决策提供参考，为部门工作提供指导，为服务群众提供方向，为城市安全提供保障，实现从被动式静态管理到主动式动态服务、事后防控到事前预警的转变，充分挖掘出政府数据信息的最大潜在价值。

四、加强和改进特殊人群服务管理

（一）切实加强和改进严重精神障碍患者救治救助。2016 年 3 月，省综治办联合卫计、民政等部门制定了严重精神障碍患者监护人申领监护管理补贴暂行办法，按照每名患者每年不低于

2400元的标准执行，列入同级民政部门年度预算，全年发放补贴6600余万元。2016年9月，省综治办等10部门共同出台了加强和改进肇事肇祸等严重精神障碍患者服务管理工作的意见，着力破难题、补短板、除隐患，竭力避免肇事肇祸等严重精神障碍患者危害公共安全的事件发生。此后，省综治委又专门召开全省加强和改进肇事肇祸等严重精神障碍患者服务管理工作电视电话会议，部署各地落实有关要求。截至2016年底，全省登记严重精神障碍患者报告患病率4.39‰，在册患者的管理率92.94%，在管患者治疗率69.93%，报告患病率、管理率、治疗率跃升至全国中上水平。

（二）切实预防青少年违法犯罪。共青团安徽省委组织开展“阳光护苗·关爱重点青少年群体”微电影大赛、“青少年维权岗”创建和青少年法治宣传教育等活动，举办刑事审判进校园活动启动仪式暨加强未成人犯罪预防及权益保护工作研讨会，不断加大青少年权益保护和法治宣传教育的工作力度。围绕落实中央有关工作的决策部署，由省委办公厅出台深化预防青少年违法犯罪工作的实施意见，进一步推进了预防青少年违法犯罪各项工作。

（三）切实加强社区矫正工作。各级司法行政机关认真贯彻落实省委办公厅、省政府办公厅《关于进一步加强社区矫正工作意见》，探索建立社区矫正教育培训师资库、课程库，社区矫正持续保持安全稳定。加强教育监管方式创新，推行社区服刑人员电子签、社区服务项目清单管理等制度，推进社区（村居）矫正工作站建设。推进教育帮扶基地建设，采取政府投资、依托企业等多种形式，建立就业基地422个、教育基地481个、社区服务基地1293个，为社区服务、警示教育、文化教育、技能培训和就业安置提供载体。

（四）切实加强刑满释放人员安置帮教。加强刑满释放人员就业安置和社会救助制度建设，由省司法厅牵头会同省综治办等17个单位出台加强刑满释放人员救助管理工作实施意见，细化安置政策措施，落实安置、救助、帮扶工作要求，提高了刑满释放人员的安置率和帮教率。人社、税务、工商等部门共同做好就业指导和就业服务，民政、人社、卫生、住房等部门积极为符合条件刑满释放人员提供最低生活保障、特困人员供养和医疗、住房、就业等救助，在提高刑满释放人员就业率的同时，较好解决了家庭困难或老病残等刑满释放人员的实际困难。持续加强安置基地建设，贯彻落实安徽省过渡性安置基地建设有关规定。2016年，全省建立过渡性安置基地64个，依托企业建立的安置基地472个，有效发挥了过渡性安置基地的作用。

五、努力夯实平安建设基层基础

（一）有序推进县级综治维稳信访工作中心建设。深入贯彻落实习近平总书记视察安徽重要讲话精神特别是关于“推进县乡村三级综治中心建设”的要求，在总结县级矛盾纠纷联合调处中心建设试点经验的基础上，印发《关于推进县（市、区）综治维稳信访工作中心建设的通知》，积极协调推进，县级综治维稳信访工作中心的功能和作用得到了初步发挥。

（二）发挥基层综治维稳信访工作中心（站）实战作用。深入推进乡镇（街道）、村（社区）两级综治维稳信访工作中心（站）规范化建设，命名99个省级示范中心（站），推进中心（站）硬件规范升级、软件功能拓展，进一步增强了规范化、实战化水平。征集基层综治维稳信访工作中心（站）百姓最满意的典型案例376件，提高综治维稳信访工作中心（站）的知晓率，促使基层平台充分发挥作用。

（三）开展多种形式的群防群治工作。大力开展群防群治，总结推广马鞍山、铜陵、阜阳等地动员组织人民群众开展群防群治工作的新机制、新载体、新模式。全省现有各类群防群治组织和队伍3万余支，各类群防群治人员87万余人，每万人拥有群防群治人员达144.3人。加强治安辅助力量建设，通过政府购买服务继续增加公安辅警及财政资金聘用的保安等专职治安辅助力量，全省专职治安辅助力量达11.5万人。

（四）加快推进公共安全视频监控建设联网应用。认真贯彻国家发改委、中央综治办等9部委文件要求，整合共享视频防控信息资源，建立全省统一公共安全视频综合应用平台，不断强化视频监控建设联网应用。全省已建立各类视频防控点70余万个，行政村技防覆盖率超过50%，基本实现党政机关、金融单位等社会重点单位视频防控点全覆盖，并实现了对火车站、汽车站、公交车及公交站、广场等重点、敏感场所 24 小时实时监控，有效提高了治安防控能力水平。

六、健全落实社会治安综合治理领导责任制

（一）强化制度机制建设。省委、省政府出台《安徽省健全落实社会治安综合治理领导责任制实施办法》，在责任制内容上积极创新突破，将群众安全感、综治重点管理、社会治安重点地区排查整治等内容列入责任范围，促使各级领导干部更加重视社会治安综合治理工作。

（二）形成合力齐抓共管。2016 年初，各级党政主要负责同志与下级党政主要领导等各级干部，自上而下层层签订社会治安综合治理目标管理责任书，并在年底对照责任书认真检查考核，层层压实工作责任。各级党委、政府切实加强对社会治安综合治理的组织领导，设区市党委常委会、政府常务会议至少每半年，县（市、区）党委常委会、政府常务会议至少每季度听取一次专题汇报，认真研究解决社会治安综合治理基层基础、体制机制、队伍建设、经费保障等方面的重要问题。各级党委政府紧紧抓住综治工作的关键问题，强化对重点地区、重点领域、重点问题的跟踪督查，及时通报并督促抓好整改落实，实现以领导责任制促进综治工作发展的目标。

（三）全面建立领导干部综治工作实绩档案。全省对各级党政主要领导、分管领导和综治委成员单位主要领导、分管领导均建立了综治工作实绩档案，并将档案记载内容送同级组织部门备案，作为组织部门考核党政领导干部政绩的重要依据。2016 年，省综治办共建立各市党政主要领导、分管领导综治工作实绩档案 69 份，综治委成员单位主要领导、分管领导综治实绩档案 93 份。各地各部门（单位）均建立健全了相应制度，形成了综治和平安建设工作主要领导亲自抓、其他领导全员参与的工作格局。

中共安徽省委办公厅　省政府办公厅
关于印发《安徽省健全落实社会治安
综合治理领导责任制实施办法》的通知

（2016 年 12 月 28 日）

各市、县委，各市、县人民政府，省直各单位，各人民团体：

《安徽省健全落实社会治安综合治理领导责任制实施办法》已经省委、省政府同意，现印发给你们，请遵照执行。

安徽省健全落实社会治安综合治理领导责任制实施办法

第一章　总　则

第一条　为深入推进社会治安综合治理，健全落实领导责任制，全面推进平安安徽建设，确保全省社会大局稳定、和谐、有序，人民群众安全感和满意度不断提升，根据《中共中央办公厅、国务院办公厅关于印发〈健全落实社会治安综合治理领导责任制规定〉的通知》，结合我省实际，制定本办法。

第二条　本办法适用于全省各级党的机关、人大机关、行政机关、政协机关、审判机关、检察机关及其领导班子、领导干部。

人民团体、事业单位、国有企业及其领导班子、领导干部、领导人员参照执行本办法。

第三条　健全落实社会治安综合治理领导责任制，坚持以邓小平理论、"三个代表"重要思想、科学发展观为指导，深入贯彻习近平总书记系列重要讲话特别是视察安徽重要讲话精神，紧紧围绕统筹推进"五位一体"总体布局和协调推进"四个全面"战略布局，严格落实属地管理和谁主管谁负责原则，科学运用评估、督导、考核、激励、惩戒等措施，抓住"关键少数"，强化担当意识，落实领导责任，形成正确导向，一级抓一级，层层抓落实，使各级领导班子、领导干部切实担负起维护一方稳定、确保一方平安的重大政治责任，构建党委领导、政府主导、综治协调、各部门齐抓共管、社会力量积极作为的社会治安综合治理工作格局，保证党中央、国务院以及省委、省政府关于社会治安综合治理决策部署的贯彻落实，为建设创新协调绿色开放共享的美好安徽创造安全稳定的社会环境。

第二章　责任内容

第四条　各级党委和政府应当切实加强对社会治安综合治理的领导，列入任期目标和重要议事日程，纳入经济社会发展总体规划和全局工作部署。

省辖市党委常委会、政府常务会议至少每半年，县（市、区）党委常委会、政府常务会议至少每季度听取一次专题汇报，认真研究解决社会治安综合治理基层基础、体制机制、队伍建设、经费保障等方面的重要问题，从人力物力财力上保证社会治安综合治理工作的顺利开展。

各地党政主要领导干部是社会治安综合治理的第一责任人，对本地社会治安综合治理工作负总责；社会治安综合治理的分管领导干部是直接责任人，对本地社会治安综合治理工作具体负责；领导班子其他成员一岗双责，承担分管工作范围内社会治安综合治理工作的责任。

第五条　各部门各单位应当各负其责，充分发挥职能作用，积极参与社会治安综合治理，主动承担好预防和减少违法犯罪、维护社会治安和社会稳定的责任，认真抓好本部门本单位担负的社会治安综合治理工作，与业务工作同规划、同部署、同检查、同落实。

各部门各单位主要领导干部是本部门本单位社会治安综合治理的第一责任人，对本部门本单位社会治安综合治理工作负总责；社会治安综合治理的分管领导干部是直接责任人，对本部门本单位社会治安综合治理工作具体负责；领导班子其他成员一岗双责，承担分管工作范围内社会治安综合治理工作的责任。

第六条　各级社会治安综合治理委员会及其办公室应当在党委和政府的统一领导下，认真组织各有关单位开展社会治安综合治理工作，动员组织党员、群众有序参与，加强调查研究和督促检查考核，及时通报、分析社会治安形势，协调解决工作中遇到的突出问题，总结推广典型经验，推动落实社会治安综合治理领导责任制，统筹推进社会治安综合治理工作。

第三章　督促检查考核

第七条　各地各部门各单位应当建立完善社会治安综合治理目标管理责任制。每年年初，上级党政主要领导干部与下级党政主要领导干部，党政分管领导干部与综治委成员单位主要领导干部，各部门各单位主要领导干部与内设机构和直属管理单位主要领导干部，自上而下层层签订社会治安综合治理目标管理责任书，把社会治安综合治理各项任务分解为若干具体目标，制定易于执行检查的措施，建立严格的督促检查制度、定量考核制度、评价奖惩制度，推动社会治安综合治理各项决策部署落到实处。

第八条　各级党委常委会应当将执行社会治安综合治理领导责任制的情况，作为向同级党的委员会全体会议报告工作的一项重要内容。

各级党政领导班子和党政主要领导干部、社会治安综合治理分管领导干部及其他相关领导干部应当将履行社会治安综合治理责任情况作为年度述职报告的重要内容。

第九条　社会治安综合治理委员会成员单位每年应当对本单位本系统部署和开展社会治安综合治理、推进平安建设的有关情况进行总结，对下一年度的工作作出安排，并报同级社会治安综合治理委员会。

下一级社会治安综合治理委员会每年应当向上一级社会治安综合治理委员会报告工作。

第十条　各级党委和政府应当将社会治安综合治理纳入工作督促检查范围，适时组织开展专项督促检查。

各级社会治安综合治理委员会及其办公室应当采取明察暗访、随机抽查、“回头看”等方式，加强对重点地区、重点领域、重点问题的跟踪督查；对重要督办事项和重点工作，应当定期不定期进行督促检查；对检查中发现的问题与不足，应当及时通报并督促抓好整改落实。

第十一条　各级党委和政府应当建立健全社会治安综合治理考核评价制度机制，突出问题导向、结果导向和民意导向，坚持量化考核与综合评议、上级评议与群众评议、平时考核与阶段性考核相结合，制定完善考核评价指标体系和评分标准，明确考核评价的内容、方法、程序。

省委、省政府每年对省辖市党委、政府和省综治委成员单位社会治安综合治理（平安建设）工作落实情况进行检查考评并通报结果；对平安县（市、区）申报对象组织评审并予以命名。

第十二条　各级党委和政府应当强化社会治安综合治理考核评价结果运用，把社会治安综合治理工作实绩作为对领导班子、领导干部综合考核评价和政府年度目标管理绩效考评的重要内容，与业绩评定、职务晋升、奖励惩处等挂钩。建立健全各级党委、政府和综治委成员单位主要领导干部、分管领导干部年度社会治安综合治理工作实绩档案。

第十三条　各级组织人事部门在考察地方、部门和单位主要领导干部和社会治安综合治理分管领导干部实绩，进行提拔使用、晋职晋级和评先受奖时，应征求同级综治部门意见；在考察领导班子其他成员实绩，进行提拔使用、晋职晋级和评先受奖时，应了解和掌握其抓社会治安综合治理工作的情况。

第十四条　县级以上纪检、组织、监察、人力资源和社会保障等部门应当加强与同级社会治安综合治理委员会及其办公室的协调配合，坚持并完善社会治安综合治理五部门联席会议制度，共同做好有关奖惩工作。

第四章　表彰奖励

第十五条　对真抓实干、社会治安综合治理工作成绩突出的地方、部门和单位的党政主要领导干部和分管领导干部，应当按照有关规定给予表彰和嘉奖。对受到嘉奖的领导干部，应当将有关材料存入本人档案。

第十六条　对综治考评先进地方、部门和单位，给予一次性奖金或者其他待遇。

第十七条　省社会治安综合治理委员会、省委组织部、省人力资源和社会保障厅每四年开展一次全省社会治安综合治理先进集体、先进工作者评选表彰工作，并配合做好由中央社会治安综合治理委员会、中央组织部、人力资源和社会保障部每四年开展一次的全国社会治安综合治理先进集体、先进工作者评选表彰工作。

第十八条　对受到表彰的全省社会治安综合治理先进集体党政主要领导干部和分管领导

干部应当进行嘉奖。对受到表彰的全省社会治安综合治理先进工作者，应当落实市厅级劳动模范和先进工作者待遇。

第十九条　对连续三次以上受到表彰的全省社会治安综合治理先进集体，以适当形式予以表扬。

第二十条　各级社会治安综合治理委员会及其办公室和组织人事部门要配合做好全国、全省社会治安综合治理先进集体、先进工作者等的评选表彰工作。

第五章　责任督导和追究

第二十一条　地方、部门和单位的党政领导班子、领导干部违反本办法或者未能正确履行本办法所列职责，有下列情形之一的，应当进行责任督导和追究：

（一）不重视社会治安综合治理和平安建设，社会治安综合治理机构不健全，相关工作措施落实不力，本地本系统本单位基层基础工作薄弱，治安秩序严重混乱的；

（二）本地本系统本单位在较短时间内连续发生重大刑事案件、群体性事件、公共安全事件的；

（三）本地本系统本单位发生特别重大刑事案件、群体性事件、公共安全事件的；

（四）本地本单位社会治安综合治理工作（平安建设）考核评价处于后进的；

（五）本地群众安全感和满意度全省排位靠后，且同比有下降的；

（六）对群众反映强烈的社会治安重点地区和突出公共安全、治安问题等，没有采取有效措施或者整治不到位而出现反弹的；

（七）各级党委和政府及社会治安综合治理委员会认为需要查究的其他事项。

第二十二条　对地方、部门和单位的党政领导班子、领导干部进行责任督导和追究的方式包括：通报、约谈、挂牌督办、重点管理、实施一票否决权制、引咎辞职、责令辞职、免职等。因违纪违法应当承担责任的，给予党纪政纪处分；构成犯罪的，依法追究刑事责任。

第二十三条　对具有本办法第二十一条所列情形的地方、部门和单位，由相应的县级以上社会治安综合治理委员会办公室以书面形式进行通报或督办，必要时由社会治安综合治理委员会进行通报，限期进行整改。

省社会治安综合治理委员会办公室对排查出的省级社会治安重点地区和突出治安问题，下发《安徽省社会治安重点地区排查整治工作督办单》分别派发社会治安重点地区所在省辖市和突出治安问题的主管部门（单位）进行督办。

第二十四条　对受到通报或督办后仍未按期完成整改目标，或者具有本办法第二十一条所列情形且危害严重或者影响重大的地方、部门和单位，由相应的上一级社会治安综合治理委员会办公室主要负责同志对其党政主要领导干部、社会治安综合治理工作分管领导干部和负有责任的其他领导班子成员进行约谈，必要时由社会治安综合治理委员会主任、副主任约谈，帮助分析原因，督促限期整改。

受到约谈的地方、部门和单位，不得评定为当年度的综治工作（平安建设）综合性荣誉称号。

第二十五条　对受到约谈后仍未按期完成整改目标，或者具有本办法第二十一条所列情形且危害特别严重或者影响特别重大但尚不够实施一票否决权制的地方、部门和单位，由相应的上一级社会治安综合治理委员会办公室挂牌督办，限期进行整改。必要时，可派驻工作组对挂牌督办的地方、部门和单位进行检查督办。

省社会治安综合治理委员会根据群众安全感、满意度和重特大案（事）件等实际情况，结合上年度全省综治工作（平安建设）考评，选择一个后进省辖市上报中央社会治安综合治理委员会办公室，作为全国挂牌督办的重点整治候选单位。

对受到挂牌督办的地方、部门和单位，在半年内取消该地、部门和单位评选综合性荣誉称号的资格和该地方、部门、单位主要领导干部、分管领导干部和负有责任的其他领导班子成员评先受奖、晋职晋级的资格。

第二十六条　省社会治安综合治理委员会每年从上年度各省辖市综治工作（平安建设）考评末位或群众安全感指数最低的县（市、区）中，根据公共安全、社会治安、重特大案（事）件等实际情况，确定若干县（市、区）进行重点管理。

对受到重点管理的县（市、区），在一年内取消该地评选综合性荣誉称号和该地党政主要领导干部、分管领导干部和负有责任的其他领导班子成员评先受奖的资格;已命名的平安县(市、区)被实施重点管理的,取消其平安县(市、区)荣誉称号;重点管理情形记入年度党政领导干部社会治安综合治理工作实绩档案。

第二十七条　对受到挂牌督办或重点管理后仍未按期完成整改目标,或者有本办法第二十一条所列情形且危害特别严重或者影响特别重大的地方、部门和单位,由相应的上一级社会治安综合治理委员会实行一票否决权制。

对受到一票否决权制处理的地方、部门和单位,在一年内,取消该地方、部门和单位评选综合性荣誉称号的资格,由组织人事部门按照有关权限和程序办理;取消主要领导干部、分管领导干部和负有责任的其他领导班子成员评先受奖、晋职晋级的资格,由组织人事部门按照干部管理权限和程序办理,并会同社会治安综合治理委员会办公室,按照中央及省有关规定向上级有关部门进行报告、备案。需要追究党政领导干部责任的,移送纪检监察机关依纪依法处理。

第二十八条　对中央驻皖单位需要实行一票否决权制的,由所在地市级社会治安综合治理委员会向省社会治安综合治理委员会提出书面建议;省社会治安综合治理委员会认为确需实行一票否决权制的,向其主管单位和中央社会治安综合治理委员会提出书面建议。

对省驻省辖市单位需要实行一票否决权制的,由所在地市级社会治安综合治理委员会向其主管单位和省社会治安综合治理委员会提出书面建议。

第二十九条　对拟实施重点管理和一票否决权制的相关事项,由相应的上一级社会治安综合治理委员会办公室按照中央及省有关规定提出建议,经综治、纪检、组织、监察、人力资源和社会保障五部门联席会议审议后,提交社会治安综合治理委员会研究决定。

挂牌督办、重点管理和一票否决权制决定形成后,在送达实施对象的同时,应当报告同级党委、政府和上一级社会治安综合治理委员会,并通报同级纪检、组织、监察、人力资源和社会保障部门及实施对象的上级主管部门(单位)。

第三十条　党政领导干部具有本办法第二十一条所列情形,按照《中国共产党问责条例》等规定应当进行问责的,由纪检监察机关、组织人事部门等按照管理权限办理。

第三十一条　党政领导班子、领导干部具有本办法第二十一条所列情形,并具有下列情节之一的,应当从重进行责任督导和追究:

(一)干扰、阻碍调查和责任追究的;

(二)弄虚作假、隐瞒事实真相、瞒报漏报重大情况的;

(三)对检举人、控告人等打击报复的;

(四)党内法规和国家法律法规规定的其他从重情节。

第三十二条　党政领导班子、领导干部具有本办法第二十一条所列情形,并具有下列情节之一的,可以从轻进行责任督导和追究:

(一)主动采取措施,有效避免损失、挽回影响的;

(二)积极配合调查,并且主动承担责任的;

(三)党内法规和国家法律法规规定的其他从轻情节。

第六章　附　则

第三十三条　各省辖市、省直各部门各单位可以根据本办法制定具体实施细则。

第三十四条　本办法由省委负责解释,具体解释工作由省委办公厅会同省社会治安综合治理委员会办公室承担。

第三十五条　本办法自 2016 年 12 月 28 日起施行。

安徽省蚌埠市以信息化为引领　着力打造社会治安防控体系升级版

近年来,蚌埠市坚持问题导向,按照科技引领、信息支撑思路,注重在统筹规划、融合共享、要素掌控和实战应用等方面破难题、补短板,极大地提高了动态化、信息化条件下驾驭复杂治安局势的能力,人民群众安全感和满意度不断提升。

一、抓好统筹规划,坚持精准发力,增强社会治安防控实效

为克服建而不用、用而不精、建管用脱节等顽疾,立足规划设计这一重要前提,抓住系统建设这一关键环节,着眼发挥效用这一最终目标。

一是一体规划、统筹推进。与社管信息化、智慧城市同步规划、一体推进。市委政法委设立协调办,市政府增设市信息办,形成党委组织协调、政府建设推进的党政协同、部门联动格局。编制完成"0552"工程方案,获省专家组肯定。《蚌埠市公共信息化建设方案》确立管理、服务、信息、事业和应急5大公共应用平台、23个重点项目任务,构建起智慧蚌埠的主体支撑,由分管市领导牵头负责、领衔督办。

二是突出重点、精准发力。遵循综治总牵头、公安负主责思路,坚持城乡统筹结合、网上网下结合、人防物防技防结合、打防管控结合。印发《蚌埠市立体化数字化社会治安防控体系建设重点项目实施方案(2016—2017)》,确定30项重点任务,以项目化方式推动工作落实。

三是跟踪问效、精细管理。采取联席会议、明查暗访、情况通报等方式,并将其纳入综治年度和县级公安机关年度绩效考核,确保重点项目落地建设。

二、抓好资源整合,强化要素掌控,打牢社会治安防控支撑

蚌埠市始终注重资源整合,不断强化要素掌控,大数据的支撑作用愈发明显。

一是政务数据集成初具规模。云数据中心对接20.8亿条数据,数据量位居全省首位;公安整合约7.5亿条数据,实现公安专项数据、政府部门数据融合应用。

二是公共信息资源挖掘丰富。上线"蚌埠一家"门户网站,通过便民服务,不断延伸政府管控触角,扩大信息采集来源,成为社会治安辅助信息的资源库。

三是综治信息平台渐成体系。综治"9+X"系统与《社会治安综合治理基础数据规范》无缝衔接,实现对实有人口、特殊人群、社会治安、矛盾纠纷等综治9大主体模块和打击传销、见义勇为2大特色模块的全面覆盖和动态管控。视联网实现1个市级、9个县(区)级,5家市直政法部门平台的纵向贯通、横向协同,实现视频会议、视频巡查、视频调解、视频信访、信息发布等功能,变现场见面会为远程视频会,实现了政法综治工作高效化。完成视频资源整合10095路。推行"互联网+视频巡查"机制,实现对基层综治中心的远程巡视、实时督查、精准调度。

三、抓好创新驱动,推进基础建设,提升社会治安防控能力

基层基础是社会治安立体防控的基石,也是检验社会治理生命力的"试金石"。

一是完善基础设施。在前三期投入超6亿元的基础上,推进投入2亿元"天网"四期工程建设,新增高清视频摄像头8037个,初步实现了对人、车轨迹的有效捕获管控和无缝衔接。

二是构建基础平台。持续深化四级综治中心建设,在区级层面形成一个中心、三个平台的四位一体格局,构建起以"区级平台为枢纽、乡镇(街道)中心为支撑、村(社区)中心为基础"的横到边、纵到底的三级联动平台,借助信息化手段,集成事件动态分级预警、责任人短信智能群发、事件上报下派的多级受理与流转等特色功能。

三是创新基础机制。按照"全省最优、全国一流"的目标,建成1个市级指挥中心和10个分县局作战室，形成了“中心统领、多警融合、横向集成、纵向贯通”的合成作战格局。完善视频集中巡查机制，推动由单纯维护值守转变为主动发现、打击现行模式。

目前，蚌埠正在着力打造“天网”“地网”“物联网”“互联网防控网”高度融合的四位一体大数据立体化防控体系，全面优化以四级综治中心为依托的标准化管理体系，努力为保障经济社会的快速发展、提升人民群众安全感和满意度做出新的贡献。

安徽省马鞍山市着眼整体谋篇布局　着力打造四大平台积极构建矛盾纠纷多元化解机制

近年来，马鞍山市各级、各部门主动适应新形势，增强工作前瞻性，坚持立足当前和着眼长远相结合，坚持整体谋篇与重点突破相结合，以四大平台建设为轴心，调动多方资源，畅通多元路径，调解、仲裁、裁决、复议、诉讼等衔接互动的矛盾纠纷多元化解机制日臻成熟完善。

一、注重统筹推进，抓好多元化解整体布局

2015 年 6 月，市委、市人大常委会先后出台意见和决定，对全市推进矛盾纠纷多元化解机制建设重点任务进行了系统安排，确立了党政、司法、社会等各方责任，形成了“党委领导、政府主导、司法推动、社会协同、多元参与、法治保障”的工作格局。2016 年，市委先后召开高规格的工作部署会和现场推进会，对当前需出台的配套文件和工作举措以任务清单形式进行了交办，全市各级各部门陆续出台配套措施 30 余项，医疗、交通、物业、消费、环保、征地拆迁、校园、婚姻家庭、劳动人事等行业领域相继建成实体化调委会，全市行业性专业性调解组织累计达 31 个、调解员 180 余人。注重考核推动，将矛盾纠纷多元化解机制建设纳入综治考核，严格执行社会治安综合治理领导责任制，推动责任落实；同时规定各级政府、司法机关定期向同级人大常委会报告工作开展情况，市人大常委会定期开展专项调研和视察。落实激励措施，市委政法委、市财政局、市司法局联合出台《人民调解个案补贴和补助办法》，对调解成功的每起矛盾纠纷，按调处难易度分别给予调解员 100 至 500 元不等的个案补贴；对各级人民调委会和各类行业性专业性调解组织每月给予 300 至 500 元补助。定期开展金牌调解组织和金牌调解员评选授牌活动，已有 20 名调解员被评为市级金牌调解员。

二、注重纵向贯通，抓好三级联动平台建设

依托县、乡、村综治维稳信访工作中心，搭建矛盾纠纷排查化解三级平台，形成“县级中心调度、三级平台联动”工作体系，传承“枫桥经验”，尽可能将矛盾纠纷化解在基层和一线。在县区层面，按照“试点先行、全面铺开”的思路，在含山县成功试点的基础上，推动各县区整合辖区行业性专业性调解资源，进驻县级中心，建立实体化的综合调处指挥平台，赋予其矛盾调处、分流指派、指挥调度、督查督办、考核奖惩等功能，设立接待室、调解室、法律服务室、心理咨询室、巡回法庭、保险理赔等机构，提供接待、咨询、调解、心理疏导、法律援助、理赔、司法确认、简易审判等集成服务。加强专兼职调解员队伍建设，建立调解、医学、法学专家库，为群众提供“菜单式”服务。在乡、村层面，依托乡镇（街道）、村（社区）综治维稳信访工作中心（站），建成规范化人民调解委员会 642 个，选聘专兼职调解员 6047 人。鼓励群防群治等基层群众自治组织参与，引导身边人调处身边事，有效化解了大量矛盾纠纷。

三、注重横向集成，抓好诉调对接平台建设

不拘一格，探索建立“进驻式”“派驻式”“桥梁式”等对接模式，推动中央和省综治办交办的“诉调对接平台规范化建设创新项目”落地，全国法院多元化纠纷解决机制改革工作经验交流会在马鞍山市召开。所谓“进驻式”，就是依托全市各级法院诉讼服务中心建立诉调对接中心，邀请相关调解组织和调解员进驻，配备专门人员引导当事人选择调解方式解决纠纷。如和县诉调对接中心按照“四室一庭”构架（分流引导室、法官工作室、调解工作室、司法确认室和速裁庭）组建，调解工作室又分设家事、商事、综合三个独立调解室，外请3名律师、2名人民调解员担任特邀调解员，选定2名法官专职调解和速裁。所谓“派驻式”，就是对于诉讼案件较多的纠纷，将诉调对接平台移至相关调解组织，增设法官工作室和巡回法庭，与“三大调解”联勤联动。如花山区在法院“门外”腾出300平方米办公用房，组建物业纠纷诉调对接中心，聘请专职调解员6名，区住建委物业科整体搬入，区法院派驻法庭，实现了“诉”与“非诉”的无缝对接。所谓“桥梁式”，就是对分散且不宜集中处理的纠纷，由法院与有关部门、单位、组织建立经常性沟通对接机制，实现诉调对接。全市法院与30多家行政机关、调解和仲裁组织建立了对接机制，构建起多元多极、辐射全域的诉调对接体系。

四、注重就地化解，抓好警民联调平台建设

坚持多点支撑，出台建设意见和标准，在全市公安派出所建立警民联调室54个，所有硬件配备规范统一，所有制度流程阳光透明。按照2至4人标准，从热心调解工作的老政法、老党员、老干部、老专家、老教师、老劳模“六老”人员中选聘专职调解员83人，常驻警民联调室开展调解工作；同时，积极吸纳村居干部、律师、“两代表一委员”等兼职参与调解，经常性参与调解的兼职调解员达117人。建立健全先期处置、移交受理、联合调处、考核激励四项机制，保障警民联调工作衔接有序、运行顺畅。根据矛盾纠纷的不同类型，确定调解主体和适用的法律、程序，进而界定调解协议的法律属性，以法治思维和法治方式推进联调工作，解决了两种不同性质调解工作的法理衔接问题，规避了“警民联调”可能带来的司法风险。

五、注重信息支撑，抓好在线化解平台建设

在多元化解领域引入互联网思维，探索“互联网+调解”模式，打通纠纷解决的网络渠道。依托综治信息化平台开通矛盾纠纷在线排查化解系统，横向集成矛盾调处、法律援助、诉调对接、110指挥、网格化管理五大中心及各部门资源，纵向贯通市、县、乡、村、网格五级网络，矛盾纠纷的排查、登记、受理、交办、调处、会商、督办、反馈、结案、统计等各环节全程在线，该系统正在含山县试运行。依托综治“9+X”开通诉调对接在线平台，人民法院委托行政机关、行业性专业性调解组织及基层组织调解的案件实行在线分流，相关法律文书和证据材料网上流转，架起“诉”与“非诉”的“网上桥梁”，实现了纠纷化解各渠道、平台、主体之间的信息共享和工作联动，系统已上线试运行。依托新浪法院频道，市、县（区）两级法院全面开通在线调解平台，对诉至法院的纠纷，引导双方当事人共同选定在线调解员，以三方视频对话方式进行在线调解，实现了线下调解线上运行，促进了纠纷解决的跨界融合。

安徽省芜湖市运用大数据和网格管理
保障城市安全　提升公共服务

近年来，安徽省芜湖市牢固树立“民生优先、服务为先、基层在先”的理念，以网格化管理为基础，以大数据应用为支撑，以社会化服务为方向，积极探索“条块融合、以块为主”的管理模式创新和“一站式、全天候、零距离”的服务机制创新，着力构建以“一个治理体系、两大综合平台、三个支撑中心”（即社会服务管理信息化体系，“一站通”政务服务平台、“网格化”综合管理平台，大数据管理中心、政府服务认证中心、社会信用服务中心）为主要内容的“互联网+社会治理”新模式，取得了初步成效。

一、主要做法

（一）建设"一站通"办事服务平台，实现政务服务"零距离"。树立全生命周期服务的理念，按照公正公开、便捷高效的原则，全面梳理政府各部门面向居民和企业的行政权力和公共服务事项，逐一优化和固化工作流程，全部纳入"一站通"办事服务平台，采取"线上＋线下"相结合的模式，为居民和企业提供优质高效的政务服务。一是在互联网端设立线上"易户网"和"易企网"，居民和企业足不出户即可在网上申请办理公安、民政、计生、社保等各类行政审批和公共服务事项；二是将"一站通"线下办事窗口延伸到社区（村）和公共服务中心，不会上网的群众可就近在社区（村）综合窗口提交材料，实行综合受理、网上流转、一站办结。"一站通"平台现已纳入11个部门148个办事项，日均办结1600余件。同时，按照中央简政放权的要求，芜湖市全面启动了对政府行政权力和公共服务事项的梳理工作，优化和固化市、县（区）、乡镇（街道）、社区（村）四级政府服务指南，再造政府服务运行流程，实现政府服务上下联通、并联审批和协同运行。

（二）建设"网格化"综合管理平台，做到社情民意"全响应"。全面推行以"网格化"综合管理平台为枢纽的新型城乡社区网格化服务管理模式，不断提升社会治理精细化水平。一是合理划分网格。根据区域地形特点和居住人口密度等，城区按每300～500户设置一个网格，农村地区以自然村为单元设置网格，全市共划分4423个网格，做到无缝全覆盖。二是整合基层队伍。整合全市公安、市容、民政、计生、人社等基层信息采集员，配备专兼职社管网格员。社管网格员在日常巡查中通过"社管通"信息终端将网格内"人、地、物、事、组织"信息进行采集、核查和上报。三是实行精细管理。市、县（区）两级均成立了网格监督管理中心，全面纳入城市管理、市场监管等职能，负责协调、指挥、调度、考核网格化管理工作，建立"有人巡查、有人报告、有人负责、有人解决、有人督查"的闭环运行机制。网格员在巡查中发现问题，通过"社管通"终端，及时将文字、图片和语音上传至网格监督管理中心，统一分派流转，部门限期办结，办结结果由网格员督查反馈，确保做到"件件有着落，事事有结果"。出台了《芜湖市社区工作者（网格员）管理办法（试行）》，制定日常巡查、分类走访等制度，强化痕迹管理，实行GPS定位、绩效考核，确保民情信息第一时间收集、矛盾纠纷第一时间调处、安全隐患第一时间消除。

（三）强力推进政府各部门数据共享共用，促使公共数据"实时清"。按照基础数据共建共享、服务管理各司其职、业务流程闭环运行的总体思路，以"不交换数据就交换干部"的决心，坚决打破部门间信息壁垒，强力推进公共数据共享共用。一是建立了芜湖市大数据中心。制定了《芜湖市政务数据资源交换共享管理办法》《交换共享目录》等规范性文件。大数据中心已共享省、市279个部门、单位941个大类的数据，交换数据总量达398.8亿条次。二是建立了芜湖市数据认证中心。初步建成了10大类电子证照库，已实现公安部门户口簿、身份证，民政部门结婚证、离婚证，卫计部门生殖保健服务证、生育证、独生子女光荣证、流动人口婚育证明、出生医学证明等常用证照的电子化。通过建设电子证照库，过去居民办事中需要开具的各种繁杂的证明将由审批部门通过系统查询，或由数据认证中心统一核实出具，谁审批谁负责。三是建立了芜湖市信用中心。以国家首批"创建社会信用体系建设示范城市"为契机，大力推进征信体系建设，制定了《芜湖市社会征信系统建设方案》，社会信用信息数据库、社会信用信息服务平台、"信用芜湖"网站正在加紧建设中。大数据中心、认证中心、信用中心共同构成了芜湖市"互联网＋社会治理"模式的支撑体系。

二、主要成效

（一）基础网格化、工作信息化，筑牢了社会治理现代化的根基。通过信息化的源头治理，准确掌握了网格内基本情况、社情民意和突发事件，实现了社会隐患主动排查、社会矛盾联动化解、特殊人群重点监管、基础设施动态管理，解决了政府管理底数不清、情况不明的问题，同时也为政府决策提供了科学依据。

（二）管理扁平化、运行网络化，创新了社会治理现代化的方式。通过数据共享、流程优化、部门联动、机制转型、网络服务，打破部门壁垒，延伸办理网点，优化办事流程，规范工作程序，让数据多跑路、群众少跑腿，鼠标一点就能办好事，足不出户就能办成事，改变了以往“群众办事难、办事慢”的困境。

（三）主体多元化、服务个性化，体现了增进人民福祉的根本要求。信息平台的广泛覆盖和普遍应用，充分调动和发挥了广大社会组织和人民群众参与社会治理的积极性和主动性，及时反映和协调了人民群众各方面各层次的利益诉求，建立了畅通有序的诉求表达、矛盾调处、权益保障机制，为社区百姓主动提供了丰富多样、精彩纷呈的个性化服务，提升了群众的满意度，增强了政府的公信力。

（撰稿人：张媛
审稿人：郑宏　赖小燕）

福 建 省

2016 年综治工作概况

2016 年,福建省综治部门聚焦防控风险、服务发展,破解难题、补齐短板,以“三化一龙头”(多元化调解、立体化防控、网格化服务,落实综治责任制)为总抓手,以“六个专项治理”(严重精神障碍患者肇事肇祸、电信网络诈骗、寄递物流、危险物品、毒品问题、执行难)为突破,扎实推进平安福建建设,社会面平稳可控、持续向好,群众安全感率达 93.92%。福建省年度全国综治考核评价结果为 95.93%。

一、聚焦服务大局,创造安全稳定的社会环境

(一)切实维护国家安全和社会稳定。坚持把强化社会面稳控作为维护大局稳定的首要环节,有效发挥综治协调的职能作用,圆满完成了海峡论坛、“6·18”系列活动、“9·8”投洽会等系列重大活动安保任务。健全涉稳隐患排查、情报分色预警和实地督导机制,部署开展社会治安大排查、大巡查、大清缴、大整治行动,有效稳控一批涉稳突出问题隐患,圆满协助完成 G20 峰会护城河等重大安保任务。

(二)稳妥处置新常态下经济风险。坚持把服务发展作为综治维稳工作的主线,着力化解金融风险,组织开展打击非法集资犯罪、打击恶意逃废债引发经济犯罪、打击整治传销犯罪三个专项行动。推动市县两级建立实体化稳定风险评估中心或第三方评估机构,规范决策前风险评估、实施中风险管控、实施后效果评估等刚性操作程序,全省共对 1462 项重大决策事项进行了风险评估,防范减少了社会稳定风险。

(三)着力解决一批区域性治安稳定突出问题。针对影响群众安全感的违法犯罪问题,组织开展打击“盗抢骗”、打击农村黑恶势力违法犯罪、打拐、追逃等专项行动,全省立刑事案件下降 12.1%,八类刑事案件下降 18.1%,盗窃案件下降 15.2%。针对区域性治安稳定突出问题,省综治委着力推动分级挂牌责任落实,省级重点跟踪督导 27 个整治点,市、县分级挂牌督办 540 个整治点,一批区域性治安稳定突出问题得到有效解决。针对公共消防隐患问题,强化重点区域场所隐患排查整改、重要时间节点防火宣传教育工作,火灾事故人员死亡数、受伤数、造成经济损失数分别比降 21.3%、30%、2.2%。福州市和宁德市分别拨出 2000 余万元和 1400 余万元,推进福州市仓山区金山工业园区桔园洲片区和蕉城区蕉北街道培英社区旧城区火灾隐患整治。针对道路交通事故问题,扎实推进全省 318 处道路交通安全隐患整治及 892 处农村道路交叉口安全设施建设,列入政府为民办实事工作,整治建设任务均已按时完成。针对铁路沿线治安隐患问题,调整充实省综治委铁路护路联防工作领导小组,将组长升格由省委常委、政法委书记担任,加强铁路沿线立体化治安防控体系建设,保障了铁路安全畅通。

二、以“三化一龙头”为抓手,持续深入推进平安建设

(一)强化综治责任龙头。省委书记、省长连续 18 年与设区市党政主要领导签订综治平安建设责任书,省“两办”出台贯彻《关于健全落实社会治安综合治理领导责任制的若干规定》实施办法,各设区市均出台奖励政策,对综治考评达标的给予奖励,最大限度调动了齐抓共管的整体合力。同时用好通报、约谈、挂牌督办、一票否决等综治政策措施,全省各级综治组织共实施通报 31 个单位,约谈 15 个单位,挂牌督办 27 个单位。强化利益导向,探索平安建设共建共享机制,推行“三个 10%”综治激励政策,对被评为“平安村(社区)”的,辖区群众参加“新农合”、城镇居民医疗保险的个人缴费部分由县财政贴补 10%;60 周岁以上村居民基础养老金提高10%;实现“八无一好”平安家庭目标的,大病保险报销奖励10%。通过“三个10%”,推动村村创优、户户监督,形成“守法人人夸、违法人人责”的良好氛围。

(二)提升网格化服务管理。省委、省政府出台《关于加快网格化服务管理信息平台和社区服务窗口整合建设的实施意见》《全省网格化服务管理信息平台技术方案》和《社区服务窗口整合技术方案》等,从顶层设计上明确省市二级平台、五级穿透、互连互通的总体架构,把“七网八网”统一整合为“全省一张网”,“七员八员”统一整合为“网格员”。全省共划分社区(村)单元网格10.76万个,配备专兼职网格员12.33万名。着力破解部门信息孤岛和数据壁垒,公安、民政、卫计、人社等11个首批省直部门已汇聚139项近2亿条数据,第二批26个省直单位数据汇聚工作正有序推进。坚持把网格化服务管理与“互联网+政务服务”相结合,推行“一号申请、一窗受理、一网通办”服务模式。有的设区市把食品药品安全监管纳入网格化平台一体运作,整合基层行政执法资源,有效落实管理措施,得到国家食品药品监管总局主要领导的充分肯定。有的设区市依托网格化数据交换共享平台,相关信息“一次生成、多方复用,一库管理、互认共享”。有的设区市采取“全岛一中心、全岛一平台、全岛一张网”的模式,整合12345政务服务热线,应用五彩APP,下沉乡镇659项,下沉社区168项,手机APP部署38项,实现了易办事、易生活、易诉求。

(三)抓好立体化治安防控。省委、省政府将治安防控体系建设列入“十三五”规划,省发改委、省综治办、省公安厅下发《福建省公共安全视频监控建设联网应用工作实施方案》,建立由省委常委、政法委书记任组长,54家省直有关单位组成的跨部门协调工作组,召开全省电视电话会议进行部署,全省新建高清视频探头20万路,联网19.37万路,中心城区和重点部位实现监控全覆盖。泉州市被列为全国公共安全视频监控建设联网应用工作示范城市,连续五年将“城市安全信息系统”列入为民办实事项目,已建成一类高清探头2万路,村镇级视频监控近4万路;省移民开发局用三年时间投入1.6亿元推进平安库区视频监控系统建设。探索完善公安检查站(卡点)圈层过滤机制,已建成省际公安检查站35个、市际县际公安检查站72个。

(四)着力多元化调解。省人大常委会把完善矛盾纠纷多元化解机制纳入重点立法课题,成立多元化解机制立法工作小组,起草《福建省多元化纠纷解决机制促进条例(草案)》,把矛盾化解纳入法治轨道。深入开展矛盾纠纷排查调处活动,健全矛盾纠纷综合预防化解体系,全年调解矛盾纠纷14.2万件,成功率99.2%。在全省所有县(市、区)建立了县乡村三级联动的大调解体系,形成道路交通、涉台矛盾、涉军维权、商圈调解、名人调解等一批特色品牌。推行“一村一法律顾问、一居一法律诊所”,组织发动律师参与信访接待、矛盾调处、便民法律服务,全省5016个村居(社区)聘请法律顾问,建成各类法律援助站1887个。会同省电视台综合频道办好《调解有一套》,已播出近300期,被中国广播电视协会评为全国电视类10强品牌栏目。组织开展金牌调解室专题调研,全省建立个人名字命名的调解工作室217个。开展民转刑命案专题调研,同时逐一梳理掌握年内发生的“民转刑”案件特别是一次死亡3人以上“民转刑”案件情况,及时开展督查,全省命案发案数比降9.4%。

三、以“六个专项治理”为突破,有效防范管控公共安全风险

对严重精神障碍患者肇事肇祸问题,省政府立项建设省级强制医疗所和安康医院“两个500张”规模联建项目,对居家治疗的3级以上严重精神障碍患者年度内没有肇事肇祸行为的,给予监护人最低2400元、最高4800元的看护管理奖金,全省安排专项资金超过1.5亿元。实行肇事肇祸致人死亡案件“一案一通报”制度,对3个设区市、3个县(市、区)进行案件通报倒查,全省法院审理严重精神障碍患者肇事肇祸致人死亡案件、人数同比分别下降62.9%和63.2%。

对电信网络诈骗问题,省级和9个设区市均建成反诈骗中心,公安、银行、通信入驻一体化办公,快速接警止付。省财政安排5000万元建设电信网省际出入口诈骗电信防范系统,电信企业和移动转售企业电话用户实名登记率达100%。公安、银行、支付机构健全信息共享比对、快速查询止付、涉案资金快速冻结、冻结资金返还等机制,全省电信网络诈骗案件发案数、被骗金额分别下降 11.57%、28.36%；破案数、刑拘数分别上升 33.16%、41.61%。

对寄递物流安全管理问题，省编办原则同意设立省邮政业安全中心，平潭综合实验区和闽侯、沙县等地成立邮政业监管机构，建阳区成立快递业协会，落实“收寄验视 + 实名收寄 + 过机安检”3 个 100% 制度，“福建省寄递业实名收寄验视系统”累计实名信息量 2481 万条。全省法人企业及备案分支机构和网点均安装了视频监控系统，配备 X 光机安检设备 300 台。51 个省际、117 个市级分拨中心安检设备配备率均达到 100%。

对危险物品安全监管问题，省政府办公厅下发《关于危险物品“一体化”监管改革工作意见》，明确枪支弹药、危化品、民爆物品、烟花爆竹等 7 类危险物品责任单位，建设全省“一体化”监管信息平台，明确危险项目需要审批的厂区布局、设施要求、安全防范等建设标准，统一归类、汇总、公布，全省公安机关检查涉危从业单位 2549 家，发现、整改安全隐患 2765 处，立案查处违法犯罪案件 1702 起 1765 人。

对毒品问题，将涉麻制毒犯罪问题突出的 6 个县（市、区）列为挂牌警示地区，对 7 个县（市、区）予以重点关注。开展毒品预防教育“六进”，推进示范学校和社会实践基地“两个 100”建设，开发“VR、IM + 禁毒宣传教育”项目。开展“飓风肃毒”会战行动，全省破获毒品犯罪案件比升 15.3%。省、市、县三级禁毒办按 5∶3∶2 人数比例推动实体化建设，禁毒经费纳入同级财政预算。全省建立社区戒毒社区康复工作站 403 个，配备专职社工 1054 名，社区戒毒社区康复执行率 88.1%。

对“执行难”问题，扩大执行查控网络覆盖面，已覆盖 10 大类 97 个协执单位，创新推出网络司法拍卖、“小机器人”自动查询等举措，完善失信被执行人联合惩戒平台，加强对涉民生执行案件清积工作，执结新收案件和执行到位标的同比分别上升 52.49% 和 30.96%，公布失信被执行人名单 26.54 万人。

四、以改革创新为引领，提升社会治理整体效能

（一）建立社会稳定指数系统。省综治办联合省委网信办、省信访局、省法院、省公安厅和国家统计局福建调查总队等单位，以信息化运用为基础建立社会稳定指数系统，由社情、警情、案情、舆情四个分项指数组合形成，涵盖 26 类、46 项关键指标，汇集信访、公安、法院、网信等部门 2.4 万个历史数据，每月系统自动生成全省社会稳定指数及分项指数运行图，可实现对各设区市社会稳定状况定性、定量分析和分级、分色预警。2016 年，全省稳定指数 80.6%，高于预警值 10.6%。这一做法在中央政法工作会议上被推广。

（二）建立社会诚信信息系统。省综治委印发《福建省综治诚信信息系统建设方案》，按照“一个系统”的总要求，自上而下、上下联动建设省级综治诚信信息系统和市、县（区）两级联网应用平台，全面归集包括纪委、政法、信访、国土资源、住建、人社、林业、安监、食品药品、环保等 20 多个具有执纪执法司法等部门的刑事犯罪案件、行政违法案件信息，重大安全责任事故、重大舆情事件、重大群体性事件、进京非访（到省集体访）事件、党员干部违纪案件等负面信息，对集体及个人评先评优、个人晋职晋级、被推荐相关组织选举候选人等进行综治审核。省级综治诚信信息平台建成运行，共汇聚数据 160 多万条，形成综治诚信信息“大数据”，为实施综治激励惩戒提供全面准确便捷的信息支撑。

（三）稳步推进综治中心建设。省里依托全省网格化服务管理综合信息平台，挂牌成立了省综治信息中心，作为全省综治系统的实战化平台。市县乡村积极推进综治中心建设，盘活用好资源，把基层综治办、维稳办、信访办、610 办和公安派出所、司法所等资源力量统筹起来，按照“综治中心 + 网格化服务管理信息平台 + N”的模式，强化部门之间的信息资源互联互通、共享共用。

中共福建省委办公厅　省政府办公厅印发《关于加快网格化服务管理信息平台和社区服务窗口整合建设的实施意见》的通知

（2016年4月24日）

各市、县（区）党委和人民政府、平潭综合实验区党工委和管委会，省直各单位：

《关于加快网格化服务管理信息平台和社区服务窗口整合建设的实施意见》已经省委、省政府领导同志同意，现印发给你们，请结合实际认真贯彻执行。

关于加快网格化服务管理信息平台和社区服务窗口整合建设的实施意见

推行网格化服务管理和社区信息化是推进简政放权、提升社会治理能力、优化服务改革的重要内容。近年来，全省网格化平台和面向社区政务服务平台建设取得明显成效，有效支撑基层社会服务管理工作，但也存在平台部署层级低、服务窗口分散、统筹力度不足、建设运行成本高等问题，影响了平台的推广覆盖和应用效能的发挥。为进一步创新基层服务管理，增强基层社会治理能力，提高服务质量和效率，实现“群众生活和办事更方便，群众表达诉求渠道更畅通，群众感觉更平安、更幸福”的目标，根据《国务院办公厅关于简化优化公共服务流程方便基层群众办事创业的通知》，结合我省实际，现就加快我省网格化服务管理信息平台和社区服务窗口整合建设提出如下意见。

一、总体要求

（一）整合建设思路。坚持顶层设计，全省网格化服务管理信息平台实行省和设区市（含平潭综合实验区，下同）两级部署，省级平台汇总分析全省网格化服务管理数据并监督指导设区市工作，市级平台运行网格化服务管理日常业务，覆盖设区市所辖县（市、区）、街镇、村居应用，避免低层级建设；社区综合受理平台以设区市为单元部署，供街道（乡镇）、社区（村）使用，统一受理各部门窗口便民服务；各地平台按照统一规划设计，保证基本功能和服务一致；各类专业应用平台依托统一的政务承载环境建设，避免碎片化建设。坚持互联互通，以服务总线为主轴，推进各类网格平台、社区综合受理平台以及各类业务系统相互连接，实现信息汇聚共享和多级业务联动。坚持资源整合，既要充分依托现有资源，避免重复建设，更要通过创新和统筹，促进人员、平台、设备、经费等综合利用。坚持创新应用，推行服务下沉，方便群众就近办事；加强大数据运用，促进管理精准化和服务人性化。

（二）整合建设目标。2016年，建成省市两级网格化服务管理信息平台，整合县（市、区）已建网格平台，实现平台全省覆盖，并完成与城管网格互联互通；各设区市建成社区综合受理平台，梳理完成本市纳入社区综合受理的服务事项。

2017年，普遍推行统一网格信息采集、部门依职联动处理的管理模式，形成覆盖全面、管理规范、流转畅通、保障有力的全省网格化服务管理体系;全省所有街道(乡镇)、社区(村)完成综合服务窗口设立,实现专业服务窗口向综合服务窗口转变,绝大多数服务事项通过综合窗口受理,推行“前台一口受理、后台分工办理”的社区政务服务模式。

二、加快平台整合建设

(一)完善建设市级网格化服务管理信息平台。按照“平台上移、服务下延,一个城市、一个网格”的原则,在设区市层级整合建设统一的网格化服务管理信息平台,支撑县(市、区)、街道(乡镇)、社区(村)使用。平台统一采集人口档案、地理建筑、党员管理、综治、消防、环境等静态信息和突发事件、矛盾纠纷、群众诉求、社情民意等动态信息,统一分发流转信息至相应部门业务系统处理,并跟踪反馈处理结果。设区市已建网格平台要按照全省网格化服务管理信息平台总体架构要求进行升级完善,并预留拓展应用接口。县(市、区)已建的网格平台,可保留运行,但要与市级平台对接和进行必要升级,实现人员、终端、数据的共享和业务流程协同。尚未建设网格平台的县(市、区),应依托市级平台开展应用,不再新建平台。

(二)同步建设省级网格化服务管理信息平台。依托数字福建平台,建设省级网格化服务管理信息平台,依照省直相关部门的职能,统一数据模型和规范,分别定义生成综治、卫计、公安、民政、司法行政、人社、环保、住建、食品药品监管、消防、残联等网格化应用,并与各设区市网格平台互联互通,形成省市协同、信息共享的全省网格化服务管理信息平台体系。省级平台汇聚设区市平台数据,监测各类专业网格运行情况,为处置问题、防范风险、指导监督、指挥决策提供支持。

(三)建设社区综合受理平台。以设区市为单元,依托设区市网上办事大厅、市民主页等渠道,整合开发部署社区综合受理平台,支撑街道(乡镇)、社区(村)使用,作为各级各部门窗口便民服务的统一受理和反馈入口,支持各类政务服务事项的综合受理、信息核验和事项分发流转。受理平台要在线共享数据,避免民众重复提交材料。

(四)推进窗口服务系统与政务服务总线对接。各级部门涉及窗口便民服务的业务系统,通过对接政务服务总线,实现与社区综合受理平台数据交互和流程协同,从社区综合受理平台获取民众办事服务申报数据、反馈业务办结信息。新建业务系统凡涉及在窗口提供便民服务的,应依托社区综合受理平台开展业务受理和反馈,不再单独开发延伸到街道、社区的窗口业务受理功能。

(五)强化应用支撑能力建设。以设区市为单元加快建设网格基础平台,统一提供网格划分、要素标识、对象管理、数据采集、事件流转、评价考核等基础功能,支撑综治、卫计、公安、民政、司法行政、人社、环保、住建、食品药品监管、消防、残联等部门灵活定制、快速部署专业网格,并能快速与部门应用系统对接,满足部门网格应用需要。

加快设区市各类政务数据汇聚,形成城市统一的数据平台,实现一人一档、一组一档、一物一档、一城一档,为部门数据共享和应用提供统一支撑。网格平台和社区综合受理平台要将采集到的人员、事件、物件、地理建筑信息等向数据平台汇聚,并共享数据,减少信息重复采集。建立统一的标准地址库,大力推广二维码门楼牌,依托标准地址开展各类信息采集。

在现有的政务信息目录系统和交换系统的基础上,加快升级设区市政务服务总线,尽快具备在线业务协同能力,并与省级政务服务总线对接,为省市网格平台交互以及网格平台、受理平台与省市部门业务系统协同共享提供统一的数据交换通道。

三、强化网格平台推广应用

(一)推动网格人员统筹调度。设区市要规范整合现有县(市、区)网格管理服务力量及网格采集人员队伍,规范服务管理团队的组建,由县(市、区)实行统一招聘、统一考核、统一调配、统一培训,推动管理服务人员职业化发展。设区市、县(市、区)各职能部门应对团队人员进行规范化业务指导,制定相应的业务规则,对服务管理事项进行培训、检查和监督。

(二)实施网格数据集中采集。社区(村)网格员依托网格化服务管理信息平台统一采集城乡社区服务管理涉及的人、事、地、物、情、组织等信息,实现以单一平台集中承载各部门多样化的网格管理数据。各级部门授权社区(村)采集所需数据，获取网格数据进行业务处理。网格数据采用统一标准，实现一次采集、多部门共用。

（三）健全任务流转办理机制。健全"网格巡查、信息采集、源头发现、任务分派、问题处置、核查反馈、效能督察"的闭环工作流程，网格内能够协调解决的问题，应在格内解决，格内解决不了的问题，依托网格平台逐层上报流转至相应部门处置，并进行全程跟踪督促落实，确保网格管理事项有人对接、有人落实、有人负责。各级部门充分利用网格平台开展跨层级、跨部门业务联动，形成部门协调、上下联动、齐抓共管的网格化服务管理工作格局。

（四）推动政务热线资源整合。依托各设区市12345政府服务热线，整合已有服务热线，实现群众投诉咨询"一口受理"，同时充分利用微信、微博等新型媒体进行问题上报及反馈，实现热线资源与网格化系统无缝对接。

四、创新社区政务服务模式

（一）推动单一窗口向综合窗口整合。街道（乡镇）、社区（村）依托现有办事大厅、便民服务中心设立综合服务窗口，利用社区综合受理平台统一受理各部门与基本社会保障、公共服务密切相关的窗口便民服务。各级部门在社区、街道的专业服务窗口整合到综合服务窗口，由综合服务窗口进行收件、受理、咨询等，实现"前台一口受理、后台分工办理"的服务新模式。

（二）推行窗口规范化标准化服务。规范服务事项，按照"能放尽放、能沉尽沉"的原则，逐步将各级各类窗口便民服务纳入街道（乡镇）、社区（村）综合窗口受理，统一服务事项受理材料、服务时效以及办事过程信息公开内容等；规范监督考核，统一服务管理章程和绩效考核管理，发挥现场群众满意度评价作用，为优质服务提供机制保障。在规范化服务基础上，按照"能通办则通办、能就近则就近"的原则，在全市街道（乡镇）、社区（村）推行政务服务全市通办，条件成熟的服务事项逐步实现全省通办。

（三）积极拓展提升服务水平。实施服务范围延伸，推动社区（村）建设政务服务代办窗口和咨询点；积极依托微信等社交平台采集基础信息、收集社情民意；积极推广社区事务自助受理终端，为群众提供方便快捷的个性化自助查询、自助受理常规即办件等政务服务；主动上门承接行动不便、有特殊困难的居（村）民委托，代为办理相关事宜。充分依托网上办事大厅、数据平台等数字福建资源，简化办事提交材料，推行联网审批、并联审批。推广应用电子文件、电子证照，依托市民主页等平台，开展全流程网上办事，实现与社区窗口办事流程、数据互通，提供线上线下一体的便民办事服务。

五、保障措施

（一）加强统筹规划。省数字办要加强全省网格化服务管理信息平台和社区服务窗口整合建设的统筹规划，研究制定全省网格化服务管理信息平台总体框架和社区服务窗口整合技术方案。设区市信息化主管部门要加强信息化统筹，将网格平台建设和社区服务窗口整合优先纳入本地区电子政务总体规划和年度工作任务，切实做好推进工作；要按照数字福建总体框架，强化对网格平台和社区服务窗口建设的技术指导，并做好网格平台与智慧城市建设相衔接，纳入城市运行管理体系，实现数据实时共享、运行指挥畅通，避免形成新的信息孤岛。

（二）创新建设模式。充分通过市场化运作，大力推广购买服务或特许经营等PPP模式，省电子信息集团要在省数字办指导下组织实施省级网格化服务管理信息平台建设运营；支持有较强本地服务能力的企业参与设区市平台建设运营。鼓励企业积极开展市场化运营，依托平台开展智慧化社区建设，拓展各项民生便民服务，提高民众服务体验。

（三）强化协调督促。省综治办、发改委、数字办、民政厅要加强对设区市平台建设的统筹协调和具体指导，协调督促相关部门按计划完成服务管理事项梳理和系统对接，强化全程监督考核。各设区市政府、平潭综合实验区管委会要建立完善协调机制，健全落实部门责任制和奖惩机制，加强服务管理事项的准入、变更和退出管理，同时将相关工作经费列入年度财政预算。

（四）统一标准规范。网格化服务管理信息平台和社区综合受理平台要按照智慧城市数据和应用标准，实现与智慧城市基础平台集成对接，形成智慧化管理应用体系。统一制定网格管理和综合受理数据接口和流程交互标准，确保省市平台互联互通，部门应用有序接入；制定人口、地址、建筑及其他网格采集数据标准规范。规范网格化管理，制定网格数据采集和网格事件流转处理流程，促进各类民意诉求得到及时反馈，各类矛盾纠纷得到及时合理解决。规范社区服务受理流程，统一操作规范，切实提高服务质量。

中共福建省委办公厅　省政府办公厅关于印发《福建省健全落实社会治安综合治理领导责任制实施办法》的通知

（2016年10月11日）

各市、县（区）党委和人民政府，平潭综合实验区党工委和管委会，省直各单位：

《福建省健全落实社会治安综合治理领导责任制实施办法》已经省委、省政府同意，现印发给你们，请遵照执行。

福建省健全落实社会治安综合治理领导责任制实施办法

第一章　总　则

第一条　根据中共中央办公厅、国务院办公厅印发的《健全落实社会治安综合治理领导责任制规定》文件精神，结合福建实际，制定本办法。

第二条　本办法适用于各级党的机关、人大机关、行政机关、政协机关、审判机关、检察机关及其领导班子、领导干部。

人民团体、事业单位、国有企业及其领导班子、领导干部、领导人员参照执行本办法。

第三条　健全落实社会治安综合治理领导责任制，应当严格落实属地管理和谁主管谁负责原则，坚持问题导向、法治思维、改革创新，抓住“关键少数”，强化责任担当，构建党委领导、政府主导、综治协调、各部门齐抓共管、社会力量积极参与的社会治安综合治理工作格局。

第二章　责任主体和职责

第四条　各级党委和政府应当统筹把握改革、发展与稳定工作，加强对社会治安综合治理的领导，将其列入重要议事日程，纳入经济社会发展总体规划，研究解决工作中的重要问题，从人力物力财力上保证社会治安综合治理工作的顺利开展。

各部门各单位应当各司其职、各负其责，充分发挥职能作用，认真履行社会治安综合治理职责，与业务工作同规划、同部署、同检查、同落实，主动承担好维护国家安全、预防和减少违法犯罪、排查化解矛盾纠纷、维护社会治安和社会稳定的责任。

第五条　各地区各部门各单位主要负责同志是本地区本系统本单位社会治安综合治理工作的第一责任人。其主要职责：统筹把握改革、发展与稳定工作，全面履行上级党委、政府和行业系统下达的综治目标责任，建立健全社会稳定重大风险排查、评估和领导班子成员分工处理机制，协调解决综治维稳重大问题，推动社会治安综合治理基层基础建设，健全人财物保障机制。

第六条　各地区各部门各单位分管社会治安综合治理工作的负责同志（以下简称“综治分管领导”）是直接责任人。其主要职责：负责本地区本系统本单位社会治安综合治理组织实施，组织协调各方共同解决社会治安综合治理工作重点、难点问题，并加强具体指导和督促检查。

第七条　各地区各部门各单位领导班子其他成员（以下简称“工作主管领导”）承担分管工作范围内社会治安综合治理工作的责任。其主要职责：抓好分管范围内社会治安综合治理工作的部署、检查和指导、督办，切实解决影响分管范围内突出治安稳定问题和涉稳风险隐患。

第八条　各级社会管理综合治理委员会及其办公室应当充分发挥统筹、协调、指导的职能作用，科学运用评估、督导、考核、激励、惩戒等措施，统筹推进社会治安综合治理工作。其主要职责：协调各有关单位推动社会治安和平安建设各项决策部署落实，加强调查研究和督导检查、考核评价、激励惩戒，及时分析、通报、研判社会治安形势，总结推广典型经验。

各级社会管理综合治理委员会专项组、成员单位应认真履行各自职责，分领域、分系统、分行业推进社会治安综合治理工作，加强和创新社会治理，扎实推进综治平安建设。

第九条　县级以上社会管理综合治理委员会应当由党委和政府主要负责同志分别担任主任、第一副主任，党委分管领导担任常务副主任，人大、政府、政协分管领导和法院、检察院主要负责同志担任副主任，各相关部门单位主要负责人为成员。健全落实社会管理综合治理委员会全体成员会议制度。

第三章　督促检查

第十条　各级党委和政府主要领导每年年初应当自上而下层层签发社会治安综合治理责任书，以书面形式向社会管理综合治理委员会成员单位下达，明确年度目标任务和重点工作。

各地区各部门各单位应当建立完善社会治安综合治理目标管理责任制，制定可操作的措施，建立严格的督促检查、评价奖惩制度等。

第十一条　各级党委常委会应当将执行社会治安综合治理领导责任制的情况，作为向同级党的委员会全体会议报告工作的一项重要内容。

各级党政领导班子和有关领导干部应当将履行社会治安综合治理责任情况作为年度述职报告的重要内容。

第十二条　各级社会管理综合治理委员会成员单位每年12月31日前应当对本系统本单位本年度开展社会治安综合治理工作情况进行书面述职，对下一年度的工作作出安排，并报同级社会管理综合治理委员会。

下一级社会管理综合治理委员会应当在每年12月31日前向上一级社会管理综合治理委员会书面报告工作。

第十三条　各级党委和政府应当将社会治安综合治理纳入工作督促检查范围，适时组织开展专项督促检查。

第四章　考核评价

第十四条　各级党委和政府应当建立健全社会治安综合治理考核评价机制，制定完善考核评价标准和指标体系，明确考核评价的内容、方法、程序，并将社会治安综合治理纳入年度绩效考评。

上一级党委和政府每年应当对下一级党委和政府履行社会治安综合治理责任书情况进行考核评价，每半年对重点工作落实情况开展调研督导。

第十五条　各级社会管理综合治理委员会及其办公室应当推动健全落实社会治安综合治理工作实绩档案。实绩档案分别由党委和政府主要领导、分管领导填写，每年填报一次。实绩档案一式三份，经本人签字后分别留存上一级党委组织部门、社会管理综合治理委员会和同级社会管理综合治理委员会。

省社会管理综合治理委员会应当健全完善群众安全感测评机制，每半年委托专业调查机构组织开展一次群众安全感测评，测评结果通报市、县（区）党委、政府和社会管理综合治理委员会，并记入实绩档案。

第十六条　各级党委和政府应当强化社会治安综合治理考核评价结果运用，把社会治安综合治理工作实绩作为对领导班子和领导干部综合考核评价的重要内容，与业绩评定、职务晋升、奖励惩处等挂钩。

各级组织人事部门在考察地方党政主要领导干部和工作主管领导、综治分管领导的实绩、晋职晋级和授予政治荣誉时，应当了解和掌握相关领导班子或领导干部抓社会治安综合治理工作的情况，书面征求同级社会管理综合治理委员会意见。

第十七条　县级以上社会管理综合治理委员会及其办公室应当健全综治、纪检（监察）、组织、人社等四部门联席会议制度，完善社会治安综合治理重大奖惩事项联席会议审议机制。

第五章　表彰奖励

第十八条　对社会治安综合治理工作成绩突出的地方、部门和单位的党政主要领导干部和工作主管领导、综治分管领导干部，应当按照有关规定给予嘉奖。对受到嘉奖的领导干部，应当将有关材料存入本人档案。

第十九条　各级党委和政府每年应当对履行社会治安综合治理责任书情况考核评价为优秀等次的，予以通报嘉奖。

第二十条　省社会管理综合治理委员会定期组织开展平安县（市、区）、省直平安单位考核检查，通过考核检查的予以授牌。

第二十一条　平安县（市、区）和省直平安单位实行动态管理，已授牌的平安县（市、区）、省直平安单位，自授牌之日起一年内发生重大治安稳定问题，被省社会管理综合治理委员会一票否决的，撤销其平安县（市、区）、省直平安单位称号。

第二十二条　各地区各部门各单位应当结合实际，广泛开展平安创建活动，制定平安创建规划，组织开展社会治安综合治理考核检查和授牌工作。

有条件的地方政府，可参照文明单位、绩效考评奖励办法出台激励政策，对考核评价为优秀等次或授牌的社会治安综合治理先进地区和成员单位进行奖励。

第六章　责任督导和追究

第二十三条　党政领导班子、领导干部违反本办法或者未能正确履行本办法所列工作职责，有下列情形之一的，应当进行责任督导和追究：

（一）不重视社会治安综合治理和平安建设，相关工作措施落实不力，本地区本系统本单位基层基础工作薄弱，治安秩序严重混乱的；

（二）本地区本系统本单位连续发生重大刑事案件、群体性事件、公共安全事件的；

（三）本地区本系统本单位发生特别重大刑事案件、群体性事件、公共安全事件的；

（四）本地区本系统本单位社会治安综合治理工作（平安建设）考核评价不合格、不达标的；

（五）对群众反映强烈的社会治安重点地区和突出公共安全、治安问题等，没有采取有效措施或者出现反弹的；

（六）对有具体目标任务和时间进度要求的社会治安综合治理重点工作重视不够，保障不力，工作明显滞后的；

（七）各级党委和政府及社会管理综合治理委员会认为需要进行责任督导和追究的其他事项。

第二十四条　对党政领导班子、领导干部进行责任督导和追究的方式包括：通报、约谈、挂牌督办、实施一票否决权制、引咎辞职、责令辞职、免职等。因违纪违法应当承担责任的，给予党纪政纪处分；构成犯罪的，依法追究刑事责任。

第二十五条　通报。对具有本办法第二十三条所列情形的地区、单位，由相应的县级以上社会管理综合治理委员会办公室以书面形式进行通报，必要时由社会管理综合治理委员会进行通报，限期进行整改。

第二十六条　约谈。对受到通报后仍未按期完成整改目标，或者具有本办法第二十三条所列情形且危害严重或者影响重大的地区、单位，由相应的上一级社会管理综合治理委员会办公室主任对其党政主要领导、工作主管领导、综治分管领导干部进行约谈，必要时由社会管理综合治理委员会主任、副主任约谈，帮助分析原因，督促限期整改。

第二十七条　挂牌督办。对受到约谈后仍未

按期完成整改目标，或者具有本办法第二十三条所列情形且危害特别严重或者影响特别重大但尚不够实施一票否决权制的地区、单位，由相应的上一级社会管理综合治理委员会办公室挂牌督办，限期进行整改。必要时，可派驻工作组对挂牌督办地区、单位进行检查督办。

对受到挂牌督办的地区、单位，在半年内，取消该地区、单位评选综合性荣誉称号的资格和该地区、单位主要领导、工作主管领导、综治分管领导干部评先受奖、晋职晋级的资格，由组织人事部门按照干部管理权限和程序办理，并会同社会管理综合治理委员会办公室，按照有关规定向上级有关部门进行报告、备案。

县级以上社会管理综合治理委员会办公室应当制定和实施社会治安挂牌督办地区认定标准和程序办法，每年从公共安全、治安问题相对突出的地方或单位，确定若干作为挂牌督办的重点整治单位，落实分级挂牌督办措施，加强监督管理。下一级社会管理综合治理委员会要配合上一级社会管理综合治理委员会办公室做好挂牌督办工作。

第二十八条　一票否决。对受到挂牌督办后仍未按期完成整改目标，或者有本办法第二十三条所列情形且危害特别严重或者影响特别重大的地区、单位，由相应的上一级社会管理综合治理委员会，按照省社会管理综合治理委员会一票否决权制的有关行使权限和行使程序的规定研究决定实行一票否决权制。

对受到一票否决的地区、单位，在一年内，取消该地区、单位评选综合性荣誉称号的资格，由组织人事部门按照有关权限和程序办理；取消该地区、单位主要领导、工作主管领导、综治分管领导干部评先受奖、晋职晋级的资格，由组织人事部门按照干部管理权限和程序办理，并会同社会管理综合治理委员会办公室，按照有关规定向上级有关部门进行报告、备案。需要追究该地区、单位党政领导干部责任的，移送纪检监察机关依纪依法处理。

上一级社会管理综合治理委员会有权对管理范围内的地区、单位实施一票否决，或者责令下一级社会管理综合治理委员会行使一票否决。下一级社会管理综合治理委员会可以向上级社会管理综合治理委员会提出一票否决建议。

对中央驻闽单位需要实行一票否决权制的，由省社会管理综合治理委员会向其主管单位和中央社会治安综合治理委员会提出书面建议。

对省属驻地单位需要实行一票否决权制的，由驻地的社会管理综合治理委员会行使一票否决权。其驻地社会管理综合治理委员会认为应当由上一级社会管理综合治理委员会否决的，可提出一票否决建议。

第二十九条　党政领导干部具有本办法第二十三条所列情形，按照《中国共产党问责条例》《关于实行党政领导干部问责的暂行规定》应当采取引咎辞职、责令辞职、免职等方式问责的，由纪检监察机关、组织人事部门按照干部管理权限办理。

第三十条　党政领导班子、领导干部具有本办法第二十三条所列情形，并具有下列情节之一的，应当从重进行责任督导和追究：

（一）干扰、阻碍调查和责任追究的；

（二）弄虚作假、隐瞒事实真相、瞒报漏报重大情况的；

（三）对检举人、控告人等打击报复的；

（四）党内法规和国家法律法规规定的其他从重情节。

第三十一条　党政领导班子、领导干部具有本办法第二十三条所列情形，并具有下列情节之一的，可以从轻进行责任督导和追究：

（一）主动采取措施，有效避免损失、挽回影响的；

（二）积极配合调查，并且主动承担责任的；

（三）党内法规和国家法律法规规定的其他从轻情节。

第三十二条　各级党委和政府应当建立完善守信联合激励和失信联合惩戒制度，建立信用信息共享平台。

县级以上社会管理综合治理委员会及其办公室应当推行综治负面清单信息系统建设，精准实施责任督导、查究和考核管理。

第七章　附　则

第三十三条　本办法第二十三条所称的重大、特别重大刑事案件、群体性事件、公共安全事件,由相关主管部门按照国务院和省政府有关总体应急预案、专项应急预案规定分级标准调查认定,并及时将事件性质、责任认定和处理结果报同级社会管理综合治理委员会办公室。

对自然灾害和环境安全、生产安全、公共卫生等事故处理或追究,省委、省政府另有规定的,按相关规定处理。

第三十四条　工作人员不依法办事或不作为、乱作为,引发第二十三条所列情形之一的,参照本办法责任督导和追究方式进行追责。

第三十五条　各设区市、平潭综合实验区和各县(市、区),省直各部门可以根据本办法制定实施细则。

第三十六条　本办法具体解释工作由福建省社会管理综合治理委员会承担。

第三十七条　本办法自印发之日起施行。

福建省推进大数据汇聚共享
打造互联互通社会服务管理信息共享平台

2016 年,福建省委政法委、省综治办针对网格化信息平台部署层级低、相互割据、互不联通和部门信息孤岛、数据壁垒等突出问题,通过制定政策、规范标准、优化设计等举措,全力打造省市二级架构、五级穿透使用的社会服务管理信息共享平台。省级平台已加快推进建设,首批 11 个省直部门共梳理数据开放清单 123 项、数据需求清单 87 项、政务共享事项 85 项,为网格化服务管理提供强有力的应用支撑。

一、抓标准、促规范,统一平台架构

一是坚持顶层设计。出台了《关于加快网格化服务管理信息平台和社区服务窗口整合建设的实施意见》,明确省市二级部署、五级穿透、互连互通的总体架构。省级平台汇总分析全省网格化服务管理数据并监督指导设区市工作,市级平台运行网格化服务管理日常业务,应用覆盖省市县乡村。二是统一技术标准。制定了《全省网格化服务管理信息平台技术方案》《社区服务窗口整合技术方案》,发布了人口、地址、建筑等网格采集数据标准,统一数据标准、交换接口等。各地平台按照统一规划设计,确保基本功能一致。各类专业应用平台依托统一的政务承载环境建设,避免碎片化和重复建设。三是规范基础网格。按照"规模适度、方便管理"原则,全省共划分社区(村)单元网格 10.76 万个,配备专兼职网格员 12.33 万名、网格协管员 42.28 万名。城管、计生、消防等部门专业网格,统一整合纳入城乡社区网格。平台统一采集"人、事、地、物、情、组织"基础信息,为部门数据共享和应用提供统一支撑。

二、抓汇聚、促共享,打破数据壁垒

一是推进数据汇聚。按照"汇聚是必须、不汇聚是例外"原则,分层次有序推进各层级、各行业、各领域数据汇聚共享,形成覆盖全局、数据完备、质量可靠、应用方便、管理规范的网格化数据云平台。综治、卫计、公安、民政、司法行政、人社、环保、住建、食品药品监管、消防、残联首批 11 个数据汇聚省直部门,基本实现"应汇尽汇"。下沉平潭综合实验区数据 327 万条,可开展各类政务服务 120 项。二是推进网络互联。按照"成熟一个、启动一个、接入一个、应用一个"和"边实施、边完善、边应用"原则,统筹利用省直部门和市、县(区)现有信息系统和人员、平台、设备等资源,按照全省统一技术标准衔接改造、对接联通。64 个已建网格化数据交换共享平台的县(市、区),正着手整合、改造、提升,并预留扩展应用接口,保证平台的开放性;其他未建网格化数据交换共享平台的县(市、区),正依托省市二级平台开展应用。

三、抓下沉、促应用,推进简政放权

一是推进"一号申请"。以身份号码作为公民唯一的、终身不变的身份代码,探索推进跨层级、跨区域、跨部门的证件数据、相关证明信息互认共享，实现群众办事"一号"申请。全省范围内可以利用数据交换共享平台简化材料提交和进行网上办事的事项近300项。厦门市集美区以网格化数据交换共享平台支撑各部门办事应用，相关信息"一次生成、多方复用，一库管理、互认共享"，实现以"一号"为标识，为居民"记录一生，管理一生，服务一生"的目标。二是推进"一窗受理"。依托县乡村三级现有办事大厅、便民服务中心，逐步整合部门分散的各类窗口，设立综合服务窗口，探索推行"前台综合受理、后台流转办理、统一窗口出件"的服务模式。平潭在乡镇和社区（村）已建成统一的综合政务服务窗口，梳理下沉政务服务事项120项，实行政务服务、便民服务"一窗口受理、一平台共享、一站式服务"。福州市、莆田市、三明市逐步关闭各类部门独立的受理窗口，由综合服务窗口进行收件、受理、咨询等，有效解决了困扰基层群众的"办证多、办事难"现象。三是推进"一网通办"。按照"能通办则通办、能就近则就近"的原则，有序推进政务服务事项跨区域、跨层级、跨部门"一网通办"，变"群众跑腿"为"信息跑路"。福州、厦门依托12345政府服务热线，整合已有服务热线，开发手机APP、统一客服号、市民主页平台，探索开展办事材料网上提交、信息网上验证、办结结果网上送达，实现公众足不出户办成事。

四、抓开发、促延伸，挖掘数据价值

充分利用网格化数据交换共享平台的开放性和共享性，统筹发展网格化大数据的政用、商用、民用产品和服务，推进网格化大数据与各领域融合发展、互惠共赢。一是挖掘数据商业价值。以政府为主导，秉持众创、众筹、众智、众赢的理念，鼓励企业、社会组织和个人进行商业模式创新，为小微企业和创业团队提供开放式创业创新平台，为居民提供大众化、低成本、可信赖服务。例如，平潭综合实验区引入资质好、信誉度高、覆盖面广的"海都公众""福龄金太阳"等品牌连锁企业，授信进入网格化数据交换共享平台，把便民服务、居家养老等民生事项拓展延伸到网格、居民家中，个性化精准推送，形成"互联网＋民生服务"生态圈。二是挖掘数据管理价值。厦门市依托网格化数据交换共享平台，开发手机APP软件和随手拍、随时报等功能，即时掌握城市管理、应急处置、突发事件、矛盾纠纷、群众诉求、社情民意等动态信息，及时发现、及时处置，形成公众参与、共治共管、社会善治良好局面。平潭综合实验区网格化数据交换共享平台引入了虚拟现实VR技术、热力图技术、海渔北斗卫星技术等一批先进技术，并通过开通特服号、市民网页，对接五级贯通的信息化平台，把综合治理、城乡管理与群众自治有机融合起来，形成了"互联网＋社会治理"多元共治模式。三是挖掘数据社会价值。推进省情运行决策展示系统建设，推动数据资源、视频图像等资源整合，建立"用数据说话、用数据决策、用数据管理、用数据创新"的机制，形成普遍应用的监测决策数据平台。各部门集成相关各类应用系统，统筹部署商业智能工具，为开展省情监测、协同监管、科学决策提供平台服务。福州市在公用事业、健康医疗、交通旅游、文化教育、减灾救灾、社会保障等领域全面推广网格化大数据应用，推动公共服务水平全面提升。厦门市依托网格化数据交换共享平台，推动公共安全领域一批大数据重点应用工程建设，在反恐、维稳、安保、打击犯罪、服务群众等方面最大程度发挥数据效益，有效发挥平台的先进性、便捷性和大数据的威力、潜力。

福建省坚持"四个三"　提升"四个性"
打造权威保障导向鲜明的综治责任网

福建省委、省政府始终高度重视综治平安建设工作，坚持以综治责任制为龙头，以各级党委、政府的权威推动为基础保障，以党政主要领导的主导推动为示范表率，通过上行下效、层层传导，搭建了一张以权威保障为基础，上下贯通、横向联通、奖罚并举、刚柔相济、导向鲜明的综治责任网，有力助推平安福建、法治福建创新发展。

一、坚持“三个高规格”，提升综治责任传导的权威性

一是组织架构高规格。从 2003 年起，由省委书记、省长亲自担任省综治委主任、第一副主任，省委副书记担任省综治委常务副主任，省综治办主任由省委常委、政法委书记兼任，近 60 个省直单位主要负责同志为委员的省综治委组织架构始终保持不变；省委先后 3 次对省综治委成员组成进行调整充实，但省委书记任主任、省长任第一副主任的架构始终保持不变。二是责任签订高规格。从 1999 年起，由省委书记、省长与各设区市党政主要领导面对面签订综治领导责任书，并同步向近 200 个省综治委成员单位、省直机关、中央驻闽单位、人民团体和企事业单位下达目标管理责任书的做法始终坚持下来。各设区市、县（区）和乡镇（街道）逐级传导，党政主要领导层层签订（下达）综治责任书，形成了四级联动、一贯到底的综治责任网络体系。三是考核考评高规格。每年由省“两办”发文组织开展考评，省委常委、政法委书记亲自动员部署、全程动态把控；考评结束形成专题报告报省委、省政府；在省委书记、省长和四套班子分管领导、“两院”主要领导和省直部门主要负责同志、设区市党政主要领导参加的综治责任书签订仪式上通报各设区市考评结果、排位，省委书记亲自作强调讲话。“三个高规格”，极大提升综治责任的权威性、公信力。

二、坚持“三项个性化”，提升综治责任履行的精准性

一是“个性化”履责内容。从 2010 年起，创新综治责任书内容，改“共性版”为“个性版”，对各设区市既提出“共性要求”，更提出“个性任务”，特别是梳理出各地存在的突出治安稳定问题纳入个性版责任书内容，作为年度履责整改的重点问题，推动各地突出问题的有效解决。二是“个性化”履职点评。在综治履职点评通报中，既讲成绩，更讲问题，坚持成绩与问题“三七开”或“四六开”，重在讲问题。对省直有关部门提供、维稳信息平台搜集、平时跟踪掌握、实地检查考评等发现的问题进行梳理，逐一点评通报，不留情面。三是“个性化”问题整改。对纳入责任书和点评通报指出的个性化问题，实行年初挂账整改、半年对账跟踪、年底销账验收，以项目化运作方式，实施滚动管理。各设区市均召开市委常委会专题研究解决个性化问题，逐一细化分解，逐个提出整改措施。对治安稳定形势复杂、矛盾问题突出的，宁德市采取下派挂职的县委综治副书记，南平、龙岩市采取县（市、区）主要领导在市委常委会上作表态发言等方式，倒逼突出问题的有效解决。“三项个性化”，实现了综治履职履责更具体、更精准、更有针对性。

三、坚持“三道关口”，提升综治责任查究的严肃性

对综治责任问责手段的运用，推行清单研判—警示预警—查究问责“三道关、三步走”：一是清单研判。通过信息化手段建立综治负面清单信息库，实行分类梳理、分析研判、分级处置，及时发现、及早预警。省级层面建立了全省政法综治维稳信息平台，横向与公安、司法、信访、安监、边防、消防等省直部门单位联通，纵向与市、县（区）贯通，对重大案（事）件个案逐个掌握。设区市层面以龙岩市为代表，探索建立综治负面清单信息管理系统，联结有行政执法权、司法权和执纪权的 22 个部门，实时录入法人、自然人已结案的违法违纪负面信息，为实施综治责任查究提供精准依据。龙岩市通过负面清单信息系统，对全市 5728 名村居（社区）“两委”换届候选人资格进行综治审查，予以综治否决 32 名。二是警示预警。对尚不够黄牌警告、一票否决的，采取通报约谈、诫勉谈话、挂牌整治等“软性手段”进行警示预警。省综治委先后 3 次约谈进京非正常访前十位的县（市、区）委书记；对精神障碍患者肇事肇祸案（事）件和学校周边较大案（事）件多发的县（市、区）实行点对点通报。不少设区市建立综治维稳季度考评机制，约谈排名靠后的县（市、区）政法委书记、公安局局长。三是查究问责。对符合实施一票否决 10 种情形、黄牌警告 6 种情形的，采取黄牌警告、一票否决等“硬性措施”严肃追责。例如，对安全感连续两次落入全省后 10 位的县（市、区）党委、政府给予黄牌警告、限期整改；对国务院安委办督办和被中央综治办、公安部督办的8处安全隐患，直接列入省级重点整治跟踪督导。

四、坚持“三类政策”，提升综治责任激励的灵活性

在政策范围内，允许各地灵活出台激励政策，把平安创建的绩效与各方面的切身利益紧密捆绑起来，激发调动各层面参与的积极性、主动性。主要有三类政策：一是“奖励金”类型。主要以“平安绩效奖”形式发放，例如，莆田市对被评为一、二类平安单位的，对所在单位干部职工每人分别增发一个月工资总额的100%、50%。龙岩市在年度县（市、区）综治考评中，评出一、二、三等奖，分别奖励100万元、80万元和50万元。福州市实施综治平安建设绩效“进位奖”，凡达到年度进位目标的县（市、区）和市直部门，可发放绩效资金。南平市、三明市对考评前三名的县（市、区），分别给予不同档次的奖励。二是“补助金”类型。主要以政策补助金形式兑现，例如，龙岩市设立“平安和谐县乡村三级联创”创建奖，评上“平安和谐村居”的，对所在村居的群众，给予“两个10%”的普惠奖励，即参加新型农村合作医疗和城镇居民医疗保险，个人经费部分由财政贴补10%；60周岁以上村居民参加新农保，基础养老金提高10%。“两个10%”共补助资金4500万元，受益群众达252万人次。三是“抵押金”类型。南平市所有县（市、区）均建立综治维稳工作责任保证金制度，各部门单位和相关领导按照责任大小分别缴纳保证金，2016年共收缴保证金617.3万元。这“三类政策”，使各级各部门抓平安有压力、创平安有动力，确保了福建综治平安建设的生机和活力。

（撰稿人：钟河林
审稿人：郑辉　赖小燕）

江　西　省

2016 年综治工作概况

2016 年以来，全省综治战线深入贯彻党的十八届四中、五中、六中全会和习近平总书记视察江西时的重要讲话精神，认真落实中央政法工作会议和省委、省政府关于加强和创新社会治理的决策部署，紧扣协助筹备全国社会治安综合治理创新工作会议（以下简称“南昌会议”）这一中心，推动出台《关于加强全省社会治安防控体系建设的指导意见》《关于完善矛盾纠纷多元化解机制的实施意见》两个文件，大力推进综治中心、综治信息化、网格化管理“三项建设”，努力破解难题、补齐短板，不断深化平安江西建设，稳步提升公众安全感和人民满意度，全省平安建设呈现健康发展的良好态势。

一、圆满完成“南昌会议”协助筹备工作

将协助筹备“南昌会议”作为一项重大政治任务，从 2015 年 10 月份开始，全省上下紧扣“举全省之力办会，为江西增光添彩”的目标，省委、省政府主要领导高位推动、分管领导具体负责、有关地方和部门齐抓共管，认真做好会议筹备和服务保障工作，圆满完成了各项工作任务。一是聚焦打造“看点”这个关键环节。把“看点”的遴选、提升、展示，作为江西协助筹备工作的关键环节。按照中央综治办开初“一天考察看点”的部署安排，把“看点”分为三类，即实地考察的参观点、视频连线的展示点和片子、册子、稿子里的素材点，收集了 533 个备选点，省综治办从中筛选出 146 个“看点”，最终遴选出 31 个“看点”供中央政法委、中央综治办选择。后来，中央政法委指示会议由“现场”搬到“会场”，汇报片就成了讲好江西故事、展示江西形象的重头戏。按照中央综治办“讲故事”的要求，发挥综治委各专项组的牵头作用，全力拍摄《实事求是闯新路——江西社会治安综合治理创新纪实》，将原来报送的 31 个“看点”转换扩充为 40 个汇报片或现场专题片备选点的故事线索。从 2016 年 6 月至 10 月 9 日定稿，汇报片文字稿修改不下百余次，对成片修改 23 次，确保了江西工作汇报片质量高、效果好。二是聚焦“三项建设”这个基层基础。为夯实综治基层基础，省综治委在全省部署开展综治中心建设年活动。3 月，江西省综治中心挂牌，成为全国第一个省级综治中心。4 月 5 日，省综治委出台一号文件，提出综治中心是以信息化建设为支撑、网格化管理为基础、组团式服务为载体的综治工作平台，在全国率先制定综治中心、综治信息化、网格化管理“三项建设”规范，明确了综治中心的功能定位与职责任务、中心架构与建设模式、组成部门与运行机制，部署开展“三项建设”提升打造工作，为“南昌会议”的圆满成功奠定了坚实基础。三是聚焦会务接待这个重中之重。借鉴 2014 年“武汉会议”的成功经验，制定了会议召开前一个月的工作详案，倒排工期，明确任务，责任到人。2016 年 8 月 27 日，江西省两办印发了《“南昌会议”协助筹备会务工作方案》，成立了会议秘书组、会议接待组、会议安保组、会议宣传组、会议维稳信访组 5 个大组及下属若干个工作小组，全面启动会务接待工作。各个工作组根据自身职责任务，以对工作对事业对历史高度负责的精神，按照实之又实、细之又细、严之又严的要求，主动作为、不畏艰难、狠抓细节，用实际行动确保会议“万无一失”。尤其是会议接待工作，51 个省直部门按照省委、省政府“两办”《关于做好“南昌会议”对口接待工作的通知》，一把手亲自抓、分管领导具体抓，确定专班全时全程服务保障，得到与会代表一致好评。

二、以创新务实的精神推进“三项建设”

将综治中心建设、综治信息化建设、网格化管理建设"三项建设",作为确保"南昌会议"圆满成功的实力支撑,作为补齐全省综治工作基础薄弱短板的基础工程,按照"因地制宜、整合资源,就汤下面、实战管用"的思路,坚持"重在应用、贵在实用"的原则,狠抓"三项建设"的规范和运用。一方面是将创新贯穿始终。在综治中心的建设模式和功能定位上,创新性作出差异化安排,从上到下由指导协调型向实战协调型转变。省级综治中心按照"综治办+综治信息化"模式建设;设区市、县(市、区)、乡镇(街道)综治中心按照"综治办+综治信息化+组团式服务"模式建设;村(社区)综治中心按照"综治信息化+三室一窗口"(综治工作室、矛盾纠纷调解室、警务室,公共服务窗口)模式建设。各级综治中心,在同级党委、政府的领导下发挥采集录入社会基础信息、开展矛盾纠纷多元化解、提供法律援助咨询服务、综合整治突出治安问题、牵头组织系列平安创建、协调推进社会治安防控体系建设的作用。在推进综治信息化建设的手段上也注重创新,充分借助市场化运作,通过竞争性谈判,选择中国电信江西分公司利用有线或无线 VPDN 接入用户,网格员手机电信送,终端每月收取 60 元资费的方式,解决了村(社区)综治中心的网络贯通和网格员手机终端的问题,打通了"最后一公里"。同时,为了在"三项建设"实施过程中知动态、抓调度、促落实,创新研发了一套从省到村(社区)各级都能用的调度督办系统,实现了"足不出户,精准调度"。另一方面是将务实贯穿始终。比如,在综治中心建设中,设区市和县(市、区)两级综治中心,充分利用同级行政服务中心的资源,在行政服务中心中"挤"出一块区域作为综治中心的"组团式服务"场所;乡镇(街道)和村(社区)的综治中心,在原来社会管理服务中心基础上提档升级;纵向到底、横向覆盖省市县三级综治成员单位的综治信息化系统,在网络和数据云平台方面,就用省信息中心的电子政务外网和政务云平台资源,不另起炉灶、铺新摊子。这样既省了钱,又省了人力,花小钱办大事,全省综治信息系统没有花省财政一分钱。到 2016 年 8 月底,全省"三项建设"基本完成,建成五级综治中心 22507 个,其中 91.88% 的综治中心在村(社区)一级,公共安全视频监控接入同级综治中心 22198 个;综治信息化纵向贯通省、市、县、乡、村,横向覆盖省、市、县三级综治委成员单位,全省网络联通数 27037 个,综合采集、录入数据 6857 万余条;全省已划分城乡网格 132841 个,配备专(兼)职网格员 164346 名。

三、推动社会治安防控体系提档升级

江西省委办、省政府办印发《关于加强全省社会治安防控体系建设的指导意见》,全省已投入资金近 8 亿元,建设前端视频监控摄像机 9 万余个,其中高清监控摄像机 3 万余个,公共安全视频监控平台 100 余个,并升级改造了省级图像信息联网共享平台,接入公安机关内部视频资源 20416 路,外部视频监控资源 50125 路,搭建了省级图像信息数据库,汇聚了卡口过车数据 10 亿余条,在全省打造"升级版"的立体化、信息化社会治安防控体系。以增强公众安全感为目标,因地制宜组织开展缉枪治爆、打击"盗抢骗"、夏季治安攻势等一系列专项打击行动,有效遏制了刑事犯罪上升势头,公众安全感不断提升。

四、强化重点行业安全监管

在全省集中开展了危爆物品寄递物流清理整顿和矛盾纠纷排查化解专项行动,取得明显成效。推动邮政寄递物品 100% 先验视后封箱、寄递物流 100% 实名制、100% X 光安检"三个 100%"制度落实,全省已配备 X 光安检机 58 台。同时,加强工业园区、边界地区、旅游景区、城乡接合部、城中村、中小旅馆、娱乐场所等复杂区域和治安乱点排查整治。针对突出的治安问题,重点组织开展打击网络谣言、政治类有害信息、淫秽色情、网络敲诈及"清网"、"扫黄打非"、打击侵权假冒、高校迎新电信服务市场综合治理、成品油市场整治、校园及周边突出治安问题整治等专项行动,取得了阶段性进展。针对鄱阳湖区的安全隐患和突出问题,继续推行"五联"工作机制,实行系统治理、综合治理、依法治理,不断优化了湖区环境。特别是对问题突出的地方、部门下发了抄告、督办单,督促各有关地方和部门积极履行化解责任,推动了问题依法解决,湖区连续 12 年未发生有影响的恶性刑事案件和重大群体性事件。

五、推进重点领域矛盾化解

各地各部门着力完善矛盾纠纷多元化解工作机制,深入排查化解社会矛盾。2016 年,全省化解各类矛盾纠纷 41091 件,化解成功率 95.6%,全省仅发生群体性事件 7 起,同比下降 22.2%,较好地维护了全省社会大局稳定。一是完善多元化解机制。出台《关于完善矛盾纠纷多元化解机制的实施意见》,完善了有机衔接、协调联动、高效便捷的矛盾纠纷多元化解机制,提升了矛盾纠纷化解工作合力。二是规范专业调解平台。继续推动省、市、县三级相关行政部门,在劳动争议、交通事故、医疗纠纷、学校意外伤亡事故、山林土地水利矿产资源权属、环境污染、物业服务等矛盾纠纷多发领域,搭建“一站式”纠纷解决平台。全省专业调解平台已基本实现全覆盖。三是加大医疗纠纷治理。按照中央五部委部署要求,召开进一步贯彻落实条例依法维护医疗秩序工作视频会,部署在全省开展依法打击涉医违法犯罪、维护医疗秩序专项行动,全省医疗环境持续净化。同时,加强各级医调委建设,组织开展评选全省模范医调委和模范医疗纠纷人民调解员活动,充分发挥人民调解在化解医疗纠纷中的主渠道作用;深入推进平安医院创建活动,通报表彰了 15 家第二届“江西省平安医院”,有效促进医疗纠纷治理。

六、加强重点人群服务管理

一是加强严重精神障碍患者救治救助工作。全面落实以奖代补政策,并将严重精神障碍患者纳入网格化管理。积极探索实施监护人责任保险,借鉴兄弟省市的经验,在全省探索推行购买监护人责任险,减少和缓冲社会风险。此外,加强对严重精神障碍患者监管,通过舆情监测等手段,定期在全省通报发案情况,督促相关地方落实监护和救治工作。二是完善特殊人群服务管理。围绕执法规范化、队伍专业化、管理信息化、工作实战化目标,推动社区矫正、安置帮教工作提档升级。全面启动全省社区矫正安置帮教示范基地创建工作,推动各设区市建设一个集劳动、教育、帮扶于一体的省级示范帮教基地,各县(市、区)建设一个市级示范安置帮教基地;健全刑满释放人员困难帮扶机制,定期开展困难人员摸底调查,及时了解生活动态,切实落实各项帮扶措施;优化升级全省社区矫正执法监管统一平台,着力解决手机定位监管审批、解除、维护、管理等问题,落实社区服刑人员 24 小时实时动态和信息化管理;借鉴赣州市“心防”工程建设做法,推进社会心理服务体系建设,加强对矛盾突出、生活失意、心态失衡、行为失常的特殊人群及性格偏执人员的心理辅导和心理危机干预。三是深化重点青少年教育服务管理。以专门学校、“阳光班级”建设为重点,全面推进重点青少年专门教育工作。2016 年,全省共新建“阳光班级(学校)”60 个,累计建成 95 个、招生 8795 人、转化 3500 余人。此外,把专业社会力量引入重点青少年专门教育,在全省 39 个县(市、区)开展青少年社工第一批试点的基础上,青少年社工的试点县(市、区)扩大到 60 个。四是完善流动人口服务管理。在全国率先出台《江西省居住证制度实施细则》,较好解决了居住证办理工作中管理混乱、办理审核流程不规范、违规办证乱办证等问题,使居住证制度真正惠及群众。据统计,全省已登记流动人口 190.8 万人,制作、发放居住证 150.1 万份。同时,在流动人口聚集地区,实现流动人口基本公共卫生计生服务均等化全面覆盖,为流动人口提供全面、高质高效的基本公共卫生计生服务。

江西省综治委关于开展全省综治中心建设年活动的通知

（2016年4月5日）

各市综治委、省综治责任单位综治领导小组：

中央政法委、中央综治办决定，2016年10月在江西省南昌市召开全国社会治安综合治理创新工作会议，这是全省的一件大事要事。江西省委、省政府高度重视，召开专题会议听取了关于会议协助筹备情况的汇报，对下一步工作提出了明确要求，并就开展江西省综治中心建设年活动作出了具体部署。为贯彻落实中央政法委、中央综治办和省委、省政府的决策部署，扎实推进“三项建设”（综治中心建设、综治信息化建设、网格化管理建设），夯实综治工作基层基础，提升全省综治工作系统化、规范化、制度化、现代化水平，以优异成绩迎接全国综治工作“南昌会议”召开，现就开展全省综治中心建设年活动通知如下。

一、充分认识开展全省综治中心建设年活动的重要性、紧迫性

近年来，在省委、省政府的正确领导下，各地各有关单位积极推进“三项建设”，打下了一定的基础。但是，也要看到，“三项建设”仍是制约江西省综治工作长远发展和水平提升的短板。补好这些短板，不仅是中央政法委、中央综治办作出的重大决策，也是提高全省社会治理现代化水平的迫切需要，是协助筹备好全国综治工作“南昌会议”的重要内容，是深化平安江西建设的长期任务。各地、各有关部门务必站在政治和全局的高度，切实增强责任感和紧迫感，发扬时不我待、只争朝夕的精神，将“三项建设”作为综治工作的“重头戏”，视为开好全国综治工作“南昌会议”的“展示窗”，列入常抓不懈的基础工程，摆在更加突出的位置抓紧抓好，确保取得突破性进展。

二、牢牢把握综治中心建设年活动的目标任务要求

综治中心建设年，实质是“三项建设”全面推进年、攻坚提速年，时间紧、任务重、标准高。在推进工作中，必须牢牢把握核心内容和各项任务要求。

（一）围绕一个目标。通过开展全省综治中心建设年活动，着力在“三项建设”方面破解难题、补齐短板，进一步夯实综治工作基层基础，全面提升社会治理能力和水平，有效防范化解管控社会稳定风险，为实现“十三五”时期经济社会发展良好开局，与全国同步全面建成小康社会创造安全稳定的社会环境、公平正义的法治环境、优质高效的服务环境。

（二）实现两个提升。要通过开展全省综治中心建设年活动，强力推进“三项建设”，加强网格化管理、社会化服务、信息化支撑，推动社会治安防控力量下沉，将影响群众安全的问题发现在基层、矛盾化解在基层；同时将综治中心服务管理资源向网格、家庭延伸，及时反映和协调人民群众利益诉求，提高基层服务管理水平，确保全省不发生暴力恐怖事件、不发生重大群体性事件、不发生在全国有影响的恶性刑事案件、不发生重大公共安全事故，确保人民群众安全感和满意度稳中有升的良好态势。

（三）推进三项建设。一是抓好综治中心建设。综治中心是以网格化管理为基础、信息化建设为支撑、组团式服务为载体的社会治安综合治理的工作平台。要以中央和省里关于推进综治中心建设等文件精神为指导，集中精力合力攻坚，大力推进省、市、县（市、区）、乡镇（街道）、村（社区）综治中心建设，实现资源力量整合在基层、工作合力形成在基层、服务管理水平提高在基层。二是抓好综治信息化建设。综治信息化建设，是新形势下推进国家治理体系和治理能力现代化的必然要求，是整合社会治理资源、创新社会治理方式、提升驾驭社会治安局势能力和平安建设现代化水平的基础工程。各地要将综治信息化作为智慧城市的重要单元，按照中央和江西省的规划要求，着力突破基础信息采集、整合和共享难题，推动全省平安建设信息化综合平台纵向贯通省、市、县(市、区)、乡镇(街道)、村(社区)，横向集成省、市、县三级综治成员单位和行政调解职能单位，实现公共安全视频监控系统与综治视联网在综治中心对接。三是抓好网格化管理建设。网格化管理，是综治中心建设的“底座”，也是综治信息化社会基础信息的主要来源。要按照“到2016年6月底，设区市中心城区和县(市、区)城区、乡镇集镇网格化管理分别完成100%、100%、40%”的要求，找差距、定目标，订方案、硬措施，赶速度、保质量，切实将网格化管理列入城乡建设和发展总体规划，着力解决网格员招聘使用管理问题，规范网格员职责，在确保如期完成建设任务的基础上，最大限度发挥网格化应用效能，提高社会治理精细化水平。从省到市、县(市、区)、乡镇(街道)、村(社区)，都在综治中心增挂网格化管理中心的牌子。

三、精心组织实施，确保综治中心建设年活动取得如期实效

抓好综治中心建设年活动，是2016年推进平安江西建设和协助筹备全国综治工作“南昌会议”的关键环节，是对各级领导抓综治工作能力水平的一次重大检验。各地、各单位负有义不容辞的责任，必须引起高度重视，狠抓落实。

(一)要加强组织领导。各地要将“三项建设”列入党委、政府重要议事日程和年度经济社会发展计划，切实解决工作推进中的机制性、保障性问题，确保取得实效。要强化主要领导负总责、分管领导具体负责、其他领导“一岗双责”的责任体系，层层细化责任，形成一级抓一级、层层抓落实的工作局面。各地各单位要坚持从实际出发，采取项目化管理方式，分解量化工作任务，逐一列出推进时间表并倒排工期，确保各项工作落实见效。

(二)要统筹协调推进。各级综治组织要在党委和政府的领导下，充分发挥牵头作用，采取通报讲评、抄告督办、综治考评等措施，协调解决工作中遇到的突出问题，统筹推动工作落实。省综治办将会同各有关部门不定期组织督导检查，各市、县(市、区)也要加强工作调度，加大督促力度。要进一步明确各有关部门在“三项建设”中的职责任务，按照“谁主管谁负责”原则，认真抓好本单位担负的职责任务，形成齐抓共管的整体合力。

(三)要把握时间进度。江西省综治委分别就“三项建设”制定了规范，提出了具体的建设要求和时间节点。2016年6月底前，南昌市作为全国社会治安综合治理创新工作会议举办地，责任重大，要抢抓进度、加快推进，确保完成城区全面覆盖、县区重点推进的任务；其他市，要求中心城区、县城所在地全面覆盖，市、县、乡、村四级分别按照100%、100%、70%、40%的目标完成，要求每个市重点打造一个县(市、区)、每个县(市、区)重点打造一个乡镇(街道)、每个乡镇(街道)重点打造一个村(社区)作为示范。

(四)要强化工作保障。各地要树立“集中财力办大事”的理念，从人力、物力、财力上优先保证“三项建设”，确保顺利实施。要把综治中心建设年活动成效作为2016年综治工作(平安建设)考评的重中之重，加大分值权重，对成效明显的地方予以表彰奖励；对工作不得力、成效不明显的地方实行限期整改；对未能如期完成建设任务的地方，取消年度评先资格。

附件：1. 江西省综治中心建设规范
2. 江西省综治信息化建设规范
3. 江西省网格化管理建设规范

附件1

江西省综治中心建设规范

综治中心是以网格化管理为基础、信息化建设为支撑、组团式服务为载体的社会治安综合治理的工作平台。2016 年，是全省综治中心建设年，各地要按照中央和省里相关文件要求，认真组织实施，抓紧推进这项工作。

现就全省综治中心建设规范，提出如下意见。

一、中心架构与建设模式

全省在省、市、县（市、区）、乡镇（街道）、村（社区）建立综治中心。各地各层级综治中心，要结合当地和本级实际情况，紧扣“管用见效”的原则进行建设。

——省级综治中心。按照“综治办＋综治信息化”模式，建在省行政中心，有信息指挥平台和显示屏，综治中心主任由省综治办主任兼任，副主任由省综治办副主任兼任。

——市和县（市、区）综治中心。鉴于 2000 年以来，全省市县两级政府为方便公民、法人和其他组织办理行政许可、非许可审批、招标投标、公共服务和政务信息查询等事项，设立了由各职能部门集中办公、并联审批、规范管理的综合性行政服务机构“行政服务中心”。市县两级综治中心，按照“综治办＋综治信息化＋组团式服务”模式，可以单独选址建设，也可在设区市和县（市、区）行政服务中心规划出一块区域进行建设，做到有信息指挥平台和显示屏，有组团式服务集中办公区和相应的办公用房。综治中心主任由同级党委常委、政法委书记兼任，副主任由同级综治办主任兼任。

——乡镇（街道）综治中心。考虑到自 2012 年以来，全省各地普遍把乡镇（街道）的和谐平安联创中心、便民服务中心、矛盾纠纷排查调处中心统一整合为社会管理服务中心（多数地方保留了便民服务中心牌子），各地可在完善综治信息化建设和应用的基础上，将社会管理服务中心更名为“××乡镇（街道）综治中心”，接通与派出所公共安全视频监控，做到有信息指挥平台和显示屏。综治中心的工作职能要向社会治安综合治理方面聚焦，有关涉及民生服务方面的工作内容可逐步向便民服务中心转移。综治中心主任由乡镇（街道）党委书记兼任，副主任由分管综治工作的副书记兼任。

——村（社区）综治中心。要充分发挥辖区各单位综治组织在了解、反映群众诉求中的作用，开展基层平安创建活动。中心采取“三室一窗口”（综治工作室，含网格管理员工作站、综治信息化平台和显示屏；矛盾纠纷调解室，含群众来访接待室；警务室；公共服务窗口）模式建设，原有村（社区）社会管理服务站（中心）统一更名为“××村（社区）综治中心”。综治中心主任由基层党组织书记兼任，副主任由村（社区）综治室主任兼任并负责日常工作。

二、功能定位与职责任务

综治中心一般应具有协调推进社会治安防控体系建设、开展矛盾纠纷多元化解工作、综合整治突出治安问题、牵头组织系列平安创建活动、采集录入社会基础信息、提供法律咨询援助服务等功能。全省五级综治中心的工作重心要下沉，从上到下逐渐由指导协调型向实战协调型转变，省级综治中心要运用信息化建设的成果，与省综治委各专项组、综治委成员单位建立更加科学的工作机制，加强对下级综治中心的工作指导；市县两级综治中心处在承上启下的位置，实战化的功能要逐级增强，结合本地区社会治安综合治理工作的实际开展工作；乡镇（街道）综治中心，要坚决做实，有关基层和群众的社会治安、矛盾纠纷、法律援助等问题，大部分应该在这个层面得到解决，涉及上一个层级或需要横向配合联动的事项可通过综治信息化系统流转到上级综治中心请求帮助；村（社区）综治中心，处在社会末梢，要依托网格员、楼栋长，成为社会治安的“流动哨”、调解纠纷的“和事佬”、收集社情的“顺风耳”。市及市以下综治中心的具体职责是：

1. 建立健全本地社会治安综合治理工作机制，协调督促隶属各级和同级各部门各负其责，合力落实综治措施，开展系列平安创建活动，做到和谐平安联创。

2. 督促推动本地矛盾纠纷排查和多元化解机制的形成，运用信息化手段，加大网上受理、化解矛盾纠纷的比重，充分发挥基层和行业的作用，最大限度地把矛盾吸附在基层，化解在行业，做到矛盾纠纷联调。

3. 组织开展本地社会治安重点地区的排查，关切群众反映的治安热点问题，协调有关单位进行治理，做到重点问题联治。

4. 协调推进本地社会治安防控体系建设，加强群防群治队伍建设、使用和管理，县级综治中心要特别重视网格化管理工作，乡镇（街道）和村（社区）综治中心要加强对网格员的管理考核，将人、地、物、事、组织等基本治安要素纳入网格管理范畴，认真做好实有人口和实有房屋等社会基础信息的采集和录入工作，夯实基层基础，做到社会治安联防。

5. 协同做好本地社区服刑人员、扬言报复社会人员、易肇事肇祸精神障碍患者、刑满释放人员、涉邪教人员、吸毒人员、易感染艾滋病危险行为人群等特殊人群及进京非正常上访人员、重点青少年群体等的帮教、管理和服务工作，促进专群结合，做到重点人员联管。

6. 注重协调本地区推进法治、德治、自治、共治、善治“五治并举”，坚持法治引领，提供法律咨询援助服务，宣传社会主义核心价值观，秉持“社会治安人人参与，和谐平安人人共享”的理念，继承和发扬专群结合的优良传统，壮大平安志愿者队伍。

三、组成部门与运行机制

综治中心一般由同级实有人口、特殊人群、重点青少年、非公有制经济组织和社会组织、社会治安、矛盾纠纷排查化解、校园及周边安全、护路护线等工作的对应单位组成，根据辖区情况视情增加协作参与单位，形成中心组成单位的核心层、紧密层、联动层。各级综治办承担综治中心各组成单位和协作参与单位之间资源整合、信息交流等协调统筹的职责，进驻中心的单位及人员行政隶属关系不变，由综治中心负责考核。市及市以下综治中心运行机制有：

1.“一个窗口”服务群众，落实首问责任制度。综治中心通过组团式服务的方式，设立接待服务群众的大厅或窗口，统一受理群众对社会治安综合治理各类事项的来电来信来访。服务大厅和窗口实行首问责任制，首问责任人对群众咨询或诉求不能即时解决的，应第一时间登记备案，交由相关责任单位解决问题并告知群众办结时限。重大情况应及时报告综治中心主任或相关单位负责人，本级综治中心解决不了的问题可通过网上连线上一级综治中心请示解决方案。县及县以下综治中心，非工作时间要设立应急热线电话，受理应急事项，启动应急联动机制解决问题；治安范畴的问题，要与同级公安部门和辖区派出所建立对接响应工作制度。

2.“一个平台”处置反馈，不断优化工作流程。对受理的群众来电来信来访事项进行及时分类，一般事项即时答复；对于待办事项，要做好分流处置，交办相关职能单位，要求限期解决并答复；对于重大复杂事项，应及时会商研究，明确牵头和配合单位，并向相关单位派单，或提请同级党委、政府研究处理。对于综治中心排查发现或由上级单位交办的矛盾纠纷或治安问题，应按照上述流程分流处置。对于各类分流事项要做好督查督办工作，以解决问题或答复来访人作为流程终结。

3.“一套制度”议事管事，加强研判严格管理。综治中心一般应每周召开 1 次例会，综治中心主要单位负责人参加；每月召开 1 次联席会议，综治中心全体组成单位负责人参加；适时召开协调会，相关单位负责人参加，不断完善组织协调、信息研判、督查督办、应急联动、便民服务等工作制度。要加强内部管理，建立健全岗位责任、考勤、值班、档案及综治信息化网络平台管理等制度，切实把综治中心的各项工作纳入规范化、制度化轨道。

附件2

江西省综治信息化建设规范

综治信息化建设，是新形势下推进国家治理体系和治理能力现代化的必然要求，是整合社会治理资源、创新社会治理方式、提升驾驭社会治安局势能力和平安建设现代化水平的基础工程。各地要按照中央和省里有关文件要求，把综治信息化建设纳入本地经济社会发展总体规划，采取有力措施，认真组织实施。

现就全省综治信息化体系建设规范，提出如下意见。

一、建设目标

我省综治信息化体系是全国综治信息化综合平台的一个组成部分，依据中央四部委《关于推进社会治安综合治理信息化建设的若干意见》，坚持以需求为导向，依托全省电子政务外网统一网络平台，充分利用全省电子政务云平台，整合各类信息资源，构建上联中央综治信息化综合平台，省内纵向贯通省、市、县（市、区）、乡镇（街道）、村（社区），横向连接省、市、县（市、区）综治委成员单位和行政调解职能单位的综治信息化系统，实现全省综治信息化平台全联通、全覆盖，并通过深度运用视联网技术，业务应用做到可视化、扁平化。

二、功能架构

全省综治信息系统以掌握社会基础信息，实现互联共享，做实重点人群的服务管理、重点行业的安全监管、重点领域的矛盾化解为主要内容，围绕人、地、物、事、组织等要素，全面加强对各类基础信息的实时采集、动态录入，科学设计信息采集、事件处理、综合统计、研判分析、视频集成、考核评估等功能，努力实现与地理信息技术的同步统合，切实做到数据全、信息准、底数清、情况明。

（一）业务数据。

根据国家标准《社会治安综合治理基础数据规范》（GB/T 31000—2015），综治信息系统总体框架采用“9＋X”模式。“9”是根据现阶段综治业务需要，设置9大基础应用模块，包括综治组织及综合业务、实有人口、特殊人群、重点青少年、非公有制经济组织和社会组织、社会治安、矛盾纠纷排查化解、校园及周边安全、护路护线。

1. 综治组织及综合业务模块：利用信息化手段对综治组织建设及其他综合业务进行统计汇总，动态掌握各级综治组织和队伍建设情况，提升机构队伍建设水平，增强工作合力。综治组织及综合业务模块包括：综治机构、综治队伍、群防群治组织、群防群治队伍、综治中心、综治视联网信息中心、城乡社区公共安全视频监控、网格化建设、楼栋长、综治领导责任制、重特大案（事）件项目。

2. 实有人口模块：通过社区网格基层信息采集，整合公安、房管等部门信息资源，建立信息共享和校核机制，全面掌握实有人口信息数据，确保信息全面、翔实、准确，为实有人口服务管理提供信息支撑。实有人口模块包括：户籍人口、流动人口、留守人员、境外人员、出租房项目。

3. 重点青少年模块：及时掌握重点青少年群体底数和教育帮扶情况，做好重点青少年群体帮扶工作，预防和减少犯罪。

4. 非公有制经济组织和社会组织模块：对非公有制经济组织和社会组织进行动态信息管理，推动非公有制经济组织和社会组织承担社会责任，促进建立和谐劳动关系，确保非公有制经济组织和社会组织健康有序发展。该模块包括：非公有制经济组织、社会组织等项目。

5. 社会治安模块：通过信息化手段及时掌握治安动态，做到底数清、情况明，优化案（事）件处置流程，提升社会治安防控体系建设科技化水平。社会治安模块包括：重点地区排查整治、命案基本信息、命案犯罪嫌疑人、命案受害人、寄递物流安全管理项目。

6. 矛盾纠纷排查化解模块：将全省矛盾纠纷排查化解云平台植入全省综治信息系统中形成矛盾纠纷排查化解模块，建立矛盾纠纷动态采集登记、分析研判、分流交办、督办反馈和统计分析系统，优化矛盾纠纷排查化解工作机制，提高工作效率。

7. 校园及周边安全模块：掌握学校底数，强化校园及周边治安、安全信息的收集，推动校园及周边治安综合治理视频联网等各项措施的落实，及时消除危及校园安全的各类治安隐患。校园及周边安全模块包括：学校、校园周边重点人员、涉及师生安全的案（事）件项目。

8. 护路护线模块：通过视频监控等多种方式，及时掌握铁路、公路、水路、输油气管道、电力、电信、广播电视设施周边治安和联防信息，实施动态治理，提升铁路、公路、水路、输油气管道、电力、电信、广播电视设施周边治安防控能力。护路护线模块包括：护路护线、涉及线、路案（事）件项目。

"X"是在9大基础应用模块之外，省、市、县等层级根据综治业务工作需要扩展的应用模块。2016年，省级首期拟开发平安系列创建、社会稳定风险评估等应用模块。

（二）互联共享。

将省、市、县（市、区）、乡镇（街道）、村（社区）公共安全视频监控图像接入同级综治中心，实现非涉密公共安全视频监控图像信息共享，并实现上级综治中心可以调看以下各级综治中心接入的公共安全视频监控图像信息。

整合公安、司法、民政、人社、住建、交通运输、卫计、工商、安监、邮政、教育等相关业务数据，进行数据交换、关联比对，实现综治相关数据资源互通共享。

根据社会治安综合治理工作的需要，各层级要逐步整合综治委成员单位的相关业务数据，实现互联共享。

相关单位负责各自业务系统的纵向贯通工作，并按要求接入同级综治中心的信息系统中，提供联网专线、安全设备、前置机等设备。

（三）综治视联网。

将综治视联网延伸到所有乡镇（街道），南昌市要打造100个村（社区）综治视联网示范点，其他设区市在各个县（市、区）均要打造若干村（社区）综治视联网示范点，并根据工作实际逐步拓展。

（四）运用功能。

主要是围绕业务数据模块展开，用来辅助工作人员的日常工作，进一步优化业务工作流程、提高工作效率、提升工作准确度，实现信息采集、事件处理、统计报表、分析研判、综合查询、视频集成、绩效考核、办公自动化8项深度应用。

1. 信息采集应用：乡镇（街道）、村（社区）和县直有关部门等基层单位侧重信息的采集、输入、更新和运用，省、市、县（市、区）三级侧重信息资源的深度整合应用。有条件的村（社区）网格员配置移动终端，及时采集上传基础信息，实时反映社情民意。

2. 事件处理应用：按照事件的性质、级别、紧急程度，自动审核分类、研判分流到责任单位，主动推送到相关领导，逐级审批、交办处理、催办督办，实现事件处理全过程的跟踪、监督和管理。

3. 统计报表应用：基于基础信息数据以及统计条件（满足条件查询、组合查询、模糊查询的要求）自动生成，包括综治组织及综治业务报表、实有人口报表、特殊人群报表、重点青少年报表、非公有制经济组织和社会组织报表、社会治安报表、矛盾纠纷排查化解报表、校园及周边安全报表、护路护线报表、系列平安创建报表。

4. 分析研判应用：基于基础数据进行关联、比较、汇总，形成相关工作走向、态势，为各项工作科学决策提供信息数据支撑。

5. 综合查询应用：通过关键字在基础数据（尤其是流动人口、出租房）中进行条件查询、组合查询、模糊查询，查询与之相关联的人员、事件、单位、地理信息等，以提高信息使用效率。

6. 视频集成应用：以综治视频综合应用为目的，依托全省综治视联网，围绕社会治安综合治理重点业务，将视频会议、视频通讯、视频培训、视频点播、视频调解、视频信访、视频调研、信息发布等功能整合在同一个平台上，实现跨地区、跨部门、跨行业指挥调度、分析研判、应急处置、服务管理等业务应用的可视化、智能化、扁平化。

7. 绩效考核应用：自动对各地各有关单位基础信息的动态采集、办公功能运用、互联共享实现情况进行绩效考核，每月定期进行通报、每季综合打分排名，并纳入各地各有关单位综治工作（平安建设）年度考评总分。各级要继续用好全省综治“三项建设”调度督办系统，推动“三项建设”完善应用。

8. 网上办公应用：

电子邮箱：各级综治组织的非涉密文档上报、工作汇报交流、任务分配等工作可以通过部署在电子政务外网的电子邮件系统完成，确保内部信息安全，提高信息传达速度和办事效率。

手机短信：通过短信方式，将日常工作提醒、通知下达、各类舆情发送到相关综治人员手机中，方便综治人员及时掌握综治工作动态及相关事件处理状态。

互动交流：通过该模块，实现实时在线交流，为综治组织及人员间建立起互动交流平台。

附件3

江西省网格化管理建设规范

小网格，大平安。网格化管理，是综治中心建设的“底座”，也是综治信息化社会基础信息的主要来源。各设区市和县（市、区），要继续把网格化管理列入城乡规划，将人、地、物、事、组织等基本治安要素纳入网格管理范畴，提高社会治理精细化水平。从省到市、县（市、区）、乡镇（街道）、村（社区），都在综治中心增挂网格化管理中心的牌子。

现就全省网格化管理规范化建设，提出如下意见。

一、网格划分要科学合理

全省网格化管理以中心城区、县市城区及城乡接合部和乡镇集镇为重点推进，在乡镇（街道）、社区格局不变的基础上，按照“街巷定界、规模适度、无缝覆盖、动态调整”的原则划分网格，每个网格一般为200～300户、1000人左右。农村网格化管理，根据实际情况，以一个村民小组或自然村作为一个网格。

二、人员选聘要务实管用

网格管理员，可以是兼职的，也可以是专职的，一般应通过配备专职网格管理员，增强基层社会治理的力量。有条件的地方，一个网格可以配置网格长和若干网格员，也可以作为延伸配置楼栋长。兼职网格管理员，可以通过现有乡镇（街道）干部和村（社区）工作人员工作重心下沉方式解决。专职网格管理员，各地要总结经验，不要在年龄、身份、学历方面作刻板规定，一般采取政府购买服务的方式，以“留得住、管得了、用得好”为基本遵循，由市县出钱、乡镇（街道）招聘、村（社区）使用，力求所招聘的网格管理员不出街道就在本村（社区）产生。

三、工作职责要突出重点

要逐步走出网格管理员“无所不能”的误区，将人、地、物、事、组织等基本治安要素纳入网格管理范畴，把主要精力转到对网格内实有人口和实有房屋的动态掌握上，重点关注流动人口和出租屋，提高对“藏污纳垢”、滋生违法犯罪活动“黑窝点”的发现和防控能力。明确网格管理员及楼栋长的主要职责是采集上传社会基础信息、排查调解矛盾纠纷、动态反映社会治安，协助做好重点人群、重点行业、重点领域的服务管理。

四、薪酬保障要落实到位

市县财政要将网格管理员的薪酬保障纳入年度预算，城镇社区专职网格管理员的薪酬不能低于当地最低工资标准，兼职网格管理员的岗位补助每月按200～300元标准落实。要加强对网格管理员的培训、管理和考核工作，建立工作绩效与薪酬挂钩机制。农村网格管理员，在落实村民小组长原有待遇的基础上，建议街道（乡镇）采取以奖代补的方式，给予适当补助。

江西省赣州市健全心理服务体系推进“心防”工程建设

2016 年,作为全国“社会心理服务体系建设”12 个联系点之一,赣州市结合实际探索开展了社会治安特殊人群“心防”工程建设,构建起人防、物防、技防、心防“四位一体”的立体化治安防控体系,推动全市社会心理服务体系建设工作深入开展,大大增强了社会风险的预测预警预防。

一、高位推动,保障有力

赣州市委、市政府把“心防”工程建设作为加强和创新社会治理、构建立体化社会治安防控体系、完善社会矛盾化解机制、推进健康中国建设的重要工作来谋划,作为重要的平安工程、民生工程来部署,主要领导亲自过问、亲自抓。市县两级成立了以党委政法委书记任组长的“心防”工程建设领导小组,领导小组办公室设在综治办。赣州市加强了各级综治中心、教育、医疗、企事业单位、特殊人群管理机构、信访接待场所、青少年活动中心、妇女之家等阵地建设,先后出台系列配套文件,对全市心理服务工作作出周密系统部署,形成覆盖社会各个领域的社会心理服务体系。市本级每年安排“心防”工程建设工作经费 100 万元,各县(市、区)均落实每年 20 万 ~50 万元的工作经费,列入财政预算,为全市“心防”工程建设工作提供有力保障。

二、搭建平台,夯实基础

在县、乡、村三级综治中心设立“心防”工作区,设立谈心室、心理测量室、情绪宣泄室、音乐放松室、团队活动室等功能区域,组织相关部门、社会组织入驻,及时有效地开展心理健康宣传教育和心理疏导。依托各级综治中心,充分运用综治信息化管理手段,建立社会治安特殊人群基础信息,将心理服务纳入信息化管理;充分发挥基层网格员走村入户、定期上门的优势,对心理行为异常人员开展随访走访,及时了解掌握现实表现、心理行为动向、家庭困难等情况,及时排解心理问题,开展帮扶活动,将风险隐患发现控制在萌芽状态。全市各大中专院校均设立有心理咨询室,中心小学以上的各中小学建立健全了学校心理咨询室(心理辅导室),把学生心理健康教育纳入学校教育和课程计划。团市委启动了市、县两级青少年心理素质发展中心的建设,着力打造青少年心理健康辅导中心、“心防”志愿者服务热线、青年之声、12355 青少年维权服务热线四位一体的服务平台;综治信访部门联合推进了全市信访接待场所心理咨询室建设;各县(市、区)社区矫正监管中心、社区戒毒社区康复中心均设立有心理咨询室,确保为特殊人群心理健康提供便利服务。

三、整合资源,壮大队伍

赣州市充分发挥综治组织的统筹协调作用,组织市综治委成员单位、市直驻市医院、市直驻市高校、社团组织、社会组织、志愿者等力量,参与到心理服务体系建设工作中,各部门和组织服从调度、积极参与,精诚团结、齐心协力,纵深推进了全市心理服务工作开展。在人才队伍方面,整合心理专家、心理教师、心理医生、心理志愿者、社会工作者等社会各界心理专业人士,强化了“心防”服务力量。市、县两级组建了由心理专家组成的专家服务团队,由心理学教师、心理专业大学生和从事心理治疗咨询的医生、有心理咨询师资质的社会人员组成的志愿服务团队,由各职能部门相关工作人员组成的专业服务团队等“心防”工程“三支队伍”。全市中心小学以上的中小学校配备有心理健康教育专、兼职教师。市卫计委按照每一个公立医疗机构至少配备一名心理医生的要求,加强了公立医疗机构专、兼职心理医生的配备,对尚未配备专职心理医生的,确保为其至少培训一名心理医务人员。通过政府购买服务方式,积极调动社会力量参与“心防”服务积极性。全市各级注重全民心理知识科普和特殊人群服务管理人员的心理知识培训,增强全民心理健康意识以及特殊人群服务管理人员的心理健康服务能力，提升社会治理水平。

四、创新服务，注重实效

赣州市推出了“心防”工程热线服务、集中服务、个案服务、特定服务、指定服务、购买服务六种服务形式，既抓住了特定情况、特殊人群、特别场合的心理疏导和危机干预，又抓住了社会各个层面的心理咨询和心理援助，确保为社会提供全方位的心理服务。赣州市第三人民医院在全省率先设立心理援助服务热线，安排专职人员 24 小时接听，及时干预心理危机，向广大群众普及心理卫生知识；团市委、市妇联整合已有资源开通心理援助热线；县、乡、村综治中心将相关热线电话对外公布，方便群众心理求助。市心理医学分会专门开设心理健康服务微信公众号，提供心理咨询、共享信息、相互学习、交流心得的平台。在重大灾害事故、重大突发事件等特殊情况下，组织“心防”专家服务团成员、志愿者服务团成员提供帮助。对心理危机严重、社会风险等级较高的人员，组成危机干预小组，提供全面服务，并开展跟踪帮扶。

五、完善机制，保障运行

一是预测预警预防机制。根据人员现实表现、行为特征、社会危害程度等，分类逐人评估心理风险等级，同时逐类逐人建档，分类分档管控。实现从被动应对处置向主动预测预警预防转变，有效防范和化解社会心理风险。二是信息化管理机制。结合综治中心建设、网格化建设、信息化建设工作，对特殊人群逐人建立工作台账，摸清底数、评估风险、掌握动态。为每一名服务对象建立个人心理健康档案，记录帮扶服务情况。三是联动融合机制。市、县两级和各有关部门、单位以及“心防”工程各服务团队在日常工作中相互支持、密切协作，形成“心防”工程的强大工作合力。四是激励奖惩机制。市综治办、市文明办、市法建办将各地、各有关单位开展和参与“心防”工程服务情况纳入全市综治工作（平安建设）、精神文明创建、法治赣州建设工作考核，对组织得力、成效显著的地方和单位，推荐表彰为先进县（市、区）、先进单位。

（撰稿人：李艳
审稿人：蔡文龙　郭书好）

山 东 省

2016 年综治工作概况

2016 年,山东省深入贯彻落实全国社会治安综合治理创新工作会议精神,紧紧围绕经济社会发展大局,面对维护国家政治安全和社会稳定出现的新情况、遇到的新挑战,团结拼搏、开拓创新,锐意进取、干事创业,综治整体工作再创新辉煌、再上新台阶,有力维护了全省社会大局的持续和谐稳定。

一、强化预测预警预防,着力做好维护国家政治安全和社会稳定工作

密切跟踪国际形势新变化和新动向,积极应对影响政权安全和政治稳定的各种风险挑战,全面掌握维护国家政治安全工作主动权。一是做好专题调研工作。“关于加强政治安全问题研究专题组”和省委“关于加强社会和谐稳定问题研究专题组”研究制订了实施方案、分工方案,成立了由省直 24 个部门领导同志参与的专项工作组,加强对案情、社情、舆情的收集、综合分析研判和工作督导,形成了 4 份综合性报告,报省委常委会决策参阅。二是做好重要节点安保工作。及时召开全省维护社会稳定工作视频会议、专题安保会议等进行安排部署,圆满完成了重要节点期间的安保维稳任务,期间 4 次给中央综治办报告了工作情况。三是深入开展严打整治斗争。进一步强化了综治牵头、公安主抓、部门配合的严打整治工作机制,坚持严打方针和“零容忍”理念,以民生问题为导向,以大案要案为重点,将打击的矛头紧紧对准影响社会稳定、危害民生的严重暴力犯罪、黑恶势力犯罪、多发性侵财犯罪以及涉枪涉爆、涉黄涉赌、涉假涉拐等有广泛社会影响的违法犯罪。组织开展了夏季治安攻势和打击“盗抢骗”犯罪,严厉打击打孔盗油违法犯罪等一系列专项斗争和集中行动。2016 年,全省八类暴力犯罪案件、“两抢”案件发案数同比下降 11.18% 和 29.24%。加强对社会治安重点地区排查整治,建立健全联席会议、定期统计报告、挂牌督办、责任查究等各项制度,开展对城乡接合部、“城中村”、出租屋、公共娱乐场所等专项整治行动,强化从源头上、根本上解决问题。四是做好社会面管控工作。完善社会面三级巡防和武装巡逻、动中备勤机制,强化党政机关、城市广场、重要基础设施,以及车站、学校、商场等人员密集场所安全防范。加强对重点地区和治安突出问题的排查整治,提高治安巡防的打击力、震慑力。加强枪支弹药、爆炸物品、管制刀具等危险物品管控。积极参与北京“护城河”工作,有效防止了重大政治事件等案(事)件的发生。五是抓“两无”综治创建深化提高。将“无命案乡镇(街道)、无刑事案件村(社区)”综治主题创建活动作为“总抓手”“总平台”,加强深化提高,助推各项工作开展。2016 年,全省无命案乡镇(街道)覆盖率为 82.1%,无刑事案件村(社区)覆盖率为 70.3%,同比分别提高 5 个百分点以上。

二、健全完善矛盾纠纷多元化解机制,着力提高排查化解效能

以贯彻落实中办、国办《关于完善矛盾纠纷多元化解机制的意见》为契机,不断健全完善矛盾纠纷多元化解机制。2016 年,全省排查矛盾纠纷 27.04 万起,调处化解 26.53 万起,调处化解成功率达 98.1%,未发生重特大“民转刑”案件和重大群体性事件。一是加大工作指导力度。省委办公厅、省政府办公厅出台了完善矛盾纠纷多元化解机制的有关文件,颁布了《山东省多元化解纠纷促进条例》,这是全国第一部省级矛盾纠纷排查化解条例,进一步把全省矛盾纠纷排查化解工作纳入了规范化、法治化轨道。召开了全省多元化解矛盾纠纷工作会议,总结推广了一批先进典型经验，研究部署了进一步加强多元化解矛盾纠纷工作的任务措施，并狠抓了任务措施的落实；召开全省诉调对接工作推进会，推动健全完善了内外衔接、繁简分流、科学高效、多元便捷的诉调对接机制。积极探索有效化解矛盾纠纷的新路径、新方法，推广了县级设立综合性矛盾纠纷排查化解指导中心、"听证法"等一批经验做法。二是增强排查化解效能。在抓好经常性排查化解工作的同时，组织开展了为期 100 天的全省矛盾纠纷集中大排查大调处专项行动，切实解决了一批影响社会和谐稳定的突出问题和复杂疑难矛盾纠纷。加强重点领域矛盾纠纷排查化解工作，集中化解了经济、教育、民生等重点领域的一批涉及重点群体利益诉求的问题。推动专业性调解组织和第三方调解组织建设，健全调解、仲裁、行政裁决、行政复议、诉讼等有机衔接、相互协调的多元化矛盾纠纷解决机制，完善人民调解、行政调解、司法调解联动工作体系，多元化解工作格局进一步完善。

三、推进公共安全视频监控建设和联网应用("雪亮工程")，着力增强社会治安防控实效

按照"增点扩面、提档升级、联网应用"的工作思路，深入推进公共安全视频监控(简称"雪亮工程")建设。目前，全省视频监控探头总数达到 285 万台，总量居全国第 4 位。一是完成视频监控全覆盖工程。经过三年多的强力推动，目前全省已经实现了一二三类目标的全覆盖。期间，全省各级共投入 44 亿多元，新增视频监控探头 149 万多台。二是强力推进全国试点工作。山东省是全国公共安全视频监控试点省，临沂市是全国公共安全视频监控建设应用试点市。以此为契机，大力推动全省"雪亮工程"建设。目前，依托省综治中心成立了省公共安全视频监控中心，省级平台接入 44.7 万台摄像机，公安、消防、交通、城管率先实现了联网应用，并实现了省级平台与临沂、济宁等的视频互联互通，逐步构建起省、市、县三级视频图像平台。临沂市以各级综治中心为基础，打造"一圈八线十六片"精品示范路线图，对 2386 个各级综治中心、448 个重点行业部门的现有视频监控平台进行了升级改造，初步实现了视频监控的联网应用。各地视频监控设备加快更新换代、提档升级，目前已基本实现了高清化、数字化。三是加快推进现有视频监控资源整合。依托现有的视频图像传输网络等基础设施，有序推进资源整合、联网共享，建设省、市、县三级视频图像平台，提高视频监控联网在反恐维稳、指挥处置、治安防控、侦查破案、公共安全管理、执法监督、内部管理等方面的实战能力。目前，全省各级公安机关建成监控中心 2966 个，其中接入图像平台 2764 个。依托省综治中心视联网系统，筹备建设省级公共安全视频图像信息交换共享应用平台，2017 年下半年即可实现横向与政法各部门部分成员单位之间信息共享，纵向与中央综治系统和各市综治系统对接共享。四是加大增点扩面力度。强化了对新建小区、新修道路、新建桥梁、涵洞等部位的及时增补，突出了铁路沿线和公交站点视频监控建设。省内 3 条高铁、客专、城际铁路的 755 座桥梁，基本实现了视频监控的全覆盖；县(市、区)以上城区公交站点视频监控覆盖率已达 50%，正逐步加大增补力度，确保不留死角。

四、不断强化措施落实，着力提升非传统安全管控水平

在积极参与油气管道整治、扫黄打非、社区人员矫治、刑释解教人员安置帮教等工作的同时，着力加强了以下几项工作。一是推动寄递企业安全管理实现新突破。结合正在推广的公共安全视频监控联网应用和大数据云计算信息平台建设，与有关科技企业研发了寄递渠道安全管理信息系统，通过监管部门后台监管模块、寄递企业管理模块和快递员手机 APP 程序的结合，实现了实名登记、收件验视、过机安检的全程跟踪和实时查询。开展了联合执法、岗位培训、安全检查、专项整治等多项活动。2016 年，全省开展监管执法活动 3730 次，处罚寄递企业 25 家，训诫警告寄递企业负责人 36 人次，责令停业限期整改寄递企业 12 家，对企业罚款 50 万元。全省 100% 的寄递企业落实了"实名登记和收寄验视"制度，243 处邮件、快件处理场所配备了 285 台 X 光机，基本实现了全省寄递企业省际出口处理场所安检设备应配尽配。二是推动精神障碍患者服务管理工作取得新成效。山东省高度重视这项工作，召开全省加强严重精神障碍患者救治救助和服务管理工作会议，在青岛进行了试点，推广将精神障碍患者"纳入最低生活保障、纳入精准扶贫工程、纳入商业保险、纳入以奖代补政策”的经验。推动以奖代补政策有效落实,逐步实施将以奖代补经费列入财政预算,合理确定奖补对象,明确奖补标准。各市以奖代补标准每人每年 600 ~ 3600 元不等,签订以奖代补监护协议 5161 人。三是吸毒人员管控工作有新进展。起草了有关文件,把吸毒人员纳入网格化社会服务管理体系,推动禁毒工作社会化,从源头上预防吸毒人员肇事肇祸,最大限度地教育和挽救吸毒人员。四是推动重点人员救治救助工作实现新提升。注重未成年人社会保护,组织协调开展“流浪孩子回校园”和“关爱农村留守儿童”等行动,探索建立“检测预防、发现报告、调查评估、帮扶干预”工作机制,形成“家庭、社会、政府”三位一体的未成年保护工作格局。五是打击防范非法集资工作有新举措。与省公安厅等有关部门联合印发了有关文件,进一步加强对非法集资的打击、防范力度。打击防范电信网络等新型违法犯罪,成立省级防诈骗中心,整合力量,实施有效防范。

五、大力加强基层基础建设,着力夯实平安山东建设根基

牢固树立加强基层、建设基层、稳定和巩固基层的思想,坚持强基层、打基础,夯实平安山东建设根基。一是加强基层综治组织建设。加强了县(市、区)、乡镇(街道)综治委(办)和村(社区)综治办建设,完善了机构设置、职能定位、人员配备、经费保障、工作制度等,强化了组织协调职能。全省所有县(市、区)、乡镇(街道)都设有综治委(办),80% 以上村(社区)设有综治办,全省有综治干部 6655 人,村(社区)综治机构专职人员 78894 人。大力发展了职业化、专业化治安巡防队伍和平安志愿者、社工、义工、平安协会等多种形式的群防群治组织,壮大了人防力量。群防群治队伍总人数达到 154 万,全省每万人拥有群防群治人员 160 人。二是加强综治中心标准化规范化实体化建设。按照中央综治办的部署要求,以全覆盖为目标,以实用实效为目的,以绩效考评为抓手,全力推进各级综治中心建设,更好发挥“平台”作用。在省级层面,挂牌成立了山东省综治中心(公共安全视频监控中心),开发建设了综治基础信息应用系统,实现了横向与政法各部门和部分成员单位之间的信息共享,纵向与中央综治信息系统和各市综治信息系统对接互通。按照县(市、区)、乡镇(街道)机构设置实体化、人员配备实体化、运行保障实体化的原则,建设综治综合信息与视频监控系统,设立综合协调、矛盾调处、治安防控三个工作室和群众诉求受理服务大厅。城区及城乡接合部等规模大、人口多、有条件的村(社区)依托综治办成立综治中心。全省县(市、区)、乡镇(街道)、村(社区)综治中心覆盖率分别达到 80.6%、99.1% 和 83.7%,人员总数 22.1 万。三是推动网格化服务管理更好发挥“底座”作用。将人、地、物、事、组织等要素全部纳入管理网络,形成了覆盖城乡、条块结合、横向互联、纵向贯通的基层服务管理网格化体系,基本实现了全省城乡社区社会治理由粗放式向精细化、突击式向常态化、强化管理向管理服务并重、政府一元化向社会多元化参与的转变,切实发挥了其在平安建设中的“底座”作用。网格员作为各类信息采集终端,负责收集辖区内基础信息、社情民意,及时通过信息系统上传报送,实现台账管理、分流交办、跟踪督办、结果反馈的完整工作流程。总结推广了淄博市建立“平安网格责任田”的做法。截至 2016 年底,社区网格化服务管理覆盖率达 99.3%,配备专兼职网格员 69 万余人。四是加强综治信息化建设。各地以智慧城市建设为依托,以现有信息平台为基础,以综治业务需求为导向,以数据资源整合为重点,加快推进纵向贯通、横向集成、共享共用、安全可靠的综治服务管理信息系统建设。截止 2016 年底,与 17 个市、139 个县(市、区)综治办实现了网络对接,省、市、县三级全部实现了与中央综治办视联网互联互通。省级及全国社会治理综合平台关键技术及应用示范试点的 3 个市、9 个县(市、区)、27 个乡镇(街道)已推广应用中央“9 + X”模式。

六、切实加强考核奖惩,着力推动综治领导责任制落实

召开省综治委全体(扩大)会议,深入学习贯彻中共中央办公厅、国务院办公厅印发的《健全落实社会治安综合治理领导责任制规定》,安排部署落实措施;以省“两办”名义印发了《关于健全落实社会治安综合治理领导责任制的实施办法》,综治责任制落实力度持续加大。一是明确责任目标。坚持层层签订综治工作责任书,年初省委、省政府领导同志与各市党政领导同志、省综治委领导同志与省综治委各成员单位分别签订综治工作责任书，明确责任目标和工作要求，并将落实责任书情况作为综治工作考评重要依据。二是抓责任落实。各级党委、政府特别是党政主要负责同志加强对社会治安综合治理的领导，切实把综治工作列入重要议事日程，纳入经济社会发展总体规划，认真研究解决工作中的重要问题。各责任单位自觉强化责任担当，找准工作定位，分领域、分系统、分行业抓好综治领导责任制的落实。三是完善奖惩机制。把综治工作重点任务纳入科学发展观考核，激发领导干部抓社会治安综合治理的积极性和主动性。严格责任追究，对因不重视综治工作而在较短时间内连续发生重大刑事案件、群体性事件、公共安全事件的，对本地区、本单位综治工作考评不合格、不达标的，对群众反映强烈的社会重点地区和突发公共安全、治安问题，通过通报、约谈、挂牌督办、实施一票否决、引咎辞职、责令辞职、免职等方式，进行严肃追责。2016 年，省综治办共对 28 个县(市、区)实施黄牌警告 32 起，对 22 个县(市、区)进行通报 29 起。

山东省多元化解纠纷促进条例

（2016 年 7 月 22 日）

第一章　总　则

第一条　为了促进纠纷多元化解，保障当事人合法权益，增进社会和谐，维护公平正义，根据有关法律、行政法规，结合本省实际，制定本条例。

第二条　本条例适用于本省行政区域内与促进纠纷多元化解有关的工作和活动。

第三条　本省建立健全由和解、调解、行政裁决、行政复议、仲裁、诉讼等途径有机衔接、协调联动、高效便捷的纠纷多元化解机制，合理配置纠纷化解资源，为当事人提供适宜的纠纷化解渠道。

第四条　纠纷多元化解促进工作应当遵循下列原则：

（一）尊重当事人意愿；

（二）遵守法律、法规，尊重公序良俗，坚持公平公正；

（三）和解调解优先，多方衔接联动；

（四）预防与化解相结合。

第五条　各级人民政府和有关部门、社会治安综合治理部门、人民法院、人民检察院、人民团体、基层群众性自治组织和其他社会组织，应当按照各自职责建立健全重大决策风险评估、矛盾纠纷排查调解处理等制度，推进纠纷多元化解机制建设，共同做好纠纷化解工作。

鼓励和支持公道正派、群众认可的社会人士和其他社会力量依法参与纠纷化解。

第二章　职责分工

第六条　县级以上人民政府应当将纠纷多元化解机制建设纳入当地国民经济和社会发展规划。

各级人民政府应当加强预防和化解矛盾纠纷能力建设，提供必要的公共财政保障，支持各类纠纷化解组织发展。

第七条　各级社会治安综合治理部门负责纠纷多元化解工作的组织协调、调查研究、督导检查和考核评估，推动人民调解、行政调解、司法调解协调联动，促进各种纠纷化解途径的有机衔接。

第八条　人民法院应当依法履行审判职责，建立健全诉讼与非诉讼对接的纠纷化解机制，促进在程序适用、效力确认、法律指导等方面的有机衔接，推动纠纷多元化解。

基层人民法院对人民调解委员会调解民间纠纷进行业务指导。

第九条　人民检察院应当依法履行法律监

督职责,健全检察建议、检察宣告等制度,建立完善参与纠纷化解工作机制,做好相关工作。

第十条　公安机关在办理治安案件中,应当依法加强治安调解工作。公安派出所按照职责参与乡镇、街道社会治安综合治理中心矛盾纠纷调解处理工作。

公安机关交通管理部门加强交通事故损害赔偿争议调解工作,促使当事人达成和解或者调解协议。

第十一条　司法行政部门负责指导人民调解工作,推动设立行业性、专业性人民调解组织,加强人民调解组织网络化建设,完善人民调解工作机制,促进人民调解与行政调解、司法调解的衔接联动,推动律师事务所、公证机构、司法鉴定机构、基层法律服务所等法律服务组织参与纠纷化解。

第十二条　县级以上人民政府法制工作机构负责本级人民政府行政调解、行政裁决的综合协调和指导工作,会同有关部门健全行政调解制度,完善行政裁决、行政复议、民事商事仲裁等工作机制;依法办理行政复议案件,畅通行政复议渠道,推动行政争议在行政系统内部化解。

第十三条　县级以上人民政府信访工作机构应当指导、督促有关单位依法开展信访工作,协调处理重要信访事项,会同有关单位推动信访事项办理与调解、行政裁决、行政复议、仲裁、诉讼等途径有机衔接,促进矛盾纠纷依法、及时化解。

第十四条　县级以上人民政府人力资源社会保障、卫生和计划生育、国土资源、农业、市场监督管理、民政、住房城乡建设、环境保护、金融监督管理等有关部门和机构,应当按照各自职责依法开展行政调解、行政裁决,培育和推动本系统行业性调解组织建设。

第十五条　村民委员会、居民委员会应当坚持村民会议、居民会议、村民代表会议、居民代表会议制度,健全人民调解组织,积极预防和化解矛盾纠纷。

第十六条　工会、共产主义青年团、妇女联合会、残疾人联合会、工商业联合会和消费者协会、法学会等团体应当按照各自职责,参与纠纷多元化解机制建设,共同做好纠纷化解工作。

第十七条　对跨行政区域、跨部门、跨行业,涉及人数众多、社会影响较大的纠纷,负有纠纷化解职责的国家机关和社会组织应当加强协调配合,形成工作联动,共同予以化解。

第三章　化解途径

第十八条　当事人可以依法自主选择下列纠纷化解途径:

(一)和解;

(二)调解;

(三)行政裁决;

(四)行政复议;

(五)仲裁;

(六)诉讼;

(七)法律、行政法规规定的其他途径。

第十九条　鼓励和引导当事人优先选择成本较低、对抗性较弱、有利于修复关系的途径化解纠纷。

第二十条　有关国家机关和社会组织接受纠纷化解申请,有关法律工作者接受法律咨询、委托代理,应当告知当事人纠纷多元化解途径,引导其作出合理选择。

第二十一条　鼓励和引导当事人在法律、法规规定的范围内就纠纷化解先行协商,达成和解。对达成的和解协议,当事人应当履行。

律师、基层法律服务工作者或者其他人员根据当事人的委托,可以代表或者协助当事人参与协商。

第二十二条　当事人可以向调解组织或者有关人员申请调解,调解组织和有关人员也可以主动调解。一方当事人明确拒绝调解的,不得强制调解。

第二十三条　经调解达成调解协议的,调解组织可以制作调解协议书。当事人就部分争议事项达成调解协议的,调解组织可以就该事项制作调解协议书。

第二十四条　当事人未达成调解协议的,调解组织可以在征得其同意后,对没有争议的事实作出书面记载,由双方当事人签字确认并记录在卷,也可以根据当事人要求,如实记载调解的起止时间、调解不成的原因等情况。

第二十五条　对与履行行政管理职责有关的民事商事纠纷或者行政争议,行政机关或者法律、法规、规章授权的组织，可以根据当事人的申请，依法进行行政调解。

对法律、法规、规章规定应当由行政机关调解的民事商事纠纷、行政争议，行政机关或者法律、法规、规章授权的组织应当主动进行调解；调解不成的，依法作出行政处理决定。

行政调解的具体办法，由省人民政府制定。

第二十六条　对法律、法规规定的与履行行政管理职责有关的民事商事纠纷或者行政争议，行政机关或者法律、法规、规章授权的组织，应当依据法定职权进行行政裁决。

经省人民政府批准或者决定，县级以上人民政府可以集中行使行政裁决职权，集中处理各类行政裁决事项。

行政裁决的具体办法，由省人民政府制定。

第二十七条　行政复议机关对当事人提出的行政复议申请，应当依法予以受理，对被申请人作出行政行为的合法性和适当性进行全面审理，并依法作出决定。

第二十八条　民事商事仲裁机构对纠纷作出裁决前，当事人自愿调解的，应当进行调解；调解不成的，应当及时作出裁决。

劳动人事争议仲裁机构和农村土地承包仲裁机构对受理的争议或者纠纷应当先行调解；调解不成的，应当及时作出裁决。

第二十九条　人民法院在登记立案前应当进行诉讼风险告知，引导当事人选择适宜的纠纷化解途径；对当事人符合法律规定条件的起诉，应当予以登记立案，及时审理，依法作出裁判。

第三十条　律师、基层法律服务工作者或者其他中立第三方可以根据当事人的共同委托，对纠纷事实、法律适用进行评估，或者对纠纷事实依法进行调查。评估意见和调查结果作为纠纷化解的参考依据。

第三十一条　鼓励利用互联网和其他新技术，通过在线咨询、在线协商、在线调解等方式，实现纠纷网上化解。

第四章　程序衔接

第三十二条　社会治安综合治理部门和政府其他有关部门、人民法院、人民检察院、调解组织、仲裁机构应当加强协调配合，推动程序衔接，促进纠纷多元化解。

第三十三条　有关国家机关和人民团体收到当事人纠纷化解申请后，应当按照职责及时予以处理；对不属于其职责范围的，应当告知当事人向有权处理的单位提出申请。对涉及多个单位职责范围的，由首先收到该申请的单位会同其他有关单位共同办理。

第三十四条　调解组织根据需要，征得当事人同意，可以邀请有关行政机关、社会组织、人民代表大会代表、政治协商会议委员、具有专门知识或者特定经验的人员，以及当事人的亲属、邻里、同事等参与调解。

第三十五条　对不适宜调解或者调解不成的纠纷，调解组织应当为当事人提供咨询意见，在法律规定的范围内引导其通过其他适宜的途径化解纠纷。

第三十六条　行政机关在作出行政裁决前可以先行调解；在作出行政复议决定前，对符合法定条件的，可以进行调解。调解不成的，依法作出裁决、复议决定。

当事人对行政机关作出的裁决、复议决定不服的，可以依法申请行政复议或者向人民法院提起诉讼，法律另有规定的除外。

第三十七条　民事商事仲裁裁决被人民法院依法裁定撤销或者不予执行的，当事人就同一纠纷可以根据双方重新达成的仲裁协议申请仲裁，也可以依法向人民法院提起诉讼。

当事人对劳动人事争议和农村土地承包经营纠纷仲裁裁决不服的，可以依法向人民法院提起诉讼，法律另有规定的除外。

第三十八条　人民检察院办理符合当事人和解法定条件的公诉案件、民事行政申诉案件，可以建议或者引导当事人达成和解；经当事人同意，也可以邀请相关组织参与协商和解。

第三十九条　当事人起诉的民事商事纠纷，人民法院认为适宜调解的，先行调解，但是当事人拒绝调解的除外。

经双方当事人同意，前款规定的纠纷可以通过在人民法院调解组织名册和调解员名册中的组织或者个人进行调解。

第四十条　对以给付为内容的民事和解协议或者调解协议，当事人可以共同向公证机关申请办理具有强制执行效力的债权文书公证。

对公证机关依法赋予强制执行效力的债权文书，一方当事人不履行的，对方当事人可以向有管辖权的人民法院申请执行。接受申请的人民法院应当依法执行。

第四十一条　当事人可以根据具有民事合同性质的和解协议、调解协议中约定的仲裁条款，或者事后达成的仲裁协议，在法律规定的范围内向选定的民事商事仲裁机构申请确认和解协议、调解协议的效力。

劳动人事争议、农村土地承包经营纠纷经调解组织调解达成的协议，当事人可以共同向有管辖权的劳动人事争议仲裁机构、农村土地承包仲裁机构申请确认其效力。

对仲裁机构制作的发生法律效力的调解书、裁决书，一方当事人逾期不履行的，对方当事人可以依法向有管辖权的人民法院申请执行。接受申请的人民法院应当依法执行。

第四十二条　对符合法律规定的调解协议，当事人可以依法共同向人民法院申请确认其法律效力。对人民法院裁定有效的调解协议，一方当事人拒绝履行或者未全部履行的，对方当事人可以依法向人民法院申请执行。接受申请的人民法院应当依法执行。

第五章　组织建设

第四十三条　村民委员会、居民委员会设立人民调解委员会，县（市、区）、乡镇、街道和企业事业单位、社会团体、其他组织根据需要设立人民调解委员会，调解民间纠纷。

第四十四条　行业主管部门应当指导、支持成立本领域的行业性调解组织。

鼓励有条件的商会、行业协会、民办非企业单位、民事商事仲裁机构等设立商事调解组织。

第四十五条　人力资源社会保障部门应当加强对劳动人事争议调解工作的指导，会同工会、企业方面代表完善协调劳动关系三方机制，推动劳动人事争议调解组织建设。

县级以上总工会应当督促、帮助用人单位依法设立劳动人事争议调解组织，推动乡镇、街道以及行业性、区域性劳动人事争议调解组织建设。

第四十六条　负有市场监督管理职责的部门应当推动消费者协会和其他消费者权益保护组织建设，支持其发挥在调解消费争议中的作用。

第四十七条　妇女联合会应当充分发挥在婚姻家庭方面的工作优势，会同司法行政部门推动建立婚姻家庭纠纷人民调解委员会，参与调解涉及妇女合法权益的纠纷。

第四十八条　残疾人联合会应当依托乡镇、街道、社区社会治安综合治理平台，设立残疾人法律救助组织，完善保障残疾人合法权益的工作机制，参与调解处理涉及残疾人合法权益的纠纷。

第四十九条　鼓励和支持人民调解员、律师、基层法律服务工作者、社会志愿者设立调解工作室。调解工作室可以起字号。

第五十条　鼓励和支持律师协会、律师事务所建立律师调解员队伍，为纠纷化解提供服务。

第五十一条　省人民政府根据需要依法决定设立劳动人事争议仲裁委员会，设区的市、县（市、区）人民政府根据需要依法指导设立农村土地承包仲裁委员会，及时化解劳动人事争议和农村土地承包经营纠纷。

第六章　保障措施

第五十二条　设区的市、县（市、区）、乡镇人民政府和街道办事处、社区管理机构根据需要，构建纠纷多元化解综合性服务平台，为纠纷化解提供便利条件。

县（市、区）人民政府或者有关部门根据需要，在道路交通、医疗卫生、劳动人事、消费者权益、农村土地承包、建筑工程、物业服务、环境资源以及其他纠纷多发领域，推进构建专业性纠纷多元化解公共服务平台。

第五十三条　中级人民法院、基层人民法院应当构建诉讼与非诉讼对接平台。调解组织可以在该平台设立调解工作室。

第五十四条　各级人民政府应当对纠纷多元化解工作所需经费给予必要的支持和保障，对社会组织设立的人民调解委员会、公益性调解组织及其人员给予适当经费补助和补贴。

县（市、区）、乡镇、街道设立的人民调解委员会所需工作经费，由本级人民政府列入财政预算。

第五十五条　国家机关、人民团体可以通过购买社会服务方式，将适合的纠纷化解工作委托社会力量办理，所需社会服务纳入本级人民政府购买服务指导性目录。

第五十六条　纠纷当事人符合司法救助条件的，人民法院在审理、执行案件过程中，应当依法提供司法救助；符合法律援助条件的，法律援助机构应当依法提供法律援助。

第五十七条　有关国家机关、人民团体和其他社会组织应当完善调解员培训机制，定期组织业务培训，提高其职业道德水平，推动调解员专业化建设。

鼓励建立发展专业化、职业化的社会调解培训机构。鼓励高等学校加强纠纷多元化解理论研究和人才培养。

第五十八条　县级以上人民政府有关部门和乡镇人民政府、街道办事处，人民法院、人民检察院应当加强信息化建设，推进大数据运用，完善信息共享平台，实现在线办理、咨询、监督以及联网核查，提高纠纷预防和化解工作效率。

第五十九条　各级人民政府和有关部门、人民法院、人民检察院以及新闻媒体应当按照各自职责开展法治宣传教育，弘扬崇德尚礼文化，普及纠纷多元化解法律知识，增进公众对纠纷多元化解的理解和认同。

第七章　监督考核和责任追究

第六十条　各级人民政府和有关部门、人民法院、人民检察院应当制定和执行纠纷化解工作责任制度与奖惩机制。

各级人民政府应当将纠纷多元化解工作纳入年度工作考核。县级以上人民政府监察机关应当对负有纠纷化解职责的行政机关及其相关人员实施监察。

各级社会治安综合治理委员会应当将纠纷多元化解工作纳入社会治安综合治理工作考核体系，对做出显著成绩的单位和个人按照有关规定给予奖励；对不认真履行纠纷化解职责，导致发生影响社会稳定事件的单位和个人，按照有关规定追究责任。

第六十一条　有关国家机关和人民团体应当建立健全调解组织名册和调解员名册管理制度，加强对调解组织和调解员的监督管理。

第六十二条　行政机关、人民调解组织、劳动人事争议仲裁机构、农村土地承包仲裁机构以及人民团体化解纠纷，不得向当事人收取任何费用，法律、法规另有规定的除外。

没有政府资金支持、实行市场化运作的调解，可以适当收取费用。

第六十三条　有关国家机关和人民团体未履行本条例规定职责的，由有关主管机关责令限期改正；逾期未改正的，对直接负责的主管人员和其他直接责任人员，依法给予处分。

村民委员会、居民委员会等基层组织未履行本条例规定职责的，由有关主管机关取消其社会治安综合治理先进评选资格。

第六十四条　对违反本条例的行为，法律、法规对责任追究已有规定的，适用其规定。

第八章　附　则

第六十五条　本条例自2016年10月1日起施行。

山东省流动人口服务管理暂行办法

（2016年11月16日）

第一章　总　则

第一条　为了保障流动人口合法权益，加强和创新流动人口服务管理，维护社会秩序，促进经济社会协调发展，根据国务院《居住证暂行条例》和有关法律、法规，结合本省实际，制定本办法。

第二条　本省行政区域内流动人口的居住管理、权益保障和公共服务,适用本办法。

外国人、无国籍人和香港、澳门特别行政区居民、台湾地区居民的居住登记,按照国家有关规定执行。

第三条　本办法所称流动人口,是指离开常住户口所在地跨县(市、区)居住3日以上的人员。

设区的市人民政府可以结合本地实际情况,具体确定纳入服务管理的流动人口范围。

第四条　流动人口服务管理遵循公平对待、便捷服务、合理引导、规范管理的原则。

第五条　县级以上人民政府应当将流动人口服务管理工作纳入本地区国民经济和社会发展中长期规划和年度计划,建立健全覆盖流动人口的管理、权益保障和公共服务体系,将流动人口服务管理工作经费纳入同级财政预算。

第六条　县级以上人民政府公安机关负责本行政区域内流动人口的居住登记和居住证的发放、管理工作。居住登记和居住证发放免收任何费用。

县级以上人民政府教育、民政、司法、财政、人力资源社会保障、住房城乡建设、房产管理、卫生计生、工商行政管理等有关部门和机构应当按照各自职责,协调配合,共同做好流动人口的管理、权益保障和公共服务等工作。

工会、共青团、妇联等群众团体应当协助做好流动人口服务管理的相关工作。

第七条　县级以上人民政府应当依托乡镇人民政府、街道办事处、村(居)民委员会健全完善流动人口综合服务管理平台,根据实际情况配备和充实流动人口协管人员。

乡镇人民政府、街道办事处、村(居)民委员会接受公安机关等有关部门的委托,协助做好流动人口居住信息采集和居住证受理、发放等服务管理工作,集中为流动人口提供劳动就业、社会保障、计划生育、教育等公共服务。

第二章　居住管理

第八条　流动人口服务管理实行居住登记制度。

流动人口应当自到达居住地之日起3个工作日内,持本人居民身份证等有效身份证件,向居住地公安派出所申报居住登记,由公安派出所发放居住登记凭证。

流动人口在宾馆、酒店、旅店等旅馆业内住宿,在医疗机构住院就医,在学校、培训机构寄宿就读以及在救助管理机构接受救助,按照有关规定办理住宿、住院、入学或者救助登记的,可以不办理居住登记。

第九条　流动人口在居住地居住半年以上,符合有合法稳定就业、合法稳定住所、连续就读条件之一的,可以依照本办法的规定申领居住证。

居住证一人一证,每年签注一次。

第十条　房屋出租人或者其委托代理人应当在流动人口入住后24小时内登记其姓名、身份证件种类和号码等基本情况,并在3个工作日内向公安派出所报告,督促流动人口申报居住登记。流动人口终止居住的,房屋出租人或者其委托代理人应当自流动人口离开之日起3个工作日内报告公安派出所。

第十一条　用人单位聘用流动人口,应当自聘用之日起3个工作日内组织流动人口申报居住登记;与流动人口终止或者解除劳动关系的,应当自终止或者解除劳动关系之日起3个工作日内报告公安派出所。

第十二条　物业服务企业应当将房屋出租人告知的承租房屋流动人口基本情况,在3个工作日内报告公安派出所,并督促流动人口申报居住登记。

第十三条　从事房屋租赁的中介机构和从事职业介绍的人力资源服务机构应当自介绍成功之日起3个工作日内,将房屋出租人、承租房屋的流动人口或者雇主、受雇流动人口的基本情况报告公安派出所。

第十四条　大型集贸市场、商品集散地管理机构应当自流动人口入驻之日起3个工作日内,将流动人口基本情况报告公安派出所,并督促流动人口申报居住登记。

第十五条　流动人口在县(市、区)内变更居住地址的,应当自变更之日起3个工作日内,向现居住地公安派出所申报居住变更登记。

第十六条　居住证遗失、损坏的,流动人口应当及时向公安派出所申请补领或者换领。

第十七条　流动人口申领、换领、补领居住证的，公安派出所应当自受理之日起10个工作日内发放居住证。

第十八条　流动人口离开居住地到其他县（市、区）居住的，本人或者其近亲属、房屋出租人、用人单位等应当及时到公安派出所办理居住登记注销手续；流动人口死亡的，由其近亲属、房屋出租人或者用人单位等办理居住登记注销手续。

第十九条　公安机关人民警察依法执行公务时，经出示执法证件，有权查验居住证，流动人口不得拒绝。

有关行政管理部门和机构的工作人员在依法执行公务或者为流动人口提供服务时，经出示执法证件或者工作证件，可以要求流动人口出示居住证，流动人口应当予以配合。

除公安机关人民警察依法执行公务外，任何单位和个人不得收缴或者扣押居住证。

第二十条　任何单位和个人不得伪造、变造、买卖居住证或者买卖、使用伪造、变造的居住证，不得骗取、冒领、出租、出借、转让居住证。

第二十一条　公安机关为流动人口中的育龄妇女办理居住登记时，应当核查流动人口婚育证明，没有婚育证明的，应当及时通报给居住地卫生计生部门；卫生计生部门在核查流动人口婚育证明时，发现没有办理居住登记的，应当及时通报给公安机关。

第三章　权益保障和公共服务

第二十二条　流动人口的合法权益受法律保护，任何单位和个人不得侵犯。

第二十三条　县级以上人民政府应当逐步将流动人口居住管理、权益保障和公共服务等纳入居住登记制度，完善和扩大居住证的使用功能，推进流动人口基本公共服务均等化。

第二十四条　流动人口持居住证或者居住登记凭证，在居住地依法享有下列权益和公共服务：

（一）公共就业服务机构提供的职业指导、职业介绍、就业失业登记、就业信息查询等服务；

（二）参加社会保险，缴存、提取和使用住房公积金；

（三）国家规定的传染病防治、儿童计划免疫等基本公共卫生服务；

（四）国家规定的对育龄流动人口的计划生育基本项目技术服务；

（五）法律服务和法律援助；

（六）按照规定参加居住地专业技术职务资格评定或者考试、职业（执业）资格考试、职业（执业）资格登记；

（七）居住地人民政府规定的住房保障政策；

（八）居住地人民政府或者有关部门按照规定给予的表彰和奖励；

（九）居住地人民政府规定的其他公共服务。

第二十五条　流动人口持居住证或者居住登记凭证，在居住地享有下列便利：

（一）申领机动车驾驶证，办理机动车登记手续；

（二）按照有关规定办理出入境证件；

（三）按照有关规定换领、补领居民身份证；

（四）居住地人民政府规定的其他便利。

第二十六条　流动人口符合居住地人民政府规定条件的，其适龄子女接受学前教育、义务教育应当与常住户口学生同等对待。

第二十七条　流动人口符合居住地人民政府规定条件的，可以申请常住户口。

第二十八条　县级以上人民政府应当做好城市生活无着的流浪乞讨人员救助管理和流浪未成年人的救助保护工作。

第二十九条　流动人口户籍所在地乡镇人民政府、街道办事处和村（居）民委员会应当加强流出人员的教育、培训，保护留守妇女、儿童和老人的合法权益。

第三十条　有关行政管理部门、公共服务机构和商业服务组织应当为居住证的使用提供便利。

第四章　信息管理

第三十一条　建立全省统一的流动人口综合信息服务管理平台，实现居住登记、计划生育、劳动保障等信息资源的整合与共享。具体办法由省人民政府另行规定。

流动人口信息应当包括流动人口的姓名、性别、民族、公民身份号码、常住户口所在地和现居住地址、服务处所、政治面貌、婚姻状况、计划生育、劳动就业、受教育状况、社会保障等内容。

公安、教育、民政、人力资源社会保障、住房城乡建设、房产管理、卫生计生等部门和机构管理的流动人口信息，应当统一汇入流动人口综合信息服务管理平台，实现信息共享。

第三十二条　流动人口在申报居住登记时，应当提供真实、准确、完整的信息。

流动人口发现居住证记载的信息错误或者居住信息变动的，应当申请更正或者变更。

第三十三条　公安机关和有关行政管理部门、公共服务机构、商业服务组织及其工作人员应当对流动人口信息予以保密。

任何单位和个人不得违反规定查询、使用流动人口信息。

第五章　法律责任

第三十四条　违反本办法，法律、法规、规章已有处罚规定的，依照其规定；构成犯罪的，依法追究刑事责任。

第三十五条　违反本办法，流动人口未申报居住登记的，由公安机关责令限期改正；逾期不改正的，处 100 元以下罚款。

第三十六条　违反本办法，房屋出租人或者其委托代理人未登记、报告流动人口居住或者终止居住情况的，由公安机关责令改正，处 200 元以上 500 元以下罚款。

第三十七条　违反本办法，用人单位未组织流动人口申报居住登记或者与流动人口终止、解除劳动关系后未报告的，由公安机关责令改正，对法定代表人或者直接责任人处 500 元以上 1000 元以下罚款；情节严重的，处 1000 元以上 5000 元以下罚款。

第三十八条　违反本办法，物业服务企业未报告承租房屋流动人口基本情况的，由公安机关责令改正，对法定代表人或者直接责任人处 200 元以上 500 元以下罚款；情节严重的，处 500 元以上 3000 元以下罚款。

第三十九条　违反本办法，从事房屋租赁的中介机构和从事职业介绍的人力资源服务机构未报告房屋出租人、承租房屋的流动人口或者雇主、受雇流动人口基本情况的，由公安机关责令改正，对法定代表人或者直接责任人处 200 元以上 500 元以下罚款；情节严重的，处 500 元以上 3000 元以下罚款。

第四十条　违反本办法，大型集贸市场、商品集散地管理机构未报告流动人口基本情况的，由公安机关责令改正，对法定代表人或者直接责任人处 200 元以上 500 元以下罚款；情节严重的，处 500 元以上 3000 元以下罚款。

第四十一条　公安机关、相关行政管理部门和其他单位及其工作人员在流动人口服务管理工作中玩忽职守、滥用职权、徇私舞弊，侵犯流动人口合法权益的，对直接负责的主管人员和其他直接责任人员，由其所在单位或者上级主管部门依法给予处分；构成犯罪的，依法追究刑事责任。

第六章　附　则

第四十二条　本办法所称居住证，是指流动人口在本省行政区域内合法居住的证明和享受权益保障、公共服务的有效证件。

居住证式样由省人民政府公安机关统一规定。

第四十三条　本办法所称有效身份证件，是指居民户口簿、居民身份证和临时居民身份证等。

第四十四条　本办法自 2017 年 1 月 1 日起施行。2012 年 6 月 5 日发布的《山东省流动人口服务管理办法》同时废止。

山东省青岛市全面提升严重精神障碍患者救治救助和服务管理工作水平

近年来，青岛市按照“综治协调、部门担责、全域统筹、管控风险、源头预防、综合治理”的思路，主动作为，通过政府购买服务不断开发治安保险产品。其中，对现有在册的精神障碍患者，相继推行患者监护人责任险、护理补贴、服药救助、心理疏导和危机干预等措施，有效预防和减少了严重精神障碍患者肇事肇祸行为。特别是2016年以来，以积极落实中央和省综治办以奖代补政策为契机，强化组织推动，抓好制度引领，全力破解难题。市综治委研究制定了《关于切实加强严重精神障碍患者防治帮扶的指导意见》等文件，精心打造防治帮扶体系，全力抓好救治救助和服务管理工作。

一、明确“两个目标”，全域统筹推进

积极协调相关部门，加强制度设计，深入调查研究，市综治办、公安局、民政局、财政局、卫生计生委和残联于2016年3月24日共同制定了《关于源头预防严重精神障碍患者肇事肇祸实施以奖代补政策落实监护责任的实施意见》，明确“2016年底前，各区市以奖代补政策落实率100%、监护人责任保险覆盖率100%，坚决防止严重精神障碍患者因疏于救治管理而发生危害公共安全案（事）件”的工作目标。一是统一思想。为切实将源头预防严重精神障碍患者肇事肇祸实施以奖代补政策摆上重要议事日程，市综治办召开专题会议，向各级各有关部门传达上级精神，明确工作任务，落实时限要求。二是加强协调。制定实施以奖代补政策落实监护责任工作联席会议制度，定期召开会议，研究分析问题，加强监测预警、开展分析研判、实现信息共享。三是专项督导。组成专门工作小组深入基层调研、调度、督导，与各区市共同研究推进工作。目前，青岛所辖各区市均已出台以奖代补文件，落实了专项资金，制定了配套措施。四是强化考核。将以奖代补工作纳入年度综治工作考评内容，明确各部门职责，加大督查推进力度，对工作不力、社会治安隐患较多的区域、单位，实行专项约谈、挂牌督办、专项治理。

二、夯实“三个基础”，实现强基固本

协调督导各区市各有关部门充分运用网格化服务管理平台，将严重精神障碍患者纳入动态掌控之中，把好源头，夯实“三个基础”。一是夯实排查监测基础。市综治办指导各级综治组织按照《社会治安综合治理数据国家规范》，排查掌握患者底数及相关信息。市卫生计生委对严重精神障碍患者进行筛查、诊断和评估，摸清底数，建档立卡，录入数据库。市公安局制定排查工作流程，以派出所为单位，会同有关部门采取分片包干等方法，逐街道、逐社区、逐乡村排查，确保底数清、情况明。二是夯实服务管理基础。市卫生计生委按照“功能训练、全面康复、融入社会”的原则，以定点医院为重点、社区为依托、家庭为基础，构建医院、社区、家庭“三位一体”康复治疗模式，指导各区市成立技术指导团队、精神卫生综合管理小组、居家重性精神疾病患者关爱帮扶小组，督促监护人履行责任，筹建公共精神疾病防治网络。三是夯实政策保障基础。市财政局、卫生计生委、民政局、残联等部门健全救治救助机制，相继出台了医疗救治、康复治疗等一系列配套政策。按照1200元/人/年的标准，每年为全市持证一、二级精神障碍患者发放护理补贴，对低保及低保边缘家庭患者给予1000元/人/年的服药救助。对困难患者门诊服药费用自负差额部分给予最高1000元/人/年的再次救助。积极培养社会化托管托养机构，政府购买服务给予工作人员以补贴，六区每人每月1500元，四市每人每月1300元。

三、创新“四项举措”，筑牢防控体系

不断增强风险保障意识，开拓创新，齐抓共管，变单个部门“独角戏”为多个部门“大合唱”，构筑起全方位防治帮扶体系。一是统筹资金科学奖补。在调研论证基础上借鉴有关省市以奖代补标准,要求各区市把以奖代补资金纳入财政预算安排,确定有肇事肇祸行为和危险性评估 3 级以上的严重精神障碍患者实施监护人以奖代补,标准为每人每月 300 元、全年 3600 元。二是政府托底购买保险。2014 年底,市综治办积极参与市政府《关于加快发展现代保险服务业的实施意见》制定,专门在“推动社会治理领域保险产品和服务创新”章节表述了“探索在新兴领域创新各类意外伤害保险和责任保险,鼓励发展社区治安综合保险、农村治安保险、易肇事肇祸精神病人等特殊人员伤害保险等业务,稳步提高全市治安保险覆盖率”,把治安保险作为发挥市场机制加强风险管控、源头化解矛盾、群防群治的重要举措,依靠家庭治安综合险、综合公共责任险、特定人群责任险等商业保险规避社会治安风险。全市治安保险参保居民户数连续三年以 10% 的速度递增。其中,有 6 个区市为在册精神障碍患者购买了肇事肇祸伤害责任险,其他几个区市正在落实中。三是就业扶持帮扶脱贫。按照全市扶贫脱贫目标要求,协调指导各级各有关部门突出抓好严重精神障碍患者及其家庭精准脱贫工作。市财政局每年安排补助资金 1848 万元,按照不同等级分别给予困难患者专项生活补贴,还对实施辅助性就业机构进行综合奖补,对机构运营予以奖励。四是构筑闭环防治系统。为构建“全面排查、预防为先、救治主导、帮扶跟进、管控到位”闭环防治帮扶体系,青岛市以联席会议为平台,形成甄别诊断、集中收治、康复治疗、关怀帮扶、服务管控等方面协调联动的综合治理格局,努力实现“应知尽知、应治尽治、应助尽助、应管尽管”工作目标。

山东省日照市创新建立“向前一步”多元化解矛盾机制

近年来,日照市坚持以问题为导向,创新建立“向前一步”多元化解矛盾机制,坚持延伸触角、关口前移、源头治理,着力推动“四个在前、四个转变”,即评估走在决策前、预防走在排查前、排查走在调解前、调解走在激化前,从末端治理向源头预防转变,从事后处置向超前化解转变,从群众“上访”向干部“下访”转变,从被动维稳向主动创安转变,有力维护了社会公平正义与和谐稳定。

一、强化理念引领和制度设计,“向前一步”主动解决问题

理念超前,工作才能走在前列。沿着矛盾纠纷初始形成、发展演变、激化上行、化解处置全过程轨迹,对近 5 年来全市疑难复杂矛盾纠纷案例一一进行了深入系统剖析,充分认识到:工作触角向前延伸一步,矛盾化解就能主动一步;干部向前多走一步,群众就能少走一步;干部眼中多一些问题,群众手中就会少一些难题;治理体系制度建设上超前一步,基层基础工作就能不出事、少出事。为此,在工作导向上,大力倡树“向前一步解决问题”的工作理念和机制。市委全体会议明确要求把“向前一步”的理念体现到精神状态、工作作风上,体现到破解难题、推动发展上。对“向前一步”主动担当的干部,高看一眼、厚爱一层,大力营造鼓励担当、宽容失误的良好环境。在体制机制上,出台了《关于完善“向前一步”多元化解矛盾纠纷工作机制的实施意见》,从工作部署、管控端口、防范措施、阵地前移等方面构建完善工作机制,配套出台各类实施细则 100 余项。例如,为促进专业性调解工作常态化运行,出台了加强行业性专业性人民调解委员会建设的意见;针对医患纠纷调处问题,探索建立了医患纠纷调处与保险理赔衔接机制,以市场化方式推动风险社会分担,较好破解了“赔偿难”的问题。在推进落实上,坚持把做好多元化解矛盾工作与经济社会发展同规划、同部署、同推进、同考核。注重“一把手抓”和“抓一把手”,明确要求主要负责同志对基层发生的重大疑难复杂纠纷直接过问、直接研究、直接督导。在服务保障上,针对人才支撑不足的问题,通过聘请的方式,将离退休法官、检察官、警官、各行业离退休专家、各类专业技术人才充实到矛盾调处队伍。把多元化解矛盾工作经费列入财政预算，对各级社会矛盾调处中心、联调对接平台建设和运行费用专款专用、足额保障。采取政府购买服务、“以案定补”等方式解决调解人员工作报酬。近三年，全市财政投入基层调解服务平台建设资金达8000多万元。

二、畅通拓展利益诉求渠道，“向前一步”联系服务群众

化解矛盾纠纷本质上就是做好群众工作。只要始终把群众放在心上，把工作做在前面，认真解决好涉及群众切身利益的问题，矛盾纠纷就会越来越少。一是把保障改善民生作为预防和减少矛盾纠纷的治本之策。坚持每年实施为民办实事制度，近五年完成了平安惠民、自来水“村村通”、贫困残疾人救助等70多项市级为民办实事重点项目。例如，针对城镇化过程中失地农民问题，在全省率先实现城乡居民基本养老、基本医疗保险全覆盖，完善了城乡困难居民医疗救助、临时救助办法，28万名被征地农民享受城镇职工养老保险待遇。又如，在城乡环境综合整治和城中村拆迁改造过程中，组织干部包村入户，深入做好矛盾排查、思想疏导、解疑释惑工作，在拆迁赔偿、拆除违法建筑时，坚持公平公正，一把尺子量到底。二是坚持线上线下相结合，倾听民意、便民利民。在线上，充分发挥市长公开电话、行风在线、网上信访、网络问政、“我爱日照论坛”等畅通民意渠道的作用；在线下，认真落实领导干部公开接访、双包一联、第一书记、“议事·学习日”等制度，并探索建立了党群“双向直通”机制，通过党组织和党员、干部联系群众，通感情、通政策、通服务、通民意、通资金、通资源，及时听民意、解民忧、化民怨。党群“双向直通”的做法，在党的群众路线教育实践活动中被中组部转发推广。三是注重工作重心下沉和基层创新，打通联系服务群众的“最后一公里、一步路”。全市政法系统建立了“三联三访”群众工作机制（市委政法委和市政法部门联系区县，区县政法委和政法部门联系乡镇街道，政法基层所、庭、室联系社区村居，开展领导干部大接访、推行业务工作大回访、组织政法干警大走访），开展了“三官四员”进社区（村居）活动（即组织法官、检察官、警官，法律服务员、信访工作员、反邪教工作员、消防安全员进社区村居，“零距离”排查化解矛盾隐患），取得了“干警受教育、群众得实惠、社会更平安、人民更满意”的效果。同时，大力推广了“名人调解室”“大嫂调解员”“春雨调解协会”等深受群众欢迎的好经验好做法。莒县“全国模范人民调解员”庄乾山，对农村房屋、道路通行、排水采光等邻里纠纷，采取“沙盘推演、还原现场”的方式制订调解方案，深受群众欢迎，被誉为“沙盘调解专家”。

三、着眼矛盾化解无缝衔接，“向前一步”搭建载体平台

近年来，日照市着力构建“全方位、全天候、全员化”维稳体系，打造“纵向连线到底、横向对接到边、重点行业领域全覆盖”的多元化解矛盾工作平台，让群众有地方说话，说的话有人听有人理。纵向连线到底，就是建立以信息化、视频化、远程连线互动为支撑的区县、乡镇（街道）、村（社区）三级“社会矛盾调处中心”，实行统一领导、集中办公、分流办理、协作配合。三级“社会矛盾调处中心”纵向联网运行，各类矛盾隐患信息实时录入、资源共享，与法院、检察院、公安、司法、信访等部门视频接访系统横向对接，为群众提供了便捷高效的“一站式”调解服务。群众反映，有了视频连线，坐在电脑旁就能与镇里和县里的干部、专家面对面交谈，不用多跑路就能办成事。横向对接到边，就是在政法、信访和行政部门建设诉调、检调、公调、访调、行调对接平台，开发安装智能自助查询系统和远程视频连线系统，规范工作流程及联动对接机制，实现信息、场所、程序、问效对接，推动矛盾纠纷有序流转、多调联动、高效化解。全省多元化纠纷解决机制改革示范法院——莒县法院，通过建立诉调对接平台诉前调解矛盾纠纷，既快捷、有效地化解了社会矛盾纠纷，又节约了司法成本，减轻了当事人负担。重点行业领域全覆盖，就是针对行业性矛盾纠纷易发多发、专业化程度高、反复性强、调处难度大等特点，按行业性质进行分类梳理。先后成立道路交通、医患、劳资、物价、边界、渔船民等专业性矛盾调处中心62个，聘请熟悉法律法规、掌握专业技术、热心调解事业的离岗退休政法干警、医疗专家，以“第三方”身份参与调解接访，提升了矛盾纠纷化解的结服率和公信力。

四、推动矛盾化解端口前移，“向前一步”评估防控风险

一方面，在敏感时期、重大活动、重要时间节点，对带有倾向性、突发性、全局性的问题，加强事前预防、事前评估、事前预案，确保把不稳定因素降到最低。2010 年，出台了《关于在全市开展重大事项社会稳定风险评估工作的实施意见》，对重点工程项目、重大决策事项，严格做到“评估在前、防范在先、化解及时、处置稳妥”，从源头上预防和减少了不稳定问题的发生。2015 年，日照市根据广大群众诉求，对市区三轮车、四轮代步车进行了综合整治。整治前，广泛征求意见，认真进行社会稳定风险评估，确立了“疏堵结合、处保配套”的工作思路，有针对性地出台了困难群体转岗就业、救助帮扶措施，在城区配套建设公共自行车站点 345 个，投放公共自行车 6000 多辆，新增新能源公交车 100 辆；对可能出现的问题，精心制定预案。这些措施确保了整治工作有序平稳推进，群众自愿上缴三轮车、四轮代步车 2600 余辆。另一方面，对区域性、群体性、行业性等重大矛盾风险，不回避、不退缩，综合运用法律、政策、行政、经济、教育等手段，早介入、早化解、早稳控。受国内经济下行及外地贸易融资风险波及，日照市部分企业自 2014 年 8 月份以来出现资金流动性紧张，涉及融资额大、担保关联复杂，成为影响实体经济和社会稳定的重大隐患。面对严峻考验，及时成立领导小组，组织政法、金融办、银监、商务、工商等部门多管齐下，深入银行、企业“一对一”摸底核查，采取设立过桥资金、债务重组、动产质押融资等方式分类化解，先后处置不良资产 61.4 亿元，转化不良资产 41.4 亿元，立案查处逃废银行债务案件 36 起。由于处置果断及时、措施有效有力，贸易融资风险得到初步控制，守住了不发生系统性、区域性风险的底线。

（撰稿人：汤继业
审稿人：李娥　赖小燕）

河　南　省

2016 年综治工作概况

2016 年，在中央综治委（办）和河南省委、省政府的正确领导下，坚持围绕中心、服务大局，忠实履行维护社会大局稳定、促进社会公平正义、保障人民安居乐业的职责使命，全面深化平安河南建设，为经济社会发展创造了安全稳定的社会环境，人民群众安全感和满意度进一步提升，全省未发生严重影响社会和谐稳定的特别重大案件，每 10 万人命案发案数比全国平均水平低 21.92%，每 10 万青少年涉命案数比全国低 41.72%，进京非正常上访数量同比下降 47.3%。

一、坚持把综治和平安建设作为保障工程、民心工程、基础工程来抓

加强统筹谋划、组织协调，积极推动综治和平安建设工作纳入全省经济社会发展总体规划，纳入省委、省政府“民生重点工程”，纳入省委、省政府重点督查内容，对需要解决的重点问题及时纳入项目规划，分期分批组织实施。2016 年初，各省辖市、省直管县（市）党政主要领导向省委、省政府签订递交《综治和平安建设目标责任书》，把各项任务分解为若干具体目标，实施目标管理，加强跟踪问效，压实各级党政领导班子、领导干部保一方平安的政治责任。6 月 24 日，召开全省依法治省工作、省综治委和省平安建设工作领导小组全体（扩大）会议，会议强调要突出重点、完善机制、加强领导，扎实推进依法治省工作，全面提升平安河南建设水平。省委、省政府评比表彰了一批平安建设先进单位和先进个人，持续拨出年度平安建设专项经费 5000 万元，对全省综治先进单位和各地平安建设重点项目实行以奖代补，用于加强基层基础建设。

二、积极预防化解社会矛盾

一是完善矛盾纠纷多元化解机制。省委、省政府“两办”出台《关于完善矛盾纠纷多元化解机制的实施意见》，省综治委制定了配套分工方案，细化 53 项具体举措，逐一明确责任单位、工作进度和成果要求，推动各地各有关部门履行职责，推进调解、仲裁、行政裁决、行政复议、诉讼等有机衔接，形成化解矛盾合力。二是巩固深化基层矛盾纠纷排查化解机制建设成果。持续加强县、乡、村三级矛盾纠纷预防化解网络、平台、队伍建设，建立健全常态化排查发现机制，坚持县（市、区）每月、乡镇（街道）每半月、村（社区）每周召开一次例会，排查矛盾，分析形势，制定措施，形成上下贯通、衔接联动的工作体系，增强化解社会矛盾实效，努力实现小事不出村、大事不出乡、难事不出县、矛盾不上交。2016 年，共排查化解各类矛盾纠纷 30.2 万起，化解率达 97.4%。大力发展行业性、专业性调解组织，吸收专家、律师等参与矛盾纠纷化解工作，提高纠纷调解的权威性、公信力。三是认真落实社会稳定风险评估制度。2016 年，全省共对 1386 项重大事项进行稳定风险评估，决定实施 1342 项，暂缓 27 项，不予实施 17 项，较好地从源头上减少了重大不稳定问题的发生。四是有效管控和保持特定利益群体稳定。坚持“依法管控、依法化解、依法处置”非法集资问题，建立风险监测预警、依法管控化解、打击协调联动机制，组织开展专项整治活动，有效遏制非法集资问题蔓延态势。开展全省特定利益群体“减存量控增量”专项整治活动，分类分批化解。

三、严厉打击整治违法犯罪

持续开展严打整治斗争，依法打击黑拐枪、盗抢骗、黄赌毒等多发高发违法犯罪。加强部门合作、区域合作，从严惩处非法集资、传销诈骗等涉众型经济犯罪和危害食品药品安全、环境污染、电信诈骗等新型犯罪。先后组织开展了打击农村盗抢犯罪、打击赌博违法犯罪、打击治理电信网络新型违法犯罪等专项行动，侦查打击、重点整治、防范治理多管齐下，取得明显成效。2016 年，全省刑事案件发案较上年同比下降 3.6%，破案上升 14.9%，抓获作案人员人数上升 8.2%，其中“两抢一盗”案件较上年同比下降 8.3%，破案上升 14.8%。深化社会治安重点地区排查整治，先后 4 次组织开展全省暗访督查活动，加强对城乡接合部、非法出租屋、商场集市、车站等复杂场所综合整治，及时排查影响群众安全感的治安乱点和突出问题，共对 11 个县（市、区）实行挂牌整治、20 个县（市、区）实行通报整治。

四、健全立体化社会治安防控体系

一是持续推进视频监控体系建设。市、县两级全部完成标准化平台级联网，保持全国前六位水平。市县乡三级视频监控平台全面建成，主要道路和重点区域全覆盖，村（社区）覆盖率达 90% 以上。视频监控实战效能日益显著，2016 年支撑破获刑事、治安案（事）件 4.9 万起，支撑查处交通违法案件近 3 万起，支撑民生服务群众 3.4 万件（次）。二是加强公共安全突出问题综合治理。2016 年，全省道路交通和火灾事故发生起数、死伤人数、财产损失数同比大幅度下降，7 年来首次实现全年未发生重大交通火灾事故。省综治办及时在全省组织开展影响铁路运输安全隐患专项整治，加强路地联合执法，集中开展拉网排查，对危及铁路运输安全的突出问题实行一体化综合整治，共拆除彩钢瓦房屋 3345 处，砍伐危树 20.1 万余棵，整治拆除上跨线 49 处、杆塔式建筑 1450 处、油气管线 158 处。加强寄递物流行业安全管理，健全联合执法机制，加大对企业违规违法经营行为的打击和处罚力度。省财政拨付专项资金 4500 万元扶持企业配备 X 光机，严格落实邮件快件实名寄递、收寄验视、过 X 光安检“三个 100%”制度。省综治办等 6 部门出台《关于实施以奖代补政策落实严重精神障碍患者监护责任的实施意见》，加强重性精神障碍患者救助服务，督促指导各地落实有奖监护、免费救治救助和保险理赔服务等措施。三是扎实开展群防群治。广泛发展、吸纳出租车和公交车司机、快递员、环卫工人、交通协管员等社会力量参与治安防范，及时发现举报违法犯罪线索和治安安全隐患。市县乡三级建立专职治安巡防队伍，乡镇（街道）专职巡防队员均达到 15 人以上，全省巡防队员总人数达 9.4 万，保安人数达 16 万。四是建立完善治安财产保险机制。省综治办与省保监局联合下发《关于运用保险机制促进治安防控体系建设的通知》，按照政府出资、群众收益，政策引导、市场运作的原则，推行治安财产保险，把所需保费列入公共财政保障范围，为群众的家庭房屋、电动车、农具、牲畜等提供风险保障，建立了既普惠民生，又能激励报案、坐实立案、强化打防责任、提高群众安全感的基层社会治安防范模式。2016 年，全省治安财产保险已覆盖全省 70 个县（市、区）、668 个乡镇（街道）、2401.6 万人，投保房屋 191.3 万座、电动车（摩托车）360 万辆、牲畜 300.6 万头、农机具 142.7 万台，政府财政共出资 2448.3 万元。

五、不断夯实平安建设根基

一是推进基层综治中心规范化建设。省综治委出台《关于全省乡镇（街道）、村（社区）综治中心规范化建设的指导意见》，召开全省综治创新工作会议进行安排部署，按照乡镇（街道）“三室一厅”（综合协调室、矛盾调处室、治安防控室和群众接待厅）、村（社区）“两室”（矛盾调处室、治安防控室）的标准强力推进。2016 年底，全省所有乡镇（街道）综治中心、所有城区社区综治中心和 80% 以上村综治中心达到规范化建设标准。持续深化“一村（格）一警”长效机制，全省共新建警务工作站 35405 个，配备包村民警 37475 人，着力完善城乡网格化治安管理体系。二是广泛开展基层和行业平安创建活动。全省近 50% 的基层单位和 80% 的村（社区）基本实现“发案少、秩序好、社会稳定、群众满意”的目标。“十大行业”平安创建活动覆盖面不断扩大。三是开展法律服务进基层活动。2016 年初，省综治办、省普法办、省法学会组织开展为期两个月的“法律服务进基层”活动，组织广大政法干警、法律工作者、法学工作者，深入基层、深入一线、深入群众，集中开展法治宣传、法律咨询、法律援助等便民服务活动，全省共举办法治讲座 6670 余场，开展集中宣传活动 6230 多次，组织文艺演出 1490 多场，设立法律服务窗口 8000 余个，提供法律咨询近 160 万人次，实现了条块齐动员、乡村全覆盖、服务到基层的目标。

六、健全落实社会治安综合治理领导责任制

省委、省政府“两办”出台了《河南省社会治安综合治理领导责任制实施办法》，从各级党委政府、各部门各单位、党政主要负责同志、分管负责同志、班子其他成员 5 个层面，对各自需要履行的组织领导、调查研究、决策落实、指导督促、解决疑难复杂问题、创优争先等方面的职责任务，逐一进行明确和规范。强化督导检查措施，规范追责情形和方式，力求更好地解决“责任界定不明、难以真正追责、整改落实不力”的症结。每年两次组织开展全省公众安全感和执法满意度调查，组织开展全省综治和平安建设工作年度考评，坚持考核工作过程与考核工作效果相结合，加强日常考评和暗访检查，引导各地各部门把精力用在抓好平时工作落实、务求工作实效上。

七、扎实做好综治委专项组工作

一是加强流动人口服务管理工作。加大对出租房屋和流动人口的排查力度，加快推进居住证制度在河南省全面落实，在全省部署开展清理整顿专项行动，对流动人口全面排查登记，基本澄清了流动人口底数，做到底数清、情况明，强化重点关注人群日常管控。2016 年底，全省共登记流动人口 4837429 人。二是加强特殊人群服务管理工作。社区矫正工作取得突破性发展，所有省辖市、县（市、区）经编制部门批准成立了社区矫正机构；6 个省辖市、61 个县（市、区）成立了社区矫正执法支（大）队，社区矫正工作人员达 4936 人，社区矫正社会工作者达 1767 人；社区矫正经费列入财政预算，社区矫正人员人均经费保障标准全部达到 1600 元，70 个县（市、区）达到 2000 元以上；已建成并投入使用社区矫正中心 113 个，全省社区服刑人员再犯罪率保持在 0.15% 以下，低于全国平均水平。加强刑满释放人员安置帮教工作，19 万符合安置帮教条件人员的安置率达 95.72%，帮教率达 98.84%。三是加强预防青少年违法犯罪工作。加强青少年法治宣传教育，团省委、省法院、省检察院等单位联合开展“开学第一堂法律课”、青少年普法知识竞赛、“法律进学校、进社区、进乡村”“青少年法治宣传周”“青少年法治微课堂”等活动。持续开展青少年自护教育活动，寒暑假期间以“青春自护，平安春节”和“青春自护，暑期安全”为主题，连续发布“假期青少年自我保护提示”，编印 3 万套“青春自护”笔记本向农村留守儿童免费发放。四是加强校园周边治安综合治理工作。广泛开展平安校园创建，共评出省级“平安校园”112 所、市级平安校园 647 所、县级“平安校园”3689 所，创建工作覆盖率达到 100%。积极排查校园周边各类重点人员，化解涉校纠纷 961 起。完善校园高峰勤务和“护学岗”机制，在城市校园周边设立警务室 5436 个，建立治安岗亭 6690 个；在农村学校发动群防群治力量 11 万人，确保每所学校都有人管、有人看、有人巡、有人防。扎实开展校园周边出版物市场专项整治行动，查处各类非法出版物及宣传品，取缔销售非法出版物的游商、地摊等。持续整治校园周边经营秩序，查处取缔黑网吧等，在高考、中考、寒暑假期间依法加强对民营培训机构的监管。五是加强铁路护路联防工作。省综治办、省护路办、省公安厅、郑州铁路局联合出台《关于进一步加强高速铁路护路联防和安全防范工作的实施意见》。先后投入资金 360 万元，对高铁和既有线结合的重点线路、部位安装高清视频监控设施，护路大队全天候实时监控。组织开展涉铁矛盾“大排查、大调解、大整治”专项活动，对排查出的矛盾纠纷和安全隐患，严格落实“四定两包”（定人员、定措施、定责任、定期限，包解决问题、包案结事了）工作措施。大力开展爱路护路宣传教育，坚持宣传工作进校园、进家庭、进社区、进企业、进农村“五进”模式，扩大宣传覆盖面。在全省中小学校开展爱路护路宣传教育“五个一”活动，即开展一次征文活动、上一堂法治课、开一次主题班会、出一期黑板报、开展一次家长子女互动活动。

中共河南省委办公厅　省政府办公厅关于印发《河南省社会治安综合治理领导责任制实施办法》的通知

（2016 年 12 月 15 日）

各省辖市、直管县（市）党委和人民政府，省委各部委，省直机关各单位，省管各企业和高等院校，各人民团体：

《河南省社会治安综合治理领导责任制实施办法》已经省委、省政府同意，现印发给你们，请认真贯彻执行。

河南省社会治安综合治理领导责任制实施办法

第一章　总　则

第一条　为深入推进社会治安综合治理，健全落实领导责任制，全面推进平安河南建设，确保人民安居乐业、社会安定有序，根据《中共中央办公厅、国务院办公厅关于印发〈健全落实社会治安综合治理领导责任制规定〉的通知》，结合河南省实际，制定本办法。

第二条　本办法适用于全省辖区内各级党的机关、人大机关、行政机关、政协机关、审判机关、检察机关及其领导班子、领导干部。

人民团体、事业单位、国有企业及其领导班子、领导干部、领导人员参照执行本办法。

第三条　实行社会治安综合治理领导责任制，应当坚持以邓小平理论、“三个代表”重要思想、科学发展观为指导，深入贯彻落实习近平总书记系列重要讲话精神，紧紧围绕“四个全面”战略布局，抓住“关键少数”，强化担当意识，促使各级领导班子、领导干部切实担负起维护一方稳定、确保一方平安的重大政治责任，做到守土有责、守土负责、守土尽责。

第四条　实行社会治安综合治理领导责任制，应当严格落实属地管理和谁主管谁负责原则，着力构建党委领导、政府主导、综治协调、法治保障、部门齐抓共管、社会力量积极参与的社会治安综合治理工作格局。

第五条　实行社会治安综合治理领导责任制，应当坚持问题导向、法治思维、改革创新，科学运用评估、督导、考核、激励、惩戒等措施，形成正确导向。

第六条　实行社会治安综合治理领导责任制，应当坚持集体领导与个人分工负责相结合，党政同责、一岗双责、失职追责，落实各级党政领导班子主要负责同志、分管负责同志和其他成员抓社会治安综合治理工作的责任，保证党中央、国务院和省委、省政府关于社会治安综合治理决策部署的贯彻落实。

第二章　责任内容

第七条　各级党委、政府对本地社会治安综合治理工作负总责，履行下列职责：

（一）贯彻落实党中央、国务院以及上级党

委、政府关于社会治安综合治理的决策部署，切实加强对社会治安综合治理的领导，列入重要议事日程，纳入经济社会发展总体规划和年度工作目标；

（二）定期召开党委常委会议、政府常务会议，研究制定社会治安综合治理工作计划和措施，明确领导班子、领导干部在社会治安综合治理中的职责和任务分工，认真研究解决工作中的重要问题；

（三）保障对社会治安综合治理和平安建设的投入，把社会治安综合治理工作经费纳入同级财政预算，并注意向基层倾斜，从人力物力财力上保证社会治安综合治理工作的顺利开展；

（四）正确处理改革发展稳定的关系，及时分析研判社会治安、社会稳定形势，标本兼治、重在治本，维护社会大局持续稳定，维护国家安全和社会政治稳定，预防和化解社会矛盾，落实社会稳定风险评估制度，健全立体化社会治安防控体系，加强社会治安综合治理基层基础建设，确保公众安全感达到90%以上，力争不发生在全国有重大影响的危害国家安全和政治稳定案（事）件、极端上访事件和群体性事件、刑事治安案（事）件、公共安全事故、执法司法人员违法违纪案件；

（五）对本地社会治安综合治理工作情况和下级领导班子、领导干部落实社会治安综合治理领导责任制情况进行监督检查；

（六）领导、组织并支持社会治安综合治理部门依法履行职责，加强社会治安综合治理组织机构建设，配齐配强领导干部和工作人员，及时听取工作汇报，充分发挥其职能作用；

（七）其他应当履行的社会治安综合治理方面的职责。

第八条　各部门各单位对本部门本单位社会治安综合治理工作负总责，履行下列职责：

（一）认真落实党委、政府和社会治安综合治理委员会（以下简称综治委）的安排部署，把社会治安综合治理工作纳入本部门本单位年度工作计划，与业务工作同规划、同部署、同检查、同落实；

（二）结合自身业务，认真抓好本系统参与社会治安综合治理的工作，主动承担预防和减少违法犯罪、维护社会治安和社会稳定的责任，加强协调配合，形成齐抓共管合力；

（三）严格落实社会稳定风险评估制度，加强对执行关系民生政策措施情况的监督，防止决策不当或者政策落实不到位、执行偏差引发影响社会稳定问题；

（四）深入开展平安单位、平安行业创建活动，加强本部门本单位本系统及主管领域矛盾纠纷和不稳定因素的排查化解，加强单位内部安全防范，加强干部职工法治教育，有效预防和减少各类案（事）件的发生；

（五）加强对干部职工及服务管理对象参与社会治安综合治理宣传教育工作；

（六）严格执行综治委工作制度，认真完成综治委及其办公室交办的工作事项，及时向综治委报送重大问题信息并提出解决建议；

（七）其他应当履行的社会治安综合治理方面的职责。

第九条　党政主要负责同志是社会治安综合治理的第一责任人，负主要领导责任，履行下列职责：

（一）把社会治安综合治理作为一把手工程来抓，切实加强调查研究、组织协调，指导和督促班子成员抓好分管领域的社会治安综合治理工作；

（二）及时主持召开党政领导班子会议，传达贯彻上级社会治安综合治理工作部署，研究制定工作举措，重要工作亲自部署并督促落实；

（三）每半年至少听取1次社会治安综合治理工作汇报，分析研判形势，对重大工作事项及时作出正确决策，着力解决重点难点问题；

（四）主持化解重大矛盾纠纷，督办解决影响社会治安的突出问题，指挥处置影响社会稳定的重大案（事）件；

（五）其他应当履行的社会治安综合治理方面的职责。

第十条　党政分管负责同志是社会治安综合治理的直接责任人，负具体领导责任，履行下列职责：

（一）协助主要负责同志围绕党委、政府总体部署，加强调查研究、形势研判和统筹谋划，积极主动提出工作意见；

（二）加强工作指导和督促检查，及时发现和

解决工作中的突出问题,推动各项措施全面落实;

(三)创新思路举措,加强组织协调,抓好矛盾纠纷预防化解、社会治安防控体系建设、综治基层基础建设等重点工作;

(四)推动有关地方和部门完善体制机制,有效治理突出治安问题,着力解决影响社会稳定的源头性、根本性、基础性问题;

(五)跟踪督办重大案件,积极协助主要负责同志妥善处置各种影响社会稳定的重大问题;

(六)其他应当履行的社会治安综合治理方面的职责。

第十一条　党政领导班子其他成员按照“一岗双责”的要求,承担分管工作范围内的社会治安综合治理工作责任,履行下列职责:

(一)按照党委、政府和综治委的总体部署,协助主要负责同志、支持分管负责同志抓好措施落实,统筹谋划、指导推动分管部门、行业的社会治安综合治理工作;

(二)指导、推动和监督分管部门、行业依照规定开展社会稳定风险评估工作,依法、科学、民主决策,正确执行法律政策;

(三)加强调查研究,及时发现分管部门、行业中影响社会治安和社会稳定的重大隐患和突出问题,认真组织研究制定解决措施并抓好落实,防止矛盾纠纷激化升级蔓延,跟踪督办化解重大疑难复杂矛盾纠纷,组织开展群众反映强烈突出问题专项治理;

(四)指导、推动分管部门、行业落实责任、创新举措、破解难题、争先创优;

(五)其他应当履行的社会治安综合治理方面的职责。

第十二条　各级综治委及其办公室应当在党委、政府的统一领导下,认真组织各部门开展社会治安综合治理工作,履行下列职责:

(一)根据本地社会治安状况,研究提出社会治安综合治理的工作思路、措施,供党委、政府决策;

(二)对一个时期内的社会治安综合治理工作作出安排部署,并督促实施;

(三)加强调查研究,及时分析、通报社会治安形势,指导、协调、推动各地各部门落实社会治安综合治理的各项工作措施,协调解决工作中遇到的突出问题;

(四)总结推广典型经验,表彰先进,组织有关部门加强社会治安综合治理的理论研究;

(五)组织实施社会治安综合治理工作责任考核、责任督导,会同相关部门实施责任追究;

(六)办理党委、政府交办的有关事项。

第三章　责任落实

第十三条　各地各部门各单位应当建立完善社会治安综合治理目标管理责任制,自上而下层层签订社会治安综合治理和平安建设工作目标责任书,把社会治安综合治理各项任务分解为若干具体目标,制定易于执行检查的措施,建立严格的督促检查制度、定量考核制度、评价奖惩制度,把社会治安综合治理各项任务落实到基层,落实到部门和单位,落实到责任人。

责任书一年一签,一般在每年第一季度签订。主要内容包括应当完成的社会治安综合治理重点工作、应当达到的工作目标等。

第十四条　各级党委常委会应当将执行社会治安综合治理领导责任制的情况,作为向同级党的委员会全体会议报告工作的一项重要内容。

各级党政领导班子和有关领导干部应当将履行社会治安综合治理责任情况作为年度述职报告的重要内容。

第十五条　综治委成员单位应当认真执行向同级综治委报告工作制度,重要情况即时报告,工作信息随时报送,年度工作总结于年底前报送。

第十六条　综治委委员应当严格落实委员述职制度,每年就执行社会治安综合治理领导责任制、参与齐抓共管、指导本系统本单位开展社会治安综合治理工作等情况向同级综治委述职,述职采取全体会议述职或者送交书面述职报告等形式。

第十七条　下一级综治委应当于年底前向上一级综治委报告年度工作。

第十八条　各级党委、政府应当将社会治安综合治理纳入工作督促检查范围,适时组织开展督促检查。督促检查的形式主要包括专项督查、暗访督查、巡视督查、半年和年度督查等。督查工作可由各级综治委及其办公室组织实施。

专项督查应当针对某一项工作进行督促检

查;暗访督查应当力求真实、准确地反映基层工作情况和群众意见;巡视督查应当根据工作需要,由综治委委员对地方、部门一定时间内贯彻落实社会治安综合治理和平安建设工作部署情况进行巡视督查;半年、年度督查应当对各地各部门开展社会治安综合治理和平安建设工作整体情况进行督促检查,年度督查一般与年度社会治安综合治理和平安建设考核工作一并进行。

第十九条　各级党委、政府应当健全落实社会治安综合治理和平安建设考核评价机制,完善考核评价标准和指标体系,明确考核评价的内容、方法、程序。

第二十条　每年年底之前,各级综治委对本地部门单位年度社会治安综合治理和平安建设工作进行全面考核评价,考核评价内容包括整体工作情况、目标责任书完成情况以及执行领导责任制情况等。考核结果分为优秀、合格、不合格三个等次。年度考核结果为优秀的部门、单位,其全体干部职工按工资供给渠道可增发一个月的全额工资。

各级综治委应当及时向党委、政府报告考核评价情况,并在适当范围内通报。对考核中发现的问题,应当认真研究解决,抓好督促整改。

第二十一条　各级党委、政府应当强化社会治安综合治理和平安建设考核评价结果运用,把社会治安综合治理和平安建设工作实绩作为对领导班子和领导干部综合考核评价的重要内容,作为领导干部业绩评定、年度考核、干部任用、奖励惩处的重要依据。

第二十二条　各级综治委及其办公室应当建立健全领导干部社会治安综合治理工作实绩档案。

建档对象包括下级党委、政府主要负责同志和分管负责同志以及本级综治委成员单位主要负责同志和分管负责同志。建档内容主要包括领导干部个人基本情况、年度内履行社会治安综合治理职责情况、本地本部门本单位及领导干部个人受社会治安综合治理和平安建设奖惩情况、社会治安综合治理和平安建设考核评价情况,并按优秀、合格、不合格确定档次。

第二十三条　各级组织人事部门对党政主要领导干部和社会治安综合治理分管领导干部进行任职考察、办理晋职晋级和综合性奖励,须征求同级综治部门的意见,了解和掌握相关领导干部抓社会治安综合治理工作的情况。

第二十四条　各级综治委应当定期不定期召开综治、纪检、组织、人事、监察五部门联席会议,对社会治安综合治理和平安建设考核情况以及评比表彰、查究有关影响社会治安和社会稳定重大问题等进行研究,督促社会治安综合治理领导责任制的落实,协同做好有关奖惩工作。根据会议需要,联席会议可以通知有关部门负责同志列席。

第二十五条　各级综治委每年应当至少召开1次综治委全体会议或扩大会议,通报社会治安综合治理工作情况,安排部署重点工作,督导推动解决工作中存在的突出问题。

第四章　表彰奖励

第二十六条　对真抓实干、社会治安综合治理和平安建设工作成绩突出的地方、部门、单位和个人,应当按照有关规定给予表彰和嘉奖。

第二十七条　根据年度社会治安综合治理和平安建设工作考核结果,每年评选表彰一批全省平安建设工作先进单位和先进个人。

第二十八条　省财政设立平安建设专项奖励经费,以奖代补,用于社会治安综合治理和平安建设基层基础建设。

第二十九条　对受到表彰的全国社会治安综合治理优秀市、全国平安建设先进县(市、区)的党政主要负责同志、分管负责同志,综治委按照干部管理权限,可向同级组织、人事部门书面提出同等条件下优先提拔重用的建议。

第三十条　各级综治委和组织、人事、财政部门要配合做好全省平安建设工作先进单位和先进个人的评选表彰奖励工作。

第五章　责任督导和追究

第三十一条　党政领导班子、领导干部违反本办法或者未能正确履行本办法所列职责,有下列情形之一的,应当进行责任督导和追究:

(一)不重视社会治安综合治理和平安建设,工作机制不健全,工作措施不落实,本地本系统本单位基层基础工作薄弱的;

（二）区域性治安秩序严重混乱或阶段性刑事治安案件多发的；

（三）本地本系统本单位发生危害国家安全和社会政治稳定重大案（事）件，或在敏感时期、重大活动、重要目标安全保卫工作中发生影响安全稳定的重大事件的；

（四）本地本系统本单位在较短时间内连续发生重大刑事案件、群体性事件、公共安全事件的；

（五）本地本系统本单位发生特别重大刑事案件、群体性事件、公共安全事件的；

（六）对群众反映强烈的突出公共安全问题、严重治安问题等，没有采取有效整治解决措施或出现反弹的；

（七）本地本单位发生执法司法人员违法违纪重大案件，造成恶劣影响的；

（八）本地本单位没有完成年度社会治安综合治理和平安建设工作目标，或年度社会治安综合治理和平安建设工作考核评价不合格、不达标的；

（九）各级党委、政府及综治委认为需要查究的其他事项。

第三十二条　对党政领导班子、领导干部进行责任督导和追究的方式包括：通报、约谈、挂牌督办、实施一票否决权制、引咎辞职、责令辞职、免职等。因违纪违法应当承担责任的，给予党纪政纪处分；构成犯罪的，依法追究刑事责任。

县级以上综治委和有关部门按照职责权限负责实施责任督导和追究，并建立工作档案。

第三十三条　对具有本办法第三十一条所列情形的地方、单位，需要通报的，由相应县级以上综治委办公室（以下简称综治办）核实并提出意见，报综治委批准后，通报下一级综治部门和本级综治委、平安建设工作领导小组各成员单位，必要时由综治委进行通报，督促其于两个月内进行整改。通报抄送有干部管理权限的党委或垂直管理系统的本级（或上一级）主管部门。

被通报的地方、单位应当及时报告整改措施和整改效果。综治办对整改情况进行督导检查。

第三十四条　对受到通报后仍未按期完成整改目标，或者具有本办法第三十一条所列情形且危害严重或者影响重大的地方、单位，经相应的上一级综治办核实并提出意见，报综治委批准后，由综治办主任对其党政主要领导干部、社会治安综合治理工作分管领导干部和负有责任的其他领导班子成员进行约谈，必要时由综治委主任、副主任约谈，也可根据实际情况会同有关部门负责同志进行约谈，帮助分析原因，督促其于三个月内进行整改。约谈情况通报下一级综治部门和本级综治委、平安建设工作领导小组各成员单位，抄送有干部管理权限的党委或垂直管理系统的本级（或上一级）主管部门。

被约谈人所在地方党委、政府或单位党组（党委）应当在约谈后 10 个工作日内报告整改措施，并每月报告 1 次整改情况。

地方、单位整改期满后可书面申请综治办检查验收。

第三十五条　对受到约谈后仍未按期完成整改目标，或者具有本办法第三十一条所列情形且危害特别严重或者影响特别重大但尚不够实施一票否决权制的地方、单位，相应的上一级综治委应当及时组织调查组核实情况，对符合挂牌督办条件的，经综治、纪检、组织、人事、监察五部门联席会议研究提出意见后挂牌督办，并按照本办法第三十四条的规定进行约谈，督促其于六个月内进行整改。

省综治办每年从公共安全、治安问题相对突出的县（市、区）中，确定若干作为挂牌督办的重点整治单位，加强监督管理。

挂牌督办决定印发下一级综治部门和本级综治委、平安建设工作领导小组各成员单位，抄送纪检监察机关、组织人事部门、有干部管理权限的党委或垂直管理系统的本级（或上一级）主管部门。

挂牌督办期间，取消该地方、单位评选综合性荣誉称号的资格和该地方、单位主要领导干部、主管领导干部、分管领导干部和相关责任人评先受奖、晋职晋级的资格。

被挂牌督办的地方党委、政府或单位党组（党委）应当在收到挂牌督办决定后 10 个工作日内报告整改措施，对存在的问题专题研究、认真整改，每两个月报告 1 次整改情况。整改期满后可书面申请综治委检查验收。验收合格的解除挂牌督办。

第三十六条　省辖市、省直单位收到省综治委对辖区县(市、区)或本系统单位的挂牌督办决定后,应当明确1名领导干部为责任人,定期进行明查暗访,跟踪督导,帮助被挂牌督办的地方、单位进行整改。必要时,可派出工作组对挂牌督办地方、单位进行检查督办。

挂牌督办期满后,由所在省辖市综治委或省直有关单位先行检查验收,认为整改到位、符合解除条件的,向省综治委提出解除挂牌督办的书面申请,由省综治委组织检查验收,对验收合格的解除挂牌督办。

第三十七条　对受到挂牌督办后仍未按期完成整改目标,或者有本办法第三十一条所列情形且危害特别严重或者影响特别重大的地方、单位,按照《中共河南省委办公厅、河南省人民政府办公厅关于印发〈河南省社会治安综合治理一票否决权制实施办法〉的通知》有关规定处理。

第三十八条　发现本办法第三十一条所列情形的,综治委、平安建设工作领导小组各成员单位应当向综治办书面反映,其他单位和个人可以向综治办书面反映。

第三十九条　党政领导干部具有本办法第三十一条所列情形,按照有关规定应当采取引咎辞职、责令辞职、免职等方式问责的,由纪检监察机关、组织人事部门按照管理权限和程序办理。

第四十条　党政领导班子、领导干部具有本办法第三十一条所列情形,并具有下列情节之一的,应当从重进行责任督导和追究:

(一)干扰、阻碍调查和责任追究的;

(二)弄虚作假、隐瞒事实真相、瞒报漏报重大情况的;

(三)对检举人、控告人等打击报复的;

(四)党内法规和国家法律法规规定的其他从重情节。

第四十一条　党政领导班子、领导干部具有本办法第三十四条所列情形,并具有下列情节之一的,可以从轻进行责任督导和追究:

(一)主动采取措施,有效避免损失、挽回影响的;

(二)积极配合调查,并且主动承担责任的;

(三)党内法规和国家法律法规规定的其他从轻情节。

第六章　附　则

第四十二条　省辖市、省直管县(市)、省直单位可根据本办法,结合实际制定配套制度。

第四十三条　本办法由省委解释,具体工作由省委办公厅商省综治委承担。

第四十四条　本办法自发布之日起施行。《中共河南省委办公厅、河南省人民政府办公厅关于强化平安建设工作责任制的意见》,《中共河南省委办公厅、河南省人民政府办公厅关于印发〈河南省平安建设工作领导责任制规定〉的通知》同时废止。

河南省洛阳市开辟高效便捷解决纠纷新途径

2016年元月,洛阳市综治办牵头组建洛阳市矛盾纠纷调处化解中心暨洛阳市诉调对接中心。中心运行一年多来,大量二审案件以调解方式结案。

一、加强组织领导,形成统筹推进格局

成立市矛盾纠纷调处化解工作领导小组,市委政法委书记担任组长、市政府副市长和市法院院长担任副组长,领导小组办公室主任由市委政法委副书记、市综治办主任担任,市委政法委、市中级人民法院、市司法局分管领导担任副主任,其他承担综治职能的行政机关和社会团体分管负责人为成员,体现党政主导、综治协调、多元共治的原则要求。以市中级人民法院原有诉调对接平台为基础,积极整合相关行政机关、群团组织、行业协会、民调组织、仲裁机构、公证机构等组织的调解资源,成立市矛盾纠纷调处化解中心,并加挂诉调对接中心牌子,中心主任由市综治办主任兼任,经费由市财政专项保障,机构和人员由市综治委统一管理。在中心的统一协调下,人民调解、行政调解、行业调解和商事调解等各类专业性调解与法院的诉调对接平台实现有机整合,作为中心分支力量开展矛盾纠纷化解工作,形成了信息互通、优势互补、协作配合的纠纷解决互动机制。同时,在中心的统一组织和协调下,不断加强法院对其他调解组织的队伍培训和法律指导,推动委托、委派调解及效力确认等方面的有效衔接,支持各类调解组织更好地化解纠纷;统一调度全市两级法院和市中院各业务庭的诉调对接工作,形成了内外协调、上下联动"一盘棋"的整体合力。

二、健全工作机制,确保中心规范运行

(一)建立调解工作室制度,实现调解、审判优势互补。在全市范围内择优选聘6名优秀人民调解员,与4名退居二线的资深法官组成专职调解员队伍,常驻市矛调中心办理案件、化解纠纷。中心内设4个调解工作室,由1名调解法官和2至3名人民调解员组成调解团队,分属各个调解室。

(二)建立特邀调解制度,实现调解主体多元化。加强与行政机关、民调组织、行业协会、仲裁机构和公证机构的沟通对接,除推动诉讼与非诉讼方式在程序安排、效力确认、法律指导等方面的衔接外,积极吸纳相关单位作为特邀调解组织,主动聘请人大代表、政协委员、人民陪审员、专家学者、律师、仲裁员等人员担任特邀调解员,实现调解主体的社会化、多元化和集约化。

(三)加强与综治组织的对接,建立法律志愿服务制度。发挥综治优势,整合行政机关、民调组织、行业协会等资源力量,建立健全道路交通、医疗卫生、物业管理、消费者权益保护等多个"一站式"纠纷解决服务平台,极大缩短了矛盾化解时间。成立专家工作室,从各专业领域选聘42名专业精通、经验丰富、有一定社会威望的专家学者、律师,组建起法律专家志愿者服务团队,为当事人提供纠纷解决方法、心理咨询和诉讼常识等方面的释明和辅导。

三、创新工作方法,确保高效化解矛盾

(一)丰富调解手段。实行"人民调解员+法官"工作模式,对疑难复杂案件进行调解,将人民调解的"情感优势"与司法调解的"权威优势"相结合,将人民调解员丰富的群众工作经验与法官专业的法律知识相结合,最大程度地化解矛盾纠纷;推行白板调解法,在调解室内设置小白板,分别列明纠纷双方的争议事项,逐一进行调解,使调解过程变得清晰可视,促使当事人客观看待争议内容,尽快达成调解协议;推行群众来诉零拒绝、上门调解零距离、预约调解零假日、调解案件零收费、案件衔接零缝隙的"五零工作法",提高化解矛盾效率。

(二)诉讼服务与诉调对接紧密结合。洛阳法院对当事人到诉讼服务中心申请立案的矛盾纠纷,积极引导诉前分流。登记立案前,在向当事人发放调解倡议书的同时,由诉非衔接窗口进行甄别和筛选,由专职人员对当事人进行诉讼指导,包括诉讼常识的释明、诉讼风险的告知,以及诉前调解便捷高效、成本低廉、司法确认效力等同于裁判文书效力等优势的告知,向当事人提供非诉讼方式解决纠纷的建议,并引导其选择适当的非诉讼方式解决纠纷,鼓励先行协商和解,当事人同意调解的全部分流至诉调对接中心。

(三)试行诉前委派调解和诉中委托调解。诉调对接中心根据纠纷实际情况,选择委派给特邀调解组织、特邀调解员进行调解,或由专职调解员在调解室现场予以调解,有效减轻了法院案多人少的压力。通过委派调解达成调解协议的,当事人可申请法院进行司法确认。对已经进行登记立案的纠纷,在立案后或在审理过程中,若发现案件尚存在调解可能且当事人同意的,可随时委托给特邀调解组织、特邀调解员或专职调解员进行专业化调解,在提高调解成功率的同时,为业务庭法官腾出更多精力专司案件裁判。

洛阳市矛盾纠纷调处化解中心成立以来,共受理二审登记立案前分流案件510件,经委派调解或现场调解后达成调解协议的293件,调解率达到57.45%,使大量矛盾无须缴纳诉讼费用、无须进入诉讼程序而得到有效化解,一大批"老案""难案""骨头案"经过调解实现定分止争、案结事了,达到法律效果和社会效果的统一,维护了社会的安定。

(撰稿人:姚远
审稿人:马修道　董建业)

湖　北　省

2016年综治工作概况

2016年，在中央政法委、中央综治委和省委、省政府的坚强领导下，湖北省各级综治部门深入贯彻党的十八大、十八届三中、四中、五中、六中全会和“南昌会议”精神，以“三个走在前列”为总目标，以“百尺竿头，更进一步”为总要求，始终肩负起促一方发展、保一方平安的政治责任，牢牢抓住综治领导责任制这个“牛鼻子”，坚持以信息化建设为方向，以网格化服务管理为支撑，以社会矛盾预防化解为重点，在防风险、补短板、破难题上狠下功夫，全省综治（平安建设）工作有新力度、新发展和新成效。全省群众安全感、治安满意度和执法满意度测评分别为94.181%、93.382%、91.694%，同比分别上升0.191%、0.612%和1.684%，连续多年保持上升趋势。

一、以落实综治领导责任制为着力点，全面压实平安建设第一责任

（一）推动党政主要领导责任上肩。始终将平安建设作为各级党政主要领导的首责、主责，坚持每半年召开一次市州党委书记维稳工作会议，省委常委会每季度听取一次社会治理和维稳形势汇报，省委政法委每季度召开一次政法委全会研究政法综治维稳工作，形成长效机制。在全省“两会”开幕式上，省委书记、省长亲自与市（州）、省直各部门党政“一把手”签订综治工作目标管理责任书。

（二）建立健全追责问责工作机制。出台《健全落实社会治安综合治理领导责任制实施办法》，明确各级党委政府、综治组织、各部门在平安建设中的职责任务，赋予并细化综治部门通报、约谈、挂牌督办、一票否决等硬手段。出台《湖北省社会治安重点管理县（市、区）实施暂行办法》，首次对全省22个县（市、区）实行重点管理和通报，对问题突出的3个县（市、区）主要领导进行约谈和挂牌督办，有力有效压实各级党政保一方平安的政治责任。

（三）不断提升综治考评工作权威。联合省纪检、组织、人事等部门健全党政主要领导干部实绩考核评价机制和平安建设实绩档案制度，坚持对各地各部门主要领导、主管领导考评。2016年，省委组织部等相关部门在干部任用、晋职晋级和评先受奖等方面，先后征求省综治办意见13次，抽调人员考核后备干部5人次。连续四年将综治考评工作纳入省委考核工作重要内容，有力提升了综治考核的权威性。

二、以强化基层基础工作为关键点，全面发挥综合治理第一优势

（一）推进综治中心规范化建设。按照“综治办+综治信息系统+N”模式，全省共建立县（市、区）综治工作中心103个，乡镇综治工作中心（网格化服务管理平台）1234个，村（社区）综治工作站30208个，实现县、乡、村三级综治中心全覆盖。下发《关于贯彻落实鄂发〔2016〕17号文件切实加强基层综治组织建设的通知》，明确综治办“乡镇（街道）综治委主任由乡镇（街道）党（工）委书记担任，综治办主任应由党（工）委副书记担任，并在现有编制限额内配备1名专职副主任，保证配备1～2名专职干部”，“村（社区）综治机构主要负责人由党组织书记担任，并明确1名负责人主管综治工作”等要求，确保换届之年基层综治组织健全。统筹基层公共服务管理资源，主动协调30多个职能部门对接综治中心（网格化服务管理平台），推动150项公共服务管理事项下放到村级平台直办或代办。积极推广“网格+”管理模式，建立健全“一张网联动、一个平台汇总、一个机制研判”的工作机制，有效地整合了各方资源力量，提升了网格化服务管理效能。

（二）健全矛盾调处多元化机制。出台《关于加强矛盾纠纷排查处置机制规范化建设的意见》，建立省市县乡四级矛盾联排和日报告制度，从乡镇开始分级排查矛盾和隐患，按照“属地管理、分级负责”和“谁主管、谁负责”的原则，明确化解责任主体及时限，一项一项推动督办解决。2016 年共排查上报矛盾纠纷 21.6 万起，调解成功率达 96.8%。广泛动员社会力量参与社会矛盾化解，大力推广武汉、恩施“律师进村（社区）”、宜昌“戒毒工作进网格”、襄阳“第三方调解”等经验，综合运用教育、行政、法律、经济等手段化解各类矛盾和问题。完成中央综治办下达基层矛盾多元化解平台及机制建设项目试点工作，指导、培育汉川市创建“1＋5＋X”矛盾化解机制，取得初步成效。2016 年，全省律师参与接待涉法涉诉信访 6320 件次，2267 名信访群众实现了息诉罢访。

（三）加强特殊人群亲情化管理。深化严重精神障碍患者救治救助，联合印发《湖北省关于实施以奖代补政策落实严重精神障碍患者监护责任的意见》，全面推广“以奖代补”政策，确保患者不因贫困得不到救治，不因疏于救治管理而伤害自身或危害社会。积极推广十堰市茅箭区健全完善社会心理服务体系的经验，大力推动村（社区）综治中心建立心理咨询或社会工作室，加强对重点人群心理疏导，有效预防个人极端案（事）件发生。十堰市茅箭区被中央综治办确定为全国社会心理服务工作试点单位。大力推进戒毒工作进网格，积极推广宜昌市吸毒人员网格化服务管理经验，构建社区禁毒、社区康复、社区关爱相结合的新格局，打造“社区书记、社区民警、网格员＋民政局、人社局、妇联、共青团、卫计委等部门”帮扶力量相衔接的新模式，提升了吸毒人员的管控率和服务率，经验做法受到中央综治办、国家禁毒办充分肯定。注重关爱农村留守儿童“希望家园”建设，累计建立 2176 个“希望家园”，培训 1.4 万名志愿者，为近 10 万名农村留守儿童提供服务。

三、以开展突出问题专项治理为突破点，全面保障群众安全第一需求

（一）深入开展治安乱点专项整治。针对黄赌犯罪，组织开展打击黄赌违法犯罪“百日行动”、“断链”行动、“荆楚平安使命 2016”等专项整治活动，破获黄赌刑事案件 785 起、行政案件 8231 起，查处违法犯罪嫌疑人 26728 人；打掉网络、卡片招嫖犯罪团伙 72 个，摧毁色情、赌博网站 31 家及实体赌博窝点 512 个。针对食药环犯罪，先后部署开展 2016 年打假“利剑”行动、打击环境犯罪“清水蓝天”行动等。针对重点地区毒品突出问题，组织开展荆楚平安使命 2016 之“雷霆扫毒行动”，禁毒重点关注的 6 个地区侦破毒品案件 607 起，破获部省级目标案件 3 起，缴获毒品 620 余千克，打处犯罪嫌疑人 165 人，强制隔离戒毒 364 人。

（二）严厉防范和打击电信网络新型违法犯罪。率先在全国制定出台《关于贯彻落实中央综治办等七部门〈关于进一步防范和打击电信网络新型违法犯罪的若干意见〉的实施办法》，高效完成省市两级反诈骗中心建设，全面加大依法打击力度，采取“三个一”措施，即对问题突出的县进行一次约谈，联合公安、银监等部门开展一次重点督查，对全省各地情况进行一次集中通报，推动各项工作落实落地。截至 2016 年底，省级和 17 个市州、直管市、林区反电信网络诈骗中心全部提前建设完成并投入使用，省级入口诈骗电话防范拦截系统已经在全国第一批完成项目设计并启动资金申报，通信运营商、银行金融单位“实名制”等安全监管措施力度空前，全年共打掉团伙 237 个，刑事拘留 2856 人，破获电信诈骗案件 2493 起，缴获“伪基站”“黑广播”数量超过去五年之和。

（三）深入开展重点领域专项治理。在铁路护路方面，开展为期 3 个月的全省铁路沿线安全环境专项整治活动，对 37 处涉铁路重大安全隐患逐一落实整改责任，确保整治到位；在寄递物流方面，争取省财政落实安检机配套补贴资金，对各地执行“三个 100%”制度情况进行跟踪、督办、排名，全省邮政寄递企业 100% 收寄验视、100% 实名收寄两项制度成为常态，航空快件 100% 通过 X 光机安检；在危爆物品管理方面，先后 3 次部署全省集中开展枪爆隐患排查整治行动，全省共清查爆破作业单位 1419 家、各类矿点 4178 处、寄递物流企业（网点）3916 家（处），收缴炸药 1928 千克、雷管 4357 枚、黑火药 539 千克、易制爆化学品 275 千克，宜昌市“一全三化”经验受到公安部推介；在公共交通管理方面，在全省推广公交安保“3355”工程，着力打造“平安公交”创建升级版，保障人民群众平安出行；在平安校园创建方面，部署开展“全省校园及周边环境集中整治月”活动，推动落实整改各类安全隐患245处，确保全省校园安全；在平安医院创建方面，印发《湖北省医疗纠纷突发事件预防与应急处置流程》，联合省卫计委、省公安厅、省司法厅在全省部署开展为期半年的集中整治“号贩子”和“网络医托”专项行动，有效净化涉医治安环境。

四、以政法综治信息化建设为支撑点，全面提升防控风险第一能力

（一）推动重点区域视频“全覆盖”。成立全省公共安全视频监控建设联网应用工作领导小组，印发《湖北省公共安全视频监控建设联网应用工作实施方案（2016—2020年）》，召开全省领导小组电视电话会议和防控体系建设推进会，大力推广远安经验、宜昌市示范区经验和黄石“九张网”防控体系建设经验，指导武汉市开展“一场四站”试点建设，推动视频监控联网、人脸识别、数字化运用提档升级。加快统筹推进视频监控建设的步伐。目前，全省共布设各类视频探头110多万个，建成“环省、环市、环县、环城”4道监控网，基本实现城市街道、社区和重点部位全覆盖。2016年，湖北省被中央综治办确定为全国“雪亮工程”五个首批试点省之一。

（二）实现综治视联网到县“全联通”。积极争取省财政支持，督促视联网建设经费1408万元专项资金下拨落实到位，并督办各地建设进度。截至2016年11月，全省103个县（市、区）实现与省、市全联通。

（三）推动网格化服务管理“全升级”。综合运用云计算、大数据等技术，有效集成人、地、事、物、情等社会治理全要素信息，推动网格管理系统信息融合和深度应用。武汉市建立社会服务与管理体系化资源池，整合了32个部门、119类数据、2.5亿条信息，实现了对综治服务管理的七类特殊人群、低保人员、特困职工、精准扶贫等社会服务管理各类信息的动态掌握。

五、以争创全国“长安杯”为牵引点，全面强化平安建设第一保障

（一）坚持制度化引领。以贯彻落实《湖北社会治安综合治理条例》为重点，加强对综治工作的制度化引领。一是坚持落实奖励制度。通过综治考评提请省委共表彰13个优胜市州、直管市、神农架林区，138个省直单位及中央派驻单位、高等院校，并对考评为优胜的省直单位和市州综治第一、第二责任人给予奖励。二是严格通报制度，全面落实综治考评、安全感测评和社会治安重点地区排查整治通报制度，坚持每年一次综治考评情况“点对点”通报、每半年一次安全感测评情况通报和一次社会治安重点地区排查整治情况通报，全年先后有2个市、30多个县（市、区）主动受领任务，并列出问题和责任清单，推动问题整改，力求实现平安建设大跨越。

（二）采取项目化支撑。按照《省直单位项目管理手册》，全年共精选117家单位271个项目，对每个项目跟踪问效、考核验收，督促一项一项抓好落实。严格落实《省综治委综治联系点工作实施意见》，对各单位在联系点的资金项目帮扶、三年规划实施情况进行抽样检查，并将检查结果纳入综治考评内容，推动综治联系点工作取得实效。截至2016年底，湖北省政府办公厅、省委统战部等50余家省直单位主要领导深入联系点调研指导工作，省体育局、省人防办、省交通厅、省住建厅、省南水北调办等40余家单位落实帮扶资金近600万元。

（三）开展系统化帮扶。以开展创建全国“长安杯”城市为抓手，在全省范围内开展“联挂促”活动，共成立14个工作组，分别由省委政法委厅级领导担任组长，固定联系一个市州，“点对点”开展系统帮扶。全年共有189人次到基层开展调研指导，10多次开展暗访督查，50多次召开座谈会，帮助基层解决政法综治维稳工作中的重难点问题200余件。除此以外，省综治办加强对武汉、黄石、咸宁、孝感以及沙洋、嘉鱼等地优秀平安市州、平安县（市、区）创建工作的指导力度，先后23次与市州、县（市、区）主要领导、分管领导进行接洽、座谈，面对面指导帮扶，有力推动了平安创建活动深入开展。

（四）规范专项组工作。根据省委、省政府部署，2016年6月，省综治委（办）比照中央综治委的做法，重新调整并确定了省综治委流动人口服务管理、预防青少年违法犯罪、刑释解教人员安置帮教和社区矫正、校园及周边治安综合治理、铁路护路联防、法规政策、非公有制经济组织和社会组织、社会治安重点整治 8 个专项工作领导小组。各专项组认真履行专项工作职责，年初制订工作计划，落实责任分工；年中进行检查督办，整改薄弱环节；年底将专项工作进展情况纳入综治（平安建设）检查考评范围，督促工作落实，为维护公共安全和社会稳定做出了积极贡献。

中共湖北省委办公厅　省政府办公厅关于印发《湖北省健全落实社会治安综合治理领导责任制实施办法》的通知

（2016 年 7 月 25 日）

各市、州、县党委和人民政府，省军区党委，省委各部委，省级国家机关各委办厅局，各人民团体：

《湖北省健全落实社会治安综合治理领导责任制实施办法》已经省委、省政府领导同志同意，现印发给你们，请遵照执行。

湖北省健全落实社会治安综合治理领导责任制实施办法

第一章　总　则

第一条　为进一步健全落实社会治安综合治理领导责任制，深入推进平安湖北建设，根据《中共中央办公厅、国务院办公厅关于印发〈健全落实社会治安综合治理领导责任制规定〉的通知》规定，结合《湖北省社会治安综合治理条例》《中共湖北省委、湖北省人民政府关于深化平安湖北建设的意见》等精神，制定本办法。

第二条　本办法适用于全省各级党的机关、人大机关、行政机关、政协机关、审判机关、检察机关及其领导班子、领导干部。

人民团体、事业单位、国有企业及其领导班子、领导干部、领导人员参照执行本办法。中央驻鄂单位及其领导班子、领导干部、领导人员参照适用本办法，执行时由省社会治安综合治理委员会向其上级主管单位和中央社会治安综合治理委员会提出书面建议。

第三条　健全落实社会治安综合治理领导责任制，应当紧紧围绕“四个全面”战略布局，坚持实事求是、权责统一、公开透明、奖惩结合、依法有序的原则，抓住“关键少数”，强化担当意识，落实领导责任，科学运用评估、督导、考核、激励、惩戒等措施，形成正确导向，一级抓一级，层层抓落实，使各级领导班子、领导干部切实担负起维护一方稳定、确保一方平安的重大政治责任，保证党中央、国务院和省委、省政府关于社会治安综合治理决策部署的贯彻落实。

第二章　责任内容

第四条　严格实行“属地管理”“谁主管、谁负责”原则，构建党委领导、政府主导、综治协调、各部门齐抓共管、社会力量积极参与的社会治安综合治理工作格局。

第五条　各级党委、政府应履行以下职责：

（一）切实加强对社会治安综合治理工作的领导，列入重要议事日程，纳入本地经济社会发展总体规划，从人力、物力、财力上充分保障社会治安综合治理工作顺利开展。党委常委会每季度分析研究一次本地区社会治安综合治理及稳定形势，研究部署下一阶段工作。党委书记每半年召开一次下一级党委书记会议，专题研究解决工作中的重要问题；

（二）党政主要负责同志承担社会治安综合治理工作第一责任，社会治安综合治理工作的分管负责同志承担直接责任，领导班子其他成员承担分管范围内社会治安综合治理的责任；

（三）建立完善社会治安综合治理目标管理责任制，自上而下层层签订年度社会治安综合治理目标管理责任书，建立健全社会治安综合治理考核评价制度，制定完善考核评价标准和指标体系，明确考核评价的内容、方法、程序；

（四）建立严格的检查督促制度，将社会治安综合治理纳入工作督促检查范围，适时组织开展专项督促检查。

各级党委常委会应当将执行社会治安综合治理领导责任制的情况，作为向同级党的委员会全体会议报告工作的一项重要内容。各级党政领导班子和有关领导干部应当将履行社会治安综合治理责任情况作为年度述职报告的重要内容。

第六条　各级社会治安综合治理委员会及其办公室应当在党委、政府的统一领导下，履行以下职责：

（一）贯彻执行社会治安综合治理方面的法律、法规、政策和上级工作部署；

（二）研究部署本地区社会治安综合治理工作；

（三）认真组织各有关单位参与社会治安综合治理工作，加强调查研究和督导检查，及时通报、分析社会治安形势，协调解决工作中遇到的突出问题，总结推广典型经验，统筹推进社会治安综合治理工作；

（四）检查、考核本地区社会治安综合治理目标管理责任制的执行情况，依照规定决定或者建议奖惩；

（五）建立健全群防群治组织，开展治安防范活动以及军民、警民联防活动，动员、组织党员和群众有序参与平安建设；指导、帮助基层组织和社会组织等各方力量做好治安防范，参与平安建设。

下一级社会治安综合治理委员会每年应当向上一级社会治安综合治理委员会报告工作。

第七条　各部门各单位履行以下职责：

（一）积极参与社会治安综合治理工作，主动承担好预防和减少违法犯罪、维护社会治安和社会稳定的责任，认真抓好本部门本单位本系统的社会治安综合治理工作，与业务工作同规划、同部署、同检查、同落实、同总结；

（二）各部门各单位主要负责同志承担本部门本单位社会治安综合治理工作第一责任，分管负责同志承担直接责任，领导班子其他成员承担分管范围内社会治安综合治理工作的责任；

（三）完善落实社会治安综合治理目标管理责任制，结合本部门本单位本系统工作职能，将社会治安综合治理工作各项任务分解为若干具体目标，制定易于执行检查的落实措施，建立严格的检查督促制度、定量考核制度、评价奖惩制度，在本部门本单位本系统自上而下层层签订年度社会治安综合治理目标管理责任书；

（四）社会治安综合治理委员会成员单位每年应当对本单位本系统部署和开展社会治安综合治理、推进平安建设的有关情况进行总结，并向同级社会治安综合治理委员会进行年度述职。

第八条　各级党委、政府应当明确社会治安综合治理考核评价结果运用的条件、程序等，把社会治安综合治理工作实绩作为对领导班子和领导干部综合考核评价的重要内容，与业绩评定、职务晋升、奖励惩处等挂钩。各级社会治安综合治理委员会及其办公室应当会同党委组织部门，建立社会治安综合治理工作实绩档案。

组织部门在考察党政主要领导干部和社会治安综合治理分管领导干部时，应当把领导干部本人抓社会治安综合治理工作的情况作为重要考察内容，并征求同级和上一级社会治安综合治理部门的意见。

第九条　县级以上社会治安综合治理委员

会及其办公室应当加强与同级纪检监察机关、组织人事部门的协调配合,协同做好有关奖惩工作。

第三章 表彰奖励

第十条 对真抓实干、社会治安综合治理工作成绩突出的地方、部门和单位的党政主要领导干部和分管领导干部,应当按照有关规定给予表彰和嘉奖。对受到嘉奖的领导干部,应当将有关材料存入本人档案。

第十一条 按照国家和省有关规定,每年对市、州、直管市、神农架林区和省直单位的社会治安综合治理工作进行检查考核,对考核情况予以通报,并对全省社会治安综合治理优胜单位予以奖励。经国家有关部门批准后,可对全省社会治安综合治理先进集体、先进工作者进行表彰。

第四章 责任督导和追究

第十二条 地方、部门和单位以及党政领导班子、领导干部有下列情形之一的,应当进行责任督导和追究:

(一)不重视社会治安综合治理和平安建设,相关工作措施落实不力,本地区本单位本系统基层基础薄弱,治安秩序严重混乱的;

(二)本地区本部门本单位本系统发生特别重大或者在较短时间内连续发生重大刑事案件、群体性事件、公共安全事件的;

(三)对落实省市县乡四级联动日矛盾排查机制不力,因群体和突发事件应急处置措施不落实、迟报漏报瞒报情报信息等,造成现实危害,影响社会政治稳定的;

(四)在行政或执法司法活动中,不认真履行职责,滥用职权或不作为,导致发生影响社会稳定案(事)件的;

(五)对群众反映强烈的社会治安重点地区和突出公共安全、治安问题等,没有采取有效措施、治理效果不明显或者出现反弹的;

(六)本地区本部门本单位社会治安综合治理工作(平安建设)考核评价不合格、不达标的;

(七)在全省年度群众安全感测评中,群众安全感、治安状况满意度、公正执法满意度(简称“一感两度”)指标分别排名后五位的县(市、区);

(八)各级党委、政府及社会治安综合治理委员会认为需要进行责任督导和追究的其他事项。

第十三条 对党政领导班子、领导干部进行责任督导和追究的方式包括:通报、约谈、挂牌督办、一票否决权制、引咎辞职、责令辞职、免职等。因违纪违法应当承担责任的,给予党纪政纪处分;构成犯罪的,依法追究刑事责任。

第十四条 对具有本办法第十二条所列情形的地区、部门、单位,由相应县级以上社会治安综合治理委员会办公室以书面形式进行通报,必要时由社会治安综合治理委员会进行通报,限期进行整改。

受到通报后,被通报的地区、单位要向作出通报决定的领导机构写出书面整改报告。

第十五条 对受到通报后仍未按期完成整改目标,或者具有本办法第十二条所列情形且危害严重或者影响重大的地区、单位,由相应的上一级社会治安综合治理委员会办公室主任对其党政主要领导干部、社会治安综合治理工作分管领导干部和负有责任的其他领导班子成员进行约谈。必要时由社会治安综合治理委员会主任、副主任约谈,帮助分析原因,督促限期整改。

约谈后,被约谈的领导干部要写出书面检查,有关情况记录存入领导干部社会治安综合治理工作实绩档案。

第十六条 对受到约谈后仍未按期完成整改目标,或者具有本办法第十二条所列情形且危害特别严重或者影响特别重大但尚不够实施一票否决权制的地区、单位,由相应的上一级社会治安综合治理委员会办公室挂牌督办,限期进行整改。必要时,可派驻工作组对挂牌督办地区、单位进行检查督办。

各市、州应当通过社会治安综合治理考核评价工作,每年核定一个社会治安问题相对突出的县(市、区);省社会治安综合治理委员会办公室从中确定若干个县(市、区)作为治安重点管理单位,予以通报、约谈和挂牌整治。各市、州应当结合年度社会治安综合治理考核评价工作,抓好社会治安问题相对突出的乡镇(街办)的重点管理工作。

对受到挂牌督办的地区、部门、单位,由组织人事部门按照有关权限和程序,在半年内取消该地区、单位评选综合性荣誉称号的资格;同时由组织部门按照干部管理权限和程序，在半年内取消该地区、部门、单位主要领导干部、主管领导干部、分管领导干部评先受奖、晋职晋级的资格。

第十七条　对出现以下情形的地区、部门、单位一票否决：

（一）对受到挂牌督办后仍未按期完成整治目标，或者具有本办法第十二条所列情形且危害特别严重或者影响特别重大的地区、部门、单位；连续两次被约谈的地区、单位；连续两年全省年度社会治安综合治理考核不合格的地区、单位；在全省年度社会治安综合治理考核连续三年排名末位的市、州、直管市、林区；连续两年被中央综治办确定为治安问题相对突出的市（州）和被省综治办确定为治安重点管理的县（市、区）；

（二）发生特大群体事件，出现打砸抢烧，或者堵塞铁路、高速公路、国道等交通要道，或发生严重扰乱社会秩序的案件、事件，在全省、全国造成恶劣影响的；

（三）按照《生产安全事故报告和调查处理条例》规定的事故等级，发生特别重大事故的；

（四）发生严重暴力犯罪，造成重大人员伤亡或经济损失，在全省、全国造成恶劣影响的；

（五）发生危害国家安全案件，或邪教和非法组织活动猖獗，在全省、全国造成恶劣社会政治影响的；

（六）县级以上社会治安综合治理委员会认为其他需要予以一票否决的。

一票否决由相应的上一级社会治安综合治理委员会提出意见，商有关部门共同研究决定，并下达《一票否决决定书》，责令限期整改。

省社会治安综合治理委员会认为需要予以一票否决的，由省社会治安综合治理委员会提出意见，商省有关部门共同研究决定。

对受到一票否决权制处理的地区、部门、单位，在一年内，取消该地区、部门、单位评选综合性荣誉称号的资格，由组织人事部门按照有关权限和程序办理；取消该地区、部门、单位主要领导干部、主管领导干部、分管领导干部的评先受奖、晋职晋级资格，由组织人事部门按照干部管理权限和程序办理，并会同社会治安综合治理委员会办公室，按照中央和省有关规定，向上级有关部门进行报告、备案。需要追究该地区、部门、单位党政领导干部责任的，移送纪检监察机关依纪依法处理。

第十八条　党政领导干部具有本办法第十二条所列情形，按照有关规定应当采取引咎辞职、责令辞职、免职等方式问责的，由纪检监察机关、组织人事部门按照管理权限办理。

第十九条　党政领导班子、领导干部具有本办法第十二条所列情形，并具有下列情节之一的，应当从重进行责任督导和追究：

（一）干扰、阻碍调查、责任督导和追究的；

（二）弄虚作假、隐瞒事实真相、瞒报漏报重大情况的；

（三）对检举人、控告人等打击报复的；

（四）党内法规和国家法律法规规定的其他从重情节。

第二十条　党政领导班子、领导干部具有本办法第十二条所列情形，并具有下列情节之一的，可以从轻进行责任督导和追究：

（一）主动采取措施，有效避免损失、挽回影响的；

（二）积极配合调查，并且主动承担责任的；

（三）党内法规和国家法律法规规定的其他从轻情节。

第二十一条　受到责任督导和追究的地区、部门、单位及党政领导干部对责任督导和追究决定不服的，可在接到责任督导和追究决定之日起15日内，向作出责任督导和追究决定的机构提出书面申诉，受理书面申诉的机构应在接到书面申诉后30日内作出答复。对答复意见仍然不服的，由申诉受理机构提请同级党委、政府作出最后决定。

第五章　附　则

第二十二条　本办法解释的具体工作由省委办公厅、省政府办公厅商省社会治安综合治理委员会办公室承担。

第二十三条　各市、州、直管市、神农架林区和省直单位，可以根据本办法，制定具体实施细则。

第二十四条　本办法自2016年7月28日起施行。

湖北省综治办　省高级人民法院　省人民检察院　省经信委　省公安厅　省通信管理局　中国人民银行武汉分行　湖北银监局关于印发《关于贯彻落实中央综治办等七部门〈关于进一步防范和打击电信网络新型违法犯罪的若干意见〉的实施办法》的通知

（2016 年 10 月 31 日）

各市、州、直管市、神农架林区综治办、人民法院、人民检察院、经信委、公安局、武汉通信管理局，中国人民银行武汉分行营业管理部、各市州中心支行、直管市支行，各银监分局：

《关于贯彻落实中央综治办等七部门〈关于进一步防范和打击电信网络新型违法犯罪的若干意见〉的实施办法》已经省委、省政府领导同意，现予以印发，请结合实际认真贯彻。

关于贯彻落实中央综治办等七部门《关于进一步防范和打击电信网络新型违法犯罪的若干意见》的实施办法

为有效防范和打击电信网络新型违法犯罪，切实保护人民群众合法权益，切实维护社会和谐稳定，全面深化平安湖北建设，根据中央综治办等七部门《关于进一步防范和打击电信网络新型违法犯罪的若干意见》，结合我省实际，现制定如下实施办法。

一、指导思想

认真贯彻习近平总书记重要指示精神，认真贯彻李克强总理重要批示精神，深入落实省委、省政府的部署要求，以对党对人民高度负责的精神，高度重视、着力加强打击电信网络新型违法犯罪工作，坚持源头治理、依法治理、系统治理、综合治理，抓好“源头管控、依法打击、协调联动、技术防范、考核问责”五大措施，坚决遏制电信网络新型违法犯罪发展蔓延势头，切实维护人民群众合法权益，切实维护社会和谐稳定。

二、目标要求

（一）“两降两升”。电信网络诈骗犯罪发案数明显下降，人民群众财产损失数明显下降；查处违法犯罪嫌疑人人数明显上升，破案数明显上升。

（二）“两建两无”。建成覆盖全省固定通信网、移动通信网、计算机互联网、银行业、广播无线网等电信网络的立体防控体系，建成覆盖全省金融机构、第三方支付平台的立体防控体系；无被中央综治办挂牌整治的电信网络诈骗犯罪重点地区，无在全国造成重大影响的重特大或恶性案（事）件。

三、工作措施

（一）源头管控堵漏洞。一是全面落实电信业务实名制。省通信管理局要督促电信企业严格落实电话用户实名登记制度，确保2016年10月底前电话实名率达到96%，2016年底前达到100%，未按要求完成实名登记的，一律予以停机。抓紧对170、171号段全部用户进行身份信息核实，对未登记或信息错误的用户限期重新登记，到期不登记的，一律停机。电信企业办理新用户入网时，要严格落实居民身份证核查责任，采取二代身份证识别设备、联网核验等措施验证用户身份信息，并现场拍摄和留存用户照片。要重点摸排一个居民身份证多个电话卡用户，对明显超过正常使用需要的要逐一核实，对同一用户在同一家基础电信企业或同一移动转售企业办理有效使用的电话卡达到5张的，该企业不得再为其开办新的电话卡。二是深入开展电信业务整治。全面清理一号通、商务总机、400等电话业务和违规出租线路，对违规经营的电话业务一律取缔，对违规经营的各级代理商责令限期整改，逾期不改一律由相关部门依法吊销执照，对因相关企业或人员存在明显过错导致诈骗信息产生和传播并造成群众损失的，应依法承担民事赔偿责任。造成严重后果的，依法追究有关单位和责任人的行政、刑事责任。三是严格加强账户安全管理。中国人民银行武汉分行、湖北银监局要督促银行业金融机构和非银行支付机构认真审核开户申请人身份证件，严格落实居民身份证核查责任，确保人、证一致，并坚决遏制违规批量办卡向小银行转移势头。全省各银行要全面落实“同一个人在同一家银行只能开立1个全功能账户”“同一个人在同一家支付机构只能开立一个全功能支付账户”“同一客户在同一商业银行开立借记卡不得超过4张”的规定，并在2016年底前完成借记卡存量清理工作。四是严密保护公民个人信息。以教育、医疗、交通、公民大额消费等信息为重点，督促指导、倒逼落实国家机关、网络服务提供者、其他企事业单位及其工作人员信息安全等级保护、内控管理的主体责任，不断提高全社会网络安全技术应用水平，严防“黑客”通过技术手段窃取公民个人信息，严惩利用职务便利出售、非法提供、非法获取公民个人信息。全面查处并及时监控、封堵、删除互联网上发布的贩卖信息、软件、木马病毒、安全漏洞等有害内容，依法关停相关网站和网络账号。

（二）依法打击强实效。一是挂牌督办一批重点案件、督捕一批重点逃犯。省高级人民法院、省人民检察院、省公安厅要定期挂牌督办一批有影响的电信网络诈骗犯罪案件，统一执法思想，规范侦审管辖，精准甄别证据，拓展打击效能，提升诉判质量，适时总结推广。省公安厅要定期清理一批电信网络诈骗犯罪网上逃犯，进行集中挂牌、公开督捕。二是严格加强重点地区整治。由省综治办牵头，对仙桃、天门、孝昌3个重点地区及发现掌握的其他重点地区开展专项督查，全力实现中央提出的“年内重点地区电信网络诈骗犯罪案件同比下降90%”以及我省提出的“电信网络诈骗犯罪逃犯清网抓获率达到90%”“高危重点人员精准登记率、动态管控率、教育转化率达到90%”等目标。三是务实提升打击效能。在建机制上，将所有电信网络诈骗案件一律立为刑事案件，一律录入侦办平台，一律锁定犯罪窝点，一律制作案件卷宗。以市州为单位建立打击绩效考核机制，并鼓励电信网络诈骗犯罪突出的市县建立专业打击队伍。在打窝点上，犯罪行为发生地、犯罪结果发生地、犯罪嫌疑人居住地及户籍地公安机关要加强协同配合，深入串并跨区域案件，拓宽跨境、跨省警务合作模式，坚决拔掉地域性职业犯罪的“钉子”、打掉职业犯罪团伙的“上线”和“金主”，确保“案不漏人、人不漏罪、深挖重判、惩戒效尤”。在斩链条上，省经信委、省通信管理局要加强对“伪基站”“黑广播”、非法通讯终端定位及服务等设备生产源头监管，加强日常监测和排查整治，违规的一律关停、违法的坚决查处，触犯刑法的及时通报并移交公安机关开展全链条打击，坚决防止形成灰色产业群。在追赃款上，公安、银监等部门要深入贯彻《中国银监会　公安部关于印发电信网络新型违法犯罪案件冻结资金返还若干规定的通知》，加大民事责任追偿和罚金等财产刑适用力度，最大限度维护人民群众的财产权益。

（三）协调联动聚合力。一是加强顶层设计。充分发挥省直相关部门联席会议的牵头协调作用，明确各有关单位在防范和打击电信网络新型违法犯罪工作中的职责任务，做到齐抓共管、多管齐下、标本兼治、综合治理，形成整体工作合力。省综治办要加强调查研究、组织协调、督导检查、考评推动，及时通报分析电信网络新型违法犯罪形势，协调解决工作中遇到的突出问题，充分发挥各级综治中心以及群防群治队伍的重要作用，认真组织各有关单位参与防范和打击电信网络新型违法犯罪工作。省高级人民法院、省人民检察院要结合批捕、起诉、审判以及相关行政诉讼等工作，进一步明确和规范适用法律的标准，解决司法实践中存在的证据认定、法律适用问题，为惩治电信网络新型违法犯罪提供充分法律依据。省公安厅要充分发挥骨干作用，加强侦查打击、保持高压态势，加强专业力量建设，强化警力部署和勤务保障，建立统一组织指挥、快速接警止付、集中研判侦查、统一抓捕起诉的侦办电信网络新型违法犯罪案件工作机制。省经信委、省通信管理局要切实履行行业监管责任，开展电信业务整治，加强对电信企业与信息安全责任考核，督促各企业切实落实责任，配合公安机关完善违法违规号码关停和涉案线索快速查询机制，指导各地无线电管理机构进一步提升对“伪基站”“黑广播”的监测定位、逼近查找等技术支撑能力，建立重点案件情况通报制度。中国人民银行武汉分行要配合公安机关完善建立紧急止付、快速冻结机制，加强银行账户实名制、银行卡和支付机构支付业务管理，主动监测、发现可疑账户，及时通报公安机关；开展无证经营支付业务清理、打击行动，防范非法从事支付业务风险。湖北银监局要加强银行业监督管理，指导银行业金融机构做好涉案资金查询、冻结工作，加强银行卡业务监管，建立银行账号黑名单制度。其他省直部门要按照“谁主管谁负责”的原则，结合自身职能主动担当好防范和打击电信网络新型违法犯罪、维护社会稳定的责任，认真抓好本单位、本系统参与的防范和打击相关工作任务。二是加强平台建设。充分借鉴上海等地经验，全面建立省市两级反电信网络诈骗中心。公安机关刑侦、技侦、网侦、视侦和公安信息化“四侦一化”警种合成作战，工行、农行、中行、建行、邮储等主要银行业金融机构以及电信、移动、联通等三大通讯运营商“专人、专线、专责”进驻，全面履行“诈骗电话快速阻截，涉案资金快速止付，电子证据快速查取，侦查打击快速反应”等“四快速”职能。2016 年底前，省市两级反电信网络诈骗中心都要建成启用，武汉市要按照“超大城市”定位、“全国一流”标准建设，人口总量较大、有条件有需要的县（市、区）也可以积极探索建设。三是加强全民宣传。省公安厅要会同有关部门定期公布电信网络诈骗犯罪预警提示和典型案例，搭建网上举报平台，广泛运用各类宣传载体，积极开展公益短信群发、行业内部宣传。要把全民宣传发动工作推进到街道、社区、村组、楼栋等最基层综治组织，落实到基层综治干部、网格员、社区民警、内保人员、志愿者等“最小作战单元”，推动防诈骗宣传进村进户、驻企驻校、入脑入心，深入提升全民“防骗、识骗、拒骗”能力，打赢治理电信网络新型违法犯罪的“人民战争”。

（四）技术防范阻侵袭。一是开展省际电信网和互联网诈骗电话源头阻断系统建设。省通信管理局要将省际电信网和互联网诈骗电话源头阻断系统建设纳入全省通信安全的核心项目建设范畴，全面形成省际“关防式”防控能力，实现对境内省外诈骗电话实时检测拦截全覆盖，特别是从语音拦截拓展到对行为特征的拦截，在 2017 年底前将 90% 以上源自省外的电话诈骗案件阻断在行骗之前。二是全面提升诈骗电话信令溯源查禁技术能力。省通信管理局要督促电信企业全面改造升级各类主干通信网中的老旧交换机设备，全面实施省内语音专线规范清理和主叫鉴权，全面禁止改号软件网上发布、搜索、传播、销售，提升网内和网间虚假主叫发现特别是信令溯源倒查能力，坚决禁止省内出现违法网络改号电话的运行、经营。三是着力完善异常资金交易风险防控系统。中国人民银行武汉分行、湖北银监局要督促指导银行业金融机构和非银行支付机构，在现有银行风险防控系统基础上抓紧建立完善账户异常资金交易风险防控系统。根据持卡人行为特征和公安机关对诈骗行为特征的分析，研究制定加强支付结算管理的有效措施，完善银行账户和支付账户大额交易和可疑交易管理办法，通过大数据建模方式，及时发现异常交易信息，采取暂停非柜面业务等措施并及时向公安机关通报核实，积极协助公安机关对涉案账户进行紧急止付快速冻结操作，力争将电信网没有拦截的电信网络诈骗行为终止在赃款被转走之前。

（五）考核问责严督导。各级综治组织要把

防范和打击电信网络新型违法犯罪纳入综治工作（平安建设）考核评价指标体系，将考核评价结果作为对领导班子和领导干部考核评价的重要内容，坚持采用评估、督导、考核、激励、惩戒等措施，形成正确的激励导向，推动防范和打击电信网络新型违法犯罪工作落到实处。认真贯彻执行《湖北省健全落实社会治安综合治理领导责任制实施办法》（以下简称《实施办法》），督促各省直机关、国有企业及其领导班子、领导成员切实履行好相关的领导责任。电信企业、银行、支付机构要切实履行主体责任，对责任落实不到位导致被不法分子用于实施电信网络诈骗犯罪的，进行责任倒查，依法追究责任。对电信网络新型违法犯罪问题突出的地区和单位，要通过通报、约谈、挂牌督办等方式引导其分析主要原因，找准问题症结，研究提出解决问题的具体措施；对受到挂牌督办的地区和单位，在半年内取消该地区、该单位评选综合性荣誉称号的资格和该地区、该单位主要领导干部、主管领导干部、分管领导干部评先受奖、晋职晋级的资格。对于因重视不够，防范、整治、打击措施不落实，导致电信网络新型违法犯罪问题严重的地区和部门，坚决依法实行社会治安综合治理一票否决权制，并追究相关负责人的责任。

四、实施步骤

（一）动员部署（2016 年 10 月）。省综治办等七部门制定下发《实施办法》，对全省防范和打击电信网络新型违法犯罪作出工作部署。各地各有关部门结合自身实际，制定具体实施方案，深入开展动员部署，强化宣传引导，做好各项对接和准备工作。

（二）全面推进（2016 年 11 月至 2017 年 11 月）。按照中央、省委统一部署，通过立项实施、分片督查、组织培训、巡回指导、推广经验等方式，全面落实防范和打击电信网络新型违法犯罪工作任务及措施要求。

（三）集中考核（2017 年 12 月至 2018 年 1 月）。结合省综治（平安建设）考评工作安排，统筹开展防范和打击电信网络新型违法犯罪工作考核，重点考核“两降两升”“两建两无”和五项措施的落实情况，系统评估防范和打击工作成效。

（四）巩固深化（2018 年）。进一步巩固完善各项工作措施，及时研究防范和打击电信网络违法犯罪中的各类新情况、新变化，确保严管措施不改、严治力度不减，持续深化防范和打击工作的法律效果与社会效果。

五、工作要求

（一）统一思想，提高认识。各地各有关部门要提高思想认识，站在讲政治的高度，准确把握电信网络新型违法犯罪科技含量高、跨地区甚至跨国境作案、行骗手法繁多、群众防不胜防、损失难以挽回等鲜明特点，作好“打持久战、打科技战、打整体战”的充分思想准备，切实把防范和打击工作作为深化平安湖北建设、打击当前突出犯罪的首要任务，进一步加大力度，狠抓落实。

（二）整体谋划，分级负责。全省上下要强化“一盘棋”思想，在防范和打击工作中主动作为、敢于担当，切实形成齐抓共管、步调一致的良好局面。各地各有关部门要把中央和省委、省政府部署的各项工作任务摆上重要议事日程，逐级细化措施，突出攻坚重点，明确责任分工，确保不留死角、不存盲区。

（三）立足实战，强化保障。各地各有关部门要始终围绕“打赢实战、取得实效”原则推进各项防范和打击工作，深入分析研判电信网络新型违法犯罪的形势特点，虚心学习借鉴省内外、国内外先进实战经验，全力攻坚各类工作障碍和运行瓶颈。各级党委、政府要把防范和打击电信网络新型违法犯罪作为本地区平安建设的重要工作和民生保障重点工程，认真研究解决协作机制、力量配备、经费保障、基础设施和技术防范建设、考核奖惩等重要问题，并加大投入力度，从人力、物力、财力上保障工作的顺利开展。

湖北省综治委　省禁毒委关于印发《湖北省推进吸毒人员网格化服务管理工作实施意见》的通知

（2016 年 11 月 7 日）

各市、州、直管市、神农架林区综治委、禁毒委，省综治委、禁毒委成员单位：

为认真贯彻落实中共中央、国务院《关于加强禁毒工作的意见》精神，落实“创新吸毒人员服务管理，把吸毒人员纳入网格化社会化服务管理体系”的要求，按照中央综治办、国家禁毒办《关于开展全国吸毒人员网格化服务管理试点工作的通知》具体要求，以宜昌市吸毒人员网格化服务管理工作经验为主，结合咸宁市、武汉市硚口区、荆州市沙市区等四个全国试点经验，以及荆门市中心戒毒社区建设经验、黄冈市开展学校毒品预防教育工作“五个一”活动经验，省综治委、省禁毒委联合印发《湖北省推进吸毒人员网格化服务管理工作实施意见》，请你们结合实际，认真贯彻落实。

湖北省推进吸毒人员网格化服务管理工作实施意见

为认真贯彻落实中共中央、国务院《关于加强禁毒工作的意见》，深入推进社会化戒毒康复“8·31”工程，进一步提高对吸毒人员服务管理水平，根据《中华人民共和国禁毒法》《戒毒条例》及《湖北省社会治安综合治理条例》等有关法律规定和中央综治办、国家禁毒办《关于开展全国吸毒人员网格化服务管理试点工作的通知》要求，制定本实施意见。

一、指导思想、基本原则和工作目标

1. 指导思想。以党的十八届和十八届三中、四中、五中、六中全会精神为指导，认真贯彻落实党中央、国务院关于加强禁毒工作的系列重要决策部署，严格执行《中华人民共和国禁毒法》《戒毒条例》及《湖北省社会治安综合治理条例》等有关法律规定，按照中央综治办、国家禁毒办关于推进吸毒人员网格化服务管理工作要求，建立社区戒毒、社区康复、社区关爱“三位一体”的戒毒康复体系，形成党委政府统一领导、综治禁毒共同牵头、有关部门齐抓共管、乡镇（街道）组织实施、社会力量广泛参与的吸毒人员网格化服务管理工作格局。

2. 基本原则。以社会治安综合治理网格化服务管理为基础，健全基层禁毒综合服务管理工作平台，将吸毒人员全部纳入网格化服务管理。开展社区戒毒，督促吸毒人员定期尿检、按时服药，使吸毒人员逐步从生理上脱离毒品；开展社区康复，组织相关社会组织、志愿者、社区工作者及家属等，采取心理疏导、正面教育、社会帮助、体育锻炼等措施，矫正吸毒人员的不良心理、行为态度，完成心理上的康复；开展社区关爱，公安、司法、民政、卫计、人社、妇联、共青团等相关部门以社区为依托，对吸毒人员进行监督、扶持、帮教、治疗以及专业或职业辅导培训，促进吸毒人员回归社会。坚持科学戒毒、综合矫治，着力心理关系修复、家庭关系修复、社会关系修复，最大限度防止复吸。坚持以点带面、培育典型，深入开展示范创建活动，带动禁毒工作整体发展。坚持突出重点，推进实践创新，确保吸毒人员网格化服务管理工作持续发展。

3. 工作目标。将吸毒人员网格化服务管理工作列为2017年度全省综治工作和禁毒工作重点内容。逐步推进社区戒毒、社区康复、社区关爱"三位一体"戒毒康复体系建设，健全基层禁毒综合服务管理工作平台，合理配齐社区网格员、禁毒社工等工作人员，建立社会心理服务指导中心、社区家庭关爱指导中心、社区关爱志愿者指导中心等专业化社会组织。2017年底，力争实现社区戒毒康复人员执行率达到90%以上的工作目标，进而实现"有毒社区"向"无毒社区"的转变，最终目标实现全面禁毒。

二、具体措施

4. 建立社区工作小组。中心戒毒社区要针对每名吸毒人员，成立由社区书记（综治中心）任组长，社区民警、禁毒社工、网格员等常设参加，视情选择民政、人社、卫计、妇联、共青团等部门参加，共同组建工作小组，负责对吸毒人员进行网格化服务管理。

5. 成立专业社会组织。按照"专业人干专业事"的原则，成立社区社会心理服务指导中心、社区家庭关爱指导中心、社区关爱志愿者指导中心等专业化社会组织。参与戒毒工作的社会工作师、心理咨询师、婚姻分析师等专业工作者具体负责吸毒人员心理关系、家庭关系和社会关系的修复工作。同时要动员吸毒人员亲属积极参与，配合做好戒毒康复工作。

6. 建立信息化服务管理平台。依托现有综治网格化信息平台，建立"吸毒人员网格化服务管理系统"，不断完善"毒情基础信息""社区关爱服务管理信息""社区戒毒和康复信息"等子系统，全面推行痕迹化管理，探索毒情大数据分析，实现线上线下整体联动。

7. 制定"一人一策"工作方案。工作小组根据上门走访、实地调查获取的吸毒人员性格特点、行为表现、社会关系、个人及家庭需求等信息，制定具体工作方案，及时录入"吸毒人员网格化服务管理信息系统"，进行网格化服务管理。

8. 完善社区防毒机制。深入开展社区社区毒品预防教育，充分发挥居委会、业委会等社区自治组织禁毒预防工作作用，用群众喜闻乐见的形式广泛宣传相关法律法规和防范知识，提高人民群众识毒、知毒、拒毒、防毒能力。健全网格员巡查机制，提升网格员日常巡查工作能力。建立涉毒警情举报奖励制度，提高人民群众举报涉毒违法犯罪的积极性。

三、职责分工

（一）各级综治、禁毒组织及其成员单位是开展吸毒人员网格化服务管理工作的主要力量。

9. 综治办、禁毒办要共同牵头做好吸毒人员网格化服务管理工作，细化工作任务，明确工作职责，制定工作流程，协调、督促相关成员单位和街道社区开展工作，将吸毒人员网格化服务管理工作纳入综治、禁毒考评内容，适当增加分值，促进工作落实。

10. 公安机关要掌握吸毒人员情况，督促社区民警按规定对戒毒康复人员进行尿检并录入信息。对违反社区戒毒康复协议人员进行法治谈话，对严重违反协议人员依法作出强戒处理，及时处置侵害行为。对网格员提出的疑似吸毒人员视情进行尿检核查，并作出处理。

11. 民政部门负责对家庭困难的戒毒康复人员进行入户调查，对符合救助条件的困难戒毒康复人员家庭开展救助。

12. 卫生计生部门负责吸毒人员戒毒治疗、吸毒人员病情监测、禁毒卫生知识宣传等。依法对因毒致精神障碍人员收治，防止肇事肇祸案（事）件发生。

13. 人社部门负责戒毒康复人员的就业、创业培训，为戒毒康复人员推荐就业岗位。

14. 妇联负责组建吸毒人员心理咨询师队伍、家庭关爱小组，根据社区需求派出"社区关爱小组"工作人员，开展心理疏导及家庭关爱修复帮扶工作。

15. 共青团负责组建两支队伍（青年志愿者服务队、社区关爱青年志愿服务小组），根据社区需求派出不同的工作人员，开展社区预防、就业指导帮扶工作。

（二）社区是吸毒人员网格化服务管理工作主要场所，社区相关人员是开展吸毒人员网格化服务管理工作的主要工作人员。

16. 社区书记是“三位一体”工作的第一责任人。负责组织工作小组入户调查,“社区关爱小组”组织工作。动员吸毒人员家属、亲友等参与社区关爱。组织创建无毒社区。

17. 网格员负责协助民警对在册吸毒人员月谈话,提醒在册吸毒人员尿检,查看在册吸毒人员是否外出,及时报告社区吸毒人员可疑情况,开展禁毒宣传。

18. 社区民警负责按规定对戒毒康复人员进行尿检,录入信息,评估风险类别。对违反社区戒毒康复协议人员进行批评教育和依法处理,对吸毒人员中的重点对象全程跟踪管理。指导、督促网格员入户走访和月谈话,对网格员提出的疑似吸毒人员视情进行尿检核查,并作出处理。

19. 禁毒社工负责了解掌握吸毒人员的基本情况和思想、生活、交友情况,保持经常性的联系沟通。按规定上门家访和谈心工作并做好记录,纠正吸毒人员心理、行为,动员吸毒人员参加药物维持治疗,督促履行戒毒(康复)协议。通知戒毒(康复)人员进行尿检,落实日常监护工作并作好台账记录。帮助修复其家庭关系,协助开展专业技能培训和就业指导。开展禁毒宣传。

20. 社区社会心理服务指导中心根据吸毒人员心理特点,有针对性地指派心理咨询师或社会工作师服务,运用心理治疗方法,提供心理帮扶,对戒毒者心瘾环境进行干预,以逐步减轻和消除吸毒者对毒品的心理依赖,实现心理修复效果最大化。

21. 社区家庭关爱指导中心根据吸毒人员与家庭之间存在的问题,有针对性地指派婚姻家庭分析师、心理咨询师服务,修复亲情和家庭关系,增强吸毒人员对家庭的回归感,增进家庭成员对吸毒人员的接纳度。

22. 社区关爱志愿者指导中心根据吸毒人员的性格特点、兴趣爱好,选派志愿者把吸毒人员带入正常的、积极向上的人生轨道和创业群体,促使其改变不良的社交圈,树立正确的人生观。

23. 禁毒办负责向社区下达工作指令,发布强戒人员出所信息,发布吸毒人员分类信息,导入“全国吸毒人员动态管控系统”相关数据信息。指导社区开展禁毒常识宣传。

四、组织领导和服务保障

24. 加强组织领导。开展吸毒人员网格化服务管理工作是贯彻落实党中央、国务院重要决策部署,深入开展禁毒人民战争,全面落实综合治理措施的重大举措,是创新吸毒人员服务管理、开展社会化戒毒的有效方法。各级党委政府要加强组织领导,统筹谋划,纳入重要议事日程。各级综治委、禁毒委及其成员单位主要领导亲自抓,分管领导具体抓,真正把吸毒人员网格化服务管理工作落到实处。

25. 严格落实责任。推进吸毒人员网格化服务管理工作是综治工作(平安建设)、禁毒工作的重要内容,要严格落实领导责任。对领导不重视、工作不力,导致发生重特大案(事)件的,按规定进行诫勉谈话、黄牌警告、挂牌督办、处分建议、一票否决等追责问责。

26. 加强服务保障。各级各部门要建立吸毒人员纳入网格化服务管理工作的保障机制,制定和完善吸毒人员网格化服务管理的相关政策措施和保障办法。积极探索政府购买服务等方式,引导专业社会机构、民办社会工作服务组织、志愿者队伍以及吸毒人员亲属等社会多方力量参与服务管理工作,为吸毒人员提供更专业、更周到的服务管理,切实提高吸毒人员网格化服务管理工作水平。

湖北省十堰市健全社会心理服务体系创新综合治理新模式

2016年6月，湖北省十堰市茅箭区被中央综治办确定为全国社会心理服务体系建设联系点，按照中央综治办提出的“把联系点办成全国示范点”的工作要求，十堰市将社会心理服务体系建设作为全市综治工作的重大任务，立足“站在高处、谋在远处、干在实处”的指导思想，按照既建试点又管长远的原则，结合实际，大胆探索，积极实践，社会心理服务体系建设取得了一定成效，在提升社会心理健康水平、优化社会心理环境、减少社会矛盾发生、维护社会和谐稳定上发挥了有效作用。目前，茅箭区社会心理服务组织实现了乡镇、社区和重点行业的全覆盖，形成了横向到边、纵向到底的服务网络，为16万居民建立了心理健康档案，排解居民心理障碍5270人次，为公安干警提供心理减压服务700余人次，为学生及家长提供心理减压服务2300余人次。茅箭区因心理问题引发的矛盾纠纷由2015年同期的35%下降到10%，各类案(事)件同比下降60%。2016年，茅箭区群众安全感、治安满意度和平安建设知晓率、参与率在全省排名分别提升6位、11位、16位、19位。心理服务工作被干部群众形象地称为情绪“理疗师”、生活“减压阀”、社会“稳压器”。

一、主要做法

(一)精心组织谋划。一是各级高度重视。省市区三级高度重视茅箭区社会心理服务体系建设试点工作。省委政法委要求十堰市一定要“落实好、出成效、出经验”。省综治办多次对联系点工作进行指导，要求十堰市“力争通过试点先行，引领社会心理服务体系建设得到进一步深化拓展，促进社会治安和公共安全‘心防’建设不断健全完善，打造出全国认可的可推广、能复制的‘茅箭经验’”。省综治办对茅箭区社会心理服务体系建设试点进行调研指导。茅箭区委书记、区委副书记、区长亲自担任试点建设工作领导小组组长，多次召开会议研究解决建设中的突出问题。茅箭区委副书记、政法委书记等责任人更是将试点工作放在心上、抓在手上，亲自协调，亲自抓落实。各级领导的高度重视有力保障和推动了试点建设。二是深入学习调研。市区两级综治部门把学习掌握相关知识作为首要任务，先后组织学习中央、省市相关文件3次；5次到十堰市中医院精神卫生中心、十堰市未成年人健康教育辅导中心等单位学习取经；邀请心理学专家进行专题辅导培训7次；组织召开乡镇街办、医疗机构、院校等多个层面参与的“诸葛亮会”4次，听取意见建议。在深入学习基础上制定了《社会心理服务体系建设工作实施方案》，作为开展工作的行动指南。三是落实专项经费。把社会心理服务体系建设所需经费列入财政预算，同时根据实际情况采取“一事一议”方式解决经费，累计投入经费200余万元，有力保证建设工作的顺利推进。四是发动社会力量。社会心理服务体系建设是一个系统工程，涉及多部门团体，不但需要多方合作、共同努力，更需要政府与市场携手。为此，茅箭区与医院和大中专院校签订了合作共建协议，吸收了一批社会心理服务机构参与建设。五是狠抓工作落实。茅箭区制定了《社会心理服务体系建设工作计划》，明确任务目标、工作职责、方法步骤、时间节点等，将责任分解到人、任务细化到天，实行一周一碰头、一周一通报。强化督办检查，共进行督导检查9次，其中5次由区委、区政府主要领导带队；下发通报4次，通报问题13个、单位11家。区“四大家”联席会或区委常委会研究相关事项9次。

(二)搭建服务平台。一是建立综合协调平台。茅箭区规划建设了占地500平方米，全省设施最完备、最大的公益性心理服务机构——茅箭区心理服务中心，作为全区社会心理服务建设龙头，既提供心理咨询疏导服务，又负责组织规划、统筹协调全区心理服务体系发展和运行。二是建立咨询服务平台。包括社区(居委会)、公安局、法院、信访局、规模企业、中小学校六个方面的心理咨询服务室。在每个社区建设有500平方米功能较完善的“和大姐顺心工作站”,在每所中小学校建设有100平方米具备基本功能的“和老师开心工作室”,在公安分局、区法院、区信访局分别建设有50平方米的“和警官解忧聊天室”,在规模企业由工会牵头建设100平方米的“和师傅爱心驿站”。同时引导“心灵氧吧”“慧和心理”、青少年校外活动中心等16家社会组织参与心理服务活动。三是建立治疗服务平台。通过政院共建,由辖区精神病治疗专科医院,即三所三级甲等医院提供精神疾病治疗服务。同时,茅箭区出台了贫困家庭精神病人救助办法,设立了100万元的救助基金,确保需要药物治疗的心理疾患人员能得到及时救治。

(三)组建服务队伍。一是组建心理健康专家协会。把辖区三所三级甲等医院和三所大学里的心理健康专家组织起来,成立了十堰市心理健康专家协会,负责研究指导全区心理健康服务工作,承担区综合协调中心顾问和各社区心理咨询室指导员任务。区政府定期对协会工作情况进行评估,根据评估结果给予一定经费支持。二是聘用职业工作者队伍。以购买服务的方式聘用50名具有专业资质的心理服务工作者在各咨询服务室坐班服务。三是社区干部和网格员队伍。由专家协会对社区干部和网格员进行全面培训,使他们掌握心理服务方面的基本知识,在群众中开展心理健康知识普及和简单心理疏导工作。四是组建志愿者队伍。通过与辖区三所大学心理健康教育专业对接,将茅箭区作为各学校大学生心理健康教育实习基地,组建了600余人的大学生心理服务志愿者队伍,定期深入社区,开展宣讲和咨询工作。

(四)开展心理服务。一是广泛开展宣传。制定了《茅箭区社会心理服务“六进”宣传工作方案》,将社会心理服务体系建设纳入干部学习培训和群众宣讲内容。在报刊网站开辟心理服务知识专栏,定期刊载案例、文章;与广播电台专栏节目时空连线,扩大影响力。结合文明城市创建、民情大走访等活动开展心理服务宣传,累计印制宣传资料16万份。二是线上线下服务。通过在区中心平台、各社区设立心理急救热线电话,开通网络咨询平台,开办微信课堂、举办主题心理沙龙、团体讲座等途径免费为群众提供心理咨询和心理救助服务。在学校开设心理健康教育课,每周对学生、家长进行一次集中团体辅导。定期开展心理辅导进社区活动,专家协会每季度在社区办一期讲座;志愿者每月到社区开展一次现场咨询宣讲活动。同时,不定期采取约访、入户等多种形式对留守儿童、单亲母亲、空巢老人等特殊人群开展有针对性的心理疏导服务,及时化解其不良情绪,提升心理健康水平。三是做好心理应急干预。制定了心理干预三级应急响应预案,区级建有一支10人的专家组、10人的有经验的专业人员组,社区、学校等重点部位各建有一支不少于3人且具备专业资质有一定经验的应急组。重点加强对矛盾突出、生活失意、心态失衡的人员的心理危机干预和人文关怀,提高其承受挫折、适应环境能力,防止发生个人极端事件。

二、取得的成效

(一)建立了社会心理服务网络体系。通过三级平台建设,形成了以茅箭区区级心理服务平台为中心,310个网格心理健康服务点为基础,上联4家医院,下接44个社区心理健康服务工作室、3家重点单位咨询室、50家企业心理保健咨询站、15所学校的未成年人心理咨询室,以专家协会为支撑,以社区工作者、网格员和志愿者队伍为依托的组织体系,形成了横向到边、纵向到底的服务网络,为开展社会心理服务搭建了便捷、有效的渠道和平台,使过去分散的力量更好地凝聚起来,使过去盲目发展的态势转向为有目的有计划更科学的发展轨道。

(二)改变了群众对心理服务知识的认知。过去,群众对一般心理问题、严重心理问题和精神疾病的认识存在误区,把心理健康问题等同于“精神疾病”,对心理服务存在抵触情绪。同时心理保健意识普遍不强,发生心理危机的时候很少会主动去寻求心理咨询机构的帮助,不良情绪难以得到及时化解和疏导,极容易失去理智而产生极端行为。通过社会心理服务的宣传,普及了心理卫生常识,提高了群众对心理服务知识的知晓率,群众认知过程由模糊到清晰,由抵触到接纳,能自我知觉心理问题的发生并主动到心理咨询机构寻求帮助的人越来越多。目前,仅茅箭区心理健康服务中心就已接待43批次100多人来访咨询,来电咨询和预约50余个。

(三)提升了群众心理健康水平。开展社会心理服务体系建设以来,通过专家讲座、志愿者咨询服务、工作室面对面沟通、网络在线服务等形式,帮助广大群众及时疏导了不良情绪,缓解了心理压力,培养了良好心态,促进了心理健康。累计开展专家讲座3次、志愿者咨询服务4次,共排解居民心理障碍5270余人次。公安局心理减压室累计为干警提供心理减压服务700余人次。针对学生心理问题,未成年人心理咨询室对2300多名学生或家长进行心理减压疏导。

(四)减少了社会风险和个人极端事件发生。在社会心理服务体系建设中,茅箭区将心理健康问题纳入矛盾纠纷排查之中,组织网格员入户采集心理信息,经中心平台统计汇总研判,对存在心理问题的群众分类建档,逐个提出有针对性的心理疏导意见,并采取约访、入户、团体等多种形式开展心理辅导。特别是针对刑满释放人员、社区矫正人员和矛盾突出、生活失意、心态失衡、行为失常、性格偏执人员等特殊群体,安排心理咨询师定期进行走访,并与他们建立经常性心理服务机制,及时帮助他们排解心理问题,同时加强人文关怀和跟踪帮扶,提高其承受挫折、适应环境能力,从而化解各种潜在的社会危机。累计建立居民心理健康档案16万份,为286名特殊人员解决或减轻心理疾病,帮助26名社区矫正和刑释解教人员减轻心理压力,引导协助10余名精神障碍患者住院治疗,对10余名信访重点人进行心理辅导;帮助30多位"自闭症"孩子获得科学、全面康复训练和干预指导。茅箭区法院专注经济纠纷人员心理问题,开展心理咨询60余人次,引导他们以理性、合法、有序的方式表达利益诉求,避免其做出伤害自己或他人的事情。

(五)促进了社会大局和谐稳定。社会心理服务体系建设以来,茅箭区因心理问题引发的矛盾纠纷由2015年同期的35%下降到10%,各类案(事)件与上年同期相比也下降了60%,真正从源头上减少了社会矛盾发生。在全市2016年度综治工作(平安建设)和维稳工作考核中,茅箭区均排名全市第一,群众安全感和治安满意度在全省排名大幅提升。社会心理服务体系有效地成为矛盾的"减压阀"、社会的"稳压器",开创了社会和谐稳定的新局面。

湖北省襄阳市发挥综治中心"三化五联"优势打造平安襄阳建设"升级版"

近年来,湖北襄阳整合优化现有综治资源和配置,加快推进市、县、镇、村四级联动的综治中心规范化建设,推进综治中心一体化运作、实战化运用和信息化支撑,有效地发挥了作用,为全力打造平安襄阳建设"升级版"、争创全国综治"长安杯"注入了强劲动力。2016年,襄阳群众安全感和治安满意度指数分别为94.964%和94.199%,同比分别提升0.438和0.632个百分点,位居全省前列,连续12年被评为"全省综治优胜单位",连续两届荣获"全国综治优秀市"。

一、优化配置,推进综治中心一体化运作

一是出台规范建设的"襄阳标准"。严格遵循综治中心建设的"国家标准",增加新的地方标准,在全省率先出台襄阳市综治中心规范化建设"标准",在总体原则、组织阵地建设、基本运作模式、功能定位、信息系统建设和工作制度建设等方面,发挥指导作用。二是优化阵地建设的"基础配置"。市级,在市综治办新建市综治中心,同时依托市政府应急指挥中心(市级公安指挥中心),建成集综治中心、政法信息化中心和维稳研判中心于一体的研判调度大厅;县级,将原有县级社会

矛盾大调解中心改造升级为县(市)区综治中心，并依托县级公安机关指挥中心(研判中心)，设立研判调度大厅；镇级，将原有的乡镇(街道)综治维稳信访联动中心改造升级为乡镇(街道)综治中心，设立综合接访厅、综合调解室和研判调度厅等；村级，在原有调解室基础上，新建村(社区)综治中心，设立群众接待室、警务室、调解室(分析研判室)、视频监控室和心理咨询室，实行“一室多用”。全市 12 个县(市)区、113 个乡镇(街道)和 2678 个村(社区)全部规范建立四级综治中心。三是创新一体运行的“襄阳模式”。在市级综治中心，创新“综治办 + 综治信息系统 + 研判调度机制 + N”模式，实现分析研判、监测监控和指挥调度等功能。在县级综治中心，创新“综治办 + 综治信息系统 + 研判调度机制 + 调解平台 + N”模式，实现分析研判、监测监控、指挥调度和矛盾化解等功能。在镇级综治中心，创新“综治办 + 联动部门 + 综治信息系统 + 研判调度机制 + 调解平台 + N”模式，实现分析研判、监测监控、指挥调度、矛盾化解和联防联治等功能。在村级综治中心，创新“综治办 + 社区警务 + 网格化平台 + 综治信息系统 + 分析研判机制 + 调解平台 + N”模式，实现信息采集、分析研判、基层治理、矛盾化解和群防群治等功能。

二、健全机制，推进综治中心实战化应用

一是健全“常态化”分析研判机制。市、县、镇三级综治委每季度、每月、每周分别在三级综治中心研判调度大厅，召开一次平安建设和社会稳定形势分析研判调度会议，每半年、每季度、每月分别召开一次平安稳定工作专题会议，统筹推进和适时调度平安建设和社会稳定工作，并形成《平安建设和社会稳定工作分析研判会议纪要》；村(社区)书记(综治中心主任)每天组织村(社区)干部和城乡网格员，对辖区治安突出问题、公共安全隐患、疑难矛盾纠纷和公共服务诉求等方面开展分析研判，协调各方力量联动化解和处置。二是健全“清单式”督办推进机制。各级综治中心根据《分析研判会议纪要》，逐一列出本季度、本月、本周、每日工作清单，及时交办责任单位，督促落实包保领导和责任人，实行“清单式”管理，按照时间节点，对重点工作清单开展专题督导，推动工作落实落地。三是健全“实战化”指挥调度体系。通过召开定期联席会议、分析研判会议和专题调度会议等形式，充分运用信息化手段，联动融合本级综治委各成员单位及相关重点单位，实行整体常驻办公、定期入驻办公和部门联动办公，对影响本地区、本部门的重大问题，实行扁平化指挥和精准化调度。四是健全“权威性”问责查究机制。各级综治委(办)将交办工作清单落实情况以及综治中心的规范化建设，纳入季度和年度综治考评重要内容，每月督办检查一次工作进展情况，对工作成效明显的总结推广经验；对推进工作不力的通报批评、限期整改，整改不到位、出现影响稳定问题的挂牌督办。

三、科技引领，推进综治中心信息化支撑

一是推进网格化管理信息平台的深度应用。在各级综治中心研判调度大厅(室)，分别接入五级监管、联网运行的襄阳市社会管理综合信息平台(网格化管理信息平台)，市、县两级综治中心每月对县级、镇级城乡网格化管理工作开展定向监测，适时发布工作指令，引导和督促网格员做到基础数据全录入、动态信息全更新、重点管控全覆盖和社情民意全掌握。第二次升级改造后的信息平台涉及数据共享、综合查询、信息采集、矛盾调解、绩效考核、专题应用和综治办公等 9 大应用系统，共录入人口基础信息 590 余万条、房屋信息 128 余万条、法人单位信息 13126 条；网格员收集上报情报信息 64647 条，排查化解矛盾纠纷 59978 件，排查整治各类隐患 4432 处；开展便民服务 200920 人次。二是推进视频监控平台的深度应用。在各级综治中心研判调度大厅(室)，分别接入社会治安视频监控平台，与市、县两级公安指挥中心、派出所视频监控中心和社区视频监控平台实现对接，每级平台实行辅警 24 小时值守，开展“鼠标”巡防巡查，确保警情第一时间发现、第一时间报告、第一时间指挥、第一时间处置，切实把各类警情和矛盾消除在萌芽和初始阶段，基本实现由末端治理向源头治理的转变。对监控发现的重大警情和重大问题，及时通报并协调同级应急指挥中心和公安指挥中心，联合处置解决。三是推进视联网信息平台的深度应用。全面完成市、县两级综治视联网信息平台的联网运行，加快推进镇、村级视联网信息平台建设。市级综治中心每月利用视联网信息平台，召开一次平安建设和社会稳定工作调度会，交流工作，研判形势，点评、督办和调度工作；每年利用视联网信息平台举办2次全市综治干部培训班。对影响全市平安建设和社会稳定的重大问题，以及重大疑难矛盾纠纷，市级综治中心随时通过视联网信息平台，实行“点对点”指挥调度。市级综治中心先后开展调度会5次，对争创全国综治“长安杯”、矛盾纠纷多元化解机制建设和综治中心规范化建设等重点工作，进行了专题督办和现场调度。

四、五元联动，推动综治中心融合式增效

一是实行矛盾纠纷联调。县、镇、村三级综治中心统一受理矛盾纠纷，重大疑难矛盾纠纷由县（市）区综治中心集中联合调处，一般矛盾纠纷分流归口调处；对涉及部门较多的矛盾纠纷，县级综治中心协调各涉案单位，共同联合调解，并建立县、镇、村和企业等横向联合调解机制，化解跨行政区域的矛盾纠纷。通过实行县级每月、镇级每半月、村每周、网格员每天排查，全市共排查调解各类矛盾纠纷54739件，调解成功率98.5%。二是实行社会治安联防。由乡镇（街道）综治中心统筹调度，当地派出所统一管理，以乡镇（街道）专业治安巡逻队和村（社区）专兼职巡逻队为主体，“红袖标”等群防群治队伍为补充，物防、技防措施为支撑，定期督办检查，落实巡防措施，维护一方治安稳定。目前，全市共建立乡镇（街道）专业治安巡逻队147支3130人，社区（村）专兼职巡逻队1550支1.1万人，建立平安志愿者工作站1609个，发展和注册平安志愿者48446人。2016年，全市刑事发案进一步下降，命案同比下降10.5%，“八类”暴力犯罪案件同比下降13.89%，“两抢”案件同比下降10.21%，盗窃案件同比下降4.69%。三是实行平安建设联创。实行平安分类对标创建制度，设置平安地区、平安单位、平安行业（场所）和平安“细胞”4大类20项基层平安创建活动，分类制定标准，明确创建主体，定期考核验收，推动基层平安创建全面开展。2016年，全市95%以上的单位进入平安行列。四是实行重点工作联勤。以综治中心为统领，根据日常排查掌握情况，需要多个部门参与解决的治安突出问题和重点工作事项，明确牵头单位和责任人，整体联动，限期解决问题。2016年，各级综治中心通过部门工作联勤，共解决突出治安问题115件。五是实行突发事件联处。由市、县、镇、村综治中心统筹，制定突发事件应急处置工作机制，一旦发生突发性群体性事件，迅速启动应急处置预案，妥善处置，平息事态。2016年，全市各级综治中心依托同级政府应急指挥中心和公安指挥中心，有效处置各类群体事件110起，有力地促进了辖区平安稳定。

（撰稿人：魏敬亮
审稿人：董永祥　许祥辰）

湖 南 省

2016 年综治工作概况

2016 年，湖南省各级党委、政府和综治部门认真贯彻落实党的十八届三中、四中、五中、六中全会和中央、省委经济工作会议、省委政法工作会议精神，深入贯彻习近平总书记系列重要讲话精神，紧紧围绕“四个全面”战略布局，主动适应经济发展新常态，以五大发展理念为引导，以提高人民群众安全感和满意度为目标，以理念思路、体制机制、方法手段创新为动力，坚持总体国家安全观，增强忧患意识、责任意识，注重破解难题、补齐短板，健全落实社会治安综合治理领导责任制，推进立体化社会治安防控体系建设，为维护全省社会安全稳定、促进经济社会发展提供了有力保障。

一、坚持统筹谋划，强力推进社会治理创新

省委省政府高度重视综治工作，将创新社会治理和“平安湖南”建设摆在经济社会发展大局中来谋划和推进。一是加强顶层规划设计。2016 年，湖南省首次把加强和创新社会治理纳入全省“十三五”重点专项规划，出台了《湖南省“十三五”加强和创新社会治理规划》（以下简称《规划》）。《规划》在系统分析湖南社会治理现状和形势的基础上，结合实际，着眼长远，提出了未来五年全省加强和创新社会治理的指导思想、基本要求、发展目标、主要任务和保障举措，以及为实现目标任务而实施的一些重大工程、重点项目，对全省“十三五”时期加强和创新社会治理提供了遵循。《规划》被省规划编制领导小组和省发改委评为全省“十三五”规划编制优秀成果。同时，在基层社会治理、社会信用体系建设、社会组织管理等领域，及时把成熟的经验做法上升为制度规范，省委、省政府“两办”出台了《完善矛盾纠纷多元化解机制建设的实施意见》《关于加强寄递物流安全管理工作的实施意见》等系列文件，为统筹推进社会治理工作创新开展提供了制度保障。二是夯实治安防控体系建设。认真贯彻落实《关于加强社会治安防控体系建设的意见》和《关于深化平安湖南建设的意见》文件精神，全面建设社会治安防控“五张网”和“四个运行机制”，加强基础性制度建设，提高科技化水平，推动形成党委领导、政府主导、综治协调、各部门齐抓共管、社会力量积极参与的社会治安防控体系建设工作格局。相关做法在全国公安工作会议上进行了推介。三是强力推进信息化建设。坚持把信息化、大数据作为社会治理现代化的大战略、大引擎来抓，依托“智慧城市”建设，深入实施“雪亮工程”，大力推进公共安全视频监控系统、综治信息系统和综治视联网建设。截至 2016 年底，全省公共部位建设社会治安视频监控探头 17.5 万多个，社会视频监控探头超过 100 万个；综治视联网系统市、县两级平台基本联通应用，并延伸至部分乡镇（街道）。同时，还积极推进大数据等现代科技手段与社会治理深度融合，推动社会各方面信息资源融合共享。长沙市被中央综治办确定为 2016 年全国视频监控建设联网应用工作示范城市。四是创新警务机制建设。推行省、市、县“三级一体”警务机制改革，在省、市、县三级公安机关统一组建指挥情报、侦查实战、治安防控、新闻舆情“四大中心”，并把“四大中心”作为警务转型升级的驱动引擎，作为构建现代警务机制的重要抓手，重点突破、全域转型，全面提升了打防管控一体化整体效能。公安部在湖南岳阳市召开全国公安机关改革办主任座谈会、规范基层警务工作暨 110 接处警工作现场会，推介湖南警务机制改革、12345 社会求助热线与 110 接处警平台对接工作经验。部署开展实有人口、实有房屋、实有单位“三实”信息采集专项行动。截至 2016 年底，全省"三实"有效数据量达1.3亿多条,"三实"信息采集率、及时率、准确率达95%以上,实有人口基本实现动态化、轨迹化管理。

二、突出源头防范,健全矛盾纠纷调解机制

坚持把预防化解社会矛盾作为平安建设的基础工程,不断强化制度机制建设,有力地推动了社会矛盾预防化解制度化、法治化、规范化,提高了化解率,维护了社会和谐稳定。一是加强矛盾纠纷机制建设。制定出台了《湖南省关于完善矛盾纠纷多元化解机制的实施意见》,积极搭建多元化解平台,推进排查调处、化解告知、效力保障等制度建设和"三调联动"工作,促进各种化解方式有效衔接。全省建立调解委员会5万多个,调解员队伍近20万人,专业性行业性调解员1500多人,党委领导、政府主导、综治协调、部门履职、社会各方面力量积极参与的矛盾纠纷多元化解工作格局基本形成。二是加大矛盾纠纷化解力度。围绕劳资、征地拆迁、非法集资、婚姻家庭、医疗、环境保护等领域行业,部署开展专项调解活动。2016年,全省共调处各类矛盾纠纷34万多起,调解成功率达98.7%。积极防范和化解金融风险,与有关部门联合下发意见,就做好预防、发现和处置由非法集资等引发的涉众型群体性事件工作提出要求。开展欠薪问题检查治理,督导加强源头防范,建立完善工资保证金和银行代发等制度,加大对拖欠农民工工资的清缴追缴力度,依法打击恶意欠薪讨薪犯罪,运用综治政策推动问题解决。加大医疗纠纷治理,针对暴力伤医事件,督导加强医疗机构安全防范工作,完善警务室、调解室、投诉室、监控室建设,防范暴力伤医事件,维护正常医疗秩序。三是推进矛盾调处项目创新。婚姻家庭纠纷多元化解机制建设被中央综治办确定为创新项目,全省在10个县市区开展创新试点,有序推进,并于12月中旬在常德市召开了全省婚姻家庭纠纷多元化解机制建设推进会暨婚姻家庭调解工作培训班。在全国率先出台家庭暴力告诫制度实施办法,成立了全省首个婚姻家庭咨询领域公益性社会团体——婚姻家庭咨询师协会。70多个县市区建立婚调委,有效防止家庭矛盾激化升级,预防和减少了民转刑案件。

三、注重专项治理,推进重点领域深入开展

坚持关注民生,服务保障民生,着力解决重点难点问题,确保创新社会治理、平安湖南建设成为惠民工程、民心工程。一是加强寄递物流安全管理。建立健全党委政府领导和寄递物流安全管理工作的机制,以省政府名义率先在全国出台《关于加强寄递物流安全管理工作的实施意见》,在安全管理责任、制度要求、管理体系、管理保障方面进行了规定和要求,促推收寄验视、实名收寄、过机安检"三个100%"制度落实,坚决阻断违法犯罪通道,确保了湖南省寄递物流行业安全运行。2016年,省财政厅专门核拨X光机购置补贴2300万元。截至2016年12月31日,配置X光机安检设备482台,已覆盖全省122个县市区。二是强化烟花爆竹等危爆物品安全管理。严格贯彻落实省委、省政府安全生产"八条断然措施",不断强化烟花爆竹等危爆物品安全管理。2016年,在全省部署开展了为期3个月的收缴整治枪爆物品专项行动。针对邵阳市被列为危爆物品安全管理重点地区,督促邵阳有关方面限期整改,强力推进集中整治;对在危爆物品安全管理方面存在突出问题的邵东、耒阳、新化、龙山4县(市)进行了通报。在烟花爆竹行业,不断深化改革,强化科技运用,淘汰落后产能,严格执法监管,大力推进烟花爆竹产业走集约化、机械化、信息化和安全型、环保型的发展之路,有效预防和减少烟花爆竹安全生产责任事故。三是严厉打击电信诈骗。贯彻落实党中央、国务院关于打击治理电信网络新型违法犯罪的重大决策部署和中央领导同志的重要指示批示精神,建立了由24个部门和单位组成的湖南省打击治理电信网络新型违法犯罪联席会议工作制度,用3个月时间组建了湖南省(长沙)打击治理电信网络新型违法犯罪中心,创造了反电诈中心建设"湖南速度",并在全省范围内组织开展了为期6个月的专项打击行动。通过严打整治,湖南省电信网络诈骗案件数逐月下降,2016年案件数同比下降90%以上,有效维护了人民群众切身利益和社会和谐稳定。

四、强化齐抓共管,推进特殊人群服务管理

创新特殊人群管理模式,加强和改进服务方式,着力解决特殊人群管理中的热点、难点问题,有效提升了社会管控能力。一是抓好严重精神障碍患者救助管控。省委、省政府将重性精神障碍患者救治救助纳入省重点民生实事项目，定量定时完成救治救助重性精神障碍患者、改扩建精神卫生服务机构年度任务。省财政投入 1.03 亿元，改扩建 20 家精神卫生服务机构，救治救助患者 1.12 万余人。省综治办、卫生计生委、公安厅、财政厅、民政厅、残联联合出台了《湖南省实施肇事肇祸等严重精神障碍患者监护奖励政策的暂行办法》，对相关严重精神障碍患者的监护人给予奖励补贴。设置省、市级精神卫生中心，构建省、市、县三级精神卫生防治网络，逐步形成了一套主动发现、及时诊疗、社区管理、防治结合的严重精神障碍防治工作模式。全省精神障碍患者流浪、关锁现象得到显著改善，精神疾病患者肇事肇祸行为得到有效控制。二是集中收治特殊涉毒人员。各级禁毒职能部门因情施策，破解瓶颈，创新推出依托医院或者政府购买医疗服务为主、公安和司法监管为辅的特殊群体涉毒人员收治模式，大力推进特殊群体涉毒人员收治中心建设，全省建成收治中心（含公安监管医院）29 家，累计收治特殊群体涉毒人员近 7500 人次，特殊群体涉毒人员再犯罪率下降 70% 以上。三是全程跟踪管理戒毒人员。践行“依托社会、服务社会、适应社会、对接社会”的社会化大戒毒理念和“多措并举、综合矫治、科学戒毒”的专业化大矫治理念，积极构建强戒场所、戒毒康复场所，指导支持社区戒毒（社区康复）工作模式，推动司法行政戒毒工作科学发展。全省建立 28 个社区戒毒（社区康复）工作指导站，建档跟踪管理社区戒毒（社区康复）人员和强制隔离戒毒回归人员，对戒毒人员进行递进式、流程化的戒毒治疗和康复训练。通过综合矫治手段，帮助强化拒毒动机、弱化吸毒心瘾，实现了对戒毒人员的有效管控，保持了教育戒治的连续性，巩固了戒毒效果。新开铺强制隔离戒毒所被评为全国禁毒工作先进集体，长沙市定王台社区戒毒（康复）工作指导站被评为全国社区戒毒（康复）示范点。

五、夯实基层基础，全面筑牢平安创建根基

坚持把加强基层基础建设作为战略性、根本性任务来抓，突出重心下移、力量下沉，全面推进“强基固本”工程。一是全面推进网格化服务管理。把深化城乡网格化服务管理作为建设更高水平“平安湖南”的重要内容，坚持以社会化服务为方向，以信息化为手段，大力推进社区（村）网格化管理，健全基层综合服务管理平台，基层基础得到进一步强化，全省配有专（兼）职网格员 10 万余名，网格化服务管理覆盖率不断提高。二是大力推进综治中心建设。认真贯彻《社会治安综合治理综治中心建设与管理规范》等国家标准，大力推进各级综治中心建设，并积极发挥综治中心“平台”作用，推动形成上下对接、左右联动、协调运转、规范高效的运行体系，实现涉稳信息收集、治安形势研判、矛盾化解督导、重点服务管理、应急处置调度等实战功能，为人民群众提供全面、优质、高效的社会治安相关公共管理服务。不断完善实体化运行机制，落实综治工作力量，加强村（社区）治保、调解力量建设，100% 的村（社区）在定补人员中明确 1 名负责人主管综治工作，基层平安建设能力得到提升。三是深入开展基层平安创建。制定出台《关于在全省深入开展平安单位创建活动的意见》，进一步健全完善平安创建工作机制。全省各地各部门结合实际，深入开展了平安县市区、平安乡镇（街道）、平安社区、平安家庭等多种形式的基层平安创建活动和平安铁路、平安医院、平安学校、平安市场、平安边界等行业平安创建活动。同时，总结推广“零命案”县市区经验，推动开展“无命案”乡镇（街道）、“无刑案”社区（村）创建活动。进一步加强了平安建设的舆论宣传工作，充分利用湖南长安网、三湘综治网和潇湘剑语、三湘微信公众号以及《湖南政法综治动态》等载体，加强舆论引导和宣传发动，营造了浓厚的平安创建氛围。

湖南省人民政府办公厅关于加强寄递物流安全管理工作的实施意见

（2016年12月15日）

各市州、县市区人民政府，省政府各厅委、各直属机构：

为加强寄递、物流安全管理工作，根据《中华人民共和国反恐怖主义法》《中华人民共和国安全生产法》《中华人民共和国邮政法》和《国务院关于促进快递业发展的若干意见》、中央综治办等九部门《关于加强邮件、快件寄递安全管理工作的若干意见》、中央综治办等十部门《关于加强物流安全管理工作的若干意见》文件精神，结合我省实际，现提出以下实施意见。

一、明确安全管理责任

（一）落实企业主体责任。寄递、物流企业是寄递、物流安全管理主体责任单位，其法定代表人或实际控制人是安全管理第一责任人，对安全管理全面负责。寄递企业要牢固树立安全与发展并重理念，依法依规履行安全生产职责，执行国家标准和行业标准，层层落实收寄、分拣、运输、投递等各环节安全检查责任，建立隐患排查、登记、报告、整改、销号闭环管理制度，实施全员、全过程、全方位的安全防范和隐患排查治理。物流企业要加强安全管理，健全内部安全管理责任制和安全风险防控体系，建立危险品、违禁品的信息登记管理制度，严格货物受理和安全查验工作，全面执行运输、仓储、装卸、搬运、包装、流通加工、派送等安全标准及操作规程，坚决维护公共安全。寄递、物流企业要按照“谁设立、谁管理”“谁发展、谁负责”的原则，加强对分支机构、加盟网点的安全检查和日常管理，健全网络运营安全管理责任制，加强企业安全应急管理能力建设，制定完善安全应急管理预案，强化应急演练，做好突发事件的应急处置工作。

（二）明确部门监管职责。邮政管理、交通运输、经信、公安、国家安全、商务、工商、质监、安监、海关、民航、铁路等负有安全监管职责的部门要分工负责、各司其职，依法依规做好安全监管工作。邮政管理部门要切实履行行业主管职责，对寄递企业进行安全风险评估，对未经许可、不具备安全条件的寄递网点，坚决依法查处；对安全管理措施不落实的企业，依法责令其停业整顿。交通运输部门要依法承担道路、水路运输市场监管责任，贯彻落实物流运输有关政策、法规、技术标准和运营规范并监督实施。经信部门要推进工业化和信息化融合发展工作，组织制定工业和通信业相关政策，承担工业和通信业信息安全应急处置工作，负责民用爆炸物品生产、销售的安全监督管理。公安部门要依法监督、检查、指导寄递、物流企业内部治安保卫工作；依法核发枪支弹药、民用爆炸物品、易制毒化学品购买和运输许可，核发剧毒化学品购买和道路运输许可证，监管放射性物品道路运输；依法查处利用寄递、物流渠道进行的违法犯罪活动；依法监督检查物流领域贯彻落实国家信息安全等级保护和互联网安全管理制度，协调处置网络安全重大突发事件（事故）。国家安全部门要将寄递、物流企业纳入监管范围，主动加强监督管理，依法打击各种违法犯罪活动。商务部门要推动物流配送发展，贯彻落实商贸物流的法规、规划、标准和政策，加强商务领域信用建设，促进物流标准化、社会化、信息化水平的提高。工商行政管理部门要严格落实经营快递业务前置许可规定，对企业未取得快递业务经营许可的，不予发放营业执照。质检部门要协调推动物流安全标准制修订工作，依法管理物流行业计量器具及量值传递和比对工作，依法对特种设备安全实施监督管理。安全生产监督管理部门要依法对物流行业安全生产工作实施综合监督管理，加强对危险化学品、烟花爆竹生产经营企业的安全监督管理，指导非药品类易制毒化学品生产、经营监督工作。海关部门要严格落实国家在进出口(境)环节上的禁止、限制性规定,加强对进出境物品的监督管理,依法打击各种违法行为。民航行政监管部门、铁路监管部门要依法对民航企业、铁路运输企业安全工作进行监督检查。

(三)强化属地管理责任。各级人民政府要高度重视寄递物流安全管理工作,主动适应新形势,努力解决影响社会公共安全的源头性、根本性问题。要按照分级负责、属地管理的要求,定期分析安全形势,研究解决重大事项,督促有关部门严格执法。乡镇人民政府(街道办事处)要确定分管负责人,明确工作人员协助做好本行政区域内寄递、物流安全的巡查工作,发现安全问题和隐患应及时向上一级邮政管理部门、交通运输部门、公安机关报告,并配合相关主管部门督促整改,使违法问题得到及时纠正和查处。各级综治部门要认真履行职责,加强组织协调、督导检查和考评推动,建立健全会议联系、工作联动、信息联通、案件联处的工作机制,协助落实寄递、物流安全工作属地管理责任。各有关职能部门、监管单位要加强资源整合和力量统筹,推动理念思路、方法手段创新,积极配合,履行职责,推进安全管理工作精细化、信息化、法治化,预防和减少各类重特大案(事)件发生。

二、严格落实制度要求

(四)严格落实验视制度。寄递、物流企业要贯彻落实"管理从严、执行从严"的要求,严格依法履行收寄验视、安全检查的法定义务。寄递企业收寄的邮件、快件(除信件外)必须100%实行先"验视"后"封箱",当面验视内件,确认安全后加盖收寄验视戳记或者签名;对国家明令禁止的寄递物品、不能确认安全性的物品或者用户拒绝验视的,坚决不予收寄;要规范协议客户管理,按照安全保障协议示范文本签订合同,建立完善抽检抽查制度并留存好抽查记录,有效防控安全案(事)件。物流企业要依法与托运人签订运输合同,规范管理签订长期运输合同的用户,将托运人"不夹带违禁品、瞒报危险物品及自觉检查货物"等义务在合同中加以明确;要提醒委托人核实货物是否属于违禁品,并在营业场所、运输单据上明示违规委托的法律责任;要建立完善在货物运输受理环节的安全检查制度,相关安全检查资料应保存6个月以上,防止伪报品名托运或者在普通货物中夹带违禁物品、危险品。寄递、物流企业要加强源头管控,强化对疑似爆炸装置、危险化学品、枪支弹药、易燃易爆剧毒等物品的查验把关,检查发现寄件人或托运人夹带禁寄禁运物品的,应当及时报告相关主管部门和公安机关。

(五)严格落实实名制度。寄递、物流企业要严格执行寄递物流活动100%实名制,认真做好用户身份查验和身份信息登记工作。寄递企业要提供安全、便捷的服务,对除信件、已有安全保障机制的协议客户或者通过自助邮局(智能快件箱)交寄的邮件、快件以外,一律要求寄件人出具有效身份证件并登记后方可收寄。物流企业从2017年1月1日起,要实行全行业实名制度,依法对托运人身份信息进行查验,认真核对并登记托运单位、托运人及托运货物的品名、数量等真实信息,相关登记信息留存18个月以上。寄递、物流企业要建立信息数据库,寄件人或托运人身份信息应及时抄登或录入企业用户信息库,对业务流程实行全程计算机管理,实现对邮件、快件、托运物品的全程跟踪和实时查询,确保来源可追溯、责任能倒查、违法受查究。寄递、物流企业要完善信息登记管理制度,规范实名收寄行为,切实保护用户信息安全。

(六)严格落实安检制度。各地要按照源头管控、属地管理、保障安全的要求,推动寄递、物流企业全面落实安检制度。寄递企业要实施邮件、快件"层级分流、就地安检"措施,100%通过X光机安检。自2017年1月1日起,全省市州、县市区所有收寄的邮件、快件必须就地安检,未通过安检查危措施的,不得发往下一环节。无论邮件、快件大小,件件过机,存疑复检;对安检发现夹带有禁止寄递物品的邮件、快件,坚决阻断在当地,决不能进入寄递渠道形成现实危害。寄递企业可以采取自主安检、联合安检、集中安检等方式对收寄的邮件、快件进行安全查验,凡过机安检的邮件、快件要在醒目位置加盖安检戳记或者张贴安检标识,载明安检单位、安检地区、安检时间。要制定安检操作规程,严格落实安检设备定人、定机、定岗、定责制度,保障安检工作制度化、常态化、长效化。寄递企业应当在省际分拨中心安排具有专门技术人员对寄往重点地区、重点部位、重大活动所在地的邮件、快件及国际、港澳台邮件、快件和通过航空、高铁运输的邮件、快件进行二次安检;相关邮件、快件安检资料应当保存30天以上。物流企业要全面落实安检制度,对重点时段、运往重点区域和特殊场所的货物进行重点查验,从源头上防范利用物流和零担货运渠道实施违法犯罪。鼓励地方政府支持物流企业采取多种安检方式,落实安检制度,在货物集散地可由专业公司对货物进行安检。

三、完善安全监管体系

(七)加强诚信体系建设。各地各有关部门要创新监管方式,建立失信惩戒和守信激励机制。邮政管理、交通运输部门要分别根据寄递、物流企业安全违法行为记录,建立企业诚信档案和黑名单制度,实施企业诚信评估,推进分级分类监管。探索建立企业诚信承诺、自查自纠、警示约谈、重大安全信息报告等动态监控制度,对自觉守法的企业,在法律法规允许的范围内,减少日常监督检查;对失信企业开展法律法规教育和警示约谈,增加监督检查频次;对发生重大案(事)件的企业,实行重点监管,采取信用提示警示、取消市场准入、实施行政处罚等方式进行惩戒。完善情报信息收集研判和共享机制,建立安全违法行为信息库,推进行政处罚公开、日常监督检查记录公开,促进寄递、物流企业诚信和守法经营。要发挥行业自律和社会监督作用,广泛听取收集各方面对寄递、物流企业自我安全管理的综合评价,加强行业诚信自律和约束引导,提高行业安全管理整体能力。

(八)加强信息技术建设。各有关部门要认真贯彻落实国务院《关于运用大数据加强对市场主体服务和监管的若干意见》,充分运用大数据、云计算、物联网等先进信息技术,改进和加强寄递、物流安全监管工作。根据安全溯源、作业留痕、责任倒查的需要,健全信息采集标准和共享机制。寄递、物流企业应当预留安全监管数据接口,依托公安、国家安全等情报信息系统,实现对涉枪涉爆涉毒涉危、寄运敏感物品、治安高危人员等信息的关联比对、分析研判、等级预警、全程跟踪,及时核查处置,严防发生重大案(事)件。要在业务操作场所安装视频监控设备,寄递企业监控资料保存时间不少于30天,物流企业不少于90天。鼓励物流企业建立人工与自动化抽检相结合的验视检查模式,配备相应的安全检查设施设备,提高验视的效率和准确性。

(九)加强寄递物流园区建设。各级人民政府要认真贯彻落实中央和我省关于寄递、物流发展规划要求,要结合本地区产业结构特点、商品流通、安全管理等方面需求,制订寄递、物流发展规划,在城乡规划中合理布局寄递、物流基础设施建设并将其纳入土地利用总体规划。要确定专门区域,安排引导资金,科学安全建设寄递、物流园区。要严格把好入园企业安全准入关,大力支持产业配套、设备先进的寄递、物流企业入园,严格限制安全水平低的项目建设。凡经营危爆物品、化工原料等入园企业,依法实施建设项目安全审查,严格安全设计管理。要加强园区一体化监管,推动园区与社会协调发展,建立"责任明确、管理高效、资源共享、保障有力"的园区安全管理工作机制,强化园区内企业的安全管控,实施邮件、快件、物品等集中管理、集中安检,提高安全保障。要加强应急救援综合能力建设,促进园区安全发展和可持续发展。

四、加强安全管理保障

(十)强化组织保障。各地要充分认识加强寄递、物流安全管理工作的重要意义,按照"发展是第一要务、稳定是第一责任"的要求,切实加强组织领导。各有关监管部门要充实监管力量,提高监管素质,增强监管能力。要根据国务院相关文件精神,加强行业主管部门安全监管执法力量建设,健全完善省、市州、县市区三级寄递渠道安全监管机制。做好与国家寄递渠道安全监管"绿盾工程"的配套衔接,配足配齐人员力量,加强安全预警、网上巡查和应急联动。针对县市区机构缺失、同城不设防的突出短板,进一步强化基层监管队伍建设,对一些业务量大、企业数量多、安全隐患突出的地方,可以通过政府购买服务或者设置派出机构等方式充实监管力量,具体形式由上一级邮政管理部门与地方人民政府协商确定。寄递、物流企业要加强企业安全管理员队伍建设,其分支机构(含邮件、快件分拨中心、货运站场)必须设置企业安全管理机构,配备专兼职安全管理员。从业人员超过100人的,配备2名专职安全管理员；从业人员在 100 人以下的，配备 1 名专职安全管理员或 2 名兼职安全管理员。要对从业人员组织培训和考核，加强警示教育，着力提高从业人员安全意识和业务技能，强化岗位责任与行为规范。要加强对广大群众的宣传引导，采取多种形式开展宣传教育活动，提高《禁寄、限寄运物品名录》在广大人民群众中的知晓率。要建立举报奖励机制，充分调动人民群众举报违法犯罪线索的积极性，引导社会力量共同维护寄递、物流安全。

（十一）强化经费保障。各级人民政府要将寄递、物流安全责任目标管理、应急演练、政府购买服务等经费足额纳入财政预算予以保障。要安排经费用于加强宣传培训、消除公共安全隐患、管控寄递物流安全源、强化安检设施建设以及兑现举报奖励等。要加快寄递渠道 X 光机安检设备的购置，推动安全监管由人防向技防转变。寄递企业落实邮件、快件就地安检措施需添置的 X 光机设备，原则上在 2016 年 12 月底前配备到位，所需经费采取企业自筹为主与财政适当补贴相结合的方式进行配置。具体资金补贴方案由省邮政管理局会同省财政厅研究制定。从 2017 年 1 月 1 日起，各地新增加的寄递企业配备的 X 光机安检设备，由同级财政予以奖励性补贴。

（十二）强化考核保障。各级人民政府要遵循“依法依规、权责一致、失职追责、尽职免责”的原则，健全完善寄递、物流安全管理工作责任追究制，督促有关部门依法履行职责，保障法律法规和安全制度的有效落实。邮政管理、交通运输、公安、国家安全等部门要深入开展安全隐患排查、专项整治活动，重点治理寄运受理环节验视不合格、安检走过场、不留存寄运信息和瞒报货物品名等突出问题，对检查发现的各类安全隐患，要逐一通报、跟踪治理；对其中的重大隐患要及时停业整顿。要加大案（事）件查处力度，依法严厉打击利用寄递、物流渠道实施的各种违法犯罪活动，对因安全管理不到位的，要坚决依法倒查，处罚当事企业及其负责人和具体责任人；对发生重大案（事）件的，除追究当事企业主要负责人和实际控制人责任外，还要按规定追究上级企业及有关责任人的责任；对构成犯罪的，依法追究其刑事责任。各有关部门在监督管理工作中失职渎职、滥用职权、玩忽职守、徇私舞弊，对群众举报、上级督办、日常检查发现的违法行为打击不力而导致案（事）件发生的，按照有关法律法规和政策予以责任追究。各级综治部门要将寄递、物流安全管理工作纳入综治考评，并严格执行社会治安综合治理领导责任制。

中共湖南省委办公厅　省政府办公厅
关于 2016 年度市州及县市区综治工作
考核评估情况的通报

（2016 年 12 月 27 日）

各市州、县市区委，各市州、县市区人民政府，省直机关各单位：

2016 年，全省各级党委、政府全面贯彻党的十八大和十八届三中、四中、五中、六中全会精神，深入贯彻习近平总书记系列重要讲话精神，大力加强和创新社会治理，更加注重联动融合、开放共治，更加注重民主法治、科技创新，保持社会政治大局持续稳定，人民群众的安全感和满意度进一步增强。省综治委组织有关部门对 14 个市州、128 个县市区（管理区、开发区）年度综治工作进行了考核评估。经省委、省人民政府同意，现将考核评估情况通报如下。

一、年度考核评估结果（根据行政区划顺序排列）

先进市7个：长沙市、湘潭市、岳阳市、常德市、郴州市、永州市、怀化市

合格市州7个：衡阳市、株洲市、邵阳市、张家界市、益阳市、娄底市、湘西土家族苗族自治州

先进县市区（管理区）45个：芙蓉区、望城区、长沙县、浏阳市、石鼓区、南岳区、衡阳县、耒阳市、天元区、株洲县、炎陵县、湘乡市、韶山市、北塔区、邵东县、洞口县、城步苗族自治县、云溪区、君山区、湘阴县、汨罗市、临澧县、津市市、桃源县、石门县、武陵源区、南县、大通湖管理区、宜章县、永兴县、桂东县、资兴市、零陵区、江永县、宁远县、江华瑶族自治县、鹤城区、中方县、新晃侗族自治县、芷江侗族自治县、通道侗族自治县、娄星区、冷水江市、龙山县、保靖县

合格县市区（管理区、开发区）82个：天心区、岳麓区、开福区、雨花区、宁乡县、长沙高新技术产业开发区、珠晖区、雁峰区、蒸湘区、衡南县、衡东县、祁东县、常宁市、荷塘区、芦淞区、石峰区、攸县、茶陵县、醴陵市、雨湖区、岳塘区、湘潭县、双清区、大祥区、新邵县、邵阳县、隆回县、绥宁县、新宁县、武冈市、岳阳楼区、屈原管理区、岳阳县、华容县、平江县、临湘市、武陵区、鼎城区、安乡县、汉寿县、澧县、常德经济技术开发区、永定区、慈利县、桑植县、资阳区、赫山区、桃江县、安化县、益阳高新技术产业开发区、沅江市、北湖区、苏仙区、嘉禾县、桂阳县、临武县、汝城县、安仁县、冷水滩区、祁阳县、东安县、双牌县、道县、蓝山县、新田县、洪江管理区、沅陵县、辰溪县、溆浦县、会同县、麻阳苗族自治县、靖州苗族侗族自治县、洪江市、双峰县、新化县、涟源市、吉首市、泸溪县、凤凰县、花垣县、古丈县、永顺县

黄牌警告1个：衡山县

二、"平安县市区"考核评估结果

新授予"平安县市区"称号6个：南岳区、耒阳市、临澧县、芷江侗族自治县、通道侗族自治县、冷水江市

保持"平安县市区"称号（管理区、开发区）45个：天心区、岳麓区、开福区、雨花区、望城区、长沙县、浏阳市、荷塘区、天元区、芦淞区、株洲县、炎陵县、攸县、韶山市、新邵县、华容县、君山区、平江县、屈原管理区、武陵区、鼎城区、津市市、安乡县、武陵源区、益阳高新技术产业开发区、大通湖管理区、资阳区、桂东县、资兴市、永兴县、桂阳县、安仁县、宜章县、双牌县、江华瑶族自治县、宁远县、新田县、辰溪县、洪江管理区、中方县、新晃侗族自治县、城步苗族自治县、溆浦县、涟源市、泸溪县

省委、省人民政府决定，对先进、合格及平安单位按照有关规定给予表彰奖励。希望受表彰奖励的单位戒骄戒躁，再接再厉，争取新的更大成绩。各级党委、政府要把综治工作纳入"四个全面"战略布局统筹谋划部署，进一步加强组织领导，严格落实综治领导责任制，深化平安湖南建设，坚持专项治理与系统治理、依法治理、综合治理、源头治理相结合，大力夯实基层基础，加快建设立体化、信息化社会治安防控体系，完善矛盾纠纷多元化解机制，进一步提高社会治理社会化、法治化、智能化、专业化水平，提升预测预警预防各类风险能力，为实施创新引领、开放崛起战略，建设富饶美丽幸福新湖南，迎接党的十九大胜利召开创造更加安全和谐稳定的社会环境。

湖南省长沙市坚持创新引领　构建平安长沙

2016年，长沙市坚持创新引领，不断提升平安建设新理念新思路，推出平安建设新举措新方法，着力整合资源、创新方法、破解难题，提高了社会治理社会化、法治化、智能化、专业化水平，实现了平安长沙的升级发展。

一、用大数据助推社会治理

大数据技术，是推进治理体系和治理能力现代化的重要手段，也是新形势下治安工作的重要抓手。长沙市作为"一带一路"重要节点城市，2016 年全市登记实有人口达 940 万人，流动人口近 300 万，人流、物流、资金流高度活跃。城市高速发展的同时，也给治安工作带来巨大压力，建设了以数据为核心，以分布式数据库、内存数据库、大数据处理技术为基础的大数据平台。通过数据的整合、挖掘，采取针对性的"打、防、管、控"措施，提升了治安工作的可预见性、精准性、高效性。一是用大数据分析支撑源头防范。利用大数据平台，搭建起 130 余类数据分析模型，通过大数据每日分析出高发案件类型、路段和时段，科学调配路面警力，推动群防力量弥补维稳防控薄弱环节，同时 5 万余个监控探头分级接入指挥中心、指挥室，24 小时专人视频巡查，与街面巡逻警力策应联动，使防控力量布局科学化，防控合力最大化，有效控压了发案。2016 年，侵财类警情接报数同比下降 10.7%，街面"两抢"发案同比下降 35.8%，抢劫、抢夺、敲诈勒索等街头犯罪为历年来最低水平。二是用大数据研判实施精准打击。利用大数据对往年入室盗窃案件及抓查各类违法犯罪嫌疑人进行比对分析，发现有近 80% 的案件为职业犯罪分子所为，有 20% 的犯罪分子为职业犯罪分子。这在一定程度上说明，20% 的犯罪嫌疑人实施了 80% 的案件，这给了我们极大的启示。2016 年，长沙市公安部门在深入分析犯罪活动大数据信息的基础上，把打击的矛头对准多发性侵财案件和重大恶性案件，对准"20%"的人，盯准重点人员、比中对象和地域性、系列性、团伙性案件，制作重点人员活动"热点地图"，适时开展重点人员轨迹倒查，破获一批大要案，实现了精准打击，削减了犯罪主体。2016 年，长沙市接 110 刑事治安警情同比下降 11.8%，立刑事案件下降 19.5%，八类恶性案件下降 17.5%。三是用大数据应用强化重点管控。长沙火车南站是京广、沪昆高铁两线交汇和地铁、磁悬浮、客运、公交、出租车站六站合一的交通枢纽中心，每天客流量达 18 万人次，高峰期甚至高达 26 万人次，领导关注、社会关心，反恐防暴和治安防范工作的重要性不言而喻。过去管控力量分散、安防设备无法整合，令人担忧。近年来，长沙火车南站强化大数据思维，构建地方与铁路共同参与的常态化治安防控联勤联动机制，设置了指挥同台、通信同频、视频同网、信息同享的联勤联动指挥中心。中心外接公安网、互联网，汇聚各单位提供的情报信息，实时研判并调整防控重点，科学投放防控力量，做到了快速反应、联动处置，有效提升了面上的管控能力和应对突发事件能力。

二、整合社会力量推动开放共治

当前社会形势复杂多变、社会问题纷繁多样，单靠政府专门机关的工作难以适应新的形势。各级综治部门创新机制，采取多种形式，组织、引导、发动各类社会主体和广大人民群众，整合各类社会力量参与社会治理，努力推动社会共治，着力打造命运共同体。一是政府购买服务。将政府管不了、管不好，或者其他社会主体能够做得更好的工作，采用政府购买服务的方式，交由其他社会主体来承担。编制政府购买服务目录，在养老助残、特殊人群心理康复、社区矫正、人民调解等 16 个领域引导社会力量有序参与社会建设与社会治理。政府购买服务建立的 500 多名专职人民调解员队伍，已成为长沙市人民调解的中坚力量。长沙"天网工程"按照建设运维 5 年购买服务的方式，将长沙市 9 个区县(市)建设任务整体打捆，实行统一招标采购，节约财政资金近 10 亿元，成为全国典范，近 30 个城市来长沙学习考察。二是市场引导多方参与。2014 年 6 月，长沙市出台《长沙市农村治安保险试点工作方案》，在 47 个乡镇开展试点。由保险公司设计 20 元、30 元、40 元、50 元四大类保险产品，每大类下细分为 A、B、C 三小类，共 10 种保险方案，供居民选择。2016 年以来，在总结试点经验的基础上完善保险体系，推动治安保险工作进一步向市场主导转移。治安保险推出以来，累计为 115 个乡镇的 28.21 万户家庭提供了 93.83 亿元的风险保障，累计受理报案 7130 起，共支付赔款 793 万元，使广大群众特别是弱势群体和特殊人群在自然灾害和意外(盗抢)事故发生后，迅速得到经济补偿，有效地规避和化解各种治安风险，及时化解因治安问题引发的矛盾纠纷。三是培育增强社会组织功能。出台大力扶持社会组织的奖励办法，全市共有社会组织孵化基地 11 个，新培育孵化社会组织 200 余家,登记社区组织达 4506 家,用于支持社区社会组织、社工机构参与社区治理与服务,长沙市本级财政每年就投入资金近亿元。此外,对公交和出租车司机、邮政环卫工人等提供线索查处违法犯罪行为给予奖励,近年来每年发放奖金 90 余万元。对见义勇为生活困难的,在重奖和每年慰问的基础上,协调有关部门推出最低生活保障和医疗康复措施,并建立政法系统青年志愿者帮扶服务机制。

三、用法治方式破解治理难题

注重法治在社会治理中的优势作用,遵循法治的理念,运用法治的方式,引导群众在法治的轨道上主张权利、解决纠纷,把利益诉求纳入法治化轨道,推动解决工作难题、热点问题。一是用法治思维破解城市管理难题。2015 年,长沙启动史上最大规模拆违控违行动,至 2016 年 10 月拆除违法建筑面积 1760 万平方米,控制新增违建约 14 万平方米。拆违控违工作顺利推进,成效突出,一个很重要的原因,就是我们始终以法治的思维,严格按法律的程序推进,有效预防和化解了各类矛盾。法治教育先行,启动之前,长沙市共组织近 30 万人次进村入户宣讲政策讲法律,编写《拆违控违相关法律法规政策汇编》,发放各类宣传资料、法律文书,张挂标语横幅,把政策法律讲透;法律服务贯穿,聘请 30 名律师和法律工作者深入拆违一线,各区组织相应法律服务力量,全过程无偿为相关群众提供法律咨询、纠纷调解等司法服务;严格依法推进,对工作人员进行法律法规培训,提高依法拆违的能力,落实“拆违必合法、凡事要有据、程序要到位”的要求,做到每一个程序、每一个环节、每一个对象都合理合法合规,并由监察、督查等部门定期开展专项督查。拆违控违中没有发生大的集访上访事件,无形中还彻底解决了一大批消防安全隐患。二是用法治手段管控好严重精神障碍患者。严重精神障碍患者肇事肇祸曾是社会治理的难点和盲点。近年来,长沙市用法治手段加强严重精神障碍患者服务管理,未发生有影响的肇事肇祸案(事)件,肇事肇祸发生率同比下降 25%。加强法治宣传引导社会关心,加强《精神卫生法》相关法律条文的宣传,引导全社会都来关心、救助精神障碍患者,改变了过去个别家庭关锁患者、周边群众歧视患者、社会救助缺位等现象,杜绝了以往重症精神障碍患者流浪街头、时常肇事肇祸的乱象。制定规章制度进行规范,出台《长沙市肇事肇祸精神病人管理办法(试行)》《长沙市精神病人医疗救助办法》《长沙市重性精神疾病管理治疗工作方案(试行)》等一系列规范性文件,全方位规范肇事肇祸精神障碍患者的排查、管理、救助等工作。严肃问责追责落实管控,将肇事肇祸精神障碍患者、暴力犯罪严重倾向人员和社会治安重点地区管控工作进行绑定,建立严格的督导考核机制和责任追究机制。三是用法治方式治理进京非访问题。“进京非访”是影响社会和谐稳定的难点问题。长沙市坚持用法治方式治理进京非访问题,取得明显成效,进京非访数登记 2014 年同比下降 62%,2015 年同比下降 58%,2016 年同比又下降 36.6%。坚持法治导向控增量。通过“一推行四公开”群众工作,广泛深入宣讲信访法律法规和规范性文件,全面落实“谁执法谁普法”机制,引导广大人民群众依法上访、逐级上访,通过法治的方式维护自己的合法权益,改变“信访不信法、信上不信下”观念。推行网上信访、阳光信访,严格落实“首问责任制”和“限时办理承诺制”,有效控制“非访”增量。善用法治手段去存量。依法依规依政策逐一梳理信访积案和遗留问题。合理诉求,依法依规依政策全部解决到位,生活有困难的,由政府帮助解决。对信访问题中的重点涉法涉诉信访问题,招募 54 名律师参与和代理涉法涉诉案件,成立由 25 位专家组成的涉法涉诉信访咨询专家组,每年长沙市安排近 800 万元的司法救助资金,解决了一大批重大疑难信访案件。守住法治底线不退让。对信访中的违法犯罪行为,按照“区县为主,市里统筹”的原则,市政法委牵头抓总,公检法司各司其职,其他各部门相互配合,专案侦查、依法处理,坚决纠正违法成本低、守法成本高的现象,近三年来依法打击信访违法犯罪人员 253 人。

湖南省永州市四措并举　筑牢寄递渠道安全屏障

近年来，永州市委、市政府按照中央、湖南省委关于加强寄递业安全管理工作的指示精神，狠抓寄递业治安管控，创新管理机制，构建立体化、专业化、规范化的寄递渠道安全防护网，解决寄递点多面散管理难的问题，严格落实寄递物品收寄验视、实名收寄、过机安检“三个 100%”制度。国家邮政局、湖南省委常委领导对永州市寄递业安全管理工作给予充分肯定。《长安》杂志、法制日报等中央主要媒体进行了推介。

一、坚持政府主导，规范行业管理

加强顶层设计，注重阵地建设，努力形成职权清晰、齐抓共管的监管责任体系。一是明确职责。永州市委、市政府高度重视寄递业安全管理，出台了《关于加强寄递业安全管理促进行业健康发展的实施意见》，将寄递业纳入特种行业治安管理。进一步健全完善寄递执法监管体系，明确各县区政府和综治、邮政、公安、工商、交通、国安等部门的安全监管工作职责，明确了寄递企业安全生产的主体责任。永州市委、市政府将寄递业安全管理工作纳入年度政府绩效和综治考核，从严督导检查，有力地保障了寄递渠道安全有序运行。二是建好阵地。出台《寄递安检服务中心建设要求》，按标准规范建设了全省第一家市级安检服务中心——永州市寄递安检服务中心，建筑面积 2200 平方米，安装了 4 条安检流水线，日检测寄递快件达 3 万件，为中心城区 22 家寄递企业提供免费的寄递安检服务。中心配备了寄递业治安管理信息系统、寄递业视频监控平台、寄递安检侦控中心，能对市内所有寄递企业实行 24 小时视频监控。同时，采取政府补助、市场运作的方式，在永州市 11 个县区建成 14 家寄递安检服务中心，对入选企业，每家补助 X 光机 1 ~ 2 台，每年补助 8 万元运行经费，对辖区内全部寄递企业实行免费安检。三是联动共治。大力强化寄递业安全管理联动机制建设，成立由副市长、市公安局局长任组长的寄递业安全管理工作领导小组，小组成员、部门负责人、联络员定期进行联席会商。同时，成立了全市寄递行业协会，推进标准统一、源头管理、行业约束、相互监督的行业管理机制。深入开展联合执法检查，2016 年，永州市共检查寄递网点 328 家，出检 585 人次，下达责令整改通知书 33 份，关停违法经营快递网点 2 处，立案查处 2 起。

二、坚持源头管理，建立长效机制

各级各部门注重源头治理，不断强化工作措施，压实压紧责任，确保了寄递业安全管理工作落实落细落小。一是掌握从业底数。加强寄递业清理整治，对全市 22 家寄递企业、77 个分支机构、2000 余名从业人员以及加盟商、分拣中心、仓储配送中心、各类末端网点的基本情况和信息进行全面采集，录入市公安局寄递安检监管系统，做到底数清、情况明。二是健全管理制度。制定寄递业收寄验视、实名登记、安全责任、技术防范、违规寄递处罚警示和寄递服务信息登记等 26 项治安管控制度，建立健全收寄信息归集、内部安全防范、治安检查、联席会议、应急处置、线索转递抄告等 7 项工作规范，确保有章可循。创新“政府主导、企业主责、政府扶持、行业主管、公安监管”的寄递业治安管理运行机制。辖区内寄递企业、网点及从业人员层层签订了治安管理责任书，严格按照“谁经营、谁负责”“谁收件、谁负责”的原则，逐步健全寄递物流业安全管控制度。三是广泛宣传教育。利用永州电视台、永州日报、永州发布等媒体，全方位开展“三个 100% 制度”的宣传报道。印制了《关于加强寄递渠道安全管理，切实落实“三个 100% 制度”的通告》等宣传资料 10 万余份，在城区主要街道、商场、集贸市场、居民小区、寄递企业网点进行张贴，向寄递行业发放了《禁止寄递物品管理规定》的通告和禁止寄递物品目录，在各网点张贴“收寄物品必须现场验视并出示身份证”定制牌，在全社会营造了“关注寄递、依法寄递”的浓厚氛围。

三、坚持科技支撑，实现实时监管

运用现代科技手段，加强寄递业信息化平台

和信息库建设，对重点单位、重要场所做到监测智能化、管理精细化。一是研发管理信息系统。按照信息清楚、物品清白、流向清晰的“管理三清”方式，研发了“终端 + 网站”寄递业治安管理信息系统。以寄递业治安管理信息系统、寄递业视频监控平台、寄递安检侦控中心为依托，集寄递业实名登记、开箱验视、X 光检测、信息查询、侦控监管为一体。在全市快递从业人员手机终端安装寄递业治安管理信息系统 APP，在各快递企业收寄网点安装二代居民身份证读卡器，规范“一读二扫三拍四录”采集流程。通过为寄递企业及从业人员提供电脑前台登记管理及手机 APP 实名登记功能，规范信息采集；使寄递企业信息网络互联互通，对寄递企业实行 24 小时视频监控，不断规范企业管理。二是建立基础信息库。统一印制实名登记本，下发至辖区内所有寄递企业及其下属网点，规范企业实名制登记工作。目前，永州市 11 个县区 14 家寄递安检服务中心，共采集寄递业信息 70 余万条。建立全市寄递安检监管搭建数字平台，快递员采集的信息第一时间直接上传至该数据库，录入数据 2000 余万条，做到来源可追溯、责任能倒查、违法受追究。三是强化远程监控。在永州市公安局建立寄递安检侦控中心，由 2 名民警、2 名辅警通过视频监控镜像，对全市寄递安检服务中心运行情况进行实时动态远程巡查、监管。在寄递安检服务中心设立警务室，为企业提供服务，同时将寄递企业确定为治安保卫重点单位，督促落实人防、物防、技防措施和安全管理制度。在安检中心、寄递企业经营场所出入口、营业厅等部位安装高清视频监控设备，在各网点安装 CK 报警系统。对不严格落实制度规定的企业实行首次警告、二次处罚、三次停业的刚性问责工作措施。

四、坚持打防并举，发挥实战效能

牢固树立“禁寄物品不出市、寄递物流不出事”的理念，充分发挥寄递管理平台侦控查证分析系统的作用，加强情报收集、信息研判，实现对违法犯罪精确防控和精准打击。一是掌握情报信息。加强寄递渠道力量建设，永州市已建信息员、联络员 170 名，做到了寄递网络全覆盖，及时获取寄递渠道危及社会安全稳定的情报信息。加强了寄递管理与公安反恐、综合治理、国家安全、扫黄打非等部门联系沟通，及时通报情报信息，共同联合作战，改变了过去单纯依靠公安机关查处，防范滞后、查处不及时的被动局面，实现了主动出击，提早掌握，准确打击。对主动举报或是提供犯罪线索、协助公安机关破案的，永州市委、市政府予以重奖。二是发挥平台功效。充分发挥寄递安检侦控中心和寄递渠道侦控查证分析系统的作用，将快递数据信息采集管理系统直接与公安大情报等系统对接，与系统平台内案（事）件、重点人员及在逃人员等信息进行比对碰撞、集成分析、综合研判，主动为办案民警提供有价值的案件侦破线索，提升案件侦破的效率。永州市通过寄递业管控系统共成功侦破了网络制贩枪支案、违禁物品案 19 起，抓获犯罪嫌疑人 22 名，收缴管制刀具 70 余把、枪支配件 100 余件、假烟 200 余条、毒品 20 余克、气枪子弹 2000 余发。三是强化业务培训。为进一步提升辖区寄递企业服务管理水平，切实保障寄递渠道安全平稳，组织邮政、国安、安监、公安、消防、工商、扫黄打非办等部门专家对辖区内寄递企业及分支机构负责人、业务骨干开展寄递服务业务系列培训 3 期 540 余人次，强化从业人员业务知识及技能培训，对操作规程和法规进行了系统的讲解，就如何操作使用 X 光机进行了一对一培训。

湖南省湘西自治州完善基层治理机制
开启服务群众直通车

近年来，湘西自治州积极探索创新基层社会治理模式，把网格化服务管理作为推进社会治理体系和治理能力现代化的基础工程，高起点谋划、渐进式推进，2013 年在凤凰县先行试点，2014 年搭建平台，2015 年出台意见统筹推进，2016 年纳入“美丽湘西”建设和“精准脱贫十项工程”纵深推进。目前，全州网格化组织体系、责任体系、平台体系、保障体系不断健全，“网格全覆盖、诉求快响应、服务零距离”工作机制基本形成。

一、网格全覆盖

坚持把社区网格化建设作为夯实基层社会服务管理的基础性工程，着力构建城乡一体、上下同步的网格化管理体系，基层社会服务管理能力进一步提升。一是高标准建设网格化阵地。州、县市成立网格化服务管理工作领导小组、办公室、指挥中心，乡镇（街道）建立相应的工作机构。目前，全州网格化基础建设、网格员工资报酬、运转经费共投入 2.25 亿元，划分网格 9978 个，建成 9 个县级网格化指挥中心、100 个乡镇（街道）分指挥中心、573 个村（社区）网格工作站，基本实现城乡网格化工作全覆盖。二是高标准搭建网格化平台。县、乡、村三级平台联网运行，职能部门工作平台与网格化指挥平台有效对接，具备基础信息、基层党建、城市管理、社会治安、安全生产、公共服务、信访维稳、矛盾调处等功能。各县市建立网格化数据库，有效整合地理地图、卫星定位、电子防控、数字城管、国土信息、人口信息、房屋信息等数据，实现信息数据分级授权、动态管理、共建共享，强化信息支撑。三是高标准配备网格化队伍。在城区加强网格长、民情员、楼栋长网格化队伍建设，在农村加强网格长、中心户长网格化队伍建设，公开招聘选拔大学毕业生、网络技术人才等充实网格管理员，工资保障纳入财政预算。社区民警（协辅警）、城管执法队员等力量进网格，“五老人员”、志愿者等队伍充实网格。全州网格化队伍人员达 26057 名，已经成为活跃在大街小巷、乡村阡陌的基层治理重要力量。

二、诉求快响应

创新网格化运行机制，提升高效、快捷服务管理水平。一是创新网格事项分派交办机制。实行按流程督办，“信息收集、案卷建立、指挥派遣、处置反馈、核查结案、考核评价”六个步骤形成工作闭环。实行指挥中心交办，按照层级管理原则，各级指挥中心对上报事项汇总分类，推送相应职能部门办理。实行重大事项联合办理，对重点难点事项，采取联席会议、现场办公、联合办公、预安销号等方式合力解决。二是加强电子防控与网格化深度融合。2013 年起，采用 BOT 模式，投入 3.5 亿多元，统筹推进全州电子防控系统建设。目前共建成前端高清监控摄像头 3 万余个，基本实现城乡公共区域全覆盖，区域视频监控联网运行，并与网格化平台授权对接，为城市管理、反恐处突、抢险救灾和应急指挥提供资源共享，为治安防控、侦查办案提供技术支撑。三是创新群众参与方式。通过便民服务热线、手机 APP、微信公众号、网格微信群、网格化网站等多种信息化手段，搭建起群众参与网格化的便车、快车。将微信集群与网格化平台融合贯通，采取信息有奖、微信红包等方式，畅通民情表达渠道，充分调动群众参与社会治理的积极性。

三、服务零距离

发挥网格化服务管理综合效能，转变政府职能、改进工作作风，联系群众、服务群众。一是推动基层组织向网格延伸。以基层党建为引领，把党小组建在网格，把党的活动开展在网格，把党员承诺落实在网格，增强基层治理活力。发挥工会、共青团、妇联、残联等群团组织作用，引导社会组织、志愿者队伍等力量进社区、入网格，落实社会救助、志愿服务等帮扶措施，加强对空巢老人、留守儿童、残疾人、精神病人等特殊群体服务管理。二是推动部门工作向网格延伸。把城市管理、社会治安、人口管理、公共服务、基层党建、信息采集、矛盾调处、信访维稳 8 大项 180 余小项综合职能汇集到网格，变“坐堂办公”为“上门入户”，变被动应对为主动服务。相关职能部门服从网格化指挥中心统一调度，将承诺事项、办结时限、负责领导、专办人员、联系方式等在网格公开，避免相互推诿、办事拖延，使网格事项办理“找得到下家”，工作未完成“打得到板子”。三是推进民生服务向网格延伸。网格管理员充分发挥巡查员、信息员、资料员、勤务员、治安员、宣传员的作用，巡查走访、贴近群众，主动发现和受理事关群众切身利益的问题和诉求。在网格推行代办制，为群众提供代领身份证、代送资料、代领款项、代办手续等便民惠民服务。2016 年，龙山里耶镇

“6·20”、古丈默戎镇“7·17”特大洪灾中，网格员发挥了重要的预警、服务作用，无一名群众因灾死亡。2016年，全州通过网格化平台办结各类事项5.12万件，同比上升38%。一次次为民服务传递着和谐与温情，一件件实事办理履行着职责和承诺，网格化服务管理搭建起了党委政府与人民群众的桥梁纽带，打通了服务群众“最后一公里”，提高了基层治理水平，人民群众安全感满意度稳步上升。

（撰稿人：高启建
审稿人：田福德　赖小燕）

广 东 省

2016 年综治工作概况

2016 年，广东省各级党委、政府及省综治委成员单位认真贯彻落实中央和省关于综治和平安建设的决策部署，围绕中心，服务大局，坚持系统治理、依法治理、综合治理、源头治理相结合，一手抓突出问题整治，一手抓综治工作创新，实现了“四个不发生”目标，为全省经济健康平稳发展、社会和谐稳定营造良好的社会环境。

一、社会矛盾预防化解能力进一步提高

各地各部门深入开展社会矛盾“5 + 3”专项治理，紧紧围绕影响社会稳定的重点领域、重点群体，着力解决涉农涉土、劳资纠纷、涉环保、涉众型金融、涉房地产领域群体利益诉求问题。健全落实社会稳定形势定期分析研判和矛盾纠纷滚动排查、多元化解机制，健全省、市、县三级矛盾纠纷台账，构建党委政府统一领导，综治维稳机构组织协调、职能部门各负其责的矛盾纠纷排查调处机制，落实定期排查、归口调处、领导包案、个案督办等工作制度，促使矛盾纠纷排查调处逐步走上规范化、法制化轨道。针对共性矛盾和重点难点问题，研究出台政策措施，积极推进矛盾政策性批量化解。如省人社厅等部门推动各地建立完善建设领域工资分账管理制度、工资保证金制度和应急周转金制度；省民政厅等部门牵头推动同类型经济地区逐步建立军退人员优抚、生活困难补助区域协调机制；省教育厅牵头推进原民办代课教师“老有所养”问题“分步走”解决，取得了积极成效。2016 年，省市县三级列账矛盾纠纷 3400 宗（含 2015 年转存），同比下降 25%；全省司法行政系统共调解矛盾纠纷 32.35 万件，成功调解 31.69 万件，调解成功率 97.95%。全省公安机关参与处置群体性事件 2450 宗，同比持平。

二、打击整治效能进一步提升

各地各部门紧紧围绕影响社会治安的突出问题，一手抓打击整治，一手抓健全机制，解决了一批治安顽疾，人民群众安全感和满意度进一步提升。一是始终保持对严重违法犯罪的严打高压态势。全省公安机关深入开展“断流”“飓风”“安网 2016”等专项打击行动，严厉打击暴力恐怖活动和毒品、“两抢一盗”、电信网络诈骗、金融领域犯罪等突出刑事犯罪和新型犯罪。2016 年，全省公安机关共立刑事案件 65.5 万起，同比下降 16.5%，实现了刑事案件连续三年大幅下降；破案 24.5 万起，同比上升 1.7%。二是排查整治治安重点地区和突出问题。省、市、县建立健全了社会治安重点地区和突出问题排查整治机制，每年对排查出来的治安重点地区和突出问题实行挂牌整治。2016 年，省综治委、省公安厅共对 17 个县（市、区）实施重点治理或挂牌整治，各地市共对 186 个镇街实施重点治理或挂牌整治。通过持续严打和重点整治，一些突出的治安问题得到有效解决，省内制毒活动持续萎缩，惠州市惠东县、广州市白云区等毒品重点地区面貌明显改观，茂名市电白县电信诈骗犯罪重点整治收效明显，全省非法集资发案数由两年前的全国第 5 名降至第 11 名，全省社会治安持续好转。根据第三方机构调查，群众安全感较去年提升了 0.78 个百分点。

三、社会治安防控体系进一步健全

各地各部门认真贯彻落实中办、国办《关于加强社会治安防控体系建设的意见》及全省的任务分工方案，积极推进人防技防相结合的治安防控网络建设。一是以科技引领、信息支撑的技术防控日趋完善。大力加强云端警务、智能采集网、信息网络防控网等建设，建立完善犯罪人员数据库、指纹数据库、大情报信息平台、视频监控、视频门禁系统等，有效提升了社会治理信息化、智能化水平。截至 2016 年底，全省共建一、二类视频监控摄像点 274.446 万个，其中一类视频点 19.5 万个，高清治安卡口系统 3601 个，在预防和打击违法犯罪、加强社会管理中发挥了重要作用。二是群防群治队伍不断壮大。各地大力发展由地方政府统一出资招聘、公安机关直接管理使用的专职治安巡防队伍。同时，整合保安队、治安联防队、交通协管员、流动人口协管员和平安志愿者等群防群治力量，广泛开展群防群治。目前，全省共有各类群防群治队伍 66599 支，群防群治人员 653260 名。三是创新治安防控模式。各地坚持改革创新，不断探索治安防控方式方法，逐步形成了广州“六位一体”、深圳“科技护城墙”、珠海“国际信令追踪”、佛山“护城河”、梅州“情报主导防控”、惠州“智慧安防”、东莞“打防控一体化”、中山“全民治安”等一批新模式。目前全省社会面防控网、重点行业人员防控网、街镇和社区防控网、机关企事业单位内部防控网、信息网络防控网“五张网”建设日趋完善，社会治安防控能力水平大大提升。

四、综治基层基础建设进一步夯实

各地各部门把加强基层基础工作作为一项长远性、根本性工作来抓，综治基础更加牢固。一是“中心 + 网格化 + 信息化”试点工作基本完成。按照省委政法委的统一部署，全省每个地市各选取 2 个镇街综治中心，开展“中心 + 网格化 + 信息化”建设试点工作，着力构建以镇街综治中心为枢纽、以网格为基本单元、以综治维稳力量为主导、以综治信息系统为支撑，覆盖城乡社区的“中心 + 网格化 + 信息化”工作体系，把排查防控违法犯罪、排查化解矛盾纠纷、排查消除安全隐患作为基层综治主要任务落实到基层。目前，各地试点工作基本完成，为 2017 年的全面铺开建设创造了良好的条件。全省 22820 个村（社区）实行了网格化管理，覆盖率达 90.41%，全省共配备网格员 217839 人。二是基层三项治理工作扎实推进。各级党委政法委继续牵头组织开展基层三项治理，完善联席会议、工作协调和情况通报制度，全年全省纪检监察机关共排查出基层党员、干部违纪违法线索 4.65 万条，立案 14019 件，结案 13111 件，给予党纪政纪处分 12613 人；检察机关共受理涉农领域职务犯罪案件线索 730 件 982 人；公安机关共立农村涉黑恶案件 13131 起，侦破涉黑恶案件 8253 起，刑拘涉恶犯罪嫌疑人 23723 人，逮捕 13368 人，有力维护了基层群众切身利益，从源头上消除了一批不稳定因素。三是平安细胞创建覆盖率稳步提升。继续深入推进重点领域、重点行业平安细胞创建活动，平安镇街、平安村居（社区）、平安医院、平安校园、平安市场、平安路段等平安细胞创建覆盖率稳步提升。据统计，全省平安家庭覆盖率达 99.23%，平安校园达标率达 95%。

五、重点专项工作成效进一步显现

各地各部门认真贯彻落实中央和省部署，针对存在的突出问题，集中力量，重点突破，取得了良好成效。一是寄递物流“三个 100%”制度全面落实。100% 收寄验视执行更加严格，100% 寄递实名制全面推行，安检机配备使用加速推进，寄递物流安全防范能力大大加强。二是命案防范工作卓有成效。各地各部门牢固树立“生命至上、人命关天”“命案可防、命案可控”理念，强化责任、完善机制，严密防范命案的发生。2016 年，全省共发生命案 1046 宗，每十万人命案发生数为 0.96 宗，同比分别下降 10.14%、11.93%，每十万人命案发案数从明显高于全国平均水平到目前接近全国平均水平。湛江、阳江、肇庆、惠州市命案发生数下降明显，同比分别下降 43.48%、35.48%、35.14%、30%。三是电信网络新型违法犯罪防范治理取得实效。各地各部门按照省委政法委的部署要求，通过强化行业监管和企业自查自纠、健全完善预警拦截手段、落实手机实名登记制度、普遍建立省市两级打击治理电信网络新型违法犯罪中心等方式，有效增强源头防范电信网络新型违法犯罪的能力。茂名市电白县“猜猜我是谁”“我是你领导”等电信诈骗活动得到有效遏制，全省网络社会治安环境秩序趋于好转。四是严重精神障碍患者救治救助工作成效显著。各地各部门按照省综治办等十一部门《关于加强严重精神障碍患者救治救助工作的实施意见》，强化患者排查、收救治、救助、监护、康复等环节政策措施保障，从源头上防范肇事肇祸案（事）件的发生。2016 年，全省发生严重精神障碍患者肇事肇祸致人死亡案件 22 宗，致死 23 人，同比 2015 年分别下降 70.27%、72.62%。汕头、汕尾、茂名、潮州四市实现了患者肇事肇祸“零发案”。

六、综治责任制进一步落实

一是思想认识更加到位。各级党委政府尤其是党政一把手对“发展是第一要务，稳定是第一责任”的认识更加清晰，自觉把综治维稳工作摆到更加突出重要的位置，与推动改革发展同规划、同部署、同落实、同考核。二是综治维稳领导责任制度更加健全。各地各部门认真贯彻落实中办、国办《健全落实社会治安综合治理领导责任制规定》和《广东省健全落实社会治安综合治理领导责任制实施办法》，完善落实各级党委和政府主要领导负第一责任、分管领导负具体责任、其他领导“一岗双责”的领导体制，逐级签订年度综治目标管理责任书，健全综治委全会制度、五部委联席会议制度、年度述职报告制度等，逐步构建起权责清晰、奖惩分明的综治维稳责任体系。省综治委印发《广东省社会治安综合治理委员会成员单位综治工作权责清单》，进一步厘清了综治委成员单位权责，明晰了职能部门职责任务。三是责任追究更加到位。2016 年，全省各级综治部门不断完善挂牌警示、挂牌整治和“一票否决”等机制，省、市两级共对各地各部门发出警示通报 81 份、约谈 140 人、挂牌整治 203 个、一票否决 3 个、免职 3 人、党纪政纪处分 2 人，初步扭转了综治政策工具使用失之于宽、失之于软的状况，有效促进了综治维稳工作责任制的落实。

七、省综治委各专项组工作成效进一步提升

省综治委各专项工作组认真贯彻中央、省委决策部署，补短板、抓履职、促创新，各项工作顺利开展。一是实有人口服务管理开创新局面。户口登记管理专项整治初见成效，三年累计注销重复（虚假）户口 15.6 万个，变更登记项目 1596.4 万项，登记解决无户口人员 19.5 万人。出租屋流动人口服务管理水平不断提升，省级实有人口基础信息库建成运行，社区门禁视频系统建设应用全面铺开，外国人服务管理和清理整顿等工作取得良好效果。二是特殊人群管控力度和规范化水平进一步提升。大力推进社区矫正、刑释人员安置帮教、吸毒人员戒治康复工作，全年累计接收社区服刑人员 3.5 万人，再犯罪率低至 0.2%，开展刑释人员帮教 4.2 万人，帮教率达 98%，强制隔离戒毒 6.3 万人，同比下降 10.7%；全年登记 6 类精神障碍患者 48.43 万人，有效管理 45.24 万人，管理率达 93.40%。三是校园安全维稳工作持续强化。安全法治教育在各级学校中得到广泛开展，校园及周边治安防控体系不断健全完善，校园周边治安综治治理持续加强。2016 年，全省 851 所学校获评“安全文明校园”，创建“平安校园”达标率达 95%。四是青少年预防犯罪和权益维护工作深入开展。“伙伴同行”“益苗计划”“青少年权益工作创新”试点和“青少年维权岗”建设取得良好成效。截至 2016 年底，全省共有从事青少年事务社工 9426 人，累计提供服务 180 万余人次，预防青少年犯罪工作进一步组织化、社会化、法治化。五是铁路护路联防工作水平稳步提升。结合“五个一”专项工作，全年组织反暴力恐怖应急处置演练 193 场次，开展了为期 3 个月的铁路沿线安全隐患大整治行动，护路联防工作水平得到有效提升。

中共广东省委办公厅　省政府办公厅 关于印发《广东省健全落实社会治安综合治理领导责任制实施办法》的通知

（2016 年 10 月 21 日）

各地级以上市党委、人民政府，各县（市、区）党委、人民政府，省委各部委，省直各单位，省各人民

团体,中直驻粤各单位:

《广东省健全落实社会治安综合治理领导责任制实施办法》已经省委、省政府同意,现印发给你们,请遵照执行。

广东省健全落实社会治安综合治理领导责任制实施办法

第一章 总 则

第一条 为深入推进社会治安综合治理,维护良好治安秩序和社会和谐稳定,根据中央《健全落实社会治安综合治理领导责任制规定》,制定本办法。

第二条 本办法所称社会治安综合治理,是指维护治安秩序、维护公共安全、维护社会和谐稳定及相关工作。

第三条 本办法适用于本省各级党的机关、人大机关、行政机关、政协机关、审判机关、检察机关及其领导班子、领导干部。

人民团体、事业单位、国有企业及其领导班子、领导干部参照执行本办法。

第四条 健全落实社会治安综合治理领导责任制,应当坚持以邓小平理论、“三个代表”重要思想、科学发展观为指导,深入贯彻习近平总书记系列重要讲话精神,紧紧围绕“四个全面”战略布局,坚持问题导向、法治思维、改革创新,抓住“关键少数”,科学运用评估、督导、考核、激励、惩戒等措施,形成正确导向,保证党中央、国务院和省委、省政府关于社会治安综合治理决策部署的贯彻实施。

第二章 责任内容

第五条 各地区各部门应当严格落实属地管理和谁主管谁负责原则,切实履行职责,构建党委领导、政府主导、综治协调、各部门齐抓共管、社会力量积极参与的社会治安综合治理工作格局。

第六条 各级党委、政府应当切实加强对社会治安综合治理的领导,列入重要议事日程,纳入经济社会发展总体规划;定期研究社会治安综合治理面临的形势和任务,及时解决工作中的重要问题,从人力物力财力上保障社会治安综合治理工作的顺利开展;坚持依法执政、依法行政,完善科学民主决策机制,落实重大决策社会稳定风险评估工作。

各级党政主要负责同志是社会治安综合治理的第一责任人,应当定期主持召开领导班子会议,听取汇报,研判形势,作出部署,研究解决工作中的重大问题。

社会治安综合治理的分管负责同志是直接责任人,应当贯彻落实决策部署,组织实施社会治安综合治理,加强调查研究、检查督促和工作指导,推动工作落实。负责组织指挥影响社会治安、公共安全和社会稳定的重大案(事)件的现场处置工作。

领导班子其他成员承担分管工作范围内社会治安综合治理的责任,应当按照统一部署,组织排查、化解分管领域影响治安秩序、公共安全和社会稳定的突出问题。参与组织指挥分管领域内重大案(事)件的处置工作。

第七条 市县党委、政府及其职能部门承担社会治安综合治理的主体责任,应当及时把问题解决在基层、处置在萌芽状态,确保一方平安,维护一方稳定。

第八条 社会治安综合治理委员会成员单位和各有关部门、单位应当充分发挥职能作用,明晰社会治安综合治理工作职责,制定权力清单和责任清单,报送同级社会治安综合治理委员会备案;认真履行“一岗双责”,积极参与社会治安综合治理,主动承担好维护社会治安、维护公共安全和社会稳定的责任;切实抓好本部门本单位的社会治安综合治理工作，与业务工作同规划、同部署、同检查、同落实。

第九条　各级社会治安综合治理委员会及其办公室承担牵头抓总、统筹协调社会治安综合治理的责任，在党委和政府的统一领导下，认真组织各有关单位、动员社会力量积极参与社会治安综合治理工作，加强调查研究、组织协调、督导检查，及时分析、通报社会治安综合治理形势，总结推广典型经验，统筹推进社会治安综合治理工作。

第三章　督查考核

第十条　各地区各部门应当建立完善社会治安综合治理目标管理责任制，把社会治安综合治理各项任务分解为若干具体目标，制定易于执行检查的措施，建立严格的督促检查制度、定量考核制度、评价奖惩制度，自上而下层层签订社会治安综合治理责任书。

第十一条　各级党委常委会应当将执行社会治安综合治理领导责任制的情况，作为向同级党的委员会全体会议报告工作的一项重要内容。

各级党政领导班子和有关领导干部应当将履行社会治安综合治理责任情况作为年度述职报告的重要内容。

第十二条　社会治安综合治理委员会成员单位每年应当对本单位本系统部署和开展社会治安综合治理，开展创平安、保稳定的有关情况进行总结，对下一年度的工作作出安排，并报同级社会治安综合治理委员会。

下一级社会治安综合治理委员会每年应当向上一级社会治安综合治理委员会报告工作。

第十三条　各级党委、政府应当将社会治安综合治理纳入工作督促检查范围，适时组织开展专项督促检查。

各级社会治安综合治理委员会及其办公室应当组织协调各有关部门，对社会治安综合治理工作或有关专项工作加强督促检查。定期分析研究社会治安综合治理领导责任制落实情况。完善和落实社会治安综合治理委员会成员单位联系点制度。

第十四条　各级人大、政协应当加强对社会治安综合治理工作的监督检查，适时组织代表、委员对社会治安综合治理工作开展专项督促检查，提出意见和建议。

第十五条　制定完善社会治安综合治理工作（平安建设）考核评价标准和指标体系，明确考核评价的内容、方法、程序。各级社会治安综合治理委员会每年对下一级党委、政府及本级社会治安综合治理委员会成员单位开展社会治安综合治理工作（平安建设）情况进行考核评价，将社会治安综合治理领导责任制落实情况作为考核评价的重要内容。

第十六条　各级党委和政府应当强化社会治安综合治理考核评价结果运用，把社会治安综合治理工作实绩作为对领导班子和领导干部综合考核评价的重要内容，与业绩评定、职务晋升、奖励惩处挂钩。

各级社会治安综合治理委员会及其办公室会同组织人事部门建立健全社会治安综合治理工作实绩档案。

各级组织人事部门在考察党政主要领导干部和社会治安综合治理分管领导干部实绩、进行提拔使用和晋职晋级时，应当了解和掌握相关领导干部抓社会治安综合治理工作的情况。

第十七条　县级以上社会治安综合治理委员会及其办公室应当按照中央有关规定，加强与同级纪检监察机关、组织人事部门的协调配合，协同做好有关奖惩工作。

第四章　表彰奖励

第十八条　对真抓实干、社会治安综合治理工作成绩突出的地方、部门和单位的党政主要领导干部和分管领导干部，按照有关规定予以表彰奖励。受到表彰和嘉奖的，应当将相关材料存入本人档案。

第十九条　各级社会治安综合治理委员会和组织人事部门要配合做好中央每四年开展一次的全国社会治安综合治理先进集体、先进工作者评选表彰工作。

第二十条　对受到表彰的全国社会治安综合治理先进集体党政主要领导干部和分管领导干部予以嘉奖。对受到表彰的全国社会治安综合治理先进工作者，落实省部级先进工作者和劳动模范待遇。

第五章 责任督导和追究

第二十一条 党政领导班子、领导干部违反本办法或者未能正确履行本办法所列职责，有下列情形之一的，应当进行责任督导和追究：

（一）不重视社会治安综合治理和平安建设，相关工作措施落实不力，本地区本系统本单位基层基础工作薄弱，治安秩序严重混乱，社会矛盾纠纷突出的；

（二）本地区本系统本单位在较短时间内连续发生重大刑事案件、群体性事件、公共安全事件的；

（三）本地区本系统本单位发生特别重大刑事案件、群体性事件、公共安全事件的；

（四）本地区本单位社会治安综合治理工作（平安建设）考核评价不合格、不达标的；

（五）本地区本单位化解稳控工作不力，反复发生进京非正常集体访或发生有重大社会影响的极端访，以及反复发生大规模群体性到省上访的；

（六）对群众反映强烈的社会治安重点地区和突出公共安全、治安问题等，没有采取有效措施或者出现反弹，社会安全指数差距大的；

（七）存在引发社会稳定和社会治安问题的重大隐患，经上级主管部门、有关部门或社会治安综合治理机构提出警告、整改建议，但改进措施不力、整改效果不明显的；

（八）各级党委、政府及社会治安综合治理委员会认为需要查究的其他事项。

第二十二条 对党政领导班子、领导干部进行责任督导和追究的方式包括：通报、约谈、挂牌督办、实施一票否决权制、停职检查、调整职务、引咎辞职、责令辞职、降职、免职等。因违纪违法应当承担责任的，给予党纪政纪处分；构成犯罪的，依法追究刑事责任。

第二十三条 对具有本办法第二十一条所列情形的地区、单位，由相应县级以上社会治安综合治理委员会办公室以书面形式进行通报，必要时由社会治安综合治理委员会进行通报，限期进行整改。

第二十四条 对受到通报后未按期完成整改目标，或者具有本办法第二十一条所列情形且危害严重或者影响重大的地区、单位，由相应的上一级社会治安综合治理委员会办公室主任对其党政主要领导干部、社会治安综合治理工作分管领导干部和负有责任的其他领导班子成员进行约谈，必要时由社会治安综合治理委员会主任、副主任约谈，帮助分析原因，督促限期整改。

第二十五条 对受到约谈后仍未按期完成整改目标，或者具有本办法第二十一条所列情形且危害特别严重或者影响特别重大但尚不够实施一票否决权制的地区、单位，由相应的上一级社会治安综合治理委员会办公室挂牌督办，限期整改。

省社会治安综合治理委员会办公室每年从公共安全、社会治安、社会稳定问题相对突出的县（市、区）中，确定若干作为挂牌督办的重点整治单位，加强监督管理。必要时，可派驻工作组对挂牌督办地区、单位进行检查督办。

对受到挂牌督办的地区、单位，在半年内取消该地区、单位评选综合性荣誉称号的资格和该地区、单位主要领导干部、主管领导干部、分管领导干部评先受奖、晋职晋级的资格。

第二十六条 对受到挂牌督办后仍未按期完成整改目标，或者有本办法第二十一条所列情形且危害特别严重或者影响特别重大的地区、单位，由相应的上一级社会治安综合治理委员会按照中央有关规定，商有关部门共同研究决定实行一票否决权制。

第二十七条 对受到一票否决权制处理的地区、单位，在一年内取消该地区、单位评选综合性荣誉称号的资格，由组织人事部门按照有关权限和程序办理；取消该地区、单位主要领导干部、主管领导干部、分管领导干部评先受奖、晋职晋级的资格，由组织人事部门按照有关权限和程序办理，并会同社会治安综合治理委员会办公室，按照中央有关规定向上级有关部门进行报告、备案。需要追究该地区、单位党政领导干部责任的，移送纪检监察机关依纪依法处理。

对受到一票否决权制处理后仍未按期完成整改目标的地区、单位，可再次实行一票否决权制。

第二十八条 对中央驻粤单位需要实行一票否决权制的，由省社会治安综合治理委员会向其主管单位和中央社会治安综合治理委员会提出书面建议。对省驻各地级以上市单位需要实行一票否决权制的，由各地级以上市社会治安综合治理委员会向其主管单位和省社会治安综合治理委员会提出书面建议。

第二十九条 党政领导干部具有本办法第二十一条所列情形，按照《中国共产党问责条例》等规定应当采取停职检查、调整职务、引咎辞职、责令辞职、降职、免职等方式问责的，由纪检监察机关、组织人事部门按照管理权限办理。县级以上社会治安综合治理委员会办公室应及时向纪检监察机关、组织人事部门提出建议。

第三十条 党政领导班子、领导干部具有本办法第二十一条所列情形，并具有下列情形之一的，应当从重进行责任督导和追究：

（一）干扰、阻碍调查和责任追究的；

（二）弄虚作假、隐瞒事实真相、瞒报漏报重大情况的；

（三）对检举人、控告人等打击报复的；

（四）党内法规和国家法律法规规定的其他从重情节。

第三十一条 党政领导班子、领导干部具有本办法第二十一条所列情形，并具有下列情形之一的，可以从轻进行责任督导和追究：

（一）主动采取措施，有效避免损失、挽回影响的；

（二）积极配合调查，并且主动承担责任的；

（三）党内法规和国家法律法规规定的其他从轻情节。

第六章 附 则

第三十二条 本办法由省委负责解释，具体解释工作由省社会治安综合治理委员会承担。

第三十三条 本办法自发布之日施行。

广东省佛山市借力大数据做实网格化管理
提高社会治理水平

广东省佛山市位于珠江三角洲腹地，现辖禅城、南海、顺德、高明、三水五区，全市总面积 3797.72 平方公里，常住人口 735.06 万人，其中户籍人口 385.61 万人。改革开放以来，佛山人谋实业、做实业、兴实业，将佛山打造成为我国重要的制造业基地。2016 年，佛山市地区生产总值 8600 亿元，同比增长 8.3%。

经济高速发展带来人、财、物和信息的快速流动，面对日益增加的社会治理压力，佛山市率先探索，向科技要效率，以创新惠民生。一方面，全面推行“一门式”“一网式”政府服务改革，通过编制政府权责清单、调整优化行政审批流程，提高企业和市民办事效率。佛山行政审批事项整体精简率已达 50% 以上，80% 以上涉及企业和市民的事项可在镇（街道）、村（居）办理。另一方面，全面构建“中心 + 网格化 + 信息化”工作体系，围绕“排查防控违法犯罪、排查化解矛盾纠纷、排除整治公共安全隐患”三大工作任务，全面构建以中心为枢纽、以网格为基本单元、以综治维稳力量为主导、以综治信息系统为支撑，覆盖城乡社区、条块结合、横向到边、纵向到底的“中心 + 网格化 + 信息化”工作体系，借力大数据，提高社会治理智能化水平。

一、整合资源，搭建综治信访维稳三级平台

佛山市于 2009 年部署并建成全市 33 个镇街综治中心，实现了镇街一级综治办、信访办、司法所等部门集中办公，同时整合综治、信访、司法、公安、法庭、民政、城管、国土、劳动、文化、交通、安监、流动人口和出租屋服务管理等部门力量，统筹人民调解、行政调解、司法调解三大调解资源，形成镇街统一受理调处信访及矛盾纠纷、开展社会治安综合治理的大综治大调解工作平台。镇街综治信访维稳中心按照“四个一”（一个窗口服务群众、一个平台受理反馈、一个流程调处到底、一个机制监督落实）工作模式，突出抓好“六联”（矛盾纠纷联合调处、社会治安联合防控、重点工作联勤联动、突出问题联合整治、基层平安联合创建、重点人员联合管理）工作机制落实。

推进镇街一级平台建设的同时，佛山市积极推动综治工作力量“下沉”“上联”。“下沉”：一是推进村居综治信访维稳工作站建设，推动工作重心、工作力量、工作资金、维稳资源下沉到村居，通过镇街干部“挂点包干”“现场调解”“下访办案”等方式，实现矛盾纠纷发现在村居、化解在一线；二是推进平安村居建设，借助综治信访维稳平台，全面加强村居警务室、流管站、安全小区、视频监控系统和治安联防队伍建设，提升村居治安防控整体水平，通过几年努力，全市平安村居达标率从 2009 年的 58.53% 上升到 95.8%。“上联”就是推进区级综治中心建设，实现信息联通、机制联通、责任联通、措施联通，推进重大不稳定因素和疑难案件区、镇联调，提升工作实效。成立至今，佛山市三级综治信访维稳平台年均受理、调处各类矛盾纠纷近万宗，大量矛盾纠纷被调处在一线、化解在萌芽状态。

二、率先探索，提升社会治理信息化水平

近年来，随着互联网技术的发展，大数据、云计算等技术变革给基层社会治理插上了腾飞的翅膀。2014 年 5 月 30 日，佛山市南海区成立全国首个县区级数据统筹局，以“统筹而不替代”为原则，承担起各部门之间的数据统筹协调工作。目前，南海区已经建立了包括地图库、法人库、人口库、政务库等七大数据库以及全区统一的数据资源目录平台和数据服务平台，实现了政务数据资产的统一编目管理。此外，南海区还相继建设了多个基于大数据的应用项目，包括：“图识南海”“法人平台”“信用南海”“数说南海”“南海一点通”APP、党联系统、检察情报分析系统、社会治理网格化平台、“图释南海”（政务地图）、企业监管平台等。

2015 年，佛山市禅城区运用云计算、大数据技术建立社会综合治理云平台，有效整合了城管、信访、应急、流动人口管理、公安、国土等各部门数据及三大运营商手机信令数据等资源。2016 年 7 月，禅城区成立数据统筹局，同时还建立了禅城区大数据应用服务中心和禅城区大数据产业公司，构建了“一局、一中心、一公司”的大数据组织体系。禅城区通过建设区级自然人“一门式”综合办理平台，积累沉淀自然人“一门式”大数据，并应用于辅助决策、残疾人精准救助、电子材料复用、自助填表、民生数据决策分析等。

佛山市作为广东省的试点，于 2015 年启动建设市级社会治安综合治理信息系统，搭建了市、区、镇街、村居互联互通的四级综治网络平台，对接区级社会治理综合平台，强化指挥调度和任务分流指派功能，做实网格化管理应用，筑牢基层平安稳定的防线。

三、夯实基础，做好网格化管理服务

2015 年，佛山市综治委部署在全市范围内推行网格化管理模式，全市以村民小组或自然村、城市物业小区、工业园区为单元划分网格 8565 个，配备网格长、网格员 2 万余名，网格长主要由村居干部或村民小组长担任，网格员主要由村居和工业园区的治安联防队员、流管协管员、调解员、计生员、信息员等整合而来。同时明确职责任务，建立健全走访、研判、考核、奖惩、培训等工作制度。网格员通过手机终端 APP 随时发现、上报各类矛盾纠纷、违法犯罪和公共安全信息，对于发现的各类问题能够现场解决的现场解决，不能解决的及时上报，各级中心收到网格员上报的信息后，第一时间按照分工指派给相关职能部门在限期内办理，办结后予以归档，并由网格员进行现场复查，对办理情况进行打分评价。通过建立闭环流程，提高了相关事件的处置效率，为考核评价问责提供了明确标准和坚实基础。

佛山市通过构建“中心 + 网格化 + 信息化”三位一体的工作体系，提升了基层社会治理的系统性、整体性、协同性，产生了“1 + 1 + 1 > 3”的效果。2016 年，佛山市 110 刑事警情同比下降 24.1%，其中“两入”“两抢”和诈骗警情同比分别下降 27.7%、57.1%、25.2%；刑事案件数同比下降 24.2%；命案破案率 100%；一般以上交通事故同比下降 11.0%，火灾警情同比下降 51.1%，群众安全感不断提升，并连续两年获评“广东省综治工作（平安建设）优秀市”。

广东省中山市发动全民参与平安建设健全社会治安防控体系

广东省中山市毗邻港澳，经济发达、社会和谐、环境优美、人民幸福，是闻名遐迩的博爱之乡。传承孙中山先生“天下为公”的民本理念，中山市委市政府始终高度重视社会治理，关注群众平安需求，牢牢将平安作为社会发展的根基，坚持打好“全民牌”，从分散的平安细胞建设到系列平安工程创建，从“全民治安”到“全民创建”不断发展升级，实现了从过去浅层“出了问题再打击”的“控乱”式管理，向现在深层“防止问题发生”的“创无”式治理转变，逐步探索形成了具有中山特色的全民参与社会治理模式。其典型经验被中央综治办、公安部和省委省政府等上级部门推广。主要做法如下。

一、“党政齐抓”夯实平安建设硬基础

中山市委、市政府历来重视综治平安工作，将综治平安工作纳入经济社会发展总体规划，提出创建全国最平安城市战略目标，推进社会治理体系和治理能力现代化，着力构建“党政领导、部门联动、社会协同、全民参与、法治保障”的平安建设工作格局。先后出台《关于全面创建平安中山的意见》《关于实施“全民治安”工程深化平安建设工作方案》和《关于开展全民创建系列行动深化平安中山建设的意见》等系列文件，通过全民票选将“全民治安工程”“村村通视频工程”“平安公交”“平安出租屋工程”“全民禁毒工程”等列入近年的十项民生实事，把“民生工程”建成“民心工程”。落实“一把手”责任制，由各级党委书记亲自担任综治委主任，确保人、财、物及各项工作措施落实到位。创新推动“平安书记”工程和派出所“国保工作室”建设，大力推动警力下沉，从政法系统选派优秀年轻干部到镇区挂职锻炼，进一步充实基层综治力量。统筹安排1000多万元预算经费全面推进“中心 + 网格化 + 信息化”工作，整合部门资源和职能，提升信息化管理水平，打造“一支队伍网格巡查，多个部门联合执法”的有效运行机制。全市共划分大网格24个、中网格313个、小网格1740个，配置专职网格员2101人、兼职网格员2184人，移动终端3555台。以“智慧公安”创建为重点，全面提升平安建设的智能化、专业化、社会化、法治化水平。

二、“全民创建”探索平安建设新路子

中山市平安建设基础较好，连续5届20年获评“全国社会治安综合治理优秀地市”，是全省唯一3次蝉联全国“长安杯”的城市，但同样存在“案件高发屡打不下、案多警少矛盾突出、破案难补群众受害”等客观瓶颈问题。2012年以来，中山市通过积极倡导“全民治安”工作理念，治安工作实现“五个转变”（从为打而打向为防而打、打防结合转变，从主要靠公安抓治安向依靠全民参与治安转变，从政府投入治安为主向全民投入治安转变，从单项防控向人防、物防、技防“三防”并举转变，从只重视公安机关专项整治向更重视建立综合治理长效机制转变）。2015年底，高标准、严要求提出“全民创无”理念，部署开展“全民创建 10 + N 系列行动”，逐步探索出一条以减少发案、群众满意为出发点和落脚点的平安建设新路子，实现人民群众真正需要的平安。据统计，2015年与2011年相比实现全市刑事发案4年下降六成，在此基础上2016年同比再下降12.2%。2012年4月至今，全市再没发生过“医闹”事件。东区、港口等4个镇区成功创建无命案镇区。全市有4个社区、124个自然村无刑事案件发生。全市无涉黑犯罪案件发生，9类涉恶犯罪案件发案同比下降35.41%。

三、“细胞工程”架设平安建设大平台

着力从社会面、重点行业、乡镇社区、企事业单位和信息网络5个维度编织立体化社会治安防控网，以“五张网”建设为重点，以信息化建设为支撑，以细胞工程为载体，建立全方位、全天候的治安防控天罗地网，推动全市治安形势持续向好。

进一步拓展“平安细胞”创建范围，由开始的19项增加到28项，且全部纳入市对镇年度综治平安考核范畴。“平安校园”“平安医院”创建全面达标，多年来未发生重大校园案件，2016年发生在医院的刑事治安案件比2012年下降85.4%，因医疗纠纷出警人次比2012年下降九成。“平安村居”“平安小区”达标率达到九成以上，人防、物防、技防不断完善，全面实现“村村通视频”，发动安装村居监控探头近1万个、民用摄录一体机2万多个，形成义务巡逻、邻里守望、治安互助、围蔽管理等多种创安模式，创建了一批“零刑案”村居。“平安出租屋”作为中山市十大民生工程之一，基本实现4个100%的目标（房屋100%备案、人员100%登记、隐患100%发现、问题100%整改），在规模以上出租屋推广安装“门禁+视频”技防系统1.95万套，覆盖出租屋39.8万间。2016年，发生在出租屋的刑事案件同比下降35.75%。“平安电力”“平安公交”“平安商圈”“平安厂企”“平安工地”“平安景（园）区”等“平安细胞”创建达标率均达到90%以上。

四、“协同共治”打造平安建设共同体

充分尊重人民群众主体地位，调动最广泛人民群众的积极性，探索全民“齐”参与、“愿”参与、“能”参与、“真”参与、“常”参与的治理模式，形成“平安建设人人参与、平安成果人人共享”良好局面。强化专群结合、群防群治，2016年与“全民治安”实施前相比较，社区民警增加超过三成；新增治安志愿者队伍、义务巡逻队伍200多支，新增的群防群治人数超过7000。大批村居、小区通过平安创建，开展“邻里守望”“楼长制”和“联防联巡”等活动，实现了刑事治安案件大幅下降。通过有奖举报、购买社会组织服务、组建平安志愿服务队、竞争性支持民间公益项目等多种方式，鼓励更多的社会组织和群众参与到平安建设中来。扎实推进新老中山人融合，拓展积分制的深度和广度。在镇区设立社矫安帮服务中心，统筹社区矫正、安置帮教和社区戒毒康复人员的管理工作，引入社会力量参与社区矫正、安置帮教和吸毒人员社区康复。不断加强重症精神病人救治救助工作。组建完成由律师、检察官和法官组成的法律援助评估专家库。深入推进“一村（社区）一法律顾问”工作，构建覆盖城乡的公共法律服务体系。

（撰稿人：邓旭辉
审稿人：杨日华　孟凡鹏）

广西壮族自治区

2016 年综治工作概况

2016 年,广西综治战线深入贯彻落实习近平总书记关于加强和创新社会治理的重要指示精神,全面落实党的十八届六中全会和全国社会治安综合治理创新工作会议精神,在自治区党委、自治区人民政府的坚强领导下,一手抓突出问题整治,一手抓社会治理创新,注重联动融合,开放共治,注重体制机制创新、科技应用创新、基层基础创新,积极解决影响平安建设的突出问题,取得了明显成效。

一、领导高度重视,层层传导综治领导责任

自治区党委、政府坚持把社会治理和平安建设工作放在经济社会发展全局中去谋划、去推进。2016 年 11 月,自治区党委办公厅、自治区人民政府办公厅出台了《广西健全落实社会治安综合治理领导责任制实施办法》,在明确各级党委和政府、各级党政领导、各部门各单位、各级社会治安综合治理委员会及其办公室责任的基础上,增加了社会治安综合治理各专项组、成员单位的责任;进一步明确了通报、挂牌督办和实施一票否决权制的各种情形。这个文件的出台,进一步压实了各级各部门的综治领导责任,为广西综治工作的顺利开展提供了有力的制度保障。继续贯彻落实自治区党政主要领导与各市党政主要领导、自治区综治委主要领导与各成员单位主要领导签订《综治(平安建设)工作目标管理责任书》工作制度。自治区综治委对 2 个市 18 个县(区)和 1 个自治区级企业单位共 21 个单位进行沟通警示;挂牌或警示整治存在社会治安突出问题的 12 个县(市、区)。与此同时,自治区将综治工作成效纳入两项重要考评工作,即各市的绩效考评、各市县党政领导班子及党政正职领导政绩考评,调动了市县党政主要领导亲自抓综治工作的积极性。

二、专项打击整治,努力提升群众安全感

中央综治办委托国家统计局每年对各省(区、市)群众安全感进行统计。广西的群众安全感连年位居全国末位。为了彻底扭转安全感偏低的局面,近年来,自治区坚持采取多项专门措施切实提升安全感。一是对违法犯罪始终保持严打高压态势,进一步加大打击整治工作力度;二是进一步健全社会治安防控体系,确保对社会面 24 小时动态管控;三是加强矛盾排查调处,最大限度增加社会和谐因素;四是进一步完善流动人口和特殊人群的服务管理,坚决保障其合法权益;五是发动群防群治,进一步加大基层平安创建力度;六是加强综治平台建设,进一步推进基层网格化管理;七是加大宣传工作力度,进一步发挥舆论引导作用。同时,委托自治区统计局每个季度对各市县群众安全感进行调查。调查结果揭晓后及时召开有重点成员单位参加的综治形势分析联席会议,研判形势,提出下一季度工作要求。经过不懈努力,自 2011 年来,自治区群众安全感连年提升。据国家统计局调查,广西群众安全感 2011 年为 75.14%,2015 年提升至 85.43%,2016 年为 88.35%,达到历史最高水平。

三、创新科技应用,提升综治工作信息化水平

自治区认真贯彻落实全国综治和平安建设信息化建设工作现场推进会精神,全力推动综治信息处理系统建设、视联网建设、公共安全视频监控建设联网应用。

一是综治信息处理系统建设继续加强。目前,全区共开通综治信息系统化账号约 3.5 万个,其中电脑账号 1.3 万个,手机账号 2.2 万个,对全区 1247 个乡镇(街道)和 16136 个村(社区)实现了全覆盖,综治信息处理系统累计录入各类数据约 6344 万条,利用系统处理办结各类事件 78 万件，较好地解决了“群众看得见管不着，政府管得着看不见”的问题。目前，综治信息处理系统深度应用，逐渐形成以“云数据”为支撑的社会治理信息平台。

二是综治视联网覆盖面继续扩大。目前，广西在一期接入综治视联网连线点365个的基础上，已启动第二期综治视联网建设，将通过运营商建设、各接入点租用的方式延伸到其余乡镇（街道）和重点村（社区）。

三是公共安全视频监控建设联网应用扎实推进。南宁、柳州入选公共安全视频监控建设联网应用示范城市，并分别获得中央补助资金2800万元和2500万元。近三年，南宁投入7.5亿元，在治安死角的小街小巷、盗抢案件易发的“三无”小区和治安整治重点地区建设了3万多个视频监控探头，重要部位安装智能高空球机1000多套，并组建了500多人的视频巡逻队，与地面合成化巡防有机结合。柳州市公共安全视频监控建设联网应用工作已全面铺开，建立起了以公安机关视频监控系统和综治信息系统为依托的各级公共安全视频图像信息交换共享平台，整合共享“天网”工程7737个监控探头，实现了现场监控资源的互联互通。全国有五个省（区、市）被确定为公共安全视频监控建设联网应用示范省（区、市），广西是其中之一。

2016年6月27—28日，全国综治和平安建设信息化工作现场推进会在广西召开，推广了广西的综治信息化建设经验。中央综治办主要领导及各部门负责同志、国家发展改革委、公安部有关部门负责同志，北京、上海、江苏等15个省（区、市）综治办主任以及50个申报公共安全视频监控建设联网应用示范城市（区）综治委主任120余人到南宁市出席了会议。全国32个省（区、市）、302个市（地、州、盟）、1366个县（市、区、旗）约11151人通过综治视联网参加了会议。

四、精细化解矛盾，筑牢综治工作第一道屏障

2016年，全自治区共有人民调解委员会18366个、人民调解员120840人，全年共调解各类民间纠纷281693件，调解成功274780件，成功率达97.5%，调解协议达成赔偿金额19.07亿元。排查矛盾纠纷176038次，预防矛盾纠纷85824件；防止民间纠纷转化为刑事案件1527件、22546人；防止群体性上访和群体性械斗多起，把大量矛盾纠纷化解在基层，消除在萌芽状态，实现小纠纷不出村、大矛盾不出镇。

广西认真吸取柳城县“9·30”爆炸案教训，在全自治区扎实开展矛盾纠纷精准排查和精细化解专项行动。精准排查就是要按照滚动式、无缝隙、全覆盖的要求，组建精准排查工作队进农村、进社区、进单位、入户、到屋、见人，全面排查影响社会安全稳定的各类矛盾纠纷，不忽视每一个环节，不漏掉每一个问题，不放过每一个隐患，不存留每一个盲点，切实做到底数清、情况明。精细化解就是要按照“事要解决”的要求，对排查出来的矛盾纠纷，坚持一事一策、一人一策，逐一建立工作台账，逐一制定调处方案，逐一落实包案领导，逐一明确化解时限，分层次、分类别进行调处化解。对诉求合理的解决问题到位、诉求无理的思想教育到位、生活困难的帮扶救助到位、行为违法的依法处理，一时不能解决的，要扎实做好教育稳控工作。全区共组织排查化解工作队3934个39389人；走进9831个村和762个社区，走访72870户家庭；排查出各类矛盾纠纷40795起，调处化解40027起，调处成功率98.12%；排查出重点案（事）件437起，重点人员808人，重点群体378个；各级领导包案2316起，对解决信访突出问题投入资金1003.11万元，解决信访积案771起；各级派出督查组1941个7639人，督查8985个地方和部门。化解中央综治办通报的千人以上矛盾纠纷4件。

五、落实“三个100%”制度，严防发生重大公共安全事故

自治区党委办公厅、政府办公厅印发了《全区集中开展危爆物品寄递物流清理整顿和矛盾纠纷排查化解专项行动的工作方案》。根据《方案》采取切实措施，落实“三个100%”制度。一是把寄递验视制度作为行业安全监管不可触碰的“红线”“底线”，坚决要求各寄递物流企业落实到位。二是采取有效措施将实名制落实到实处。全面推广手持终端比对和采集录入技术，将寄递用户身份信息通过手机等手持终端设备录入“寄递物流行业实名登记信息管理系统”，使用户寄递信息有据可查，避免实名制成为空话。三是督导企业履行安全生产主体责任，加快配置安检机工作进度。提高行业准入门槛,对无配置安检机的企业,不予经营许可,对原有的许可企业要求分阶段、分步骤解决安检机配置问题。同时,自治区财政拨付了1600万元扶持资金,帮助困难企业配备X光安检机。全区各寄递企业共安装X光安检设备306台,基本实现寄递物品100%验视目标。

六、常态化开展整治工作,切实扭转社会治安重点地区治安局面

进一步加大重点公共区域以及校园、医院、车站、机场、码头、旅游景区及周边社会治安问题的排查整治力度,大力开展重点整治活动。至第三季度,全区部署排查治安重点地区数2906个,排查发现治安重点地区数317个,已经得到整治的治安重点地区数251个,整治率79.1%。2016年6月,组织对2015年度因各种治安问题被挂牌、警示整治的12个县(市、区)考核验收,并在组织开展全区社会治安状况排查摸底基础上,确定2016年的整治对象。8月,下发《关于2016年度社会治安重点地区及突出治安问题通报、约谈、挂牌督办整治的通报》,对存在较严重消防隐患问题的18个单位(场所)进行通报;对存在群众安全感测评度低,或存在治安突出问题的13个县(市、区)进行约谈;对2015年被自治区综治委一票否决的1个县进行挂牌整治,并制定下发了整治工作验收标准。随后,协助组织开展约谈工作,帮助被整治的地区开展工作。

七、加速推进网格化管理,夯实平安建设基层基础

按照"网格化管理、信息化支撑、立体化防控、便民化服务"的要求,全区大力健全综治中心,加快推进城乡网格化建设。目前,全区111个县(市、区)、1247个乡镇(街道)、16136个村(社区)全部建立了综治中心;已有13719个村(社区)开展网格化管理,覆盖率达85.02%;共划分网格9.9万个,聘请专兼职网格员7.36万人。同时,大力推进综治信息处理系统建设,此系统已覆盖全部县、乡、村,实现了群众身边事"网格报送、网上流转、网下办结",较好地解决了"群众看得见管不着,政府管得着看不见"的问题。

八、加强协调指导,各专项组工作齐头并进

(一)铁路护路联防工作。2016年,广西铁路护路工作部门统筹推进加强高速铁路安全防范工作,全面净化路外安全环境,妥善调处涉路涉稳矛盾纠纷,不断深化政法共建工作,强力抓好重点时期的安保维稳,维护了大局稳定,为铁路安全畅通提供了有力保障。共查处高铁放置障碍案件13件,拆割盗设备案件18件,非法入网案件63件;协调解决安全隐患421处,增设防牛、防羊设施214处,签订安全协议11574份;及时发现山火、漂浮物、乱堆乱养等隐患共692起,依法依规处置639起,彻底整治44个影响面大、群众长期关注的"老大难"积水涵洞,有效缓解了铁路沿线群众"出行难"问题;妥善调处拖欠工程款、损坏道路、欠薪阻工、损毁农田、涵洞积水及路外伤亡等各类涉路矛盾纠纷136起;在铁路主要车站周边及沿线重点部位范围内,共新装高清视频监控设施140个,大大提高了铁路沿线治安防范能力;开展集中宣传活动达319场次,发放宣传资料19.8万余份,受教育人数达11.5万余人次,发动全区各级护路组织在《法制日报》《广西法治日报》等知名媒体推送发表护路稿件360篇,大力推广"广西铁路护路"公众微信号,目前已有用户3000多人;共收集、研判涉及欠薪阻工、涵洞积水、封堵货场、劳务纠纷、路外伤亡、内退待遇等涉路涉稳信息112条,通过梳理汇总、分析研判、过程控制、应急处置,有效增强涉稳情报信息掌控力,共排查出敏感人员50人、敏感群体11个、敏感案(事)件6件,为维护全区铁路运输安全和大局稳定提供有力支撑;取消危险货物专用线9条,禁运危险货物品名38个,纳入全局维稳问题库跟踪调处重点人员43人,重点群体15个,有效整治净化危爆物品运输安全环境;通过研判会共协调解决25个全局性的反恐防范、综治维稳、信访稳定等重难点问题,成效显著。

(二)流动人口和特殊人群服务管理。2016年,广西继续大力推进流动人口和特殊人群服务管理工作。全区已设立居住证受理点1197个,购买签注一体机380台,受理上传合格制证信息240多万份,制发居住证220万张。开展社区矫正基层基础建设加强年活动,建立社区矫正中心40个。对未羁押判处实刑罪犯未执行刑罚的情况进行全面清查,有效地维护了司法公正和司法权威。社区服刑人员累计再犯罪率0.14%,低于全国平均0.2%的水平，连续三年下降。全年共衔接刑满释放人员22176人，接送重点帮教对象1229人，重点帮教对象接送率98.94%；安置刑释人员22028人，安置率99.3%；帮教21699人，帮教率97.8%，重新犯罪率控制在3%以下。

（三）青少年违法犯罪预防。2016年，广西狠抓青少年群体服务管理和预防犯罪、青少年权益工作创新、青少年事务社工队伍建设等工作，取得显著成效。经过中央综治委预防青少年违法犯罪专项组连续三年对全国重点青少年群体工作三轮共2800多个县级地区的专项评估，广西111个县（市、区）累计以54个“优”、52个“良”、优秀率达48.65%的优异成绩位居全国第一，成为全国优秀数量最多且无差评的省份。自治区现有各级团组织统筹管理的青少年事务社会工作服务机构达79家，从事青少年事务社会工作人员超过1300人；各市均已建立12355青少年服务平台，受理心理、法律、困难救助等方面的来电、来访2860余次。持续开展“共青团与人大代表、政协委员面对面”活动，在团中央2016年“面对面”主题调研中，自治区有3篇报告获奖；“青少年维权岗”创建活动全面铺开，共有16家单位荣获了2014—2015年度全国“青少年维权岗”称号；“青年志愿者彩虹桥行动”持续活跃，累计招募大学生志愿者11896人，开展志愿服务达193036次，受益群众达720223人；青少年法治宣传教育逐步深化，发展壮大网络宣传员队伍，直接联系和重点培育网宣员骨干222人，面向学校、社区和企业组建了34万人的网络宣传员队伍，发动青年志愿者开展国家安全法宣传教育活动100余场，发放宣传手册3.5万多册，惠及青少年30多万人次；开展“最美（优秀）青年卫士”巡讲活动近30场次，受益群众达万人以上，对于深化自治区青少年法治宣传教育，引导青少年自觉维护民族团结和社会稳定，具有极为重要的意义。

（四）校园及周边治安综合治理。2016年，广西扎实推进校园及周边治安综合治理工作，维护学校安全稳定。先后召开了全区高校保卫工作经验交流会、全区中小学校安全工作视频会议、全区高校安全稳定工作会议、全区学校安全稳定工作专题会议、全区高校和中小学安全稳定工作研判会部署校园安全管理工作。通过广西校园安全预防及应急综合管理平台发送预警短信52批次共49724条。在全区教育系统集中开展了2016年度安全隐患大检查大整治活动，全区各高校排查整治安全隐患420项。全区教育系统共排查整治危险化学品隐患775项。积极推进广西校园安全预防及应急综合管理平台二期项目建设。2016年，校园安全隐患信息上报实现邮箱、网站、短信、微信、微博“五网合一”，由被动收集转为主动抓取，大大提升了发现校园舆情的速度和效率，走在全国前列。抓好网络舆情监控和跟踪处理工作。2016年，广西校园安全预防及应急综合管理平台抓取疑似舆情95968件，共处理舆情3968件，上报舆情1313件，跟踪隐患舆情904件，处理完成隐患458件，对49件重大舆情进行了网络引导，跟踪处理重大舆情发展11件。加强队伍培训，举办了4期教育系统安全管理培训班和3期安全教育课师资培训班，培训中小学校长、高校分管领导、保卫干部、安全教育课教师、各市教育局分管领导和业务科室负责人近2000人。部署开展了教育系统安全稳定课题研究、安全管理典型案例征集和安全教育“精彩一课”征集活动，共申报安全稳定课题730项，推荐上报安全管理典型案例150篇、安全教育“精彩一课”作品260件。制定了《广西教育系统标本兼治遏制重特大事故工作方案》《广西教育系统百日攻坚战工作方案》，联合公安厅制定《广西壮族自治区学校消防安全标准化管理规范》，并下发全区教育系统认真贯彻落实。对校车和接送学生车辆集中开展了2次安全隐患排查整治，全区发生涉及中小学生和幼儿的交通安全事故明显减少，与2015年比较，交通安全事故发生起数下降38.7%，死亡人数下降44.7%。部署集中开展校园欺凌专项整治活动。印发了《广西壮族自治区开展校园欺凌专项治理实施方案》，全区共有15610所中小学纳入校园欺凌专项治理工作，校园暴力特别是伤亡事件明显减少。

中共广西壮族自治区党委办公厅　自治区政府办公厅关于印发《广西壮族自治区健全落实社会治安综合治理领导责任制实施办法》的通知

（2016 年 11 月 25 日）

各市、县党委和人民政府，自治区党委和自治区级国家机关各部委办厅局，各人民团体，各高等学校：

《广西壮族自治区健全落实社会治安综合治理领导责任制实施办法》已经自治区党委、自治区人民政府同意，现印发给你们，请结合实际认真贯彻执行。

广西壮族自治区健全落实社会治安综合治理领导责任制实施办法

为健全落实社会治安综合治理领导责任制，全面推进平安广西建设，确保边疆安宁巩固、社会安定有序、人民安居乐业，根据《中共中央办公厅　国务院办公厅关于印发〈健全落实社会治安综合治理导责任制规定〉的通知》精神，结合我区实际，制定本实施办法。

第一条　本实施办法适用于全区各级党的机关、人大机关、行政机关、政协机关、审判机关、检察机关和中央驻桂单位、自治区驻市以下单位及其领导班子、领导干部。全区各级人民团体、事业单位、国有企业及其领导班子、领导干部、领导人员参照执行本实施办法。

第二条　健全落实社会治安综合治理领导责任制，应当坚持以邓小平理论、“三个代表”重要思想、科学发展观为指导，全面贯彻落实党的十八大和十八届三中、四中、五中、六中全会精神，深入贯彻落实习近平总书记系列重要讲话精神和治国理政新理念新思想新战略，紧紧围绕全面建成小康社会、全面深化改革、全面依法治国、全面从严治党的战略布局，坚持问题导向、法治思维、改革创新，抓住“关键少数”，强化担当意识，落实领导责任，科学运用评估、督导、考核、激励、惩戒等措施，形成正确导向，一级抓一级，层层抓落实，使各级领导班子、领导干部切实担负起维护一方稳定、确保一方平安的重大政治责任，确保党中央、国务院和自治区党委、政府关于社会治安综合治理的决策部署得到全面贯彻落实。

第三条　严格落实属地管理和谁主管谁负责原则，构建党委领导、政府主导、综治协调、各部门齐抓共管、社会力量积极参与的社会治安综合治理工作格局。

第四条　各级党委、政府应当加强组织领导，把社会治安综合治理列入重要议事日程，纳入经济社会发展总体规划，认真研究解决工作中的重要问题，从人力物力财力上保证社会治安综合治理工作顺利开展。各地党政主要负责同志是社会治安综合治理的第一责任人,社会治安综合治理的分管负责同志是直接责任人,领导班子其他成员承担分管工作范围内社会治安综合治理的责任。

第五条　各部门各单位应当充分发挥职能作用,积极参与社会治安综合治理,主动承担好预防和减少违法犯罪、维护社会治安和社会稳定的责任,认真抓好本部门本单位的综合治理工作,切实做到与业务工作同规划、同部署、同检查、同落实。

第六条　各级社会治安综合治理委员会及其办公室应当在党委和政府的统一领导下,认真组织各有关单位参与社会治安综合治理工作,加强调查研究和督导检查,及时通报、分析社会治安形势,协调解决工作中的突出问题,总结推广典型经验,统筹推进社会治安综合治理工作。

社会治安综合治理各专项组、成员单位要各负其责,积极协调解决有关重点难点问题,分领域、分系统、分行业抓好社会治安综合治理工作的落实。

第七条　各地各部门各单位应当建立完善社会治安综合治理目标管理责任制,把社会治安综合治理各项任务分解为若干具体目标,制定易于执行检查的措施,建立严格的督促检查制度、定量考核制度、评价奖惩制度,层层签订社会治安综合治理责任书。

第八条　各级党委常委会应当将执行社会治安综合治理领导责任制的情况,作为向同级党的委员会全体会议报告工作的一项重要内容。各级党政领导班子和有关领导干部应当将履行社会治安综合治理责任情况作为年度述职报告的重要内容。

第九条　社会治安综合治理委员会成员单位每年应当对本单位本系统部署和开展社会治安综合治理、推进平安建设情况进行总结,对下一年度工作作出安排,并报同级社会治安综合治理委员会。下一级社会治安综合治理委员会每年应当向上一级社会治安综合治理委员会报告工作

第十条　各级党委、政府应当将社会治安综合治理纳入工作督促检查范围,适时组织开展专项督促检查。各级社会治安综合治理委员会及其办公室应当动员组织广大党员、群众有序参与,推动社会治安综合治理各项决策部署落到实处。

第十一条　各级党委、政府应当建立健全社会治安综合治理考核评价制度机制,制定完善考核评价标准和指标体系,明确考核评价的内容、方法、程序。

第十二条　各级党委、政府应当强化社会治安综合治理考核评价结果运用,把社会治安综合治理工作实绩作为对领导班子和领导干部综合考核评价的重要内容,与业绩评定、职务晋升、奖励惩处等挂钩。各级社会治安综合治理委员会及其办公室应当推动建立健全社会治安综合治理工作实绩档案。各级组织人事部门在考察考核、选拔任用党政主要负责同志和社会治安综合治理分管负责同志时,应当把其抓社会治安综合治理工作实绩作为重要考察内容,并书面征求同级社会治安综合治理委员会的意见。

第十三条　自治区党委、政府每两年开展一次全区社会治安综合治理先进集体、先进工作者评选表彰工作。对社会治安综合治理工作成绩突出的地区、部门和单位的党政主要负责同志和分管负责同志,应当按照有关规定给予表彰和嘉奖。对受到表彰和嘉奖的领导干部,应当将有关材料存入本人档案。

第十四条　党政领导班子、领导干部违反本实施办法或者未能正确履行本实施办法所列职责的,应当由上一级社会治安综合治理委员会办公室进行责任督导和追究。

第十五条　对党政领导班子、领导干部进行责任督导和追究的方式包括:通报、约谈、挂牌督办、实施一票否决权制、引咎辞职、责令辞职、免职等。因违纪违法应当承担责任的,给予党纪政纪处分;构成犯罪的,依法追究刑事责任。

第十六条　各地各单位具有下列情形之一的,应认定为社会治安重点地区或存在治安突出问题,由相应县级以上社会治安综合治理委员会办公室以书面形式进行通报,必要时由社会治安综合治理委员会进行通报,限期进行整改:

(一)不重视社会治安综合治理和平安建设,工作措施落实不力,基层基础工作薄弱,社会治安秩序严重混乱的;

(二)上年度社会治安综合治理(平安建设)

工作考核评价不达标的；

（三）因治安问题被上一级社会治安综合治理委员会及其办公室挂牌督办的；

（四）暴恐犯罪、黑恶势力犯罪、多发性侵财犯罪、涉枪涉爆、传销、假币、侵权假冒、非法制售发票、黄赌毒等违法犯罪现象严重的；

（五）边海防地区走私贩私、贩毒现象严重，整治效果不明显的；

（六）对群众反映强烈的社会治安重点地区和突出公共安全、治安问题等，没有采取有效措施解决，人民群众安全感长期偏低的；

（七）人大代表、政协委员对社会治安状况不满，意见指向集中的；

（八）各级党委、政府及社会治安综合治理委员会认为应予以通报的其他情形。

第十七条　县级以上社会治安综合治理委员会及其办公室每年至少组织成员单位开展一次专项排查活动，根据排查结果确定整治对象和事项，及时开展整治工作，并推动排查整治工作制度化、常态化。

第十八条　县级以上社会治安综合治理委员会及其办公室对确定的整治对象和事项，按照通报、约谈、挂牌督办、实施一票否决权制的程序开展责任督导和追究。根据情况需要，选用其中一项程序。相应的上一级社会治安综合治理委员会有权对下一级的不当责任督导和追究行为进行纠正。对被列为整治对象和事项，在规定期限内未能完成整治目标任务，或者具有本实施办法第十六条所列情形且危害严重或者影响重大的，由相应的上一级社会治安综合治理委员会办公室主任对其党政主要负责同志、社会治安综合治理工作分管负责同志、负有责任的其他领导班子成员进行约谈，必要时由社会治安综合治理委员会主任、副主任约谈，帮助分析原因，督促限期整改。对被列为整治对象和事项，在规定期限内未能完成整治目标任务的，由上一级社会治安综合治理委员会主任对其党政主要负责同志、社会治安综合治理工作分管负责同志、负有责任的其他领导班子成员进行约谈，督促整改。经约谈后仍不能有效解决问题的，由上一级社会治安综合治理委员会办公室予以挂牌督办，限期整改。必要时，可派驻工作组对挂牌督办地区、部门进行检查督办。

第十九条　各地各单位具有下列情形之一且危害特别严重或者影响特别重大但尚不够实施一票否决权制的，应当直接实行挂牌督办的情形：

（一）被上一级社会治安综合治理委员会及其办公室列为挂牌督办的；

（二）存在特别严重的社会治安突出问题，被本级社会治安综合治理委员会及其办公室列为挂牌督办的；

（三）上年度社会治安综合治理（平安建设）工作考核评价不达标的；

（四）上年度被实施一票否决权制的。

自治区社会治安综合治理委员会办公室每年从社会治安问题相对突出的县（市、区）中，确定若干自治区挂牌督办的重点整治单位，加强监督管理。

第二十条　对受到挂牌督办的地区、单位，自挂牌督办之日起6个月内取消该地区、单位评选综合性荣誉称号的资格和该地区、单位主要负责同志、分管负责同志评先受奖、晋职晋级的资格。对地区进行挂牌督办的，由作出决定的社会治安综合治理委员会办公室函告该地区上一级党委、政府和组织人事、绩效考核等部门；对单位进行挂牌督办的，由作出决定的社会治安综合治理委员会办公室函告该单位上级主管部门和有管理权限的组织人事、绩效考核等部门。

第二十一条　通报、约谈、挂牌督办各阶段所确定的整治期满后，启动整治成效考核验收工作，并由作出决定的社会治安综合治理委员会办公室对考核验收情况进行综合评定，提出结论性意见，报社会治安综合治理委员会审定。

第二十二条　对受到挂牌督办的地区、单位，考核验收合格的，予以撤销挂牌；考核验收不合格的，依照中央和自治区有关文件规定启动一票否决权制程序。

对受到挂牌督办的地区考核验收结果，由实施考核验收的社会治安综合治理委员会办公室函告该地区上一级党委、政府和组织人事、绩效考核等部门；对受到挂牌督办的单位考核验收结果，由实施考核验收的社会治安综合治理委员会办公室函告该单位上级主管部门和有管理权限的组织人事、绩效考核等部门。

第二十三条　对有下列情形之一的，且危害特别严重或者影响特别重大的地区、单位，应当直接实行社会治安综合治理一票否决权制：

（一）本地区、本单位在6个月内连续发生重大刑事案件、群体性事件、公共安全事件的；

（二）本地区、本单位发生特别重大刑事案件、群体性事件、公共安全事件的，不可防控案（事）件除外；

（三）发生在全国造成重大影响的冤假错案和政法干警违纪违法案件的；

（四）经上级社会治安综合治理委员会考核连续两年不达标的；

（五）受到挂牌督办后仍未按期完成整改目标任务的；

（六）各级党委、政府及社会治安综合治理委员会认为其他需要给予一票否决的。

第二十四条　一票否决决定书由作出否决决定的社会治安综合治理委员会印发。对地区实行一票否决权制的，决定书应当抄报上一级党委、政府，抄送上一级纪检监察机关、组织部门。对单位实行一票否决权制的，决定书应当抄送被否决单位上一级主管部门和有管理权限的纪检监察机关、组织人事等部门。

第二十五条　对设区市、县（市、区）社会治安综合治理委员会一票否决决定不服的，可在接到否决决定书7日内，向作出否决决定的社会治安综合治理委员会的上一级社会治安综合治理委员会提请复议，对复议决定仍然不服的，应当由作出复议决定的社会治安综合治理委员会按归口管理转请设区市、县（市、区）党委、政府作出最终决定。对自治区社会治安综合治理委员会一票否决决定不服的，可在接到否决决定书7日内，按归口管理报请自治区党委、政府作出最终决定。

第二十六条　受理复议的社会治安综合治理委员会，应当在接到复议申请书30日内审议并作出复议的决定。

第二十七条　接到一票否决决定书7日内没有申请复议的，否决决定生效。

第二十八条　在复议期间获得评先受奖、晋职晋级的，复议决定作出后，确定予以一票否决的，取消原评定的地区、单位和主要负责同志、分管负责同志评先受奖、晋职晋级的资格。

第二十九条　对受到一票否决权制处理的，在一年内取消该地区、单位评选综合性荣誉称号和主要负责同志、分管负责同志评先受奖、晋职晋级的资格，由组织人事部门按照有关权限和程序办理。

连续两次受到一票否决权制处理的地区、单位，按照党政干部管理权限，对其党政主要负责同志和分管负责同志进行组织调整。

法律法规和规章另有规定的，从其规定。

第三十条　需要追究受到一票否决权制处理的地区、单位党政领导干部责任的，移送纪检监察机关依纪依法处理。

第三十一条　对应当实行一票否决但未能及时否决而被提拔任用的主要负责同志、分管负责同志，由上一级社会治安综合治理委员会商纪检监察机关、组织人事部门研究决定实施一票否决权制后，报请作出决定的社会治安综合治理委员会同级党委予以纠正。

第三十二条　对自治区驻地方单位需要实行一票否决权制的，由设区市社会治安综合治理委员会向其主管部门和自治区社会治安综合治理委员会提出书面建议。

第三十三条　一票否决决定生效起止时间由作出否决决定的社会治安综合治理委员会根据实际情况确定。

第三十四条　党政领导班子、领导干部具有本实施办法第十六条所列情形，并具有下列情节之一的，应当从重进行责任督导和追究：

（一）干扰、阻碍调查和责任追究的；

（二）弄虚作假、隐瞒事实真相、瞒报漏报重大情况的；

（三）对检举人、控告人等进行打击报复的；

（四）党内法规和国家法律法规规定的其他从重情节。

第三十五条　党政领导班子、领导干部具有本实施办法第十六条所列情形，并具有下列情节之一的，应当从轻进行责任督导和追究：

（一）主动采取措施，有效避免损失、挽回影响的；

（二）积极配合调查，并主动承担责任的；

(三)党内法规和国家法律法规规定的其他从轻情节。

第三十六条　各设区市、县(市、区),自治区级各有关部门可以根据本实施办法制定实施细则。

第三十七条　本实施办法具体解释工作由自治区社会治安综合治理委员会承担。

第三十八条　本实施办法自印发之日起施行。

此前发布的有关社会治安综合治理领导责任制的规定,凡与本实施办法不一致的,按照本实施办法执行。

广西壮族自治区玉林市
“三官一律”进社区　服务群众促平安

2016 年以来,玉林市创新开展“三官一律”(法官、检察官、警官、律师)进村(社区)活动,组织 930 名法官、检察官、警官、律师走进 283 个村(社区),结点联系群众,开展法律援助,协助化解矛盾纠纷 3258 件,取得了良好的社会效果,助推群众安全感提升。2016 年,群众安全感为 88.91%,比 2015 年上升 5.45%,增幅全区第一。

一、精心策划,高位推进

玉林市在提升群众安全感和满意度攻坚工作中,始终将延伸基层法律服务、充实前沿工作力量作为基层社会治理创新工作的着力点和落脚点。在福绵区试点开展“三官一律”进村(社区)活动取得成功经验后在全市推广。2016 年,市委常委会多次强调,要求深入开展“三官一律”进村(社区)活动,推动机关工作重心下移,促进领导干部作风转变,以为民服务的实际成效取信于民。3 月 8 日,市委政法委制定“三官一律”进村(社区)活动方案,明确指导思想、目标任务和要求等。5 月 12 日,召开“三官一律”进村(社区)工作动员会,会上向“三官一律”进村(社区)工作队的工作队长代表授旗。市委政法委领导对“三官一律”进村(社区)工作作出具体部署,全面启动“三官一律”进村(社区)活动。并成立玉林市“三官一律”活动指导组,加强全市“三官一律”活动组织协调和监督指导。先后组织 3 次专项督查,重点督查“五个到位”情况:“工作队队员是否到位”“工作队长落实责任是否到位”“工作队制度是否到位”“工作队制定工作方案是否到位”“工作队与村(社区)、镇(街道)对接沟通是否到位”“工作队办公地点安排是否到位”等。并及时向各政法部门通报督查中发现的问题,督促整改。

二、坚持“四重一不”原则,务求实效

坚持“四重一不”原则,即“重点进、进重点、重调研、重实效,不大包大揽”。

“重点进”:市直政法各部门和各县(市、区)根据职责任务、业务重点以及人员力量,科学统筹,选派政策理论水平高、法律功底好、有群众工作经验的优秀业务骨干派驻进村(社区)开展“三官一律”活动,将工作力量充实到基层一线。把真正能够做好法律服务、法律宣传,有能力化解矛盾纠纷的政法干警派驻基层一线。

“进重点”:进入群众安全感和满意度偏低、社会治安问题较为突出、信访维稳压力较重、矛盾纠纷情况复杂的村(社区),而不是所有的村(社区)都进入。为此,市、县两级分别挑选一些重点村(社区)进驻,其中市级重点进驻玉州、福绵、玉东新区的 67 个重点村(社区)。这些村(社区)法治基础薄弱,社会矛盾多发易发,群众对公共法律服务有更迫切的需求,也是提升群众安全感和满意度攻坚活动中必须啃的“硬骨头”。

“重调研”:派驻人员在工作中认真调研掌握村(社区)的社情民意、矛盾纠纷、治安问题、信访案件、群众诉求等情况,征求群众意见,问政于民、问需于民、问计于民,认真撰写好“民情日记”,真正把时间和精力集中到了解实情、解决问题上来。

“重实效”:坚持把工作实效作为检验“三官一律”活动是否成功的关键标准,努力解决一批影响群众安全感和满意度的突出问题;努力化解一批矛盾纠纷和信访突出问题,积极回应一批人民群众正当的利益诉求问题。不搞简单的“给钱给物”,更不能搞毫无目的的“来来往往”,坚决反对搞花架子,走形式、走过场。

“不大包大揽”:“三官一律”进村(社区)活动,聚焦社会治安综合治理创新,聚焦群众安全感和满意度,不搞大包大揽,不替办村(社区)事务。

三、因地制宜,各具特色

各县(市、区)和市直政法各部门结合本地区、本部门实际,把“一村一警”“一村一法律顾问”等原有的工作机制整体融入、充实到“三官一律”活动中,突出地域特色、部门特色,促进工作绩效提升。公安民警进村(社区),紧密联系职能工作,每月对辖区内的社情动态、突出治安问题和可能引发群体性事件的不安定因素进行排查、分析和研判,及时向派出所反馈并提出工作意见,及时录入社区警务信息系统“一村一警”工作模块,详细记载每日工作信息以及收集查证、入户调查、服务群众及组织落实防范措施等。陆川法院研究室主任覃坤法官负责联系靖西村和六凤村,充分发挥法官职业特长,沉下身干实事,做普及法律的宣传员、矛盾纠纷的调解员、体察民情的信息员。半年来,覃坤法官走遍18个屯、3所学校,给群众、师生上法治课16次,成功调解邻里纠纷5件。兴业县检察院在进村(社区)工作中,成功化解一起积怨较大的土地整治项目施工矛盾纠纷。福绵区共选派69名法官、检察官、警官、律师进21个村(社区),公开接访群众750多人次,受理信访问题56件,现场解决48件,参与疑难纠纷和信访积案调解32件,协调和流转有关部门处理8件。

广西壮族自治区崇左市创新开展跨国民间纠纷调解机制

崇左市地处祖国南疆,居住着壮、汉、瑶、苗、侗等10多个民族,陆地边境线长533公里,有国家一类口岸3个、二类口岸4个、边民互市贸易点13个,素有“打开门就是越南,走两步就进东盟”的美誉。作为中国通往东盟的门户和最便捷的陆路大通道,全市共有4个县(市)、16个乡镇与越南广宁、谅山、高平3个省10个县接壤,且多以河流、山脊为界,中越两国村屯分布在国界两旁,形成了“一河两国”“一山两国”等独特景象。据统计,沿边地区面积27.5812万公顷,沿边地区人口达18万人,由于特殊的地理区位,两国边民语言相通、习俗相近,千百年来边境贸易、劳务输送、边民通婚等日趋增多,加上越方边民对我国法律法规了解较少,两国边民时常有矛盾纠纷发生,给边境地区社会和谐稳定带来不利影响。如何及时妥善化解边民矛盾纠纷,促进边境地区社会和谐稳定,成为摆在司法行政部门面前的一项重要课题。面对新形势、新要求,崇左市、县两级司法行政机关积极创新工作思路,深入探索出民间调解形式,以人民调解为抓手,建立中越双方联合调解边民矛盾纠纷的工作机制。三年来,该市建立市、县(市)、乡(镇)、村(社区)四级跨国民间纠纷人民调解组织59个,落实调解人员210名,其中外籍调解员35名。市法学会联合司法行政部门组织法学法律专家、律师、基层法律服务工作者、人民调解员等,深入边境口岸、边民互市点、旅游景点和边境村镇,积极为边境贸易提供法律服务,排查化解矛盾纠纷,为维护边境地区和谐稳定、促进当地经济社会发展做出了积极的贡献,被中越两国边民称为“边境线上的小国际法庭”,得到中越两国边民的一致好评。

一、强化三项措施,提高边民法律意识

为加大法治宣传教育力度,提高边民的法律意识,有效预防和减少边民矛盾纠纷,崇左市积极强化三项措施:一是构建普法宣传员网络。边境县(市)司法行政机关整合人力资源,充实到边境地区法治宣传员队伍，特别是 2012 年开展创建“温馨之家・温馨服务”社会管理平台以来，边境各县（市）均构建了县（市）、乡镇、村（居）、屯四级法治宣传员网络，将边境地区村“两委”干部、普法骨干、人民调解员、法律服务工作者等有生力量，培养成边境一线普法宣传员队伍，形成“普法促调解，调解助普法”的工作格局，不断增强两国边民的国界意识和法律意识，有效促进边民矛盾纠纷的预防和化解工作。二是丰富法治宣传形式。结合“法律六进”活动，以“送法下乡”“法律夜讲进村屯”为载体，组织法治宣传服务队、山歌队、宣讲团、“轻骑队”等法治宣传队伍，深入边境地区开展法治宣传活动，如法治文艺演出、法律咨询、法治山歌比赛、播放法治宣传电影、发放宣传资料等，并借此广泛宣传《民法》《人民调解法》《婚姻法》《劳动法》等法律法规，不断增强边民法律意识，提高边民依法办事能力，引导边民通过合法途径表达诉求，维护自身合法权益。三是创新法治教育方式。春节、庙会、歌坡节等中越两国重大节庆期间，边民来往密集，充分利用这些有利时机，加大法治宣传教育力度，通过发放中越文宣传资料，组织通晓越语的边防武警宣传员现场解答等方式宣传我国《出入境管理法》《民法》《禁毒法》《婚姻法》等法律法规。结合“法律进校园”活动，边境乡（镇）有针对性地开展法治宣传教育活动，使边境学校借读就学的一些越籍学生在课堂上接受法治教育，将其学习到的我国法律知识带回家中，影响到周围特别是越南籍的人群，达到“小手拉大手，法律共遵守”“宣传一小群、影响一大片”的宣传效果。

二、建立三项机制，规范调解工作

为解决边境边民的矛盾纠纷，崇左市建立了三项机制，来规范调解工作。一是建立边民矛盾纠纷联合调解机制。崇左市积极加强与越南谅山省司法律师部沟通联系，建立了民间联合调解边民矛盾纠纷的长效工作机制，双方定期举行会谈，定期交换案件，推动双方矛盾纠纷化解机制的建立，使化解中越边境矛盾纠纷工作变成中越双方齐抓共管的工作。当发生跨国矛盾纠纷时，组成由司法所主持的中越联合调解工作组，调解处理边民矛盾纠纷，将矛盾纠纷调处化解工作由单方行为变为双方行为。二是建立定期联系沟通机制。为加强中越双方在调解边民矛盾纠纷工作的联系，崇左市、县两级司法行政机关根据实际工作情况，不定期地组织人民调解员与越方人员进行民间会面，并召开跨国矛盾纠纷工作座谈会，对边民矛盾纠纷调解工作中所遇到的问题有针对性地展开研讨，分析问题原因，提出解决问题的可行性办法。除此之外，还以中越双方民族节日为契机，采取“请进来、走出去”相结合的方式，共同参加双方民族节日活动，扩大交往、促进交流、增进友谊、密切联系。三是建立突发事件处理机制。为防止边民突发矛盾纠纷引发群体性事件，造成不良后果，中越边境双方共同制定突发事件处理方法和原则，从而解决边民矛盾纠纷工作中环节过多、信息不灵、处置不及时、效果不理想等问题。在实际工作中，中越双方定期互通边民矛盾纠纷情况信息并及时联络通报情况，当发生边民矛盾纠纷时，坚持就近受理、先行调解原则，及时控制事态，提前介入调解，切实维护良好的睦邻关系。凭祥市代表团与越南文朗县代表团进行司法行政工作交流会晤 2 次，双方就合作解决边境地区民事矛盾纠纷达成了共识，签署了《关于合作解决边境地区民事矛盾纠纷备忘录》，凭祥市成为全国全区第一个实现中越司法行政合作的县（市）。

三、把握三项原则，化解边民纠纷

在开展边民纠纷调解工作中，该市、县两级司法行政机关既严格遵守涉外事件慎重处理的原则，又坚持以民间灵活方式进行调解，重点把握好三项原则：一是坚持合法合理原则。在调解贸易类纠纷、生产类纠纷、婚姻财产类纠纷、劳务类纠纷等边民纠纷工作中，一方面坚持以民间形式为手段、以人民调解为平台开展调解工作，另一方面始终坚持合法合情合理的原则，做到调解方式、程序、协议结果等必须符合《合同法》《民事法》《侵权法》等基本法律法规的有关规定，以及符合社会公理、公序良俗的基本要求，避免出现违法违规、强迫逼迫调解等不良现象。二是坚持有利有节原则。调解纠纷的结果，既有利于维护该市边民的合法权益，又有利于促进双方边民友好，达到以和平方式彻底化解纠纷的目的，确保边境社会和谐稳定。和平消除纷争是一种群众性自治活动，其担负着化解人民内部矛盾，消除社会不安定因素，为经济建设创造安定团结的社会局面的重要职责。三是坚持自愿平等原则。在调解纠纷过程中，坚持对纠纷当事人进行耐心说服教育，规劝疏导，坚持摆事实、讲道理，充分尊重双方当事人的意愿，在双方自愿平等的基础上进行调解，促使纠纷当事人互谅互让，自愿达成调解协议，杜绝不公正、不合理调解现象的发生。

据统计，2014 年以来，崇左市各级法学法律服务工作者为边境贸易提供各种法律服务 1200 多次，办理涉外经济纠纷案件 32 件，涉及金额 2500 多万元。全市各级调解组织共受理跨国民间纠纷 69 起，调解成功 69 起，调解成功率 100%，没有一件因调处不当引起群众不满或引发群体性或其他恶性事件，有效维护了边疆地区社会和谐稳定，促进了边疆地区经济社会又好又快发展。

广西壮族自治区凭祥市实行“三个三”工作法强力推进综治信息化建设

凭祥市主动适应新常态形势下的综治平安建设新情况新变化，开拓创新，不断探索平安建设新模式，以综治信息化建设为抓手，以加强和完善社会治安防控体系建设为重点，深化平安创建活动取得了良好成效，凭祥经济社会发展持续和谐稳定，群众安全感满意度始终保持全区前列。

一、强化三个到位，综治信息化有保障

（一）组织领导到位。成立了由书记、市长担任组长的综治及平安建设工作领导小组。制定了综治及平安建设实施方案，将综治信息化建设纳入其中。市委常委会、市长办公会经常召开会议对综治信息化建设进行研究部署。市委常委、政法委书记坚持定期过问综治信息化建设情况，综治办主任亲自到各镇、政法各部门调研指导综治信息化建设。

（二）责任落实到位。市委、市政府严格落实综治平安建设责任制，与各镇、各单位层层签订责任状，落实各级党政领导“一岗双责”。深入开展平安创建活动，将配合安装视频探头、综治视联网、综治信息系统等建设使用要求作为考核创建平安镇、平安村、平安社区、平安单位、平安校园的重要指标，加强部署，统筹推进。全市 4 个镇、38 个村（社区）、276 个屯、130 个单位签订了平安创建承诺书，形成了全民参与平安建设的良好局面。

（三）经费保障到位。综治信息化建设工作经费实行优先保障，保证按时足额拨付并逐年增加。一年来，市委、市政府安排的综治信息化建设工作经费达 1100 万元。将综治信息化建设工作作为绩效考评的重要组成部分，对在综治和平安建设工作中做出重要贡献的单位和个人进行奖励，极大地鼓舞了广大单位和个人参与综治信息化建设的积极性。

二、实现三大提升，夯实综治平安建设基础

（一）综治信息化平台大提升。一是升级综治信息化平台。目前全市实现了综治信息系统全覆盖，综治视联网覆盖全部镇并实现部分村（社区）联网。为适应日益增长的综治服务需求，市综治办 2016 年以来积极与上级综治信息系统开发商及运营商沟通，增加管理服务模块，拓展服务功能。2016 年 5 月，市综治办投入 35 万多元更新综治 E 通手机，对综治信息系统硬件进行了升级，方便基层的网格信息员实时采集上报社情信息，做到问题及时发现、准确掌握、超前处置，切实把问题化解在萌芽状态，综治信息平台处理效率获得大提升。二是公安部门加大投入建设“天网”二期、三期工程，增加安装视频探头 245 个，提高了复杂场所治安管控能力。三是加快信息化情报指挥系统建设。加快推进总投入 1900 万元的 110 指挥情报大厅建设和总投入 6100 万元的禁毒（反恐）试点建设，力争将此两平台打造成为集发现—反映—处置为一体的信息化情报指挥运

作系统。四是建成远程视频接访系统，便利当事人通过远程视频方式向上级人民法院依法表达诉求。五是稳步推进检察院涉密信息分组保护、电子检务和职务犯罪监视居住点等信息化建设项目。

（二）信息化拓展运用大提升。一是北斗系统大幅提升边境管控能力。凭祥市在浦寨、米七、叫隘、平而、油隘五个边境重点地段修建物理拦阻设施3千米，并引进北斗卫星技术，建立电子边境管控指挥系统，主要具备实时监控、实时报警、实时指挥、实时通联四个方面功能，大大提高了管边控边的科技含量和工作实效。二是以综治信息化推动基层综合服务管理平台上台阶。全力打造镇、村（社区）“三中心一平台”，即综治维稳信息中心、政务服务中心、网格化管理中心和“温馨之家·贴心服务”法律平台。通过整合镇、村的网格化管理中心、综治维稳信息中心和政务服务中心资源，将综治工作与民事服务工作相结合，提高镇、村（社区）服务群众的工作效能。群众在“三中心一平台”内反映的民生、信访案件等诉求，会第一时间通过综治信息网络上传并得到相应包村责任人的反馈和解决，大大地方便群众办事。镇、村一级都能做到在网格内及时发现、处置、化解一般性的矛盾纠纷，确保非重大矛盾纠纷不上交。通过网格管理员为群众代办各项事务，实现了政务服务下移、决策下移、权力下移，破解群众“办事难”问题。经努力打造，“三中心一平台”不断完善，已经成了为民排忧解难的“一个窗口”，成了化解基层信访压力、保障信访维稳工作有序开展的“一面旗帜”。三是综治信息化成为公共法律服务新载体。通过加强网上信访大厅、视频信访系统建设，建成集网上信访、手机信访、电话信访为一体的“网上信访大厅”。群众可以通过点击触摸屏或手机扫一扫等方式进入自治区信访系统注册用户名，并进行网上反映诉求、查询案件、满意度评价，进一步提高信访工作透明度和公信力，实现快速高效服务群众。开通“12348”公共法律服务网站。网站集业务介绍、法治宣传、解答法律咨询、业务办理预约等为一体，将分散的法律服务资源依“12348”公共法律服务平台进行整合，集中优势力量为群众解答法律疑惑，提供优质、高效的法律服务，减少群众盲目信访。四是着力打造综治信息化宣传平台。充分利用平安凭祥网、公安网等政法网群和官方微博、微信、微视及手机短信等工作平台加大综治平安建设的宣传力度。政法各单位积极配合收集提供相关材料，一年来全市已在“平安凭祥网”发布了3102条新闻信息。通过加大“平安凭祥”网站开通的宣传力度，特别是加大政法各单位网评员登录、点击平安网的频率，对政法工作进行正面宣传和评议，广大网民和社会公众关注和参与政法宣传工作积极性大大提高。一年来，全市通过综治短信平台不定期向广大市民群发政法综治维稳工作热点、亮点以及案件的侦破、起诉、审判、法律法规、社会治安防范常识等短信50多万条。通过积极广泛宣传平安建设，不断扩大平安建设宣传覆盖面，市民对平安建设工作的知晓率和参与率大大提高。

（三）信息化整合运用大提升。通过整合多达5000个视频探头，建设边境治安防控电子指挥系统，包括遍布城乡主要道口、重点部位的边境公共安全视频监控系统，以及综治视联网平台和电子边境监控指挥系统，实现“三网联动”，通过深度运用，在边境管控工作的情报收集、实时监控以及协调指挥等方面发挥了重要的作用，实现精准打击违法犯罪活动，及时消除安全隐患，筑起边境上的铜墙铁壁。凭祥市“三网联动”已成为崇左市乃至全区、全国的一个亮点工作。2016年6月27—28日，中央综治办在江西召开全国综治现场会期间，凭祥市代表成功与中央领导联线，展现了三网联动的优势。

三、完善三项机制，提升综治信息化服务能力

（一）完善综治“六联”机制。为打破行政职能部门信息壁垒和管理条块分割，健全矛盾纠纷联调、社会治安联防、重点工作联动、治安问题联治、服务管理联抓、基层平安联创的工作机制，凭祥市整合了综治信息系统、公安“天网”信息化情报指挥系统、“12348”公共法律服务平台、网上信访大厅、视频信访系统及综治视联网系统等，充分发挥信息化的优势，实现上下联动的整体效能，推进了决策指挥的可视化、扁平化、精准化和高效化，推动基层社会治理系统化、规范化、长效化运行，有效提升了基层社会治理服务能力。

（二）完善网格化、信息化运行机制。凭祥市积极推进将网格化服务管理与信息化优势相结合的运行机制，在网格化管理中实行分级负责、分级办理、分类管理，紧紧围绕规范问题上报、案卷建立、任务指派、调查落实、处理反馈、结案归档六个环节全面开展工作。对基层发生的重大、紧急突发事件，网格信息员通过综治信息平台上报市网格管理中心，先期处置，再进行研判分解处理，实现了市、镇、村网格三级实时联动，促进综治工作由传统模式向信息自动化模式转变。

（三）完善应用督查奖惩机制。出台了《凭祥市综治网格化管理工作奖惩办法（试行）》，重点考核网格信息员能否正确运用综治信息系统和信息处理效率，通过不定期网上巡查，将考核结果作为评价各综治成员单位、各镇综治工作优劣的重要依据，并将工作业绩与网格信息员的绩效工资挂钩。奖惩机制的有效执行，激发了网格信息员的工作积极性，使得网格信息化进入长效运行状态。

（撰稿人：罗翼飞

审稿人：陈海波　赖小燕）

海 南 省

2016 年综治工作概况

2016 年，海南省各级党委、政府和综治部门，深入学习贯彻中央、省委系列重要会议及习近平总书记系列重要讲话精神，紧紧围绕《深化平安海南建设五年规划纲要（2013—2017 年）》目标要求，在开展综治工作中不断深化平安海南、法治海南、和谐海南建设，取得了新的成效。

一、省委、省政府高度重视，深入实施《深化平安海南建设五年规划纲要（2013—2017 年）》

省委、省政府高度重视综治平安建设工作，把平安海南建设纳入“十三五”经济社会发展总体规划。各市县党委、政府高度重视，精心组织，坚持将综治平安建设纳入经济社会发展全局同步推进，切实担负起综治平安建设的主体责任，按时保质完成各项工作任务。

二、严密防范，全力维护国家安全和社会政治稳定（略）

三、推进矛盾纠纷多元化解机制建设，促进社会和谐

坚持落实省、市县（区）、乡镇（街道）、村（社区）四级矛盾纠纷调处化解机制和矛盾纠纷排查调处工作协调会议纪要月报制度。每月定期召开矛盾纠纷排查调处工作协调会议，排查分析重大矛盾纠纷，协调推动予以解决，为“多规合一”、新一轮农垦改革、行政审批制度改革、司法体制改革等各项改革顺利推进提供保障。扎实开展民族宗教、反恐等重点领域的矛盾纠纷和不稳定因素排查调处专项工作。将民转刑命案纳入各级矛盾纠纷排查化解工作重点内容，着力化解民事纠纷，预防和减少民转刑命案发生。

不断创新矛盾纠纷多元化解机制，加强行业性、专业性矛盾纠纷调处。三亚市首创旅游巡回法庭、旅调委、旅游警察、行政执法部门“四位一体”大调解机制。保亭县建立人民调解“以奖代补”机制。琼中县法院被最高人民法院确定为全国矛盾纠纷化解机制改革示范法院。海口、三亚、陵水、洋浦设立农民工矛盾纠纷第三方调处工作站（室），推动社会各界参与矛盾纠纷化解。部署“矛盾纠纷多元化解创新项目”试点工作，推选陵水县作为全国“矛盾纠纷多元化解创新项目”试点市县，探索人民调解员队伍职业评价体系建设。加强医疗纠纷人民调解工作，稳控化解了一批重点医患纠纷。

坚持不懈推进社会稳定风险评估工作。完善省、市县两级重大事项调查研究、集体决策和重大政策专家咨询、公示、公开征求意见制度，建立利益相关方参与协商机制。2016 年，全省重点建设项目所落地市县全部开展了风险评估。

四、以“不发案、少发案、多破案”为目标，严密防范打击各类违法犯罪活动，提高人民群众安全感

认真贯彻省委常委会的决策部署，全力以赴开展禁毒三年大会战。全面启动“八严工程”，全力推进八个专项行动，深化与广东省、广西壮族自治区省际禁毒协作，健全堵源截流机制，着力解决病残吸毒人员收戒难问题，大力推进社区戒毒、社区康复工作。

开展以整治突出治安问题为重点和以服务社会投资为主要内容的多个专项打击整治行动，依法打击侵犯知识产权、制售假冒伪劣商品、网络电信诈骗违法犯罪活动，防范和打击非法集资、传销、制售假币、偷渡、破坏生态环境、涉军造假等违法犯罪活动。各级检察机关认真履行批捕、起诉职责，各级人民法院依法履行审判职能，提升办案质量和效率，依法惩治一批犯罪分子，人民群众安全感和满意度不断提高。

认真贯彻落实省委办、省政府办《关于海南

省加强社会治安防控体系建设的实施意见》，健全立体化治安防控体系。在建设六张防控网、四项科技防控系统的基础上，重点统筹推进公共安全视频监控建设联网应用工作。构建省、市县公安机关两级视频监控系统互联、互通、互控的大联网平台。琼海市作为全国公共安全视频监控建设联网应用第一批示范城市，试点工作进展顺利。开展了社会治安保险试点工作，推进基层平安建设。

五、加强各类人群服务管理，健全关怀帮扶体系

推进户籍改革，实施流动人口居住证制度，强化实有人口服务管理。省公安厅出台《海南省公安机关推进户籍制度改革实施细则（试行）》《海南省居住证实施办法（试行）》，推进流动人口、出租屋和旅业式出租屋三项信息采集录入工作，开展“候鸟老人”服务管理专项工作。通过旅馆业治安管理信息系统、警综平台、省流动人口服务管理三大平台与大情报平台的关联应用、比对报警，抓获一批网上在逃人员，破获一批案件。

以“感化”“康复”“关爱”三项工程为抓手，积极推进特殊人群服务管理工作。省司法厅编印《海南省社区矫正业务培训实务手册》，改造海南省社区矫正信息系统服务器。开展服刑人员基本信息核查，落实刑满释放人员衔接、安置、救助、帮扶等措施。加强社区戒毒康复工作，丰富海南精神戒毒模式，提高吸毒人员戒断率，降低复吸率。落实严重精神障碍患者监护“以奖代补”政策，遏制严重精神障碍患者肇事肇祸案事件发生。加强艾滋病高危险行为人群的综合干预，开展男男性行为人群、暗娼、性病门诊就诊者干预工作。

探索重点青少年服务管理模式，加强预防青少年违法犯罪工作。圆满完成三轮重点青少年群体服务管理和预防犯罪试点工作。在儋州市东风社区开展社会力量参与对有不良行为青少年专门教育（全国）试点工作。抓好未成年人的思想引导，深入开展“中国梦”和社会主义核心价值观教育实践活动，开通“阳光少年”“巾帼维权天涯行”微信群。启动新一轮“为了明天——海南省法治文艺进校园”巡演，推动法治进校园。开展“法律援助进校园”“绿岛法援”等活动，畅通法律援助渠道。开展“接送流浪孩子回家”“送孩子回校园”活动，加强对流浪未成年人的帮扶。建立农村留守儿童关爱保护制度。开展“共青团与人大代表、政协委员面对面”主题活动。成立禁毒志愿者团队，广泛开展禁毒志愿服务活动。

六、加强重点行业重点领域服务管理，推进社会联动共治

围绕铁路、公路、水路交通和“三电”、输油气管道设施的反恐防暴、运营安全防控，深入推进护路护线联防专项工作，铁路护路联防、公路水路安全联防、电力电信广播电视设施安全保护、输油气管道安全保护四项重点工作有序开展。开展“净土行动”“夏季攻势”，全面整治涉路、涉线安全隐患，东、西环铁路沿线实现安全运行、不发生重大事故的目标。开展非法卫星电视接收设施整治，专项整治境外电视网络接收设备。

深入开展平安校园创建，加强校园及周边治安综合治理。在全省中小学幼儿园开展“护校安园”行动，围绕消防安全、游泳安全、道路交通安全、食品卫生安全、禁毒与法治安全教育六大主题，启动“每两月一主题”学校安全教育活动，开展海南省第七个学校安全教育月主题教育活动。对全省各校园开展岁末年初、秋季开学安全专项督查，排查整治各类隐患，推进人防、物防、技防建设。对全省高校校园网贷进行专项治理。加强对各类讲座、论坛、涉外活动、学生社团的监管，确保校园和谐稳定。

加强寄递物流、公交安保、易燃易爆、安全生产、火灾安全、医疗卫生安全、食品药品安全等方面工作，积极防控化解处置各种风险隐患。健全邮件快递行业安全管理体制机制，落实寄递物流“三个100%”要求，特别是财政补贴，超额完成安检机配置任务，对重点市县开展多轮次专项督查。以国家消防安全检查考核工作为契机，及时整改消防安全隐患，开展消防安全网格化管理试点。加大对食品药品违法犯罪打击整治力度，把安全生产监督纳入综治目标管理责任制。集中开展旅游景区（点）、城中村和城乡接合部、大中型企业和重点工程建设工地及周边、军营周边和军人社区、商业广场、车站、机场、港口、码头、医院等治安复杂地区、部位、场所治安问题大排查、大走访活动，明查暗访，整改一批治安隐患和突出问题。

以建立健全党群组织为切入口，探索“两新组织”服务管理新举措。开展“两新组织”“两个覆盖”百日攻坚大行动，推动“两新组织”党群组织建设。贯彻落实中央《关于改革社会组织管理制度促进社会组织健康有序发展的意见》，加强对海南省社会组织参与国际非政府组织活动的监管。推进和谐劳动关系建设，妥善解决劳动关系突出矛盾。完善协调管理机制，结合人民防线“四位一体”，加强境外非政府组织在琼活动服务管理。开展宗教领域的“两新组织”专项管理行动，开展针对各种非法宗教活动的整治工作。

加强社会治理领域立法工作。省人大常委会全年共审查修改地方性法规或法规性决定 28 件。省法制办审查修改 18 个社会治理领域的法规项目。加强对《海南省见义勇为人员奖励和保障规定》等法规政策的监督实施。省综治办贯彻落实中央《健全落实社会治安综合治理领导责任制规定》，起草《海南省健全落实社会治安综合治理领导责任制实施办法》，已报省委办审核。

七、夯实基层基础，加强综治组织队伍建设

推进综治中心规范化建设。组织召开全省基层平安建设（文昌）现场会，总结推广文昌、三亚、琼中等市县在综治中心规范化、综治信息化和网格化建设等方面的经验。按照国家标准委《社会治安综合治理综治中心建设与管理规范》，部署综治中心“双百”规范化建设，从点到线、从线到面提升全省综治中心规范化建设水平。

加快综治信息化和网格化建设。省委、省政府把综治信息化建设、网格化管理列为《海南省 2016 年重点改革工作方案》重点内容，予以重点保障实施。省级社会治安综合治理信息系统已完成一期项目建设，自主研发的二期项目进入开工建设阶段。市县、乡镇两级综治信息系统覆盖率进一步提升，市县级综治信息系统平台建设覆盖率达 90%，乡镇级综治信息系统平台建设覆盖率达 80%。综治视联网系统实现省和市县两级全覆盖，乡镇（街道）覆盖率达到 90.3%，初步实现信息化建设成果在综治平安建设等多个领域的深度应用。全省共划分网格 9078 个，配备专（兼）职网格员 11470 名，网格化服务管理完成基础性工作覆盖率达 90%。部分市县已推行网格化管理组团式服务模式。

深化基层平安创建。在巩固平安市县（区）、平安乡镇（街道）、平安垦区、平安家庭、平安军地等各类基层平安创建成果，开展“无命案”乡镇（街道）、“无刑事案件”社区（村）创建活动的同时，结合海南特点，开展系列特色平安创建，形成了一批特色做法和典型。服务国家南海战略大局，深化平安港口、平安渔船、平安海域创建活动，保障琼州海峡、北部湾和南海海域安全。规范旅游市场服务管理，深化平安旅游建设，加快“智慧旅游”“12301”建设。连续 6 年组织开展省市县两级“综治干部下基层、服务管理创平安”活动，省、市县综治委成员单位把治安问题突出、矛盾纠纷多发、群众反映问题强烈的地区作为联系点，采取结对帮扶、定点服务等多种形式为基层群众解决了一批实际困难，创建了一批基层平安建设的示范点。

进一步巩固基层综治办、派出所、人民法庭、司法所、驻乡镇检察室、乡镇（街道）群防群治队伍和基层综合服务管理平台建设，提升了乡镇（街道）在群防群治、社区矫正、人口管理等方面维护平安、创建平安的能力。推行村委会、居委会等群众自治组织规范化建设，充分发挥其在平安建设中的自我教育、自我管理、自我服务功能，引导各类社会组织、平安志愿者有序参与平安建设。在城市、农村、单位、住宅小区、特种行业、公共复杂场所，组建信息员、志愿者队伍，并将其纳入群防群治岗位管理，统筹做好治安情报信息采集、安全隐患排查、社会治安协防、法治宣传教育等工作。以深入开展“两学一做”学习教育为契机，多次组织人员到基层明查暗访，推动基层综治组织作风建设。先后组织部分市县综治办干部赴昆明参加中国法学会举办的社会治理创新培训班、2016 年，举办全省铁路护路联防干部培训班、全省综治干部培训班，不断提升基层综治干部能力和水平。

加强检查、考核、督导、表彰奖励和教育培训，强化责任落实。认真做好综治责任书签订和年度综治检查考核验收工作，不断完善考核指标体系。用好警示、诫勉谈话、黄牌警告、挂牌督办、处分建议、一票否决等政策措施，严格兑现奖惩。全年共下发通报 45 期，对 10 个市县重点突出问题实施督办。

八、加强宣传和调研工作，推动综治平安建设深入开展

组织开展综治宣传月、“6·26”禁毒宣传日、“12·4”国家宪法日宣传教育、爱路护路宣传月等活动，协调配合《法制时报》、海南电视台等媒体对综治平安建设先进经验、先进事迹进行系列报道，充分发挥中国长安网、《长安杂志》《综治年鉴》宣传平台作用，发挥微博、微信、智慧城市等新媒体平台作用，大力宣传平安海南、法治海南建设，积极营造人人参与平安建设的良好社会氛围。认真做好第十三届全国见义勇为英雄模范评选表彰工作，符传道、柯昌芳被评为全国见义勇为模范。实施省见义勇为英雄安居工程项目。加强对综治工作薄弱环节和突出问题的调查研究，形成多篇调研文章，并及时将调研成果运用到具体工作中，得到省委、省政府领导高度重视和充分肯定。

海南省综治委关于印发《关于进一步加强命案防范工作的意见》的通知

（2016年1月7日）

各市、县、自治县综治委（办），洋浦经济开发区综治委（办），省综治委各成员单位：

现将《关于进一步加强命案防范工作的意见》印发你们，请转发相关成员单位，结合实际认真贯彻落实。

关于进一步加强命案防范工作的意见

为深入贯彻落实中央关于加强命案预防工作的决策部署，推进平安海南建设，最大限度预防和减少命案特别是“民转刑”命案发生，确保人民群众生命财产安全和社会安定有序，现提出如下工作意见。

一、基本原则和目标任务

加强命案防范工作，要坚决贯彻中央领导同志多次指出的“发展决不能以牺牲人的生命为代价，这必须作为一条不可逾越的红线；要严防发生重大恶性案件和个人极端暴力事件，坚决防止发生重特大案（事）件和群死群伤治安灾害事故”这一指导性原则，树立“生命至上、人命关天”“命案可防、命案可控”理念，以“命案必防、刑案必降、纠纷必解、隐患必除”为工作链条，通过打牢基础、强化责任、完善机制、提升能力，健全完善社会治安立体化防控体系，力争我省10万人命案发生率低于全国平均水平并逐年下降、“民转刑”命案比例逐年下降、遏制死亡3人以上重大命案的发生，不断提升平安海南创建水平，不断增强人民群众安全感。

二、重点工作和主要措施

（一）加强矛盾纠纷排查化解，从根本上消减命案发生隐患。

1. 加强矛盾纠纷源头预防。深化社会体制改革和社会建设，着力解决教育、就业、医疗卫生、社保等民生领域的突出问题。加快建设体现权利公平、机会公平、规则公平原则的社会保障体系，全面推进基本公共服务均等化，确保人人共享改革发展成果。加强法治政府建设，深入推进依法行政，严格规范、公正文明执法，提高行政服务效益；推进阳光司法，防止因执法、司法不当、侵犯群众合法权益而滋生或激化社会矛盾。加强对行政权、司法权的监督和约束，及时发现和解决行政执法和司法实践中的新情况、新问题。建立健全社会心理服务体系和疏导机制。普遍建立社会心理服务体系，把心理服务纳入城乡基本公共服务体系。推动村（社区）逐步建设心理咨询室或社会工作室，建立经常性心理服务机制，将矛盾突出、生活失意、心态失衡、行为失常的人群以及性格偏执人员纳入治理范围，加强心理疏导、心理危机干预，提高其承受挫折、适应环境能力，防止情绪积压、心理扭曲走向极端，最大限度降低社会风险。

2. 健全完善矛盾纠纷排查机制。把集中排查调处和经常性排查调处结合起来并形成制度。各级综治组织要坚持定期召开矛盾纠纷排查调处工作协调会议，县级以上每个月召开一次，乡镇（街道）每半个月召开一次，矛盾纠纷比较集中的根据需要及时召开，按照“属地管理”和“谁主管谁负责”原则，实行分级负责、归口调处，把排查调处矛盾的责任落实到地方、部门、单位和个人。对重要矛盾纠纷当事人的情况要及时通报所在单位，明确主体责任，跟踪事态发展，防止矛盾纠纷小事拖大、易事拖难，最终酿成命案悲剧。各市县要从实际出发，推进县、乡镇（街道）、村（社区）三级综治中心建设，加强网格化管理、社会化服务、信息化支撑、人财物保障，强化实战功能，将综治中心服务管理资源进一步向网格化、家庭延伸，及时反映和协调人民群众利益诉求。要突出主动服务、关口前移、前端防范、源头治理，推动开门接访、进门探访、带案下访、基层巡访“四访”活动常态化，全面建立村（社区）信息员制度，健全日常排查、定期排查、专项排查、特别防护期重点排查工作机制，把易激化、可能“民转刑”的矛盾纠纷作为排查重点，把脉问症、及早介入、有效处置，特别是要做好信访初访处理工作，及时把矛盾隐患化解在潜伏期、萌芽状态。

3. 健全完善矛盾纠纷多元化解机制。认真贯彻落实《中央办公厅　国务院办公厅印发〈关于完善矛盾纠纷多元化解机制的意见〉的通知》，坚持党委领导、政府主导，综治组织发挥好组织协调作用，推动各部门切实履行职责，有序抓好各项任务落实，预防和化解矛盾纠纷。加强以医疗卫生、道路交通、劳动争议、征地拆迁、物业管理、土地山林、环境保护为重点的行业性、专业性人民调解组织建设。配备人民调解社工专干等专职调解员，并培训提高各类调解员的法律素质和调解技能。加强诉前联调，完善人民调解、行政调解、司法调解等多调联动工作体系，并强化各种调解方式的紧密衔接。推进各类调处工作实体、程序、时效规范化，推动司法确认、法律服务、法律援助等法治措施融入调解渠道。做好信访案件终结后的社会管理和教育帮扶工作，促进不息诉罢访人接受感化、融入社会，有效避免“民转刑”等问题发生。积极推广互联网企业开展网上调解的经验，引导和支持涉网单位利用自身资源，建立发现、化解与本单位相关网上矛盾纠纷的有效机制。运用现代信息技术开展在线调解、在线仲裁、在线协商谈判以及诉讼案件在线立案、在线审判、电子督促程序等工作。建立矛盾纠纷多元化解信息库，运用大数据思维，依托社会治安综合治理信息系统和基层综治中心，推动贯通省、市、县、乡等各级的在线矛盾纠纷化解信息系统建设，提升工作的现代化水平。

（二）切实做好重点人群服务管理工作，增强命案预防能力。

1. 深化流动人口服务管理。研究完善户口迁移政策，推动综合配套措施的健全，提高农业转移人口在城镇定居落户积极性。结合实施居住证制度，推动城镇基本公共服务和便利向常住人口全覆盖。通过根据积分提供梯度化服务等办法，逐步提高流动人口享有的公共服务水平。全面摸清实有人口、实有房屋底数，加强流动人口聚居区等复杂部位、高危人员摸排，全面采集、登记、核对实有人口信息，依托社区警务、网格管理等，建立动态管理机制，有效消除盲区。畅通外来务工人员诉求表达和沟通渠道，推动社会融入和生活融合。加强矛盾调解体系向流动人口延伸覆盖，深入了解和有效化解外来流动人员中的矛盾纠纷，依法保障外来务工人员合法权益，严厉打击非法用工、恶意拖欠农民工工资等违法犯罪行为。健全完善全省流动人口信息系统，全面推行“以证管人、以房管人、以业管人”的立体化、精细化、信息化管理模式。推广建立出租屋视频门禁系统、使用房屋管理二维码等做法，落实“以房管人”措施。通过地方立法、政策激励等，发挥物业管理服务公司等经济组织或其他社会组织参与社会治理的积极性和创造性，强化房屋租赁当事人、房地产经纪机构和房地产经纪人在信息登记方面应履行的法律责任，对因工作不落实引发案（事）件的，严肃倒查追责，倒逼登记管理制度的落实。

2. 加强特殊人群服务管理。针对严重精神障碍患者管理救治存在的突出问题，积极推进全国精神卫生综合管理试点，加大力度推进精神卫生社工工作，推广“以奖代补”、免费救治等经验，落实帮困救治机制，推行严重精神障碍患者医疗保险等制度，强化政策保障和资金支持，充分调动患者家庭、单位、村（社区）委会和相关社会组织等各方面积极性，确保应治尽治，应管尽管，坚决防止严重精神障碍患者肇事肇祸案（事）件发生。针对刑满释放、社区矫正、戒毒等人员重新违法犯罪问题，总结推广成立“阳光中途之家”、通过补贴奖励支持社会企业安置就业、“企业投资、政府支持”建立综合性帮教中心等做法，推动制定符合本地区实际的相关政策，落实帮教衔接机制，加强就业政策扶持、最低生活保障等工作，努力帮助他们顺利融入社会。针对青少年违法犯罪存在的问题，充分发挥海口市未成年人法制教育中心教育转化问题青少年的作用，加强对有不良行为和严重不良行为青少年等法治教育、心理疏导、文化学习、职业培训工作，总结推广采取民办公助方式建设“阳光学校”，对在校学生公用经费按义务教育学校多倍的标准保障、学校在编在岗人员享受特殊津贴、综治津贴等经验，加大专门学校建设力度，提高教育矫治水平。加快青少年事务专业社工队伍建设。把特殊人群服务管理场所建设纳入各级政府重要议事日程，统筹考虑、创造条件，逐步解决收戒场所、精神病人和特殊病人治疗管护场所、工作力量和投入不足等问题，确保应治尽治、应收尽收、应管尽管。在社区网格化管理中落实对特殊人群的服务管理、救治救助、帮扶矫治等措施，健全政府、社会、家庭三位一体的帮扶救助体系。借鉴开办“农村假日课堂”等经验，建立健全农村留守儿童关爱服务体系。完善农村留守儿童、妇女、老人关爱帮扶体系，预防和减少严重侵害“三留守”人员合法权益的案件发生。加强对可能闹访滋事、铤而走险和扬言报复社会的重点人员管控，切实摸清底数、查明情况，积极做好化解稳控工作。

3. 加强重点人群基础信息系统建设。强化职能部门牵头主责意识，分系统建设社区服刑人员、扬言报复社会人员、易肇事肇祸严重精神障碍患者、刑满释放人员、涉邪教人员、吸毒戒毒人员等特殊人群和流浪未成年人、农村留守儿童、闲散青少年、服刑在戒人员未成年子女、有严重不良行为未成年人等重点群体的信息管理系统，逐步强化“大数据”和信息技术支撑，汇聚各级各部门工作合力，提升教育帮扶和救治救助重点人群的科技水平，最大限度减少脱管、漏管和重新犯罪。

（三）加大严打整治力度，有效威慑命案犯罪。

1. 严厉打击命案违法犯罪。切实加强命案侦破，提高现案侦办和积案清理效率，强化“命案必证”意识，健全多侦捆绑机制，完善证据收集、固定、审查、运用等环节，形成完整的证据链，将命案办成铁案。严格遵守法律程序，杜绝瑕疵证据，严禁刑讯逼供和以威胁、引诱、欺骗以及其他非法手段收集证据，切实防止冤假错案发生。深入开展专项打击整治行动，严厉打击“两抢一盗”、涉枪涉爆涉黑以及黄赌毒等违法犯罪活动；加强易燃易爆、剧毒物品、管制刀具等重点物品管控，净化社会环境。建立健全侦查破案、批捕起诉、审判执行联动办理机制，提高精准打击和办案效果，有效震慑犯罪。

2. 加强命案研判预警预防。把命案数据统计纳入政法工作常规数据统计，建立对命案防范工作的月统计和季研判制度，加强预防、预测、预警工作，为降低命案发案率提供决策参考依据。规范以公安、检察、法院为主体的命案信息统计工作，由公安机关详细统计录入各地命案信息，包括嫌疑人和被害人的年龄、性别、户籍地、受教育程度、职业、作案手段、工具、时间、地点、原因以及案件立案、侦查情况，检察机关统计案件的批捕、起诉情况，审判机关统计案件的判决情况；做好对全省“民转刑”命案发生的月度、季度、年度统计，建立重大“民转刑”命案前期调处情况档案。各级公安、检察、法院要结合对本辖区命案情况、特点、规律的综合研究，找准命案发案的重点地区、重点领域、重点时段、主要成因和防范漏洞，及时提出防范治理的司法建议给命案发生地或所在部门，督促整治改进治安落后面貌。

（四）不断完善重点防控措施，压缩命案发生空间。

1. 强化重点场所治安防控责任。以娱乐场所、互联网服务场所、溜冰场、大排档、烧烤园、工厂、工地等命案多发地点或部位为重点，全面加强人防、物防、技防、巡防、联防等措施落实。明确业主治安安全责任制，按照“谁主管谁负责”“谁经营谁负责”原则，落实治安责任人、技防建设、张贴社区民警联系卡、劝解和快速报警等治安防控制度，做到遇事有人劝阻、有人报案、有人处置。加强对城乡接合部、城中村等社会治安重点地区和非法出租屋、“黑旅馆”“黄赌毒”等突出问题排查整治，切实维护好出租屋管理秩序，及时发现并消除各类治安隐患。继续推进警力下沉，建立健全并有效落实基层公安派出所巡逻签到、快速出警、店铺联防、民情掌握、定期研判等制度，加强对易发案地区、场所和夜间的治安巡逻和安全巡查，提升重点场所时段见警率，及时制止、有效查处聚众斗殴、寻衅滋事等治安案件。加强节日期间重点地区治安管控，防止酗酒斗殴案（事）件的发生。建立健全刑事案件受害人救助制度，开辟受伤害人救治“绿色通道”，第一时间予以抢救，减少因伤致死命案。

2. 加快治安视频监控体系建设。认真落实中央政法委、中央综治办大连会议精神和《中共中央办公厅、国务院办公厅印发〈关于加强社会治安防控体系建设的意见〉的通知》《中共海南省委办公厅、海南省人民政府办公厅转发〈省综治委关于加强社会治安防控体系建设的实施意见〉的通知》文件精神，加快推进社会治安防控体系建设。不断加强和完善对城市社区路面、城乡接合部、公共复杂场所、学校及周边、医院及周边、偏僻路段、物业小区、村居主要出入口等重点部位符合标准的高清视频监控布点，推进监控点、报警点向农村拓展，减少治安监控空白点，实现重点部位全覆盖。加强公共安全视频监控联网应用的协调工作，积极运用大数据、云计算、物联网、智慧工程等现代信息化手段，统筹使用相关部门资金、现有资源，推进社会面、公共场所、各行业各类视频数据信息整合、共联共享，提升社会治安防控体系建设智能水平，有效压减犯罪空间。提高突发事件处置能力，进一步强化110快速出警处置机制，建立犯罪实时控制警务模式，构建新型社会面警务运行机制，及时终止犯罪。

（五）动员社会力量群防群治，打牢命案防控基础。

1. 全面加强法治宣传教育。紧紧围绕平安海南和法治海南建设主题，不断提高法治宣传教育的针对性和实效性，着力提高群众遵纪守法意识，推动群众学会和运用法律手段反映诉求、合法维权，形成办事依法、遇事找法、解决问题用法、化解矛盾靠法的良好社会氛围。充分运用网络、微信、微博、电视广播、报刊、板报、宣传栏等各种传媒手段，结合“一村（社区）一法律顾问”制度和“六五普法”规划落实，综合开展法治宣传进机关、进乡村、进社区、进学校、进企业、进单位活动，运用社区服务、“以案说法”、现场解读、应急演练等方式方法，宣传各类安全防范知识和应急避险技能，提高群众的安全意识和自防自救能力。大力践行社会主义核心价值观，加强社会公德、家庭美德和个人道德正面教育，培育富于理想、健康向上的主流文化，弘扬向善、孝悌、诚信、和睦的传统美德，丰富群众文化精神生活，移风易俗，倡导健康生活方式，夯实社会文明基础。清理整顿文化市场，整治色情、暴力恐怖、赌博、毒品等腐朽文化行为，防止社会失范失序、案件频发多发。

2. 深入推进群防群治工作。始终坚持“打防结合、预防为主，专群结合、依靠群众”的方针，善于以平安理念凝聚群众，以志愿服务激发群众，以激励机制引导群众，充分发挥人民群众主体作用，动员全民参与平安创建。推广一些地方在街道成立群防群治协会的有益经验，有效整合所辖社区、小区、社群、企事业单位等群防群治力量，明确由基层公安机关统一管理、统一规范、统一培训、统一指挥，不断提高群防群治队伍整体素质和协同防范能力。结合网格化管理，组建小区、楼栋平安志愿者，充分发挥群防群治队伍在基层发现隐患、掌握矛盾、劝解纠纷、协警处置等作用。加强教育培训，不断提高群防群治队伍职业道德水平和协同防范能力。实现群众自觉主动在第一时间、第一现场发现控制矛盾纠纷，及时化解命案隐患。鼓励、引导非公有制经济组织和社会组织积极参与平安建设，在非公有制经济组织设立综治联络员，成立治保会、调解会，加强对企业员工的法治教育，及时有效化解内部矛盾纠纷。

3. 积极推进平安社区建设。借鉴创建“安全文明小区”等做法，完善激励政策，加强居民安全理念、安全意识、安全技能教育，提升社区维护安全的能力水平。加强老旧小区治安管理，结合实际推动将老旧小区治安基础防范设施建设纳入当地党委、政府为民办实事工程，深入开展无物业管理、无门卫、无自治组织等“三无院落”整治，消除治安死角。总结推广零命案市县经验，探索开展“无命案”乡镇（街道）、“无刑事案件”社区（村）创建活动，坚决防止发生重特大案事件。加大社区人财物保障力度，提高基层干部积极性。总结在农村开展“民主提事、决事、理事、监事”等经验，鼓励各地结合实际创新乡村基层治理的有效办法。借鉴“微治理”经验，扎实办好群众身边的“小事”“微事”。认真实施《海南省见义勇为人员奖励和保障规定》，采取各种奖励措施鼓励见义勇为和举报违法犯罪行为，汇聚和增强平安和谐的正能量。

三、督导考核和责任追究

（一）严格落实层层责任主体。命案发案情况和防范工作是评价各地社会治安状况和综合治理能力水平的重要指标。各地各部门党政一把手是社会治安综合治理的第一责任人，要把命案防控和治理工作纳入平安建设的总体部署，高度重视、统筹推进、有力保障。各级公安局局长是主要责任人，要坚决履行法定职责，创新落实工作措施，有效打击和治理命案犯罪。社区、村（居）、单位负责人是本辖区（单位）具体负责人，要积极配合综治、公安和有关部门做好社会治安防控工作，主动做好本辖区（单位）的综合防控工作。各地各部门要做到细化分工，强化职责，落实到人，真正将“属地管理”“谁主管谁负责”和“谁经营谁负责”的原则落到实处，切实提高执行力。

（二）切实加强专业队伍建设。结合依法治国要求，把法治作为根本价值追求、基本行为准则，坚持教育引导、典型引领、实践养成相结合，切实加强“四支队伍”建设，引导树立法律权限不能突破、法律底线不能逾越的观念。加强公安机关打防队伍建设，锻造一支敢打硬仗、技术水平高超的命案侦破防控队伍；加强调解员队伍建设特别是专职调解员队伍建设，培养一批会做群众工作、公道正派、乐于奉献的矛盾纠纷调处化解能人；加强治保队伍建设，提高装备水平和快速反应能力，确保重要区域、重点部位、节点时段有人看护巡逻，安全稳定；加强社会组织队伍建设，利用政府购买服务等方式，吸纳志愿者、综治协会、行业协会和其他社会组织参与治安防控和命案治理工作。

（三）认真使用综治政策手段。加大对命案高发地区的督导力度，对命案发案突出的地区进行督导检查和重点治理。把命案防控工作绩效列入综治考核重要指标，适度加大考核分值，根据各地各部门实际情况予以考核。每年由省综治办对各市县命案发案情况进行统计，并按10万人占比从低到高排名，排名后5位的市县，一律取消当年度综治考核评优资格。加大对预防和减少“民转刑”等可防性命案的责任查究，严格落实《中共海南省委办公厅　海南省人民政府办公厅关于印发〈海南省社会治安综合治理领导责任查究暂行规定〉的通知》的有关规定，对于年内发生一起死亡3人以上（含3人）可防性命案且未破案的地方，市、县综治委要及时启动黄牌警告等综治手段，督促整改落实；对于年内发生两起一次死亡3人以上（含3人）命案且未破案的地方，由省综治委领导约谈有关市、县主要领导，并启动一票否决等综治手段；对因失职、渎职，造成矛盾纠纷排查化解不及时、处置不力，导致发生影响社会稳定案（事）件和危害社会安全案（事）件的，严肃追究有关领导和相关人员的责任。

海南省文昌市加强综治中心规范化建设推进社会治理联动共治

文昌市认真执行《社会治安综合治理综治中心建设与管理规范》，在原市、乡镇（街道）、村（社区）综治中心的基础上，通过推进综治信息系统、网格化服务管理、公共安全视频监控建设联网应用，建立完善中心运行机制，发挥各级综治中心平台实战功能，构建了平安文昌科学化、规范化、智能化的综治基层根基，推进社会联动共治。主要经验做法是：

一、强化组织领导，落实经费保障

加强对各级综治中心建设与管理的组织领导，在市综治中心建立网格化服务管理综治信息系统指挥中心，配备主任 1 名、副主任 1 名、技术人员 1 名和政府购买服务工作人员 4 名；在各镇、村（社区）综治中心相应成立网格化服务管理办公室，配备网格员和专干。在整合现有资源、人员、设施的基础上，强化规范原有镇、村（社区）综治中心建设，明确各级综治中心功能定位，确保综治中心实体化运行。落实经费保障。投入资金 1200 万元用于市、镇两级信息网格化平台联网终端建设和全市信息网格平台连接网络专线建设，完成对社会治安综合治理信息平台基础 9 大功能模块及日常办公、GIS 应用、天网巡防 3 个 X 模块设定以及三级管理员账号的开设和发放；投入 7364 万元推进数字化平安建设。

二、健全工作机制，保障综治中心规范化运行

严格按照省综治办“四同步”的工作要求，高标准配置“中心”硬件设施、高规格建立“中心”领导架构、高素质配备“中心”工作人员、高效率整合“中心”工作资源，建立了“六联”机制，制定了六项工作保障制度，实现了“一个体系领导、一个平台统揽、一个机制运行、一个窗口服务”模式。

（一）建立“六联”机制。围绕综治工作的主要任务，坚持以解决社会治安矛盾和群众反映的突出问题为导向，建立了纠纷联调、治安联防、工作联勤、问题联治、平安联创、服务管理联抓的“六联”机制。

（二）建立六项工作保障制度。即议事例会、首问负责、情况报告、应急联动、工作配合、检查考核。

三、发挥综治中心实战功能，推进社会共治共建平安文昌

（一）强化公共安全信息化建设，有力提升社会治安防控水平。发挥利用大数据、云计算信息集成逐步推动公共安全管理信息化、智能化，提升社会治安防控能力。2016 年 6 月 25 日，文昌航天发射中心执行长征七号运载火箭首发，市公安局利用数字监控平台，统筹指挥外围安保和服务保障工作，实现了安保工作无缝对接、交通疏导、群众疏散和服务保障井然有序，没有发生公共安全事件，确保了火箭首发期间安保管控区的绝对安全和社会面的绝对稳定。

（二）强化矛盾纠纷调处，持续保持社会稳定。市综治中心把预防和化解矛盾纠纷作为维护社会稳定的重要抓手，由 17 个镇级、292 个村（社区）级综治中心与各镇（场）政法、综治部门及公安、民政、司法、国土等 22 个职能部门组成矛盾调处一体化组织体系，具体负责定期研判、联动协作、包案调处等工作职责和措施，落实主体责任，充分运用民主、法治、教育等手段，构建人民调解、行政调解、司法调解相结合的“大调解”工作体系，最大限度地化解辖区内各种矛盾纠纷，做到小事不出村，大事不出镇，矛盾不上交。

建立完善重点项目维稳、矛盾研判、风险评估、预警预防等相关责任制度、工作方法及处置办法。成功解决了“两桥一路”、航天发射中心、航天主题公园、铜鼓岭国际生态旅游区、月亮湾起步区、八门湾绿道等一系列关乎社会经济发展大计的重点项目建设中的突出矛盾和不稳定因素。实现大范围和谐搬迁、大规模移民妥善安置、大项目平安落地的目标。

（三）强化服务帮扶，做好特殊群体服务管理工作。全市建设18个便民服务中心，298个综合服务管理工作站，将人口、计生、民政、司法等具体事务整合，为居民及外来人口提供便民服务。在13个“候鸟”人群聚集社区开展创建平安社区活动，向2万多名旅游、度假、疗养老人开展“春风送暖”活动，把治安防范、安全管理、文明卫生、上门服务等宣传内容送到每一位“候鸟”人的手中，得到“候鸟”人群普遍的认可和赞赏。组织公安、司法、民政等相关职能部门，开展对特殊人群全方位全天候的帮教、帮扶、关爱等服务管理，落实服务管理措施。

（四）强化区域协作，破解交界地区综治管理难题。联合海口市、琼海市、定安县在蓬莱镇启动三市一县综治边界区域合作模式。在边界安全共护、矛盾纠纷共调、治安防范共联、信息互通共享和快速反应等强化区域合作。蓬莱镇在三市一县边界地区存在3000亩纠纷地，涉及11个村委会。为解决纠纷，蓬莱镇首先在问题最突出的典昌村委会探索同东昌农场、南阳农场合作进行土地开发，采取承包经营、长期有效、互利互赢的运作模式，有效地推动和化解了边界土地权属纠纷8宗。区域合作实施以来，三市一县群众未发生因强占土地而制造摩擦或冲突的现象。

海南省保亭县强化八项措施　命案防控成效明显

2015年，海南省保亭县命案高发、多发，命案总发案为历年最高。为有效遏制命案数量上升的势头，保亭县各级党委、政府高度重视，采取有效措施对命案进行整治，实现命案根本好转。2016年，全县命案同比下降81.82%，成效明显。主要经验做法如下。

一、加强组织领导，强化防范意识

成立了县综治委牵头，各乡镇、农场，各有关部门共同参与的命案防控组织领导体系。定期召开综治平安建设分析会，通报社会治安形势，分析命案防控工作存在的问题，提出具体防控措施和办法，从源头上、根本上消除不稳定因素。强化对命案防控工作重要性认识，树立了“命案必防、命案可防”的意识，把命案防控工作摆上更加重要的位置，坚持“打防结合”的方针，纠正了“重打轻防”的错误观念，对命案多发地区进行挂牌督办，落实命案防控综合治理，最大限度地减少人员伤亡。

二、强化严打整治，开展突出治安问题整治

严厉打击各种违法犯罪活动，预防“民转刑”命案发生，提高人民群众的安全感。全力排查涉及民生领域、市场领域各类犯罪线索，密切关注背景复杂的伤害类、滋事类“小案”，深挖其背后隐藏的帮派、团伙势力，摸排其线索，部署专案侦查。针对重点行业场所，采取防范和打击措施，对聚众斗殴、寻衅滋事等事件，做到快速反应，及时处置。加强治安复杂地区的管控，建立健全重点人口电子档案。加强对重点场所和特种行业、娱乐场所、网吧、旅馆、出租屋、夜市摊点，加强治安管理，有效减少了因打架斗殴、寻衅滋事引发的命案。

三、强化治安防控，完善社会面治安防控体系建设

加强人防力量建设，发挥乡镇治安联防队、农村治保会、调解会维护一方稳定、保护一方平安的职能作用，推进警民联防巡逻，加强流动警车值守，有效打击各类违法犯罪行为。在全县实行“网格化”治安巡逻防控，对治安复杂的路段、场所以及农村复杂地区，划片巡防，落实责任，建立了打防结合、巡守结合、点线结合、分片包干、分段包线的全天三级“网格化”巡逻防控措施，增强社会面治安控制能力，威慑违法犯罪分子。在全县重点地区、重点场所、重点部位、重点路段新建一批数字高清视频监控点，监控探头。

四、强化治安管理，开展突出治安问题整治工作

以乡镇农场为单位，确定排查重点，明确责任分工、实行包片责任制，对治安重点地区存在的聚众斗殴、寻衅滋事、盗窃和损坏公私财物、聚众赌博、网络诈骗等问题进行整治,促进全县治安环境的不断改善。开展全民禁毒斗争,形成浓厚的社会氛围。加大对宾馆、酒店、车站及各娱乐场所等重点场所、重点部位的清查整治,坚决打击涉毒犯罪活动。深入开展打击涉赌涉黄专项行动,重拳打击各种赌博违法活动。

五、强化特殊人群服务管理,做好预防青少年违法犯罪工作

把重点青少年群体信息纳入网格管理信息库,建立学校、社会、家庭三位一体的帮教机制,加强对闲散青少年和不良行为青少年的监管和服务,开展青少年法制宣传教育,预防和减少青少年违法犯罪。加强做好精神障碍患者的服务管理工作,全面贯彻落实好省综治办《关于印发加强肇事肇祸等严重精神障碍患者救治救助工作的实施意见的通知》精神,做好精神障碍患者监护人“以奖代补”机制工作。2016 年,全县共列管精神障碍患者 × 人,其中强制收治 × 人,危险性评为 3 级以上的 × 人全部落实有奖监护。

六、强化矛盾化解,做好源头预防工作

发挥综治维稳信息员和网格员的作用,收集各类矛盾纠纷情报信息,把邻里关系、婚姻家庭、经济纠纷等可能导致命案发生的问题作为工作重点,加强矛盾纠纷排查化解工作,努力消除命案诱因。加强部门协调联动,强化专业调解组织,推进多元化解矛盾纠纷,最大限度地将矛盾纠纷消除在萌芽状态,建立矛盾纠纷排查调处周报制度,开展拉网式排查,对全县 20 件重大不稳定问题,落实专班负责,做好化解稳控工作。建立人民调解“以奖代补”机制,设立专门账户。将调解经费纳入同级财政预算,调解案件从原来奖励的 50 元提高到 200 元,极大地激励基层人民调解员的工作积极性。加强基层调解组织建设。

七、强化宣传教育,提高群众守法意识

深入开展命案防控宣传教育工作。组织“法律知识进万家”服务队,深入各乡镇农场开展巡讲活动,有针对性地组织开展法制宣传教育活动,增强人民群众的法律意识和法制观念。加强做好村民的思想教育工作,把培育和实践社会主义核心价值观纳入精神文明建设内容,并通过开展多种形式的宣传教育活动,使广大群众和青少年更多地了解社会主义核心价值观的实际意义,增强了全社会学法、守法、用法的意识,推进开展平安村庄、平安家庭创建活动,最大限度地减少矛盾隐患的发生。

八、强化责任查究,建立工作长效机制

建立命案通报制度。对矛盾纠纷排查化解不到位引发民转刑命案的地方党委和政府,在全县挂牌通报,限期整改。县综治办牵头每月召开联席会议,对命案发生的前因后果进行分析梳理,剖析根源。建立约谈制度和责任查究制度,对命案工作不重视,在全县、全省造成不良影响的,约谈当地党政一把手,并对党政有关领导、派出所所长、司法所长及相关责任人采取诫勉谈话、警示教育、黄牌警告直至一票否决。

海南省儋州市多方协同　重拳出击
严打电信网络诈骗犯罪

海南省儋州市是公安部列为全国电信网络新型犯罪挂牌整治的重点区域之一。省委、省政府高度重视,进一步加强组织领导,通过强化各地、各部门责任,深化源头治理,加强宣传攻势,提高全社会防范意识等举措,取得了较好的成效。主要工作措施和做法如下。

一、领导高度重视,加强对打击治理工作的组织领导

建立了由副省长牵头,省政府 26 个部门组成的防范打击电信网络新型诈骗违法犯罪工作联席会议制度。2016 年 3 月 18 日,召开第一次联席会议,深入学习贯彻习近平总书记重要指示精神，深入学习贯彻李克强总理重要批示精神，落实国务院打击治理电信网络新型违法犯罪工作部际联席会议精神，专题部署打击治理工作。制定下发了《海南省打击治理电信网络新型违法犯罪工作联席会议成员单位工作职责》和《海南省打击治理电信网络新型违法犯罪专项行动工作方案》，在全省开展防范打击治理电信网络新型违法犯罪专项行动。儋州市实行市委书记和市长双组长制，同时由市委政法委、市综治办牵头，统筹协调打击治理工作。市委、市政府批准成立了全省第一家市级反电信诈骗中心，承担电信诈骗警情处置、通信阻断、紧急冻结、止付、服务咨询、技术反制等工作。同时设立专项经费，一次性拨出专项工作经费 2000 万元，且上不封顶，为专项行动提供保障。

二、部门充分履职，共同推动打击治理工作

省联席会议各成员单位充分发挥职能优势，全面落实监管措施，不断完善工作机制，大力开展宣传、治理工作，有力策应了专项行动的深入开展。省委宣传部主动策划，组织媒体加大正面报道力度，协调省内外多家主流媒体开展“防范电信网络新型违法犯罪”集中宣传，营造防骗反骗舆论氛围。省司法厅组织有关部门向群众广泛宣传有关防范电信网络新型违法犯罪办法，揭露犯罪手法、危害和法律规定，提高群众识别和自觉抵制电信网络诈骗的意识和能力。省文体厅利用广电媒体自身的优势，加强对专项行动的宣传。省高院指定专人负责新型违法犯罪案件的审判工作并指导全省各级法院的审判工作。省检察院要求全省检察机关主动履职，与当地公安机关、人民法院加强沟通、密切配合、相互支持、形成合力，共同做好打击治理和防范工作。人民银行海口中心支行加强源头治理，全面深化账户实名制管理，积极推进电信诈骗交易风险事件管理平台建设；开展银行账户执法检查，建立涉嫌电信诈骗账户黑名单制度；开展无证经营支付机构的清理和加强收单业务外包管理，防范 POS 机诈骗风险。中国银监会海南监管局督促海南各银行业金融机构严格贯彻实名制，坚决杜绝违规代开卡、乱开卡、批量开卡。海南省工业和信息化厅指导省无线电监督管理局深入开展打击治理“伪基站”违法犯罪活动。省通信管理局突出抓好重点电信业务清理规范，大力加强技术防范管控力度，强化社会监督举报受理，严肃查处违法违规行为。省三大运营商不断完善技术手段，加强技术防范管控和规范企业经营，清理整治、封堵犯罪分子使用电信产品进行诈骗的漏洞，实行实名制管理。省质量技术监督局充分发挥质监职能作用，从源头入手，对电信网络器材生产企业进行排查，及时依法查处。海南出入境检验检疫局加强对从事窃听窃照专用器材、无线屏蔽器等设备的进口企业及报检企业、新进设备登记造册管理。

三、深化源头整治，坚决拔掉钉子

省公安厅组织开展“拔钉子”专项打击行动，进驻儋州参与打击整治工作。建立警、企、银之间的协作工作机制、联络员查询冻结机制、诈骗电话通报阻断机制、“即时查询、紧急止付、快速冻结”等工作机制，在全国首创让各商业银行营业点的 ATM 机实行下午 6 点至次日早晨 6 点限额，限制单笔取款和转账上限，不在营业点的 ATM 机实行暂停服务，有效阻截涉案资金快速到账的进程。开展电信市场整顿和整治“黑卡”等专项行动，严格落实实名制。对电信诈骗犯罪活动猖獗的 10 个镇、农场及 41 个村（社区）实行挂牌整治，全部纳入网格化管理，实行最严厉的问责。目前，儋州电信诈骗违法犯罪活动已经得到有效遏制，特别是以机票改签从事诈骗犯罪案件数已大幅下降，从网警、技侦、辖区派出所等相关警种梳理、筛选上报的信息和数据反映，切实断掉了电信诈骗犯罪所需的 400 或一号通作案通信工具以及取款的 POS 机、银行卡等套现工具的来源渠道。截至 2016 年 8 月 31 日，共关停涉案电信号码 2373 个，报停银行账户 1345 个，做到从源头上堵截电信网络新型违法犯罪活动的发生。据公安部电信诈骗案件侦办平台统计，儋州地域性职业电信诈骗案件连续 3 个月下降幅度达 60% 以上，且没有发现机票改签诈骗窝点。

四、加强宣传攻势，提高全社会防范意识

2016 年，在全省范围内开展了防范电信网络新型违法犯罪宣传周活动，在海口市人流密集的明珠广场组织开展现场宣传，向群众揭露此类犯罪的作案手段和诈骗话术。组织省内各主流新闻媒体对儋州的“拔钉子”专项行动进行采访和跟踪报道，营造打击声势，震慑犯罪。全省各金融机构结合自身业务特点，向客户提示常见的电信诈骗手段和防骗口诀等内容，同时通过自助设备语言提示系统进行风险提示，提醒广大群众注意防骗；省内三大运营商在各自营业网点进行宣传，向用户群发防诈骗短信提示，提高群众的防骗意识；全省公安机关出动警力 6000 人次，在人流密集区和社区、小区，设置宣传展板、发放宣传材料，组织当地派出所深入村（居）委会、企业等，向广大群众广泛宣传防范电信网络新型违法犯罪知识，接受群众咨询近万余人次。儋州市对打击电信网络诈骗犯罪有功人员实行重奖，最高奖励 50 万元，最低奖励 3 万元，2016 年，已发放资金 200 万元，掀起了群众参与的高潮。4 月 21 日至 6 月 30 日，一大批网上在逃人员投案自首或被群众举报、扭送归案。

海南省海口市推行“公安 + 城管”联合执法破解城市治理难题

为破解城市治理难题，主动适应新形势下城市治理的新要求，海口市委、市政府大胆改革创新，建立健全城市管理联合执法工作体制机制，改革创新“公安 + 城管”联合执法城市治理新模式，出台了《海口市城市管理综合执法改革实施方案》，促进公安执法和城市管理执法的有机结合，取得了明显成效。主要做法是：

一、加强组织领导，完善顶层设计

成立了以市公安局长为组长的“公安 + 城管”联合执法改革领导小组，全力推进城市警察支队建设。一是在全国建立了首个城市警察支队。新成立的城市警察支队为副处级建制单位，核定编制 100 名，设有综合科、业务指导大队、案件侦查大队、机动大队和秀英、龙华、美兰、琼山四个区大队。二是建立公安、城管领导交叉任职机制。海口市公安局副局长兼任市城管执法局局长，各区公安局局长兼任副区长并分管城管综合执法工作，派出所负责综治的副所长通过选派挂职方式担任城市执法中队中队长，明确了管人、管事权，强化公安主导地位，有效突破了队伍管理体制的“瓶颈”，解决了两个部门、两支队伍领导机构、指挥体系和运行模式不一的问题。三是建立健全“公安 + 城管”联合执法的法规制度。结合城市管理和社会治理热点难点问题，制定了《海口公安城管联合执法工作实施方案》等一系列配套文件，明确城市警察支队组织开展城市社会面治安巡逻防控、制止查处违反城市管理相关规定的违法犯罪、处置城市街面发生的重大突发案事件、协同开展城市管理综合执法、组织开展联合执法等十二项工作职责，进一步理顺公安部门与城管部门在城市执法中的关系。

二、加强规范化建设，提升业务能力，树立文明规范执法形象

一是注重队伍的规范化建设。参照公安机关正规化建设标准，对全市各城市执法中队按照统一服装、统一标识、统一装备、统一程序、统一规范的“五个统一”的要求，进行建设，做到全市城市执法机构和执法队伍的统一规范。二是注重队伍能力建设。参照公安训练科目，结合城市管理执法的业务要求，依托警察培训基地，有计划地对全市城市警察队员和城市管理综合执法人员进行全员轮训和培训，努力提升队伍业务能力，打造一支准军事化管理的综合执法队伍。三是注重队伍作风纪律建设。制定了《海口市公安城管联合执法示范点建设指导工作方案》，成立“公安 + 城管”联合督察小组，加强对执法人员在岗在位、履行职责、仪容仪表、装备佩戴等方面督促检查，建立督察回访整改制度，不断推动勤务规范化。制度的执行和保证，铸就了队伍的良好形象，城市警察、城管人员主动管事、敢管事，以及执法工作效率和力度明显提高，得到了社会各界和人民群众的广泛赞誉。

三、加强联合巡逻巡查，提高见警率管事率，增强执法合力

一是以网格化管理增强巡逻巡查的合力。将全市建成区范围内26个镇（街）、191个社区划分成104个责任网格，在镇（街）城市执法中队设两个联合巡逻执法分队，每个分队按1名警察、2名辅警、2名城管、4名协管的比例组成，24小时不间断地对商业广场、农贸中心、主要街道等重要区域及易发案、常发案部位开展常态化的巡逻巡查。在查处违反城市管理的各类违规行为的同时，及时制止和处置街面发生的各类违法犯罪，实现了“1＋1＞2”的执法效应。二是以信息化手段支撑联合执法的合力。在市、区建立数字化城管平台的基础上，整合城管、综治、公安、交警等视频资源并实现互通共享，不断完善数字化城市管理系统终端建设，升级拓展功能，将数字化系统向镇（街）延伸，建立全覆盖的可视化、扁平化城市执法指挥系统。海口市3300名公安民警和3100名城管人员实现联动联勤，在全力保障行政执法部门正常执法的同时，全天候、无死角开展街面治安巡逻，及时制止和打击街面违法犯罪，基本实现了发现问题在一线、解决问题在一线，在维护城市良好秩序的同时，也提高了人民群众的安全感。三是以体制机制创新促进联合执法的合力。“公安＋城管”联合执法模式，打破了过去条条执法、多头执法的格局，形成了统一指挥、统一行动、统一处置、统一处理的城市管理体系。2016年，通过“公安＋城管”联合执法及时有效制止、查处102起阻碍城管行政执法违法案件，拘留处理23名阻碍执行职务的违法人员，及时化解了可能引发暴力冲突的矛盾纠纷。2016年，全市未发生严重围攻或殴打城管人员的暴力抗法事件。

（撰稿人：郑德旋
审稿人：傅信平　许祥辰）

重 庆 市

2016 年综治工作概况

2016 年,重庆市认真贯彻落实中央对政法综治工作的决策部署,主动适应形势新变化和经济发展新常态,坚持底线思维、问题导向,突出防控风险、服务发展,全力破解难题、补齐短板,扎实推进平安建设、法治建设、过硬队伍建设,不断加强“三基”工作,切实维护市场秩序、社会秩序、网络秩序,确保了全市社会政治大局持续稳定,为全市经济社会发展营造了良好环境。平安建设主要指标平稳向好,“三类恶性案(事)件”(即重大政治案事件、暴力恐怖案件、极端恶性事件)实现零发生,全市群众安全感为 95.36%,同比上升 1.82 个百分点;政法队伍满意度 93.64 分,同比上升 0.60 分;政法系统司法公信力得分为 93.97 分,同比上升 0.63 分。

一、加强组织领导,统筹推进平安建设

市委、市政府把创新社会治理、深化平安建设作为全市重大战略推动落实,市委常委会坚持定期分析研究平安稳定工作制度,召开综治委全委会、全市平安建设暨社会治安综合治理创新工作会,深入贯彻落实中央和市委有关部署要求,狠抓各项措施落实,推进社会治安综合治理创新,确保全市综治工作取得明显成效,进一步提升社会治理现代化水平。出台有关平安综治工作的系列重要文件,为深化平安建设进一步提供了组织保障和制度保障。加强谋划部署,市综治办牵头编制了《重庆市社会治理“十三五”规划》,提出了全力维护国家安全和社会政治稳定、加快完善立体化社会治安防控体系、有效预防和化解社会矛盾等 10 项重点任务、20 项主要工作指标及 5 项保障措施。强化责任落实,修订完善《重庆市健全落实社会治安综合治理和平安建设领导责任制规定》,积极发挥党委领导、政府主导、综治协调作用,严格落实各部门各企事业单位的属事责任和主体责任,健全完善“一岗双责”的领导体制,健全落实谁主管谁负责、谁监管谁负责的部门、单位责任制,以责任落实倒逼工作落实。加强统筹推进,市综治委充分发挥深化平安重庆建设 12 个专项工作组的统筹协调作用,明确牵头责任,完善协调推动机制,形成工作合力。加强督导检查,将督查平安综治工作纳入市委、市政府对区县经济社会发展实绩考核,市综治办会同市委督查室、市政府督查室分别开展半年督查和年终督查,推动工作落实到位。

二、推进多元化解,切实解决信访突出问题

出台《关于完善矛盾纠纷多元化解机制的实施意见》,建立健全了诉讼与非诉讼相衔接的矛盾纠纷解决机制,围绕“六个一批”工作任务,坚持和完善“四访一包”工作制度、领导干部阅批群众寻访事项制度、“四级联排联调”工作机制,市级重点矛盾挂牌交办督办制度,全面提升化解社会矛盾、维护社会稳定的能力水平。建立实行重大决策社会稳定风险评估制度,对新上马的重大部署、重大项目可能存在的稳定风险进行科学评估,做到应评尽评,当缓则缓。推进“3 + N”信访突出问题专项治理,集中解决了一批非法集资、房地产、物业等领域的突出矛盾纠纷。非法集资新立案件、涉案金额同比分别下降 33.8%、24.8%,有效防止群体的规模集访和聚集活动。深入开展干部下访化积案解难题办实事专项行动,全市各级干部累计接访下访群众 2.04 万次,接待处理矛盾纠纷和信访事项 2.66 万件,化解率为 96%。2016 年共排查重点矛盾纠纷 2270 件,化解 2043 件,化解率为 90.9%;共受理调解案件 489997 件,调解成功 483201 件,涉及当事人 1088452 人,调解成功率为 98.61%。

三、加强公共安全风险防控，切实保障群众生产生活安全

出台《关于加强公共安全风险防控工作的意见》，排查梳理了全市公共安全领域存在的风险隐患，落实部门和区县牵头化解责任，进一步提升了全市公共安全防控能力水平。分片召开五大功能区"防控风险、服务发展"工作会议，督促指导各区县排查化解公共安全领域存在的突出问题，明确了属地属事督控责任。全市发生各类安全事故起数、死亡人数和发生较大事故起数、死亡人数分别同比下降5.4%、8.9%、9.4%、21.3%。建立完善食品药品安全监管机制，常态化开展专项整治，切实保障"舌尖上的安全"；出台《关于加强社会化消防工作实施意见》，加强专职消防队伍建设，连续19年未发生群死群伤火灾事故；强化寄递物流安全管理工作，推进了寄递验视、过机安检、实名登记三个100%制度的全面落实；加强公共场所人员聚集活动安全管理，圆满完成"三夜"安保任务；扎实做好汛期防洪救灾和地质灾害防治工作，消除一大批灾害风险隐患。

四、积极服务大局，为经济发展提供有力法治保障

市委政法委制定出台了《依法慎用强制措施平等保护市场主体合法权益专项工作方案》，组织开展涉企强制性措施问题专项清理、集中整治等6大服务发展专项行动。法院系统出台《关于进一步为两江新区经济社会发展提供司法保障的十条意见》《为重庆加快实施创新驱动发展战略提供更加有力司法保障的意见》，受理审结商事案件、破产案件、知识产权案件同比大幅增长。检察机关依法办理批捕破坏市场经济秩序犯罪、侵犯知识产权犯罪和科技基础设施建设、科技推广等环节职务犯罪，依法查处在国企融资并购、资产转让、工程建设等环节和领域权钱交易、中饱私囊等腐败犯罪。公安机关依法打击经济犯罪案件、涉假案件、破坏环境资源案件，统筹推进户籍制度改革工作，对51个国家实行72小时过境免签，启用电子台胞证签发，推行24小时自助办证点，签发出入国（境）证件225万人次。司法行政系统出台了《关于充分发挥律师职能作用服务经济社会发展的实施意见》，实施法律援助惠民工程，深化"企业法律体检"活动，办理公证19.6万余件。同时，全市政法机关积极支持保障企业正常生产经营活动，为企业生产创造了良好环境。

五、加强统筹协调，扎实推进市综治委各专项工作小组重点任务

（一）实有人口服务管理工作。一是推进流动人口管理服务。通过互联网、手机终端，在沙坪坝、九龙坡等地推行社会化采集试点。依托乡镇（街道）公共服务中心和村（社区）便民服务中心，设置一站式流动人口综合服务办事窗口2173个。二是引导人口有序流动。建立城乡统一的户口登记制度，市政府出台《户口迁移登记实施办法》，落实五大功能区差异化落户政策，户籍人口城镇化率达47.63%。建立居住证制度，市政府出台《居住证实施办法》，推动38项基本公共服务常住人口全覆盖，办理居住证19万余个。建立居民身份证异地受理制度，受理范围扩大至全国26个省市和重庆市全部区县，办理证件19万人次。

（二）特殊人群服务管理工作。出台《重庆市社区戒毒社区康复工作规划（2016—2020）》，推动区县实现禁毒办实体化。推动出台《矫正帮教管理服务中心管理办法》《社区矫正执法考评办法》。做好特殊人群安置帮教工作，2016年，全市新接收安置帮教人员23539人，安置率为96.3%，帮教率99.3%。加强严重精神障碍患者排查救治救助，出台《关于加强肇事肇祸等严重精神障碍患者联合服务管理的意见》，全面实施以奖代补政策，落实财政奖补资金共计5314.05万元；试点推进免费服用第二代药物、住院治疗经费财政兜底等救治救助工作。

（三）"非公经济组织"服务管理工作。进一步加大力度构建非公有制经济组织和谐劳动关系。积极推动企业民主建设，促进企业建立健全以职工代表大会为基本形式的企业民主管理制度，落实好企业民主协商、集体协商制度，平衡好劳资双方利益，促进企业和谐发展。防止因企业民主管理不到位、工作不规范引发的劳资关系矛盾群体性事件，为促进企业的民主建设，落实好企业民主协商、集体协商制度，平衡好劳资双方利益，促进企业和谐发展。

（四）社会治安工作。坚持打防治并举，认真落实《关于加强社会治安防控体系建设的实施意见》,围绕“五张网”和“四项机制”建设,扎实推进社会治安防控体系建设,依法惩治各类违法犯罪活动,不断提升驾驭社会治安局势的能力。强化街面巡逻防控,加强公安、武警联勤联动,推进专职巡逻队、摩托车巡逻队建设,提升了见警率和突发案(事)件反应能力。组织开展“渝安1号”专项行动,全市刑事案件、侵财案件、110刑事警情分别下降10.5%、10.6%、5.6%,八类暴力案件下降6.9%。深入开展社会治安重点地区排查整治,挂牌整治的265个乱点地区刑事发案率下降54.5%,均已达到摘牌标准,3个地区实现“零发案”。全市“应指工程”视频系统建设已全部完成,调控镜头总量达8.5万个,基本实现重点区域、部位全覆盖。创新开展动态挂牌工作,对10个交通混乱的区域和路段实施动态挂牌整治。

(五)预防青少年违法犯罪工作。出台了《重庆市家庭教育促进条例》《关于加强学校法治教育的意见》《关于加强农村留守儿童关爱保护工作的实施意见》等文件。加强思想道德教育,开展“寻找最美家书”“红领巾相约中国梦”等主题活动,覆盖青少年700万余人次。持续推进“为了明天·彩虹帮教”项目,推荐资助200名不良行为未成年人入读重庆行知职业技术学校,对市未成年犯管教所100名未成年服刑人员和合川工读学校20名在校学员进行了短期技能培训,在5个区县试点建设10个“彩虹帮教”城乡社区市民学校未成年人观护基地,着力构建“四位一体”的“彩虹帮教”项目体系。对重庆市“12355”青少年维权专家服务团队、重庆市“莎姐”青年志愿者总队等6支青少年社会化维权队伍进行统一规范管理,吸纳各类志愿者42619人。开展“彩虹帮教”项目师资培训,招募“彩虹帮教”未成年人观护基地项目专员,推动将青少年事务社工机构服务重点青少年的项目纳入政府购买社会服务清单,社会力量逐步壮大。

(六)校园及周边治安综合治理工作。深入开展春秋两季校园及周边治安问题专项整治行动。组织开展2次2016年大学城地区高校反恐桌面推演,全市各级各类学校共开展应急疏散演练16000余次;63所普通高等院校、223所高级中学落实了4课时的消防安全教育进军训;开展以防范“校园欺凌”等问题为重点的法治安全教育进校园活动,全市10886所各级各类学校共600余万名师生全部受到教育,实现了法治安全教育全覆盖;将市妇联、市高级人民检察院、市交委、团市委增加为成员单位,进一步充实了校园及周边治安综合整治力量;组织教职员工、师生签订《安全责任书》,把责任落实到人头和关键环节;强化物防、技防,近三年来,各级各类学校新增监控探头58620个、盾牌2469面、报警系统1540套,并为全市所有校车安装了GPS定位系统。开展校园及周边治安综合整治,对全市校内食品经营单位和校园周边食品经营单位和摊贩开展全覆盖检查。

(七)护路护线联防工作。一是充分发挥综合治理优势,以维护高速铁路安全和防范暴力恐怖袭击为重点,全面落实护路联防各项工作措施,确保了铁路运输安全和沿线治安稳定,实现了“三类恶性案件”、重特大安全事故、群体性事件、刑事案件、危行案件、大牲畜上道、机动车肇事7个“零发生”。依托矛盾纠纷排查调处“四级联动”工作机制和联席会议制度,及时有效化解铁路建设过程中产生的各类矛盾纠纷251件,化解率98.6%,整改安全隐患234处,整改率100%,同比分别上升13.5%、17.8%。大力加强沿线视频监控建设,在渝万铁路沿线安装视频监控摄像头1415个,实现高铁线路视频监控全覆盖。将铁路护路联防工作经费纳入市级财政预算,确保铁路护路工作顺利开展。二是加强公路、水路安全联防工作。开展“平安公路”“平安车站”“平安港口”“平安航道”创建,开展整治公路货车违法超限超载行为专项行动。推进重点港口建设,开展危化品港口安全专项整治、非法码头整治、港口超期试运行整治工作。制定了《重庆市地方航道维护标准和要求(试行)》,分类指导航道管养。推进支流航道建设,完成嘉陵江草街库尾航道整治一期工程浮标建设标段和航道测量及控制网建设,以及乌江河口至白马支持保障系统白涛航道基地码头建设,东溪河航道整治工程实现开工,完成了乌江彭水至龚滩段航道建设工程竣工验收。三是加强电力、电信、广播电视设施安全保护工作和油气田及输油气管道安全保护工作。严厉打击盗窃破坏“三电”设施违法犯罪活动,督促“三电”企业加强内部安全防范,巩固“三电”保护工作成效，确保“三电”设施安全运行。全年“三电”企业未出现影响较大的破坏和盗窃刑事案件。集中整治涉油气突出治安问题，督促油气企业完善安保措施和应急处置能力，严防严打涉油气暴恐活动。对油气田及输油气管道、城镇燃气管道、大型储油气库等重点单位和部位的安保反恐隐患进行全面排查。

（八）法律政策服务工作。深入推进涉法涉诉信访工作改革，制定下发《2016 年涉法涉诉信访改革工作要点》，通过开展专项督查、召开片区督查座谈会、实地督查、改革推进情况“回头看”等方式，推动改革工作深入开展。牵头制定《关于建立涉最高人民法院第五巡回法庭信访稳定快速联动处置长效机制的工作方案》，维护巡回法庭驻地及周边正常社会秩序和信访秩序。市检察院制定下发《关于印发检察机关来信来访告知文书格式样本的通知》，统一了控告申诉的告知文书格式，规范了群众来信来访的答复工作；市公安局制定了《重庆市公安机关通过法定途径分类处理信访投诉请求清单》，进一步厘清信访与诉讼、仲裁、行政复议等法定途径的边界；建立 291 家律师事务所 1533 名律师参与的律师人才库，充分发挥了律师在化解和代理涉法涉诉信访案件中的积极作用；制定出台《关于规范司法救助标准和生活困难认定条件的实施细则（试行）》，2016 年，全市共发放司法救助金 2508.977 万元，救助了 1076 件案件涉及的困难群众 1212 人。

六、加强基层基础建设，进一步打牢平安建设根基

2016 年是“三基”建设（加强基层建设，夯实基础工作，提升基本素质）“提升年”，着力提升基层组织建设规范化水平、工作手段信息化水平、平安创建社会化水平、基础工作精细化水平。加强乡镇（街道）综治办、社区（村）综治工作站建设。抓住乡镇、村（社区）换届契机，全部乡镇 100% 配备政法书记，全部村（社区）100% 配备综合治理专干，提升了统筹协调能力。推进派出所和警务室建设，派出所总数达 888 个，实现“一镇街一所”，警务室达 3005 个，实现城乡社区全覆盖。大力推广“车载法庭”，“庭站点员”四位一体的便民诉讼网络覆盖所有乡镇村社。建成 42 个派驻检察室，推动法律监督向基层延伸。建成司法所 1025 个，基本实现一乡镇（街道）一所的目标。群众自治组织建设方面：全市共有调委会 83616 个，专业性行业性调委会 2985 个；组建治保会 9997 个 4.8 万余人，组建社区专职巡逻队 4103 支、3.43 万余人，义务巡逻队 9.4 万余人，其他群防力量 5.5 万余人。通过社会化招募注册普法志愿者、“莎姐”志愿者、“法帮义工”志愿者以及平安建设志愿者团队，基层志愿者队伍不断发展壮大。

七、加强宣传引导，切实营造平安氛围

正面宣传推陈出新，有力度有深度有温度。重点打造“平安建设进行时”全媒体宣传品牌，围绕创新大主题、细化小切口，提前策划捕捉垫江、秀山等 12 个重点区县个性化亮点，组织 15 家媒体集中采访报道，凸显了区县各自特色。在重庆电视台推出“平安建设进行时”电视周播栏目，每周日晚播出，全年播出 48 期。5 月和 7 月先后两次组织多家中央媒体和市级媒体密集报道司改工作，全网搜索相关新闻 3000 余篇，《人民日报》连续四天在头版突出报道重庆政法队伍建设经验。重庆市社会治安综合治理创新工作会议报道预热“有温度”、内容报道“有热度”。会前在中国长安网刊发文章，会议当天在《重庆日报》《法制日报》刊发回顾性工作通讯，会议次日各都市媒体、网站刊发特色报道，新媒体跟进转发，形成全媒体良好传播态势。《长安》杂志推出“走进重庆”10 个页码专题，介绍重庆综治工作。新媒体蓬勃发展，在全国首届平安中国微电影微视频比赛、全国政法综治优秀新闻作品评选两次大赛中大获丰收，实现一、二、三等奖全覆盖。拍摄制作“凌晨 4:30 的重庆”，在“南昌会议”期间全媒体传播。会同市公安局在“9·30”烈士纪念日尝试运用微信 H5 推出祭奠政法英烈的“永远的丰碑”，在全国政法系统“两微一端”大力推送。《重庆政法》获评全市优秀内刊，在全国同类刊物中位居前列。《全国政法英模事迹展播》重庆 11 个典型上榜。

“控负”旗帜鲜明。研究出台“‘三同步’实施办法五十条”，将“三同步”制度化、具体化、流程化。在中央政法委每月全国政法综治舆情分析报告中，重庆市有 10 个月成为“政法舆情零发地区”,2个月排名全国22位以后。机制经验得到充分肯定,在“南昌会议”上,中央领导对综合研判机制给予表扬;机制经验被中央政法委选为全国政法队伍建设会议《履职能力建设》典型案例,专题片在“深圳会议”播放交流。《人民日报》就研判机制经验采写《内参》,被中央办公厅、国务院办公厅《两办信息》第104期刊登,专送中央领导参阅。

中共重庆市委办公厅　市政府办公厅关于印发《重庆市健全落实社会治安综合治理和平安建设领导责任制规定》的通知

(2016年11月29日)

各区县(自治县)党委和人民政府,市委各部委,市级国家机关各部门,各人民团体,大型企业和高等院校:

《重庆市健全落实社会治安综合治理和平安建设领导责任制规定》已经市委、市政府同意,现印发给你们,请结合实际认真贯彻执行。

重庆市健全落实社会治安综合治理和平安建设领导责任制规定

第一章　总　则

第一条　为加强社会治安综合治理,深入推进平安建设,使各级各部门各单位领导班子和领导干部切实担负起维护一方稳定、确保一方平安的重大政治责任,根据《中国共产党问责条例》《中共中央办公厅、国务院办公厅关于印发〈健全落实社会治安综合治理领导责任制规定〉的通知》《中共重庆市委、重庆市人民政府关于深化平安重庆建设的意见》等有关文件,特制定本规定。

第二条　本规定适用于各级党的机关、人大机关、行政机关、政协机关、审判机关、检察机关及其领导班子、领导干部。

人民团体、事业单位、国有企业及其领导班子、领导干部、领导人员参照执行本规定。

第三条　健全落实社会治安综合治理和平安建设领导责任制,应当坚持问题导向、法治思维、改革创新,抓住“关键少数”,科学运用评估、督导、考核、激励、惩戒等措施,严格落实属地管理、分级负责,谁主管谁负责,“一岗双责”和终身问责、尽职免责的原则。

第四条　社会治安综合治理和平安建设领导责任的奖惩工作,按照干部管理权限进行。奖惩决定应当由各级党委、政府或者有管理权限的党组织作出,市、区县(自治县,以下简称区县)社会治安综合治理委员会及办公室应当按照有关规定,加强与同级纪检监察机关、组织人事部门的协调配合,根据职责权限和责任分工,共同做好有关奖惩工作。

第二章　责任内容

第五条　各级党委和政府应当切实加强对

社会治安综合治理和平安建设工作的领导，列入重要议事日程，纳入经济社会发展总体规划，切实研究解决工作中的重要问题，切实加强人财物保障，构建党委领导、政府主导、综治协调、部门齐抓共管、社会力量积极参与的工作格局。

第六条　各部门各单位应当各负其责，充分发挥职能作用，积极参与社会治安综合治理和平安建设，主动承担好预防和减少违法犯罪、维护社会治安和社会稳定的责任，认真抓好本部门、本单位、本系统的综合治理和平安建设工作，与业务工作同规划、同部署、同检查、同落实。

第七条　各级社会治安综合治理委员会及其办公室应当在同级党委和政府的统一领导下，认真组织各有关单位参与社会治安综合治理和平安建设工作，动员组织党员、群众有序参与，加强调查研究和督导检查，及时分析、通报社会治安形势，协调解决工作中遇到的突出问题，总结推广典型经验，统筹推进社会治安综合治理和平安建设工作。

第八条　各级党委、政府及其派出机构主要负责人为本地区社会治安综合治理和平安建设工作第一责任人，市和区县党委、政府工作部门主要负责人为本部门、本系统社会治安综合治理和平安建设工作第一责任人。其责任包括：

（一）及时认真贯彻落实各项社会治安综合治理和平安建设的法律、法规、方针、政策和上级党委、政府有关重大决策部署、决定要求；

（二）负责组织领导和检查指导本地区、本部门、本系统的社会治安综合治理和平安建设工作，每季度至少主持召开一次平安建设和社会稳定形势分析研判会议，研究部署社会治安综合治理和平安建设重大事项，及时解决重大和疑难问题，明确部门和专人落实会议决定事项；

（三）明确一名领导班子成员分管社会治安综合治理和平安建设工作，负责建立健全和督查落实本级、本部门领导班子成员“一岗双责”责任制，促进领导班子成员在抓好分管业务工作的同时，认真负责抓好分管领域（行业）和单位的社会治安综合治理和平安建设工作；

（四）全面实行社会治安综合治理和平安建设目标管理，建立健全并严格执行责任制、问责制和考评奖惩机制，督促落实重大决策社会稳定风险评估和决策责任追究制度，督促基层切实履行好保一方平安的政治责任；

（五）按照上级党委、政府要求和本地区、本部门、本系统社会治安综合治理和平安建设实际工作需要，抓好组织建设，配备基本力量，落实经费、设施、装备等工作保障，切实创造良好条件；

（六）领导推动本地区、本部门、本系统的社会治安防控体系建设，督促落实安全防范责任，严防发生涉及平安稳定的重特大事故、事件、案件，发生时应当加强应急处置工作的组织领导；

（七）党委、政府赋予的其他社会治安综合治理和平安建设工作责任。

第九条　各级党委、政府及其派出机构分管政法、综治、信访、维稳、安全监管、应急管理、食品药品监管、网络安全工作的领导班子成员，及市、区县党委和政府工作部门分管安全稳定的领导班子成员为本地区、本部门、本系统社会治安综合治理和平安建设工作的直接责任人。其责任包括：

（一）按照上级部署、要求和本级安排，认真组织研究本地区、本部门、本系统社会治安综合治理和平安建设工作任务、具体措施和责任制，做到纵向到底、横向到边，加强检查督促，抓好工作落实，完成目标任务；

（二）负责组织领导和检查指导本地区、本部门、本系统的社会治安综合治理和平安建设工作，积极筹备每季度一次平安建设和安全稳定形势分析研判会议，研究部署平安建设重大事项，及时解决重大和疑难问题，认真督促部门和专人落实会议决定事项；

（三）建立健全立体化社会治安防控体系、安全生产预防控制体系、食品药品监管体系、信息网络监管体系等，强化重点场所、部位、目标的安全防范，开展突出问题隐患专项整治和重点地区排查整治，严防发生重特大事故、事件、案件，维护政治安全、公共安全和信息网络安全；

（四）建立健全维护群众合法权益的工作机制，引导群众依法有序表达诉求，依法及时就地解决问题；健全完善调解、仲裁、行政裁决、行政复议、诉讼等有机衔接、相互协调的矛盾纠纷多元化解机制；

（五）建立健全重大决策社会稳定风险评估

机制，完善社会稳定预警机制、责任倒查机制和监督制约机制，防止因决策不当引发社会矛盾；

（六）建立健全安全、稳定、治安形势定期分析研判机制，适时动态准确掌握本地区、本部门、本系统的安全稳定形势，尤其是主要问题，及时研究防范和化解的措施并组织落实；

（七）建立健全安全稳定舆情研判、工作预警、信息通报和发布制度，积极主动回应社会关切，正确导控社会舆论；

（八）抓好本地区、本部门、本系统社会治安综合治理和平安建设的组织、力量建设，抓好平安建设工作所需经费、设施、装备等工作保障的落实；

（九）本地区、本部门、本系统发生涉及平安稳定的重特大事故、事件、案件时，做好统筹协调，按照有关规定要求，迅速到达现场组织或参与应急处置工作；

（十）加强本地区、本部门内部安全防控网建设，建立健全单位内部治安保卫制度，全面完善和落实人防、物防、技防等安全保卫措施，确保内部安全稳定。

（十一）主动如实向第一责任人汇报社会治安综合治理和平安建设工作；及时如实向上级社会治安综合治理和平安建设主管部门汇报工作情况，提请研究解决工作中的重大困难和问题；

（十二）党委、政府赋予的其他社会治安综合治理和平安建设工作责任。

第十条　各级党委、政府及其派出机构，市、区县党委和政府工作部门领导班子的其他成员为分管工作范围内社会治安综合治理和平安建设的“一岗双责”责任人。其责任包括：

（一）抓好分管工作范围内的社会治安综合治理和平安建设工作，认真贯彻执行各级、各有关部门作出的工作部署，层层落实工作任务和责任制，做到与业务工作同部署、同落实、同检查、同考核，严防发生重特大群体性事件、暴力恐怖案（事）件、个人极端案（事）件或者其他重特大事故、事件、案件；

（二）检查督促分管工作范围内部门、企事业单位规范落实内部安全防范工作措施；

（三）积极主动排查、分析研判、研究解决分管工作范围内矛盾纠纷和安全稳定隐患，把问题解决在当地、化解在萌芽状态；

（四）落实重大决策社会稳定风险评估，做到当评则评，当否则否；

（五）认真执行分管工作范围内的安全稳定舆情研判、工作预警、信息通报和发布制度，及时回应社会关切，正确导控社会舆论；

（六）加强分管工作范围内社会治安综合治理和平安建设的组织、力量建设，按照有关要求负责落实经费、设施、装备等工作保障；

（七）分管工作范围内发生重特大事故、事件、案件时，按照有关规定要求，第一时间到达现场组织应急处置工作；

（八）及时如实向第一责任人汇报、向分管责任人通报分管工作范围内的社会治安综合治理和平安建设工作，提请研究解决工作中的重大困难和问题；

（九）党委、政府赋予的其他社会治安综合治理和平安建设工作责任。

第三章　检查考核

第十一条　各地区各部门各单位应当建立完善社会治安综合治理和平安建设目标管理责任制，把社会治安综合治理和平安建设各项任务分解细化为具体目标，建立科学严格的督促检查制度、定量考核制度、评价奖惩制度，自上而下层层签订深化平安建设暨综治工作责任书。

第十二条　各级党委常委会应当将执行社会治安综合治理和平安建设领导责任制的情况，作为向同级党的委员会全体会议报告工作的重要内容；各级政府应当将执行社会治安综合治理和平安建设领导责任制的情况纳入向同级人民代表大会全体会议报告工作的重要内容；各级党政领导班子和有关领导干部应当将履行社会治安综合治理和平安建设责任情况作为年度述职报告的重要内容。

第十三条　社会治安综合治理委员会成员单位每年应当对本单位本系统部署和开展社会治安综合治理、推进平安建设的情况进行总结，对下一年度的工作作出安排，并报同级社会治安综合治理委员会。

下一级社会治安综合治理委员会每年应当向上一级社会治安综合治理委员会报告工作。

第十四条　各级党委和政府应当将社会治安综合治理纳入工作督促检查范围，适时组织开展专项督促检查。

各级社会治安综合治理委员会及其办公室应当加强对各地区各部门各单位的日常督促检查，推动社会治安综合治理和平安建设各项决策部署落到实处。

第十五条　各级党委和政府应当建立健全社会治安综合治理和平安建设考核评价制度机制，制定完善考核评价标准和指标体系，明确考核评价的内容、方法、程序。

第十六条　强化社会治安综合治理和平安建设考核评价结果运用，把社会治安综合治理和平安建设工作实绩作为对领导班子和领导干部综合考核评价的重要内容，与业绩评定、职务晋升、奖励惩处等挂钩。对综治考评先进地区和单位，可给予一次性奖金或者其他待遇。各级社会治安综合治理委员会及其办公室应当建立完善对各地区、各综治成员单位、各有关部门党政主要领导干部、社会治安综合治理分管领导干部的社会治安综合治理和平安建设工作实绩档案。

各级组织人事部门在考察党政主要领导干部、社会治安综合治理分管领导干部实绩、进行提拔使用和晋职晋级时，应当了解和掌握相关领导干部抓社会治安综合治理和平安建设工作的情况。

第四章　表彰奖励

第十七条　对社会治安综合治理和平安建设工作成绩突出的地方、部门和单位的党政主要领导干部和分管领导干部，应当按照有关规定给予表彰和嘉奖。对受到表彰和嘉奖的领导干部，组织人事部门应当将有关材料存入本人档案。

第十八条　市委政法委、市综治办、市人力社保局应当坚持面向基层、面向一线，每四年开展一次全市平安建设暨社会治安综合治理先进集体和先进工作者的评选表彰工作。

第十九条　对表现突出的全市社会治安综合治理暨平安建设先进集体和先进个人，应当按有关规定和程序推荐参评全国社会治安综合治理先进集体、先进工作者。

对受到表彰的全国社会治安综合治理先进集体党政主要领导干部和分管领导干部应当进行嘉奖。对受到表彰的全国社会治安综合治理先进工作者，应当落实省部级先进工作者和劳动模范待遇。

第二十条　各级社会治安综合治理委员会和组织人事部门要配合做好全国社会治安综合治理、全市社会治安综合治理暨平安建设先进集体、先进工作者等的评选表彰工作。

第五章　督导问责

第二十一条　具有下列情形之一的，启动对党政领导班子、领导干部的督导问责调查：

（一）造成严重社会影响的国家安全事件；

（二）造成严重后果或社会影响的重特大刑事案件；

（三）严重暴力恐怖案（事）件；

（四）造成严重社会影响的个人极端案（事）件；

（五）重特大群体性事件；

（六）重特大生产安全事故；

（七）重特大食品安全事故；

（八）重特大药品安全突发事件；

（九）本地区本单位社会治安综合治理工作和平安建设考核评价不合格、不达标的；

（十）对群众反映强烈的社会治安重点地区和突出公共安全、治安问题等，没有采取有效措施或者经整治后群众仍然反映强烈、安全隐患仍较突出、验收不合格的；

（十一）本地区本系统本单位在较短时间内连续发生重大刑事案件、群体性事件、公共安全事件的；

（十二）其他造成重大损失或者严重影响的重特大事故、事件、案件；

（十三）市、区县党委政府及社会治安综合治理委员会认为需要查究的其他事项。

第二十二条　因以下原因导致本规定第二十一条所列情形的，应当对党政领导班子、领导干部实行督导问责：

（一）不重视社会治安综合治理和平安建设，本地区本系统本单位基层基础工作薄弱，源头治理和防范等相关工作措施落实不力，矛盾纠纷不能及时排查化解，风险隐患不能及时排查整治，治安秩序严重混乱的；

（二）未建立健全社会稳定风险评估制度，或未严格执行风险评估制度，或经风险评估后仍继续实施被否政策、项目、事项；

（三）未建立健全社会治安综合治理暨平安建设责任制；

（四）未落实社会治安综合治理和平安建设必需的经费、力量、设施、装备等基本保障；

（五）发生涉及平安稳定的重特大事故、事件、案件时，应当到场而没有到现场组织指挥，或组织指挥不力；

（六）对涉及平安稳定的群体性、突发性事件处置失当导致事态恶化；

（七）滥用职权，或者不作为；

（八）其他严重失职行为。

第二十三条　对党政领导班子、领导干部进行责任督导的方式分为通报、约谈、挂牌督办、实施一票否决权制；实行问责的方式分为检查、通报、诫勉、停职检查、调整职务、引咎辞职、责令辞职、降职、免职等。上述方式，可以单独使用，也可以合并使用。因违纪违法应当承担责任的，给予党纪政纪处分；构成犯罪的，依法追究刑事责任。

第二十四条　对具有本规定第二十一条所列情形的地区、单位，由相应市、区县社会治安综合治理委员会办公室以书面形式进行通报，必要时由社会治安综合治理委员会进行通报，限期进行整改。

第二十五条　对受到通报后仍未按期完成整改目标，或者具有本规定第二十一条所列情形且危害严重或者影响重大的地区、单位，由相应的上一级社会治安综合治理委员会办公室主任对其党政主要领导干部、社会治安综合治理工作分管领导干部和负有责任的其他领导班子成员进行约谈，必要时由社会治安综合治理委员会主任、副主任约谈，帮助分析原因，督促限期整改。

第二十六条　对受到约谈后仍未按期完成整改目标，或者具有本规定第二十一条所列情形且危害特别严重或者影响特别重大但尚不够实施一票否决权制的地区、单位，由相应的上一级社会治安综合治理委员会办公室挂牌督办，限期进行整改。必要时，可派驻工作组对挂牌督办地区、单位进行检查督办。

对受到中央社会治安综合治理委员会及其办公室挂牌督办的地区、单位，在半年内取消该地区、单位评选综合性荣誉称号的资格和该地区、单位主要领导干部、分管领导干部、相关领导班子成员“一岗双责”责任人评先受奖、晋职晋级的资格。

第二十七条　对受到挂牌督办后仍未按期完成整改目标，或者有本规定第二十一条所列情形且危害特别严重或者影响特别重大的地区、单位，由相应的上一级社会治安综合治理委员会按照中央、市委有关规定，商有关部门共同研究决定实行一票否决权制。

对中央驻渝单位需要实行一票否决权制的，由市社会治安综合治理委员会向其主管单位和中央社会治安综合治理委员会提出书面建议。

第二十八条　对受到一票否决权制处理的地区、单位，在一年内，取消该地区、单位评选综合性荣誉称号的资格，由组织人事部门按照有关权限和程序办理；取消该地区、单位主要领导干部、分管领导干部、相关领导班子成员“一岗双责”责任人评先受奖、晋职晋级的资格，由组织人事部门按照干部管理权限和程序办理，并会同社会治安综合治理委员会办公室，按照中央有关规定向上级有关部门进行报告、备案。

第二十九条　具有本规定第二十一条所列（一）至（八）款所列情形的，按照有关规定应当问责的，负有监督管理职能的主管部门应当将问责线索移送有权限问责的纪检监察机关。纪检监察机应当启动问责调查，在规定的时间内形成调查报告，按照干部管理权限向党委、政府提出对党政领导班子、党政领导干部的问责建议。作出问责决定前，应当听取被问责的党政领导班子、党政领导干部的陈述和申辩，并且记录在案；对其合理意见，应当予以采纳。

具有本规定第二十一条所列（一）至（八）款等情形并按规定应由中央相关部门调查的，市纪委（监察局）按要求配合问责调查。

第三十条　党委、政府对问责建议进行研究，对需要实行问责的，应当制作问责决定书，于7个工作日内送达被问责党政领导班子或者领导干部及其所在党组织宣布并督促执行。有关问责情况应当向同级组织部门、综治部门通报，同时报上级组织部门、综治部门和相关主管部门备案。组织部门应当将问责决定材料归入被问责领导干部个人档案，并报上级组织部门备案；涉及组织调整或者组织处理的，应当在一个月内办理完毕相应手续。对不需要实行问责的，及时向被调查人反馈。

第三十一条　受到问责的党政领导干部对问责决定不服的，可以从接到问责决定之日起15日内，向问责决定机关提出书面申诉。问责决定机关可以指定纪检监察机关对申诉事项进行复核。根据复核结果，纪检监察机关应当向问责决定机关提出书面申诉处理建议。问责决定机关应当在30日内作出申诉处理决定，并以书面形式告知申诉人及其所在单位。被问责的党政领导干部申诉期间，不停止问责决定的执行。

第三十二条　受到问责的党政领导班子、领导干部，取消当年年度考核评优和评选各类先进的资格。责令辞职和因问责被免职的党政领导干部，一年内不安排职务，两年内不得担任高于原任职务层次的职务；同时受到党纪政纪处分的，按照影响期长的规定执行。被问责的党政领导干部重新任职，按照有关规定办理。

第三十三条　党政领导班子、党政领导干部具有本规定第二十一条所列情形，并具有下列情节之一的，应当从重问责：

（一）干扰、阻碍调查和责任追究的；

（二）弄虚作假、隐瞒事实真相、瞒报漏报重大情况的；

（三）对检举人、控告人打击报复的；

（四）党内法规和国家法律法规规定的其他从重情节。

第三十四条　党政领导班子、党政领导干部具有本规定第二十一条所列情形，但具有下列情节之一的，可以从轻问责：

（一）主动采取措施，有效避免损失、挽回影响的；

（二）积极配合调查，并且主动承担责任的；

（三）党内法规和国家法律法规规定的其他从轻情节。

第三十五条　在本地区、本部门、本系统发生涉及平安稳定的重特大事故、事件、案件时，党政领导干部具有下列情形之一的，可以免于问责：

（一）经查实，尽职尽责的；

（二）完全由第三方原因或者不可抗力造成的；

（三）党内法规和国家法律法规规定的其他免责情形。

第三十六条　实行终身问责。对失职失责性质恶劣、后果严重的，不论其责任人是否调离岗位、提拔或者退休，都应当严肃问责。

第六章　附　则

第三十七条　本规定具体解释工作由市纪委（市监察局）、市委组织部、市综治办、市人力社保局承担。

第三十八条　本规定自2016年11月29日起施行。《平安重庆建设领导责任制暂行办法》同时废止。

重庆市委市政府出台意见
全面加强公共安全风险防控工作

为深入贯彻落实党中央、国务院关于加强公共安全工作的重大决策部署，重庆市委、市政府把加强公共安全风险防控工作作为重要民生工作来抓，作为深化平安建设重中之重的工作来谋划和部署。市综治委组织26个市级部门全面开展风险隐患大排查，分四个片区召开风险防控专题会议，推动部门和区县精准研判重大风险隐患，有针对性落实防控化解措施，确保了全市社会大局持续稳定。同时，着眼于公共安全风险防控工作长远发展，在市综治办、市公安局牵头深入调研的基础上，市委、市政府出台了《关于加强公共安全风险防控工作的意见》（以下简称《意见》）。《意见》坚持问题导向、目标导向，树立底线思维，着力建立责任全覆盖、管理全方位、监管全过程的公共安全风险防控工作体系，完善源头防范、动态管控、综合治理、应急处置相结合的公共安全风险防控长效机制，构建机制完善、基础扎实、防控有力的全方位、立体化的公共安全风险防控网，形成党委领导、政府主导、综合部门统筹协调、职能部门依法监管、责任主体认真履职、社会力量积极参与的公共安全风险防控工作格局。

一、立足于主动预防，从源头上防控和减少风险隐患

《意见》立足于主动防控，在安全规划、市场准入、标准化建设、日常监督管理等方面提出要求，从源头上防控风险、减少隐患。一是抓好安全规划。把公共安全风险防范作为城乡整体规划和涉及公共安全设施空间布局专业专项规划的重要考量内容。做好高危行业、产业的规划布局，防止“先天性”风险隐患。二是依法实施市场准入。严格石油、化工、矿山、交通运输、食品药品、快递物流、金融等重点行业领域的市场准入，建立负面清单，督促落实企业主体责任。全面推行各类生产经营单位安全生产诚信黑名单制度。三是推进标准化建设。严格执行安全生产国家和地方行业标准以及制度规范，提升企业本质安全。加快推进农业生产标准化，推行农产品产地准出制度，逐步建立食用农产品安全追溯体系。加强地下工程规范化建设，严格地质环境保护技术标准。四是强化日常监督管理。加强危险化学品、易燃易爆物品的生产、存储、运输、购销等环节全过程监管。完善高危行业和关键环节从业人员准入制度，加强涉危涉安企业单位负责人、管理人员及危爆物品相关接触人员管理和教育培训。健全网络安全基础管理制度，提高网络安全预警、防范和应急水平。加强涉枪涉爆人员、涉暴恐人员、过激言行人员以及吸毒人员、易肇事肇祸精神病人等分类管理、等级预警，做到不漏管失控。

二、完善工作体系，增强风险防控的系统性、整体性和协调性

《意见》从理顺和完善管理体系入手，着力构建党委领导、政府主导、综合部门统筹协调、职能部门依法监管、责任主体认真履职、社会力量积极参与的公共安全风险防控工作格局。一是健全党委政府组织领导体系。建立市和区县党委常委会、政府常务会每季度定期分析研判制度，统筹协调解决源头性、基础性、根本性的重大问题。建立领导干部抓公共安全防控工作纳入领导干部年度述职制度和实绩考核重要内容。二是健全综合监管体系。强化各级安全生产委员会、食品安全委员会、社会治安综合治理委员会的统筹协调职能，各级政府应急委健全完善本区域风险管理综合协调机制，协调和推动解决跨区域、跨行业、跨领域的重大风险隐患；各级安全生产委员会、食品安全委员会、社会治安综合治理委员会等协调机构加强重点领域公共安全风险防控的综合协调和监督指导，及时协调解决重大风险隐患。三是健全部门监管体系。各级行业主管部门负责本行业风险管理工作，建立本行业风险管理体系。加强区域联动、部门协作，建立健全联席会议、综合研判、重大疑难问题会商协调、重点任务联合督查等制度，实现对重大风险隐患联排联治、重点人员联查联控、重大案（事）件联动联处、信息资源联网共用。

三、健全工作机制，强化公共安全风险全过程管理

《意见》建立健全分析研判、风险排查、风险评估、隐患治理、应急处置等工作机制，着力强化风险全过程管理。一是健全风险隐患排查机制。健全完善区域性排查、行业性排查制度，健全完善生产经营单位排查制度，对本区域、本行业、本单位的各类风险点、危险源和事故隐患种类、数量、状态做到底数清、情况明。各区县和市级行业主管部门分级分类建立本行政区域、本行业风险隐患数据库，市政府应急办牵头建立全市风险管理数据库。建立健全风险隐患举报奖励制度。二是健全风险评估机制。市政府应急办牵头组织制定全市风险评估标准和实施指南。市级行业主管部门牵头对重点领域逐项开展风险评估，按照紧急程度、发展势态，确定风险等级。对重大活动、重要和敏感时期适时做好风险评估并制定风险防控方案。三是健全风险隐患治理机制。对一般性风险隐患由涉事单位立即整改消除。对重大、特别重大风险隐患由市级行业主管部门会同相关地区和单位，逐一研究措施、分解任务、建立台账，明确时间表、路线图，做到问题不解决不销号。对治理难度大、时间跨度长、一时难以消除的风险隐患，纳入规划重点项目来推进解决，同时做好预警防控工作。四是健全应急处置机制。科学运用风险评估结果，完善应急预案体系。进一步明确公共安全事件应急处置指挥架构、层级，加强应急指挥部门与联动单位常态互通，确保一有情况能够快速反应、科学指挥、有效应对。坚持和落实依法处置、舆论引导、社会面管控“三同步”，有效维护网络安全、净化网络环境。五是健全责任落实机制。坚持党政同责、一岗双责、失职追责，严格落实“属地管理”和“谁主管谁负责”责任制，健全公共安全事件综合追责制度体系，对因重视不够、社会治安防范措施不落实而导致违法犯罪现象严重、治安秩序严重混乱或者发生重特大安全事故（事件）的地区，依法实行一票否决权制，并追究有关领导干部的责任。

四、强化工作保障，提高维护公共安全能力水平

《意见》从基层基础建设、科技运用、社会共治、法治等方面加强保障，着力提升维护公共安全的实效。一是着力提升基层基础建设水平。健全区县、乡镇（街道）、村（社区）三级综合服务管理平台，整合基层安全监管工作力量、手段、装备等资源，构建以行业主（监）管部门为主体、以城乡社区网格化服务管理为依托、社会各方面广泛参与的新型公共安全治理体系，实现城乡安全监管执法和综合治理网格化、一体化。完善和落实职业准入、执法资格和分类管理等制度，加强各级公共安全工作队伍专业化、正规化建设，建立健全教育培训体系，提高履职能力水平。二是着力提升科技信息化水平。加强应急平台、安全生产大数据平台、农产品质量安全追溯管理平台和综治信息系统建设，加快公共安全视频监控系统建设，加快警务云、智能交通、智慧消防等信息化建设。加强信息资源海量采集、一体汇聚、联通共享，实现对危爆化物品、车辆、船舶等精确定位、轨迹追踪，对非法集资、电信诈骗等资金、资产流动定向监测，对重点人员实时预警、动态掌握，对交通、消防、地质、矿山等领域重点危险源一体化监控、自动识别预警，构建全方位、智能化的信息采集、深度研判、综合运用网络，实现信息收集共享网络化、重点监控精准化、决策部署数据化、风险管控无缝化。三是着力提升社会化水平。把公共安全风险防控教育纳入国民教育和精神文明建设体系，加强安全公益宣传，健全公共安全社会心理干预体系，形成维护公共安全的良好氛围。以政府购买社会服务方式，积极探索建立相关科研机构、专家团体、第三方企业、专业社会组织等社会力量参与公共安全风险防控工作。推动工会、共青团、妇联等群团组织参与公共安全风险防范。大力开展基层安全创建活动，充分调动广大群众参与风险防控的积极性。四是着力提升法治化水平。健全完善公共安全领域的地方法规规章体系，健立完善地方、行业安全标准，构建社会行为有预期、管理过程公开、责任界定明晰的公共安全制度体系，从源头上堵塞漏洞。加强执法规范化建设，加大执法监督力度，推进执法信息公开，接受社会和群众监督。健全行政执法与刑事司法工作衔接机制，依法严厉打击公共安全领域的违法违规行为。

重庆市万州区强化重点领域风险防控
全力维护一方平安稳定

重庆市万州区从强化党政主导、强化工作机制、强化工作联系、压实工作责任四个方面入手，不断创新重点行业领域风险防控工作，确保了全区社会大局持续稳定。全区到市上访、到区信访和群众集访实现同比“三下降”，连续 125 个月未发生重大安全生产事故，群众安全感连续 11 年保持在 90% 以上，政法队伍满意度、公信力逐年提升。

一、强化党政主导，把住风险防控之要

万州区始终把坚持党政主导摆在做好风险防控工作的首要位置，将其与经济发展同规划、同部署、同落实。区委常委会、区政府常务会坚持每季度定期听取风险防控工作汇报；区委、区政府主要领导及时专题研究重点行业领域突出问题，并提出“四个没有”“四个责任”要求（情况不清楚的没有、信息不灵通的没有、方案没制定的没有、责任不明确的没有，党政同责、一岗双责、保底担责、倒查追责）；区委、区政府分管领导牵头，细化、落实各项工作措施。印发《公共安全主要风险隐患防控化解任务分解方案》等文件，将反恐防暴、金融、安全生产等重点行业领域的风险，细化为 304 个小项，并组建专项工作小组，分管区领导任组长，明确专人负责。在相关部门、镇街预算中统筹安排风险防控工作经费，每年安排 3000 万元社会治理专项资金用于解决特殊疑难问题。

二、健全四项机制，抓好风险防控之源

健全工作机制，是实现被动防控向主动预防转变的重要举措。一是信息收集机制。发挥公安、安监等专业部门和区、镇街、村居、信息员“四级网络”的作用，综合运用网上与网下、定期与专项、镇街与部门“三结合”的方式，将各类风险信息收集汇总到区级风险信息管理平台。二是预警预判机制。对收集的预警性信息，综合运用会商研判、实地踏勘等方式进行分析，对风险发生的可能性和危害后果进行量化评估，确定风险危害等级并归类交涉事部门、镇街办理。三是重点人员稳控机制。采取“合、排、控、扶、打”五字法，将辖区涉稳重点人员强力吸附在当地，对其违法行为依法处置。四是舆情导控机制。采取正面宣传、澄清谣言、封堵有害信息、落地敲打的“四及时”措施，不断提升舆情导控能力。

三、强化四个联动，织密多元化解之网

风险防控的突破点在矛盾纠纷的多元化解。一是上下联动。区级层面，成立人民调解中心和信访维稳联动中心，专门协调区级部门与镇街“联合作战”；镇街层面，依托区群工系统和“七位一体”社会服务管理中心（站），强化与部门的对接，成功化解了原乡镇企业非在编人员养老医疗补助等一批重点行业领域信访积案。目前，市级交办的 16 件信访积案已化解 15 件。二是条块联动。有效整合 43 个派出所、36 个巡回审判站点和 687 个镇街村居调委会、8 个行业性调委会等力量，基本形成以司法行政部门为骨干、镇街村居调委会为基础、行业调委会为延伸的基层矛盾纠纷化解网络。三是措施联施。采取专家调解、行业调解、“五老”调解、巡回调解、联动调解等“五调”措施，综合运用行政、民事、刑事等手段多元化解纠纷。如对出租车群体，我们既组织运管等行政职能部门加强行业管理，又通过第三方调解机构介入协商；既依法打击挑头滋事人员，又主动引导其合法维权；既对非法营运进行查处，又强化舆情引导避免发生舆情事件。四是区域联动。充分发挥万州在渝东北片区的辐射作用，与周边区县建立了警务协作、信息共享等联动机制，着手实施《“万开云”社会治理一体化协作机制框架协议》，共同提升区域风险防控能力。

四、强化四个责任，压实风险防控之责

风险防控重在责任落实。一是党政同责。年初层层签订责任书，明确规定各地各部门党政主要责任人，是本辖区本行业风险防控第一责任人。二是一岗双责。健全了主要领导亲自抓、分管领导统筹抓、其他领导“一岗双责”抓的风险防控机制。三是保底担责。进一步压实政法部门，尤其是公安机关前期介入了解、中期参与调处、后期快速依法处置的保底责任。四是倒查追责。把风险防控工作纳入年度考核重要内容，实行 10 分倒扣分制，对因工作不力、责任落实不到位的，视情形进行处理。

重庆市江北区探索网格管理队伍整合模式 彰显基层社会治理聚合效应

随着社会治理工作不断强化，人财物投入必然加大，缺乏统筹的重复建设、多头管理，将可能成为制约基层社会治理的新问题。江北区对此进行了深入研究，区委区政府决定以江北嘴中央商务区为改革试点，以综治牵头整合网格所有协勤协管辅助力量为抓手，探索建立了“多队整合、多网融合、多方聚合”的集约高效网格管理新模式，辖区社会治安、城市形象、交通管理和社会治理水平等实现了整体提升。

一、多队整合，工作力量更加精干

江北嘴中央商务区是近年来国内快速发展的重要功能性金融中心极核区，经济的高速发展也给社会管理带来新的挑战。江北区面对压力，大胆突破，从网格化队伍整合入手，试点“三个统一、多队合一”路子，开启了基层社会治理新模式。一是队伍统一。通过政府购买服务的方式，委托江北保安公司整合辖区所有协勤协管队伍，组建一支高素质的“网格化管理综合服务队”。这支队伍面向社会公开招聘，严格甄选，队员年龄结构、身体素质和知识层次较原有协勤协管人员有了较大提升。二是职能统一。组建后的综合服务队承担中央商务区治安、市政、交通等8大综合协管职能，将社会面所有秩序维护整合其中，实行昼夜24小时巡查，做到了“问题处置在执法之前，寓管理于服务之中”。三是管理统一。针对原协管队伍多头管理、交叉管理的弊端，建立起“区级综治牵头—部门业务指导—街道指挥调度—公司执行勤务”的联动管理体系，有力促进了队伍整体建设。

二、多网融合，网格管理更显顺畅

中央商务区以综合服务队为骨干力量，按照全区“多网合一，一网运行”的网格化管理思路开展社会治理，从“三个融合”中实现了“条块联动、资源整合、一体运行”的工作效果。一是网格融合。综合服务队参照市政网格管理划分原则，将江北城辖区划分为9个基础网格，整合了综治、民政、市政、公安等部门推行的管理网格，构建了“城市网格化管理综合服务体系”，基层工作均在一套网格体系中运行，实现“一网落地”，有效破解了以往“七八顶大盖帽、管不了一个破草帽”的难题。二是工作融合。街道网格化管理综合群工、数字城管、“12319”城建服务热线等系统，建立发现、受理、指挥、处置、监督、评价“六位一体”的网格化综合管理机制。在已处置的市政、治安案件中，服务队第一时间发现和处理85%以上的案(事)件，同比提升了25%。三是保障融合。以执法执勤辅助力量整合模式为载体，各级各部门对基层的经费投入、队伍建设、物资保障等高度融合，实现统一的后台保障，避免了行政财政资源浪费。

三、多方聚合，社会协同更有活力

网格管理队伍整合，极大地优化了基层社会治理力量。江北城街道应势而为，迅速将这一有效做法延伸到对社会力量的统筹协调上，开创了社会协同治理工作新局面。一是建立社会评价机制。街道定期组织召开辖区企事业单位、物业管理公司、人大代表政协委员、综治特邀委员和居民代表联席会议，通报综合服务管理工作开展情况，赋予辖区单位和各类民意代表对综合服务队的建议权、监督权和考评权，收集意见建议40余条，督促综合服务管理提升；二是建立单位联动机制。江北嘴中央商务区聚集了大中型物业管理公司23家。街道在发挥综合服务队主力军作用同时，将物管公司保安队伍纳入联勤力量，明确了内保力量参勤时间、职责和方法，实现物业公司巡逻防控向社会面的延伸，实现了单位内保与社会面防控的无缝衔接。三是建立群众参与机制。综合服务队开辟体验岗，组织企业单位员工体验一线执勤工作，寻求社会单位的认同和支持；为了满足中央商务区企业员工出行需求，专门设立员工护卫岗,保护企业员工夜行安全。综合服务队还设立民情信箱、开通民情热线、发放民情联系卡等,架起居民和综合服务队沟通的桥梁,发动居民群众组建了“关爱互助帮教队”“平安和谐巡逻队”“文明和谐劝导队”等志愿者队伍,使之成了中央商务区又一道靓丽风景。

重庆市巴南区以科技为引领创新社会治安防控体系

重庆市巴南区积极探索创新社会治安综合治理工作,以“1+5科技护城墙”为核心,创新推进社会治安防控体系建设,取得了较好成效。

一、问题倒逼思路,以科技思维更新社会治安防控理念

多年来,巴南区刑事发案总量高位运行,虽然每年直接投入社区巡防人员补助经费1500万元以上,但侵财犯罪“防不胜防”,成为群众反映最强烈的突出社会治安问题。市领导在巴南区调研时深刻指出:巴南周边地区的社会治安防控体系建设已初见成效,外区的高压防控势必造成巴南区成为“治安洼地”,因此更新防控理念,加快补齐短板,破解防范难题,是巴南社会治安综合治理面临的最迫切任务。按照这一重要要求,巴南区在对自身问题刨根问底基础上,组织人员到沿海发达地区考察学习,找到了在防控理念、创新能力方面存在的差距。大家充分认识到,在人流、物流、信息流快速发展的现代社会,必须以创新为引领,优先发展“技防”,通过“人、机”互动、“人、物”关联,治安防范才能提质增效。

二、以建设“1+5科技护城墙”为核心,为社会治安防控五张网“强脑、添智”

“1+5科技护城墙”是运用信息化、物联网技术,通过系统化创新,实现全区安防技术联网和资源信息共享,增强防控体系的整体性、协同性,形成以“技防助人防、以防范助打击”的治安防控新机制,为重点人员管控和特殊人群服务管理提供技术支撑。“1”指自动化情报生产平台,是整个项目的核心和中枢,通过它实现了治安防控五张网的有机链接。“5”指的是5个基于防控的信息采集类子项目,即智能门禁系统、智能微卡口、一线警务工作平台、联网报警及社会视频共享接入平台、RFID智能安防定位服务平台。它们又分别对应了五张网的实体化项目:智能门禁系统链接镇街和社区治安防控网;联网报警及社会视频接入平台链接机关、企事业单位内部安全防控网;智能卡口平台和一线警务工作平台链接社会面治安防控网;社区综合服务APP通过警情推送和防诈骗宣传、诈骗信息监测及提醒,链接信息网络防控网;RFID综合定位服务平台强化寄递、物流、危爆物品、暴力精神病人的监管,链接重点行业和重点人员治安防控网。

三、区级层面高位谋划推动,保证“1+5科技护城墙”项目顺利实施

区委领导参与调研论证,区政府先后派考察组赴广东等5省学习借鉴,最终形成投资金额1.6亿元的“1+5科技护城墙”项目建设方案。区委、区政府从三个方面统筹保障项目实施:一是将“1+5科技护城墙”纳入区政府重点民生项目,由区财政给予优先保障。二是将区十三五社会治理规划的视频监控、视频联网、技防入户等项目,纳入“1+5科技护城墙”一体化建设。三是引入社会资本参与建设。区政府与福建创寓信息科技有限公司签订协议,由公司投资负责智能门禁项目中的门禁机安装、管理平台建设、居民IC卡制发,并承担5年的免费运维和通信、供电等各项运行费,为政府节省投资8000万元。作为回报,政府大力支持公司利用系统经营广告,开展智慧社区建设、智能物管、产品推广等营利活动,实现公司的商业化目标。

“1+5科技护城墙”工程成功开启政企合作新模式,为市场化运作机制解决社会治理难题进行了有益探索，促进了基层社会治理模式的变革，为维护社会治安稳定发挥了积极作用。1—11月，全区110刑事警情同比下降9.7%，八类案件、侵财案件、可防性案件发案分别同比下降6.5%、10.4%、16.4%，建成区域一直保持零发案。同期，入室盗窃、扒窃、通信网络诈骗案件破案同比上升53.5%，打击处理三类犯罪嫌疑人同比上升84.04%。在"打盗骗、挖团伙、强治安"渝安1号专项行动中，巴南区战果连续排全市前列。

（撰稿人：罗天
审稿人：文天平　许祥辰）

四 川 省

2016 年综治工作概况

2016 年,四川各级综治组织认真贯彻落实党的十八届五中、六中全会、中央政法工作会议和省委十届八次、九次全会及省委政法工作会议精神,持续深化平安四川建设,推动综治各项重点工作扎实有序开展,确保了全省治安秩序良好、群众安居乐业,公众安全感测评达 94.52%。

一、狠抓重点问题专项整治,有力维护公共安全

(一)集中开展寄递物流清理整顿。公安厅、交通运输厅、省邮政管理局推动进一步实施收寄验视和实名收寄制度,建立部门联合执法机制,倒逼企业严格落实安全管理责任;各地配置安检机 396 台,保证快件在寄出市(州)之前都能至少经过 1 次 X 光机检测,“三个 100%”安全管理制度已在全省基本落实。省综治委 5 月 17 日召开全省深化寄递物流清理整顿工作会议,进一步推动健全制度、完善机制。省综治办牵头搭建全省寄递物流清理安全管理平台,各地认真开展快递末端网点备案清查工作,全省 9648 个寄递网点、36346 名快递员注册使用“四川寄递 e 通”APP 手机应用软件,形成较为完整、便捷的溯源机制。全省 183 个县(市、区)均落实设立县级寄递监管职能部门,省政府办公厅印发《四川省寄递物流安全管理责任追究办法(试行)》,进一步明确职能部门法定职责和责任查究程序。

(二)强力推进“禁毒防艾”专项整治。省委、省政府印发《关于进一步加强禁毒工作的实施意见》,省委办公厅、省政府办公厅印发措施分工方案,推动进一步完善禁毒体制机制。全省公安机关扎实开展破案攻坚、外流贩毒整治、堵源截流、收戒转化、预教管控“五大行动”,有效遏制毒品违法犯罪高发势头;挂牌整治外流贩毒突出的重点地区,2016 年抓获外流贩毒人员同比下降 33%。省禁毒委制定《全省社区戒毒社区康复工作规划(2016—2020 年)》,省禁毒办会同省综治办推动各地紧紧依靠基层组织、积极发动社会力量,广泛开展社区戒毒社区康复工作。目前,全省 89.4% 的乡镇(街道)已规范开展工作,社区戒毒社区康复执行率达到 67%。

(三)全面深化危爆物品清理整顿。2016 年初,省政府印发《关于全面加强危爆物品管控工作的意见》,省政府办公厅印发《关于进一步加强危险化学品安全监督管理工作的意见》,进一步明确各级政府及相关职能部门管控责任,推动全省逐步构建了覆盖生产、销售、储存、运输、使用等环节全流程管理体系和“党政同责、一岗双责、齐抓共管、失职追责”责任体系。公安厅牵头构建省级危爆物品综合管理信息平台,探索整合相关信息,实现资源共享、一网统管;成都、泸州、宜宾 3 市试点探索推进不同类别危爆物品信息化管理平台建设。各级公安机关把贯彻公安部《从严管控民用爆炸物品十条规定》作为清理整顿工作重要内容,全面加大涉爆单位安全监管力度。

二、全力推进治安防控体系建设,确保治安大局稳定

(一)深化治安防控体系建设。公安厅召开全省公安机关治安防控体系建设推进会议,推动各级公安机关充分发挥治安防控体系建设中的主力军作用。绵阳市涪城区创新建立“公安村居发现问题、综治部门通报问题、主管单位督办问题、责任单位整改问题、职能部门复查验收、综治目标管理考核”的“综治警务”模式已在全市推广。宜宾市狠抓项目编制规划,资阳市编制“十三五”治安防控体系建设项目 23 个、资金 29 亿元。

(二)大力推进农村“雪亮工程”建设。省综治办组织在大邑、茂县等19个县(市、区)开展"雪亮工程"建设试点,形成了一批具有示范引领作用的典型。省综治委、省幸福美丽新村建设推进领导小组联合制发《关于在幸福美丽新村建设中实施"雪亮"工程的指导意见》,召开2次全省视频会议,部署推进建设工作有序开展。各地按照要求科学规划建设视频监控探头,合理布建视频监控网络,推进联网入户与警务平台对接,并与综治中心和"6995"互助联防系统实行有效对接,通过实时监控、一键报警、分级处置、综合应用,实现发现隐患实时预警、即时响应。截至2016年底,全省已完成3637个村(社区)建设任务并投入使用,有效提高农村地区治安防控水平。

(三)着力强化城市公共安全视频监控建设联网应用。省综治办会同省发改委、公安厅等部门建立联席会议制度,加强对全省公共安全视频监控建设联网应用的统筹协调。眉山成功申报公共安全视频监控建设联网应用全国试点示范市。继成都、德阳、泸州之后,内江、自贡、遂宁等地也集中整治城镇"三无院落",加强"平安智慧小区"建设,配套完善院落小区视频监控等治安防控基础设施,提升基层治安防控水平。

(四)全面加强重点人群服务管理。省综治委组织对遂宁、宜宾、眉山3市特殊人群服务管理改革综合试点工作成效进行评估,总结了经验做法,并组织公安厅、司法厅、省卫生计生委、团省委在遂宁市召开现场会向全省推广。省综治委预防青少年违法犯罪专项组召开全省视频会议,推动加强预防青少年违法犯罪工作。省公安厅强化流动人口登记管理,部署开展户籍和实有人口信息清理登记专项行动。德阳出台《未成年人犯罪社会化帮教预防体系工作意见》,规范了涉罪未成年人在"教育、感化、挽救"等方面的工作机制、程序和部门职责。

(五)创新开展群防群治工作。各地推动实施"红袖标"实名制管理、分级响应使用,探索创新群众参与的方式方法,不断提升群防群治的能力和水平。成都市规范全市49万三级网格员暨三类"红袖套"队伍,出台奖励报告机制,发放奖励2393人次,共计145万余元,提升了实战应用能力。12月,省政府奖励13名有突出表现的见义勇为个人和2个见义勇为群体。

三、深化矛盾纠纷多元化解,有效防范化解社会稳定风险

(一)围绕中心工作抓调处。各级着眼于服务经济社会发展和"项目年"建设,整合多元化解矛盾纠纷力量,建立完善省、市、县重点项目矛盾纠纷专业调解组织,建立排查化解管控责任制和排查调处台账,有力地推动重点项目的顺利实施。遂宁市"大调解"办、住建局等9部门制发《房地产领域矛盾纠纷预防和调处暂行办法》,规范了涉房矛盾纠纷化解工作。2016年,全省各类调解组织排查各类矛盾纠纷64.9万件,调解成功62.3万件,调解成功率96.0%。

(二)健全源头预防化解机制。省综治委和省"大调解"工作领导小组联合印发《关于加强矛盾纠纷源头发现和预警研判机制规范化建设的意见》,召开全省视频会议,推动各地加强矛盾纠纷源头排查化解机制建设。省综治办、省"大调解"办组织对藏区涉边界矛盾纠纷问题和隐患进行了深入研判分析。德阳市制定《电商消费维权绿色通道(直通车)管理规定》,开展消费维权工作人员业务培训,建立业务指导专线,畅通了电商消费权益纠纷化解渠道。

(三)完善纠纷多元化解机制。省委办公厅、省政府办公厅印发四川省贯彻落实《关于完善矛盾纠纷多元化解机制的意见》实施意见。省人大内司委修改完成《四川省矛盾纠纷多元化解决机制促进条例(草案)》,11月28日省人大常委会已经第一次审议通过,进入地方立法程序。省"大调解"办实施28个矛盾纠纷多元化解创新项目建设,探索推动形成多元化解工作合力。雅安市探索构建茶产业纠纷多元化解机制,使产业链条中各类纠纷在行业内部就近就地及时有效化解。

四、加强基础性工作,综治基层基础进一步得到夯实

(一)推动网格化服务管理提质增效。健全县级网格化监管中心运行体制,将消防安全、吸毒人员等纳入网格化管理。2016年,全省网格化服务管理平台累计办理各类事件765万余件。各地强化网格员队伍建设,推进网格员实名制管理,开展经常性业务培训,提升了网格员队伍整体素质和干事热情。各地组织网格员积极参与网格内流动人口、特殊人群服务管理和治安安全隐患排查发现,推送上报协助服务管理流动人口、特殊人群和治安安全隐患信息 876 万余条,相关职能部门及时分类依法处理,提升了网格工作实效。

(二)稳步推进综治中心规范化建设。各地加快推进基层综治中心规范化建设,优化调整乡镇(街道)综治中心和村(社区)综治工作站,整合基层综治、维稳、大调解、司法、信访、防邪、公安等力量,形成工作合力,有效提升了基层社会治理能力。全国社会治安综合治理创新工作会议后,省综治办落实会议精神并依据《社会治安综合治理综治中心建设与管理规范》国家标准,结合四川实际起草全省进一步加强综治中心规范化建设指导意见。

(三)持续推动平安创建活动。各地广泛开展平安和谐"三级联创"等基层平安创建活动,有力地促进了综治各项措施在基层落地落实。在卫计、教育、民政、妇联等省直相关部门指导推动下,各地紧密结合实际深入开展"平安医院""平安学校""平安边界""平安家庭"等行业平安创建活动。全省中小学全部配备法治副校长,在中小学开展"模拟法庭"、法治手抄报、"学生带法回家"等法治教育第二课堂活动 2 万余场次。林业厅、省综治办组织开展平安林区创建活动,推动各地加强巡山护林,有效维护了林区治安。

五、创新制度机制,全面落实综治领导责任制

(一)健全综治领导责任制。中办、国办印发《健全完善社会治安综合治理领导责任制规定》后,省综治委赓即发出学习贯彻通知,各级党委常委会、政府常务会、综治委成员单位党组(党委)迅速组织专题学习。省综治办会同省纪委(监察厅)、省委组织部、人社厅赴 9 个市(州)和外省实地调研,结合四川省实际制定《四川省健全落实社会治安综合治理领导责任制实施办法》,经过省委深改领导小组会议和省委常委会会议审议通过并印发全省实施。

(二)层层压实工作责任。2016 年初,各市(州)党委政府、省直部门主要及分管负责同志向省委、省政府签订综治目标责任书;各地逐级签订责任书,进一步分解细化目标,层层压实工作责任。省综治办建立综治重点工作台账,加强跟踪督导,督促各项工作落实。成都市将市委、市政府考核对象及 96 家综治、维稳领导小组成员单位,纳入综治目标责任书签订范围,将责任覆盖各部门单位、行业机构和社会领域。

(三)严格逗硬奖惩。省综治委报请省委、省政府通报表扬 12 个综治工作优秀市(州)、8 个良好市(州)和 30 个平安建设先进县(市、区)。自贡市细化制定区(县)、市级部门主要领导和分管领导抓综治工作考核办法,将考核结果纳入干部档案并作为干部任免、奖惩的重要依据。南充市对真抓实干、成绩突出的 3 个(县、区)和党政领导,在评先表彰、晋职晋级等方面给予优先推荐;对年度考核排名后 3 位的县(市、区)取消评先选优和相关领导干部评先受奖、晋职晋级资格。

2017 年,全省综治组织将紧紧围绕省委、省政府工作大局,以贯彻落实全国社会治安综合治理创新工作会议精神为主线,以联动融合、开放共治、民主法治、科技创新理念为引领,以主动预测预警预防为目标,以"源头治理 + 突出问题专项整治"为重点,推动全省综治工作创新发展,建设更高水平的平安四川,努力为党的十九大和省第十一次党代会胜利召开营造平安和谐的社会环境。

中共四川省委办公厅　省政府办公厅关于印发《四川省健全落实社会治安综合治理领导责任制实施办法》的通知

（2016年12月1日）

各市（州）党委和人民政府，省直各部门：

经省委、省政府同意，现将《四川省健全落实社会治安综合治理领导责任制实施办法》印发给你们，请结合实际认真贯彻执行。

四川省健全落实社会治安综合治理领导责任制实施办法

第一章　总　则

第一条　为加强和创新社会治理，健全落实社会治安综合治理领导责任制，全面推进平安四川建设，根据中央办公厅、国务院办公厅印发的《健全落实社会治安综合治理领导责任制规定》要求，制定本办法。

第二条　本办法适用于全省各级党的机关、人大机关、行政机关、政协机关、审判机关、检察机关及其领导班子、领导干部。

人民团体、事业单位、国有企业及其领导班子、领导干部、领导人员参照执行本办法。

第三条　健全落实社会治安综合治理领导责任制，应当坚持以邓小平理论、“三个代表”重要思想、科学发展观为指导，深入贯彻落实习近平总书记系列重要讲话精神，紧紧围绕统筹推进“五位一体”总体布局和协调推进“四个全面”战略布局，坚持问题导向、法治思维、改革创新，抓住“关键少数”，强化担当意识，落实领导责任，科学运用评估、督导、考核、激励、惩戒等措施，形成正确导向，一级抓一级，层层抓落实，使各级领导班子、领导干部切实担负起促一方发展、保一方平安的重大政治责任，保证党中央、国务院和省委、省政府关于社会治安综合治理决策部署落地落实。

第四条　健全落实社会治安综合治理领导责任制，具体工作由省、市（州）、县（市、区）社会治安综合治理委员会办公室分别会同本级纪检监察机关、组织人事部门共同组织实施。

各级社会治安综合治理委员会办公室和纪检监察机关、组织人事部门要加强协作配合，及时研究社会治安综合治理领导责任制执行中的重大问题。

第二章　责任内容

第五条　严格落实属地管理和谁主管谁负责原则，构建党委领导、政府主导、综治协调、各部门齐抓共管、社会力量积极参与的社会治安综合治理工作格局。

第六条　各级党委、政府应当履行以下职责：

（一）切实加强对社会治安综合治理工作的领导，列入重要议事日程，纳入经济社会发展总体规划和年度计划，认真研究解决工作中的重要问题，从人力物力财力上充分保障社会治安综合治理工作的顺利开展。

（二）各地党政主要负责同志是社会治安综合治理第一责任人，社会治安综合治理分管负责同志是直接责任人，领导班子其他成员承担分管工作范围内社会治安综合治理责任。

（三）健全社会治安综合治理目标责任制，自上而下层层签订社会治安综合治理目标责任书。加强督促检查，每年组织开展不少于一次的社会治安综合治理专项督促检查。

（四）建立健全定量考核与定性考核相结合的社会治安综合治理考核评价机制，制定完善考核评价标准和指标体系，明确考核评价的内容、方法、程序。社会治安综合治理年度考核评价结果分为优秀、良好、合格、不合格。

（五）强化社会治安综合治理考核评价结果运用，把社会治安综合治理工作实绩作为组织评选综合性荣誉称号和对领导班子、领导干部综合考核评价、评先受奖的重要内容，与业绩评定、职务晋升、奖励惩处等挂钩。

第七条　各级党委常委会应当将执行社会治安综合治理领导责任制的情况，作为向同级党的委员会全体会议报告工作的一项重要内容。

各级党委常委会会议、政府常务会议每年各研究社会治安综合治理工作不少于一次。

各级党政领导班子和有关领导干部应当将履行社会治安综合治理责任情况作为年度述职报告的重要内容。

第八条　各级社会治安综合治理委员会及其办公室应当在党委、政府的统一领导下，履行以下职责：

（一）贯彻执行社会治安综合治理方面的法律法规、政策和上级工作部署，充分发挥统筹协调的职能作用，认真组织各有关单位参与社会治安综合治理工作，加强调查研究和督导检查，及时通报、分析社会治安形势，协调解决工作中遇到的突出问题，总结推广典型经验，统筹推进社会治安综合治理工作。

（二）检查、考核本地社会治安综合治理目标管理责任制的执行情况，依照规定进行奖惩。县级以上社会治安综合治理委员会及其办公室应当按照中央和省委、省政府有关规定，加强与同级纪检监察机关、组织人事部门的协调配合，协同做好有关奖惩工作。

（三）推动建立健全社会治安综合治理工作实绩档案。

（四）动员组织党员、群众有序参与，推动社会治安综合治理各项决策部署落到实处。

下一级社会治安综合治理委员会每年应当向上一级社会治安综合治理委员会报告工作。

第九条　省社会治安综合治理委员会每年至少召开一次全体会议，研究部署社会治安综合治理工作。

第十条　各部门（单位）应当履行以下职责：

（一）各负其责，充分发挥职能作用，积极参与社会治安综合治理工作，主动承担好预防和减少违法犯罪与公共安全事件、维护社会治安和社会稳定的责任，认真抓好本部门（单位）、本系统的社会治安综合治理和维护社会稳定工作，与业务工作同规划、同部署、同检查、同落实、同总结。

（二）完善落实社会治安综合治理目标管理责任制，结合本部门（单位）、本系统工作职能，将社会治安综合治理工作各项任务分解为若干具体目标，制定易于执行检查的落实措施，建立严格的检查督促、定量考核、评价奖惩制度，在本部门（单位）、本系统自上而下层层签订社会治安综合治理目标管理责任书。

第十一条　社会治安综合治理委员会成员单位每年应当对本部门（单位）、本系统部署和开展社会治安综合治理、推进平安建设的有关情况进行总结，对下一年度的工作作出安排，并报同级社会治安综合治理委员会。

第十二条　各级组织人事部门在考察党政主要领导干部和社会治安综合治理分管领导干部实绩、进行提拔使用和晋职晋级时，应当了解和掌握相关领导干部抓社会治安综合治理工作的情况。

第三章　表彰奖励

第十三条　对真抓实干、社会治安综合治理工作成绩突出的地方、部门（单位）的党政主要领导干部和分管领导干部，应当按照有关规定给予表彰、嘉奖和表扬，并将有关材料存入本人档案。

第十四条　省委政法委、省社会治安综合治理委员会、人力资源社会保障厅定期开展全省社会治安综合治理先进集体、先进工作者评选表彰工作。

对受到表彰的全国、全省社会治安综合治理先进集体的党政主要领导干部和分管领导干部应当进行嘉奖。

对受到表彰的全国社会治安综合治理先进工作者，落实省部级先进工作者和劳动模范待遇。

第十五条　对连续三次以上受到表彰的全省社会治安综合治理先进集体，由省社会治安综合治理委员会以适当形式予以表扬。

对受到表彰的全省社会治安综合治理先进集体，在推荐参加全国社会治安综合治理先进集体评选时，应当给予优先考虑。

第十六条　对年度社会治安综合治理和维护社会稳定工作目标考核获得优秀、良好等次的市(州)、省直部门(单位)和经过检查验收获得“四川省平安建设先进县(市、区)”和“全省维护社会稳定工作目标先进县(市、区)”称号的县(市、区)，省社会治安综合治理委员会、省委维护社会稳定领导小组每年按照有关规定提请以省委办公厅、省政府办公厅名义通报表扬。

第十七条　各级社会治安综合治理委员会、纪检监察机关和组织人事部门要配合做好全国、全省社会治安综合治理先进集体、先进工作者等的评选表彰工作。

第四章　责任督导和追究

第十八条　党政领导班子、领导干部违反本办法或者未能正确履行本办法所列职责，有下列情形之一的，应当进行责任督导和追究：

(一)不重视社会治安综合治理和平安建设，相关工作措施落实不力，本地、本系统、本部门(单位)基层基础工作薄弱，治安秩序严重混乱的；

(二)本地、本系统、本部门(单位)发生特别重大或在半年内连续发生重大刑事案件、群体性事件、公共安全事件的；

(三)对重大矛盾纠纷及其隐患源头未能及时发现，或者发现后未按规定报送情况、未能及时采取防控措施或者开展源头调处工作，引发“民转刑”重大命案等严重后果的；

(四)本地、本系统、本部门(单位)发生群体性事件，在全国、全省造成恶劣影响和严重后果的；

(五)在群体性和突发事件应急处置工作中失职渎职，导致发生影响社会稳定重大问题的；

(六)对群众反映强烈的社会治安重点地区，以及涉黑、涉枪、涉赌、涉黄和“两抢一盗”等突出治安问题，没有采取有效措施，出现反弹或者被上级查处的；

(七)对反恐防暴、禁毒防艾、危爆物品、寄递物流、网络安全和生产安全等公共安全领域突出问题，综合治理效果不明显的；

(八)本地、本部门(单位)社会治安综合治理工作(平安建设)考核不合格，或者本地平安建设群众满意度测评排位靠后的；

(九)对省委、省政府和省社会治安综合治理委员会确定的有具体目标任务和时间进度要求的社会治安综合治理重点工作重视不够、保障不力，工作明显滞后的；

(十)各级党委、政府和社会治安综合治理委员会认为需要进行责任督导和追究的其他事项。

第十九条　对党政领导班子、领导干部进行责任督导和追究的方式包括：通报、约谈、挂牌督办、实施一票否决权制、引咎辞职、责令辞职、免职等。因违纪违法应当承担责任的，给予党纪政纪处分；构成犯罪的，依法追究刑事责任。

(一)对具有本办法第十八条所列情形的地方、部门(单位)，由相应县级及以上社会治安综合治理委员会办公室以书面形式进行通报，必要时由社会治安综合治理委员会进行通报，限期进行整改。被通报的地方、部门(单位)应当及时整改并于整改期满后写出书面整改报告，由作出通报决定的部门评估是否按期完成整改目标。

(二)对受到通报后仍未按期完成整改目标，或者具有本办法第十八条所列情形且危害严重或者影响重大的地方、部门(单位)，由相应的上一级社会治安综合治理委员会办公室主任对其党政主要领导干部、社会治安综合治理工作分管领导干部和负有责任的其他领导班子成员进行约谈，必要时由社会治安综合治理委员会主任、副主任约谈，帮助分析原因，督促限期整改。领导干部被约谈的地方、部门(单位)应当于整改期满后写出书面整改报告，由作出约谈决定的部门评估其是否按期完成整改目标。

（三）对受到约谈后仍未按期完成整改目标，或者具有本办法第十八条所列情形且危害特别严重或者影响特别重大但尚不够实施一票否决权制的地方、部门（单位），由相应的上一级社会治安综合治理委员会挂牌督办，限期进行整改。必要时，可派驻工作组对挂牌督办地方、部门（单位）进行检查督办。

建立健全分级挂牌督办制度。省社会治安综合治理委员会办公室每年核定公共安全或者治安问题相对突出的市（州），会同纪检监察机关、组织人事部门研究后上报中央社会治安综合治理委员会办公室作为全国挂牌督办的重点整治备选单位；省社会治安综合治理委员会办公室每年从公共安全或者治安问题相对突出的县（市、区）中，会同纪检监察机关、组织人事部门研究确定若干作为挂牌督办的重点整治单位。各市（州）应当抓好公共安全或者治安问题相对突出的乡镇（街道）的挂牌整治工作。

对受到挂牌督办的地方、部门（单位），在挂牌督办决定作出之日起半年内并在解除挂牌督办前，取消该地方、部门（单位）评选综合性荣誉称号的资格和该地方、部门（单位）主要领导干部、主管领导干部、分管领导干部评先受奖、晋职晋级的资格，由作出挂牌督办决定的社会治安综合治理委员会办公室抄送同级组织人事部门按照有关权限和程序办理，并按照有关规定向上级有关部门进行报告。

受到挂牌督办的地方、部门（单位）在整改期满后要写出书面整改报告，由作出决定的社会治安综合治理委员会办公室组织检查验收。整改期满完成整改目标的，应当解除挂牌督办。解除挂牌督办决定的程序参照作出挂牌督办决定的程序进行。

（四）有下列情形之一的，应当对该地方、部门（单位）实行一票否决：对受到挂牌督办后仍未按期完成整治目标，或者具有本办法第十八条所列情形且危害特别严重或者影响特别重大的；连续两年社会治安综合治理考核不合格的，以及两次受到挂牌督办的；发生特别重大群体性事件、刑事案件、公共安全事件，因工作失职导致发生暴恐案（事）件、重大治安案（事）件或毒品问题综合治理工作措施不力，在全国、全省造成恶劣社会影响的。

一票否决审批权按属地管理、条块结合、以块为主的原则，分级负责、分别实施。实行一票否决权制由相应的上一级社会治安综合治理委员会办公室按照中央和省委、省政府有关规定，会同同级纪检监察机关、组织人事部门研究决定，报请社会治安综合治理委员会向被否决地方、部门（单位）下达一票否决决定书，同时抄送同级纪检监察机关、组织人事部门、党委和政府督查部门及受到一票否决单位的上级主管部门。

对中央驻地方单位需要实行一票否决权制的，由省社会治安综合治理委员会向其主管单位和中央社会治安综合治理委员会提出书面建议。对驻地省直部门（单位）、省属企业需要实行一票否决权制的，由市（州）社会治安综合治理委员会向其主管单位和省社会治安综合治理委员会提出书面建议。

对受到一票否决权制处理的地方、部门（单位），在一年内，取消该地方、部门（单位）评选综合性荣誉称号的资格，由组织人事部门按照有关权限和程序办理；取消该地方、部门（单位）主要领导干部、分管领导干部评先受奖、晋职晋级的资格，由组织人事部门按照有关权限和程序办理，并会同社会治安综合治理委员会办公室，按照有关规定向上级有关部门进行报告、备案。需要追究该地方、部门（单位）党政领导干部责任的，依纪依法按程序办理。

受到一票否决权制处理的地方、部门（单位）应当限期整改相关问题，并于整改期满后提交书面整改报告，由下达决定的社会治安综合治理委员会会同纪检监察机关、组织人事部门检查验收。

第二十条　党政领导干部具有本办法第十八条所列情形，按照《中国共产党问责条例》《关于实行党政领导干部问责的暂行规定》等有关规定，应当采取引咎辞职、责令辞职、免职等方式问责的，由纪检监察机关、组织人事部门按照管理权限办理。问责决定机关应当自决定作出之日起十日内将责任追究决定抄送同级社会治安综合治理委员会。

第二十一条　党政领导班子、领导干部具有本办法第十八条所列情形，并具有下列情节之一的，应当从重进行责任督导和追究：

（一）干扰、阻碍调查和责任追究的；

（二）弄虚作假、隐瞒事实真相、瞒报漏报重大情况的；

（三）对检举人、控告人等打击报复的；

（四）党内法规和国家法律法规规定的其他从重情节。

第二十二条　党政领导班子、领导干部具有本办法第十八条所列情形，并具有下列情节之一的，可以从轻进行责任督导和追究：

（一）主动采取措施，有效避免损失、挽回影响的；

（二）积极配合调查，并且主动承担责任的；

（三）党内法规和国家法律法规规定的其他从轻情节。

第五章　附　则

第二十三条　本办法所称重大或者特别重大刑事案件、群体性事件、公共安全事件，以及危害严重或者特别严重、影响重大或者特别重大等，由省直职能部门按照相关标准予以认定。

第二十四条　本办法自2016年12月1日起施行。

四川省严把“三个关口”推动寄递物流依法常态化管理

四川省认真贯彻落实中央综治委的部署要求，将航空、铁路、公路运输作为强化寄递物流安全监管的关键环节，严把机场、火车站、公路客运站“三个关口”，从2016年4月1日起，要求航空运输、铁路运输、公路运输企业对未落实“三个100%”的货物，不得接收、承运，从运输渠道把住三个“关口”，倒逼寄递物流企业落实“三个100%”，实现“平安寄递”。

一、以信息化建设为突破，推动寄递物流科学监管

一是研发应用“寄递e通”软件。省综治办牵头研发并在全省寄递物流行业推广使用“四川省寄递e通”软件系统。寄递从业人员必须下载“寄递e通”APP手机软件，实名注册后方可从业。揽件时，通过该手机软件扫描寄件人身份证件，自动录取寄件人实名信息，拍摄寄递包装前后两张照片和物品类型、目的地等一同录入软件，寄递物品方可寄出。这些录入信息将自动发送至三大运营商的云平台。民航、铁路、公路运输企业可实时抽查每一件快递的相关信息，如有不符，便不得运输，行业主管部门通过信息化手段实现适时监管。

二是加强寄递物流数据的应用。将“寄递e通”后台数据纳入公共安全监管信息平台，实现信息数据实时流转，公安机关通过“一键搜”平台进行数据碰撞比对，有针对性地发现违法犯罪线索，加强监管预防。同时，建立邮政管理、交通运输部门和公安、国安机关的信息共享机制，不断增强预测预警预防能力。此外，各地也结合自身实际不断拓展升级“寄递e通”信息平台的功能。成都市投入150万元，在市邮政管理局建成邮政业安全监管信息平台，依托互联网和智能手机终端，综合运用实时视频监控、远程语音对讲、云计算、大数据等信息化技术，实现对寄递包裹、人员、网点和场所的全过程、全方位管控，收到了很好的效果。

二、以溯源机制为重点，确保寄递物流全程监管

一是推行“三个印章”溯源制度。在全省创新推广使用唯一编号、可以溯源的“验证”“验视”“验讫”印章，建立寄递包裹的全面溯源制度。寄递从业人员揽件时，在对寄递物品开箱验视、对寄件人进行实名核实后，必须加盖“验证”及“验视”章，对与寄递企业签订安全协议的客户，加盖“验讫”章。要求全省交通运输、铁路、民航企业收取邮件、快件必须核实是否加盖“三个印章”，否则不得运输。发现运输违禁品的，必须依法移交公安机关依法查处，并及时通报邮政管理、交通运输等寄递物流主管部门。

二是加强快递网点、代办点的规范管理。省委、省政府召开专题会议，对全面加强快递网点、代办点的规范管理作出部署。省邮政管理局及时转发《快递末端网点备案登记实施办法（试行）》，对全省寄递网点、代办点一律进行末端网点备案登记，并对代办主体的资格管理提出明确要求，限期清理取缔不符合规定的代办点。成都市关停无证代办点近200家，有力提升了寄递末端网点的服务能力和质量，提高了人民群众的“平安寄递”参与意识和安全感。

三是提高公共安全的监管防控力度。根据《四川省流动人口信息登记办法》，对寄递企业和从业人员按“一标三实”（即标准地址、实有人口、实有房屋、实有单位）进行基础信息采集。各级综治组织牵头邮政管理、公安等部门，充分发动基层组织，对辖区内寄递网点、寄递从业人员开展拉网式排查，建立了辖区内的寄递物流企业、场所、从业人员基本台账，做到底数清、情况明。

三、以健全长效机制为契机，全面推动依法常态化监管

一是常态监管主体责任基本落实。针对县以下无邮政监管部门的实际，根据《国务院办公厅关于完善省级以下邮政监管体制的通知》精神，指导各市（州）人民政府制定了县级有关部门履行邮政行业监管职能，明确分管领导和责任科室，全省21个市州邮政管理局、183个被委托履行县级邮政监管职责的部门积极履职，基本形成上下一体的联动监管机制。

二是常态责任追究机制全面建立。2016年12月，省政府办公厅印发《四川省寄递物流安全管理责任追究办法（试行）》，进一步明确各级地方政府、交通运输、铁路、民航等监管部门，交通运输、寄递物流企业及其负责人、相关责任人的安全责任，确保寄递物流行业安全健康发展。

三是常态联合执法机制初步形成。固化联合执法行动成果、推动建立联合执法机制是四川省实现常态化监管的重要内容。2016年12月，省公安厅牵头省邮政管理局、交通运输厅制定下发《四川省寄递物流渠道联合执法检查手册（试用）》，明确了执法程序、检查内容、工作要求和执法检查文书样式，确保执法规范化、制度化。

四川省眉山市五措并举
提升矛盾纠纷多元化解科学化水平

近年来，四川省眉山市深刻把握新形势下矛盾纠纷发生、发展与演变的趋势规律，着力改变“头痛医头、脚痛医脚”、单兵突进或应急式的传统治理方式，在创新构建矛盾纠纷大调解工作体系的同时，创新完善调解、仲裁、行政裁决、行政复议、公证、诉讼等方式相互衔接的工作运行机制，矛盾纠纷多元化解的科学化水平不断提升。全市80%以上的矛盾纠纷通过柔性方式得以化解。全市连续9年没有发生在全国全省有影响的群体性事件，进京到省信访总量从2007年的全省前三位变为连续9年排名全省末位。“眉山经验”入选中央深改办30个成功案例。

一、党政主导，矛盾纠纷多元化解由分治走向共治

小纠纷，关乎大稳定、大平安。市委、市政府坚持“发展是第一要务、稳定是第一责任”工作理念，坚持把矛盾纠纷多元化解工作体系建设作为基层社会治理的基础工程，始终坚持党政主导，高位统筹，推动矛盾纠纷多元共治形成合力。市、区县每年均要通过专题常委会、工作会及部门党委党组会等，定期和不定期研究解决矛盾纠纷多元化解工作中的困难和问题。市委、市政府出台

《关于构建"大调解"工作体系有效化解社会矛盾纠纷的意见》《关于进一步完善诉讼与非诉讼相衔接的多元化纠纷解决机制的意见》等系列纲领性文件,推动矛盾纠纷多元化解工作不断创新突破。市、区县坚持常委负责制,由党委常委、政法委书记担任矛盾纠纷多元化解工作领导小组组长,整合政法、综治、维稳、信访等各方力量,实现政治资源、行政资源、社会资源的全方位动员。市、区县坚持将矛盾纠纷多元化解工作体系和工作成效纳入年度目标单项考核,赋予一票否决权。坚持将市、区县、乡镇三级矛盾纠纷多元化解工作经费按人均0.3元、0.5元、1元标准纳入财政预算。每年以市委、市政府名义表扬奖励调解工作的同时,严格执行责任倒查。

二、体制创新,矛盾纠纷多元化解由虚治走向实治

实体化构建专职领导体系。自2008年以来,眉山市、区县、乡镇三级均新增领导职数、新增人员编制、新增工作机构建立专业化、常态化的三级矛盾纠纷多元化解协调中心,设专职副主任一名,专门负责矛盾纠纷多元化解工作。同样,在市、区县矛盾纠纷多元化解协调中心之下,又分别增设成立市、区县人民调解指导中心、行政调解指导中心、司法(法院和检察院)调解中心、信访群众疏导调解中心,具体负责四个方面的调解组织建设、业务指导和工作推动。"1+5"的领导架构,推动全市矛盾纠纷多元化解工作高效运转。

实体化纵向延伸调解组织。在全面构建纵贯到底的市、县、乡三级调解枢纽的同时,标准化推进村、社和居民小组调解组织建设,创造性构建农村中心户调解室、社区小区综合调解室这两个调解组织末梢,确保大量矛盾纠纷就近、就地、就快前端化解。全市131个乡镇、1267个村人民调解委员会覆盖率达100%;向前延伸的人民调解小组达3812个,农村中心户调解室6487个,调解能手个人调解室27个,调解窗口万人比为8.24,居四川省第一。

实体化横向拓展调解组织。42个市级部门作为市矛盾纠纷多元化解工作责任单位高标准建立行政调解中心,建立本系统自上而下的调处工作体系。在矛盾纠纷多发易发的征地拆迁、民间借贷、环境污染、劳动争议、医患纠纷、交通事故等16个热点行业领域,还专门以市政府令或多部门联合印发文件等形式出台规范性调处工作机制与办法,推动行业性矛盾纠纷实现专业化、规范化、常态化化解。

推动仲裁、行政裁决、行政复议、公证等纠纷解决方式创新发展,出台政策鼓励社会力量和组织参与纠纷化解。

三、机制创新,矛盾纠纷多元化解由单治走向联治

体系是骨骼,机制是让"每一个元素"动起来、联起来的血脉。一是建立完善"非诉"方面的工作机制,确保最大多数矛盾纠纷通过"非诉"方式源头化解。推行矛盾纠纷属地管理和层级管理,完善社、村居、乡镇街道三级逐级调三次"三三调解制",把责任压实在最基层。完善行政调解工作机制,率全国之先出台《眉山市行政调解工作规定》,补齐行政调解这一短板。完善信访群众疏导调解工作机制,探索建立仲裁调解、公证调解、治安调解、律师调解等新兴调解方式。二是建立完善"诉"的工作机制。全市法院建立健全覆盖审判执行全过程的立体化调解工作机制,调解主体从承办法官延伸到合议庭成员和法院领导。全市检察院规范建立和解室,合理运用检察权职能,引导当事人在自愿协商基础上达成和解。三是着力完善"诉"与"非诉"相衔接的工作机制。创新构建"诉调对接"工作平台,全市法院增编设立"诉调对接"中心,推动诉与非诉有机衔接。全市法院在193个乡镇和村社建立法官联络站和巡回法庭,与156个行政机关和538个调解组织建立相对固定的"诉调对接"关系。公证、人民调解、行政调解、行业调解等组织入驻法院。规范三大调解衔接机制,探索构建裁调对接、证调对接、议调对接等新机制,建立完善中立评估、无争议事实记载、无异议调解方案认可、调解协议司法确认、赋予调解协议合同效力等新机制,提升诉非衔接的整体紧密度。

四、奉法善治,矛盾纠纷多元化解由法制走向法治

把法治思维和法治方式作为基本遵循,将调解制度的柔性与法治规则的刚性有机结合,着力构建奉法善治工作良序,推动矛盾纠纷多元化解由"法制"走向"法治"。一是坚持全员培训。坚持每年分系统、分类对干部、法官和调解员进行法治知识、群众工作方法、专业技能等综合培训，不断提升其运用法治思维和法治方式化解矛盾纠纷的能力和水平，防止“和稀泥”和简单的“花钱买平安”。二是创新推行“法、理、情、德、利”“五合一”工作法，推动矛盾纠纷化解在法治轨道上健康发展。三是广泛开展“调解一次纠纷、上好一堂法治课”活动，组织群众现场观摩调解，让群众在纠纷化解中感受到公平正义和法治力量。四是积极推动立法实践。2009 年 5 月，眉山市政府出台《眉山市行政调解工作暂行规定》，被国务院法制办肯定为“填补了全国行政调解无规范的空白”。2014 年，眉山市人大印发《关于强化多元化矛盾纠纷解决机制的决定》，成为地方矛盾纠纷多元化解机制立法的破冰之举。抢抓眉山市作为四川省首批获得地方立法权城市契机，推动出台《眉山市矛盾纠纷多元化解工作条例》，加快眉山纠纷多元化解的法治化进程。

五、科技支撑，矛盾纠纷多元化解由粗放走向智治

以现代科技为引领，推进各类纠纷解决资源互联互通和信息数据集成共享，推动眉山矛盾纠纷多元化解向精细化、智能化迈进。一是研发手机终端“随手调”工作软件，简化录入方式，提高录入效率，并将使用范围扩大到网格员、基层干部，矛盾纠纷实现应录尽录，实现矛盾纠纷信息的“一网打尽”。二是自主研发矛盾纠纷信息管理系统，实时录入调解组织、调解人员信息，实时录入矛盾纠纷运行动态，实时进行全市矛盾纠纷的数据处理、分析研判和科学管理，为党委、政府决策提供准确可靠的科学依据。三是创新打造法院网络调解工作平台（e 调解），18 名在线网络调解员和 12 个网络调解组织在网上开展调解工作，实现矛盾纠纷在线辅导、在线调解、网上分流、在线申请司法确认及电子送达、在线接访，极大方便了人民群众，提高了矛盾纠纷的远程解决效率。四是统筹推进大调解信息管理系统、网格化服务管理系统、维稳信息系统三大信息系统的互联互通，充分整合综治、公安、网格员、基层调解员等力量，建立“大一统”信息综合处理平台，实现了纠纷多元化解数据资源的集成共享，有力支撑了全市实体工作的高效运行。

（撰稿人：范明杰
审稿人：杨军　赵小钢）

贵　州　省

2016年综治工作概况

2016年，贵州省综治工作（平安建设）紧紧围绕“防控风险、服务发展，破解难题、补齐短板”总体要求，健全完善综治领导责任制，不断推进公共安全风险防控、矛盾纠纷多元化解、特殊人群服务管理、命案综合防控、立体化信息化社会治安防控体系建设等各项重点工作向纵深发展，取得明显成效，全省刑事案件、命案、进京非访、群体性事件同比分别下降8.5%、28.4%、12.68%、80%，实现群众安全感连续9年稳步提升的工作目标。

一、省委省政府高度重视平安贵州建设，切实加强对平安贵州建设的组织领导

贵州省委、省政府始终把加强社会治安综合治理、深化平安贵州建设工作放到经济社会发展全局中统筹谋划和推动落实，为平安贵州建设注入强大动力。

（一）省委和省政府主要领导始终把平安贵州建设放在心上、扛在肩上、抓在手上。省委常委会多次专题听取政法综治工作情况汇报，研究解决重大问题。省委和省政府领导对社会治安防控体系建设、公共安全风险防控、特殊人群服务管理、禁毒治赌等工作提出了一系列要求、作出了一系列部署，始终把维护一方稳定、确保一方平安的重大政治责任扛在肩上，把综治工作抓在手上，有力确保了中央关于深化平安建设的决策部署在贵州落地生根、落地见效。

（二）始终坚持制度化体系化部署推进平安贵州建设各项重点工作。省委、省政府先后制定出台《关于加强社会治安防控体系建设的实施意见》《关于完善矛盾纠纷多元化解机制建设的实施意见》等多个重要文件，召开了平安贵州建设大会等多个重要会议，对相关工作制度化、体系化、系统化整体部署推进，明确了工作重点、细化了措施、强化了保障，确保工作有序有力有效推进。

（三）创新采取分季度分主题召开现场观摩会部署推进政法综治重点工作。借鉴经济发展项目观摩的做法，创新采取每个季度召开一次不同主题政法综治重点工作现场观摩会的形式，由省委政法委、省综治委统筹主办，组织召开了矛盾纠纷多元化解、特殊人群服务管理、社会治安综合治理创新等三次现场观摩会，取得明显效果，推动了各地各部门解放思想、查找差距，充分运用学习观摩成果推动工作，提升全省政法综治工作整体水平。

二、抓住“关键少数”，坚持更高标准更严要求织牢综治领导责任制度铁笼

贵州省委、省政府对健全落实综治领导责任制高度重视，中央《健全落实社会治安综合治理领导责任制规定》出台后，坚持更严更细更实，及时制定并以省“两办”文件印发了《贵州省健全落实社会治安综合治理领导责任制实施办法》，构筑横到边纵到底的综治责任体系。

（一）坚持把目标管理与岗位责任紧密结合起来，健全完善主体责任链条。区分各级党委政府、各单位部门综治主体责任，着力形成条块结合、条专块统、主体明确的责任体系，从制度层面建立清晰具体的综治领导责任制清单。明确综治工作中各地区各部门各单位主要领导6个方面、分管领导4个方面、领导班子其他成员3个方面的具体职责，各级综治组织7个方面的具体职责，形成全面覆盖、环环相扣、不留空档的责任链条。

（二）坚持把结果管理与过程控制紧密结合起来，健全完善责任落实机制。明确规定对党政主要领导干部和分管领导干部进行提拔使用和晋职晋级，或者各级党委政府在组织评选综合性荣誉称号、评先受奖时，应书面征求同级综治委的意见，防止责任查究落空。对社会治安重点地区采取下抓一级的方式，形成省挂县、市挂乡、县挂村的分级挂牌督办体系。将“有具体目标任务和时间进度要求的综治重点工作明显滞后的”纳入综治责任查究，以确保综治重点工作任务按时、按质、按量完成。

（三）坚持把正向激励与惩戒约束紧密结合起来，健全完善工作奖惩机制。坚持奖惩分明，充分发挥综治领导责任制的“指挥棒”作用。严肃落实通报约谈、明查暗访、挂牌督办、奖励表彰制度，2016 年，各级综治部门共实施综治通报责任督导 209 次，开展综治约谈 21 次，约谈党政领导干部 99 人。省综治办组织若干督导组深入各地各部门开展专项督查，督查范围覆盖 9 个市（州）和 46 个县（市、区）。全省各级综治部门共对 213 个治安问题相对突出地区分级实施挂牌整治，其中省综治办对 11 个治安问题相对突出县（市、区）实行挂牌整治，明确半年内取消该地区评选综合性荣誉称号的资格和相关领导干部评先受奖、晋职晋级的资格，省综治办主任带队明查暗访，约谈当地党政主要负责人，督促落实治安整治专项经费达 6.8 亿元。省综治委、省委组织部、省人社厅联合对息烽县等 12 个“2013—2015 年全省平安建设先进县（市、区）”给予表彰奖励，嘉奖相关领导干部共 68 人。

三、下大力气强化源头治理，扎实推进矛盾纠纷多元化解机制建设全覆盖

认真贯彻落实中央《关于完善矛盾纠纷多元化解机制的意见》，省委、省政府及时出台实施意见。省委政法委、省综治委在遵义市余庆县、黔南州福泉市召开了全省矛盾纠纷多元化解现场观摩会，项目化观摩部署、推进落实矛盾纠纷多元化解体系建设，全省群体性事件起数和参与人数逐年大幅下降。

（一）狠抓多元化解五个平台和调解组织建设。在全省部署推进“一站式多元化解、专业性矛盾化解、诉调对接、公共法律服务、心理疏导服务”五个平台建设，实现矛盾纠纷统一受理、归口管理、依法处理、限期办结。建立专业性调委会 1109 个，交调委、医调委、劳调委实现县级以上全覆盖。

（二）狠抓矛盾纠纷动态排查评估机制建设。积极探索第三方评估机制，建设重大投资项目社会稳定风险评估在线审批（备案）监管平台，有力推动了社会稳定风险评估全覆盖，通过稳评暂缓实施、不予实施工程项目共计 86 个。建立省市县乡“四级联动、每日排查”工作机制，及时发现和处置可能引发刑事案件、极端事件和群体性事件的苗头性问题。

（三）狠抓重大矛盾纠纷集中攻坚化解机制建设。认真落实矛盾调解月报制度，探索建立重大不稳定问题清单制度，持续开展重大突出矛盾和信访问题集中化解“百日攻坚战”，集中力量、重点办理，限时化解。省委常委、副省长共包案稳控、督导化解列入中央综治办台账的矛盾纠纷 55 件、突出矛盾 6 千余件，带动各地化解疑难突出矛盾 2 万余件。

四、以统筹推进“六项工程”建设为牵引，提升特殊人群服务管理工作规范化、法治化、精细化

深入实施不良行为未成年人专门教育“育新工程”、留守儿童救助保护“雨露工程”、社区戒毒社区康复“阳光工程”、刑释解戒人员安置帮教“回归工程”、精神障碍患者救治救助“安宁工程”、艾滋病犯收治管控“红丝带工程”，统筹推进特殊人群服务管理工作，取得了明显成效。

（一）深入实施“育新工程”，有效解决未成年人大法不犯小法不断、抓了放放了抓的问题。全省累计投入建设资金 1.36 亿元，建成不良行为未成年人专门学校 18 所，在建 2 所，累计教育矫治 6507 人次。按照省综治办提出的“四化五无”（“教育学校化、哺育学生化、管理规范化、制度人性化”和“无歧视、无羁押、无虐待、无事故、无体罚”）办学原则，专门学校进一步理顺管理体制，实现规范化、法治化管理。

（二）深入实施“雨露工程”，有效预防留守儿童、困境儿童被害、失踪、中毒、溺水等案（事）件的发生。全省共创建农村留守儿童之家 800 余家，建立留守儿童自立自强中心 112 个，累计救助流浪未成年人 29769 人次，帮扶服刑在戒人员未成年子女 14096 人。通过深入开展防溺水、防火灾、防中毒、防侵害等安全常识教育，督促监护人履行职责，有效遏制留守儿童和困境儿童遭遇伤害、失踪等案（事）件。

（三）深入实施“阳光工程”，帮助吸毒解戒和社区戒毒社区康复人员生理脱毒、身心康复、就业安置、融入社会。出台《贵州省社区戒毒社区康复人员就业促进办法》，建成强制隔离戒毒场所41所、美沙酮维持治疗门诊59处、吸毒解戒人员就业安置基地140家，累计集中安置吸毒人员1.5万人次，其他多种途径累计安置5.6万人次，极大遏制了吸毒人员重新违法犯罪的突出问题。

（四）深入实施“回归工程”，实现刑释解戒人员出监所接回安置帮教无缝衔接，最大限度降低重新违法犯罪率。建立运行贵州省刑释解戒人员信息系统，推动将刑释解戒人员接回经费全部纳入县级财政预算予以保障，探索以政府购买服务的方式开展“第三方接回”工作模式，全省刑释解戒人员出监所接回率达92.2%。建立和认证刑释人员安置帮教基地170余个，累计过渡性安置3264人，帮助刑释人员重新融入社会，回归家庭，有效预防和减少刑释人员重新违法犯罪。

（五）深入实施“安宁工程”，排查救治管控三位一体严防精神障碍患者肇事肇祸。建成精神病专科医院或专科门诊78家，实行医保报销、残联救助、民政救助、政府兜底等方式分类解决患者就医费用。全省累计将10961名精神障碍患者信息录入全国重性精神障碍患者信息管理系统，纳入公安机关监管视线，出台实施意见，按照每个监护人每年不低于2400元的标准，将奖补经费纳入同级财政预算，严重精神障碍患者全部落实指定监护人，基本实现“应收尽收、应治尽治、应补尽补、应管尽管”目标。

（六）深入实施“红丝带工程”，有效解决感染艾滋病毒等特殊病犯难关难管、反复犯事的问题。以特殊病关爱医院建设为平台，依法对感染艾滋病和其他严重传染病症、伤残及生活不能自理的被监管人员实行集中治疗，全省共建成特殊病关爱医院15家、特殊病人收治场所31处，排查登记涉艾人员23475人，实施免费抗病毒治疗7761人，收治在押涉艾人员504人，有效解决了艾滋病等特殊病犯收押难治疗难的问题。

五、坚决落实必防必治必控责任，推动全省命案发案总量连续三年大幅下降

牢固树立命案可防可控可降理念，严格落实命案必防必治必降责任，不断巩固和发展命案综合防控工作成效，实现全省命案发案总数连续三年大幅下降，从2013年的887起降至2015年的522起；发案总数全国排位从2013年的第3位降至第11位，十万人发案率从2.55降至1.49，为近30年来最低，降幅全国第一。

（一）强化集中攻坚。每年将命案严控目标层层分解到县，以目标约束倒逼命案防控工作落实。先后对未完成命案严控目标的两个市（州）分管领导，命案增幅、总量或发案率排名全省靠前的6个县党委政府主要领导进行了警示约谈，对十万人命案发案率连续两年排名全省靠前的3个县区实施挂牌督办。

（二）强化关口前移。部署开展“零命案县市区、零命案乡镇街道、零刑事案件村居社区”创建活动，推动将矛盾纠纷排查化解、重点人口管理、法治宣传教育等防控工作措施落实到最基层、最前沿，切实消除命案诱源。全省成功创建19个“零命案”县市区，“零命案”乡镇街道占比88.27%，“零刑案”村居社区占比达61.51%。

（三）强化动态监测。建立命案发案动态统计监测和定期通报制度，省综治办按月通报各地命案发案、按季度通报各地命案防控情况，对命案发案超过严控目标的地区，及时发出预警、及时帮扶整改，采取措施防止命案持续高发。

六、坚持人力物力财力最大化投入，加快完善立体化扁平化信息化社会治安防控体系

认真贯彻落实全国社会治安防控体系建设工作会议精神，坚持人力物力财力最大化投入，强力推进立体化社会治安防控体系建设，织密织牢“六张防控网”，不断提升公共安全工作精细化、信息化、法治化水平。

（一）坚持巡逻防控实战化、网格化、扁平化，依托两万特巡警织密织牢街面巡逻防控网。全省新招录特巡警865人，特巡警总警力达到19227人，88个县（市、区）全部建成至少100人的特巡警队伍。全面推行中心城区24小时巡防布警与扁平化指挥调度相结合的模式，普遍形成就近调警、相互增援、相互接应、巡处一体的街面治安巡逻防控体系，第一时间发现犯罪、第一时间打击现行犯罪的能力明显提升。

（二）以公共区域视频监控全覆盖为最低标准，多渠道保障，织密织牢视频监控网。省综治办、省公安厅根据各地实际，将新建联网任务逐级分解到县，纳入年度综治工作目标责任书，确保完成新建联网目标任务。全省累计新建联网视频监控点 13.48 万个。推荐贵阳市作为全国公共安全视频监控新建联网应用示范城市备选单位，贵阳市以此为契机预算资金 7 亿元规划新建联网监控点 6 万个，着力打造最安全城市。

（三）全面加强基层综治中心建设，以推行网格化服务管理为主抓手织密织牢城镇社区防控网。全面推行网格化服务管理模式，将治安基础要素纳入网格管控范围，着力提升城镇社区社会治安防控工作精细化水平。全省 1433 个乡镇街道实现综治中心全覆盖，已实行网格化服务管理的社区村居达到 11612 个，覆盖率达到 71.5%。

（四）坚持发挥人防传统优势与运用现代科技手段相结合织密织牢单位小区内部防控网。在机关单位和封闭小区全面推行物业管理模式，按照“保安 + 门禁 + 监控”的方式，共建成技防社区 2169 个，技防小区 9713 个；县级以上机关单位值班守护率达 97.86%，全省共创建以“零发案”为基本要求的“平安单位”18575 个，覆盖率持续保持在 90% 以上。

（五）加强网络安全阵地建设，对重要信息系统和重点网站实施全程扫描，织密织牢网络信息防控网。设立网安警务室 15 个，对各级政府网站和省内 1175 家单位网站开展远程扫描防护，全面保障了重要信息系统和重点网站安全。全省 2470 家网吧及 2828 家酒店等上网场所全部纳入视线，采集数据约 100 亿条，为提升社会面治安管控能力提供了有力支持。

（六）以“村村有警”为基本要求，配齐配强驻村警务助理开展治安防控，织密织牢农村治安防控网。立足人员本土化的原则，全省 15749 个行政村共选聘驻村警务助理 22116 名，其中大部分由财政保障基本工资待遇，充分发挥警务助理人熟、地熟、情况熟的优势，着力构建完善“治安防范到村、信息采集到村、矛盾化解到村、法治宣传到村、服务群众到村”的新型农村社会治安防控格局。

七、采取过硬措施狠抓风险防控，推动多领域风险防范和治安管控初见成效

充分发挥综治统筹、协调、指导职能，运用综治责任查究手段，协调推动多领域安全风险防控和治安秩序整治专项工作，消除影响公共安全的隐患。

（一）狠抓公共安全监管，推动日常监管与隐患整改等制度措施落地见效。全面强化公共安全隐患排查整治和安全监管。坚持严字当头、警钟长鸣，推动党政领导责任、部门监管责任、企业主体责任落到实处。2016 年，全省道路交通事故死亡人数、火灾事故死亡人数同比大幅下降。认真落实危爆物品生产、运输、销售、使用等主管部门责任，最大限度防止丢失、被盗、炸响等问题发生。

（二）狠抓寄递物流安全管理，确保“三个 100%”制度 100% 落实。部署开展“两清理一排查”专项行动，用好暗访督查和综治责任查究关键一招，督促落实邮件快件寄递“三个 100%”制度（100% 开箱验视、100% 实名寄递、100% 过机安检）。对进省、出省的邮件快件，依托省级邮件快件寄递物流园区安检中心实现 100% 过机安检。

（三）强化校园安全人防物防技防建设，严厉打击涉校涉生违法犯罪，严密防范校园安全风险。全面加强校园安全保卫，全省共建成校园周边治安卡点（岗亭）9489 个，校园警务室 4769 个，校园专职保安员总人数达 2.1 万。连续三年统一部署开展打击校园及周边违法犯罪“护校行动”，2016 年以来共破获涉校涉生刑事案件 216 起，排查列管校园周边重点人员 783 人，清理整治周边网吧、游戏厅等 2915 家，有效防范校园安全风险。

中共贵州省委办公厅　省政府办公厅关于印发《贵州省健全落实社会治安综合治理领导责任制实施办法》的通知

（2016年5月7日）

各市（自治州）党委和人民政府，贵安新区党工委和管委会，各县（市、区）党委和人民政府，省委各部委，省级国家机关各部门，省军区、省武警总队党委，各人民团体：

《贵州省健全落实社会治安综合治理领导责任制实施办法》已经省委、省政府领导同志同意，现印发给你们，请遵照执行。

贵州省健全落实社会治安综合治理领导责任制实施办法

为贯彻落实《中共中央办公厅、国务院办公厅关于印发〈健全落实社会治安综合治理领导责任制规定〉的通知》精神，进一步明确和落实全省各级领导班子、领导干部的社会治安综合治理工作责任，深入推进社会治安综合治理，全面深化平安贵州建设，制定本办法。

第一章　基本原则

第一条　坚持属地管理和谁主管谁负责的原则，健全落实社会治安综合治理领导责任制，构建党委领导、政府主导、综治协调、各部门齐抓共管、社会力量积极参与的社会治安综合治理工作格局。

第二条　坚持抓住"关键少数"，强化担当意识，层层分解落实社会治安综合治理工作责任，构建横向到边、纵向到底的社会治安综合治理责任体系和网络，确保一级抓一级、层层抓落实，使全省各级领导班子、领导干部切实担负起维护一方稳定、确保一方平安的重大政治责任。

第三条　坚持问题导向、法治思维和改革创新，科学运用评估、督导、考核、激励、惩戒等措施，保证中央和省委、省政府关于社会治安综合治理决策部署的贯彻落实，依法依规对未全面履行、不履行或不当履行社会治安综合治理工作职责的领导班子、领导干部予以责任督导和追究。

第二章　责任主体

第四条　社会治安综合治理领导责任制全面适用于全省各级党的机关、人大机关、行政机关、政协机关、审判机关、检察机关及其领导班子、领导干部。

人民团体、事业单位、国有企业及其领导班子、领导干部、领导人员参照本办法执行。

第五条　各级党委和政府应当切实加强对社会治安综合治理的领导，列入重要议事日程，纳入本地区经济社会发展总体规划，定期研究解决工作中的重大问题，从人力物力财力上保证社会治安综合治理工作的顺利开展。

各地党政主要负责同志是社会治安综合治理工作的第一责任人，分管社会治安综合治理的党委常委、政府副职是直接责任人,领导班子其他成员承担分管工作范围内的社会治安综合治理责任。

第六条　各部门各单位应当各司其职、各负其责,充分发挥职能作用,积极参与社会治安综合治理,主动承担好维护国家安全、预防减少违法犯罪、预防化解矛盾纠纷、维护社会治安和社会稳定的责任,认真抓好本部门本单位的综合治理工作,与业务工作同规划、同部署、同检查、同落实。

各部门各单位主要负责同志对本部门本单位综合治理工作负总责,分管综合治理工作的领导负直接责任,其他成员按照“一岗双责”的要求抓好综合治理工作。

第七条　各级社会治安综合治理委员会及其办公室要充分发挥统筹、协调、指导的职能作用,做好调查研究、组织协调、督促检查、考核评估、总结经验等工作,推进社会治安综合治理工作深入开展。

社会治安综合治理各专项组、成员单位要积极协调解决有关重点难点问题,分领域、分系统、分行业抓好工作落实。

第三章　工作职责

第八条　各地区各部门各单位主要负责同志在社会治安综合治理工作中的主要职责是:

(一)把社会治安综合治理工作纳入本地区本部门本单位本系统总体工作规划,认真贯彻落实中央和省委、省政府关于社会治安综合治理工作的决策部署,完成好社会治安综合治理各项工作任务;

(二)定期听取社会治安综合治理工作汇报,及时研究部署本地区本部门本单位本系统社会治安综合治理工作,坚持重大问题亲自过问、重要工作亲自部署、重大行动亲自督导、重大事件亲自处置,确保工作落实到位;

(三)定期或不定期分析研判社会治安形势,对本地区本部门本单位本系统存在的突出社会治安问题、重大突出矛盾纠纷、重大公共安全隐患、重大社会稳定风险,及时研究制定解决方案,切实采取有效措施解决问题、防范风险、化解矛盾、消除隐患;

(四)严格落实社会治安综合治理领导责任,督促本地区本部门本单位本系统领导干部切实担负起社会治安综合治理工作属地管理责任和部门主管责任,扎实抓好社会治安综合治理工作;

(五)加强统筹协调,推动社会治安综合治理基层基础建设,健全社会治安综合治理工作人、财、物保障机制,整合资源力量抓好社会治安综合治理重点工作和重大项目建设;

(六)组织加强社会治安综合治理工作宣传教育和舆论引导,营造良好社会氛围。

第九条　各地区各部门各单位分管负责同志在社会治安综合治理工作中的主要职责是:

(一)贯彻落实、组织实施社会治安综合治理重大决策部署和各项工作安排,检查、指导、督办各项工作措施的落实;

(二)承担社会治安综合治理日常工作,切实加强调查研究,找准本地区本部门本单位本系统社会治安综合治理工作存在的突出困难和问题,提出工作建议;

(三)定期召集社会治安综合治理工作会议,分析社会治安形势,研究部署工作,组织协调有关部门共同解决社会治安综合治理重点、难点问题;

(四)根据社会治安形势需要,组织制定本地区本部门本单位本系统专门工作方案,提出解决办法,切实解决影响社会平安稳定的突出治安问题、重大风险、安全隐患、突出矛盾纠纷。

第十条　各地区各部门各单位领导班子其他成员在社会治安综合治理工作中的主要职责是:

(一)抓好分管范围内社会治安综合治理工作的检查、指导、督办和各项工作措施的落实;

(二)切实加强调查研究,找准分管范围内社会治安综合治理工作中存在的突出困难和问题,提出工作建议;

(三)及时组织制定工作方案,切实解决影响分管范围内社会平安稳定的突出治安问题、重大风险、安全隐患、突出矛盾纠纷。

第十一条　各级社会治安综合治理委员会及其办公室的主要职责是:

(一)加强调查研究,结合实际制定本地区年度社会治安综合治理工作要点、方案,加强暗访督导和检查指导,确保各项工作措施落实;

（二）定期通报、分析社会治安形势，就本地区存在的突出社会治安问题向当地党委、政府提出意见建议；

（三）组织各有关单位参与社会治安综合治理工作，协调解决工作中遇到的突出问题；

（四）完善社会治安综合治理工作考核评价体系，督促目标绩效考核部门将社会治安综合治理纳入对相关部门的年度考核内容，把社会治安综合治理工作履职情况作为对领导干部考核评价和选拔任用的重要依据；

（五）加大社会治安综合治理工作责任追究力度，建立完善并落实社会治安综合治理责任追究制度；

（六）认真培育、总结、推广本地区社会治安综合治理典型经验；

（七）各级社会治安综合治理委员会及其办公室应当动员组织党员、群众有序参与，推动社会治安综合治理各项决策部署落到实处。

第四章　督促检查

第十二条　各地区各部门各单位应当建立完善社会治安综合治理目标管理责任制，把社会治安综合治理各项目标分解为若干具体可操作的任务，制定易于执行检查的措施，建立严格的督促检查制度、定量考核制度、评价奖惩制度，自上而下层层签订社会治安综合治理责任书。

第十三条　各级党委常委会应当将执行社会治安综合治理领导责任制的情况，作为向同级党的委员会全体会议报告工作的一项重要内容。

各级党政领导班子和有关领导干部应当将履行社会治安综合治理责任情况作为年度述职报告的重要内容，并按照干部考核管理权限签署具体意见。必要时，征求上一级社会治安综合治理委员会办公室的意见。

第十四条　各级社会治安综合治理委员会成员单位每年应当对本单位本系统部署和开展社会治安综合治理、推进平安建设的有关情况进行总结，对下一年度的工作作出安排，并及时报同级社会治安综合治理委员会。

下一级社会治安综合治理委员会每年应向上一级社会治安综合治理委员会书面报告工作。

第十五条　各级党委和政府应当将社会治安综合治理纳入工作督促检查范围，对社会治安综合治理重点工作、重要部署、重大行动等推进落实情况，适时组织开展专项督促检查。

第五章　考核评价

第十六条　各级社会治安综合治理委员会及其办公室应当推动建立健全领导班子、领导干部社会治安综合治理工作实绩档案。

第十七条　各级党委和政府应当建立健全社会治安综合治理（平安建设）考核评价制度机制，制定完善考核评价标准和指标体系，明确考核评价的内容、方法、程序，由同级社会治安综合治理委员会及其办公室具体组织实施。

社会治安综合治理（平安建设）年度考核评价结果分为优秀、良好、合格、不合格四个档次，考核结果记入社会治安综合治理工作实绩档案，并报告同级党委、政府和上一级社会治安综合治理委员会办公室。

各级社会治安综合治理委员会及其办公室应当健全完善群众安全感测评机制，并纳入社会治安综合治理（平安建设）考核评价重要内容。

第十八条　各级党委和政府应当强化社会治安综合治理考核评价结果运用，把社会治安综合治理工作实绩作为对领导班子和领导干部综合考核评价的重要内容，与业绩评定、职务晋升、奖励惩处等挂钩。

各级组织人事部门在考察党政主要领导干部和社会治安综合治理分管领导干部实绩、进行提拔使用和晋职晋级时，或各级党委和政府在组织评选综合性荣誉称号、评先受奖时，应当了解和掌握相关领导班子或领导干部抓社会治安综合治理工作的情况，并书面征求同级社会治安综合治理委员会的意见，各级社会治安综合治理委员会应当如实反映情况。

第十九条　县级以上社会治安综合治理委员会及其办公室应当按照中央有关规定，加强与同级纪检监察机关、组织人事部门的协调配合，协同做好有关奖惩工作。

健全省、市、县三级社会治安综合治理委员会、纪检、组织、监察、人力资源社会保障五部门联席会议制度，完善社会治安综合治理重大奖惩事项联席会议审议制度。对奖惩意见有异议的，由五部门联席会议认真开展复议复核。

第二十条　各部门各单位内部综合治理工作,由属地县级以上社会治安综合治理委员会及其办公室检查考核。

第六章　表彰奖励

第二十一条　对社会治安综合治理工作成绩突出的地方、部门和单位的党政主要领导干部和分管领导干部,应当按照有关规定给予表彰和嘉奖。对受到表彰奖励的领导干部,应当将有关材料存入本人档案。

第二十二条　对受到全国表彰的社会治安综合治理先进工作者,省社会治安综合治理委员会办公室应协调相关部门落实其省部级先进工作者和劳动模范待遇。

第二十三条　省社会治安综合治理委员会每三年开展一次全省平安建设先进县(市、区)评选表彰工作,由省社会治安综合治理委员会、省委组织部、省人力资源社会保障厅给予书面表彰。

对受到表彰的全省平安建设先进县(市、区),在推荐参加全国社会治安综合治理先进集体评选时,应当给予优先考虑。

第二十四条　各级社会治安综合治理委员会和组织人事部门要配合做好全国、全省社会治安综合治理评选表彰工作。

第七章　责任督导和追究

第二十五条　党政领导班子、领导干部未全面履行、不履行或不当履行社会治安综合治理工作职责,有下列情形之一的,应当进行责任督导和追究:

(一)不重视社会治安综合治理和平安建设,相关工作措施落实不力,本地区本系统本单位基层基础工作薄弱,治安秩序严重混乱的;

(二)本地区本系统本单位在较短时间内连续发生重大刑事案件、群体性事件、公共安全事件的;

(三)本地区本系统本单位发生特别重大刑事案件、群体性事件、公共安全事件的;

(四)本地区本单位社会治安综合治理工作(平安建设)考核评价不合格、不达标的;

(五)对群众反映强烈的社会治安重点地区和突出公共安全、治安问题等,没有采取有效措施或者出现反弹的;

(六)对有具体目标任务和时间进度要求的社会治安综合治理重点工作重视不够,保障不力,工作明显滞后的;

(七)各级党委和政府及社会治安综合治理委员会认为需要督导的其他事项。

第二十六条　对党政领导班子、领导干部进行责任督导和追究的方式包括:通报、约谈、挂牌督办、实施一票否决权制、引咎辞职、责令辞职、免职等。因违纪违法应当承担责任的,给予党纪政纪处分;构成犯罪的,依法追究刑事责任。

第二十七条　对具有本办法第二十五条所列情形的地区、单位,由相应县级以上社会治安综合治理委员会办公室以书面形式进行通报,必要时由社会治安综合治理委员会进行通报,限期进行整改。

第二十八条　对受到通报后仍未按期完成整改目标,或者具有本办法第二十五条所列情形且危害严重或者影响重大的地区、单位,由相应的上一级社会治安综合治理委员会办公室主任对其党政主要领导干部、社会治安综合治理工作分管领导干部和负有责任的其他领导班子成员进行约谈,必要时由社会治安综合治理委员会主任、副主任约谈,帮助分析原因,督促限期整改。

第二十九条　对受到约谈后仍未按期完成整改目标,或者具有本办法第二十五条所列情形且危害特别严重或者影响特别重大但尚不够实施一票否决权制的地区、单位,由相应的上一级社会治安综合治理委员会办公室挂牌督办,限期进行整改。必要时,可派驻工作组对挂牌督办地区、单位进行检查督办。

建立健全分级挂牌督办制度,省社会治安综合治理委员会办公室每年从公共安全或治安问题相对突出的县(市、区),各市(自治州)社会治安综合治理委员会办公室每年从公共安全或治安问题相对突出的乡(镇、街道),各县(市、区)社会治安综合治理委员会办公室每年从公共安全或治安问题相对突出的村(社区),分别确定若干作为挂牌督办的重点整治单位,加强监督管理。

下一级社会治安综合治理委员会办公室要配合上一级社会治安综合治理委员会办公室做

好挂牌督办工作。省社会治安综合治理委员会办公室每年根据实际情况，核定一个公共安全或治安问题相对突出的市（自治州）上报中央社会治安综合治理委员会办公室作为全国挂牌督办备选单位。

对受到挂牌督办的地区、单位，在半年内，取消该地区、单位评选综合性荣誉称号的资格和该地区、单位主要领导干部、分管领导干部、主管领导干部评先受奖、晋职晋级的资格，由组织人事部门按照干部管理权限和程序办理，并会同社会治安综合治理委员会办公室，按照有关规定向上级有关部门进行报告、备案。

第三十条　对受到挂牌督办后仍未按期完成整改目标，或者有本办法第二十五条所列情形且危害特别严重或者影响特别重大的地区、单位，由作出挂牌督办决定的社会治安综合治理委员会办公室或者相应的上一级社会治安综合治理委员办公室，提请同级五部门联席会议研究决定实行一票否决权制。

第三十一条　对受到一票否决的地区、单位，在一年内，取消该地区、单位评选综合性荣誉称号的资格，由组织人事部门按照有关权限和程序办理；取消该地区、单位主要领导干部、主管领导干部、分管领导干部评先受奖、晋职晋级的资格，由组织人事部门按照干部管理权限和程序办理，并会同社会治安综合治理委员会办公室，按照有关规定向上级有关部门进行报告、备案。需要追究该地区、单位党政领导干部责任的，移送纪检监察机关依纪依法处理。

第三十二条　对中央驻黔单位需要实行一票否决权制的，由省社会治安综合治理委员会向其主管单位和中央社会治安综合治理委员会提出书面建议。

对省属驻地单位需要实行一票否决权制的，由所在市（自治州）社会治安综合治理委员会向其主管单位和省社会治安综合治理委员会提出书面建议。

第三十三条　受到一票否决的地区、单位对处理决定不服的，可在接到处理决定之日起10个工作日内，向作出处理决定的社会治安综合治理委员会提出书面复核申请。受理复核的社会治安综合治理委员会应在收到复核申请之日起30日内作出复核决定。复核期间，否决决定暂不执行。维持处理决定的，处理期限从作出维持处理决定之日起重新计算。

第三十四条　上一级社会治安综合治理委员会有权对管理范围内的地区、单位实施一票否决权制，或者授权、责令下一级社会治安综合治理委员实施一票否决权制。对下一级社会治安综合治理委员会作出的一票否决决定确有错误的，上一级社会治安综合治理委员会应当责令下一级社会治安综合治理委员会改正或者直接予以撤销。

第三十五条　党政领导干部具有本办法第二十五条所列情形，按照《关于实行党政领导干部问责的暂行规定》应当采取引咎辞职、责令辞职、免职等方式问责的，由纪检监察机关、组织人事部门按照干部管理权限办理。

各级社会治安综合治理委员会办公室要会同纪检监察机关、组织人事部门按照干部管理权限和程序认真调查、分清责任，并根据调查结果，提出对党政干部实行问责和给予党政纪处分的建议。

第三十六条　党政领导班子、领导干部具有本办法第二十五条所列情形，并具有下列情节之一的，应当从重进行责任督导和追究：

（一）干扰、阻碍调查和责任追究的；

（二）弄虚作假、隐瞒事实真相、瞒报漏报重大情况的；

（三）对检举人、控告人等打击报复的；

（四）党内法规和国家法律法规规定的其他从重情节。

第三十七条　党政领导班子、领导干部具有本办法第二十五条所列情形，并具有下列情节之一的，可从轻进行责任督导和追究：

（一）主动采取措施，有效避免损失、挽回影响的；

（二）积极配合调查，并且主动承担责任的；

（三）党内法规和国家法律法规规定的其他从轻情节。

第八章　附　则

第三十八条　本办法第二十五条所称重大、特别重大刑事案件、群体性事件、公共安全事件，由各级社会治安综合治理委员会办公室会同相关主管部门依法依规调查，并按照《贵州省人民政府办公厅关于印发贵州省突发事件信息报告工作规定等规定和流程及突发事件分级标准的通知》作出认定。

第三十九条　各市(自治州)、县(市、区)可以根据本办法制定实施细则。

第四十条　本办法由中共贵州省委负责解释，贵州省社会治安综合治理委员会具体实施。

第四十一条　本办法自印发之日起施行。

贵州省坚持明责履责问责三位一体织牢制度铁笼打造平安贵州升级版

2016 年 2 月 27 日，中共中央办公厅、国务院办公厅印发《健全落实社会治安综合治理领导责任制规定》，首次以党内法规的形式对综治领导责任制作出明确的规定。贵州省委、省政府对健全落实综治领导责任制高度重视，坚持更严更细更实和明责履责问责三位一体，结合实际及时制定出台了《贵州省健全落实社会治安综合治理领导责任制实施办法》，构建横到边纵到底的综治领导责任体系网络，确保综治领导责任制落地生根、落地见效，促进关键少数自觉履责、担当尽责、敢作敢为、善作善成，努力建设更高质量、更高水平、人民群众更满意的平安贵州。

一、坚持把目标管理与岗位责任紧密结合起来，健全完善主体责任链条，重点解决好怎样定责明责的问题

按照属地管理和谁主管谁负责的原则，对由谁担责、担什么责进行固化、细化、量化，从制度设计层面建立清晰具体的综治领导责任制清单。一是科学界定责任主体。区分各级党委政府、各单位部门综治主体责任，明确各级党委政府对本地区综治工作负“块”的责任，各单位各部门对本单位本部门本系统综治工作负“条”的责任，各级综治组织负“统”的责任，形成条块结合、条专块统、主体明确的责任体系。二是科学界定工作职责。按照分层、分级、分类要求，分别明确综治工作中各地区各部门各单位主要负责同志 6 个方面、分管负责同志 4 个方面、领导班子其他成员 3 个方面、各级综治组织 7 个方面的具体职责，形成全面覆盖、环环相扣、不留空档的责任链条。三是科学界定目标管理。采取差异化目标任务设定，将年度综治重点工作进行分解量化，细化成若干子目标，明确路线图、工作量、时间表和责任人，明确岗位人员、职能职责、承担工作目标事项、具体工作要求、完成时限等，细化到岗、落实到人，逐级签订责任状，层层推动抓落实。

二、坚持把结果管理与过程控制紧密结合起来，健全完善责任落实机制，重点解决好怎样履职尽责的问题

坚持把充分发挥各级综治组织职能作用作为推进综治领导责制落实的重要牵引，从制度设计层面对综治组织履行统筹、协调、指导职能作用进行准确定位，确保工作不越位、不缺位、不错位。一是严格实行综治实绩与晋职晋级、评先受奖直接挂钩。明确规定组织人事部门在考察党政主要领导干部和社会治安综合治理分管领导干部实绩、进行提拔使用和晋职晋级，或者各级党委和政府在组织评选综合性荣誉称号、评先受奖时，应当书面征求同级社会治安综合治理委员会的意见；各级党政领导班子和有关领导干部应当将履行社会治安综合治理责任情况作为年度述职报告的重要内容，并由具有干部考核管理权限的部门签署具体意见，必要时征求上一级社会治安综合治理委员会办公室的意见。二是严格实行纵向到底的分级挂牌督办体系。采取下抓一级的方式，建立完善省挂县、市挂乡、县挂村的挂牌督办体系，即省综治办每年从治安问题相对突出的县(市、区)，各市(州)综治办每年从治安问题相对突出的乡(镇、街道)，各县(市、区)综治办每年从治安问题相对突出的村居（社区），分别确定若干作为挂牌督办的重点整治单位；对实施挂牌督办以上责任查究的，作出责任查究决定的综治组织可按干部管理权限主动提请组织人事部门执行领导干部晋职晋级、评先受奖有关限制规定。三是严格实行对综治重点工作推进不力督导问责。为解决一些地方、部门对综治重点工作落实不力的问题，增加"对有具体目标任务和时间进度要求的社会治安综合治理重点工作重视不够，保障不力，工作明显滞后"的综治责任查究情形，以确保综治重点工作任务按时、按质、按量完成。四是严格实行综治组织参与责任查究程序。明确规定对领导干部需要问责的，各级社会治安综合治理委员会办公室要会同纪检监察机关、组织人事部门按照干部管理权限和程序认真调查、分清责任，并根据调查结果提出对党政干部实行问责和给予党政纪处分的建议，进一步强化了问责实施的专业性、严谨性和权威性。

三、坚持把正向激励保障与负向惩戒约束紧密结合起来，健全完善工作奖惩机制，重点解决好怎样跟踪问效的问题

坚持奖惩分明，严格兑现奖优罚劣，充分发挥综治领导责任制的"指挥棒"作用。一是严肃落实通报约谈制度。2016 年以来，全省各级综治部门共实施综治通报责任督导 209 次；开展综治约谈 21 次，约谈党政领导干部 99 人。二是严肃落实明查暗访制度。2016 年以来，省综治办组织若干督导组深入各地各部门开展专项督查，督查范围覆盖 9 个市（州）和 46 个县（市、区），特别注重暗访作用的发挥，防止弄虚作假，形成了全覆盖、常态化的工作倒逼机制。三是严肃落实挂牌督办制度。2016 年上半年，全省各级综治部门共对 213 个治安突出问题或综治重点工作推进不力的地区或单位分级实施挂牌整治，其中省综治办对治安问题相对突出的 11 个县区实行挂牌整治，明确半年内取消该地区评选综合性荣誉称号的资格和该地区主要领导干部、主管领导干部、分管领导干部评先受奖、晋职晋级的资格，省综治办主任带队明查暗访、约谈当地党政一把手，督促落实治安整治专项经费达 6.8 亿元。四是严肃落实奖励表彰制度。明确省级每三年开展一次全省平安建设先进县（市、区）评选表彰工作，市、县两级可参照省级的做法，分别做好平安建设先进乡（镇、街道）和平安建设先进村（居、社区）评选表彰工作。2016 年 7 月，省综治委、省委组织部、省人社厅联合对息烽县、余庆县等 12 个"2013—2015 年全省平安建设先进县（市、区）"给予表彰奖励，嘉奖相关领导干部共 86 人，并命名 13 个平安建设示范县（市、区）；各市（州）共评选表彰 96 个平安建设先进乡（镇、街道）。

贵州省余庆县小处着眼　源头防治
深化拓展"三不出一不上交"

贵州省余庆县地处黔中腹地，总人口 30.4 万，辖 8 镇 1 乡 1 街道 70 个村居。近年来，余庆在中央、省、市精心指导下，创造了"小事不出村、大事不出镇、难事不出县、矛盾不上交"的矛盾化解在基层经验。中央领导同志多次对"余庆经验"作出重要批示。余庆先后荣获了"全国文明县城""全国社会治安综合治理长安杯"等 50 多项全国性荣誉。面对新常态新形势，余庆县始终保持清醒头脑，坚持问题导向，不断审视自我，不断深化拓展余庆经验的内涵。

一、着眼源头治理，小财政办大民生

余庆县始终把改善民生作为社会善治、预防矛盾、维护稳定的根本，不仅做大蛋糕，还要分好蛋糕，让改革发展红利更广更多地惠及全县人民。

一是坚持发展为要，壮大民生之源。余庆率先在全省山区农业县实现乡乡通油路和村村通公路，随着余凯、江安、道安过境高速相继通车，黄平机场通航，乌江翻坝运输和通航船闸即将运行，余庆已嬗变为具有海陆空立体交通优势的黔中重要枢纽,正在奋力争创“全省生态经济示范区、新农村建设示范区、城乡统筹先行区、高端养生休闲度假区、黔中物流枢纽区和社会治理创新区”。2015 年,余庆在全省非强县增比进位中排第 5 位,农民人均纯收入达 8940 元。

二是优先发展教育,夯实民生之基。在余庆“最好的房子是学校,最美的风景在校园”,坚持“人口小县办教育大县、经济弱县办教育强县”,学前三年毛入园率高出全国 16 个百分点,以全省第一名率先通过“全国义务教育发展基本均衡县”认定,率先在全省免除职高学生学杂费,高中毛入学率为 89.3%,多年位于全省前列。

三是提高医疗水平,解决民生之急。以“财力弱县”办“医疗卫生条件好县”,率先在全国试行农村计划生育社会养老保障制度,新型农村合作医疗参合率达 99.99%。县级公立医院综合改革位居全省前列,全县医疗机构医患纠纷“零激化”。

四是厚植先进文化,淬炼民生之魂。坚持文化引领,依托“四在农家 · 美丽乡村”实施文化惠民工程,实现村村有文体广场、农家书屋、道德讲堂、积德榜和文化墙,全县狠抓忠、孝、爱、诚、信“五心教育”活动,用道德力量成风化人、崇德向善。

二、着眼处早处小,小活动促大和谐

群众的事再小也是大事。只有抓早抓小,才能有效防止小事拖大、大事拖炸。余庆以社区院落、村民小组和自然村寨为单位,深入开展“六小活动”,积小安为大安。

一是排查小隐患,解决问题在初始。组织群众对辖区防火防盗、周边环境等治安隐患、不安全因素等,开展周随查、月排查、季普查,精准掌握辖区隐患,及时组织力量把隐患消除在萌芽状态。

二是控制小苗头,防微杜渐保平安。村(居)下派干部担任“名誉组长”,发动辖区“五老人员”参与管理小区事务,及时掌握第一手信息汇总上报,“名誉组长”第一时间到场进行疏导,切实把苗头性问题消化在初始。

三是调处小纠纷,解开群众心头结。发挥治安中心户长和“五老人员”的作用,深入开展法治教育,倡导群众疙瘩群众解,最大限度将群众邻里、妯娌婆媳、山水林田等小矛盾、小纠纷在村民组及时妥善化解。

四是提供小服务,联系群众零距离。便民服务点组织周边商业服务网点建立微信“朋友圈”,即时为群众提供煤、水、气等送货上门服务。建设 100 个电商服务点,帮助群众把家乡的特产销往外地,实现余货出山。推行名誉组长代办服务、上门服务,将服务送到田间地头,躬身服务群众。

五是解决小困难,真心帮扶出实招。通过走访慰问、结对帮扶等形式,帮助群众解决办事难、就医难、上学难、出行难、增收难等问题,关爱弱势群体,关心群众疾苦。

六是整治小环境,扮靓美丽新农村。有效整合生态移民安置、一事一议、全面小康“六项行动”等项目,建立红白事、环境卫生等小组,制定环境保护制度,建设最美乡村。

通过“六小活动”,余庆矛盾纠纷的调解成功率从 2013 年以前的 95% 上升到 98% 以上,村(居)和村民组两级调解的矛盾纠纷占到了矛盾总数的 90% 以上,全县 70 个村(居)中有 30 个村刑事零发案,68 个村(居)民转刑案件零发生,连续 5 年进京零非访,群众安全感连续 9 年位列全省前列。

三、着眼基层平台,小中心起大作用

狠抓基层平台建设,构建起纵横贯通的工作网络。

一是搭建全方位“解难事”调处平台。搭建县群工矛盾调解中心,集领导接访、视频接访、阳光调解、情绪释放、心理疏导、司法确认等功能为一体,配有 5 名专职调解员、2 名法律导师、1 名心理咨询师和 67 人的调解专家库。搭建县公共法律服务中心,整合人民调解、法律援助、公证、律师等资源,建立多元化解矛盾纠纷的法律支撑平台,为群众提供窗口化、一站式法律超市服务。搭建乡镇综治群工中心,投入 300 万元建设了 10 个乡镇综治群工中心和 11 个警民联调室,分别配备 5 ~ 9 名专职调解员,聘用 69 名调解员和调解指导员。搭建专业(行业)调处中心,在医疗、交通、劳资等领域设立了 8 个专业(行业)调解中心,聘用 3 ~ 5 名专职调解员和 1 ~ 2 名律师从事调解工作。搭建村(居)调处中心,村支部书记为调解主任,由一名副主任和警务助理主抓纠纷调解工作,建立由调解能手、法律工作者为主要力量的调解队伍，帮助11名调解能手建立了个人调解室，增强了调解效果。

二是搭建全覆盖“办好事”服务网络。搭建静态服务网络，以服务型党组织创建为载体，建成了县政务中心、10个乡镇党务政务服务中心、69个村（居）便民服务站和192个片区便民服务点，实行“一人多岗一站式服务”和代办代理服务。搭建动态服务网络，以“100%的干部联系群众，100%的群众有干部联系”网格化服务管理为载体，全县6391名干部采取一名干部与三户群众结亲、联系多户群众的“1+3+X”方式，与82101户群众联系结亲，面对面听取群众意见、解决群众困难、解开群众心结。仅2016年以来，全县每个结对干部均深入联系户3次以上，共收集群众建议意见199条，办实事好事1001件，提供便民服务3046件次，帮扶困难群众1317人，调处纠纷437件。

三是搭建全体系“不办事”监督平台。依托“大数据”技术，在县级建立政务效能投诉举报中心，在乡镇建立问责谈话室，在村（居）设置民生项目查询和群众举报系统，紧跟不作为的事，紧盯不作为的人，让“不作为、慢作为、乱作为”无处遁形。

四、着眼基础保障，小成本保大平安

坚持“花小钱防大病”，按照“人往基层走，物往基层用，钱往基层花，劲往基层使”的思路和要求，着力夯实基层基础，用小成本保大平安、促大发展。

一是强化村（居）保障。选优配强村级“两委”班子。实行机关干部驻村和民选村干部全脱产职业化，全县70个村（居）下派国家干部270人。建立了民选干部报酬“基础职级工资+岗位晋档工资+绩效考核奖+养老保险+医疗保险”结构，月平均工资达2800元以上。先后投入5000余万元，优先解决村（居）办公阵地，各村（居）办公面积均达到600平方米以上。每年下拨村级3万元、社区4.5万元工作经费和每村每月600元食堂补贴。

二是强化经费保障。县财政每年安排200万元用于矛盾纠纷调处以奖代补、专职调解员生活补贴、部分生活困难的案件当事人司法救助和信访救助，人民调解“以奖代补”标准提高到每件200~3000元，每年预算20万元对100名优秀调解员和10个先进调解组织表彰奖励。乡镇综治办、群工站人员享受岗位津贴。

三是强化机制保障。县委常委会、县政府常务会议每季度听取政法综治工作汇报，研究解决存在的困难和问题，将综治工作纳入各级各部门年度考核重要内容，严格执行提拔任用干部征求综治部门意见的规定。乡镇政法委书记高配为党委副书记，近三年有11名乡镇政法委书记被提拔为乡镇党政正职和正科级干部，有4名乡镇综治办专职副主任被提拔为副科级干部。近三年选拔了26名优秀村支书和98名农村优秀能人党员分别进入乡镇、村领导班子。

贵州省剑河县积极探索“大数据·云治理”社会治理模式

近年来，贵州省黔东南州剑河县积极探索将大数据思维运用到社会治理和平安建设中，通过构建和运用“大数据·云治理”社会治安综合治理信息系统，合理配置和充分利用各类社会治理资源，有效推动了社会治理和平安建设的发展进步，取得了人民群众安全感、满意度连续五年位居全省前列的良好成效。

一、织密“云网格”，打通服务群众“最后一公里”

一是科学设置三级网格。以村（居）、社区为单位设置一级网格，以片区、小区、村小组或一定聚集户数为主设二级网格，农村以邻近的10至

15户或自然寨(城中居委会按楼栋住户设置)设置三级网格。

二是合理选配网格人员。一级网格,由村支书或村主任兼任网格长,配备专职社会治理员作为网格管理员,同时配备一名驻村民警。二级网格由片区有威望并热衷社会管理工作的骨干人员或村民小组长担任,对一级网格负责。三级网格,推荐村(居)威望较高的同志担任,对二级网格负责。

三是构建"云"终端管理体系。在三级网格内,每10~15户居民间实行合约式管理,即运用移动手机终端将三级网格联防户与一名网格管理员进行捆绑联动,通过"995"呼救号码上传信息和紧急呼救,做到一键多能、邻里互助、快速处置。目前,全县共建立一级网格188个、二级网格1814个、三级网格5002个,网格化管理覆盖率100%,为促进政府行政管理与基层群众自治的有效衔接奠定了坚实基础。

二、搭建"云平台",破解服务群众"信息壁垒"

一是构建信息收集"云"平台。以全县15个监控中心、1207个监控探头、200个重点部位摄像头、33个报警点为基础,4.2万余户网格联防群众、6000余名联防员运用移动手机终端适时收集基础信息,并上传录入综治、公安、司法、民政、教育、组织、政务、信访等部门数据库,构建起了包括实有人口信息、房屋信息、组织信息等在内的大数据信息平台。目前,全县28万人口和所有的房屋、机构、场所全部纳入平台管理,共收录各类信息3400余万条。

二是构建信息处理"云"平台。及时对各类信息数据进行采集、筛选、统计和动态监测,分析其内在规律,并在此基础上构建集信息收集、发现问题、管理决策、主动服务、群众反馈等为一体的信息跟踪服务"云"平台,从而为社会管理、服务领导决策提供更为精准的信息数据支撑。目前,平台已覆盖全县20多个部门,实现了9大类25项基础数据的共享。

三是构建民生服务"云"平台。以构建高效、便捷、优质的民生服务"云"平台为目标,创新县、乡两级政务服务运行机制和管理模式,在二级网格内推行网格长、党小组长、网格信息员、网格管理员("两长两员")组团式服务,并明确25个服务项目可在网格内办理。目前,平台共为群众办理各类事项上万件,化解了大量的矛盾纠纷,为公安机关提供案件线索246条,与群众互动3000人次,解答各类咨询数千次。

三、创建"云"系统,社会管理由"传统"向"智慧"升级

一是创新部门管理"云"体系。全县各行政管理部门明确专人在县大数据信息平台值守,确保基层流转给部门的事件得到迅速认领和处置。同时,建立健全工作反馈机制,实行"问题上报、建档立案、任务指派、调查核实、处理反馈、结件归档"六步运作法,推行县级部门、乡镇、村(居)的无纸化办公管理,提升办公效率。

二是创新领导决策"云"体系。运用大数据加强对共享信息的分析和处理,建立日、周、月信息通报研判机制和综治信息化工作联席会议制度。通过对信息的综合分析、关联比对,客观分析重大问题的演变发展趋势和可能引发的连锁反应,为党委政府和各部门决策提供参考依据。

三是创新服务群众"云"体系。一方面,通过实施电子政务进社区,推进便民类审批项目下放,将各种涉农惠农项目、基本公共服务项目纳入服务管理平台。另一方面,着力打造村级前台受理、部门后台办理、村级前台回复和网格员代办协办服务的"办事不出村"便民服务模式,确保群众只进一扇门、只找一个人,便能办成所有事。

四、依托"云治理",社会管理由"被动"向"主动"转变

一是社会管理由"事后介入"变为"事前掌控"。运用现代信息手段对收集到的矛盾纠纷数据进行分析预测,提前制定相应的预案和措施。通过预先排查、提前消除、主动管控的方式,加强对流动人口和各类特殊人群的服务管理,及时解决"三留守"和其他贫困人员的生活问题,实现人性化管理、精细化服务。

二是政务服务由"被动服务"变为"主动服务"。创新县、乡两级政务服务运行机制和管理模式,把党的工作触角延伸到网格的每个角落,政务服务由县、乡两级拓展延伸到村(社区),为群众提供"一对一"精细化服务,切实提高了服务的科学化与精细化水平,增强了基层党组织的战斗力、凝聚力、向心力。据统计，自实行网格信息化管理以来，基层网格员为居民提供代办服务3000余次、预约服务2600次、延时服务4000次；政法服务中心受理事项达42.86万件，办结42.82万件，办结率达到99.91%，群众好评率达99.6%。

（撰稿人：韩进
审稿人：左文　赵小钢）

云 南 省

2016 年综治工作概况

2016 年,云南省全面贯彻落实中央政法工作会议、全国社会治安综合治理创新工作会议精神,主动适应形势新变化和经济发展新常态,着力推动社会治安综合治理领导责任制落实,加快创新社会治安防控体系,不断完善矛盾纠纷多元化解机制,切实加强综治基层基础建设,狠抓重点问题重点行业领域综合治理,有效防范、化解、管控了一系列社会稳定风险,维护和促进了社会和谐稳定。

一、高位谋划推进平安云南建设

省委、省政府高度重视综治及平安云南建设工作,纳入全省“四个全面”战略布局中谋划,列入全省国民经济社会发展“十三五”规划高位推进。2016 年初,省委书记与各州市及省综治委成员单位主要领导逐一签订了综治及平安建设目标管理责任书。10 月 18 日,省委召开常委会听取全国社会治安综合治理创新工作会议精神汇报。各级各部门围绕全省综治及平安建设年度目标任务和全国社会治安综合治理创新工作会议精神,分层次、分领域、分系统、分行业统筹推进各项工作,制定实施了一系列政策措施,形成了问题联治、工作联动、平安联创的综治工作局面。

二、推进立体化社会治安防控体系建设

一是建成省级公共安全视频图像信息实战平台和解析中心,加快推进公共安全视频监控建设,实施社区警务战略及“平安社区”创建。二是依法严厉打击严重暴力犯罪,持续开展缉枪治爆、打黑除恶以及打击“两抢一盗”、食药品违法犯罪、拐卖儿童妇女、电信网络诈骗等专项行动,加大命案侦破力度,深入开展“无命案”乡镇(街道)、“无刑事案件”村(社区)创建活动,群众安全感进一步提升。三是落实社会治安重点地区认定标准和管理办法,对重点区域和突出治安问题开展排查整治和督办整改。对群众安全感排名靠后、进京非访和寄递物流问题突出的州市和行业主管单位领导进行了约谈。四是深入实施“爱民固边”战略和平安边境创建,健全落实党政军警民五位一体合力管边机制,开展“数字边防”和“智慧边防”建设,强化边境安全管控。

三、推进综治(平安建设)基层基础

一是深入推进城乡社区(村)网格化服务管理,进一步完善党委领导、政府主导、综治协调、部门参与、乡镇(街道)组织实施、社区(村)具体落实的工作格局。全省实现网格化全覆盖,划分网格 12 万个,已配备专兼职网格员 14 万余人,加快推进特殊人群服务管理、信访、消防和妇女儿童权益保障等进网格。二是完成云南省综治信息平台(一期)项目建设,信息平台已覆盖省、市、县所有综治委成员单位及所有乡镇(街道)、80% 村(社区);不断从工作需要出发完善并升级改版全省综治信息系统和手机“综治通”,全面支撑各级综治工作应用;统筹推进综治大数据整合和信息共享机制建设,启动司法行政大数据协同共享系统项目建设;全面推动“雪亮工程”及视频监控接入平台示范城市建设。三是大力推动基层综治组织建设,全省所有乡镇(街道)均设置了综治办,明确了分管的乡镇(街道)领导,配备了综治办专职主任和综治专干,所有村(社区)均设立了综治工作室,配备了综治员和人民调解员。持续改善基础设施条件,深入推进县、乡、村三级综治中心规范化建设。

四、构建完善矛盾纠纷大调解体系

一是认真贯彻落实《关于完善矛盾纠纷多元化解机制的意见》,围绕重大节日和敏感节点,开展矛盾纠纷大排查、大化解、大调处专项行动;开展涉路矛盾纠纷排查调处和安全隐患整治,确保全省高铁顺利开通。人民调解、司法调解、行政调解“三调联动”工作机制进一步健全,“以奖代补”“以案定补”措施得到全面落实。二是健全落实云南省重大事项社会稳定风险评估机制,出台《云南省重大事项社会稳定风险评估责任追究办法》,加大对涉及群众切身利益的决策、政策、建设项目和改革措施的风险评估力度。加快信访制度改革步伐,完成全省信访信息平台建设。三是认真执行矛盾纠纷排查调处工作协调会议纪要月报制度,形成了“月月研判、一级抓一级、层层抓落实”的工作格局,确保了重要时段全省社会和谐稳定。

五、加强重点行业重点领域的服务管理

一是出台《关于贯彻落实寄递物流安全管理“3个100%”制度的通知》和《关于进一步落实寄递物流安全管理工作的指导意见》,建立了邮政管理系统“3个100%”定期通报制度和物流寄递业治安管理工作规定,采取督办、约谈等方式,推动落实“3个100%”制度,全省已配备X光安检机180台。扎实推进“两清理一排查”专项行动,将寄递物流企业纳入“1+3+5”安全生产大检查重要内容。二是加强信息网络服务管理工作,开展违法有害信息和虚假信息清理整治,严厉打击电话“黑卡”违法犯罪活动,全面实行网吧实名登记上网制度,深入开展信息安全等级保护和监测预警通报,着力强化舆论引导,推进信息网络安全管理工作。三是加大处置非法集资工作力度,建立覆盖全省的联动监测预警、案件查处工作机制,对省级批准设立的融资登记服务机构和企业进行排查整治,推进企业风险化解处置,开展非融资性担保、投融资中介、私募股权投资、网络借贷、农民专业合作社5个重点领域专项治理,有效遏制经济领域违法犯罪高发蔓延势头。四是深入推进公共交通安全管理工作,持续深化交通领域平安创建活动,加强交通运输行业公共安全防控体系建设,全面排查安全隐患和涉路重大矛盾纠纷,推进公共交通安全管理工作。五是落实完善消防责任体系,稳步推进消防基础建设,消防安全环境持续改善,开展火灾隐患专项治理活动,挂牌整治区域性火灾隐患,组建典型灾害事故专业救援队,全省火灾形势持续稳定并明显下降,未发生重大及群死群伤恶性火灾事故。六是推进全省生态环境损害赔偿制度改革试点工作,强化重点项目监管,加强环境污染矛盾纠纷排查化解工作,依法查处环境污染投诉案件,排查清理整治环境安全隐患,打击涉危废物环境违法犯罪行为,加大生态环境保护力度。

六、积极推进综治(平安建设)专项工作

一是第四轮禁毒防艾人民战争开局良好。认真贯彻落实中央和云南省禁毒工作意见,编制完成《云南省第四轮防治艾滋病人民战争实施方案(2016—2020年)》,全力推进第四轮禁毒防艾人民战争;完善毒品立体查缉防控体系,加大毒品违法犯罪案件查办力度,进一步收戒吸毒人员,缩减云南省毒品消费群体规模,强化艾滋病检测治疗服务,加强国际禁毒警务合作,持续开展禁毒宣传和“无毒社区”“无毒单位”创建。二是健全特殊人群管理教育帮扶体系。出台《2016年贯彻落实云南省精神卫生工作规划(2015—2020年)重点工作方案》,推进“以奖代补”落实严重精神障碍患者监护人责任试点工作,加大精神障碍患者筛查救助力度,确保应治尽治、应管尽管。推进戒毒医疗社会化,加强戒毒人员后续照管,加大刑释人员帮教力度,对重点人员进行风险评估和分级管理,健全强化技能培训、劳动就业等帮扶措施。三是积极做好预防青少年违法犯罪工作。召开云南省未成年人司法项目指导小组会议,推进未成年人司法项目建设,培育发展6类重点青少年服务管理试点工作,出台《关于进一步建立和完善办理未成年人刑事案件配套工作体系的若干意见》,加快青少年事务社会工作专业人才队伍建设,认真落实帮扶教育政策措施。四是加强实有人口服务管理。加快户籍制度改革步伐,在全省取消农业户口和非农户口划分,全面实施城乡统一的户口登记制度;出台《云南省人民政府办公厅关于解决无户口人员登记户口问题的实施意见》规范性文件,有效解决新生儿落户、返原籍地落户和无户口人员落户等难点问题。深入推进常住人口户口登记管理清理整顿。加强农民工以及新生代农民工服务管理。五是加大校园及周边治安综合治理力度。深化“平安校园”创建,全面落实校园专职保安制度,加快校园及周边视频监控系统建设,推动校园安全保障经费纳入地方教育行政部门年度预算,全面实施非义务教育阶段购买学校保险制度，常态化开展校园安全大检查、法治安全教育、应急演练和“护校安园”、师德师风治理、预防学生溺水、整治校园欺凌等专项行动，妥善处置学生安全事故。六是加快创新“两新组织”服务管理机制。开展综治进社会组织和非公有制经济组织试点工作，完善社会组织登记管理改革配套政策，积极落实社会组织上门联合年检和审计抽查制度，实行社会组织信息公示和信息披露。实施非公经济组织和社会组织党组织覆盖提升行动，发挥“两新组织”在综治平安建设中的作用。

七、推进平安建设法治化水平

一是公布实施《云南省重大行政决策程序规定》，从源头上减少因决策不当引发群体性案(事)件。加强社会治理及平安建设领域立法工作，强化行政复议工作，组建云南省律师协会南亚东南亚法律服务中心，推进公共法律服务体系建设，完成法律援助服务热线系统升级改造，开通法律援助微信公众号，成立省律师协会南亚东南亚法律服务中心，发挥法治对平安云南建设的引领和保障作用。二是突出综治(平安建设)和宣传思想文化工作相结合，坚持团结稳定鼓劲、正面宣传为主，发挥微博微信等新媒体优势，开展综治宣传活动，完成全省群众安全感满意度调查，提升群众对平安建设的知晓率和参与率，出台云南省“七五”普法规划和法治宣传教育决议，举办全省第九次法治宣传教育大会，健全普法责任清单制度，深化“法律六进”活动，推进“互联网+普法”工作，充分发挥平安法治宣传活动的加油鼓劲作用。

云南省综治办　省公安厅　省民政厅　省财政厅　省卫计委　省残联关于实施以奖代补政策落实严重精神障碍患者监护人责任的实施意见

(2016 年 5 月 12 日)

各州市综治办、公安局、民政局、财政局、卫计委、残联：

为贯彻落实中央综治办、公安部、民政部、财政部、国家卫生计生委、中国残联联合下发的《关于实施以奖代补政策落实严重精神障碍患者监护人责任的意见》精神，结合我省实际，现就全面实施以奖代补政策，落实严重精神障碍患者监护人责任工作提出以下实施意见。

一、提高思想，充分认识实施以奖代补政策落实严重精神障碍患者监护人责任的重要意义

精神障碍患者监护人依法对患者履行监护责任，精神障碍患者所在地乡(镇、街道)和县级人民政府有关部门要帮助患者和家庭解决实际困难，是《民法通则》《精神卫生法》《残疾人保障法》《侵权责任法》等法律的明确规定。近年来，为深入贯彻落实《关于加强社会治安防控体系建设的实施意见》和云南省人民政府办公厅《关于转发省综治办等部门〈关于加强肇事肇祸等严重精神障碍患者救治救助工作实施意见〉的通知》要求，省综治办与有关部门共同研究在我省十个州(市)开展以奖代补政策落实监护人责任试点工作，对患者未发生肇事肇祸行为的，给予监护人奖励，取得了良好成效，患者管理水平得到提高，肇事肇祸率明显下降。试点工作表明，对监护人实施以奖代补政策，有利于调动监护人积极性，有效落实监护责任，减轻患者和监护人经济负担，从源头上预防和减少患者肇事肇祸案(事)件发生。各级有关部门要充分认识实施以奖代补政策落实严重精神障碍患者监护人责任的重要意义，从维护社会大局稳定和人民群众根本利益的高度出发，密切配合，齐抓共管，积极实施以奖代补政策，确保精神障碍患者监护责任落到实处。

二、摸清患者底数，健全信息管理

各级卫生计生行政部门要会同综治、公安、民政、残联等部门，加强对严重精神障碍患者日常发现登记和发病报告，开展定期筛查和随访，定期对已诊断在册患者进行风险评估，及时将风险评估3级以上的患者信息交换给公安机关。公安机关要及时将卫生计生部门交换的3级以上患者信息录入公安部重性精神病人信息管理系统，建档立卡。有关单位和个人要依法对患者姓名、住址等信息予以保密，不得向无关人员传播扩散。在此基础上，由乡（镇、街道）组织村（居）委会和公安、民政等部门，对辖区内在册严重精神障碍患者的监护人信息进行系统梳理，按照相关法律规定，依法落实患者监护人。

三、确定奖补对象，规范工作程序

各县（市、区）将本辖区内登记并录入公安部重性精神病人信息管理系统的有肇事肇祸行为及风险评估在3级以上的患者，且家庭困难、监护人无能力落实监护责任和查找不到监护人的，由公安、民政和卫生计生行政部门共同认定后，依法明确监护人（单位或社会组织）并将患者监护人（单位或社会组织）确定为奖补对象，由乡（镇、街道）与患者监护人签订监护协议，依法明确双方权利义务，实施有奖监护。公安机关牵头对患者在奖补年度内有无肇事肇祸行为进行依法认定，患者未发生肇事肇祸行为的，监护人可以足额领取奖补金。监护奖补金由监护人提出申请，村（居）委会申报，乡（镇、街道）审核，县（市、区）综治办召集公安、民政、卫生计生、残联等部门共同认定后，由乡（镇、街道）统一发放。

四、制定奖补标准，保障经费补助

我省监护人奖励标准为每人每年不低于1000元。奖补资金由州（市）和县（市、区）财政承担，州（市）和县（市、区）财政将奖补金纳入财政预算。同时，要鼓励和支持社会团体、组织和个人等社会力量依法开展和捐助精神卫生工作，多渠道筹集资金。

五、明确监护责任，确保管护到位

（一）监护人要为被监护人到社区精防医生或精神专科医院领取免费药品，确保被监护人遵医嘱按时按量服药；

（二）监护人要每日观察被监护人病情变化情况；

（三）监护人要引导被监护人逐渐恢复社会功能，在有条件的情况下协助被监护人到社区康复机构参加康复活动；

（四）监护人要照料、看管被监护人日常生活，不得虐待、遗弃被监护人，防止被监护人失踪或下落不明、流浪乞讨、肇事肇祸等情形发生；

（五）监护人要积极配合社区医生或乡村医生做好随访管理等工作；

（六）被监护人发生病情波动时，监护人要立即报告社区医生或乡村医生，并根据病情评估情况将被监护人送至精神专科医疗机构诊治；

（七）被监护人失踪或下落不明，发生伤害自身，危害他人安全危险的，监护人要立即向派出所报告，并配合公安机关做好现场处置，将被监护人送至精神专科医疗机构诊治；

（八）监护人要根据精神专科医疗机构的医学建议，履行接出院等相关责任。

六、加强组织领导，严格责任追究

（一）各级各有关部门要切实加强对实施严重精神障碍患者监护人以奖代补政策的组织领导，有关部门要依法行政、依法管理，切实履行职责。州（市）、县（市、区）政府要将监护人以奖代补工作列入重要议事日程，制定年度计划和具体实施方案，建立健全党委领导、政府主导、综治协调、部门协同、财政支持、社会参与的工作机制，力争在2016年底前，全省全面实施以奖代补政策。

（二）各级综治组织要将实施以奖代补政策落实患者监护责任工作纳入社会治安综合治理考评内容，加大检查考核力度，对工作不重视、措施不力、监护不到位，导致发生已登记患者肇事肇祸重大案（事）件的，严肃追究相关负责人及其部门的责任。

（三）对营私舞弊或虚报、冒领、截留、挪用、骗取、滥发奖补金的，要依法追究相关人员的行政和法律责任，并追回所涉及资金。

（四）对因监护人不履行监护责任，导致患者造成他人人身、财产损害的，依照《民法通则》、《侵权责任法》等有关规定，依法由监护人承担侵权责任。对监护人虐待、遗弃患者情节严重，涉嫌构成虐待罪、遗弃罪的，要依照最高人民法院、最高人民检察院、公安部、司法部《关于依法办理家庭暴力刑事案件的意见》的有关规定，依法追究，严厉惩处。

（五）对县级以上人民政府卫生计生行政部门和其他有关部门未依法履行《精神卫生法》规定的工作职责，或者滥用职权、玩忽职守、徇私舞弊，依法依规严肃追究责任。

云南省关于全面推进医疗纠纷多元化解工作的意见

（2016 年 9 月 18 日）

各州（市）综治办、卫生计生委、公安局、司法局、财政局、中级人民法院，各保险行业协会：

为贯彻落实《中共中央办公厅　国务院办公厅印发〈关于完善矛盾纠纷多元化解机制的意见〉的通知》、国家卫生计生委等 4 部门《关于进一步做好维护医疗秩序工作的通知》精神，保障医患双方合法权益，构建和谐医患关系，维护正常医疗秩序，现就全面推进我省医疗纠纷多元化解工作提出如下意见。

一、充分认识全面推进医疗纠纷多元化解工作的重要意义

近年来，各级各部门密切配合，认真落实"预防为主、标本兼治、打防并举、健全机制"工作要求，一手抓严厉打击涉医违法犯罪活动，一手抓医疗纠纷预防与处置长效机制建设，取得了显著成绩。但是，仍有一些地方以法治思维和法治方式解决医疗纠纷、惩处涉医违法犯罪的意识不强，预防化解医疗纠纷的机制不健全，导致医疗纠纷频发，有的甚至引发暴力伤医等个人极端案（事）件，严重影响正常医疗秩序。健全完善有机衔接、协调联动、高效便捷的医疗纠纷多元化解机制，是主动适应经济发展新常态、加强和创新社会治理、深化平安云南建设的重要内容，对于解决影响社会稳定的源头性、基础性、根本性问题具有十分重要的意义。各级各部门要充分认识全面推进医疗纠纷多元化解工作的重要意义，把这项工作作为改善和保障民生、维护社会和谐稳定、促进医疗卫生事业健康发展的重要举措，切实抓紧抓好、抓出成效。

二、建立健全医疗纠纷多元化解工作格局

（一）充分发挥综合治理优势。按照党委领导、政府主导、综治协调、各部门充分发挥职能作用的思路和定位，各级党委、政府要切实加强对医疗纠纷多元化解工作的组织领导，健全医疗纠纷预防化解协调机制，及时研究解决医疗纠纷预防化解工作中的重大问题；要按照"属地管理"和"谁主管谁负责"原则，协调督促各有关单位、部门落实医疗纠纷预防和化解责任，组织动员各方面力量积极参与医疗纠纷化解工作。各级综治组织要充分发挥协调推动作用，切实做好调查研究、组织协调、督导检查、考评、推动等工作，推动人民调解、司法调解、行政调解、仲裁、诉讼等有机衔接、协调联动。卫生计生行政部门要加强对医疗机构的监管，提高医疗服务水平，从源头上预防和减少医疗纠纷的发生；要推动完善院内调解、人民调解相结合的医疗纠纷调解体系，建立健全医疗风险分担机制，规范专业鉴定机构、鉴定程序和标准。公安机关要积极参与医疗纠纷调处工作，依法严厉打击涉医违法犯罪。司法行政部门要加强对医疗纠纷人民调解工作的指导，推动医疗纠纷人民调解委员会（以下简称"医调委"）规范化建设，不断规范司法鉴定工作，组织、推动律师在医疗纠纷化解中发挥积极作用。人民法院要发挥法治在医疗纠纷多元化解中的引领、推动和保障作用，加强与医调委、行政调解等组织的协调配合，推动在程序安排、效力确认、法律指导等方面的有机衔接，积极开展诉前调解；对调解后无法达成协议的，及时依法判决。财政部门要对医疗纠纷人民调解工作给予必要的经费保障。保险监管部门要加强对医疗意外保险工作的监督和业务指导。

（二）加强医疗纠纷人民调解组织建设。各地要尽快建立健全医调委，专门受理患者与医疗机构及其医务人员就检查、诊疗、护理等过程中发生的矛盾纠纷。原则上每个医调委配备3名以上(含)专职人民调解员。医调委调解医疗纠纷不收取任何费用,必要的工作经费从各级财政安排的人民调解经费中统筹安排,鼓励通过吸纳社会捐赠、公益赞助等渠道筹措医调委工作经费。

(三)健全完善医疗纠纷多元调处机制。建立健全符合医疗纠纷人民调解工作特点和规律的制度体系,组建由法律、医学、保险、司法鉴定等专家组成的专家库,完善和畅通医疗纠纷多元解决的方式和渠道,构建院内调解和人民调解行政调解相结合、调解与仲裁诉讼等相衔接、各方专家积极参与的多元化解机制。要依托县(市、区)、乡(镇、街道)综治中心、综治视联网和网上信访系统等,组织协调各方专家、律师等第三方力量,通过视频会商等形式,提供专业意见,有效提高医疗纠纷调解的权威性和公信力。

(四)建立健全医疗风险分担机制。在医疗责任保险的基础上,探索建立符合我省实际的医疗责任风险分担机制。鼓励保险公司开展医疗意外险业务,提高医疗风险分担的覆盖面。保监部门要鼓励、支持和引导保险机构积极开展相关业务。卫生计生行政部门和保监部门要加强沟通、共享信息,加快形成医疗纠纷处置和医疗风险分担互为补充、相互促进的联动调处格局。

(五)坚持用法治方式预防和化解医疗纠纷。各级卫生计生行政部门和各类医疗机构要加强医疗知识和法律法规宣传教育,倡导形成科学行医、理性就医的理念和行为。各医疗机构要加强职业精神和医德医风教育,加强医疗机构内部流程管理,提高医疗服务质量,预防和减少医疗事故、医疗纠纷的发产。一旦发生医疗纠纷,医疗机构应当告知患者医疗纠纷的解决途径和程序,及时答复患方的咨询和疑问,引导当事人依法理性维权。工作中要切实做到“三个坚决不赔”(即不查明原因、不分清责任的坚决不赔;“以闹取利”的坚决不赔;未经合法机构或组织调解、裁决的坚决不赔),并积极做好教育疏导工作。公安机关要依法打击“医闹”、暴力伤医等违法犯罪。各医疗机构要加强与属地公安机关的沟通协调,共同制定重大医疗纠纷应急处置预案,共同维护当地医疗秩序。

三、切实加强对医疗纠纷多元化解工作的组织领导

(一)成立相应工作机构。要成立由综治、卫生计生、保监、公安、司法行政、财政、法院等部门为成员单位的医疗纠纷多元化解工作领导小组及其办公室,统筹协调解决医疗纠纷预防化解工作中的困难和问题,领导小组办公室设在省卫生计生委。要建立医疗纠纷多元化解工作领导小组联席会议制度,搭建医调委、医疗风险分担组织和医疗机构之间协商工作、交换信息的平台。

(二)严格落实工作责任。医疗纠纷多元化解工作领导小组每年对各地各部门开展医疗纠纷多元化解工作情况进行督导和考核。对医疗纠纷化解不力、“医闹"和涉医违法犯罪突出的地区和单位,充分运用通报、约谈、挂牌督办等方式,限期进行整改。对因工作重视不够、预防化解措施不力而导致问题严重或发生重特大案(事)件的地区,依法实行一票否决权制,并追究相关领导责任。

(三)切实加强宣传引导。要加大医疗纠纷多元化解、深化“平安医院”建设工作的宣传力度,积极宣传生命科学和临床医学的局限性和风险性,引导广大患者理性对待可能发生的医疗风险,文明就医、平和就医。要大力宣传各地各部门医疗纠纷多元化解的经验做法和相关法规政策,引导纠纷双方通过调解、诉讼等方式依法解决问题,切实促进医患关系和医疗秩序的根本好转。

云南省昆明市西山区永顺里社区基层治理新探索打造"互联网+幸福网格"

在社会结构发生深刻变化以及人员、信息等要素高速流动的现代社会，如何对城市实施有效的服务和管理，是社会治理中的一大难题。近年来，昆明市西山区永顺里社区依托信息化技术平台、社会化动员机制、专业化治理手段，探索实践了"互联网+幸福网格"基层治理模式，有效提升了基层治理的能力和水平。

所谓"互联网+幸福网格"，就是在网格化服务管理体系和"四级联动"工作机制的基础上，依托互联网信息技术，构建上下联动、层级清晰、横向到边、纵向到底，覆盖区、街道、社区、网格四级的社会治理体系，从而实现了基层治理的数字化、立体化、社会化、专业化。

一、依托信息技术，推进服务管理"数字化"

建立2.5维空间地理数据库、实有人口数据库、法人数据库等，构建关联社区"人、地、事、物、组织"以及"吃、住、行、销"等信息要素的"社区居民大数据"平台，通过微信、短信、电话收集社情民意、受理申请申诉、快捷交办服务事项等，为居民提供24小时不间断的网上服务，实现了服务管理从网格管理员跑腿上门到让数据跑路上网的转变。建立"社区网格化服务管理微信公众号服务平台"和"社区视频监控系统"，形成实体网格与虚拟网格"双网并行"的工作格局，通过在居民楼公示公众号二维码，发动居民积极参与社区共治，实现了信息采集、任务发布、监督考核的动态化、适时化、便捷化。

二、整合防控资源，推进治安防范"立体化"

一是建设社区公共区域高清视频监控系统、电子巡更打卡系统、"备巡合一"防控网，形成了社区公共安全防范的有机衔接和相互配合。二是整合政府投建平台、社会筹建平台、部门自建平台的视频监控资源，建立"1+11+108+N"视频监控综合运用中心平台，实现了全区各层级视频监控资源的互联互通、工作协同。"1"，即1个区级网络及监控中心；"11"，即11个街道网络及监控站；"108"，即108个社区终端及监控点；"N"，即若干个职能单位信息共享点及社会单位信息接入点。三是实施以"一把温馨钥匙、一把放心锁、一道平安门、一片真心实意"为主要内容的"四个一"幸福工程，为2262户社区居民免费安装单元防盗门锁、防爬刺、红外对射设备，全面提升了社区的物防、技防水平。四是推行社区公共安全"分色管理"制度，根据不同区域的社会治安状况分别标识不同颜色，实施分类管理。对重点区域实行挂牌整治，有针对性地开展专项整治，预防和减少了刑事治安案(事)件的发生。

三、动员多种力量，推进群防群治"社会化"

依托社区治安志愿协会，组织发动治安志愿者、流动人口协管员、社区小组治保干部等群防群治力量，开展治安联防、邻里互帮，形成了社区全员共治的格局；依托423名网格管理员、52948名社区治安志愿者，通过手机连接"天眼"，延伸视线精准服务管理，最大限度地扩大了群防群治的基础；推行社区治安志愿者积分奖励制度，为每位志愿者配发"文明平安和谐积分卡"，根据贡献大小记分，凭积分享受社区卫生服务中心免费体检、辖区企业无偿服务等便利，调动了社区志愿者的服务热情。同时，注重发挥社会组织在创新基层治理中的积极作用，推动建立多元主体参与的社区治理格局，采取政府购买服务、设立项目资金、补贴活动经费等形式，引进社会组织为辖区内的老年人、妇女、儿童、残疾人、失业人员、农民工、刑释解教人员未成年子女、困难家庭、严重精神障碍患者、有不良行为青少年、社区矫正人员等特殊群体提供服务，有效提升了治理水平。

四、提升履职能力，推进社会治理"专业化"

发挥网格管理员作为基础信息采集员、实有人口协管员、社情民意收集员、矛盾纠纷化解员、安全隐患排查员、群防群治发动员、平安建设组织员、服务群众联络员、基层党建指导员的“九大员”作用，推行困难家庭必访、上访人员必访、残疾人和精神障碍患者等特殊群体必访、矛盾纠纷当事人必访、鳏寡孤独必访、重大刑事治安案（事）件当事人必访、失足未成年人及闲散青少年必访、刑释解教人员必访的“八必访”工作法，将社区矛盾纠纷化解、社会治安防范、环境卫生治理、安全生产监管等工作纳入网格化服务管理，形成了“社区事务网格办理、联户事务大家齐办”的浓厚氛围。

云南省保山市建立“995”城市综合服务管理平台

近年来，云南省保山市针对农村山高坡陡、居住分散的实际，将传统的“十户联防”与现代手机通信技术相结合，建设了“6995”网格化服务管理信息平台，有效解决了山区农村群众孤立无援、治安联防薄弱、救灾救援困难等问题，受到了农村群众的普遍欢迎。

2016 年以来，保山市隆阳区在总结提升“6995”网格化服务管理经验的基础上，准确把握城市社会治理的特点和难点，以解决“三留人员”的服务管理为基础，逐步向社区戒毒康复人员、社区矫正人员、易肇事肇祸精神障碍患者等特殊群体延伸，构建了“995”城市综合服务管理平台，有效解决了城市居民个体力量薄弱、服务保障不足、诉求渠道不畅、空巢老人服务难以及特殊群体管理难等问题，实现了城市综合管理的实体化、信息化、社会化、专业化。主要做法如下。

一是科学划分网格。在不打破现有行政区划和管理格局的基础上，以街道、小区为单元，根据人口数量、楼栋街巷等自然要素，将全区划分为 443 个网格，每个网格配备 1 名网格管理员。网格管理员除履行“八大员”的基本职责外，还承担辖区内“三留人员”和社区戒毒康复人员、社区矫正人员、易肇事肇祸精神障碍患者等特殊群体的服务管理职能。同时，依托综治中心，在街道、社区、网格分别设立“995”工作中心、工作站、联系点，坚持定期走访巡查，随时掌握网格内“三留人员”和特殊群体的动态情况，及时办理他们的各类服务需求。二是依靠信息技术手段。研发了“995”城市综合服务管理信息系统，开通“995”服务热线，实行“拨打、接听、派单、服务、监督、回访”六步机制，借助网格化和信息化支撑，组团式为“三留人员”和特殊群体提供个性化、人性化、便捷化的关爱措施，实现了精准服务、高效管理。三是组建专业服务团队。组建了一支由市区行政企事业单位和爱心企业加盟、网格管理员和社会志愿者积极参与的服务队伍，为社区提供专业化服务，形成了街道、社区、网格三级联动，加盟单位、爱心企业、社会组织、志愿者共同参与的综合服务管理工作格局。四是落实“四项服务”措施。为“三留人员”和特殊群体提供“政策咨询、上门维修、家政服务、代购代缴”四项服务，让服务对象足不出户即可享受到各级各部门和社会组织提供的基本公共服务。同时，推行“1 名网格管理员 +2 名志愿者”工作模式，成立了“995”结对帮扶志愿者队伍，定期深入结对帮扶对象家中开展走访慰问活动和志愿服务；依托“995 妇女之家”“995 儿童之家”，以定期组织主题活动的形式，免费为服务对象提供体检、心理疏导、情感陪护、就业指导等服务，把“995”城市综合服务管理平台建成了党群干群的“连心桥”。

云南省昭通市昭阳区“城中村”拆迁改造 “四城同创”治城市“顽疾”

“城中村”不仅影响城市形象，而且引发诸多治安问题，历来是城市治理的“顽疾”。昭通市昭阳区“城中村”，曾一度是“脏、乱、差、堵”的典型。2016年以来，针对这一城市治理的“顽疾”，昭阳区委、区政府抢抓棚户区改造政策机遇，深入开展卫生城市、平安城市、文明城市、园林城市的“四城同创”活动，对总面积达500多万平方米的“棚户区”进行了拆迁改造，通过“五建先行”“六化措施”，有效破解了“城中村”拆迁改造中的群众工作难、信访维稳难、治安管理难等问题，不仅城市面貌焕然一新，也使群众安全感满意度大幅度提升。

“五建先行”，即在“城中村”拆迁之前，先行开展安置点建设、便民公共基础设施建设、平安细胞工程建设、治安防控体系建设、网格化服务管理建设，切实解决拆迁居民安置不落实、安置点公共设施不配套、新建小区服务管理不到位的问题，从源头上预防和减少矛盾纠纷的产生。同时，在新建安置点实施以“建设一个规范化警务室、搭建一个社区警务平台、落实社区基础设施和保安力量‘两项保障’、夯实社区实有人口管理和群众工作‘两项基础’”为重点内容的“1122”工程，使新建小区实现了服务管理的规范化。目前，全区共投入拆迁改造资金150多亿元，新建安置点9个，搬迁安置拆迁户14114户。

“六化措施”，一是常态化研判。建立由市、区、街道主要领导牵头，各相关部门参加的每日一会商、每周一报告、每月一考核的常态化会商研判机制，摸清“家底”、查清“病根”、找准“靶子”，有针对性地开展工作。二是精细化宣传。成立了法律政策宣传组，通过召开院落会、面对面提供咨询、点对点开展宣传的方式，向群众宣传拆迁相关法律法规，用简单明了的语言深入浅出地向群众宣传“城中村”拆迁改造的重要意义，使拆迁群众的思想逐渐从“要我拆”转变为“我要拆”。三是制度化矛调。建立矛盾纠纷排查化解工作长效机制，着力提升矛盾纠纷的发现能力、防范能力、化解能力。对排查出来的矛盾纠纷，通过召开联席协调会议、交办督办会议等方式，将责任层层落实到具体单位、领导和责任人。四是科技化防控。投资6700万元，新建了1个存储中心、9个二级分控中心、810个高清视频监控探头、7套卡口测速高清主机。同时，对城区现有视频监控系统进行改造升级，在重点单位、住宅小区、学校等区域安装视频监控设备496套、摄像头12716个、红外报警主机308套、报警探头3492个，形成了覆盖全区街道、学校、广场和人员密集场所的高清视频监控网络，有效增强了治安防范能力。五是专业化整治。公安机关抽调力量成立“城中村”整治工作组，对出租房屋、私人旅店、洗浴中心、棋牌室、网吧等场所及其他复杂部位开展清查整治，及时发现和打击隐藏其中的黄赌毒等违法犯罪。六是责任化稳控。强化情报信息搜集工作，及时发现和掌握“城中村”拆迁改造中影响社会稳定的不安定因素和重点人员信息，按照“一个问题（人员）、一套方案、一名领导、一抓到底”的要求，落实化解责任和稳控措施，避免引发矛盾、形成“热点”。

云南省昭通市镇雄县“六个延伸”有效提升外出务工人员服务管理水平

劳务输出促进了人员流动和经济发展，是农村富余劳动力脱贫增收的重要途径，但是，由于外出务工人员在外地就业、生活，其权益保障和服务管理难以落实，这部分人员往往成为劳务输出地和接受地的“两不管”群体。近年来，昭通市镇雄县积极创新外出务工人员服务管理机制，通过“六个延伸”，有效提升了外出务工人员的服务管理水平。

昭通市镇雄县是一个劳务输出大县，外出务工人员达45万多人、年收入130多亿元，劳务输出是全县的支柱产业。近年来，镇雄县牢固树立“在服务中管理、在管理中服务”的理念，不断创新外出务工人员服务管理机制，通过将培训教育、公共服务、社会保障、治安管理、矛盾化解、党建党务等工作向外出务工人员集中地延伸，主动服务外出务工人员，取得了良好的社会效果。

一、培训教育向外延伸

根据外地用工需求，有针对性地开展劳务培训，提升其就业能力。先后组织开展维修电工、烹饪、汽车和挖掘机驾驶、缝纫、服装设计等22个工种的技能培训492期，共培训农村劳动力39084人，转移就业22287人。同时，开展“百场招聘进百村”活动，举办巡回招聘会33场，促成1500余人与用工企业签署协议，500余人实现异地就业。

二、公共服务向外延伸

在昆明、永康、深圳等地建立劳务输出工作站，向务工人员提供就业指导、工伤保险咨询、法律政策咨询、职业中介、社会保险代理等服务，先后接待群众12000余人次，为务工人员提供劳动维权服务1400余人次；县公安局派出工作组远赴浙江、深圳等地，上门为镇雄籍务工人员办理户口登记等工作，共接待群众12000余人次，发放宣传资料15000余份，办理落户登记3121人次，采集血样1903份；县司法局共办理外出务工人员法律援助169件，调解纠纷600余件，提供法律咨询服务1000多人次，发放法治宣传资料30000余份。

三、社会保障向外延伸

一是主动办理医疗保障服务。2015年以来，全县外出务工人员在县外住院就诊18027人次，共产生医药费用19587.72万元，县“新农合”报销9403.66万元，大病补充保险报销1865.7万元。二是主动办理助学保障服务。落实“奖、贷、助、减、补”政策，通过设立助学金和奖学金、组织献爱心等活动，使全县1500余名外出务工人员子女受益。三是主动办理救助保障服务。全面排查登记农村留守儿童46663人，对其中792名无人抚养儿童按每人每月875.15元标准发放补助金；动员企业捐资74万多元对300多名特困留守儿童进行资助；对42名患有先天性心脏病、白血病的留守儿童进行救助，报销医疗救助资金22.83万元。

四、治安管理向外延伸

一是探索建立外流贩毒整治派驻工作机制。从政法委、公安局、司法局、人社局等部门抽调12名人员组成3个工作组，分别派驻浙江省金华市、台州市和福建省泉州市开展外流贩毒整治工作。自工作组派驻以来，共参与办理涉毒案件26起，抓获犯罪嫌疑人42人，缴获毒品2326.48克，收戒吸毒人员13人，行政拘留3人。G20杭州峰会期间，分5批接回原籍管控涉毒人员69人，劝返、劝离、落实双向管控234人。二是探索流动人口服务管理工作合作机制。与浙江、福建、四川、贵州等省建立联席会议、信息通报、互派联络员等制度，在党建、治安管理、工资、外出务工和回乡创业双向流动、子女教育、计划生育、经济合作与交流、法律援助、工会、信访等方面加强区域合作，取得了良好效果。

五、矛盾化解向外延伸

针对外出务工人员中发生的“三跨三分离”

信访案件突出的问题,与外出务工人员集中地建立了“三跨三分离”信访案件化解协作机制,通过加强协调对接、互通情报信息、共商化解处置办法,切实落实帮扶、救助、劝返、稳控等措施,推动了陆大伦、余扬庆案等一大批“三跨三分离”信访积案的化解。

六、党建党务向外延伸

在外出务工人员集中地建立流动党组织 36 个,其中,在昆明建立党工委 1 个、党支部 16 个;在浙江建立党工委 1 个、党支部 13 个;在深圳建立党总支 1 个、党支部 4 个。制定出台流动党员管理办法、流动党组织党建工作考核办法以及流动党员外出报备、沟通联系、走访慰问等 10 项服务制度和政治学习、民主评议、定期报告、务工党员联系务工群众 4 项管理制度,强化了对流动党员的日常管理。开展党员联系帮扶活动,每个党支部书记联系 10 名外出务工党员,每名党员联系 10 名外出务工群众,教育引导外出务工人员遵纪守法、诚实劳动、树好形象。截至目前,流动党组织帮助务工群众依法维权 60 余次,解决就医问题 80 余人次,解决子女上学问题 60 余人次,为民工追讨工伤赔偿或欠薪 120 余万元。

(撰稿人:王毅
审稿人:黄为华　赵小钢)

西藏自治区

2016年综治工作概况

2016年，全区综治系统全面贯彻落实党的十八大、十八届三中、四中、五中、六中全会和中央第六次西藏工作座谈会、中央经济工作会议、中央政法工作会议以及“大连会议”“南昌会议”精神，深入贯彻落实习近平总书记系列重要讲话精神和治国理政新理念新思想新战略，深入贯彻落实习近平总书记治国必治边、治边先稳藏的重要战略思想和加强民族团结、建设美丽西藏的重要指示精神，贯彻落实自治区第九次党代会精神，紧紧围绕“五位一体”总体布局和“四个全面”战略布局，主动适应国际形势新变化和经济发展新常态，以落实各项维稳措施为抓手，以增强人民群众安全感为目标，以解决突出治安问题为重点，以创新社会治理为支撑，以基层基础建设为保障，持续开展反分裂斗争，全面推进平安西藏建设，大力加强社会治安防控体系建设，不断深化“先进双联户”创建，有效防范、化解、管控社会稳定风险，为实现“十三五”时期经济社会发展良好开局创造了和谐稳定的社会环境，为推进西藏长足发展和长治久安做出了积极贡献。

一、党委政府高度重视

区党委、政府历来高度重视综治工作，始终把综治工作作为提升社会治理能力的重要内容，作为深化平安西藏建设的重要载体，作为维护西藏和谐稳定的源头性工程、基础性工程、保障性工程，纳入全区经济社会发展总体规划，做到同研究、同部署、同落实、同检查。2016年，区党委、政府和区综治委多次召开会议，认真贯彻落实中央综治委重大决策部署，研究解决综治工作热点难点问题，全面推进社会治安综合治理工作。自治区主要领导同志多次就综治工作作出重要批示指示，为统筹推进社会治安综合治理工作指明了方向。在自治区第九次党代会上专门就创新完善社会治理提出了明确要求。区党委常委会还专门听取自治区“先进双联户”创建评选工作情况汇报，并专题研究表彰奖励相关事宜。12月31日，自治区召开全区综治工作表彰大会，自治区主要领导出席会议，并为优秀地市、先进集体和先进工作者代表颁奖。区综治委、区纪委（监察厅）、区党委组织部、区人社厅等综治五部委和区综治委各成员单位深入贯彻落实区党委、政府重大决策部署，按照中央综治办的具体要求，充分结合工作实际，健全完善工作格局，切实加强组织领导，理顺工作体制机制，充分发挥职能作用，全面落实工作措施，严格执行综治目标责任制，为综治工作深入开展奠定了坚实基础，提供了有力保障。

二、重点工作持续推进

（一）不断深化平安创建。一是落实平安建设总体部署。深入贯彻落实区党委、政府《关于认真贯彻深化平安中国建设工作会议精神　推进平安西藏建设的意见》（以下简称《意见》）精神，紧紧围绕《意见》十项措施，按照“属地管理”和“谁主管、谁负责”的原则，不断将平安创建延伸到社会各阶层各行业各环节，以小平安积累大平安。二是扩大基层平安创建覆盖面。树立社会共治共享理念，发挥社会组织协同作用、基层组织自治作用、人民群众主体作用，深入开展“平安县（区）”“平安单位”“县域平安边界”“平安医院”“平安校园”和“平安家庭”等多种形式的基层平安创建活动，不断扩大平安建设覆盖面，共创建国家级平安县3个、自治区级平安县（区）57个、地（市）级“平安县（区）”69个、平安单位31家、平安校园7所、平安医院7家、县域平安边界6个、平安家庭30户。三是加强平安建设动态管理。按照《中共西藏自治区委员会办公厅、西藏自治区人民政府办公厅关于转发〈自治区级“平安县

(区)”和基层平安创建工作动态管理办法(试行)〉的通知》要求,扎实做好2016年平安创建动态管理工作,经自治区领导审定同意,对考评不达标的1个县(区)和1个景区不予授牌表彰,对21个县(区)和1个单位给予通报批评,对4个县(区)和1个单位给予黄牌警告,对1个县(区)和1个单位予以摘牌,不断激发基层平安创建活力。

(二)不断深化“先进双联户”创建活动。一是创新工作机制。各级各部门坚持在创新联户平安方式、联户增收渠道、联户脱贫方法、联户文明途径“四个创新”上下功夫,为持续深化“先进双联户”创建活动提供政策支撑。区综治办在深入七地(市)专题调研和广泛征求意见的基础上,研究起草了《关于将流动人口纳入“双联户”服务管理的意见》《西藏自治区“先进双联户”评选管理办法》《关于全区“双联户”参与精准扶贫的指导意见》和《关于金融支持“先进双联户”创建活动的指导意见》等相关政策。二是加强宣传引导。采取多种形式,大力宣传“先进双联户”创建活动中的好经验、好做法、好机制和新变化、新风貌、新成效;按照《2014—2016年全区“双联户”户长教育培训工作规划》要求,积极开展户长培训,进一步提高户长的业务水平和履职能力。全年共组织开展农牧民技能培训2036场次,受训人员达8.4万余人次,组织文化活动、法治讲座、科技培训等3.3万余场次,参与人员达250多万人次。三是强化政策激励。及时兑现奖金,落实2015年度各级“先进双联户”和自治区级先进集体奖励资金6731.41万元,并从2016年起将全区“双联户”户长补助纳入年度财政预算;加强督导检查,确保了奖励资金、户长补助及时足额兑现;加强政策引导,严把审批关,对全区569名符合公务员考试和81名符合高考加分政策的“先进双联户”家庭直系子女进行了资格审查,兑现了优惠政策。

(三)深入开展矛盾纠纷排查调处。一是健全源头预防机制。始终把维护群众合法权益放在第一位,不断健全完善维护群众合法权益的政策制度,建立涉众型矛盾纠纷预警机制,构建和谐劳动关系,规范虫草交易市场秩序,依法打击非法集资。落实重大决策社会稳定风险评估机制,建立重大决策终身责任追究制度及责任倒查机制,把社会稳定风险评估作为决策的前置程序,做到依法科学民主决策。二是落实分析研判制度。区综治办严格按照中央综治办要求,充分结合全区工作实际,健全完善矛盾纠纷排查调处工作协调会议制度,定期组织召开专题会议,分析工作形势,研究对策建议,全面部署任务,确保各类矛盾纠纷提前预防、有效化解。三是完善多元化解措施。通过深入调研,研究起草了《关于健全完善矛盾纠纷多元化解机制的实施意见》,推动建立专业性、行业性调解组织,完善人民调解、行政调解、司法调解联动工作体系,建立律师、人大代表、政协委员等第三方参与的矛盾调处机制。四是开展专项化解工作。以征地拆迁、矿产开发、非法集资、劳资纠纷、虫草采集等为重点,开展专项化解行动,严密防范非法聚集、越级上访事件,切实维护人民群众合法权益,维护经济市场正常秩序。五是不断规范信访秩序。深入推进信访工作制度改革,建立健全阳光信访、群众依法逐级走访、领导干部下访和联合接访工作制度,扎实抓好涉法涉诉信访改革,建立依法有序表达诉求、及时就地解决问题的机制。按照“三到位一处理”工作原则,深入开展信访积案清理工作。扎实做好重要时段、重要节点信访重点人员服务管理工作,严防进京非访事件。六是提升应急处突能力。按照指挥统一、反应快速、控制有效、疏导有力的要求,坚持依法处置、舆论引导与社会面管控“三同步”工作要求,细化方案,强化演练,确保问题在第一时间解决、事态在第一环节控制。

(四)不断加强实有人口服务管理。一是加强实有人口立法工作。修订颁布了《西藏自治区流动人口服务管理条例》,于2017年2月1日起施行;将《西藏自治区出租房屋管理办法》纳入自治区立法规划,争取2017年颁布实施。二是狠抓严重精神障碍患者救治救助。筛查掌握自治区严重精神障碍患者情况,逐一登记建档,实施专人管理;制定下发《西藏自治区严重精神障碍患者监护人申领监护补贴暂行办法》,引导监护人落实监护责任。三是扎实做好特殊、重点人群管控。加强出租房屋和旅馆业管理,准确登记入住人员信息;健全完善刑满释放人员管教机制,加强安置帮教组织和队伍建设;深入推进社区矫正工作,加强组织领导,配强工作人员;组织开展“流浪孩子回校园”专项行动,强化对社会闲散青少年的教育关爱；狠抓对矛盾突出、生活失意、心态失衡、行为反常人员的情绪监测疏导、心理危机干预和辅导帮助。四是全力推进户籍制度改革工作。严格落实中央和自治区关于户籍制度改革工作要求，健全完善自治区、各地（市）居住证政策措施，制定出台就业、医疗、保险、教育、住房等方面配套改革措施。

（五）进一步强化重点领域安全。一是健全社会治安防控体系。按照相关文件要求，坚持理念、制度、机制、方法创新，加大现代科学技术集成应用，健全完善点线面结合、网上网下结合、人防物防技防结合、打防管控结合的立体化社会治安防控体系和运行机制，全面提升社会治安防控体系建设法治化、社会化、信息化水平，不断提高维护公共安全的能力。二是依法加强寺庙管理。严格落实宗教工作方针和宗教政策，深入推进寺庙规范化管理，切实加强宗教事务管理和对广大僧尼的关爱，引导广大僧尼自觉爱国爱教、遵规守法、弃恶扬善、崇尚和谐，确保宗教和睦、佛事和顺、寺庙和谐。三是加强寄递物流行业安全管理。推进《关于进一步加强全区邮件、快件寄递安全管理工作的意见》和《关于加强物流业安全管理工作的实施意见》落实，建立企业报备、特殊物品寄递安全管理、安全防范等十项监管机制，严格落实“三个100%”制度，依法开展寄递物流安全管理和清理整顿专项行动，确保寄递领域安全。四是强化铁路护路联防工作。组织力量在青藏铁路、拉日铁路沿线，严格按照“定人、定位、定岗、定责”和24小时不间断、无空白、无缝隙守护要求，做实常态化铁路护路联防工作，确保了铁路安全畅通。全年共投入守护力量65.6万人次，巡逻车辆15.3万台次，阻止无关人员上道或靠近铁路4548次、9216人。五是加强公共安全管理。继续加大对管制刀具、枪支弹药、烟花爆竹、危险化学品等重点物品管理力度；深入开展文化市场清理活动，查缴销毁反宣品、侵权盗版和非法出版物；加大食品安全、消防安全、交通安全、校园安全等安全检查力度，保持打击涉爆涉恐、“两抢一盗”、涉黄涉赌等严重危害人民群众生命财产安全犯罪高压态势，不断提高人民群众安全感；加强新兴媒体管理工作，坚持网上网下并重，强化网络宣传阵地建设，开展正面宣传引导，提高网络舆情发现、预警、处置能力，构建和谐网络空间。

（六）进一步筑牢维稳工作根基。一是大力加强基层党组织和基层政权建设。在农牧区、城镇社区、非公经济组织和社会组织建立党组织，不断夯实党在西藏的执政根基。二是大力加强基层综治中心建设。按照便民利民的原则，以便民服务大厅为基础，建立县（区）、乡镇（街道）综治中心，整合基层综治、公安、司法、调解、治保等力量，实行集中办公、集成服务，形成矛盾联调、治安联防、问题联治、平安联创的工作体系。三是持续深化城镇网格化管理工作模式。以便民警务站为中心，完善“1+5+X”城镇网格化管理模式，做到信息掌握到位、矛盾化解到位、治安防控到位、便民服务到位。截至目前，全区实行网格化管理的村居（社区）数达3804个，覆盖率达到69.59%。四是大力加强基层综治队伍建设。各级综治、公安、司法等部门不断加强基层综治、公安、司法、治保、联防、调解、帮教等基层综治工作队伍建设，加大教育培训力度，加强思想政治建设、业务能力建设和纪律作风建设。五是大力加强群众宣传教育。依托三月综治宣传月、六月综治宣传周和“9·16”平安西藏宣传日等宣传平台，坚持集中宣传与经常宣传相结合，创新宣传载体，丰富宣传形式，延伸宣传触角，深入开展爱国主义、新旧西藏对比、反分裂斗争和平安西藏建设宣传教育，充分调动社会各方面参与平安建设的积极性，筑牢反对分裂祖国、加强民族团结、维护社会稳定的群众基础。

（七）严格落实综治工作责任制。一是建立领导责任体系。研究制定《西藏自治区社会治安综合治理领导责任制实施办法》；区综治委主要领导同志亲自约谈综治考评成绩连续多年靠后地区主要负责同志，指明工作方向，提出工作要求。二是完善目标责任体系。健全完善社会治安综合治理考核评价体系，增强考评工作的科学性、针对性和可操作性，根据自治区党委、政府与七地（市）签订的综治目标责任书要求，按照《西藏自治区2016年社会治安综合治理（平安建设）考评办法》，对2016年全区综治工作（平安建设）进行考评验收。三是落实考评责任体系。区综治五部委始终把社会治安综合治理和维护稳定工作实绩作为领导班子和领导干部综合考核评价的重要内容，与业绩评定、职务晋升、奖励惩处挂钩，落实经费保障机制、综治述职评议制度，严格实行“一票否决制”，确保各项措施落到实处。

三、综治工作成效显著

（一）全区社会大局更加和谐稳定。2016 年，全区未发生重特大刑事命案、“民转刑”命案、重大群体性事件，有力确保了党的十八届六中全会、杭州 G20 峰会、自治区第九次党代会等重要会议安全圆满举行，实现了持续稳定、长期稳定、全面稳定的工作目标，得到了中央和区党委的充分肯定。

（二）社会共治取得更加明显成效。以“先进双联户”创建为载体，不断深化社会共治共享，取得了显著成效。平安基础进一步夯实，全区各联户单位共参与治安巡逻 59.57 万人次，消除安全事故隐患 3.6 万余起，协助有关部门联管联教重点人员 2.4 万余人次，收集社情民意信息 4.5 万余条。增收致富更加有效，全区以联保联担形式发放小额信贷 2.98 万笔、12.27 亿元；新增经济组织和经济实体 1000 余个，带动 1.8 万余户、7.6 万余人致富，实现增收 1.3 亿余元。联户扶贫更加扎实，大力实施产业、就业脱贫，着力改善贫困群众的生产生活条件，增强贫困群众的自我发展能力，脱贫致富奔小康的步伐进一步加快。文明新风更加浓郁，爱国守法、明礼诚信、团结友善、勤俭自强、睦邻友好、守望相助成了广大群众的自觉追求。一年来，各联户单位帮助孤寡老人、留守儿童等弱势群体 12.38 万人次。

（三）群众安全感满意度进一步提升。自治区综治办不断建立健全科学的社会治安综合治理考核评价体系，强化考核、兑现奖惩，严格按照自治区党委、政府与各地市签订的综治目标责任书要求，组织七个考评验收组分赴七地市，对 2016 年全区综治工作（平安建设）进行考评验收。七地市 2016 年社会治安综合治理工作均为达标，排名前三位的分别是拉萨市、山南市、昌都市。群众安全感满意度达到 99.59%，比 2015 年提升了 0.48 个百分点，对政法工作的总满意度达 95.58%，对政法机关和政法队伍的满意度也处于较高水平，全区群众安全感和拉萨市公共安全感继续位居各省区市和全国主要城市前列。自治区党委主要领导同志分别作出重要批示，给予了充分肯定。综治工作（平安建设）在全国考评中进入优秀行列。

中共西藏自治区党委办公厅　自治区政府办公厅印发《关于加强社会治安防控体系建设的实施意见》的通知

（2016 年 4 月 21 日）

各地、市委，各行署、政府，区党委各部委，自治区各委、办、厅、局，各人民团体：

《关于加强社会治安防控体系建设的实施意见》已经自治区党委、政府领导同志同意，现印发给你们，请结合实际认真贯彻执行。

关于加强社会治安防控体系建设的实施意见

根据《中共中央办公厅、国务院办公厅印发〈关于加强社会治安防控体系建设的意见〉的通知》精神，按照中央政法工作会议、全国社会治安防控体系建设工作会议和区党委政法工作会议的部署要求，为有效应对社会治安突出问题，创新立体化社会治安防控体系，依法严密防范和惩治各类违法犯罪活动，全面推进平安西藏和法治西藏建设，确保全区社会局势持续稳定、长期稳定、全面稳定，结合西藏实际，制定本实施意见。

一、重大意义

（一）认识重大意义。加强社会治安防控体系建设，是党的十八大以来以习近平同志为核心的党中央推进社会治理现代化的重大战略决策部署，是认真贯彻落实中央第六次西藏工作座谈会精神、推进平安西藏建设的重要抓手。当前，西藏正处在保持社会大局持续稳定走向长治久安的关键时期，加强和创新立体化社会治安防控体系建设对于进一步提高公共安全水平、加快平安西藏建设、促进长治久安具有十分重大的意义。全区各级各部门一定要切实增强政治意识、大局意识、核心意识、看齐意识，把思想和行动统一到中央的重大决策部署上来，统一到中央第六次西藏工作座谈会特别是习近平总书记的系列重要讲话精神上来，坚定维护、拥戴、忠诚于以习近平同志为核心的党中央，奋力推动我区社会治安防控体系建设，为全面建成小康社会提供坚实保障。

二、指导思想和目标任务

（二）指导思想。高举中国特色社会主义伟大旗帜，深入贯彻落实党的十八大、十八届三中、四中、五中全会和中央第六次西藏工作座谈会精神，以邓小平理论、“三个代表”重要思想、科学发展观为指导，贯彻落实习近平总书记系列重要讲话精神，特别是“治国必治边、治边先稳藏”的重要战略思想和“努力实现西藏持续稳定、长期稳定、全面稳定”的重要指示，坚持“五位一体”总体布局和“四个全面”战略布局，坚持党的治藏方略，坚持依法治藏、富民兴藏、长期建藏、凝聚人心、夯实基础的重要原则，坚持系统治理、依法治理、综合治理、源头治理，坚持多方参与、合作共享、风险共担，按照全国社会治安防控体系建设工作会议和区党委八届七次、八次全委会部署要求，主动适应形势发展新变化和经济发展新常态，着力防控风险、服务发展、破解难题、补齐短板，紧紧围绕推进国家治理体系和治理能力现代化的总目标，牢牢把握全面推进依法治国的总要求，以深化落实十项维稳措施为抓手，以确保公共安全和增强人民群众安全感为目标，以解决突出治安问题为重点，以体制机制创新为动力，以现代科学技术为引领，以人民群众对平安的需求为导向，以基层基础建设为支撑，大力实施依法治藏战略，坚定不移开展反分裂斗争，不断创新理念思路、体制机制、方法手段，构建完善与民生服务体系融合发展的立体化社会治安防控体系，着力提高动态化、信息化条件下驾驭社会治安局势的能力，确保各族群众安居乐业、社会安定和谐、西藏长治久安。

（三）目标任务。主动适应新形势，健全完善点线面结合、网上网下结合、人防物防技防结合、打防管控结合的立体化社会治安防控体系和运行机制，全面提升社会治安防控体系建设法治化、社会化、信息化水平，增强社会治安整体防控能力，进一步形成党委领导、政府主导、综治协调、公安为主、各部门齐抓共管、社会力量积极参与的社会治安防控体系建设工作格局，确保“四个更加适应”（信息化建设应用更加适应反恐维稳工作需求，警务勤务更加适应实战要求，执法监督更加适应法治精神，政法队伍建设更加适应职业特性），实现“五个持续提升”（持续提升维护国家安全的能力水平，持续提升驾驭社会治安的能力水平，持续提升社会治理的能力水平，持续提升严格公正规范执法的能力水平，持续提升依法从严治警的能力水平）的工作目标，到2017年取得明显成效，力争到2020年建成系统完善的立体化社会治安防控体系。

三、健全社会治安防控体系

(四)提升网格化管理水平。根据人口密度、治安状况和地理位置等因素,按照“1 + 5 + X”的网格工作模式,科学划分网格,合理配置网格长、流动人口管理员、宗教事务管理员、居民事务联络员、治保员和民警6种常态工作力量以及市场管理员等个性化工作力量,有效实现社会面防控网格化。充分发挥群防群治力量的作用,积极组建巡逻队伍,科学划分巡逻区域,优化防控力量布局。加强公安与武警联勤武装巡逻,建立健全指挥和保障机制,结合视频巡查、网络监控等形式,减少死角和盲区,提升社会面动态控制能力。

(五)增强社会面防控能力。按照“警务综合化、防控全时化、警力街面化、覆盖网格化、服务便捷化”的要求,以便民服务、维稳处突为主要职能,进一步将便民警务站职能向乡镇、村居延伸,扩大工作覆盖面,履行好治安巡控、接警处警、交通管理、防火巡查、服务群众、动态掌握、法治宣传、备勤处突等工作职能,做到各站点之间联网联勤联动,全天候 24 小时执勤巡逻,健全完善核心区域“一分钟处置”、其他区域“三至五分钟处置”机制,提高第一时间处置能力,确保遇有突发事件能及时妥善处置。

(六)加强重点部位和地域管控。强化对重点地(市)维稳执勤、治安管理、反恐防暴等工作措施,落实应急处突力量全时备勤制度,加强应急处突实战演练,确保重点部位立体化防控工作无缝隙、无盲区、无空白点。积极探索网格化护路联防新模式,推进护路联防工作信息化建设,建立四级监控平台,对铁路沿线进行巡护,确保铁路安全畅通。运用现代信息技术提高公交、铁路、航空等公共交通工具安全防范水平,完善车站、机场、加油(气)站等重点部位和学校、医院等重点场所安全防范机制,强化周边治理,确保秩序良好。加强对城乡接合部、城中村等社会治安重点地区、重点部位的排查整治,严厉打击各类违法犯罪活动,确保社会治安大局平稳。健全完善寺庙组织管理机构和维稳安保体系,确保宗教和睦、佛事和顺、寺庙和谐。

(七)加强重点行业监管。加强寄递和物流业安全管理工作,严格执行寄运物品 100% 先验视后封箱、寄递物流活动 100% 实名制、邮件快件 100% 通过 X 光机安检制度,有效预防和减少利用寄递、物流渠道实施违法犯罪活动。加强重点行业的治安管理和源头控制工作,强化法人责任,严格落实实名登记制度,推广计分考核、动态考核、分级管理、黑名单管理等方法,推进治安管理信息系统建设。深入开展管制刀具治理、打击非法地下售油窝点等专项整治行动。强化危爆物品源头控制、定点销售、流向管控、实名登记等全过程管理措施。强化安全生产监督管理措施,严防发生重大公共安全事故。研究解决金融领域条块分割、信息不灵不畅等问题,建立立体化、社会化、信息化监测预警机制,健全银行系统与公安部门信息共享机制和用户信息保护制度,加强对用户个人隐私、商业秘密的保护,依法取缔地下钱庄,防控金融风险。坚持在发展中规范、在规范中发展,有效应对电子商务等新业态风险。

(八)加强重点人员防控。进一步健全完善《涉稳重点人员管控工作暂行办法》,努力形成各级各部门协同作战、协调联动的涉稳重点人员管控工作格局。充分发挥基层党政组织、村“两委”、驻村工作队和治安积极分子的作用,强化动态管控,严格落实重点人员“一对一”“多对一”管控措施,健全完善跨地(市)和跨省协控机制,确保应管尽管、应控尽控,进一步打牢维稳和治安防控基础。

(九)加强特殊人群服务管理。创新政府、社会、家庭三位一体的特殊人群关怀帮扶体系,帮助解决就医就学就业等实际困难,落实好监管责任和措施,健全监测、预警、疏导、救助和心理危机干预机制。加强严重精神障碍患者服务管理,制定严重精神障碍患者监护人以奖代补政策,建立帮困救治工作长效机制,强化相关政策保障和资金支持。加强流动人口的服务管理工作,统筹户籍制度改革和相关经济社会领域改革,建立完善居住证和“一卡通”制度。落实房屋租赁登记备案制度,研究完善《西藏自治区出租房屋管理规定》,强化业主及中介的安全管理责任。坚持“谁用工、谁负责”的原则,在有条件的企业逐步推广规范化集中居住。

(十)健全乡村治理体系。将农牧区和城中村治理纳入城乡一体化发展规划和新农村建设规划,推动加强基层组织建设,健全群防群治队伍。全面实行“一村一警”制，努力提高基层治安维稳能力。继续深化干部驻村工作，紧紧围绕七项重点任务，充分发挥驻村工作队在落实维稳措施、排查各类隐患、调处化解矛盾中的积极作用，不断夯实城乡发展稳定的根基。进一步深化“先进双联户”创建评选，深化拓展“10 + 1”目标任务，着力在创新联户平安方式、创新联户增收渠道、创新联户脱贫方法、创新联户小康途径上下功夫，不断丰富创建内容，全面提高创建水平，真正形成联户保平安、联户促增收的利益共同体。深入开展“党员干部进村入户、结对认亲交朋友”活动，做到看望慰问、了解情况、倾听意见、解决问题常态化，密切党群干群关系，健全完善联系服务群众长效机制。整合各种资源力量，加强基层综合服务管理平台建设，逐步在县（区）、乡镇（街道）、村居（社区）推进建设综治中心，强化实战功能，做到矛盾纠纷联调、社会治安联防、重点工作联动、治安问题联治、服务管理联抓、基层平安联创。到2020年，努力实现县（区）、乡镇（街道）、村居（社区）三级综治服务管理平台全覆盖。

（十一）加强单位内部管理。按照预防为主、突出重点、单位负责、政府监管的原则，进一步加强党政机关、企事业单位内部治安保卫工作，严格落实单位主要负责人治安保卫责任制，完善巡逻检查、守卫防护、治安及消防隐患和问题排查整治等各项治安保卫制度，切实做到“看好自己的门、管好自己的人、办好自己的事”。进一步加强单位内部物防、技防设施建设，普及视频监控系统应用，实现重要部位、易发案部位全覆盖。加强供水、供电、供气、交通、信息通信网络等关乎国计民生重要基础设施的安全防范工作，完善落实各项安全保卫措施，确保绝对安全。

（十二）加强情报信息收集研判。强化情报信息主导警务理念，整合社会资源力量，推进各类数据集成应用，努力实现网络互联互通、信息共享。

（十三）加强互联网等新兴媒体管理。坚持推进网上实名登记和网下基础管理互补，网下突发事件处置和网上舆情引导互动，健全网上网下一体化的打防管控机制。严格执行手机、固定电话和互联网用户真实身份登记制度，强化异地移动电话管理，严防通讯监管漏洞。充分发挥各级网工委和网信办作用，坚持依法管网、以人管网、技术管网，加强网宣、网评、网监、网管队伍建设，完善互联网信息监管、有害信息封堵删除、网评引导和舆情预警机制，推动形成法律规范、行政监管、行业自律、技术保障、公众监督、社会教育相结合的信息网络管理体系，提高网上网下发现处置、侦查打击、防范控制能力，切实维护网络安全。运用现代信息技术加大对网络诈骗信息监测、拦截力度和对伪基站的发现、打击力度，有效防范网络新型犯罪。建立多方参与、风险共治的网络社会安全治理格局，有效维护信息安全和网络秩序。

四、提高科技化防控水平

（十四）实现互通共享和深度应用。按照科技引领、信息支撑的思路，加快构建纵向贯通、横向集成、共享共用、安全可靠的政法网、综治网、公安网“三网”综合平台建设，特别是要加大综治网的建设力度，突出综合集成作用，提高科技化防控水平。加快推进综治视联网建设，实现区、地（市）、县（区）、乡镇（街道）联通运行。强化信息资源深度整合应用和分析研判，充分运用现代信息技术，围绕涉枪涉爆涉恐涉毒等重点人员、吃住行消乐以及相关经济活动等重点领域，将金融、邮政、电信、工商、税务等社会各行各业信息数据接入公安机关，推动构建公安机关大数据库，通过大数据、云计算提高社会治理信息化水平，为构建智慧城市打好基础。将社会治安防控信息化纳入智慧城市建设总体规划，充分运用新一代互联网、物联网、大数据、云计算和智能传感、遥感、卫星定位、地理信息系统等技术，创新社会治安防控手段，提升公共安全管理数字化、网络化、智能化水平。

（十五）加快推进视频监控系统建设。按照城镇道路交叉口无死角、主要道路关键节点无盲区、人员密集区域无遗漏，以及要害部位、案件高发区域、治安复杂场所主要出入口全覆盖的要求，高起点规划、多渠道保障、分阶段实施，建成规划布局合理、技术标准统一、视频资源整合的数字化、集成化、智能化、全天候视频监控系统，提高重点公共区域视频监控系统覆盖密度和建设质量。加大城乡接合部、城中村公共区域视频监控系统建设力度，逐步实现城乡视频监控一体化。完善技术标准，强化系统联网，分级有效整合各类视频图像资源，建立健全跨地区、跨部门视频图像信息共享应用机制和安全使用监管制度，逐步拓宽应用领域。加强视频专业监控力量建设，加大数据挖掘、人像比对、车牌识别、智能预警、无线射频、轨迹追踪、视频检索等现代技术在公共安全视频监控系统中的应用力度，把事前防范、事中监控、事后追查结合起来，提高视频图像信息综合应用水平。到 2020 年，建成联接地（市）、县（区）、乡镇（街道）并覆盖村居（社区）的公共安全视频监控传输网络，实现主要公共区域、人员密集场所、治安复杂场所和重点单位等视频监控点位全覆盖。

五、完善防控体系运行机制

（十六）完善分析研判机制。政法综治机构要加强组织协调，会同政法机关和有关部门开展对社会治安形势的整体研判、动态监测，并提出督办建议。

（十七）健全实战指挥机制。按照人员权威、信息权威、职责权威的要求，加强各级维稳指挥部和实战型指挥中心建设，集 110 接处警、社会治安突发事件应急指挥处置、紧急警务活动统筹协调等功能于一体，把警情舆情社情监测分析、情报研判预警和实战指挥调度紧密结合起来，推行扁平化勤务指挥模式。

（十八）健全部门联动机制。进一步健全完善社会治安形势分析研判联席会议制度、社会治安重点地区排查整治工作协调会议和月报制度等，进一步整合资源力量，强化工作联动，增强打击违法犯罪、加强社会治安防控工作合力。对群众反映强烈的黑拐枪、黄赌毒以及电信诈骗、非法获取公民个人信息、非法传销、非法集资、危害食品药品安全、环境污染、涉邪教活动等突出治安问题，要加强部门执法合作，开展专项打击整治，形成整体合力。对打防管控工作中发现的薄弱环节和突出问题及时整改，堵塞防范漏洞。针对可能发生的突发案（事）件，制定完善应急预案和行动方案，明确各有关部门、单位的职责任务和措施要求，定期开展应急处突实战演练，确保一旦发生社会治安突发案（事）件能够快速有效处置。创新报警服务运行模式，提高紧急警情快速处置能力，提高非紧急求助社会联动服务效率。

（十九）健全区域协作机制。按照常态、共享、联动、共赢原则，进一步建立完善与四省藏区的维稳协作机制、相邻省（区）警务协作和对尼、对印警务合作机制，积极搭建治安防控跨区域协作平台和跨国警务合作平台，健全重大案（事）件和重点人员联查联控、大型活动安保联动配合、紧急警情联动指挥处置、各级公安检查站联合执勤、边境通外山口道路和铁路沿线视频监控系统联网共享等协作机制，共同应对跨区域治安突出问题，在预警预防、维稳处突、矛盾化解、打击犯罪等方面互援互助、协调联动，以区域平安保全区平安。进一步筑牢“环拉萨、进出藏、出入境”护城河防线，进一步优化公安检查站建设，使其机构设置更加合理、规划布局更加规范、管理功能更加齐全。同时，加强道路交通智能卡口建设，进一步强化道路交通安全检查工作。严格落实“三必查”措施，在兼顾通行效率的基础上加强敏感节点、重要时段的人员和车辆检查，使其成为流窜犯罪的堵控点、可疑对象的盘查点、群众报警的求助点、周边巡逻力量的汇集点。

六、推动防控体系建设规范化、法治化

（二十）加强基础性制度建设。加快推进户籍制度改革，建立以公民身份证为唯一代码、统一共享的西藏人口基础信息库，建立健全相关方面的实名登记制度。推动金融部门落实银行卡实名制，建立违法犯罪记录与信用、职业准入等挂钩制度。逐步建立公民统一社会信用代码制度、法人和其他组织统一社会信用代码制度，加强社会信用管理，促进信息共享，强化对守信者的鼓励和对失信者的惩戒，探索建立公民所有信息的“一卡通”制度。推动在法人申请政府性资金支持、职业准入、享受优惠政策等领域查询违法犯罪记录，并作为重要的参考依据。探索建立严重违法犯罪行为“黑名单”制度。推进体现社会主义核心价值观要求的行业规范、社会组织章程、村规民约、社区公约建设，充分发挥社会规范在调整成员关系、约束成员行为、保障成员利益等方面的作用，通过自律、他律、互律，使公民、法人和其他组织的行为符合社会共同行为准则。

（二十一）加强矛盾纠纷排查化解。按照“属地管理、分级负责”、“谁主管谁负责”的原则，深入开展社会矛盾大排查、大调处活动，坚持矛盾纠纷定期排查机制，落实矛盾纠纷排查调处工作协调会议纪要月报制度，建立矛盾纠纷多元化解工作机制，完善人民调解、行政调解、司法调解联动工作体系，充分发挥工青妇等人民团体和民间组织的职能作用，扎实做好矛盾纠纷源头预防和及时调处化解工作，最大限度地把矛盾纠纷化解在基层、消灭在萌芽状态，着力防止因决策不当、矛盾纠纷排查化解不及时等引发重大群体性上访和聚集闹事事件，把各种问题解决在萌芽状态。健全完善工资保证金制度和农民工工资（劳务费）专用账户管理制度，健全工资支付监控机制，加大劳动监察执法力度，妥善解决好拖欠农民工工资等问题。严格落实重大决策社会稳定风险评估制度，切实做到应评尽评，进一步完善决策前风险评估、实施中风险管控和实施后效果评价、反馈纠偏、决策过错责任追究等操作性程序规范。

（二十二）运用法治思维和法治方式解决突出问题。认真贯彻实施依法治藏战略，充分发挥法治的引导、规范、保障、惩戒作用，做到依法化解社会矛盾、依法预防打击违法犯罪、依法规范社会秩序、依法维护社会稳定。紧紧围绕加强社会治安防控体系建设的总体需要，以重大问题为导向，针对信息网络管理、境外非政府组织登记管理、社会组织和非公有制经济组织服务管理、流动人口和特殊人群服务管理、危险物品安全管理、突出矛盾纠纷预防化解等社会治安治理领域的重点难点问题，推动相关法律法规的立、改、废、释和相关政策的制定完善工作。完善维护公民、法人等合法权益的途径，从源头上预防侵权案件发生。坚持依法行政，加强食品药品、安全生产、环境保护、文化市场和网络安全等重点领域基层执法，强化行政执法与刑事司法的衔接，利用平台，做好工作，着力解决好人民群众反映强烈的突出问题。深化司法体制改革，加快建设公正高效权威的社会主义司法制度，提高办案质量。贯彻宽严相济刑事政策，在依法严厉打击极少数严重刑事犯罪分子的同时，最大限度地减少社会对抗，努力化消极因素为积极因素。强化执法监督，不断提高政法机关执法质量和执法公信力，不断提升人民群众对执法的满意度。深入推进普法工作，加强和改进法治宣传教育工作，着力增强法治宣传教育的针对性和实效性，推进法律"七进"活动，推动全社会树立法治意识，增强全民法治观念，促进全民尊法、学法、守法、用法，引导干部群众把法律作为指导和规范自身行为的基本准则，在全社会形成办事依法、遇事找法、解决问题用法、化解矛盾靠法的良好法治环境。

（二十三）建立健全防控体系建设工作格局。建立健全党委领导、政府主导、综治协调、公安为主、各部门齐抓共管、社会力量积极参与的社会治安防控体系建设工作格局。各级党委和政府要将社会治安防控体系建设工作列入重要议事日程，把公共安全建设纳入经济社会发展、城乡建设等规划，重点规划好公共安全基础性制度、设施平台，完善人防物防技防投入增长机制；落实党政主要负责同志是平安建设和社会治安防控体系建设第一责任人的责任机制，一级抓一级，层层抓落实。各级综治委（办）要在党委和政府领导下，认真组织各有关单位参与社会治安防控工作，加强调查研究和督促检查，及时通报、分析社会治安形势，协调解决工作中遇到的突出问题，总结推广典型经验，统筹推进社会治安防控体系建设。各级综治组织要加强自身建设，细化工作职责，健全组织机构，配齐配强力量，强化综治队伍建设，确保综治队伍绝对忠诚、绝对纯洁、绝对可靠。各级公安机关作为社会治安防控体系建设的主体力量，要把全面深化改革和提高维护公共安全能力水平结合起来，充分发挥好主力军作用，根据社会治安防控体系建设需要调整工作重点、警力部署、警务保障和勤务制度，改进工作方法，投入更多人力和精力加强基层治安基础工作，及时掌握影响社会治安的情况，依法查处危害社会治安行为。各有关部门要按照"谁主管谁负责"的原则，结合自身职能，主动承担好预防违法犯罪、维护社会治安的责任，认真抓好本部门、本系统参与社会治安防控体系建设的任务，与部门工作同规划、同部署、同检查、同落实。发挥好各类社会组织、非公经济组织在社会治安防控体系建设中的重要作用，发展壮大平安志愿者、社区工作者、群防群治队伍等专业化、职业化、社会化力量，积极探索新形势下群防群治工作新机制、新模式。充分发挥传统媒体与新兴媒体的作用，采取群众喜闻乐见的宣传教育方式，提高群众安全防范意识，组织动员群众关心、支持和参与社会治安防控体系建设，努力提升新媒体时代社会沟通能力。

（二十四）严格落实综治领导责任制。按照《中共中央办公厅、国务院办公厅关于印发〈健全落实社会治安综合治理领导责任制〉的通知》要求，健全落实党委和政府主要领导负总责、分管领导具体负责、其他领导一岗双责的领导体制，健全落实谁主管谁负责、谁审批谁负责、谁监管谁负责的单位、部门责任制。把社会治安防控体系建设纳入综治工作（平安建设）考核评价体系，建立健全考核评价制度机制，强化考核评价结果运用，将考评结果作为对领导班子和领导干部考核评价的重要内容，与业绩评定、职务晋升、奖励惩处等挂钩，采用评估、督导、考核、激励、惩戒等措施，推进社会治安防控体系建设工作落到实处。完善综治（平安建设）考评工作，建立治安问题突出的地（市）、县（区）通报和挂牌督办机制。对社会治安问题突出的地（市）和单位通过定期通报、约谈、挂牌督办等方式，引导其分析发生重特大案（事）件的主要原因，找准症结，研究提出解决问题的措施，限期进行整改。对因重视不够、社会治安防范措施不落实而导致违法犯罪现象严重、治安秩序严重混乱或者发生重特大案（事）件的地（市），依法实行一票否决权制，并追究有关领导干部的责任。

各地（市）、各部门要根据本实施意见，结合实际，分级分类制定加强社会治安防控体系建设的具体实施方案，把任务和责任落实到相关单位和部门。

西藏自治区拉萨市整合数据资源　推动动态应用
不断提高社会治理信息化水平

近年来，拉萨市按照中央和自治区有关部署要求，利用大数据中心硬件设备和网络线路，部署建设了纵向连通全市6县2区和4个城市功能区、66个乡（镇）、273个村（居），横向连通市直26个综治成员单位的社会治安综合治理信息系统。系统投入使用以来，拉萨市各级各部门紧紧围绕加强社会治安防控体系建设，全力推进系统信息数据采集、资源利用共享，并结合市情实际和工作重点，完善系统功能模块开发，延伸系统数据动态更新，有效提升了社会治理的信息化、智能化管理水平。

一、让数据“活”起来——构建数字化社会服务管理体系

拉萨市综治信息系统严格按照中央“9 + X”模式，设置了综治组织及综治业务、实有人口、特殊人群、重点青少年、非公有制经济组织和社会组织、社会治安、矛盾纠纷排查化解、校园及周边安全、护路护线9大基础应用模块，形成了多平台集成的数字化社会服务管理系统。系统重点突出“四项功能”，一是基础信息管理功能，对人、地、事、物、组织等基础信息采集录入，综治信息系统数据与教育、公安、民政、司法、人力资源和社会保障等相关业务数据，定期进行数据交换、关联比对。截至2016年10月底，拉萨市综治信息系统共动态掌握各类基础信息数据100余万条，其中实有人口68.9万人、特殊人群7888人、关怀对象1.5万人、重点场所3181家、两新组织1.8万家、学校233家，整合联户单位1.5万个，基本实现了综治相关数据资源互通共享。二是事件信息处理功能，对矛盾纠纷、安全隐患、民生问题、群众诉求以及其他可能影响社会和谐稳定的各类问题，实现实时报送、汇总、研判、分流、督办。三是业务协调办理功能，在不同部门、不同层级之间，实现了事件交办、文件流转、经验交流、数据交换等各类协同工作的办理功能。四是数据挖掘应用功能，自主研发KPI系统（即核心领导决策系统），通过抓取综治信息系统中的基本数据，对治安基本情况进行比对分析，深度挖掘数据价值，研判社会治安热点，提高了信息指导实战能力，为维护社会稳定提供了信息支撑。与此同时，系统建设做到了

"四级应用",由市级一次搭建完成,满足县、乡、村应用需求,避免重复投入、资源浪费,构建起了横向到边、纵向到底的社会治安综合治理信息网络。

二、让群众参与进来——构建广泛参与的社会动员体系

拉萨市以"双联户"工作为载体,以信息化为导向,在综治信息系统"实有人口"模块下加载"双联户"工作模块,对联户单位划分和户长履职实行数字化管理。同时,开发建设"幸福家园"拉萨"双联户"政务微信平台,与综治信息系统实现端口对接,户长对日常走访排查发现的各类社会问题,可及时通过语音、文字、图片、视频等形式,发送至综治信息系统平台,由所在社区网格工作人员进行网上流转办理,并实现全程跟踪督办,畅通了"双联户"反映问题、表达诉求的渠道,构建起了广泛参与的社会动员体系。一是掌握情况,完善数据。户长通过每日走访排查,积极了解身边情、掌握身边事,对发现新增或变动的人、事、物、组织等基本信息,及时上报,由网格工作人员汇总更新,确保了数据的真实、客观、全面。二是信息发布,强化宣传。在微信平台中随时推送法律法规、政策信息、生活常识以及"双联户"先进典型小视频等,提高了户长的履职能力和政策水平。三是落实职责,化解问题。在户长中实行"有事报事、无事报平安"的"每日一报"制度,全面发现和掌握安全隐患、矛盾纠纷、民生问题以及违建房屋、卫生死角等社会问题。对上报的能够立即解决的问题,马上交办;对难以马上办结的事项,给予答复,有效解决了以往基层工作中拖、推、迟和信息掌握不对称的问题,户长职责意识普遍增强,履职积极性和责任心不断提高。仅2016年以来,拉萨市综治信息系统共收到联户代表报送的动态信息数据260余万条,其中报平安252万条,报送各类事件8.7万条,日均报送信息数据超过1.1万条。报送的各类事件中,涉及双联户工作5.55万条,矛盾纠纷4900条,民生服务1.1万条,治安安全隐患1.54万条,切实构建起了"社情民意一传到顶、政策措施一通到底"的服务管理体系。

三、让部门联动起来——构建统筹有力的综治维稳工作体系

拉萨市综治信息系统全面整合管理资源、理顺部门职责,推动快速及时交办、全程跟踪督办,既有效解决以往社会治理中管理缺位、推诿扯皮的问题,同时提高了面向基层的公共服务管理能力和水平,实现了对各类社会问题"预防在先、发现在早、化解在小"的工作目的。一是抓实基点。以村居为单位,以网格化管理为基础,动态掌握人、地、事、物、组织等基本要素,做到对地理空间分层、分级、全区域和管理对象定量、定性、定位,实现"人在网上走,事在格中办"。二是抓稳枢纽。全面整合市政市容、公安、交通、住建等管理资源,理顺部门职责,按照发现上报、指挥派遣、处置反馈、任务核查、事件评价、结案归档"六步闭环工作法",对户长和网格反映上报的各类社会问题,按照行政管理层级进行流转督办,对县、乡、村职权范围以外的问题,由市综治办流转至市直综治成员单位,督促办理,提高了解决问题的有效性。深入推进社会维稳风险治理体系建设,推行矛盾多元调解工作模式,实行重点地区动态排查整治和联合执法的工作模式,推行社区服务站管理模式。三是抓牢职责。明确上报、流转、办理、督办等各个环节和各级各部门工作职责,明确事件办理时限,提高办理效率,形成各司其职、齐抓共管的责任体系。

在不断深化综治信息系统建设和应用的同时,拉萨市大力推进各行业各部门信息化建设,并与综治系统相结合、相衔接,积极构建一网多用、多网联动的信息化、智能化社会治安防控体系,不断提升社会治理精细化水平。针对以往加油站信息手动录入不准确、资质审核不严和加油时长久等问题,拉萨市自主研发推广了具有安装快速、应用及时、实时共享、后台预警等特点的成品油购销实名登记系统,替代了派驻安全监管员的传统做法,既节省了警力人力资源,将加油排队登记时间由过去的5到6分钟缩短为平均7秒钟左右,赢得了群众的好评,又有效提升了打击违法犯罪的信息化能力水平。系统投入使用以来,共产生预警信息2003次,抓获在逃人员2名,协助破获刑事案件6起。

实践证明,拉萨市以整合数据资源、调动社会力量、推动齐抓共管的综治信息系统运行模式，在维护社会和谐稳定上做到耳聪目明，解决社会问题的有效性不断提高，群众参与社会治理热情空前空涨，全面夯实了平安建设的基层基础。在下步工作中，拉萨市将认真贯彻落实全国社会治安综合治理创新工作会议精神，学习兄弟地（市）的先进经验，全面加快立体化、信息化社会治安防控体系建设，切实肩负起促一方发展、保一方平安的政治责任，努力建设团结美丽健康幸福新拉萨。

（撰稿人：王文耀
审稿人：王建雷　赵小钢）

陕　西　省

2016年综治工作概况

2016年，陕西省综治和平安建设工作紧紧围绕"深化平安建设、创新社会治理"，牢牢把握"防控风险、服务发展，破解难题、补齐短板"的要求，始终坚持"问题导向、底线思维、改革创新"，切实提升"立体化社会治安防控能力、多元化矛盾化解能力、社会化服务管理能力、信息化技术支撑能力"，实现了"发案减少、事故下降、秩序良好、社会稳定、群众满意"的目标，为陕西经济社会发展营造了良好的社会治安环境。

一、着力提升社会治安管控能力

一是打造陕西"6+5+X"升级版。制定《加强社会治安防控体系建设2016—2018规划》，围绕完善"六张网"、健全"五项机制"，加速推进社会治安防控体系"6+5+X"升级版建设，提升动态社会面的防控。

二是推进公共安全视频监控建设联网应用。加快推进全省公共安全视频监控建设联网应用工作平台建设，制定《陕西省公共安全视频监控建设联网应用省级协调工作制度》及实施方案，协调推动资源整合，实现互联互通。

三是强化社会治安突出问题集中整治。在全省部署开展了以"五打击五整治五防控"为主要内容的"2016秦盾"行动，依法严厉打击黑拐枪、盗抢骗、黄赌毒等各类违法犯罪活动，先后成功侦破了一批大要案件，遏制了违法犯罪活动的高发势头。确定西安市雁塔区、宝鸡市岐山县等10个治安问题突出的县(区)，分别由省综治委领导包抓整改，成效明显。2016年，全省公众安全感达到93.04%，同比上升0.14个百分点。

四是加大危爆物品和寄递物流安全管理力度。认真贯彻落实"10·22"电视电话会议精神，协调公安、交通、安监、邮政等部门扎实开展专项行动，集中清理整顿危爆物品和寄递物流行业安全隐患，大力推动落实"三个100%"的要求，全省寄递物流行业生态环境得到明显好转。西安市将原铁路建设警察支队，整建制转为寄递物流犯罪侦查支队，成为全国第一家专门打击寄递物流行业违法犯罪活动的专业公安队伍。

五是全力维护社会和谐稳定。增强风险防范意识，提高预测预警预防能力，健全完善维稳工作各项制度机制，狠抓敏感时段和重要节点的维稳安保工作。针对G20峰会和党的十八届六中全会安保工作，专门下发通知，对各级综治组织在灵通情报信息、跟进防范措施、落实工作责任、加强值班备勤等方面提出了具体要求，确保全省社会大局持续稳定。

二、着力推进矛盾纠纷多元化解机制建设

一是深化各类矛盾纠纷的排查化解。坚持落实矛盾纠纷排查调处月例会制度，完善矛盾纠纷研判、交办、联调、督查等机制，组织开展矛盾纠纷排查化解专项行动，全力化解各类矛盾纠纷。组织开展进京重复非访集中化解活动，召开全省法治信访建设现场会，推动依法处理违法信访行为。

二是推动矛盾纠纷多元化解项目建设。积极承接中央综治办诉调对接平台规范化建设项目，在全省21个市县进行试点，成效明显。配合中央综治办在延安召开了全国矛盾纠纷多元化解工作机制项目总结推进会，推广了陕西在完善矛盾纠纷多元化解机制建设中加强组织领导、落实经费保障、开展顶层设计、组织现场推进，以及在全国范围内率先出台《关于健全完善多元化矛盾纠纷预防解决工作机制的实施意见》、延安市富县建立"两说一联"工作机制等好做法。研究提出了陕西省完善多元化矛盾纠纷解决机制研究项目和实施方案，确定西安、咸阳、宝鸡、延安、安康5市作为子项目实施市，西安市莲湖区、延安市富县等13个县为子项目试点县(区)。全省各地和试点市县纷纷出台了相关制度文件,逐步建立起多元化解矛盾纠纷工作机制。

三是着力解决重点行业领域矛盾纠纷。加强新形势下人民调解工作,在重点领域和重点行业推动建设专业性、行业性调解组织,积极做好医患纠纷、校园安全、环境保护、物业管理、维护消费者权益等领域的矛盾纠纷预防和化解工作。协调省金融办、省教育厅、省环保厅等部门,就遏制非法集资、防范金融债务风险、妥善解决高校毕业生就业、化解环保领域矛盾纠纷等重点领域进行集中排查,提出了9项工作对策建议,相关部门予以采纳落实,有效解决了重点领域的矛盾纠纷。

三、着力推进基层基础和信息化建设

一是推进城乡社区网格化管理。下发了《关于进一步推进城乡社区网格化管理和加强基层综合服务管理平台规范化建设的通知》,按照"网格划分科学合理、有相对稳定的网格员队伍、工作制度机制比较健全、运行有力有序"的标准,细化了全省推进网格化管理工作年度目标任务,制定了工作推进方案,明确了建设规范和标准,对社区网格化管理覆盖率较低的市,提出了具体时限要求和推进措施。对社区推进网格化工作进行督导检查,推广了西安市未央区辛家庙街道信息化支撑、网格化管理等经验做法。

二是夯实基层综治工作基础。指导督促各地按照国家标准(GB/T 33200—2016)《社会治安综合治理综治中心建设与管理规范》要求,按照"组织领导有力、工作队伍健全、信息平台高效、经费保障到位、场所设施完善和一站式、动态化便民服务"的模式,推动基层综治平台建设。协调省编办、省财政厅等有关部门赴外省就综治中心建设情况开展专题调研,制定推进全省综治维稳中心建设的实施意见,推动了基层综治维稳中心建设的制度化、规范化。目前,全省共有县级综治中心118个,乡镇(街道)级综治中心1359个,社区(村)级综治中心19794个,覆盖率分别达到100%、100%、91.3%。

三是加强综治和平安建设信息化建设。成立了省综治委社会治安综合治理(平安建设)信息化建设领导小组及其办公室,会同省委网信办等5部门印发了《关于推进全省社会治安综合治理(平安建设)信息化建设指导意见》《陕西省社会治安综合治理(平安建设)信息系统建设要求与技术规范》,将综治信息化建设目标纳入全省综治及平安建设考评体系。开展了信息化建设试点,举办了全省综治信息化建设培训班,与各市(区)签订了综治信息化建设任务交办书。

四、着力推进特殊人群和流动人口服务管理

一是破解实有人口服务管理难题。修改完善《陕西省流动人口服务管理办法》,落实15项基本公共服务和便利措施,逐步提高流动人口享有的公共服务水平,推动城镇基本公共服务和便利向常住人口全覆盖。总结流动人口信息录入警务综合信息平台和"二维码"管理等经验机制,坚持"以房管人、以业管人、以证管人"相结合,把管人和管房统筹起来,按照群众的需求,推动实施居住证制度。

二是破解精神病人服务管理难题。联合省卫计委等5部门下发了《陕西省实施以奖代补政策落实严重精神障碍患者监护责任办法(暂行)》,实施以奖代补政策落实严重精神障碍患者监护责任,实现了救治救助保障全覆盖。

三是破解吸毒人员服务管理难题。制定《2016年度全省禁毒工作要点和考评细则》《陕西省社区戒毒社区康复工作实施意见》等政策文件,不断加大政策支撑力度。召开全省禁毒强戒场所建设及社区戒毒社区康复工作推进会,对推动建立部门协同机制、收治运行机制、经费保障机制进行了顶层设计和安排部署。推进全省公安、司法强制隔离戒毒场所改扩建工作,实现了司法强制医疗所立项落地和建成使用。

四是破解刑满释放人员服务管理难题。继续推进刑满释放人员安置帮教基地、新航驿站建设,建立落实三级帮教无缝衔接机制,加强刑满释放人员就业政策扶持、最低生活保障等工作,完善社区矫正"五化一保障"工作体系(即社区矫正队伍专职化、场所标准化、执法规范化、帮扶社会化、督查常态化和落实社区矫正工作经费保障标准),帮助他们顺利融入社会。

五、着力推进社会治理专题调研

一是组织开展农村法治建设专题调研。协调省法院、省司法厅、西北农林科技大学等单位结合各自实际，从不同侧面、不同角度重点对农村法治建设的现状、农村法治建设目前存在的问题、制约农村法治建设的"瓶颈"和根源等方面进行了调研，形成了8篇调研报告，为进一步提升农村法治建设水平提供了理论参考。

二是组织开展"破解难题、补齐短板"专题调研。围绕着力破解"重点领域矛盾化解、重点人群服务管理"两大难题，着力补齐"创新社会治理、深化平安建设"工作短板，开展了"破解难题、补齐短板"专题调研活动。组织协调20个省级有关部门和西安、榆林等部分市（区），着重围绕"重点领域矛盾化解、重点人群服务管理、推进社会治安防控体系建设和社会共治"4个专题，总结经验做法，查找存在问题，研究提出对策建议，形成了17篇调研报告，并提供给省委、省政府领导参阅。

三是组织开展城市化背景下的社会风险防控专题调研。以做好城市化背景下的社会风险防控为主题，开展了专题调研活动。重点从公共安全、社会治理、矛盾化解三个方面，对如何做好城市化背景下社会风险防控进行了深入调研，形成了《城市化背景下的社会风险防控的调研报告》，对大中城市如何做好防控社会风险提供了思路与对策。

四是组织开展农村留守儿童心理健康服务工作专题调研。围绕农村留守儿童服务管理工作开展专题调研，总结了石泉、泾阳等健全留守儿童心理健康服务管理模式的经验，研究提出了意见建议，形成了《"健全社会心理服务体系和疏导机制、危机干预机制"的调研报告》和《关于我省加强农村留守儿童心理健康服务工作的调研报告》，对进一步做好农村留守儿童心理健康服务工作进行了总结探索。

陕西省综治委关于表彰2015年度平安建设先进县（区）的决定

（2016年2月1日）

2015年，全省各级党委、政府紧紧围绕"四个全面"战略布局和建设"三个陕西"的总目标，深入贯彻省委、省政府关于推进平安陕西建设的各项部署要求，进一步落实工作责任、创新工作理念、强化工作措施，有力地维护了全省大局持续稳定，平安陕西创建活动成效明显，涌现出一批平安建设先进县（区）。为了表彰先进，树立典型，推动"平安陕西"创建活动再上新台阶，省综治委决定：对2015年度平安建设成绩突出的富平县、西安市未区央等21个县（区）予以表彰奖励，授予"2015年度平安建设先进县（区）"荣誉称号。

省综治委希望，受表彰的县（区）要珍惜荣誉、再接再厉、扎实工作，在创新社会治理和深化平安陕西建设中再创佳绩，为维护全省社会大局持续和谐稳定营造良好的社会环境。

省综治委要求，全省各级、各部门要以受表彰的平安建设先进县（区）为榜样，坚持向中央基准和省委要求看齐，深入贯彻党的十八大，十八届三中、四中、五中全会和中央、省委政法工作会议精神，进一步加大平安建设工作力度，认真解决影响社会治安的突出问题，着力提升维护公共安全的能力，努力提高人民群众安全感，为加快建设"三个陕西"做出新的更大的贡献。

附件：2015年度平安建设先进县（区）名单

附件

2015 年度平安建设先进县(区)名单

西安市
未央区　长安区
宝鸡市
岐山县　陇　县
咸阳市
永寿县　旬邑县　泾阳县
铜川市
宜君县
渭南市
富平县　大荔县　蒲城县
延安市
富　县　安塞县　吴起县
榆林市
清涧县　神木县
汉中市
宁强县　汉台区
安康市
镇坪县　汉阴县
商洛市
丹凤县

陕西省综治委关于表彰省级平安示范县(区)的决定

(2016 年 2 月 2 日)

近年来,全省各级党委、政府高度重视社会治安综合治理工作,紧紧围绕“四个全面”战略布局,以创建“平安陕西”活动为抓手,全面落实社会治安综合治理各项措施,保持了全省社会大局持续稳定,为全面建设小康社会提供了强有力的保障,综治和平安建设工作效果明显,涌现出一批工作有力、成效显著的平安示范县(区)。为了进一步激励各地继续深化“平安陕西”创建活动,省综治委决定:对近年来在平安建设工作中成绩突出的凤翔县、西安市莲湖区等 23 个县(区)予以表彰奖励,授予“省级平安示范县(区)”荣誉称号。

省综治委希望,受表彰的平安示范县(区)要珍惜荣誉,再接再厉,高标准、高要求,进一步加强社会治安综合治理各项工作措施,在深化“平安陕西”创建活动中再创佳绩,为维护全省社会政治稳定、建设“三个陕西”做出新的更大的贡献。

省综治委要求,全省各级、各部门要以受表彰的省级平安示范县(区)为榜样,深入贯彻落实党的十八大、十八届三中、四中、五中全会和中央、省委政法工作会议精神,紧紧围绕创新社会治理、深化平安建设这一主题,进一步增强忧患意识、责任意识和大局意识,切实打牢平安陕西建设的坚实基础,最大限度地调动各方面参与平安建设的积极性,进一步落实社会治安综合治理各项措施,确保全省社会治安大局持续稳定,为我省全面实现“十三五”规划、同步够格建成小康社会创造良好的法治环境和安定的社会环境。

附件:省级平安示范县(区)名单

附件

省级平安示范县(区)名单

西安市
莲湖区　未央区
宝鸡市
陈仓区　凤翔县　千阳县
咸阳市
长武县　旬邑县　永寿县　泾阳县
铜川市
宜君县
渭南市
合阳县
延安市
黄龙县　宜川县　黄陵县　吴起县
榆林市
榆阳区　府谷县
汉中市
汉台区　佛坪县　宁强县
安康市
岚皋县　镇坪县
商洛市
镇安县

陕西省积极破解难题　努力补齐短板
探索社会治理新路子

陕西省综治和平安建设工作紧紧围绕“深化平安建设、创新社会治理”这条主线，牢牢把握“防控风险、服务发展，破解难题、补齐短板”两项要求，始终坚持“问题导向、底线思维、改革创新”，着力在寄递物流安全管理、易肇事肇祸精神病人管理、病残吸毒人员收戒、社会矛盾纠纷排查化解等社会治理难题上与时俱进、主动作为，不断探索具有陕西特点的社会治理工作新路子。

一、破解社会矛盾纠纷排查化解难题

近年来，陕西从健全制度规范入手，不断完善矛盾纠纷排查化解工作机制，努力做到“五个坚持”，基本实现了矛盾纠纷解决在基层、不稳定因素消除在萌芽阶段。一是坚持矛盾纠纷分析研判制度。定期召开矛盾纠纷月例会，对排查出的各种矛盾纠纷、不稳定因素进行分析、研判和预警，提早发现苗头和隐患，提出解决办法，明确责任单位和责任人，第一时间进行交办，督促将矛盾纠纷化解在当地。二是坚持矛盾纠纷联调联处制度。加强各类调解机构之间的沟通和协调，充分发挥基层治保、调解组织作用，每周向“综治中心”汇报一次矛盾隐患排查调处工作情况，并建立矛盾纠纷集中调处周制度，确定每月最后一周为集中调处周，集中人力、集中时间，解决矛盾纠纷突出问题。三是坚持领导干部接访约访下访制度。各级领导对辖区内的矛盾纠纷做到随时接访、定时约访、适时下访，对主要矛盾、重大问题带头落实调处措施，对可能引发群体性事件、有越级上访苗头的矛盾纠纷，亲临一线妥善解决、化解矛盾。四是坚持集中开展专项排查化解活动。每年在全省范围内至少组织开展一次矛盾纠纷排查化解专项行动，集中排查化解涉及金融、劳资、医疗、社会保障、物业、婚姻家庭、环保等重点领域的矛盾纠纷，以及涉军、涉企等重点群体聚集上访等突出问题，实行全面排查、全面化解。五是坚持跟踪督查督办制度。根据每月矛盾纠纷排查调处研判情况，抓好一般矛盾纠纷的调处、落实，强化对重大矛盾纠纷的督查督办，并实行跟踪回访，防止矛盾激化和事件升级。

二、破解寄递物流行业安全管理难题

近年来，陕西省创新举措、落实责任，大力推动“三个落实”，积极建设寄递物流平安“绿色”通道，确保了寄递渠道安全畅通。一是落实寄递物流安全管理责任。成立了以省综治办、省邮政管理局为组长单位的陕西省寄递渠道安全管理领导小组，健全完善了信息共享、分析研判、沟通协商、依法处置等机制，将寄递安全管理工作纳入综治工作考评体系之中，对各地寄递渠道安全管理情况和落实属地管理情况进行考评打分，明确了职责，夯实了责任。西安市将原铁路建设警察支队，整建制转为寄递物流犯罪侦查支队，成为全国第一家专门打击寄递物流行业违法犯罪活动的专业公安队伍。进一步强化寄递物流企业主体责任落实，督促寄递物流企业设置安全保障机构，在重点寄递物流企业区域分拨和集散中心设立警务室或邮路安全监管室。二是落实寄递物流安全管理制度。在全省范围内全面推行寄运物品100%先验视后封箱、寄递活动100%实名制和邮件快件100%通过X光机安检制度。西安市自主研发的“寄递物流业治安管理信息系统”，通过快递员手机APP前端采集寄件人信息后，第一时间与公安网进行碰撞比对、实时分析，实现了“由物到人、由人到物”的追踪，对寄递实名制的落实发挥了巨大作用。加快推动安检机的配置，针对寄递物流企业购置X光机资金不足难题，积极向省政府申请争取资金支持，逐步解决配备问题。三是落实寄递物流安全管理常态督查。坚持定期和在重要时段，全省寄递物流各相关部门采取联合印发通告、联合部署、联合检查、联合办公、联合约谈等措施，将寄递渠道清理整顿与安全生产大检查、危险化学品和易燃易爆物品安全整治、互联网禁毒等专项活动结合起来，联合推动、全面督查，逐步建立起了情报信息共享、技术手段互补、监管执法联动、案件问题联处的合作机制，极大提高了寄递物流行业安全监管能力。

三、破解易肇事肇祸精神病人服务管理难题

近年来，陕西省以“三个确保”为抓手，堵塞救治防范漏洞，增强服务管理能力，有效防止了严重精神障碍患者肇祸伤人重大恶性案件的发生。一是确保排查登记到位。全省各级综治、卫计、司法、民政、残联等部门建立了联管排查机制，按照“逐人见面、逐人筛查、摸清底数”的工作模式，认真组织力量全面清查，切实做到“乡镇不漏村、村组不漏户”。二是确保管控措施到位。逐人制定救治、服务、管控措施，落实监管人员、看护人员，并与监护人签订管控责任书，落实日常监管、医治、护理等责任。三是确保救助措施到位。坚持“以人为本、真诚关爱”的理念，按照“兜底帮扶、医疗帮扶、就业帮扶”的原则，对肇事肇祸等严重精神障碍患者重点人员实行医疗救治、服药监护、救助帮扶“一对一”随访管控服务机制，将严重精神障碍患者纳入低保、医保对象实施关爱救助，加强就业培训、技术培训，提供集中托养服务，实施以奖代补政策落实严重精神障碍患者监护责任，减轻患者家庭经济负担，实现了救治救助保障全覆盖。

四、破解病残吸毒人员强制收戒难题

近年来，陕西省认真贯彻《禁毒法》《戒毒条例》，充分发挥现有戒毒优势，推动“三项机制”建设，促进了病残吸毒人员收戒工作的规范开展。一是建立了部门协同机制。病残吸毒人员收戒收治工作在各级党委、政府的领导下，实行综治协调，公安、司法具体负责，检察、财政、民政、人社、卫计等部门密切配合，相互支持、齐抓共管，建立了部门协同机制，定期召开联席会议，研究解决实际问题。二是规范了收治运行机制。进一步规范病残吸毒人员收戒收治程序，确保责任明晰、运转高效，对应给予收治收押的，实行分级收治。三是完善了经费保障机制。西安等大中城市对参加医保、合疗的病残吸毒人员强制隔离戒毒期间医疗费用，原则上先按医保、合疗、民政救助政策实行“一站式”结算报销。对于未参加医保、合疗及外地籍病残吸毒人员治疗费用和治疗期间的伙食费费用，按国家相关规定报销，不足部分由市财政予以保障，为收治收戒工作提供了有力的经费支持。

陕西省积极完善矛盾纠纷多元化解机制促进社会和谐发展

近年来,陕西省高度重视矛盾纠纷多元化解机制的健全和完善,按照中央要求,结合自身实际,不断创新模式,促进了社会和谐,营造了良好的发展环境。

一、及时组织传达学习,深入领会文件精神

按照中央综治办《关于学习贯彻〈关于完善矛盾纠纷多元化解机制的意见〉的通知》要求,省综治办立即下发通知,对各市(区)、各相关部门学习领会《关于完善矛盾纠纷多元化解机制的意见》(以下简称《意见》)精神、贯彻省委领导批示、落实各项任务提出了具体的要求。结合贯彻落实省委办公厅、省政府办公厅印发的《关于健全完善多元化矛盾纠纷预防解决机制的实施意见》(以下简称《实施意见》),研究梳理出了健全完善矛盾纠纷多元化解机制的重点工作任务,初步提出了贯彻落实《意见》和《实施意见》的具体分工方案,确保中央和省委关于健全完善多元化矛盾纠纷预防解决机制各项任务落到实处、见到实效。同时,各市(区)和省级有关部门围绕贯彻中央、省委关于多元化预防解决社会矛盾纠纷的决策部署,精心组织学习研讨,并结合各自实际,相继制定出台了健全完善矛盾纠纷多元化解工作机制的配套文件,确保中央《意见》精神落地生根。

二、积极开展试点研究,建立健全工作机制

坚持先行先试,积极探索矛盾纠纷多元化解的途径和方式,组织力量调研起草了《关于健全完善多元化矛盾纠纷预防解决工作机制的实施意见》,以省委、省政府两办的名义印发各地贯彻执行,先行一步将试点研究成果转化为指导性文件,为健全完善矛盾纠纷多元化解机制奠定了坚实的理论和实践基础。一是扎实组织开展试点工作。将完善矛盾纠纷多元化解机制列入年度省委、省政府深化司法体制改革和社会体制改革目标任务。省综治办按照项目化运作模式,确定了5个市13个县分头开展"推进行业性专业性调解组织建设""民转刑命案预防""激发社会力量参与矛盾纠纷预防化解""健全人民调解、行政调解、司法调解衔接联动工作体系""健全社会稳定风险评估工作体系"等课题研究内容的项目试点工作,形成了五个子项目试点研究成果,并完成了《陕西省完善多元化矛盾纠纷解决机制研究课题报告》。二是注重加强顶层设计。为构建矛盾纠纷多元化解工作体系,省综治办会同省级有关部门先后制定了《关于加强行业性、专业性调解组织建设的意见》《关于加强新形势下人民调解工作的意见》《关于健全完善"五级联动"和"三调对接"工作机制的通知》《陕西省医患纠纷预防和化解办法》等一系列规范性文件,为多元化解社会矛盾纠纷提供了有力的政策支撑。同时,省综治办积极会同省发改委将完善矛盾纠纷多元化解机制纳入全省国民经济社会发展"十三五"建设规划,推动工作发展进步。三是总结推广工作经验。坚持尊重基层首创精神,不断创新工作方法,先后培育形成了"三官一律进社区"和"一村一政法干警"工作机制、宝鸡市"五老"义务调解、汉中市"院坝说事"、商洛市"民情气象站"、安康市"五个一"矛盾纠纷联调、铜川市"党员工作室"等一批独具特色的解决矛盾纠纷工作经验。在全省总结推广了西安市灞桥区"358"人民调解模式和延安市富县"群众说事、法官说法、干部联村"调解工作机制。西安市灞桥区"358"人民调解工作模式,先后被《人民日报》内参、《法制日报》等刊发报道。省委办公厅、省政府办公厅专门印发了《关于在全省推广富县"群众说事、法官说法"工作机制的意见》,将已有的经验做法上升为制度规范,推动基层创新工作方法,培育多元化解手段,依法化解社会矛盾纠纷。

三、健全落实工作制度,提升矛盾化解效能

从健全规范制度建设入手,不断完善矛盾纠

纷排查化解工作机制，加大考核评价力度，逐级夯实工作责任，促使矛盾纠纷解决在基层，不稳定因素及时消除在萌芽阶段。一是坚持矛盾纠纷分析研判制度。定期召开矛盾纠纷月例会，对各种矛盾纠纷、不稳定因素进行分析、研判和预警，提早发现苗头和隐患，第一时间进行交办，督促将矛盾纠纷稳控在当地，化解在萌芽状态。二是坚持矛盾纠纷联调联处制度。加强各类调解机构之间的沟通和协调，充分发挥基层治保、调解组织作用，每周向“综治维稳中心”汇报一次矛盾隐患排查调处工作情况，并建立矛盾纠纷集中调处周制度，确定每月最后一周为集中调处周，集中人力、集中时间，解决矛盾纠纷突出问题。三是坚持领导干部接访约访下访制度。各级领导对辖区内的矛盾纠纷做到随时接访，定时约访，适时下访，对主要矛盾、重大问题带头落实调处措施，对可能引发群体性事件、有越级上访苗头的矛盾纠纷，亲临一线妥善解决，化解矛盾。四是坚持督查督办制度。根据每月矛盾纠纷排查调处研判情况，抓好一般矛盾纠纷的调处、落实，强化对重大矛盾纠纷的督查督办，并实行跟踪回访，防止矛盾激化和事件升级。

四、坚持综合施策，促进社会大局稳定

坚持问题导向，在对矛盾纠纷多发的重点领域、重点行业开展集中排查化解整治的同时，积极推进矛盾纠纷源头预防机制建设，及时有效地化解了一大批重大矛盾纠纷，解决了一大批信访疑难积案，有力地维护了全省社会大局和谐稳定。一是深化社会稳定风险评估机制。将社会稳定风险评估作为全省重大工程项目建设、重大政策制定等决策事项的前置程序和刚性门槛，纳入各级党政领导班子年度目标责任制考核体系，从源头上预防了不稳定问题发生。二是着力推进各类调解组织建设。大力加强新形势下人民调解工作，在重点领域和重点行业推动建设专业性、行业性调解组织，积极做好医患纠纷、校园安全、环境保护、物业管理、维护消费者权益等领域的矛盾纠纷预防和化解工作。三是集中开展专项排查化解活动。在全省范围内组织开展了矛盾纠纷排查化解专项行动，集中排查化解涉及金融、劳资、医疗、社会保障等重点领域的矛盾纠纷，以及涉军、涉企等重点群体聚集上访等突出问题，确保了重要节会和重大敏感时段全省社会大局稳定。四是推动落实矛盾纠纷化解经费。积极推动各级层层落实矛盾纠纷化解工作经费，兑现人民调解员工作补助，确保矛盾纠纷在基层有人抓、有人管，大量的矛盾纠纷在基层一线得到妥善处置和化解，案件调解成功率逐年提升。

（撰稿人：赵波
审稿人：胡跃宏　曹贡辉）

甘 肃 省

2016年综治工作概况

2016年,甘肃省综治战线认真贯彻中央、省委的决策部署,紧紧围绕平安甘肃建设这一总目标,以社会治安防控体系建设为主线,以防控风险、服务发展、破解难题、补齐短板为着力点,突出重点,科学谋划,密集部署,强力推进,有力地确保了社会治安大局的持续稳定。年内全省没有发生影响重大的群体性事件、极端暴力恐怖事件,刑事案件高发的势头得到有效遏制,群众安全感继续保持在90%以上,为保障促进全省经济社会发展做出了应有的贡献。

一、立足服务改革发展大局,在关键问题上加强顶层设计,综治(平安建设)体制机制建设取得新进展

一是注重项目支撑、规划保障。紧紧抓住影响社会和谐稳定的突出问题,抓顶层设计,抓统筹谋划,抓部署推进。编制并提请省政府印发了《甘肃省"十三五"平安建设(政法)专项规划》,明确了"十三五"期间创新社会治理方式、推进平安甘肃建设的具体目标、主要任务和推动重点工作的主要途径及具体措施,以项目建设方式推进立体化社会治安防控体系、基层网格化服务管理、重点人群服务管理、政法综治信息化建设等重点工作。积极争取保留了省级财政支持的7个专项,并新增1个专项,省财政每年保障综治(平安建设)工作专项经费达到1.8亿多元,为破难题、补短板提供了坚实基础。二是注重制度建设、机制保障。主动做好事关政法综治工作长远发展的制度性安排,在深入调研、广泛征求意见的基础上,研究制定并提请省委、省政府"两办"印发了《甘肃省健全落实社会治安综合治理领导责任制实施办法》和《甘肃省关于完善矛盾纠纷多元化解机制的实施意见》。会同省卫生计生委、省人大法工委等部门制定并提请省人大常委会审议公布了《甘肃省精神卫生条例》。联合相关部门制定出台了《关于加强公共安全视频监控建设联网应用工作的实施意见》《关于保险业参与平安甘肃建设的意见》《甘肃省实施严重精神障碍患者监护人以奖代补工作办法(试行)》《关于开展"平安景区"创建活动的实施意见》等指导性文件,有力地推动了全省综治(平安建设)工作持续深入发展。三是注重调查研究、推动创新。在深入调研的基础上,初步起草了《甘肃省社会治安综合治理综治中心规范化建设的指导意见》,组织开展了"健全社会心理服务体系和疏导机制、危机干预机制"大调研和保安服务业改革发展、非法集资类犯罪防范打击、邮件快件寄递安全管理等专题调研,为解决社会治理中的一些重点难点问题提供了依据、找准了对策。围绕贯彻落实习近平总书记的重要指示及全国"南昌会议"精神,及时组织开展了"全国社会治安综合治理创新工作会议精神大学习大讨论"活动和"社会风险隐患大调研大排查"活动,深入推进全省社会治安综合治理创新工作,以创新的思维、创新的方法手段解决突出问题,提升综治(平安建设)水平。

二、着眼维护人民群众合法权益,完善矛盾纠纷多元化解机制,预防化解社会矛盾的能力和效果有了新提升

加大重点领域矛盾纠纷化解力度。针对经济下行压力加大,矛盾纠纷交织叠加特别是新行业新业态及新经济组织大量增加,新型犯罪明显增多的实际,联合省金融办、银监局等部门就非法集资高发蔓延问题进行专题研究,指导相关部门妥善化解这方面的矛盾。围绕劳资关系、债务、医疗、环保等领域矛盾纠纷,会同相关部门进行专项治理,实现了重点领域、重点行业矛盾纠纷总量稳中有降。进一步完善落实矛盾纠纷清单化管理制度。县(市区)突出矛盾纠纷报备、县级领导包案化解、省上按月督办等责任得到较好落实,在推动解决影响社会稳定的突出问题上见到了实效。2016 年,纳入省综治办清单管理的 66 件突出矛盾纠纷,98.5%都得到了有效化解。积极推动矛盾纠纷多元化解工作取得新成效。大力加强专业性行业性人民调解组织建设,进一步靠实部门单位矛盾纠纷排查化解工作责任,努力推动形成“三调联动”、各方参与的多元化解工作格局。2016 年,全省各级各类组织共排查各类矛盾纠纷 206580 多件,涉及 43 万多人,调处化解 20.3 万多件。其中,乡村和社区调解组织调处 18.1 万多件,企事业单位调处 6640 件,社会团体和其他组织调处 8758 件。全省已建立专业性行业性调解组织 458 个,交通事故调解组织基本实现全覆盖,医患纠纷专业调解组织建设快速推进,医调委在全省成立了 15 个工作站,2016 年共受理 927 件医疗纠纷,调解结案 879 起,占 95%。省医调委成立 6 年来,共受理医疗纠纷 2798 件,调解结案 2666 件,占 95%。这些专业性行业性调解组织在化解特殊领域矛盾纠纷中发挥了积极作用。此外,指导支持陇南市徽县积极开展了“阳光调解”试点工作,为全省矛盾纠纷多元化解工作创造了经验。该县建立了县、乡、村三级调解工作管理机制,构建形成“三级联调”“三调联动”的多元化解工作格局,并建成阳光调解信息平台和视频系统,推行“预防摸排、稳控调查、分析研判、联动调解、公开调解、以案释法”的阳光调解“六步工作法”。全县成立县级调解中心 1 个、编制 5 人,建立完善乡镇调委会 15 个,村(社区)调解工作站 250 个 1493 人,县直单位调解工作室 25 个 75 人,各级调解人员 1570 多人。年内共调处各类矛盾纠纷 1177 件,调解成功 1136 件,成功率达 96.5%,其中县级单位阳光调解平台调处的矛盾纠纷 729 件,占 61.9%。仅 2016 年通过县委常委会、政府常务会、县长办公会研究解决的矛盾纠纷问题分别为 8 件、34 件、28 件。狠抓赴省进京非访突出问题的解决。建立完善信访、综治、维稳、公安四部门联合治理非访工作机制,紧盯重点人员,强化工作责任。省综治办和省信访联席办先后下发督办通知 38 份,点对点加强了督办指导,督促各地和有关部门单位深化思想教育、开展心理疏导、解决生活困难、落实稳控措施,促使一批人员息诉罢访,并把一批人员稳控在当地。同时,严格依法规范信访秩序,及时处理了一批违法闹访的重点人员,有效维护了正常的信访秩序。全省进京非正常上访同比下降 67.1%。

三、坚持以联动融合共享为方向,以试点建设为抓手,社会治安防控体系的整体效能进一步显现

一是推动各地将防控体系建设纳入当地经济社会发展总体规划、智慧城市建设之中部署实施。14 个市州大多以党委、政府的名义出台了具体实施意见,社会治安防控体系“五张防控网”更加严密,社会面网格化巡控、视频监控、社区防控、楼院看护等工作进一步加强,社会治安整体防控水平明显提升。二是认真组织试点。分层分类筛选确定了天水、嘉峪关 2 个市,兰州市城关区、酒泉市敦煌市、武威市凉州区、陇南市成县、庆阳市庆城县 5 个县(市区)和张掖市高台县南华镇、定西市陇西县文峰镇、白银市会宁县会师镇、金昌市永昌县河西堡镇、临夏州广河县三甲集、甘南州夏河县阿木去乎镇、平凉市泾川县玉都镇 7 个乡镇,为全省社会治安防控体系建设试点地区,指导这些地方逐一制定方案、推动工作,目前已取得一定进展。三是积极推进公共安全视频监控建设联网应用工作。通过加大考核权重、强化检查指导、严格工作要求,大力推动各地加强视频监控系统建设力度,着力提升社会治安防控的科技化水平。2016 年,全省新建高清摄像机 19657 路,改建 6537 路,摄像探头累计达到 270052 路,接入公安平台的 71320 路。省综治办联合发改、公安等部门制定出台全省公共安全视频监控建设联网应用实施意见,成功申报兰州市、庆阳市为“全国公共安全视频监控建设联网应用工作示范城市”,申请争取国家补助资金 5500 万元(其中兰州 2800 万元、庆阳 2700 万元)。组织开展了省级公共安全视频图像信息交换共享总平台及综治、公安分平台建设的论证工作,形成了初步的建设思路和方案。四是持续深化命案治理工作。通过多种形式深入部署推动命案治理工作,突出重点强化乡村两级组织的工作责任,加大考核权重,开展对定西、陇南等重点地区的督查指导,对发生致死

3人以上命案的地方，严格督促市、县两级实行责任追究，巩固了命案持续下降的工作成效。年内全省命案发案同比下降3.41个百分点，有14个县级立案单位实现“零命案”，有9个市(州)、56个县(市、区)实现命案全破。五是推动开展严打整治专项行动。指导各地和政法机关深入开展破案会战、打黑除恶、治爆缉枪，打击“盗抢骗”犯罪、经济犯罪、毒品犯罪，打击闹医伤医，整治“黄赌毒”“黑拐枪”等专项行动，对影响人民群众安全感的各类违法犯罪活动保持了强劲的严打势头，全省刑事案件总量明显下降，“两抢一盗”案件同比大幅下降。

四、着力破解特殊人群服务管理难题，探索出了一些新思路新经验

针对流动人口、特殊人群、重点青少年等服务管理难度大、容易诱发违法犯罪等问题，通过出台政策、强化保障、创新机制等方式，组织协调各有关部门单位齐抓共管，共同落实服务管理各项措施，在推动解决社会治理重点难点问题上取得了新成效。

一是进一步做实严重精神障碍患者救治救助和监护管理工作。推动出台了对严重精神障碍患者监护管理“以奖代补”政策，省级财政设立专项代补资金600万元，有10个市州也按照每名重性患者1200～1800元不等设立了专项资金，并逐一登记建档，落实监护人，组建监护小组，较好地落实了日常监护管理措施。2016年，全省共奖补46720人，奖补总金额8409.6万元。同时，卫生计生部门积极推进精神卫生体系建设，13个市州设立了专门病区，63家医疗机构具备了精神病诊治能力，总床位达3600多张，严重精神障碍患者的管理率和治疗率均有了新的提升。平凉、定西等地还积极探索推行监护人责任保险制度，为精神障碍患者救治及肇事肇祸受害人权益救济提供了有效保障。全年全省精神障碍患者无一例严重肇事肇祸案事件。

二是深入推进刑释人员和社区矫正人员安置帮教工作。省综治办、司法厅对上半年刑释人员安置帮教工作滞后的金昌市、甘肃矿区及25个县(市区)进行了通报批评，省综治办约谈了部分市、县综治办主任，帮助分析原因，提出整改意见和工作要求。年内对刑释人员安置帮教和社区矫正工作组织了两次检查督导。省综治办、省财政厅共下拨安置补助资金765万元，新安置刑满释放人员11771人，并对近年来刑释人员安置帮教工作成效较好的4个市州、23个县(市区)实行以奖代补，共奖补154.4万元。全省刑释解教人员重新犯罪率为0.5‰，社区服刑人员再犯罪率为0.1%，均远低于国家相关部门控制指标。

三是持续深化预防青少年违法犯罪工作。省综治委、办积极指导协调预防青少年违法犯罪专项小组成员单位加强工作协调配合，加大工作力度，持续推进预防青少年违法犯罪各项工作措施的深化拓展，取得了新的成效。经中央预青工作专项组验收，全省县级重点青少年群体服务管理三轮推开已基本结束，通过率从第一轮59.4%上升到第三轮96.6%，优良率从25%上升到55.2%，县级合格率达到98.4%，初步实现了5类重点青少年群体信息汇总、动态监测、教育帮扶和矫治管理工作的全覆盖、深拓展。按照“1+1+X”严重不良行为青少年结对帮教工作模式，积极动员团干部、政法干部和志愿者参与重点青少年群体的结对帮教工作。全省共招募帮教志愿者7730人，建立帮教队伍504个，组织2360名律师、1300多名政法干部与3968名有不良或严重不良行为青少年结成帮扶对子。67.8%的不良行为青少年恢复了正常的学习和生活。在省综治委主导下，各有关部门紧密联系，在张掖市全面开展了预青工作试点并取得成功经验，召开全省现场会予以推广。2016年，全省共建立专门学校43所，纳入教育管理青少年4801人，其中有2131名不良行为或严重不良行为青少年通过专门学校教育矫治得以转化。

五、突出重点领域、重点行业、重点区域治理，有效解决了一批影响公共安全的突出问题

深入开展各类公共安全隐患排查整治。以严防暴力恐怖活动、个人极端事件、重特大公共安全案(事)件为目标，组织动员公安、安监、交通等14个部门参与，重点加强党政首脑机关、公众聚集场所、车站码头、公共交通、工矿企业、水电油气等重点目标安全防范，做到全覆盖、全流程、无死角、无盲区。目前省内长途客运车、危化物品运输车、公交车均安装了视频监控系统、GPS定位系统，配备了消防等器材，在各城市特别是省会城市主要公交线路配备了专兼职安全员，坚持“屯警街面、动中备勤”，始终保持对暴恐活动、街面“两抢”、公交车纵火等犯罪活动的高压态势，有效维护了公共安全。持续加强寄递物流安全管理。协调邮政、公安、工商、交通等部门持续深化寄递物流安全管理工作，先后召开三次会议安排部署，组织开展三次抽查，促进措施落实。结合敦煌“文博会”安保工作，开展全省寄递渠道安全管理、物流安全管理隐患专项排查整治。多方采取措施，强力推动落实“三个100%”制度，切实堵塞管理盲区和漏洞。2016年，全省邮件快件寄递和物流行业安全运行，未发生爆炸、着火、冒烟等重大治安问题。特别是敦煌市设立邮件快件集中安检中心，为全省打造了样板。积极推动城市老旧楼院改造整治。针对城区老旧楼院和失管小区脏乱差现象严重、刑事案件高发、治安问题突出的实际，省综治委组织开展了专题调研，并把这些区域的改造整治作为一项重点，在全省政法工作会议、社会治安工作会议上提出了要求，并通过检查调研等形式，督促各地积极向党委、政府汇报，争取立项实施。省综治办协调省建设厅将24个老旧楼院社会治安综合整治纳入全省棚户区改造项目之中推进实施，年内完成了改造整治任务，综合解决了这些区域的环境和秩序问题，深受居民群众的欢迎。不少地方都陆续实施了一批城区老旧失管楼院、小区的改造整治项目，如玉门市新市区老旧房散居楼院、金塔县上杰村棚户区改造项目中，投入资金8224万元，改造老旧楼院64栋，新建安置房325户，新建视频监控点8处，改造维修视频监控点42处，在所有楼院安装了防盗单元门，改造后治安面貌焕然一新。进一步提升校园及周边治安综合治理的工作成效。全面落实《甘肃省校园安全保护区社会治安综合治理十项规定》，扎实推进“护校安园”专项行动，不断拓展“校园安全保护区”建设的内涵，提升工作水平。省综治办协同教育、公安等部门组织了对兰州市六所高校的重点整治行动，对问题突出的5所大学负责人进行了约谈。针对学校非正常死亡事件一度集中的实际，召开专题会议分析部署，并组织了对重点地区和学校的专项督查，全省涉校案（事）件明显下降。探索实行了铁路护路联防转型发展。在深入调研的基础上，积极探索推进护路联防工作由专职护路队管护，向专职与沿线群众有偿承包管护相结合转型，由重点线路向全线管护拓展。转型后，原有103个专职护路队裁撤52个，628名专职护路队员裁减365人，护路里程将由原来的1875公里覆盖到3400公里。同时，高度重视和强化铁路风险源综合管控工作，排查确定了11个方面的风险源，逐一明确了有关部门单位的职责任务，排查涉高铁安全运行的矛盾纠纷39件，通过通报督办、专题协调等，使其得到了较好解决，确保了铁路行业安全运行。

六、以网格化管理为基础、信息化建设为支撑，综治基层基础取得新进展

一是大力加强综治中心建设。把综治中心规范化建设、实体化运行作为综治（平安建设）工作的基础性、保障性工程予以推进，全省各级依托综治办，按照“综治办+综治信息系统+N”的模式，通过整合公安、司法行政、民政、人社、信访、人民法院等力量，健全完善“一个窗口受理”“一站式服务”等工作制度机制，建起了具有实战化功能的工作平台。88%的县（市区）、99%的乡镇（街道）和94.5%的村（社区）已建成了综治中心。如定西市的乡镇（街道）“一委一办三中心”建设模式，酒泉市乡、村（社区）两级“一办四室一中心”建设模式等，大大增强了综治中心的实战功能，形成了平安建设工作合力，白银市乡镇（街道）融合式集中办公等，都创造了可资借鉴的有益经验。二是着力实现网格化服务管理全覆盖。在全省划分8.15万个网格，配备专兼职网格员近8.2万名，努力将保障民安、服务民生的各项措施向每个网格和居民家庭延伸落实。三是不断提升综治信息化水平。建成了从省到村（社区）纵向贯通的5级综治信息平台，并大力推进联通应用。提前一年全面完成了省政府为民办实事项目——乡镇（街道）平安与便民服务综合信息平台项目建设任务（年内建成8个市州、56个县市区、918个乡镇），实现了全省综治信息系统及视联网主干的省、市、县、乡四级贯通和横向联通，为进一步提升综治工作信息化水平打下了较好基础。

七、加大综治领导责任制执行力度，综治（平安建设）工作的权威性和影响力进一步扩大

坚持落实综治工作目标管理责任制，严格兑现奖惩。年内，考核新命名“甘肃省平安县（市、区)”4个,继续保留命名43个,暂不予保留命名并通报整改3个,撤销命名1个。不断加大综治(平安建设)工作问责力度,适时对综治(平安建设)工作滑坡、出现突出问题的地方和单位进行约谈、挂牌督办,督促整改落实。自上而下组织开展了社会治安问题突出地区的认定、核报和挂牌整治工作,确定金昌市为社会治安问题相对突出市上报中央综治办,对发生重大治安事件、群体性事件和治安问题突出的永昌、金塔、景泰3个县,实行挂牌督办。督促指导各市(州)加强对治安问题相对突出的55个乡镇(街道)进行挂牌督办。省综治办对挂牌督办的3个县主要领导、分管领导、综治办主任等共14名领导,对校园及周边治安问题较为突出的5所高校分管领导分别进行了约谈。此外,结合社会治安重点整治,逐级排查核定了省级挂牌整治的重点地区(区域)70个、市级挂牌整治的103个、县级挂牌整治的497个,并逐一建立了电子档案,实行清单化管理,严格落实整治措施,督促取得切实成效。加大对命案多发特别是发生恶性命案地区的督办整治和责任查究力度,责令2016年发生了恶性命案的兰州、陇南、临夏、庆阳等地认真进行整治,严肃追究相关责任人责任。这些都有力有效地督促各地各部门进一步靠实了工作责任,落实了工作措施,推进了平安建设。

总体来看,在各地、各部门的共同努力下,2016年,全省综治(平安建设)工作较好完成了年初确定的各项目标任务,在一些重点工作上实现了新的发展和突破,但是也存在一些不容忽视的问题:一是一些地方和领域的矛盾纠纷仍呈高发态势;二是个别地方命案治理工作不够扎实深入;三是金融诈骗、电信诈骗等涉众型经济犯罪仍时有发生,引发了不同规模的群体访;四是各地工作进展不平衡,一些地方对治安防控体系建设和特殊人群服务管理等重点工作推进力度不大,措施落实不到位,经验亮点不多,等等。2017年,甘肃省将紧紧围绕为“四个全面”战略布局创造良好的社会环境,以创新为引领,坚持问题导向、底线思维、重点突破、全力攻坚,不断提高预测预警预防能力,不断提高社会治理社会化、法治化、智能化、专业化水平,努力推进综治(平安建设)工作取得新的更大的成效。

中共甘肃省委办公厅　省政府办公厅关于印发《甘肃省健全落实社会治安综合治理领导责任制实施办法》的通知

(2016年11月23日)

各市、州党委和人民政府,兰州新区党工委和管委会,省委各部门,省级国家机关及各部门,省军区、武警甘肃省总队,各人民团体,中央在甘各单位:

《甘肃省健全落实社会治安综合治理领导责任制实施办法》已经省委、省政府同意,现印发给你们,请遵照执行。

甘肃省健全落实社会治安综合治理领导责任制实施办法

第一章 总 则

第一条 为了深入推进社会治安综合治理，健全落实领导责任制，全面推进平安甘肃建设，确保人民安居乐业、社会安定有序、国家长治久安，根据《中共中央办公厅、国务院办公厅关于印发〈健全落实社会治安综合治理领导责任制规定〉的通知》和《甘肃省社会治安综合治理条例》，制定本办法。

第二条 本办法适用于各级党的机关、人大机关、行政机关、政协机关、审判机关、检察机关及其领导班子、领导干部。

人民团体、事业单位、国有企业及其领导班子、领导干部、领导人员参照执行本办法。

第三条 健全落实社会治安综合治理领导责任制，应当坚持以邓小平理论、“三个代表”重要思想、科学发展观为指导，深入贯彻落实习近平总书记系列重要讲话精神，紧紧围绕全面建成小康社会、全面深化改革、全面依法治国、全面从严治党的战略布局，坚持问题导向、法治思维、改革创新，抓住“关键少数”，强化担当意识，落实领导责任，科学运用评估、督导、考核、激励、惩戒等措施，形成正确导向，一级抓一级，层层抓落实，使各级领导班子、领导干部切实担负起维护一方稳定、确保一方平安的重大政治责任，保证党中央、国务院和省委、省政府关于社会治安综合治理决策部署的贯彻落实。

第二章 责任内容

第四条 严格落实属地管理和谁主管谁负责原则，构建党委领导、政府主导、综治协调、各部门齐抓共管、社会力量积极参与的社会治安综合治理工作格局。

第五条 各级党委和政府应当切实加强对社会治安综合治理的领导，列入重要议事日程，纳入经济社会发展总体规划，列为党政领导班子任期目标和考察考核的重要内容，加强组织建设，充实人员力量，落实经费保障，强化督促检查，切实把中央和省委关于社会治安综合治理的决策部署贯彻落实到位，确保不发生严重危害国家安全的案（事）件、重特大群体性事件、重特大暴恐案件、特大安全生产事故、重大公共安全事件和重大涉稳舆情事件，确保社会持续平安稳定、人民群众安居乐业。

县级及以上党委、政府每年至少召开2次党委常委会会议、政府常务会议研究部署社会治安综合治理工作，乡（镇、街道）每季度至少召开1次专题会议研究部署社会治安综合治理工作，结合实际推动中央和上级的决策部署落实见效。

第六条 各部门各单位应当各负其责，充分发挥职能作用，积极参与社会治安综合治理，主动承担好预防和减少违法犯罪、维护社会治安和社会稳定的责任，认真抓好本部门本单位的综合治理工作，与业务工作同规划、同部署、同检查、同落实。每年至少组织召开2次党委（党组）会议，专题研究部署和督促落实本部门本单位社会治安综合治理工作，真正做到“看好自己的门、管好自己的人、办好自己的事”，确保本部门本单位和行业系统的安全稳定。

第七条 各级党委政府、各部门各单位主要负责同志是社会治安综合治理的第一责任人，应当统筹把握改革、发展与稳定工作，积极主动谋划推进社会治安综合治理工作，全面履行社会治安综合治理领导责任，组织推动重大决策部署、重大举措实施、重大问题解决、重大事项落实，形成综合治理齐抓共管、平安稳定人人共享的良好局面。

第八条 各级党委政府、各部门各单位社会治安综合治理的分管负责同志是直接责任人，负责组织开展本地区本系统本单位社会治安综合治理工作，组织协调各方共同解决重点、难点问题，并加强具体指导和督促检查，确保社会治安综合治理工作目标实现，人民群众安全感和满意度增强。

第九条　各级党委政府、各部门各单位领导班子其他成员承担分管工作范围内社会治安综合治理的责任，应当组织推动所分管部门行业贯彻落实社会治安综合治理工作部署，认真履行目标管理责任，有效防范和处理分管工作范围内治安突出问题和安全风险隐患，确保分管领域部门单位和行业系统的安全稳定。

第十条　各级社会治安综合治理委员会及其办公室应当在党委和政府的统一领导下，认真组织动员各有关单位、社会各界和人民群众参与社会治安综合治理工作，加强调查研究、组织协调和督导检查，及时分析、研判、通报社会治安形势，协调解决工作中的突出问题，总结推广典型经验，统筹推进社会治安综合治理工作。

第三章　督促检查

第十一条　各地区各部门各单位应当建立完善社会治安综合治理目标管理责任制，每年把社会治安综合治理各项任务分解为若干具体目标，制定易于执行检查的措施，建立严格的督促检查制度、定量考核制度、评价奖惩制度，自上而下层层签订社会治安综合治理责任书，逐级落实领导责任。

第十二条　各级党委常委会、党的委员会应当将开展社会治安综合治理工作和执行社会治安综合治理领导责任制的情况，作为向同级党的委员会全体会议和党的代表大会报告工作的一项重要内容。

各级人民政府应当将开展社会治安综合治理工作和执行社会治安综合治理领导责任制的情况，作为向同级人民代表大会及其常委会报告工作的重要内容。

各级党政领导班子和有关领导干部应当将开展社会治安综合治理工作和履行社会治安综合治理责任制的情况作为年度述职报告的重要内容。述职报告应当包括研究部署工作的具体情况、推动落实的具体措施和协调解决的具体问题等内容。

第十三条　社会治安综合治理委员会成员单位每年应当对本单位本系统部署和开展社会治安综合治理、执行社会治安综合治理领导责任制、推进平安建设的有关情况进行总结，对下一年度的工作作出安排，并报同级社会治安综合治理委员会。

各级社会治安综合治理委员会应当每半年向上一级社会治安综合治理委员会书面报告工作。

上一级社会治安综合治理委员会召开全体会议，可视情安排本级社会治安综合治理委员会委员和下一级社会治安综合治理委员会主任述职。

第十四条　各级党委和政府应当将社会治安综合治理纳入工作督促检查范围，适时组织开展专项督促检查。

各级社会治安综合治理委员会及其办公室应当完善督查督办制度，采取跟踪督查、联合督查、明察暗访等形式对社会治安综合治理工作进行督查督办。

各级社会治安综合治理委员会及其办公室应当动员组织党员、群众有序参与，推动社会治安综合治理各项决策部署落到实处。

第十五条　各级党委和政府应当建立健全社会治安综合治理考核评价制度机制，制定完善考核评价标准和指标体系，明确考核评价的内容、方法、程序，并将社会治安综合治理纳入年度绩效考评。

各级社会治安综合治理委员会每半年组织1次社会治安综合治理工作督查，每年年底组织年度考评。

第十六条　各级党委和政府应当强化社会治安综合治理考核评价结果运用，把社会治安综合治理工作实绩作为对领导班子和领导干部综合考评的重要内容，与业绩评定、职务晋升、奖励惩处等挂钩。

各级组织人事部门在考察党政主要领导干部和社会治安综合治理分管领导干部实绩、进行提拔使用和晋职晋级时，应当将相关领导干部抓社会治安综合治理工作的情况作为重要内容进行考察，并征求同级社会治安综合治理委员会的意见。

第十七条　各级社会治安综合治理委员会

应当按照干部管理权限，会同组织部门就第一责任人、直接责任人年度抓社会治安综合治理工作的主要情况及取得成效、责任书完成情况及上级社会治安综合治理部门的总体考核评价等内容，建立社会治安综合治理工作实绩档案，并向上级社会治安综合治理委员会报告和备案。

第十八条　县级以上社会治安综合治理委员会及其办公室应当按照中央有关规定，加强与同级纪检监察机关、组织人事部门的协调配合，协同做好有关奖惩工作。

第四章　表彰奖励

第十九条　各级社会治安综合治理委员会每年年底组织有关部门，对各地各单位完成社会治安综合治理责任书情况进行考核，提出社会治安综合治理工作优秀地区和单位的意见建议，报请党委、政府奖励，并通报同级组织人事部门。

在社会治安综合治理责任制年度考核中被评为优秀的单位，可按照有关规定予以奖励，并可给予一次性奖金或者其他待遇。各地可参照出台激励政策，对社会治安综合治理考核评价为优秀等次的单位进行奖励。

第二十条　对真抓实干、社会治安综合治理工作成绩突出的地方、部门和单位的党政主要领导干部和分管领导干部，应当按照有关规定给予表彰和嘉奖。对受到嘉奖的领导干部，应当将有关材料存入本人档案。

第二十一条　省社会治安综合治理委员会、省委组织部、省人力资源和社会保障厅每四年开展1次全省社会治安综合治理先进集体、先进工作者评选表彰工作，并给予适当奖励，对受到表彰的全省社会治安综合治理先进工作者，应当落实相关待遇。

对受到表彰的全省社会治安综合治理先进集体党政主要领导干部和分管领导干部应当进行嘉奖。对受到嘉奖的领导干部，应当将有关材料存入本人档案，并作为晋职晋级的重要参考。

第二十二条　省社会治安综合治理委员会每两年开展一次全省平安县（市、区）命名考核工作，对达到标准的县（市、区）命名为“甘肃省平安县（市、区）”，给予适当奖励，并通报同级组织人事部门。

第二十三条　地方各级社会治安综合治理委员会和组织人事部门应当配合做好全国、全省社会治安综合治理先进集体、先进工作者等的评选表彰工作。

第五章　责任督导和追究

第二十四条　党政领导班子、领导干部违反本办法或者未能正确履行本办法所列职责，有下列情形之一的，应当进行责任督导和追究：

（一）不重视社会治安综合治理和平安建设，相关工作措施落实不力，本地区本系统本单位基层基础工作薄弱，治安秩序严重混乱的；

（二）本地区本系统本单位发生严重危害国家安全和政治稳定案（事）件的；

（三）本地区本系统本单位发生重特大非法宗教活动、邪教活动的；

（四）本地区本系统本单位在较短时间内连续发生重大刑事案件、群体性事件、公共安全事件的；

（五）本地区本系统本单位发生特别重大刑事案件、群体性事件、公共安全事件的；

（六）本地区本单位社会治安综合治理工作（平安建设）考核评价不合格、不达标的；

（七）对群众反映强烈的社会治安重点地区和突出公共安全、治安问题等，没有采取有效措施或者出现反弹的；

（八）本地区本系统本单位发生重大涉法涉稳涉公共安全舆情案事件的；

（九）各级党委和政府及社会治安综合治理委员会认为需要查究的其他事项。

第二十五条　对党政领导班子、领导干部进行责任督导和追究的方式包括：通报、约谈、挂牌督办、实施一票否决权制、引咎辞职、责令辞职、免职等。因违纪违法应当承担责任的，给予党纪政纪处分；构成犯罪的，依法追究刑事责任。

第二十六条　对具有本办法第二十四条所列情形的地区、单位，由相应县级以上社会治安综合治理委员会办公室以书面形式进行通报，必要时由社会治安综合治理委员会进行通报，限期整改，整改期限一般为3个月。

第二十七条　对受到通报后仍未按期完成整改目标，或者具有本办法第二十四条所列情形且危害严重或者影响重大的地区、单位，由相应的上一级社会治安综合治理委员会办公室主任对其党政主要领导干部、社会治安综合治理工作分管领导干部和负有责任的其他领导班子成员进行约谈，必要时由社会治安综合治理委员会主任、副主任约谈。约谈应当形成会议纪要，并存档备案。被约谈人应当将约谈情况以书面形式报告本级党委、政府。

第二十八条 对受到约谈后仍未按期完成整改目标，或者具有本办法第二十四条所列情形且危害特别严重或者影响特别重大但尚不够实施一票否决权制的地区、单位，由相应的上一级社会治安综合治理委员会挂牌督办，限期整改，整改期限一般为6个月。必要时，可派驻工作组对挂牌督办地区、单位进行检查督办。

省社会治安综合治理委员会每年通过社会治安综合治理责任书考核工作，从公共安全、治安问题相对突出的县（市、区）和部门单位中，确定若干作为挂牌督办的重点整治单位，加强监督管理，督促落实整改。各市（州）社会治安综合治理委员会每年确定若干个乡（镇、街道）及单位进行挂牌督办。

对受到挂牌督办的地区、单位，在半年内取消该地区、单位评选综合性荣誉称号的资格和该地区、单位主要领导干部、主管领导干部、分管领导干部评先受奖、晋职晋级的资格。

第二十九条 对受到挂牌督办后仍未按期完成整改目标，或者具有本办法第二十四条所列情形且危害特别严重或者影响特别重大的地区、单位，由相应的上一级社会治安综合治理委员会按照中央和省委、省政府有关规定，商有关部门共同研究决定实行一票否决权制。社会治安综合治理委员会应当将否决决定书及时送达被否决地区、单位及其上级主管部门。一票否决权制的整改期限一般为12个月。

对受到一票否决权制处理的地区、单位，在一年内取消该地区、单位评选综合性荣誉称号的资格，由组织人事部门按照有关权限和程序办理；取消该地区、单位主要领导干部、主管领导干部、分管领导干部评先受奖、晋职晋级的资格，由组织人事部门按照干部管理权限和程序办理，并会同社会治安综合治理委员会办公室，按照有关规定向上级有关部门进行报告、备案。需要追究该地区、单位党政领导干部责任的，移送纪检监察机关依纪依法处理。

第三十条 对省、市驻地方单位需要实行一票否决权制的，由市、县社会治安综合治理委员会向其主管单位和省、市社会治安综合治理委员会提出书面建议。省、市社会治安综合治理委员会应当及时作出是否实行一票否决权制的决定，并通知市、县两级社会治安综合治理委员会。

第三十一条 县级及以上社会治安综合治理委员会及其办公室应当对具有本办法第二十四条所列情形的地区、单位及时实施通报、约谈、挂牌督办、一票否决权制，并将相关情况通报同级纪检监察机关、组织人事部门，上报上一级社会治安综合治理委员会办公室备案。

对应当实施责任督导和追究而没有实施的，上一级社会治安综合治理委员会及其办公室应当责令其进行责任督导和追究。

乡（镇、街道）社会治安综合治理委员会及其办公室可以向上一级社会治安综合治理委员会提出对本辖区内相关单位部门进行责任追究的建议。

第三十二条 被通报、约谈、挂牌督办、实行一票否决权制的地区、单位整改后，应当按相关程序报告整改情况并提出验收申请，由作出决定的社会治安综合治理委员会及其办公室组织验收。

第三十三条 党政领导干部具有本办法第二十四条所列情形，按照《中国共产党问责条例》《甘肃省实施〈中国共产党问责条例〉办法（试行）》《关于实行党政领导干部问责的暂行规定》应当采取引咎辞职、责令辞职、免职等方式问责的，由纪检监察机关、组织人事部门按照管理权限办理。

第三十四条 党政领导班子、领导干部具有本办法第二十四条所列情形，并具有下列情节之一的，应当从重进行责任督导和追究：

（一）干扰、阻碍调查和责任追究的；

（二）弄虚作假、隐瞒事实真相、瞒报漏报重大情况的；

（三）对检举人、控告人等打击报复的；

（四）党内法规和国家法律法规规定的其他从重情节。

第三十五条　党政领导班子、领导干部具有本办法第二十四条所列情形，并具有下列情形之一的，可以从轻进行责任督导和追究：

（一）主动采取措施，有效避免损失、挽回影响的；

（二）积极配合调查，并且主动承担责任的；

（三）党内法规和国家法律法规规定的其他从轻情节。

第六章　附　则

第三十六条　本办法具体解释工作由甘肃省社会治安综合治理委员会负责。

第三十七条　本办法自 2016 年 11 月 23 日起施行。

甘肃省白银市开展农村基层治理“六小”活动助推精准扶贫精准脱贫工作

为深入贯彻落实习近平总书记关于加强基层社会治理要树立系统治理、依法治理、综合治理、源头治理理念的要求，白银市委政法委高位思考，深度谋划，就如何充分发挥职能作用，创新政法综治工作面向基层、服务群众、打造发展环境的思路和模式，按照“试点先行、探索推进、由点到面、全面深化”的总体思路，积极探索加强农村基层社会治理的有效途径和工作模式，以小活动促进大平安，强化农村基层依法行政、依法治理，强化农民群众依法办事、依法维权，坚持将法治思维、法治方式贯穿活动始终，确保农村改革发展稳定、基层政权巩固，有力推进全市精准扶贫、精准脱贫工作向纵深发展。

一是强化小宣传。大力开展“法律法规政策进镇村”“民主法治示范村”等一系列主题宣传活动。在乡镇（街道）、村（社区）设立法治辅导站、法律图书角和法治宣传栏，每个农民家庭培养一名“法律明白人”。加强农村“三委”干部法律知识培训，不断提高农村“三委”干部运用法律手段管理基层事务、防范和化解矛盾纠纷的能力。不断加强农村法治宣传志愿者队伍建设，定期组织法律服务、法律援助工作者深入农村开展法律咨询，及时提供法律服务。

二是排查小隐患。严格落实动态信息“一月一报”、敏感信息“专查专报”、紧急信息“随查随报”、重大信息“急查急报”等制度，建立健全乡镇、村（社区）两级建立联席会议制度，持续深入排查排摸，建立治安隐患问题台账，逐一排序挂号、逐一处置销号。通过政府购买服务等形式引导社会组织和社会工作者、心理咨询师等参与，建立经常性心理服务机制，及时开展心理辅导、心理危机干预，防止引发相关违法犯罪，特别是防止发生重特大案（事）件。

三是调处小纠纷。按照包区域、包服务、包调处、包稳控、包回访的“五包”措施，依托网格化服务管理，实地调查走访，了解民意化解民怨。对于排查掌握的重点对象，逐人逐案确定稳控责任小组、责任领导、责任人，逐一落实稳控责任。将法律服务纳入政府购买公共服务项目，实行“一村一法律顾问”，定期上门指导服务，参与重大矛盾纠纷调处。建立乡镇、村（社区）、组三级联调制度，采取巡回调解、轮值调解、联合调解等方式进行调处，做到矛盾调处不隔夜、纠纷化解在本村社。建立矛盾纠纷回访巩固制度，对已化解的矛盾纠纷当事人进行回访，了解其思想动态、生产生活等情况，巩固调解成果。

四是提供小服务。利用民生综合服务信息平台。为群众提供社会保障、民政低保等“一站式”服务。编制便民服务事项清单，绘制服务事项办理流程图，印制《服务手册》，解决群众“办什么、找谁办、怎么办”问题。充分发挥网格员、网格长工作职责，全面开展政策法规宣传、社情民意收集，提供面对面上门服务，代理代办事项，有效解决群众“急、难、特”等服务问题。

五是整治小环境。围绕住房、行路、就医、就学、生活保障等困难和问题，找准脱贫的切入点，以抓项目的思路、方法，实施“农村环境综合整治”工程、“美丽乡村”建设，配套解决道路、自来水、渠道、村址、文化舞台等基础设施建设滞后问题。不断加强农村地区公共安全宣传教育和农村安全防范工作的指导、监督与管理，高度重视农村生态安全，坚决防止严重污染水源、土壤和破坏生态环境等问题的发生。深化农村地区“命案治理”“打黑除恶”“打盗抢促平安”“扫黄打非”“打假”“微腐败”等专项打击整治行动，维护农村社会治安环境持续稳定。

六是体现小关爱。借助乡镇和村（社区）综治中心建设，吸纳公安、司法、民政、妇联等部门单位进驻，采取相应的措施办法，为群众解民忧、帮发展、促和谐。针对五保户、建档立卡贫困户、低保户、“三留守”人员等弱势群体，及时登记造册，了解群众所急所需，健全完善帮扶体系，充分发挥“留守妇女阳光家园”“留守儿童之家”等平台作用，不断加大救助帮扶、心理疏导力度，重点做好物质帮助、精神抚慰等工作。

甘肃省酒泉市创新推动“一办四室一中心”进基层工作模式

社会治理的重点在基层、难点在基层，希望也在基层，加强基层基础建设是实现社会治理水平现代化的基石。但一直以来，基层综治工作分工过细、合力不够，基础工作不扎实，服务管理功能不健全、工作力量不足等问题长期制约综治事业的长远发展，与经济发展新常态、社会治理新要求相比还有较大差距，影响了平安酒泉建设的深入推进。面对这些问题，酒泉市认真贯彻落实中央、省委政法工作会议和习近平总书记关于政法综治工作的重要指示精神，坚持把改革创新作为破解综治工作难题的根本出路，把防控防线、服务发展、补齐短板、破解难题摆在更加突出位置，以推进综治中心建设为切入点，以打造对内整合力量、形成联勤联动，对外面向社会、直接服务群众的综合性服务平台为出发点，在全市推行“一办四室一中心”进基层工作模式，在乡、村两级全部建立了综治办、警务室、司法调解室、检察联络室、人民调解室和综治中心，进一步夯实了政法综治基层基础建设，探索出了一条体现中央要求、符合酒泉实际、适应社会需求、顺应群众期待的基层基础建设新路子，确保了全市社会大局的持续稳定。

一、主要做法

一是以规范高效运行为目标，确保功能完善便民利民。通过综治中心这个平台、“一办四室”这个载体，最大限度地整合基层有限的政法综治力量，最大限度地发挥综治中心的最大作用，在机构设置上，加强乡村两级综治办职能，成立警务室、检察联络室、司法调解室、人民调解室和综治中心。在组织领导上，乡镇（街道）党（工）委书记总抓，分管副书记担任综治办主任、综治中心主任，具体指导协调日常工作。在阵地规范上，在社会管理服务中心（站）的基础上，按照“两栏、两薄、三卡、四牌、五册”的规范化建设标准组织实施，完善平安法治宣传栏、村务政务公开栏，统一工作记录簿、群众意见建议簿，制作群众留言卡、便民服务卡、监督联系卡，规范服务内容公示牌、工作职责制度牌、服务承诺桌牌和固定门牌，健全群众来访事项登记册、法治宣讲登记册、治安隐患排查整治登记册、重点人员帮教管控登记册、矛盾纠纷排查化解登记册。在服务时间上，综治办、人民调解室、警务室工作人员每周进村（社区）综治中心工作不少于2天；司法调解室、检察联络室每月在村（社区）综治中心工作不少于2天。在服务形式上，以便民服务为宗旨，加强综治中心功能建设，推行一个窗口服务群众、一个平台受理反馈、一个流程调解到底、一个机制监督落实工作机制，形成了综治组织牵头协调、政法部门职责下沉、部门资源整合共享、服务管理一站提供的综合服务模式，促进了政法综治各项工作在基层的有效落实。

二是以狠抓精细管理为手段，确保履职尽责提能增效。“一办四室一中心”由综治办负责统管日常运行，组织、协调、监督各部门开展工作；司法调解室将法院调解工作下沉到基层组织；检察联络室将检察院监督职能前移到基层一线；警务室负责维护辖区治安秩序、处理治安问题；人民调解室负责日常矛盾纠纷排查化解工作；综治中心有效整合综治、维稳、法检、公安、司法、信访等资源，统一领导、统一调配、集中管理“一办四室”和窗口单位，通过组织协调、指挥调度辖区综治维稳力量，承担平安法治宣传、社情民意收集、研判维稳形势、加强治安管理、办理群众来信来访、提供法律咨询服务、组织群防群治队伍、排查化解矛盾纠纷、重点区域排查整治、重点人员帮教管控、特殊群体教育管理、维护公共安全等综合性任务，并指导辖区建立健全社会治安综合治理工作体系，开展“四个零犯罪”、平安乡镇(街道)、村(社区)及“十三个层面”的平安创建活动。在抓好职责任务落实的同时，深入开展以转变政法综治干部作风、解决联系服务群众“最后一公里”问题为主题，以构建一个服务平台、联系一名重点人员、讲好一堂法治课、化解一批突出矛盾、记好一本民情日志等为内容的“六个一”活动，“一办四室一中心”工作人员用真心帮助群众排忧解难，用真招帮助群众解决难事，实现了作风在一线改进、服务在一线体现、问题在一线解决、平安在一线创建。

三是以健全制度机制为根本，确保综治工作常态长效。注重发挥“一办四室一中心”在社会治理中的基础作用，把制度建设作为加强管理、提升成效、持续发力的重要手段，研究制定了日常考勤、平时考评、年终考核和定期反馈、群众评议等制度，完善了矛盾纠纷月协调例会和治安形势、非访问题形势分析联席会议等制度，建立了群众来访统一受理、各类事项分类处理、交办问题催办督办、办结成效跟踪回访等制度，健全了领导责任联建、日常运行联管、治安形势联商、矛盾纠纷联调、社会治安联防、突出问题联治、平安建设联创、法治宣传联动、社会治理联抓、督查考核联评“十项工作机制”，党委统揽全局、综治协调抓总、中心承载各方、实行目标管理、逐级靠实责任、层层压担推进，常态长效的制度机制既传导了责任、凝聚了压力、促进了工作、推动了落实，也使社会治理的重心落到了乡镇村组和街道社居。从目前运行情况看，“一办四室一中心”工作人员都能按照“职责清单”立足主业、尽职尽责，真正使基层有了一个以综治牵头、各负其责，确保一方平安的领导责任，有了一个以乡村为主、齐抓共管，实施综合治理的组织网络，有了一个深入基层、贴近群众，就地化解矛盾纠纷的工作机制。

四是以加强组织领导为保障，确保重点任务落实到位。各级党委、政府把推进“一办四室一中心”工作模式作为引领政法综治工作创新发展，不断夯实综治基层基础，有力维护社会稳定的重要抓手，将推进“一办四室一中心”工作纳入重要议事日程，与经济社会发展同部署、同落实、同检查、同考核，市委常委会、市政府常务会、市委政法工作会、综治委全体会多次研究部署政法综治基层基础建设，市委、市政府主要领导亲自调研部署、传导任务，分管领导亲自带队督查、跟踪落实，各级各部门积极配合、统筹推进，各级综治组织牵头抓总、具体实施，搭建起了党政领导、综治牵头，部门联动、职责下沉，覆盖基层、社会共治的工作格局。加大工作保障力度，各级党委、政府把“一办四室一中心”建设摆在突出位置，在力量配置、经费保障、设施设备等各个方面积极向基层倾斜，乡、村两级综治中心共配备工作人员 3202 人；市、县两级共补助综治基层基础建设专项经费 234 万元，改造办公用房 856 间，配备办公设施 500 余套；利用平安与便民综合服务平台，综治中心全部建成视频会议室、监控室，在全市形成了人在基层走、钱为基层花、力往基层使、物为基层配，最大限度保障基层的保障体系，确保了中央、省委部署在酒泉的全面落地生根。

五是以靠实领导责任为保证，确保工作部署抓实见效。聚焦社会治安综治治理领导责任制，将加强综治基层基础建设纳入“六位一体”考核体系，对各级领导班子和领导干部进行综合考评；

纳入“六个问责”工作要求，通过挂旗方式对各级各部门严格执绩问责；将“一办四室一中心”推进情况作为文博会群防群治工作的检查重点，由3名地级领导带队，抽调9名县级干部对各县（市、区）工作落实情况进行巡回督查。酒泉市委、市政府分管领导先后11次督查调研综治工作，市综治办先后5次进行专项督查，下发4个督办通知交办问题、督促进度。通过刚性的责任查究和持续的督查检查，进一步增强了各级党政主要领导落实综治领导责任制，抓好综治工作的紧迫感和责任感，形成了“一把手负责、一揽子统筹、一竿子到底、一层层问责”的责任体系，确保了“一办四室一中心”工作的全面落实。覆盖全市73个乡镇（街道）、479个村（社区）的“一办四室一中心”已全部建成并规范运行。

二、取得的成效和体会

一是有效维护了社会稳定。通过在全市乡、村两级建立“一办四室一中心”，最大限度地把矛盾纠纷解决在最基层，有力筑牢了维护社会稳定的根基，提高了基层综治维稳工作实效，大综治、大维稳、大调解、大信访工作格局的积极作用得到凸显。2016年，全市刑事案件发案率同比下降16.6%，“两抢一盗”案件发案率同比下降20.3%，进京非正常上访同比下降80.1%，矛盾纠纷化解率达到98.8%，没有发生全市有影响的案（事）件。全市摸排确定的41个治安突出问题和2件突出社会矛盾纠纷全部实现了清单管理、挂牌督办、按期化解，拖欠农民工工资、存在消防安全隐患等一批群众反映强烈、困扰基层工作、影响社会稳定的突出问题和矛盾隐患得到了彻底解决。

二是有效夯实了基层基础。通过在全市乡、村两级建立“一办四室一中心”，解决了基层政法综治工作分工过细、合力不够等长期制约综治事业发展的难题，实现了资源有效整合、队伍统一指挥、工作联动配合、效率加倍聚合和条线分工向资源统筹转变的目标。全市乡、村两级集平安建设、矛盾调处、信访维稳、法律服务、公共安全、社会管理、便民服务等功能于一体的综治中心全部建成，全市覆盖乡村、专兼结合、整合高效、运转规范的基层组织网络不断健全，服务发展、惠及民生、协调顺畅、确保稳定的基层体制机制不断完善，使“一办四室一中心”成为破解难题、补齐短板，精准发力、主动作为，开创政法综治工作新局面的具体实践。

三是有效提升了综治水平。通过在全市乡、村两级建立“一办四室一中心”，将政法综治维稳工作真正的“神经末梢”加以整合，主动提供社会服务、统一受理群众诉求、积极化解社会矛盾，有效激活了基层综治工作活力，巩固了基层平安创建成果，确保了最基层综治维稳工作有人抓、有人管、有人干，实现了资源力量整合在基层、工作合力形成在基层、服务管理水平提高在基层的目标。这既使我们找到了解决政法综治部门各自为政、充分发挥综合治理优势、适应经济社会发展新常态要求的最佳结合点，也使我们实践出了具有酒泉特色，全面推行依法治国，加强基层源头治理、依法治理的新举措。

四是有效转变了工作作风。通过在全市乡、村两级建立“一办四室一中心”，创新联系服务群众机制，切实转变工作作风，动员组织全市2277名政法干警和925名综治干部俯身基层服务群众，将政法综治工作触角延伸到了最基层的乡镇（街道）、村（社区），将政法干警力量下沉到了群众最需要、矛盾最集中的基层一线，使“一办四室一中心”工作成为各级政法部门和政法干警、综治干部深化党的群众路线教育实践活动，践行“三严三实”要求，开展“两学一做”专题教育，做好新形势下群众工作的生动体现。现如今，“群众动嘴干部跑腿”成了基层干部群众的新说法，全程服务、方便群众、规范有序，也彻底改变了基层干部在群众心中的形象。

甘肃省张掖市种好经济“责任田”
靠实平安“责任状”

健全落实社会治安综合治理领导责任制是深化平安建设的主要抓手，也是巩固平安建设成果的重要保障。中共中央办公厅、国务院办公厅印发了《健全落实社会治安综合治理领导责任制规定》（以下简称《规定》），进一步明确了综治工作的责任主体和责任内容，强化了督导检查措施，规范了追责情形和方式。《规定》的颁布意味着各级党委、政府和领导干部不仅要种好发展地方经济这块“责任田”，更要靠实维护地方平安这份“责任状”。

近年来，张掖市在平安建设过程中，着力健全完善党委统一领导、党政齐抓共管、专门机构指导协调、部门单位各负其责的平安建设组织领导体制。全市建立起了“四纳入”和“四必四优先”的工作机制，基本形成了具有张掖特色的平安建设组织领导机制，极大地促进和推动了平安建设深入健康发展。从具体实践经验看，平安建设是带有全局性、高层次的创建活动，党政领导干部重视程度越高，各部门单位的参与积极性就越强，平安建设的成效就会更加明显。“平安不会随着经济发展自然而然地到来，必须领导挂帅、真抓实干、一抓到底、毫不放松，确保中央关于综合治理决策部署的贯彻落实。”因此，全面深化平安建设，必须着力健全完善领导责任制，牢牢抓住科学划分领导责任这个关键，在强化领导干部综治责任制的实效性和操作性上大胆创新，推进平安建设实际效能的无限放大。

一、关注极少数、抓住关键点，解决好“向谁问责”的问题

《规定》强调要严格落实“属地管理”和“谁主管谁负责”原则，进一步明确了党委、政府在社会治安综合治理工作中的责任，明确了各级党政主要负责同志是社会治安综合治理的第一责任人，社会治安综合治理的分管负责同志是直接责任人，领导班子其他成员承担分管工作范围内社会治安综合治理的责任。地方党政主要负责同志作为社会治安综合治理的第一责任人，抓住了“关键少数”中的“关键”。

具体实践中，张掖市着重建立三个责任制：一是建立领导干部任期目标责任制。把抓综治工作作为各级党委、政府和党政领导干部的任期目标之一，实施“一把手”工程，督促党政主要领导干部对综治（平安建设）工作亲力亲为，纳入全局工作和重要议程进行思考谋划，做到与经济社会发展等重大决策、重大事项同部署、同安排、同决策，每年至少专题听取一至两次综治工作汇报，专门研究部署综治年度重点工作任务，倾力解决综治工作中存在的困难和问题，形成主要领导亲自抓、分管领导具体抓、班子成员配合抓的工作格局。二是建立领导干部岗位责任制，把各级党政领导班子和有关领导干部履行综治工作责任情况作为年度述职报告的重要内容，推动实施党政领导干部抓业务工作和平安建设“一岗双责”的领导岗位责任制，对领导班子、党政主要领导干部、分管领导干部以及其他领导班子成员抓平安建设的责任分别进行分解量化、逐级明确。三是建立领导干部履职目标管理责任制。根据各地、各部门治安状况和工作情况，把综治工作年度主要任务，以目标管理责任书的形式分解为若干具体单项目标，纵向上市、县区、乡镇三级党政主要领导或分管领导代表地方，层层签订综治工作目标管理责任书；横向上地方党政主要领导或分管领导与综治委成员单位及有关部门签订综治工作目标管理责任，通过签订责任书的形式，形成纵向到底、横向到边的综治（平安建设）责任体系。

二、牵住牛鼻子、用好指挥棒，解决好“如何压责”的问题

中央两办《规定》对建立健全制度化、规范化、程序化的社会治安综合治理领导责任制作出全面规划设计，进一步推动了职责明确、奖惩分明、衔接配套、务实管用的综治工作责任体系的建立。张掖市在实践中，持之以恒地抓好督促、检查、考核、奖惩，形成年初建账、每月盘账、季度核账、年末结账的责任落实机制，才能实现综治工作领导责任制落实的常态化、长效化。

具体抓好两个方面：一是以督促检查牵住牛鼻子。责任制能不能落实，督促检查是重要保障。要进一步完善综治工作督促检查机制，将社会治安综合治理工作督促检查纳入各级党委、政府督查工作体系，适时组织开展专项督促检查，推动工作任务落实。研究建立定期通报反馈制度，根据平安预警指数和党委政府督查结果，每季度进行一次通报，帮助排名靠后县区或单位分析查找突出问题和工作薄弱环节，研究针对性工作措施，促进领导责任制的落实。二是以考核奖惩用好指挥棒。完善各级党政领导班子和领导干部工作实绩考核评价体系，将综治工作纳入领导班子和领导干部评价考核内容，进一步健全考核评价制度，通过规范考核主体、考核对象、考核内容、考核办法等，形成科学公正的评价指标。把工作实绩作为对领导班子和领导干部综合考核评价的重要内容，强化考核评价结果运用，与业绩评定、职务晋升、奖励惩处等挂钩，建立组织、人事部门提拔使用干部和办理干部评先、受奖、晋级时必须征求综治部门意见机制，制定书面征求意见的程序性规定，确保综治工作领导责任制落实。推动建立健全市、县区、乡镇三级党政主要领导、分管领导和综治委成员单位主要领导及综治委成员抓综治(平安建设)的实绩档案，将领导责任制落实情况、群众安全感测评情况、年度综治工作排位情况、领导干部履行综治(平安建设)工作职责情况等纳入其中，按季度填报，分别在组织、综治部门备案，作为党政领导干部综合考评的重要依据，逐步形成党政干部主动自觉抓综治工作的履职导向。

三、划出硬杠杠、设定硬程序，解决好“怎么问责”的问题

中央两办《规定》对综治工作责任查究的情形、方式、实行主体、程序和后果等作出了带有很强操作性的规定，明确了通报、约谈、挂牌督办、一票否决、引咎辞职、责令辞职、免职等多种责任查究方式，以及实施的主体、程序和从重或从轻追责的具体情形，真正划出了硬杠杠、设定了硬程序。

具体实践过程中，抓好三个关键，确保铁规发力、禁令生威：一是上抓一级严格追责。建立健全综治工作领导责任清查制度，由上一级综治部门会同纪检监察、组织人事等部门，对所属下一级党委、政府或综治委成员单位主要领导、分管领导和工作人员在抓综治(平安建设)工作过程中出现的失察、失报、失控、失管等行为进行全面清理追查，查清在问题处置及方法适用过程中的欠缺和不足，以及在问题发生过程中应当承担的具体责任，视情节严重程度、损害程度和社会影响程度，分别给予诫勉谈话、取消当年评优评先资格、责令作出书面检查、通报批评、引咎辞职、责令辞职或免职等追责处理，对触犯法律的移交司法机关追究法律责任。二是平抓同级推动问责。按照“属地管理”和“谁主管、谁负责”的原则，地方党委、政府根据年度综治(平安建设)考评结果，对下级党委、政府和所属综治委成员单位中考评不合格的，予以“黄牌警告”或“一票否决”。对没有很好落实社会治安综合治理责任的党政领导干部，由同级综治部门提出问责建议，报经党委研究同意后，由同级纪委监察部门开展责任追究倒查工作。凡发生重特大治安事故的地方，党政相关领导均不得晋级晋职，并接受责任追究或主动引咎辞职。三是下抓一级逐级究责。健全下抓一级的管理办法，分台阶实施通报、约谈、挂牌督办等究责措施，着力解决“一票否决权制”应用难的问题，用真通报、真约谈、真督办、真问责推动综治领导责任制一级抓一级、层层抓落实。

(撰稿人：王贺丰
审稿人：牛纪南　曹贡辉)

青　海　省

2016 年综治工作概况

2016 年,在中央综治办的有力指导和省委省政府的坚强领导下,全省各级综治部门认真贯彻落实中央、省委政法工作会议精神,以习近平总书记系列重要讲话特别是视察青海时重要讲话精神为统领,紧紧围绕维护社会大局稳定、促进社会公平正义、保障人民安居乐业三大任务,坚持专项治理与系统治理、依法治理、源头治理、综合治理相结合,积极防控风险、服务发展,破解难题、补齐短板,落实关键举措、着力夯实基层基础、健全完善长效机制,下气力解决影响安全稳定的突出问题和深层次问题,不断提高社会治理社会化、法治化、智能化、专业化水平,为全省经济社会发展创造了良好环境,各项工作取得了新进展。

一、以确保藏区稳定为重点,全力维护社会大局持续稳定

始终把维护政治安全、社会稳定特别是藏区稳定作为首要任务和工作底线,持续深化行之有效的经验做法,健全完善长效工作机制,推动维稳工作由粗放向精细、由应急向常态、由被动向主动转变,确保了全省社会大局持续稳定。一是全力维护藏区社会稳定。二是切实加强重点人员排查帮扶管控。以底数准、动态清、管得住、服务好为目标,严格落实"一对一""多对一"的帮扶管控责任和列表动态管理、评定风险等级、强化管控责任、解决实际困难等措施,基本做到了底数清、情况明、帮扶管控措施到位。三是常态推进重点乡镇综合整治。聚焦农牧区社会治安突出问题开展专项整治,采取帮扶脱贫、民生救助、项目建设、教育培训等综合手段,使农牧区特别是一些综治维稳重点村治安状况实现明显好转,全省 96 个综治维稳重点村通过综合整治退出 66 个。四是深入实施平安与振兴工程。围绕"三年解决突出问题、打好基础"的目标,强化督导检查,推动任务落地,以发展保稳定、以稳定促发展的良好局面在黄南、果洛两州进一步形成。2016 年,果洛、黄南两州分别完成固定资产投资 71.93 亿元和 84.57 亿元,占年度总投资的 95.9% 和 98.9%。12 月,又落实拨付两州平安与振兴工程地方债资金 2 亿元,交界地区长治久安的物质基础和民生基础得到完善和提升。

二、以健全多元机制为关键,着力提升矛盾纠纷化解实效

以构建多元化矛盾纠纷解决机制为主线,正确处理维稳与维权的关系,坚持源头预防、动态管理和应急处置相结合,进一步健全基层组织,完善制度机制,创新方式方法,矛盾纠纷预防化解的法治化、制度化水平进一步提高。一是健全矛盾纠纷多元化解机制。提请省委办公厅、省政府办公厅印发了《关于完善矛盾纠纷多元化解机制的实施意见》,着力打造行业性、专业性调解组织和调解工作运行机制,建立了农村家庭矛盾多元化解联动机制,培育了医患纠纷调解中心、"社区法律会诊站",有效提升了基层矛盾纠纷预防化解水平。二是协调化解重大矛盾纠纷。严格落实省州县乡四级重大矛盾纠纷协调会议机制,从政治安全、经济安全、生态安全、社会稳定等 10 个方面排查突出风险隐患 80 条,逐条梳理汇总、逐条分析评估、逐条明确责任、逐条落实措施、分批集中交办。2016 年,研究重大矛盾纠纷 20 件,推动化解 16 件。三是深入开展社会稳定风险评估。严格落实重大决策责任主体和地方政府的"双评估",推动社会稳定风险评估工作制度化、规范化、常态化,从源头上预防和避免了重大矛盾的发生。全年共开展稳评事项 430 项,准予实施 423 项。

三、以防控体系建设为支撑，不断提升群众安全感

贯彻落实省委省政府《关于加强社会治安防控体系建设的实施意见》，建立地方和部门年度任务台账，压实工作责任，推动措施落地，群众安全感进一步增强。经省统计局抽样调查，2016 年群众安全感达到 86.85%，同比提高了 0.57 个百分点，连续 4 年实现稳步提升。一是深入实施“雪亮工程”。制定印发《青海省公共安全视频监控建设联网应用工作实施方案》，扎实推进西宁市、海西州全国首批“雪亮工程”示范城市建设试点工作，大力推进农牧区视频监控“小技防”建设，努力编织全域覆盖、全网共享、全时可用、全程可控的视频监控网络，逐步实现视频监控建设由“视频建设”向“联网应用”转变。二是持续开展突出治安问题专项整治。根据全省社会治安形势和 G20 会议安保工作部署，先后组织开展了“打黑除恶”、打击涉枪涉爆犯罪、电信网络诈骗专项整治、“缉枪治爆”、护校安园、消防安全、生产安全、非法集资、食品药品集中清查、公交客运安全管理等一系列专项行动，有力维护了社会大局的持续平安稳定。三是切实加强社会公共安全管理。对全省范围内的涉危涉爆、寄递物流渠道、安全生产、危爆物品存储等企业开展多次联合督查，全年共检查涉危涉爆企业、消防重点单位 10803 家，发现安全隐患 19640 处，整改 18496 余处，实现了连续六年无重大公共安全事故的目标。四是发展壮大群防群治队伍。在全面推广“街长”“邻里互助”“店店联防”“十户联防”“中心户长”“楼栋单元联防”等治安联防经验的基础上，健全完善“村警”工作机制，大力发展协勤、保安、联防队、治安志愿者等群防群治组织和群众性义务巡逻队伍，调动激发群众参与社会治安工作的积极性、主动性，进一步筑牢平安稳定的第一道防线。五是加强特殊人群服务管理。认真做好社区矫正人员帮扶管理、精神障碍患者救治管护和社区戒毒康复等工作，组织协调相关部门切实做好艾滋病人、流浪乞讨、闲散青少年、农村留守儿童等特殊群体的服务救助和吸毒人员网格化服务管理工作，进一步明确职责、落实任务、压实责任，推动了对特殊人群服务管理工作的常态化、规范化开展。

四、狠抓基层平安创建，深入推进社会治理创新

提请省委办公厅、省政府办公厅印发了《关于加强和创新社会治理的实施意见》，全面推进平安细胞深度延伸，构筑起群众身边的平安工程，着力打造“平安青海”升级版。一是积极推进社会治理“微创新”。贯彻“南昌会议”和省委第 118 次常委会议精神，从破解社会治理具体问题入手，总结推广西宁市、海东市、海西州、海北州等地“微创新”经验，用法治思维和法治方式，通过精准治理和精确管理，打开破解社会治安防控难题的突破口。二是深入推进“平安细胞”创建。全面推进县（市、区）、乡镇（街道）、村（社区）等地区平安创建和寺院、校园、交通、医院、商（市）场、边界等行业平安创建及平安家庭创建，推动“平安细胞”向深度延伸、广度拓展，积“小安”为“大安”，变平安为长安。三是持续推进平安建设基层典型培育。发挥典型示范带动作用，围绕完善网格化管理、健全社会治安防控体系、构建多元矛盾纠纷调解机制、平安细胞创建等，投资 1709 万元，在全省组织实施了 21 个基层典型示范项目，形成了西宁市社会治安“五色评价”机制、海东市农村小技防建设、海西州“无欠薪县”“平安景区”创建、海南州“1 + 5 + 4”治安防控模式、海北州群防群治“防火墙”、玉树州“村寺并联”、果洛州“班玛经验”升级版和黄南州寺院管理信息化等一批理念新、方法实、有创新、能推广的典型经验。四是不断提升网格精细化服务管理水平。在总结推广完善“三种类型、四个层级”社会治理经验的基础上，打破部门利益、条块分割的束缚，整合资源力量，探索多网合一、一网多格、一格多员、全员参与的网格化管理服务模式，切实解决基层力量结构性不足问题，实现了基层社会治理的精细化、制度化、规范化。五是加强铁路护路联防工作。在巩固“平安铁路示范路段”“平安铁路示范市县”等系列创建成果基础上，全面开展“大排查、大调解、大整治”活动，持续净化铁路沿线治安环境，及时消除安全隐患，确保铁路运输安全。六是加快推进综治信息化建设。把信息化建设作为提高工作效率、提升管理服务水平的重要手段，紧紧围绕人、地、物、事、组织等基本要素，积极研发社会治安综合治理管理服务应用系统，加强对人口、房屋、证件、车辆、场所、网络、组织等各类基础信息的实时采集、动态录入,全力构建省州县乡四级纵向贯通、省级政法部门横向集成的共享共用、安全可靠的政法综治信息化平台。2016年,全省8个市州和46个县(市、区、行委)已实现与省级综治分平台的视频互联互通。七是健全完善考核奖励机制。为确保考评工作的科学性、严肃性、规范性,健全综治维稳和依法治省年度目标考核机制,进一步修改完善目标责任书,实行8个市州分类考核,有效激发各地的“竞争意识”和“内生动力”,调动了工作积极性。八是加强综治干部教育培训工作。2016年,依托省外高校优质资源,分别在西北政法大学、浙江大学举办了全省综治干部培训班和全省政法综治干部社会治理创新专题培训班,开拓了工作思路,优化了知识结构,提升了工作能力,培训取得了良好效果。

中共青海省委办公厅　省政府办公厅关于加强和创新社会治理的实施意见

(2016年11月9日)

为贯彻落实好全国社会治安综合治理创新工作会议精神,加强和创新我省社会治理,现提出如下实施意见。

一、总体要求

全面贯彻落实党的十八大和十八届三中、四中、五中、六中全会精神,深入学习贯彻习近平总书记系列重要讲话精神和习近平总书记视察青海时重要讲话精神,紧紧围绕统筹推进“五位一体”总体布局和协调推进“四个全面”战略布局,立足当前、着眼长远,坚持专项治理与系统治理、综合治理、依法治理、源头治理相结合,积极推动理念、制度、机制、方法创新,不断提高社会治理社会化、法治化、智能化、专业化水平,着力完善党委领导、政府主导、社会协同、公众参与、法治保障的社会治理体制,积极构建符合青海实际、具有青海特色、全民共建共享的社会治理格局,努力实现从被动应对向主动预测预警预防转变,建设更高水平的平安青海,进一步增强人民群众安全感,为全面建成小康社会创造安全稳定的社会环境。

二、主要措施

(一)加强社会治理基础制度建设。

1. 结合全面深化改革,理清乡镇(街道)政府与村(社区)自治组织的职责权限,健全村(社区)治理结构,理顺村(社区)自治组织与其他社会组织的关系,厘清村(社区)工作负担,增强村(社区)的自治功能,探索村(社区)、社会组织和社工“三社联动”的基层治理模式,不断完善村(社区)工作标准体系和评估制度,推行政府购买服务、项目外包、引入商业保险等方式,推动社会各方参与社会治理体系建设,促进村(社区)自治组织协助政府办理服务事项,不断提升村(社区)自我服务能力。(牵头单位:省委组织部、省编办、省民政厅、省财政厅,各市州党委政府;配合单位:省委各部委、省直各单位)

2. 完善基层工作体制机制。建立社区公共服务准入制度,完善基层群众自治机制。健全村(居)民会议制度,完善民情恳谈、村(居)听证评议和工作协商议事机制,加强村(居)务监督委员会建设,落实以村(社区)务公开、民主评议为主要内容的民主监督,规范村规民约,推进群众自治。推进驻地单位、社会组织参与村(社区)共驻共建。(牵头单位:省民政厅,各市州委政府)

3. 进一步加快全省实有人口信息管理系统升级改造,建立健全实有人口基础信息库,建立完善统一的社会信用代码制度和相关实名登记制度，推进手机号码、银行卡、网络实名制，严格落实身份信息核查责任，有效掌控社会治理基本要素。深入推进居民身份证换发、异地办理和指纹信息登记工作，建立户口和身份证信息联网查询比对制度，逐步实现跨部门、跨地区信息整合和共享。（牵头单位：省公安厅；配合单位：省发展改革委、省经济和信息化委、人行西宁中心支行）

4. 健全用户信息保护制度，推行实名制和保护公民个人信息安全并重，加强对用户个人隐私、商业秘密的保护。建立违法犯罪记录与信用、职业准入等挂钩制度，强化对守信者的鼓励和对失信者的惩戒。（牵头单位：省公安厅、人行西宁中心支行；配合单位：省商务厅、省金融办）

5. 健全完善心理卫生服务体系，鼓励、引导和规范发展社会心理咨询服务机构。加强社会工作专业人才队伍和社会志愿者队伍建设，开展社会关爱行动。建立心理危机干预预警机制，对生活失意、心态失衡、行为失常的人员，做好心理调节疏导和人文关怀。认真贯彻以奖代补落实严重精神障碍患者监护责任的有关要求，加强易肇事肇祸精神障碍患者管理。（牵头单位：省卫计委、省公安厅、省司法厅，各市州党委政府；配合单位：省财政厅、省总工会、团省委、省妇联）

6. 全面推广“三种类型、四个层级”的社会治理模式，扎实推进省、市（州）、县（市、区）、乡镇（街道）、村五级综治工作中心规范化、标准化、实体化建设和网格化服务管理，健全基层综合服务管理平台，完善人财物保障机制和工作运行机制，推动网格化服务管理向农牧区拓展、向社会细胞延伸，服务和管理力量向基层倾斜，促进社会治理资源整合、功能融合。（牵头单位：省综治办，各市州党委政府；配合单位：省委各部委、省直各单位）

（二）健全完善利益诉求解决机制。

7. 健全多元纠纷解决机制，贯彻落实《关于完善矛盾纠纷多元化解机制的实施意见》，深化“枫桥经验”青海化，健全矛盾纠纷排查预警、分析研判、联动调处制度，培育和发展行业性、专业性调解组织，完善人民调解、行政调解、司法调解衔接联动的“大调解”工作体系，综合运用调解、仲裁、行政裁决和复议、诉讼等多种方式化解矛盾，努力把矛盾纠纷化解在基层、解决在萌芽状态。（牵头单位：省委政法委、省司法厅，各市州党委政府；配合单位：省委各部委、省直各单位）

8. 全面打造阳光信访、责任信访、法治信访和亲民信访，完善信访工作责任体系，大力推广网上信访和远程视频接访，全面联通全省信访信息系统，健全落实非正常上访联动处理机制和党政领导干部包案化解重大矛盾纠纷责任制，深化涉法涉诉信访改革，加大信访积案化解力度，最大限量减少信访存量。持续推进执法司法规范化建设，深化执法司法公开，健全监督机制和责任查究机制，从源头预防涉法涉诉信访问题发生。（牵头单位：省信访局、省委政法委、省直政法各部门，各市州党委政府；配合单位：省委各部委、省直各单位）

9. 深入推进社会稳定风险评估，进一步完善决策程序、评估报告、等级预警、登记备案、监督制约、责任追究等制度机制，严格落实责任单位和地方政府“双评估”责任，建立部门单位与群众交流协商平台，预防和减少因决策不当引发社会矛盾。（牵头单位：省维稳办，各市州党委政府；配合单位：省委各部委、省直各单位）

10. 健全群众利益保护机制，在环境保护、征地拆迁、教育医疗、劳动就业、企业改制等领域，完善信息公开、听证等制度，健全群众利益补偿机制。（牵头单位：省环境保护厅、省住房城乡建设厅、省人力资源社会保障厅、省国资委、省教育厅、省卫生计生委；配合单位：各市州党委政府）

11. 坚持什么问题突出就解决什么问题的原则，研究出台相关制度和办法，重点在解决校园安全、欺凌事件和医患纠纷、暴力伤医、医闹以及拖欠农民工工资、客货运汽车动态管理等社会治理微创新方面取得突破。（牵头单位：省委政法委、省卫生计生委、省教育厅、省人力资源社会保障厅、省交通运输厅，各市州党委政府；配合单位：省政府法制办、省法院、省公安厅、省司法厅）

12. 坚持依法处置、舆论引导、社会面管控“三同步”原则，把舆情监测、分析研判作为一项基础性、常态性工作来抓，切实提高群体性事件处置能力。（牵头单位：省委政法委、省公安厅，各市州党委政府；配合单位：省网信办）

（三）推进社会治安防控体系建设。

13. 贯彻落实《关于加强社会治安防控体系

建设的实施意见》,积极推进社会面治安防控网、重点行业和重点人员治安防控网、乡镇(街道)和村(社区)治安防控网、机关企事业单位内部安全防控网、信息网络防控网建设,不断提高整体防控水平。(牵头单位:省公安厅、省综治办,各市州党委政府;配合单位:省委各部委、省直各单位)

14. 深入实施“雪亮工程”建设,加大公共安全视频监控建设联网应用力度,在西宁市和海西州抓好全国公共安全视频监控联网应用示范工作。加快重要部位、复杂场所和农牧区薄弱地区公共区域视频监控系统建设,搭建县级以上视频图像信息交换共享平台,统筹整合政府、企业和社会各类视频监控资源,提高视频监控集成应用水平。(牵头单位:省公安厅、省发展改革委、省综治办,各市州党委政府;配合单位:省委各部委、省直各单位)

15. 坚持科技引领、信息支持,健全社会治安综合治理基础数据标准规范体系,推动金融、电信、工商、保险等各方面信息与警综信息平台、公安大数据中心的无缝对接,逐步消除信息壁垒,解决好网络不能互联互通、信息不能共用共享、农村小技防碎片化等问题,切实提高对各类治安问题的预测预警预防能力和破案处置能力,为防控实战提供支撑。(牵头单位:省公安厅,各市州党委政府;配合单位:省委各部委、省直各单位)

16. 积极构建“视频云+大数据”平台,加强社会治安基本要素的动态掌控,推动运用人像比对、智能交通、移动上网、电子围栏、物联网、门禁系统等智能化手段,加强对人口、车辆、房屋、资金要素信息动态采集,形成智能化、全方位的信息采集网,保持信息鲜活。(牵头单位:省公安厅,各市州党委政府;配合单位:省委各部委、省直各单位)

17. 严厉打击黑恶势力、“两抢一盗”、制毒贩毒等各类违法犯罪行为。加强网络安全管理,严厉打击电信诈骗、网络贩毒贩枪、贩卖个人信息、传授制爆技术、销售违禁物品、传播宗教极端思想和藏独分裂思想等网络犯罪活动,提高网上网下发现处置、侦查打击、防范控制能力,切实维护网络安全。(牵头单位:省公安厅、省网信办,各市州党委政府;配合单位:省综治委互联网专项组各成员单位)

18. 加强重点人员和特殊人群排查帮扶管控,完善摸底调查、救治救助、动态管控、部门协作机制,建立政府、社会、家庭三位一体的关怀帮扶体系,最大限度地消除安全隐患。继续推进社区矫正和社区戒毒康复试点工作。加强对服刑人员和戒毒人员关怀帮扶。加强相关专业社会组织、社会工作人才队伍建设,推进特殊人群帮扶管控工作专业化、社会化。(牵头单位:省委政法委、省公安厅、省司法厅、省卫生计生委、省民政厅,各市州党委政府;配合单位:省委各部委、省直各单位)

19. 全面推开重点青少年群体服务管理工作。将五类重点青少年群体信息数据库纳入社会治安综合治理基础数据中,将重点青少年群体纳入网格化管理和社会化服务工作中,做好重点青少年群体服务管理和结对帮教工作,有效预防和减少我省青少年违法犯罪。(牵头单位:团省委、省综治委预防青少年违法犯罪专项组,各市州党委政府;配合单位:省委各部委、省直各单位)

20. 认真落实安全生产责任制。细化各级党委政府领导责任、相关部门监管责任、企业主体责任,落实管理、防范、监督、检查、奖惩措施。加强对高速铁路、城市公交、油气管网、城市燃气、高层建筑防火、城中村等重点领域和煤矿、矿山、化工、烟花爆竹、食品药品等重点企业的监管,深入开展安全隐患排查整治。严格落实寄递物流 X 光机安检、开箱验视、实名寄递“三个 100%”要求。加大公共安全源头治理和执法力度,把行政执法与刑事司法紧密结合起来,增强监管整治的有效性。(牵头单位:省公安厅、省环境保护厅、省国土资源厅、省交通运输厅、省安监局、省旅游发展委、省食品药品监管局、省邮政管理局、青藏铁路公司,各市州党委政府;配合单位:省综治办、省检察院、省法院)

21. 健全风险预测预警预防机制,探索“人力+科技”“传统+现代”的风险预警模式,健全公共安全滚动排查、分析研判、风险评估、监测预警机制,提高对风险动态监测、实时预警能力,及时切断风险链。(牵头单位:省维稳办、省公安厅,各市州党委政府;配合单位:省委各部委、省直各单位)

22. 健全应急处置机制，构建属地指挥和扁平化指挥相结合的应急管理指挥系统，完善突发事件应急处置预案，加强公共卫生、环境污染、安全生产事故、自然灾害、暴力恐怖袭击等重大突发事件的处置演练，确保能够快速应对、稳妥处置突发事件，严防事态蔓延升级。（牵头单位：省政府应急办、省公安厅，各市州党委政府；配合单位：省维稳办、省卫生计生委、省环境保护厅、省安全监管局、省食品药品监管局、省民政厅、武警青海总队）

23. 不断深化地区平安创建，全面推进行业平安创建及平安家庭、平安单位、平安边界创建，完善平安建设命名表彰和动态管理机制，持续推进基层平安建设典型培育工作，发挥好以点带面、整体推进的作用，努力构筑群众身边的平安工程。（牵头单位：省综治办，各市州党委政府；配合单位：省委各部委、省直各单位）

24. 广泛开展群防群治工作，进一步巩固、完善、拓展、升级“班玛经验”“村寺并联”“一村一警”“十户联防”“防灾减灾示范社区创建”等基层社会治理经验，发展保安、社工、治安、防灾减灾志愿者等群防群治组织，建立工作奖补机制，运用微信微博等新的载体和手段发动群众参与治安防控，壮大群防群治力量。（牵头单位：省综治办、省公安厅、省财政厅、省民政厅，各市州党委政府；配合单位：省委各部委、省直各单位）

25. 深入实施“平安与振兴工程”，深化对问题多的乡村和社区集中整治，加大基础设施建设力度，推动交界地区加快发展，实现长治久安。（牵头单位：省委政法委、省发展改革委，各市州党委政府；配合单位：省委各部委、省直各单位）

（四）加强维护社会稳定工作。

26. 深入开展民族团结进步先进区创建活动。持续深化思想教育宣传引导，实施“123”落地工程，全面推进“八进”活动，深入推进“去极端化”工作，引导各族干部群众牢固树立“三个离不开”“五个认同”意识，筑牢各民族共有精神家园。（牵头单位：省委宣传部、省委统战部、省民宗委，各市州党委政府；配合单位：省委各部委、省直各单位）

27. 健全普法宣传教育机制，深化法律“七进”活动，推动“互联网＋法治宣传”行动，创新普法宣传教育方式，提升普法宣传教育的覆盖面和影响力。（牵头单位：省司法厅、省委宣传部，各市州党委政府；配合单位：省委各部委、省直各单位）

28. 全力维护国家政治安全，坚决打击敌对势力渗透破坏活动，严密防范“颜色革命”。进一步做好境外非政府组织登记管理、执法监管和清理整顿，深化国家安全人民防线建设。（牵头单位：省维稳办、省公安厅、省国家安全厅，各市州党委政府；配合单位：省外事办、省民政厅）

29. 深入推进“两反一防”专项斗争，扎实做好重大风险隐患化解稳控，持续推进共同管理寺院清理整顿，健全依法管理、社会管理、民主管理相结合的寺院管理长效机制，完善寺院管理“三种模式”，依法管理藏传佛教事务。做深做细流动人口、劝返安置僧人、出入境回流人员排查管控，层层压实维稳责任，解决宗教领域存在的突出问题。（牵头单位：省委统战部、省民宗委、省维稳办、省公安厅，各市州党委政府；配合单位：省委各部委、省直各单位）

30. 认真贯彻落实《青海省反恐怖主义工作责任制实施细则》，切实加强反恐怖斗争，全面落实重点部位、重点场所防控措施，全面加强环藏环疆公安检查站建设，加强涉疆流动人口网上协查工作，强化反恐区域协作和部门协作，严密防范输入性风险和内生风险，严防暴恐活动在我省发生。（牵头单位：省公安厅、省维稳办，各市州党委政府；配合单位：省委各部委、省直各单位）

31. 加强反邪教斗争，持续推进反邪教警示教育和专项整治，加大动态排查管控和教育转化工作力度，加强后续巩固帮教机制建设，严厉打击邪教组织网上违法犯罪活动，努力消除邪教危害。（牵头单位：省维稳办、省公安厅，各市州党委政府；配合单位：省委各部委、省直各单位）

32. 加强情报信息工作，落实情报信息奖励制度，建立归口管理、集中研判的情报信息体系和工作协作机制，提升情报主导、准确预警、主动防控、精确打击的整体效能。（牵头单位：省维稳办、省公安厅、省国家安全厅；配合单位：各市州党委政府）

三、组织保障

（一）落实主体责任。各地区各部门要牢固

树立底线思维和法治合作互通共享理念，落实好“一岗双责”，把加强和创新社会治理作为“一把手”工程列入重要议事日程，统筹规划、定期研究部署，及时解决重大问题，积极搭建跨区域、跨部门、跨行业的工作协作平台，分领域、分系统、分行业抓好各项工作措施落实，切实担负起维护一方稳定、确保一方平安的政治责任。

（二）加强经费保障。各地区要把加强和创新社会治理纳入本地区经济社会发展总体规划和年度计划，完善相关政策措施，加大保障力度。要按照财权事权划分原则和现行财政管理体制，统筹财政预算资金，健全完善经费保障机制，分级承担社会治理所需经费。要拓宽社会治理资金来源渠道，广泛动员、引导社会资金参与社会治理工作，建立创新社会治理、加强基层建设的多元化经费保障工作机制。

（三）加强督促检查。各地区各部门要进一步加强督导检查，对重点工作列出时间表、路径图，明确完成时限和具体责任人。要及时总结和推广基层创造的鲜活经验，及时发现和解决存在的突出问题。省委政法委、省综治办要研究制定改进和完善社会治安综合治理目标考核办法，进一步落实各地区各部门工作责任，形成齐抓共管合力，推动工作落实。

（四）加强宣传引导。各地区各部门要通过各种途径开展社会治理宣传，全面展示社会治理工作取得的新成绩、总结的新经验、培育的新典型。要借助信息技术、新兴媒体开展社会沟通和舆论引导能力，不断提高广大群众和社会各界对社会治理创新工作的知晓率、参与率，为全面加强和创新社会治理营造良好舆论环境和社会氛围。

青海省海西州倾力打造社会治安防控体系建设的“海西模式”

社会治安防控体系建设作为维护社会稳定、深化平安建设的骨干基础工程，长期以来，海西州高度重视，始终坚持以提高动态化、信息化条件下掌控社会治安局势的能力为核心，突出问题导向和底线思维，不断创新理念思路，主动搭台借力，以构建“五张网”为主要载体，探索出了一套符合州情实际、突出务实管用、契合群众需求的社会治安风险防控模式。

一、以科技为主导，提高防控质效

现代社会中的社会治安防控，核心在于提高动态化、信息化条件下掌控社会治安局势的能力。近年来，海西州以视频监控和信息化平台为主攻方向，通过项目化运作的方式，从点、线、面三个层次构建防控网络，取得初步成效。做好点：通过组织实施“天网工程”“藏区平安城市”等项目，持续加强重点区域、重点部位、重点场所、重点路段、重点卡口的技防建设，有效提升了全州视频监控的覆盖密度，把“点”上的防控落到了实处。据统计，2014 年以来，海西州在公共安全视频建设方向累计投入资金 5000 余万元，设置监控点位 849 个，治安卡口 11 个。联好线：充分发挥交通、卫生、教育、金融、农牧、环保、林业等相关职能部门的作用，在“平安细胞”创建中提出明确要求，不断在行业、系统领域加大技防设施建设力度，有效提升了整体技防水平。如德令哈市教育部门积极争取资金，在全市 17 所中小学及幼儿园内实施“校园安保技防”项目，对校门、教学楼、宿舍楼、操场等重点部位进行全天候 24 小时实时监控，最大限度地防范校园意外事件发生。发展面：海西州坚持“党政主导，综治协调，部门联动，社会参与”的总体思路，将加强社会治安防控体系建设列入“十三五”规划，出台《海西州关于加强社会治安防控体系建设的意见》，明确总体要求和阶段性任务。同时，积极争取“全国公共安全视频监控建设联网应用示范城市项目”，规划投入资金 4. 6 亿元，着力打造“全面覆盖、全网共享、全时可用、全程可控”的视频监控集群。州内茫崖、大柴旦等地区的公共安全视频监控覆盖率已达到98%，位居全省前列，特别是茫崖在智能运用方面率先安装了“双网双平台”“边界平台”和“神眼”图侦系统，有力推动了整体合成作战能力的形成。

二、以群众为根基，拓展防控内涵

群防群治是社会治安防控体系建设的重点和关键，充分发挥群众作用，通过组建治安联防队、社区调解小组和纳入网格信息员、调解员等有效拓展了社会治安防控的内涵和载体，把安全防范落实到社会最小单元，使基层平安建设工作更具实效性和针对性。在客运站、文体广场、商业步行街等重点场所组建以公安、武警等武装力量为主的巡逻分队，强化重点区域的治安秩序；在集贸市场、学校医院、党政机关、企事业单位、工矿厂区等重点部位，由以专职保安人员为主的安保分队巡逻防控；在街道、社区建立以社区志愿者、楼（栋）长和其他志愿服务队伍为主体的群防群治力量，全面推行“联片联保、联户联防”工作机制；在农村、牧区，以“十户联防联组”“治安中心户”工作机制为依托，组建由村（牧）民为主体的群防队伍，加强看护自防工作。全州各地已组建各类群防群治组织共321支1766人，专职群防群治队伍55支587人，兼职群防群治队伍266支1179人。各类联防组织以“网格化”模式为依托，通过“1+N”工作模式，将治安巡逻、矛盾排查、平安宣传作为主要工作内容，深入居民小区楼宇、田间地头、草原牧区开展工作，实现治安联防工作在点、线、面等不同层面的有机结合。

三、以协作为重点，延伸防控触角

从州内、州外两个大局出发，以“两反一防”工作为中心，在打击违法犯罪、矛盾纠纷化解、应急处突联动等方面持续加强协作配合，有效延伸了社会治安防控的触角，巩固了社会大局持续稳定的良好局面。在州内，将县与县之间的深层次协作作为深化平安海西建设的要求，针对跨区域风险隐患和重大复杂矛盾纠纷实行“多方参与、共同协调、联动解决”的工作机制，定期或不定期组织相关地区和部门召开联席协调会议，共同制定解决方案，取得了良好的成效。比如，乌兰县和都兰县存在的边界草场驻牧纠纷一直未得到有效解决，通过州级牵头协调、两县负责落实的方式，组织双方牧民联谊互动，把各项化解稳控措施落到实处，使矛盾纠纷得到有效化解。在州外，以涉藏涉疆维稳工作为重点，依托州内五个治安检查站，重点与甘肃、新疆、西藏相关地区开展矛盾联调、人员联管、案件联动、群众联谊等多层面的协作，在防止输入性风险、维护社会稳定方面起到了重要作用。2016年，海西州由州委常委、政法委书记带领公安、安全、维稳等相关部门领导组成工作组深入新疆和田等地区签订了多方维稳协作协议，将工作触角延伸到了反暴恐第一线。

在推进立体化社会治安防控体系建设过程中，有以下几点深刻的感受：一是党委政府的重视和支持是关键。州、县两级党委政府坚持把社会治安防控体系建设作为发展改善民生的重要载体，把社会治安防控体系建设工作纳入“十三五”总体规划，从人、财、物等方面有力保障、积极推动，使工作得以顺利进行并取得成效。特别是德令哈、茫崖、大柴旦等地区克服困难，多方争取协调资金，在技防设施建设、信息化运用等方面走在了全州前列。二是科学谋划、贴合实际是工作取得成效的基础。海西州地广人稀、点多线长面广，如何最大限度地将资金力量用在“刀刃上”是推进工作的关键点。对此，按照“试点先行、快建先用”的思路，在农区、城区、牧区分别划定重点区域并重点予以扶持，在此基础上，逐年分阶段对空白盲点进行填充和升级改造。事实证明，这一思路契合州情实际、符合群众需求，有效实现了资源力量的整合最大化。三是更新理念、创新思路是工作不断深入的前提。随着经济社会的发展，社会治安防控的内涵越发丰富，从社会治安到基层社会治理，从侦破案件、打击犯罪到源头预防、消除隐患，治安防控体系与人民群众的生活联系越来越紧密，以高质效的立体化治安防控来服务发展、改善民生已经成为全面深化平安海西建设的重要组成部分，同时，始终坚持“党政主导、综治牵头、部门协同、社会参与”的思路理念，改变了以往政法和公安“一家独干”的局面，使工作合力更加强大、打击防控更加主动、衔接配合更加紧密，为维护全州社会大局持续稳定奠定了更加坚实稳固的基础。

青海省西宁市大通县创新方法　健全机制
全力打造矛盾纠纷多元化解的“大通模式”

2016 年以来，大通县主动适应新形势新变化和经济发展新常态，把防控风险、服务发展和破解难题、补齐短板摆在更加突出的位置，紧紧围绕探索多元化的矛盾纠纷解决机制，破解社会矛盾纠纷化解难题，以综治中心矛盾纠纷排查化解功能规范化建设为主线，创新举措、强力推进，全面提升了全县调解工作水平。

一、加强领导，周密部署

根据中央、省、市矛盾纠纷多元化解工作要求和大通县实际，研究制定了《大通县关于完善矛盾纠纷多元化解机制的实施意见》，成立了全县矛盾纠纷多元化解工作领导小组及办公室，负责各级调委会的建立、指导、运行、落实工作，逐步推动矛盾纠纷排查化解工作法治化、规范化、制度化建设。为全面完成中央、省、市综治办“矛盾纠纷多元化解创新项目”，研究制定了《大通县矛盾纠纷多元化解典型培育项目建设实施方案》，确定了培育内容、工作任务、实施步骤及完成时限，开启了矛盾纠纷多元化解的“大通模式”。

二、压实责任，落实保障

县委制定出台了《关于进一步加强全县人民调解委员会规范化建设的实施意见》《大通县人民调解案件补贴发放审核管理办法》《大通县诉调对接矛盾纠纷化解机制工作细则》《行政调解引入人民调解制度》《法官指导参与人民调解制度》《调解协议司法确认制度》等工作机制，实现了人民调解、行政调解、司法调解三者之间的衔接联动。县综治委将矛盾纠纷多元化解工作纳入全县综治目标考核体系，组成督查组，经常性对矛盾纠纷多元化解工作进行督查指导，对工作中存在的问题及时进行研究解决，促进了工作的有序推进。

三、建立中心，搭建平台

为提高预防和化解矛盾纠纷的能力水平，大通县成立了矛盾纠纷多元化解指导中心，充分运用网络新媒介、新技术，建立纵向贯通、横向集成、共享共用、安全可靠的矛盾纠纷调处信息系统，并健全完善了交通事故、医疗纠纷、劳动争议、土地林权等 11 个行业(领域)调解委会，组建 360 人的调解人才数据库，选聘了社会律师、法律服务人员担任行业调委会第三方调解员，从法律层面开展释法析理、纠纷调处、引导涉诉等工作，有效提升了矛盾纠纷调处率。

四、建立驿站，规范调解

“1496”寓意为“有事就了”，旨在创新工作载体把矛盾化解在基层。在全县所有村(社区)建立“1496”驿站，规范标识、理念，健全完善了各项工作流程和工作制度，组建了由村“两委”干部、司法行政人员、法律顾问(律师)、村警、卸任老干部和有威望的老人等“六大员”组成的专兼职结合的调解工作队伍，有针对性地开展了多样化的学习培训，培养了一批明政策法规、精技巧方法的优秀调解员，整理了调解卷宗、档案资料，推进基层矛盾纠纷排查化解规范化建设。

矛盾纠纷多元化解创新工作实施以来，1—7 月，全县各共排查各类矛盾纠纷 1551 起，调处 1530 起，调处率为 98.6%，越级上访案件 4 起，与上年同比下降 20%，进京非正常访为“零”。通过早排查、早介入、早化解，避免了群体性事件的发生和事态的扩大蔓延，也是做好矛盾纠纷唯一有效途径。主要经验体会如下。

一是勇于创新是破解难题的“动力源”。把创新精神贯彻于矛盾纠纷多元化解工作全过程，在突破传统中探索新规律，在拓宽思路中拿出新举措，在求真务实中解决新问题，树立正确的思路，开拓矛盾纠纷调处的新渠道。

二是长效机制是工作运行的“推进器”。坚持贴近工作、着眼根本，立足务实管用和解决问题，初步完善了矛盾纠纷三调联动、诉调对接、源头预防等长效机制，用制度机制规范调解工作，推进矛盾纠纷多元化解工作制度化、规范化、常态化。

三是精兵强将是调解战线的“主力军”。按照政治素质好、调解能力强、群众威信高的要求，选拔组建了在职干部、法律顾问、社会律师、司法行政人员、两代表一委员、村警、卸任老干部、有威望的老人及各界知名人士等专兼职调解人员信息库，定期提供多样化的学习培训途径，不断适应了新形势下矛盾纠纷排查化解工作的需要。

四是经费保障是做好矛调工作的“定心丸”。有力的经费保障是做好工作的基础和保障，大通县在科学合理使用中央专项资金和省、市配套资金同时，县财政拨出专款专门用于矛盾纠纷多元化解工作，确保了工作矛盾纠纷多元化解工作有序开展。

（撰稿人：聂森
审稿人：赵学章　刘保成　周群淞）

宁夏回族自治区

2016 年综治工作概况

2016 年,宁夏各级政法综治组织以提高人民群众安全感和满意度为目标,以“7 项重点工作、13 项深化任务、56 项常规工作”为抓手,加强顶层设计、突出防范打击、加大治理创新,为宁夏与全国同步建成小康社会营造安定有序的社会发展环境。

一、以“三个加强”为牵引,统筹推进平安宁夏建设

(一)加强顶层设计。宁夏从服务中心大局的战略高度和群众热切期盼的时代需要出发,兼顾传承创新,坚持问题导向,加强社会治理顶层设计。在回顾 2015 年工作实效基础上,汇聚各方智慧、统筹多级资源、广泛征求意见、反复研究论证,制发了《2016 年深化平安宁夏建设工作要点》,提出了“7 项重点 +13 项深化 +56 项常规”整体部署要求,明确了“干什么”的行动纲要。坚持项目化运行、指标式量化、群众式评议,认真组织开展了矛盾问题排查化解、命案防控、清理拖欠职工(农民工)工资突出问题整治等 7 项重点工作,系统式推进了基层社会治安防控、矛盾纠纷多元化解、实有人口服务管理等四大体系建设,常态化推动了 56 项平安建设任务落实,让人民群众更有“平安宁夏”建设成效的获得感和安全感。2016 年,宁夏公众安全感 93.65 分,比 2015 年提高了 0.26 分。

(二)加强督导检查。以促进工作落实、发现问题为导向,创新督查形式,拓宽督查途径,制订全年督查工作方案,明确专人负责落实。建立了定期督查、专项督查、重点督查、随机督查制度,协调成立自治区副省级领导带队专项督查组、多部门联合督查组等,开展多层面、宽领域、密集式督查。2016 年 3 月、8 月,采取明查暗访、入户走访、问卷调查、查阅资料、座谈交流等方式,对 34 个自治区牵头部门、5 个市 22 个县(市、区)推进工作落实情况进行专项督查调研,查找问题提出整改意见,并逐一反馈要求限期整改,及时补正工作缺失,同时将督查结果作为年终平安建设考核重要依据。7 月,组织召开了全区综治信访维稳工作推进会,交流经验做法,查找问题不足,省级领导集体把脉问诊,对“平安宁夏”建设进行了再动员、再部署、再安排。9 月,由自治区政法委、自治区综治办厅级领导分组带队深入 5 个市 22 个县(市、区)开展社会治理专项督查调研,系统了解基层社会治理现状,督导落实平安建设工作。

(三)加强考核通报。把考核作为推动落实、查找不足的重要途径,从科学合理设置考核评价项目上求突破,按照“属地管理为主、行业监管为辅”原则,分层次、分类别制定了省级综治成员单位考评办法和市县(市、区)考评办法,将影响平安建设实效性重要指标、关键因素作为导向性项目纳入考评体系中。协调自治区效能目标考核办,将信访、禁毒与平安建设捆绑,提高平安建设占市县(市、区)效能目标权重值至 5 分。完善“4 项约束性指标和 9 项控制性指标”月通报制度和年终考核末尾及“一票否决”重点管理制度,形成了“周统计、月通报、半年督查、年底赋分”全程化评价机制,精准掌握“平安宁夏”建设现状,对症部署今后工作。坚持每月通报各市、县(市、区)平安建设“4 项和 9 项”控制情况,提出整改意见建议 48 次。2016 年,自治区领导对考核末尾和“一票否决”的 4 个重点管理县(市、区)党政主要负责人进行集体约谈,提出了明确整改意见,要求亲自督促落实,切实将压力层层传导、责任级级落实,确保了平安建设工作层级落实不打折、不走样。

二、以"三个建设"为载体，全面构建平安宁夏合力

（一）强化综治队伍建设。按照"正规化、专业化、职业化"建设要求，在充分调研了解基础上，制订了提升基层综治干部业务能力培训计划，依托市、县（市、区）、乡（镇）三级党委、政府换届之际，协调组织、编制部门增加了部分县（市、区）、乡（镇、街道）综治部门编制。通过指兵点将，优化队伍配置，将一批政治观念强、法律素养高、业务素质好、沟通协调强的干部充实到综治工作岗位上，配齐配强了综治队伍，提升了综治战线战斗力。充分利用中央政法委、中央综治委定期举办大讲堂、自治区政法综治工作会议、自治区党校开设社会治理班、基层举办岗位大练兵等途径，加大各级综治干部业务知识培训，引导基层综治干部迅速熟悉工作，着力做好新形势下社会治理工作。各级政法委、综治办通过下派、上调、跟班学习等形式，畅通各级综治干部学习交流渠道，使机关干部真实了解基层实际、基层干部熟悉上面工作要求，将平安建设各项工作原汁原味贯彻落实到基层。2016 年，举办培训 150 余场次，受训人达 20000 人次。

（二）强化综治阵地建设。按照"整合不增负、资源不浪费和服务便民化、事项法治化"总体要求，在条件成熟部分县（市、区）、乡（镇、街道）建立标准化综治信访维稳中心（站），将信访、维稳、人民调解、司法、治安、禁毒、执法、民政、安全监管等导入中心，设立职能窗口，统一入驻中心，常态开展工作。依托现代信息技术，集中受理、分流交办、跟踪督办、限期决定、及时反馈，形成了"矛盾纠纷联调、社会治安联防、安全隐患联治、平安建设联创"良好工作运行机制。将政法机关服务型窗口作为综治阵地延伸工程，系统性指导基层开展服务型窗口建设，在部分乡（镇、街道）成立检察站或检察官接待室，在交警部门设立数字化巡回法庭、交通事故人民调解委员会办公室，在村（社区）建立村（社区）警务室，将专业化解社会矛盾纠纷力量进一步下沉到基层一线，方便群众就近解决矛盾处理事情。2016 年，打造了一批具有国字号、宁夏特色样板窗口，形成了"侯金知 + 微警务"经验，涌现出了全国政法综治先进典型侯金知。

（三）强化综治职能建设。严格执行《中央办公厅、国务院办公厅健全落实社会治安综合治理领导责任制规定》，进一步理顺综治职能定位，明确岗位职责，完善十个专项组机构。加强各级综治组织统筹协调能力建设，总揽负责本地区平安建设，发挥各级综治组织的总参谋、总指挥、总协调、总督导作用，先后组织开展了平安建设系列专项治理活动，各级综治组织统筹协调作用发挥明显增强，助力"平安宁夏"建设整体能力提升。

三、以"三个防范"为抓手，系统构筑社会防控网

（一）壮大人防力量。完善重点地区、重点时段联勤联防机制，整合群防群治力量，建立专兼衔接、志愿义务互补、党员群众参与群防群治队伍，提高了见警率，提升人防能力。在火车站、汽车站等推行"武警、特警、民警三警联勤 + 保安"巡逻机制；在易发案件商业广场、KTV 娱乐场所等，落实企业治安责任，推进"企业包片专防、民警定期查防"双联动巡防模式。加强"一村一社区一民警"警务室建设，将治安巡防力量迁移到最基层。2016 年，建成社区（农村）警务室 455 个，配备社区民警 747 人，实现社区警务室全覆盖。配备公交车专（兼）职安全员 3611 名，逢客必检、逢包必查，防范个人极端事件发生。

（二）加大物防建设。加强民生工程建设，继续推进老旧小区环境综合整治工作，完善住宅小区物防设施，逐步增强住宅小区物防能力，切实发挥第一道防线作用。将新建住宅小区物防建设全部纳入开发建设总体规划，新建住宅小区物防设施建设率达 99% 以上。2016 年，宁夏累计投入资金 1.3 亿元，建设改造规范化住宅小区 849 个达 500 万平方米，完成 623 个老旧小区物防设施改造。在 300 余个二级以上物业服务标准住宅小区，推行物业公司治安责任追究机制，督导落实治安责任，工作成效显著，住宅小区治安案件发案率下降明显。

（三）实施技防工程。实施"互联网 + 社会治安"工程，加快智慧警务建设，研发了"云搜索"深度应用工具，公安云计算平台、大数据资源服务平台、警务综合应用平台相继建成并投入使用。依托全区人口基础信息共享库，整合内外部信息资源数据达 17.7 亿条，公安系统信息化整体框架成型。通过中央扶持和本级自筹资金，在银川、吴忠两市开展“雪亮工程”示范城市建设，建立了覆盖街道路面高清视频、乡村卡口监控视频系统，弥补人防物防客观不足。2016 年，宁夏累计投资 6.35 亿元，在全国率先建成视频监控联网平台建设，建成市县两级视频监控中心 31 个、派出所监控室 96 个，完成重点部位视频监控头 14200 个、电子卡口 1266 处，引导社会单位、行业场所安装视频监控 22234 个，织密织紧重点部位和公共场所“天眼”，为社会面治安防控和公安快速破案提供信息技术保障和支持。

四、以“三个严厉”为重点，全力维护社会治安秩序

（一）严厉打击违法犯罪活动。把命案作为衡量社会治安状况风向标和晴雨表，始终保持高压打击态势，开展“攻命案、除黑恶、破小案、反诈骗”四大战役，依托合成作战、人脸识别、同步上案工作机制，加大命案侦破力度，稳控命案发生率。2016 年，发生命案较 2015 年下降 16.9%。开展打击“两抢一盗”“缉枪治爆”“利剑”“断链”“清水蓝天”系列专项行动，加大对歌舞娱乐、洗浴按摩、酒吧网吧、中小旅店等治安复杂场所清查管控力度，始终保持治安震慑，维护社会治安秩序。2016 年，刑事案件破案数、抓获犯罪嫌疑人数同比分别上升达 19.3%、12.3%；八类刑事案件同比下降达 30.8%，抢劫抢夺等案件同比下降达 51.3%，侵财类案件破案率达 40.1%。在全国开展打击“盗抢骗”专项行动中，百名民警破案数和破获系列案件数在全国排名前三；银川市破案率达 51.2%，位居省会城市第一。

（二）严厉打击涉众型犯罪活动。将 2016 年确定为“防范和打击非法集资专项排查整治年”，制发了《宁夏回族自治区应对非法集资专项应急预案》《宁夏回族自治区打击和处理非法集资工作操作流程》等文件，建立预警机制，成立工作机构，配备人员力量，明确各级政府和行业主（监）管部门责任，强化地区部门间协作配合，齐心协力抓专项行动，构建了“条块结合、上下衔接、横向到边、纵向到底”工作体系。重点对易发涉众型经济犯罪高风险、大隐患的 P2P 网络借贷平台、融资担保企业等 6 大重点领域进行系统式排查，建立重点企业监控台账，密切监管掌控，做到意图早一步掌握、行为早一步制止、犯罪早一步处置，依法遏制涉众经济犯罪活动高发态势，严防捐钱跑路事件发生。2016 年，立非法集资案件 46 起，涉案金额 6.5 亿元，挽回或减少群众财产损失达 2800 万元。

（三）严厉打击涉稳行为。健全重大决策稳定风险评估机制，加强社会稳定形势分析研判，精准掌握社会面不稳定因素，做到早发现、早预警、早处置。完善网络舆情监控机制，密切排查掌握网络舆情，强化正面舆论引导，建立新闻发布制度，主动公开政务信息，掌握舆论主动权，严防借机炒作滋事。针对聚众滋事、非法聚众、无理闹访、网络散布谣言等严重影响社会稳定线索，第一时间排查、第一时间出警、第一时间处置，坚决依法打击，形成惩戒震慑力。深化矛盾问题排查化解，建立上下互联互通矛盾问题排查化解信息系统，分级设置权限，点单式督导化解，全程跟踪监控，全面掌握基层社会矛盾问题情况。2016 年，化解疑难复杂矛盾纠纷 6550 件，矛盾纠纷排查化解专项考核位居西北 5 省区第一名，是全国 6 个拿满分省区市之一。

五、以“三个创新”为契机，全面提升社会治理能力

（一）深化社会治理理念创新。紧紧围绕习近平总书记对社会治理工作作出重要批示和提出新理念新思想新战略要求，突出法治保障作用，深化各级领导干部法治教育，逐步增强各级领导干部法治思维、法律意识，提高了应用法治思维方式和法律手段全面推进社会治理能力，改变以往花钱保平安、搞维稳的习惯。加强社会治理领域规范性文件制度建设，先后出台了《宁夏回族自治区矛盾纠纷排查化解办法（试行）》《落实严重精神障碍患者监护责任及补贴暂行管理办法》《关于依法处理信访活动中违法犯罪行为的指导意见》等规范性文件，指导基层依法处置各类问题。通过专题辅导班、专题研讨会等形式，提高了各级领导干部对《规定》的思想认识，增强了维护一方稳定、确保一方平安的首要政治责任观念，着力构建了“党委领导、政府主导、综治协调、各部门齐抓共管、社会力量参与”的社会治理工作格局，群众遇事找法、办事依法、生活守法意识明显增强。

（二）深化社会治理手段创新。宁夏各地探索创新多元化矛盾纠纷化解工作机制，培育出了青铜峡市法院“庭、站、点、员”四位一体调解机制、盐池县“法官村官双助理”联动联调机制、同心县宗教人士参与矛盾纠纷化解机制等模式，并将新模式向区域性、行业性和社会各领域延伸。从出租房屋管理入手，完善出租房协管机制，建立登记备案制度，掌握流动人口底数，实现“以房管人”，消除治安盲区。出台了《宁夏落实严重精神障碍患者监护责任及补贴管理暂行办法》，建立“以奖代补”政策，以政策激励监护人主动履行监护责任，预防和减少肇事肇祸事件发生。实施寄递实名制“三个100%”、建立加油站实名登记信息系统及危险物品流向监控制度，研发推广散装汽油申购手机APP软件，准确掌握重点人员活动迹象、危险物品流动去向。以“明厨亮灶”“量化分级管理”为抓手，加大对餐饮企业、食品加工厂、学校食堂、小摊贩食品安全整治，切实解决食品安全问题。加强征地拆迁和房屋征收突出整治，全年清欠征地补偿款7.5亿元。规范工程建设领域工程发包、分包、转包、施工结算市场秩序，建立农民工工资保证金收缴制度，加大拖欠职工（农民工）工资问题整治，追讨拖欠工资8.34亿元，及时维护了职工（农民工）合法权益。出台了《宁夏关于进一步完善法律援助制度的实施意见》，推动律师参与化解和代理涉法涉诉信访案件，2016年，办理法律援助案件8666件，为12895名受援人挽回或避免经济损失达1.85亿元。

（三）深化社会治理实效创新。各地围绕脱贫攻坚战役，以“两学一做”学习教育为契机，以“16+X”服务项目为载体，主动把服务融入农村基层党建工作中，进一步提升了农村基层自治组织自我管理、自我服务、自我治理能力水平。城市社区按照《关于进一步深化和谐社区创建工作的意见》《关于全面推行街道“大工委”和社区“大党委”工作机制的通知》等政策性文件要求，加快社区职能转变，扎实开展星级和谐社区创建，建立社区服务项目准入清单，推行菜单式服务，提升了社区服务居民水平。在9个部门11个行业开展履行社会责任评价工作，引导社会组织履行社会责任，发挥其在社会治理中的缓冲调剂作用。开展吸毒人员管控大收戒专项行动，建立涉毒人员信息管控平台，实施“网格化”管理，吸毒人员管理和戒毒康复等单项工作领跑全国，打造全国社区戒毒康复示范点3个、国家级示范学校3所，禁毒人民战役取得了阶段性胜利。

宁夏回族自治区综治委关于印发《2016年深化平安宁夏建设工作要点》的通知

（2016年3月11日）

各市、县（市、区）社会治安综合治理委员会，自治区各有关部门：

《2016年深化平安宁夏建设工作要点》已经自治区社会治安综合治理委员会2016年全体会议审定，并经自治区党委同意，现予印发，请认真抓好贯彻落实。

2016 年深化平安宁夏建设工作要点

为深入贯彻落实自治区党委办公厅、政府办公厅《关于进一步深化平安宁夏建设的实施意见》(以下简称 61 号文件)、《关于加大考评考核力度进一步推进平安宁夏建设的意见》(以下简称 5 号文件)、《关于健全完善社会治安防控体系进一步深化平安宁夏建设的意见》(以下简称 36 号文件),维护社会和谐稳定,现提出 2016 年深化平安宁夏建设工作要点。

一、总体要求

以党的十八届三中、四中、五中全会精神为指导,紧紧围绕自治区党委、政府关于深化平安宁夏建设总体部署,主动适应经济发展新常态,以法治为引领,以问题为导向,以改革为动力,对于自治区 61 号、36 号文件确定的工作任务,继续抓好推动落实。对于需要加强和深化的工作,坚持继承与创新相结合,强化措施,深入推进。将影响社会稳定的突出问题,作为年度重点工作,采取有效措施,全面进行整治,进一步提高群众安全感和满意度,提升平安创建水平,为实现“十三五”良好开局营造安全稳定的社会环境。

二、重点工作(7 项)

1. 开展矛盾问题排查化解专项行动(由自治区综治办牵头负总责)。对春节前排查出的未化解的矛盾问题,要跟踪督办,进一步明确化解责任,以“事要解决”为原则,采取有效措施限期化解,确保矛盾问题不累积、去库存。要加强顶层设计,制定出台规范化操作办法,完善动态排查、分级化解、归口办理、协调督办等工作制度,建立党委领导、政府主导、综治部门牵头协调、职能部门行政主管、社会各方整体协同的责任体系。要压实基层组织和行业主管部门的责任,根据矛盾问题的性质类型和严重程度,乡镇(街道)、村(社区)基层组织主要负责婚姻家庭、邻里之间、民间个人借贷等矛盾问题的排查化解工作;市、县(市、区)行业主管部门分别负责非法集资、集体土地征用(流转)、国有土地上房屋拆迁、拖欠工资、淘汰落后产能等矛盾问题的排查化解工作;政法部门主要负责涉法涉诉等矛盾问题的排查化解工作。通过对矛盾问题的全方位排查、多渠道化解,确保小事不出村(社区)、大事不出乡镇(街道)、难事不出县(市、区)。要健全完善矛盾问题多元化解机制,充分发挥人民调解、行政调解、司法调解“三调联动”机制作用,全面推广“法官村官双助理”、宗教人士参与矛盾问题排查调处等经验做法,充分调动社会各方面力量,促进各种矛盾问题的有效化解,坚决防止因矛盾问题排查化解不力,导致发生重大案(事)件。要推动县(市、区)、乡镇(街道)综治中心建设,有效整合综治、维稳、信访、司法、公安、法庭、民政、土地等各方面资源和力量,充分发挥综治中心在矛盾纠纷排查调处中的枢纽作用,实现矛盾纠纷受理、登记、交办、承办、结案各个环节有效衔接,落实调解责任单位和责任人。要推进矛盾问题信息化平台建设,依托社会治安综合治理信息化综合平台,建设纵向贯通、横向集成、共享共用的矛盾问题化解信息系统,使矛盾问题排查化解预警、督办、反馈过程可查询、可追溯、可跟踪、可评价。要强化监督管理,将矛盾问题排查化解工作纳入社会治安综合治理考评体系,加强检查、督办和考核,建立矛盾问题属地管理、行业主管缺位报告和违纪违法线索移送制度,对因管理失职、担当不力、互相推诿致使矛盾问题激化,造成重大损失或者恶劣影响的,实行责任倒查,视情予以通报批评直至“一票否决”。

2. 加强命案防控(由自治区公安厅牵头负总责)。要认真分析引发命案的主要原因,进一步加强源头防控,有效预防和减少命案发生的数量。综治、司法部门要对婚姻家庭、民间个人借贷等引发命案的突出问题,组织基层村(社区)加强矛盾纠纷排查化解,充分发挥村(社区)和网格员的职能作用,把矛盾问题排查化解在萌芽状态,有效防控“民转刑”命案发生。公安部门要对出租房屋、服务业和娱乐场所、旅馆、网吧、酒吧等服务业和娱乐场所命案多发的突出问题,积极推动落实重点场所和区域的治安管理责任，加大日常检查、巡防力度，有效防控可防性命案的发生。卫生计生、民政、公安部门要加强联动，对易肇事肇祸等严重精神障碍患者引发命案的突出问题，通过以奖代补、民政救助等方式，落实对精神障碍患者的居家监护责任，对有肇事肇祸倾向的严重精神障碍患者全部予以收治，有效防控可防性命案的发生。民政（社区网格员）、公安、住房和城乡建设部门要对流动人口中涉命案较多的突出问题，进一步推动落实“以房管人”模式，通过加强对出租房屋的管理，实现对流动人口的有效监控，有效防控可防性命案的发生。公安机关要坚持“命案必破”方向不动摇，快侦快破现行命案，形成有力震慑犯罪态势。

3. 预防和依法打击“两抢一盗”犯罪（由自治区公安厅牵头负总责）。要加强对“两抢一盗”案件多发重点区域、高发时段、案件类别、重点人群等分析研判，有针对性地开展防范教育工作，提升群防群治水平。公安机关要对车站、商场、集贸市场、城市居民住宅小区等重点区域，提出安装高清视频探头的具体要求，由政府安排或筹集资金落实，2016年对“两抢一盗”案件易发多发重点场所、区域实现全覆盖。要加强对重点区域的管控力度，强化巡防频次，提高街面见警率，加强专项打击工作，有效防控案件发生。住房和城乡建设部门要积极推动落实规范化住宅小区物业公司治安责任追究制度，把防控案件与物业公司等级评定、收费标准、保安员工资有效衔接，强化社区治安管理责任，有效防控案件发生。组织、民政部门要将基层平安创建纳入星级基层服务型党组织建设、星级和谐社区创建内容，促使基层党组织、村民和居民组织更好发挥作用，加强基层群防群治工作，提高治安防控水平，有效防控案件发生。

4. 预防和依法打击非法集资犯罪（由自治区金融工作局牵头负总责）。金融工作局要按照“谁审批、谁负责”“谁主管、谁负责”的原则，加大对非法集资突出问题的分析研判，针对当前非法集资主要突出问题，以监测预警为重点，加大对非融资性担保、投融资中介、私募股权投资、网络借贷、农民专业合作社及各地高发案行业的重点排查力度，对涉嫌非法集资活动各类信息，做到早发现、早报告、早预警、早处置，及时将涉嫌犯罪的案件线索移交公安机关处理。公安机关要依法打击非法吸收公众存款、集资诈骗及同时具有非法集资和传销特征的经济犯罪，尽可能减少投资者损失。处置非法集资联席会议各成员单位要建立打击非法集资媒体宣传联动机制，广泛宣传普及“买者自负、风险自担”理念，增强群众识别和防范能力。工商行政部门、公安机关要完善打击传销工作机制，积极推动建立政府主导，公安、市场监管、住房和城乡建设等有关部门联动机制，形成打击合力，力争侦破一批重大非法传销案件，有效遏制传销活动高发态势。

5. 开展集体土地征收和国有土地上房屋征收突出问题专项整治（由自治区国土资源厅、住房和城乡建设厅分别负责）。国土资源部门要全面排查农村集体土地征用中存在的不按规定和程序征地、超权限非法批准占用土地以及未批先征、拖欠（截留、挪用）征地补偿费、安置和保障政策不落实、违规强行征地等突出问题，对排查出的突出问题，要认真开展专项整治，促使各地严格按照法定程序办事，有效预防和减少群体性上访和群体性事件的发生。住房和城乡建设部门要全面排查国有土地上房屋征收中存在的社会稳定风险评估制度不落实、征收拆迁信息不透明、非法拆迁、强行拆迁、补偿款不按标准及时足额兑现等突出问题，对排查出的突出问题，要认真开展专项整治，促使各地严格按照法定程序办事，坚决杜绝强制拆迁和暴力拆迁，有效预防和减少群体性上访和群体性事件的发生。

6. 开展工程建设领域突出问题专项整治（由自治区住房和城乡建设厅牵头负总责）。住房和城乡建设部门要全面排查工程建设领域存在的基本建设程序不规范、工程款不到位开工建设、工程未批先建、施工企业垫资承包政府投资项目、规避招标、拖欠工程款和农民工工资、工程转包挂靠、违法分包、工程结算久拖不决、未经竣工验收备案投入使用、违反政策补办工程建设手续等突出问题，对排查出的突出问题，要认真开展专项整治，健全完善工程建设领域各项制度建设，加强监督检查，有效遏制建筑市场乱象。要强化工程建设项目全过程管理，加强对专业领域工程和工矿园区建设项目监管，严把工程款支付各个关口，落实农民工实名制。加大建设领域混乱失范问题的问责力度，对存在违反基本建设程序和工程转包挂靠违法分包等违法违规行为的责任单位和责任人，依法给予罚款、停业整顿、资质降级、吊销证照、清出市场处理，构成犯罪的依法追究刑事责任。加强诚信体系建设，实施"守信激励、失信惩戒"的联合奖惩措施。

7. 开展清理拖欠职工（农民工）工资突出问题专项整治（由自治区人力资源和社会保障厅牵头负总责）。人力资源和社会保障部门要全面排查拖欠职工（农民工）工资实际情况，摸清底数，针对拖欠职工（农民工）工资的不同行业、区域等，加大组织协调力度，认真开展专项整治，确保2017年春节前拖欠职工（农民工）工资案件基本结案、群体性事件得到妥善处理、涉嫌拒不支付劳动报酬罪的案件及时移交司法部门处理。要建立人工费用与其他工程款分账管理制度，建设单位按照不少于22%的工程进度款的比例将农民工工资（劳务费）拨付到专用账户。要针对企业不依法与职工（农民工）签订劳动合同、不进行劳动用工备案、不按规定实行实名制管理、不按规定缴纳农民工工资保证金、不履行工资支付主体责任等突出问题，加大问责力度，严肃追责。发展改革委、住房和城乡建设部门要健全企业失信联合惩戒机制，对拖欠工资的失信企业实施"黑名单"制度，在政府资金支持、政府采购、招投标、生产许可、履约担保、资质审核、融资贷款、市场准入、评优评先等方面依法依规予以限制，形成"一处违法、处处受限"的惩治格局，提高企业失信违法成本。法院、检察院、公安机关要联合打击恶意欠薪、恶意讨薪等违法行为，对拒不支付劳动报酬、采取非法手段恶意讨薪、扰乱社会治安秩序的，要依法严厉打击。

三、进一步深化的工作（13 项）

自治区61号、36号文件确定的平安建设工作任务共有76项，继续由自治区各牵头部门负责，按照"已经制定的推进方案、目标任务、工作要求、评价标准基本不变"的要求，抓好推动落实。其中，需要进一步深化的工作13项，各地各部门按照自治区和有关部门出台的文件，具体抓好落实。

（一）61号文件中进一步深化的11项工作。

1. 加强农村基层组织建设。进一步加强基层星级党组织建设，按照《关于开展星级基层服务型党组织创建活动的指导意见》，把基层开展矛盾纠纷排查调处情况、"两抢一盗"等案件发案情况、命案发生数等平安创建成效作为星级基层服务型党组织创建内容，抓好工作落实。对矛盾纠纷排查调处不力导致发生"民转刑"命案的要实行"一票否决"，对"两抢一盗"案件易发多发的，不得评为两星级以上服务型党组织（自治区党委组织部负责，自治区民政厅配合）。

2. 推进社区管理体制改革。进一步加强社区网格化服务管理，将居民小区治安管理纳入星级和谐社区创建内容，推动把"无治安案件""无刑事案件""零命案"社区等平安创建内容作为星级和谐社区创建标准，按照《关于进一步深化和谐社区创建工作的意见》《星级和谐社区创建工作考评方案》《宁夏城市社区网格员暂行管理办法》，抓好工作落实。对矛盾纠纷排查调处不力导致发生"民转刑"命案的要实行"一票否决"，对"两抢一盗"案件易发多发的，不得评为两星级以上和谐社区（自治区民政厅负责，自治区党委组织部等部门配合）。

3. 加强居民住宅小区综合治理。完成老旧小区改造任务500万平方米，全区引入物业服务的封闭式住宅小区全面实行物业公司治安责任追究机制（自治区住房和城乡建设厅负责，自治区公安厅配合）。

4. 全面开展履行社会责任评价工作。发挥行业主管部门指导作用，重点加强学校、医院、司法鉴定机构、律师事务所、会计师事务所履行社会责任评价工作，探索引入第三方评价机制，进一步规范评价主体、标准、程序，提高评价质量。县级以上重点中小学、医院全面开展履行社会责任评价工作（自治区教育厅、卫生和计划生育委员会、司法厅、财政厅分别负责）。

5. 大力加强法治建设。加强执法规范化建设，进一步深化基层政法机关服务型窗口建设，按照《全区政法机关服务型窗口建设专项行动方案》，抓好工作落实（自治区党委政法委、高级人民法院、人民检察院、公安厅、司法厅分别负责）。进一步加强综合执法工作，加大改革力度，推动建立以市辖区综合行政执法为主体、乡镇（街道）派出机构延伸执法的管理体制，提高综合执法水平

（自治区编办、住房和城乡建设厅、政府法制办分别负责）。

6. 深入推进矛盾纠纷大调解。推动落实律师参与化解和代理涉法涉诉信访案件制度，引导信访群众依法理性表达利益诉求，促进信访问题得到依法公正解决，实现息诉罢访，按照《关于建立全区律师参与化解和代理涉法涉诉信访案件制度的实施意见》，抓好工作落实。开展法律援助免费服务工作，扩大法律援助覆盖面，不断提高案件办理质量，全年免费办理法律援助案件4000件，人民调解化解疑难复杂矛盾纠纷5000件（自治区司法厅负责）。

7. 建立"两代表一委员"联系群众、基层选举单位、本界别一定数量人士工作机制。探索开展乡镇人大主席团与乡镇综治中心合署办公，乡镇人大副主席兼任乡镇综治办副主任，充分发挥乡镇人大参与联系基层选举单位，反映社情民意，推动开展矛盾纠纷化解，在川区、山区分别选择一个县的一个乡镇开展试点（自治区人大办公厅负责）。

8. 加强流动人口服务管理。深化城市社区网格化服务管理，全面落实"以房管人"模式，充分发挥网格员职能作用，全面摸清实有人口、实有房屋底数，通过对出租房屋信息的摸排实现对流动人口信息的全面掌握。健全流动人口聚居区等复杂部位和高危人群摸排，建立动态管理机制（自治区公安厅、住房和城乡建设厅、民政厅、民委分别负责）。

9. 加强严重精神障碍患者服务管理。推行以奖代补政策，落实严重精神障碍患者居家监护责任，建立帮困救治机制，强化相关政策保障和资金支持，建立健全严重精神障碍患者社会危害性评估管控机制，防止肇事肇祸案（事）件发生（自治区卫生计生委、公安厅、民政厅分别负责）。

10. 加强禁毒工作。按照《全区吸毒人员管控大收戒专项行动方案》，抓好工作落实（自治区禁毒办负责）。

11. 加强食品安全管理。开展食品安全生产、流通、餐饮等重点环节安全隐患排查整治，加强对中小学校周边食品安全监管，组织开展食品抽检不少于3000批次，创建5个食品安全先进市、县（市、区），公开曝光违法违规典型案件，建立失信"黑名单"制度，确保不发生食品安全重大案（事）件（自治区食品药品监督管理局负责）。

（二）36号文件中进一步深化的2项工作。

12. 加强寄递和物流业治安治理。深入开展寄递物流清理整顿专项行动，落实邮件快件100%收寄验视、100%实名寄递、100% X光机安检等制度，在五市和有条件的县（市、区）试点推进建立集中安检场所，推动设立县级邮政监管机构（自治区邮政管理局负责）。全面推行物流行业实名制和验视制度，理顺物流行业安全监管职责，落实零担货物实名制度，加强部门联合执法，促进物流行业依法安全经营（自治区商务厅牵头，自治区交通运输厅、工商局等部门配合）。

13. 加强网络舆情监控和处置。加强网络舆情监测、分析预警和应急处置，健全重大突发案（事）件依法处置、舆情引导与社会面管控"三同步"机制，严防网上网下交织传导、叠加升级危害社会稳定（自治区党委宣传部负责，自治区公安厅、网信办、通信管理局等部门配合）。

四、工作要求

1. 要进一步落实各级党委、政府的主体责任。各市、县（市、区）党委、政府对平安建设工作负有主体责任，要按照"属地管理、分级负责"的要求，全面抓好工作落实。要把贯彻落实61号、36号文件和本《工作要点》确定的工作任务与影响本地社会稳定的突出问题有机结合起来，分析原因，找准差距，明确责任，采取得力措施，确保各项工作落地、落实，形成一级抓一级、层层抓落实的长效机制。党政主要领导、分管领导要切实负起责任，定期听取工作汇报，研究解决存在的问题。对36号文件和本《工作要点》确定的重点工作，要制定具体实施方案，4月10日前报自治区各相关牵头部门，同时报自治区综治办备案。年底前，对重点工作推动落实情况要全面总结，单项工作总结报送自治区各牵头部门，总体工作情况报告报送自治区综治办。

2. 要进一步落实自治区各牵头部门的牵头抓总和业务指导责任。今年确定的7项重点工作，各牵头部门都制定了工作方案（见附件），其中，工程建设领域突出问题专项整治工作方案、矛盾问题排查化解专项行动工作方案另行印发。自治区各牵头部门对推进牵头工作负有牵头抓总和业务指导责任，要按照“谁牵头、谁负责”的要求，坚持以上率下，每一项牵头工作都要有本年度的工作内容、目标、措施和要求，加大对基层工作的具体指导、督查督办和考核力度，推动工作落实，年内至少督查一次。每个牵头部门都要在基层建立工作联系点，指导基层开展工作，培育典型，把“点”上的经验做法创新拓展为“面”上的工作。自治区有关部门要严格落实社会稳定重大案（事）件“一案双查”制度，促进各项工作落到实处。年底前，各牵头部门对牵头工作推动落实和建立联系点推动工作情况要向自治区综治委述职。

3. 要进一步强化各级综治组织的组织协调作用。各级综治组织对全面落实平安建设工作负有牵头抓总、组织协调、督查督办责任，要认真研究工作，了解和掌握工作情况，积极主动向党委、政府汇报。充分发挥组织协调作用，把平安建设工作任务分解到各牵头的部门和基层组织。年内，自治区综治委要组织开展一次专项督查。要进一步健全完善考评体系，发挥好考核指挥棒的导向作用。自治区综治委各专项组要切实负起牵头工作责任，对各专项领域工作要认真研究，结合平安建设工作，明确年度工作重点，深入推进落实。年底前，五市综治委和自治区综治委各专项组要向自治区综治委述职。要严格落实综治工作领导责任制，通过综合考评，对平安建设重视不够、落实不力，发生严重影响社会稳定的重大案（事）件、突破约束性指标的地区，要实行社会治安综合治理“一票否决”制。

宁夏回族自治区强化责任落实　多方综合施策
加强肇事肇祸精神障碍患者服务管理

2015 年以来，宁夏建立完善肇事肇祸精神障碍患者救治管理机制，强化摸底排查、救治救助、服务管理等措施，通过政府购买服务、市场化运作等方式，落实居家监护、集中托养责任，有效预防精神障碍患者肇事肇祸案（事）件的发生，取得了良好社会效果。2016 年，宁夏法院判决强制医疗命案数同比下降 20% 。

一、制定《实施意见》，强力部署推动

宁夏党委、政府将加强肇事肇祸精神障碍患者救治救助工作列入重点工作内容部署推进。2015 年 5 月，自治区综治办、卫计委、公安厅、民政厅、财政厅等 8 部门联合出台了《关于 2015 年加强肇事肇祸等严重精神障碍患者救治救助工作的实施意见》，在全区部署开展集中排查、诊断复核、宣传培训、救治救助等工作。各市、县（市、区）均成立了由党委或政府分管领导任组长，综治、卫计、公安、民政等部门为成员单位的领导小组，制定了严重精神障碍患者救治救助工作实施方案，围绕精神障碍患者的排查、建档、随访等关键环节，全面排查摸底疑似精神障碍患者。自治区卫计委组织专家组逐人诊断复核，确诊严重精神障碍患者 2506 例，研究制定救治救助方案。同时，对在管精神障碍患者加强随访管理，落实医疗救助和康复服务措施，确保不漏管、不失控。2016 年 12 月底，宁夏登记在册精神障碍患者 21599 人，患者检出率达到 3. 26‰，患者管理率达到 89. 4%；公安机关摸排管控危险性评估 3 级以上严重精神障碍患者 3655 人，收治肇事肇祸精神障碍患者 38 人。

二、出台《暂行办法》，强化责任落实

2016 年 6 月，自治区综治办、卫计委、财政厅、民政厅等 6 部门联合出台了《落实严重精神障碍患者监护责任及补贴管理暂行办法》，明确了基层组织的管理监督职责和患者监护人的看护管理责任，对补贴资金的申请流程、领取条件、补贴标准等作出了详细规定。由患者居住地村（居）委会核实确定监护人，对辖区内的严重精神障碍患者，逐一落实监护责任。通过实施“以奖代补”政策，引导患者监护人对患者的日常生活和行为进行全日制监管。对患者全年未发生肇事肇祸行为的监护人，按照一个看护管理年度补贴1200元的标准进行奖励，切实提高精神障碍患者的管理服务质量。2016年，宁夏共落实严重精神障碍患者“以奖代补”人数2477人，奖励补贴资金297.2万元。

三、探索创新机制，多方综合施策

自治区卫计委、公安厅、民政厅、财政厅、残联及多家精神卫生专科医院建立精神卫生工作协调会议制度，定期通报精神障碍患者救治救助、服务管理、强制医疗等工作情况，促进各部门沟通交流和信息互通，建立了精神卫生防治工作多部门联合机制。自治区卫计委与上海市精神卫生中心签署《宁夏精神卫生防治项目合作框架协议书》，推进自治区严重精神障碍患者管理治疗信息系统应用建设，组织开展了精神科医师专业培训，有9名精神科专业医师获得了美国纽约大学和哈佛大学共同颁发的培训合格证书，提高了精神卫生服务质量和管理水平。银川市以国家级精神卫生管理示范城市建设为契机，深入推进金凤区免费服药管理模式，在兴庆区16个乡镇（街道）探索开展精神障碍患者社区康复工作，在贺兰县探索开展精神障碍患者一站式服务管理，为1405名家庭贫困患者提供免费服药。永宁县与严重精神障碍患者家庭签订居家监管协议，对监护人无能力监护者、无监护人、无人监管的严重精神障碍患者，委托民办福利机构代养监管，建立了监督奖惩机制。石嘴山市采取市场运作、政府补贴的方式，在大武口、惠农建设了两个集中托养中心，对100余名严重精神障碍患者实行集中托养。

四、加强督导检查，强化考核措施

自治区综治办、卫计、公安、民政、残联等部门对各县（市、区）严重精神障碍患者救治管理工作加强督查，建立工作联系点，指导开展工作。坚持每季度组织开展一次患者行为危险性评估，对免费服药治疗患者每半年开展一次药物疗效及安全性评估，对可能出现病情复发和其他紧急情况的患者开展应急医疗处置。自治区综治委以综治考核为抓手，推动各地各部门落实严重精神障碍患者救治管理措施，连续三年将发生精神障碍患者肇事肇祸致人死亡案件数纳入综治考核指标，对每起案件考核扣分由原来的0.2分提高到了0.5分，先后有15个县区、部门因此被综治考核扣分，有力推动了社会治安综合治理领导责任制的落实。

宁夏回族自治区严把寄递安全“源头关”全面推进寄递行业安全管理措施落实

宁夏邮政系统坚持“安全第一”的红线意识和底线思维，从提高寄递行业整体预防能力上加强顶层设计，建立了寄递安全常态化源头预防机制，认真落实“收寄验视＋实名收寄＋安全检查”三个100%的工作措施，为全面规范开展寄递行业安全监管工作奠定了坚实基础，得到了国家邮政局的肯定。国家相关部门委托课题组对宁夏全面实施寄递实名制的情况进行了专题调研，以期总结宁夏的典型经验并推广。

一、严把寄递安全“源头关”，落实三个“百分百”

寄递服务深入千家万户，在国民经济和社会生活中发挥着通政、通民、通商的重要基础性作用。寄递行业安全是维护公共安全和国家安全的重要组成部分，是邮政行业持续健康发展的基础保障，是落实部门综合治理责任的必然要求。2015年4月，自治区综治办、邮政管理局、公安厅、商务厅、国家安全厅等九部门成立了自治区寄递行业安全监管领导小组及其办公室，联合印发了《关于加强寄递行业安全管理工作的实施意见》(以下简称“实施意见”)。

为了有力落实《实施意见》的各项工作措施,宁夏邮政管理局制定了实施方案、操作流程,印制了信息登记簿,在 2015 年 5 月 1 日起,率先在银川市先行试点,取得了先期经验。2016 年 6 月 1 日,在宁夏全区快递企业全部启用“收寄验视章”,全面落实“谁收寄、谁负责;谁验视、谁负责”的验视责任,对所有收寄的包裹类邮件、快件做到两个 100%,即 100% 先“验视”后“封箱”和 100% 实名收寄。与此同时,还组织开展了寄递渠道禁毒、反恐、“扫黄打非”等工作,配套实施了《快递企业员工发现报告可疑邮件(快件)奖励办法》,真正做到了严把禁寄物品进入寄递渠道的关口。2015 年上半年,30 多个快递公司及其服务网点发现并报告可疑快件近 94 件次,涉及枪支、子弹、弓弩、管制刀具、非法出版物、非法传销等 35 件,交由公安机关立案 2 起,快递企业 46 人受到奖励。

严把收寄过程“安检关”。从 2015 年 9 月 1 日起,宁夏全区各寄递企业在各自分拣中心分别配置安检设备,安排技术人员对收寄的邮件、快件 100% 通过 X 光机进行安检。经各部门协商,确定了企业分担和政府补贴相结合的方式落实过机安检措施,减轻了各寄递企业经济负担,调动了寄递企业配置安检设备的积极性。通过自治区综治办领导协调,商务厅从专项资金中拨款 200 万元进行补贴。安检设备采购工作由自治区公共资源交易管理局按招标规定办理,相关人员操作培训工作也正在组织进行,有力保障了 2015 年 9 月 1 日起对全境出港邮件、快件全部通过 X 光机进行安检。

二、明确任务,多措并举,全面实施寄递安全源头管理

一是加强组织领导,强化责任落实。区、市两级邮政管理部门全部与寄递企业签订了安全生产责任书,落实企业安全主体责任。企业成立安保工作机构,设立安全生产管理岗,企业总部与下属机构之间、企业与员工之间层层签订了安全承诺书,明确目标任务和工作要求,把安全责任落实到具体岗位和每一名员工,确保各项措施落实到位。

二是严格执行信息登记和报告制度。宁夏全区快递企业严格执行信息登记制度,日常工作中认真填写《邮件快件实名寄递登记表》《问题件处理登记表》等六种寄递服务登记表。严格落实值班和领导带班制度,遇有重大问题和突发事件第一时间向有关部门报告。

三是加强监督检查,强化联合执法。区、市两级寄递行业安全监管领导小组成员单位全部启动安全防范联合工作机制,开展了专项监督检查和日常执法累计 566 次,检查企业 455 家次,查处违法违规行为 44 次,下发整改通知 40 件,下达行政处罚 4 件,罚款金额 1.9 万元,有效维护了寄递行业安全秩序。

四是完善 12305 邮政业消费者申诉与市场监管工作衔接联动机制。不断提升寄递服务质量,确保消费者投诉、申诉全部得到协调解决,切实维护了邮政用户合法权益。

三、加强宣传教育,强化舆论引导

印发《关于开展加强寄递行业安全管理集中宣传活动的通知》,明确宣传重点、宣传方式和工作要求。宁夏全区寄递行业安全监管领导小组办公室迅速行动,组织寄递企业人员集中学习培训,在相关场所悬挂横幅、张贴海报、摆放展板、发放宣传资料,充分利用各种宣传媒介,多层次、多角度、全方位开展宣传活动,并被《人民日报》《中国邮政快递报》《宁夏法治报》、宁夏电视台等新闻媒体关注报道,营造了浓厚的宣传氛围,为全面落实寄递实名制奠定了良好基础。

(撰稿人:杜向东
审稿人:李刚军　周群淞)

新疆维吾尔自治区

2016 年综治工作概况

2016 年，全区各级党委、政府和政法综治部门全面贯彻以习近平同志为核心的党中央为新疆确定的社会稳定和长治久安总目标，认真落实自治区党委决策部署，牢牢把握“一个总目标、一条生命线、两个关键点、一套好机制、四个努力实现、一个良好局面”的总要求，坚持源头治理、依法治理、系统治理、综合治理和专项治理有机结合，强化基础、防控风险、破解难题、补齐短板，不断加强和创新社会治理，推进综治维稳和平安建设上新台阶，确保了全区社会政治大局持续稳定。

一、围绕总目标，坚持主动进攻、打防并举、疏堵结合，深化反恐严打斗争

各地和政法各部门坚决贯彻习近平总书记重要批示精神，始终保持高压严打震慑态势，打出社会正气安宁。维稳工作格局更加完善。党委政府领导，政法维稳部门主导，各部门协同，各族群众参与，党政军警兵民协调联动。自治区出台《维护社会稳定工作奖惩办法》。积极运用大数据技术，加快推进“一体化联合作战平台”建设应用，有效提升了发现能力。坚持依法严打、精准打击，确保始终在法治轨道上进行。自治区设立“新疆平安专项奖励资金”。

二、围绕总目标，坚持专业力量、科技手段、群众基础有机结合，推进立体化社会治安防控体系建设

各级党委、政府和政法综治部门坚持问题导向，全面加强社会面防控，不断提升群众安全感。一是强化应急处置机制建设。自治区相继制定出台社会面巡控、应急处置工作规范性文件，成立区、地、县三级社会面防控指挥部，完善军地联合指挥、协作配合、联勤联动机制。二是创新和加强社会面防控。着力推动建设和应用区地县三级公安机关视频信息综合应用平台和视频监控专网平台、自治区政法维稳综治信息平台、综治视联网综合应用系统，以信息化为依托，加强“网格化”巡控，驾驭新形势下治安维稳局势的能力进一步提升。三是创新和加强重点防控。各地按照自治区统一要求，突出重点地区、重点部位、重点要素的管理。人员密集场所严格落实硬隔离封闭管理安检措施，客运站积极落实实名制售票制度，城市公交（出租车）运营单位加快推进运营车辆管理系统安装和应用，机场、火车站实现旅客进出港（站）信息与公安机关联网，涉爆涉毒等单位100%完成信息平台建设任务并接入公安机关；加强物流及寄递行业安全管理，狠抓“三个 100%”制度落实，积极推行“危爆物品治安管控平台”和加油站“油气销售信息采集系统”安装应用，严格落实危爆物品源头管制、实名登记、定点经销、流向管控等措施；自治区启动大型工程机械设备和重型车辆信息管控系统应用工作，并在部分地区先行试点。四是创新和加强边境管控工作。各地积极筹措建设资金，加强边防项目建设，坚决构筑重点人员和非法出入境人员“一个出不去、一个进不来”的严密防线。

三、围绕总目标，坚持以机制改革和信息化手段运用为突破，着力提升实有人口服务管理水平

各级党委、政府紧盯实有人口管理关键环节，不断创新流动人口、特殊群体等服务管理思路理念，着力提升社会治理能力。一是创新流动人口服务管理。推动流动人口服务管理体制改革，形成“党政领导、公安主导、综治协调、部门配合、依托社区、齐抓共管”的工作格局；加快推进流动人口信息手机采集软件的推广应用，全面实现“流口平台”与“警综平台”合一，加强公共交通和公安检查站“人证合一”系统建设；全面开展实有人口、实有房屋等要素专项摸排以及涉稳重点人员、特殊群体人员 DNA 生物信息采集入库工作,建立起较为准确、完整的人口数据库,大大提升了管控能力;对城中村、城乡接合部等流动人口集中的复杂区域,全面推行“庭院化管理”,消除了一批治安管理难点。二是积极主动开展内地新疆籍人员服务管理工作。向内地省区市派驻新疆籍人员服务管理工作队,并建立党组织,做到党的组织、活动、作用全覆盖。从未就业大学毕业生、社区干部、教师中选派人员赴内地工作,全面加强新疆籍少数民族学生服务管理。加快“新疆籍人员协查平台”建设,全力配合内地省区市公安机关做好信息核查、比对、反馈。三是加强严重精神障碍患者救治救助工作。自治区召开专题视频会议,印发《关于进一步加强严重精神障碍患者救治救助工作的实施意见》,将严重精神障碍患者救治救助工作作为关系群众切身利益和生命安全的民生、民心工程来抓,全面开展摸排分类工作。全面实施“以奖代补”政策,最大限度预防和减少肇事肇祸案(事)件发生。

四、围绕总目标,坚持积极探索、多措并举,深入推进去极端化工作

各地、各部门牢牢坚持依法打击和凝聚人心“两手抓”,把教育转化作为重要政治任务和维稳基础工作来抓,最大限度地争取人心、团结教育大多数群众。稳步推进法治约束工作。自治区印发《怎样做好“法治约束”工作》小册子等,指导基层更加精准把握政策。各地、各部门通过集中宣传、普遍宣讲、个别讲解、讲座培训、理论测试等形式,充分利用广播电视、报纸杂志、互联网、手机短信、微信微博等多渠道,分类别开展宣传教育。坚持“打击的一手要硬,教育疏导的一手也要硬”,依法施策、分类施教,动态管控、教育帮扶,着力在“到人、管用、有效”上下功夫,扎实推进教育转化工作。目前,全区共培养法治宣讲员 15000 余人,开展各类宣传活动 14000 余场次,受教育人数 360 余万人次。深入推进基层依法治理工作。自治区“两办”印发《推进新型村规民约(社区公约)建设,提升基层社会治理能力的意见》,并在喀什等地开展试点工作,将去极端化等工作要求体现到村规民约中,更好地组织群众参与社会治理,推动形成政府治理和居民群众自治良性互动局面。

五、围绕总目标,坚持完善多元化解机制,统筹推进社会矛盾排查化解工作

全区各级党委、政府和各相关部门紧紧抓住影响社会和谐稳定的源头性、根本性、基础性问题,加强和创新群众工作,深入推进社会矛盾排查化解。一是完善并落实大调解工作体系。自治区综治办与卫计委、司法厅、住建厅等部门进一步完善医疗纠纷案件诉调对接机制,建立物业纠纷人民调解机制;法院、司法、政府法制部门主动作为、衔接联动,在重大、敏感、复杂矛盾纠纷案(事)件中充分发挥专业和社会力量的作用,化解了大批矛盾纠纷;各地认真贯彻落实自治区诉调对接、律师参与涉诉信访等规范性文件要求,完善调处化解和衔接联动等制度,有力推动了社会矛盾多元化解工作扎实开展。二是着力解决发展中的突出矛盾。自治区及各地认真组织开展社会不稳定因素的调查摸排,对欠薪问题、经济下行造成的化解过剩产能和处置“僵尸企业”可能引发的社会不稳定问题进行专题调研,制定针对性工作措施。三是加强排查化解常态化机制建设。全区统一开展“民声大走访、矛盾大调处、隐患大整治”活动,持续深入做好广泛排查与人民调解、司法调解、行政调解的有效衔接,切实把矛盾化解在基层和萌芽状态。2016 年,全区共排查调处矛盾纠纷近 70 万件,调解成功率达 72.7%。

六、围绕总目标,坚持联动融合、资源共享,创新综治维稳信息化建设

面对严峻的反恐维稳形势,自治区及各地主动适应、变化变革,更加注重设施联通、信息互通,更加注重力量统筹、资源共享,充分运用现代手段防范风险。一是强力推进综治视联网建设。全区建成纵向覆盖五级行政体系、横向贯通各级成员单位的综治视联网平台,实现了区、地、县三级 100% 全覆盖。视联网平台已经开始为现实工作服务。二是狠抓政法综治维稳信息化深度应用。大力推广使用新疆政法综治维稳信息系统,形成了覆盖五级行政体系的主干全流程信息化服务管理体系,“互联网 +”应用模式、移动互联网下 APP 应用等前沿技术得到创新应用,大数据决策成效初步显现。三是以科技创新提升打防管控智能化水平。自治区及各地以信息化为引领,以基础建设为支撑,强力推进实战型信息应用系统建设。自治区推进社会治安综合治理应用系统“9 + X”模块建设应用，强化维稳力量和社会面情况的有效整合。四是加强公共安全视频监控建设联网应用工作。自治区编制完成公共安全视频监控建设联网应用五年规划，高起点统筹规划设计公共安全视频监控建设联网应用和综治视联网建设。

七、围绕总目标，坚持抓基层、打基础，不断夯实综治维稳工作基础

各级党委、政府突出重点、标本兼治，全面加强综治维稳基层基础工作，为落实总目标提供有力支撑。一是积极推进五级综治中心建设。自治区制定《关于加强全区五级综治中心建设的意见》，对综治中心建设做出进一步规范。全区乡镇（街道）、村（社区）综治中心实现全覆盖，地、县综治中心建设正在稳步推进之中。二是加强公安基层基础工作。深入实施农村（社区）警务战略，全区乡镇（街道）、村（社区）基本实现派出所、警务室全覆盖；进一步理顺派出所、警务室管理体制，落实派出所所长进乡镇党政领导班子、警务室民警兼任村党支部副书记（副主任）制度；完善农村（社区）警务机制、应急处突机制、考核奖励机制等，将公安派出所、警务室打造成坚强管用的基层维稳“铁拳”。三是加强基层组织和基层政权建设。持续整顿软弱涣散的村级党组织，选派机关干部、“访惠聚”驻村工作队长担任村党支部书记或第一书记，加强村党支部建设；进一步深化“访惠聚”活动，全区下派1万多支“访惠聚”工作队、8万多名各级干部，深入开展八项重点工作，村级党组织的凝聚力、战斗力显著增强；打好“民族团结一家亲”、周一升国旗宣讲，穆斯林群众“四项活动”服务管理等基层维稳“组合拳”，最大限度把人心凝聚到社会稳定和长治久安上。四是加强集中整治工作。以“幕后黑手净、群众认识清、基层组织强、稳定秩序好”为目标，在全区重点乡镇开展集中整治，有效防止了重大群体性事件发生，压缩了“三非”活动空间。五是深入推进平安建设工作。自治区综治委与各地、各成员单位签订综治维稳和平安建设责任书，制定《自治区综治委成员单位评先选优工作办法》《社会治安综合治理领导责任制实施办法》，强化平安创建责任制和激励机制建设。探索实施南北疆综治维稳和平安建设差异化考核方式，考核结果更加公平合理，全区2016年新创建2个平安地（州、市）、12个优秀平安县（市、区）、4个平安县（市、区）、48个优秀平安乡镇（街道），平安新疆建设进一步引向深入。

新疆维吾尔自治区综治委　自治区反恐怖工作领导小组关于印发《新疆维吾尔自治区群众举报涉暴恐犯罪线索奖励办法》的通知

（2016年4月11日）

伊犁哈萨克自治州社会治安综合治理委员会、反恐怖工作领导小组，各地（州、市）社会治安综合治理委员会、反恐怖工作领导小组，自治区社会治安综合治理委员会各成员单位：

《新疆维吾尔自治区群众举报涉暴恐犯罪线索奖励办法》已经自治区综治委和自治区反恐怖工作领导小组研究通过，现印发你们，请认真贯彻落实。

新疆维吾尔自治区群众举报涉暴恐犯罪线索奖励办法

第一章　总　则

第一条　为鼓励人民群众主动发现、踊跃举报涉暴恐犯罪线索，有效防范和打击暴力恐怖活动，维护新疆社会稳定，根据新疆反恐维稳工作实际，制定本办法。

第二条　本办法适用于新疆维吾尔自治区行政区域内举报涉暴恐犯罪线索的奖励。

第三条　自治区、各地（州、市）分别成立平安专项奖励评审委员会，组织、领导涉暴恐犯罪线索举报奖励工作。

各级平安专项奖励评审委员会下设办公室，办公室设在综治办，协调开展涉暴恐犯罪线索举报奖励各项具体工作。

第二章　奖励条件和原则

第四条　奖励举报应当同时符合以下条件：

（一）有明确的举报对象、具体的举报事实；

（二）举报内容事先未被各级社会治安综合治理工作机构及其各成员单位及反恐怖工作机构掌握；

（三）举报内容经查证属实。

第五条　奖励举报应当遵循以下原则：

（一）奖励对象原则上为实名举报人。对匿名举报并查处的案件，在结案后能够确定举报人真实身份，且举报人愿意接受奖励的，应当奖励；

（二）同一线索有两个以上（含两个）举报人分别举报的，奖励第一举报人。其他举报人提供的线索对查处案件有帮助的，可酌情予以奖励；

（三）两个以上（含两个）举报人联名举报同一线索的，按一个举报奖励，奖金由举报人协商分配，协商不成的，平均分配；

（四）同一举报人向不同部门举报同一线索的，由办理该线索的部门提出奖励意见，不予重复奖励。

第三章　奖励标准

第六条　举报有组织、有计划、有预谋并启动计划，实施袭击、劫持、暗杀、投毒、爆炸、破坏重要基础设施等涉暴恐犯罪的行动性、内幕性、紧急性核心层线索的，给予20万～500万元奖金，或根据举报人意愿和申请，酌情给予政策性奖励，包括录用为合同制工勤人员并按照事业单位工资标准纳入地方财政供养、破格提拔，或者在评先评优、晋职晋级、入伍、入学、社会保障、土地承包、法律援助等方面给予优先照顾等。

第七条　举报与暴恐有关的涉及社会稳定、治安状况、安全生产、宗教领域、社情民意、社会舆情、网络舆情等苗头性、预警性线索及异常情况的，给予20万元以下奖金，或者酌情给予政策性奖励，具体政策性奖励参考本办法第六条的相关内容。

第八条　举报其他涉暴恐行动性线索的，酌情奖励。

第九条　举报人可以通过电话、信件等多种形式，向各级平安专项奖励评审委员会办公室，咨询各类涉暴恐犯罪线索的具体奖励标准。

第四章　举报奖励程序

第十条　群众发现涉暴恐犯罪线索，可通过以下途径举报：

（一）拨打“110”报警电话举报；

（二）通过天山警网（公安厅门户网站）进行举报；

（三）向各级党政机关、企事业单位、基层组织及其工作人员举报；

（四）通过其他有效方式举报。

第十一条　群众举报涉暴恐犯罪线索，由负责侦办该线索的公安机关或国家安全机关查证、核实。

第十二条　对属于本办法第六条规定的涉暴恐犯罪线索，在查证属实后，逐级上报至自治区公安厅或新疆国家安全厅审核，并于60日内提出奖励意见，报自治区平安专项奖励评审委员会。

对属于本办法第七条、第八条规定的涉暴恐犯罪线索，由当地公安机关或国家安全机关在查证属实之日起60日内提出奖励意见，报当地平安专项奖励评审委员会。

第十三条　各级平安专项奖励评审委员会应当自收到奖励意见之日起60日内，作出奖励或不奖励决定。

决定奖励的，由各级平安专项奖励评审委员会办公室函告申报单位，并通知举报人领取奖金。

决定不予奖励的，由各级平安专项奖励评审委员会办公室函告申报单位，由申报单位告之举报人，并负责解释。举报人有异议的，可在收到不予奖励通知之日起60日内向申报单位提出复议申请。

第十四条　举报人应当在接到举报奖励通知之日起30日内领取奖金。无正当理由逾期不领取的，视为自行放弃奖励。

第十五条　举报人无法现场领取奖金的，可以说明情况并提供银行账号，由各级平安专项奖励评审委员会办公室审核后汇至举报人指定账户。

第五章　法律责任

第十六条　接受举报线索的单位或个人应当实行首问负责制，及时处置或者转报有关部门。首问责任制落实不到位，造成严重后果的，依法追究责任人法律责任。

第十七条　举报人故意弄虚作假骗取奖励，构成违法犯罪的，依法追究相应法律责任。

第十八条　参与举报奖励工作的人员应当严格遵守保密制度，未经举报人同意，不得以任何方式透露举报人身份、举报内容和奖励情况。因未尽到保密义务造成举报人信息泄露或者故意泄露举报人信息的，依法追究相关人员责任。

第十九条　举报人的人身安全应当依法受到保护。举报人及其近亲属遭受或者可能遭受打击报复的，基层组织、公安机关应当给予充分保护。

第二十条　群众举报线索系公安机关已掌握核实或正在侦查的线索，或者公安、国安、检察院、法院等公务人员在公务活动中发现的线索，不适用本办法。

第六章　附　则

第二十一条　本办法由自治区社会治安综合治理委员会负责解释。

第二十二条　本办法自发布之日起施行。

新疆维吾尔自治区乌鲁木齐市着力发挥新媒体作用积极拓展社会治理群防群治新平台

为积极探索新形势下群防群治工作新模式，组织动员群众参与社会治安防控体系建设，2016年初，乌鲁木齐市大力开展“平安社区微行动”“平安公交微行动”（以下简称“两微”行动），取得了良好社会效果。

一、基本情况

（一）“平安社区微行动”。根据市委安排部署，“平安社区微行动”主要由各区（县）政法委牵头组织实施，各区（县）均成立了政法委书记任组长的工作领导小组，设立了“平安社区微行动”的双语微信公众举报平台，建立了举报人—区（县）

级管理员—管委会(街道)—社区(村)核查员四级举报信息转办、核查、反馈机制,24 小时受理群众举报,并严格按照一事一奖原则,对查证属实的举报人进行奖励。

(二)“平安公交微行动”。根据市委安排部署,“平安公交微行动”主要由市委政法委(综治办)牵头组织实施。市委政法委(综治办)及时制定工作方案,明确平台建设、举报内容、参与方式、转办督办、兑现奖励等各项措施,为“平安公交微行动”顺利开展奠定扎实基础。

二、主要做法

(一)“平安社区微行动”。一是完善平台,便于举报。按照举报内容规范、重点要素齐全、便于操作、效率高的要求,多次与网络公司进行沟通,不断完善平台功能,切实解决了举报平台不稳定、页面设置不合理、后台操作不便利、要素显示不齐全等问题,确保了举报渠道畅通。二是优化举报处理流程,利于信息处理。“平安社区”微信举报平台设置独立举报页面,举报人举报后,举报信息在上传至区级管理员的同时直接分发相关管委会(街道),管委会(街道)核实举报情况并处理后,将处理结果回复至区“两微行动”办公室,区“两微行动”办公室根据管委会(街道)核查情况,对举报人员身份进行核实并发放奖励。三是贴近群众需求,调动群众参与热情。为不断提高群众参与的积极性,区县政法委将解决问题作为“平安社区微行动”第一要务。凡是群众反映的问题,在第一时间答复;在职能范围内的,一律想方设法解决,职能范围外的认真做好解释工作或提出合理意见。通过坚持不懈的努力,增强了群众的信任感,为开展好此项工作打下了坚实的群众基础。四是规范奖惩,形成奖惩长效机制。为了更好地调动群众的举报积极性,在发放红包奖励后再发送“请你宣传身边的人积极参与,举报有奖励”宣传信息,做到既奖励了群众,又宣传发动了群众。同时,严格奖惩制度,对提供重要线索和履行职责不到位的人员坚决落实奖惩措施,确保奖惩的法治化、规范化。

(二)“平安公交微行动”。一是成立工作专班。明确市委政法委一名副书记专职负责,抽调 4 名人员成立“平安公交微行动”办公室,负责群众举报信息的登记、转办、交办、核查、奖励等具体工作。二是研发举报平台。积极与市互联网信息管理中心协调,申请专项经费,委托第三方软件公司,按照便民、利民、高效的原则,研发了“平安公交微行动”举报平台。三是持续加强宣传。先后在《乌鲁木齐晚报》《新疆法制报》、红山网、平安网、电台、电视台刊登宣传海报、播放宣传片进行集中宣传。同时,采取文件传达、专题宣讲、入户告知、制作宣传栏、张贴宣传海报等多种方式不断向各级党政机关、社会群众宣传告知活动的参与方式、奖励政策,在全社会形成人人知晓、人人关注、人人参与的强大声势氛围。四是加大责任追究。定期对区(县)办理群众举报信息情况进行核查,对管委会(街道)核查不认真、派勤单位监督不到位、安保人员多次被举报的单位、个人及时上报市委,市委根据《健全落实社会治安综合治理领导责任制度》和《关于严格落实基层维稳责任制的办法》等规定作出相应的责任追究决定。

三、主要成果

“两微”行动开展以来,各族群众积极参与,取得良好社会效果,群众维稳意识明显提升,公交车站安保人员责任意识、主动作为意识显著增强,在岗履职情况明显好转。截至目前,“平安社区微行动”举报平台“粉丝”共计 41 万余人,累计登记、转办举报信息 1700 余条,核查属实 600 余条,奖励群众、发放微信红包 600 余人、1.7 万余元。“平安公交微行动”微信公众平台“粉丝”达 22 万余人,举报平台点击量 13 万余次,接听举报电话 2000 余次,累计登记、转办举报信息 7200 余条,督促区(县)核查属实 3700 余条,问责公交车站安保人员 5600 余次,罚款 27 万余元,劝退 50 人,奖励群众、发放微信红包 3800 余人次。

新疆维吾尔自治区塔城地区沙湾县 推行“套餐式联动”管理模式　加强流动人口服务管理

为有效贯彻落实自治区提出的流动人口“369”限时工作法（即出租屋房东要在3小时内向社区包片干部或警务室报告；社区包片干部或片警要在6小时内与新来流动人口见面、采集信息、核实情况；9小时完成对比核查、登记入网工作），塔城地区沙湾县在流动人口工作、生活、居住等环节采取“五大措施”，实施“套餐式联动”创新管理，一举扭转了过去由工作人员被动找流动人口，转变为流动人口主动向社区集中的局面。

一、采取部门联动，形成“天网”效应

长期以来被动地找流动人口登记信息，不仅耗费大量人力、物力、精力，而且登记率极低，人员失控风险大。为此，沙湾县要求金融、移动、电信、联通、质监、工商、税务、教育、驾校等部门在提供社会化公共服务时把是否有居住证或登记证明作为前置条件，提升居住证的价值，使居住证在社会生活中的作用凸显，只要流动人口在该县生活就要被这一机制限制，倒逼流动人口到社区登记，保证了流动人口能被及时发现。县综治办将相关单位执行落实这一措施的成效列为综治考核，凡是落实不力的单位，将按照“一票否决”或发函通报其上级单位，通过做出停发综治奖、限制文明单位申报复验等办法加以惩处，保证这一机制的持续常态运行。

二、采取分类认领，加强行业监管

为使企业、工地等用人单位做到流动人口“369”限时管理，沙湾县充分发挥住建、安监、药监、质监、消防、环保等部门监管作用，对全县企业逐个认领。企业落实“四个一”和流动人口主动登记报告情况作为检验以上部门重点任务的重要指标，行业监管单位进行管理，属地乡镇进行日常检查。企业出现问题，县综治办分别对行业监管单位和属地乡镇进行扣分，由此在企业领域形成了双向交叉管理的格局，保证了企业按“369”限时工作法要求及时报送流动人口信息。

三、采取疏堵结合，规范信息发布渠道

流动人口的主要居住场所——出租房，一直存在发现难、管理难问题，该县从规范出租房信息发布渠道入手，着力强化源头治理。一方面，由工商局负责，规定凡是发布出租房屋信息的中介公司或个人必须规范房屋出租发布前的审核程序，建立出租房屋审核档案，房东在发布出租屋信息前必须到社区备案登记后方可对外发布，否则禁止发布信息。在此基础上，由县政府办牵头在全县开展治理整治“牛皮癣”专项整治活动，并将小区整治乱贴乱画现象列为网格员、单元长、楼栋长的考核内容，出租房随意发布信息渠道逐渐被堵死。另一方面，在加强堵的同时更注重疏导，在全县面向群众推荐含有出租屋管理指标内容的两大出租房屋信息免费发布平台，即在线下各社区推行出租房屋租赁社区代办工作机制，线上打造“沙湾世纪房缘”微信公众号，免费为居民提供信息发布服务，承租人和出租人足不出户即可通过手机实现发布出租房信息、精准查找房源的目的，两大平台的搭建进一步规范了出租房信息发布渠道，为保证第一时间发现出租房屋、第一时间将其纳入管理视线以及开展出租房屋星级评定、定期走访创造了条件。

四、采取奖惩并用，实现房东自觉履职

通过出租房信息发布渠道掌握出租房信息后，关键是督促房东切实履行职责，及时登记承租人信息。为此，沙湾县把房东分为单位人和社会人两种，凡房东是单位人的，把其履职情况作为考核其所在单位综治等级的重要评分标准加以赋分，保证单位人即干部职工首先尽职；其次，加大教育宣传和走访排查，通过集中召开房东大会和针对性的教育培训促使房东履行主动报告承租人信息；第三，成立由公安局治安大队、法院执行局牵头的出租房屋违法违规综合整治工作队，对反复教育仍拒不履行房东职责的，依法依规进行处罚，形成法律威慑。

五、采取统一考核指标，为"369"清淤排障

"369"能否贯彻落实，最核心的环节还是基层一线特别是乡镇综治中心和派出所能否形成工作合力，而合力问题关键在考核指标，也就是指挥棒如何指挥。为此，沙湾县采取了四项措施，一是制定统一的流动人口管理指标，由县综治办与公安局联合行文下发至各乡镇综治中心和各基层公安派出所，要求两家围绕共同的流动人口考核指标结合各自实际因地制宜，智慧作为，狠抓落实。二是统一督查，及时通报各项指标完成情况。规定县综治办与公安局每周联合行文通报各乡镇综治中心和基层公安派出所，任一指标出问题，都会给两方造成考核压力，促使中心和派出所领导自觉主动进行沟通，研究指标问题。三是明确流动人口各环节责任主体。出台了《关于进一步规范和细化"369"工作法的实施方案》，对综治中心、派出所、社区（村队）警务室、治保主任、中心户长、楼栋长各自职责任务进行了明确，一旦考核指标出现问题，中心和派出所领导就会主动沟通，按照责任划分分析问题出现的环节，查清责任主体，及时进行整改。四是优化精简工作流程。考核指标统一后，综治中心和派出所呈现出更加配合的工作局面，过去的一些改革想法也得到了顺利推进，比如，流动人口信息录入、居住证办证统一交由警务室负责，社区不再录入，居住证签注机连入警务室，这一改革减少了重复录入，优化整合了人力资源，提高了办事效率。

（撰稿人：韩永生
审稿人：张秀成　周群淞）

新疆生产建设兵团

2016 年综治工作概况

2016 年,兵团综治系统认真贯彻党的十八大和十八届三中、四中、五中、六中全会精神和习近平总书记系列重要讲话精神,全面落实中央政法工作会议、自治区第九次党代会、兵团党委六届十五次全委(扩大)会议和兵团党委稳定暨政法工作会议精神,紧紧围绕维护社会稳定和长治久安总目标,突出深化平安兵团建设主题,把防控风险、服务发展和破解难题、补齐短板摆在突出位置,坚持系统治理、依法治理、综合治理、源头治理,着力深化严打专项斗争,着力治理治安重点难题,着力预防化解社会矛盾,着力完善治安防控体系,着力强化综治维稳基层基础,确保了兵团辖区大局持续稳定,较好实现了“三个坚决”“三个确保”工作目标。

一、坚决贯彻落实中央、自治区党委和兵团党委维稳部署,全力维护社会大局稳定

积极做好边境防控工作。为深入贯彻落实自治区、兵团边境管控工作部署,强化“六位一体”戍边守防体制。落实党政军兵警民“六位一体”边境防控机制,发挥兵团戍边守防作用。兵团公安机关对兵团辖区 5 个口岸,87 个对外通道、山口进行摸排调研,了解边境防控形势,确保兵团辖区非法出入境“一个出不去、一个进不来”。

二、强化治安重点领域治理,全力维护社会治安大局稳定

2016 年以来,兵团筹备召开了兵团党委维稳综治工作现场推进会、贯彻落实“全国社会治安综合治理创新工作会议”精神视频会议,对维稳综治各项工作进行了安排部署,全面强化治安重点领域治理,查找薄弱环节,补齐工作短板,最大限度防控治安稳定风险。

(一)严密社会面治安防控。2016 年初,兵团维护稳定工作领导小组、综治委联合印发了《兵团 2016 年社会面防控工作方案》,明确了社会面防控的工作目标、实施重点、具体措施和工作要求。据不完全统计,2016 年以来,兵团各级日均投入警力 3200 人、车辆 830 辆、其他维稳力量 4500 人,巡查重点场所 1100 处,盘查可疑人员 7153 人,检查出租房屋 3056 家,吃、住、娱乐场所 6981 家,查获犯罪嫌疑人 76 名。各敏感节点启动治安卡点 223 个,日均盘查进出人员 1.5 万人、车辆 6300 辆。

(二)强化治安重点地区排查整治,依法严惩各类违法犯罪。坚持问题导向、民意引领,定期组织对辖区治安复杂场所、案件多发高发区域、城乡接合部、兵地结合部等进行检查清查,确定整治重点,集中时间、集中力量进行全面整治。2016 年以来,各级共摸排确定治安混乱单位、区域、场所 335 个,有效整治改变治安面貌的有 300 个,正在整治的有 35 个。公安机关依法严惩各类违法犯罪,1—11 月,共立各类刑事案件 13969 起,同比下降 0.57%,破案 5820 起,同比上升 7.08%。抓获网上在逃人员 553 人,同比上升 17.13%;共立命案 33 起,破案率 100%。严厉打击电信网络新型违法犯罪,与兵团 12 个部委、单位成立联席机构,与自治区 5 家银行建立紧急止付、快速查询、同步冻结机制,共立电信网络诈骗案件 1380 起,同比上升 28.49%,涉案金额 3994 万余元,办理止付 829 条,止付 131 万元。

(三)强化实有人口服务管理。强化对重点人员管控,提高特殊人群和流动人口的服务管理水平。加强重点人员管控,逐一建档立卡,明确责任主体,落实教育管控措施,通过信息技术手段对重点人员全天候动态管控,严防串联滋事、伺机报复。加强特殊人群服务管理。以落实管控帮扶为切入点，推动特殊人群管理工作制度化、规范化。目前，兵团辖区共有精神障碍患者 9052 人，符合以奖代补条件的 921 人。组织开展了特殊人群管控专项活动，对高风险社区服刑人员实时监控率达 100%。全面推进“一所四中心”和“司法服务工作室”建设，建成“一所四中心”35 个所，“3335”工作模式推行覆盖率 100%，建成司法服务工作室 498 个，实现了特殊人群服务管理工作向连队、社区的有效延伸。截至目前，兵团在册矫正人员 1383 人，安置帮教对象 2247 个，安置率 95.22%，无重新违法犯罪。加强流动人员服务管理，全面推行“369”限时工作法。大力拓展社区警务信息平台应用功能，实现流动人口动态化、信息化服务管理。共核查流动人口 8.9 万人，采集兵地流入流出人员信息 1.32 万条。兵团 23 个三级以上公路客运站“人证合一”查验系统全部完成建设并投入使用，13 个公安检查站完成人证合一系统建设，累计查验人员 247.4 万人次，抓获在逃人员 18 人，比对发现自治区危安重点人员 63 人。

（四）深入开展“两清理一排查”专项行动。按照中央综治办等九部门部署，全面深入开展危爆物品、寄递物流清理整顿和矛盾纠纷排查化解工作。一是深入开展危爆物品清理整顿。各级公安机关会同安监、工信、国土等有关部门，加大危爆物品单位（企业）执法检查力度，全面掌握辖区危爆物品单位（企业）基本情况、从业人员状况及爆炸物品、枪支弹药、剧毒化学品、易制爆化学品、放射性物品、管制刀具的来源、流向和库存情况。据不完全统计，共收缴枪支 27 支、炸药 2 千克、雷管 232 枚、烟花爆竹 276 箱、导火索 94 米、各类子弹 2853 发。同时，按照自治区统一部署，兵团 215 个加油站已全部完成汽油销售信息采集管理系统安装。二是推动落实寄递物流“三个 100%”制度。因多方面原因，兵团对寄递物流行业的行政管理职能不健全。为推动“三个 100%”制度落实，各师（市）综治、公安、交通、安全等部门主动作为，加强日常安全监控，督促寄递物流企业落实各项安全制度，对未经许可、证照不齐的，一律给予关停；对执行 100% 实名登记、100% 开箱验视、100% 过 X 光机安检（或到邻近市县集中安检）制度执行不力的，一律停业整顿。目前，兵团辖区物流寄递企业“三个 100%”制度得到了较好落实。

三、强化社会矛盾预防化解，着力完善矛盾纠纷多元化解机制

认真贯彻中办、国办《关于完善矛盾纠纷多元化解机制的意见》，组织各师（市）、兵团有关部门深入学习 60 号文件精神，推动出台了《关于完善矛盾纠纷多元化解机制的实施意见》，进一步明确了兵团完善矛盾纠纷多元化解机制的职责任务、工作措施和保障机制。一是认真落实重大决策事项社会稳定风险评估制度，努力从源头上预防社会矛盾发生。坚持把稳定风险评估作为做出大决策、实行重要项目的前置程序和刚性门槛，努力做到科学决策、民主决策、依法决策，努力从源头上预防矛盾纠纷和不稳定案（事）件发生。二是坚持矛盾纠纷排查调处协调会议制度，推动落实矛盾纠纷排查化解责任。2016 年以来，各级综治部门组织排查调处各类民间纠纷 13524 件，调处成功 13316 件，调成率为 98.46%。排查上报群体性矛盾纠纷（涉及 10 人以上）42 件，化解 40 件，引导进入司法程序 1 件，2 件正在化解。其中涉及 50 人以上的群体性矛盾纠纷 8 件，化解 7 件，引导进入司法程序 1 件，1 件正在化解。三是加强创新人民调解工作。司法行政部门加强对医疗纠纷专业调委会建设的指导，推动成立医疗纠纷人民调解委员会 7 个，共有调解员 15 人，并建立了医学专家库，发展医疗纠纷信息员 112 人，落实人民调解员案件补贴经费 5 万余元。各级医疗纠纷人民调解委员会受理案件 189 件，成功调解 170 件，调解成功率 90%。截至目前，兵团已建立行业性、专业性人民调解委员会 171 个，建立以首席人民调解员名字命名的人民调解工作室 63 个；兵团各级司法行政机关指导司法所和人民调解委员会受理调处各类民间纠纷 18475 件，调解率 100%，成功率 99%。四是合力推动解决进京非访突出问题。年初，兵团综治办、维稳办、信访局、公安局研究确定了“化解存量、减少增量”，年度进京非访问题下降 38% 的工作目标，并核定下达了各师（市）2016 年进京非访控制指标。据中央综治办、联席办通报，2016 年以来，兵团进京非访同比下降 35.31%。

四、加强治安防控体系建设，巩固提升平安兵团建设水平

认真贯彻中办、国办《关于加强社会治安防控体系建设的意见》和全国“大连会议”精神，积极构建完善立体化社会治安防控体系，巩固提升平安兵团建设水平。

（一）加强顶层设计。推动出台了《关于加强兵团社会治安防控体系建设的实施意见》，对构建社会面治安防控网、团场街道和连队社区治安防控网、重点单位（行业、要素）安全防控网、实有人口服务管理网、信息网络防控网五大防控网络和加强政法维稳综治信息平台、公共安全视频监控建设联网应用等工作提出了目标任务和工作措施。各师（市）、兵团有关部门对照《实施意见》和《任务分工方案》，及时制定了实施方案，各项工作有序推进。

（二）突出工作重点。大力推进公共安全视频监控建设联网应用和兵团政法维稳综治信息平台建设。加快推进“十二五”期间社会治安视频监控项目建设，中央预算内投资3亿元的16个视频监控项目已基本完成，师（市）、团场自有财力保障力度进一步加大。据不完全统计，2010年以来，全兵团共投入资金11.19亿元（中央投资3亿元，师团投资6.99亿元，社会投资2亿元），安装监控摄像机约5.7万台，联网2.1万台，初步构建起了兵师团三级逐级联网、覆盖辖区重点公共区域的视频监控网络。

（三）强化基层基础。围绕落实习近平总书记“两个坚定不移”要求，在全兵团继续组织开展了为期一年的“深化平安兵团建设基层基础工作年”活动，印发了活动方案，明确了工作目标，确定了7项具体任务，逐一明确了工作标准和完成时限，及时督导，有序推进。

（四）强化责任落实。严格落实社会治安综合治理领导责任制，兵团、师（市）、团场（单位）、连队（社区）党政主要领导逐级签订了社会治安综合治理责任书。针对七师在安全生产、交通事故和非正常上访等方面存在的突出问题，认真履行考评、督导、挂牌督办等职责，向七师综治委下发了挂牌整治通知书，兵团综治办及时跟进，指导帮助第七师查找工作中的“短板”，分析原因，制定整改措施。完善了兵团社会治安综合治理考核办法，把日常重点工作纳入季度考核，季度考核结果纳入年终考核，完成了第一、二、三季度的考核，并进行了通报，强化了各级党政抓综治维稳工作的责任，推动了各项重点工作任务的落实。

新疆生产建设兵团综治委　兵团反恐怖工作领导小组关于印发《新疆生产建设兵团群众举报涉暴恐犯罪线索奖励办法》的通知

（2016年10月28日）

各师（市）社会治安综合治理委员会、反恐怖工作领导小组，兵团社会治安综合治理委员会成员单位：

《新疆生产建设兵团群众举报涉暴恐犯罪线索奖励办法》已经兵团党委同意，现印发你们，请认真贯彻落实。

新疆生产建设兵团群众举报涉暴恐犯罪线索奖励办法

第一章　总　则

第一条　为鼓励群众主动发现、踊跃举报涉暴恐犯罪线索，严密防范和严厉打击暴力恐怖犯罪活动，维护社会稳定，根据兵团反恐维稳工作实际，制定本办法。

第二条　本办法适用于举报兵团辖区内涉暴恐犯罪线索的奖励。

第三条　群众举报线索系公安机关已掌握核实或正在侦查的线索，或者公安、国安、检察院、法院等公务人员在公务活动中发现的线索，不适用本办法。

第四条　兵团、各师（市）分别成立群众举报涉暴恐犯罪线索专项奖励评审小组，组织、领导涉暴恐犯罪线索举报奖励工作。

各级群众举报涉暴恐犯罪线索专项奖励评审小组下设办公室，办公室设在综治办，协调开展涉暴恐犯罪线索举报奖励各项具体工作。

第二章　奖励条件和原则

第五条　奖励举报应当同时符合以下条件：

（一）有明确的举报对象、具体的举报事实；

（二）举报内容事先未被各级社会治安综合治理工作机构及其各成员单位及反恐怖工作机构掌握；

（三）举报内容经查证属实。

第六条　奖励举报应当遵循以下原则：

（一）奖励对象原则上为实名举报人。对匿名举报并查处的案件，在结案后能够确定举报人真实身份，且举报人愿意接受奖励的，应当奖励；

（二）同一线索有两个以上（含两个）举报人分别举报的，奖励第一举报人。其他举报人提供的线索对查处案件有帮助的，可酌情予以奖励；

（三）两个以上（含两个）举报人联名举报同一线索的，按一个举报奖励，奖金由举报人协商分配，协商不成的，平均分配；

（四）同一举报人向不同部门举报同一线索的，由办理该线索的部门提出奖励意见，不予重复奖励。

第三章　奖励标准

第七条　举报有组织、有计划、有预谋并启动计划，实施袭击、劫持、暗杀、投毒、爆炸、破坏重要基础设施等涉暴恐犯罪的行动性、内幕性、紧急性核心层线索的，给予 20 万 ~ 500 万元人民币奖金，或根据举报人意愿和申请，酌情给予政策性奖励，包括在评先评优、晋职晋级或在入伍、入学、社会保障、土地承包、法律援助等方面给予优先照顾等。对群众举报且被采用的涉暴恐犯罪的行动性、内幕性、紧急性核心层线索，应根据其作用、效果等进行等级评定，按照评定等级发放奖金。等级评定及奖励数额可分为三级：

（一）一级线索：为防范或侦破暴力恐怖案件发挥特别重大作用、贡献特别突出的线索，最低奖 50 万元人民币，最高奖 500 万元人民币，视情报线索价值确定最终奖励数额。

（二）二级线索：为防范或侦破暴力恐怖案件发挥重大作用的线索，最低奖 30 万元人民币，最高奖 300 万元人民币，视情报线索价值确定最终奖励数额。

（三）三级线索：为防范或侦破暴力恐怖案件发挥较大作用的线索，最低奖 20 万元人民币，最高奖 100 万元人民币，视情报线索价值确定最终奖励数额。

第八条　举报与暴恐有关的涉及社会稳定、治安状况、安全生产、宗教领域、社情民意、社会舆情、网络舆情等苗头性、预警性线索及异常情况的，给予 20 万元人民币以下奖金，或者酌情给予政策性奖励，具体政策性奖励参考本办法第七条的相关内容。

第九条　举报其他涉暴恐行动性线索的，酌情奖励。

第十条　举报人可以通过电话、信件等多种形式，向各级群众举报涉暴恐犯罪线索专项奖励评审小组办公室，咨询各类涉暴恐犯罪线索的具体奖励标准。

第四章　举报奖励程序

第十一条　群众发现涉暴恐犯罪线索，可通过以下途径举报：

（一）拨打“96110”报警电话举报；

（二）向各级党政机关、企事业单位、基层组织及其工作人员举报；

（三）到公安机关或向执勤民警当面举报；

（四）通过其他有效方式举报。

第十二条　群众举报涉暴恐犯罪线索，由负责侦办该线索的公安机关或国家安全机关查证、核实。

第十三条　对属于本办法第七条规定的涉暴恐犯罪线索，在查证属实后，逐级上报至兵团公安局或兵团国家安全局审核，兵团公安局或兵团国家安全局60日内提出奖励意见，报兵团群众举报涉暴恐犯罪线索专项奖励评审小组。

对属于本办法第八条、第九条规定的涉暴恐犯罪线索，逐级上报至所在师公安机关或国家安全机关，由师公安机关或国家安全机关在查证属实之日起60日内提出奖励意见，报师（市）群众举报涉暴恐犯罪线索专项奖励评审小组。

第十四条　各级群众举报涉暴恐犯罪线索专项奖励评审小组应当自收到奖励意见之日起60日内，作出奖励或不奖励决定。

决定奖励的，由各级群众举报涉暴恐犯罪线索专项奖励评审小组办公室函告申报单位，并通知举报人领取奖金。

决定不予奖励的，由各级群众举报涉暴恐犯罪线索专项奖励评审小组办公室函告申报单位，由申报单位告知举报人，并负责解释。举报人有异议的，可在收到不予奖励通知之日起60日内向申报单位提出复议申请。

第十五条　举报人应当在接到举报奖励通知之日起30个工作日内领取奖金。无正当理由逾期不领取的，视为自行放弃奖励。

第十六条　举报人无法现场领取奖金的，可以说明情况并提供银行账号，由各级群众举报涉暴恐犯罪线索专项奖励评审小组办公室审核后汇至举报人指定账户。

第五章　法律责任

第十七条　接受举报线索的单位或个人应当实行首问负责制，及时处置或者转报有关部门。首问责任制落实不到位，造成严重后果的，依法追究责任人法律责任。

第十八条　举报人故意弄虚作假骗取奖励，构成违法犯罪的，依法追究相应法律责任。

第十九条　参与举报奖励工作的人员应当严格遵守保密制度，未经举报人同意，不得以任何方式透露举报人身份、举报内容和奖励情况。因未尽到保密义务造成举报人信息泄露或者故意泄露举报人信息的，依法追究相关人员责任。

第二十条　举报人的人身安全应当依法受到保护。举报人及其近亲属遭受或者可能遭受打击报复的，基层组织、公安机关应当给予充分保护。

第六章　附　则

第二十一条　本办法由兵团社会治安综合治理委员会办公室负责解释。

第二十二条　本办法自发布之日起施行。

新疆生产建设兵团第四师可克达拉市
夯实基层基础　筑牢平安基石

长期以来,第四师可克达拉市党委牢固树立政治意识、大局意识、核心意识、看齐意识,认真贯彻习近平总书记关于稳定政法工作的重要指示精神,扎实落实兵团党委和兵团党委政法委稳定工作各项部署,坚持抓基层、打基础,有力维护了师市社会大局持续稳定。主要做法是:

一、重心下移、筑牢根基,夯实平安建设基层基础

师市党委着力强基层、筑根基,在兵团党委和兵团党委政法委的大力支持下,近三年累计投资9000余万元,新建综治工作中心1个、公安检查站3个、连队(社区)警务室40个、警务服务站9个、执勤卡点32个,安装公共安全视频监控探头1150个。2016年,师市党委紧紧围绕深化平安建设基层基础工作年活动,坚持人防、技防并举,着力夯实平安建设基层基础。一方面,突出人防,加强基层组织力量建设。以连队社区警务室、治安联防队为依托,建立健全了治保会、调委会、“三老队”、治安员、十户长、楼栋长等群防群治组织。目前,18个团场、14个师直单位设立综治委(办)32个,建成基层综治工作服务站240个,组建联防队19支,配齐综治人员739人;建立标准化治保会357个、调委会364个,充实人员4760人。充分发挥职工群众参与社会治安综合治理的主体作用,积极整合“三老队”、十户长、楼栋长、信息员等队伍开展群防群治工作,通过多种力量的有效衔接叠加,形成了纵向到底、横向到边的治安防控队伍网络。另一方面,突出技防,加强综治维稳项目建设。一是加强视频监控系统建设。2015年6月,师市公安机关率先推行视频监控应用排关注点、抢时间点、找空白点“三点”战法。辖区主要路段、治安卡口、重点部位场所视频监控覆盖率已达100%,师团两级视频监控中心平台建设全面完成,实现联网应用,形成了“防范技术融合共享、防控区域重点覆盖”的社会治安视频监控体系。二是加快警务服务站建设。2016年,师市投资900万元,在6个团场新建9个警务服务站,目前,项目建设有序推进,预计9月份竣工屯警,将形成团直“2分钟打击圈”。三是推进公安检查站建设。师(市)投资300万元在维稳重点团场64团建设1座一级标准化公安检查站,目前已建成投入使用,并配备了2名公安干警和10名联防队员;同时,投资800万元在可克达拉市城区建设2座一级公安检查站。四是探索标准化综治工作中心建设。师市投资300万元在62团新建集基层派出所、司法所、信访办等相关职能部门为一体的标准化综治工作中心,推动形成“矛盾联调、治安联防、工作联动、问题联治、平安联创”的工作格局。

二、主动作为、多方联动,健全社会治安防控体系

师市党委坚持把防控风险、应急联动放在首位,不断提升防控水平,确保各项工作提质增效。一是加强兵地融合互动。师市、团场主动与伊犁州、团场所在县(市)建立“维稳责任共担、平安建设共创、民族团结共建、文化活动联办”协作机制,落实定期协调和信息研判会议制度,签订反邪教、流动人口双向管理协议,加强信息互通共享,强化刑事案件协查联防,消除区域管理“盲区”。2016年,师市与伊犁州先后两次联合召开综治维稳工作推进会,取得了良好效果。二是推进团场应急联动。2015年以来,在加强公共安全视频监控等技防手段的同时,全面推广“一键报警”应急联动,做到“一呼百应,联防群治”,取得了快速反应、快速处置的效果。目前,师市8个团场在机关、学校、医院、商场等重点要害部位和人员密集场所实行了“一键报警”应急联动,为有效预防和打击违法犯罪活动发挥了重要作用。三是构建新型“网格化”巡控格局。着力打造“街面巡控、卡点堵控、场所管控、视频监控”四位一体的立体化巡逻防控模式,实现了"网格化"巡逻防控与"智慧四师"天网视频巡控的有机结合。按照"统一指挥、科学布警、点线结合、责任到人"的原则,以28个标准化社区警务室为依托,盘活现有警力资源,整合各类社会力量,因地制宜对辖区人口实施分类管理。

三、加强管理、优化服务,创新社会管理"多元化"模式

师市党委坚持源头治理、固本强基,充分整合社会资源,集中民智,注重发挥居民自治组织在社会管理中的作用,充分调动其参与社区平安建设的积极性。一是加强居民自治组织建设。组建社区社团党支部,以党组织建设带动社区社会组织发展,积极引导其为社区建设服务,广泛动员社区党员干部、居民群众参与"绿色和谐志愿巡逻、共建平安社区"等系列活动。二是优化社区全方位服务。充分发挥28个标准化社区警务室调解矛盾纠纷"小法庭"、便民服务"办事处"、收集治安信息"信息库"的职能作用,为群众提供"零距离"服务,实现了由单一治安防控向社会综合管理服务的转变。不断规范社区服务平台建设,实行"一楼式服务、一窗式受理、一站式办结、一次性收费、一网式运行",既提高了工作效率,又方便了群众办事。三是创新社会治安管理模式。推行"十户联防"和基层干部治安分片包干制度,制定基层干部撰写综治民情日志实施办法,落实领导干部"包干到户、走访到家",深入了解包户家庭基本情况,排查治安安全隐患,宣传平安建设,做到第一时间了解掌握情况,第一时间化解社会矛盾,并将民情日志作为年终干部考核的重要内容。2016年累计撰写民情日志2.5万余篇。

基层安则全局安,基层稳则全局稳;抓基层是根本,打基础是关键。下一步,兵团第四师将始终坚持抓基层、打基础,以提升预警发现能力为先导,着力加大技防投入,提升发现能力,为"一线卡、二线堵、三线控"提供保障;着力加强重点阵地建设,突出以连队基层组织为基础,广泛动员社会力量参与,强化基层群防群治防控体系,全面提升社会防控水平;着力抓好情报信息工作,不断在提升预警能力、网络社会管理、服务实战上求突破;着力推进执法规范化,维护公平正义,持续深化"法治师市""平安师市"建设,不断开创师市社会稳定和长治久安新局面。

新疆生产建设兵团第七师天北新区治安岗亭控片巡警大队巡线　打造治安防控交叉火力网

第七师天北新区建城区面积24平方公里,人口6万余人,毗邻奎屯市区。近年来,随着天北新区不断扩建发展,人口密度逐年增加,社会治安压力骤增。为缓解日益紧张的治安形势,第七师综治办、天北新区从加强社会面治安防控强度入手,依托网格化巡逻、治安岗亭、加强基层基础等抓手,逐步形成了点、线、面结合的治安防控交叉火力网。

一、多措并举、积极开展"网格化"巡控工作,提高街面见警率

(一)科学布局,合理分配巡控区域。天北新区位于奎屯市北城区,与131团相接,整体呈梯形,兵地结合部、城乡接合部点多线长,敌社情复杂。鉴于以上特点,为最大限度地加强社会面巡控强度,天北新区按照"一网三级、一级多格、一格多点"的要求,经科学分析,将整个新区划分为1个一级网格、3个二级网格、9个三级网格、20个格点、10个责任区、35个路段、35公里的线路,以此为基础开展了网格化巡逻工作。在巡控工作中,主要突出重点部位、时段,实行24小时全天候巡逻,落实弹性工作制、错时工作制,辖区遇有突发事件,确保2分钟内到达出事区域,重点部位1分钟内到达,有效地提高了街面见警率,极大地增强了群众安全感。2016年上半年,累计出动警力

1518 人次，警车 292 台次，盘查流动人员 5821 人次，清查登记出租房屋 1035 户，采集人员 DNA 信息 890 份，检查重点部位 374 次、重要设施 150 处，排查治安隐患 29 处，为 18 名走失老人和儿童提供了帮助。

（二）重点保障，着力打造专业巡控队伍。近年来，由于天北新区经济快速发展，建城区面积不断扩大，聚居人口逐年增多，原有的巡控力量和方式无法满足新形势下"网格化"巡控工作的要求。为进一步提升社会面动态控制能力和巡控专业化水平，七师综治办积极协调天北新区、奎屯垦区公安局，在有限警力和财力情况下，争取了 20 万元保障经费，抽调 10 名民警、26 名协警、4 辆警务巡逻车组建了天北新区巡警大队。

天北新区巡警大队分为三个中队，每个中队设一名中队长，实行三班运转，主要负责复杂区域的巡逻防控工作，全天候在岗，保障日常巡逻和及时应对各类突发事件，充分发挥网格化巡防的主体作用，采用步巡和车巡相结合，在天北新区重要路段、居民小区、校园周边开展不间断巡逻防控，形成全方位的巡逻防控高压震慑态势。自成立以来，巡警大队共出动警力 14460 余人次，车辆 3603 余台次，盘查人员 3342 余人次、车辆 692 次，检查重点部门、部位 1400 次、重要设施 792 处，排除安全隐患 129 处，为群众做好事 200 余件，当场调解各类纠纷 168 余起，协助刑警队、派出所处置紧急警情 75 起，抓获各类违法人员 58 人，破案 26 起，救助群众 280 人次。

此外，巡警大队每天还抽调一个中队的警力，负责七师机关的安保执勤。三年来，巡警大队多次直接参与和协助处置各类群体性上访、闹访事件。

（三）屯警于街，着力加强警务服务站建设。2014 年，为不断完善以警务服务站为中心向周边辐射和警务服务站之间相互策应、互为依托的巡逻防控格局，达到"屯警街面、定点驻守、辐射周边、相互策应"的防控格局要求，新区先后投入 200 余万元，在天北新区瑞明万家家具城、天北新区中心公园、团结北街、天西路、准噶尔西路五个重点区域建设了 5 个治安岗亭（警务服务站），每个岗亭均设有工作间、休息室，装有空调，治安岗亭每班配备民警 1 人、协警 5 人、巡逻车 1 辆。

5 个治安岗亭呈"品"字形布局，屯警街面，不仅为职工群众提供了便利的警务服务，还扼住了进出天北新区的出入口，充分发挥了"常态防控、应急处突、服务群众"的作用。截至目前，5 个治安岗亭共服务群众 298 次；受理群众报警 591 起，协助派出所处理警情 152 起。

二、重点保障，切实加强基层基础，提高群防能力和技防水平

（一）立足实际，配齐配强社区治安防控力量。根据天北新区现有 10 个社区（万人以上社区 1 个，7000 人以上社区 2 个）、人口密度大的实际，加强社区治安防控力量建设，先后成立了各类综治组织 30 个，基层治保会 10 个 69 人，调委会 10 个 45 人，治安联防队 10 个 200 余人，看家护院队 8 个 178 人，片区长 39 人，楼栋长、单元长 1600 人。从 2014 年开始，每年列支 120 余万元专项资金，按照楼栋长 80 元/月、单元长 50 元/月的标准进行补助，有效地调动了基层综治工作人员的积极性。在师党委的大力支持下，天北新区进行了协警的扩招工作，共招募 81 名协警，进一步充实了基层的警务力量，并按照七师《关于及时解决公安协警工资待遇等问题的通知》要求，投入 400 余万元，保障协警工资待遇和执勤装备，逐步完善了以民警、治安巡逻队、楼栋长、单元长互为补充的社区治安防控格局。

（二）加大投入，不断提高技防物防水平。近年来，第七师综治办、天北新区先后投入 100 余万元，为辖区巡控力量配备了 11 辆警务巡逻车、2 辆多功能警务指挥车、4 辆电瓶巡逻车。投入 350 万元，在辖区交通要道、重点部位安装了 129 个高清视频监控探头，建成 2 个派出所分控中心，大大提高了技防物防水平，治安形势明显好转。2016 年上半年，天北新区共接处警 1521 起，同比下降 1.5%。发生治安案件 182 起，同比下降 27.8%；刑事案件 94 起，同比下降 16.3%，可防性案件下降 78.8%。

新疆生产建设兵团第九师坚持科技引领 创新发展理念　全面推进维稳固边信息化建设步伐

近年来，第九师认真总结戍边守防历史经验和教训，积极应对维稳固边新形势、新常态，坚持以问题为导向、以科技为先导、以创新为动力的发展理念，以“抓小抓细抓实”的务实作风，探索出了一条适合九师戍边守防事业创新发展的新途径。

一、厘清思路、转变观念、找准“短板”、增强自信心

面对严峻复杂的反恐维稳形势，九师时刻牢记兵团屯垦戍边的历史使命和稳定器大熔炉示范区的新要求，认真总结历史经验，及时查找工作中存在的风险和“短板”。一是社会治安管控难度加大。九师城镇化率高、人员密集场所点多线长、社区警务和网格化巡控力量薄弱，各类违法犯罪案件频发（近10年来，师直朝阳新区“两案”发案数占全师发案总数的70%以上，团场的发案也主要集中在团部区域）。二是师、团技术防范设施落后，覆盖率低。原有治安视频监控系统因标准不统一等原因，无法实现逐级联网，加之后期维护不到位，到2012年基本全部瘫痪。同时，公安机关技侦人才、设备短缺，造成破案率不高、打击手段单一。三是边境管控方式传统单一，防控风险加大。传统的设卡围堵和人力巡控因受边境地形地貌、天气气候、装备落后和人员素质等因素的制约，整体防控效率低，无法实现全天候、全覆盖；人畜非法越境、跨国牲畜非法交易、抵边作业、放牧和抵边非法采药等涉边案（事）件时有发生，存在发现能力弱、处置速度慢等问题。实践证明，要维护好边境地区社会稳定和长治久安，必须顺应社会进步和维稳戍边形势发展需要，必须坚持科技引领、支撑和带动警务的理念，不断创新发展方式和运行机制，以踏石留印、抓铁有痕的决心和勇气，全力推进九师社会治安和边境防控信息化建设。

二、创新方式、分类施策、坚持标准、密织“三张网”

（一）密织社会治安“十户联防”报警救助网。2013年，九师加强与中国电信、中国移动的联系，采取先试后推的方式，在全师基层连队（社区）、居民小区、学校、医院、商店、旅社及各类社团组织范围内开展了人员密集场所“十户”联防“#8键”报警救助系统建设。将各类通信用户分行业、住址、社团、基层组织等进行编组排序、组网联通，免费将固定电话和移动电话捆绑，以“#8键”拨号为基本形式，实施联动报警救助，得到了广大用户的积极响应。截至目前，九师已有87%的电信、移动用户入网，并在邻里互助、报警救助、防盗防火等方面发挥了积极作用。

（二）密织城镇社会治安视频监控网。一是采取“以租代建”（BOT）模式推进全师社会治安视频监控系统建设。2014年7月，在国家项目资金没到位的情况下，九师按照师党委的要求，通过竞争性谈判招商引资，积极推进该项目建设。成立了项目领导小组及办公室（项目办），由师政法委牵头，负责整个项目的组织协调管理和监督。制定下发了《关于统一公共安全视频监控系统项目建设标准的通知》，为项目设计、施工、审验提供了标准和依据。该项目于2015年6月动工新建，于11月15日完成设备安装调试，共布建监控点位137个、高清摄像机501个（含54个治安卡口摄像机），新建12套总控平台，完成兵师团三级视频信号联网，图像在线率达到95%以上。国家项目资金到位后，九师与投资方达成协议，将建设方式由“BOT模式”变更为“垫资新建”（BT）模式，确保了项目资金合理有效使用。2016年5月，制定下发了《九师社会治安视频监控系统使用管理办法（试行）》，为规范监控系统使用管理和运行维护提供了政策保障。目前，九师公安机关已通过该系统侦破各类刑事案件86起，处理交

通肇事案件 49 起。二是采取单位投资、团场补助的方式,强力推进人员密集场所视频监控系统建设。2013 年初,由师公安局牵头,组织专业安防企业,采取商户(单位)投资、团场补贴的方式,积极筹措资金,在全师各大小商店、宾馆、机关、学校、医院、广场、库房等单位,强力推进视频监控系统建设。目前,各基层单位视频监控覆盖率已达到 100%。沿街、景点小商铺、小作坊覆盖率达到 87%。三是采取"以奖代补"的方式,推进团场居民小区、设施农(牧)业基地视频监控系统建设。从 2015 年初开始,组织相关团场在居民小区及农(牧)业基地开展了视频监控系统建设试点工作,并分别在 164 团、165 团召开的平安建设基层基础工作经验交流会议上进行了推广,计划利用三年时间在全师全面推开,确保视频监控覆盖率达到 100%。落实"以奖代补"政策,分别给 6 个团场落实了项目补贴 340 万元,有效促进了基层社会面视频监控系统建设。

(三)密织"预判控"一体化边境防控网。在九师近 400 公里边境线上,共有通外道路、山口 37 个,开放口岸 1 个。近年来,时常发生人畜越境、抵边滋事和非法跨国牲畜交易等案(事)件,仅靠人力徒步、骑马(摩托车)等传统方式进行巡边,已不能适应边境管理新常态的需要,必须强化技防设施建设,以弥补边境管控工作中的"短板",实现立体化防控目标。2015 年以来,九师积极与中国航天航空科技集团战略防御研究院(以下简称"中航二院")沟通合作,开发研制了雷达监测、光电(无人机)监视、声光灯驱离处置"三位一体",集发现、预判、处置于一体的边境监控系统。目前,这项技术在国内属于领先水平,技术成熟。为有效推行这项技术,特采取"PPP 模式",并积极争取国家、自治区、新疆军区、兵团对口援疆等多方项目资金,做到统一标准、统一管理、共同维护、信息共享,不断提高边境管控发现、研判、预警、处置能力。2016 年,九师计划先在 163 团和 165 团边境地带分别新建 1 个基站,初步计划投资 1500 万元。待两个基站建成后,可为兵团乃至全国推广运用该项目积累经验,提供观摩、测试基地。

三、坚持科技强警,不断提升公安基础工作信息化水平

一是坚持"信息主导警务"的理念,积极探索信息化运用新途径。2016 年,共投入 100 万元为公安刑侦、技侦、网安等部门购置设备。协调各方在客运站安装了一套 16 万元的"人证合一"查验系统,切实发挥客运站卡口滤网作用。二是积极推进公安司法鉴定中心建设。师局组建了法医、痕迹、影像、电子物证四个实验室,为实验室购买了 60 余万元的设备,为刑事技术发展注入高科技能量。三是引进 6 套 4G 布控球、手机电子围栏、图侦系统等,力争实现将警力从传统办案束缚中解放出来,用科技化手段提高侦查打击能力。

新疆生产建设兵团第十师北屯市
建设智慧新北屯　打造维稳新堡垒

第十师北屯市党委紧紧围绕社会稳定和长治久安总目标,明确提出了"建设面向未来智慧北屯"的工作目标,并从发挥"三大作用"入手,按照"互联网 +"的思维,积极推进建设智慧新北屯,打造维稳新堡垒。

一、十师北屯市"智慧城市"建设概况

北屯市作为兵团年轻的新建城市,实施智慧化城市管理建设,是兵团数字城镇信息化的重要组成部分。按照科学规划、合理布局、功能先进、分步实施的要求,采取新的运营模式,利用信息通信技术以及互联网平台,开启智慧北屯建设的新纪元。

(一)高起点规划。智慧北屯就是要在广泛应用物联网、云计算、移动互联网等新一代信息技术的基础上，充分整合城市资源，为公众提供更加便捷、高效的社会服务和更为科学、智能的城市管理。“智慧北屯”在谋划起步阶段就借鉴广州、深圳、北京等地的先进经验，着眼于整体架构和未来的发展，搞好顶层规划设计，实现跨部门、跨行业、跨地区的信息共享和业务协同，强化信息资源社会化开发利用，并结合北屯市发展建设的实际，创造性提出“城市运行中心”“城市服务总线”的架构，为未来北屯的发展提供了开放式的、可迭代的基础平台，可满足北屯未来20年的发展需要。

（二）全领域覆盖。“智慧北屯”覆盖全市的智慧政府、智慧产业及智慧民生应用体系，优先建设包括城市运行中心、智慧平安城市、智慧教育、智慧交通、智慧城管、智慧交警、智慧旅游、智慧管网、智慧供排水9个领域41个子系统。师市将建成1300多个视频监控点、10套电子卡口和10套电子警察系统，以及公共安全视频监控系统，使师市重点区域、敏感部位实现100%覆盖。同时不断完善信息基础设施建设，基本实现广播电视网、通信网和互联网的“三网融合”，城域网宽带覆盖率达98%以上，提升网络宽带化、泛在化、融合化、智能化水平和支撑信息化的能力。

（三）新模式融资。“智慧北屯”创新使用了PPP模式融资建设，政府投入小部分资金撬动了社会投资大部分。师市前期投入100万元，引入社会资金2.4亿元。“智慧北屯”提供的公共服务由政府分10年逐步购回，其他的投入通过“智慧北屯”的造血功能得到回报。通过PPP模式解决了政府对公共项目投入的资金压力。同时，师市先期还采取BT模式投资近3000万元推进平安师市建设。

（四）硬质量建设。“智慧北屯”建设涉及师市多个行业和20多个部门及企业。为确保“智慧北屯”建设少些纰漏，少些缺憾，少些硬伤，师市多次召开汇报论证会议，专家咨询评审会议，把意见、建议和争论提到前面。同时，对9个领域41个子系统的深化设计评审和每个步骤都由各个行业、各个领域和每个部门负责同志签字确认。新建的视频监控点位全部采用高清摄像机，设备全部使用目前国内安防行业认可的知名品牌。招标中选一流的项目设计单位、一流的建设施工企业。监理单位提前介入，全过程监督，严把质量关。

（五）大数据效果。通过城市运行中心、平安城市、智慧交通、智慧交警、智慧教育、智慧旅游、智慧城管、智慧管网、智慧水务9大领域的建设，形成比较完备的人口、法人、自然资源与空间地理等基础数据库，建成师市公共信息资源共享交换平台，形成较为完善的信息资源共享机制，使政府建设管理和服务的科学化水平明显提高，居民享受到更加高效、便捷的服务。

二、十师北屯市“智慧城市”建设基本做法

（一）领导重视，身先士卒指挥前进。智慧城市建设是一个新生事物，特别是采取PPP模式建设智慧北屯，解决领导干部的思想认识和观念更新问题，成了推进工作的关键所在。为此，师市主要领导亲自担任“智慧城市”工作领导小组组长，并多次召开会议动员部署，培训学习，并编写教材，印发资料，让党委常委带头学习，吃透精神，领会实质，学通弄懂，再通过常委带动部局领导干部学习领会。同时，师市还通过请进来、走出去等方法，邀请住建部、科技部、工信部的专家前来授课和培训，组织人员赴发达城市考察、交流和学习，有计划地开展智慧城市概念、内涵、举措等相关知识和政策的宣传普及工作，从而统一了思想，使阻力变成了动力。

（二）做实前期，脚踏实地有序推进。“智慧北屯”建设启动前，师市广泛听取了意见，集中了民意，进行了充分论证。师市成立了专门的调研小组，调研时间长达8个多月，各行各业的专家30多名，走访人员2000多人次，走访里程超5000公里，调研问卷数百份，查阅相关的材料重达50多千克。成立了“北屯市智慧城市建设推进工作专家咨询委员会”，负责对智慧城市的各项规划、建设项目、政策制定等进行可行性论证，加强对智慧北屯建设的咨询指导。还邀请了有关部门领导和专家到北屯市进行现场指导。

（三）落实项目，先进理念全力促进。“智慧北屯”在规划阶段，就要求自身具备“造血能力”，通过培育市场、激活市场、开放市场，依据市场规律和原则探索商业模式的思路推进智慧北屯建设，最大限度减少政府投入，同时拉动、衍生相关产业发展。按照PPP模式建设的规范要求，师市与中标承建公司强强联合，成立了北屯市高新兴信息技术有限责任公司。通过 PPP 模式和“造血能力”的先进理念，解决了“智慧北屯”建设资金的问题。

（四）部门配合，积极协调齐头并进。“智慧北屯”工作领导小组加强了对智慧城市建设各参与方的组织协调，明确了智慧城市推进过程中各级政府和行业主管机构“一把手”负责制，加强智慧城市全局性、战略性总体规划，打破固有的本位主义、资源分割、信息孤岛等障碍，充分调动各部门参与建设的积极性。

（五）人才支撑，未雨绸缪后续跟进。在建设之初，智慧北屯便未雨绸缪储备人才，着眼未来发展，提出了“千人计划”。即通过智慧北屯的建设，引进核心人才 20 名落户北屯，通过这些核心人才培养当地开发型人才 100 名。通过 5 到 7 年的推进，再培训 1000 多名了解系统、熟练运用的操作型人才，使“智慧北屯”建成后有人用、有人会用、有人用好。

三、十师北屯市“智慧城市”建设预计取得的效益

重点是通过“智慧北屯”的建设，实现经济和社会双重效益，推动北屯市发展成为新疆北部边境地区强有力的战略支点，成为新时期戍边维稳的新堡垒。

（撰稿人：丁筱玲
审稿人：苗塔河　周群淞）